מִקְרָאוֹת גְּדוֹלוֹת

דָּנִיֵּאל עֶזְרָא
נְחֶמְיָה

DANIEL, EZRA,
NEHEMIAH

מקראות גדולות

דניאל עזרא נחמיה

תורגם מחדש לאנגלית

מתורגם ומבואר עם כל דבורי
רש"י ולקט המפרשים על ידי

הרב אברהם י. ראזענברג

הוצאת יודאיקא פרעסס

Mikraoth Gedoloth

DANIEL, EZRA, NEHEMIAH

A NEW ENGLISH TRANSLATION

TRANSLATION OF TEXT, RASHI
AND OTHER COMMENTARIES BY

RABBI A. J. ROSENBERG

THE JUDAICA PRESS, INC.

ISBN 978-0-910818-94-0

ספרי דניאל־עזרא־נחמיה

•

מקראות גדולות

DANIEL • EZRA • NEHEMIAH

מקראות

ספרי
דניאל־עזרא־נחמיה

תורגם מחדש לאנגלית

מתורגם ומבואר עם כל דבורי רש״י
ולקט המפרשים על ידי

הרב אברהם י. ראזענברג

הוצאת יודאיקא פרעסס
ניו יורק · תשנ״ב

גדולות

DANIEL·EZRA·NEHEMIAH

A NEW ENGLISH TRANSLATION

TRANSLATION OF TEXT, RASHI

AND COMMENTARY BY

Rabbi A. J. Rosenberg

THE JUDAICA PRESS
New York • 1991

Manufactured in the United States of America

CONTENTS

The Memory of a Righteous Man is for a Blessing
(Proverbs 10:7)

This volume is dedicated
to the memory of

Menachem Mendel (Manny) ben Yisrael Elazar Feder, z.l.

Departed on the fourth of Shvat, 5750

He was honest, upright, pleasant, and wholeheartedly devoted to communal
endeavors. He was among the founders of yeshivoth and Torah
institutions serving to exalt and strengthen Torah.
He was beloved by his fellowmen and active in charitable undertakings.
About him, Scripture states: But a righteous man
is gracious and gives (Psalms 37:21). He who
walks in purity is righteous; fortunate are
his sons after him (Proverbs 20:7).

May His Memory Be Blessed

Dedicated by his wife, his sons and daughters and their
spouses, his grandchildren, his brother, his sister, and their
families.

זכר צדיק לברכה
(משלי י' ז')

ספר זה מוקדש
לעילוי נשמת

ר' מנחם מענדל בן ישראל אלעזר פעדער ז"ל

נפטר ד' שבט תש"ן

איש נאמן וישר נחמד ונעים הליכות, עסק בצרכי ציבור
באמונה, היה ממייסדי ישיבות ומוסדות תורה, להגדיל תורה
ולהאדירה, אהוב על הבריות, רודף צדקה וחסד, עליו הכתוב
אומר וצדיק חונן ונותן (תהלים ל"ז, כ"א) מתהלך בתומו צדיק,
אשרי בניו אחריו (משלי כ.ז)

יהי זכרו ברוך

מוקדש על ידי
אשתו, בניו וכלותיו, בנותיו וחתניו,
ונכדיו, אחיו, ואחותו,
ומשפחותיהם

RABBI MOSES FEINSTEIN

455 F. D. R. DRIVE

New York 2, N. Y.

OREGON 7-1222

משה פיינשטיין

ר״מ תפארת ירושלים

בנוא יארק

בע״ה

הנה ידוע ומפורסם טובא בשער בת רבים ספרי הוצאת יודאיקא פרעסס על תנ״ך
שכבר יצא לאור על ספרי יהושע ושמואל ועכשיו בחסדי השי״ת סדרו לדפוס ג״כ
על ספר שופטים והוא כולל הפירושים המקובלים בתנ״ך הנקוב בשם מקראות
גדולות ועל זה הוסיפו תרגום אנגלית שהוא השפה המדוברת במדינה זו על פסוקי
תנ״ך וגם תרגום לפרש״י מלה במלה עם הוספות פירושים באנגלית הנצרכים
להבנת פשוטו של קרא והכל נערך ע״י תלמידי היקר הרב הגאון ר׳ אברהם יוסף
ראזענבערג שליט״א שהוא אומן גדול במלאכת התרגום, והרבה עמל השקיע בכל
פרט ופרט בדקדוק גדול, וסידר את הכל בקצור כדי להקל על הלומדים שיוכלו
לעיין בנקל ואפריון נמטיה למנהל יודאיקא פרעסס מהור״ר יעקב דוד גאלדמאן
שליט״א שזכה ומזכה את הרבים בלימוד התנ״ך שמעורר לומדיה לאהבה וליראה
את שמו הגדול ולהאמין בו ובעבדיו הנביאים שהוא יסוד ושורש בעבודתו יתברך
ואמינא לפעלא טבא יישר ויתברכו כל העוסקים בכל ברכות התורה וחכמינו ז״ל
בברוך אשר יקים את דברי התורה הזאת.

וע״ז באתי עה״ח

PREFACE

The present volume, *The Books of Daniel, Ezra-Nehemiah*, is the sixth in the Judaica series of the Holy Writings (Hagiographa). As in the series of the Prophets and the first five volumes of the Holy Writings, we have translated the text into idiomatic English, except in instances in which accuracy would suffer. In such cases, we have rendered the text more literally. As in our previous series, our translation is based mainly on Rashi's interpretation, which is of primary interest. Although we have sometimes encountered difficulty in rendering the text according to Rashi's interpretation, we have seldom deviated from this pattern. In addition to basing our translation on Rashi, we have presented Rashi verbatim, following the most accurate reading available – taking into consideration the Vilna edition of 1839, the Warsaw edition of 1862-66, the Malbim edition, and the *Etz Chayim* ms. appearing in the Jerusalem reprint of the Warsaw edition, 1974.

After Rashi, we drew from Mezudath David, the most comprehensive of the traditional commentators, and then from Ibn Ezra and Ralbag, all appearing in the *Nach Lublin*. Scholars believe that the commentary attributed to Ibn Ezra on Ezra-Nehemiah is in fact that of Rabbenu Moshe Kimchi. We drew also from Isaiah da Trani and Midrash Daniel and Midrash Ezra, composed by Rabbenu Shmuel Masnuth.

A. J. R.

INTRODUCTION

I. AUTHORSHIP

The Talmud (*Bava Bathra* 15a) ascribes the authorship of both Ezekiel and
Daniel to the Men of the Great Assembly. Rashi identifies the Men of the Great
Assembly as Haggai, Zechariah, Malachi, Zerubbabel, Mordecai, and their
colleagues. He asks why Ezekiel did not record his own prophecy. He
conjectures that prophecy may not be written outside the Holy Land. Therefore,
the Men of the Great Assembly recorded it after their return to the land of
Israel. He gives this reason for Daniel and for all the other books of the Bible
recorded by this body. Tosafoth question this on the grounds that Jeremiah
seems to have recorded his prophecies in Egypt, since we have no record of his
returning to the Holy Land. They are at a loss to solve this problem. Halevi in
Doroth Harishonim, (vol. 6, p. 263), writes that Ezekiel indeed wrote his own
prophecy, as did the Twelve Prophets. He maintains that when the Talmud states
that these prophesies were recorded by the Men of the Great Assembly, it means
that they arranged the prophecies to form the Book as we have it today. The
same could apply to the Book of Daniel, since Daniel did not return to the land
of Israel but died in Babylon.

According to Abarbanel, the Great Assembly was comprised of the
following members: Haggai, Zechariah, Malachi, Zerubbabel, Mordecai
Bilshan, Ezra, Joshua the son of Jehozadak, Seraiah, Raaliah, Mispar, Bani,
Rehum, Baanah, and Nehemiah the son of Hacaliah. Rambam includes Daniel,
Hananiah, Mishael, and Azariah, which Abarbanel does not accept. Other wise
men joined them until their number equaled one hundred twenty. They received
the oral tradition from the prophets, according to Abarbanel, from Ezekiel. Ezra
was their leader, and he was the twenty-second recipient of the Oral Law.

According to the same Talmudic section, the Book of Ezra was authored by
Ezra himself. This includes the Book of Nehemiah, which is accounted as one
book along with Ezra. The Talmud in *Sanhedrin* 93b queries: Now let us
consider. The whole subject matter [of the Book] of Ezra was narrated by
Nehemiah the son of Hacalia; why then was the Book not called by his name?
[i.e., the Book of Nehemiah, which is written in the first person and is the larger

part of the Book of Ezra.] Rabbi Jeremiah bar Abba said: Because he claimed merit for himself, as it is written: (Nehemiah 5:19) "Remember for me, my God, for good." But did not David say likewise: (Ps. 106:4) "Remember me, O Lord, with the favor that You bear to Your people. O visit me with Your salvation." David merely supplicated in prayer. Rav Joseph said: Because he spoke disparagingly of his predecessors, as it is written: (Nehemiah 5:15) "But the early governors, who were before me, burdened the people and took from them for bread and wine above forty silver shekels, etc."

Origen, a third century Christian theologian, was the first to call Nehemiah the Second Book of Ezra, and he was followed by the Vulgate, the Arabic version, and the early English Bible. Azulai in *Homath Anach* states that in his time it had already been known as the Book of Nehemiah for hundreds of years, since the invention of the printing press. He conjectures that Nehemiah's sins had been expiated through the years after his death, especially according to Mahari Seruk, who asserts that Rabban Gamliel was a reincarnation of Nehemiah and the humiliation he suffered when he was deposed from the office of *Nassi* (*Ber.* 27b) expiated Nehemiah's sins. Therefore, in later generations, he was given credit for the authorship of his Book.

II. Position in the Canon

According to the Talmud (*B. B.* 15b), the Book of Daniel is followed by the Scroll of Esther, which is, in turn, followed by the Book of Ezra. Rashi explains that Daniel follows Jeremiah's Lamentations because Daniel was in exile in Babylon after Jeremiah during the reign of Nebuchadnezzar. Esther follows Daniel because she lived during the time of Ahasuerus. Ezra was after him during the reign of Darius II. In printed editions, however, Daniel and Ezra-Nehemiah follow each other immediately, without the interruption of the Scroll of Esther. This is because all Five Scrolls are read in the synagogue and are therefore placed together.

OUTLINE OF DANIEL

I. Daniel and his colleagues in Babylon.

II. Nebuchadnezzar's dream of the image.

III. Hananiah, Mishael, and Azariah in the fiery furnace.

IV. Nebuchadnezzar's dream of the tree and his banishment from human society.

V. Belshazzar's banquet and the writing on the wall.

VI. Daniel in the lions' pit during the reign of Darius.

VII. Daniel's dream of the four beasts.

VIII. Daniel's second vision.

IX. Daniel's prayer for the redemption and his vision of the angels.

X., XI., XII. Daniel's third vision.

OUTLINE OF EZRA

I. Cyrus' proclamation and the initial immigration with the Temple vessels.

II. Lists of immigrants.

III. Laying the foundation and dedicating the Temple to sacrificial service.

IV. Cessation of the building due to accusations by neighbors.

V. Resumption of the building in the second year of Darius II due to prophecies of Haggai and Zechariah.

VI. Authorization by Darius and completion of the Temple.

VII. (1-10) Ezra's immigration to the Holy Land.
(11-28) Authorization of Artaxerxes to build, his support of the Temple, and his bestowal of judicial authority upon Ezra.

VIII. (1-15) Ezra gathers the immigrants and camps at Ahava, where he surveys them and finds no Levites.
(16-20) He sends for Levites, whom he counts.
(21-23) The pilgrims fast and pray for safe passage.
(24-30) Entrustment of the sacred vessels, silver and gold to the priests and the Levites.
(31-32) The trip to Jerusalem.
(33-34) Turning the gold, silver, and vessels to the Temple authorities.
(35-36) Offering up sacrifices and delivering the king's orders.

IX. Ezra's prayers on behalf of the people who had intermarried with the peoples of the land.

X. The repentance of the Jews and their sending away of their foreign wives.

OUTLINE OF NEHEMIAH

I. Nehemiah's learning of the sad situation of the returnees from exile and his prayer on their behalf.

II. (1-8) Nehemiah's request of King Artaxerxes to allow him to go to Jerusalem and rebuild the walls.

(9-20) Nehemiah's encouragement of the people to rebuild the walls of Jerusalem and the ridicule of the leaders of the inhabitants of the land.

III. The rebuilding of the wall.

IV. The plot to fight against the Jews who were rebuilding the wall and their arming themselves to protect the walls.

V. Complaints of the poor against the rich and Nehemiah's rectification of these injustices .

VI. (1-9) Plot by Sanballat and his companions to trap Nehemiah by making him believe that he was being accused of planning a rebellion against the king.

(10-14) Plot by Shemaiah the son of Delaiah to lure Nehemiah into the Temple and cause him to sin, and Nehemiah's salvation from this plot.

(15) Completion of the walls.

(16) The nations' fear of Israel due to their Divine assistance in the building of the walls.

(17-19) The fraternization of the Judean leaders with Tobiah.

VII. The lineage of the returnees.

VIII. (1-13) Reading of the Torah on Rosh Hashanah.

(14-18) Observance of Succoth.

IX. Repentance for marrying foreign wives, fast and prayer.

X. (1-31) Signatures on covenant document and promise not to intermarry.

(32) Promise to observe the Sabbath.

(33,34) Promise to give one third of a shekel for sacrifices.

(35) Casting of lots for the times to bring the wood offering (36-40) Promise to give the priests and the Levites their due.

XI. Description of the population of Jerusalem and the rest of the Holy Land.

XII. (1-26) Names of priests and Levites who migrated with Zerubbabel, leaders of priestly and Levitic watches and High Priests.

(27-47) Ceremony of the dedication of the wall.

XIII. Nehemiah's absence and consequent relapse into neglect of observance of commandments.

(1-3) Intermarriage with Ammonites and Moabites, from which they repented.
(4-9) Clearing of Temple chamber for Tobiah and Nehemiah's reinstating it as a depository for priestly and Levitic gifts.
(10-14) Neglect of priestly and Levitic gifts and Levites' leaving the Temple to earn a livelihood, rectified by Nehemiah.
(15-22) Profanation of the Sabbath rectified by Nehemiah.
(23-30) Intermarriage rectified by Nehemiah.
(31) Reinstatement of pledge to bring wood for the wood offering and the first fruits.

ספר דניאל

•

מקראות גדולות

DANIEL

א א בִּשְׁנַת שָׁלוֹשׁ לְמַלְכוּת יְהוֹיָקִים מֶלֶךְ־יְהוּדָה בָּא נְבוּכַדְנֶאצַּר מֶלֶךְ־בָּבֶל יְרוּשָׁלַ͏ִם

רש"י

א (א) בשנת שלש למלכות יהויקים . וכי אפשר
לומר כן והלא הוא מלך בשנת ד' ליהויקים
שנאמר (ירמיה כ"ה) בשנה הד' ליהויקים בן יאשיהו מלך
יהודה היא השנה הראשונית לנבוכדנצר ומה ת"ל בשנת
שלש בשנת שלש למרדו שנא' (מ"ב כ"ד) ויהי לו יהויקים
עבד שלש שנים וישב וימרד בו שלש שנים וכשנת שלש עלה
עליו והיא שנת שמונה לנבוכדנצר דאמר מר שנה ראשונה
יהויקים מלך יהודה בשנת שלש למרדו : ובשנת שתים למלכות
נבוכדנצר נ"ג :

אבן עזרא

נאום אברהם בר' מאיר אבן עזרא הספרדי זה ספר איש
חמודות. מדובר בו נכבדות. ונבואות עוברות ועתידות.
וכל דבר בקולר וכחידות . וכמלאכי מעלה סודות . עומדים
על יסודות . ומפרשיולא עמדו בסודו . וכל אחד ביאר כאשר השיגה ידו . ורגלי כולם מועדים . בקן מועד מועדים . גם
התערבה להם הזמן . כי שמה רביעית היא השלישית . ועתה אחל לפרש כפי דקדוק הלשון :

א (א) בשנת . מלאנו כתוב כי עשתי עשרה שנה מלך יהויקים אם כן מה טעם בשנת שלש למלכותו ועתה דברי אלה בני
יאשיהו כתוב כי ארבעה בנים הניח הבכור יוחנן השני יהויקים השלישי לדקיהו הרביעי שלום ומלאנו כי
במות יאשיהו מלך יהואחז בנו ומקצת חז"ל אמרו כי זה יהואחז הוא יוחנן והנה לא מלך רק שלשה חדשים וימלוך תחתיו
יהויקים אחיו והוא בן עשרים ושלש הוא והנה הוא קטן מיהויקים ואיך קראו הכתוב בכור על כן אמרו שבכור במלכות.והלרכו
לומר כי שלום הוא לדקיהו בעבור כי נבואת ירמיהו על שלום דבקה עם נבואתו של לדקיהו. ועוד כי לא מלך על ישראל
אחר לדקיהו ולספור הכתוב רביעי בעבור שם בלא גוף דרך זרה ועתה התבונן כי יהואחז הוא שלום ויוחנן לא מלך .
ואל תשום בעבור שנקרא שלום בשני שמות כי הנה שלמה הוא קהלת . ובני שמואל . שמה ואביה ושם כתוב כי הוא יואל .
זעמינדב הוא יצהר . ואוריאל הוא לפניה ורבים ככה . ובתורה זרח הוא לחר.והעד ששלום הוא יהואחז כי כאשר מת האב
היה יהויקים בן כ"ה שנה ולדקיהו שהוא השלישי בן כ"ד ושלום בן כ"ג וככה כתוב שיהואחז הוא שלום ויקחו עם הארץ
את יהואחז בן יאשיהו וימשחוהו וימליכו אותו תחת אביו.ועוד שנית כי שלום הוא יהואחז כי כתוב כי פרעה נכו
לקחו אחר שלשה חדשים שמלך ויביאהו מצרים וימת שם וכתוב בירמיהו על שלום אשר יצא מן המקום הזה'לא ישוב שם
עוד כי במקום אשר הגלו אותו שם ימות . ואל תתמה בעבור הכתוב למעלה הדבר אשר היה אל ירמיהו מאת ה' בשלוח
אליו המלך לדקיהו כי תחלת הפרשה הוא . כי כה אמר ה' על בית מלך יהודה יסופר . על מה שאמר לו השם לפני מלוך
לדקיהו והנה יספר מה התנבא על יהואחז שהוא אחר שהוליכו אל מצרים שהוא שלום והחל מן הוי בונה ביתו בלא לדק על
יהויקים ושם כתוב ואחרי כן התנבא על יהויכין כי כן כתוב שם וכל אלה שלשתן מלכו לפני לדקיהו.ובספר יחזקאל שאמר
שא קינה אל נשיאי ישראל שמתו ולא נשאר מבניהם מלך והגל מן יהואחז הוא שלום ואמר ויביאוהו בחחים אל ארץ מצרים
והכסיר הוא יהויקים שהמליכו מלך מצרים ויתנהו בסוגר בחחים ויביאהו אל מלך בבל וככה כתוב בדברי הימים ויאסרוהו
בנחושתים להוליכו בבלה . ואחרי כן מקונן על יהויכין מטה עזה אם אכלתהו ואחרי כן מקונן על לדקיהו ותלא אם ממטה
בדיה פריה אכלה ולא היה בה מטה עז שבט למשול.והנה התברר כי יהויקים הוליכוהו אל בבל.ואל יקשה בעיניך בעבור
שאמר להוליכו בבלה ולא אמר ויוליכוהו כי הנה כתוב על לדקיהו בירמיהו ויאסרוהו ונחשתים להביא אותו בבלה וכתוב
אחר ויאסרהו בנחושתים ויביאהו בבלה . והנה כתוב בדניאל בשנת שלש למלכות יהויקים בא נבוכדנצר מלך יהודה אל

רבינו סעדיה גאון

(א) בשנת שלש למלכות יהויקים מלך יהודה בא נבוכדנצר
מלך בבל . והלא לא מלך נבוכדנאצר אלא בשנת
ארבע ליהויקים שנאמר בשנה הרביעית ליהויקים היא השנה
הראשוני' לנבוכדנאצר מלך בבל ואיך אמר בשנת שלש אלא לא
תוכל לפרש כי אם בשנת שלש למרדו שבשנת ארבע ליהויקים
מלך נ"נ וכבש את נינוה ובחמישית ליהויקי' כבשו נ"נ ליהויקי'
ועבדו יהויקים שלש שנים שנאמר ויהי לו יהויקים עבד ג' שנים
וישב וימרד בו עבדו שישית ושביעית ושפינית ואח"כ מרד בו
שלש שנים תשיעית ועשירית ואחת עשרה ובשתים עשרה בא
נ"נ והגלחו ליהויקים כירושלם לבבל ועלה שנת י"ב למלכות
נ"נ . היאך יתכן פסוק זה שכבר אמרנו למעלה שצר על ירושלים

מנחת שי

כל תיבה אשר אותיותיה נפרדות אליה ירח המחבר אבן
פנת רעיוניו :

א (א) בשנת . בגלגל הנו"ן :

מצודת דוד

א (א) בשנת שלש למלכות יהויקים . ר"ל למרדו כנ"ל למלוך
מעלמו כי נבוכדנצר מלך בשנת ד' ליהויקים ובה'
שהיא שנים לנבוכדנצר עלה עליו וכבשו ועבד אותו ג' שנים וישב
וימרד בו כמו שכתוב במ"ב . ובשנת ג' למרדו שהיא שנת י"א למלכותו

---

three years. Then the king himself had to travel from Babylon to Jerusalem, and furthermore, the people did not surrender immediately; he had to besiege the city in order to take it. Nevertheless, he took only Jehoiakim and some of the vessels of the Temple, only because God delivered them into his hand. However, the time had not yet arrived for Jerusalem and the Temple to be delivered into his hand.

2. **And the Lord delivered Jehoiakim, the king of Judah etc.**

1. In the third year of the reign of Jehoiakim, king of Judah, Nebuchadnezzar, king of Babylon, came to Jerusalem

1

1. In the third year of the reign of Jehoiakim—*Now is it possible to say so? Did he* [Nebuchadnezzar] *not reign in the fourth year of Jehoiakim, as is stated* (Jer. 25:1): *"in the fourth year of Jehoiakim son of Josiah, king of Judah—that is the first year of Nebuchadnezzar?" So what is the meaning of "In the third year?" In the third year of his rebellion, as is stated* (II Kings 24:1): *"and Jehoiakim was his vassal for three years; then he turned and rebelled against him"; and in the third year, he overcame him, and that was the eighth year of Nebuchadnezzar, for the master said (Seder Olam ch. 24): In his first year he conquered Nineveh, and in his second year he advanced and vanquished Jehoiakim, who served him for three years and rebelled against him for three years. That was the eleventh year of the reign of Jehoiakim: five years before he vanquished him, three years that he served him, and three years that he rebelled against him. And then Jehoiakim died under his hand, and in his stead, Nebuchadnezzar enthroned Jehoiachin, his son.*— [*Rashi* from *Seder Olam* ch. 25] Accordingly, we explain the verse to mean that in the third year of Jehoiakim's attempt to reign independently, Nebuchadnezzar came to Jerusalem and laid siege to it.— [*Mezudath David*] Another view is

that at the end of the third year and the beginning of the fourth year of Jehoiakim's reign, which was the first year of Nebuchadnezzar's reign, the latter came to Jerusalem and laid siege to it.—[*Rav Saadia Gaon's* alternate explanation and *Ibn Ezra*] *Malbim* follows this theory with a slight variation, viz. that Jehoiakim was enthroned in Adar. At the beginning of Nissan, it was counted as though he had reigned a full year, according to the Talmud (*R. H.* 2a). Therefore, after three years, when Nebuchadnezzar came to power, it was counted as Jehoiakim's fourth year. The Babylonians, however, counted it as the third year. Thus, we reconcile this verse with that in Jeremiah. It follows, therefore, that according to *Ibn Ezra*, Nebuchadnezzar attacked Jerusalem immediately upon his ascent to the throne, and although in the time of Zedekiah the siege lasted very long, at this time God delivered Jehoiakim into his hands immediately, as is stated in verse 2. *Alschich*, following *Rashi* from *Seder Olam*, explains that Scripture relates in detail that this was the third year of Jehoiakim's revolt and that Nebuchadnezzar marched to Jerusalem and besieged it to impress us with the idea that Nebuchadnezzar had every reason to avenge himself upon Jehoiakim, his people, and his land. First, Jehoiakim rebelled against him and maintained that rebellion for

וַיִּצֶר עָלֶיהָ: ב וַיִּתֵּן אֲדֹנָי בְּיָדוֹ אֶת־יְהוֹיָקִים מֶלֶךְ־יְהוּדָה וּמִקְצָת כְּלֵי בֵית־הָאֱלֹהִים וַיְבִיאֵם אֶרֶץ־

רש"י

כבש נוה שניה עלה וכבש יהויקים ושלם שניס עבדי ושלש שניס מרד בו והיא היתה שנת אחת עשרה למלכות יהויקים חמש שניס קודס שכבשו ושלש שעבדו ושלשה שמרד בו ואז מת יהויקים תחת ידו והמליך נבוכדנצר תחתיו יהויכין בנו: (ב) ומקצת כלי בית אלהים. לקח. ומקלתם נשארו כמו שנאמר (בירמיה כ"ז) כה אמר ה' אל העמודים ועל היס ועל המכונות ועל יתר הכלים. אשר לא הגלס נבוכדנצר. ויביאם ארץ שנער בית אלהיו. לקלם לעבומ"ז שלו

ארץ שנער. נצרו מתי בבול: בית ירושלים וירצר עליה ויתן ה' בידו את יהויקים מלך יהודה ומקצת כלי בית ה' ויביאס ארץ שנער והנה הטעם יהויקים והכלים הביאס בית אלהיו להשתחוות לו ואחרי כן אמר ואת הכלים הביא בית אוצר אלהיו ולא יתכן בדרך הלשון לפרש

אבן עזרא

רס"ג

הגלה מבני יהודה וצוה לנדלם ג' שנים ואחר ג' שנים הביאס שר הסריסים לפני המלך ועתה אמר חפסוק ובשנת שתים למלכות נ"נ אלא כה פתרונו בשנת שתים לחורבן בית המקדש שיבנה במהרה בימינו יצא טבעו בכל העולם ומלך על כלם וחלם נ"נ . פ"א בשנת שלש למלכות יהויקים מלך יהודה ככלות השנה השלישית ותחלת רביעית הדבר אשר היה אל ירמיהו על כל עם יהודה בשנה הרביעית ליהויקים בן יאשיה מלך יהודה היא השנה הראשינה למלך בבל וגם אם נותרה מן השלישית ליהויקים בבוא נ"נ א"כ תחיה ראשונה לנ"נ והיא רביעית ליהויקים ואז הביא ליהויקים ועמו לבבל שנאמר ויתן ה' בידו את יהויקים : (ב) ומקצת כלי בית האלהים . לפי שנותר המשכן והאהל וכל כליו שלא גלו לבבל על שגנום יאשיהו

מנחת שי

(ב) ומקלת כלי בית האלהים . כתב רבי יונה בספר הרקמה ומקלת כלי בית האלהים ומקלת ימים עשרה ולמקלת הימים אשר אמר המלך בקמלות הלד"י כשלשתם והם סמוכים עד כאן . ובמסורת ומקצת בָּ :

ויביאס כי הכלים לבדם הביא בעבור הכתוב ואת הכלים הביא ומכלי בית ה' הביא נבוכדנצר לבבל ויתנס בהיכלו בבבל וירמיהו על יהויקים מתנבא על קבורת חמור יקבר סתוב והשלך מהלאה לשערי ירושלים ועל כן טעה האומר כי בשנת שלש למלכות יהויקים שהמליכו פרעה היא בנה שלישית למרד ו ועל כן הולרכתי לפרש כי בשנת שלש למלכות יהויקים שהמליכו פרעה בא נבוכדנצר עליו ועל ירושלים ולקחה בתחלת השנה הרביעית ליהויקים והיא השנה הראשונה לנבוכדנצר כי כן כתוב והנה הוליכו אל בבל ועמד בנחושתיס כמו שנה ולוה נבוכדנצר ושב יהויקים למלבותו ויהי לו יהויקים עבד שלש שנים וישב וימרד בו ובא נבוכדנצר או גדודיו אל ירושלים והרגו את יהויקים וסחבו אותו מהלאה לשערי ירושלים ותהי נבלתו מושלכת ולא נקבר כי כן התנבא ירמיהו. ואל תתמה בעבור וישכב יהויקים עם אבותיו כי הנה כתוב הנך שוכב עם אבותיך ובמלרים מתו. והנה מלך יהויכין בנו נ' חדשים ותפשו נבוכדנצר בשנת ח' למלכו והיא שנת י"א ליהויקים ומלך לדקיהו עשתי עשרה שנה והיא שנת תשע עשרה למלך נבוכדנצר והנה בשלשה חדשים נהרג יהויקים וגלה יהויכין בנו . ואל תתמה בעבור שתמלא בשנת שבע לנבוכדנצר וככה על לדקיהו היא שנת שמונה עשרה כי במספר המלכים באלה ובאלה. והלא ידענו כי ירבעס ורחבעס בחדש אחד מלכו והנה כתוב כי רחבעם מלך י"ז שנה וימלוך אביה בנותהתיו בשנת י"ח לירבעם.והנה אבאר לך זה מחשב אחד יחשוב מיליאת מניסן או לברישת עולם מתשרי ויום אחד בשנה חשוב שנה יספור מיים מלוך המלך עד תקופת שנתו על כן תהיה שנת י"ח י"ט.והאמל בנולד ביום ו' לפני שקוע השמש בעיר הזאת שהיא דרוס בתקיפת תמוז והיום ארוך ט"ו שעות שלימות והנה יומל יום ששי שהוא יום שמיני כפי חשבון התורה והוא יום ז' והינ ני שלם רק יחסרו ט"ו שעות . ואל תתמה בעבור שתמלא ביחזקאל יביאוהו במלודית למען לא ישמע קולו כי כן השבו עבדי נבוכדנצר. וטעם התמלוך שאל ירמיהו ליהויקים כי הנבואה עליו התחשוב כי מלבותך תתקיים לך בעבור היותך מתחרה בארז.והנה נשארה השאלה הקשה כבר הזכרתיה כי לדקיהו היה במות אביו כ"ד שנה . והנה יהיה במות יהויקים וגלות יהויכין בן ל"ה שנה והנה כתוב כתוב בן עשריס ואחת בנה לדקיהו במלכו.וזה החשבון הוא שנקרא מלך שלם שנים לפני מות יאשיהו כי נודע זה בכל הגויס שהומלך לדקיהו והעד הכתוב בירמיהו ברישית ממלכת יהויקים בן יאשיהו מלך יהודה דבר הם לירמיהו שיעשה מוסרות ושלשלהס אל מלכי אדום ומואב ועמון ולר ביד מלאכים הבאים ירושליס אל לדקיהו מלך יהודה כי אלה המלכים שמעו שנהרג יאשיהו וחשבו כי לדקיהו שהמליכו כשהיה בן כ"א שנה הוא ימלוך תחתיו. ואין טענה ממלכות יהואחז כי עס הארץ המליכוהו ולא שמעו דבריו כי לא מלך רק שלשה חדשיס.וכאשר בפרשה דבר לפרס והוא ואל לדקיהו מלך יהודה . והנה ירמיה מספר זה הדבר של המטוות אל לדקיהו בעת מלכו אחר גלות יהויכין ואמר לו הביאו צוארכים בעול מלך בבל ושם כתוב ויהי בשנה ההיא בראשית ממלכת לדקיהו מלך יהודה ועמס בשנה הרביעית שמרד יהויקים במלך בבבל.ויש תיקון אחד שהמטוות תקנם ירמיהו ברישית ממלכת יהויקים בשלה' בשנה ר.שונה למלכות לדקיהו. רק אין טעם לתיקון הזה ומארצא גדול היה בספרד והוא פירש ספריס בדקדוק ופירש ואמר כי לדקיהם תחת יהויקים וככה אמר ואחרי אבשלום לא נטה כי הוא שלמה ויהי ביס השביעי שהוא הרביעי שהר שהוא העם וככה מלות רבות כמו מאחים. ואת כולם ישא רוח כי אין יתכן בלשון באלם מלה אחרת והאומר כזה מהמשוגעיס הוא נחשב וכבר פירשתי כולס וטוב לו שיאמר לא ידעתי ולא יהפך דברי אלהיס חיים : (ב) ויתן ומקצת כלי בית האלהים כי בגלות יהויכין הובאו את ני כי כן כתיב כלי חמדה אל בבל כלי בית ה' ואוצרות בית

מצודת ציון

א (א) ויצר . מלשון מלור וענינו הקפה החיל על.סעיר להליר להם חזר ועלה עליו וכמו שנאמר בדברי הימים ב' : (ב) ומקצת כלי
וגו' . כי מס נשארו ולקחה בגלות יכניה . ועוד נשארו מהם ונקמס

מצודת דוד

בגלות לדקיהו וכמ"ש כי כה אמר ה' וגו' ועל יתר הכלים אשר לא לקחה בגלותו את יכני"ה וגו' בבלה יובאו וגו' (ירמיה כ"ז) :

and besieged it. 2. And the Lord delivered Jehoiakim, the king of Judah, and some of the vessels of the House of God into his hand, and he brought them to the land of

into his hand—As soon as he commenced the siege, he was immediately victorious through God's Providence. We cannot say that Jehoiakim willingly surrendered to him because, were that the case, according to international law Nebuchadnezzar would not have led him away in captivity nor would he have taken the Temple vessels. Nebuchadnezzar, however, did not recognize God's hand in his victory. Instead of thanking Him, he took Jehoiakim and the Temple vessels to the house of his deity to offer thanks to it, and instead of depositing the vessels in the royal treasury, he deposited them in the temple of his idol. Therefore, Nebuchadnezzar's dynasty was punished through these vessels in the days of his grandson, Belshazzar.—[*Malbim*]

and some of the vessels of the House of God—*he took, and some of them remained, as is stated* (in Jeremiah 27:19): *"so has the Lord of Hosts said concerning the pillars, concerning the sea, concerning the bases, and concerning the rest of the vessels, which Nebuchadnezzar did not take into exile* (sic)."—[*Rashi*] Note that the verse reads: "and concerning the rest of the ves-

sels, remaining in this city, which Nebuchadnezzar, king of Babylon, did not take," etc. Indeed, in the *Malbim* edition, the reading is: "and concerning the rest of the vessels remaining in this city." *Rav Saadia Gaon* interprets this as an allusion to the Tabernacle, the tent, and all its vessels, which were not carried off to Babylon because they were hidden by Josiah and Jeremiah. [This presents some difficulty, because at that time Nebuchadnezzar did not take even all of the visible vessels, but he took some of them with the exile of Jeconiah and the exile of Zedekiah.]

and he brought them to the land of Shinar, to the house of his god— *to praise his idols; he brought the entire captivity there, even the people, and the vessels he brought afterwards to the treasury.*—[*Rashi*] *Rav Saadia Gaon* interprets בֵּית אֱלֹהָיו in a unique manner: the house of his ruling and judgment. *Midrash Daniel* explains that he brought the vessels to his idol's temple as an offering, like the Philistines, who sent their offering with the Ark when they returned it. Then they deposited them in the treasury designated for that deity.

שִׁנְעָר בֵּית אֱלֹהָיו וְאֶת־הַכֵּלִים הֵבִיא בֵּית אוֹצַר אֱלֹהָיו: ג וַיֹּאמֶר הַמֶּלֶךְ לְאַשְׁפְּנַז רַב סָרִיסָיו לְהָבִיא מִבְּנֵי יִשְׂרָאֵל וּמִזֶּרַע הַמְּלוּכָה וּמִן־הַפַּרְתְּמִים: ד יְלָדִים אֲשֶׁר אֵין־בָּהֶם כָּל־מְאוּם וְטוֹבֵי מַרְאֶה וּמַשְׂכִּלִים בְּכָל־חָכְמָה וְיֹדְעֵי דַעַת וּמְבִינֵי מַדָּע וַאֲשֶׁר כֹּחַ בָּהֶם לַעֲמֹד בְּהֵיכַל הַמֶּלֶךְ וּלְלַמְּדָם סֵפֶר

ת"א ילדים . סנהדרין צג . עקידה שער לה : וגנמדם ספר . חולין כד : ולשון
יתיר א'

רש"י

הביא שם את השביה כולה אף את האנשים ואת הכלים הביא אה"כ בית האוצר : (ג) הפרתמים . דוכסים : (ד) ואשר כח בהם . פירשו רז"ל שיהיו חוסן עצמן מן

פרי תואר : (ד) ילדים אשר אין בהם כל מאום . ואפילו סירטא של הקזת דם : וטובי מראה . לא שחורים ולא לבנים יותר מדאי : ומשכילים בכל חכמה שייודעים להשיב בכל דבר שישאלום : ויודעי דעת . בכל דבר שישמעו : ומביני מדע . שהן בקיאים

אבן עזרא

המלך : (ג) ויאמר . זה חשמנו היה סרים והוא היה פקיד על כל הסריסים המשרתים וגטיו וכתיב בדברי יהזקאל והיו סריסים בהיכל מלך בבלג . רב . גדול כמו קרית מלך רב

וגו' יסת כי הם דניאל וחביריו ורחמיתו שאמר מזרע המלוכה . ולא דבר נכונה הוא כי הכתוב . ויהי בהם מבני יהודה ואחרים מזרע המלוכה שהיו סריסים ולא תמצא בדניאל שהיה סריס רק כתוב עליו ועל חביריו ילדים אשר אין בהם כל מום ואין מום קשה מן הסרים . ודניאל וחביריו לא לוה המלך ללמדם ספר שהוא מכתב כשדים ולשונם רק שימעמדו לפני המלך ולא לפני נשיו ואם טטן הטוען אם דבריך אם הפקיד המלך עליהם שר הסריסים התשובה כי לוה המלך לבקם מישראל ילדים וטובי מראה והנבלים עד היום נודעים במשכב וכור . ועוד כ"א יסורם הגמר תחסר דעתו והוא מבקש להיותם העומדי' לפניו יודעי כל חכמה כאשר פירשתי.ורבי יהושע אמר כי מלת סריסים בלשון הקודש על שני טעמים האחד מסורסים והשני משרתים ושר הסריסים היה שר על משרתי המלך.וכמוהו עם הסריסים והגבורים ואין צורך כי הסריסים היו שרים על הגבורים כטבור היותם עבדי המלך דוד והוא לא סרסם רק כך לקהם בשביה והיו שומרי נשיו כמשפט המלכים עד היום.וכמוהו את נשי המלך ואת פריסיו וכתוב ומן הפיר לקח סרים אחד אשר הוא פקיד על אנשי המלחמה . ומלת הפרתמים זרה ולא תמצא במקרא רק במגלת אסתר מולי הולשון כשדים או פרסיים כמו סגניס: (ד) ילדים . כמו עור ופסח שאינם ראויין לעמוד לפני מלך על כן כתוב עור ופסח לא יבא אל הבית והטעם בית מלכות דוד : וטובי מראה . שלא יהיו ירקרקים וגראים כמו חולים: ומשכילים בכל חכמה. שידעו בתחלת הדבור המדבר מה שהיה בדעתו לדבר באחרונה כי יש חכמים רבים לא ידעו זה עד סוף דבר המדבר: ומביני מדע . שיוכלו להבין לאחרים מה שים בלבם וכמדם כמו גם במדעך מלך אל תקלל כי יש חכמים ילאו להוציא לשונגס מה שים בלבם כי אם בדרך רחוקה ונאמרות מקלקלות: ואשר כח בהם :

מנחת שי

(ג) ומזרע המלוכה . במקלה דסוסיס יסניס כתוב מזרע בלא ואו וכן מלאתי בכ"א כ"י קדמון ספרדי אבן ברוב הספרים כולא"ו : (ד) מאום . כמו מום ונכתב באל"ף וא"ו ועיין מ"ש במלכים כ' כ':

מצודת דוד

בית אלהיו . בתמלה הביא מת הכל אל בית אלהיו ואף את האנשים לגלם לחלהי וליחן לו תודה על הנלמון ואחר כך הביא כלי בית המקדש אל בית האולר : (ג) רב סריסיו . שר וגדול על הסריסים: ומזרע המלוכה . כ"ל והם יהיו מזרע המלוכה והם פלמס יהיו מן הפרחמים כ"ל מגודלים בטוסר וממשלה : (ד) כל מום . כ"ל ובמ . וטובי מראה . כלוכן וכהירוס : בכל חכמה . יסיו משכילים בכל מיני חכמום : ויודעי דעת . כ"ל בחמלת אמרי המדבר ישכילו לדעת מה שלומר לבסוף : ומביני מדע . כ"ל שיהיו לשים כלשונותם כמיסב הדבור לסכין אל זולם מה במדעי לבבם ומחשבתם .

מצודת ציון

(ב) שנער . סיא נבל על סס שנגפלרו בה מתי המבול כי סיא עמוקה מכל סעולם : (ג) סריסיו . שריו : הפרתמים . ענין שררה וכבוד וכן מיל פרס ומדי הפרתמים (מבתר א') וסיא מלה זרה ומלון כשדים וכמוהו רביס ימלא בזה הספר אשר אין לדעם כלימורס כ"א לפי הקרוב לעגים (ד) מאום . כמו מום . כדע . ענין מחטבה כמו גם במדעך מלך

רס"ג

אלהיו. בית ממשלתו ודינו כענין שנאמר ואתת תהיה לו לאלהים וכתיב אשר ירשיעון אלהים : בית אוצר אלהיו . בית האליל שלו : (ג) לאשפנז . איש פניו זועפים: להביא מבני ישראל . ולא מבני לוי . ובזרע המלוכה . מבית דוד ולא ממלכי ישראל . ומן הפרתבים . פירי תמים כתפוח הזה . שאין בו מום ויפה

---

who understand how to express their thoughts—There are many savants who cannot explain their thoughts and wisdom to others. Nebuchadnezzar wished only for such youths who could express their

ideas to others.—[*Ibn Ezra, Mezudath David*]

and who have strength—*Our Sages explained (Sanh. 93b): that they should restrain themselves from laughing, speaking, and sleeping out*

Shinar, to the house of his god, and the vessels he brought to the treasury of his god. 3. Then the king said to Ashpenaz, his chief officer, to bring from the Children of Israel, from the royal seed, and from the nobles. 4. Youths in whom there is no blemish, of handsome appearance, who understand all wisdom, [who are] erudite in knowledge, who understand how to express their thoughts, and who have strength to stand in the king's palace, and to teach them the script

3. Ashpenaz—*Rav Saadia Gaon* sees this name as a combination of אִישׁ פָּנָיו זוֹעֲפִים, *a man with a troubled face.*

his chief officer—Heb. רַב סָרִיסָיו, the chief of his appointed men.— [*Mezudoth, Midrash Daniel*] In the name of the Peshitta, *Ibn Ezra* appears to interpret it to mean "his chief eunuch," since he mentions that Ashpenaz was the head of the other *sarisim* and was appointed over the harem. He explains further that the youths were put in the care of a eunuch, rather than a normal male, who might abuse them homosexually.

from the Children of Israel—not from the tribe of Judah, but from the tribe of Benjamin and other tribes. [Apparently, from the tribe of Judah he wished to have only those of royal blood, as below.]—[*Midrash*]

from the royal seed—from Solomon's descendants.—[*Midrash*]

the nobles—Heb. הַפַּרְתְּמִים, *dukes.*—[*Rashi*] *Midrash*, too, defines the word to mean nobles in Persian.

Rav Saadia Gaon explains:

from the Children of Israel—but not from the Levites.

from the royal seed—of Judah, but not of Israel. הַפַּרְתְּמִים-פְּרִי תָמִים, *perfect fruit*, like an apple that has no blemishes. *Mezudath David* explains:

from the Children of Israel— who are of royal descent and nobility, i.e., reared in wealth and rulership. *Malbim* explains that Nebuchadnezzar ordered Ashpenaz to bring youths, either from the populace, the royal family, or from the nobles, and they would be appointed to posts according to their lineage: those of royal descent would be appointed to stand in the palace, those of nobility would govern the Jews remaining in Judea, and the sons of the common people would act as servants.

4. in whom there is no blemish—even a puncture made by a lancet.—[*Sanh.* 93b]

of handsome appearance— whose appearances please all people.—[*Midrash*]

who understand all wisdom— well versed in all subjects.— [*Mezudath David*]

erudite in knowledge—to understand a person's intention before he concludes his speech.— [*Ibn Ezra, Mezudath David*]

וְלָשׁוֹן כַּשְׂדִּים: ה וַיְמַן לָהֶם הַמֶּלֶךְ דְּבַר־יוֹם בְּיוֹמוֹ מִפַּת־בַּג הַמֶּלֶךְ וּמִיֵּין מִשְׁתָּיו וּלְגַדְּלָם שָׁנִים שָׁלוֹשׁ וּמִקְצָתָם יַעַמְדוּ לִפְנֵי הַמֶּלֶךְ: ו וַיְהִי בָהֶם מִבְּנֵי יְהוּדָה דָּנִיֵּאל חֲנַנְיָה מִישָׁאֵל וַעֲזַרְיָה: ז וַיָּשֶׂם לָהֶם שַׂר הַסָּרִיסִים שֵׁמוֹת וַיָּשֶׂם לְדָנִיֵּאל בֵּלְטְשַׁאצַּר וְלַחֲנַנְיָה שַׁדְרַךְ וּלְמִישָׁאֵל מֵישַׁךְ וְלַעֲזַרְיָה עֲבֵד נְגוֹ:

ת"א וימן. סוכה לט. ולגדלם. חולין כד : ויהי בהם. סנהדרין צג :

וישם

רש"י

השחוק ומן השיחה ומן השינה מפני חימת מלכות ושמעמידי' עלמם כשנלרכים לנקביהן: ולולמדם ספר. מוסב על אשר כח בהם : (ה) וימן. ל' הזמנה: מפת בג. הוא שם מאכל המלך בלשון כשדים. ויש פותרים פת בג לחם ואין נראה כן שהרי כתיב ויהי המלצר נושא את פת בגם ונותן להם זרעונים ואין זרעונים חליפי לחם אלא חליפי תבשיל : (ז) בלטשאצר . על שם עכומ"ז של בבל שקרויה בל שנא' [...]

רס"ג

בעצה . ואשר כח בהם . שהם יכולים לסבול צרכי נקביהן והשחוק והשינה : וללמדם ספר ולשון בשדים . זה המכתב והלשון . פ"א ויתן ה' בידו וכל לא כתב כי לקח את יחוקים בבלה אלא כתב ויאסרהו בנחושתי' להוליכו ולא כתב ויוליכהו ולא כתב ויביאהו אלא ויביאם כלל כי ביאת כלי בית המקדש : הפרתמים . בדעתי שאינו לשון קדש אלא עם ומלכות : וללמדם ספר . הוא כתב וספר ודוא כותב והוא קורא בלש"ן כשדים מבלעדי תורגמן : (ה) וימן . ויפקד כמו שנאמר ויטן ח' דג גדול : מפת בג המלך : ממטעמי לחם מאכל המלך בגימטריא פת בג פת בר גימ"ל מתחלף עם רי"ש את בש נר וחיינו פת חטים כמו לשבור בר ופת נקייה כמו נשקו בר : ומטין משתיו . בארב וקונדיטון ועסיס: ומקצתם . כט"ש מקץ שבע שנים כלומר בסוף של שלש שנים האלו אחר שינדלו בפלטין שלו . פ"א . ובקצתם מקצת מהם ישמשו את המלך ומקצת' כדי לעמוד בהיכל המלך שיהיו חכמים במלאכתן של המלכים : (ו) ויהי בהם . (ז) וישם לדניאל בלמשאצר . סורע חזקיהו כמ"ש לו ישעיה הנביא ומבניך אשר תוליד יקחו והיו סריסים בהיכל מלך בבל : (ז) וישם לדניאל בלמשאצר . כך תרגמו אנשי לבב דניאל דיין של אלדיין . טוב ונאמן . בלמשאצר . בל ע"ג שנאמר כרע בל . מש אצר צפן אצר כמו משו במצודתם שמר אוצר של בבל : ולחנניה חונן ורך . מישאל ששאלתו אמר

אבן עזרא

להסתיר העיטוש ויהיו עומדי' תמיד לספיו וסיוכלו לסבול בשע' לרכ' והנה נוה לבקם מי שנמלאו בו אלה המדו' ולא נמלאו בילד פחות מט"ו שנה והנה אין נורך ללמדם בשלם שנים כיאם כתב שדים ולשונם לדבר עם המלך בלשונו והנה גדולים ילאו מירושלים והנה דניאל ילא בן ע"ו שנה בלכת יהויקים לבבל ושמונה שנים מלך והנה כ"ג וי"א לדקיהו והנה ל"ד וע' שנה והנו זקן מאוד בימי אחשר חולי כבר מת ולא עלה אל בית שני ואיננו שבנבר בראיו' גמורות: (ה) וימן . פועל יולא והטעם לתת להם מנות . ופירוש בג מאכל וכתיב . במקרא ונתתיך לבן וקרי לבז ומעטם קרוב חולי טעם פג הבשר המבושל . ומין משתיו . ולא נכתב ומין משתהו כי יש יום ידוע לשתות יין לבן או חדום או יין מקום פלוט ידוע . וטעם ולגדלם להרגילם לעמוד ולדעת משפטי המלוכה וזה הוא אשר כח בהם : ומקצתם . י"א ומקלת הילדים . ומקלת כלי בית האלהים. ומקלה אחיו גם הוא נכון והוא שפירשו בסוף השנים הנזכרות והנה כמוהו ומקלת ימים עשרה : (ו) ויהי . טעם מבני יהודה כי היו בירושלים מבני בנימין ואלה מינם אחיים כי הכתוב אומר ובעו דניאל וחברוהי להתקטלא : (ז) וישם . כאשר קרא פרעה שם יוסף לפנת פענח,ורב סעדיה אמר כי בל שם לשון

מנחת שי

(ה) מפת בג.ברוב ספרים כ"י מדוייקי' כל פת בג סבטנין כ' מלין ומקיף ביניהון וכן משמע מהשרשים שלש בג וקן בס"א בס"ם נמסל פ"ז דין וכל לישנא חרמין עלין כתיב וקרי :

מצודת ציון

אל מקלע (קהלת י') : ספר . ר"ל כתב הנכתב בספר : (ס) וימן . פנין הזמנה כמו וימן ה' דג (יונה ב') : מפת בג . ענין מאכל :

מצודת דוד

ולטלוב מהשחוק והשינה וכדומה למען יעמדו בהכל מלך מבלי שום מכיעה וכאשר למוי והגון . וללמדם ספר . מוסב על המקרא שלפניו גומר להביא מבני ישראל וגו' וללמדם ספר וגו' והוא המכתב וסלשון : (ס) וימן לחם המלך . כל זה מן דברי המלך שאמר לאמספנו הנה המלך יזמין להם בכל יום דבר הלריך להם ביומו מן מאכלי המלך ומן היין אשר שתה הוא (ואף שנבוכדנלר עלמו היה אמל כמדבד בעדו) וכן דרך המקרא ולמ"ש וישלח וגו' ואת שמואל (שמואל א' י"ב) עם כי שמואל עלמו היה המדבד וכן רבים כמוהו) . ולגדלם . כאומן זה יסיו מגודלים שלש שנים למען יסיו נרלים יסיס וכעלי בשר . ומקצתם . מקלה שלשת השנים יעמדו בתמידיות לפני המלך לשמש אותו בכל עת : (ו) ויהי בהם . באומן סילדים אשר סביא אסכנז לדבר המלך ולתוםפסות ביאור אמר מבני יהודה ר"ל מזרע מלכי יהודה ומה שפתחס למטלס פיר'. כאן. דניאל וגו' . כי רבים הביא מזרע הביא מלכי יהודה והם היו דניאל וגו' : (ז) שמות . מלבד שמוסם מן סליזה : בלמשאצר . חולי המלא

Therefore, three years was sufficient for the test. Other subjects, however, require five years, like the Levitic service in the Tabernacle, for which

the Levites trained from age 25 to 30. In rebuttal, Rabbi Jose replies that the Levitic service was more difficult than other disciplines. Therefore, the

and the language of the Chaldeans. 5. The king allotted them a daily portion of the king's food and of the wine that he drank, and to train them for three years, and at the end thereof, they would stand before the king. 6. Now there were among them, from the Judahites, Daniel, Hananiah, Mishael, and Azariah. 7. And the chief officer gave them names: he called Daniel Belteshazzar, Hananiah Shadrach, Mishael Meshach, and Azariah Abed-nego.

of fear of the throne, and resist the urge when they feel the need to relieve themselves.—[*Rashi*]

and to teach them the script—*This refers back to "who have strength."*—[*Rashi*] [i.e., they should bring youths who have the ability to be taught the script and language of the Chaldeans.] *Mezudath David* connects this phrase with "to bring from the Children of Israel ... and to teach them, etc."

5. **allotted**—Heb. וַיְמַן, *an expression of preparation.*—[*Rashi*]

And the king allotted them—He commanded that they be given adequate portions for each day.—[*Midrash*] *Mezudath David* interprets this verse in the future as part of the king's command to Ashpenaz, instructing him to allot them daily what they would need for each day. He speaks in the third person as is found often in Scripture.

of ... food—Heb. פַּת בַּג. *That is the name of the king's fare in the language of the Chaldeans. Some interpret פַּת בַּג, [as] bread, but it does not appear correct, for it is written* (below verse 16): *"The steward would take away פַּת-בָּגָם ... and give them pulse." Now pulse is not a substitute for bread, but a substitute for cooked food.*—[*Rashi*] *Ibn Ezra, Ibn Ganah (Sepher Hashorashim,* p. 55), and *Isaiah da Trani* also define it as cooked food, supporting their theory with Ezekiel 25:7: "And I shall deliver you to be devoured (לְבַג) by the nations." *Midrash Daniel*: bread and accompanying foods. *Rav Saadia Gaon*: wheat bread.

and of the wine that he drank—lit. and of the wine of his drinkings; the various wines that the king would drink on different occasions.—[*Ibn Ezra*]

and to train them for three years—In the Talmud (*Hul.* 24a), Rabbi Jose understands this verse to mean that in three years the youths were expected to master the Chaldean language. Should they fail to do so in that time, it would be useless to continue. This proves that if a student does not master his subject in three years, he will not succeed at it. The Sages, however, differ with Rabbi Jose, maintaining that the Chaldean language was easy.

ח וַיָּשֶׂם דָּנִיֵּאל עַל־לִבּוֹ אֲשֶׁר לֹא־יִתְגָּאַל בְּפַת־בַּג הַמֶּלֶךְ וּבְיֵין מִשְׁתָּיו וַיְבַקֵּשׁ מִשַּׂר הַסָּרִיסִים אֲשֶׁר לֹא יִתְגָּאָל: ט וַיִּתֵּן הָאֱלֹהִים אֶת־דָּנִיֵּאל לְחֶסֶד וּלְרַחֲמִים לִפְנֵי שַׂר הַסָּרִיסִים: י וַיֹּאמֶר שַׂר הַסָּרִיסִים לְדָנִיֵּאל יָרֵא אֲנִי אֶת־אֲדֹנִי הַמֶּלֶךְ אֲשֶׁר מִנָּה אֶת־מַאֲכַלְכֶם וְאֶת־מִשְׁתֵּיכֶם אֲשֶׁר לָמָּה יִרְאֶה אֶת־פְּנֵיכֶם זֹעֲפִים מִן־הַיְלָדִים אֲשֶׁר כְּגִילְכֶם וְחִיַּבְתֶּם

ת"א וישם דניאל, ע"ג לו (מ"א):

רש"י

די שמיה בלטשאצר כשום אלהי (לקמן ד') טשאצר לשון חכמה בלשון ארמי: (ח) יתגאל. ל' לכלוך: (מ) שר הסריסים. שהיה שר על משרתי המלך: (י) אשר מנה. אשר הזמין וסיפק: כגילכם. דוגמתכם ולשון משנה הוא בן גילו: וחיבתם את ראשי למלך. תגרמו לי להתחייב זועפים. כל מי שהוא ביצטער במאכל ובמשתה שיחסר לו או אותם והנם זועפים והמתרגמן תרגם נסיסין ופתרונו צעורים כבנין גולה שלכם כלומר כגולתכם כמו וגולה על ראשה:

אבן עזרא

כשדים וכן נר וככה נבוכדנצר בלשנו שבבלי ושם כל מסורם הוא כשום אלהי ושדרך מישך לשון כשדיס הס והגאון אמר מסורה גם היין אסור וכתוב אמר לנסכא ליה כמשפט ולרחמים בעיני שר הסריסים והוא לא עשה בקשתו והוא השיב שלא גילה סודו למלך כי לא יחייהו: (י) ויאמר. כתוב מאכלכם והוא הפת והנב, ומשתיכם לשון רבים אשר ישתה המלך בימי הקין והחורף ממנו ישתונ גס הס זועפים. כפני אנשים זועפים: כגילכם. אין לו ריע במקרא רק בדברי קדמונינו בן גילו: וחיבתם. מגזרת

רמ"ג

שם מאל. מושך ומי שרואה מיד משכך כעסו וי"א מושך אצל חכמתו. עזריה עזר יה. עבד נגו עבד נבו בי"ת מתחלף עם גימ"ל כלומר עבד לע"ג הוא: (ח) וישם דניאל על לבו. שהיה קורא קריאת שמע בכוונת הלב כמ"ש ושמתם את דברי אלה על לבבכם: אשר לא יתגאל. שלא לטנף עצמו במאכל ובמשתה שלהם כמו נגואלו בדם וכן לחם מגואל ופירושו מנועל בחילוף אל"ף בעי"ן: (י) אשר מנה. אשר זימן כמ"ש ויזן להם המלך לו או בשום צער אחר פניו לא יובהקו זולתי יוזעפו כדכתיב וירא עורים: כגילכם. כיוצא בכם בקומתכם כמו בן גילו של ראש והפשר שה: וחיבתם את ראשי. שיתיז את ראשי המלך שיאמר שפשעתי

מנחה שי

(י) כגילכם. מלא יו"ד כתיב:

מצודת ציון

(ח) יתגאל. ענין לכלוך וטנוף כמו לחם מגואל (מלאכי א'): (י) מנה. הזמין: זועפים. ל"ל רעים והוא מלשון זעף וכעס כי כ'ועם נשתנה מראית פניו לרוע: כגילכם. בן גילו

מצודת דוד

כ"ז'מ יורה בלשון כשדים כמו דניאל בלה"ק וכן יתר השמות (ח) וישם. חשב בלבו והתקותרך בדבר: אשר לא יתגאל. במאכלי האיסור וביין נסך: ויבקש. שאל ממנו למנוע מאתו פת בג והיין לבל יתגאל: (ט) לחסד ולרחמים. עס כי הוא לא מילא שאלתו מכל מקום נחסד יחשב מה שלא גער בו והשיבו בדברים רכים והיה מטלים עין במטשה המלך זומין וקבץ מאכלכם ואיך אשנה את דברו. אשר למה יראה. אשר למה יראה פניכם זועפים ורעים מן פני יתר הילדים. וחיבתם. והיה ט"י חייב את ראשי למלך כי כן משפט המלך להתיז את הראש של מי אשר ימרה את דברו:

---

9. the chief officer—*who was the chief over the king's servants.—* [Rashi]

10. who allotted—*who prepared and provided.—[Rashi]*

like you—Heb. כְּגִילְכֶם, *of your likeness. It is the language of the Mishnah; one of his likeness.—* [Rashi from B.M. 27b, 30b, Ned. 39b] Note that *Rashi* to *Bava Mez'ia* 27b defines גיל as one born at the same time, hence born under the same sign of the Zodiac. *Aruch* defines it as one of the same

8. Daniel resolved not to be defiled by the king's food or by the wine he drank; so he requested of the king's chief officer that he should not be defiled. 9. God granted Daniel kindness and mercy before the chief officer. 10. And the chief officer replied to Daniel, "I fear my lord the king, who allotted your food and your drink, for why should he see your faces troubled more than the youths like you? And you will forfeit

testing period was five years. *Mezudath David* explains that in this manner they would become handsome and fleshy in three years time.

and at the end thereof—lit. and at their end, at the end of three years. It may also be rendered: and some of them.—[*Ibn Ezra, Rav Saadia Gaon*] *Isaiah da Trani* and *Mezudath David* follow the former interpretation, hence our translation.

6. Now there were among them—i.e. among the captives.—[*Rav Saadia Gaon*]

from the Judahites—Rabbi Eleazar says that all of them were from the tribe of Judah. Rabbi Samuel son of Nachmani says that only Daniel was from the tribe of Judah; the others were from the other tribes.—[*Sanh.* 93b] *Mezudath David*, following his view above, in which he maintains that only those of royal descent were to be brought, explains that among those brought to the king by Ashpenaz were the children from Judah of royal descent, Daniel, etc.

7. Belteshazzar—*He named him after the god of Babylon, which was called Bel, as it is said (4:5): "whose name is Belteshazzar, like the name of my god." Teshazzar is the Aramaic*

expression denoting wisdom.—[Rashi]

Abed-nego—Servant of Nebo. Here, the "beth" changes to a "gimmel." This, too, is the name of a Babylonian deity.—[*Rav Saadia Gaon*] *Midrash Daniel* deduces from here that since the king gave them these names, Jews may call them by these names even though they are derived from the names of pagan deities. He goes further to say that we, too, may give such names, as in I Chronicles 3:18 and in Ezra 1:8.

8. Daniel resolved—Rav holds that Daniel resolved for himself and instructed all of Israel to drink neither wine nor oil of gentiles, oil being derived from the plural form of מִשְׁחָיו. Samuel, however, maintains that Daniel resolved for himself but did not instruct others. Even according to Rav, in later times, the prohibition of using the oil of gentiles was repealed, since it was not generally accepted.—[*Avodah Zarah* 36a]

not to be defiled—Heb. לֹא יִתְגָּאָל, *an expression of sullying.*—[*Rashi*]

so he requested—He requested that he should withhold the king's food and wine from him, lest he become defiled.—[*Mezudath David*]

אֶת־רֹאשִׁי לַמֶּלֶךְ: יא וַיֹּאמֶר דָּנִיֵּאל אֶל־הַמֶּלְצַר
אֲשֶׁר מִנָּה שַׂר הַסָּרִיסִים עַל־דָּנִיֵּאל חֲנַנְיָה מִישָׁאֵל
וַעֲזַרְיָה: יב נַס־נָא אֶת־עֲבָדֶיךָ יָמִים עֲשָׂרָה וְיִתְּנוּ־
לָנוּ מִן־הַזֵּרֹעִים וְנֹאכְלָה וּמַיִם וְנִשְׁתֶּה: יג וְיֵרָאוּ
לְפָנֶיךָ מַרְאֵינוּ וּמַרְאֵה הַיְלָדִים הָאֹכְלִים אֵת פַּת־בַּג
הַמֶּלֶךְ וְכַאֲשֶׁר תִּרְאֵה עֲשֵׂה עִם־עֲבָדֶיךָ: יד וַיִּשְׁמַע
לָהֶם לַדָּבָר הַזֶּה וַיְנַסֵּם יָמִים עֲשָׂרָה: טו וּמִקְצָת
יָמִים עֲשָׂרָה נִרְאָה מַרְאֵיהֶם טוֹב וּבְרִיאֵי בָּשָׂר מִן

ת״א המלצר . מגלה יג : הא׳ בצירי

רש״י

במזונותיכם : **(יא) המלצר .** הסודר את המנות ואת
צר ממולל וצר : מנה . הקערות שקורין (מאיישטרי״ב אל״ה): **(יב) נם .** לשון נסיון:
עשרה . מן הזרועים . מין קטניות תחת פת בג : **(יג) ובאשר**
להתיז ראשי : **(יא) המלצר .** הסודר את המנות ואת
הקערות שקורין (מאיישטרי״ב אל״ה): **(יב) נם .** לשון נסיון:
נסיונות שנתנסה אברהם אבינו שלא יגרום להם החטא עשרה
נסיונות שנסו אבותינו להקב״ה במדבר : מן הזרועים . הם פול
הלבן ופול המצרי ופול העב והגולבן והאפונים והעדשים והימצין וחימצין וכל כך למה שיעלו ריח רע מפיהם שלא יבאו
עליהן במשכב זכר : **(טו) ומקצת . ולסוף : וברִיאֵי בָּשָׂר .** שמנים ויפים :

רס״ג

(יא) המלצר . מליץ צר . דבר אחר מלצר מל
צר ממולל וצר : מנה . כמו וימן : **(יב) נם נא את עבדיך ימים
עשרה .** באותן הימים שבין ראש השנה ליוה״כ והם כנגד י׳
נסיונות שנתנסה אברהם אבינו שלא יגרום להם החטא עשרה
נסיונות שנסו אבותינו להקב״ה במדבר : מן הזרועים . הם פול
הלבן ופול המצרי ופול העב והגולבן והאפונים והעדשים

מנחת שי

(יג) מראינו . כרוב הספרים מלא יו״ד :

אבן עזרא

הפוריס האלה : **(יא) ויאמר . המלצר .** לשון כשדים הוא נותן המנות והנה פירוש אשר מנה כמו הפקיד ובלשון
חכמים ממונה ולהיותו מגזרת אשר מנה החולק מנות קשה מאוד ואף כי כתוב על דניאל : **(יב) נם .** לשון לוי כמו חל
נא את פני ה׳ וטעם ימים עשרה כי אין יכולת בחי לסבול הרעב רק ט׳ ימים ככה הזכירו בעלי התולדות ותחת פה
בג המלך תן לנו זרעונים הם גרגרים כאשר יזהינו ותחת יין תן לנו מים : **(יג) ויראו .** בסוף עשרה מראינו והזכיר
פת בג המלך ואחז דרך קצרה שלא הזכיר יין : **(יד) וישמע .** אמר יפת בן עלי כי כל יום היה רוחה פניהם עד ימים
עשרה : **(טו) ומקצת . נראה .** הטעם כל מראיהם ויאמר הגאון זה היה נם היה גדול ואין צורך כי היו אוכלים אורו

חבולתו חוב והם שני בניגים ושרשם כמו קס עס קיס דברי

מצודת דוד

(יא) על דניאל וגו׳ . להביא להם את מאכליהם ומשקיהם : **(יב) את
עבדיך .** אמל על עלמו ועל הנגיה מישאל ועזריה מכיריו : ובים
ונשתה . ומים יתגו לנו ונשתה : **(יג) בראינו ומראה וגו׳ .** חלחה
מראות סנינו אל מנול מראות אלו אם יש מה שתנות אנו מאלו :
וכאשר תראה . ולפי מה שתראה ככה תעשה אם לא יהיה פניני
יהיו אז בט״כ נאכל פת בג ונשתה יין : **(טו) מן בל .** עוד יותר מכל

מצודת ציון

(יא) המלצר . הוא המסדל המאכל : אשר מנה :
אשר הפקיד כמו ומהם ממונים על הכלים (דברי הימים א׳ ט׳) :
(יב) נם . מלשון נסיון : הזרעים . מיני זרעונים כקטניות וכיולא :
(טו) ובריאי . עניו שומן כמו ומגלון איש בריא (שופטים ג׳) :

לטיס מפניהם אזי תוסיף לתת לנו מן הזרעונים ומים וגם רטים יהיו אז בט״כ נאכל פת בג . **(טו) מן** בל . עוד יותר מכל

told the steward that they relied on the merit of Abraham, who was tested with ten tests.

some pulse—*a type of beans instead of the food.*—[Rashi] [i.e. instead of the king's fare.] *Rav Saadia Gaon* identifies the pulse as

the white bean, the Egyptian bean, the thick bean, *Vicia sativa*, *Lathuros cicera*, the bean, and a species of small peas. He reasons that they made this request so that they would develop halitosis and discourage homosexual advances.

my head to the king." 11. And Daniel answered the steward whom the chief officer had appointed for Daniel, Hananiah, Mishael, and Azariah. 12. "Now test your servants for ten days, and let them give us some pulse that we should eat, and water that we should drink. 13. And let our appearance and the appearance of the youths who eat the king's food be seen by you, and as you will see, so do with your servants." 14. He heeded them in this matter and tested them for ten days. 15. And at the end of the ten days, they looked handsomer and fatter than

generation or one born under the same sign of the Zodiac. The latter definition is followed by the *Ran* to *Nedarim* ad loc. *Pseudo-Rashi* to *Nedarim* defines it as one of the same age, either both young men or both old men. According to all these interpretations, we should translate it as: youths like [youths of] your age. *Redak (Shorashim* p. 60) follows *Rashi*, basing his definition on *Megillah* 11a, where Ahasuerus is called בֶּן-גִּילוֹ שֶׁל רֹאשׁ, meaning one like Nebuchadnezzar, who saw himself in his dream as a golden head. This is probably *Rashi's* reference.

and you will forfeit my head to the king—*You will bring about that I will be condemned to be beheaded.*—[*Rashi*] The chief officer reasoned that he could not change the menu since the king himself had ordered it, and if the change were detected, he would be condemned to death. He proceeded to reason that his change would easily be detected by their failure to grow and gain weight like the other youths.— [*Mezudath David*]

11. **the steward**—Heb. הַמֶּלְצַר, *the one who arranges the portions and the plates, called maestre sala, seneschal, steward.*—[*Rashi*] Levy writes that this is Spanish or Ladino, spelled mestre sala. Manuscripts read: *senasc(h)al.*

for Daniel—i.e. to serve Daniel and his colleagues their daily fare.— [*Mezudath David*] *Midrash Daniel* explains that when Daniel received no response from the chief officer, he turned to the steward, who was subordinate to the chief officer and who was appointed over the stores of wine, oil, grain, and the general food supplies.

12. **test**—Heb. נַּם *an expression of* (נִסָּיוֹן) *testing.*—[*Rashi*]

your servants—He said this concerning himself and Hananiah, Mishael, and Azariah, his companions.— [*Mezudath David, Midrash*]

ten days—*Ibn Ezra* explains that a human being can endure nine days without food. If they could exist ten days on pulse, that would indicate that they could live on it. *Midrash Daniel* quotes *Midrash Tanhuma* (Vayera 21) which states that they

כָּל־הַיְלָדִים הָאֹֽכְלִים אֵת פַּת־בַּג הַמֶּֽלֶךְ: טז וַֽיְהִי הַמֶּלְצַר נֹשֵׂא אֶת־פַּת־בָּגָם וְיֵין מִשְׁתֵּיהֶם וְנֹתֵן לָהֶם זֵרְעֹנִֽים: יז וְהַיְלָדִים הָאֵלֶּה אַרְבַּעְתָּם נָתַן לָהֶם הָאֱלֹהִים מַדָּע וְהַשְׂכֵּל בְּכָל־סֵפֶר וְחָכְמָה וְדָנִיֵּאל הֵבִין בְּכָל־חָזוֹן וַחֲלֹמֽוֹת: יח וּלְמִקְצָת הַיָּמִים אֲשֶׁר־אָמַר הַמֶּלֶךְ לַהֲבִיאָם וַיְבִיאֵם שַׂר הַסָּרִיסִים לִפְנֵי נְבֻֽכַדְנֶצַּֽר: יט וַיְדַבֵּר אִתָּם הַמֶּלֶךְ וְלֹא נִמְצָא מִכֻּלָּם כְּדָנִיֵּאל חֲנַנְיָה מִישָׁאֵל וַעֲזַרְיָה וַיַּֽעַמְדוּ לִפְנֵי הַמֶּֽלֶךְ: כ וְכֹל דְּבַר חָכְמַת בִּינָה אֲשֶׁר־בִּקֵּשׁ מֵהֶם הַמֶּֽלֶךְ

רש"י

תראה. לפי מה שתראה עשה: (טז) נושא את פת בגם. נוטלו לעצמו: (יח) אשר אמר המלך להביאם. שינאהו

אבן עזרא

הנקרא בלשון ערבי אלריו והוא לכבד מאוד וערב מן ההטה ועושה דס טהור והוא מאכל אנשי הודו ואין להם חטה ונעשו ממנו תבשילים וזה האורז ישגא מאד כאשר יבושל בהלב והכלל כי המעט ממנו משביע והוא כבד במשקליו וגרגיריו דקין מחוד ואינן עגולין ותולדתו חמה ולחה והתימה מחכם גדול שאמר שהוא הדוחן שגרגיריו עגולין ויעמוד שני' רבות ולא ירקב יהוה מאכל רע ותולדתו קרה ויבישה גם במיני קטניות אפונים ואינס אלה הנמצאים בצרפת כי אלה הם קריס ורעיס ומנפחים והאפונים הם נמצאים בספרד ומנצריס ורומא ופרווינצה והם על שלשה מינים מהם לבנים ומהם אדומים ומהם שחורים וזה המין נכבד מכלם ושלשה המינים המים ולחים ומימיהם רפואה לכבד והם מנהילין את הפנים יותר מן היין ויוכל אדם להכיר שאלה שבצרפת

פה להם והנה האורז והאפונים הם את הבשר ועוף כי כל מאכל שהוא ממאכל שאין הנפש אוהבת אותו כתולדת החיים והנה אלו היו אוכלין היה מועיל להם: (טז) ויהי. נושא. ...זכיר היין זכרו עתה. וכו"ן זרעונים ...דבים כמוהם: (יז) והילדים. טעם בכל חכמה רק דניאל הוסיף עליהם פתרון חלומות כי הוא לבדו היה נביא מקצת. בסוף השלש שני': להביאם. דבר. בלשונו: ולא נמצא. מכל לו כאלה ארבעתם: ויעמדו לפני : (כ) וכל. זה יורה כי נבוכדנצר

רס"ג | **וימצאם**

(יז) ודניאל הבין בכל חזון וחלומות. ארבעתם היו חכמים בכל ספר אובה ולשון לקרוא ולכתוב ולפרש ויותר עליהם

מצודת ציון

(יז) חזון. ראיית החלום והוא כפל ענין במלות שונות: (כ) ידות.

מצודת דוד

ילדים וגו': (טז) נושא. נוטל לעצמו: פת בגם. הניתן למאכלם: (יז) ארבעתם. הם דניאל חנניה מישאל ועזריה: מדע והשכל. ידיעה בהם ולהשכיל עוד מולא דבר: בכל ספר. מכתב ולשון כל מבין בכל חזון וחלומים ר"ל לדעת פתרון חלומות: (יח) ולמקצת ה... לעמוד לפניו כמ"ש למעלה: ויביאם. אז הביא את כל הילדים והשכל לכסות חכמת כ"ל: ולא נמצא מכלם. להיות חכמים ומ... להיות עומדים לפניו המיד לשמשו: (כ) חכמת בינה. חכמת הבנת

and they stood—He appointed them to stand before him to serve him constantly.—[*Mezudath David*]

20. **the wisdom of understanding**—the wisdom of deriving one matter from another.—[*Mezudath David*]

the necromancers—*These are the ones who inquire of* טִמֵּי מֵתִים, *the bones of the dead, as you say, "May his bones be crushed,"* שְׁחִיק טַמְיָא.—[*Rashi*] They would insert the bones into their nostrils (נְחִירַיִם), and the bones would tell them the future. It

all the youths who ate the king's food. 16. And the steward would carry away their food and the wine they were to drink and give them pulse. 17. And to these youths, the four of them, God gave knowledge and understanding in every script and wisdom, and Daniel understood all visions and dreams. 18. And at the end of the days that the king ordered to bring them, the chief officer brought them before Nebuchadnezzar. 19. And the king spoke with them, and of all of them, no one was found to equal Daniel, Hananiah, Mishael, and Azariah; and they stood before the king. 20. And in every matter of the wisdom of understanding that the king requested of them,

Ibn Ezra quotes *Rav Saadia Gaon* as stating that it was a great miracle that they survived this test and gained weight. He, however, identifies pulse as rice, which is wholesome food and is consumed in India instead of wheat.

and water—Let them give us water instead of wine, and we shall drink it.—[*Ibn Ezra*]

13. our appearance and the appearance of the youths—You will compare our appearance with their appearance to see whether they differ.—[*Mezudath David*]

appear before you—at the end of ten days.—[*Ibn Ezra*]

who eat the king's food—and drink the king's wine.—[*Ibn Ezra*]

and as you will see—*According to what you see, do.*—[*Rashi*] If our faces do not look worse than theirs, continue to give us pulse and water, and if our faces do look worse, we will be compelled to eat the king's fare.—[*Mezudath David*]

14. He heeded them—Japeth the

son of Eli said that every day, during the ten days, he would look at their faces.—[*Ibn Ezra*]

16. carry away their food—*He would take it for himself.*—[*Rashi*]

17. and Daniel understood—He was superior to the other three in that he was a prophet and they were not.—[*Ibn Ezra*]

18. And at the end of the days—after the three years.—[*Ibn Ezra, Mezudath David*]

that the king ordered to bring them—*that they come before him.*—[*Rashi*]

brought them—Then he brought all the youths to choose which of them would stand before him.—[*Mezudath David*]

19. spoke with them—in words of wisdom in order to test their wisdom.—[*Mezudath David*]

and no one was found—to be as wise and astute as Daniel, Hananiah, Mishael, and Azariah.—[*Mezudath David*]

וַיִּמְצָאֵם עֶשֶׂר יָדוֹת עַל כָּל־הַחַרְטֻמִּים הָאַשָּׁפִים אֲשֶׁר בְּכָל־מַלְכוּתוֹ: כא וַיְהִי דָּנִיֵּאל עַד־שְׁנַת אַחַת לְכוֹרֶשׁ הַמֶּלֶךְ: ב א וּבִשְׁנַת שְׁתַּיִם לְמַלְכוּת נְבֻכַדְנֶצַּר חָלַם נְבֻכַדְנֶצַּר חֲלֹמוֹת וַתִּתְפָּעֶם רוּחוֹ

רש"י

ושנתו לפניו: **(כ) החרטומים.** אלו שואלים בטימי מתים בעצמות מתים כמה דאת אמר שחיק עלמות שחיק טמיא: **האשפים.** אלו שדוחקיס במזל. כך מפורש בתנחומא: **(כא) ויהי דניאל.** בגדולה בבבל עד שנת אחת לכורש המלך לדברי האומר התך זה דניאל ולמה נקרא שמו התך שחתכוהו מגדולתו צריכין אנו לומר שזה כורש הראשון שלפני אחשורוש ולדברי האומר שכל דברי מלכות נחתכין על פיו נאמר כורס זה הוא דריוש השני אחר אחשורוש ובימי דריוש המדי שהשליכו לגוב אריות לא ירד מגדולתו שנאמר (לקמן ו') ודניאל דנא הצלח במלכות דריוש ובמלכות כורש פרסאה למדנו שבימי כורש הראשון (השני) היה בגדולה:

ב (א) ובשנת שתים למלכות נבוכדנצר. אי אפשר לומר כן אלא בשנת שתים לחורבן הבית כך שנויה בסדר עולם וקראו למלכות נבוכדנצר על שהראה זדונו לכנס לתוך דביר מלכו של עולם: **ותתפעם רוחו.** כפרעה שנאמר (בראשית מ"א) ותפעם רוחו לד כ"א שנים לפיכך חייפי' דבשנת שתים לנ"ג מיום שהחריב את ירושלים: **ותתפעם רוחו.** שהיה מקשקש רוחו בקרבו כפעמון ופירשו רבותינו הואיל ונכתב ותתפעם בשני תיי"ן שנטרף בשני טירופים על ששכח החלום ופתרונו שנבפרעה אמר ותפעם זכר החלום: נחיתה. נטרפה כמו נחיתי ונחלית. פ"א ויהי דניאל. עד שנת אחת לכורש שהיה לראש ולקצין על כל יודעי דעת טמים שפתר החלום עד תום כל מלכות בבל עד תום שבעים שנה וגם למלכות דריוש חיה על כל מלאכת דריוש

מנחת שי

ב (א) ותתפעם רוחו. קדמאה דסיפרא ותתפעם תנייגא ותפעם:

אבן עזרא

היה יודע חכמות וימלא כל אחד מאלה ארבעתם יודע עשר ידות על כל חרטום ואשף ויתכן היות עשר לשון רבים כמו מעשרה שליטים בעבור כי עשרה סך מחשבון ובעל ספר יצירה אמר עשר ספירות בלי מה והחרטומים מינם האשפים כי הנה כתוב לקרוא לחרטומים ולאשפים וסם אפרסם: **(כא) ויהי.** הטעם שהיה בכל עד שנת אחת לכורש המלך ואילו היה כתוב עד שנה אחת היה נראה כי שנה שלימה עברה כי נאה שלימה עברה ובאומרו שנת אחת הטעם בתוך השנה:

ב (א) ובשנת. אמר הסבר שהוא שנת שתים למלכות נבוכדנצר על ירושלים אחר שמרד בו לדקיהו והחריבה ור' משה אמר כי ב' שנים נשארו למלכותו ולא מלאנו כדבר הזה בכל המקרא והנכון בעיני למלכותו על כל הגוים שהזכיר ירמיה שיכבסם אז שקט וחשב מחשבות על משכבו מה יהיה באחרית הימים כאשר הזכיר דניאל והזכיר חלומות בעבור שים כללם זהב וכסף ונחשת וברזל וכלי חרם ומנהג החולם לראות דבר א': ותתפעם. כמו נפעמתי ולא אדבר וגזרתם את הולם פעם כאדם שידוקה וידוכה. אמר הגאון כי פרעה ידע החלום ולא ידע פתרונו ע"כ כתוב בפרע' ותפעם רוחו שהוא מבנין נפעל ונבוכדנצר שלא ידע החלום והפתרון כתוב עליו ותתפעם רוחו ח"ב מה יעשה כי זה הוא אומר ותפעם רוחי ויתכן היות דגשות פ"א ותתפעם תחת נו"ן בנין נפעל כי הפועל שהוא עובר הוא נפעל כמו וילחם בישראל או דגשות הפ"א להתבלע תי"ו התפעל והנה יהיה ותתפעם רוחו כמו ותפעם כדרך וכבס המטהר את בגדיו ופירוש נהיתה לי כענין שבום וכמוהו נהייתי ונחליתי וקרוב

מצודת דוד

החרטומי' והאשפים: **(כא) ויהי דניאל.** היה בגדולה בבבל עד שנת וגו' ומאז מנע טעמו ממלאכת המלך ומינה את זרובבל תחתיו: **ב (א) ובשנת שתים.** אחר מורכן הבית ואחר שכבש כל העכו"ס מלך עליוס משב מחשבות מה שיהיה באחרית הימים וכן

מצודת ציון

החרטומים. סם חכמי הטבע: **האשפים.** סם חכמי הרפואה: **ב (א) ותתפעם.** ענין הכאה וקשקוש וכן ויהי צבוקך ותפעם: **לא** החלום וכמ"ס בפתרון החלום: **חלומות.** לפי שהיתה מעניניס חלומות. נשימתו היתה מקשקשת בו כדרך

---

insolence by entering the Inner Sanctum of the Sovereign of the Universe.—[Rashi]

and his spirit was troubled—

Heb. וַתִּתְפָּעֶם רוּחוֹ, lit. and his spirit throbbed. *Concerning Pharaoh it says* (Gen. 41:8): וַתִּפָּעֶם רוּחוֹ, *for only the interpretation of the dream was*

he found them ten times better than all the necromancers and astrologers in all his kingdom. 21. And Daniel was there until the first year of King Cyrus.

2

1. Now in the second year of Nebuchadnezzar's reign, Nebuchadnezzar dreamed dreams, and his spirit was troubled,

may also mean that they would warm themselves with the bones of the dead (גְחָרִים), and these bones would tell them the future.—[*Mizrahi*, Gen. 41:8]

the astrologers—*These are the ones who "press" the constellation. So it is explained in Tanhuma (Miketz 2, Buber, Miketz 4).—[Rashi] i.e., the savants who gaze at the stars and know the wisdom of astronomy.—[Midrash]* [The meaning of "pressing" the constellation is obscure.]

21. **And Daniel was there**—*in greatness in Babylon until the first year of King Cyrus. According to the one who says that Hathach (Esther; 4:5, 6, 9, 10) is Daniel; and why was he called Hathach? Because he was cut off* (חֲתָכוּהוּ) *from his greatness;* [according to his explanation] *we must say that this is Cyrus I, who preceded Ahasuerus. But according to the one who says that all royal affairs were decided* (נֶחְתָּכִים) *by his orders, we must say that this Cyrus was Darius II, [who came] after Ahasuerus, and in the days of Darius the Mede, when they cast [Daniel] into the lions' den, he was not demoted from his greatness, as it is said (6:29): "And this Daniel*

prospered during the reign of Darius and during the reign of Cyrus the Persian." We learn that during the days of Cyrus I he was [still] *in his greatness.—[Rashi]* [*Rashi* alludes to *Megillah* 15a, where Rav and Samuel differ as to why Daniel was called Hathach in the Book of Esther. He also alludes to *Rosh Hashanah* 3b, where the Talmud tells us that Darius II was also called Cyrus. How *Rashi* reconciles the first view with the verse in chapter 6 is obscure, for there it states definitely that Daniel occupied an important government post during the reign of Darius I and Cyrus I. Perhaps it means the first year of Cyrus's reign. *Rashi* in *Megillah* states that when Ahasuerus ascended the throne, Daniel was demoted. That does not follow our verse, no matter how we identify Cyrus.]

2

1. **Now in the second year of Nebuchadnezzar's reign**—*It is impossible to say this, except that* [it happened] *in the second year after the destruction of the Temple. So it is taught in Seder Olam (ch. 28), and Scripture called it "of Nebuchadnezzar's reign," because he demonstrated his*

וִשְׁנָתוֹ נִהְיְתָה עָלָיו: ב וַיֹּאמֶר הַמֶּלֶךְ לִקְרֹא לַחַרְטֻמִּים וְלָאַשָּׁפִים וְלַמְכַשְּׁפִים וְלַכַּשְׂדִּים לְהַגִּיד לַמֶּלֶךְ חֲלֹמֹתָיו וַיָּבֹאוּ וַיַּעַמְדוּ לִפְנֵי הַמֶּלֶךְ: ג וַיֹּאמֶר לָהֶם הַמֶּלֶךְ חֲלוֹם חָלָמְתִּי וַתִּפָּעֶם רוּחִי לָדַעַת אֶת הַחֲלוֹם: ד וַיְדַבְּרוּ הַכַּשְׂדִּים לַמֶּלֶךְ אֲרָמִית מַלְכָּא לְעָלְמִין חֱיִי אֱמַר חֶלְמָא לְעַבְדָיךְ וּפִשְׁרָא נְחַוֵּא:

ת"א לְמֶלֶךְ אֲרָמִית . כותב כל :   יתיר י'   ענה

רש"י

נאמר ותפעם רוחו (בראשית מ"א) שלא נעלם ממנו אלא פתרון החלום וכאן שנעלם ממנו גם החלום נכפלת הלשון ותתפעם. לשון פעימה ושלימה . (ובחומם פירש"י ז"ל לשון נקישה): נהיתה . עליו לשון שבריון כמו (יחזקאל ז') הווה על הווה: (ד) לעלמין חיי. לעולם יחיה : אמר חלמא

רס"ג

עד שנת אחת לכורש המלך ואחרי כן עזדנו חי ואולם מנע נפשו כמלאכת הכלכים ומינה את זרובבל תחתיו על כן בצאנו אותו בשנת שלש לכורש מתאבל ומתענה כ"א יום ואם היה במלאכת המלך לא היה יכול לחדול כמלאכת המלך אלא כל הימים במלכות בבל ודניאל בתרע מלכא תמיד וגם בימי דריוש סרבין תלתא ד' דניאל חד מנהון ובימי כורש חדל : ובשנת שתים לנ"נ ודניאל פתר חלומותיו . והלא כבר נאמר ולנדלם

שנים שלש וכתב ולמקצת הימים אשר אמר המלך ומן השחבון דע כי בשנת שתים חלם עד תום הימים לגדלם שנים שלש ועוד לא באו לפני המלך ועל כן שאל בן הכשדים לבאר חלומו כי עדיין דניאל לא בא לפני המלך : נהיתה עליו . לשון שכחה : חלם . חלומות חרבה וכי הרבה היו אלא חלום אחד של ענינים הרבה על שראה זהב וכסף ונחשת וברזל של מעלה ופמליא של מטה . דבר אחר מכשפים מכים שואם שבלחישה מכים ושפין ביצרו וכחו של אדם: בשדים . כמו שדים שעושין מעשיהם מבת שדים : (ד) ארמית . בל' ארם : מלכא לעלמין חיי . כלומר יחי המלך : ופשרא נחוא . ופתרונו נגיד :

אבן עזרא

(ב) ויאמר . הרטומים הם חכמי התולדות היודעים העיקרים ותולדת כל דבר וכל מעש' פיעשו כלט וכן כתוב בחרטומי מצרים : ולאשפים. הם הרופאים . ומפשפים הם המשנים דבר התולדה למראה העין. הכשדים הם הכמי המזלות. והגזרין. הם בעלי הקסמים ההולכים לקראת נחשים ואלה הם שהמלך צריך להם שלא להכמי המדות והחשבון והצערכים וחכמת הבנינים והחכמה העליונה יהנה קרא לחרטומים שהם יודעים עיקר החלומות ואיך תראה הנפש חזיונות לילה נם קרא לאבשים שהם סיודעי' כדפק הזרוע אז כמי השתן השתנות הגוף ורוכי החלומו' הולכים על מתכונת הגוף וקרא נם המכשפי' שהם יודעי' השעות הרמאיות לעשו' מהם מעשיה' חולי יסתכלו וידעו מה ההלום כפי מערכ' הכוכבי' בזאת השעה גם קרה לכשדי' שהם יודעים העתידו' כפי מלאכתם כדעתם מולדי האדם לנהוג המעלות על הגבולין ועל מבעי הכוכבים המשרתי' וטניהמחורו' ותקופת השנה והחדש והשבוע והיום והם היו יודעי' מולד נבוכדנצר ע"כ ענו הכשדי' תחילה כי הדבר תלוי בהם וחכמתם' כפי דבריהם : (נ) ויאמר.אמר אחד מן הנהזונים כי היה יודע נבוכדנצר החלום ובא לנסות חכמיו ולולי זה לא האמין כדברי דניאל והנה הכתוב מעיד ותפעם רוחי לדעת החלום וכאשר אמר לו רעיונך על משכבך סליקו מיד נזכר כי כן היה וכאשר הזכיר הצלם אז נזכר לו כן : (ד) וידברו . עתה יחל לדבר לשון כשדים שהוא לשון המלך כאשר דברו והשיב

מנחת שי

הוא מטעם כמו נסי נהיה : (ד) מלכא לעלמין . במקלת ספרים לעלמין כמאריך בטי"ן : לעבדיך . יתיר י' וקרין לעבדך : ופשרא נחוא . קדמאה ופשרא

מצודת דוד

בתמיד שלא יוכל לעלוב הנשימה זמן מה והם הולכת ובאה : נהיתה עליו. השינה נכבתה מעליו ול'. היה יכול לישן עוד : (ב) לחרטומים. הם חכמי הטבע ויודעים הם עיקר החלומות ואיך תכלה הנפש את הדמיונות בעת השינה : ולאשפים . הם חכמי הרפואה היודעים, כדפק הזרוע ובמי השתנות הגוף ורוב החלומות הולכים ע' מתכונת הגוף : ולמכשפים . הם המצבים דבר התולדות למראה העין כפי השעות הרמאיות במערכות הכוכבים ויוכלו נם סמה לדעת את החלום כפי השעות : ולכשדים . הם הכמי המזלות . הם יודעו עת מן העתידות של מי אבר ידעו עת מולדו והם ידעו עת מולד נבוכדנצר וייכלו להניד אשר הם יגידו את דברי החלום ולמו : (ג) לדעת . הפעימה והחבדה היא על כי כלתה נפשו לדעת את החלום הצבוח ממני : (ד) וידברו הכשדים. לזה השיבו הם לפי שהם היותר ראויים לדעת החלום מכל יתר החכמים שבאו על כי יודעים המה מה מהעתידות : ארמית . כלשון ארמי והוא לשון כשדים שכלם נגילים בו וכונתם

מצודת ציון

רומו (בראשית מ"א) והוא מלשון פעמון המקשקש : ושנתו. מלשון שינה : נהיתה . ופתהינכו כמו ופותר אין אותו (בראשית מ') : (ד) ופשרא . תרגומו ופשר לית ליה : וכן רוב הספר הוא לשון תרגום והוא מלשון ארמי והוא לשון מהמתידות : ארמית . מלשון ארם :

---

know the dream." When Daniel told him (verse 29), "Your thoughts came while on your bed," Nebuchadnezzar reminded himself that so it was, and when Daniel mentioned the image, he reminded himself of the entire dream.—[Ibn Ezra]

4. Then the Chaldeans spoke to the king in Aramaic—the language of the Chaldeans, with which all

and his sleep was interrupted. 2. And the king commanded to summon the necromancers, the astrologers, the sorcerers, and the Chaldeans to tell the king his dreams, and they came and stood before the king. 3. And the king said to them, "I dreamed a dream, and my spirit is troubled to know the dream." 4. Then the Chaldeans spoke to the king in Aramaic, "May the king live forever! Tell your servants the dream, and we shall tell the interpretation."

hidden from him, but here, since the dream too was hidden from him, the expression is doubled: וַתִּתְפָּעֶם, *an expression of pulsating and beating.* [*Rashi* from *Midrash Tanhumah, Miketz* 2] Heidenheim explains that the word וַתִּתְפָּעֶם is a combination of the נִפְעַל conjugation, which denotes the passive voice, and the הִתְפַּעֵל conjugation, which denotes the reflexive and is sometimes used to denote something feigned. Hence, Nebuchadnezzar was genuinely troubled because he did not know the meaning of his dream, but he feigned to have forgotten the dream itself. Pharaoh, on the other hand, did not feign to have forgotten his dream, and he was genuinely troubled because he did not know its meaning. Therefore, Scripture writes וַתִּפָּעֶם, in the נִפְעַל conjugation, the passive voice, meaning that he was indeed troubled. See below verse 3.

was interrupted—Heb. נִהְיְתָה, *an expression of breaking like* (Ezek. 7:25): *"Breach upon breach* (הֹוָה עַל הֹוָה)."—[*Rashi*] Cf. Commentary Digest ad loc.

2. **the necromancers**—Heb. לַחַרְטֻמִּים. *Ibn Ezra* and *Mezudath*

David define this word as wise men, who know the origin of dreams and how the soul perceives them.

the astrologers—Heb. אַשָּׁפִים. *Ibn Ezra* and *Mezudath David* interpret astrologers as physicians, who diagnose illnesses by feeling the pulse and examining the urine. They can thereby detect changes in the body, since most dreams are the result of physical conditions.

the sorcerers—These are those who ostensibly change natural occurrences according to the stars. They can interpret dreams according to the stars.—[*Ibn Ezra, Mezudath David*]

the Chaldeans—They too foretell the future of anyone whose birth date they know. Since they knew Nebuchadnezzar's birthdate, they should have been able to know his dream.—[*Ibn Ezra, Mezudath David*]

3. **And the king said, etc.**—One of the Geonim asserted that Nebuchadnezzar really remembered his dream but wished to test his wise men. Otherwise, he would not have believed Daniel. I say, however, that Scripture attests: "I dreamed a dream, and my spirit is troubled to

ה עָנֵה מַלְכָּא וְאָמַר לְכַשְׂדָּיֵא מִלְּתָה מִנִּי אַזְדָּא הֵן
לָא תְהוֹדְעֻנַּנִי חֶלְמָא וּפִשְׁרֵהּ הַדָּמִין תִּתְעַבְדוּן
וּבָתֵּיכוֹן נְוָלִי יִתְּשָׂמוּן: י וְהֵן חֶלְמָא וּפִשְׁרֵהּ תְּהַחֲוֹן
מַתְּנָן וּנְבִזְבָּה וִיקָר שַׂגִּיא תְּקַבְּלוּן מִן־קֳדָמָי לָהֵן
חֶלְמָא וּפִשְׁרֵהּ הַחֲוֹנִי: ז עֲנוֹ תִנְיָנוּת וְאָמְרִין מַלְכָּא
חֶלְמָא יֵאמַר לְעַבְדוֹהִי וּפִשְׁרָה נְהַחֲוֵה: ח עָנֵה
מַלְכָּא וְאָמַר מִן־יַצִּיב יָדַע אֲנָה דִּי עִדָּנָא אַנְתּוּן

רש"י

לעבדך . חמור החלום לעבדך : (ה) מלתה מני אזדא .
הדבר ממני הלך : הן לא תהודעונני חלמא ופשריה .
אם לא תודיעוני החלום ופתרונו : הדמין תתעבדון .
לאברים תתחתכו . והרבה יש בגמרא הדומי הדמוה (כמסכ׳
גיטין): נולי . אשפה : יתשמון . לשון וישם שומות
לאשפות : (ו) והן . ואם : ונבזבה . דורוגות : להן . אך :
החוני, תגידו לי : (ז) תנינות . שנית : נהחוה . נגיד :
(ח) מן יציב ידע אנא . באמת יודע אני : יציב . דבר

אבן עזרא

להס : (ה) ענה . יש מלות רבות לשין כבדים פירוש
כפי טעם המקים . ולפי טעמא אזדא כמו קיימא ואמת
הוא והטעם זאת המלה היא קתקיים. ומהו הן לא תהודעונני
החלום ופתרונו הייבי מות אתם . ויפת אמר תעשו קטיעות
קטיעות ואמר כי כמיהו נדמה מלך שומרון נכרת וככה ודמיתי עמך
ומלת נולי הריסות וחרבה ושממה ורבי ישוטה אמר כמו דימו : (ו) והן . ונבזבה .
הגאון כי לא הוסיפו עתה על התבונה הראשונה רק ברחשוג׳ לנכה המלך מדברים
באינו נמלא יקום אבי והטעם כי פחדו לדבר לנכהו אמרו אין לנו מענה להשיב רק מה שהשיבוכו למלך : (ח) ענה .
באמת יודע אני כי העת אתם קונים והטעם את השעה בעבור שראיתם כי מלה יוצאה מפי והיא קיימת

רס"ן

(ה) אזדא. כמו אזלא וי"מ אזדא ל׳ מ תיקפא כמי זדון ויתכן ואזדא
רבא לטעמיה ל׳ חוזק: הדמין . נתחים כמו וינתחהו מתרגמינן
והדמיה: נולי . ביזה ואין לו דמיון וי"א נולי ל׳ מנוול כדומן רצואה
באבוס של בהמות . דבר אחר נולי חריבה : (ו) תהחון . הגידו :
מתנן ונבזבה . מתנות והוצאה כגון מתנות זהב וכסף ובגדים
והוצאה להם ויין ומזונו ואין וגבזבה מעין המבזבז אל יבזבז יותר
מחומש : להן חלמא . רק החלום ופתרונו תודיעוני וכן אמר
להם אם אני אומר לכם החלום אתם בודין לי הפשר מריבבכם :
(ו) תנינות . ענו פעם שניה ואמרו למלך אמור החלום לעבדיך
ונגיד פתרונו : (ח) מן יציב . באמת ויציב אמר להם חרי אני
אומר לכב הגידו לי ואתם אומרים לי אמור אתה לנו שכן כתיב
חלמא יאמר לעבדוהי : די עדנא אתין זבנין . אתם סבורים עכ

מנחת שי

נחות תגיינא ופשרא נהחוה : (ה) ואמר לכשדיא . לכשדאי קרי :
מלתה . לית כתוב ה"א : ההודעונני . מחמלפת תהודעונגי: תתעבדון.
הבי"ת רפה : (ו) תהחון . בגעיא קתי"ו ובחולם הוא"ו : (ז) לעבדוהי
ופשריה . כ׳ כתוב ה"א ואידך כמן דניאל יתקרי ופשריה : (ח) ידע

אכמיה ואין לוכך לוביח ריח עליהה : (ה) אזדא . הלכה ובדברז"ל
והזדא לטעמיה . הדמין . בת"י הוא עין נתחים : (ו) ונבזבה .
ענין דירון גדול כונוסר לב ובדברז"ל המבזבז אל יבזבז"וזמי׳ (כתיבות
ג׳): (ח) יציב. ענין אמת וכמוהו דברים אשר בזה הספר ובהבל אמת

ה יה למטן ישמעו כולם וחולי יבוט המלך מן דעם לבקש תואנה כואת:
בלכא וגו׳ . המלך יהיה עד טולם והוא מלך המוסל לבדך את המלך
בכאשית האנוזים . ופשרה נחוא . והפתרון נגיד : (ה) לא וגו׳ :
וגו׳ . הדבר הלך ממני ה"ל בכמתי דברי החלום : הן לא
אם לא תודיעו לי החלום : הדמין וגו׳ . לנתחים תהיו נעשים :
ובתיכון וגו׳. בתיכם יושמו לאשפות ומקום גיול : (ו) יהן חלמא וגו׳ .
ואם החלום והפתרון תגידו : בתנן וגו׳ . מתנות ודרוגות
וכבוד גדול תקבלון מלפני : להן וגו׳ . רק החלום והפתרון הגידו : (ז) תנינות . פעם בית והוא הדבר
באנו בראשונה אולם מתחלה חמרו למלך לטוכם ועתה פחדו להשיב עוד לנוכח כדברים האלה אך אמרו אלו לאלו לפני המלך כלומר אין
לנו מטנה רק כתשר אמרו שהמלך יאמל לטבדיו את החלום וגיד את הפתרון : (ח) בן יציב . באמת אני אשר בעת היאת אתם

---

that this time you are doomed—
Aram. דִּי עִדָּנָא אַנְתּוּן זָבְנִין, *that this time
you are delivered to death.*—[Rashi]
Ibn Ezra explains: that you are
buying time.

because you see—*because you
see that the matter escaped me, but
you repeatedly ask me to tell you.—*
[Rashi] *Ibn Ezra* explains: because
you see that if you do not tell me the
dream, there is but one law for you.
[Therefore, you are trying to buy
time.]

5. The king replied and said to the Chaldeans, "The matter has escaped me. If you do not let me know the dream and its meaning, you shall be torn limb from limb, and your houses shall be made into a dungheap. 6. But if you tell the dream and its meaning, you will receive gifts and lavish presents and great honor from me; but tell me the dream and its meaning." 7. They replied a second time and said, "Let the king tell the dream to his servants, and we shall tell the meaning." 8. The king replied and said, "In truth, I know that this time you

were familiar. They hoped that the king would be ashamed to continue with his pretext of having forgotten his dream.—[*Mezudath David*]

May the king live forever—Aram. מַלְכָּא לְעָלְמִין חֱיִי.—[*Rashi*] This is the equivalent of "Long live the king!"—[*Rav Saadia Gaon*] It was proper to bless the king before addressing him.—[*Mezudath David*]

Tell your servants the dream—Aram. אֱמַר חֶלְמָא לְעַבְדָיךְ.—[*Rashi*]

5. The matter has escaped me—*The thing has left me.*—[*Rashi*] *Ibn Ezra* renders: The word that I say is true.

If you do not let me know the dream and its meaning—Aram. הֵן לָא תְהוֹדְעֻנַּנִי חֶלְמָא וּפִשְׁרֵהּ.—[*Rashi*]

you shall be torn limb from limb—Aram. הַדָּמִין תִּתְעַבְּדוּן. *You shall be cut to pieces, and there are many such in the Gemara (Gittin* 67b): *"Arrange the cuts"* (הַדּוּמֵי הַדְּמוּהָ).—[*Rashi*]

a dungheap—Aram. נְוָלִי, *a dungheap.*—[*Rashi*]

shall be made—Aram. יִתְּשָׂמוּן *an expression of* וַיָּשֶׂם, *and he will make. They shall be made into dungheaps.*—[*Rashi*] *Ibn Ezra* renders: ruins. He quotes *Rabbi Joshua* who renders: like dung. *Rav Saadia Gaon* renders: shall be made a disgrace.

6. But if—Aram. וְהֵן.—[*Rashi*]

and lavish presents—Aram. וּנְבִזְבָּה, *presents.*—[*Rashi*] *Rav Saadia Gaon* interprets נְבִזְבָּה as lavish or costly presents, stemming from בַּזְבֵּז, *to squander.*

but—Aram. לָהֵן.—[*Rashi*]

tell me—Aram. הַחֲוֹנִי.—[*Rashi*]

7. a second time—Aram. תִנְיָנוּת,—[*Rashi*]

we shall tell—Aram. נְהַחֲוֵה.—[*Rashi*]

8. In truth, I know—Aram. מִן יַצִּיב יָדַע אֲנָא.—[*Rashi, Ibn Ezra*]

truth—Aram. יַצִּיב, *a true and permanent thing.*—[*Rashi*]

זְבַנִין כָּל־קֳבֵל דִּי חֲזֵיתוֹן דִּי־אַזְדָּא מִנִּי מִלְּתָא: ט דִּי
הֵן־חֶלְמָא לָא תְהוֹדְעֻנַּנִי חֲדָה־הִיא דָתְכוֹן וּמִלָּה
כִדְבָה וּשְׁחִיתָה הַזְמִנְתּוּן לְמֵאמַר קָדָמַי עַד דִּי
עִדָּנָא יִשְׁתַּנֵּא לָהֵן חֶלְמָא אֱמַרוּ לִי וְאִנְדַּע דִּי
פִשְׁרֵהּ תְּהַחֲוֻנַּנִי: י עֲנוֹ כַשְׂדָּיֵא קֳדָם־מַלְכָּא וְאָמְרִין
לָא־אִיתַי אֱנָשׁ עַל־יַבֶּשְׁתָּא דִּי מִלַּת מַלְכָּא יוּכַל
לְהַחֲוָיָה כָּל־קֳבֵל דִּי כָּל־מֶלֶךְ רַב וְשַׁלִּיט מִלָּה כִדְנָה

די ד ד ד א   רש"י   הזדמנתון קרי כשדאי קרי   רס"ג   לא

רש"י

אשר וזמן בחילוף בי"ת עם מ"ס באלב"ם: כל קבל . מכבר
שראיתם שאזלה וחלכה מכני חמלה כלומר ששבחתי החלום
ואתם נושאים ונותנים עמי בדברים עד שאזכור החלום . וי"א
זבנין ממש כענין המוכרים שנושאין ונותנין בדברים עד
שנומרים סחורתם: (ט) די הן חלמא . שאם החלום לא
תודיעוני אחת דתיכם למות שכלכם מתים בגזירה אחת ולמת
לפי שאם אמרתי לכם החלום בודאי כי בלה של כזב ושקר
הזדמנתם לומר לפני על פשר החלום: עד די עדנא ישתנא.עד
שיתחלף העת מיכן ועד הצהרים כי כן הוא שיחתן של מלכים
מן שלש שעות ביום עד הצהרים : לחן חלמא . רק אם החלום
תגידו אדע כי פתרונו תגידו לי : (י) ענו כשדאי וגו' . לא
איתי אנש על יבשתא. לא יש על היבשה על הארץ שיכול לומר
שהפתרון תגידו : (י) די מלת מלכא . אשר דבר המלך
יוכל להגיד : כל קבל . כל כנגד . כל היה זה מלך מעולם דבר כזה : מלה

מנחת שי

(ט) דתכון . בכ"ס הדל"ת קמולה : הזדמנתון קרי וסוא
חד מן ב' מלין חסרין דל"ת וקריין ולידך וסא ת"מר כמדבר תדמר
קרי (מלכיס א' ט') (א"ס עין מ"ש כדברי הימיס ב' ח') :
נמאמר . ב' מד כתיב אל"ף וחד חסל אל"ף וככמא פ ת ג מ א (עזלא
ו') : קדמי . בספלי ספרד סקו"ף קמולה ובמאליך וכמ"א כ"י
מלאתי קדמי כמטף קמן : (י) ענו כשדיא . כשדאי קרי : להחויס .

אבן עזרא

והוא אם החלום לא תודיעוני אחת היא דתכם החל שנתתי
שתתרגון ודל"ת הזדמנתון תחת תי"ו ותתפעל ויאמר ר' מרינוס
כי כן מלת הזכו כמו הודכו ולא יתכן להיותו מבנין נפעל
בעבור דגשות הכ"ף ור' משה הכהן ספרדי אמר כי הוא
בנין התפעל ודגשות הזי"ן להתבלע התי"ו והיא התוכו
וזה הנכון בעיני: (ט) עד די עדנא ישתנא. ואתעסק
בדבר אחר : (י) ענו . לא יש אנוש על היבשה שמלת

מצודת דוד

ואדע כזה אשר הפתרון תגידו לי וכאומ' לא אאמין עוד מעתה אל
הפתרון רק כשתאמרו החלום אז אדע באמת שטעמכם החכמה להגיד
הפתרון האמיתי ועל כי משב פן ברמאות כי כלתה עליהם הרעה
מאת המלך פן מלבם יוליאו מלים ויבדאו לומר כזאת וכזאת ראיה
וזה פתרונו לזה התחכם המלך וחזר ואמר כאלו זוכר הוא את החלום
ולנסותם מעלים אותו : (י) ענו . השיבו הכשדים לפני המלך ואמרו
לא איתי . לא יש איש על הארן אשר דבר המלך יוכל להגיד : כל
קבל . כל כנגד ר"ל בעבור שדבר זה הוא מן הנמנע : די כל . אשר
בעבור גודל הקושי כל מלך ושר ושליט דבר קשה כזאת לא שאל לכל

are doomed because you see that the matter has escaped me. 9. For if you do not tell me the dream, there is but one law for you, or if you have prepared yourselves to say before me a false and corrupt word, until the time changes ... but tell me the dream, and I shall know that you will tell me its meaning." 10. The Chaldeans replied before the king and said, "There is no man on the earth who can declare the king's word; because no great and powerful king has asked such a thing

9. or if you have prepared yourselves...a false and corrupt word—*Or if you have prepared yourselves to say before me a false and corrupt word.*—[*Rashi*]

until the time changes—*until the time changes, i.e., before the shadows of evening slant, when the time of morning changes. "Until the time changes" is an expression of rebuke and an exaggeration: so will he be punished, and the punishment was already delineated above. A similar instance is (Gen. 4:15): "Therefore, whoever kills Cain "*—[*Rashi*] Ibn Ezra explains: until the time changes and I am busy with something else. *Rav Saadia Gaon* explains that the time the kings would speak to their subjects was from the third hour of the morning until noon. [It appears that *Ibn Ezra* and *Rav Saadia Gaon* connect this clause with the preceding one: You have prepared yourselves to tell me a false interpretation until the time changes.] *Mezudath David* explains that Nebuchadnezzar told the Chaldeans: You have prepared yourselves to tell me a false interpretation about the end of days so that I should believe you until that time passes, when the dream and its interpretation will have long been forgotten.

but—*the dream; tell me what I dreamed, and I shall know that you will surely tell me the interpretation.*—[*Rashi*]

10. **who...the king's word**—*who will be able to tell the king's word.*—[*Rashi*]

because—Aram. כָּל קֳבֵל, lit. *all opposite; i.e., our reply is true, in view of the fact that there was never a king who asked anything like this.*—[*Rashi*]

such a thing—Aram. מִלָּה כִדְנָה, *a thing like this.*—[*Rashi*]

astrologer—*who presses the constellation.*—[*Rashi* from *Mid. Tanhuma, Miketz* 2]

לָא שָׁאֵל לְכָל־חַרְטֹם וְאָשַׁף וְכַשְׂדָּי: יא וּמִלְּתָא דִי־
מַלְכָּא שָׁאֵל יַקִּירָה וְאָחֳרָן לָא אִיתַי דִּי יְחַוִּנַּהּ קֳדָם
מַלְכָּא לָהֵן אֱלָהִין דִּי מְדָרְהוֹן עִם־בִּשְׂרָא לָא
אִיתוֹהִי: יב כָּל־קֳבֵל דְּנָה מַלְכָּא בְּנַס וּקְצַף שַׂגִּיא
וַאֲמַר לְהוֹבָדָה לְכֹל חַכִּימֵי בָבֶל: יג וְדָתָא נֶפְקַת
וְחַכִּימַיָּא מִתְקַטְּלִין וּבְעוֹ דָּנִיֵּאל וְחַבְרוֹהִי

רש"י

כדנה . דבר כזה: ואשף . הדומק כמזל : (יא) יקירה .
כבדה ומשאה כבד : ואחרן לא איתי די יחונה . ואחר
אין אשר יגידה : להן אלהין. אך המלאכים אשר מדורס
עם בשר ודם איננו: מדרהון . מגוריהון . ומדרש רבי
תנחומא ואחרן לא איתי . ואחרן לא איתי כהן הלובש אורים
ותומים איני כאן שיגיד לך אמר להם כל כך היה כח באותו
בית ונתתם לי עצה להחריבו מיד כעס ולוה להרגן: (יב) כל
קבל דנה . לעומת התשובה הזאת : מלכא בנס וקצף
שגיא . היה המלך בזעף וקצף גדול . בנס בזעף . והנס
להובדה . ויאמר להאביד . וי"ו של ואמר נתעלמו בו מנחס
ודונש . מנחם דחק עצמו לתת ב' של בנס ביסוד התיבה
וקצף הרבה ואמר להאביד וי"ו שבואמר דחקו לפתור כן ודבר
הוא וכן פתרו בזעף וקצף גדול אמר להאביד ושם
ואני אומר אין הוי"ו דחוקה להיות טפילה ויתירה כי כן
ואמר בזעפו להאבידס ומן המקראות קצרי לשון הוא: (יג) ודתא נפקת . דת המלך וגזירתו יצא במדינה: ובעו

אבן עזרא

כשאלה הזאת : (יא) ומלהא . יקירה . כמו ויקר פדיון
נפשם שלא מלאה טעס: אלהין . הס המלאכים העליונים
שהס צורת אמת ואינס בגופות והנשמות נגזרות מהן כאור
היוצא מהשמש והנשמות הס בגופות על כן אינמו יודעות
הנסתרות רק מעט ובמראות הלילה שאין הנשמות מתעסקות
בצרכי הגוף והיודע בסוד הנשמה יעיד על דברי: (יב) כל
בנס . בזעף תרגום והנס זועסים: חכימי בבל. הס
הנזכרים בתחילה: (יג) ודתא . הדת יצאה מלפני המלך:

מצודת דוד

מרטוס וגו' : (יא) ומלתא . ומלתא אשר המלך שואל היא כבדה
וקשה: ואחרן . אחר לא יש בעולם אשר יגידה לפני המלך רק
זה כשמלך נעשה בזעף וקצף גדול ואמר להאביד ולהמית לכל חכמי בבל

רס"ג

לך לפי שנסתלקה הנבואה : (יא) ומלתא די מלכא שאל
יקירה . הדבר שהמלך שאל צריכה נביאה שכן יקירה ל' נבואה
כמו ודבר ה' היה יקר בימים ההם : ואחרן לא איתי . ואהרן
ובניו הכהנים לא יש כשהיה בית המקדש קיים היה אדם חולך
אצל אהרן ובניו והם שואלין באורים ותומים ומגידים להם כל
סתומות עכשיו אין אחר שיגיד זולת המלאכים שאין מדור
שלהן עם בשר ודם אמר להם כל כך היה בית המקדש יפה
ונתתם לי עצה להחריבו : (יב) בנס וקצף . זעף וקצף.זועפים
מתרגמינן נסיסין כעס ואמר להובדא לכל חכימי בבל אחת על
החלום ואח' על שיעצוהו להחריב בית המקדש:(יג) ודתא נפקת.
והדת של הריגה יצאה וכל חכמי בבל נתרגין : ובעו דניאל

מנחת שי

כה"א רפס : (יא) די מלכה . לית כתיב ה"א וטיין מסורת הגדולה
סגדול סימן תתתתשם"ג : יקירה . לית כתיב ס"א ואחד כתיב אל"ף
רבא ויקילא (עזרא א'): ואחרן לא איתי . בס"א כ"י מטוליטולא
כתוב בגליון כ"א ואחרן כתיב ואחרן קרי יע"כ . ונראה שנמסך על
מדרש רבי תנחומא ואחרן לא איתי כהן הלובש אורים ותומים אינו
כאן שיגיד לך אבל המדרש הוא על דרך אל מיקרי אאחרן אלא אהרן
כמ"ש הבתם אלשיך וכן כתב הבמיי בפלרשם מכן וזהו כמו הכתוב
שאמר ואחרן כאילו אמר ואחרן שאותיות אחה"ע מתחלפות ויין
עוד מסורת סבלית הגדול סם : קדם . תקו"ף כמט"ף קמן
(יג) כל קבל . תקו"ף כמט"ף קמן : ואמר לסובדה . כרוב הספרים
סוא"ו בפתח וים מהס בשו"א: (יג) ודתא נפקת. סגו"ן בסגול

מצודת ציון

ו'יב וגו' מלשון דבר הגילב וטומד ומתקיים: (יב) בנס . בזעף
כמלאכי' אשר מגוריהם עם בני בשר לא יש להם וכמומר מין אחד מהם לסגידה
בלעדי המלאכים ואינס סה עמנו : (יב) כל קבל . כשבול
זה כשמלך נעשה בזעף וקצף גדול ואמר להאביד ולהמית לכל חכמי בבל
ולהמית ולהשמים ולכל חכמי בבל : (יג) ודתא . סמשפט יצא וסמכמים נסרגין : ובעו . ונתבקשו

of any necromancer, astrologer, or Chaldean. 11. And the matter that the king asks is difficult, and there is no other who can tell it before the king but the angels, whose dwelling is not with people." 12. In view of this, the king was in great wrath and anger and ordered to destroy all the wise men of Babylon. 13. And a decree was issued, and the wise men were being slain, and Daniel and his colleagues were sought

11. **difficult**—Aram. יַקִּירָה, *heavy, and its burden is heavy.*—[*Rashi*]

and there is no other who can tell it—*and there is no other who will tell it.*—[*Rashi*]

but the angels—*but the angels whose dwelling is not with flesh and blood.*—[*Rashi*]

whose dwelling—Aram. מְדָרְהוֹן, *their dwelling. The Midrash of Rabbi Tanhuma* (ad loc.) [*says*]: וְאַחֲרָן לָא אִיתַי, *and Aaron is not here. A priest who wears the Urim and Tummim is not here to tell you. He said to them, "That Temple was so powerful, and you advised me to destroy it?" Immediately, he became angry and commanded to slay them.*—[*Rashi*]

12. **In view of this**—*in view of this reply.*—[*Rashi*]

in great wrath and anger—Aram. מַלְכָּא בְּנַס וּקְצַף שַׂגִּיא. *The king was in great wrath and anger.* (בְּנַס) *means in wrath.* (Gen. 40:6): *"And behold they were angry* (זֹעֲפִים)*, and Onkelos renders:* נְסִיסִין.—[*Rashi*]

and ordered to destroy—Aram. וַאֲמַר לְהוֹבָדָה. *About this "vav" of* וַאֲמַר, *Menahem and Dunash disputed. Menahem* (p. 46) *forced himself to make the "beth" of* בְּנַס *a radical and did not interpret* בְּנַס וּקְצַף *as nouns, but as an expression of a verb: was*

greatly wroth and angry and ordered to destroy. The "vav" in וַאֲמַר *forced him to interpret it this way. Dunash* (p. 9) *says that it is impossible for the "beth" to be a radical, but it is a noun, and he interpreted it in this manner: with great wrath and anger he ordered to destroy, and the "vav" there is superfluous, like the "vav" of* (Ps. 76:7): *"chariot* (וְרֶכֶב) *and horse." But I say that the "vav" is not forced to be superfluous, but so is its interpretation:* מַלְכָּא בְּנַס וּקְצַף שַׂגִּיא, *the king was in great wrath and anger, and he ordered in his wrath to destroy them. Accordingly, this is an elliptical verse.*—[*Rashi*] [i.e., the word for "was" does not appear in the text.]

13. **And a decree was issued**—*The law of the king and his decree were issued in the province.*—[*Rashi*]

and Daniel and his colleagues were sought to be slain—Aram. וּבְעוֹ דָּנִיֵּאל וְחַבְרוֹהִי לְהִתְקְטָלָה.—[*Rashi*] *Midrash Daniel* renders: and Daniel and his colleagues expected to be slain. According to the king's decree, which did not specify which wise men were to be slain, all the wise men in Babylon would be slain, including Daniel and his colleagues,

לְהִתְקְטָלָה: יד בֵּאדַיִן דָּנִיֵּאל הֲתִיב עֵטָא וּטְעֵם לְאַרְיוֹךְ רַב־טַבָּחַיָּא דִּי מַלְכָּא דִּי נְפַק לְקַטָּלָה לְחַכִּימֵי בָּבֶל: טו עָנֵה וְאָמַר לְאַרְיוֹךְ שַׁלִּיטָא דִּי מַלְכָּא עַל־מָה דָתָא מְהַחְצְפָה מִן־קֳדָם מַלְכָּא אֱדַיִן מִלְּתָא הוֹדַע אַרְיוֹךְ לְדָנִיֵּאל: טז וְדָנִיֵּאל עַל וּבְעָה מִן־מַלְכָּא דִּי זְמָן יִנְתֵּן־לֵהּ וּפִשְׁרָא לְהַחֲוָיָה לְמַלְכָּא: יז אֱדַיִן דָּנִיֵּאל לְבַיְתֵהּ אֲזַל וְלַחֲנַנְיָה מִישָׁאֵל וַעֲזַרְיָה חַבְרוֹהִי מִלְּתָא הוֹדַע: יח וְרַחֲמִין לְמִבְעֵא מִן־קֳדָם אֱלָהּ שְׁמַיָּא עַל־רָזָא דְּנָה דִּי לָא

רש"י

דניאל וחברוהי להתקטלה . ונתבקשו דניאל וחביריו ליהרג: (יד) באדין . תרגום של אז : התיב עטא וטעם לאריוך . השיב עצה וטעם לאריוך . שם האיש : רב טבחיא . שר ההורגים המחוייבים הריגה : (טו) על מה דתא מהחצפא . מה זה שדת המלך חלופה להרוג : אדין מלתא הודע אריוך לדניאל . שקלף המלך על שאין מגיד חלומו : (טז) על ובעא . נכנס ובקש : ינתן ליה .

רס"ג פתח באתנחת

וחברוהי להתקטלא . ליהרג: (יד) עטא וטעם . עצה וטעם: (טו) אמר דניאל לאריוך על מה דתא מהחצפה . יצאה בחוצפה: אדין . אז הודיע אריוך לדניאל : (טז) על ובעא . נכנס ובקש מן המלך : (יח) ורחמין למבעא מן קדם אלה שמיא על רזא דנח. על סוד זה של חלום של צלם כדי שידעו לומר החלום ופתרונו שלא יהרגו דניאל וחביריו ומדקאמר על רזא דנא מכלל דאיכא מניד חלומו :

אבן עזרא

(יד) באדין . אז דניאל השיב עצה וטעם והנה כמו שבעה יעטוהו וטעמו כמו משבעה משיבי טעם עלה.סוטיפר שר הטבחים של פרעה לפי דעתי אינו כמו רב טבחיא כי מלת טבח תתפרש לשני טעמים האחד הריגה כמו רב טבחיא והראיה די נפק לקטלא וכמוהו ככבש אלוף יובל לטבוח כלאן ורבים ככה והטעם השני כמו בלשון ישמעאל מבשל כמו וטבוח טבח והכן כי אין אדם באותו זמן שוחט לאן במצרים. כמו לרקחות ולטבחות כי הנשים אינן שוחטות גם וירס הטבח . ובעבור כי שר האופים היה אופה הלחם ושר המשקים חביריו ע"כ אמרתי כי שמס המלך בבית חכירס שהוא שר המבשלים ולא שמס בבית הסוהר שיאסרו בו כל האסורי' בעבור גדול מעלתם שהיו סריס . (טו) ענה . טעם מהמלפה מהירית אז הודיע אריוך לדניאל שיבא ויבקש לו זמן וכן עשה ודניאל בא ויבקש מן המלך כלשון הקדם אם תבעיון בעיו : (יח) אדין . לביתיה אזל . שלא להתעסק בדבר אחר להתבודד עם חביריו : (יח) ורחמין

מנחת שי

(יד) לקטלא . לא כפתח כמו שנמלא במקלת דפוסים : כס"ם באל"ף בסוף תיבה וספר אחר בה"א : (יח) על רזא . י"ס רזה בס"א

מצודת דוד

(יד) באדין . אז דניאל השיב עצה ודבר מעם לאריוך שר ההורגים אשר למלך אשר יצא להרוג לחכמי בבל ועל כי באמת גם בעיני אריוך היה הדבר רע לאבד כל חכמי עמו אבל היה מוכרח מפחד המלך ולזה נתן לו דניאל עצה מה למכוע חרבו מדם ולהתנגל לפני המלך ודבר עלה היתולה לא פורש מה היא: (טו) על מה . מסני מה המשפט יצאה כל כך במסירות מלפני המלך וכאומר מדוע לא נתן להם זמן על דבר קשה כזאת : אדין . אז הודיע אריוך את הדבר לדניאל ור"ל סיפר לו שהשיבו שהוא מן סנמ:ע ולא שאלו זמן: (טז) על . נכנס ושאל מן המלך אשר יותן לו זמן : ופשרא . ולהגיד למלך אף פתרון החלום כי לפי דעת סאמרוניס סיה יודע החלום וכל שאלתו טליו למען דעת אמיחת דעת סאחרון כמ"ש למטלה: (יז) לביתיה.הלך לביתו להתבודד ולמלות פני ק' :

מצודת ציון

דניאל וחביריו לסריגה : (טו) ענה . פגינו ענה כי וסגס זוטפיס (בראשית מ') תרגומו נסימין : מהחצפה : הרמת קול כמו וטנו סלוים וגו' קול רס (דברים כ"ז): ממסרח וסוס מלשון חלוף סממהר להביס ולהמסיר מס סבכיות:

be given him—Aram. יִנְתֶּן לֵהּ —[Rashi]

and the interpretation would be told to the king—Daniel did not request an extension in order to determine the dream, only to determine the interpretation. *Mezudath*

David asserts that the king told them that he knew the dream but wished to test the validity of their interpretation. Therefore, Daniel did not mention the dream but the interpretation, which was the main objective. *Malbim* explains that

to be slain. 14. Then Daniel answered with counsel and good sense to Arioch, the king's chief executioner, who had gone out to slay the wise men of Babylon. 15. He replied and said to Arioch, the king's ruler, "Why was the decree issued so hastily from before the king?" Then Arioch made the matter known to Daniel. 16. Then Daniel entered and requested of the king that time be given him, and the interpretation would be told to the king. 17. Then Daniel went home and let his colleagues, Hananiah, Mishael, and Azariah, know of the matter. 18. And to pray and beg of the God of heaven about this secret, that

even though they were not summoned and were completely innocent.—[*Malbim*]

14. **Then**—Aram. בֵּאדַיִן *the Targum for* אָז.—[*Rashi*] [*Rashi* means that בֵּאדַיִן is the Aramaic word for אָז, even though בֵּאדַיִן does not appear in *Targum*, but only in the books of Daniel and Ezra.]

answered with counsel and good sense—*He answered* [with] *counsel and good sense to Arioch, the name of the man.*—[*Rashi*]

the ... chief executioner—*the officer over those who executed those condemned to death.*—[*Rashi*]

15. **Why was the decree issued so hastily**—*Why is the decree of the king* [issued] *in such a haste to kill?*—[*Rashi*] The Aramaic word for hastily is מְהַחְצְפָה. We have translated it thus in view of the definition given by *Ibn Ezra* and *Mezudoth*. However, *Menahem* (p. 93), *Redak* (*Shorashim* p. 416), *Rav Saadia Gaon, Isaiah da Trani, Midrash Daniel*, and *Malbim* render: harsh and audacious, in line with the usual usage of חָצְפָה, *audac-*

ity, impudence. Why is the king's decree so harsh? [*Rashi* does not indicate his definition of the word.] *Malbim* notes that Daniel inquired of Arioch in the latter's capacity of the king's ruler, not in his capacity of chief executioner. As the king's ruler, he would know the occurrences in the king's court and would know the reason for the harsh decree. As chief executioner, however, he would not have this information. Thereupon, Arioch related the entire episode of the dream to Daniel.

Then Arioch made the matter known to Daniel—*that the king was angry because no one told him his dream.*—[*Rashi*] *Ibn Ezra* explains that Arioch advised Daniel to beseech the king to give him time, and so he did. *Mezudath David* explains that the decree was issued in such haste because the Chaldeans had replied that the feat was impossible, and therefore they did not ask for more time.

16. **entered and requested**—Aram. עַל וּבְעָא.—[*Rashi*]

יְהוֹבְדוּן דָּנִיֵּאל וְחַבְרוֹהִי עִם־שְׁאָר חַכִּימֵי בָבֶל:
יט אֱדַיִן לְדָנִיֵּאל בְּחֶזְוָא דִי־לֵילְיָא רָזָא גֲלִי אֱדַיִן
דָּנִיֵּאל בָּרִךְ לֶאֱלָהּ שְׁמַיָּא: כ עָנֵה דָנִיֵּאל וְאָמַר
לֶהֱוֵא שְׁמֵהּ דִּי־אֱלָהָא מְבָרַךְ מִן־עָלְמָא וְעַד־עָלְמָא
דִּי חָכְמְתָא וּגְבוּרְתָא דִּי־לֵהּ הִיא: כא וְהוּא מְהַשְׁנֵא
עִדָּנַיָּא וְזִמְנַיָּא מְהַעְדֵּה מַלְכִין וּמְהָקֵים מַלְכִין יָהֵב
חָכְמְתָא לְחַכִּימִין וּמַנְדְּעָא לְיָדְעֵי בִינָה: כב הוּא
גָּלֵא עֲמִיקָתָא וּמְסַתְּרָתָא יָדַע מָה בַחֲשׁוֹכָא וּנְהוֹרָא
עִמֵּהּ שְׁרֵא: כג לָךְ וֶאֱלָהּ אֲבָהָתִי מְהוֹדֵא וּמְשַׁבַּח

ת"א בחזוא דליליא. זוהר מכן : יהיב חכמתא. בדכות נה : עמיקתא f. עמיקתא : ונהורא קרי   אנה

רש"י

יתן לו : (יט) רזא גלי . הסתר נגלה : (כא) מהשנא .
מחליף : מהעדה . מסיר מלכין על שהבין מתוך החלום
מנחת שי

ובמקרא גדולה נמסר עליו כל סיפרא כתיב אל"ף . דנא . י"ם דנה
בס"א . (יט) רזא גלי . הדין קדמאה דסיפרא רזא גלו במצוף סגול
ותרינא בהמי פרסתא רזא דנה גלו במצוף סגול . (כ) מן עלמא ועד
עלמא . בכמה ספרים מדוייקים הטיייני"ן במאריך . וגבורתא . בס"ס
וגבורתא סתיי'ו רפויה : (כא) לידעי בינה . במדוייקים סיו"ד בקמן
ובקלהם גם בנמאריך : (כב) הוא גלא . ברוב הספרים באל"ף לא
ביו"ד . ונסירא . ונהורא קרי ובמנודלם איכא רבתי עלוי דפרשה
סיין רבי ביבא סנגוריא אמר נהירא שמו של משיח שנאמר ונהורא
עמיה שרא נהירא כתיב. כך נכרא לי להגיה לשון המדרש ואין צורך
למה שנדחק בעל מתנות כהונה לפרס כפי גירסת הספר נהרא כתוב
כאשר יתחנו עבדיו אלה כמוני שנילה לי סוד החלום : (כג) לך

מצודת דוד

לא יאבדו דניאל וחביריו עם שאר חכמי בבל : (יט) בחזוא . במראה
החלום אשר בלילה נגלה לו הסוד ההוא : (כ) להוא . יהי שם של
אלוה מבורך מן עולם ועד עולם ר"ל מן עולם השפל עד עולם העליון:
די חכמתא . אשר החכמה והגבורה שלו המה : (כא) מהשנא .
נשנה העתים והזמנים והוא כסל כמ"ש ור"ל מחליף זמן היום

אבן עזרא

מן קדם אלה שמיא . כי אין בארץ חכם שיוכל להועיל
בדבר הזה : (יט) רזא . הוא סוד. ורוי לי רזי לי אינני כמוהו
רק הוא מגזרת רוזן : (כ) ענה . והזכיר חכמתא וגבורתא
כי לשם לבדו היא החכמה והגבורה באמת וכל הנבראים
במעלה ובמטה כמו מקרה כי מאתו הם : (כא) והוא .
כפי חכמתו משנה עתים ומסיר מלכים ומקים אחרים תחתם
ואשר יראה בחכמתו והחכמה. שידע האדם הוא נתבז :
(כב) הוא . מגלה עמוקות ונסתרות שלא יוכל אדם לדעתם
מה שהוא בחשוכא . הפך מה בחשוכא . ולפי דעתי שהטעם מה
בכח להיות כמו. ותעלומה יוליא אור וטעם ונהורא עמיה
ואל תופע עליו נהרה וככה המנהרות : (כג) לך . בעבור היות

---

might—Wisdom, for He revealed to Daniel the words of the dream that had everyone baffled, and might, for He gave him the courage and fortitude to appear before the king and request time to discover the interpretation of the dream, unlike any of the other wise men.—[*Midrash Daniel*]

21. changes—Aram. מְהַשְׁנֵא.—[*Rashi*]

removes—*He removes kings, for he understood from the dream that Nebuchadnezzar's kingdom would terminate, and another kingdom would rise.*—[*Rashi*]

22. He reveals the profound—Aram. גָּלֵא עֲמִיקָתָא.—[*Rashi*]

Daniel and his colleagues should not perish with the remaining wise men of Babylon. 19. Then the secret was revealed to Daniel in the vision of the night; then Daniel blessed the God of heaven. 20. Daniel spoke up and said, "May the Name of God be blessed from everlasting even to everlasting, to Whom are wisdom and might. 21. And He changes the times and the seasons, He removes kings and sets up kings; He grants wisdom to the wise and knowledge to those who know understanding. 22. He reveals the profound and secret things; He knows what is in the dark, and light dwells with Him. 23. To You, O God of my forefathers, I give thanks and praise,

Daniel did not mention the dream because the king had already said that he would not grant more time for telling the dream. Therefore, Daniel allowed the king to assume that he already knew the dream and required time only to discover its interpretation.

17. Then Daniel went home—for he was always in the king's gate, engaged in his affairs. Now he went home to seclude himself until the holy spirit would rest upon him.—[*Malbim*]

and let his colleagues ... know of the matter—so that they too should seclude themselves; perhaps the holy spirit would rest upon them.—[*Malbim*]

18. and beg of the God of heaven—for there is no wise man on earth who can help them.—[*Ibn Ezra*] He also ordered them all to pray, for the prayer of many people is more efficacious than the prayer of one person.—[*Malbim*]

that Daniel and his colleagues ... with the remaining wise men of Babylon—This verse is the parallel

of (Ps. 26:9) "Gather not my soul with sinners," as is stated in *Tosefta Sanhedrin* (*Mid. Ps.* 26:7): "In two places we find that the righteous beseech God that they should not perish with the wicked ... "—[*Malbim*]

19. the secret was revealed—Aram. גֲּלִי רָזָא—[*Rashi*] It was revealed to Daniel rather than to his colleagues, because he was better prepared for prophecy than they. He saw in a vision, which is a step higher than a simple dream, the image standing before him and the interpretation of the four kingdoms, and he was told that that was the interpretation of Nebuchadnezzar's dream.—[*Malbim*] *Midrash Daniel* states that it was revealed to Daniel because he risked his life to appear before Nebuchadnezzar. Nevertheless, his colleagues too saw this vision, but Daniel's was much clearer and more detailed so that he could gain the confidence of Nebuchadnezzar and be awarded all the honor he ultimately received.

20. to Whom are wisdom and

אֲנָה דִּי חָכְמְתָא וּגְבוּרְתָא יְהַבְתְּ לִי וּכְעַן הוֹדַעְתַּנִי דִּי בְעֵינָא מִנָּךְ דִּי מִלַּת מַלְכָּא הוֹדַעְתֶּנָא: כד כָּל־קֳבֵל דְּנָה דָּנִיֵּאל עַל עַל־אַרְיוֹךְ דִּי מַנִּי מַלְכָּא לְהוֹבָדָא לְחַכִּימֵי בָבֶל אֲזַל וְכֵן אֲמַר־לֵהּ לְחַכִּימֵי בָבֶל אַל־תְּהוֹבֵד הַעֵלְנִי קֳדָם מַלְכָּא וּפִשְׁרָא לְמַלְכָּא אֲחַוֵּא: כה אֱדַיִן אַרְיוֹךְ בְּהִתְבְּהָלָה הַנְעֵל לְדָנִיֵּאל קֳדָם מַלְכָּא וְכֵן אֲמַר־לֵהּ דִּי־הַשְׁכַּחַת גְּבַר מִן־בְּנֵי גָלוּתָא דִּי יְהוּד דִּי פִשְׁרָא לְמַלְכָּא יְהוֹדַע: כו עָנֵה מַלְכָּא וְאָמַר לְדָנִיֵּאל דִּי שְׁמֵהּ בֵּלְטְשַׁאצַּר הַאִיתָךְ כָּהֵל לְהוֹדָעֻתַנִי חֶלְמָא דִי־חֲזֵית וּפִשְׁרֵהּ:

יתיר י'

רש"י

(כד) הוֹדַעְתֶּנָא . (כג) הוֹדַעְתַּנִי: שֶׁגִּלָה לּוֹ עומק זֶה: כָּל קֳבֵל דְּנָה . כָּל עוּמַת זֶה שֶׁנִּגְלָה לּוֹ הַסּוֹד: דָּנִיֵּאל עַל עַל אַרְיוֹךְ . נִכְנַס אֵצֶל אַרְיוֹךְ: דִּי מַנִּי . שֶׁהִפְקִיד: אַל תְּהוֹבֵד . אַל תְּאַבֵּד: הַעֵלְנִי . הַכְנִיסֵנִי: (כה) אֱדַיִן . אָז: בְּהִתְבְּהָלָה . בְּבֶהָלָה כְּלוֹ' בִּמְהִירוּת: הַנְעֵל . הַכְנִיס אֶת דָּנִיֵּאל: דִּי הַשְׁכַּחַת גְּבַר . אֲשֶׁר מָצָאתִי אִישׁ:

אבן עזרא

חָכְמָה וּגְבוּרָה עַל כָּל חֲכָמִים וְאָמַר הוֹדַעְתַּנִי כִּי לוֹ לְבַדּוֹ נוֹדַע הַסּוֹד וְאָמַר דִּי בָעֵינָא הוּא וַחֲבֵירָיו כְּאוֹמֵר לֹא בִזְכוּתִי לְבַדִּי הוֹדַעְתַּנִי זֶה הַסּוֹד וְאָמַר הוֹדַעְתֶּנָא כִּי הוּא הוֹדִיעָם: (כד) כָּל . וְאָמַר וּפִשְׁרָא דֶּרֶךְ קְצָרָה כִּי לֹא יִתֵּן לִפְתּוֹר רַק אַחַר שֶׁיּוֹדִיעַ הַחֲלוֹם: (כה) אֱדַיִן . הַשְׁכַּחַת . מְצָאתִי וְאֵין כָּמוֹהוּ כִּי כָמוֹהוּ וְיִשְׁתַּכְּמוּ מִינְנוּ נָכוֹן: (כו) עָנֵה . הַאִיתָךְ כָּהֵל . הֲיֵשׁ אֶתְּךָ יְכוֹל:

רס"ג

(כד) עַל עַל אַרְיוֹךְ . בָּא אֶל אַרְיוֹךְ . חֲבָא אוֹתִי : (כט) בְּהִתְבְּהָלָה . בְּחִפָּזוֹן מְתַרְגְּמִינָן בִּבְהִילוּ : תַּבִיא : דִּי הַשְׁכַּחַת גְּבַר . שֶׁנִּמְצָא אִישׁ וּמָצָא מְתַרְגְּמִינָן וְאַשְׁכַּח : (כו) הַאִיתָךְ כָּהֵל . הֲיֵשָׁךְ יָכוֹל: אַחֲרִיתָא וּמַאי נִיהוּ אוֹתָהּ שֶׁל חֲלוֹם שֶׁל אִילָן : אַרְיוֹךְ . בָּא אֶל אַרְיוֹךְ : דִּי מַנִּי . אֲשֶׁר מִנָּה: חֶלְמִי .

מנחת שי

(כג) מַכְמְתָא וּגְבוּרְתָא . בַּמַּסֹרֶת כָּלָא וָלָיו וָקְרֵי בֵּיס כְּסִירָא . וְנִגְבּוּרְתָא סִתִּי"וּ רְפוּיָה : מַלְכָּא סוֹדַעְתָּנָא . כַּסְפָרִים יְשָׁנִים מִסֳּדָּם וכְלֵי סִתִי"וּ בְּסָגוּל : (כד) כָּל קֳבֵל . סְקוּ"ף כְּמֶסֶף קָמָן וּמַתְחַלְּפָם בְּשׁוֹל לְבַד : דְּנָה . יֵשׁ סְפָרִים דְּנָא בֵּי"א וְכֵן בְּכוּלָם מִתְחַלְּפָם:(כו) הַאִיתָךְ.

מצודת ציון

(כו) כָּהֵל . יָכוֹל . וְכֵן לֹא כָהֲלִין כְּתָבָא לְמִקְרֵא (לקמן ס'):

מצודת דוד

מוֹדֶה וּמְשַׁבֵּחַ אֲנִי : וּגְבוּרְתָא . כְּסָגְגְבוּרוֹת כָּם סֵפֶל . יְהַבְתְּ לִי . נָתַתָּ לִי . וּכְעַן . וְעַתָּה . וַאֲמָה סוֹדַעַת לִי אֵם אֲשֶׁר שָׁאַלְתִּי מִמְּךָ אֲשֶׁר דְּבַר הַמֶּלֶךְ הוֹדַעַת לִי ר"ל סְנָה מַה הוֹסַפְתָּ לַפְשׁוּם עִמָּדִי מְסַד רַב לְגָלוֹת לִי דָּבָר עַל . נִכְנַס אֶל אַרְיוֹךְ אֲשֶׁר הִפְקִידוֹ הַמֶּלֶךְ לְאַבֵּד כָּל חַכְמֵי בָבֶל: אֲזַל. סְלַךְ אֵלָיו . אַל תְּהוֹבֵד . ר"ל מְעַתָּה אַל תַּאַבְּדֵם כְּלָל וּכְלָל : הַעֵלְנִי . הַכְנֵס אוֹתִי לִפְנֵי הַמֶּלֶךְ וַאַגִּיד לוֹ אֵף סִפְתְּרוֹן: (כט) בְּהִתְבְּהָלָה . בְּחִפָּזוֹן סְכַנִיס אֶת דָּנִיֵּאל לִפְנֵי סְמַלְךְ : דִּי הַשְׁכַּחַת . אֲשֶׁר מָצָאתִי אִישׁ מִן בְּנֵי הַגּוֹלָה שֶׁל יְהוּדָה אֲשֶׁר אֵף סִפְתְּרוֹן יוֹדִיעַ לַמֶּלֶךְ : (כו) דִּי שָׁטִיהּ . אֲשֶׁר שְׁמוֹ בֵּלְטְשַׁאצַּר כַּמ"שׁ לְמַעְלָה שֶׁכֵּן כִּנּוּ כִּנְסוּ סַשְׁמוֹ : הַאִיתָךְ . הֲיֵשׁ מִמְּךָ יְכוֹלָה לְהוֹדִיעַ לִי הַחֲלוֹם אֲשֶׁר כְּמִיתִי וְסִפְתְּרוֹן:

---

in haste—Aram. בְּהִתְבְּהָלָה, *in haste, i.e., quickly.* —[Rashi]

brought … in—*brought Daniel in.*—[Rashi]

that "I have found a man—Aram. דִּי הַשְׁכַּחַת גְּבַר.—[Rashi]

the exiles of Judea—Aram. גָּלוּתָא דִּי יְהוּד.—[Rashi]

26. **Do you have the ability**—*Are you able?*—[Rashi, Ibn Ezra]

that I have seen—Aram. דִּי חֲזֵית.—[Rashi]

for You have given me wisdom and might, and now You have let me know what I requested of You, for the matter of the king You have let me know." 24. In view of this, Daniel came in to Arioch, whom the king had appointed to destroy the wise men of Babylon. He went, and so he said to him, "Do not destroy the wise men of Babylon! Bring me in before the king, and I shall tell the king the interpretation." 25. Then Arioch brought Daniel in before the king in haste, and so he said to him, that "I have found a man of the exiles of Judea who will let the king know the interpretation." 26. The king spoke up and said to Daniel, whose name was Belteshazzar, "Do you have the ability to tell me the dream that I have seen and its interpretation?"

and secret things—*for He revealed this profound thing to me.*—[*Rashi*] He reveals those things that man cannot know, and does so when His servants supplicate Him, as I have done.—[*Ibn Ezra*]

He knows what is in the dark—unlike man, who cannot see in the dark. I believe this means that He knows everything's potential, and light dwells with Him; i.e., to Him, as though everything has already come about.—[*Ibn Ezra*]

23. **To You, O God of my forefathers**—Because the forefathers of the Jews were prophets, unlike the forefathers of other nations, You granted me wisdom and might over all the wise men of Babylon.—[*Ibn Ezra*]

You have let me know—for the secret was revealed to Daniel alone.—[*Ibn Ezra*]

what I requested of You—Aram. דִּי בְעֵינָא מִנָּךְ. This translation follows *Isaiah da Trani*. We chose this translation because it coincides with *Rashi's* translation of הוֹדַעְתָּנָא at the end of the verse, where he considers the suffix נָא as the singular. *Ibn Ezra*, however, renders: for he and his colleagues had requested this of God; the secret was revealed to him not in his merit alone, but also in the merit of his colleagues.

You have let me know—Aram. הוֹדַעְתָּנָא.—[*Rashi*] *Ibn Ezra* renders: You have let *us* know, [for he told his colleagues].

24. **In view of this**—*in view of this, that the secret was revealed to him.*—[*Rashi*]

Daniel came in to Arioch—*He entered Arioch's premises.*—[*Rashi*]

had appointed—Aram. דִּי מַנִּי.—[*Rashi*]

Do not destroy—Aram. תְּהוֹבֵד אַל.—[*Rashi*]

Bring me in—Aram. הַעֵלְנִי.—[*Rashi*]

25. **Then**—Aram. אֱדַיִן, [the equivalent of] אָז.—[*Rashi*]

כז עָנֵה דָנִיֵּאל קֳדָם מַלְכָּא וְאָמַר רָזָא דִּי־מַלְכָּא שָׁאֵל לָא חַכִּימִין אָשְׁפִין חַרְטֻמִּין גָּזְרִין יָכְלִין לְהַחֲוָיָה לְמַלְכָּא: כח בְּרַם אִיתַי אֱלָהּ בִּשְׁמַיָּא גָּלֵא רָזִין וְהוֹדַע לְמַלְכָּא נְבוּכַדְנֶצַּר מָה דִּי לֶהֱוֵא בְּאַחֲרִית יוֹמַיָּא חֶלְמָךְ וְחֶזְוֵי רֵאשָׁךְ עַל־מִשְׁכְּבָךְ דְּנָה הוּא: כט אַנְתְּ מַלְכָּא רַעְיוֹנָךְ עַל־מִשְׁכְּבָךְ סְלִקוּ מָה דִּי לֶהֱוֵא אַחֲרֵי דְנָה וְגָלֵא רָזַיָּא הוֹדְעָךְ מָה־דִי לֶהֱוֵא: ל וַאֲנָה לָא בְחָכְמָה דִּי־אִיתַי בִּי מִן כל

ת"א אִית מֶלְכָּא . בַּרְכוֹם מַס . יָתִיר ה'/ יָתִיר י'

רמ"ג

רש"י

דִּי חֲזֵית . אֲשֶׁר רָאִיתִי: (כז) גָּזְרִין . שֶׁם מִין בַּעֲלֵי שֵׁדִים: (כח)בְּרַם אִיתַי וְגוֹ' וְהוֹדַע לְמַלְכָּא וְגוֹ', הוּא גִּילָה לִי רָז זֶה וְעַל יְדֵי הוֹדִיעַ לַמֶּלֶךְ עִיקַר חֲלוֹמוֹ וַעֲתִידוֹת: חֶלְמָךְ וְחֶזְוֵי רֵאשָׁךְ עַל מִשְׁכָּבָךְ . אֲשֶׁר עַל מִשְׁכָּבְךָ זֶהוּ: (כט) רַעְיוֹנָךְ . הִרְהוּרְךָ: עַל מִשְׁכָּבָךְ סְלִיקוּ . מַה שֶׁהָיִיתָ מְהַרְהֵר בְּיוֹם מַה יִּהְיֶה עַל מִשְׁכָּבְךָ עָלוּ: וְגָלֵא רָזַיָּא הוֹדְעָךְ . וְהַקָּבָּ"ה מְגַלֶּה רָזִים הוֹדִיעָךְ אֵת אֲשֶׁר יִהְיֶה: (ל) וַאֲנָה לָא בְחָכְמָה . וַאֲנִי לֹא מֵרוֹב הַחָכְמָ'

אבן עזרא

(כז) עָנֵה. חַכִּימִין . מִלָּה כּוֹלֶלֶת הַמְכַשְּׁפִים וְהַכַּשְׂדִּים: (כח) בְּרַם אִיתַי אֱלָהּ בִּשְׁמַיָּא . הַחֲכָמִים אָמְרוּ לוֹ אֱלֹהִין וְדָנִיֵּאל אָמַר חֲלָה חַד : (כט) אַנְתְּ . הַזְכִּיר מַה שֶּׁעָלָה עַל לִבּוֹ בְּשָׁכְבוֹ שֶׁחָשַׁב מַה שֶׁיִּהְיֶה אַחֲרָיו: (ל) וַאֲנָה . דֶּרֶךְ עֲנָוָה כִּי אֵין בִּי מֵחָכְמָה שֶׁאוֹכַל לָדַעַת זֶה הַסּוֹד רַק נִגְלָה לִי הַסּוֹד בַּעֲבוּר כְּבוֹדְךָ שֶׁתֵּדַע פִּתְרוֹן חֲלוֹמָךְ: וְרַעְיוֹנֵי . לְבָבָךְ שֶׁמַּחֲשָׁבֶת בִּתְחִלַּת הַלַּיְלָה תֵּדַע . וּמִלַּת יְהוֹדְעוּן שָׁב אַל מְשָׁרְתֵי

מצודת דוד

(כז) רָזָא . הַסּוֹד אֲשֶׁר שָׁאַל הַמֶּלֶךְ מִין מְכַמִּים וְגוֹ' יְכוֹלִים לְהַגִּידוֹ לַמֶּלֶךְ וְכַאֲשֶׁר כְּבָר נִלְמַד זְכוּת עַל מְכַמֵּי בָּבֶל: (כח) בְּרַם . אֲבָל יֵשׁ אֱלוֹהַּ בַּשָּׁמַיִם

but in order that they should let the king know the interpretation— *They should let you know from heaven.*—[Rashi]

and you should know the thoughts of your heart—*and the thoughts of your heart about which you are constantly thinking,* [which are] *to know who will rise after you.*—[Rashi]

you should know—Aram. תִּנְדַּע.—[Rashi] God revealed to me the interpretation of your dream only because He wished someone to tell it to the king. Thereby you will know the thoughts of your heart and

27. Daniel answered the king and said, "The secret that the king asks, no wise men, astrologers, necromancers, or demonologists can tell the king. 28. But there is a God in heaven Who reveals secrets, and He lets King Nebuchadnezzar know what will be at the end of days; that is your dream and the visions of your head on your bed. 29. You, O king, your thoughts came while on your bed, what will be after this, and the Revealer of secrets lets you know what will be. 30. And I—not with wisdom that I possess more than

27. **wise men**—a term including sorcerers and Chaldeans.—[*Ibn Ezra*]

demonologists—Aram. גָּזְרִין, *the name of a type of ruler over demons.*—[*Rashi*] *Midrash Daniel* identifies them as people who talk with the demons and believe that they tell them the future. *Rav Saadia Gaon* understands the term as the name of a people, Gizrites, from Gizraah. He quotes others who interpret it as princes, who decide or decree state matters. *Midrash Daniel* quotes others, who, following the same derivation, interpret it as people who decide the future by reading the stars.

no ... can tell the king—He wished to vindicate the wise men of Babylon, who could not tell the king his dream.—[*Mezudath David*] *Midrash Daniel* explains that when the prophets wish to tell the people of God's might and greatness, they first tell of the insignificance of the pagan deities. Similarly, they first denigrate those who worship idols and then they tell the truth of God's prophets.

28. **But there is ... and He lets Nebuchadnezzar know**—*He re-vealed this secret to me, and through me let the king know that his dream refers to future events.*—[*Rashi*]

your dream and the visions of your head on your bed—*which are on your bed. —*[*Rashi*]

29. **your thoughts**—Aram. רַעְיוֹנָיךְ.—[*Rashi*]

came while on your bed—*What you were thinking of during the day, what would be after you, came* [to you] *on your bed.*—[*Rashi*] It came to you while you were sleeping on your bed.—[*Mezudath David*]

and the Revealer of secrets—*and the Holy One, blessed be He, Who reveals secrets, let you know what will come about.*—[*Rashi*]

30. **And I—not with wisdom**—*And I, not with superior wisdom that I have, more than other creatures, was this secret revealed to me.*—[*Rashi*] Daniel made this statement out of humility: I am not so wise that I can discover this secret, but it was revealed to me in your honor, in order that the king should know the meaning of his dream.—[*Ibn Ezra*]

כָּל־חַ֠יַּיָּא רָזָ֨א דְנָ֤ה גֱּלִי־לִי֙ לָהֵ֗ן עַל־דִּבְרַת֙ דִּ֣י פִשְׁרָ֔א
לְמַלְכָּ֣א יְהוֹדְע֔וּן וְרַעְיוֹנֵ֥י לִבְבָ֖ךְ תִּנְדַּֽע׃ לָ֣א אַנְתְּ֩ה
מַלְכָּ֨א חָזֵ֜ה הֲוַ֗יְתָ וַאֲל֣וּ צְלֵ֣ם חַ֣ד שַׂגִּ֗יא צַלְמָ֨א דִּכֵּ֤ן
רַ֣ב וְזִיוֵ֣הּ יַתִּ֔יר קָאֵ֣ם לְקָבְלָ֑ךְ וְרֵוֵ֖הּ דְּחִֽיל׃ ה֣וּא
צַלְמָ֗א רֵאשֵׁהּ֙ דִּֽי־דְהַ֣ב טָ֔ב חֲד֥וֹהִי וּדְרָע֖וֹהִי דִּ֣י כְסַ֑ף
מְע֥וֹהִי וְיַרְכָתֵ֖הּ דִּ֥י נְחָֽשׁ׃ שָׁק֖וֹהִי דִּ֣י פַרְזֶ֑ל רַגְל֕וֹהִי
מִנְּהֵן֙ דִּ֣י פַרְזֶ֔ל וּמִנְּהֵ֖ן דִּ֥י חֲסַֽף׃ חָזֵ֣ה הֲוַ֗יְתָ עַ֣ד דִּ֣י
הִתְגְּזֶ֤רֶת אֶ֙בֶן֙ דִּי־לָ֣א בִידַ֔יִן וּמְחָ֤ת לְצַלְמָא֙ עַל־
רַגְלוֹהִי

ת"א ... סנהדרין ק"ח ׃   יתיר ה' יתיר ו' יתיר ו'

רש"י

שים כי מאחר הבריות יותר נגלה לי הסוד הזה ׃ להן על
דברת די פשרא למלכא יהודעון ׃ יודיעוך מן השמים ׃
דרעיוני לבבך תנדע ׃ והרהורי לבבך שאתה מהרהר
תמיד לדעת מי יקום אחריך ׃ תנדע ׃ תדע ׃ (לא) חזה
הוית , רואה היית ׃ ואלו , לשון והנה ׃ צלמא דכן רב ,
צורה אשר היה לו כן גדול ׃ וזיוה יתיר קאם לקבלך ,
דהב טב , של זהב טוב ׃ חדוהי , מזה שלו ׃ ודרעוהי ,
וזרועותיו ׃ מעוהי וירכתיה , בטנו וירכותיו ׃
(לג) שקוהי די פרזל , שוקיו של ברזל ׃ מנהן די פרזל ,
התגזרת אבן , אשר נחתכה ונכללה אבן אחת ׃ די לא בידין ,

אבן עזרא

השם הנכבד ׃ (לא) אנת , ואלו , והנה כאלו ׃ צלמא
דכן , אלם זה ׃ רב , גדול ׃ וזיוה יתיר , זהרו וכמוהו
כמדם זיו ׃ ורוה דחיל , הוא , חדוהי , החזה וזרועותיו בטנו ויריכיו ׃ (לג) שקוהי
שוקיו כרזל , רגליו ים מהם כרזל וים מהם חרס ׃ (לד) חזה , התגזרת , כמו לגזור ים סוף לגזרים

רמ"ן

וזרעך תחתיך ׃ (לא) ואלו צלם חד שגיא , והנה צלם כדמות אדם
גדול ׃ דכן רב , שכן היה גדול ׃ וזיוה יתיר , זיו שלו ׃
ביותר מן הזהב והכסף והנחשת והברזל שבו ׃ ורוה דחיל ,
מראהו נורא תואר מתרגמינן ריוא ׃ (לב) חדוהי , חזותי חזה
מתרגמינן חדיא ׃ (לד) די התגזרת אבן , כמו נגזרת את חילד
די לא בידין , שלא על ידי אדם ׃ ותדקת הטון , שיברה ודיקקה
היה עומד לנגדך ׃ ורוה דחיל ׃ וחאדו נורא ׃ (לב) די
דהב טב ׃ של זהב טוב ׃ מעוהי וירכתיה ׃ בטנו וירכתויו ׃
של ברזל ׃ ומנהן די חסף ׃ מהם של ברזל ומהם של חרס ׃ (לד) די
אשר לא בידים כי אם מאיליה ׃ ומחת לצלמא

מנחת שי

במכמס ׃ בפ"ם במכמא בא"ף ׃ (לא) אנתה , יתיר ס"א כדלעיל ׃
(לב) סוד נלמא ׃ סלד"י נפתח לא במירק ׃ (לג) רגלוהי מנהון ׃

מצודת דוד

כי הסוד הזה כ"ל לא מאהבת ס'י ׃ מרוב החכמה שבי נגלה לי אם
סמלוס הזה ׃ להן , רק בעבור אשר רלה המקום אשר מי מהאנשיס
ידיע למלך אם סתרון מלומו ובזה חדע ממשבות לבבך אשר משקם
לדעת מי ימלוך אחריך ׃ ובעבורך גלמ ל'י המקום לסגיד לך ׃ (לא) חזה
הוית , רואה סיית ׃ ואלו , והנה ׃ ורוה , דמוח אדם אמד גדול ׃ צלמא
דכן , אלם זה סיס גדול וזסרו ימירה ׃ ומראכו ימירה ׃ הללם ההוא סיס ראשו של
אסל סוב סמזוג שלו וזרועוחיו היו שני של כסף בטנו וירכותיו סיו של נחשת ׃
ומקלחס של מרם כ"ל מקלת של כל רגל סיס של ברזל ומקלתו של חרס ׃ (לד) חזה הוית , רואה סיית ׃ רומה סוסד סל סמדו עד אשר נכרת

מצודת ציון

מחשבתך כמו בכנת לרטי (תהלים קל"ם) ׃ (א) על דברת , ענינו כמו
בעבור וכן על דברת בני האדם (קהלת ג') ׃ (לא)ואלו , וסכנ , וכן ואלו
סיר , וקדיס (לקמן ד') ׃ דכן , זה כ"י מי האיס סלזה (בראשית כ"ד)
ס"א דיכי ׃ (לג) וירכתה , שלשה פלקיס ים כרגל סטליון קרוי
רגלוהי

all living, did He reveal this secret to me, but in order that they should let the king know the interpretation, and you should know the thoughts of your heart. 31. O King, you were watching, and behold, one great image, an image which had a large base and with unusual splendor, was standing opposite you, and its form was frightening. 32. That image had a head of fine gold, its breast and its arms were of silver, its belly and thighs were of copper. 33. Its legs were of iron, and its feet were partly of iron and partly of clay. 34. You were watching until one stone was hewn without hands, and it struck the image on

who will reign after you.—[*Mezudath David*]

31. you were watching—Aram. חֲזֵה הֲוַיְתָ.—[*Rashi, Mezudath David*]

and behold—Aram. וַאֲלוּ, *an expression of "behold."*—[*Rashi*] *Ibn Ezra* renders: and it was as if.

one great image—the image of a huge person.—[*Rav Saadia Gaon*]

an image which had a large base—Aram. צַלְמָא דְּכֵן רַב.—[*Rashi*] *Ibn Ezra* renders: this image was huge.

with unusual splendor, was standing opposite you—Aram. קָאֵם לְקָבְלָךְ, *standing opposite you.*—[*Rashi*]

and its form was frightening—Aram. וְרֵוֵהּ דְּחִיל, *and its form was frightening.*—[*Rashi*] The word רֵוֵהּ is used in the *Targum* as a translation of תֹּאַר, *form.* See Genesis 29:17, *Targum Onkelos. Ibn Ezra* renders: and its appearance was frightening.

32. of fine gold—Aram. דִּי דְהַב טָב.—[*Rashi*]

its breast—Aram. חֲדוֹהִי.—[*Rashi, Rav Saadia Gaon, Ibn Ezra*]

and its arms—Aram. וּדְרָעוֹהִי.—[*Rashi, Ibn Ezra*]

its belly and thighs—Aram. מְעוֹהִי וְיַרְכָתֵהּ.—[*Rashi, Ibn Ezra*]

33. Its legs were of iron—Aram. שָׁקוֹהִי דִּי פַרְזֶל.—[*Rashi, Ibn Ezra*]

were partly of iron and partly of clay—Aram. דִּי פַרְזֶל וּמִנְּהֵן דִּי חֲסַף מִנְּהֵן.—[*Rashi, Ibn Ezra*] i.e., part of each foot was of iron and part of clay.—[*Mezudath David*] See verses 41f.

34. until one stone was hewn—*that one stone was cut and separated.*—[*Rashi*]

without hands—*not with hands, but by itself.*—[*Rashi*] not with human hands.—[*Rav Saadia Gaon*]

and it struck the image—Aram. וּמְחָת לְצַלְמָא.—[*Rashi*]

and crumbled them—Aram. וַהֲדֵקֶת הִמּוֹן.—[*Rashi*]

רַגְלוֹהִי דִּי פַרְזְלָא וְחַסְפָּא וְהַדְּקֶת הִמּוֹן: לה בֵּאדַיִן
דָּקוּ כַחֲדָה פַּרְזְלָא חַסְפָּא נְחָשָׁא כַּסְפָּא וְדַהֲבָא
וַהֲווֹ כְּעוּר מִן־אִדְּרֵי־קַיִט וּנְשָׂא הִמּוֹן רוּחָא וְכָל־
אֲתַר לָא־הִשְׁתֲּכַח לְהוֹן וְאַבְנָא דִּי־מְחָת לְצַלְמָא
הֲוָת לְטוּר רַב וּמְלָאת כָּל־אַרְעָא: לו דְּנָה חֶלְמָא
וּפִשְׁרֵהּ נֵאמַר קֳדָם־מַלְכָּא: לז אַנְתְּה מַלְכָּא מֶלֶךְ
מַלְכַיָּא דִּי אֱלָהּ שְׁמַיָּא מַלְכוּתָא חִסְנָא וְתָקְפָּא

רס"ג

אותם: (לה) דקו. ל' כתיתות: כעור מן אדרי קיט. כמוץ מן
הגרנות של קיץ: המון. המה: (לז) אנת מלכא. וזהו נבוכדנצר:
מלך מלכיא די אלה שמיא. זה הקב"ה שהוא מלך מלכים
מנרנות הקיץ: ונשא המון רוחא. ותשא אותם הרוח: וכל אתר
הראשון ולא ניכר שהיו שם מעולם: הות לטור רב. נעשית הר
שהלמת: ופשריה נאמר וגו'. ופתרונו נאמר לך: (לז) מלך מלכיא.
מזה שכנגד הקב"ה אמר וכן פתרונו מלך המלכים שהוא אלהי השמים.

רש"י

וכתבה את הצורה: והדקת המון. והדיקה אותם:
(לה) באדין דקו כחדה. אז הודקו יחד כל מיני מתכות
וחרם שהיה בו: והוו כעור מן אדרי קיט. והיו כמוץ
מנרנות הקיץ: ונשא המון רוחא. וכל אתר לא השתכח להון. כלומר לא נודע מקומם
הראשון ולא ניכר שהיו שם מעולם. הרי זה החלום
שהלמת: ופשריה נאמר וגו'. פירשו רז"ל כל מלך דדניאל מלך חול חוץ
מזה שכנגד הקב"ה אמר וכן פתרונו מלך המלכים שהוא אלהי השמים: מלכותא חסנא. מלכות חזק וכבד נתן

אבן עזרא

ומחת לצלמא. והכתה לגלם: (לה) באדין. כחדה.
יחדיו: כעור מן אדרי קיט. כמוץ יסוער מן גורן בימי
הקיץ: וכל אתר. מקום: לטור רב. להר גדול ומלאה
כל הארץ: (לו) דנה. זהו החלום: ופשרה נאמר.
ופתרונו הוכל אני והחכמה לפתור אותו על כן לשון רבים
וזה דרך מוסר: (לז) אנת.חסנא. כמו והיה החסון לנעורת.

מנחת שי

מנהן קרי: ומנהון. ומנהן קרי: (לד) והדקת סמון. הדל"ת בסגול
לא בצירי: (לז) אנתה. יתיר ה"א: מלך מלכיא. כל מלכיא האמורים
בדניאל חול חוץ מזה שהוא קדש ופירש רש"י חוץ מזה מלך מלכיא
דאלו נבוכדנצר לא הוה קרי ליה דניאל מלך מלכיא אלא ה"ק אנת
מלכא נבוכדנצר מלך מלכיא דהוא אלהא דשמיא מלכות חסנא יהב
לך. פרק שבועת העדות ומסכת סופרים. וכן פירש רש"י ורבינו
סעדיה גאון בפירוש הכתוב ואי אפשר לומר שהכוונה כל מקום
שכתוב מלכיא שבכל ספר דניאל לא נמלאו אלא תרי מלכיא אנתה
מלכא מלך מלכיא ועוד אחר וביומיהון די מלכיא שבפרשה זו ולא
ילדק לומר כל על שנים בלבד. ועוד שמלכיא שבאנתה מלכא אינו קדוש אלא ודאי על מלך האמור במלך מלכיא אמרו שהוא קודש וכן
פירש רש"י כל מלכיא האמורים בדניאל כל מקום שנאמר שם מלך. ואפילו הכי קשה דהא אשכחן מלך שהוא קדוש לבד מזה והוא שכתוב
בסוף סימן ד' כטן אנא נבוכדנצר משבח וגו' למלך שמיא. ולכן אני אומר דמאי דקאמר כל מלכיא האמור בדניאל אין סבוונה על
ספר דניאל אלא הכוונה על דברי דניאל שכל מלך שהזכיר דניאל הוא חול מזה חוץ מן קדם שהוא קדם ט"כ לשון כסף משנה סוף פרק ו' מהלכות

מצודת ציון

ידך האמלטי קרוי שוק הבשחון קרוי רגל: (לה) כעור. כמוץ או יתבן
שהדיה מל' נעורית של פשתן ובא בחסרון הנו"ן ור"ל כדבר אשר ינוער:

כמון אשר יסוער מן הגרנות אשר יכניסו בהם התבואה הגדיל' כימי הקין: ונשא המון. הרוח נשא אותם וסזרם: וכל אתר. כל מקום לא
מנא להם ר"ל שמנלאו כל הארן ולא מלא להם לסיות די להחזיק את הכל והוא נוזמא והפלגה: ואבנא. האבן אשר הכה את
סלורה נעשה להר גדול ונגלאה כל הארן: (לו) דנה. זאת הוא החלום: ופשרה. והסתרון נאמר ולפי שאמר שידיעת החלום היא מן
הקמנע לדעתה בחכמה אבל מן השמים נתגלה לו לזה אמר אולם הסתרון נאמר וכאומר סנה אני והדומים לי נוכל לאומרה כי חלויה
היא בחכמה: (לז) מלך מלכיא. מושל על כל מלכי הארצה: די. אשר אלהי השמים נתן לך מלכות חזקה תקיפה וחשובה:

מצודת דוד

אבן מעצלמו אשר לא בידי אדם: ומחת. והכה לצלורה על רגליו
אשר מברזל וחרם ושמק אותם דק דק: (לה) באדין. אז נשמקו
וגכתתו כאחד הברזל והחרם וגו' מן אכלי הצלורה כהוא: וחוו. נעשו

Terumah 7, and in Pirke d'Rabbi
Eliezer, *ch. 11, the stone represents
the Messiah.*

36. This is the dream—*Behold
this is the dream that you
dreamed.*—[Rashi]

**and its interpretation we shall
recite, etc.**—*and its interpretation*

we shall tell you.—[Rashi] *i.e., The
wisdom and I together shall be able
to interpret it. This was the proper
formula.*—[Ibn Ezra]

37. The King of kings—*Our
Sages, of blessed memory, explained
(Shev. 35b): Every mention of "king"
in Daniel refers to an earthly king,*

its feet of iron and clay and crumbled them. 35. Then the iron, the clay, the copper, the silver, and the gold crumbled together, and they were like chaff from the threshing floors of the summer, and the wind carried them off, and no place was found for them, and the stone that struck the image became a huge mountain and filled the entire earth. 36. This is the dream, and its interpretation we shall recite before the king. 37. You, O King, the King of kings, the God of heaven gave you a strong, powerful, and prominent kingdom.

35. Then ... crumbled together—*Then all the types of metals and the clay that were in it crumbled together.*—[*Rashi*] This is symbolic of all the kingdoms, which will disappear from the face of the earth, leaving no nation with a kingdom.—[*Mid. Daniel*]

and they were like chaff from the threshing floors of the summer—Aram. כְּעוּר מִן אִדְּרֵי קָיִט וַהֲוּו.—[*Rashi*] They became like chaff, which blows from the threshing floors where the grain that grows in the summer is kept.—[*Mezudath David*]

and the wind carried them off—Aram. וּנְשָׂא הִמּוֹן רוּחָא.—[*Rashi*] i.e., The wind carried them off and scattered them.—[*Mezudath David*]

and no place was found for them—*i.e., Their original place was unknown, and it was unrecognizable that they were ever there.*—[*Rashi*] *Mezudath David* explains that they were scattered all over and filled the earth, for no one place could contain them. Similarly, *Midrash Daniel* explains that they will be scattered all over and will not be found in any particular place. *Isaiah da Trani* explains that they will be pulverized and scattered, to the extent that they will be found nowhere.

became a huge mountain—Aram. הֲוַת לְטוּר רַב.—[*Rashi*] *Midrash Daniel* explains that this symbolizes that the Messiah is destined to rule over the entire earth, as is stated (Zech. 9:10): "and his rule shall be from the sea to the west." Nebuchadnezzar, however, perceived its filling only the earth that appeared in his dream. *Midrash Daniel* quotes further from an unknown Midrashic source that the kingdom of Edom is destined to rule over the entire world, as it is said: "and the stone that struck the image, etc." How did it strike the image? It struck only its feet, teaching us that the kingdom of Edom was equal to all the kingdoms that preceded it. No other kingdom will remain at the time of the Messiah, for he will seize the kingdom from Edom and rule over the entire world, as it is said: "became a huge mountain and filled the entire earth." In *Tanhuma*,

וִיקְרָא יְהַב־לָךְ : לֹח וּבְכָל־דִּי דָאְרִין בְּנֵי־אֲנָשָׁא
חֵיוַת בָּרָא וְעוֹף־שְׁמַיָּא יְהַב בִּידָךְ וְהַשְׁלְטָךְ
בְּכָלְּהוֹן אַנְתְּ־הוּא רֵאשָׁה דִּי דַהֲבָא : לֹט וּבַתְרָךְ
תְּקוּם מַלְכוּ אָחֳרִי אֲרַעָא מִנָּךְ וּמַלְכוּ תְלִיתָיָא אָחֳרִי
דִּי נְחָשָׁא דִּי תִשְׁלַט בְּכָל־אַרְעָא : מ וּמַלְכוּ רְבִיעָיָא
תֶּהֱוֵא תַקִּיפָה כְּפַרְזְלָא כָּל־קֳבֵל דִּי פַרְזְלָא מְהַדֵּק

לָךְ : (לח) וְהַשְׁלְטָךְ בְּכָלְּהוֹן. וְהִשְׁלִיטְךָ עַל כּוּלָם שֶׁאֲפִלּוּ
גּוֹזֵר עַל הַסּוּס לֹא יְהֵא לוֹנָף וְעַל הָעוֹף לֹא יִפְרַח כְּמוֹ שֶׁנֶּאֱמַר
וְאֵת חַיַּת הַשָּׂדֶה נָתַתִּי לְעָבְדוֹ (ירמיה כ"ז) : אַנְתְּ הוּא
רֵאשָׁה דִּי דַהֲבָא. רֹאשׁ הַזָּהָב שֶׁל הַצּוּרָה שֶׁרָאִיתָ אַתָּה הוּא
שֶׁמַּלְכוּתְךָ חֲזָקָה וְעַתָּה קַיֶּמֶת וְהִיא חֲשׁוּבָה מְאֹד :
(לט) וּבַתְרָךְ תְּקוּם מַלְכוּ אָחֳרִי אֲרַע מִנָּךְ. וְאַחֲרֶיךָ
אַחֵר מַלְכוּת בִּלְשַׁאצַר בְּכָךְ תְּקוּם מַלְכוּת שֶׁתָּטוֹל הַשְׂרָרָה
מֵאַרְצְךָ נְמוֹכָה וּשְׁפָלָה מִמַּלְכוּת שֶׁלָּךְ : אֲרַע. תַּחְתּוֹנָה
נְמוּכָה כְּמוֹ שֶׁהַכֶּסֶף נָמוּךְ וְשָׁפָל מִזָּהָב. וְרָאִיתָ שֶׁהֶחָזֶה
שֶׁהִיא אַחַר הָרֹאשׁ הָיָה שֶׁל כֶּסֶף כָּךְ תִּהְיֶה מַלְכוּת מָדַי וּפָרַס שְׁפָלָה
תְּרִיתָאָה אָחֳרִי : אַחֶרֶת : דִּי נְחָשָׁא. חֲטִינָא כְּנֶחֶשֶׁת וְהִיא מַלְכוּת

אבן עזרא

וְהַגָּאוֹן אָמַר מַלְכוּת נְקַלָּה : (לח) וּבְכָל דִּי דָאְרִין. כְּמוֹ
מָדוֹר בְּאָהֳלֵי רֶשַׁע : (לט) וּבַתְרָךְ, וְאַחֲרֶיךָ תְּקוּם מַלְכוּת
שְׁפָלָה כְּתַרְגּוּם תַּחְתִּיִּים וּבַעֲבוּרָהּ נִקְרְאָה הָאָרֶץ אֲרַעָא כִּי
הִיא לְמַטָּה מֵהַכֹּל. אָמַר הַגָּאוֹן רַב סַעֲדְיָה וְעָלָיו סָמְכוּ כָּל
הַמְפָרְשִׁים כִּי הַזָּהָב הוּא מַלְכוּת בָּבֶל נְבוּכַדְנֶצַּר וּבְנוֹ אֱוִיל
מְרוֹדַךְ וּבֵלְשַׁאצַּר בֶּן בְּנוֹ וְבוֹ נִפְסְקָה מַלְכוּת כַּשְׂדִּים וְכֵן כָּתוּב
בֵּיהּ בְּלֵילְיָא קְטִיל בֵּלְשַׁאצַּר מַלְכָּא וְדָרְיָוֶשׁ מָדָאָה קַבִּיל מַלְכוּתָא
וְנָכוֹן הַדָּבָר כִּי הַכָּתוּב אוֹמֵר וְעַבְדוּ הַגּוֹיִם אוֹתוֹ וְאֵת בְּנוֹ וְאֵת

יְסוֹדֵי הַסְּתָרִים וְטַיִן מ"ש בְּרִישׁ שִׁיר הַשִּׁירִים : (לח) דָּאְרִין. דַּיְירִין
קְרִי : בְּנֵי אֲנָשָׁא. בְּנַצִי"א שְׁבִי"ת. בַּלְּהוֹן : בְּסִפְרֵי סְפָרַד הֱבֵ"ן
בַּקֳמָן וְהַלָּמֶ"ד עִם דָּגֵשׁ : אָחֳרִי. יָתִיר ה"א : (לט) וּבַתְרָךְ. בְּמַרְלָ
מְדַוּיְקִים הֵבֵי"ת בַּמַּאֲרִיךְ : אֲרַעָא. אֲרַע קְרִי וְלַקֳמַן סִימָן ג' כְּמִנַס
בַּמָּסוֹרֶת עִם מָלִין דִּיפְרִין אָלֶ"ף בְּסוֹף תֵּיבוּתָא וְלֹא קְרִיִין : תְּלִיתָיָא.
תְּלִיתָאָה קְרִי : (מ) לְרִיעָיָה. רְבִיעָאָה קְרִי וְהַכְּתִיב בֵּה"א לְבַסּוֹף בְּרוֹב
הַמְּדַוְּיְיקִים : תֶּהֱוֵא. בְּחָטֶב הַמְּדַוּיְיקִים בְּאָל"ף בְּסוֹף תֵּיבָה יְהֵ"א
בְּחָטֶף סֶגוֹל : קֳבֵל. בְּמָצוֹף קֳמָן סְקוּ"ף וּמִתְחַלֶּפֶת בְּשׁוֹחַ לְבַד :

וְהַזְּדוֹנוֹת וּמַלְכוּת רוֹמָא הִיא כְלוּלָה בְּמַלְכוּת יוֹן עֲכוּמ"ז כִּי גַם הֵמָּה
מִבְּנֵי עֲכוּמ"ז כְּמ"ש וְלֹיָם מִיַּד כִּתִּים (בַּמִּדְבָּר כ"ד) וְת'מ"א וְסִיעָן
יָלַחֲמֻן מֵרוֹמַאי וְכֵן בִּירֻשַׁלְמִי מִן דְּרוֹמַאי וְכִתִּים הֵמָּה מִבְּנֵי יוֹן
עֲכוּמ"ז כְּמ"ש וּבְנֵי יוֹן אֱלִישָׁה וְתַרְשִׁישׁ כִּתִּים וְדוֹדָנִים (בְּרֵאשִׁית י') :
(מ) וּמַלְכוּ. וּמַלְכוּת הָרְבִיעִית תִּהְיֶה חֲזָקָה כַּבַּרְזֶל וְלֹא אָמַר בַּהּ לֹא
כְּתָרָל וְלֹא אָחֳרִי כְּמ"ש בַּשְּׁנִיָּה וּבַשְּׁלִישִׁית לְפִי שֶׁמַּלְכוּת מָדַי לָקְחָה
הַמַּלְכוּת מִכַּשְׂדִּים מַמָּדַי וְכֹל וְלֹא נִשְׁאַר בָּסָס מַלְכוּ וְכֵן מַלְכוּת יוֹן עֲכוּמ"ז
לָקְחָה הַמַּלְכוּת מִמָּדַי וְכֹל וְכֹל כִּי טֵדִין רוּמָא מוֹלָכָה וְתֹאבָה
וְהִיא מַמְלֶכֶת מַלְכוּת עֲכוּמ"ז כְּמ"ש לְמַטָּה : (מ) וּבְכָל
צַבַּרְזֶל בַּעֲבוּר אֲשֶׁר הַבַּרְזֶל מְכַתֵּת וּמְגַדֵּד כָּל דָּבָר וּבְמוֹ הֲבֵרָזֶל אֲשֶׁר

(לח) וּבְכָל דִּי. בְּכָל מָקוֹם אֲשֶׁר שׁוֹכְנִים שָׁם בְּנֵי אָדָם וְחַיַּת הַשָּׂדֶה וְעוֹף
הַשָּׁמַיִם כָּל הַמְּקוֹמוֹ' נָתַן בְּיָדְךָ וְהַמְשִׁילְךָ עַל כּוּלָם וּכְמָ"שֶׁ וְגַם אֶת חַיַּת הַשָּׂדֶ'
נָתַתִּי לוֹ לְעָבְדוֹ (יִרְמִי' כ"ז) וְאֵחֲז"ל שָׂרְכָב עַל אֲרִי וְקָשַׁר תַּנִּין בְּרֹאשׁוֹ:
אַנְתְּ . אַתָּה הוּא הָרֹאשׁ שֶׁל זָהָב כִּי זָהָב ר"ל טָלִיךְ מְרֻמָּז הָרֹאשׁ שֶׁל זָהָב אֲשֶׁר
בַּצּוּרָה עַל כִּי אַתָּה הָרִאשׁוֹן כּוּמָן וּבְמַעֲלָה : (לט) וּבַתְרָךְ . וְאַחֲרֶיךָ
תַּעֲמוֹד מַלְכוּת אַחֶרֶת סְמוּכַת מִמְּךָ רְלַֹם לוֹמַר שְׁפָלָה וּגְרוּעָה מִמְּךָ כְּמוֹ
שֶׁהֶחָזֶה וְהַזְּרוֹעוֹת סְמָה לְמַטָּה מִן הָרֹאשׁ וְיֵשׁוּ מִכֶּסֶף הַגָּרוּעַ מִן
הַזָּהָב כֵּן הַמַּלְכוּת שֶׁאַחֲרֶיךָ תִּהְיֶה שְׁפָלָה מִמְּךָ וְהוּא מַלְכוּת מָדַי :
וּמַלְכוּ . וּמַלְכוּת הַשְּׁלִישִׁית אֲשֶׁר תִּמְלוֹךְ אֲשֶׁר יוֹן עֲכוּמ"ז יִהְיֶה שֶׁל נְחֹשֶׁת אֲשֶׁר
תִּמְשׁוֹל בְּכָל הָאָרֶץ וְהוּא מַלְכוּת יוֹן עֲכוּמ"ז הַסְּקִין וְחֲזָקִים כְּנֶחֹשֶׁת
וְהִיא תִּמְלוֹךְ אֲחַרֵי מָדַי כְּמוֹ שֶׁהַבֶּטֶן וְהַיְרֵכַיִם סְמָה לְמַטָּה מֵהֶחָזֶה

---

and that is the kingdom of Alexander of Macedon.—[Rashi]

40. And a fourth kingdom—*will be as hard as iron, as you saw the thighs, which are the fourth from the head, the breast, and the belly, and they are of iron.*—[Rashi] As Rashi

states further (verse 43), the fourth kingdom is that of Rome. This is the traditional view, viz. that the four kingdoms are: Babylon, Persia, Greece, and Rome. These four kingdoms are again presented in Daniel's vision in chapter 7 and in

38. And wherever people, wild beasts, and birds of the sky dwell, He has given into your hand and has given you dominion over them all. You are the head of gold. 39. And after you will arise another kingdom lower than you, and another—a third kingdom—of copper, which will rule over the entire earth. 40. And a fourth kingdom will be strong as iron, for iron crumbles

except this one, which he said in reference to the Holy One, blessed be He, and this is what it means: The King of kings, Who is the God of heaven.—[*Rashi*]

a strong ... kingdom—*gave you a strong and prominent kingdom.*—[*Rashi*] It is also possible that Nebuchadnezzar is referred to as the king of kings because he ruled over all the earthly monarchs. He is, indeed, referred to as such in Ezekiel 26:7: "Behold I bring to Tyre Nebuchadrezzar the king of Babylon from the north, the king of kings." In that case, the verse should be rendered as follows: You are the king, the king of kings, to whom the God of heaven has given a strong, powerful, and prominent kingdom.—[*Mid., Mezudath David*]

38. and has given you dominion over them all—*And He gave you dominion over them all, so that even if you decree upon a horse, it will not whinny, or upon a bird, it will not fly, as it is said (Jer. 27:6): "and even the beasts of the field I have given to him to serve him."*—[*Rashi* from *Pirke d'Rabbi Eliezer*, ch. 11] Now why did the Holy One, blessed be He, give him all this honor? He did so in order that the nations of the world

should not say that God delivered His Temple into the hands of an ordinary man.—[*Pirke d'Rabbi Eliezer* ad loc., *Mid. Asereth Melachim, Otzar Midrashim*, p. 463]

You are the head of gold—*You are the golden head of the image that you saw, for your kingdom is strong, and now it is in existence and is very prominent.*—[*Rashi*]

39. And after you will arise another kingdom lower than you—*And after you, after the reign of your son, Belshazzar, will arise a kingdom that will take the ruling power from your seed, lower and humbler than your kingdom.*—[*Rashi*] Belshazzar was, in fact, Nebuchadnezzar's grandson, the son of Evilmerodach. With him, the kingdom of Babylon ended.—[*Ibn Ezra*]

lower—Aram. אֲרַע, *lower, as silver is lower and humbler than gold, and you saw that the breast, which is after the head, was of silver; so will the kingdom of Media and Persia, which will follow the kingdom of Babylon, be humbler than the kingdom of Nebuchadnezzar.*—[*Rashi*]

and another—a third kingdom—Aram. אָחֳרִי, *another.*—[*Rashi*]

of copper—*as strong as copper,*

וְחָשֵׁל כֹּלָּא וּכְפַרְזְלָא דִּי־מְרָעַע כָּל־אִלֵּין תַּדִּק
וְתֵרֹעַ: מא וְדִי־חֲזַיְתָה רַגְלַיָּא וְאֶצְבְּעָתָא מִנְּהוֹן חֲסַף
דִּי־פֶחָר וּמִנְּהוֹן פַּרְזֶל מַלְכוּ פְלִיגָה תֶּהֱוֵה וּמִן־

רס"ג   יתיר ר' יתיר ו'

מכתת: וחשל. כמו כל חנחשלים אחריך. מרע: מרע.
תדק ותרע: תרדק ותרצץ: (מא) ומן נצבתא די פרזלא. ומן
מצבת ועמוד של ברזל. פ"א ומן נצבתא ומן תוקף הממלכה
הראשונה שקשה כברזל היא מלכות בבל שחיתה דומה לזהב
וקשה כברזל: להוא בח. להיות בה: בחסף מינא. בחרס של
שום: פחר. חרס כמו מאני דפחרא ושנית ארע מינך היא
מדי ופרס שנחלקה למלכותך ביניהם וכל אחד שלם בחצי
מלכותך חדוחי ודרעוהי דרי שנים התחזה הוא מלכות מדי שהיו
בו חכמי תורה ואנשי חלב כי חלב נתן בחוח והזרועות הוא
מלכות פרס גבורי מלחמה ובעלי זרוע חושיעית כנחושה
כדכתיב מעוהי וירכתיה די נחש מעים וירכים אלו יין ואנשי
מוקדון וחוא מלך יין חנקרא אלכסנדר ואליכסנדרום מלך
שוקי קשים בנחשת ושלשו בכל הארץ והרביעית חזקה
כברזל דכתיב דשקוהי די פרזל קצת מהפותרים אומרים כי הוא
מלכות ארם ובדעתי איני כן שאם נאמר שהיה אדום ואיה
אפוא מלכות ישמעאל ולא כן הוא כי לא אמר הכתוב מלכו
אחרי פליגה אלא אמר זאת המלכות פליגה תחוי נחלקת תהיה
חאמן השני כי לא אמר חמשה מלכיות ולא אמר רביעית יהוא

רש"י

היא קשה כפרזלא כאשר ראית השוקיים שהם רביעים לראש
ולחזה ולמעיים והם של ברזל: מהדק וחשל כלא. מרדד
ומהדק כל מיני מתכות שמרדדין אותם בקורנום: וחשל.
ומרדד והרבה יש בגמ' משלי דודי (כתובות ע"ז) ביעי חשילתא
(חולין נ"ב): כל אלין. כל מיני מתכות הללו שראית בצורה:
תדיק ותרוע. חדיק ותרוען כל העכומ"ו: (מא) חסף די
פחר. חרס של יוצר והרבה יש בגמרא מאני דפחרא: מלכו
פליגה תהוה. מלכות חלוקה תהיה שני מלכים יהיו ממנה
כאחד חזק וחלש כמו שמפורש למטה מן קצח מלכותא תהוה
תקיפא: ומן נצבתא די פרזלא להוא בה. אף ההלם
יהא חזק על שאר העכומ"ו ע"י חוזק חביריו שירלו מפניו
וזה מן נצבתא די פרזלא להוי בה. מן חוזק מלב הברזל. יהיה

תהיה לשנים פרוצים ארם וישמעאל ארם חזקה כברזל וישמעאל כחרש
יחמישית ואשר אמר פרולא מערב בחסף מינא וא?ר לתוון

אבן עזרא

אחת ואחר שהדבר כך יש לתמוה איך לא הזכיר דניאל
מלכות ישמעאל ולמה לא היו חמש מלכיות ועתה אפרש דע
כי אלכסנדרום שהיה מלך יון הוא שהרג דריוס הפרסי
כאשר יפרש דניאל גם הוא היה מלך ארם וארס בעצמה
היא כתים כאשר הורה יוסף בן גוריון בספרו ובדניאל
ובאחו בו לייס כתים וגראה כאשר אפרש ותרגום ולים מיד
כתים אשתלחן מן רומאי והנה כתים בן יון חלישה ותרשים
כתים ודודנים אם כן מלכות הנחשת הוא מלכות יון ומלכות
ארס הוא מכות יון ח"כ הברזל נולכות ישמעאל ובעבור כי
המלכות פרס השחיתה כל מלכות כשדים גם מלכות יון
השחיתה כל מלכות פרס ולא יכלה מלכות ישמעאל שהוא
הברזל להשחית מלכות יון רק קלת המלכות השחית והנה
עד היום יש מקומות שישמעאל ינלח מלכות ארס ומקומות
שישמעאל הוא מנולה ע"כ אמר מקלת מלכותא תהוי תבירא
ומקלת תהוי תקיפא ואמר אח"כ וביומיהון די מלכיא חינון
והטעם שתי מלכיות מלכו ארס שהוא מלכות יון ומלכות
ישמעאל ואלו השתים מלכיות כיום הזה ומלכו רביעאה זאת
היא מלכות ישמעאל שפשטה בעולם כי שבו לחורתם כל
פרס ומדי ושבא וסבא ומלרים ואפריקי ורבים מ?ודו ורובי
מלכות כום: (מא) ודי. חסף די פחר. כלי חרס היולר
והנה פירש בעבור זה מלכו פליגה: נצבתה. כמו כח:

מרודך ובלשצר כגו כי כן הבן יקרא בן כמו אל רעואל אביהן
כי הוא חובב חותן משה וכתוב ויהי כשלשים ושבע שנה
לגלות יהויקים מלך יהודה נשא אויל מרודך מלך בבל והנה
הוא בין מלכות נבוכדנצר ובין מלכות בלשצר והכסף מלכות
מדי ופרס ועוד אפרשה כי שכום גדול יש במספר וחנחשת
הוא מלכות יון ותחלתם אלכסנדרום מוקדון כאשר יפרש
דניאל כדברי נבוחותיו ויאמר חגאון כי הד' הוא מלכות
ארס והנה תהוה תקיפא הוא מלכות ישמעאל ולא מצא לה
זכר בספר דניאל והיא יותר גדולה לאריכה ולרחבה מכל
המלכיות הנזכרות ואמר כי מלכות ארס דומה לברזל
והחרס הוא מלכות ישמעאל ועוד אמר בספרו אל תתמה
בעבור שדימה מלכות ישמעאל לחרס והנה חיננה פחותה
מהממלכיות הנזכרות רק ככה דרך מסדר כליו כי בתחילה
יראה הזהב ואמר כך יראה הכסף ואחר הנחשת ואחר
הברזל ובאחרונה כלי חרס ואלה דברי תהו ובהו כי אין סדר
נכון לסידורו והעד שאמר דניאל על מלכות פרס ארע מנך
כמו שהכסף פחות מהזהב ואמר על החרס ומנה תהוי תבירא
והעד הנאמן כי החרס ממלכות הברזל שאמר מפורש על
אלבעות הברזל ואלבעות החרס מקלת מלכותא תהוי תקיפא
והחרס תבירא והנה מלכות אחת היא ואיך תתחבר מלכות
ישמעאל עם מלכות ארס וישמעאל לא מלך עליה ואין תורתם

מצודת דוד

מרלן כל דבר כן סמלכות הרביעית תכתת ותרולן כל סמלכיות האלס
ואף הסליטה סנשארת מכשדי' וממדי וסיא מלכות (רומא) ישמעאל אשר
תפפשט מלכות' לאחר התפשטות מלכות עכומ"ו כמוסהשוקים והרגלי'
סמה למסס מן הבטן וסירכים: (מא) ודי חזיתח. ואשר רמית סרגלים וסאלבעטו' מסס סיו חרם של היולר ומסס ברזל: מלכו. הספחרון היא שהסיס
מלכות מלוקה בקלת הסמקומות יתחזקו כברזל מול כאמילום ובקלת הסמקומות יסיו מלושים מול כאמילום כמרם הזה וכאשר עודנו היום:
ומן נצבתא. מכל סכם ויכולת של הברזל תסיס כבולם כ"ל הסמקומות סחזקות סבם יעזרו בכח ידיו את החלושות לבל יכלו אותם מי מט"ף:

מצודת ציון

(מ) וחשל. ומלדד וכדרז"ל משלי דודי (כתובות ע"ו) : (מא) די פחר.
של יולר חרם וכדרז"ל כמני דפחרא (תענית ז') :

all these—*all these kinds of metals that you saw in the image.*—[*Rashi*]

it will crumble and shatter—*It will crumble and shatter all the nations.*—[*Rashi*]

41. potter's clay—Aram. דִּי פֶחָר, חֲסַף, a potter's clay, and there are many instances of this in the Talmud (Taanith 7a): "vessels of a potter (מָאנֵי דְפַחָרָא)."—[*Rashi*]

and flattens everything, and like iron, which shatters all these, it will crumble and shatter. 41. And what you saw, the feet and the toes–which were partly of potter's clay and partly of iron—so it will be a divided kingdom,

Zechariah's prophecy in chapter 6, verses 1-9. In many midrashim they are listed in this manner. *Ibn Ezra*, however, is troubled by the absence of the kingdom of Ishmael, viz. the Arabs and the Turks, who were very powerful in his time. He therefore concludes that the third kingdom, that of copper, is a combination of the kingdoms of Greece and Rome, since Rome is descended from the Kittim, descendants of Javan. The fourth kingdom is that of Ishmael. *Mezudath David* follows this view. *Ramban*, however, (*Sefer Hageulah*, p. 284f) counters *Ibn Ezra's* arguments. He maintains that the four kingdoms mentioned are those kingdoms that were responsible for Israel's exiles. Hence, Scripture first counts Babylon, which exiled Israel after the destruction of the First Temple. Persia and Media then overtook the entire Babylonian empire. Israel was still considered as being in exile, because the majority of the Jews did not return to the Holy Land. Greece conquered the Persian Empire, and then Rome the Greek Empire. It was Rome that exiled Israel after the destruction of the Second Temple. Since the Jews never returned after that exile, they are still considered to be in the exile of Edom, or Rome. The Ishmaelites never exiled Israel, neither did they take over the entire Roman Empire. Indeed, the prophet Obadiah (1:21) declares: "And saviors shall ascend Mt. Zion to judge the mountain of Esau, and the Lord shall have the kingdom," denoting that the Messianic kingdom will commence with the downfall of Esau/Edom. *Abarbanel* (*Mashmia Yeshuah* 3:7) elaborates on this and explains that although the early inhabitants of Italy were the Kittim, the city of Rome was founded by Zepho, the son of Esau. Zepho preceded Romulus, who built its walls. *Abarbanel* points out historically, that many of Rome's early rulers were Idumeans, immigrants from the small kingdom of Idumea, or Edom, bordering on the land of Israel. It was the Edomites who introduced Christianity into Rome, and Islam was derived from Christianity. For this reason, Rome is considered the people of Edom, and we consider ourselves as being in the exile of Edom.

crumbles and flattens everything—*flattens and crumbles all kinds of metal, which are flattened with a hammer.*—[*Rashi*]

and flattens—Aram. וְחָשֵׁל, *and flattens. There are many such* [words] *in the Talmud. Keth.* 77a, *"who thins copper for kettles* (חַשְׁלָא דוּדֵי)"; *Hul.* 93a: *"crushed testicles* (בֵּיצֵי חֲשִׁילָתָא).*"*—[*Rashi*]

נִצְבְּתָא דִי־פַרְזְלָא לֶהֱוֵא־בַהּ כָּל־קֳבֵל דִּי חֲזַיְתָה
פַּרְזְלָא מְעָרַב בַּחֲסַף טִינָא: מב וְאֶצְבְּעָת רַגְלַיָּא
מִנְּהֵון פַּרְזֶל וּמִנְּהֵון חֲסַף מִן־קְצָת מַלְכוּתָא תֶּהֱוֵה
תַּקִּיפָה וּמִנַּהּ תֶּהֱוֵה תְבִירָה: מג דִי חֲזַיְתָ פַּרְזְלָא
מְעָרַב בַּחֲסַף טִינָא מִתְעָרְבִין לֶהֱוֹן בִּזְרַע אֲנָשָׁא
וְלָא־לֶהֱוֹן דָּבְקִין דְּנָה עִם־דְּנָה הֵא־כְדִי פַרְזְלָא לָא
מִתְעָרַב עִם־חַסְפָּא: מד וּבְיֹומֵיהֹון דִּי מַלְכַיָּא אִנּוּן
יְקִים אֱלָהּ שְׁמַיָּא מַלְכוּ דִּי לְעָלְמִין לָא תִתְחַבַּל

רש"י   יתיר ו' יתיר ד'   פתח באתנח ודי קרי   רס"ג

רש"י

כל קבל די חזיתה . כל עומת שראית
ברזל מעורב בחרם הטיט : (מג) מתערבין להון בזרע
אנשא וגו' . מתחתנים יהיו עם שאר העכומ"ז ולא יהיו
שלימים ונדבקים עמם באמת ולב שלם ודתיהם שונות מדתי
שאר העכומ"ז : האכדי פרזלא לא מתערב . הלא הוא
כמו שאין הברזל נדבק יפה עם החרם: (מד) וביומיהן די
מלכיא אנון . בימיהם של מלכים הללו בעוד מלכותם של
רומיים קיימת: יקום אלה שמיא מלכו. מלכות הקב"ה

אבן עזרא

מערב . כמו ויתערבו בגוים : (מג) ואצבעת . הם שרי
שמטל ומלכים במזרח ובמערב : (מג) ודי חזית . טעם
מתערבין שכולם לוקחות בנות גוים כמו הפרסיים לוקחים
הבבליות והשבאין לוקחין המצריות ואינם דומים אלה לאלה
במתכונתם וכמלבושיהם . ומאכלם ומנהגם גם מחלוקת באמונה
סיה והם סמוכים ליס הגדול שנקרא אוקיינוס : (מד) ובֿיומיהון . מלכות המשיח .

מצודת דוד

סאדמה : כל קבל . ר"ל בעבור אשר ראית הברזל מעורב בחרם
(לי כמֹא ברזל וחרם מעורב יחד במקום אחד ואם לא
נזכר למעלה) וכאומר הנה זה יורה שהחזקות יעזרו להחלשות בעבור
כעֹרוב אשר יהיה בהם וכאשר יפרש למטה : (מג) ואצבעת . בא מתה לפרש מ"ש במקֹלא שלפניו מלם סלינה חהוֹ ואמר מה צבאים
אלבעות הרגלים מהם ברזל ומהם חלם הנה זה יורה שבמקֹלת סמלכות תהיה חזקה ומֹלֹחם תהיה שֿכורה ומלוסה : (מג) ודי חזית.
מתה בא לפרש מה העֿרוב אשר יהיה בֿיניהם מד שמֹזרו להם ואמר אשר ראית ברזל מעורב בחרם העשֿי מטיט הנה זה יורה אשֿב
יהיו מעורבים אלו באלֹו בזרע אנשים כי יקחו מבנותיהם להם לנשים ואֿת בנותיהם יתנו להם וכעֿבור זה יעֿזרו החזקות להחלשות : ולא
להון . אבל לא יהיו דבוקים אלו באהבת הבֿאה מן סלב: האֿ כדי . הנה כאשֿר סברֿזל לא יֿתחֿרב עם חֿרם להיות דבוקים יֿמֿד כן לא
יֿתדבקון סמֿה כאהבת הלב וֿעכ"ז בֿעֿבור הֿעֿרוב יֿעֿזֿרֿום נֿול הֿאֿויב וֿהֿוא רֿומֿס : (מד) ובֿיומֿיהֿון . וֿבֿימֿיהֿון של אֿלֿה הֿמֿלֿכֿים וֿהֿם
מֿלֿכֿות יֿשֿמֿעֿאֿל וֿדֿומֿה שֿהֿיֿא מֿמֿלֿכֿות עֿכֿומֿ"ז אֿשֿר גֿם הֿיֿא תֿמֿשֿול וֿתֿמֿלֿוֿך כֿפֿס הֿפֿפֿסֿות מֿלֿכֿות יֿשֿמֿעֿאֿל כֿמֿ"ם לֿמֿעֿלֿה: יֿקֿים. יֿעֿמֿיֿד

בֿשֿבֿם פֿיו ובֿרֿוֿת שֿפֿתֿיֿו יֿמֿית רֿשֿע וֿמֿלֿכֿוֿת אֿרֿם חֿיֿתֿה בֿכֿלֿל
מֿלֿכֿות יֿון תֿתֿחֿזֿקֿת עֿם מֿלֿכֿות הֿרֿבֿיֿעֿיֿת שֿהֿיֿא מֿלֿכֿות יֿשֿמֿעֿאֿל
(מד) ובֿיומֿיהֿון . ובֿימֿי הֿמֿלֿכֿים הֿאֿלֿה בֿמֿלֿכֿות תֿרֿבֿיֿעֿיֿת יֿקֿים

מנחת שי

(מג) מנהון פרזל ומנהון . מנהן קרי . ומנהן קרי : מסוי תקיפֿא .
בספרים מדוייקים כ"י כהֿ"א לֿא כֿאלֿ"ף וֿהֿפֿורֿת סֿלֿהֿם תֿקֿיֿפֿֿס .
ג' ב' כֿתֿיֿב סֿ"א וֿמֿד כֿתֿיֿב אֿלֿ"ף וֿסֿימֿן וֿמֿלֿכֿו רֿבֿיֿעֿֿ

מצודת ציון

גצבתא . עֿנֿיֿן נֿטֿיֿעֿֿה כֿמֿו מֿלֿבֿֿת כֿס (יֿשֿעֿיֿה ו') וֿרֿ"ל הֿכֿם וֿסֿיֿמֿֿלֿם
עֿל שֿם שֿהֿכֿטֿיֿעֿֿס סֿיֿֿא כֿֿם סֿֿֿ כֿם סֿפֿירֿות וֿהֿטֿלֿין :

faithless, for the strong nations will
always seek ways to swallow up the
weak ones.

**44. And in the days of these
kings**—*in the days of these kings,
when the kingdom of Rome is still in
existence.*—[Rashi]

**the God of heaven will set up a
kingdom**—*The kingdom of the Holy
One, blessed be He, which will never
be destroyed, is the kingdom of the
Messiah.*—[Rashi]

**and the kingdom will not be left
to another people**—It will not allow

and in it will be some of the strength of iron, in view of what you saw iron mixed with clay. 42. And the toes of the feet were partly iron and partly clay, for part of the kingdom will be strong and part of it will be broken. 43. And what you saw, iron mixed with clay, [connotes] that they will mingle with the seed of men, but they will not cleave one to the other, as iron does not mix with clay. 44. And in the days of these kings, the God of heaven will set up a kingdom forever; it will not be destroyed,

it will be a divided kingdom—*It will be a divided kingdom; two kings will rise from it at once, strong and weak, as explained below* (verse 42): *"part of the kingdom will be strong."*—[*Rashi*]

and in it will be some of the strength of iron—*Even the weak one will be stronger than the other nations through the strength of his fellow, for they will fear him. And this is the meaning of* וּמִן נִצְבְּתָא דִי פַרְזְלָא לֶהֱוֵא בַהּ *; some of the strength of the stability of iron will be in the weak king.*—[*Rashi*]

in view of what you saw—*in view of what you saw–iron mixed with clay.*—[*Rashi*] *Malbim* explains that Daniel now speaks of the toes, which are the lower extremities of the image. They represent the end of the kingdoms. He saw ten toes, which represent the ten kings who will rule over the general kingdom of Rome, which will be divided between Edom and Ishmael, represented by the two feet. In those days, there will not be one kingdom ruling the world, but ten separate kingdoms, some composed of the descendants of Edom and some composed of the descendants of Ishmael. The same is shown in Daniel's vision (chapter 7), in which he sees the fourth beast with ten horns, as will be explained there. Furthermore, on each foot there were toes of both iron and clay, indicating that both among the Edomites and among the Ishmaelites there will be both strong monarchs and weak ones.

43. **that they will mingle with the seed of men**—*They will intermarry with the other nations but they will not be at peace and truly cleave to them wholeheartedly, and their laws will differ from the laws of the other nations.*—[*Rashi*]

as iron does not mix with clay—*Is it not just as iron does not adhere well to clay?*—[*Rashi*] *Ibn Ezra* illustrates that all of them will intermarry with other nations, e.g. the Persians with the Babylonians and the Shebaites with the Egyptians, but they will not resemble them in feature, dress, menu, or customs. Moreover, they will differ in their religion. *Malbim* explains that the weak nations will intermarry and ally themselves with the strong ones. These alliances, however, will be

וּמַלְכוּתָה לְעַם אָחֳרָן לָא תִשְׁתְּבִק תַּדִּק וְתָסֵף כָּל־אִלֵּין מַלְכְוָתָא וְהִיא תְּקוּם לְעָלְמַיָּא: מה כָּל־קֳבֵל דִּי־חֲזַיְתָ דִּי מִטּוּרָא אִתְגְּזֶרֶת אֶבֶן דִּי־לָא בִידַיִן וְהַדֵּקֶת פַּרְזְלָא נְחָשָׁא חַסְפָּא כַּסְפָּא וְדַהֲבָא אֱלָהּ רַב הוֹדַע לְמַלְכָּא מָה דִּי לֶהֱוֵא אַחֲרֵי דְנָה וְיַצִּיב חֶלְמָא וּמְהֵימַן פִּשְׁרֵהּ: מי בֵּאדַיִן מַלְכָּא נְבוּכַדְנֶצַּר נְפַל עַל־אַנְפּוֹהִי וּלְדָנִיֵּאל סְגִד וּמִנְחָה וְנִיחֹחִין אֲמַר לְנַסָּכָה לֵהּ: מי עָנֵה מַלְכָּא לְדָנִיֵּאל וְאָמַר מִן־קְשֹׁט

רס"ג

אלהי השמים מלוכה לעולמים אשר לא תשחת ולא תעזב לעם אחר תדיק ותכלה כל אלה והיא תקום לעולם: (מה) כל קבל. שראיה כי מן ההר הוא אברהם ההר הגדול כאמרו ומראש הררי קדם: אתגזרת. שנגזרה ונתרדה: אבן. כמו שנאמר ומשם רועה אבן ישראל ואמר על ידי זרובבל מי אתה הר הגדול לפני זרובבל תהיה למישר והוציא את האבן הראשה: די לא בידין. שלא בידי אדם אלא בגבורות אלהינו יצתה בת קול ואפרה יציב חלמא ומהימן פשרא. פ"א ואצבעתא מנהון חסף די פחר ומנהון פרזל הם כפות רגלים עם האצבעות כדאמרינן למעלה רגלוהי מנהון די פרזל ומנהון די חסף. כן קצת מלכותא תהוא תקיפא. ממלכות סימים עד מלכות ארקוליאוס גם ישמעאל עמו והיתה מלכות ישמעאל תבירא וחלשא: בזרע ולוקחין אלו ואלו מבנותיהן של אלו ואלו ואין בניהם אהבה וזה שכתב מתערבין להון בזרע אנשא ולא להוין דבקין. פ"א תקיפא זו ארם תבירא זו ואינם באפנין באפנתם: (מו) ומנחה וניחוחין אשר לנסכה

מנחת שי

(מד) ומלכותה לעם אחרן. בספרים כ"י אין מפיק בה"א מסור במקום אל"ף וכן במסורת לית כתיב ה"א: (מה) כל קבל. סקו"ף בחטף קמץ כ"י: והדקת. ברוב המדוייקים סדל"ת בסגול לא בצירי:

ת"א ולדניאל סגיד כנסדרין לג פקרים מג פי"ח: **רש"י**

שלעולם לא תתתבל והיא מלכות מלך המשיה: הדק ותסף. תדק ותכלה כל אלו המלכיות: (מה) כל קבל די חזית. כל עומת שראית שנתפרקה אבן מן ההר שהדיקה כל הגלם זה פתרון שהמלכות החמישית תכלה ותרולן את כולם: מה די להוא אחרי דנה. מה שיהיה להר וזאת אחר מלכות זו שלך: ויציב חלמא. אמת הוא החלום: (מו) אמר לנסכה. רלה לעשותו אלוה: (מז) מן קשוט. מן קשוט. באמת: ומרא

ליאוס היתה מלכות רומא תקיפא שהיתה תופשת כל העולם כילו ומלך בזרע אנשא. שיש כרכים וכפרים שתופסין בני יון ובני ישמעאל אלו ואלו מבנותיהן של אלו ואין בניהם אהבה וזה שכתב מתערבין תבירא זו ישמעאל כמתערבין להן בזרע אנשא ומתחתנים אלו עם אלו לנסכה ליה. לתקן לו כמו נסבתי מלכי תיקנתי מלכי בליבר שהיה

אבן עזרא

תעזב ולא תשאר: כל. וטעם די לא בידין לא כהיל ולא בכח רק בעולם בשעת הקז: (מה) ויציב חלמא. וכבין החלום ונאמן פתרונו: (מו) באדין. סגיד ..השתחוה וישגד אלוה: (מז) ענה. מן קשוט. קשט אמרי אמת:

מצודת דוד

אלהי השמים מלכות אחת אשר לעולם לא תסיס כשמתה ולא תעזוב מלכותה לעם אחר: תדק. והיא תכתת ותכלה המעט מן המעט הנשאר מכסדיס ומעדי: והיא. ממלכת ההיא מתקיים לעולם והוא מלכות המשיח סינעל כ"ב: (מה) כל קבל. ר"ל הדבר הזה מרומז בסבור מה אשר רסית אשר מן ההר נכרת הכן מעצמה אשר לא בידי אדם וכתתה את הכרזל וגו' כי כן תהיה מלכות המשיח שלא תבא לא במיל ולא בכח כי אם מצלמה בהגעת הזמן והיא תכלה כל הטכומ"ן אשר לא קבלו עליהם

עול המקרים: אלה. אלוה הגדול סודיע למלך מה אשר יהיה אחרי זאת המגבית המושגלות עתה מי ומי ימשול עד ימי עולם: ויציב. כמו בדבר החלום הוא אמת כי כזאת רחית כן נאמנה הפתרון כי כן יהיה: (מו) באדין. אז המלך נ"כ נפל על פניו והשתחוה לדניאל: ומנחה. מנחה ממש כי מרז"ל שחצב לעבדו עבודת אלהות: וניחוחין. יין הבא לנסכים ולנחת רוח אמר לנסך גפניו אבל כאמת לא נסך לפניו כי לא רלה דניאל לקבל וכן אדז"ל: (מו) ענה מלכא. רלה לקבל אמר לו המלך אל תהשוב שאני מכחש באלהי השמי' לא כן

Gen. Rabbah 96:5] Others explain that he prostrated himself before him as a sign of honor and offered him gifts to make him a prince. [*Isaiah da Trani, Mid. Daniel*] The Rabbis (*Gen. Rabbah* 96:5) state that Daniel refused to be deified. He said that just as God punishes those who worship idols, he punishes those who are worshipped. Although he did not accept the sacrifices, he was later punished for Nebuchadnezzar's

and the kingdom will not be left to another people; it will crumble and destroy all these kingdoms, and it will stand forever. 45. Just as you saw that from the mountain a stone was hewn without hands, and it crumbled the iron, the copper, the clay, the silver, and the gold. The great God has let the king know what will be after this, and the dream is true, and its interpretation is reliable." 46. Then King Nebuchadnezzar fell on his face and prostrated himself before Daniel, and he ordered to offer up a meal-offering and libations to bring him satisfaction. 47. The king replied to Daniel and said, "Truly,

another people to reign with it, for it will be only one kingdom.—[*Malbim*]

it will crumble and destroy—*It will crumble and destroy all these kingdoms.*—[*Rashi*] It will crumble and weaken them before destroying them completely. Then it will stand forever.—[*Malbim*]

45. **Just as you saw**—*just as you saw that a stone was broken off the mountain, which crumbled the entire image. This is the interpretation—that the fifth kingdom will destroy and shatter them all.*—[*Rashi*] This stone, which will destroy them all, represents the rock of Israel which will rise through God, and not through the hands of man. The Scripture transposes the order here to iron, copper, clay, from iron, clay and copper. The reason is that Scripture tells us that the downfall of the nations will come about through the war of Gog and Magog, when all the Edomites will gather to war against the Ishmaelites and destroy each other, as is related in the books of Ezekiel and Zechariah. Scripture

explains that Edom, represented by iron, [for it will be more powerful than Ishmael,] and Greece, represented by copper, belong to the same kingdom. Persia and Media, represented by silver, and Babylon, represented by gold, are all related to the kingdom of Ishmael.—[*Malbim*]

and it crumbled the iron, the copper—*Malbim* renders: and the iron and the copper crumbled the clay, the silver, and the gold. The iron and the copper, which represent Edom and Greece, will destroy the clay, the silver, and the gold, which represent Ishmael, Persia, and Babylon.

what will be after this—*what will be after this, after this kingdom of yours.*—[*Rashi*]

and the dream is true—Aram. וְיַצִּיב חֶלְמָא.—[*Rashi*] *Malbim* renders: and the dream will be fulfilled.

and its interpretation is reliable—for the Eternal of Israel neither lies nor repents.—[*Malbim*]

46. **ordered to offer up ... libations**—*He wished to deify him.*—[*Rashi, Ibn Ezra* from *Sanh.* 93a,

דִּי אֱלָהֲכוֹן הוּא אֱלָהּ אֱלָהִין וּמָרֵא מַלְכִין וְגָלֵה רָזִין דִּי יְכֵלְתָּ לְמִגְלֵא רָזָא דְנָה: מח אֱדַיִן מַלְכָּא לְדָנִיֵּאל רַבִּי וּמַתְּנָן רַבְרְבָן שַׂגִּיאָן יְהַב־לֵהּ וְהַשְׁלְטֵהּ עַל כָּל־מְדִינַת בָּבֶל וְרַב־סִגְנִין עַל כָּל־חַכִּימֵי בָבֶל: מט וְדָנִיֵּאל בְּעָא מִן־מַלְכָּא וּמַנִּי עַל עֲבִידְתָּא דִּי מְדִינַת בָּבֶל לְשַׁדְרַךְ מֵישַׁךְ וַעֲבֵד נְגוֹ וְדָנִיֵּאל בִּתְרַע מַלְכָּא: ג א נְבוּכַדְנֶצַּר מַלְכָּא עֲבַד צְלֵם דִּי־דְהַב

רש"י

מלכין . אדוני האדונים: רזא דנה . סתר זה :
(מח) לדניאל רבי . לדניאל גדל על כל השרים:
(מט) ומני על עבידתא די מדינת בבל . ויפקד על כל צרכי המלכות את חנניה מישאל ועזריה:
ג (א) עבד צלם . מלאה לבו לעשות צלם של זהב: פתיה אמין שית אקימה וגו' . אם אין עביו אלא שם היאך יכול לעמוד בגובה אמין שתין אמר רב ביבי מעמידין מותו וכופל עד שהביאו כל זהב של ירושלים ושפכו דימום על רגליו לקיים מה שנא' (יחזקאל ז') וזהבם לנידה יהיה:

אבן עזרא

(מח) אדין . רבי . גדל . יש אומרים כי מדינה שם מחוז א"כ איך היה לאחשורוש שבע ועשרים ומאה מדינה ומלך שים לו עשרה הוא מלך גדול . וכתוב ונגד משפט ולדק תרמה במדינה שהטעם עיר המלוכה וכתוב ליהוד מדינתא לבית אלהארבא . ועוד ואני בשושן הבירה אשר בעולם המדינה ואם עילם מחוז למה לא אמר במדינת עילם כאשר פירשו במדינת בבל: ורב סגנין . כמו ויבא סגניס: (מט) ודניאל . בשער המלך כי היא מעלה גדולה כי שם ישבו הדיינין והשופטים. וככה ומרדכי יושב בשער המלך כאשר פירשתי במגלת אסתר:

מנחת שי

(מח) ומשלטה . במדוייקים סה"א בסתח לא בקמץ כמו שנמצא בקלח ספרים:

מצודת דוד

סוף כי מן קשוט וגו' כ"ל באמת אשר אלהיכם הוא אלהי' על כל אלהיס וכחומר ואם אמנם כי אלהים אתה מ"מ סוף נדול ממני : ומרא . והוא מושל ושר על כל המלכים ולא כן מהם : ונלה . סוף מגלה סודות אשר יבלת לגלות הסוד בזה וכו' : (מח) אדין . אז גדל המלך את דניאל ומתנות גדולות ומרובות נתן לו והמשילו על כל מדינות בבל : ורב סגנין . עשהו שר השרים אשר סיו על כל חכמי בבל כ"ל שהיה לשר על השרים וכו' : (מט) בעא . בקש מן המלך ומני . והפקיד את חמ"ו על מלאכת המלך אשר במדינות בבל : בתרע מלכא . סיה יושב בחמידות בשער בית המלך :

מצודת ציון

(מט) סגנין . ענין שרים מה כמו ויבא סגנים כמו מומר (ישעיה מ"א) :

ג (א) עבד . עשה לורה של זהב קומתו סיה ששים אמות ורחבו ו' אמות והעמידו בבקעת דורא וארז"ל על כי שמע בפתרון חלומו

your God is the God of the gods and the Master of the kings, and He reveals secrets, being that you were able to reveal this secret. 48. Then the king elevated Daniel and gave him many great gifts and gave him dominion over all the capital cities of Babylon, and he was the chief prefect over all the wise men of Babylon. 49. And Daniel requested of the king, and he appointed, over the affairs of the capital cities of Babylon, Shadrach, Meshach, and Abednego; and Daniel was in the king's gate.

3

1. King Nebuchadnezzar made an image of gold,

having prostrated himself before him. That punishment was his being cast into the lions' den.—[*Mid. Daniel*]

47. **Truly**—Aram. מִן קְשֹׁט, *in truth.*—[*Rashi*] When Daniel refused to be deified, Nebuchadnezzar replied, "Do not think that I deny the existence of the God in heaven; it is not so, for truly, your God is the God of gods." He is the God over all other gods. That is to say, that although you are a god, he is a greater God than you.—[*Mezudath David, Malbim, Alshich*] *Rav Saadia Gaon* explains that when Daniel refused to be deified, the king admitted that God is in heaven and that He revealed the secret to Daniel.

and the Master of the kings—*The Lord of lords.*—[*Rashi*] [*Rashi* wishes to correlate this verse with Deuteronomy 10:17. See *Targum Onkelos.*]

this secret—Aram. רָזָא דְנָה.—[*Rashi*]

48. **elevated Daniel**—*He elevated Daniel over all the princes.*—[*Rashi*]

over all the capital cities of Babylon—This translation follows *Ibn Ezra*, who defines מְדִינָה as a capital city. He proves this by citing Ahasuerus, who was the king over one hundred twenty-seven מְדִינוֹת. If מְדִינָה is a province, as many believe, how was it possible for him to rule over so many provinces? Even if he were king over ten provinces he would be a great monarch. He brings further proof from 8:2: "and I was in Shushan, the palace, which is in Elam, the *medinah.*" If *medinah* is a province, it should read בִּמְדִינַת עֵילָם, *in the medinah of Elam*, just as here, מְדִינַת בָּבֶל. For the plural translation we rely on *Rav Saadia Gaon.*

chief prefect—He was the chief officer above all the other officers appointed over the wise men of Babylon.—[*Mezudath David*]

49. **and he appointed, over the**

רוּמֵהּ אַמִּין שִׁתִּין פְּתָיֵהּ אַמִּין שֵׁת אֲקִימֵהּ בְּבִקְעַת
דּוּרָא בִּמְדִינַת בָּבֶל: ב וּנְבוּכַדְנֶצַּר מַלְכָּא שְׁלַח
לְמִכְנַשׁ ׀ לַאֲחַשְׁדַּרְפְּנַיָּא סִגְנַיָּא וּפַחֲוָתָא אֲדַרְגָּזְרַיָּא
גְדָבְרַיָּא דְּתָבְרַיָּא תִּפְתָּיֵא וְכֹל שִׁלְטֹנֵי מְדִינָתָא
לְמֵתֵא לַחֲנֻכַּת צַלְמָא דִּי הֲקֵים נְבוּכַדְנֶצַּר מַלְכָּא:
ג בֵּאדַיִן מִתְכַּנְּשִׁין אֲחַשְׁדַּרְפְּנַיָּא סִגְנַיָּא וּפַחֲוָתָא
אֲדַרְגָּזְרַיָּא גְדָבְרַיָּא דְּתָבְרַיָּא תִּפְתָּיֵא וְכֹל שִׁלְטֹנֵי
מְדִינָתָא לַחֲנֻכַּת צַלְמָא דִּי הֲקֵים נְבוּכַדְנֶצַּר מַלְכָּא
וְקָאֲמִין לָקֳבֵל צַלְמָא דִּי הֲקֵים נְבוּכַדְנֶצַּר: ד וְכָרוֹזָא
קָרֵא בְחָיִל לְכוֹן אָמְרִין עַמְמַיָּא אֻמַּיָּא וְלִשָּׁנַיָּא:

ת"א לפכנש · סנהדרין לג: ג' דנושה ד' דגושה ג' דגושה ד' דגושה וקימין קרי   רס"נ
בעדנא

רש"י

בבקעת דורא. שם מקום: (ב) לאחשדרפניא. דוכסין:
ופחותא. שלטוני: אדרגזריא גדבריא וגו'. כולם שם
עכומ"ז הם: לחנוכת צלמא. תחלת עבודתיו:
(ד) וכרוזא קרא בחיל. הכרוז יוצא בכח גדול: לכון
אמרין עממיא. לכם כל העמים והלשונות אומרים מכרוז
והמסגרות וחמפותותוסוד תפתיא תפתה הם חמסונין על כבשן האש הוא שורפין בני אדם המורדין במלכות.

אבן עזרא

ב (א) נבוכדנצר. רומיה. הוא נובהו הוא קומתו:
פתיה. רחבו שם אמות: בבקעת דורא. וישכו
שם היא בקעת דורא: (ב) ונבוכדנצר. למבנש.
לקבץ ולחבר: לאחשדרפניא. והזכריס אחריהס הס
מעלות שבע בלשון ישמעאל רק לא נודע פירוס אדרגזריא:
למתא. לבוא: (ד) וכרוזא. המעביר קול בחיל. אמר יפת כי עמיס ים

מצודת דוד

אשר ישראל ינהלו המלכות בכ"י עד עולם לכן עשה הלורה כהשכו
להכשילם בעון עכומ"ז למען לא ינחלו המלוכה: (כ) למבנש. לאסוף
את מחשדרפסניא וגו' וכל שאר מושלי המדינה לבא לחנוכת הלורה אשר
העמיד: (ג) בארין. אז נאספו מחשדרפסניא וגו': וקיימין. ועמדו
מול הלורה אשר העמיד: (ד) וכרוזא. וכרוז קרא בכח כ"ל כהרכמ

רס"נ

בלבו לחפיל את ישראל בעלילה: אקימיה בבקעת דורא.
באותו מקום שנפלו שם בני אפרים ויש אומרים הרוני ישראל
חיד שם שהרגו חכשדים בבואם בגלותולמה הקים שם הצלם
כדי להחפחידם: (ב) לאחשדרפניא. הם שניים למלכות ופתרונו
אחריים שדרים פניא. הם שלטונים וקצינים כני פהות הארץ: אדרגזריא.
ופחותא. הם שלטונים וקצינים כני פהות הארץ: אדרגזריא.
באדר נזורים ובמוב שאם יאמר להם המלך הם גוזרין אותו
במוב: גדבריא. גוזרים: דתבריא. דתיהם בריא שהן יועצי המלך
וחמסנרות וחמפותותויסוד תפתיא תפתה הם חמומנין על כבשן האש
ס"א אדרגזריא אדירים הנגורים והכורתים המשפט על פיהם שרים ונשיאים וקצינים וכל שלטוני המדינות.

מנחת שי

ג (ב) אדרגזריא גדבריא. גדבריא סגימ"ל דגוסה וסוא מן היולאיט
מהכלל וכן נמכה במסורת סימן ה' מזה הספר: דתבריא.
סדל"ת דגוסה כפי הכלל שהס שתי מותיות בג"ד כפ"ת וממולא אחת
וסכלאסונה בשוא והמסורת מנאו עם הדנוסין אמר יהו"א בלא מבטל
וי"ל כי סוף דנום מהסככה סזכרמי: (נ) בלדין מתכנסין. סנו"ן
דגוש: גדבריא דתבריא. סניהם בדגם כמ"ס למעלה: וקאמין.
והבלאים אחריהס וחכם היה בסספרד שפירש אדרגזריא אדירי
למתא. לבוא: (נ) בארין. אז התאספו הגזריס:

מצודת ציון

ג (ב) לאחשדרפניא וגו'. כולם שמות מיני שררה זו למטלה מזו
וידוטים המה בל' כבדיס: לחנוכת. התחלת תשמיש סדבר
לסיות משמש והולך קרוי חנוך בלשון המקרא: (ד) וכרוזא. טנין
כשמעת סדבר נרבים: עממיא. הס סאומות שיש להם אלוס
ומורה: אומיא. הס בנא אלט ובלא סורה: ולשניא. הס

its height sixty cubits, its width six cubits; he set it up in the plain of Dura, in the capital city of Babylon. 2. And Nebuchadnezzar sent to gather the satraps, the prefects, the governors, the judges, the treasurers, the counselors, the sheriffs, and all the rulers of the capital cities to come to the dedication of the image that King Nebuchadnezzar had set up. 3. Then, the satraps, the prefects, the governors, the judges, the treasurers, the counselors, the sheriffs, and all the rulers of the capital cities were gathered to the dedication of the image that King Nebuchadnezzar had set up, and they were standing opposite the image that Nebuchadnezzar had set up. 4. And the announcement was issued aloud, "To you we are saying O peoples, nations and tongues.

[*Rashi*] Our Rabbis said (source unknown): Upon hearing the interpretation of his dream, that Israel would ultimately supplant all the kingdoms on the earth, he plotted to cause Israel to stumble by prostrating themselves before the image.

its width six cubits; he set it up etc.—*If its thickness was only six* [cubits], *how could it stand at a height of sixty cubits? Said Rav Bibi: They would set it up and it would fall, until they brought all the gold of Jerusalem and poured a base around its feet, to fulfill what was said (Ezek. 7:19): "and their gold will be for a repugnant thing."*—[*Rashi* from *Lam. Rabbah*, Proem 23] *Abarbanel*, followed by *Malbim* and others, explains that because of the dream's image of silver, copper, iron, and clay, signifying the kingdoms that would succeed Babylon, Nebuchadnezzar erected an image completely of gold, to signify that no other kingdom would succeed Babylon, the golden kingdom.

Babylon would not only be the head, but also the breast, the arms, the thighs, the legs, and the feet. He summoned representatives of all the nations under Babylon to prostrate themselves before that image, thus accepting the supremacy of Babylon. He hoped that by this symbolism he would be able to nullify the heavenly decree of the four kingdoms, and the fifth one, that of the Messiah. According to this theory, the image was not meant as a deity. This follows *Rabbenu Tam* (*Tos. Keth.* 33b). Others (*Ri, Tos. Pes.* 53b), however, believe that it was indeed meant as a pagan deity, as stated in many midrashim.

in the plain of Dura—*the name of a place.*—[*Rashi*] According to some authorities, it was near Tulul Dura on the river of the same name which flows into the Euphrates, about six miles south of Babylon.—[*Soncino*] *Rav Saadia Gaon* quotes two views concerning the site of the image. One is that it was where the

ה בְּעִדָּנָא דִּי־תִשְׁמְעוּן קָל ו קַרְנָא מַשְׁרוֹקִיתָא קַיתְרֹס סַבְּכָא פְּסַנְתֵּרִין סוּמְפֹּנְיָה וְכֹל זְנֵי זְמָרָא תִּפְּלוּן וְתִסְגְּדוּן לְצֶלֶם דִּי הֲקֵים נְבוּכַדְנֶצַּר מַלְכָּא: ו וּמַן־דִּי־לָא יִפֵּל וְיִסְגֻּד בַּהּ־שַׁעֲתָא יִתְרְמֵא לְגוֹא־אַתּוּן נוּרָא יָקִדְתָּא: ז כָּל־קֳבֵל דְּנָה בֵּהּ־זִמְנָא כְּדִי שָׁמְעִין כָּל־עַמְמַיָּא קָל קַרְנָא מַשְׁרוֹקִיתָא קַיתְרֹס שַׂבְּכָא פְּסַנְטֵרִין וְכֹל זְנֵי זְמָרָא נָפְלִין כָּל־עַמְמַיָּא אֻמַיָּא וְלִשָּׁנַיָּא סָגְדִין לְצֶלֶם דַּהֲבָא דִּי

רש״י   יתיר י' פ' דנוסח יתיר י'

מלות המלך במשלחת המלך : (ה) בעדנא די תשמעון קל קרנא משרוקיתא . קול הקרן שורקת כמו (וזכריה י') אשרקה להם ואקבצם : קתרום סבכא וגו' . כולם כלי אמר הס : זני זמרא . מיני זמר . למינו ת״א לזנוהי : (ו) אתון נורא . גומא שעושין לשרוף בה אבנים לסיד והוא ככבשן שבכל המקרא : (ז) כל קבל דנה . כל עומת זו שנזהרו במלות המלך על כך : בה זמנא . בו בזמן שישמעו קול הזמר שהוא לסימן שיבואו המשתחוים להשתחוות נפלין כל עממיא וגו' :

אבן עזרא

להם אלהים . וחומים בלא תורה . ולשונות מהם תורה אחת להם ולא לשון אחד או באין תורה : (ה) בעדנא . בעת : קל קרנא . קול השופר : משרוקיתא . כלי לשרוק בו

רס״ג

חוא קול האדם הבכריז : (ה) קל קרנא . קול השופר שהוא מן הקרן : משרוקיתא . כלי שׁשורקין בו שלוחי מלכיות לקבץ העם כמו אשרקה להם ואקבצם : קתרום . כנור : סבכא . עוגב : פסנתרין . הוא תנבל : סומפוניא . הוא שמשטיעין בו תרועים כמו נוד תפוח ודוגמתו לבית חסטפונות : וכל זני זמרא . וכל מיני זמר . למינו מתרגמינן לזנוהי : (ו) יתרמא . יושלך כמו רמה בים : אתון נורא יקידתא . כבשן אש יוקדת כבשן מתרגמינן אתונא : (ז) כל קבל דנה . למען זאת :

המשתחוים להשתחוות נפלין כל עממיא וגו' :

מנחת שי

ויקימין קרי : לקבל . סקו״ף בחטף קמן : (ה) קיתרם . קתרם קרי וטעות נפל במקרא גדולם לי מינו מלא יתיר יו״ד : סבכא פסנתרין כס״א דגושה והוא יולא מן הכלל כמ״ש רבי משה קמחי : סומפניה במקלת מדוייקים כס״א וכן הוא כמסורת שאכתוב לקמן : (ו) כה שעתא . בספרים מדוייקים בחטף פתח והתי״ו רפויה וכן הוא דלקמן : יקדתא . במדוייקים כ״י אין יו״ד אחר סקו״ף כמ״ש לקמן : (ז) כל קבל . במחטף קמן סקו״ף : קיתרם . קתלם קרי :

מצודת ציון

סמלוקי' בלשונות' בין מבני אלוה ותורה ובין זולתם: (ס) משרוקיתא וגו' . כולם שמות מיני כלי זמל וידועים המה בלשון כשדים :

מצודת דוד

קול גדול : לבון . וזהו דבר הכרוז לבם אומרים ומזרזים אתם עממיא וגו' : (ס) בעדנא . בעת אשר תשמעון קול קרן השופר וגו' וכל שאר מיני זמר אז תפלו ותשתחוו אל צלם הזהב אשר העמיד נ״ג המלך : (ו) ומן . ומי אשר לא יפול וישתחוה אזי מיד בעת הזאת סזה לכן בזה סעת כאשר שמעתו כל ה'עמים קול קרן השופר וגו' נפלו כלם על פניהם והשתחוו אל הלורם (ולא זכר כאן סומפוניה וכללו בכל זני זמרא . או מדעת לא הביאו ליתן ס״פ למי שלא ישתחוה כאשר קרא כמיל כי צלם הכוונה סיה להכשיל את ישראל ודבר המלך שלטון אין לסטיב ואם יבימו סכל ובכ״ז לא ישתחוו מה לו במיתתן לזה מנע את הסומפוניה במשכו

announced. Since Nebuchadnezzar wished to cause the Jews to stumble on the sin of idolatry, he was not interested in executing them for their failure to prostrate themselves before his image. He therefore gave them a way out by not bringing the bagpipes. If they would fail to prostrate

5. At the time that you hear the sound of the whistling horn, the clavichord, the harp, the psaltery, the bagpipes, and all kinds of music, you shall fall and prostrate yourselves to the golden image that King Nebuchadnezzar has set up. 6. And whoever will not fall and prostrate himself, will at that time be cast into a burning, fiery furnace." 7. In view of this, at that time, when all peoples heard the sound of the whistling horn, the clavichord, the harp, the psaltery, and all kinds of music, all peoples, nations, and tongues would prostrate themselves to the golden image that

2. **the satraps**—Aram. לַאֲחַשְׁדַּרְפְּנַיָּא, dukes.—[Rashi]

prefects—סְגְנַיָּא. The generals of the army.—[Rav Saadia Gaon] According to Kaffich, they are the officers of second rank.

governors—rulers.—[Rashi]

the judges, the treasurers, etc.—They are all names of nations.—[Rashi] According to Rashi, the last four are names of nations. Our translation follows Rav Saadia Gaon, Ibn Ezra, and Mezudoth. All of them define these terms as various dignitaries.

5. **At the time you hear the sound of the whistling horn**—Aram. קָל קַרְנָא מַשְׁרוֹקִיתָא, the sound of the whistling horn, like (Zech. 10:8) "I will whistle (אֶשְׁרְקָה) to them, and I will gather them."—[Rashi] Rav Saadia Gaon and Ibn Ezra interpret קַרְנָא מַשְׁרוֹקִיתָא as the horn, the whistle. These two instruments, the shofar and the whistle, are used by royal messengers to assemble the people.

the clavichord, the harp, etc.—They are all musical instruments.—[Rashi]

the clavichord—This follows Shiltei Hagibborim, in Hashir Sheba-mikdash. This is a stringed instrument (Greek kithara) probably akin to the modern guitar. Rav Saadia Gaon identifies it as the כְּנּוֹר, harp or violin.

the harp—or the lyre.—[Rav Saadia Gaon]

the bagpipes—used by the shepherds.—[Rav Saadia Gaon]

kinds of music—Aram. זְנֵי זְמָרָא, kinds of music. (Gen. 1:11) "After its kind," Onkelos renders: לִזְנוֹהִי.—[Rashi]

6. **a fiery furnace**—a pit that is made to burn rocks into lime, and that is כִּבְשָׁן in all the Scriptures.—[Rashi]

7. **In view of this**—in view of this, that they took heed to observe the king's command concerning this.—[Rashi] Mezudath David explains: because of this announcement. He points out further that the bagpipes are conspicuously absent in this verse. He conjectures that perhaps the bagpipes are included in "all kinds of music." He suggests further that they intentionally did not bring the bagpipes as the herald had

הֲקֵים נְבוּכַדְנֶצַּר מַלְכָּא׃ ח כָּל־קֳבֵל דְּנָה בֵּהּ־זִמְנָא
קְרִבוּ גֻּבְרִין כַּשְׂדָּאִין וַאֲכַלוּ קַרְצֵיהוֹן דִּי יְהוּדָיֵא׃
ט עֲנוֹ וְאָמְרִין לִנְבוּכַדְנֶצַּר מַלְכָּא מַלְכָּא לְעָלְמִין חֱיִי׃
י אַנְתָּה מַלְכָּא שָׂמְתָּ טְּעֵם דִּי־כָל־אֱנָשׁ דִּי־יִשְׁמַע
קָל קַרְנָא מַשְׁרוֹקִיתָא קַתְרֹס שַׂבְּכָא פְּסַנְתֵּרִין
וְסִיפֹּנְיָה וְכֹל זְנֵי זְמָרָא יִפֵּל וְיִסְגֻּד לְצֶלֶם דַּהֲבָא׃
יא וּמַן־דִּי־לָא יִפֵּל וְיִסְגֻּד יִתְרְמֵא לְגוֹא־אַתּוּן נוּרָא
יָקִדְתָּא׃ יב אִיתַי גֻּבְרִין יְהוּדָאִין דִּי־מַנִּיתָ יָתְהוֹן עַל־

ת״א יְהוּדָאִין . מגלה יג סנהדרין צג ׃   יתיר ה׳ יתיר י׳ וסומפניה קרי   עבידת

רס״ג

(מח) ואכלו קרציהון . אמרו רכילות לא תלך רכיל מתרגמינן לא תיכול קורצין הלשינום למלך : (יו) שמת טעם . שמת מעם וגזירה כמו מטעם המלך וגדוליו : (יא) ומן די לא יפל . מי שלא יפול וישתחוה : (יב) איתי גוברין יהודאין . יש אנשים יהודים ולמה קרא שמם יהודים לפי שכפרו בע״ג וכל הכופר בב״ג נקרא יהודי מרדכי כפר בע״ג של המן ונקרא יהודי שנא׳ איש יהודי . בתיה כפרה בע״ג ונקראת יהודית שנאמר ואשתו היהודית : די מנית יתהון . ששבת אותם . ושמת עליהם שרי אלפים כתרגבמינן ותמני עליהון : על עבידת מדינת בבל . על

רש״י

(ח) כל קבל דנה . כל עומת זו שראו שוטניהם שים שעה להלשין עליהם : קריבו נובריין כשראין ואכלו קרציהון . הלשינו עליהם . לא תלך רכיל (ויקרא י״ט) מתרגמינן ולא תיכול קורלין . ואומר אני שכן היתה דת של הולכי רכיל לאכול לגימא במקום שמלשינין שם והוא סימן קיום דברים שמאותה שעה ים עליהם לכרר דבריה׳ ולאמת לשון הרע שאמרו ואותה סעודה נקראת אכילת קורלין ל׳ קורן בטיניו (משלי ו׳) שהוא לסי׳ לשון הרע :

(ט) ענו ואמרין . לוחו. כל טניה שבמקרא לשון קול רס הוא : (י) שמת טעם . גזרת דבר : (יב) איתי . יש : יהודאין.

אבן עזרא

(ח) ואכלו קרציהון . חרנו׳ לא תלך רכיל שהמדב׳ בסתר רפה על לאחד כאילו אוכל בשרו : (ט) ענו. מפט מדברי׳ אל המלך להתפלל שיאריכו ימיו : (י) אנת . שמת הודעת טעמך : (יא) לגו אתון . כבשן האש : (יב) די מניה יתהון . כמו חסר מנה שר הסריסים . והנה יש שאלה אין ספק כי דניאל הוא חסר היה יותר נכבד וידעני שהזא לא השתחוה לללם למה לא הזכירוהו הכשדים למלך . ולפי דעתי כי פחדו להזכירו אחר שידעו שהמלך הקריב לפניו ניחוחין

מצודת דוד

אם לא ישתחוו עדיין אין להם משפט מות ואולי יפחם להשתחוות בבניה) : (מ) כל קבל . בעבור זאת אשר כל הטכומ״ז השתחוו ולא מרו פיו : בה זמנא . בה בזמן . בעת ההיא קרבו אנשי כשדים והלשינו מלשינות על היהודים : (ט) ענו . הרימו קול . ואמרו וגו׳ המלך לטולם יחיה והוא מדרך הטוסר לברך את המלך בראשית הסאמרים : (י) אנת .

מנחת שי

פסנטרין. נמסר עליו לית כתיב טי״ח : ללם דהבא . הה״א במטף פתח : (מ) כל קבל . בחטף קמן סקו״ף : (י) אנתה . יתיר ה״א שמת טעם . הש״ן בסתומה למדוייקים ובמקלתם שמת בשני שואין : קיתרס . יתיר יו״ד : שבכא . בדגש סב״ח :
ססנתרין . כדגש סב״א כמ״ש נטיל . וסיפניה . וסומפניה קרי כן הוא בספרים מדוייקים וגם הכתיב הוא בס״א והמסורת אומלת כן קדמאה סומפניא . תלייגא וסומפניה . תליתאה וסומפניה : (יא) יקדתא. כלם מסרים יו״ד וכתיבין אל״ף כך מלאתי כתוב בס״א כ״י : (יב) יהודמין . בספרים כ״י שלסני הסיק פתח האל״ף אבל במכלול דף רל״א כתב יהודאין מפיק יו״ד דניאל וטגלא כשדמין מפיק

מצודת ציון

(ח) ואכלו קרציהון . הוא מענין רכילות ומלשינות כי לא תלך רכיל (ויקרם י״ט) ת״א לא תיכול קודלין על שם שדרך המלשין לרמז דברו ולקרלון בעיניו למען לא יבינו כל הטומדים ובהקרילה הסיא כאלו אוכל בשר מי אשר ילבין עליו : (י) טעם . ענינו כב״מ דבר שים

מהה המלך עשית גזרת אומר אשר כל איש אשר ישמע קול קרן הטוסף מ׳ וכל שאר מיני׳ זמר יסול על סניו וישתמוה אל הלורה : (יא) ומן . ומי אשר לא יפול וישתחוה יושלך לתוך תנור אש לבוערה :

whether Hananiah, Mishael, and
Azariah were from the tribe of Judah
or from other tribes. According to the

one who maintains that they were
from other tribes, we must explain
this verse to mean that they were

King Nebuchadnezzar had set up. 8. In view of this, at that time, some Chaldean men approached and denounced the Jews. 9. They spoke up and said to King Nebuchadnezzar, "May the king live forever! 10. You, O king, gave an order that any person who hears the sound of the whistling horn, the clavichord, the harp, the psaltery, the bagpipes, and all kinds of music, shall fall and prostrate himself to the golden image. 11. And whoever does not fall and prostrate himself shall be cast into the fiery furnace. 12. There are Judahite men whom you appointed over

themselves, they would not be liable to death, and he hoped to entice them to prostrate themselves the second time the music would play, when the bagpipes would be played.

at that time—*At the time that they hear the sound of the music, which is a sign that those who prostrate themselves should come to prostrate, all peoples would fall etc.*—[*Rashi*]

8. In view of this—*in view of this, that their enemies saw that there is a time to denounce them.*—[*Rashi*] *Mezudath David* explains it as: in view of the fact that all the nations prostrated themselves and did not defy the king's order.

some Chaldean men approached and denounced—Aram. וַאֲכַלוּ קַרְצֵיהוֹן, *informed about them. (Lev. 19:16) "Do not go as a talebearer among your people," is translated by Targum as* קוּרְצִין לָא תֵּיכֻל. *I say that it was the custom of talebearers to eat a meal in the place where they informed, and that was a sign of the verification of their words; for at that time it was incumbent upon them to*

clarify their words and to verify the slander that they spoke, and that meal was called eating קוּרְצִין, *an expression of* (Prov. 6:13) *"he winks* (קוֹרֵץ) *with his eyes," which is a sign of slander.*—[*Rashi*] *Ramban* (Lev. 19:16) differs from *Rashi* and explains it as an expression of making sounds and winking the eyes. *Nethinah Lager* (ad loc.) interprets it as an expression of eating and cutting up. It is as though the talebearer ate up half the flesh of the victim and cut him up.

9. They spoke up and said—Aram. עֲנוֹ, *they shouted. Every* [expression of] עֲנָיָה *in Scriptures is an expression of raising the voice.*—[*Rashi*]

May the king live forever—It was proper to bless the king when addressing him.—[*Mezudath David*]

10. gave an order—*issued a decree.*—[*Rashi*]

12. There are—Aram. אִיתַי.—[*Rashi, Ibn Ezra*]

Judahite men—*of the tribe of Judah.*—[*Rashi*] Note that in the Talmud (*Sanh.* 93b) there is a dispute

עֲבִידַת מְדִינַת בָּבֶל שַׁדְרַךְ מֵישַׁךְ וַעֲבֵד נְגוֹ גֻּבְרַיָּא
אִלֵּךְ לָא־שָׂמוּ עֲלָיךְ מַלְכָּא טְעֵם לֵאלָהָיךְ לָא פָלְחִין
וּלְצֶלֶם דַּהֲבָא דִּי הֲקֵימְתָּ לָא סָגְדִין: יג בֵּאדַיִן
נְבוּכַדְנֶצַּר בִּרְגַז וַחֲמָא אֲמַר לְהַיְתָיָה לְשַׁדְרַךְ
מֵישַׁךְ וַעֲבֵד נְגוֹ בֵּאדַיִן גֻּבְרַיָּא אִלֵּךְ הֵיתָיוּ קֳדָם
מַלְכָּא: יד עָנֵה נְבוּכַדְנֶצַּר וְאָמַר לְהוֹן הַצְדָּא שַׁדְרַךְ
מֵישַׁךְ וַעֲבֵד נְגוֹ לֵאלָהַי לָא אִיתֵיכוֹן פָּלְחִין וּלְצֶלֶם
דַּהֲבָא דִּי הֲקֵימֶת לָא־סָגְדִין: טו כְּעַן הֵן אִיתֵיכוֹן
עֲתִידִין דִּי בְעִדָּנָא דִּי־תִשְׁמְעוּן קָל קַרְנָא
מַשְׁרוֹקִיתָא קִיתָרֹס שַׂבְּכָא פְּסַנְתֵּרִין וְסוּמְפֹּנְיָה

יתיר י' יתיר י' יתיר י'

רש"י
מִשֶּׁבֶט יְהוּדָה: אֵלֶּךְ. אֵלֶּה: לָא שָׂמוּ עֲלָךְ מַלְכָּא טְעֵם.
לֹא חָשׁוּ לָתֵת עָלֶה לַעֲמֹד לָחוּם עַל גְּזֵרוֹתֶיךָ: (יג) אֲמַר
לְהַיְתָיָה. זֶה לְהָבִיא: הֵיתָיוּ. הוּבָאוּ: (יד) הַצְדָּא.
שֶׁמָּא גְזֵרוֹתַי לָדַי וְשֶׁמְמָה וּדְבַר רֵיק הִיא בְּעֵינֵיכֶם אַתֶּם
שַׁדְרַךְ וַעֲבֵד נְגוֹ אֲשֶׁר לֵאלֹהַי אֵינְכֶם עוֹבְדִים. ה"א
(טו) כְּעַן הֵן אִיתֵיכוֹן עֲתִידִין. עַתָּה הִנְּכֶם עֲתִידִים ט'

אבן עזרא
כַּאֲשֶׁר יַעֲשֶׂה לֵאלֹהָיו. וְיֶפֶת בֶּן עֵלִי אָמַר כִּי הָיוּ אוֹהֲבָיו עַל כֵּן
לֹא הִזְכִּירוּהוּ וְאֵין צָרִיךְ: (יג) בֵּאדַיִן. לְהַיְתָיָה. כְּמוֹ
שׁוּבוּ אֲתָיוּ רַק הוּא מֵהַבִּנְיָן הַכָּבֵד הַנּוֹסָף כִּי הַפּוֹעֵל יוּגְלָא:
(יד) הַצְדָּא. שֶׁאֶלֶם הָאֱמֶת הוּא כָּכָה: (טו) כְּעַן. עַתָּה
הִנֵּה יֶשְׁכֶם עֲתִידִים. חֵלֶק לָהֶם כָּבוֹד

רס"ג
מְלֶאכֶת מְדִינַת בָּבֶל לְתַקֵּן הַשְּׁוָקִים וְהַדְּרָכִים וְכָל
צָרְכֵי הָעִיר: לָא שָׂמוּ עֲלָךְ מַלְכָּא טְעֵם. כְּלוֹמַר אֵינָם חוֹשְׁשִׁים
עַל דְּבָרֶיךָ: (יג) לְהַיְתָיָה. לְהָבִיא: אֵלֶּךְ. אֵלֶּה: הֵיתָיוּ. הוּבָאוּ:
(יד) הַצְדָּא. בְּוַדַּאי:

ה"א שֶׁל הַצְדָּא מְשַׁמֶּשֶׁת בִּלְשׁוֹן תְּמִיהָה: דִּי הֲקֵימְתָּ. שֶׁהֲקֵמְתִּי:
דִּים עַל כָּרְחֲכֶם לְקַבֵּל זוֹ עֲלֵיכֶם: וְהֵן לָא תִסְגְּדוּן. וְאִם לֹא

מנחת שי
אֶלֶ"ף דָּנִיֵּאל נֶעְזָרָא וְכ"כ סָלוֹיִת חַן ש"מ סִי"ו: וַעֲבֵד נְגוֹ סְטִי"ן כְּמָטֶף
פַּתָּח: שָׂמוּ עֲלָךְ. עֲלָךְ קְרִי: לֵאלָהָיךְ לֵאלָהָךְ קְרִי: (יג) וַחֲמָא. י"ם
וּמֵחֲמָא בֵּה"ס: קֳדָם מַלְכָּא. בְּקַמְץ חֲטֻף סְקוֹ"ף: (יד) הַצְדָּא. בְּדָגֵשׁ
סָדְלֶ"ת: (טו) קִיתָרֹס. יָתִיר יוֹ"ד: וְסוּמְפֹּנְיָה. כֵּן כָּתוּב כְּמַ"ש

מצודת דוד
בָּבֶל וְסָס חַנ"ו: נֻּבְרַיָּא. הָאֲנָשִׁים הָאֵלֶּה לֹא פָשׁוּ לַעֲמֹד טַעַם
וְעָלָה לָחוּם עָלֶיךָ הַמֶּלֶךְ לְקַיֵּם מַאֲמָרֶךָ לֵאלֹהֶיךָ אֵינָם עוֹבְדִים וְאֶל
הַצְּלוֹרָה אֲשֶׁר הֶעֱמַדְתָּ לֹא הִשְׁתַּחֲווּ (וְלֹא סָלְסוּלוֹ עַל דָּנִיֵּאל בַּעֲבוּר כִּי
אָז אָמַר כ"כ בְּכַעַס וּמִימָה לְהָבִיא לְמִמ"ו: בֵּאדַיִן. אָז הָאֲנָשִׁים
הָאֵלֶּה הוּבְאוּ לִפְנֵי הַמֶּלֶךְ: (יד) עָנָה. הֵרִיס כ"נ אֶת קוֹלוֹ וְאָמַר
אֲלֵיהֶם: הַצְדָּא. וְכִי מוֹק גְּזֵרוֹתַי הִיא לְדִבְרֵי רֵיק וְשֶׁמְמָה

מצודת ציון
בּוּ מַמָּשׁ הַנַּעֲשֶׂה בַּטַּעַם וְלֹא דָבָר שֶׁל מַה בְּכָךְ: (יד) הַצְדָּא. עִנְיָן

---

must leave here, lest I be destroyed
by fire," as the Torah states (Deut.
7:25): "The graven images of their
gods you shall burn in fire" [and
Daniel had been deified by Nebuch-

Holy One, blessed be He, Daniel, and
Nebuchadnezzar. The Holy One,
blessed be He, said, "Let Daniel
leave, lest people say that he was
saved in its merit." Daniel said, "I

the affairs of the capital cities of Babylon, namely Shadrach, Meshach, and Abed-nego; these men did not take counsel to follow your decree, O king. They do not worship your god and they do not prostrate themselves to the golden image that you have set up." 13. Then Nebuchadnezzar, in wrath and anger, ordered to bring Shadrach, Meshach, and Abed-nego. Then these men were brought before the king. 14. Nebuchadnezzar spoke up and said to them, "Is it [my decree] meaningless, O Shadrach, Meshach, and Abed-nego, that you do not worship my god and that you do not prostrate yourselves to the golden image that I have set up?" 15. Now behold, you are destined, at the time that you hear the whistling horn, the clavichord, the harp, the psaltery, the bagpipes,

from the exile of Judea, or as the Talmud says (*Meg.* 13a), that "Whoever denies pagan deities is called Yehudi," basing this assertion on this verse. See *Tosafoth* ad loc.

these—Aram. אֵלֶּךְ.—[*Rashi*]

did not take counsel to follow your decree—Aram. לָא שָׂמוּ עֲלָיִךְ מַלְכָּא טְעֵם. *They did not care to give themselves counsel to care for your decrees.*—[*Rashi*] Rashi appears to render מַלְכָּא as counsel, since he omits any mention of "king." However, this is not definite, since other commentators render it as "king." *Midrash Daniel* renders: did not take upon themselves the decree of the king. *Isaiah da Trani* renders: did not place any care about you, [O king]. *Mezudath David's* explanation is similar to the latter.

they do not worship your god, and they do not prostrate themselves, etc.—As mentioned above, many commentators believe that the image was not meant to be a deity.

They bring proof from this verse, which speaks of not worshipping the king's god and also not prostrating themselves before his image. It appears that these are two distinct matters. *Ibn Ezra* and *Mezudath David* assert that these enemies did not mention Daniel because the king adored him to the extent of offering to make sacrifices to him. It would be unseemly for a deity to prostrate himself to another deity. This view appears in *Numbers Rabbah* 13:6. According to the Talmud (*Sanh.* 93a), Daniel left Babylon when the image was erected. Rav says that he went to Tiberias to dig out the large river that was there. Samuel says that he was sent by Nebuchadnezzar to bring seeds for sowing cattle fodder. Rabbi Johanan says that he went to bring swine from Egypt for breeding. The Talmud states further that there were three involved in the plan for Daniel to be absent during the dedication ceremonies of the image: the

וְכֹל ׀ זְנֵי זְמָרָא תִּפְּלוּן וְתִסְגְּדוּן לְצַלְמָא דִּי־עַבְדֵת
וְהֵן לָא תִסְגְּדוּן בַּהּ־שַׁעֲתָא תִתְרְמוֹן לְגוֹא־אַתּוּן
נוּרָא יָקִדְתָּא וּמַן־הוּא אֱלָהּ דִּי־יְשֵׁיזְבִנְכוֹן מִן־יְדָי׃
טז עֲנוֹ שַׁדְרַךְ מֵישַׁךְ וַעֲבֵד נְגוֹ וְאָמְרִין לְמַלְכָּא
נְבוּכַדְנֶצַּר לָא־חַשְׁחִין אֲנַחְנָא עַל־דְּנָה פִּתְגָם
לַהֲתָבוּתָךְ׃ יז הֵן אִיתַי אֱלָהַנָא דִּי־אֲנַחְנָא פָלְחִין
יָכִל לְשֵׁיזָבוּתַנָא מִן־אַתּוּן נוּרָא יָקִדְתָּא וּמִן־יְדָךְ
מַלְכָּא יְשֵׁיזִב׃ יח וְהֵן לָא יְדִיעַ לֶהֱוֵא־לָךְ מַלְכָּא דִּי
לֵאלָהָךְ לָא־אִיתַנָא פָלְחִין וּלְצֶלֶם דַּהֲבָא דִּי

ת"א לא ידיע . זוהר חולדוס : רמס"ג יתיר י'

רש"י

תשתחוו תהיו מושלכים : לגו . לתוך : ומן הוא אלה .
ומי הוא שום אלוה שיכול אתכם מידי : (טז) למלכא
נבוכדנצר . למה הוזכר שמו אלא כך אמרו לו אם לקבל
עלינו גזירתך לתת מסין ומרכוניות וגולגליות אתה מלך
עלינו אם לכפור בהקב"ה. נבוכדנצר שפל מכשים מתה
בעינינו וכזוי עם מת ולכבא שוין : לא חשחין אנחנא .
לא מושחין אנו על זאת ליטול עלה מה להשיבך כי המענה
מוכן ושגור בפינו : (יז) יכיל לשיזבותנא . יכול להצילנו

אבן עזרא

(טז) ענו . לא חשחין . לא צריכין אנו להשיבך כי
אלהינו שאנחנו עובדים . כמו סולה ובוקע בארץ יכול
להצילנו מכבשן האש גם מידך אם ירלה והנה אם לא

מצודת דוד

אם מתם תשתחוו לא אפשר לכם מאומה רב על אשר לא השתחויתם
בכאשונה : והן . ואם לא תשתחוו אזי מיד בעת הזאת תושלכו אל

רמס"ג

(טז) לא חשחין אנחנא.אין אנו חוששין אין אנו צריכין לחשיבך
על זה הדבר : (יז) הן איתי אלהנא . הנה יש אלהינו !
(יט) הן לא ידיע להוי לך מלכא . ואם לא יצל אותנו אף על
פי כן ידוע יהיה לך המלך שאנו לא נעבוד ולא נשתחוה
למעותיך אלא נמסור נפשנו לשריפה נשאו קל וחומר בעצמן
מן הצפרדעים ומה צפרדעים שלא נצטוו על קדושת השם
ואף"ה מסרו עצמם לשריפה בתוך כבשן האש שנאמר בהם
ובתנוריך ובמשאירותיך איסתי התנור חם בזמן שהשתארות
מצויות ללוש בעבור הבורא לקדש שמו במצרים לעיני פרעה

מנחת שי

למעלם : יקדתא . בלא יו"ד אחר קו"ף כמ"ש בסיל : (טז) למלכא
נבוכדנצר . מלת למלכא באתנחתא ומלת נבוכדנצר בד"ק או כרכיב
שסום תמלק דבור וזסו שדרשו ריכותינו בויקרא רבה סוף פרסה ל"ג
אם מלבא למה נבוכדנצר ואם נבוכדנצר למה מלבא אלא כך אמרו
לו וכו' וכ"כ רבינו במיי בכד הקדמה אות מי"ו סורה : על דנה . יש
ספרים דנא באל"ף : (יז) סלמין : פס"א רסס : יקדתא : (יח) למאלך . מסכ יו"ד . בכוב סמדווייקיס סתי"ו בקמן לא בסתח ובכקלת ספרים כתוב אי־סינ"א
במיד"ק לא בליי"ר . לאלהיך . מסכ יו"ד : ימיר יו"ד : מיתאל . בכוב סמדווייקיס סתי"ו : (יח) למאלך . מסכ יו"ד

מצודת ציון

שממה כי תתו ובתו (בראשית א') מ"א לדיא ורקיעא : (טז) חשחין .
מוך תנור אם סבוטרם ומי סוא האלוה אשר יציל אתכם מידי : (סז) ענו . הסיבו ממ"ו ואמרו למלך : נבוכדנצר. אתה כ"ב ולא קראוהו בשם
מלך כאו' . בדבר זה לא תמלוך עלינו ולא תמשול בנו : לא חשחין . אין אנחנו חוששין על ספחה זה להשיבך זה להשיבך ממרי רלוי וטענות
(יט) הן איתי . הנה יש אלהים סוא אלהינו אשר מאמינו עובדים הוא יכול להליל אותנו מן תנור אם סבוטלם ואף מן ידך סמלך יליל כלו'
וככל מוסן שתכרלה להמית מותנו יכול סוא להליל מכלם : (יט) והן לא . ואף אם לא יחסון להליל ידוע יסיס לך סמלך אשר עב"ז לא יס
עמנו לעבוד לאלהיך ואל לורם סזהב אשר סעמדת לא נשתחוה :

blaspheming God's Name by saying,
"And who is a god who will save you
from my hands?" They, therefore,
replied, "Behold there is our God
Whom we worship."—[Alshich]

He can save us—*He can save us
from all troubles.*—[Rashi]

**From the burning fiery furnace
and from your hands, O king, He
will save**—*from the furnace and from
your hands He will save.*—[Rashi] Do
not think that because you have free
choice, God cannot save us, for you
are a king, and (Prov. 21:1): "A king's

and all kinds of music, to fall and prostrate yourselves to the image that I made, and if you do not prostrate yourselves, at that time you shall be cast into a burning, fiery furnace, and who is a god who will save you from my hand? 16. Shadrach, Meshach, and Abed-nego answered and said to the king, "Nebuchadnezzar, we do not care to answer you about this matter. 17. Behold there is our God whom we worship; He can save us. From the burning, fiery furnace and from your hands, O king, He will save [us]. 18. And if not, let it be known to you, O king, that we will not worship your god, neither will we prostrate ourselves to the golden image

adnezzar]. Nebuchadnezzar said, "Let Daniel leave here, so that they do not say that he burned his god in fire."

13. ordered to bring—Aram. לְהַיְתָיָה.—[*Rashi*]

were brought—Aram. הֵיתָיוּ.—[*Rashi*]

14. Is it meaningless—Aram. הַצְדָא. *Are my decrees void and desolate and an empty thing in your eyes, Shadrach, Meshach, and Abed-nego, that you do not worship my god? The "hey" of* הַצְדָא *is used as an interrogative expression.*—[*Rashi*]

that I have set up—Aram. דִי הֲקֵמֶת.—[*Rashi*]

15. Now, behold you are destined—*Now, behold you are destined against your will to accept this upon yourselves.*—[*Rashi*]

and if you do not prostrate yourselves—*and if you do not prostrate yourselves, you shall be cast.*—[*Rashi*]

into—*into the midst of.*—[*Rashi*]

and who is a god—*and who is a*

god who will save you from my hands?—[*Rashi*]

16. to the king, "Nebuchadnezzar—*Why is his name mentioned? But this is what they said to him: "If* [it concerns] *taking upon ourselves to pay taxes, either the tax from the crops or the head taxes, you are king over us,* [but] *if* [it concerns] *denying the Holy One, blessed be He,* [you are merely] *Nebuchadnezzar. In our eyes, you are a lowly person and the most despised of the people. You and a dog are equal."* [*Rashi* from *Lev. Rabbah* 33:6]

we do not care—*We do not care to take counsel on what to answer you, for the answer is ready and fluent in our mouths.*—[*Rashi*] *Ibn Ezra* renders: we do not need to answer you, for the God Whom we worship can save us from the furnace and also from your hands.

17. Behold there is our God—They were first obliged to answer Nebuchadnezzar and rebuke him for

הֲקֵימְתָּ לָא נִסְגֻּד: יח   יט בֵּאדַיִן נְבוּכַדְנֶצַּר הִתְמְלִי
חֱמָא וּצְלֵם אַנְפּוֹהִי אשתנו עַל־שַׁדְרַךְ מֵישַׁךְ וַעֲבֵד
נְגוֹ עָנֵה וְאָמַר לְמֵזֵא לְאַתּוּנָא חַד־שִׁבְעָה עַל דִּי
חֲזֵה לְמֵזְיֵהּ: כ וּלְגֻבְרִין גִּבָּרֵי־חַיִל דִּי בְחַיְלֵהּ אֲמַר
לְכַפָּתָה לְשַׁדְרַךְ מֵישַׁךְ וַעֲבֵד נְגוֹ לְמִרְמֵא לְאַתּוּן
נוּרָא יָקִדְתָּא: כא בֵּאדַיִן גֻּבְרַיָּא אִלֵּךְ כְּפִתוּ
בְּסַרְבָּלֵיהוֹן פַּטִּישֵׁיהוֹן וְכַרְבְּלָתְהוֹן וּלְבֻשֵׁיהוֹן
וּרְמִיו לְגוֹא־אַתּוּן נוּרָא יָקִדְתָּא: כב כָּל־קֳבֵל דְּנָה

אשתני קרי יתיר י׳

רש"י

גופינו ידיע להוי לך וגו': (יט) התמלי חמא . נתמלא
חימה: וצלם אנפוהי אשתני . ופרצוף פניו נשתנו :
למזא לאתונא . להסיק לכבשן האש ולחממו : חד שבעה
על די חזה למזיה . על אחת שבע פעמים שהיערוהו עד
כדי הסיקו וכאילו יבעירוהו ז' שיעורין כמוהו : למזיה .
להסיקו : (כ) ולגוברין גברי חיל די בחיליה. ולאנשים
גבורי כח אשר בחילו : אמר לכפתה . לוה לאסור אותם
שראה מתחזקים לענותו קשות ואמר גבורים הם אלו ולוה
להגבורים אשר בחילו לאסור אותם : (כא) גובריא אלך.
אנשים אלו : כפיתו בסרבליהון . נתקשרו בבגדי מטע
שהיו להם ואע"פ שהיו יוצאין לידון לפני כ"נ דיני מיתה לא ש
שאפילו בשעת הסכנה לא ישנה אדם מן השררה שהוחזק בה :
מכורבל : ורמיו לגוא אתון נורא . והושלכו לתוך כבשן בוערה

אבן עזרא

יגיל ידוע יהיה לך : (יט) באדין. אנפוהי. אפו: למזא .
להוסיף מוקד כמו מזי רעב : (כ) ולגברין גברי חיל .
שהם בגבורותיו : לכפתה . לקשור : (כא) באדין
בסרבליהון . הם השמלה העליונה ומנהג האומות לשרוף
האנשים במלבושיהם שאינם שוין כלום : וכרבלתהון . כמו
ודוד מכרבל במעיל בוץ : פטשיהון . חלוקין או מכנסים :
ולבושיהון . שאר בגדיס: (כב) כל. מחצפה. כמהירות:

מצודת דוד

(יט) באדין . אז כ"נ נתמלא חמה ודמות פניו נשתנה בכעסו על
ממ"ו : ענה . הרים קול ואמר להבעיר ולהסיק את התנור : חד
שבעה. ר"ל להוסיף ולהסיק בפעם אחת כשיעור שבעה הסקות של
אשר ראוי להסיקו: (כ) ולגוברין . ולאנשים אנשי חיל אשר בלבבו
לוה לאסור ולקשור לממ"ו ולהשליך לתנור אש הבוערת : (כא) באדין
אז האנשים האלה קשרו אותם כשהם לבושים בסרבליהון וגו':
ולבושיהון . ר"ל שאר המלבושים: ורמיו . והשליכו אותם לתוך כבשן

רמ"ג

אנו על אחת כמה וכמה שנמסור נפשנו לשריפת אש לקדש
שמו בבבל לעיני נבוכדנצר: (יט) התמלי חמא . נתמלא חמה
ודמות פניו כשתנה : ואמר לסיוא . אמר להסיק לכבשן
שבעתים ממה שראוי להסיקו . כמו יזה גוים ישרוף גוים :
(כ) ולגברין . ולאנשים אנשי חיל אשר בחזקה ובגבורה :
לכפתה. לאסור לאסורך מתרגמינן לכפתה יתך: (כא) בסרבליהן.
המנעלים ויש אומרים בתי שוקים שלהן: פטשיהון . המכנסים
שבירכותיהן: וכרבלתהון. אלו הקסידין שבראשן כמין כובעים.
וי"א כרבלתהון הן הטליתות המעוטפין בהן: ולבושיהון . שאר
בגדיהם . פ"א סרבליהון מקטורין שלהן בלאות שלחן
כלומר סרבליהן כמו בלאות הם בגדי תמיד . פטשיהן חם
מעטפותן : פטשיהון וכרבלתהון . מיני מלבוש מלכות
שנו בגדיהם להשפיל את גדולתם מכאן למדו הכמים
וכרבלתהון . יש לו דוגמא (בד"ה א' ט"ו) ודוד
מכורבל : (כב) כל קבל דנה . כל עומת זאת אשר מלות

מנחת שי

ונכתב מלו יתיר יו"ד : הס"א לסויס : (יט) משתנו . אשתני
קרי : (כא) ססיסיסון . יתיר יו"ד בהל טי"ח וסטי"ת דגושה ולפי
דעתי זהו הממלוקת שבין מערבאי למדנחאי אי יתיר יו"ד או חסר :
ורמיו . סיו"ד נחה והוא"ו נעה כמו המסיו את לב העם (יהושע
י"ד) וכן משתיו מתרא . סיתיו מאני דסבא (דניאל ה') .
וכתב רבי אליס המדקדק דבכרוב הספרים כל אלו סואו"ן הן שרוקין
בסטות וראוין לסיות בלי נקוד : יקדתא . בלא יו"ד אחר הקו"ף :
(כב) כל קבל. כמסף קמן סקו"ף : יתירה . בספרים מדוייקי' מספלד
מלטיל ונמסר יתירה ג' מלטיל דמילא יתירה . דמילא ומימתני .

מצודת ציון

כמו מושבין סידוט כדרז"ל : (יט) למוא . ענין הסקה ושריפה וכן
מזי רעב (דברים ל"ב) : (כ) לכפתה . ענין קשירה וכדרז"ל סכל
כסות לו (ב"ק כ"ב) : (כא) בסרבליהן . סוא שס מלבוש וכדרז"ל
בסרבלי חתימי (שבת נ"ח) : פטשיהון. הס המכנסים: וכרבלתהן.
מין לבוש עשוי להתעטף בו ודוגמתו ודוד מכורבל במעיל (רס"א

their trousers, their robes—
types of royal raiment that they had;
and although they were going forth
to be judged before Nebuchadnezzar
regarding their death sentence, they
did not change their clothes to
humble their greatness. From here
the Sages learned that even in times
of danger, a person should not
change from the ruling position to

that you have set up." 19. Then Nebuchadnezzar was filled with wrath, and the features of his face changed against Shadrach, Meshach, and Abed-nego; he shouted and ordered to heat the furnace seven times as much as it should be heated. 20. And he commanded certain mighty men in his army to bind Shadrach, Meshach, and Abed-nego, to cast them into the burning, fiery furnace. 21. Then these men were bound in their cloaks, their trousers, their robes, and their [other] garments, and they were cast into the burning, fiery furnace. 22. In view of this,

heart is like rivulets of water in the Lord's hand; wherever He wishes, He turns it." Consequently, you have no free choice in the matter.—[Alshich]

18. **And if not**—*And if He will not wish to save our bodies, let it be known to you, etc.*—[*Rashi*]

19. **was filled with wrath**—Aram. הִתְמְלִי חֲמָא.—[*Rashi*]

and the features of his face changed—Aram. וּצְלֵם אַנְפּוֹהִי אֶשְׁתַּנִּי.—[*Rashi*] i.e., His face became contorted in wrath against Shadrach, Meshach, and Abed-nego.—[*Mezudath David*]

to heat the furnace—*to light the fiery furnace and to heat it.*—[*Rashi*]

seven times as much as it should be heated—*instead of once, seven times as much as they calculated to heat it up; and it was as though they would kindle it seven times as much as it required.*—[*Rashi*]

to be heated—lit. *to heat it.*—[*Rashi*]

20. **certain mighty men in his army**—Aram. גֻּבְרֵי חַיִל דִּי בְחַיְלֵהּ וּלְגַבְּרִין.—[*Rashi*]

And he commanded ... to bind—*He commanded to bind them because he saw that they were*

strengthening themselves to answer him harshly, and he said, "These are mighty"; so he commanded the mighty men in his army to bind them.—[*Rashi*] *Malbim* explains that Nebuchadnezzar believed that gods had limited power and that some tasks were too difficult for them to perform. Since the three men said that God could save them from the fire, he thought that God had the power to save them only from a normal fire. Therefore, he ordered the fire to be heated up seven times more than a normal fire. Since they said that God could save them from his hands, he ordered mighty men to bind them, thinking that mighty men could overpower God.

21. **these men**—Aram. גֻּבְרַיָא אִלֵּךְ.—[*Rashi*]

were bound in their cloaks—*They were bound in the garments in which they enwrapped themselves.*—[*Rashi*] *Ibn Ezra* appears to concur with *Rashi. Rav Saadia Gaon* defines it as shoes or stockings. *Musaf He'Aruch* states that, according to the Greeks, it is a Persian garment, either stockings or trousers.

מִן־דִּי מִלַּת מַלְכָּא מַחְצְפָה וְאַתּוּנָא אֵזֵה יַתִּירָה גֻּבְרַיָּא אִלֵּךְ דִּי הַסִּקוּ לְשַׁדְרַךְ מֵישַׁךְ וַעֲבֵד נְגוֹ קַטִּל הִמּוֹן שְׁבִיבָא דִּי נוּרָא: כג וְגֻבְרַיָּא אִלֵּךְ תְּלָתֵּהוֹן שַׁדְרַךְ מֵישַׁךְ וַעֲבֵד נְגוֹ נְפַלוּ לְגוֹא־אַתּוּן־נוּרָא יָקִדְתָּא מְכַפְּתִין: כד אֱדַיִן נְבוּכַדְנֶצַּר מַלְכָּא תְּוַהּ וְקָם בְּהִתְבְּהָלָה עָנֵה וְאָמַר לְהַדָּבְרוֹהִי הֲלָא גֻבְרִין תְּלָתָה רְמֵינָא לְגוֹא־נוּרָא מְכַפְּתִין עָנַיִן וְאָמְרִין לְמַלְכָּא יַצִּיבָא מַלְכָּא: כה עָנֵה וְאָמַר הָא־אֲנָא חָזֵה

רש"י

המלך היתה עזה : **ואתונה אזה יתירה** . והככבן הוסק מאד : **גובריא אלך** . אלו האנשים הגבורים אשר קשרו את חנניה מישאל ועזריה והשליכוס לכבשן : **קטיל המון שביבא די נורא** . שרף אותם כח שביב האש : (כג) **מכפתין** . קשורין : (כד) **תוה** . תמה : **וקם מלכא** . אמת דבר המלך : (כה) **שרין**

אבן עזרא

מו והשיקו שבע שנים : **שביבא** . כמו לא ינה (כד) **אדין** . **להדברוהי** . כמו בתוך הדברו :

מצודת דוד

הוסק כהסקה מרובה : **גובריא אלך** . האנשים … נשלו את חמ"ו אל פה התנור להשליכם בו : **קטיל** . … גלולות של אש כי היו מרובות ויצאו כבהלה ולא היו … כשהם קשורים : (כד) **אדין** . אז נ"ג המלך חרד … קשורים : **ענין** . השיבו ואמרו למלך אמת … הולכים בתוך האש ושמחה לא יש בהם :

רס"ג

חמעילים שעליהן . כרבלתהון הם החליקים שלהן : ודמיו והשליכו אותם : (כב) **מחצפה** . דבר המלך יצא בחוצפה ובתוקף : **אזה יתירא** . חוסק ביותר : **די הסיקו** . אשר הוציאו לשריפה : **קטיל חמון** . הרג אותם : **שביבא** . שביב האש כמו שביב אשו : (כג) **תלתתהון** . שלשתם : **מכפתין** . אסורין (כד) **תוה** . חרד ויחרד מתרגמינן ותוח : **בהתבהלה** . במהירה : **בהתבהלה** . ועמד בבהלה : **ענין ואמרין** . עונים ואומרי[ם]

מנחת שי

ותקיסה יתירה (סימן ז') כל קבל דנה מן די מלת מלכא : (כג) **תלתיהון** . בכתרים קדמונים גם תי"ו שניה דגושה וכמסורת משיג ליה עס ד' תוי"ן דגשין אחר שופר הולך כמו על הכתי[ב]

מצודת ציון

ס"ו : (כב) **שביבא** . נילולות כמו ולא ינה שביב אשו (איוב י"ח) (כד) **להדברוהי** . הם היועצים המנהיגים כי וינהג את הלחן (שמות …

---

of the haste and the tremendous heat, they could not beware of the fire.

23. And these men, the three of them, etc.—After the executioners were killed, they could not cast them into the furnace. They were therefore left at the mouth of the furnace, and since they were bound, they could not descend into it but fell.—[Malbim]

bound—Aram. מְכַפְּתִין.—[Rashi]

24. was bewildered—Aram. תְּוַהּ, wondered.—[Rashi] Rabbi Tanhum sees here also an element of regret.

Nebuchadnezzar regretted his rash act and stood up in haste and bewilderment.

and stood up in haste—Aram. וְקָם בְּהִתְבְּהָלָה.—[Rashi]

answered and said—Aram. עָנֵה וְאָמַר. They answered and said to the king.—[Rashi]

The king is true—Aram. יַצִּיבָא מַלְכָּא. The king has spoken the truth.—[Rashi] Mezudath David renders: True, O king.

25. free men walking in the midst of the fire—freed from their

since the word of the king was urgent and the furnace was heated excessively, these men who had brought up Shadrach, Meshach, and Abed-nego were killed by a spark of fire. 23. And these men, the three of them, Shadrach, Meshach, and Abed-nego, fell into the burning, fiery furnace, bound. 24. Then King Nebuchadnezzar was bewildered and stood up in haste. He shouted and said to his leaders, "Did I not cast three men into the fiery furnace, bound?" They answered and said to the king, "The king is true." 25. He called out and said, "Behold, I see

which he has become accustomed.— [*Rashi* from *Sanh.* 92b]

their robes—Aram. וְכַרְבְּלָתְהוֹן. *There is a word similar to this* (in I Chron. 15:27): *"And David was clothed* (מְכָרְבָּל).*"*—[*Rashi*] *Rav Saadia Gaon* defines כַּרְבְּלָתְהוֹן as hats or helmets, or shirts.

and they were cast into the burning, fiery furnace—Aram. וּרְמִיו לְגוֹא אַתּוּן נוּרָא יָקִדְתָּא—[*Rashi*] *Rav Saadia Gaon* and *Mezudath David* render: and they cast them.

22. **In view of this**—*in view of this, that the king's command was strong.*—[*Rashi*]

and the furnace was heated excessively—*and the furnace was heated very much.*—[*Rashi*]

these men—*these mighty men who had bound Hananiah, Mishael, and Azariah and had cast them into the furnace.*—[*Rashi*]

who had brought up—Aram. דִּי הַסִּיקוּ, who had brought up Hananiah, Mishael, and Azariah to the mouth of the furnace to cast them into it.—[*Mezudath David*] *Isaiah da Trani* also interprets הַסִּיקוּ as *brought up.* It may also be interpreted as

burned, meaning those who led them out to be burned, as *Rav Saadia Gaon* explains, or, according to *Midrash Daniel*, those who denounced them and caused them to be cast into the furnace to be burned. He quotes others who say that these men were standing by the furnace when the three were cast into it and were therefore burned. *Rav Saadia Gaon* (Kaffich) states that the executioners cast them in by means of a catapult, but they were nevertheless burned by the flames.

were killed by a spark of fire— *The power of a spark of fire burned them.*—[*Rashi*]

a spark of fire—Aram. שְׁבִיבָא דִּי נוּרָא. This translation follows *Midrash Daniel* and *Mezudath Zion*. *Rashi* on Job 18:5 also renders שְׁבִיב as *spark.* *Rabbi Tanhum* and the *Peshitta*, quoted by *Midrash Daniel* and *Malbim*, render: a flame of fire. *Malbim* explains that had the decree not been so urgent, the executioners would have been more cautious, and had the furnace not been overheated, they would not have been burned. However, because of the combination

גֻּבְרִין אַרְבְּעָה שְׁרַיִן מַהְלְכִין בְּגוֹא־נוּרָא וַחֲבָל לָא־
אִיתַי בְּהוֹן וְרֵוֵהּ דִּי רְבִיעָיָא דָּמֵה לְבַר־אֱלָהִין:
כו בֵּאדַיִן קְרֵב נְבוּכַדְנֶצַּר לִתְרַע אַתּוּן נוּרָא יָקִדְתָּא
עָנֵה וְאָמַר שַׁדְרַךְ מֵישַׁךְ וַעֲבֵד נְגוֹ עַבְדוֹהִי דִּי־
אֱלָהָא עִלָּיָא פֻּקוּ וֶאֱתוֹ בֵּאדַיִן נָפְקִין שַׁדְרַךְ מֵישַׁךְ
וַעֲבֵד נְגוֹ מִן־גּוֹא נוּרָא: כז וּמִתְכַּנְּשִׁין אֲחַשְׁדַּרְפְּנַיָּא
סִגְנַיָּא וּפַחֲוָתָא וְהַדָּבְרֵי מַלְכָּא חָזַיִן לְגֻבְרַיָּא אִלֵּךְ

תֹּ"א גֹוֹנזֹין .סֹנהֹדֹרין לֹג שֹבֹת ח ; וֹרֹוֹייֹב סֹנהֹדֹרין לֹס ;

רבֹיֹעֹאה קרֹי עֹלֹאה קרֹי   דֹי

רש"י

מהלכין בגו נורא . מותרין מאסוריהן והולכים בתוך
האם : וחבל לא איתי בהון . וחבלה לא יש בהם : ורוה
די רביעאה . ותואמרו של רביעי : דמה לבר אלהין .
דומה למלאך שראיתי בהיותי עם סנחריב כשנשרפו
אוכלוסיו שנא' (ישעיה ל"ז) ויך במחנה אשור ונבוכדנצר
היה שם ונמלט בתוך עשרה שנמלטו מהם : (כו) קרב.
לתרע אתון נורא . נגש לשער החצר שהכבשן בתוכה

רסֹ"ג

להֹדֹברֹוֹחֹ . לֹשֹריֹי וֹמֹנֹחֹיֹגֹיֹו וֹינֹתֹג מֹתֹרֹגֹמֹינֹן הֹדֹבֹר . יֹצֹיֹבֹא
נכֹן : (כֹה) גֹוֹבֹרֹין אֹרֹבֹעֹה . יֹהֹלֹא לֹא הֹיֹו אֹלֹא שֹלֹשֹה אֹלֹא
נֹבֹרֹיֹאֹל הֹמֹלֹאֹך שֹהֹוֹא שֹל בֹרֹד בֹא וֹצֹינֹן אֹת הֹאֹש שֹל כֹבֹשֹן:

אבן עזרא

(כה) שֹרֹין . מֹוֹתֹרֹין : וֹחֹבֹל . הֹשֹחֹתֹה כֹמֹו וֹחֹבֹל אֹת מֹעֹשֹה
יֹדֹיֹך : וֹרֹוֹיֹה דֹי רֹבֹיֹעֹאה.וֹתֹוֹאֹר הֹרֹבֹיֹעֹי : לֹבֹר אֹלֹהֹין .
כֹבֹן אֹלֹהֹים כֹמֹו מֹה בֹרֹי וֹמֹה בֹר בֹטֹנֹי : (כו) בֹאֹדֹין .

מצודת דוד

וֹרֹוֹה . וֹתֹוֹאֹרֹו שֹל הֹרֹבֹיֹעֹי דֹוֹמֹה לֹתֹואֹר לֹמֹלֹאֹך : (כֹו) בֹאֹדֹין . אֹז קֹרֹב

מנחת שי

וֹכֹן מֹלֹאֹתֹי בֹסֹפֹר דֹקֹדֹוֹק יֹשֹן שֹהֹאֹריֹך לֹדֹבֹר בֹזֹה וֹכֹלֹל דֹבֹריֹו דֹתֹי"ז

מצודת ציון

גֹ'. תֹ"א וֹדֹבֹר : (כֹה) לֹבֹר אֹלֹהֹין . כֹן יֹקֹלֹס הֹמֹלֹאֹך כֹאֹלֹו סֹוֹא מֹבֹנֹי

---

the gate of the court, in which the furnace was situated, to speak with them, and at first, he saw them from afar.—[Rashi]

Step out and come—*"step out and come," but he did not say to them, "step out and ascend." From here we learn that the floor of the furnace floated up and became even with the ground, so that they should not be troubled to go up.*—[Rashi from Mid. Tan. ad loc.]

Then ... came out—*Although they were confident of the miracle that had been performed for them, they did not dare to treat the king lightly, to go out without permission.*—[Rashi from Tan. ad loc.] *Mezudath David* explains that until Nebuchadnezzar spoke to them gently, they were afraid to come out, for a person has free will, and he might slay them with his hands. *Midrash Tanhuma* states: They said

four free men walking in the midst of the fire, and there is no wound upon them, and the form of the fourth one is like [that of] an angel." 26. Then Nebuchadnezzar approached the gate of the burning, fiery furnace. He shouted and said, "Shadrach, Meshach, and Abed-nego, the servants of the Most High God! Step out and come!" Then Shadrach, Meshach, and Abed-nego came out of the midst of the fire. 27. And the satraps, the prefects, the governors, and the leaders of the king gathered [and] saw these men,

bonds and walking in the midst of the fire.—[*Rashi*]

and there is no wound upon them—Aram. וַחֲבָל לָא אִיתַי בְּהוֹן.—[*Rashi*]

and the form of the fourth—Aram. וְרֵוֵהּ—[*Rashi*]

is like [that of] an angel—*It is like the angel I saw when I was with Sannecherib, when his armies were burned, as it is said* (II Kings 19:35): *"[And an angel of the Lord went forth] and slew ... of the camp of Assyria." And Nebuchadnezzar was there and fled among the ten who fled from them.*—[*Rashi* from *Sanh.* 95b] *Pesikta Rabbathi* (37:2) relates at length: "come and reflect on Hananiah, Mishael, and Azariah, who, when Nebuchadnezzar cast them into the fiery furnace, were strolling in it as a man strolls in the sun on a cold day, and it feels pleasant to him, as it says: "He called out and said, 'Behold I see four free men walking in the midst of the fire ... and the form of the fourth one is like [that of] an angel.'" It does not say *the form of the first*, but *the form of the fourth*. This is [the angel] Gabriel, who was walking after them as a disciple before the master, to teach you that the righteous are greater than the ministering angels. Another explanation: 'and the form of the fourth'—as soon as Nebuchadnezzar saw Gabriel, he recognized him and said, "This is the one I saw in the war with Sannecherib, when he [the angel] burned them up." Rabbi Eliezer the Great says: "At the time that Nebuchadnezzar saw Gabriel, all his limbs quaked, and he said, 'This is the angel I saw in the war with Sannecherib, who appeared like a small disk of fire, and he burned up his entire camp.'" *Rav Saadia Gaon* states that the angel Gabriel, who was the prince of hail, came and cooled off the fire. According to *Midrash Tanhuma* (*Noah* 10), however, since the three men went into the furnace for God's sake, He Himself went into the fire and cooled it off. According to *Pesahim* 118a, Gabriel was the angel of fire. He offered to descend into the furnace to perform "a miracle within a miracle," that he would burn those on the outside and cool off the fire on the inside.

26. approached the gate of the ... fiery furnace—*He approached*

דִּי לָא־שְׁלֵט נוּרָא בְּגֶשְׁמְהוֹן וּשְׂעַר רֵאשְׁהוֹן לָא
הִתְחָרַךְ וְסָרְבָּלֵיהוֹן לָא שְׁנוֹ וְרֵיחַ נוּר לָא עֲדָת
בְּהוֹן: כח עֲנֵה נְבוּכַדְנֶצַּר וְאָמַר בְּרִיךְ אֱלָהֲהוֹן דִּי־
שַׁדְרַךְ מֵישַׁךְ וַעֲבֵד נְגוֹ דִּי־שְׁלַח מַלְאֲכֵהּ וְשֵׁיזִב
לְעַבְדוֹהִי דִּי הִתְרְחִצוּ עֲלוֹהִי וּמִלַּת מַלְכָּא שַׁנִּיו
וִיהַבוּ גֶשְׁמְהוֹן דִּי לָא־יִפְלְחוּן וְלָא־יִסְגְּדוּן לְכָל־אֱלָהּ
לָהֵן לֵאלָהֲהוֹן: כט וּמִנִּי שִׂים טְעֵם דִּי כָל־עַם אֻמָּה

ת"א כתחרך, שבת ח': וריח נור, סנהדרין לג: בריך אלההין, ברכות יג שבת ח': למדנחאי בלא י' ולשן

רס"ג

בגשמהון. בגופם כמו נשמיה יצטבע: לא התחרך. לא נשרף
ואינה שריפה ממש בכל הראש אלא אפי' לא עשתה חרכים
וקרחים בראש כאן וכאן. ומחלקותו מציץ מן החרכים ואמיתת
דבר חרך הוא יוקד: לא עדת בהון. כמו לא עדה עליו שחל
לשון חסרה ודמיון. חמלה יאכל עד כלומר לא אכלה ובוה
בחן והוא פשרון לא עלת לא עלת כלומר לא הגיעה ויתכן
להמיר עדת עם עלת כי כן נמיר על סידבא עד סידבא:
(כח) די התרחיצו. אשר במהו אשר יבמח מתרגמי' דמתרחיץ:
ומלת מלכא שניו. ודבר המלך שינו ומסרו גופם לשריפה

רש"י

שלא נמנו כאן אדרגזריא דתכריא גדבריא תפתיא הם
גבורי החיל אשר הרגם סביב האש כהשליכם את הגניה
וחבריו לאור: חזין לגוכריא אלך. רואין את האנשים
האלה מגניה וחביריו: די לא שלם נורא בגשמהון.
אשר לא שלמה האש בגופם: גשמהון. גופם בלשון ארמי
ויש רביס בזה הספר: ושער ראשהון לא התחרך.
ושיער ראשיהון לא נחרך: לא שנו. לא נשתנו ממראיתן:
לא עדת בהון. לא סרה לתוכם: (כח) ענה נבוכדנצר.
 טוח נבוכדנצר: די התרחצו עלוהי. אשר בטחו עליו:
גשמהון. ומסרו גופס: להן לאלההון. זולתי לאלהיהס:
(כט) ומני שים טעם. וממני יושם חק: די יאמר

אבן עזרא

מלכא. יופליו שהן נהוגין עמו: בגשמיתהון. גופותם כמו
ונאס יגדל: וריח נור. ריח אם לא עבר עליהם כמו מעמדה
כנד ביום קרה: לא התחרך. כמו לא יחרוך רמיה לידו
והזכיר הנגד העליון ואין גריך להזכיר האחרי': (כח) ענה.

מנחת שי

כסונס דדייק מדכתיב סקו מסכ וא"ו מממט שלא ילאו שלשתן כסתח
אמד אלא כל אמד ואמד ילא בפרלם בפני עלמו: (כח) שניו. היו"ד
נעם וסום"ו נעס כמ"ם למעלה אלל ורמיו: גשמיהון. יתיר יו"ד
ומתילופים שלנו ממממ שכן סול למדינחאי אבל למעלבאי חסר:

מצודת דוד

ונאספו אחשדרפניא וגו' יופלי הסמלך ולאו את האנשים האלה אשר
לא שלם האש בגופם וספר כראשם לא נשרף ונחרך וסרבליהון לא
כשתנו מן האש ואף רים אש לא עברה בהס: (כח) בריך ברוך
אלהיהס של שדרך מישך ועבד נגו אשר שלח מלאכו והליל את עבדיו
אשר בטחו עליו ודבר המלך בטלו וסנו ומסרו גופם אשר לא יעבדו ולא
גזרם אומר אשר על עם עבומ"ז ולשון אשר יאמר לחלות דבר

מצודת ציון

בית של השכינה וכן ויבאו בני האלהים (איוב ס"א): (כז) בגשמהון.
גופם כי ושבט נגד כסילים (משלי כ"ו) פ"י וסבטא לגושמיהון:
התחרך. טנין שריפה כמו לא יחרוך רמיה (שס י"ב): עדת.

---

saved them," etc.—[*Ibn Ezra*] The
Rabbis (*Mid. Song* 7:9) note the
difference between Nebuchadnezzar's
reference to the angel in this verse
and his reference to the angel in
verse 25, where he refers to him as "a
son of God." R. Phinehas said in the
name of R. Reuben: At that moment
the angel Michael came down and
struck him on his mouth, saying:
"Wretch, miserable mortal! Has God

a son? Take back your words." He
thereupon retracted his words and
said, "Blessed be the God of
Shadrach, Meshach, and Abed-nego,
Who sent His *angel* and rescued His
servants." He had to pay out of his
own pocket. i.e., he had to eat his
words.

who trusted Him—Aram. דִּי הִתְרְחִצוּ
עֲלוֹהִי.—[*Rashi*]

deviated from the command of

that the fire had taken no effect on their bodies, the hair of their heads was not singed, their robes had not changed, and the smell of fire had not been absorbed by them. 28. Nebuchadnezzar cried out and said, "Blessed be the God of Shadrach, Meshach, and Abed-nego, Who sent His angel and rescued His servants, who trusted Him, deviated from the command of the king, and risked their lives in order not to worship or prostrate themselves to any god except to their God. 29. Now an order is issued by me that any people, nation,

to him, "We will not go out except with the king's permission, lest he say, 'They fled the furnace.'" It states in Ecc. 8:2: "I [admonish you]: observe the commandment of the king." By his orders we were cast in; with his permission, we will go out.

27. **And the satraps ... gathered—** *Four nations were counted above in the first gathering who were not counted here: Adargazeria, Dethaveria, Gedaveria, Tiftaei. They are the mighty men whom the spark of fire had killed when they cast Hananiah and his colleagues into the fire.*—[*Rashi* from *Mid. Tan., Noah* 10]

saw these men—*saw these men: Hananiah and his colleagues.*—[*Rashi*]

that the fire had taken no effect on their bodies—Aram. דִּי לָא שְׁלֵט נוּרָא בְּגֶשְׁמְהוֹן—*their body in Aramaic, and there are many* [instances of it] *in this Book.*—[*Rashi*] They still suspected that these men had anointed themselves with the blood of the salamander, thus making themselves fireproof.—[*Malbim*]

the hair of their heads was not singed—Aram. וּשְׂעַר רֵאשְׁהוֹן לָא הִתְחָרַךְ.— [*Rashi*] They were still skeptical, believing that their hair was not singed because it derives its life from the flesh, which they thought was anointed.—[*Malbim*]

their robes were not changed— *They did not change from their appearance.*—[*Rashi*] They were still skeptical, believing that their robes were made of fibers derived from stone, such as asbestos.—[*Malbim*]

and the smell of fire had not been absorbed by them—Aram. לָא עֲדָת בְּהוֹן , *did not pass into their midst.*—[*Rashi*] Then they believed that this was a supernatural phenomenon.—[*Malbim*]

28. **Nebuchadnezzar cried out—**Aram. עֲנֵה נְבוּכַדְנֶצַּר.—[*Rashi*]

Who sent His angel—This was the fourth man walking in the furnace. This is reminiscent of (Ps. 34:8): "An angel of the Lord is stationed around those who fear Him"; (Num. 20:16): "and He sent an angel and led us out of Egypt"; (Isa. 63:9): "and the angel of His presence

וְלִשָּׁן דִּי־יֵאמַר שָׁלָה עַל־אֱלָהֲהוֹן דִּי־שַׁדְרַךְ מֵישַׁךְ
וַעֲבֵד נְגוֹא הַדָּמִין יִתְעֲבֵד וּבַיְתֵהּ נְוָלִי יִשְׁתַּוֵּה כָּל־
קֳבֵל דִּי לָא אִיתַי אֱלָה אָחֳרָן דִּי־יִכֻּל לְהַצָּלָה
כִּדְנָה: ל בֵּאדַיִן מַלְכָּא הַצְלַח לְשַׁדְרַךְ מֵישַׁךְ וַעֲבֵד
נְגוֹ בִּמְדִינַת בָּבֶל: לא נְבוּכַדְנֶצַּר מַלְכָּא לְכָל־
עַמְמַיָּא אֻמַיָּא וְלִשָּׁנַיָּא דִּי־דָאֲרִין בְּכָל־אַרְעָא
שְׁלָמְכוֹן יִשְׂגֵּא: לב אָתַיָּא וְתִמְהַיָּא דִּי עֲבַד עִמִּי
אֱלָהָא עִלָּיָא שְׁפַר קָדָמַי לְהַחֲוָיָה: לג אָתוֹהִי כְּמָה
רַבְרְבִין וְתִמְהוֹהִי כְּמָה תַקִּיפִין מַלְכוּתֵהּ מַלְכוּת
עָלַם וְשָׁלְטָנֵהּ עִם־דָּר וְדָר: ד א אֲנָה נְבוּכַדְנֶצַּר

ת״א אֶתְיָא . עֲקִידָה שֶׁבֶר נו : אָתוֹהִי . כְּנִסְדְּרִין לֹב עֲקִידָה שֶׁבֶר נו :
שְׁלוּ קְרִי דַיָּירִין קְרִי עֵלָאָה קְרִי   שָׁלָה

רש"י

שָׁלוּ . אֲשֶׁר יֹאמַר מִשְׁגָּה כְּלוֹ׳ שׁוּם דָּבָר שֶׁל גְּנַאי : הַדָּמִין .
אֵבָרִים כְּלוֹ׳ יִנְתַּחוּהוּ לַאֲבָרִים : נְוָלִי יִשְׁתַּוֵּה . אַשְׁפָּה יוּשָׂם:
דִּי יֻכֻּל לְהַצָּלָה כִּדְנָה . אֲשֶׁר יָכֹל לְהַצִּיל כָּזֹאת :
(ל) הַצְלַח . הִצְלִיחַ וְהִגְדִּיל אוֹתָם : (לא) נְבוּכַדְנֶצַּר
מַלְכָּא לְכָל עַמְמַיָּא . זֶה נֹסַח כְּתַב הָאִגֶּרֶת נְבוּכַדְנֶצַּר
הַמֶּלֶךְ שׁוֹאֵל לִשְׁלוֹם כָּל הָעַמִּים: (לב) שְׁפַר קָדָמַי לְהַחֲוָיָה.

אבן עזרא

הֲסַל : יָכֻּל לְהַצָּלָה כִּדְנָה . כָּאֱלֹהִים הַזֶּה : (ל) בֵּאדַיִן
הַצְלַח . מִגְזֶרֶת הַצְלָחָה וּכְמוֹ וְדָנִיֵּאל הַצְלַח: (לא) נְבוּכַדְנֶצַּר
מַלְכָּא . עַתָּה יָחֵל לְסַפֵּר אִגֶּרֶת שֶׁכָּתַב נְבוּכַדְנֶצַּר לְכָל הָעַמִּי
הַדָּרִין בְּכָל אֶרֶץ מַלְכוּתוֹ וּבִתְחִלַּת הַכְּתָב שְׁלָמְכוֹן יִשְׂגֵּא יִרְבֶּה
כְּמוֹ הֵן אַל שַׂגִּיא : (לב) אָתַיָּא . אוֹתוֹת : וְתִמְהַיָּא

מוֹסָתִיס שֶׁיִּתְמַהּ אָדָם מֵהֶם שֶׁלֹּא רָאוּ כְּמוֹתָן : אֱלָהָא עִלָּאָה .
עֶלְיוֹן עַל כָּל אֱלֹהִים : שְׁפַר קָדָמַי לְהַחֲוָיָה . כְּמוֹ הֲנִיתָן
אִמְרֵי שֶׁפֶר : (לג) אָתוֹהִי . רַבְרְבִין . גְּדוֹלִים וְזֶה הַכֶּפֶל כְּמוֹ גַלְגַּל : ד (א) אֲנָה . שָׁלָה . כְּמוֹ שָׁלֵו הָיִיתִי :

מנחת שי

(כט) שָׁלָה . שָׁלוּ קְרִי : וַעֲבֵד נְגוֹא הַדָּמִין . לֵית כְּתִיב אָל״ף וּבְמַסּוֹרֶת
מֵסִיב לֵיהּ עִם מִלִּין דִּיתִירִין אָל״ף בְּסוֹף תֵּיבוּתָא : כָּל קֳבֵל . בְּמִצַּף
קָטָן : (לא) דִּי דָאֲרִין . דִּילִין קְרִי . יִשְׂגֵּא . בְּשִׁי״ן לָא בְּסמ״ך כמ״ש
בַּקֶּלַח דְּפוֹסֵיס : (לב) עִלָּיָא . עִלָּאָה קְרִי :
ד (א) אֲנָה . לֹן כְּתִיב בַּס״א בַּקַּדְמוֹנִיס . וְרָעִין . יֵשׁ סְפָרִים וּרְפִין

מצודת ציון

עָבַדִּיס כְּמוֹ לֹא עַדֵּס עָלָיו שֵׁכֶל (אִיּוֹב כ״ח) : (כט) שָׁלוּ . שָׁגְגָה וּמִשְׁגָּה
כְּמוֹ עַל הַשַּׁל (שְׁמוּאֵל ב׳ ו׳) : (לא) יִשְׂגֵּא . יִגְדַּל וְיִתְרַבֶּה כְּמוֹ כָּאֲרֶז
בַּלְּבָנוֹן יִשְׂגֶּה (תְּהִלִּים ל״ב) : (לב) שְׁפַר . נָאָה וְיָאָה כְּמוֹ אִמְרֵי שֶׁפֶר
(בְּרֵאשִׁית מ״ט) : (לג) כְּמָה . הוּא לְעִנְיָן מְאֹד וְכַדִּרְז״ל כְּמָה גְּדוֹלִים
מַעֲשֵׂי מַיָּא (כְּתוּבוֹת ק״י) :

מצודת דוד

וְגַם יוּשַׂם לְאַשְׁפָּה וּלְמָקוֹם גָּוֵל : כָּל קֳבֵל . בַּעֲבוּר אֲשֶׁר לֹא יֵשׁ
אֱלוֹהַּ אַחֵר אֲשֶׁר יָכֹל לְהַצִּיל כְּהַצָּלָה הַזֹּאת : (ל) בֵּאדַיִן . אָז הַמֶּלֶךְ
סִלַּח לְשַׁדְרַךְ מֵישַׁךְ וַעֲבֵד נְגוֹ ר"ל הַמְשִׁילָם מִמְשָׁל רַב בְּכָל הַמְּדִינָה :
(לא) נְבוּכַדְנֶצַּר מַלְכָּא . עַתָּה יָחֵל לְסַפֵּר דִּבְרֵי הָאִגֶּרֶת אֲשֶׁר כָּתַב
כ"נ לְכָל הָעַמִּים וְרֹאשִׁית הַדְּבָרִים הִיא כ"נ מַלְכָּא לְכָל עַמְמַיָּא וְגוֹ׳
אֲשֶׁר שׁוֹכְנִיס בְּכָל הָאָרֶץ לְכוּלְּכֶם יֹאמַר שֶׁלוֹמְכֶם יִתְרַבֶּה וְיִתְגַּדָּל :
(לב) אָתַיָּא . הָאוֹתוֹת וְהַמּוֹפְתִים הַתְּמוּהִים אֲשֶׁר עָשָׂה עִמִּי אֱלֹהִים עֶלְיוֹן יָאֶה לְפָנַי לְהַגִּיד וּלְסַפֵּר : (לג) אָתוֹהִי . מוֹתוֹתָיו מְאֹד
גְּדוֹלִים וּמוֹפְתָיו הַתְּמוּהִים מְאֹד מַזְהִיס . מַלְכוּתוֹ מַלְכוּת עוֹלָמִים וּמֶמְשַׁלְתּוֹ עִם כֹּל הַדּוֹרוֹת כ"נ בִּזְמַן כָּל הַדּוֹרוֹת :
ד (א) אֲנָה . זֹהוּ תּוֹכֶן סְפוֹר הָאִגֶּרֶת וְאָמַר הִנֵּה אֲנִי כ"נ בְּשָׁלוֹם הָיִיתִי בְּבֵיתִי וְרָטוֹב וּמְלֻחְלָח בְּסִיכְלִי וְעַל שֻׁבְסַמְלוּס אֲשֶׁר

to all peoples—*This is the text of the missive: King Nebuchadnezzar greets all peoples.*—[Rashi] After Nebuchadnezzar dreamed the dream of the tree and was banished among the beasts for seven years, he returned to his throne and wrote this missive. He sent it to all the nations to let them know the greatness of the Creator. This is the meaning of the verse: King Nebuchadnezzar wrote a letter to all peoples, etc.—[*Isaiah da Trani*]

or tongue that will speak amiss about the God of Shadrach, Meshach, and Abed-nego shall be torn limb from limb and his house shall be made a dungheap because there is no other god who can save in this manner." 30. Then the king made Shadrach, Meshach, and Abed-nego prosper in the capital city of Babylon. 31. King Nebuchadnezzar, [said] to all peoples, nations, and tongues that dwell in the whole earth, "May your welfare increase! 32. The signs and wonders that the Most High God has done with me it behooves me to recite. 33. How great are His signs, and how mighty are His wonders! His kingdom is an eternal kingdom, and His dominion is with every generation."

4

I, Nebuchadnezzar,

the king—*They deviated from the king's command by not fulfilling it.*—[*Rashi*]

and risked their lives—lit. *delivered their bodies.*—[*Rashi*]

except to their God—Aram. לָהֵן לֵאלָהֲהוֹן.—[*Rashi*]

29. **Now an order is issued by me**—Aram. מִנִּי שִׂים טְעֵם.—[*Rashi*]

that will speak amiss—*that will speak in error, i.e., any disrespectful word.*—[*Rashi*] *Mezudath David* explains: that will attribute error to the God of Shadrach, Meshach, and Abed-nego.

limb from limb—Aram. הַדָּמִין, *limbs; i.e., they will cut him into limbs.*—[*Rashi*]

shall be made a dungheap—Aram. נְוָלִי יִשְׁתַּוֵּה.—[*Rashi*] *Midrash Daniel* renders: shall be reduced to ruins.

that can save in this manner—Aram. דִּי יִכַל לְהַצָּלָה כִּדְנָה.—[*Rashi*] i.e.

who can perform such a great rescue.—[*Isaiah da Trani*] *Malbim* explains: Consequently, He is the greatest of all the gods. One who speaks disrespectfully about any of the stars that the nations worship is not punished by death, because each star rules over one particular matter, unlike God, Who is greater than all the gods.

30. **made … prosper**—*made them prosper and aggrandized them.*—[*Rashi*] Because Shadrach, Meshach and Abed-nego transgressed the king's command, the Chaldeans viewed them as rebels although they understood the miracles that God performed for them. Therefore, Nebuchadnezzar reinstated the three, announced that they were not rebels, and appointed them over the affairs of the capital city.—[*Midrash Daniel*]

31. **King Nebuchadnezzar [says]**

שָׁלֵה הֲוֵית בְּבֵיתִי וְרַעֲנַן בְּהֵיכְלִי: בּ חֵלֶם חֲזֵית
וִידַחֲלִנַּנִי וְהַרְהֹרִין עַל־מִשְׁכְּבִי וְחֶזְוֵי רֵאשִׁי
יְבַהֲלֻנַּנִי: ג וּמִנִּי שִׂים טְעֵם לְהַנְעָלָה קׇדָמַי לְכֹל
חַכִּימֵי בָבֶל דִּי־פְשַׁר חֶלְמָא יְהוֹדְעֻנַּנִי: ד בֵּאדַיִן
עָלְלִין חַרְטֻמַיָּא אָשְׁפַיָּא כַּשְׂדָּאֵי וְגָזְרַיָּא וְחֶלְמָא
אָמַר אֲנָה קׇדָמֵיהוֹן וּפִשְׁרֵהּ לָא־מְהוֹדְעִין לִי: ה וְעַד
אׇחֳרֵין עַל קׇדָמַי דָּנִיֵּאל דִּי־שְׁמֵהּ בֵּלְטְשַׁאצַּר כְּשֻׁם
אֱלָהִי וְדִי רוּחַ־אֱלָהִין קַדִּישִׁין בֵּהּ וְחֶלְמָא קׇדָמוֹהִי
אַמְרֵת: ו בֵּלְטְשַׁאצַּר רַב חַרְטֻמַיָּא דִּי וַ אֲנָה יִדְעֵת

<hr>

רש"י

ד (א) שָׁלֵה הֲוֵית בְּבֵיתִי . שָׁלֵו הָיִיתִי: (ב) וִידַחֲלִנַּנִי. וַחֲיֵיס עָלַי וְהִפְחִידֵנִי: (ה) וְעַד אׇחֳרֵין . בָּאַחֲרוֹנָה הוּבָא לְפָנַי דָּנִיֵאל : עכ"ו שֶׁל כְּשֻׁם אֱלָהִי . ... וְאַחַר כֵּן בְּמֵעַט רֶגַע : דִּי רוּחַ אֱלָהִין קַדִּישִׁין . אֲשֶׁר רוּחַ נְבוּאָה

אבן עזרא

(ב) חֵלֶם . וִידַחֲלִנַּנִי. הִפְחִידֵנִי. וְהַרְהֹרִין. הִרְהוּר הַלֵּב וְאֵין רֵיעַ לוֹ . וְחֶזְוֵי רֵאשִׁי . כִּי הָעֵינַיִם הֵם בָּרֹאשׁ אוֹ בַּעֲבוּר הֱיוֹת הַחִזָּיוֹן בַּמֹּחַ : (ג) וּמִנִּי . יְסַפֵּר כֹּל הַמַּעֲשֶׂה

רס"ג

יָתִיר ל' כַּשְׂדָּאֵי קְרֵי יָתִיר י'

הַמַּבּוּל וְדוֹר הַפְלָגָה וְהַמִּצְרִיִּים וְכֹל דּוֹר וָדוֹר :

ד (א) שָׁלֵה . כְּמוֹ שָׁלֵיו : (ב) וִידַחֲלִנַּנִי . לְפִי שֶׁרָאָה אִילָן בַּחֲלוֹמוֹ וְהִתְבּוֹנֵן עַל כֵּן פָּחַד מְאֹד : וְהַרְהֹרִין עַל מִשְׁכְּבִי . לְפִי שֶׁהָיָה מַחֲשֵׁב בְּלִבּוֹ שֶׁאֵין כְּמוֹהוּ לֹא מֶלֶךְ וְלֹא חָכָם יְרָאוּהוּ שֶׁהוּא טִפֵּשׁ וְשׁוֹטֶה : (ג) לְהַנְעָלָה . לְהָבִיא : (ד) גָּזְרַיָּא . הֵם הַגּוֹזְרִים מַה שֶּׁמְּצֻוֶּה הַמֶּלֶךְ : (ה) וְעַד אׇחֳרֵין

מנחת שי

בַּחֲטֻף פַּתָח : (ד) עָלְלִין . עַיִן קְרֵי וְהוּא חַד מִן ד' דִּנְסָבִין יָתִיר לָמ"ד בְּקְרִיאָה וְסִימָן בַּמָּסוֹרֶת : לְשַׂדְיָא . כַּשְׂדָּאֵי קְרֵי . וּפְשָׁדֵהּ . בְּלֹא יו"ד : (ה) עַל קׇדָמַי . יֵשׁ סְפָרִים הקו"ף בַּחֲטָף קָמֵץ : קׇדָמוֹהִי .

שֶׁעָבַר וְנִכְתַּב כָּכָה בַּעֲבוּר כְּבוֹד דָּנִיֵּאל שֶׁכֵּן הַמֶּלֶךְ כָּכָה לְכָל מְדִינִית מַלְכוּתוֹ וְתִפְאֶרֶת גְּדוּלָה הָיְתָה לְיִשְׂרָאֵל : (ד) בֵּאדַיִן עָלְלִין. בָּאִין הָיוּ לְפָנָיו : אָמַר אֲנָה. וְלֹא אָמַר־ אָמְרִית כִּי גַּם הוּא נָכוֹן בְּלָשׁוֹן וְכָמוֹהוּ אֲנִי הַגֶּבֶר רָאָה וְנִשְׁאַר אֲנִי כִּי אֻמְלָל אֲנִי כִּי הוּא פָתַח : (ה) וְעַד אׇחֳרֵין . אַחֲרִין וְאֵם בּוֹ רוּחַ אֱלָהִין קַדִּישִׁין הוּא קָדוֹם : (ו) בֵּלְטְשַׁאצַּר . לֹא

מצודת דוד

ד (א) וְרַעֲנַן . עִנְיַן לְחוּת וּלְטִיבוּת כְּמוֹ דְשֵׁנִים וְרַעֲנַנִּים (תהלים
וְטוּבַת הָאִילָן : (ב) חֵלֶם . מֵחֲלוֹם לְאֵימַי וְהִסְמִיד אוֹתִי : וְהַרְהֹרִין .
כְּוַמַחֲשָׁבוֹת כְּטֵיּוֹתַי יָשַׁן עַל מִשְׁכָּבִי וְהִיא הַחֲלוֹם הַבָּאָה מִן הַמַּחֲשָׁבָה
אֲשֶׁר בָּרֹאשׁ וְכֹפֵל הַדָּבָר סַעֲמִים וְשָׁלֹשׁ וְהוּא דֶּרֶךְ מְלִיצָה לְחַזֵּק הַדָּבָר וּלְהַגְדִּיל הָעִנְיָן : (ג) וּמִנִּי . וּמִמֶּנִּי נַעֲשָׂה גְּזֵרַת אוֹמֶר לְהַכְנִיס לְפָנַי
אֵת כֹּל חַכְמֵי בָבֶל אֲשֶׁר יוֹדִיעוּ לִי פִּתְרוֹן הַחֲלוֹם: (ד) בֵּאדַיִן . אָז נִכְנְסוּ הַחַרְטֻמִּים וְגוֹ' וַאֲמַרְתִּי לִפְנֵיהֶם הַחֲלוֹם וְלֹא הוֹדִיעוּ לִי
פִּתְרוֹנוֹ: (ה) וְעַד אׇחֳרֵין . וְעַד בָּאַחֲרוֹנָה נִכְנַס לְפָנַי דָּנִיֵּאל אֲשֶׁר שְׁמוֹ בֵּלְטְשַׁאצַּר כְּשֵׁם אֱלֹהַי אֲשֶׁר בּוֹ רוּחַ אֱלֹהִים קְדוֹשִׁים וַאֲמַרְתִּי הַחֲלוֹ
לְפָנָיו : (ו) בֵּלְטְשַׁאצַּר . וּבָהּ אָמַרְתִּי לוֹ אַתָּה בֵּלְטְשַׁאצַּר בַּר הַחַרְטֻמַּיָּא אֲשֶׁר אֲנִי יוֹדֵעַ אֲשֶׁר רוּחַ אֱלֹהִים קְדוֹשִׁים בָּךְ וְכֹל סוֹד לֹא יִנְלַח מוּתָךְ

מצודת ציון

<hr>

presence. Therefore, he issued an
edict permitting them to be brought
in before him. (Therefore, he does
not state that all the wise men of
Babylon be summoned to him, as in
the previous case.)—[*Malbim*]

4. **and I related my dream to
them**—unlike the first time, when he
demanded that they tell him his

dream. Nevertheless, they were
unable to interpret the dream.—
[*Malbim*]

**but they did not tell me its
meaning**—the meaning related to the
dream. He waited to summon Daniel
last, believing that perhaps Daniel's
previous interpretation had come true
because all dreams follow the mouth

was tranquil in my house and flourishing in my palace. 2. I saw a dream, and it frightened me, and the thoughts on my bed and the visions of my mind terrified me. 3. So I issued an order to bring in before me all the wise men of Babylon, that they should let me know the meaning of the dream. 4. Then the necromancers, the astrologers, the Chaldeans, and the demonologists entered, and I related my dream to them, but they did not tell me its meaning. 5. Until, at last, Daniel, whose name is Belteshazzar, like the name of my god, entered before me, in whom is the spirit of holy angels, and I told him the dream. 6. "O Belteshazzar, head of the necromancers, since I know

32. **wonders**—great signs, which cause a person to wonder.—[*Isaiah da Trani*]

it behooves me to recite—*It is good for me to tell.*—[*Rashi*]

and His dominion is with every generation—i.e., in the time of every generation.—[*Mezudath David*] *Rav Saadia Gaon* takes this as an allusion to the generation of the Flood, the generation of the Division, the Egyptians, and every other generation.

4

1. **was tranquil in my house**—Aram. שְׁלֵה הֲוֵית בְּבֵתִי.—[*Rashi*] He prefaces the narrative with this statement to tell us that his dream and his resulting depression were not due to troubles or unhappiness but rather, "I was tranquil in my house," i.e., I had no troubles in my house, and I was inwardly calm and tranquil.—[*Malbim*]

and flourishing in my palace—I had no trouble from neighboring enemies or wars inside or outside of

the province, for I was flourishing in my palace, i.e., in the royal palace.—[*Malbim*] *Mezudath David* notes that the word רַעֲנַן, *flourishing*, is literally *fresh* or *moist*, an expression appropriate for a tree, not for a person. Since, in his dream, he is represented by a tree, he uses an expression befitting a tree.

2. **I saw a dream**—Nevertheless, I saw a dream which frightened me.—[*Malbim*]

and it frightened me—*It brought upon me fear and fright.*—[*Rashi*]

and thoughts on my bed—Then I was beset by frightening thoughts while on my bed.—[*Malbim*]

and the visions of my mind terrified me—Afterwards, terrifying visions stood before my eyes; i.e., it appeared to me that I was seeing awesome and terrifying visions.—[*Malbim*]

3. **So I issued an order, etc.**—Since the wise men of Babylon had been sentenced to death for failing to tell him his dream about the image, they had been banished from his

דִּי רוּחַ אֱלָהִין קַדִּישִׁין בָּךְ וְכָל־רָז לָא־אָנֵס לָךְ חֶזְוֵי
חֶלְמִי דִי־חֲזֵית וּפִשְׁרֵהּ אֱמַר: ז וְחֶזְוֵי רֵאשִׁי עַל־
מִשְׁכְּבִי חָזֵה הֲוֵית וַאֲלוּ אִילָן בְּגוֹא אַרְעָא וְרוּמֵהּ
שַׂגִּיא: ח רְבָה אִילָנָא וּתְקִף וְרוּמֵהּ יִמְטֵא לִשְׁמַיָּא
וַחֲזוֹתֵהּ לְסוֹף כָּל־אַרְעָא: ט עָפְיֵהּ שַׁפִּיר וְאִנְבֵּהּ
שַׂגִּיא וּמָזוֹן לְכֹלָּא־בֵהּ תְּחֹתוֹהִי תַּטְלֵל חֵיוַת בָּרָא
וּבְעַנְפוֹהִי יְדֻרָן צִפְּרֵי שְׁמַיָּא וּמִנֵּהּ יִתְּזִין כָּל־
בִּשְׂרָא: י חָזֵה הֲוֵית בְּחֶזְוֵי רֵאשִׁי עַל־מִשְׁכְּבִי וַאֲלוּ

עי　　　יתיר ואו　　　ת"א וכל רז . חולין נח:

רש"י

נבל בל במה טעני שם לשון חכמה הוא כחרמי : (ו) וכל רז לא אנם לך . וכל סתום לא נאנם ולא נכחד ממך : (ח) רבה אילנא ותקיף . גדל האילן והוחזק ועלם : ימטא לשמיא . הגיע השמים : (ט) עפיה שפיר . ענפיו נאים : ואנבה שגיא . פריו רב : ומזון לכולא ביה . וכדי מזון לכל בריה היה בו : תטלל . ל' צלל : ירורן. לשון מדור ולינה : יתזין . ל' מזון : (י) חזה הוית . רואה הייתי :

הלגיונות שלו שטכסין כל הארץ : ומזון לכלא ביה . שהבל מתפרנסין מתחת ידו : תטלל חית ברא . העכו"ם שדוטין לחית השדה : צפרי שמיא . הם ישראל שדומין לעוף השמים : יתזין ביה כה צורך לוטר ובניה יתזין כל בישרא אלא מכנו מסיקין ודולקין ואופן כל בני בשר ככי למזא לאתונה : (י) ואלו עיר

אבן עזרא

אנם . לא ינצחך וכמוהו אין חונם כמו מנלח מכרים : (ז) וחזוי. אילן . עץ מתוך האדמה : (ח) רבה . גדל ימטא . יגיע : וחזותיה . שעיפיו וכמוהו קדן חזות שים לו כדמות סעיפים : (ט) עפיה . אמר יפת ענפיו וכמוהו מבין עפאים יתנו קול גם הוא פירש וחזותיה עביו וככה קרן חזות וי"א כי עפיה עלוי : ואנביה . ופריו : המטלל . כדמות צל : ובענפוהי . ענפיו : צפרי . עוף : יתזון .

מצודת דוד

לכיות קשם ממך לבל תדעהו : חזית . הגיד לך מראות כחלום אשר ראיתי וללמוד אתה פתרון : (ז) וחזוי . וזהו מראית לאשי כשיותי שוכב על משכבי : חזה . רואה הייתי והנה אילן כתוך הארץ וקומתו מרובה : (ח) רבה . גדל האילן ונתחזק וקומתו הגיע עד השמים ופירותיו היה מרובים והיה די בהם לזון ולכלכל את כל הבריות : תחתיו הסו כלנו חית השדה ובענפיו יקננו עוף השמים ומפירותיו סיו ניזונים כל הבריות : (י) חזה . רואה הייתי

רס"ג

כפלאכים הקדושים בו : (ו) וכל רז לא אנם לך . כל סתום אינו ספק לך כפו לא יאניסו . פ"א וכל רז לא אנם לך וכל רז וסתום אינו מצער לך כלומר אין אתת מצטער לפי שאתה נביא מובהק. אנם כמו נסיסין : חזוי חלמי . החלום אומר אני ופתרונו אכור אתה : (ז) ואלו אילן בגו ארעא . והנה אילן בארץ ישראל בטבור הארץ במחיצת העולם : (נח) ימטא לשמיא . על שאמר בלבו אעלה על במתי עב : וחזותיה.ומיראהו : (ם) עפיה שפיר . כמו מבין עפאים יתנו קל כלומר ענפיו הם תשלשויים שלו ימים : ואנביה . פירותיו מפרי הארץ מתרגמינן מאיבא דארעא הם שאר העם . ד"א וחזותיח לסוף כל ארעא הם כתפרנסין מתחת ידו . העכו"ם שבח"ל תטלל חיות ברא . לעוף השמים : יתזין . לשון מזון ועל דעתי מאחר שאמר ובזון לכלא ביה כה צורך לוטר ובניה יתזין כל בישרא אלא מכנו מסיקין ודולקין ואופן כל בני בשר ככי למזא לאתונה : (י) ואלי עיר

מנחת שי

יש ספרים הקו"ף קמן: (ו) ופשרה . בלא יו"ד : (ז) מלטא . ספליס אחריס בגנו ול"פ כמסורת: (ח) ותקף . יו"ד במדוייקים ובמסרה כ' מסל וסימן רבה אילנא ותקף . די חזית רבה ותקף דלקבן: וחזותה . בלא יו"ד אחד מיין: (ט) עפיה . סעי"ן בקמן מטף יבן כולם שכענין כמ"ש בתהליס סימן ק"ד : לכלא כה . זהו אחד מן י"א מקומות שבתאייילא משרתת לתתנח ונכן הבי"ת לסויה וכן מכרו שכה' וצייין מ"ש בדכרי הימים ב' כ' סל וישבו כה : ידרן קרי . יתזין . טיי"ן בחיל"ק לא בצ'ר"י :

מצודת ציון

ל' כ) : (ו) אנם . ענין הכרח וגלוח ועל בם זה נקרא הגוכן חנם : (ט) עפיה . הטלין כמו מבין עפאים (תהלים ק"ד) : (י) עיר . שמים ומלאכו סיס כראה גמוף כל האלרן : (ט) עפיה . הטלין

---

and on it was sustenance for all—On it was enough sustenance for all.—[Rashi]

took shade—Aram. תַּטְלֵל, an expression of shade.—[Rashi]

dwelt—Aram. יְדֻרָן, an expression of dwelling and lodging.—[Rashi]

was nourished—Aram. יִתְּזִין, an expression of food.—[Rashi]

10. I saw—lit. I was seeing.—[Rashi]

and behold a wakeful holy one—i.e., an angel who is forever awake and holy.—[Rashi, Ibn Ezra]

that the spirit of holy angels is in you, and no secret is hidden from you, [this is] the vision of my dream that I saw; now tell me its interpretation. 7. And [these are] the visions of my mind [that I had] on my bed: I was looking, and behold [there was] a tree in the midst of the earth, and its height was tremendous. 8. The tree grew and became strong, and its height reached the sky, and its appearance [was seen] to the end of all the earth. 9. Its branches were beautiful and its fruit was plentiful, and on it was sustenance for all. Under it, the beasts of the field took shade, and in its branches dwelt the birds of the heavens, and all flesh was nourished from it. 10. I saw in the visions of my mind on my bed, and behold

of the interpreter. He, therefore, wished to hear the interpretations of his wise men; perhaps they would give him a more favorable interpretation. However, no one was able to give him an appropriate interpretation, and he was, therefore, compelled to summon Daniel.—[*Alshich*]

5. Until, at last,—*until, at last, Daniel was brought in before me.*—[*Rashi*]

like the name of my god—*The deity of Babylon was named Bel. Teshazzar is the name of an expression of wisdom in Aramaic.*—[*Rashi*]

6. and no secret is hidden from you—*No mystery is robbed [from you] or denied you.*—[*Rashi*] *Ibn Ezra* renders: no secret will overwhelm you. *Midrash Daniel:* You can tell any secret in the world easily; it is revealed to you without coercion. *Rav Saadia Gaon* and *Isaiah da Trani* render: no secret causes you distress.

7. a tree in the midst of the earth—i.e., growing out of the earth.—[*Ibn Ezra*] Until now, Nebuchadnezzar related the matter in brief—that he saw a dream and could not find an interpreter except Daniel—but he related neither the dream nor its interpretation. Now he is telling them the dream, how it was interpreted, and how the interpretation was realized.—[*Isaiah da Trani*]

8. The tree grew and became strong—*The tree grew and became stronger and stronger.*—[*Rashi*]

reached the sky—Aram. יִמְטֵא לִשְׁמַיָּא.—[*Rashi, Ibn Ezra*]

and its appearance—Aram. וַחֲזוֹתֵהּ.—[*Rav Saadia Gaon, Mezudath David, Isaiah da Trani*] *Ibn Ezra* renders: its branches. *Japheth,* quoted by *Ibn Ezra*: its thickness.

9. Its branches were beautiful—Aram. עָפְיֵהּ שַׁפִּיר.—[*Rashi*] Others render: its foliage.—[*Ibn Ezra, Isaiah da Trani, Mezudath Zion*]

and its fruit was plentiful—Aram. וְאִנְבֵּהּ שַׂגִּיא.—[*Rashi*]

עִיר וְקַדִּישׁ מִן־שְׁמַיָּא נָחִת: יא קָרֵא בְחַיִל וְכֵן אָמַר גֹּדּוּ אִילָנָא וְקַצִּצוּ עַנְפוֹהִי אַתַּרוּ עָפְיֵהּ וּבַדַּרוּ אִנְבֵּהּ תְּנֻד חֵיוְתָא מִן־תַּחְתּוֹהִי וְצִפְּרַיָּא מִן־עַנְפוֹהִי: יב בְּרַם עִקַּר שָׁרְשׁוֹהִי בְּאַרְעָא שְׁבֻקוּ וּבֶאֱסוּר דִּי־פַרְזֶל וּנְחָשׁ בְּדִתְאָא דִּי בָרָא וּבְטַל שְׁמַיָּא יִצְטַבַּע וְעִם־חֵיוְתָא חֲלָקֵהּ בַּעֲשַׂב אַרְעָא: יג לִבְבֵהּ מִן־אֲנוֹשָׁא יְשַׁנּוֹן וּלְבַב חֵיוָה יִתְיְהִב לֵהּ

ת"א מנפוהי . סנהדריון קי : רס"ג : יתיר ו'

רש"י

ואלו עיר וקדיש . והוא מלאך שהוא עיר לעולם וקדוש: (יא) קרא בחיל . לעוק בכח . גודו אילנא: קולו האילן: אתרו עפיה . השירו והפילו ענפיו : ובדרו אנבה . והפילו פריו: תנוד חיותא מן תחתוהי . ימולו החיות מתחתיו : (יב) ברם עיקר שרשוהי בארעא שבקו . אך עיקר שרשיו הניחו . ובאסור די פרזל ונחש . כלו' תנו רגליו בכבלי ברזל כמו שעושין לסום שמניחין אותו באסר כך כבלוהו בכבלים: בדתאא . בעשב השדה כלומ' כאחו שלא יזח ממקומו: יצטבע . יהא שרוי תמיד. ל' טבילה: חלקה . חלקו . (יג) ושבעה עדנין . שבע שנים: יחלפון

אבן עזרא

מגזרת מזון: (י) עיר . מלאך ורבי משה אמר שאיננו גוף והוא ער תמיד ולא יישן: נחת . ירד וכמוהו נחת גדודיה: (יא) קרא בחיל . בכח: וקציצו . כרותו: אתרו . הפילו: ובדרו . הפילו או השחיתו: תנוד . נע ונד: (יג) ברם . אך עיקר שרשו באדן עוזו ויעמוד בין העשבים ירוה: (יג) לבביה . לבו מלב אנוש ישנו: יחלפון . יעברו

מצודת דוד

והנה מלאך מחריב והוא קדוש ירד מן השמים: (יא) בחיל . בכח והרמת קול: גודו . כרתו האילן וקללו ענפיו והפילו עליו וסורו סירותיו: גודו . יכודו החיות מתחתיו והעופות יכודו מן ענפיו: בקשורי ברזל ונחשת בעשב של השדה לבל יזוז ממקומו: יצטבע של השדה לאכול בהם מלק כחלק: (יג) לבבה . לבבו ישתנה מלבב אדם שנים יעברו עליו להיות כן:

וקדיש . והגה בת קול מתעוררת מן הקדש מן האויר ויורדת לקצץ האילן . פ"א עיר וקדיש מלאך אכזר וקדיש . עיר מחריב וכן ערי: (יא) קרא בחיל . ואותו מלאך היה קורא בכחו ואמר גודו אילנא קצצו האילן כמו ויתגודדו כמשפטם . גודו אילנא הוא המלך: וקציצו ענפוהי . הענפים הם גדולי מלכות אתרו עפיה . כמו ימרם ראשו מתרגמינן יתר שער רישיה . כי ישל זיתך מתרגמינן ארי יתרון זיתך . עפיה הם הענפים הקטנים והם שרי הארץ ואמרו אנשי לבב ענפוהי הם ענפים ממש עפיה הם העלים . ומבין עפאים יתנו קול מבין עלים שבאילנות: ובדרו אינביה . ויפץ מתרגמינן ובדר . נפצו פירותיו הם הסוחרים . תנוד מתחתוהי . תנוד ותתפלפל מתחת מלכותו נלוית כל עכו"ם הדומים לחית השדה . וצפרי שפיא הם נלוית ישראל ויהודה ממנו מתפזרין: (יב) ברם עיקר שרשוהי . זו היא ושתי ואפילו הכי ובאסור די פרזל ונחש שכפתוה סריסי המלך והרגום בברזל ובאסור בצביעות כמו אוסרי לגפן . ד"א יכובם כמו יכבס מתרגמינן יצבע: ועם חיותא חלקה . ושור בחמות יחותן שנעשה נבוכדנצר חתן לבהמות וא...

מנחת שי

(י) נחת . במילק האחי"ת לא בליל"י: (יא) מתחתוהי ולספריא מן ענפוהי . סימן ענפוהי לסין מנסוסי דגשין: (יב) כדתאא . ב' וכתיב כן בתרין מלפין בטנייגא . אכסא קרי (יג) לבבה מן אנושא . והאל"ף במטף פתח כרוב ספסלים: ישנון . הנו"ן במחולם כרוב הספסלים לא בשורק: מיוא . מתחלפת מיוא בה"א: יתיהב . הה"א

וכין הדשאים כמו אסור בנחושתים: ובטל . יצטבע . ירוה: (יג) לבביה . לבו מלב אנוש ישנו: יחלפון . יעברו

מצודת ציון

מלאך דיין סמחריב והוא מלשון עכרו טכו (תהלים קל"ז) : (יא) גודו . כרתו והוא קרוב מלשון שקמים גדעו (ישעיה ט'): אתרו.
(יב) ברם . אבל עיקר שרשיו הגימו באבן ויהיה אסור ומקושר בק... יתכבם בטל השמים: ועם חיותא . עם המיות יהיה חלקו בעשב ה... ויותן לו לבב מיה ושבעה

wild and wish to wound all those around him and then flee into the forest. First they will attempt to stop him and chain him with iron and copper fetters, as is done to restrain madmen. Then the physicians will see that he has become a beast and wishes to eat grass, and they will bring him grass. He will wish to wash in the dew of the heavens and they will bring him dew Nevertheless, he will flee into the wilderness to eat grass with the beasts.

a wakeful holy one descended from the heavens. 11. Crying out loudly, and so he said, "Cut down the tree and cut off its branches, shake off its branches and scatter its fruit; the beasts shall wander away from beneath it and the birds from its branches. 12. But leave its main roots in the ground, and in fetters of iron and copper in the grass of the field, and with the dew of the heavens it shall be drenched, and with the beasts shall be its lot in the grass of the earth. 13. They will change his heart from a man's, and the heart of a beast will be given him,

Rav Saadia Gaon interprets this either as a heavenly voice awakening from the holy heavens or as a destructive holy angel.

11. **Crying out loudly**—*crying with might.*—[*Rashi, Ibn Ezra*]

Cut down the tree—Aram. גֹּדּוּ אִילָנָא.—[*Rashi*]

cut off its branches—the large branches, representing the nobles of high status.—[*Rav Saadia Gaon*]

shake off its branches—*shake off and cause its branches to fall.*—[*Rashi*] These are the small branches, representing the princes of the land. As stated above, some exegetes render עָפְיֵהּ as foliage.—[*Rav Saadia Gaon*]

and scatter its fruit—Aram. וּבַדַּרוּ אִנְבֵּהּ.—[*Rashi, Ibn Ezra*] The latter also suggests *destroy.* This represents the merchants.—[*Rav Saadia Gaon*]

the beasts shall wander away from beneath it—Aram. תְּנֻד חֵיוְתָא מִן תַּחְתּוֹהִי.—[*Rashi*] All the heathens, who resemble the beasts of the field, shall go into exile from the kingdom.—[*Rav Saadia Gaon*]

and the birds from its branches—Israel and Judah will scatter from it.—[*Rav Saadia Gaon*]

12. **But leave its main roots in the ground**—*but its main roots leave over.*—[*Rashi*]

and in fetters of iron and copper—*i.e., Place his feet in iron fetters as is done to a horse that is left in the meadow; so shall you chain him with fetters.*—[*Rashi*]

in the grass—Aram. בְּדִתְאָא, *in the grass of the field, i.e. in the meadow, so that he should not move from there.*—[*Rashi*] *Ibn Ezra* explains: but leave its main roots in the ground and let them stay among the grasses as though it [the tree] were in fetters.

it shall be drenched—Aram. יִצְטַבַּע, *it shall always be drenched, an expression of immersion.*—[*Rashi*]

its lot—Aram. חֲלָקֵהּ.—[*Rashi*] *Malbim* reasons that chaining with fetters is inappropriate for a tree; it is appropriate for a madman. The dream thus interprets itself. Eating grass and being drenched by dew also apply only to a beast, denoting that Nebuchadnezzar, after being attacked by melancholy, will become

וְשִׁבְעָה עִדָּנִין יַחְלְפוּן עֲלוֹהִי : יד בִּגְזֵרַת עִירִין פִּתְגָמָא וּמֵאמַר קַדִּישִׁין שְׁאֵלְתָא עַד־דִּבְרַת דִּי יִנְדְּעוּן חַיַּיָּא דִּי־שַׁלִּיט עִלָּיָא בְּמַלְכוּת אֲנוֹשָׁא וּלְמַן דִּי יִצְבֵּא יִתְּנִנַּהּ וּשְׁפַל אֲנָשִׁים יְקִים עֲלַיהּ : טו דְּנָה חֶלְמָא חֲזֵית אֲנָה מַלְכָּא נְבוּכַדְנֶצַּר וְאַנְתָּה בֵּלְטְשַׁאצַּר פִּשְׁרֵא אֱמַר כָּל־קֳבֵל דִּי ׀ כָּל־חַכִּימֵי מַלְכוּתִי לָא־יָכְלִין פִּשְׁרָא לְהוֹדָעוּתַנִי וְאַנְתָּה כָּהֵל דִּי רוּחַ־אֱלָהִין קַדִּישִׁין בָּךְ : טז אֱדַיִן דָּנִיֵּאל דִּי־שְׁמֵהּ בֵּלְטְשַׁאצַּר אֶשְׁתּוֹמַם כְּשָׁעָה חֲדָה וְרַעְיֹנֹהִי יְבַהֲלֻנֵּהּ עָנֵה מַלְכָּא וְאָמַר בֵּלְטְשַׁאצַּר חֶלְמָא

ת"א פתגמא , פסחים לג בנהדרין לח ; ושפל אנם ס , פ"ק י"ח : עלאה קרי יתיר ר' יתיר י' יתיר ה' א' במקום ה' יתיר ה' ופשרא רס"ג

רש"י

עלוהי . יעברו עליו בגזרה זו : (יד) שאלתא . גזרה ומ"י שנמלכין בהקדום ב"ה קודם שיגזרו הגזרה קורא אותה שאלתא : עד דברת . כמו למען : די ינדעון חייא . שידעו כל החיים : ולמן די יצבא . למי שירצה : (טו) פשריא . פתרונו : ואנת כהל . ואתה יכול : (טז) אדין דניאל . אשתומם . שתק : ורעינוהי . ומחשבותיו : יבהלוניה . שהיה ירא לפתור לו חלום : מרי . מארי

אבן עזרא

כמו הנסם חלף הלך לו : (יד) בגזרת . ככה נגזרו שהם מארי מארי השם כאשר לוס ומאמר קדושים זאת והשאלה למה זה בעבור שידעו החיים כי העליון הוא השם שליט במלכות אנשים השפלה ולאשר ירצה יתננה ושפל אנשים יקים עלה : (טו) דנה . כן אמדתי לדניאל : (טז) אדין . אשתומם . השתומם שעה אחת : מרי . מרי : לערך . כמו ויהי

מצודת דוד

(יד) בגזרת . הדבר נגזר בגזירות הממליבים הטוסים דין המקום : שאלתא . הגזרה הסים עשויה במאמר הממלאכים הקדושים והיה סים וכפל סדבר במ"ס : עד דברת . בעבור אשר ידעו כל סקי אשר ספליון מושל במלכות אנשים ועני אשר יחפון יתן אותה : רשפל . וכאשר ירצה יעמיד על סממלוכ אדם שפל . ופחות מן האנשים : (טו) דנה . זאת החלום כמיתי אני סמלך כ"נ : ואנת . ואתה אמור הספתרון בעבור אשר כל חכמי מלכותי לא יכלו להודיע לי הפתרון אבל אתה מוכל על אשר רום אלהים קדושים בך : (טז) אשתומם .

מצודת ציון

מנין הספלה והשלכס כמו ראה ויתר גוים (חבקוק ג') : (יד) שאלתא . סוא מנין גזירה על שם כי נעשה בשאלת פי ס' : עד דברת . כמו על דברם ור"ל בעבור : (טז) אשתומם . מנין חמסון ושמיקה כמו

מנחת שי

במירק ויחסר יו"ד : (יד) ומאמר . במקלה דסוסיס ובמאמר כבי"א וסטוות הוא : עד דברת . במקלה דסוסיס ישנים כתוב על דברת וטבוס הוא : סליא . מלמא קרי : מנוסא. מנשא קרי וסאל"ף בחטף פתח . עליה . סלס קרי : (טו) מלמא . באל"ף : ואנמסב . יסיל ס"א . פשרא . ב' כתיב אל"ף : ומידד . ופסרא אל יבסלך דלקמן : קבל . במטף קמן : ואמתה . יתיך ס"א : (טז) אסתומם . בקלא ספרים סמ"ס כפפמן : כספה . מדס . במדוייקיס כס"ס וסטיונסי . במקלא מדוייקים מנא ומ"א אמר יו"ד : ופסרא . באל"ף

My lord—Aram. מָרִאי. *Our Rabbis said (Shevu. 35b): "My Lord, may the dream be for Your enemies," refers to God. He raised his eyes to the Holy One, blessed be He, and said, "May this dream be fulfilled upon this enemy of Yours." But if*

and seven periods will pass over him. 14. By the decree of the wakeful ones is the matter and by the word of the holy ones is the edict, in order that the living should know that the Most High rules over the kingdom of man, and to whom He wishes He gives it, and the lowest of men He sets upon it. 15. This is the dream that I, King Nebuchadnezzar, have seen, and you, Belteshazzar, tell [me] its interpretation, since all the wise men of my kingdom cannot let me know the interpretation, but you can, because the spirit of holy angels is in you." 16. Then Daniel, whose name is Belteshazzar, was bewildered for awhile, and his thoughts alarmed him. The king spoke up and said, "Belteshazzar, let the dream

13. and the heart of a beast will be given him—*Rav Saadia Gaon* explains that he will lose his human intelligence and become as brutish as a beast. *Malbim* explains that he will lose his fear of other beasts and become like them.

and seven periods—*seven years.*—[*Rashi, Rav Saadia Gaon, Midrash, Isaiah da Trani*] See verse 28.

will pass over him—*will pass over him with this decree.*—[*Rashi*] i.e., in this condition.—[*Isaiah da Trani, Mezudath David*] *Malbim* explains that he will be in this state for seven years or seven seasons, and his condition will change at each period, culminating with the seventh season, in which he will be cured.

14. By the decree of the wakeful ones—or as *Mezudath David* renders: The matter was decreed by the decrees of the destructive angels, who perform God's judgment.

the edict—lit. the question, [meaning] *a decree, but since they take counsel from the Holy One,*

blessed be He, before they issue the decree, he calls it a question.—[*Rashi*] *Midrash Tanhuma* [*Shemoth* 18] explains that when one asks a question below, the same question is asked above, and when any law is being discussed and decided below, the same occurs above, and the Holy One, blessed be He, concurs with the heavenly tribunal.—[*Midrash Daniel*]

in order that—Aram. עַד דִּבְרַת, like לְמַעַן—[*Rashi, Rav Saadia Gaon*]

that the living should know—*in order that all the living should know.*—[*Rashi*]

and to whom He wishes—Aram. וּלְמַן דִּי יִצְבֵּא.—[*Rashi*]

16. Then Daniel, whose name is Belteshazzar, was bewildered—*He was silent.*—[*Rashi*]

and his thoughts—Aram. וְרַעְיֹנֹהִי.—[*Rashi*]

alarmed him—*for he was afraid to interpret the dream for him.*—[*Rashi*]

let the dream and its interpretation not alarm you—Neb-

וּפִשְׁרָא אֵלַי יְבַהֲלֻךְ עֲנֵה בֵלְטְשַׁאצַּר וְאָמַר מָרִאי
חֶלְמָא לְשָׂנְאָיךְ וּפִשְׁרֵהּ לְעָרָיךְ: יז אִילָנָא דִּי חֲזַיְתָ
דִּי רְבָה וּתְקִף וְרוּמֵהּ יִמְטֵא לִשְׁמַיָּא וַחֲזוֹתֵהּ לְכָל־
אַרְעָא: יח וְעָפְיֵהּ שַׁפִּיר וְאִנְבֵּהּ שַׂגִּיא וּמָזוֹן לְכֹלָּא
בֵהּ תְּחֹתוֹהִי תְּדוּר חֵיוַת בָּרָא וּבְעַנְפוֹהִי יִשְׁכְּנָן
צִפֲּרֵי שְׁמַיָּא: יט אַנְתְּ־הוּא מַלְכָּא דִּי רְבַית
וּתְקֵפְתְּ וּרְבוּתָךְ רְבָת וּמְטָת לִשְׁמַיָּא וְשָׁלְטָנָךְ לְסוֹף
אַרְעָא: כ וְדִי חֲזָה מַלְכָּא עִיר וְקַדִּישׁ נָחִת מִן־שְׁמַיָּא
וְאָמַר גֹּדּוּ אִילָנָא וְחַבְּלוּהִי בְּרַם עִקַּר שָׁרְשׁוֹהִי

ת״א ופשרא לעדך . שבועים לה : א' במקום ה' יתיר א' יתיר י' יתיר י' יתיר ה' יתיר י' באַרעא

רש״י

משמים בתוכם ומחשבתו הבהילתהו : מרי חלמא . לעדך . לשונאך כמו ויהי עדך . וכלאו פני תבל ערים וכך אמר דניאל פרי רבון כל העולמים החלום יחול על נבוכדנצר אויבך : (יט) די

טעיות להקב״ה ואמר חלום זה יתקיים על שנאך זה, וא״ת לנבוכדנצר אמר . והלא ישראל שונאו אפשר שיקללם : לעדך

אבן עזרא

ערך . וזה דרך מוסר עם המלך . וי״א כי לבו לשם ואין עודך כי נכון הוא כמשמעו : (יז) אילנא . אמר ר' ישועה כי וחזותיה מלשון חזה שהוא נראה וככה קרן חזות וא״כ איך יסרא ותעלנה חזות ארבע תחתיה : (יח) ועפיה .

מצודת ציון

משמים בתוכם (יחזקאל ג') : לערך . לשונאך כמו ויסי טרך (שמואל) : הנגה : מרי . אדוני החלום יקויים בשונאך והספתרון בלמיבך והוא כפל ענין . וקומתו הגיע עד השמים ומראהו היה נראה לכל הארץ : (יח) ועפיה . ועליו היו כאים ויפים ופירותיו מרובים והיה די בהם לזון כל בריות . תחתיו היו דרים חית השדה ובענפיו שכנו עופות השמים : (יט) אנת . וכו'

מנחת שי

כמ״ש לעיל : מראי . יתיר אל״ף ובסרק שבוטות סדרות ובמסכת סופרים איכא מ״ד דמלת מראי קדש ולכלפי קוב״ה אמר יסי לרון שמלום זה יתקיים על שנאך זה וכן פירש רש״י ורבינו סעדיה כפי' הפסוק והכי איתא בשמות רבה ס' ל' סדורם מקרא זה כפשוטו מושה לדניאל מטיה דברים כלפי מטלה שאמר לנבוכדנצר מראי חלמא לשנאך אין שונאו בעולם יותר מן הקדוש ברוך הוא שהחריב את ביתו והגלה את בניו ועוד גם ישראל היו שונאיו והיה מקלל אותן כבא את החלום לשונאך זה ע״כ . על כן טוב ליזסר שלא למוחקו : לשנאיך . שניה דגושה וכי״ם ב״יס לסויה כמו שכתבתי למעלה כזס סמימן : (יט)

מצודת דוד

עמד מוחתק ובתמהון כעדך שעה אחת ומחשבותיו הבהילו אותו : חלמא . החלום והפסתרון הל יבהילו אותך וכאומר הלא לא עליך קומתו . האילן היה כאים ויפים ופירותיו מרובים אשר גדל ונתהזק וכו' : (יז) אילנא . העלום הזה מזמז טלך כי דמית לו אשר נתגדלת ונתחזקת . ורבותך . גדולתך נתגדל בכל עת וסגיע עד השמים וממשלתך בא עד קצות הארץ : (כ) ודי . ואשר ראה המלך מלאך

heaven, and he said, 'Cut down the tree and destroy it—He did not mention the command to cut off the branches or how the beasts and the birds wandered away, because he wished to tell him only what would happen to his body. Daniel did not tell him that his servants, princes, and the nations subservient to him would desert him, since he told him later that the main roots would remain, meaning that he would return to his throne after his recovery. He also did not tell him that his heart would be like the heart of a beast or that, like a beast, he would eat grass, because that is included in telling him that his lot would be with the beasts of the field. —[Malbim]

and its interpretation not alarm you." Belteshazzar answered and said, "My lord, may the dream be for your enemies and its interpretation for your foes. 17. The tree that you saw, which grew and became strong, and whose height reached the sky, and whose appearance [was seen] by the entire earth. 18. And whose branches were beautiful, and whose fruit was plentiful, and on which was sustenance for all, under which dwelt the beasts of the field, and in whose branches dwelt the birds of the heavens. 19. That is you, O king, for you have become great and strong, and your greatness has increased and reached the heaven and your dominion [extends] to the end of the earth. 20. And what the king saw—a holy wakeful one descending from heaven, and he said, 'Cut down the tree and destroy it, but leave its main roots

you say that he said it to Nebuchadnezzar, was not Israel his enemy? Is it possible that he would curse them?—[*Rashi*] Other Sages in the Talmud interpret the verse simply, namely that Daniel was speaking to Nebuchadnezzar. He was referring, not to the Jews, but to Nebuchadnezzar's gentile enemies. *Ibn Ezra* explains that this was merely a polite figure of speech, used by one talking to the king and giving him bad news. He quotes others who say that, although he was talking to the king, he was referring to God. *Ibn Ezra*, however, maintains that this is unnecessary. *Rashi's* wording, that Daniel lifted his eyes to the Holy One, blessed be He, originates from *Tan. Mishpatim* 4, where the *Midrash* insists that Nebuchadnezzar's enemies were the Jews, whom he slew, whose Temple he destroyed, and whom he exiled from their land. *Exodus Rabbah,* (Exod.

30:24) states that God, too, may be considered Nebuchadnezzar's enemy.

for your foes—Aram. לְצָרָךְ, *like* (I Sam. 28:16): *"and has become [the supporter of] your foes (צָרֶךָ)."*— [*Rashi*] *Malbim* explains: May your enemy dream such frightening dreams, and may your foes, who are worse than an enemy, have the dream fulfilled.

19. **That is you, O king**—It is impossible to interpret it about any man but you, for you have become great and strong.—[*Malbim*]

and your greatness has increased and reached the heaven—because of his heavenly prince and the star of his luck. He alluded also to Nebuchadnezzar's sin of haughtiness, as in Isaiah 14:13: "And you said, 'To the heavens will I ascend.'"— [*Malbim*]

20. **And what the king saw—a holy wakeful one descending from**

בְּאַרְעָא שְׁבֻקוּ וּבֶאֱסוּר דִּי־פַרְזֶל וּנְחָשׁ בְּדִתְאָא
דִּי בָרָא וּבְטַל שְׁמַיָּא יִצְטַבַּע וְעִם־חֵיוַת בָּרָא חֲלָקֵהּ
עַד דִּי־שִׁבְעָה עִדָּנִין יַחְלְפוּן עֲלוֹהִי: כא דְּנָה פִשְׁרָא
מַלְכָּא וּגְזֵרַת עִלָּאָה הִיא דִּי מְטָת עַל־מָרִאי מַלְכָּא:
כב וְלָךְ טָרְדִין מִן־אֲנָשָׁא וְעִם־חֵיוַת בָּרָא לֶהֱוֵה מְדֹרָךְ
וְעִשְׂבָּא כְתוֹרִין לָךְ יְטַעֲמוּן וּמִטַּל שְׁמַיָּא לָךְ
מְצַבְּעִין וְשִׁבְעָה עִדָּנִין יַחְלְפוּן עֲלָךְ עַד דִּי־תִנְדַּע
דִּי־שַׁלִּיט עִלָּאָה בְּמַלְכוּת אֲנָשָׁא וּלְמַן־דִּי יִצְבֵּא
יִתְּנִנַּהּ: כג וְדִי אֲמַרוּ לְמִשְׁבַּק עִקַּר שָׁרְשׁוֹהִי דִּי
אִילָנָא מַלְכוּתָךְ לָךְ קַיָּמָה מִן־דִּי תִנְדַּע דִּי שַׁלִּטִן

רש"י עלאה קרי יתיר א' יתיר י' עלאה קרי רס"ג

לשונך כמו ויהי ערך (שמואל א' כ"ח): (כא) די מטת
על מרי מלכא . אשר הגיע על אדוני המלך : (כב) ולך
טרדין מן אנשא .ואותך יטרידו מבני אדם: לך מצבעין
אותך יטבלו: ושבעה עדנין יחלפון עלך . יש לומ' גמול
בה"מ שהחריב שנכנסתה בשבע שנים: (כג) ודי אמרו
וגו' . אשר אמרו להניח שרשוהי של אילן הוא הפתרון

אבן עזרא

והפסוק אחריו אין צריך פירוש : (כא) דנה . הוא הפתרון

עלאה . פלאה קרי : (כג) קימה .

מצודת דוד

מחריב וקדוש ירד מן השמים ואמר כרתו האילן וספחיתהו אותו אבל
עיקר שרשיו הניחו באדמה כי בן יבא עליך וגזירת העליון היא אשר תגיע
בת השדה וכל השמים יכובם ועם חית השדה יסיה חלקו עד אשר יעברו עליו שבעה שנים
מים השדה יסיה מושבך ויאכילו אותך עשב כמו הבקרים וכטל השמים יכבסו אותך ושבעה
אשר תדע אשר העליון מושל במלכות אנשים ולמי אשר יחפון יתן אותה : (כג) ודי .

מנחת שי

במזדוויקיס כ"י בס"א : בדתאא . בתרין אלפין כמו שכתבתי לעיל:
(כא) עלאה . עלאה קרי : מרי קרי : מראי : (כב) עלך . סלך קרי :
בס"א: שלטן. לית מסר דחסר :

מצודת ציון

א' כ"ח) : (כב) יטעמון . מלשון טעימה ואכילה :

as soon as you know that
Heaven rules—*as soon as you know
that the heavenly beings rule over the
world.—[Rashi] Mezudath David*
words it as follows: until you know that
He Who dwells in heaven rules.

Midrash Daniel, too, explains the
expression in this manner. From this
verse, our Rabbis derive the usage of
the word "Heaven" when referring to
God.

in the ground, and [chain him] with fetters of iron and copper in the grass of the field, and with the dew of the heavens he shall be drenched, and with the beasts of the fields shall be his lot, until seven periods pass over him.' 21. This is the interpretation, O king, and it is the decree of the Most High, which befalls my lord, the king. 22. And they will banish you from mankind, and your dwelling shall be with the beasts of the field, and they will feed you grass like the cattle, and with the dew of the heavens you shall be drenched, and seven periods shall pass over you until you know that the Most High rules over the kingdom of men, and to whom He wishes He gives it. 23. And what they said to leave, the main roots of the tree, your kingdom will remain yours, as soon as you know that Heaven rules.

21. **This is the interpretation, O king**—The end of the dream, in which he will be chained with fetters and eat grass and dwell with the beasts, is applicable to a man and not to a tree and is in essence the interpretation of the dream. The explanation is that cutting down the tree symbolizes that he will become mad, like a beast, only to be deposed from his throne. Hence this is an interpretation of a dream within a dream. The Sages say that a dream that is repeated signifies a decree that will soon be realized. Therefore, Daniel says, "This is the interpretation," meaning that the dream about the person being chained, etc. is the interpretation of the dream concerning the tree.—[*Malbim*]

which befalls my lord, the king—Aram. דִּי מְטָת עַל מָרִי מַלְכָּא.—[*Rashi*]

22. **And they will banish you from mankind**—Aram. טָרְדִין מִן אֲנָשָׁא

וְלָךְ.—[*Rashi*] The angels of wrath and fury will banish you.—[*Rav Saadia Gaon*]

and with the dew of the heavens you shall be drenched—*They will immerse you.*—[*Rashi*] They will strip your clothes off, so that you will go naked and barefoot, and the rain and dew will fall directly upon you.—[*Rav Saadia Gaon*]

and seven periods—Some interpret these as months, some as years, and some as weeks.—[*Rav Saadia Gaon*]

and seven periods shall pass over you—*We may say that this is the recompense for the Temple, which he destroyed, which was built in seven years.*—[*Rashi*]

23. **And what they said, etc.**—*What they said — to leave the roots of the tree — this is the interpretation:* מַלְכוּתָךְ, *your kingdom — will remain yours. Your kingdom will ultimately be restored to you.*—[*Rashi*]

שְׁמַיָּא: כד לָהֵן מַלְכָּא מִלְכִּי יִשְׁפַּר עֲלָיךְ וַחֲטָיךְ בְּצִדְקָה פְרֻק וַעֲוָיָתָךְ בְּמִחַן עֲנָיִן הֵן תֶּהֱוֵה אַרְכָא לִשְׁלֵוְתָךְ: כה כֹּלָּא מְטָא עַל־נְבוּכַדְנֶצַּר מַלְכָּא: כו לִקְצָת יַרְחִין תְּרֵי־עֲשַׂר עַל־הֵיכַל מַלְכוּתָא דִי בָבֶל מְהַלֵּךְ הֲוָה: כז עָנֵה מַלְכָּא וְאָמַר הֲלָא דָא־הִיא בָּבֶל רַבְּתָא דִּי־אֲנָה בֱנַיְתַהּ לְבֵית מַלְכוּ בִּתְקָף חִסְנִי וְלִיקָר הַדְרִי: כח עוֹד מִלְּתָא בְּפֻם

רש"י

מַלְכוּתָךְ: מַן דִּי תִנְדַּע דִּי שַׁלִּיטִין שְׁמַיָּא. מאחר שתדע שהעליונים' מושלים בעולם: (כד) לָהֵן מַלְכָּא. כאמת אתה מלך שמע לעצתי: יִשְׁפַּר עֲלָךְ. עצתי תיטב בעיניך לשמוע מלי: וַחֲטָאָךְ בְצִדְקָה פְרֻק. וחטאתך בצדקה פרוק מעל עָוָרֶךְ: וַעֲוָיָתָךְ בְּמִחַן עֲנָיִן. ועונותיך פרוק בחנינת עניים: הֵן תֶּהֱוֵה אַרְכָא לִשְׁלֵוְתָךְ. אולי תהא שהות לשלומך שלא תמהר הרעה לבא ומה ראה דניאל להשיא עצה טובה לנבוכדנצר ראה ישראל עניים שפלי גולה מחזירין על הפתחים והשיאו עצה לחננם עניים אמר לו עניים אלו שהגלית רעבים הם פרנסם וכן עשה פתח אוצרותיו והיה מפרנסם כל י"ב חדש : (כה) כֹּלָּא מְטָא. כל הפתרון הגיע על נבוכדנצר: (כו) מְהַלֵּךְ הֲוָה. הולך היה: (כז) הֲלָא דָא הִיא. שמע עניים באיס על הפתח ולועקים אמר מה קול ההמון הזה כאזני אמרו לו עבדיו אלו העניים שקבעת להם עת פרנסתם אמר הלא זה היא בבל רבתא וגו' ואלמלא ביזבזתי אוצרותי לפרנסת עניים מהיכן הייתי בונה כל הפלטרין הללו מעתה איני מפרנסם. כן דרש רבי תנחומא: וְלִיקָר הַדְרִי. ולכבוד תפארתי: (כח) עוֹד

אבן עזרא

(כד) עֲלָיךְ. טָלָךְ קרי: וַחֲטָיךְ. וחטאך קרי: וַעֲוָיָתָךְ. ועויתך. ומ"ו תרגום קמולה ולכן אין היו"ד לנוכח: תֶּהֱוֵה. יש ספרים הה"א בשוא לבד: מִלְּתָא. הכ"ף רפויה: (כז) בֱנַיְתַהּ. כספרי ספרד   כאשר נאמר לך: (כד) מַלְכִּי. פירוש עצתי וכמוהו וימלך לבי עלי: פְּרֻק. גאל כמו ויפרקנו מצרינו: בְּמִחַן עֲנָיִן. לחון עניים. הֵן יִהְיֶה אֲרִיכוּת לִשְׁלֵוְתָךְ. או כמו אֲרוּכָה

מצודת דוד

מִנְגָנָתָךְ: (כה) כֹּלָּא. הכל בא והגיע כן כתב בסתר ואל תתמה שלא כתב עלי רק על נבוכדנצר כמו וישלח ה' את   הזה יורה וילמד שהמלכות יתקיים לך ותשוב למלוך מן העת אשר תכיר ותדע אשר מושל היושב בשמים: (כד) לָהֵן. כהומר אין לך   מצודת ציון   (כד) מַלְכִּי. עצתי כמו וימלך לבי עלי (נחמיה ה'):

מנום מן הגזירה ההיא רק עתה המלך עלתי תהיה נאה ויפה עליך ועשה זאת פדה מטאתך בצדקה ותוך בחנינת עניים והוא כפל ענין במ"ש : הֵן. הנה. בזה בזה תהיה אריכת זמן להשלום אשר אתה בה עתה (כה) כֹּלָּא. הכל. גם זה מדברי המלאך עד סוף הענין ואמר באגרתו הנה זה כל הפתרון הזה הגיע על כ"נ המלך וכמו שמספר והולך (ואף שנ"ג עלתי כתבו ולא אמר כמדבר בעדו כ"א כאמר המדבר וכן דרך המקרא כמ"ש וישלח וגו' וכן דרך המקרא כמ"ש ע"ש כי שמואל היה המדבר ולא אמר ואמרתי: (כו) לקצת. לסוף שנים עשר חודש על היכל המלך אשר בבבל היה כ"נ הולך ומטייל : (כז) עָנֵה. הרים המלך את קולו וכן היה מתיהר ואמר הלא זאת היא בבל הגדולה אשר אני בניתי אותה להיות בה בית מלכות: בִּתְקָף. והנה בניתי אותה בחוזק כמו לא בעצר זולתי ואף רק לכבוד תפארתי בניתי אותה לא לצורך מה להשגב בה מפני האויב כי ידי משלה לי: (כח) עוֹד מִלְּתָא

---

therefore did not realize that only his support of the poor kept him on the throne.

and for the honor of my glory— Aram. וְלִיקָר הַדְרִי.—[*Rashi*]

28. **The word was still in the king's mouth—**i.e., he had not yet finished his sentence.—[*Mezudath David*]

a voice fell from heaven— *Midrash Daniel* writes that, according to the simple meaning, everyone heard a loud voice announcing that he should be

24. Indeed, O king, may my counsel please you, and with charity you will remove your sin and your iniquity by showing mercy to the poor; perhaps your tranquility will last." 25. All this befell King Nebuchadnezzar. 26. At the end of twelve months, he was walking upon the royal palace of Babylon. 27. The king raised his voice and said, "Is this not the great Babylon, which I built for a royal palace with the strength of my power and for the honor of my glory?" 28. The word was still

24. Indeed, O king—*Indeed, O king, hearken to my counsel.*—[*Rashi*]

my counsel—Aram. מִלְכִּי, *my counsel, like* (Num. 24:14): *"I shall advise you* (אִיעָצְךָ*)," which is translated:* אֲמַלְכִינָךְ.—[*Rashi*]

please you—*May my counsel please you that you hearken to my words.*—[*Rashi*]

and with charity you will remove your sin—*With charity, break your sin off your neck.*—[*Rashi*] *Rav Saadia Gaon, Isaiah da Trani,* and *Mezudath David* render: and your sin that you have committed you shall redeem with charity. *Midrash Daniel* interprets this verse in the same manner, explaining that by performing acts of charity, your sins may be expiated, and Heaven will grant you a reprieve.

and your iniquity by showing mercy to poor—*and remove your iniquities by showing mercy to the poor.*—[*Rashi*]

perhaps your tranquility will last—*Perhaps there will be time for your tranquility, that the evil should not come swiftly. Now what did Daniel see to give Nebuchadnezzar good advice? He saw the Jews poor and humbled by the exile, going from door to door begging for alms, and he gave him advice to deal mercifully with them. He said to him, "These poor people whom you exiled are hungry; nourish them." And so he did. He opened his storehouses and fed them for a full twelve months.*—[*Rashi*]

25. All this befell—*The entire interpretation befell Nebuchadnezzar.*—[*Rashi*]

26. he was walking—Aram. מְהַלֵּךְ הֲוָה.—[*Rashi*]

27. Is this not—*He heard poor people coming to the door and crying out. He said, "What is the sound of this multitude in my ears?" His servants said to him, "These are the poor for whom you arranged a time to feed." He said, "Is this not the great Babylon, etc. If I had squandered my storehouses, from where would I have built all these palaces? From now on, I shall not feed them." Rabbi Tanhuma (Mishpatim 4) explained it in this manner.*—[*Rashi*] *Midrash Tanhuma states that at the end of twelve months, Nebuchadnezzar forgot his dream and*

מַלְכָּא קָל מִן־שְׁמַיָּא נְפַל לָךְ אָמְרִין נְבוּכַדְנֶצַּר
מַלְכָּא מַלְכוּתָא עֲדָת מִנָּךְ: כט וּמִן־אֲנָשָׁא לָךְ טָרְדִין
וְעִם־חֵיוַת בָּרָא מְדֹרָךְ עִשְׂבָּא כְתוֹרִין לָךְ יְטַעֲמוּן
וְשִׁבְעָה עִדָּנִין יַחְלְפוּן עֲלַיִךְ עַד דִּי־תִנְדַּע דִּי־שַׁלִּיט
עִלָּיָא בְּמַלְכוּת אֲנָשָׁא וּלְמַן־דִּי יִצְבֵּא יִתְּנִנַּהּ: ל בַּהּ
שַׁעֲתָא מִלְּתָא סָפַת עַל־נְבוּכַדְנֶצַּר וּמִן־אֲנָשָׁא
טְרִיד וְעִשְׂבָּא כְתוֹרִין יֵאכֻל וּמִטַּל שְׁמַיָּא גִּשְׁמֵהּ
יִצְטַבַּע עַד דִּי שַׂעְרֵהּ כְּנִשְׁרִין רְבָה וְטִפְרוֹהִי
כְצִפְּרִין: לא וְלִקְצָת יוֹמַיָּא אֲנָה נְבוּכַדְנֶצַּר עֵינַי

ת"א שעריה כנשרין . מיר ג' :   פתח באתנח יתיר י' עלאה קרי   לשמיא

רש"י

מלתא בפום מלכא . עדת מנך . סרה מנך :
(כט) מרדין . ל' גירושין : (ל) ספת . הגזירה כלתה
עליו : גשמה . גופיה : שעריה כנשרין רבה . שערותיו
ככנפי נשרים גדלו על כל גופו : וטפרוהי כצפרין .
וצפרנין כצפור : (לא) ולקצת יומיא . לקן הימים שקבעו לו

רס"ג

ובא עליו אלא לקצת ירחין תרי עשר הוא כתבן באיגרת מספר
באיגרת : (ל) ספת . חגיעה : טריד . מרוד : ועשבא כתורין .
אל תאמר שהוא נעשה חמור או ערוד אלא נשתתה ונעשת
בער כבהמה ומן תלכלוך והזיעה והצואה גדלו שערותיו כנוצת

אבן עזרא

ירובעל ואת בדן ואת יפתח ואת שמואל והוא המספר . וככה
מהלך הוה גם ענה מלכא כאילו אמר עניתי וכן בפוס מלכא:
(כה) עדת . סרה ועברה מעליך . אין לי דעת לדעת אלו
השבעה מה הם אם ימים או שבועים או חדשים או שנים
ולהיותם ימים או שבועי' אין נכון בעבור שכ' עד די שעריה
כנשרין רבה . והגאון אמר שהם חדשים ולפי דעתי שהם
שנים כמו עדן ועדנין ופלג עדן . ואל יעלה על לבך שנבוכדנצר

מנחת שי

סגי"ת בסגול : (כח) מלכותא עדת . בספרים מדוייקים כ"י ודפוסים
ישנים כאל"ף וטעות נפל בדפוסים אחרונים הכתובים בס"א :
(כט) ומן אנשא . במדוייקים האל"ף כשוא ופתח לא כשוא וסגול :
עליך . טלך קרי : עד די תנדע . כן כתיב טי"ן כשופר הולך תנדע
במקף ורביע : עליא . טלאה קרי : (ל) בה שעתא . הבי"ת בפתח
ועי"ן שעתא כמקף פתח ולמילך סתי"ו רפויה : שערה . סעי"ן
כשוא לבדו : כצפרין . כלספין . כל לטרא דדניאל פתח וכל לספרא דשאר קריא

מצודת דוד

שב בהמה זכר או נקבה כי אין כתוב רק שיכון עם החיות
(לבד) בא על ג"נ כי נשתבש דעתו ונתגרש מטלמו למקום החיות
לשבת עמהם : ומן אנשא . מעלמו נתגרש מן אנשים ואכל עשב
כנקרים וגופו נתמכם מטל השמים כי ישב מבלי מחסה : עד די
עד אשר נתגדל שערו ככנפי נשר ורגליו כלספרני עופות
הדורסים כי מרוב שלמות והלכלוך היו גדלים והולכים : (לא) ולקצת
ולסוף השנים שקבעו לו והם שבעה שנים כמ"ש למעלה : אנה

[*Rashi*] i.e., his nails became like the
talons of birds of prey, such as
vultures.—[*Rav Saadia Gaon*]

31. **And at the end of the days—**
*at the end of the days that were set
for him; at the end of the seven
years.*—[*Rashi*]

raised—Aram. נְטֶלֶת.—[*Rashi*] As
long as he behaved like a beast, he
looked down toward the earth
and walked on all fours. At the end
of the seven-year period, however,
he stood on his feet and looked
toward heaven, and his under-
standing was restored to him.—
[*Malbim*]

**and my understanding was
restored to me**—Aram. יְתוּב וּמַנְדְּעִי

in the king's mouth, [when] a voice fell from heaven, [which said]
"To you they said 'O King Nebuchadnezzar, your kingdom has
turned away from you. 29. From man they will banish you, and
your dwelling will be with the beasts of the field; like cattle, they
will feed you grass, and seven periods will pass over you, until
you know that the Most High rules over the kingdom of man, and
to whom He wishes, He gives it.'" 30. At that time, the matter was
fulfilled upon Nebuchadnezzar, and he was banished from man, he
ate grass like cattle, and his body was drenched with the dew of
the heavens, until his hair grew like [the feathers of] eagles and his
nails like [the claws of] birds. 31. And at the end of the days, I,
Nebuchadnezzar, raised my eyes

banished from the court. Otherwise, why would they banish him? He quotes a midrash (*Exod. Rabbah*) which states that the heavenly prince of Babylon was named Kol, and he had to be overthrown before Nebuchadnezzar could be overthrown.

has turned away from you—Aram. עֲדָת מִנָּךְ.—[*Rashi, Ibn Ezra*]

29. **they will banish**—Aram. טָרְדִין, *an expression of driving away.*—[*Rashi*]

and seven periods—What these periods were has been discussed above. Here *Ibn Ezra* states that there is no indication of whether they were days, weeks, months, or years. He is convinced, however, that they were not days or weeks, based on the account given further that his hair grew long like eagles' and his nails like birds. He prefers to believe that they were seven years. Both *Ibn Ezra* and *Rav Saadia Gaon* point out that Nebuchadnezzar did not actually turn

into a beast, but he became demented and boorish like one. *Rav Saadia Gaon* explains that his hair grew long from the sweat and dirt he was exposed to. *Ibn Ezra* relates a similar incident of a person who went mad and fled from human society to live with the antelopes. Once, when the king of his island captured many antelopes, this person was among them. When he was identified by his parents, they spoke to him but he did not respond, nor did he eat the food and drink they offered him. When they offered him grass, he ate it and then fled to the fields in the middle of the night to return to the antelopes.

30. **was fulfilled**—*The decree was executed upon him.*—[*Rashi*]

his body—Aram. גִּשְׁמֵהּ.—[*Rashi*]

his hair grew like [the feathers of] eagles—*His hair grew over his entire body like eagles' feathers.*—[*Rashi*]

and his nails like birds—*and his nails were like those of a bird.*—

לִשְׁמַיָּא נִטְלֵת וּמַנְדְּעִי עֲלַי יְתוּב וּלְעִלָּיָא בָּרְכֵת וּלְחַי עָלְמָא שַׁבְּחֵת וְהַדְּרֵת דִּי שָׁלְטָנֵהּ שָׁלְטָן עָלַם וּמַלְכוּתֵהּ עִם־דָּר וְדָר: לב וְכָל־דָּארֵי אַרְעָא כְּלָה חֲשִׁיבִין וּכְמִצְבְּיֵהּ עָבֵד בְּחֵיל שְׁמַיָּא וְדָארֵי אַרְעָא וְלָא אִיתַי דִּי־יְמַחֵא בִידֵהּ וְיֵאמַר לֵהּ מָה עֲבַדְתְּ: לג בֵּהּ־זִמְנָא מַנְדְּעִי יְתוּב עֲלַי וְלִיקַר מַלְכוּתִי הַדְרִי וְזִיוִי יְתוּב עֲלַי וְלִי הַדָּבְרַי וְרַבְרְבָנַי יְבַעוֹן וְעַל־מַלְכוּתִי הָתְקְנַת וּרְבוּ יַתִּירָה הוּסְפַת־לִי: לד כְּעַן

ת״א דְּאֲרֵי אַרְעָא . יומא ה׳ : ולעלאה קרי דירי קרי ת׳ במקום א׳ ודירי קרי   רס״ג

רש״י

ודעתי עלי חזרה . ולעלאה ברכת . ואת העליון ברכתי: (לב) כלא חשיבין . רבותינו אמרו האי חירגא דיומא לא שמיה . אבק הנראה כשמש : וכמצביה עבד בחיל שמיא . וכרצונו עושה בכחא השמים : ולא איתי די ימחא בידיה . ולא יש שימחה בידו : (לג) בה זמנא . באותו זמן : וליקר מלכותי הדרי . ולכבוד מלכותי חזרתי : וזיוי . ותואר פני : ולי הדברי ורברבני יבעון.

של נשרים וצפורניו כצפורני פרס ועזניה שדורסין בצפורניהן : (לא) ולעלאה ברכת . ולעליון ברכתי כלומר הצדיק עליו את הדין : (לב) וכל דירי ארעא כלא חשיבין . כלא היו הן חשובין . ויש שפותרין כלא הוא הפירפור הנראה בעין זריחת השמש באילו פורחין בו באוירו פירורין דקין כעפר והוא אינו דבר נחפש והולך לו ובטל עם השמש ואין בממשו כלום כן כל דיירי הארץ לפני הבורא : וכמצביה . וכרצונו : די ימחא בידיה . שיבטל בידו : (לג) ורבו . וגדולה : (לד) ודי בהלכין

והותי יועצי ושרי היו מבקשים וחפלים שאשוב : התקנת . הוכנתי : ורבו יתירה הוספת לי . וגדולה יתירה מהראשונים

מנחת שי

קמן : (לא) ולעלאה . ולעלאה קרי והעי״ן בחירק : (לב) וכל דארי דירי קרי : ודארי . ודירי קרי : (לג) מנדעי . בכל ספרים ישנים כ״מ בפתח לא בחירק : יתירה . בספרים קדמונים באל״ף לא בה״ה : (לד) כען אגה . בכל ספרים ישנים בה״א לא באל״ף :

מצודת ציון

(לג) יבעון . ענין שאלה ובקשה כמו אם חבעיון בעיו (ישעיה כ״א):

אבן עזרא

ויאכל עשב כמוהם . וטעם ולבב חיות שתסור דעתו והיא דעת הנשמה והנה בסור חכמת הנשמה שב לבו ונשאר כלב חיה . והעד על כל זה שאמר באחרונה עיני לשמיא נטלית

מצודת דוד

אני כ״ג נשאתי את עיני אל השמים כי במשך שבעת השנים לא הכיר בטולמו מי הוא כי לא היה לו בינת אדם : ובכלות הזמן התחילה דעתו לחזור אליו מטט מטט ואז הכיר בעולמו מי הוא והרגיש בדבר ונשא עיניו אל השמים לשאול עזרה מה׳ : ומנדעי . כ״ל שאלתי מה׳ אשר ישיב עלי הדעה והחכמה שכחתי ופאלרתי אשר ממשלתו ממשלת עולמים ומלכותו עם כל הדורות כ״ל בזמן כל הדורות : (לב) וכל דיירי . כל יושבי ארן כלא דבר המה חשובי׳ למולו וכחפלו עושה בצבא השמים ובלומי ארן ולא יש מי אשר ימחה בידו ויאמר לו מה עשית הנא לא נכון הדבר : (לג) בה זמנא . בעת ההיא כאשר ברכתי לה׳ הה שבה עלי דעתי ויוטלי ושרי שאלו ובקשו לי למכול בהס כמאז : התקנת . הוכנתי של מלכותי וגדולה יתירה ומדובה נתוספה לי : (לד) כען . גם זה מדברי נבוכדנצר שאמר פתח אני כ״ג משבח ומרומם ומסאר

---

does with the host of heaven—Aram. וּכְמִצְבְּיֵהּ עָבֵד בְּחֵיל שְׁמַיָּא.—[*Rashi*]

and no one can stop His hand—Aram. וְלָא אִיתַי דִּי יְמַחֵא בִידֵהּ. *And there is none who will stop His hand.*—[*Rashi*]

33. At that time—Aram. בֵּהּ זִמְנָא...—[*Rashi*]

and I returned to the glory of my kingdom—Aram. וְלִיקַר מַלְכוּתִי הַדְרִי.—[*Rashi*]

and my splendor—*the features of my face.*—[*Rashi*]

my leaders and my dignitaries were seeking me—*and My advisers and my princes were seeking me and hoping for my return.*—[*Rashi*]

and I was established—Aram. הָתְקְנַת.—[*Rashi*]

and excessive greatness was added to me—*and more greatness*

toward heaven, and my understanding was restored to me, and I blessed the Most High, and I praised and glorified Him Who lives to Eternity, Whose dominion is an eternal dominion, and Whose kingdom is with every generation. 32. And all the inhabitants of the earth are reckoned as nothing, and according to His will, He does with the host of heaven and the inhabitants of the earth, and no one can stop His hand or say to Him, "What have You done?" 33. At that time, my understanding was restored to me, and I returned to the glory of my kingdom, and my splendor was restored to me; and my leaders and my dignitaries were seeking me, and I was established upon my kingship and excessive greatness was added to me. 34. Now,

עֲלַי .—[*Rashi*] He now realized that he was not a beast but a human, although he did not yet understand what pertained to his kingdom, only what pertained to his body. He also remembered the punishment that had befallen him.—[*Malbim*]

and I blessed the Most High— Aram. וּלְעִלָּאָה בָּרְכֵת.—[*Rashi*] *Malbim* explains that Nebuchadnezzar had previously believed that God did not control or supervise the world, but that He gave the control of the world over to the heavenly bodies because it was beneath His dignity to care for our material world. Because of this belief, He is called the Most High because He is above all the heavenly bodies to whom He delegated powers. However, He is not called חֵי עָלְמָא, *the Life of the world*, because He does not generate life into the universe, but the heavenly bodies to whom He delegates powers do. According to Nebuchadnezzar's erroneous belief, God deserves praise and glorification for being the First Cause, but He does not deserve to be blessed because He does not bestow His bounty upon the world. Now, however, he realized that God bestows His bounty on the world and controls the world without intermediaries. Nebuchadnezzar, therefore, says, "I blessed the Most High," and "And I praised and glorified the Life of the world." Although He is high and exalted and deserves praise and glorification, He is also the Life of the world, generating life into this lowly, material world.

32. are reckoned as nothing— Aram. כְּלָה. *Our Rabbis said (Yoma 20b): The dust of the sun is called* לַא. *i.e., the dust that appears in the sun.*—[*Rashi*] *Rashi* to *Yoma* explains that the sawdust that appears to be tangible in the sunbeams is called לַא, nothing, because in fact, it is not tangible.

and according to His will, He

אֲנָה נְבֻכַדְנֶצַּר מְשַׁבַּח וּמְרוֹמֵם וּמְהַדַּר לְמֶלֶךְ שְׁמַיָּא דִּי כָל־מַעֲבָדוֹהִי קְשֹׁט וְאֹרְחָתֵהּ דִּין וְדִי מַהְלְכִין בְּגֵוָה יָכִל לְהַשְׁפָּלָה: ה א בֵּלְשַׁאצַּר מַלְכָּא עֲבַד לְחֶם רַב לְרַבְרְבָנוֹהִי אֲלַף וְלָקֳבֵל אַלְפָּא חַמְרָא שָׁתֵה: ב בֵּלְשַׁאצַּר אֲמַר בִּטְעֵם חַמְרָא לְהַיְתָיָה לְמָאנֵי דַהֲבָא וְכַסְפָּא דִּי הַנְפֵּק נְבוּכַדְנֶצַּר אֲבוּהִי מִן־הֵיכְלָא דִּי בִירוּשְׁלֶם וְיִשְׁתּוֹן בְּהוֹן מַלְכָּא

ת"א לקבל אלפא . מגלה יב :   ורברבנוהי

רש"י

מתוספת לי . אמרו רבותינו שרכב על ארי וקשר תנין בראשו: (לד) ואורחתה דין. ודרכיו משפט : ודי מהלכין בגוה . אשר מהלכין בגאוה יכול להשפיל : ה (א) בלשאצר מלכא. בנו היה ומלך לאחר אויל מרודך שמלך תחת נבוכדנצר וגם (הוא) היה בנו של נבוכדנצר : עבד לחם רב.עשה סעודה גדולה.מלינו בספר יוסיפון שנלחם ביום עם דריוש המדי וכורש ונגח המלחמה ולערב עשה משתה כמו שנבא עליו ישעיה ערוך השלחן לפה הגפית אכול ושתה קומו השרים וגו' שבתוך המשתה חזרו אויבים ונלחמו על העיר ולכדוה : ולקבל אלפא חמרא . כנגד אלף איש היה שותה יין : (ב) אמר בטעם חמרא .

אבן עזרא

ומכדעי יתוב עלי ואני רחיתי לאחד מחברינו נחמן רוח והגיד לי שהיה בא'י מחת שהיא סרדני"א והנה ערל אחד יצא וברח מאבותיו כי סרה דעתו והשתגע והיה עם האיילים שנים רבות והוח הולך על רגליו וידיו כמוהם והנה הלך מלך האי לצוד צידה ולקח איילים רבים ונלקם הערל השוטה שחשב שהוא איל וכחו אבותיו והכירוהו ודברו אליו ולא פנה ונתנו לפניו לחם לאכול יין לשתות ולא חבה ועשנו לו עשבים עם האיילים ואכל וכחלי הלילה ברח לאיילות

רס"ג

בגוה . בגאוה : יכול להשפלה . יסוד לחם מדת השפלה כנגד מדת גאותם ויסדו בעמר מתרגמינן יכלו בעומרא ויש שפירתר יכלה וישפיל ועוד יוכל להשפיל : ה (א) לחם רב . משתה גדול כמו ככו לחמו בלחמי ולמת נרע פי"ת מן בלשאצרולא קרא אותו בלשצר משום ששלח יד בכלי בית ה' ופתרון בלשאצר בלש איצר מחפש אוצר ויחפש כתרגמינן יבלש וכן כתוב באדין חיתיו מאני דדהבא אותו חיום נלחם עם כורש ודריוש חצרים על בבל ואז נצח וחזר בשמחת לבו ועשה סעורה לשריו ולנבוריו וכנגד אלף איש היה שותה יין ואותו חיום סוף שבעים שנה של גלות בבל ואז אמר בלבו מאחר שלא נגאלו שוב אינן נגאלין ואז צוה להביא כלי בית ה' ואמר במעם חיין שנשתכר כנגד אלף

אמר בטעת היין שנשתכר : להיתיה . להביא : די הנפק .

מנחת שי

מפכדוסי . כרוב הספרויייקים הטי"ן בחטף פתח : בגוה . כן כתיב : להשפלה . סימן מן רישא דדניאל ועד יכל להשפלה בלשמלך ומן יכל להשפלה עד סיפא דספרא בלשמלך כל מן ב' וסימנסון די מלכא שם שמה (בסי' ס') אשר נקרא שמו (בסי' י') פ"כ . סימנא מחרינא מן רים ספרא עד כס בליגא קמיל בלשמלך . בלשאצר בלשאצר כתיב שי"ן קדיס לאל"ף . ומן כס בלי ני"ת עד סוף סיסרא בלשמצר בלשאצר כתיב אל"ף קדיס לשי"ן פ"ק . וספרי תרי סימני לא קשיין מסדדי ומיתא ומיתא לסמ' : ה (א) לסם רב . מחמלאים למס בלרי"י: (כ) וישמון . כספרי ספרד

(לד) ודי מהלכין בגוה . נאוה כמו הספילו וחאמר גוה: ה (א) בלשאצר . עבד לחם רב . עשה מחכל ולקבל אלפא . נגד שריס אלף הפך מאפט פמלכים : (כ) בלשצר . בטעם חמרא . ואת היתה עלת היין

מצודת ציון

(לד) בגוה . כמו בגאוה ודוגמתו כי הספילו ותאמר גוה (איוב כ"ב): ה (א) לחם רב . כל פעודה קרויה על שם הלחם : (כ) שגלתה.

מצודת דוד

למלך השמים אשר כל מעשיו אמת ודרם צדין ואשר סולים בגאוה ורוממות יכול סוף להשפיל : ה (א) בלשאצר . סוף סיס בן מויל מרודך בנו של נ"נ ומ"ש בענין נ"ג אבוהי וכן ומאת נרם כי חבי סבא נקרא אב וכן סכן נקרא בן ; עבד. עשה סעודה גדולה לאלף שריו על כי ביום סטום נלמו את מחגה דריום . (כ) במעם . כפלת ספחת שכלוות היין אמ'

Belshazzar believed that Jeremiah's prophecy (29:10): "For so said the Lord: For at the completion of seventy years of Babylon I will remember you, and I will fulfill My good word toward you, to restore you to this place," meant seventy years from the inception of the kingdom of Babylon. He reasoned that since the Jews had not been redeemed as yet, they would no longer be redeemed. He therefore took out the Temple vessels and drank from them.— [*Meg.* 11b]

I, Nebuchadnezzar, praise and exalt and glorify the King of heaven, Whose works are all true and Whose ways are just and Who can humble those who walk with arrogance.

5

1. King Belshazzar made a great feast for his one thousand dignitaries, and he drank as much wine as the thousand. 2. Belshazzar said, with the counsel of the wine, to bring the golden and silver vessels that his father Nebuchadnezzar had taken out of the Temple that was in Jerusalem, that the king,

than the earlier [kings] *was added to me. Our Rabbis said (Shab. 150a) that he rode astride a lion and tied a serpent to its head.—[Rashi]* i.e., He tied the serpent to the lion's head as a rein to direct it.—*[Rashi* ad loc.] He did this to show that he had conquered Judea, which is compared to a lion, and Egypt, which is compared to a sea monster.—*[Anaf Yosef* from *Ramath Shemuel] Maharsha* (ad loc.) ventures to say that Nebuchadnezzar tied the serpent around his own head as a crown. Nebuchadnezzar, who was compared to a lion, his sign of the Zodiac, and who destroyed the first Temple in the month of Av, whose sign of the Zodiac is also a lion, was now joined to Edom, symbolized by the Ancient Serpent, who destroyed the second Temple. Thus the two destructions, initiated by Nebuchadnezzar the lion, and concluded by Edom the serpent, were combined as one.

34. and Whose ways are just— *His ways are just.—[Rashi]*

who walk with arrogance—

Those who walk with arrogance He can humble.—[Rashi]

5

1. **King Belshazzar—***He was his son, and he reigned after Evil-merodach, who reigned instead of Nebuchadnezzar, and (he) too was the son of Nebuchadnezzar.—[Rashi]* According to *Rabbi Tanhum, Mezudath David* and *Rashi* to Jeremiah 27:7, Belshazzar was the son of Evil-Merodach, hence the grandson of Nebuchadnezzar.

made a great feast—Aram. עֲבַד לְחֶם רַב . *We find in Josephon (Book 1, ch. 3) that he waged war by day with Darius the Mede and Cyrus and was victorious in the battle. So in the evening he made a feast, as Isaiah had prophesied about him: (21:5) "Setting the table, setting up the lamp, eating, drinking. 'Arise, princes, etc.'" For in the midst of the feast the enemies returned, waged war on the city and captured it.—* [Rashi] This was the seventieth year of the kingdom of Babylon.

וְרַבְרְבָנוֹהִי שֶׁגְלָתֵהּ וּלְחֵנָתֵהּ: ג בֵּאדַיִן הַיְתִיו מָאנֵי
דַהֲבָא דִּי הַנְפִּקוּ מִן־הֵיכְלָא דִּי־בֵית אֱלָהָא דִּי
בִירוּשְׁלֶם וְאִשְׁתִּיו בְּהוֹן מַלְכָּא וְרַבְרְבָנוֹהִי שֵׁגְלָתֵהּ
וּלְחֵנָתֵהּ: ד אִשְׁתִּיו חַמְרָא וְשַׁבַּחוּ לֵאלָהֵי דַּהֲבָא
וְכַסְפָּא נְחָשָׁא פַרְזְלָא אָעָא וְאַבְנָא: ה בַּהּ־שַׁעֲתָה
נְפַקוּ אֶצְבְּעָן דִּי יַד־אֱנָשׁ וְכָתְבָן לָקֳבֵל נֶבְרַשְׁתָּא
עַל־גִּירָא דִּי־כְתַל הֵיכְלָא דִּי מַלְכָּא וּמַלְכָּא חָזֵה פַּס
יְדָא דִּי כָתְבָה: ו אֱדַיִן מַלְכָּא זִיוֹהִי שְׁנוֹהִי וְרַעְיֹנֹהִי

<table>
<tr><th>רש"י</th><th>רמ"ג   נפקא קרי</th></tr>
</table>

(אַבְנֵי), " *which resemble lime.—*
[*Rashi*]

the palm of the hand—Aram פַּס.
יְדָא —[*Mezudath Zion*] *Ibn Ezra*
renders: part of a hand; i.e., they saw
a hand without a body. *Midrash
Daniel* states that it was the hand of

an angel, as in Ezekiel 1:8. They did
not see the angel but only the hand.
He quotes others who state that the
assembled people saw only the hand,
but the king saw the entire body of
the angel, just as Daniel did. For this
reason, he became very frightened.

his dignitaries, his queen, and his concubines should drink from them. 3. Then the golden vessels that they had taken out of the Temple of the House of God, which was in Jerusalem, were brought, and the king, his dignitaries, his queen, and his concubines drank from them. 4. They drank wine and praised gods of gold, silver, copper, iron, wood, and stone. 5. At that time, the fingers of a human hand emerged and wrote opposite the candelabrum on the plaster of the wall of the king's palace, and the king saw the palm of the hand that was writing. 6. Then the king — his color changed, and his thoughts

as much wine as the thousand—lit. opposite a thousand. *The equivalent of one thousand men* [was the amount] *he was drinking* [in] *wine.*—[*Rashi* from *Meg.* 12b] *Ibn Ezra* and *Midrash Daniel* explain that he drank in the presence of one thousand people at his banquet, unlike other monarchs, who dine in their private chambers. *Rav Saadia Gaon* (Kaffich) concurs, judging the Talmudic interpretation as being hyperbolic. *Rabbi Tanhum* defines אַלְפָּא as an expression of friendship and camaraderie. For the sake of friendship, he drank wine with them.

2. said, with the counsel of the wine—*He said with the counsel of the wine that he had imbibed.*—[*Rashi*] *Rabbi Tanhum* renders: by order of the wine, i.e., under the influence of the wine.

to bring—Aram. לְהַיְתָיָה.—[*Rashi*]

that ... had taken out—Aram. הַנְפֵּק.—[*Rashi*]

his queen—Aram. שֵׁגְלָתֵהּ, an *expression of a queen in Aramaic, like:* (Neh. 2:6): *"and the queen (וְהַשֵּׁגַל) was sitting beside him."*—[*Rashi*] This is the queen with whom

the king habitually cohabits, as (Deut. 28:30): "and another man will lie with her (יִשְׁגָּלֶנָּה)," hence the royal consort.—[*Ibn Ezra, Rav Saadia Gaon*] see verse 10.

and his concubines—This translation follows *Ibn Ezra* and *Rav Saadia Gaon. Mezudath David* renders: and his concubine.

3. were brought—Aram. הַיְתִיו.—[*Rashi*]

that they had taken out—Aram. דִּי הַנְפֵּק.—[*Rashi*]

and his concubines—Thus, he committed two evils: they all drank from the holy vessels, and they praised graven idols.—[*Ibn Ezra*]

5. the fingers ... emerged—*The fingers of a human hand emerged from heaven.*—[*Rashi*]

opposite the candelabrum—*opposite the menorah that was before the table, and a similar word appears (in Tractate Yoma* 37a): *"made a candelabrum* (נִבְרְשָׁת) *of gold."*—[*Rashi*] *Rav Saadia Gaon* states that some define it as a windowpane.

on the plaster—*on the lime that is plastered on the wall, like* (Isa. 27:9): *"like crushed chalkstones* (גִּר

יִתְהֲלוֹנֵהּ וְקַטְרֵי חַרְצֵהּ מִשְׁתָּרַיִן וְאַרְכֻבָּתֵהּ דָּא
לְדָא נָקְשָׁן: ז קָרֵא מַלְכָּא בְּחַיִל לְהֶעָלָה לְאָשְׁפַיָּא
כַּשְׂדָּיֵא וְגָזְרַיָּא עָנֵה מַלְכָּא וְאָמַר לְחַכִּימֵי בָבֶל דִּי
כָל־אֱנָשׁ דִּי־יִקְרֵה כְּתָבָה דְנָה וּפִשְׁרֵהּ יְחַוִּנַּנִי
אַרְגְּוָנָא יִלְבַּשׁ וְהַמְנוּכָא דִי־דַהֲבָא עַל־צַוְּארֵהּ
וְתַלְתִּי בְמַלְכוּתָא יִשְׁלַט: ח אֱדַיִן עָלְלִין כֹּל חַכִּימֵי
מַלְכָּא וְלָא־כָהֲלִין כְּתָבָא לְמִקְרֵא וּפִשְׁרָא לְהוֹדָעָה
לְמַלְכָּא: ט אֱדַיִן מַלְכָּא בֵּלְשַׁאצַּר שַׂגִּיא מִתְבָּהַל
וְזִיוֹהִי שָׁנַיִן עֲלוֹהִי וְרַבְרְבָנוֹהִי מִשְׁתַּבְּשִׁין: י מַלְכְּתָא

רש"י

חרציה משתרין. אזור חלציו נפתח שהיו מתניו מתרוקקן מחמת היראה וחגורו נפתח: וקטרי חרציה משתרין. קשרין: וארכובתה. וברכיו: דא לדא נקשן. מקישות ודופקות: (ז) בחיל. בכח: להעלה: להכניס: כתבה דנה. מכתב זה: ארגונא ילבש. כמשפט הפרתמים: והמניכא. רביד ענק: ותלתי במלכותא ישלם. שליש המלכות ימשול: (ח) עלין. נכנסין: (ט) שגיא מתבהל. הרבה מתפחד: משתבשין. נחפזין: (י) מלכתא לקבל מלי מלכא. המלכה כלפי שמעה

אבן עזרא

חלציו כמעט היו מותרים: נקשן. כדמות משיקות אשה אל חבותה: (ז) והמניכה. רביד הזהב: ותלתי. ובשלישית המלכות ישלט: (ט) משתבשין. כמשמעו כחדם לא ידע מה לעשות: (י) מלכתא. י"א חשת נבוכדנצר:

מצודת דוד

סוכלו ונפתחו מקשירתן והוא ענין גוזמא והפלגה: וארכובתיה. ברכיו היו מקישות ודופקות זה לזה מגודל החלדה וסרחה: (ז) בחיל. בכח ובהרמת קול קרא ואמר להכנים את אשפיא וגו': די כל. אשר כל אדם אשר יקלא זה הכתב ויגד לו הפתרון אזי ילבש מלבוש ארגמן ויושם על צוארו ענק ורביד זהב וימשול בשלים המלכות: (ח) אדין. אז נכנסו כל חכמי המלך ולא יכלו לקרא את הכתב ולהודיע למלך את פתרון. וכאומר אם לקרות לא ידעו איך אם כן פניו כשחנה עליו עוד יותר והשרים היו משובשים ומבולבלים בדעתם מ...

<table>
<tr><td>

magnanimous offer proves that he was aware that the handwriting on the wall was of great importance and that it was very difficult to read. He therefore did not threaten those who failed to interpret it with death for he knew that this was angelic writing.

</td><td>

8. entered—Aram. עָלִּין.—[Rashi]

but they could not read, etc.—Since they could not read it, they surely could not interpret it.—[Mezudath David]

9. became very frightened—Aram. שַׂגִּיא מִתְבָּהַל.—[Rashi] i.e., he

</td></tr>
</table>

frightened him, the belts of his loins became untied, and his knees knocked one against the other. 7. The king cried aloud to bring in the necromancers, the Chaldeans, and the astrologers. The king shouted and said to the wise men of Babylon, "Any man who shall read this writing and tell me its interpretation shall wear purple and [have] a golden chain on his neck and rule over a third of the kingdom." 8. Then all the king's wise men entered, but they could not read the writing or let the king know its interpretation. 9. Then King Belshazzar became very frightened, and his color changed, and his dignitaries were perplexed. 10. The queen,

Alshich writes that Belshazzar saw the hand in the act of writing, whereas everyone else saw only the writing itself. God enabled them to see the writing so that they should not say that the king was having hallucinations because of the large quantity of alcohol he had imbibed.

6. his color changed—*His features changed upon him.*—[*Rashi*]

and his thoughts—Aram. וְרַעְיֹנֹהִי.—[*Rashi*]

and the belts of his loins became untied—*The belts of his loins opened because his loins were emptying out of fear, and his belt opened.*—[*Rashi*]

and the belts of his loins became untied—*were untied.*—[*Rashi*] *Rav Saadia Gaon*, followed by *Mezudath David*, explains that the joints of his loins became loose. This is hyperbolic.

and his knees—Aram. וְאַרְכֻּבָּתֵהּ.—[*Rashi*]

knocked one against the other—*bumped and knocked.*—[*Rashi*] When people are frightened, their

knees knock against each other.—[*Rav Saadia Gaon*]

7. aloud—Aram. בְּחַיִל, lit. *with strength.*—[*Rashi*]

to bring in—Aram. לְהֶעָלָה.—[*Rashi*]

this writing—Aram. כְּתָבָה דְנָה.—[*Rashi*]

shall wear purple—*after the custom of the nobles.*—[*Rashi*] *Rav Saadia Gaon* identifies purple as the royal raiment. *Malbim* explains that only those dignitaries who were close to the king were permitted to wear the royal purple and the golden chain on their necks.

chain—Aram. וְהַמְנִיכָא, *medallion, necklace.*—[*Rashi*]

and rule over a third of the kingdom—Aram. וְתַלְתִּי בְמַלְכוּתָא יִשְׁלַט.—[*Rashi, Ibn Ezra, Isaiah da Trani*] *Rav Saadia Gaon* explains that he would rule as the third highest ruler in the kingdom. *Abarbanel* suggests that in the Babylonian kingdom, there was a council of three rulers, subordinate to the king alone. *Malbim* remarks that Belshazzar's

לָקֳבֵל מִלֵּי מַלְכָּא וְרַבְרְבָנוֹהִי לְבֵית מִשְׁתְּיָא עַלֲלת
עֲנָת מַלְכְּתָא וַאֲמֶרֶת מַלְכָּא לְעָלְמִין חֱיִי אַל־
יְבַהֲלוּךְ רַעְיוֹנָךְ וְזִיוָיךְ אַל־יִשְׁתַּנּוֹ׃ יא אִיתַי גְּבַר
בְּמַלְכוּתָךְ דִּי רוּחַ אֱלָהִין קַדִּישִׁין בֵּהּ וּבְיוֹמֵי אֲבוּךְ
נַהִירוּ וְשָׂכְלְתָנוּ וְחָכְמָה כְּחָכְמַת־אֱלָהִין הִשְׁתְּכַחַת
בֵּהּ וּמַלְכָּא נְבֻכַדְנֶצַּר אֲבוּךְ רַב חַרְטֻמִּין אָשְׁפִין
כַּשְׂדָּאִין גָּזְרִין הֲקִימֵהּ אֲבוּךְ מַלְכָּא׃ יב כָּל־קֳבֵל
דִּי רוּחַ ׀ יַתִּירָה וּמַנְדַּע וְשָׂכְלְתָנוּ מְפַשַּׁר חֶלְמִין
וַאֲחַוָיַת אֲחִידָן וּמְשָׁרֵא קִטְרִין הִשְׁתְּכַחַת בֵּהּ
בְּדָנִיֵּאל דִּי־מַלְכָּא שָׂם־שְׁמֵהּ בֵּלְטְשַׁאצַּר כְּעַן

ת"א רוח יתירא. פסיקיס קינ: יתיר ל' יתיר י' כ' דגושה בתר יהו"א: דניאל

רש"י

את דברי המלך ושריו לבית המשתה באה: (יא) איתי
גבר. יש אדם במלכותך אשר רוח קדושים כו: כחכמת
אלהין. מלאכים: הקימה. מנהו שר על כולם: (יב) כל
קבל וגו'. כלפי אשר רוח יתירה ודעת השכל יש בו והגדת

אבן עזרא

(יא) נהירו. כמו ונהורא: (יב) ואחוית אחידן. מגיד

מצודת דוד

ושריו נכנסה לבית המשתה והכרימס קולה ואמרה המלך לעולם יחיה
אל יבהל אותך מחשבתך וזוהר פניך אל ישתנה: (יא) איתי. יש
איש במדינת מלכותך אשר רוח אלהים קדושים בו ובימי אביך נמלא בו האורה ושכל וחכמה כחכמת אלהי: רב. שר על החרטמים
וגו' הקמידו: (יב) כל קבל. בעבור אשר רוח יתירה ומרובה ובימי אביך נמלא בו דניאל אשר המלך קרא שמו בלטשאצר וכאומרת אם לא היה כל הדברים האלה לא היה מסכים

רס"ג

חשרים ונכנסת לבית המשתה ואמרה לו: (יא) איתי גבר.
יש אדם במלכותך התחילה לספר בשבחו של דניאל: (יב) רוח
יתירה. נבואה יתירה: ואחוית אחידן. והגדת דברי חידות
ריש פותר אחידן ל' מסגר דברים נעלמים וסגורים ואת הדלת
סגרו מתרגמינן וית דשא אחדו: ומשרא קטרין. מתיר דברים

מנחת שי

כתיב בס"א קרי וכן הוא למפרנכאי: (י) לקבל. בקמן מסף: עללת.
סלת קרי: וזיויך. וזיוך קרי: (יא) וחכמה כחכמת אלהין. מד מן
תרין כתר יהו"א בלא מבטל כדאיתא הכא במסורת לפי שתיה כדד על הלשון המבסלים יתקן לחת טטס למה נטה מן המנהג: הקימה. בדפוסים ישנים ובספרים כ"י מדוייקים הה"א כשוא ופתח: (יב) כל קבל.
די רום יתירה: ואחוית כ"י בס"א. כרוב ספרים ספלים כ"י בס"א.
חד מן ב' כתיב ה"א כמ"ש לעיל סימן ב':

מצודת ציון

(יא) נהירו. האלה כמו ואל תוסף עליו נהרה (איוב ג'):

---

notification of an undefined evil, for there was indeed a man at court who could interpret the vision and the handwriting. Hence, there was still hope of discovering its meaning, through the spirit of God that was within this man. Therefore, there was still hope that the impending evil could be averted. The queen assured Belshazzar that this man was well known at court since his father, Nebuchadnezzar, appointed him over all the necromancers and the astrologers, and a son should know

in response to the words of the king and his dignitaries, entered the banquet hall; the queen raised her voice and said, "May the king live forever! Let your thoughts not frighten you, and let your color not change. 11. There is a man in your kingdom in whom is the spirit of holy angels, and in your father's time enlightenment, understanding, and wisdom like the wisdom of the angels was found in him, and King Nebuchadnezzar, your father, appointed him prince of the necromancers, the astrologers, the Chaldeans, and the demonologists; [so did] your father the king. 12. All because a superior spirit, knowledge, and understanding to interpret dreams, tell riddles, and untie knots was found in him, in Daniel, whom the king named Belteshazzar; now

was more frightened than he had been previously.—[*Malbim*]

were perplexed—*They were confused.*—[*Rashi*] They panicked.—[*Malbim*] *Malbim* proceeds to explain why Belshazzar became frightened and his dignitaries became perplexed. The reasons are: 1) He had no hope of finding the meaning of the matter. 2) The fact that the wise men could not interpret the vision indicated that the matter did not originate from the lower gods or from the demons, but from the Most High God. 3) A notification emanating from heaven warns its recipient of foreboding evil so that he can avoid it by repenting or by performing certain deeds. However, a notification of evil that cannot be interpreted only frightens its recipient and heralds evil that cannot be cured or avoided.

10. **The queen, in response to the words of the king**—*The queen, because she heard the words of the king and his princes, came to the banquet hall.*—[*Rashi*] Some say that this was the queen mother, the wife of Nebuchadnezzar or the wife of Evil-merodach, if Belshazzar was Evil-merodach's son. Others say that only the king's wives were in the banquet hall, but the one wife designated as the queen remained in her palace, entering the banquet hall only because she heard the commotion.—[*Abarbanel, Malbim*]

11. **There is a man**—*There is a man in your kingdom in whom is the spirit of the holy ones.*—[*Rashi*] She commenced to recite the praises of Daniel.—[*Rav Saadia Gaon*]

like the wisdom of the angels—Aram. כְּחָכְמַת אֱלָהִין, *angels.*—[*Rashi*]

appointed him—*He appointed him prince over them all.*—[*Rashi*] *Malbim* explains that the queen wished to allay Belshazzar's fears by telling him that this was not a

דָּנִיֵּאל יִתְקְרֵי וּפִשְׁרָה יְהַחֲוֵה: יג בֵּאדַיִן דָּנִיֵּאל הֻעַל
קֳדָם מַלְכָּא עָנֵה מַלְכָּא וְאָמַר לְדָנִיֵּאל אַנְתָּה־
הוּא דָנִיֵּאל דִּי־מִן־בְּנֵי גָלוּתָא דִּי יְהוּד דִּי הַיְתִי
מַלְכָּא אַבִי מִן־יְהוּד: יד וְשִׁמְעֵת עֲלָיִךְ דִּי רוּחַ אֱלָהִין
בָּךְ וְנַהִירוּ וְשָׂכְלְתָנוּ וְחָכְמָה יַתִּירָה הִשְׁתְּכַחַת בָּךְ:
טו וּכְעַן הֻעַלּוּ קָדָמַי חַכִּימַיָּא אָשְׁפַיָּא דִּי־כְתָבָה
דְנָה יִקְרוֹן וּפִשְׁרֵהּ לְהוֹדָעֻתַנִי וְלָא־כָהֲלִין פְּשַׁר־
מִלְּתָא לְהַחֲוָיָה: טז וַאֲנָה שִׁמְעֵת עֲלָיִךְ דִּי־תִכּוּל
פִּשְׁרִין לְמִפְשַׁר וְקִטְרִין לְמִשְׁרֵא כְּעַן הֵן תִּכּוּל
כְּתָבָא לְמִקְרֵא וּפִשְׁרֵהּ לְהוֹדָעֻתַנִי אַרְגְּוָנָא
תִלְבַּשׁ וְהַמְוֹנְכָא דִי־דַהֲבָא עַל־צַוְּארָךְ וְתַלְתָּא

ת"א וֹהמניכא שבת ח' :   יתיר ה' מלעיל יתיר י' יתיר י' תכול קרי תכול קרי והמניכא ק"י   במלכותא
רם"ג

רש"י
מידות : ומשרא קטרין . גלוי כל סתר נמצא בו
בדניאל : (מז) הכול . אם תוכל:

מנחת שי
(יג) קדם . כמטף קמץ : אנתה . יתיר ס"א : אבי . לית ומלעיל :
(יד) עליך . עלך קרי : די רוח אלהין בך . כשלשה דפוסים ישנים
לתיב אלהין קדישין בך ואולם כדפוסים חדשים וכספרים כ"י
כתוב אלהין קדישין בך . וכי לא היה מכיר
קשורים וסתומין : (יג) אנת הוא דניאל . וכי לא היה מכיר
אלא אמר לו יש בך כח לפרש המכתב הזה ולקרותו : מן יהוד .
מארץ יהודה : (יד) השתכחת בך . נמצאת בך : (טו) ולא כהלין .
(טו) קדמי . סקו"ף בקמן
(טז) עלך . עליך . די תכול : חכול קרי : הן תוכל .
תכול קרי : וכמונכא . והמניכא קרי :

מצודת דוד
אם על רעה חדע לסזהר : (יג) באדין . אז הוכנס דניאל לפני המלך :
אנת . אתה הוא דניאל אשר מן בני גולה של יהודה אשר סביא
המלך אבי מן יהודה : (יד) ושמעת . שמעתי עליך אשר רוח אלהים
בך והארה והשכל וחכמה יתירה ומרובה נמצא בך : (טו) וכען.ועתה
הוכנסו לפני החכמים האשפים אשר יקראו הכתב הזה ולהודיע לי
הפתרון ולא יכלו להגיד פתרון הדבר ואף שגס קרוא מקרא לא
יוכלו הנה כמה לו לכסות קלון חכמת עמו מה דאפשר: (טז) ואנה.
ואני שמעתי עליך אשר חוכל לפתור פתרון דבר ולהתיר דברים
קשורים וסתומים : כען . עתה אם תוכל לקרוא את הכתב כאשר
קראו חכמי עמי ועוד תוסיף עליהם להודיע לי אף הפתרון אזי

whereas those exiled with Zedekiah were the lower classes and were despised by the Chaldeans. Also, Jeconiah was exiled by Nebuchadnezzar himself, whereas Zedekiah was exiled by Nebuzaradan. Consequently, we find Belshazzar alluding to these two exiles, by referring to Daniel as "whom my father brought from Judea," meaning that he was exiled by Nebuchadnezzar with Jeconiah, not with Zedekiah, who was exiled by Nebuzaradan. Hence, Daniel was a man of esteem, especially since he was one of the youths chosen by Nebuchadnezzar to stand in his court.

14. And I heard about you— Moreover, I heard about you person-

let Daniel be summoned and he will tell the interpretation."
13. Then Daniel was brought in before the king. The king raised his voice and said to Daniel, "You are Daniel, who is of the exiles of Judea, whom my father brought from Judea. 14. And I heard about you that the spirit of the angels is in you, and enlightenment, understanding, and superior wisdom is found in you. 15. And now the wise men, the astrologers, have been brought in before me, that they may read this writing and let me know its interpretation, but they cannot interpret the matter to tell [it]. 16. And I have heard about you that you can interpret interpretations and untie knots. Now if you can read the writing and let me know its interpretation, you shall wear purple and [have] a golden chain on your neck, and [over] a third of

what transpired in his father's house.

12. All because, etc.—*because a superior spirit, knowledge, and understanding are within him, and the talent to tell riddles.*—[*Rashi*]

and untie knots—*The revelation of all secrets is found in Daniel.*—[*Rashi*] The reason he was appointed the head of the necromancers and astrologers was that the spirit was found in him by which he could interpret dreams and mysteries. Consequently, he was known to all to be the greatest of the wise men. The queen told Belshazzar that the notification did not come from God mysteriously, for God knows that you will consult Daniel, and he will tell you.—[*Malbim*]

now let Daniel be summoned—The mention of the name Daniel appears superfluous. *Malbim* explains that since Belshazzar was crowned king, it was improper to call Daniel Belteshazzar because of its

similarity to the name of the king. Therefore, the queen suggested to call him Daniel and not Belteshazzar. This would not affect his wisdom, and he will still interpret the writing. *Lehem Setharim* explains that Daniel strove to avoid being called Belteshazzar because of its idolatrous connotation. He therefore went into hiding. The queen suggested to call him Daniel, not Belteshazzar, to induce him to come out of hiding and tell the interpretation of the writing. It is noteworthy that from here on Daniel is no longer given the appellation Belteshazzar.

13. You are Daniel, who is of the exiles, etc.—The king spoke to Daniel arrogantly, and Daniel rebuked him for it in verse 22.—[*Midrash Daniel*] *Malbim* interprets this verse in a somewhat opposite manner. As is known (Jer. 24), those exiled with Jeconiah were the esteemed inhabitants of Judea,

בְּמַלְכוּתָא תִּשְׁלַט: יי בֵּאדַיִן עֲנֵה דָנִיֵּאל וְאָמַר קֳדָם מַלְכָּא מַתְּנָתָךְ לָךְ לֶהֶוְיָן וּנְבָזְבְּיָתָךְ לְאָחֳרָן הַב בְּרַם כְּתָבָא אֶקְרֵא לְמַלְכָּא וּפִשְׁרָא אֲהוֹדְעִנֵּהּ: יח אַנְתְּ מַלְכָּא אֱלָהָא עִלָּיָא מַלְכוּתָא וּרְבוּתָא וִיקָרָא וְהַדְרָה יְהַב לִנְבֻכַדְנֶצַּר אֲבוּךְ: יט וּמִן רְבוּתָא דִּי יְהַב לֵהּ כֹּל עַמְמַיָּא אֻמַיָּא וְלִשָּׁנַיָּא הֲווֹ זָאֲעִין וְדָחֲלִין מִן קֳדָמוֹהִי דִּי הֲוָה צָבֵא הֲוָה קָטֵל וְדִי הֲוָה צָבֵא הֲוָה מַחֵא וְדִי הֲוָה צָבֵא הֲוָה מָרִים וְדִי הֲוָה צָבֵא הֲוָא מַשְׁפִּל: כ וּכְדִי רִם לִבְבֵהּ וְרוּחֵהּ תִּקְפַת לַהֲזָדָה הָנְחַת מִן כָּרְסֵא מַלְכוּתֵהּ וִיקָרָה

רס"ג

כתבא למקרי . לא יכלו המכתב לקרות ולפתור: (יז) ונבזביתך. כמו ונבזבא כדתנן חתם שבזבו כל נכסיו . ל' הוצאה . דבר אחר ונבזביתך דורון שלך: (יח) אנת מלכא. כך אמר לו אתה המלך בלשאצר תדע כי אל עליון מלוכה וכבוד והדר נתן לנבוכדנצר אביך : (יט) די הוה צבא הוה קטל. שקונס עליו מיתה : מחא . מחית שמטבטל מנו דין : (כ) וכדי רם לבבה . ורוחה שמטבטל מנו דין מיתה:

רש"י

(יז) ונבזביתך. דורגותיך: לאחרן הב. לאחר תן: (יח) די הוה צבא. למי שהיה חפץ : הוה מחא. מחייה: (כ) וכדי רום לבביה. וכאשר רס לבבו: להזדה: הנחת. להרשיע.

אבן עזרא

חידות ומתיר קשורים: (יח) אנת. הטעם שמע אתה המלך: (יט) זייעין. כמו ולא זע ממנו : (כ) להזדה . דרך זדון:

מנחת שי

(יז) קדם מלכא. במקף קמן: ונבזביתך. מטף מן מ' מלין בטעם מאריך וטבחא וסבי"ה בקמן בם"ם: לאחרן הב . המסורת עליו לית פתח בטעמם: (יח) מלכא. מנח קרי : עלאה. מלאה קרי: לנבכדנצר . מסר וא"ו : (יט) זאעין . זיעין קרי : מן קדמוהי. במטף קמן : די הוא צבא.

מצודת ציון

(יז) ונבזביתך. מתנות כמו מתנן ונבזבה (לעיל ב): (יט) זייעין.

מצודת דוד

(יז) ונבזביתך. עתיני דורון גדול כמו מתנן ונבזבה (לעיל ב'): (יט) זייעין, כמו ולא זע ממנו : (כ) להזדה . דרך זדון:

---

serve him and his son and his son's son." Daniel therefore says, "You are the king because the Most High God gave your father kingdom, greatness, honor, and glory." *Kingdom* refers to his initial ascent to the throne. Then God gave him greatness to be able to conquer the kingdom of Assyria, and then He gave him honor and glory.—[Malbim]

your father—According to some, this means grandfather. (Cf. verse 1.)—[*Abarbanel*]

19. And through the greatness—since he ruled the world and his kingdom expanded, all people feared him.—[*Malbim*]

whomever he wished—Aram. דִּי הֲוָה צָבֵא.—[*Rashi*]

he would let live—Aram. הֲוָה

the kingdom you shall rule." 17. Then Daniel raised his voice and said before the king, "Keep your gifts for yourself, and give your lavish gifts to someone else, but I shall read the writing for the king, and I shall let him know the interpretation. 18. You are the king [because] the Most High God gave your father, Nebuchadnezzar, kingdom, greatness, honor, and glory. 19. And through the greatness that He gave him, all peoples, nations, and tongues were quaking, and they feared him; whomever he wished he would slay, and whomever he wished he would let live; whomever he wished he would exalt, and whomever he wished he would humble. 20. And when his heart became haughty and his spirit was toughened so that he dealt wickedly, he was deposed from his royal throne, and the honor

ally, that the spirit of angels is within you, and "the crown of a good name surpasses them."—[*Malbim*]

15. **And now, etc.**—After praising Daniel to high heaven, Belshazzar now tells him his request.—[*Malbim*]

16. **Now if you can**—Aram. כְּעַן הֵן תּוּכַל.—[*Rashi*]

and [over] a third of the kingdom you shall rule—See Commentary Digest to verse 7.

17. **and give your lavish gifts—** *your gifts.*—[*Rashi*] Even if you wish to lavish gifts upon someone, give them to someone else; i.e., even if you give them to the wise men of your people for merely reading the script, I shall not envy them.—[*Mezudath David*]

give to someone else— *give to another.*—[*Rashi*] *Malbim* explains: To the offer of wearing purple and a golden chain on his neck, and ruling over a third of the kingdom, Daniel

replied, "Keep your gifts for yourself," i.e., rule over your entire kingdom by yourself, and if you wish to lavish gifts upon anyone, give them to others, because I deserve no reward. I shall read the writing and even tell you its interpretation without reward. Reading the script is very easy for one who knows the script, and the interpretation is self-explanatory. No gifts or honor are deserved for a minor thing like that, especially since I am obliged to tell the king without reward whatever affects him.

18. **You are the king**—In order for the interpretation to be understood, Daniel prefaced it with the following explanation, telling the king that he became king through his father, because God granted the kingdom to Nebuchadnezzar , and thereby his son and grandson achieved the throne, as is written (Jer. 27:7): "And all nations shall

הֶעְדִּיו מִנֵּהּ: כא וּמִן בְּנֵי אֲנָשָׁא טְרִיד וְלִבְבֵהּ וְעִם־
חֵיוְתָא שַׁוִּי וְעִם־עֲרָדַיָּא מְדוֹרֵהּ עִשְׂבָּא כְתוֹרִין
יְטַעֲמוּנֵהּ וּמִטַּל שְׁמַיָּא גִּשְׁמֵהּ יִצְטַבַּע עַד דִּי־יְדַע
דִּי־שַׁלִּיט אֱלָהָא עִלָּיָא בְּמַלְכוּת אֲנָשָׁא וּלְמַן־דִּי
יִצְבֵּא יְהָקֵים עֲלַיַּהּ: כב וְאַנְתְּ בְּרֵהּ בֵּלְשַׁאצַּר לָא
הַשְׁפֵּלְתְּ לִבְבָךְ כָּל־קֳבֵל דִּי כָל־דְּנָה יְדַעְתָּ: כג וְעַל
מָרֵא־שְׁמַיָּא הִתְרוֹמַמְתָּ וּלְמָאנַיָּא דִי־בַיְתֵהּ הַיְתִיו
קָדָמָךְ וְאַנְתְּ וְרַבְרְבָנָךְ שֵׁגְלָתָךְ וּלְחֵנָתָךְ חַמְרָא

ת"א מגיה שמיה . ר"ם ד' מגלה יא . שויו קרי עלאה קרי יתיר י' יתיר ה' יתיר י' יתיר י' שתין רמ"ג

רש"י

הוריד : הֶעְדִּיו מִינֵּהּ . הסיר ממנו : (כא) טְרִיד . נגרש:
(כב) כל קבל די כל דנה ידעת . כל עומת אשר כל זה
ידעת שאירע לאביך והיה לך להיות ירא מלפני הקב"ה:

מנחת שי

חמורים שבמדבר כמו מוסרות ערוד מי פתח ותגן כדי שיכיר
בין חמור לערוד : מְדוֹרֵהּ . מדור וישוב שלו : גִּשְׁמֵהּ יִצְטַבַּע .
גופו יתכבם שיהיה הולך ערום ויחף: וּלְמַן דִּי יִצְבֵּא . ולמי

שי

(כב) וּמִן בְּנֵי אֲנָשָׁא

חֵיוְתָא וקרים . טְלִיא . טְלָאה קרי : טְלִיס . טְלַס קרי :
(כב) וּמִן בְּנֵי . וּבַן קרי : כָּל קֳבַל . במטף קמן :
(כג) קָדָמָךְ . יסיר יו"ד : וּמִן בְּנֵי ס"א : וְרַבְרְבָנָךְ . יסיר

במדוייקים ס"א לסוף מיבה : ויקרא . לית כתיב ה"א : (כא) בני
אנשא . סאל"ף במטף פתח בכל כתובי יד ודפוסים ישנים :
שוי . שויו קרי ודין חד מן י"א מלין מסר וא"ו בסוף

מצודת ציון

עֲרָדַיָּא . ענין מרדס ורתם כמו וסיס רק זוטם (ישעיה כ"מ): (כא) עֲרָדַיָּא .

מצודת דוד

(כא) וּמִן בְּנֵי אֲנָשָׁא . מן בני אדם נתגרש וטומט לבבו עם סמיות
להיות דומה להם ועם ספרדאים היס מושבו וכבקריס סאכילו עשב
סעדם ומטל השמים נתכבם גופו כי ישב מבלי ממחם : עַד דִּי .
עד אשר ידע והשכיל אשר אלהי עליון מושל במלכות אנשים ולמי
אשר יחפון יעמיד על המלוכה : (כב) וְאַנְתְּ . ואתה בנו בלשאצר לא הכנעת לבך כטבול אשר ידעת כל זאת : (כג) וְעַל מָרֵא . ועל

He was punished only because of his arrogance and his failure to recognize God's hand in his greatness. Just as God gave him that greatness, He took it away from him. Daniel told Belshazzar that since he knew of all the wonders that happened to Nebuchadnezzar, his father [or grandfather], and did not humble his heart, he deserved to be punished. *Alshich* suggests further that Daniel told Belshazzar that his father was great due to God, and not to the fact that he was beloved by the nations, who accepted his sovereignty. The proof is that he arbitrarily slew whomever he wished and humbled whomever he wished without granting them a fair trial. Hence, his greatness was surely not given to him by his subjects. Therefore, Belshazzar should have realized that his throne was a continuation of Nebuchadnezzar's, and because of Belshazzar's failure to recognize God's hand and because of his arrogance, he too will be punished.

23. **But over the Lord of heaven you exalted yourself**—Not only did you not humble yourself before Him, but you exalted yourself over Him, as if you had defeated Him. Moreover,

was removed from him. 21. And he was banished from mankind, and his heart was just like that of the beasts, and his dwelling was with the wild asses. They fed him grass like the cattle, and his body was drenched with the dew of the heavens, until he realized that the Most High God rules over the kingdom of man, and whomever He wishes He sets up on it. 22. But you, his son, Belshazzar, you did not humble your heart in view of the fact that you know all this. 23. But over the Lord of heaven you exalted yourself, and the vessels of His House they brought before you, and you, your dignitaries, your queen, and your concubines drank wine

מְחָא.—[*Rashi, Midrash Daniel, Rav Saadia Gaon, Saadia (Kaffich)*] *Mezudath David* renders: he would strike; i.e., he would reprieve from the death sentence.—[*Rav Saadia Gaon*] i.e., Nebuchadnezzar ruled as an absolute monarch, whose word was final.—[*Malbim*]

20. **And when his heart became haughty**—Aram. וּכְדִי רָם לִבְבֵהּ.—[*Rashi*]

so that he dealt wickedly—Aram. לַהֲזָדָה.—[*Rashi*]

he was deposed—Aram. הָנְחַת, lit. *he took him down.*—[*Rashi*] *Rav Saadia Gaon* and *Mezudath David* appear to render the word as the passive: he was deposed or taken down.

was removed from him—Aram. הֶעְדִּיו. *He removed from him.*—[*Rashi*] Here too *Rav Saadia Gaon* and *Mezudath David* interpret it as the passive. Although it was God Who had exalted him over all the nations, he became haughty and arrogant so that God removed him from his throne, stripped him of his

honor and glory, and made him like a wild beast, until he recognized that the Most High God rules over the kingdom of man.—[*Malbim*]

21. **was banished**—Aram. טְרִיד, *was driven away.*—[*Rashi*]

22. **in view of the fact that you know all this**—*in view of the fact that you know all this that befell your father, and you should have feared the Holy One, blessed be He.*—[*Rashi*] Alshich explains that Nebuchadnezzar was not punished for the wholesale murder he committed in his destruction of the land of Israel and other lands because God had made him his agent to destroy the land and the Temple, and, as the Rabbis say (*B.K.* 60a): Once permission is granted the destroyer, he no longer distinguishes between the righteous and the wicked; on the contrary, he commences with the righteous. For this purpose, God granted him greatness, as the Rabbis say (*Gittin* 56b): "Whoever oppresses Israel becomes a leader."

שָׁתַיִן בְּהוֹן וְלֵאלָהֵי כַסְפָּא וְדַהֲבָא נְחָשָׁא פַרְזְלָא אָעָא וְאַבְנָא דִּי לָא־חָזַיִן וְלָא־שָׁמְעִין וְלָא יָדְעִין שַׁבַּחְתָּ וְלֵאלָהָא דִּי־נִשְׁמְתָךְ בִּידֵהּ וְכָל־אֹרְחָתָךְ לֵהּ לָא הַדַּרְתָּ: כד בֵּאדַיִן מִן־קֳדָמוֹהִי שְׁלִיחַ פַּסָּא דִי־יְדָא וּכְתָבָא דְנָה רְשִׁים: כה וּדְנָה כְתָבָא דִי רְשִׁים מְנֵא מְנֵא תְּקֵל וּפַרְסִין: כו דְּנָה פְּשַׁר־מִלְּתָא מְנֵא מְנָה־אֱלָהָא מַלְכוּתָךְ וְהַשְׁלְמַהּ: כז תְּקֵל

ת"א מנא מנא, סנהדרין כב.

תקלתא

רש"י

(כד) שליח פסא די ידא. נשלח כף יד : וכתבא דנה רשים. וזה המכתב אשר מקק׳ : (כו) סנא מנה אלהא. כלומר מנא זהו פירושו מנה אלהא מלכותך : והשלמה. חשב קין שנפסק מלכות של אביך וזרעו ומלא שככר הושלמ׳ : (כז) הקל תקילתא במאזניא . תקל זהו פירושו נשקלת

אבן עזרא

(כג) וטעם וכל ארחתך ליה שאתה בידו והוא מוליכך למקו׳ חפצו כמו רסן הסום ביד הרוכב.ויפת אמר ובאחריתך רשים. רסס וכמוהו רשום בכתב: מנא. כל דנר

מצודת דוד

(כה) רשים. ענין כתיבה וכן את הרשום בכתב (לקמן י')

---

could not make sense of it. Rabbi Yohanan says that the words were in transposed sequence, as follows:

אנם אנם לקת ניסרפ

Rav Ashi says that the first and second letters of each word were transposed, as follows:

נמא נמא קתל פורסין

26. MENE—God has counted— *i.e., MENE means that God has*

counted your kingdom.—[Rashi] The repetition denotes that it was counted precisely.—[Mezudath David]

and has brought it to an end— *He calculated the end of the allotted time for the kingdom of your father and his seed and found that it has already been completed.—[Rashi]*

27. TEKEIL—You were weighed on the scales—*TEKEIL*

in them, and you praised gods of silver and gold, copper, iron, wood and stone, which neither see nor hear nor know, but the God in Whose hand is your soul and all your ways—He you did not glorify. 24. Then from before Him the palm of a hand was sent forth, and it inscribed this writing. 25. And this is the writing that it inscribed: MENE MENE TEKEIL UFARSIN. 26. This is the interpretation of the matter: MENE—God has counted your kingdom and has brought it to an end. 27. TEKEIL—

you defiled the vessels of His Temple.—[*Malbim*] *Alshich*, too, points out that Belshazzar was not punished for the act of drinking from the Temple vessels, because they had already been defiled and were no longer holy. He was punished for his evil intentions, viz. to demonstrate that he had no fear of God and that his pagan deities were superior to the Jewish God.

24. the palm of a hand was sent forth—Aram. שְׁלִיחַ פַּסָא דִי יְדָא.— [*Rashi*] *Rav Saadia Gaon* identifies this as the palm and the fingers.

and it inscribed this writing—*and this is the writing that it inscribed.*—[*Rashi*]

25. And this is the writing—This is the reading of the writing: MENE MENE etc.—[*Mezudath David*] The Rabbis of the Talmud (*Sanh.* 22a) give several reasons for Belshazzar's wise men's inability to read the writing. According to Rabbi Jose, this was a new script, heretofore unknown. Previously, the ancient Hebrew script was used for both religious and secular use. At this time, the script was changed and the new script was used by Ezra in the writing of the Sefer Torah, an innovation mandated by God. This is called כְּתָב אַשּׁוּרִי, *Assyrian script*, because it was brought from Assyria. The ancient Hebrew script can still be found on coins from the era of the Second Commonwealth. Others maintain that the script of the Sefer Torah was never changed, but כְּתָב אַשּׁוּרִי was always used, or that it was originally used, taken away when the Israelites sinned, and later restored to them. In either case, it is called אַשּׁוּרִי because it is the straightest script (מְאֻשָּׁר). Accordingly, the Chaldeans could not read it, not because they were unfamiliar with the script, but because it was written in an unconventional manner. Rav says that it was written in the cipher of א"ת ב"ש, substituting alef for tav, beth for shin, etc. and vice-versa. Consequently, the words on the wall were יטת יטת אידך פוגחמט. Shmuel says that the words were written vertically, as below:

ממתוס

ננקפי

אאלרן

The Chaldeans, believing that they should be read horizontally,

תְּקִילְתָּא בְמֹאזַנְיָא וְהִשְׁתְּכַחַתְּ חַסִּיר: כח פְּרֵס
פְּרִיסַת מַלְכוּתָךְ וִיהִיבַת לְמָדַי וּפָרָס: כט בֵּאדַיִן ׀
אֲמַר בֵּלְשַׁאצַּר וְהַלְבִּשׁוּ לְדָנִיֵּאל אַרְגְּוָנָא וְהַמְונְכָא
דִי־דַהֲבָא עַל־צַוְּארֵהּ וְהַכְרִזוּ עֲלוֹהִי דִי־לֶהֱוֵא שַׁלִּיט
תַּלְתָּא בְּמַלְכוּתָא: ל בַּהּ בְּלֵילְיָא קְטִיל בֵּלְשַׁאצַּר
מַלְכָּא כַשְׂדָּיָא: ו א וְדָרְיָוֶשׁ מָדָיָא קַבֵּל מַלְכוּתָא
כְּבַר

According to his own orders, they crushed his skull with the flower of the menorah, and he died.

6

1. And Darius the Mede received the kingdom at the age of sixty-two—*Why does he count his years? To tell you that on the day that Nebuchadnezzar entered the Heichal in the days of Jehoiachin, his adversary, Darius, was born (Seder*

You were weighed on the scales and found wanting. 28. UFARSIN—Your kingdom has been broken up and given to Media and Persia." 29. Then Belshazzar ordered, and they attired Daniel with purple and the golden chain on his neck, and they announced about him that he should rule over a third of the kingdom. 30. On that very night, Belshazzar, the Chaldean king, was assassinated.

6

1. And Darius the Mede received the kingdom

means that you were weighed on the scales and found wanting of all righteousness.—[*Rashi*] You have no merit to outweigh the wickedness and to lengthen the time.—[*Mezudath David*]

28. **Your kingdom has been broken up, etc.**—*i.e., UFARSIN— means two definitions of PEREIS; one is that your kingdom* פְּרִיסַת, *your kingdom has been broken up, and the second one is that it has been given to Media and Persia* (וּפָרַס).—[*Rashi*]

29. **And they attired Daniel, etc.**—When Belshazzar heard of his impending doom, he attempted to flatter Daniel, so that perhaps he would pray for him and nullify the decree, but Daniel told him that he had erred in his calculations, as will be explained below.—[*Rav Saadia Gaon*]

30. **On that very night, Belshazzar, the Chaldean king, was assassinated**—According to *Josiphon*, book 1, ch. 3, when Daniel interpreted the writing on the wall,

all Belshazzar's courtiers became frightened and fled, leaving him alone with his eunuchs and the members of his household. One of the eunuchs pondered over the entire episode, and convinced from past experience that Daniel's predictions always came true, decided that this one would too. Therefore, when Belshazzar retired for the night, he decapitated him and carried his head to the Persian camp in order to find favor in the eyes of attacking armies. According to *Song Rabbah* 3:3, when Belshazzar heard Daniel's interpretation of the writing, he issued a decree that whoever would appear and seek entry into the palace, even if he should say, "I am the king," should be decapitated. Belshazzar was stricken with stomach cramps and had to use the privy, which was outside the palace. He left the palace unnoticed, but upon his return, he was noticed by Cyrus and Darius, his sentries. When they demanded that he identify himself, he said, "I am the king."

כְּבַר שְׁנִין שִׁתִּין וְתַרְתֵּין: ב שְׁפַר קֳדָם דָּרְיָוֶשׁ וַהֲקִים עַל־מַלְכוּתָא לַאֲחַשְׁדַּרְפְּנַיָּא מְאָה וְעֶשְׂרִין דִּי לֶהֱוֹן בְּכָל־מַלְכוּתָא: ג וְעֵלָּא מִנְּהוֹן סָרְכִין תְּלָתָה דִּי דָנִיֵּאל חַד מִנְּהוֹן דִּי־לֶהֱוֹן אֲחַשְׁדַּרְפְּנַיָּא אִלֵּין יָהֲבִין לְהוֹן טַעְמָא וּמַלְכָּא לָא־לֶהֱוֵא נָזִק: ד אֱדַיִן דָּנִיֵּאל דְּנָה הֲוָה מִתְנַצַּח עַל־סָרְכַיָּא וַאֲחַשְׁדַּרְפְּנַיָּא כָּל־קֳבֵל דִּי־רוּחַ יַתִּירָא בֵּהּ וּמַלְכָּא עֲשִׁית לַהֲקָמוּתֵהּ עַל־כָּל־מַלְכוּתָא: ה אֱדַיִן סָרְכַיָּא וַאֲחַשְׁדַּרְפְּנַיָּא הֲווֹ

רש"י

(ג) וְעֵלָּא מִנְּהוֹן. מגילה ב' שֶׁעַבְדוּ לְבֵלְשַׁצַּר הֲרֵי ס"ב: וּלְמַעְלָה מֵהֶן: דִּי לְהוֹן אֲחַשְׁדַּרְפְּנַיָּא. שִׂיתְּנוּ הָאֲחַשְׁדַּרְפְּנַיָּא הַלָּלוּ עֲלֵיהֶם לִשְׁלֹשָׁה הָאַפַּרְכִיס: וּמַלְכָּא לָא לֶהֱוֵא נָזִק: וְהַמֶּלֶךְ לֹא יְהֵא נִפְסָד בְּשׁוּם דְּבַר מַלְכוּ' הַמּוּטָל עָלָיו' לַעֲשׂוֹ': (ד) דָּנִיֵּאל דְּנָה. דָּנִיֵּאל זֶה: מִתְנַצַּח. מִתְגַּבֵּר: וּמַלְכָּא עֲשִׁית. הַמֶּלֶךְ הָיָה חוֹשֵׁב בְּלִבּוֹ לַהֲקִימוֹ עַל כֻּלָּם:

אבן עזרא

מֶלֶךְ עַל הַכַּשְׂדִּים כַּאֲשֶׁר נִתְפְּשָׂה בָּבֶל וְנִפְסְקָה מַלְכוּת כַּשְׂדִּים בְּטֶרֶם מוֹת בֵּלְשַׁצַּר וְאֵין צָרִיךְ לְהַאֲרִיךְ כִּי הַדָּבָר בָּרוּר הוּא וְאֵין סָפֵק בּוֹ. וְכַסִּפְרֵי מַלְכֵי פָרַס כִּי דַּרְיָוֶשׁ זֶה הַזָּקֵן הָיָה חוֹתֵן כּוֹרֶשׁ וּשְׁנֵיהֶם תְּפָסוּ בָּבֶל כִּי כּוֹרֶשׁ הָיָה מֶלֶךְ

רס"ג

וּמָדַי וּבֻטְּלָה מַלְכוּת בָּבֶל: (ג) וְעֵלָּא מִנְּהוֹן. לְמַעְלָה מֵהֶן שׁוֹטְרִים שְׁלֹשָׁה אֲשֶׁר דָּנִיֵּאל אֶחָד מֵהֶם: מַעְבָּא. עֵצָה: נָזִיק. נִיזּוֹק: (ד) מִתְנַצַּח. נוֹצֵחַ. עַל סָרְכַיָּא. שׁוֹטְרֵי מִתְרַגְמִינָן סָרְלְיָא: וּמַלְכָּא עֲשִׁית לַהֲקָמוּתֵהּ. וְהַמֶּלֶךְ מַחֲשָׁב לְהָקִימוֹ עַל הַמְּלוּכָה לֵילֵךְ לַעֲשׂוֹת מִלְחֲמוֹתָיו וְהוּא יֵשֵׁב בְּהַשְׁקֵט: עֲשִׁית.

מנחת שי

(ב) שְׁפַר קֳדָם. בְּחָטֶף קָמַץ הַקּו"ף. וַהֲקִים. (ג) טַעְמָא. בְּשׁוָא. עֲשִׁית. בְּשָׁי"ן:

פָּרַס וְזֶה דַּרְיָוֶשׁ הָיָה מֶלֶךְ מָדַי וְכָתוּב הִנְנִי מֵעִיר עֲלֵיהֶם אֶת מָדַי וְהִנֵּה כּוֹרֶשׁ הִנִּיחוּ עַל מַלְכוּת כַּשְׂדִּים כִּי כוֹרֶשׁ הַמְלִיכוֹ כִּי כוֹרֶשׁ אָמַר כָּל מַמְלְכוֹת הָאָרֶץ נָתַן לִי אֱלֹהִים וְהִנֵּה בִּזְמַן אֶחָד מַלְכוֹ עַל כֵּן נָפַל כַּשְׂדִּים עֲלֵי יִשְׂרָאֵל מִבָּבֶל עִם זְרֻבָּבֶל כַּאֲשֶׁר זֶה כּוֹרֶשׁ שֶׁהוּא מֶלֶךְ הַגָּדוֹל עַל כֵּן כָּתוּב וַיְהִי לוֹ וּלְבָנָיו לַעֲבָדִים עַד מְלוֹךְ מַלְכוּת פָּרַס. וּפֵירוּשׁ בִּשְׁנַת אַחַת לְכוֹרֶשׁ שֶׁמָּלַךְ עַל בָּבֶל שֶׁהָיוּ שָׁם יִשְׂרָאֵל כִּי מֶלֶךְ הָיָה בַּתְּחִלָּה ע"כ נִקְרָא כּוֹרֶשׁ מֶלֶךְ בָּבֶל: (ב) שְׁפַר. בְּכָל מַלְכוּתָא. הֻטַּב מַלְכוּת כַּשְׂדִּים: (ג) וְעֵלָּא. סָרְכִין. גְּדוֹלִים מֵהָאֲחַשְׁדַּרְפְּנִיס. נָזִיק. כְּמוֹ בְּנִזְקָה הַמֶּלֶךְ: (ד) אֱדַיִן. מִתְנַצַּח. כְּמוֹ מְנַצֵּחַ: עֲשִׁית. חָשַׁב כְּמוֹ עֶשְׁתּוֹנוֹתָיו וְכָכָה עַשְׁתֵּי עֶשְׂרֵה כַּאֲשֶׁר פֵּירַשְׁתִּי בְּסֵפֶר הַמִּסְפָּר:

מצודת ציון

י (ג) סָרְכִין. שֵׁם מִין שָׂרִים: (ד) עֲשִׁית. עִנְיַן מַחֲשָׁבָה כְּמוֹ אֶכְדּוּ (ב) שְׁפַר. הוּטַב הַדָּבָר לְעֵינֵי דָּרְיָוֶשׁ וְהֶעֱמִיד עַל הַמַּלְכוּת מֵאָה וְעֶשְׂרִים שָׂרִים אֲשֶׁר יִהְיוּ מוֹשְׁלִים בְּכָל הַמַּלְכוּת: (ג) וְעֵלָּא. וּלְמַעְלָה מֵהֶם הֶעֱמִיד ג' שָׂרִים אֲשֶׁר דָּנִיֵּאל הָיָה אֶחָד מֵהֶם: דִּי לֶהֱוֹן שָׂרִים הָהֵם יִהְיוּ נוֹתְנִים עֵצָה אֶל שְׁלֹשֶׁת הַשָּׂרִים הָרָאשִׁים כְּדֵי שֶׁלֹּא יִהְיֶה לַמֶּלֶךְ נֵזֶק בִּדְבַר הַמַּלְכוּת כִּי ל"ז לָזֶה הַרְבֵּה שָׂרִים וּמוֹשְׁלִים לְמַעַן יִמָּצֵא בְּחָכְמָה לִשְׁמוֹר אֶת הַמֶּלֶךְ מִן הַנֵּזֶק: (ד) אֱדַיִן. אָז דָּנִיֵּאל זֶה הָיָה מְנַצֵּחַ וּמִתְגַּבֵּר בְּכָל דָּבָר לְאָמִתּוֹ: בַּל קֳבֵל. בַּעֲבוּר אֲשֶׁר הָיָה כּוֹ רוּחַ מַעֲלָה יְתֵירָה וְהָיָה מַשְׂכִּיל בְּכָל דָּבָר: וּמַלְכָּא. וְהַמֶּלֶךְ חָשַׁב לְהַעֲמִידוֹ לְמוֹשֵׁל עַל כָּל הַמַּלְכוּת כִּרְצוֹתוֹ כְּרָאוּי: (ה) אֱדַיִן. אָז כָּל הַשָּׂרִים הָהֵם הָיוּ מְבַקְשִׁים לִמְצוֹא עֲלִילָה עַל דָּנִיֵּאל מַה בְּעִנְיַן

---

quotes historians who state that
Cyrus was Darius's son-in-law. See
Rashi verse 29.

3. And over them—Aram.וְעֵלָּא
—[*Rashi*]
מִנְּהוֹן

**that these satraps should give
them counsel—***that these satraps*

*should give counsel to the three
viziers.—[Rashi]*

**and the king should not suffer
any injury—***And the king should not
suffer any loss in any royal matter
that is incumbent upon them to
perform.—[Rashi]*

at the age of sixty-two. 2. It pleased Darius, and he set over the kingdom one hundred and twenty satraps, who should be in the entire kingdom. 3. And over them three viziers, one of which was Daniel, that these satraps should give them counsel, and the king should not suffer any injury. 4. Then this Daniel surpassed the viziers and the satraps because he had a superior spirit, and the king contemplated setting him up over the entire kingdom. 5. Then the viziers and the satraps

Olam ch. 28). *From the exile of Jeconiah until now* [the assassination of Belshazzar] *were sixty-two years, and the master said: They were exiled in the days of Jehoiachin in the seventh year counting from the conquest of Jehoiakim, which is eight years after the beginning of Nebuchadnezzar's reign. There remained to Nebuchadnezzar's reign thirty-seven years, for he reigned forty-five years, and twenty-three of Evil-merodach's, as our Sages stated in Tractate Megillah* (11b), *and the two years of Belshazzar that passed, totaling sixty-two.—[Rashi]* The Talmud (ad loc.) relates that Belshazzar knew from Jeremiah's prophecy that Israel would be remembered by God after Babylon's completion of seventy years. He thought that meant the kingdom of Babylon, and since seventy years had elapsed since Nebuchadnezzar's ascent to the throne, and the Jews were still in exile, he assumed that the prophecy would not be fulfilled. Therefore, he behaved arrogantly and drank from the Temple vessels. The

count was actually from the exile of Babylon, which commenced from the exile of Jehoiakim, one year after the inception of the kingdom of Babylon. That year was completed by Darius the Mede. This is the only year mentioned in which Media reigned. According to *Josiphon* (book 1, ch. 3), Darius and Cyrus divided the kingdom of Babylon between themselves. Darius took the city of Babylon, the surrounding towns, and the royal palace, and he sat on the throne of Belshazzar. Cyrus ruled over the entire Chaldean kingdom outside Babylon. Accordingly, we can interpret Daniel's interpretation of UFARSIN to mean that the kingdom would be divided between the Medes and the Persians, Darius representing the Medes and Cyrus the Persians. According to *Midrash Rabbah* (ibid.), the two kings decided that since Daniel interpreted the writing to mean that the kingdom would be given to Media and Persia, Media should precede Persia in ruling the kingdom. Therefore, Darius assumed the throne. *Abarbanel*

בְּעַיִן עָלָה לְהַשְׁכָּחָה לְדָנִיֵּאל מִצַּד מַלְכוּתָא וְכָל־
עִלָּה וּשְׁחִיתָה לָא־יָכְלִין לְהַשְׁכָּחָה כָּל־קֳבֵל דִּי־
מְהֵימַן הוּא וְכָל־שָׁלוּ וּשְׁחִיתָה לָא הִשְׁתְּכַחַת עֲלוֹהִי:
אֱדַיִן גֻּבְרַיָּא אִלֵּךְ אָמְרִין דִּי לָא נְהַשְׁכַּח לְדָנִיֵּאל דְּנָה
כָּל־עִלָּה לָהֵן הַשְׁכַּחְנָא עֲלוֹהִי בְּדָת אֱלָהֵהּ: אֱדַיִן
סָרְכַיָּא וַאֲחַשְׁדַּרְפְּנַיָּא אִלֵּן הַרְגִּשׁוּ עַל־מַלְכָּא וְכֵן
אָמְרִין לֵהּ דָּרְיָוֶשׁ מַלְכָּא לְעָלְמִין חֱיִי: אִתְיָעַטוּ
כֹּל סָרְכֵי מַלְכוּתָא סִגְנַיָּא וַאֲחַשְׁדַּרְפְּנַיָּא הַדָּבְרַיָּא
וּפַחֲוָתָא לְקַיָּמָה קְיָם מַלְכָּא וּלְתַקָּפָה אֱסָר דִּי
כָל־דִּי־יִבְעֵא בָעוּ מִן־כָּל־אֱלָהּ וֶאֱנָשׁ עַד־יוֹמִין

רש"י

המלכות שיוכלו להלשין עליו: (ו) די לא נהשכח. אמרו
ביניהם לא נמצא לדניאל זה שום עלילה: להן השכחנא
עלוהי. אבל נמצא עליו עלילה ע"י תורת אלהיו אם נוכל
לבקש מאת פני המלך שום גזירה שיגזור להעבירו על תורתו
והוא לא יקיים את מצות המלך והרי העלילה: (ז) הרגישו.
משמשו על המלך: (ח) אתיעטו. נועצו: לקימה קים
מלכא. להחזיק בדת המלך בכח לפי שמחדש באת למלוך
וממדינה אחרת אתה וצריך חיזוק: די יבעא בעו. אשר

אבן עזרא

(ו) אדין .בדת. מנהג וכן כלשון ישמעאל: (ז) הרגישו.
התחברו כמו נהלך ברגש. למה רגשו גוים: (ח) ולתקפה

מצודת דוד

דבר המלכות: וכל. אבל שום עלילה ודבר השמחה לא יכלו למצוא
צו: כל קבל. בעבור אשר היה נאמן וכל דבר משגה ושחיתה
לא נמצא עליו: (ו) אדין. אז אמרו האנשים האלה הן רמינו אשר לא

רס"ג

כמו ביום תרא אבדו עשתנתיו: (ס) בעין עילה להשכחה.
רוצין למצוא עלילה לדניאל מצד המלכות: עלה ושחיתא.
עלילה ומום כמו כי משחתם בהם מום בם כלומר שום דבר
תואנה: שלו. פשע רשגגת וי"א שלו רישול כמו לא תשלה לא
תתרשל: (ו) לחן חשכחנא עלוהי בדת אלהה. כי אם נמצא
עליו עלילת בדת אלהים. פ"א מצד מלכותא כלומר שינזור
המלך דבר והוא יבטל וימצא לו עלילה: (ח) תרגישו על מלכא.
כמו למה רתשו גוים ל' קיבוץ עם כמו בבית אלהים נהלך ברגש:
(ח) אתיעטו. נתיעצו כמו עשה ושעם: לקיימה קיים מלכא.
לקיים קיום המלך: אסר. כמו לאסור אסר על נפשו דבר שהוא

מנחת שי

ימנית מן עשתנותיו: (ס) לסתכמס כל קבל. בחסף קמץ: (ו) וכל
עלא. י"ם עלם כס"א: (ח) מיי. אין דגוש ביו"ד: (מ) כל די יבעא

מצודת ציון

עשתונותיו (תהלים קמ"ו): (ס) עלה. עלילה וכד' רז"ל פילוס
מלאו (כתובות כ'): שלו. משגה כמו של שגל (שמואל ב' ו'):

---

to him, for his power in fulfilling
requests was like the power of God.
During these days of kindness at the
beginning of his reign, he would
grant everyone's request so that no
one should find it necessary to make
a request of anyone but him.

Whoever made a request of anyone
else denied either the king's kindness
or his omnipotence, thereby
blaspheming the king and deserving
to be cast into the pit of
lions. Thereby, the kingdom would be
strengthened and endure, for the king

sought to find a pretext against Daniel regarding the kingdom, but they could find no pretext or fault because he was trustworthy, and no error or fault was found about him. 6. Then those men said, "No pretext can be found about Daniel, but we shall find [a pretext] against him concerning the law of his God." 7. Then these viziers and satraps assembled about the king, and so they said to him: "O King Darius, may you live forever! 8. All the viziers of the kingdom, the prefects, the satraps, the leaders, and the governors have taken counsel to preserve the king's law and to strengthen a decree that whoever makes any request of any god or man until thirty days

4. this Daniel—Aram. דָּנִיֵּאל דְּנָה.—[*Rashi*]

surpassed—Aram. מִתְנַצַּח.—[*Rashi*]

and the king contemplated—*The king was thinking in his heart to set him up over all of them.*—[*Rashi*]

5. sought to find a pretext—*They were seeking a pretext to find about Daniel in matters of the kingdom so that they could inform on him.*—[*Rashi*]

and no error—They could not find even an unintentional infraction of the law of the kingdom.—[*Midrash*]

6. No pretext can be found—*They said among themselves, "No pretext can be found about this Daniel."*—[*Rashi*]

but we shall find [a pretext] against him—*but we shall find a pretext against him through the law of his God if we ask the king to issue some decree to cause him to transgress His law, and he will not fulfill the king's command; and this is the pretext.*—[*Rashi*]

7. assembled—Aram. הַרְגִּשׁוּ, *they came near to the king.*—[*Rashi*] *Mezudath David* and *Isaiah da Trani* render: assembled. *Ibn Ezra* renders: joined.

8. have taken counsel—Aram. אִתְיָעַטוּ.—[*Rashi*]

to preserve the king's law—*to preserve the king's law with power because you have recently ascended the throne. [Moreover], you are from another country and require strengthening.*—[*Rashi*]

makes any request—Aram. דִּי יִבְעֵא בָעוּ.—[*Rashi*] Ostensibly, the reason for this decree was to strengthen Darius's kingdom before all nations, because during the first thirty days of his reign in Babylon, emissaries came from all countries, and in order to establish his throne, it was decreed that everyone come to the king with his requests. The king was prepared to grant everyone's requests because he was kind and generous. All prayers that people ordinarily directed to their gods were directed

תְּלָתִין לָהֵן מִנָּךְ מַלְכָּא יִתְרְמֵא לְגֹב אַרְיָוָתָא: ט כְּעַן מַלְכָּא תְּקִים אֱסָרָא וְתִרְשֻׁם כְּתָבָא דִּי לָא לְהַשְׁנָיָה כְּדָת מָדַי וּפָרַס דִּי לָא תֶעְדֵּא: י כָּל קֳבֵל דְּנָה מַלְכָּא דָּרְיָוֶשׁ רְשַׁם כְּתָבָא וֶאֱסָרָא: יא וְדָנִיֵּאל כְּדִי יְדַע דִּי רְשִׁים כְּתָבָא עַל לְבַיְתֵהּ וְכַוִּין פְּתִיחָן לֵהּ בְּעִלִּיתֵהּ נֶגֶד יְרוּשְׁלֶם וְזִמְנִין תְּלָתָה בְיוֹמָא הוּא בָּרֵךְ עַל בִּרְכוֹהִי וּמְצַלֵּא וּמוֹדֵא קֳדָם אֱלָהֵהּ כָּל קֳבֵל דִּי הֲוָא עָבֵד מִן קַדְמַת דְּנָה: * יב אֱדַיִן גֻּבְרַיָּא

ת"א וכוין פתיחן. כרכוס לה לד   חצי הספר בפסוקים   אלך

רש"י

יבקש שוס בקשה: להן מנך מלכא. זולתי ממך המלך: לגוב אריותא. לבור שאריות המלך שם: (ט) תקים אסרא. תעמיד חק זה: די לא להשניה. שלא לשנות כדת מדי ופרס: דילא תעדא. שלא תעבור: (יא) כדי ידע. וכאשר ידע: וכוין פתיחין ליה בעליתה. בעליתו: נגד ירושלים. לנגד ב"ה. ואע"פ שחרב עשה כמו שאמר שלמה והתפללו אליך דרך ארעם (מלכים א' ח'): ברך על ברכוהי. כורע על ברכיו: וזמנין תלתא. ערבית ושחרית ומנחה: כל קבל די הוא עבד וגו'. ככל אשר עבד די הוה עבד מן קדמת דנא כמו שהיה רגיל לעשות קודם לכן אז היו הולכים ואורבים סביבות בית דניאל ומצאו שם נערה ושאלוה מה עושה דניאל אמרה להם הוא כורע על ברכיו ומתפלל לאלהיו בעלייתו והשכחו לדניאל בעי ומתחנן קדם אלהה:

אבן עזרא

אסר. כמו וכל אסר אשר אסרה על נפשה: לגוב. לבור: (ט) די לא תעדא. חוק ולא תעבור: (יא) וכוין. חלונות וכן בלשון ישמעאל: נגד ירושלים. כמו שכתוב והתפללו אליך דרך ארעם: וזמנין תלתה. הם השלש תפלות שהתקינו קדמונינו: בריך על ברכוהי. כמו ויברך על ברכיו:

מצודת דוד

(יא) כדי ידע. כאשר ידע אשר כתב המלך מכתב ידו על הכתב: על. נכנס לביתו במקום מולנט וטל הטלייה היה לו חלונות פתוחות מול ירושלים לכוין בתפלתו למולה כמ"ש והתפללו אליך דרך ארעם וגו' העיר אשר בחרת וגו' (מ"א ח'): וזמנין. ושלשה פעמים ביום היה הוא כורע על ברכיו ומתפלל ומודה לפני אלהיו בעבור אשר כן היה עושה מלפני זה לכן אמן לדיק דלמו: (יב) אדין. אז האנשי'

רס"ג

סחר ונוהב בו איסור: די כל די יבעא בעו. שכל מי שיבקש רחמים ותפלה כמו דמתרגמינן אנא בעותך מן קדמי זו היא תפלה: להן מנך מלכא. לפי שיחיו אנשים במלכותו שמאמינים ומשתחוים ומתאללין לאדם: יתרמא לנוב אריותא. בעור אריות: (ט) תקים אסרא. תקים איסר: ותרשום כתבא. די לא הרשום בכתב אמת: די לא להשניה. שלא ישתנה: די לא תעדא. שלא תסיר: (יא) ודניאל. כשידע שבשבילו נרשם הכתב בא אל ביתו: וכוין. וחלונות פתוחות לו בעלייה שלו: נגד ירושלים. כדי שתהא תפלתו נשמעת שחיה מכוין את לבו נגד בית המקדש שנאמר והיו עיני ולבי שם כל הימים: וזמנין תלתה. ושלש פעמים ביום שחרית וערבית ומנחה היה כורע על ברכיו ומתפלל ומודה לפני אלהיו ושמא תאמר אותו היום התחיל ראה מהכתוב כל קבל די הוה עבד מן קדמת דנא:

מנחת שי

(י) כל קבל. במצוף קמן: (יא) הוא בכך. הוא. י"ס שברי"ש בחליק וי"ס שסוא מלא יו"ד ובס"א כ"י צריך: ברכוהי. כל לשון ברכים דנש בר מן ב' כרמו על ברכיהם כמה שכתבתי בשופטים ז' ודין: קדס. במצוף קמן: מן קדמת דנה. ובטעמא ס' מקד מ"ף דנה ופויין מסומרם סוף פרשת שמות: (יב) אדין גבריא אלך סרגשו וגו'.

מצודת ציון

(יא) וכוין. חלונות. וכן תעדא. מוק ולא תעבור: (יב) רגשו. יסים משפטו שיושלך אל בוז האריות וזהו למען ידעו סכל שאין כם ביד זולתך וסכל כא ממך וסוא דבר נאות למזק המלוכה: (ט) כען. מתה המלך תחזק הקשר וכתוב מכתב ידך על סכתב: די לא. אין לשנות מטתה ולמנהג מדי ופרס אשר לא תסור לעולם וסוא שאין לשנות דבר אשר רסם המלך: (י) כל קבל. בעבור זאת סטיה סדבר למזוק המלוכה לזה כתב המלך מכתב ידו על סכתב וסקשר:

---

prayer, the morning prayer, and the afternoon prayer.—[Rashi]

as he had done prior to this— *just as all that he had done before this.—[Rashi]*

12. **searched**—Aram. הַרְגִּשׁוּ, *tapped and searched.—[Rashi]*

Mezudath David explains that they gathered around Daniel's house and found him begging and supplicating before his God. *Malbim* explains that since Darius's idea was to prove that he had the power to fill any request, his decree applied only to individual

except from you, O king, shall be cast into a pit of lions. 9. Now, O king, you shall issue a decree and inscribe a writ that will not be amended, like the law of Media and Persia, which will not be repealed." 10. In view of this, King Darius inscribed a writ and a decree. 11. And Daniel, when he knew that a writ had been inscribed, came to his house, where there were open windows in his upper chamber, opposite Jerusalem, and three times a day he kneeled on his knees and prayed and offered thanks before his God just as he had done prior to this. 12. Then these men

would turn the hearts of all nations to him. With this argument, they managed to convince the king that this was for his benefit and the benefit of his kingdom, and they strengthened the decree so that whoever would disobey it should be judged as a rebel.—[*Malbim*]

except from you, O King—Aram. לָהֵן מִנָּךְ מַלְכָּא.—[*Rashi*]

into a pit of lions—*into the pit where the king's lions were* [kept].—[*Rashi*] This was a pit full of lions. There they would cast the food for the lions as well as anyone sentenced to death.—[*Ibn Ezra* to verse 13]

9. **you shall issue a decree**—lit. *you shall put up this decree.*—[*Rashi*]

that will not be amended—*that will not be amended, like the law of Media and Persia.*—[*Rashi*]

which will not be repealed—*which will not pass.*—[*Rashi*] They requested that the king should agree to this decree and that it should be inscribed and sealed with the king's royal signet ring so that it should never be repealed, as in the Book of Esther.—[*Malbim*]

11. **when he knew**—*and when he knew.*—[*Rashi*] *Malbim* renders: although he knew.

where there were open windows in his upper chamber—Aram. בְּעִלִּיתֵהּ, *in his upper chamber.*—[*Rashi*]

opposite Jerusalem—*toward the side of the Temple, and although it was in ruins, he did as Solomon said* (I Kings 8:48): *"and pray to You toward their land."*—[*Rashi*]

kneeled on his knees—Aram. בָּרֵךְ עַל בִּרְכוֹהִי.—[*Rashi*]

and three times—*the evening*

אִלֵּךְ הַרְגִּשׁוּ וְהַשְׁכַּחוּ לְדָנִיֵּאל בָּעֵה וּמִתְחַנַּן קֳדָם אֱלָהֵהּ: יב בֵּאדַיִן קְרִבוּ וְאָמְרִין קֳדָם מַלְכָּא עַל־אֱסָר מַלְכָּא הֲלָא אֱסָר רְשַׁמְתָּ דִּי כָל־אֱנָשׁ דִּי־יִבְעֵא מִן כָּל־אֱלָהּ וֶאֱנָשׁ עַד־יוֹמִין תְּלָתִין לָהֵן מִנָּךְ מַלְכָּא יִתְרְמֵא לְגוֹב אַרְיָוָתָא עָנֵה מַלְכָּא וְאָמַר יַצִּיבָא מִלְּתָא כְּדָת־מָדַי וּפָרַס דִּי־לָא תֶעְדֵּא: יד בֵּאדַיִן עֲנוֹ וְאָמְרִין קֳדָם מַלְכָּא דִּי דָנִיֵּאל דִּי מִן־בְּנֵי גָלוּתָא דִּי יְהוּד לָא־שָׂם עֲלָךְ מַלְכָּא טְעֵם וְעַל־אֱסָרָא דִּי רְשַׁמְתָּ וְזִמְנִין תְּלָתָה בְּיוֹמָא בָּעֵא בָּעוּתֵהּ: טו אֱדַיִן מַלְכָּא כְּדִי מִלְּתָא שְׁמַע שַׂגִּיא בְּאֵשׁ עֲלוֹהִי וְעַל

דניאל ת"א וחמנין סלסה . ברכות ז' . יתיר י'

רש"י

היה עושה לפני זאת: (יב) הרגישו. משמשו וחפשו (יג) על אסר מלכא . על בטול אסר המלך אשר כתבו להלשין: יציבא מלתא . אמת הדבר : (יד) לא שם עלך מלכא טעם . לא נתן לב ועלה לחוש על גזירותיך: בעא בעותיה. מתפלל תפלתו: (טו) כדי מלתא שמע. כאשר שמע הדבר: שגיא באש עלוהי. הרבה הרע בעיניו שהיה אוהב את דניאל וקשה עליו מיתתו: ועל דניאל שם בל

אבן עזרא

ומצלא . מתפלל וכן בלשון ישמעאל: (יג) באדין. לגוב אריותא . בור היה מלא אריות ושם משליכים טרפס וכל מי שהיה בן מות : (טו) באש עלוהי . רע בעיניו :

מצודת דוד

כאלה סתקבצלו אל בית דניאל ומלאוהו מבקש ומתחנן לפני אלהיו : (יג) באדין. אז קרבו אל המלך ואמרו לפניו על דבר הסגר הנעשה בצבור המלך וכה אמרו הלא במכתב ידך רשמת הקסר אשר כל איש אשר יבקש מן כל אלוה או מן אדם עד שלשים יום זולת ממך המלך יהיה משפטו שיושלך אל בור האריות : ענה . הסיב המלך ואמר אמת הדבר ועשוים סיא בחוזק כמנהג סרס ומדי אשר לא תסור לעולם ר"ל ע"כ כן יהיה סואיל ורסמתי אני אין להסיב ולמנהג הקבוע : (יד) באדין . אז הסיבו ואמרו לפני המלך אשר דניאל אשר הוא מן בני הגולה של יהודה לא עשה לעצמו טעם ועלה לחוש עליך המלך ועל הקסר אשר רסמת כ"ל אינו חושש על קיום מלכותך ועל דבריך : וזמנין . וג' פעמים ביום מבקש בקשתו מאלהיו : (טו) אדין . אז לאשר שמע המלך אם הדבר סרנס היה הדבר רע

דניאל רס"ג

(יג) יציבא . אמת : (יד) שם עלך מלכא טעם . כלומר גזר גזירת על גזירת המלך וביטל גזירת המלך מפני גזירתו והוא מתפלל שלש פעמים ביום : (טו) שגיא באש עלוהי . מאד הרע לו: ועל דניאל שם בל . שם לב בחפיכת התיבה כמו כבש וכמו שמלה שלמה וי"א שם תחבולות ופותרין בל בלילות דברים ופיוס אמרים וי"א כח ושכם ד"א ועל דניאל שם בל לשיבותיה שם כופר ממון להצילו כמו שנאמר מנדה, בלו והלך וגרסינן בנדרים אמר רבא שרי ליה לצורבא מרבנן למימר צורבא מרבנן אנא דלא למיתן כרגא שנאמר ומנדה בלו והלך מנדה

מנחת שי

כאן הוא חלי הספר וטעות נפל בספרים שלכתבוהו לעיל בכאם סימן וס : קדס אלהה. במטף קמן : (יג) קדס מלכא. במ"ק: (יד) קדס שם בל . לבו כמו בלשין ישמעאל בל לב להלילו . ועד בא

מצודת ציון

(יב) הרגישו . מנין קבוז כי בקבון עס לב כשמס קול סמיס ורגישס

<hr>

searched and found Daniel begging and supplicating before his God. 13. Then they drew near and said before the king concerning the king's decree, "Did you not issue a decree that any person who begs from any god or man for thirty days except from you, O king, shall be cast into the pit of the lions?" The king replied and said, "The thing is true as the law of Media and Persia, which shall not be repealed." 14. Then they raised their voices and said before the king that "Daniel, who is of the exiles of Judea, did not pay heed to you, O king, or to the decree that you inscribed, and three times a day he offers up his prayer." 15. Then, when the king heard the thing, he became very displeased, and he

requests, not to the regular daily prayers. The viziers, however, wished to show the king that Daniel was praying to God for his needs, thus violating the royal decree.

13. **concerning the king's decree**—*concerning the infraction of the king's decree, about which they had come to inform.*—[*Rashi*] *Malbim* explains that they knew very well that the decree prohibited only individual prayers and supplications, not regular daily prayers, and that the king would likely exonerate Daniel on those grounds. They therefore prefaced their accusation with the expression, "that any person, etc.," intimating that any kind of prayer was included in the royal decree. They asked the king whether that was true. Unaware of their trickery, the king replied, "The thing is true," and concurred with their assertion. According to *Midrash Daniel*, this verse teaches us that one should not make his prayers a burden, but

supplications before God. Accordingly, we may explain that Daniel did not recite his daily prayers as a perfunctory act, but as supplications to God, making these prayers the equivalent of prayers for individual requests.

the thing is true—Aram. יַצִּיבָא מִלְּתָא.—[*Rashi*]

14. **did not pay heed to you, O king**—*He did not pay heed or counsel to care about your decrees.*—[*Rashi*] *Rav Saadia Gaon* explains: he decreed his own decree and abolished the king's decree by praying three times a day. [Apparently, in his copy of Daniel, the word לָא did not appear.]

he offers up his prayer—Aram. בָּעֵא בָּעוּתֵהּ, *he prays his prayer.*—[*Rashi*]

15. **when ... heard the thing**—Aram. כְּדִי מִלְּתָא שְׁמַע, *when he heard the thing.*—[*Rashi*]

he became very displeased—*It was very bad in his eyes because he*

דָּנִיֵּאל שָׂם בָּל לְשֵׁיזָבוּתֵהּ וְעַד מֶעָלֵי שִׁמְשָׁא הֲוָה מִשְׁתַּדַּר לְהַצָּלוּתֵהּ: מז בֵּאדַיִן גֻּבְרַיָּא אִלֵּךְ הַרְגִּשׁוּ עַל מַלְכָּא וְאָמְרִין לְמַלְכָּא דַּע מַלְכָּא דִּי דָת לְמָדַי וּפָרַס דִּי כָל אֱסָר וּקְיָם דִּי מַלְכָּא יְהָקֵים לָא לְהַשְׁנָיָה: יז בֵּאדַיִן מַלְכָּא אֲמַר וְהַיְתִיו לְדָנִיֵּאל וּרְמוֹ לְגֻבָּא דִּי אַרְיָוָתָא עָנֵה מַלְכָּא וְאָמַר לְדָנִיֵּאל דִּי אַנְתְּ פָּלַח לֵהּ בִּתְדִירָא הוּא יְשֵׁיזְבִנָּךְ: יח וְהֵיתָיִת אֶבֶן חֲדָה וְשֻׂמַת עַל פֻּם גֻּבָּא וְחַתְמַהּ מַלְכָּא בְּעִזְקְתֵהּ

ת"א בפתירא . מגלה טו ברכות ז' . והיתית ג' . מדם פפ :

רש"י

לשֵׁיזָבוּתֵיהּ . על דניאל שם דחוי לדמות הדבר להצילו ואמר להן איני מאמין לכם : בָּל . איני יודע דוגמתו אך ענינו יורה פתרונו : וְעַד מֶעָלֵי שִׁמְשָׁא . ועד בא השמש היה משתדל להצילו אבל כשהגיע זמן תפלתו כרע להקב"ה על ברכיו והתפלל תפלתו ושוב לא היה לו פתחון פה להצילו : (מז) דִּי מַלְכָּא יְהָקֵים . אשר המלך יגזור ויעמיד לא לאדם לשנותו : (יח) וְהֵיתָיִת אֶבֶן חֲדָה . והובאת אבן אחת . בכל ארץ בבל אין אבן כי אם לבנים כמ"ש נלבנה לבנים (בראשית י"א) למדנו שאין אבן בבבל ולפי שעה הביאוה מלאכים מא"י אם התנה במעשה בראשית על הים הַאֲרָיוֹת מהזיק לדניאל לא התנה על זריקת אבן וזיין שלא יזיק באדם והמלך אמר מעט הַאֲרָיוֹת אי אפשר לסלקו שכבר נגזרה גזירה חוזהר בו מהזקת אדם והגם אם יבא יבא. סא"א . וְשֻׂמַת עַל פֻּם גֻּבָּא . הושמה על פי הגומא . בְּעִזְקְתֵהּ . בטבעתו שלא יזיזה ממקומה וישליכו עליו אבני' למות להמיתו:

אבן עזרא

השֶׁמֶשׁ : מִשְׁתַּדַּר . אין לו חבר ופירושו כמו מחשב בכל יכולתו ומבקש עלילות : (יח) בְּעִזְקְתֵהּ . בטבעתו ויש

מצודת דוד

לְשֵׁיזָבוּתֵהּ : שָׂם בָּל . שם של דניאל ליתן כופר ממון פדיון נפשו להצילו ממות . או בל לאו שמלא לבל מצות לו מאומה היה טוען בעבורו ועד שקיעת השמש היה מתעסק להצילו : (מז) בֵּאדַיִן . אז האנשים האלה התקבלו כלס על המלך כי לאו רק מקלתם וכאשר נקבוט למדי ופרס אשר כל קשר ודבר קיום אשר יקיים המלך לרשום שמו עליו שוב אין לשנותה : (יז) בֵּאדַיִן . אז אמר המלך להביא את דניאל ולהשליכו אל בור של הַאֲרָיוֹת : עָנֵה . הרים המלך קול ואמר לדניאל אלהך אשר אתה עובד אותו בכל עת הוא יצילך : (יח) וְהֵיתָיִת . והובא אבן אחת ושמו אותה על פי הבור : וְחַתְמַהּ . בחותם טבעות שריו אשר לא תשתנה הרלון כדניאל כי

רס"ג

זו מנת המלך . בלו זה כסף גולגלתא . והלך זו ארנונא כלומר על דניאל שם כופר ממון להצילו כמו שנאמר ואם כופר יושת עליו שרצה לפדותו בממון ולא יכול כך פירש רב מתתיהו הגאון ז"ל . הֲוָה מִשְׁתַּדַּר . מתעסק ונלחם ונאבק עם שריו כדי להצילו . וְיָאבֵק מתרגמין ואישתדל רי"ש מתחלף עם למ"ד במו ואלו וארו ופתרון שְׁנִיהֶם וְהַנֵּה : (יז) וְהֵיתִיו . והביאו הִרְתּוּ . וְהִשְׁלִיכוּ : (יח) וְהֵיתָיִת . וְשׂוּמַת . וְהוּשְׂמָה על פי חבור : וְחַתְמַהּ מַלְכָּא בְּעִזְקְתֵהּ . וְחָתְמָה הַמֶּלֶךְ בְּטַבַּעְתּוֹ שכן קורין לחותם סיתומא ולמה כסו חבור באבן ובחתמה בטבעת המלך ובטבעות שריו שאם חיה חבור פתוח היו זורקין עליו לונכיות וחצים ששונאין אותו ואומרים כי הַאֲרָיוֹת תרגנוהו : דִּי לֹא תִשְׁנֵא צְבוּ בְדָנִיֵּאל . שלא תשתנה תאותם שיקרע לבני ישראל ועל האם שיטמן לחנניה ומזריין ועל הַאֲרָיוֹת אמר מעט הַאֲרָיוֹת אי אפשר לסלקו כסו חבור באבן ובחתמה כי הַאֲרָיוֹת תרגנוהו :

מנחת שי

מַלְכָּא דִּי . במ"ק : עֲלָךְ . עֲלָיִךְ . מֶלֶךְ קרי : (יז) מַלְכָּא אֲמַר סָאלָ"ף במ"פ : וּרְמוֹ . בְּזָקָף גָּדוֹל . מנחס . יָתִיר ה"א : יְשֵׁיזְבִנָּךְ . במדוייקים מלֵא י' אחד

מצודת ציון

וְכֵן לְמַס רָגְשׁוּ גוֹיִם (תהלים ב') : (טו) בָּל . הוא מלשון מנדה בלו ומלך (עזרא ד') וטנייכו מם וגולגולתא . או הוא מטנין לָאו כמו בל למד לדק (ישעיה כ"ו) : מִשְׁתַּדַּר . מנין פסק והשתדלות כדרז"ל : (יז) בֵּאדַיִן . אז אמר המלך מעבד אותו בכל עת הוא יצילך : (יח) וְהֵיתָיִת . והובא אבן אחת ושמו אותה על פי סבור : וְחַתְמַהּ . בחותם טבעות שריו אשר לא תשתנה הרלון כדניאל כי

ובעזקת
יתיר ה'

---

come." This does not appear in some editions.—[Rashi from Song Rabbah 1:5]

and placed on the mouth of the pit—Aram. וְשֻׂמַת עַל-פֻּם גֻּבָּא.—*[Rashi]*
with his signet ring—*with his signet ring so that no one could move it from its place and cast stones upon him to kill him.—[Rashi]* If the pit

were left open, Daniel's enemies would cast spears and arrows at him and say that the lions had killed him.—*[Rav Saadia Gaon]*

that his will about Daniel not be altered—*so that his will should not be changed, i.e. so that they should not harm him against his [the king's] will.—[Rashi]*

gave Daniel a reprieve to save him, and until sunset, he tried to save him. 16. Then these men gathered to the king and said to the king, "You should know, O king, that the law of Media and Persia is that any decree or statute that the king establishes cannot be altered." 17. Then the king ordered, and they brought Daniel and cast him into the pit of the lions. The king raised his voice and said to Daniel, "May your God, Whom you serve regularly, save you!" 18. And a stone was brought and placed on the mouth of the pit, and the king sealed it with his signet ring

לֵב by transposing the letters or by comparing it to its Arabic cognate.—[*Rav Saadia Gaon, Isaiah da Trani, Midrash Daniel*] Another definition is that he wished to give a ransom for Daniel, deriving בַּל from (Ezra 4:13) בְּלוֹ, interpreted as head tax.—[*Rav Saadia Gaon, Mezudoth*] Another explanation is that he put all their arguments to nought. He said, "I don't believe you until I see him with my own eyes." They sat all day with Daniel until evening. When the time came to recite the afternoon prayer, Daniel rose in the presence of the king and all his viziers and prayed. Then they all gathered around the king and pointed out that Daniel was indeed praying. At that point, the king could no longer argue on his behalf.—[*Midrash Daniel, Mezudoth*] *Rav Saadia Gaon* suggests also: argument, strength.

and until sunset—*and until sunset he tried to save him, but when the time of his prayer arrived, he prayed his prayer, and the king had no more excuse to save him.—[Rashi]*

16. **that the king establishes**—*What the king decrees and ratifies, no man can alter.—[Rashi]*

18. **And a stone was brought**—lit. *and one stone was brought. Throughout the entire land of Babylon there are no stones but bricks, as it is written: (Gen 11:3): "Let us make bricks." We learn that there are no stones in Babylon, but for the occasion, angels brought it [a stone] from the land of Israel. If God stipulated with the Creation on the sea that it should split for the Children of Israel and on the fire that it cool off for Hananiah and his colleagues and on the lions that they should not hurt Daniel, he did not stipulate about casting stones or weapons that they should not hurt any man. So the king said, "From the lions I cannot take him away. I shall be careful with him that no man hurt him, and if the miracle comes, let it*

וּבַעֲזַקַת רַבְרְבָנוֹהִי דִּי לָא־תִשְׁנֵא צְבוּ בְּדָנִיֵּאל: יט אֱדַיִן אֲזַל מַלְכָּא לְהֵיכְלֵהּ וּבָת טְוָת וְדַחֲוָן לָא־הַנְעֵל קָדָמוֹהִי וְשִׁנְתֵּהּ נַדַּת עֲלוֹהִי: כ בֵּאדַיִן מַלְכָּא בִּשְׁפַרְפָּרָא יְקוּם בְּנָגְהָא וּבְהִתְבְּהָלָה לְגֻבָּא דִי אַרְיָוָתָא אֲזַל: כא וּכְמִקְרְבֵהּ לְגֻבָּא לְדָנִיֵּאל בְּקָל עֲצִיב זְעִק עָנֵה מַלְכָּא וְאָמַר לְדָנִיֵּאל דָּנִיֵּאל עֲבֵד אֱלָהָא חַיָּא אֱלָהָךְ דִּי אַנְתָּה פָּלַח־לֵהּ בִּתְדִירָא הַיְכִל לְשֵׁיזָבוּתָךְ מִן־אַרְיָוָתָא: כב אֱדַיִן דָּנִיֵּאל עִם־מַלְכָּא

רש"י

פ' קדמאה זעירא תגינא רבתא יתיר ח'

להרגו : די לא תשנא צבו בדניאל . שלא ישתנה רצוני כלומר שלא יעשו לו היזק שלא כרצונו (ס"א כרצונם) : (יט) ובת טות . לן בתענית . ודחון . לן בלא אכילה ושמלן לפניו שלא לאכול : ושנתה נדת עלוהי . נדדה שנתו : (כ) בשפרפרא . בעלות שחר ... יקום בנגהא . עמד לאור הבוקר ... ובהתבהלה לגובא די אריותא אזל . ובכהלה לחפירת האריות הלך :

רס"ג

וחפצם בדניאל כלומר שאם לא יהרגוהו האריות בבור יהרגוהו הם : (יט) ובת טות . לן בלא אכילה ... ודחון . פי' אדם שלא אכל בערב כדאמרינן ... (כ) בשפרפרא . בפרס יאיר היום כמו שאמרו חכמים באורתא נגהא נגהי אורביסר . וכמו נגה ליה יומא (כא) בקל עציב . בקול עצב ...

מנחת שי

שין : (יט) קדמוסי . י"ם קדמוסי כמ"ק : (כ) בשפרפרא . ...

אבן עזרא

אומרים כי כן ויתזקהו : (יט) ובת . לן : טות . לן בל' ישמעאל . ודחון . נגינות ושירות : (כ) בשפרפרא . בעלות השחר . (כא) עציב . מן עצבון : בתדירא .

לשאול אם דניאל כי נתייגם מן נתייגו בו ויהרגוהו אבל כשיגיל דניאל בפה מלא נגזר על המטלילים על דניאל להשליכם לגובא דאריוותא ומורא לא מלא מלה על רעשו . (כא) בקל עציב .

מצודת ציון

השתדל לטיות איש (אבות פרק ב') : (יט) ובת טות . לן מכלי מעודת הערב וכן בנ' רבותינו ז"ל ובת מות ולא הבדיל (פסחים ק"ז) ... ודחון . סוח ספון מן מדון ... (כ) בשפרפרא . קן ת"י על השמר : בנגהא . מלשון נוגה ואורה :

מצודת דוד

רצון המלך היה בחייו ומשם פן ישנו רצונו כי ימיתוהו בהשלכת אבני' ... (יט) אדין . אז חזר שחזיתהו הלך ... (כ) באדין . אז עמד המלך ... אל סבור של האריות : (כא) וכמקרבה . וכאשר בא קרוב אל גוב של דניאל בקול עלב פסק אל סבור פסק אל דניאל ... (כב) אדין . אז דבר דניאל עם המלך ואמר אליו המלך לעולם לעולם ימים :

second time.] *Malbim* states that Daniel did not recognize the king's voice until he called him again. *Midrash Daniel* describes the voice as that of one in pain who cries out in a pleading voice mingled with weeping and worrying.

Daniel, servant of the living God—Since He is the living God, He surely knows His servants, and since you serve Him regularly, He surely would want to save you. The only question remaining is whether He could save you.—[*Malbim*]

and with the signet ring of his dignitaries that his will about Daniel not be altered. 19. Then the king went to his palace and retired while fasting, and no table was brought before him, and his sleep wandered from him. 20. Then the king at dawn arose to the light of morning, and in haste went to the pit of the lions. 21. And when he approached the pit, he cried out to Daniel with a sad voice. The king raised his voice and said to Daniel, "Daniel, servant of the living God, the God Whom you worship regularly—was He able to save you from the lions?" 22. Then Daniel spoke with the king, [and said:]

19. and retired while fasting— Aram. וּבָת טְוָת.—[*Rashi*]

table—Aram. וְדַחֲוָן, *and a table, in the Mishnah* (Tosefta Kelim, *B.M.* 5:1). *So did Dunash explain* (p. 58). *They did not bring before him a table upon which to eat.*—[*Rashi*] For the reading in *Tosefta*, see *Aruch Completum* pp. 33f. In Babylon and Persia, small tables were set before the diners, who would recline on couches. Because of Darius's grief over Daniel's being cast into the pit of the lions, he had no table brought before him and retired without eating his evening repast. According to *Menahem* (p. 63), דַּחֲוָן means music. He bases this on the context. *Rav Saadia Gaon* brings the same definition basing it on transposing the letters of חֶדְוָה, joy. He renders: וּבָת טְוָת: *a virgin woman,* meaning that neither virgin women nor musicians were brought before him to entertain him as was his wont.

and his sleep wandered from him—Aram. וְשִׁנְתֵּהּ נַדַּת עֲלוֹהִי, *his sleep wandered.*—[*Rashi*]

20. at dawn—Aram. בִּשְׁפַּרְפָּרָא. *at the rise of dawn, and there are many* [examples of this] *in Targum Jonathan.*—[*Rashi*]

arose to the light of morning— *He arose at the light of morning, not after three hours, like other kings.*—[*Rashi*, based on *Ber.* 1:2] *Midrash Othioth Gedoloth* (Batei Midrashoth, vol. 2, p. 487) bases this on the large letter "pay," of בִּשְׁפַּרְפָּרָא, indicating Darius's deviation from the royal custom. *Minhath Shai* writes that the first "pay" is small and the second one is large. This means that before Daniel was saved, Darius had no פֶּה, *"mouth"* to defend him, but after he was saved, he decreed with a "full mouth" that those who plotted against him be cast into the lions' pit.

and in haste went to the pit of the lions—Aram. וּבְהִתְבְּהָלָא לְגֻבָּא דִּי אַרְיָוָתָא אֲזַל.—[*Rashi*]

21. with a sad voice—with a sad and low voice.—[*Rav Saadia Gaon*] [This may account for Daniel's failure to respond until the king raised his voice and called him a

מֶלֶךְ מַלְכָּא לְעָלְמִין חֱיִי׃ כג אֱלָהִי שְׁלַח מַלְאֲכֵהּ וּסֲגַר
פֻּם אַרְיָוָתָא וְלָא חַבְּלוּנִי כָּל־קֳבֵל דִּי קָדָמוֹהִי זָכוּ
הִשְׁתְּכַחַת לִי וְאַף קָדָמָךְ מַלְכָּא חֲבוּלָה לָא
עַבְדֵת׃ כד בֵּאדַיִן מַלְכָּא שַׂגִּיא טְאֵב עֲלוֹהִי וּלְדָנִיֵּאל
אֲמַר לְהַנְסָקָה מִן־גֻּבָּא וְהֻסַּק דָּנִיֵּאל מִן־גֻּבָּא וְכָל־
חֲבָל לָא־הִשְׁתְּכַח בֵּהּ דִּי הֵימִן בֵּאלָהֵהּ׃ כה וַאֲמַר
מַלְכָּא וְהַיְתִיו גֻּבְרַיָּא אִלֵּךְ דִּי־אֲכַלוּ קַרְצוֹהִי דִּי
דָנִיֵּאל וּלְגֹב אַרְיָוָתָא רְמוֹ אִנּוּן בְּנֵיהוֹן וּנְשֵׁיהוֹן וְלָא־
מְטוֹ לְאַרְעִית גֻּבָּא עַד דִּי־שְׁלִטוּ בְהוֹן אַרְיָוָתָא וְכָל־
גַּרְמֵיהוֹן הַדִּקוּ׃ כו בֵּאדַיִן דָּרְיָוֶשׁ מַלְכָּא כְּתַב לְכָל־

עממיא

ת"א וסגר פם ארי' . עקידה שער טו זוהר וישב ברכות יג ׃ קלווסי ׃ עקידה שער מז ׃ לכל עממיא . מגלה יח ׃ יתיר י'

רש"י

(כג) חבולה לא עבדת. שום דבר כיעור ושקר לא עשיתי:
(כד) שגיא טאב עלוהי. הרבה הוטב בעיניו:
ולדניאל. ואת דניאל צוה להעלות מן הבור: די הימין
באלהיה. אשר האמין באלהיו: (כה) די אכלו קרצוהי.
אשר הלשינו עליו: ולא מטו לארעית גובא. לא הגיעו
לתחתיות הבור עד שמשלו בהם האריות וכל עצמותיהם
הדיקו: (כו) באדין דריוש מלכא וגו' די דארין בכל
חימן באלהיה. שהאמין באלהיו: (כה) אכלו קרצוהי. הלשינוהו
שכל מי שמלשין את חבירו כאלו הרגו
חכמים לישנא בישא קטלא תלתא: (כה) לארעית גובא. לקרקעית

רס"ג

(כג) אלהי שלח מלאכיה. אריא דבי עילאי הוא אריה של
כסא הכבוד היה שואג ואומר השמרו אריות שלא תזיקו לאריה
בן גור אריה. ואמנם כי דבקו שיניהם ומלתעותם יחדו בלי
פירוד מאימת אריה השואג וסגר פיות האריות ולא חשחיתוני
ואף אחרת גדולה מזו הפליא עמי אשר הביא חבקוק הנביא
מארץ יהודה וארוחות פועלי שדהו עמו יחדו והביאו אלי ואכלנו
ושתינו יחד והללנו שם הבורא, ואז הלך לדרכו על יד המלאך
שהביאו והנני חי כאשר אדוני רואה: זכו השתכחת לי. זכות
נמצאת לי: חבולה לא עבדת. כלום פשע והשחתה לא עשיתי.
כי שחת עמך כתרגבמין ארי חבילו עמך: (כד) טאב עלוהי.
היטיב עליו: להנסקה. להוציאו ולעלותו: חבל. מום: די חימן
שכל מי שמלשין חבירו ראוי לו כאלו אכל צוארתו. ד"א אכלו
ושחטו דתנן קרצו ומירק אחר שחיטה על ידו ואמרי חכמים

אבן עזרא

תמיד: (כג) חבולה. השחתה: (כד) והוסק. כמו הסק
שמיס: (כה) ולא מטו לארעית גובא. לא הגיעו

מנחת שי

(כג) וסגר. עיין מה שכתבתי בפרשת בראשית אצל ו ז ס ב האדן: כל
קבל. בח"ק: קדמיך. יתיר יו"ד: (כה) ולא מטו. כמולם לא בשורק:
(כו) כתב לכל. הלמ"ד בגעיא: דאריֹן. דארין קרי:

מצודת דוד

(כג) שלח מלאכה. אלהי שלח מלאכו וסגר פי האריות ולא השחיתו
אותי בעבור אשר נמצא לי לפניו זכות ולא קסם את שכלי: ואף
קדמך. ואף לפניך המלך לא עשיתי דבר שמחה וכאומר הנה
כדנר התפלה לא יחשב למרד כי אני ומאתם חייבים בכבודו:
(כד) באדין. אז הרבה מאד הוטב הדבר על המלך ואמר להעלות
את דניאל מן הבור: והוסק. והועלה דניאל מן הבור ולא נמצא בו
כל חבלה ופשע על שהאמין באלהיו ולא הסיר תפלתו: (כה) ותיתיו
והביאו את האנשים האלה אשר הלשינו מלשינות על דניאל והושלכו
אל בור האריות המה ובניהם ונשותיהם: ולא מטו. לא הגיעו
לתחתיות הבור עד אשר משלו בהם האריות עודם באויר ואכלו
אותם ואף עצמותם כתתו דק דק: (כו) באדין. אז כתב דריוש לכל
האומות וכן כתב לכל עממיא וגו' אשר שוכנים בכל הארץ שנומכם

"May the king live forever! 23. My God sent His angel, and he closed the mouths of the lions and they did not hurt me because a merit was found for me before Him, and also before you, O king, I have done no harm." 24. Then it pleased the king exceedingly, and he ordered to lift Daniel up out of the pit, and Daniel was lifted up out of the pit, and no injury was found on him because he believed in his God. 25. And the king ordered, and they brought these men, who had informed on Daniel, and they were cast into the lions' pit—they, their sons, and their wives, and they did not reach the bottom of the pit before the lions overwhelmed them and crushed their bones into fine particles. 26. Then King Darius wrote to all

23. My God sent His angel... because a merit was found for me before Him—The fact that I prayed to Him was counted by Him as a merit, and was not a transgression of the king's decree, since the decree did not mention neglecting the Lord's commandment.—[*Malbim*]

and also before you, etc.—I did no unseemly act, for I did not infract upon your edict. That is to say that had I infracted the king's edict, I would have had no merit before Him, since He commanded to fear the king. Also, the merit that I had was in the form of the angel who testified on my behalf before God and saved me from the lions.—[*Malbim*]

I have done no harm—*No unseemly or false act have I committed.*—[*Rashi*]

24. it pleased ... exceedingly—*It was very good in his eyes.*—[*Rashi*]

and ... Daniel—*and he ordered that Daniel be lifted up out of the pit.*—[*Rashi*]

because he believed in his God—Aram. דִּי הֵימִן בֵּאלָהֵהּ.—[*Rashi*]

25. who had informed on Daniel—Aram. דִּי אֲכַלוּ קַרְצוֹהִי.— [*Rashi*] See above 3:8.

and they did not reach the bottom of the pit—*They did not reach the bottom of the pit before the lions overwhelmed them and crushed their bones to fine particles.*— [*Rashi*] According to *Midrash Psalms* 64, the satraps and viziers denied the miracle, arguing that the lions were full at night, and therefore did not devour Daniel. Darius retorted, "If so, you go into the pit and stay with them." See Comm. Dig. Psalms 64:8. This proved that the lions were indeed hungry; yet they did not touch Daniel. This greatly enhanced the miracle.— [*Malbim*]

26. Then King Darius...that lived in all the land, "May your peace increase!"—Aram. בֵּאדַיִן דָּרְיָוֶשׁ מַלְכָּא וגו דִּי דָאֲרִין בְּכָל אַרְעָא.—[*Rashi*]

עַמְמַיָּא אֻמַּיָּא וְלִשָּׁנַיָּא דִּי־דָאֲרִין בְּכָל־אַרְעָא
שְׁלָמְכוֹן יִשְׂגֵּא: כז מִן־קֳדָמַי שִׂים טְעֵם דִּי ו בְּכָל־
שָׁלְטָן מַלְכוּתִי לֶהֱוֹן זָאֲעִין וְדָחֲלִין מִן־קֳדָם אֱלָהֵהּ
דִּי־דָנִיֵּאל דִּי־הוּא ו אֱלָהָא חַיָּא וְקַיָּם לְעָלְמִין
וּמַלְכוּתֵהּ דִּי־לָא תִתְחַבַּל וְשָׁלְטָנֵהּ עַד־סוֹפָא:
כח מְשֵׁיזֵב וּמַצִּל וְעָבֵד אָתִין וְתִמְהִין בִּשְׁמַיָּא
וּבְאַרְעָא דִּי שֵׁיזִב לְדָנִיֵּאל מִן־יַד אַרְיָוָתָא:
כט וְדָנִיֵּאל דְּנָה הַצְלַח בְּמַלְכוּת דָּרְיָוֶשׁ וּבְמַלְכוּת
כּוֹרֶשׁ פָּרְסָיָא: ז א בִּשְׁנַת חֲדָה לְבֵלְאשַׁצַּר מֶלֶךְ בָּבֶל

דיריון קרי זיעין קרי פרסאה קרי

רש"י   רס"ג

ארעא. שדרין בכל הארץ שלמכון ישגא: (כט) ובמלכות כורש. שמלך אחר דריום שלא מלך דריום המדי אלא שנה אחת ונהרג במלחמה כאשר כתוב בספר יוסף בן גוריון והמליכו את כורם ותגו עליהם כתוב החיל:

בשנת תראשונה לבלשאצר תכתב מוקדם ומאוחר בספר:

אבן עזרא

(כט) ורדניאל דנה הצלח במלכות דריוש ובמלכות כורש פרסאה. והנה יורה כי לא היה יותר כי זקן היה.

ומשכבר סוף ורוככל ולא דניאל כשתי רחיות שאמר על זרוככל לששבצר שמיה די פחה שמיה.

verse 28 explains that Darius had vowed to allow the Jews to return to their land to rebuild the Temple and planned to do it now. Because of his advanced age, he feared that the nations would think him senile for sending his subjects away from his service. Therefore, he issued this order that everyone fear the God of Daniel so that when he would release

the Jews, no one would think it peculiar. Before he was able to fulfill his vow, however, he died. But, before his death, he had adjured Cyrus to fulfill the vow he had taken upon himself.

7

1. In the first year of Belshazzar—Though he already

peoples, nations, and tongues that lived in all the land, "May your peace increase! 27. From before me an order is issued that in the entire dominion of my kingdom, [everyone] should quake and be awestricken before the God of Daniel, for He is a living God, He exists forever, and His kingdom will not be destroyed, nor will His dominion until the end. 28. He saves and rescues and performs signs and wonders in heaven and on earth, Who saved Daniel from the hands of the lions." 29. And this Daniel prospered in the [time of the] kingdom of Darius and in the kingdom of Cyrus the Persian.

7

1. In the first year of Belshazzar, the king of Babylon,

27. From before me, etc.—He issued an order that they should fear the God of Daniel, because all the pagan deities have no life. They are natural forces with neither life nor intelligence, but He is living and enduring. The natural powers, like fire, to which the pagans attributed godliness, which the Persians worshipped in those days, are vulnerable to opposing powers, such as water. They do not endure forever, because every natural power must come to an end.—[*Malbim*]

and His kingdom will not be destroyed—by any opposing force.—[*Malbim*]

until the end—for it is eternal.—[*Malbim*]

28. **He saves and rescues**—and also,

performs signs and wonders—superior to nature, as is apparent from the miracle that He performed for Daniel, which was a wonder.—[*Malbim*]

29. and in the kingdom of Cyrus—*who reigned after Darius, for Darius reigned only one year, and he was slain in battle, as it is written in the book of Joseph ben Gurion, and they crowned Cyrus his son-in-law in the midst of the battle.*—[*Rashi*] According to *Josiphon*, after Daniel was saved from the lions' pit, he requested permission to retire from his position in the king's court and go to Shushan. He received permission and placed Zerubbabel as his successor in the king's palace. Meanwhile, Darius died, and Cyrus succeeded him. Before leaving Babylon, Daniel waited for the exiles to return to Judea to commence the rebuilding of the Temple.—[*Malbim*, quoting *Abarbanel* on 1:21] According to the Talmud (*Meg.* 15a), Daniel occupied an important post until the reign of Ahasuerus or even during his reign. See *Rashi* to 1:21. *Abarbanel* on

דָּנִיֵּאל חֵלֶם חֲזָה וְחֶזְוֵי רֵאשֵׁהּ עַל־מִשְׁכְּבֵהּ בֵּאדַיִן חֶלְמָא כְתַב רֵאשׁ מִלִּין אֲמַר׃ עָנֵה דָנִיֵּאל וְאָמַר חָזֵה הֲוֵית בְּחֶזְוִי עִם־לֵילְיָא וַאֲרוּ אַרְבַּע רוּחֵי שְׁמַיָּא מְגִיחָן לְיַמָּא רַבָּא׃ וְאַרְבַּע חֵיוָן רַבְרְבָן סָלְקָן מִן־יַמָּא שָׁנְיָן דָּא מִן־דָּא׃ קַדְמָיְתָא כְאַרְיֵה וְגַפִּין דִּי־נְשַׁר לַהּ חָזֵה הֲוֵית עַד דִּי־מְּרִיטוּ גַפַּיהּ וּנְטִילַת מִן־אַרְעָא וְעַל־רַגְלַיִן כֶּאֱנָשׁ הֳקִימַת וּלְבַב אֱנָשׁ יְהִיב לַהּ׃

ת״א וארבע חיון . פקריס מ״ד פליס :   יתיר י   לה

רש״י

ז (א) באדין חלמא כתב . אז [החלום כתב] וראש הדברים אמר : (ב) וארו . והנה . ארבע רוחי שמיא מגיחן וגו׳ . ארבע רוחות נושבות באות מארבע רוחות העולם ונלחמות עם הים הגדול וסוערות אותו : (ג) וארבע חיון . וד׳ חיות : שנין דא מן דא . משונות זו מזו :. (ד) קדמיתא כאריה וגפין די נשר לה . היא כאריה ולה כנפי נשר זו היא מלכות בבל שהיתה מושלת באותה שעה וכך ראה חותה ירמיה שנא׳ עלה אריה מסבכו (ירמיה ד׳) ואומר הנה כאשר ידאה וגו׳ (שם מ״ח) : עד די מריטו גפה . נמרטו כנסיה זו היא רמז למפלתה : ונטילת מן ארעא . לשון נסתלק מן הארץ רמז שתתבטל המלכות מן הארץ : ולבב אנש . ל׳ חלשות כמו ידעו גויס

אבן עזרא

דבריס דבר ולא כל דבריס ולפי דעתי ככה ראשית דברי דניאל : (ב) ענה . עם ליליא . במזון הלילה : וארו כמו ואלו . ויש אומרים כי כמוהו וידע חלמותיו שהוא

מצודת דוד

ז (ב) וארו . כמו ואלו כ״ל וסנה : מגיחן : מכן לגחון (תהליס כ״ג) : (ד) מריטו . נתלשו כמו ואמרטס משער רחשי

רס״ג

אומרין . וזה פירושו דניאל ראה חלום ומראה ראשו על משכבו אז החלום ראשית דבריו . ענה ואמר דניאל רואה הייתי במראות הלילה והנה ארבע רוחות השמים מקיפין לים הגדול . די״א מגיחן נלחמים כמו לאגחא קרבא . וי״א נוטעין וחולכין כמו בגינ׳ו מרחם יצא . וי״א כמו ותגח בגבירותיך . ינוח ירדן אל שיהו לשון שאיבת מים ומלאוי מים לשתות ולמעמ כלומר מתבלבלין בים הגדול למען ישאו הרוחות עבים אל חים וישאבוד חעבים למען חריק מקום תעלת מימיו וסכח אותן הרוחות יבשו מי חים הגדול. ואז . ארבע חיון רברבן סלקין מן ימא רבא. חמה ארבע מלכיות שמשולין לחיות רעות: (ג) שנין דא מן דא . שונות זו מזו בגזירותיהן . נבוכדנצר גזר לעבוד לצלם והעובר יושלך לכבשן האש . אחשורוש זימן בסעודתו כל ישראל לחכשילם ותידל להמן לשום צלם בצוארו למען אשר ישתחוו לו ומי שלא ישתחוה לו יתלח בעץ . יון נזור על חבריית מי שימול את בנו וישמור חשבת יהרג בחרב . ארם נזרה על כל המצות שבתורה ונזרות גזירות : (ד) קדמיתא כאריה . זה גבוכדנצר שנאמר בו עלה אריה מסובכו : וגפין די נשר לה . אף הוא חכל מתרחפין תחת מלכותו והוא שאמר חכתוב שאמר די מריטו

מנחת שי

(ג) סנין דא מן דא . ויקלא רבס ס׳ י״ז אל פקרי שנין אלא סנין וטמ״ש בלפסיס מ׳ : (ד) כאריה . סד״פ רפס : נסיר . גפס קרי : הקימת . כמ״ס במ״ק סס״א וי״ס במ״ס וכמקרא גדולה

ארמנוחיו . מגיחן . כמו יגיח ירדן : לימא רבא . ליס הגדול : (ד) קדמיתא . הראשונה כאריה וכנפי נשר לה וחזה הייתי מרטו כנסיה וכשאוה מן הארץ ועל רגלים

מצורת ציון

ז (ב) וארו . כמו ואלו כ״ל וסנה : מגיחן : מכן יליאס כמו גומי מבכן (תהליס כ״ג) : (ד) מריטו . נתלשו כמו ואמרטס משער רחשי

דזכו : חזה . רומס סיימי במולאס עס שינת סלילה כ״ל בעת סטינס : וארו . ר״ל וסנה כאלרבע רומות השמים מנכבות רומות ויולאות ממקומן אל סיס הגדול : (ג) וארבע חיון . ארבע מיות גדולות עולות מן סיס : וסס סיו משונים במראיהס זה מזה : (ד) קדמיתא הראשונה חמלס כאריס ולה כנפיס כמו כנפי נשר . ולה חלרבע סל מטדס על נברא חזה . רומס סיימי כאריס ולה כנפיס כמו כנפי נשר וכשאוה מן סארן ממקום איתן וחוזק מעמדס כמזר סימס כנס׳יס שסנה לסופיל לבל חטול :ועמדת סל רגליס כאנש הקימת . לעד כבן אדם כי ממסה לא הי׳ לס מוד מזל מטיסם סכנסיס לעמוד במוזק רכ: ולבב. ולבב חנש הקוה לס לבב כ״כ לבב סן אדם שאין גס לב מאין כלב סחריס וסוא מרמז על מלכות סל מלכות כ״נ כסלס סריס מסבחו

[Rashi] [Note that the wording is not exact. It is identical with the wording in Deuteronomy 28:49, but according to *Ramban*, that refers to Rome.]

until its wings were plucked—*Its wings were plucked, which is an allusion to its downfall.*—[Rashi]

and it was taken from the earth—*an expression of being taken away from the earth, an allusion to the curtailment of the kingdom from the earth.*—[Rashi]

and the heart of a mortal—Aram. וּלְבַב אֱנָשׁ, *an expression of weakness,*

Daniel saw a dream, and the visions of his mind [while asleep] on his bed; then he wrote the dream and said the beginnings of the matters. 2. Daniel raised his voice and said: I saw in my vision during the night, and behold the four winds of the heavens were stirring up the Great Sea. 3. And four huge beasts were coming up out of the sea, each one different from the other. 4. The first one was like a lion, and it had the wings of an eagle, until its wings were plucked and it was taken from the earth, and it stood on feet like a man, and the heart of a mortal was given

related the story of the end of Belshazzar's kingdom and the kingdom of Darius, Belshazzar is mentioned again since he is commencing the second half of the Book. The first half tells of Daniel's history, while the second half tells of his prophecies. This entire section, with the exception of the first verse, which was written by the men of the Great Assembly, appears in the first person. *Abarbanel* explains that since Jeremiah prophesied that the nations would serve Nebuchadnezzar, his son, and his son's son, the last being Belshazzar, the end of Belshazzar's reign was revealed to Daniel, as well as the kingdoms that would follow Babylon.—[*Malbim*]

then he wrote the dream—*Then [he wrote the dream] and told the beginnings of the matters.*—[*Rashi*] i.e., he wrote down the entire dream as a memorandum for himself, but he told his contemporaries only the beginnings of each matter.—[*Mezudath David*]

2. Daniel raised his voice and said—but he did not tell the entire dream to his contemporaries, only

the main points, as in the previous verse.—[*Mezudath David*]

during the night—i.e., in the vision of the night.—[*Ibn Ezra*] *Mezudath David* explains: during the sleep of the night, i.e., while I was sleeping.

and behold—Aram. וַאֲרוּ.—[*Rashi*]

the four winds of the heavens were stirring up, etc.—*four blowing winds coming from the four directions of the world and waging war with the Great Sea and stirring it up.*—[*Rashi*] *Ibn Ezra* and *Rav Saadia Gaon* render: drawing toward the Great Sea. *Mezudath David* renders: going forth to the Great Sea.

3. And four beasts—Aram. וְאַרְבַּע חֵיוָן.—[*Rashi*]

each one different from the other—Aram. שָׁנְיָן דָּא מִן דָּא.—[*Rashi*]

4. The first one was like a lion, and it had the wings of an eagle—*It was like a lion, and it had the wings of an eagle; that is the kingdom of Babylon, which was ruling at that time, and so did Jeremiah see it* (4:7): *"A lion has come up from its thicket,"* *and he says also* (48:40): *"like an eagle he shall soar."*—

לֶהּ: ה וַאֲרוּ חֵיוָה אָחֳרִי תִנְיָנָה דָּמְיָה לְדֹב וְלִשְׂטַר־חַד הֳקִמַת וּתְלָת עִלְעִין בְּפֻמַּהּ בֵּין שניה וְכֵן אָמְרִין לַהּ קוּמִי אֲכֻלִי בְּשַׂר שַׂגִּיא: ו בָּאתַר דְּנָה חָזֵה הֲוֵית וַאֲרוּ אָחֳרִי כִּנְמַר וְלַהּ גַּפִּין אַרְבַּע דִּי־עוֹף עַל־גַּבַּהּ וְאַרְבְּעָה רֵאשִׁין לְחֵיוְתָא וְשָׁלְטָן יְהִיב לַהּ: ז בָּאתַר

ת"א ואחד , מגלה יח קידושין פ"ב פג : פלעין , קדושין פ"ב דנה

יתיר י' יתיר י'

רש"י

אמס המה סלה : (ה) אָחֳרִי . אחרת . תִנְיָנָה . שעלתה שניה מן היס : דָּמְיָה לְדֹב . זה רמז למלכות פרס שאמלך אחר בבל שאוכלים ושותים כדוב ומסורבלים בבשר כדוב : דָּמְיָה לְדֹב . לדב כתיב כמו דיבא תרגום של זאב שאף זאב נקראת מלכות פרס שנא' על כן הכם אריה מיער זאב ערבות ישדדם : וְלִשְׂטַר חַד הֳקִמַת . ולצד א' עמדה רמז לשיפסוק מלכות בבל תמתין פרס שנה אחת שאמלך מדי : וּתְלָת עִלְעִין בְּפֻמַהּ . שלש צלעות רבותינו פרשו ג' מדינות היו תמיד מורדות בה ומשלימות עמה סעמים בולעתן וסעמים פולטתן זהו בפומה בין שניה פעמים חוץ לשניה סעמים לתוכן ואני אומר תלת עלעין שלשה מלכים שעמדו לפרס כורש ואחשורוש ודריוש שכנה הבית : בְּשַׂר שַׂגִּיא . בשר הרבה : (ו) גַּפִּין אַרְבַּע וגו' וְאַרְבְּעָה רֵאשִׁין . הם ד' מושלים שחלק להם אלכסנדרוס מוקדון כמותו את מלכותו כמו שכתוב בספר יוסף בן גוריון שהיתה הזאת השלישית היא מלכות אנטיוכוס ונקרא נמר על שם שהיתה

אבן עזרא

כאנש הולכה ולב אנוש נתן לה : (ה) וַאֲרוּ . והנה חיה אחרת שנייה דומה לדוב ולצד אחד הוקמה , וג' צלעות בפיה בין שינייה וכן אמרין לה קומי אכולי בשר רב : (ו) בָּאתַר . אחר כן ראיתי והנה אחרת כנמר ולה כנפים ארבע ככנפי עוף : עַל גַּבַּהּ . כמו על גפי מרומי קרת וארבעה ראשים לחיה הזאת ושלטון נתון לה : (ז) בָּאתַר . אחר כן רואה הייתי במראות הלילה והנה חיה רביעית

מצודת דוד

(ירמיה ד') ואף עליו נאמר הנמר הגדול (יחזקאל י"ז) וסומס טדי מוכד: (ה) וַאֲרוּ . והנה חיה אחרת שניה לה דמתה לדוב וזמן מה מס סומעדס לצד אחד ושלשה צלעות בפיה בין שיניה וכן אמרו לה קומי אכלי בשר

מצודת ציון

(עזרא ל') : (ה) וְלִשְׂטַר . לצד מ"א סמל : (ו) בָּאתַר . כמו כמר

---

secret places."—[*Mezudath David*] See 11:2.

6. four wings ... four heads— *They are the four rulers to whom Alexander of Macedon allotted his kingdom at his death, as is written in the book of Joseph ben Gurion (Book* 3, ch. 14), *for this third beast is the kingdom of Antiochus, and it is called* נָמֵר *because it issued decrees upon Israel [which were] spotted* (מְנֻמָּרוֹת) *and varied one from another.*—[*Rashi*]

and dominion was given it—

it. 5. And behold another second beast, resembling a bear, and it stood to one side, and there were three ribs in its mouth between its teeth, and so did they say to it, 'Get up, eat much meat.' 6. After this, I saw, and behold another one, like a leopard, and it had four wings of a bird on its back, and the beast had four heads, and dominion was given it. 7. After

like (Psalms 9:21): *"Let the nations know that they are forever mortal men (אֱנוֹשׁ)."*—[*Rashi*]

5. another—Aram. אָחֳרִי.—[*Rashi*]

second—*that emerged second from the sea.*—[*Rashi*]

resembling a bear—*This represents the kingdom of Persia, which will reign after Babylon, who eats and drinks like a bear and is enwrapped in flesh like a bear.*— [*Rashi* from *Meg.* 11a, *Kid.* 72a]

resembling a bear—*It is spelled* לְדֹב [without a "vav,"] *like* דֵּיבָא, *the Aramaic for* זְאֵב, *a wolf, for the kingdom of Persia was also called a wolf, as it is said:* (Jer. 5:6): *"Therefore a lion smote them, a wolf of the deserts spoils them."*—[*Rashi* from *Lev. Rabbah* 13:2] See Comm. Dig. ad loc. [Note that the wolf represents Media, yet *Rashi* takes it to represent Persia.]

and it stood to one side—*and it stood to one side, indicating that when the kingdom of Babylon terminates, Persia will wait one year, when Media will reign.*—[*Rashi*] *Rav Saadia Gaon* explains that it reigned over part of the kingdom, while Darius reigned over most of the land. [Note that this follows *Josiphon,* quoted above 5:28.]

and there were three ribs in its mouth—Aram. וּתְלָת עִלְעִין בְּפֻמַּה, *three ribs. Our Sages explained that three provinces were constantly rebelling against it* [i.e. Persia] *and making peace with it; sometimes it would swallow them and sometimes spit them out. That is the meaning of "in its mouth between its teeth," sometimes outside its teeth, sometimes inside* (Kid. 72a), *but I say that the three* עִלְעִין *are three kings who will rise from Persia: Cyrus, Ahasuerus, and Darius who built the Temple.*—[*Rashi*] *Rashi's* interpretation coincides with that of *Rav Saadia Gaon,* who derives this from מַלְתְּעוֹת, *incisors,* three large teeth in their mouths; they are the three kings who rose up from Persia after Cyrus, and some say after Darius. [Apparently, they mean after Darius I, viz. Cyrus, Ahasuerus, and Darius II, as *Rashi* explains. The first opinion includes Cambises, the son of Cyrus, who succeeded his father. See *Rashi* on 11:2.]

much meat—Aram. בְּשַׂר שַׂגִּיא.— [*Rashi*] This represents the vast riches amassed by the kings of Persia, as prophesied by Isaiah (45:3): "And I will give you treasures of darkness and riches hidden in

דְּנָה חָזֵה הֲוֵית בְּחֶזְוֵי לֵילְיָא וַאֲרוּ חֵיוָה רְבִיעָאָה
דְּחִילָה וְאֵימְתָנִי וְתַקִּיפָא יַתִּירָה וְשִׁנַּיִן דִּי פַרְזֶל
לַהּ רַבְרְבָן אָכְלָה וּמַדֱּקָה וּשְׁאָרָא בְּרַגְלַהּ רָפְסָה
וְהִיא מְשַׁנְּיָה מִן כָּל חֵיוָתָא דִּי קָדָמַהּ וְקַרְנַיִן עֲשַׂר
לַהּ: ח מִשְׂתַּכַּל הֲוֵית בְּקַרְנַיָּא וַאֲלוּ קֶרֶן אָחֳרִי זְעֵירָה
סִלְקָת בֵּינֵיהֵן וּתְלָת מִן קַרְנַיָּא קַדְמָיָתָא אֶתְעֲקַרָה
מִן קֳדָמַהּ וַאֲלוּ עַיְנִין כְּעַיְנֵי אֲנָשָׁא בְּקַרְנָא דָא וּפֻם

רס"ג רביעאה קרי יתיר י' יתיר י' יתיר ו' אתעקרה קרי יתיר י' רש"י

רש"י

יהיב לה . וממשלה נתנה לה: (ז) בחזוי ליליא . בלילה אחרת השלש הראשונות ראה בלילה אחת וזו בלילה אחרת על שם שהיא שקולה כנגד שלשתן . כויקרא רבה: ושנין די פרזל לה . שיני ברזל לה: ומדקה . מדיקה ושוחקת הדק: ושארא . מותר אכילתה: וקרנין עשר . עשר קרנות זו פי' לו המלאך שהם עשרה מלכים שיעמדו לרומי קודם לאספסיינוס שחרב את הבית: (ח) ואלו . כמו וארו לשון הנה: ממלל רברבן . דברי גאוה הוא טיטוס שאמרז"ל

אתריו והגפין והראשים הם מלכיות שעמדו אחרי מותתו ראשונה רומניאה שניה אלכסדריא שלישית עכו רביעית אנטוכא ושמות המלכים רומנום ברומניאה אלכסנדרוס באלכסנדריאה ארודוס בעכו אנטיוכוס באנטוכיה ארודוס בנה עיר ארודון הם עם כל האחרים תמו כלו: (ז) וארו . והנה חיה רביעיה זו ארם הנזכרת נוראה ובעלת אימה מחזקה ביותר . ושנין של ברזל . ולמה היא כפולה באומה דחילה ואימתני ותקיפא לומר על מלכות ישמעאל שהיא כלולה עמה: ושנין די פרזל לה . בדעתי היה מלכות ארם למען כי כתב י' מלכים בדור אחד שנאמר וקרצין עשר לה ובניהן תחתיהן עומדין ובמלכות ישמעאל מלך אחד וכולם תחת ממלכתו וסמני יצא מלך לכל המקומות: אכלה . בבית ראשון . וסדקה . בבית שני: הוית בקרניא . מביט הייתי בקרנות האלה כי כל אלה המלכים יחד כל ואלו קרן אחרי זעירה . והנה קרן אחרת קמנה עלתה ביניהן שליש מן הקרנות הם שלשה מלכים נתעקרו ונפלו מן העשרה ובדעתי לקח את ארצם ואת מלכותם אז מלך האחד בקושמנמינא והאחד

אבן עזרא

הראשונות וקרנות עשר לה: (ח) משתכל . מגזרת שכל משתכל ומתבונן בקרנות והנה קרן אחת קטנה עלתה ביניהם וג' קרנות מהראשונות נעקרו מלפניה והנה עינים

מנחת שי

בנסחאות מדוייקות וכן היה הגירסא כמסורתנו פ'לך לך ולא סימוש למאי דכתיב התם מבכרא : גביה . גבס ק': (ז) רביעיא . רביעאה קרי והרי"ש בגעיא כס"ס : ואימתני . במקלת מדוייקים האל"ף בלירי ומלא יו"ד וסגו"ן במיריק . במקלת מדוייקים מלעיל כמ"ש לעיל בסימן ג': ברגליה . יתיר יו"ד: קדמיה . יתיר יו"ד: (ח) ביניהן קרי . מתעקרו . מתעקרה קרי האל"ף במילק בחילק ובלא יו"ד וי"ס כסגול האל"ף: קדמיה . יתיר יו"ד וי"ס וסקו"ף כמ"ק:

מצודת דוד

ואכלה ושמקה הדק והנשאר רמסה ודרסה ברגלה: והיא משניה . היתה משונה מן כל החיות אשר עלו לפניה ועל כי לא מלא לה כמין

מצודת ציון

(ז) רפסה . רמסה כמו מתרפס בכלי כסף (תהלים ס"ח):

בכל החיות שבעולם לזה לא אמר למה היתה דומה כמו שאמר בשלש הראשונות ואף אמר שהיתה משונה מהן: וקרנין: (ח) משתכל . מתבונן הייתי בהקרנות והנה קרן אחרת קטנה והנה קרן פלתה ביניהם ושלשה מן הקרנות הראשונות נעקרה מלפניה: ואלו . והנה עינים כעיני אדם היה בקרן זה ואף פה מדבר דברים גדולים ונפלאים והוא מרמז על מלכות ישמעאל חזקה עד למאד ומושלות זמן רב והיא מעבדת לסרך וקרנין עשר ירמז כי פשטוט מלכות ישמעאל כרוב הישוב ובהם יש עשר מלכיות אדירים והם כרמאן ואלפסהן ואלימן ומיכה ומלרים ואפריקי ומלכות ישמעאל שוכני אהלים ופלשתים ואלברבר וכוש וקרן זעירה ירמוז הדבר העתיד להיות סמוך לביאת הגואל כי תלא עם ממזרח ותשוב לתורת ישמעאל ותשחית מהם ג' מלכיות והמלך מהטם הבא

---

individual kingdoms, each one governed by its own monarch. *Malbim* interprets this as the ten kingdoms into which the Roman empire was ultimately divided. Originally, it was one kingdom, later divided into two, and ultimately into ten.

8. and behold—Aram. וַאֲלוּ like וַאֲרוּ, *an expression of "behold."*—[*Rashi*]

speaking arrogantly—*words of arrogance. That is Titus, about whom the Rabbis, of blessed memory, said (Gittin 56b) that he blasphemed and berated and entered the Heichal with brazenness.*—[*Rashi*] *Rav Saadia Gaon* identifies

this, I saw in the visions of the night, and behold a fourth beast, awesome and dreadful and exceedingly strong, and it had huge iron teeth. It ate and crushed, and trampled the rest with its feet, and it was different from all the beasts that were before me, and it had ten horns. 8. I looked at these horns and behold another small horn came up among them, and three of the first horns were plucked out before it, and behold eyes like human eyes were on this horn, and a mouth

Aram. וְשַׁלְטָן יְהִיב לַהּ.—[*Rashi*] *Abarbanel* explains that Alexander was represented by a leopard because his might equaled that of a lion, and his agility equaled that of a deer. These two traits illustrated his military prowess. In addition to this, the animal had four wings like a bird, illustrating the agility Alexander showed in conquering almost the entire known world, surpassing the conquests of his predecessors. The four wings, represented his four traits, which enabled him to conquer all this territory, viz. (1) his generosity, which attracted many people to him, (2) his might, which prevented him from retreating before anyone, (3) his acuity, by which he planned various strategies to conquer all these lands, (4) his great lust to rule and conquer. When his officers asked him when he would be sated with his conquests, he replied that he would be sated only after he had conquered the entire civilized world. As explained above, the four heads represent the four generals who inherited his empire, viz. Ptolemy, who took Egypt, Seleucas, who took Assyria and Babylon, Antigonas, who took Persia and Asia Minor, and

Phillip (Alexander's brother), who took Macedonia. They were destined to take over the empire after Alexander's untimely demise at the age of thirty-two. The final clause, "and dominion was given it," means that only Alexander, and not his successors, would possess such an extensive empire.

7. in the visions of the night—*on another night. The first three he saw on one night, and this one on another night, because it is equal to them all. In Leviticus Rabbah (13:5).*—[*Rashi*]

and it had ... iron teeth—Aram. וְשִׁנַּיִן דִּי פַרְזֶל לַהּ.—[*Rashi*]

and crushed—*It crushed and ground finely.*—[*Rashi*]

and ... the rest—*what it left over from its eating.*—[*Rashi*]

and ... ten horns—Aram. וְקַרְנַיִן עֲשַׂר. *The angel explained to him that these are the ten kings who would ascend* [the throne] *of Rome before Vespasian, who would destroy the Temple.*—[*Rashi. See below verse 24. According to Gen. Rabbah, all those kings were descended from Esau.] Rav Saadia Gaon* and *Mezudath David* interpret this as a reference to the kingdom of Ishmael, which was composed of ten

מְמַלֵּל רַבְרְבָן: ⁹ חָזֵה הֲוֵית עַד דִּי כָרְסָוָן רְמִיו
וְעַתִּיק יוֹמִין יְתִב לְבוּשֵׁהּ כִּתְלַג חִוָּר וּשְׂעַר רֵאשֵׁהּ
כַּעֲמַר נְקֵא כָּרְסְיֵהּ שְׁבִיבִין דִּי־נוּר גַּלְגִּלּוֹהִי נוּר
דָּלִק: נְהַר דִּי־נוּר נָגֵד וְנָפֵק מִן־קֳדָמוֹהִי אֶלֶף
אַלְפִים יְשַׁמְּשׁוּנֵהּ וְרִבּוֹ רִבְבָן קָדָמוֹהִי יְקוּמוּן דִּינָא
יְתִב

ת״א כרסון . חגינה יד סנהדרין נח זהר ויתי ויקרא : די נור . חגינה יג :ישמשונה . סוכה נה :

רש״י

אלפין קרי רבבן קרי

(ט) די כרסוון רמיו . כסאות הוטלו ונתקנו ליסב במשפט אחד לדין
לאוה״ע וא׳ לצדקה לישראל: ועתיק יומין יתיב . הקב״ה
יוסב למשפט על המלכות הזו ועל סלפנים שהכתימו לפניו
והסיקו לבניו : כתלג חיור . ללכן עונות עמו : ושער
ראשה כעמר נקא . מנקה עלמו מזכיות שים לעכו״ם
לפניו ומשלם להס כל שכרס בעוה״ז . בויקרא רבה :
די נור . של אם : נור דלק . אם בוערה : (י) נגד ונפק .
מושך ויולא : ישמשוניה . לעתיק יומין : דינא יתיב .

גלנלוהי נור דליק . כסא הדין שלו שביבי אש וגלגליו אש בוערת
באפו כי באש נשסם ומרוב להם האש מתרבה האש עד העשות לנהר של אש כאמור :
נהר די נור נגד . מושך ויוצא סלפניו מאש עברתו : אלף אלפין ישמשוניה ורבו רבבן
קדמוהי יקומון דינא יתיב .

אבן עזרא

כעיני אנוש אנום בקרן הזאת ופה מדברת גדולות: (ט) חזה . רואה
הייתי עד שהכסאות הוטלו וקדמון ימים יסב לבושו כסלג
לבן ושער ראשו כלמר נקי כסאותיו שביבי אש גלגליו אש
בוערה : (י) נהר .(נחל) אם.ים אומרים נהור אם והוא הנכון
בעיני : נגד . נמשך ויולא סלפניו . אלף אלפין ישרתוהו

מצודת דוד

רואה הייתי כל זאת עד אשר הוטלו והוסם כסא וזקן מיוסן בימים
יסב על הכסא ולבושו היה לבן כסלג ושער ראשו היה כלמר נקי
כרסיה . כסאו היה גילולות של אם גלגלי הכסא היו אם בוער : (י) נהר .
נחל של אם היה נמשך ויולא מלפניו אלף פעם אלף כו' .
דינא . עדת המשפט היו יושבים וגו'.

מצודת ציון

(ט) ועתיק . ענין מיוסן כמו והדברים עתיקים (דברי הימים א' ד') :
(י) ורבו . הוא עשרת אלפים :

מנחת שי

(ט) כרסון קרי . (י) קדמוהי . אלפין קרי .
ישמשונה . במקלת ספרים .
רבון . כן כתיב
וקרי כם״ס וספרים אחרים רבון כתיב רבבן קרי וס״א מלאפו רכון

רס״ן

היא מלכות פרס.ועילם סדבר לשון פרס הסגרשים העוג'ים וראש
שלהם יוזנדר שהוא נשאר לקח ישמעאל את המלוכה
מיד בבל ואצפהן ושנער וכל סדינת בראשאן : ואלו עיינין .
והנה עינים כעיני אדם בקרן הזאת ופה מדבר גדולות ואמר
שלחני אלהים : רואה הייתי עד אשר כל כסאות המלכים האלה הושלכו ואיש כמראה אדם
זקן יושב על כסאו ונם לבושו כסלג לבן ושער ראשו כצמר
נקי ובדעתי כי עתיד הבורא להשליך מכסאותם מלכי עכו'ם
להפיל שריהם עם מזלותם וכסאותם מן השמים אז הוא מתמלא
רחמים על בניו ונדמה כזקן מלא רחמים ויושב על כסא רחמים
ומתעטף במעיל לבנה לנקות כשלג כדי להלבין חטאינו כשלג ושיער
ראשו כצמר צחוגקי לנקותו עמו מפשע : כרסיה שביבין די נור
אפו כי באש נשסם ומרוב האש מתלהטין למען ירדן עמים
האש עד העשות לנהר של אש כאמור: (י) נהר די
נור נגד . מושך ויוצא קדמוהי יקומון דינא יתב . הוא יום
הדין כבתוב כי הנה יום בא בוער כתנור וינבה ה' צבאות וכתיב וכן חכל לי נאם ה' הוא יום הגדול
בעת יקום אליה למשפט : וספרין פתיחו . אין לפניו צורך וחפץ לכתוב זה לצדיקים למען אשר יוכרו לפני
במשל כתב ויכתב בספר זכרון לפני זה שכחה לפני גדול העצה ורב העלילים וארלם
יכתבו ודע כי דינא יתיב וספרין פתיחו ביארתי למעלה יום דין ויום פקודה הוא יום העתיד לדרוש כל מעשה בני אדם

(ט) נהר . נחל של אם היה נמשך ויולא מלפניו אלף פעם אלף פעם ישרפו
אותו ורבוא פעם רבוא ישמעו לפניו : דינא . עדת המשפט היו יושבים ולפניהם ספרים פתוחים וזהו כי רלה את השכינה בדמות
זקן להנדית שהוא מלא רחמים ולבושיה כתלג לרמז כי ילבין עון עמו ושער ראשיה נקי לרמז סינקה אותם מפשע והכ״ד של

Thrones were set up and established to sit in judgment, one for judgment for the nations of the world and one for charity for Israel.—[Rashi from Hagigah 14a, Sanh. 38b] Rav Saadia Gaon renders: until thrones were cast down; i.e., the thrones of these kings were cast down, and a man, appearing aged, was sitting on his

throne. This symbolizes that in the future, God will cast all these kings off their thrones by casting down their heavenly princes and the stars that govern them. Then He will be filled with mercy for His children, and He will appear as a compassionate elder, sitting on a throne of mercy, enwrapped in a cloak as white

speaking arrogantly. 9. I was looking until thrones were set up, and the Ancient of Days sat; His raiment was as white as snow, and the hair of His head was like clean wool; His throne was sparks of fire, its wheels were a burning fire. 10. A river of fire was flowing and emerging from before Him; a thousand thousands served Him, and ten thousand ten thousands arose before Him. Justice was

the fourth beast as the kingdom of Aram. [This should probably read: Edom.]

I looked at these horns—i.e., at each monarch in his own country, for the provinces of the Roman empire were many.

and behold another small horn—I believe that this is the kingdom of Ishmael in Arabia.— [*Rav Saadia Gaon*]

and three of the first horns— These represented three kings, who were plucked out and fell from the ten. I believe that two of the horns were the two kings of Edom, whose territory was taken over by the Arabs, one who ruled in Constantinople and one who ruled in Germany over all of Italy. The third horn that was plucked out was the kingdom of Persia and Elam. Their head was Yuzgadar, who remained, and whose kingdom was taken over by the Ishmaelites from Babylon, Ctesphon, Sumeria, and the entire province of Brashan.—[*Rav Saadia Gaon*]

and behold eyes like human eyes were on this horn, and a mouth speaking arrogantly—saying that God sent him. [This probably refers to Mohammed.] *Rambam*, too, in his אִגֶּרֶת תֵּימָן, *Epistle to Yemen*, interprets

this as referring to a person who pretends to be a prophet and asserts that God spoke to him and revealed to him a book. This obviously refers to Mohammed and his innovation of Islam, as embodied in the Koran. *Malbim*, following *Abarbanel*, identifies the small horn as the beginning of the papacy in Rome, which was initially small and insignificant, and the ten horns as the emperors who ruled the Roman empire, all of whom degraded Christianity. Then this horn gained power during the reign of Constantine, who took Silvester the pope, who was hiding in a cave, brought him to Rome, and gave him the crown of the empire for himself and his successors to rule in Rome and in Italy. Then Constantine went to Constantinople, built it up, and established the capital of the eastern empire there. *Malbim* conjectures that the three horns that were plucked out represent the three kings of Rome destined to break away from the rule of the pope. He does not elaborate on this, but writes that if one seeks this one will find that three mighty kings seceded from the Catholic Church several hundred years before his, [*Malbim's*] time.

9. until thrones were set up—

יָתֵב וְסִפְרִין פְּתִיחוּ: יא חָזֵה הֲוֵית בֵּאדַיִן מִן קָל מִלַּיָּא רַבְרְבָתָא דִּי קַרְנָא מְמַלֱּלָא חָזֵה הֲוֵית עַד דִּי קְטִילַת חֵיוְתָא וְהוּבַד גִּשְׁמַהּ וִיהִיבַת לִיקֵדַת אֶשָּׁא: יב וּשְׁאָר חֵיוָתָא הֶעְדִּיו שָׁלְטָנְהוֹן וְאַרְכָה בְחַיִּין יְהִיבַת לְהוֹן עַד זְמַן וְעִדָּן: יג חָזֵה הֲוֵית בְּחֶזְוֵי לֵילְיָא

רש"י

המשפט נתישב לפניו: **וספרין פתיחו.** הספרים נפתחו ספרי העבירות והרעות שעשו: (יא) **מן קל מליא.** מקול הדברים הגבוהים שהקרן מדברת עלתה חמתו של עתיק יומין: **עד די קטילת חיותא והובד גשמה.** אבד גופה: **ליקדת אשא.** ללבת אש הוא אשו של יעקב והיה בית יעקב אש וגו' (עובדיה א'): (יב) **ושאר חיותא העדיו שלטנהון.** ולשאר המלכיות הסירו מן השמים ממשלתהון: **וארכה בחיין יהיבת להון.** וזמן נתן להם בחיים עד יום מועד לעתיד לבא מלחמות גוג ומגוג:

רס"ג

החיים והמתים ואשר כתב למעלה ועתיק יומין יתיב כל האומר כי ראה דניאל ה' צבאות עין בעין הרי הוא פושע בדמה דמות לה' ואין לו דמות דכתיב ואל מי תדמיון אל וכל האומר כי ראה מלאך הוא מן השונים והוא מן האומר קטון וגדול למען כי אין שופט העולם כ"א הקב"ה לבדו ככתוב לפני ה' כי בא לשפום הארץ ואין מלאך אשר יוכל לדבר כי אלף אלפין ישמשוניה ועתה דע כי דניאל ראה כל אלה בחלום ולא במראה עינים וכל החלום יש לו פתרון כי הם משל כי גם כל נבואת הנביאים אשר ראו ותחת רגליו כמעשה לבנה הספיר וממראה מתניו ולמעלה יושב על כסא רם ונשא לא ראו חוק חקוקה כי אין דמות לבורא כלל ולא דמות מלאך כי בעת שהיה מדבר עמם מראה להם חזיון חדש וכל דמות שראו יש לו פתרון סקל שקד כי שוקד אני רבבות גדולי' מעשיו בלי מספר וכאשר ראה ומשמאלו לא נוכל לדמות על יוצר הכל מימינו ומשמאלו ולא יעמוד לפניו כל יצור ואולם דברי כל אלה במשל במעשה בני אדם: (יא) **והובד גשמה.** ואבד גופה זה איבוד מלכות רביעית הוא שנשפט מדורתה אש ועצים הרבה משפט רשעים בגיהנם ישפום שם כל ה' וגו': (יב) **ושאר חיותא העדיו שלטנהון.** ושאר החיות הם שאר כל מלכות העכו"ם כל אחד ואחד הסירו מלכותם בעת אותם הם עומדים וסהן נשארו עד בוא יומם באחרית הימים במגושים אשר כתב וארכא בחיין יהיבת להון עד זמן ועידן ואורך בחיים ניתן להם חרית מלכות ישמעאל וסוף מלכותו כי הוא אחרית מלכות כל הארץ למלכים הראשונים אחרי אשר אבדה כבשלתם הוא אחרית מלכות יש...

מנחת שי

כהיב רוון קרי: (יא) גשמה. לית מפיק ה"א:

אבן עזרא

ורבי רבבות לפניו יעמדו למשפט הספרים נפתחו: (יא) **חזה.** רואה הייתי אז מן קול מלית גדולות שהקרן ממללת. רואה הייתי עד נהרגה החיה ואבדה גופתה ינתנה למוקד אש: (יב) ושאר החיות הסירו מלכותם ואורך בחיים נתן להם עד זמן מועד: (יג) **חזה.** רואה הייתי במראות

מצודת ציון

(יב) **וארכה.** ענין הסמכה ואריכות זמן: **זמן ועדן.** הם שמות נרדפים וכן אדמת עפר (לקמן י"ב):

מצודת דוד

... מעלה ... הקרן ה... (יא) ח... **ונאבד גופה** ונתנה לשריפת אש: (יב) **ושאר חיותא.** ושאר החיות הם שלש ... בחיים נתן להם עד זמן ועדן ור"ל עד עת קבוע וירמו אשר בעבור דברי מלך ה... יוסר ממשלתם כ"א בזמנו אבל ישארו בחיים עד בואם למלחמה עם גוג...

judge. This was merely a vision shown to Daniel in a dream, which has an interpretation like any other dream of this type.

11. from the sound of the arrogant words—*From the sound of the haughty words that the horn was speaking, the wrath of the Ancient of Days was aroused.*—[*Rashi*]

until the beast was slain and its body was destroyed and given—Aram. וְהוּבַד גִּשְׁמַהּ.—[*Rashi*] This is the destruction of the fourth kingdom.—[*Rav Saadia Gaon*]

to a flame of fire—*to a flame of fire; this refers to Jacob's fire* (Obad. 1:18): "And the house of Jacob shall be fire [and the house of Joseph a flame, and the house of Esau shall become stubble, and they shall ignite them and consume them] *etc.*"—[*Rashi*]

12. But as for the other beasts, their dominion was removed—*And*

established, and the books were opened. 11. I saw then from the sound of the arrogant words that the horn spoke, I looked until the beast was slain, and its body was destroyed and given to a flame of fire. 12. But as for the other beasts, their dominion was removed, and they were given an extension of life until a set time. 13. I saw in the visions of the night,

as snow to whiten our sins, and the hair of His head like clean wool to cleanse us of our transgressions.

and the Ancient of Days sat— *The Holy One, blessed be He, was sitting in judgment on this kingdom and on those before it, who provoked Him and oppressed His children.—[Rashi]*

as white as snow—*to whiten the iniquities of His people.—[Rashi]*

and the hair of His head was like clean wool—*He cleanses Himself of the merits that the nations have before Him, and He pays them all their reward in this world. In Lev. Rabbah.—[Rashi]* [Found in *Tanh. Kedoshim* 1]

sparks—Aram. שְׁבִיבִין.*—[Rashi]* See above 3:22.

of fire—Aram. דִּי נוּר.*—[Rashi]*

a burning fire—Aram. נוּר דָּלֵק.*—[Rashi]* His throne of justice is made of sparks of fire, and its wheels are a burning fire. These are the wheels of the Celestial Chariot, which heat up in order for God to judge the nations with His wrath. He judges with fire, and because of the intense heat of the burning wheels, the fire increases until it becomes a river of fire.—*[Rav Saadia Gaon]*

10. **was flowing and emerging—**Aram. נָגֵד וְנָפֵק.*—[Rashi]* It emerges

from before Him from the fire of His wrath.—*[Rav Saadia Gaon]*

serve Him—i.e., *the Ancient of Days.—[Rashi]*

justice was established—*The judgment is established before Him.—[Rashi] Rav Saadia Gaon* identifies this with the future Day of Judgment, quoting three verses from the prophets paralleling this: (Mal. 3:19): "For lo, the day comes, glowing like a furnace"; (Isa. 5:16): "And the Lord of Hosts will be exalted in judgment"; (Zeph. 3:8): "Therefore, wait for Me, says the Lord." All these verses refer to the great and fearful Day of Judgment.

and the books were opened—*The books were opened; the book of the transgressions and the evils that they committed.—[Rashi] Rav Saadia Gaon* emphasized that God does not require books to know a person's good and evil deeds. This is an anthropomorphism used to bring out the idea that no deeds are forgotten. Similarly, the vision of the aged man with white hair and a white garment should not be interpreted to mean that Daniel saw God with his eyes or that this was an angel, because God has no form and cannot be seen, and an angel does not have thousands to serve him, nor can he

וַאֲרוּ עִם־עֲנָנֵי שְׁמַיָּא כְּבַר אֱנָשׁ אָתֵה הֲוָה וְעַד־עַתִּיק יוֹמַיָּא מְטָה וּקְדָמוֹהִי הַקְרְבוּהִי: יד וְלֵהּ יְהִיב שָׁלְטָן וִיקָר וּמַלְכוּ וְכֹל עַמְמַיָּא אֻמַיָּא וְלִשָּׁנַיָּא לֵהּ יִפְלְחוּן

ת״א כְּנֵי אֱנָשׁ . סנהדרין לח :

רש״י

אֲרֻכָה . הִתְחַתְּנָה : (יג) **כְּבַר אֱנָשׁ אָתֵה .** הוּא מֶלֶךְ הַמָּשִׁיחַ : **וְעַד עַתִּיק יוֹמַיָּא .** שֶׁהָיָה יוֹשֵׁב בַּמִּשְׁפָּט וְדָן אֶת הַשְׁכוּמ״ן : **מְטָה . הִגִּיעַ** : (יד) **וְלֵהּ יְהִיב שׁוּלְטָן .** וּלְאוֹמְתוֹ בֶן אָדָם שׁיתָן תבוֹרא למָשִׁיח כּכָתוּב עִם עֲנָנֵי שׁמַיָּא אוֹ הוּא גָּדוֹל כּמָשָׁל כּמִשְׁלֵי בְנֵי אָדָם . וְעַד עַתִּיק יוֹמִין הַקְרְבוּהִי . כְּדִכְתִיב נאם ה׳ שׁוּלְטָנוּת וּמַלְכוּת כּכָתוּב וַאֲנִי נָסַכְתִּי מַלְכִּי וכָתִיב וַיִּתֵּן

אבן עזרא

הַלַּיְלָה וְהִנֵּה עִם עֲנָנֵי הַשָּׁמַיִם כְּבֶן אֱנוֹשׁ הָיָה בָא וְעַד קַדְמוֹן יָמִים הִגִּיעַ וּלְפָנָיו הִקְרִיבוּהוּ : (יד) וְלֵיהּ . וְלוֹ נִתַּן שָׁלְטוֹן יְקָר וּמַלְכוּת וְכָל הָעַמִּים אוּמוֹת וְלָשׁוֹנוֹת יַעַבְדוּהוּ שָׁלְטוֹנוֹ שָׁלְטוֹן עִילָם לֹא יַעֲבוֹר וּמַלְכוּתוֹ לֹא תֵשָׁחֵת וְהִנֵּה רְמִיזוֹ כִּי הַמַּלְאָךְ לֹא פֵרְשׁוֹ לוֹ רַק חַיָּה הָרְבִיעִית וְהָיָה כֵן כִּי שָׁלֵם הַחַיּוֹת הָרִאשׁוֹנוֹת יוּכַל הַמַּשְׂכִּיל לָדַעְתָּם מִנְּבוּאוֹת דָּנִיֵּאל הָאַחֲרוֹנוֹת . וְהִנֵּה יֵשׁ לְךָ לָדַעַת שֶׁהַטַּעַם אַרְבַּע חַיּוֹת בַּעֲבוּר כִּי הָאַרְבַּע מַלְכֻיּוֹת הָיוּ בַּפֵּאוֹת שׁוֹנוֹת וְלֹא יָדַעְתִּי טַעַם הַיָּם הַגָּדוֹל כִּי כֻלָּם בִּיבָּשָׁה הָיוּ אוּלַי שֶׁנֶּפֶשׁ הַחַיָּה הָרוֹמֶשֶׂת בַּיָּם הַגָּדוֹל גְּדוֹלָה מִנֶּפֶשׁ הַחַיָּה הַהֹוֶה בַּיַּבָּשָׁה וְזֹאת הַגְּבוּרָה בְּמוֹת אֱוִיל מְרוֹדַךְ וְתֵחָלַת בֵּלְשַׁאצַּר וְהִנֵּה הָאַרְיֵה מַלְכוּת כַּשְׂדִּים . וְהַגָּאוֹן **רַב סְעַדְיָה** אָמַר כִּי זֹאת הַמַּרְאָה עַל דָּבָר עָבַר וְהוּא דְּבַר נְבוּכַדְנֶצַר וְלִבַב אֱנוֹשׁ יְהַב לָהּ שָׁב לְדַעְתּוֹ זֶהוּ וּמַנְדְּעִי יְתוּב עֲלַי וְזֶה אֵינֶנּוּ נָכוֹן בְּעֵינַי כִּי מַה טַּעַם לִרְאוֹת מַה שֶּׁעָבַר וּמַה תּוֹעֶלֶת לְהַזְכִּירוֹ . וְזֶה הַפֵּירוּשׁ . הָרִאשׁוֹנָה כְּאַרְיֵה וְהוּא נְבוּכַדְנֶצַר . וְגַפִּין דִּנְשַׁר . בְּנוֹ אֱוִיל מְרוֹדַךְ וּבֶן בְּנוֹ בֵּלְשַׁאצַּר שֶׁנֶּהֱרָג . וּנְטִילַת מִן אַרְעָא . וְכָבַר נָשְׁאוּהוּ אָז מֵרְטוֹ הַכָּנָף וּבִלְשׁוֹן הַקֹּדֶם רַבִּים וְטַעַם וְעַל רַגְלַיו כֶּאֱנָשׁ הֻקִימַת וּלְבַב אֱנוֹשׁ גָּדוֹל הָאַרְיֵה כְּשָׂרָפִים וּבְהֵרוֹג מֶלֶךְ בָּבֶל שָׁפְלוּ כְּשָׂרָפִים וְקָנוּ לֵב וְהָיוּ כִּשְׁאָר כָּל הָאָדָם וְיָפֵת אָמַר כִּי טַעַם כְּאֱנוֹשׁ הֲקִימַת שֶׁיִּרְאוּ קְלוֹנָהּ כָּל הָעוֹלָם וְיָפֶה פֵירַשׁ . וְהַחַיָּה הַשֵּׁנִית מַלְכוּת פָּרַס שֶׁהִשְׁחִיתָה מַלְכוּת כַּשְׂדִּים וְהִיא הַנִּמְשֶׁלֶת לְכֶבֶשׂ בַּחֲלוֹם נְבוּכַדְנֶצַר וְטַעַם וְלִשְׁטַר חַד כִּי בַּלֵּב אֶחָד מַמְלֶכֶת כַּשְׂדִּים הֵרֵב כּוֹרֵשׁ וְדַרְיָוֶשׁ ג׳ עָרִים גְּדוֹלוֹת גַּם רָאִיתִי זֶה כָּתוּב בְּסֵפֶר מַלְכֵי פָרַס זֶה אַרְבָּעִים שָׁנָה וְשָׁכַחְתִּי שְׁמוֹת הֶעָרִים וְזֶהוּ קוּמִי אֲכוּלִי בְּשַׂר שַׂגִּיא מַמְלְכוֹת כַּשְׂדִּים . **וְרַב סְעַדְיָה** הַגָּאוֹן אָמַר כִּי זֶה רָמַז לַאֲחַשְׁוֵרוֹשׁ שֶׁכָּתַב סְפָרִים לְהַשְׁמִיד יִשְׂרָאֵל הַנִּקְרָאִים עִם רַב וְעָצוּם וּמַה טַּעַם לְפֵירוּם הַזֶּה כִּי אֲחַשְׁוֵרוֹשׁ לֹא תָפַשׂ מַלְכוּת כַּשְׂדִּים בַּתְּחִלָּה . וְהַחַיָּה הַשְּׁלִישִׁית נִמְשְׁלָה לַנָּמֵר הוּא מַלְכוּת יָוָן וּתְחִלַּת מַלְכוּת אֲלֶכְּסַנְדְּרוֹס שֶׁהָיָה מֶלֶךְ עֲלֵיהֶם וְהִיא הַנִּמְשֶׁלֶת לַנְּבוּכַדְנֶצַר לִנְחֹשֶׁת וְשָׁם כָּתוּב דִּי תִשְׁלַט בְּכָל אַרְעָא וְכֵן כָּתוּב בַּנְּבוּאָה וְשָׁלְטָן יְהִיב לַהּ וְזֶה שֶׁאָמַר וְאַרְבְּעָה גַּפִּין הֵם אַרְבָּעָה הַמְּלָכִים שֶׁמָּלְכוּ עַל מַלְכוּת אֲלֶכְּסַנְדְּרוֹס וְזֶה דָּבָר יָדוּעַ וְכָכָה אָמַר וְתִעֲלִינָה חֲזוּת הָרְבַּע

מצודת דוד

סִיַּעַת הַלַּיְלָה וְהִנֵּה עִם עֲנָנֵי הַשָּׁמַיִם הָיָה בָא כִּדְמוּת בֶּן אָדָם וְעַל מֶלֶךְ הַמָּשִׁיחַ יִרְמֹז ; וְעַד עַתִּיק . וְהִגִּיעַ עַד הַזָּקֵן הַמָּיוֹשָׁן בַּיָּמִים

רס״ג

אֵין אַחֲרֵיהֶן מַלְכוּת כִּי בִּימֵי מַלְכוּתָם יִשְׁפּוֹט ח׳ עַל כָּל יוֹשְׁבֵי הָאָרֶץ : (יג) וַאֲרוּ עִם עֲנָנֵי שְׁמַיָּא כְּבַר אֱנָשׁ אָתֵה . זֶהוּ מָשִׁיחַ צִדְקֵנוּ וְהֲלֹא כְּתִיב עַל מָשִׁיחַ עָנִי וְרוֹכֵב עַל חֲמוֹר אֶלָּא יָבֹא בַּעֲנָוָה כִּי לֹא יָבֹא עַל סוּסִים בְּגַאֲוָת וְאַשֶׁר כָּתַב עִם עֲנָנֵי שְׁמַיָּא תִּנּוּגָה עִם עֲנָנֵי הַשָּׁמַיִם הֵם מַלְאֲכֵי צְבָא הַשָּׁמַי׳ זוֹ הִיא רַב תַּגְדוּלָה עַתִּיק יוֹמִין לְבוּשֵׁיהּ כִּתְלַג חִיוָּר וּשְׂעַר רֵישֵׁיהּ כַּעֲמַר נְקִי לֵאדֹנִי שֵׁב לִימִינִי וְגוֹ׳ : (יד) וְלֵהּ יְחִיב שָׁלְטָן . שִׁיתָן לוֹ לְמַלְכוּ וִירָם קֶרֶן מְשִׁיחוֹ וְלֹא תָסוּר מַלְכוּתוֹ וְלֹא תִשְׁכַּח עֲדֵי

תַּחְתֶּיהָ וְכָתוּב שָׁם לְאַרְבַּע רוּחוֹת הַשָּׁמַיִם כַּאֲשֶׁר אָמַר אַרְבָּעָה רָאשִׁים לַחֵיוָתָא וְשָׁם מְפֹרָשׁוֹ . וְהַחַיָּה הָרְבִיעִית הַנִּקְרֵאת הִיא מַלְכוּת יִשְׁמָעֵאל הִיא הַנִּמְשֶׁלֶת בַּחֲלוֹם נְבוּכַדְנֶצַר לְבַרְזֶל וְנַבּוּאָה כָּתוּב וְשִׁנַיִן דִּי פַרְזֶל לָהּ וְלֹא הִזְכִּיר זֹאת הַחַיָּה הָרְבִיעִית בַּנְּבוּאָה הַשֵּׁנִית וְלֹא בָרְבִיעִית רַק בַּנְּבוּאָה הַזֹּאת פֵּירַשׁ דְּבָרֶיהָ עַד כֹּחַ הַגּוֹאֵל וּבַנְּבוּאָה הַשֵּׁנִית פֵּירַשׁ דְּבַר הַחַיָּה הַשְּׁלִישִׁית וְהִשְׁלִים כָּל דְּבָרֶיהָ עַד כֹּחַ הַגּוֹאֵל כִּי בְיָמֵי אֵלֶּה שְׁתֵּי הַמַּלְכֻיּוֹת יָבֹא כַּאֲשֶׁר הִזְכִּיר בַּחֲלוֹם וּבְיוֹמֵיהֹון דִּי מַלְכַיָּא אִנּוּן וְטַעַם וְקָרְנַיִן עֲשַׂר שְׁפַטָה מַלְכוּת יִשְׁמָעֵאל בָּרֹב הַיִּשּׁוּב וְאֵלֶּה הֵם הַקְּרָנוֹת מַלְכוּת בַּרְאָסָן וּמַלְכוּת אַלְפָסָה וּמַלְכוּת אֱלִימָן הִיא שְׁבָא וּמַלְכוּת מִיכָא הִיא מִישָׁא לָדַעַת הַגָּאוֹן רַב סְעַדְיָה וּמַלְכוּת מִצְרַיִם וּמַלְכוּת אַפְרִיקִי וּמַלְכוּת יִשְׁמָעֵאל הַשּׁוֹכְנִים בָּאֹהָלִים בַּמִּזְרָח וּבַמַּעֲרָב וּמַלְכוּת פְּלַשְׁתִּים הֵם אַלְמֻרְאַבְּטוּן וּמַלְכוּת אַלְכַּרְבַּר וְהֵם מִבְּנֵי חָם וְהֵם לַבְנִים וּמַלְכוּת הַכּוּשִׁים וְהֵם מְלָכִים רַבִּים וְכָל אֵלֶּה תּוֹרָה אַחַת לָהֶם וּדְבַר הַקֶּרֶן הַקְּטַנָּה סוֹדְעוּ עָתִיד כִּי זֶה יִהְיֶה קָרוֹב מְבִיאַת הַגּוֹאֵל כַּאֲשֶׁר אֲפָרֵשׁ וְזֹאת הַקֶּרֶן עִם יָלַח מִמִּזְרָח שִׁיּשׁוּב לְתוֹרַת אֵלֶּה הַקְּרָנוֹת וְהִשְׁחִית ג׳ מַלְכֻיּוֹת אָז יוּשְׁלְכוּ כָּל מַלְכֵי עַכּוּ״ם וְזֶה יִהְיֶה חָכָם וּמְדַבֵּר גְּדוֹלוֹת אָז יוּשְׁלְכוּ כַאֲשֶׁר יְפָרֵשׁ וְהוּא עַתִּיק יוֹמִין וְהָיָה רוֹאֶה אוֹתוֹ בְּמַרְאוֹת הַנְּבוּאָה שֶׁהָיָה זָקֵן . כָּרְסְיֵהּ . הוּא כִסְאוֹ . וְגַלְגִּלּוֹהִי . הֵם הַגַּלְגַּלִּים וּמֵרוּב מְרוּכַבְתָּם יֵצְאוּ שְׁבִיבֵי אֵשׁ עַל כִּי גַלְגַּל הָאֵשׁ תַּחַת גַּלְגַּל הַלְּבָנָה בַרְאִיּוֹת גְּמוּרוֹת וְלֹא תִתַּמַּהּ בַּעֲבוּר אֶלֶף אַלְפִין יְשַׁמְּשׁוּנֵיהּ כִּי הַכֹּל בְּמַרְאוֹת הַשֵּׁם הַנִּכְבָּד הָעֶלְיוֹן הֲלֹא תֵרָאֶה כִּי מִיכָאֵל נִקְרָא הַשַּׂר הַגָּדוֹל וְהִנֵּה תַּחְתָּיו מְשָׁרְתִים וְהֵם צְבָא הַשָּׁמַיִם שֶׁהֵם צְבָא הַשֵּׁם וְכֵן כָּתוּב אֲנִי שַׂר צְבָא הַשֵּׁם שֶׁהֵם הַנּוֹרָא נִסְמָךְ אֶל צְבָאוֹת שֶׁהֵם עוֹמְדוֹת תָּמִיד וְאֵינָם כָּלוֹת כַּאֲשֶׁר פֵּירַשְׁתִּי בְסֵפֶר הַשֵּׁם הַנִּכְבָּד וְעוֹד מְגַלֶּה קְצָת סוֹד הַמַּלְאָכִים הַקְּדוֹשִׁים לַאֲשֶׁר יָבִינוּ וְהִנֵּה רָאָה כִּי הַשֵּׁם יַעֲשֶׂה מִשְׁפָּט וְיִשְׁפּוֹט כָּל הָאָרֶץ וְהַסְּפָרִים יִהְיוּ פְּתוּחִים לְפָנָיו וְעַם דְּבַר הַמַּלְאָכִים אֲשֶׁר כָּתְבַת וַיִּכָּתֵב בְּסֵפֶר זִכָּרוֹן לְפָנָיו עַל זֶה וְהִנֵּה פֵּירַשׁ שָׁרָאָה דִּי קְטֶלֶת חֵיוְתָא שֶׁתֶּאֱבַד כָּל מַלְכוּת יִשְׁמָעֵאל רֶגַע אֶחָד בְּיָמִים מוֹעֲטִים וְטַעַם וּשְׁאָר חֵיוְתָא הֶעֱדִּיו כִּי הַחַיּוֹת הָרִאשׁוֹנוֹת סָרָה מַמְלֶכֶת כָּל אַחַת וְנִשְׁאֲרוּ

וְהַקְרְבוּהוּ אוֹתוֹ לְפָנָיו : (יד) וְלֵהּ . וְנִתַּן לוֹ הַמֶּמְשָׁלָה וְהַכָּבוֹד וְהַמְּלוּכָה וְכָל הָאוּמּוֹת יַעַבְדוּ לוֹ : שָׁלְטָנָא . מֶמְשַׁלְתּוֹ תִּהְיֶה מֶמְשֶׁלֶת עוֹלָם

---

and was brought before Him—
After he is elevated through his

deeds and his preparation to come
near to God, he will receive heavenly

and behold with the clouds of the heaven, one like a man was coming, and he came up to the Ancient of Days and was brought before Him. 14. And He gave him dominion and glory and a kingdom, and all peoples, nations, and tongues shall serve him;

from the other kingdoms, their dominion was removed by Heaven.— [*Rashi*]

and they were given an extension of life—*And He gave them time to live until a set day in the future, the wars of Gog and Magog.*— [*Rashi*]

an extension—Aram. אַרְכָה, *waiting.*—[*Rashi*]

13. **one like a man was coming**— *That is the King Messiah.*—[*Rashi*] The Rabbis (*Sanh.* 98a) contrast this description of the advent of the Messiah with that given in Zechariah 9:9: "humble, and riding on a donkey." They conclude that if Israel is worthy, the Messiah will come on the clouds of heaven, but if Israel is unworthy, the Messiah will come as a humble person. *Rav Saadia Gaon* explains that as a sign of humility, the Messiah will come riding on a donkey. He will, however, be accompanied by the clouds of heaven, i.e., the angels of the host of heaven. He suggests further that this may be an allegory. *Malbim* explains that, in contrast with the first vision, in which he saw four beasts ascending from the depth of the storming sea, he now saw the coming of the kingdom of Heaven from the clouds above. Unlike those, who appeared as beasts of prey, the one chosen by God will come in human form, for the beasts emerged through wars and storms and were destructive, whereas the kingdom of God will come through the delving into God's Torah and the performance of His commandments, which is something attributed to an intelligent human being. Furthermore, the beasts emerged from the great deep, whereas the man who inherits the kingdom of Heaven will emerge from the clouds, which are composed of vapor that rises from the water and moisture and which produce rain. Similarly, the Messiah will come through spiritual dew, which will rise from his involvement in Torah and his good deeds. Since these are spiritual rather than material matters, his coming is attributed to the heavens rather than to the great deep. He is described as "humble and riding a donkey," meaning that he will subjugate his materialistic body. The word חֲמוֹר, in addition to meaning "donkey," also means "material." Hence, the Messiah will ride on or subjugate the חֹמֶר, *the material.*

and ... up to the Ancient of Days—*Who was sitting in judgment and judging the nations.*—[*Rashi*]

came—Aram. מְטָה, *arrived, reached.*—[*Rashi*] Daniel saw that the Messiah would be elevated with his good deeds to the extent that he would come near to and walk with God.—[*Malbim*]

יִפְלְחוּן שָׁלְטָנֵהּ שָׁלְטָן עָלַם דִּי־לָא יֶעְדֵּה וּמַלְכוּתֵהּ
דִּי־לָא תִתְחַבַּל: טו אֶתְכְּרִיַּת רוּחִי אֲנָה דָנִיֵּאל בְּגוֹא
נִדְנֶה וְחֶזְוֵי רֵאשִׁי יְבַהֲלֻנַּנִי: טז קִרְבֵת עַל־חַד מִן
קָאֲמַיָּא וְיַצִּיבָא אֶבְעֵא מִנֵּהּ עַל־כָּל־דְּנָה וַאֲמַר־לִי
וּפְשַׁר מִלַּיָּא יְהוֹדְעִנַּנִי: יז אִלֵּין חֵיוָתָא רַבְרְבָתָא דִּי
אִנִּין אַרְבַּע אַרְבְּעָה מַלְכִין יְקוּמוּן מִן־אַרְעָא:
יח וִיקַבְּלוּן מַלְכוּתָא קַדִּישֵׁי עֶלְיוֹנִין וְיַחְסְנוּן מַלְכוּתָא

ת"א קָאמיא . נרכות ג' :   עד

רש"י

נתן ממשלת האומות שהיו עובדי כוכבים ומזלות דימה
כחיות וישראל דימה על כן אדם על שם ענותנים ותמימים:
דִּי לָא יֶעְדֵּה . לא יסיר: (טו) אתכרית רוחי . לשון כי
יקרה (שמות כ"כ) ולשון ארמי ועברי שוין בו כלומר נשחתה
מתוך עומק כרייתה: בְּגוֹא נִדְנֶה . בתוך תיקו נרתק שלו
כלומ' נבהלה רוחי בתוך הגוף מן החלום הזה: (טז) קִרְבֵת
עַל חַד מִן קָאֲמַיָּא . קרבתי אצל אחד מן העומדים שם
לפני עתיק הימים המלאכים נקראו עומדים שנא' (זכרי' ג')
בין העומדים האלה מפני שאין להם קפיצי׃ וְיַצִּיבָא אֶבְעֵא
מִנֵּהּ . ואאמת שאלתי ממנו: (יז) אַרְבְּעָה מַלְכִין . ד' מלכי':
(יח) וִיקַבְּלוּן מַלְכוּתָא קַדִּישֵׁי עֶלְיוֹנִין . אלו ישראל

אבן עזרא

הניפוח וזאת החיה הרביעית יאבד גופה כלל ולא ישאר
שריד ופליט לישמעאל . ויאמר רבי ישועה כי זה כבר אנם הוא המשיח וכון דבר רק הוא עם הקדם שהם ישראל: וְלָה
יְהִיב . תוכל ללמוד מזה הכתוב כי כל הנעשה בארץ גזירות שמים הם ואמרתי שזה כבר אנם כבר הוא ישראל שהוא שם המין
בעבור שאמר דניאל על עתיק יומיא ודינא יהיב לקדישי עליונים והטעם לעשות נקמה בחיה הרביעית: (טו) ומלת
אתכרית אין לה ריע רק בעבור בגו נדנה שהגוף לרוח כנדן לחרב כמו וישב חרבו אל נדנה. והטעם כאילו יצאה
מרוך נהלה: (טז) קִרְבֵת . קרבתי אצל אחד מהמלאכים העומדים שם לשרת עתיק יומין וכל זה בחלום: וְיַצִּיבָא
אֶבְעֵא . והדבר נכון בקשתי ממני: עַל כָּל דְּנָה . על זה החלום ואמר אלה הארבע חיות הם ארבע
מלכיות והוא אמר מלכין בעבור כי הבן נחשב כאב כמו מלכות כסדים: (יח) ופירוש דבר כבר אנם ויקבלון .
בסוף המלכות קדושי עליון וירשו המלכות עד עולם ועד עולם . ושב להזכיר דברי החיה הרביעית והזכיר עתה אשר

מנחת שי

(טו) אֶנָה . כמדוייקים בה"א :

מצודת ציון

(טו) נדנה . ענין תיק ונרתק כמו וישב חרבו אל נדנה (דס"א ד'):   אשר לא תסור ומלכותו תהיה ולמי אשר לא תושחת : (טו) אתכרית.
ואני דניאל נכרתה רומי בתוך תיקה כ"ל בתוך הגוף כאומר עם

מצודת דוד

כי לא יֵצאת מ"מ נכרתה במקומה והוא מלשון גוזמא והפלגה: וחזוי . מראית ראשי יבהלוני בהם ישיבה: ויציבא. בקשתי ממנו פתרון האמת על כל זאת ואמר לי ולהודיע לי פתרון הדברים
מן העומדים הם מלאכי מעלה שאין בהם ישיבה: (יז) אלין . אלה החיות הגדולות אשר המה במספר ארבע ארבעה מלאכים יעמדו מן הארן:
והוא כפל ענין במ"ש: (יז) אלין . אלה החיות . אלה המלכות אשר המה במספר ארבע ארבעה מלאכים יעמדו מן הארן:
(יח) ויקבלון . ואז"ז יקמו המלוכה הם ישראל העליונים קדושי עליונים במעלה: ויחסנון . ינחלו המלוכה עד עולם ומזל ופילש

Babylon was already in power; on
the contrary, it was ready to lose its
power. It means, rather, that they will
disappear from the earth, as in verse
4, where the wings of the first beast
are plucked, and it is lifted up off the
earth, meaning that it will disappear

from the face of the earth. Therefore,
nothing was shown about the four
kingdoms, only about their disap-
pearance and the kingdom of Heaven
which will succeed them.

18. **And the high holy ones will
receive the kingdom**—*These are*

his dominion is an eternal dominion, which will not be removed, and his kingdom is one which will not be destroyed. 15. My spirit—I, Daniel—became troubled within its sheath, and the visions of my mind terrified me. 16. I drew near to one of those standing [there], and I asked him the truth of all this, and he told it to me, and he let me know the interpretation of the matters. 17. [He said] "These huge beasts, which are four, are four kingdoms, which will arise from the earth. 18. And the high holy ones will receive the kingdom, and they will inherit the kingdom

assistance that will bring him still closer to God.—[*Malbim*]

14. **And He gave him dominion**—*And to that man He gave dominion over the nations, for the heathens he likens to beasts and Israel he likens to a man because they are humble and innocent.*—[*Rashi*] [The translation is not completely accurate because of the difficulty of the wording, but this is probably what it means.] In the *Malbim* edition, the wording is: *The heathens he likens to beasts, and Israel he likens to humans because, etc.*—[*Rashi*]

which will not be removed—Aram. דִּי לָא יֶעְדֵּה.—[*Rashi*]

15. **My spirit ... became troubled**—Aram. אֶתְכְּרִיַּת, *an expression of* (Exod. 21:33): *"or if ... digs (יִכְרֶה),"* *and Hebrew and Aramaic are alike in this case; i.e., it was humbled because of the depth of its digging.*—[*Rashi*] *Malbim* edition reads: *it was destroyed, etc.*

within its sheath—Aram. בְּגוֹ נִדְנֶה; *i.e., my spirit became terrified in my body from this dream.*—[*Rashi*] *Mezudoth* renders: cut off within its sheath; i.e., although it was

still in my body, it was cut off in its place, from the root כרת. This is a hyperbolic statement. *Rav Saadia Gaon* writes that Daniel's spirit became strange (נָכְרִיָה) to him because he saw the anguish of Israel; i.e., it was ready to leave his body.

16. **I drew near to one of those standing**—*I drew near to one of those standing there beside the Ancient of Days. The angels are called standing ones, as it is said:* (Zech. 3:7): *"among these who stand by (הָעֹמְדִים),"* *because they have no joints.* [Therefore, they can neither sit nor lie.]—[*Rashi* from *Gen. Rabbah* 65:21]

and I asked him the truth—Aram. וִיַצִּיבָא אֶבְעֵא מִנֵּהּ.—[*Rashi*]

and he told it to me—He told it to me in a way that enabled me to know the interpretation of the matters.—[*Malbim*]

17. **four kingdoms**—Aram. אַרְבְּעָא מַלְכִין, lit. four kings.—[*Rashi, Rav Saadia Gaon, Ibn Ezra*]

will arise from the earth—*Malbim* explains that this expression does not refer to their coming into being, as is proven by the fact that

עַד־עָלְמָא וְעַד עָלַם עָלְמַיָּא: יט אֱדַיִן צְבִית לְיַצָּבָא
עַל־חֵיוְתָא רְבִיעָיְתָא דִּי־הֲוָת שָׁנְיָה מִן־כָּלְּהֵן
דְּחִילָה יַתִּירָה שְׁנַּיַהּ דִּי־פַרְזֶל וְטִפְרַיַהּ דִּי־נְחָשׁ
אָכְלָה מַדֲּקָה וּשְׁאָרָא בְּרַגְלַיַהּ רָפְסָה: כ וְעַל־קַרְנַיָּא
עֲשַׂר דִּי בְרֵאשַׁהּ וְאָחֳרִי דִּי סִלְקַת וּנְפַלוּ מִן
קָדָמַיַהּ תְּלָת וְקַרְנָא דִכֵּן וְעַיְנִין לַהּ וּפֻם מְמַלִּל
רַבְרְבָן וְחֶזְוַהּ רַב מִן־חַבְרָתַהּ: כא חָזֵה הֲוֵית וְקַרְנָא
דִכֵּן עָבְדָא קְרָב עִם־קַדִּישִׁין וְיָכְלָה לְהֹן: כב עַד דִּי־

רש"י יתיר ד יתיר י' יתיר י' יתיר י' ותפלה קרי יתיר י' **רס"נ**

רש"י

קדיש אתה לה' וכתיב ולתתך עליון ועל אשר ישרדו בת' תגמל
בהם כלכותם ותגתן לאלו ארבע מלכיות ויירש תפלכות בעולם
הזה וינלו ישראל וישתעבדו תחתם עד חעולם חבא עד שיבלך
משיח : (יט) אדין צבית ליצבא . אז רציתי לעמוד על אמיתת
בירור החיה הרביעית היא שחיתה משתנה לשעבד ישראל
יותר סכולם והיא נוראת ויתירה מאד . שיניה מברזל ותישרתיה
סנחושת חם שריח ותיבוריה שקשים כברזל ועוים כנחושת
אכלה. גיבורי ישראל: מדקת. תלמידי חכמים: רשאות. דלת עם
הארץ: ברגלה רפסה. בגלית: (כ) ועל קרניא עשר . ועל עשר
הקרנים חם עשר מלכיות שעירשעו : (לא) וקרנא . דכן עבדא
קרבא עם קדישין (עליונין) ויכלה להן, זה טיטוס שנלחם עם ישראל
בירושלים ויכלה לחון שנצח אותם והחריב בית המקדש
והגלח ישראל מטקימן : (כב) עד די אהא עתיק יוביא .
ובשתגלה ועד שיבא משיחנו חם עתידים להשתעבד תחת

מנחת שי

(יט) ליצבא . הלל"י בקמץ לא בחיריק . שניה . בס"א . מלשון . לאן
קרי : יתירה . במקלת מדוייקים מלעיל כמ"ש לעיל בפסוק ג' : שניה .
יתיר יו"ד : וספריה . יתיר יו"ד : ברגליה . יתיר יו"ד : (כ) ברלאשה .
סי"ן בקמץ . ונפלו . ונפלה קרי : מן קדמיה . קדמה קרי וסקף
ותחברר מה שאמרתי למועל מועדים והלי והתחברר מה שאמרתי
ועל אשר סקן סומאף לעם קדישי עליונין :

מצודת דוד

ספחבירון על עשרת הקרנים אשר כראשה וסקרן האחרת הקטנה
אשר פלאה ונפלו שלשת מלפניה . וקרתא . ופאחרון סקרן התחמוסה
סזאת אשר פיניס לס ופם סמדבר גדולות ונפלאות ומבאא גדול
בממסון מן מכרותיה : (כא) חזה . גם חפלוני לרשם סקפרון מס
סמיאס סיתי אשר סקרן הזאת עשתה מלחמה עם ישראל סקדשים
ויכלה להם ונלחמס : (כב) עד די אתה . עד אשר כא סזקן סמיוין

אבן עזרא

לא הזכיר ברלשונה כי הקרן הקטנה הפשה מלחמה עם
ישראל ותוכל להם והנה פירם לו המלאך כי זה המלך האחרון
במלכות ישמעאל ירע רעה גדולה לישראל וזהו ולקדישי
עליונין יבלא ויכבר כי ירלה לשנות מועדי ישראל ותורתם
ויהיו ישראל בצרה עד עדן ועדנין ופלג עדן וזה אפרם כאשר
שאמר המלאך ומלכותא יהיבת לעם קדישי עליונין:

---

are the ten kingdoms, as explained above.—[*Rav Saadia Gaon*]

and [the] three [that] fell before it—*and three of the first ones fell before it.*—[*Rashi*]

and the horn that was like this and that had eyes—*and the horn that was like this and had eyes, as is written above.*—[*Rashi*]

21. **I looked**—*in my first dream, which I told above.*—[*Rashi*]

with the holy ones—*with Israel.*—[*Rashi*]

and overwhelmed them—This is Titus, who fought and defeated Israel in Jerusalem, destroyed the Temple, and exiled Israel from its place.—[*Rav Saadia Gaon*]

forever and to all eternity." 19. Then I wished to determine the truth of the fourth beast, which was different from all of them—excessively dreadful; its teeth were of iron and its nails of copper; it ate and crushed to powder, and the rest it trampled with its feet. 20. And concerning the ten horns that were on its head, and the other one that came up and [the] three [that] fell before it, and the horn that was like this and that had eyes and a mouth speaking arrogantly, and its appearance was greater than [that of] its companions. 21. I looked and the horn that was like this waged war with the holy ones and overwhelmed them. 22. Until

Israel, who will take the kingdom from the fourth one.—[Rashi]

forever and to all eternity—Scripture uses this apparently redundant expression because sometimes עֹלָם denotes a long period of time. Therefore, Scripture states עַד עָלְמָא, and then explains that this means to all eternity, not merely to the end of a long period.—[*Mezudath David*] *Rav Saadia Gaon* renders: And they will receive the kingdom of the high holy ones, meaning Israel, who is referred to (Deut. 14:2) as a holy people, and (ibid. 26:19) as being placed high over all the nations. When they rebel against God, their kingdom will be taken away and given to these four kingdoms, who will inherit the kingdom from this world, when Israel is in exile, until the next world, when the Messiah will reign.

19. Then I wished to determine the truth—*Then I wished to determine the truth concerning the fourth beast.*—[Rashi]

which was different from all of them—excessively dreadful—*which was different from all of them with excessive dreadfulness.*—[Rashi] I wished to know the truth about this fourth beast, which is different insofar as it will enslave Israel more than all the others, and it is exceedingly awesome and dreadful.—[*Rav Saadia Gaon*]

its teeth were of iron and its nails of copper—These are its princes and its mighty men, who are as hard as iron and as brazen as copper.—[*Rav Saadia Gaon*]

it ate—the mighty men of Israel.—[*Rav Saadia Gaon*]

and crushed to powder—the Torah scholars.—[*Rav Saadia Gaon*]

and the rest—the poor people.—[*Rav Saadia Gaon*]

it trampled with its feet—in exile.—[*Rav Saadia Gaon*]

20. And concerning the ten horns—I also wished to know the true meaning of the ten horns on its head and the other small horn that it sprouted, and before which three horns fell.—[*Mezudath David*] They

אַתָה עַתִּיק יוֹמַיָּא וְדִינָא יְהָב לְקַדִּישֵׁי עֶלְיוֹנִין וְזִמְנָא מְטָה וּמַלְכוּתָא הֶחֱסִנוּ קַדִּישִׁין: כג כֵּן אֲמַר חֵיוְתָא רְבִיעָיְתָא מַלְכוּ רְבִיעָיָה* תֶּהֱוֵא בְאַרְעָא דִּי תִשְׁנֵא מִן־כָּל־מַלְכְוָתָא וְתֵאכֻל כָּל־אַרְעָא וּתְדוּשִׁנַּהּ וְתַדְּקִנַּהּ: כד וְקַרְנַיָּא עֲשַׂר מִנַּהּ מַלְכוּתָא עֲשָׂרָה מַלְכִין יְקֻמוּן וְאָחֳרָן יְקוּם אַחֲרֵיהֹן וְהוּא יִשְׁנֵא מִן קַדְמָיֵא וּתְלָתָה מַלְכִין יְהַשְׁפִּל: כה וּמִלִּין לְצַד עִלָּיאָ* יְמַלִּל וּלְקַדִּישֵׁי עֶלְיוֹנִין יְבַלֵּא וְיִסְבַּר לְהַשְׁנָיָה זִמְנִין וְדָת וְיִתְיַהֲבוּן בִּידֵהּ עַד־עִדָּן וְעִדָּנִין וּפְלַג עִדָּן:

ת"א וּדקימיס . שבועות ו' פ"ג כ' ; וְעִדָּנִין . סנהדרין נג ;   רביעאה קרי עלאה קרי   וְדִינָא

רש"י   רס"ג

(כב) וְדִינָא יְהִיב לִקְדִישִׁין עֶלְיוֹנִין . וּנְקָמָה נָתַן לָהֶם מִמֶּנָה : (כג) כֵּן אָמַר . כֹּה עֲנָנִי הַמַּלְאָךְ הַפּוֹתֵר לִי אֶת הַחֲלוֹם : (כד) וְקַרְנַיָּא עֲשַׂר . וְקַרְנַיִם עֶשֶׂר אֲשֶׁר רָאִיתִי לָהּ זֶה פִּתְרוֹנוֹ : מִנַּהּ מַלְכוּתָא . מֵחֹתָהּ הַמַּלְכוּת . וְאָחֳרָן יְקוּם אַחֲרֵיהֹן . וְהָאַחֲרוֹן יָקוּם אַחֲרֵיהֶם הוּא טִיטוּס : (כה) לְצַד עִלָּאָה . כְּלַפֵּי מַעְלָה : וּלְקַדִּישֵׁי עֶלְיוֹנִין יְבַלֵּא . וּלְיִשְׂרָאֵל יְטָרִיחַ וְיָלִיק : וְיִסְבַּר לְהַשְׁנָיָה זִמְנֵהּ וְדָת . יְדַמֶּה בְלִבּוֹ לְהַעֲבִירָם עַל כָּל מוֹעֲדֵיהֶם וְדָתֵיהֶם : עַד עִדָּן וְעִדָּנִין וּפְלַג עִידָן . קֵץ סָתוּם הוּא זֶה כַּאֲשֶׁר נֶאֱמַר לְדָנִיֵּאל סָתוּם הַדְּבָרִים וַחֲתוֹם וְדָרְשׁוּהוּ הָרִאשׁוֹנִים אִישׁ לְפִי דַעְתּוֹ וְכֻלּוֹ הַקֵּיצִין וְיֵשׁ לָנוּ לְפוֹתְרוֹ עוֹד כַּאֲשֶׁר רָאִיתִי עוֹד כָּתוּב

יְדֵיהֶם : וְדִינָא יְהִיב לְקַדִּישֵׁי עֶלְיוֹנִין . וּגְזֵרַת דָּת וָדִין יִתֵּן לְיִשְׂרָאֵל חָמָן יִגִּיעַ וְיִירְשׁוּ הַמַּלְכוּת יִשְׂרָאֵל הַקְּדוֹשִׁים : (כג) כֵּן אֲמַר . כָּךְ אָמַר לְדָנִיֵּאל הַמַּלְאָךְ בְּתוֹךְ הַחֲלוֹם מִשְׁנָּה בִּגְזֵרוֹתֶיהָ יוֹתֵר מִכָּל הַמַּלְכֻיּוֹת אֶרֶם שֶׁתְּתְחִיל בָּאָרֶץ כָּל הָאָרֶץ וְתָדִיק כָּל אֶרֶץ יִשְׂרָאֵל וְתֵאכֻל וְתִגְמֹר : (כד) וְקַרְנַיָּא עֲשַׂר . הֵם עֲשָׂרָה מְלָכִים שֶׁיָּקוּמוּ מִמֶּנָּה : וְאָחֳרָן יָקוּם . וְאַחַ"כ יָקוּם אַחֲרֵיהֹן מֶלֶךְ אַכְזָר הוּא מִיטוּס שֶׁהוּא מַחֲרִיב בֵּיהַמַ"ק וְהוּא חָזָק מִן הָרִאשׁוֹנִי': וּתְלָתָה מַלְכִין יְהַשְׁפִּל . מֶלֶךְ יִשְׂרָאֵל וּמֶלֶךְ יָוָן וּמֶלֶךְ יִשְׁמָעֵאל : (כה) וּמִלִּין לְצַד עִלָּאָה יְמַלֵּל . זֶה פִּיטוּם שֶׁחָרֵב בֵּית אֱלֹהֵינוּ וְאָחֵר תָּפַשׂ זוּמָה בְּיָדוֹ וְנִכְנַס לִפְנֵי וְלִפְנִים וְלָקַח סֵפֶר תּוֹרָה וַחֲצִי תַּחְתִּית וְקִלְקֵל עַצְמוֹ וְשָׁלַף אֶת הֶחָרֶב וְהִתְּךְ אֶת הַפָּרוֹכֶת עַד שְׁטִימְטֵם דָּם וְעָנָה וְאָמַר אִי אֱלֹהֵימוֹ צוּר חֲסָיוּ בּוֹ אֲשֶׁר חֵלֶב זְבָחֵימוֹ יֹאכֵלוּ וְגוֹ' : וּלְקַדִּישֵׁי עֶלְיוֹנִין יְבַלֵּא . אֵלּוּ יִשְׂרָאֵל שֶׁבָּהּ יְבַלֶּה אוֹתָם כְּדִכְתִיב בַּלָּה בְשָׂרִי וְעוֹרִי שִׁבַּר עַצְמוֹתָי . וְיִתָּכֵן לוֹמַר יְבַלֶּה יְבַלֶּה שְׁבִילָהּ אֶתָם : וְיִסְבַּר לְהַשְׁנָיָה זְמָנִין וְדָת . שָׁאַל בְּרַעְתּוֹ לְשַׁנּוֹת וְלִבְטֹל מִיִּשְׂרָאֵל הַשַּׁבָּתוֹת וְהַמּוֹעֲדִים וְהַתּוֹרָה : וְיִתְיַהֲבוּן בִּידֵהּ

כח"ק : (כג) רְבִיעָיִס . רְבִיעָאָה קְרִי וּסְכָתִיב כַּס"אַ בַּסוֹף . סִיבָּס כְּרוֹב סַמְדִּוָויקִיס כְּתוּבֵי יָד : מָסוּל בְּאֶרְעָא . סַלִי"ת לְפִי :

מנחת שי

(כד) מְנַה מַלְכֻותָא . כְּרוֹב הַמְּדוּיָיקִיס בְּאָל"ף : (כה) טָלִיס . טַלְאָה קְרִי :

(כג) וּתְדוּשִׁנַּהּ . מִלְּשׁוֹן דִּיסָה : (כה) יְבַלֵּא . מִלְּשׁוֹן בְּלָיָה וְהֶפְסֵד : וְיִסְבַּר . עִנְיַן מַחֲשָׁבָה וּכְדָרָז"ל סַבְּרוֹסוֹ רִבְּנָן : עִדָּן . כֵּן הַתַּרְגּוּם שֶׁל פַּם וְשֶׁל מְנָת :

מצודת דוד

בַּיָּמִים וְנָתַן מִשְׁפָּט לִקְדוֹשֵׁי עֶלְיוֹנִים רַל"ל שֶׁפַּס מִשְׁפַּט יִשְׂרָאֵל מִיָּד סַקַּן הַזֹּאת . וְזִמְנָא . וְהִגִּיעַ סֵעָת וְקַמְלוּ יִשְׂרָאֵל הַקְּדוֹשִׁים אֶת הַמְּלוּכָה וְרַל"ל כָּל הַדְּבָרִים מִפָּלְאוּ לְדַכָּת פִּתְרוֹנָס : (כג) כֵּן אָמַר . כֵּן סִיב לִי הַמַּלְאָךְ סֵמֶיס הָרְבִיעִית תִּרְמֹז כִּי מַלְכוּת רְבִיעִית : (כד) וְקַרְנַיָּא . (כד) מְנָה מַלְכֻותָא . כְּרוֹב הַמְּדוּיָיקִיס סֵעָשָׂר מֵהַמַּלְכוּת הַהִיא יַעַמְדוּ פַּשֶׁר מְלָכִים רַל"ל בְּמַלְכוּת יִשְׁמָעֵאל יִהְיוּ עֲשָׂר מְלָכִים הֵם הַנְּזְכָּרִים לְמַעְלָה : וְאָחֳרָן . סַקַּן הַזֹּמֵּיס יוֹרֵס אַחַר מֶלֶךְ אַחֵר יַעֲמֹד וְהוּא יִהְיֶה מְשׁוּנֶה מֵהָרִאשׁוֹנִים וְיַשְׁפִּיל מֵהֶם שְׁלֹשָׁה מְלָכִים : (כה) וּמִלִּין . וְסוֹא יְדַבֵּר דְּבָרִי מָרוּף מוֹל הָעֶלְיוֹן וְאֶת יִשְׂרָאֵל קְדוֹשֵׁי עֶלְיוֹנִים יָשְׁמִיחַ כִּי רוֹב בְּנֵי סְגֻלָּה הֵמָּה בְּמַלְכוּת יִשְׁמָעֵאל : וְיִסְבַּר . וַיִמְשֹׁךְ לַשְּׁמוֹל

מצודת ציון

(כג) וּתְדוּשִׁנַּהּ . מִלְּשׁוֹן דִּיסָה : (כה) יְבַלֵּא . מִלְּשׁוֹן בְּלָיָה וְהֶפְסֵד : וְיִסְבַּר . עִנְיַן מַחֲשָׁבָה וּכְדָרָז"ל סַבְּרוֹסוֹ רִבְּנָן : עִדָּן . כֵּן הַתַּרְגּוּם שֶׁל פַּם וְשֶׁל מְנָת :

God, the Rock under Which they took shelter, the fat of Whose sacrifices they eat, etc.?"—[*Rav Saadia Gaon* from *Gittin* 56b]

and he will oppress the high holy ones—*He will burden and oppress Israel.*—[Rashi]

and he will think to change the times and the law—*He will plan in his heart to cause them to transgress all their appointed times and their laws.*—[Rashi]

until a time, two times, and half a time—*This is an unexplained end,*

the Ancient of Days came and gave revenge to the high holy ones, and the time arrived that the holy ones inherited the kingdom. 23. So he said, "The fourth beast [represents] a fourth kingdom [that] will be on the earth, which will be different from all the kingdoms, and it will devour the whole land and trample it and crush it. 24. And the ten horns that [sprout] from that kingdom [represent] ten kings [that] will rise, and the last one will rise after them, and he will be different from the first, and he will humble three kings. 25. And he will speak words against the Most High, and he will oppress the high holy ones, and he will think to change the times and the law, and they will be delivered into his hand until a time, two times, and half a time.

22. **and gave revenge to the high holy ones**—*and He gave them revenge from it.*—[*Rashi*] *Rav Saadia Gaon* and *Mezudath David* render: and He passed judgment upon Israel against this horn.

and the time arrived—I wished to know the interpretation of all these matters.—[*Mezudath David*]

23. **So he said**—*So did the angel who interpreted the dream for me reply to me.*—[*Rashi*] So did the angel say to Daniel in his dream. The fourth beast is the kingdom of Aram [Edom], which will be on the earth and will differ in its decrees from all the kingdoms; and it will devour the entire land and trample and crush the entire land of Israel.—[*Rav Saadia Gaon*]

24. **And the ten horns**—*And its ten horns that you saw—this is its interpretation.*—[*Rashi*]

from that kingdom—Aram. מְנַה מַלְכוּתָא.—[*Rashi*]

and the last one will rise after them—*and the last one will rise after them—that is Titus.*—[*Rashi*] *Rav Saadia Gaon* writes: Afterwards a cruel king will rise after them; that is Titus, who will destroy the Temple and be stronger than his predecessors.

and he will humble three kings—the king of Israel, the king of Greece, and the king of Ishmael.—[*Rav Saadia Gaon*]

25. **against the Most High**—Aram. לְצַד עִלָּאָה.—[*Rashi*] This refers to Titus, who destroyed the House of God and afterwards seized a harlot in his hand and entered the Inner Sanctum, took a Sefer Torah, spread it out under her, fornicated with her, and then drew his sword and cut the curtain at the Holy of Holies. Thereupon, a miracle came about and blood spurted from it. Titus thought that he had killed God Himself. He called out and said, "Where is their

כו וְדִינָא יִתִּב וְשָׁלְטָנֵהּ יְהַעְדּוֹן לְהַשְׁמָדָה וּלְהוֹבָדָה עַד־סוֹפָא: כז וּמַלְכוּתָא וְשָׁלְטָנָא וּרְבוּתָא דִּי מַלְכְוָת תְּחוֹת כָּל־שְׁמַיָּא יְהִיבַת לְעַם קַדִּישֵׁי עֶלְיוֹנִין מַלְכוּתֵהּ מַלְכוּת עָלַם וְכֹל שָׁלְטָנַיָּא לֵהּ יִפְלְחוּן וְיִשְׁתַּמְּעוּן: כח עַד־כָּה סוֹפָא דִי־מִלְּתָא אֲנָה דָנִיֵּאל שַׂגִּיא רַעְיוֹנַי יְבַהֲלֻנַּנִי וְזִיוַי יִשְׁתַּנּוֹן עֲלַי וּמִלְּתָא בְּלִבִּי נִטְרֵת: ח א בִּשְׁנַת שָׁלוֹשׁ לְמַלְכוּת בֵּלְאשַׁצַּר הַמֶּלֶךְ חָזוֹן נִרְאָה אֵלַי אֲנִי דָנִיֵּאל אַחֲרֵי הַנִּרְאָה אֵלַי בַּתְּחִלָּה:

ת"א נטרת, פקידת ספר כח' | דג"ש וחסר י' אחר ת' | בתחלה

רש"י

בשם רב סעדיה הם אלף וג' מאות ול"ה שנים האמור בסוף הספר אשרי המחכה וגו' ופי' המועד עד עת שני עתים וחצי עת ואמר שהמתים הם ארבע מאות ושמונים שמיים לאחם ממלרים עד שנכנה הבית וארבע מאות ועשר ימי מקדם ראבון הרי תת"ן ועוד חלי העת הזה תמ"ה הרי אלף של"ה את אלה חשוב מעת הוסר התמיד עד שוב זבח התמיד אל מקומו והוא הוסר שם שנים לפני החורבן ויש קלת רחיה כספר זה. ועוד ים מביאין רחיה למשבון זה הסתר אסתיר פני הסתר אסתיר בגימטריא אלף ושל"ה:

(כו) ודינא יתיב. והדין כתישב לפני המקוס: ושולטנה יהעדון. ושולטנו וממשלתו של אותו המלכות יסירו מן השמיס: (כז) וישתמעון. יהיו נשמעים למלוחו לעשותו: שגיא רעיוני יבהלונני. הרבה היו מחשבותי מכהלות אותי: וזיוי ישתנון. מראית יופיי ותארי נשתנו: בלבי נטרת: ח (א) בשנת שלש. אחרי המראה הראשון אחר שנראה אלי בתחלה החלוס האמור למעלה שנראה לו בשנת

אבן עזרא

ח (א) הנבואה השנית בשנת. אחרי הנראה. אשר נראה
מדוייקים אל"ף קדיס לשי"ן וכן ראוי

רס"ג

עד עדן ועדנין ופלג עדן. ויהיו מסורין בשיעבוד תחת ידו עד עדן ועדנין ופלג עדן דיבר הכתוב כלשון בני אדם וכל חכם וספר ומבין דעת התורה נסתרה דרכם ונגברה עצתם בלי להשיג דעת החשבון הזה ואין יודע זולתי אלהינו ככתוב כי יום נקם בלבי חלב לא תגיד לפה והתה איך יניד לטלאך ומספר ויש לנו לחכות ולקות עד ירחם עמו ועירו אמן. ובזמן אשר יגמור החשבון החכמום עמו חתום בארצרותיו אז ישב בדין כבתוב ודינא יתיב ישב בדין. ושלמתי עכרים יאבדו והממלכות והשלטונות והגדולה של כל עכו"ם שתחת כל השמים תנתן לקדישי עליונין הם ישראל. מלכותו של מלך משיחנו מלכות עולם וממשלתו עם דור ודור וכל הממשלות אליו יעבדו וישמעו:(כח) עד כה תסופא. עד הנה סוף הדבר: נטרת. שמרתי: ח (א) חזון וזה החזון נראה לדניאל בשנת ג' לבלשאצר

(כח) עד כה. עד כאן: שגיא רעיוני יבהלונני. הרבה היו מחשבותי מבהלות אותי: ותארי נשתנו: בלבי נטרת. בלבי לפנתי:

מנחת שי

(כו) יתב. סיו"ד במילק במדוייקים והסתי"ו דגוש ומסר יו"ד אחר תי"ו ונמסר עליו לית ודגש ומסר: ח (א) למלכות בלאשלר. נמסר לפי המסורת דלעיל סוף סימן ד':

מצודת דוד

מישראל זמן המועדים ומשפט התורה ויהיו מסורים בידו עד עת ומוזר ומפלש כמה ימי הטעת ואמר שהטעת יהיה עדן ועדנין ופלג עדן וכ"ל שתי שנים וחלי שנה יהיו מסורים בידו: (כו) ודינא. ואמ"ן ישב בדין המשפט ויסירו את ממשלתו להשמידו ולהאבידו עד סופו ותכליתו: (כז) ומלכותא. והמלכות והממשלה והגדולה של מלכיות העכו"ם אשר תחת כל השמי' יהיה נתון לעם קדושי עליוני' והם ישראל: מלכותה. מלכותו תהיה מלכות עולם וכל המושלים יעבדו אותו ואליו ישמעו לכל אשר ילום: (כח) עד כה. עד הנה סוף סוף של דבר החזון: אנה. אני דניאל הרבה הבהילו אותי מחשבותי וזוהר פני נשתנה עלי והדבר ההוא שמרתי בלבי כי לא אמר לבני דורו כ"א ראשית הדברים ולא כלם וכמ"ש למעלה ראש מלין אמר: ח (א) אחרי הנראה. אחרי נראה אלי בתחלה אשר נראה מ' לבלשאצר

 we can only guess at the meaning of this verse and those at the end of the Book.]

26. **And the judgment was established**—*And the judgment was established before Him.*—[*Rashi*] *Rav Saadia Gaon* explains that He

26. And the judgment shall be established, and they will remove his dominion to be destroyed and annihilated until the end. 27. And the kingdom and the dominion and the greatness of the kingdoms under all the heavens will be given to the people of the high holy ones; its kingdom is a perpetual kingdom, and all dominions will serve and obey [it]." 28. Until here is the end of the matter. As for me, Daniel, my thoughts terrified me greatly, and my colors changed upon me, and I kept the matter in my heart.

8

In the third year of Balshazzar's kingdom, a vision appeared to me–I, Daniel–after what had appeared to me

as was said to Daniel (12:4): "And you, Daniel, close up the words and seal," and the early commentators expounded on it, each one according to his view, and the ends have passed. We can still interpret it as I saw written in the name of Rav Saadia Gaon, that they are the 1,335 years stated at the end of the Book (12:12): "Fortunate is he who waits [and reaches the days one thousand, three hundred, and thirty-five]," and he explains the appointed time as until the time of two times and a half time, and he [Rav Saadia Gaon] said that the times are 480 [years], which is the time from the Exodus from Egypt until the Temple was built, and 410 [years], [which are] the days of the First Temple, totaling 890, and another half of this time, 445, totaling 1,335. Figure these from the time the daily sacrifice was discontinued until the daily sacrifice will be restored to its place; it was discontinued six years prior to the

destruction, and there is somewhat of a proof in this Book. [See Rashi to 8:14.] Others bring further proof to this computation, namely that (Deut. 31:18): "And I, will hide My face"— [the words] הַסְתֵּר אַסְתִּיר *add up in gematria to 1,335."—[Rashi]*

5 =	ה
60 =	ס
400 =	ת
200 =	ר
1 =	א
60 =	ס
400 =	ת
10 =	י
<u>200</u> =	ר
1,336	

[Note that this is not exact, with a difference of 1, which is the case with many *gematrioth*. The intention is that the time that God will hide His face from us in exile will be the 1,335 years stated at the end of the Book of Daniel. According to *Seder*

בַּתְּחִלָּה: כ וָאֶרְאֶה בֶּחָזוֹן וַיְהִי בִּרְאֹתִי וַאֲנִי בְּשׁוּשַׁן הַבִּירָה אֲשֶׁר בְּעֵילָם הַמְּדִינָה וָאֶרְאֶה בֶּחָזוֹן וַאֲנִי הָיִיתִי עַל־אוּבַל אוּלָי: נ וָאֶשָּׂא עֵינַי וָאֶרְאֶה וְהִנֵּה אַיִל אֶחָד עֹמֵד לִפְנֵי הָאֻבָל וְלוֹ קְרָנָיִם וְהַקְּרָנַיִם גְּבֹהוֹת וְהָאַחַת גְּבֹהָה מִן־הַשֵּׁנִית וְהַגְּבֹהָה עֹלָה בָּאַחֲרֹנָה: ד רָאִיתִי אֶת־הָאַיִל מְנַגֵּחַ יָמָּה וְצָפוֹנָה וָנֶגְבָּה וְכָל־חַיּוֹת לֹא־יַעַמְדוּ לְפָנָיו וְאֵין מַצִּיל מִיָּדוֹ וְעָשָׂה כִרְצֹנוֹ וְהִגְדִּיל: ה וַאֲנִי הָיִיתִי מֵבִין וְהִנֵּה

רש"י

אחד לבלשאצר: (ב) על אובל אולי. על הנהר ששמו אולי: (ג) ולו קרנים. רמז למלכות פרס ומדי: והאחת גבוהה מן השנית. רמז למלכות פרס שגדולה ממלכות מדי שמלכות מדי לא היתה אלא שנה אחת שנא' (לקמן ט') בשנת אחת לדריוש בן אחשורוש מזרע מדי. ושנינו בסדר עולם לא מצינו שנה למדי בכתובי' אלא זו בלבד: והגבוהה עולה באחרונה. רמז הוא שתקדים מלכות מדי למלכות פרס: (ה) הייתי מבין. הייתי מסתכל בו: צפיר. שעיר:

עזרא

שמלכות פרס גדולה ממלכות מדי. או בעבור כורש מלך פרס שהיה גדול מדריוש הזקן המדי כי במות דריוש שבה בבל אל כורש וכן אמר כורש מלך בבל ולא מלך דריוש הזקן רק שנה אחת ועל שניהם אמר הכתוב מטעם כורש ודריוש ועוד אפרש מזה: (ד) ראיתי. מנגח. שלש פאות מערב ולפון ודרום וקרא המערב ימה בעבור הים הגדול שהוא בארץ ישראל בפאת מערב כי כנגד מערב היה וזה האיל מנגח לפניו גם מימינו גם לשמאלו ולא לאחריו כי ממזרח בא וכתוב קורא ממזרח עיט: וכל חיות. חיבם החיות הנזכרות בפרשה הראשונה רק כל מלכים שמאל כדרך כולו: (ה) ואני. צפיר העזים. וזי

רמ"ע / רס"ג

(ב) על אובל אולי. על פתח שער חבנין ששמו אולי. אובל קורין חכמים לשער הגדול אבולא. אולי כמו אלי ואילמיו. וי"א נהר חזק כמו יובל ויבלי מים ואולי לשון אילי הארץ ובדעתי איתי כן לפי שבשושן הבירה אין בה נהר. אמנם כי אובל אולי שער תבירה: (ג) איל אחד. ולו קרנים. בדעתי מלכי מדי ופרס: והגבוחה עולה באחרונה. כדעתי שהוא אחשורוש שהוא אחרון ועשיר גדול מכל האובל השער: (ד) ראיתי את האיל מנגח. וכל חיות לא יעמדו לפניו. כי כל מלכים לא יכלו לו כי הוא מלך מחודיו ועד כוש: (ה) ותנה צפיר העזים. זה מלך יון: על פני כל הארץ. כי הוא הולך

אבן עזרא

כמו השעיר ההוללה. ההלכות אתך: (ב) ואראה. חמר יסת כי היה רואה במרחות הגבוהה שהיה בשושן הבירה שהיא מלכות פרס כי מאם יגא מאחית מלכות בלשאצר וכאילו היה על נהר אולי כמו יחזקאל על נהר כבר. ואובל כמו יובל ואל יובל ישלח שרשיו. כערבים על יבלי מים והאל"ף תחת יו"ד כי ישי כמו אישי גם באל"ף כתוב ויו"ד תתימרו כאל"ף יתאמרו והוגרך לפרש ככה כי דניאל בבבל היה כאשר נהרג בלשאצר המלך. ויסת אמר מנהג המראה לאמר והנה רק יתכן שהלך דניאל אל עילם וסב כאותה שנה אל בבל: (ג) ואשא. איל אחד. ולו קרנים. מדי ופרס גוים שלומים הם: והאחת גבוהה.

מצודת ציון

ח (ב) הבירה. ענין ארמון וכן גם לבנה ספרים (דה"א כ"ט) ור"ל שסיסם מטרסולין מקום האחרמונק: אובל. כסך וסום: אל יבלי מים (ישעיה נ') וכל סאל"ף במקום כיו"ד כמו ישי ואישי (דס"א כ"): אולי. כן שם הנסר: (ד) מנגח. ענין הכאה ודמיסם כסרן: (ס) צפיר. סוס ספיר וכן לפירי מסאם (עזרא מ'): חזות.

מצודת דוד

(ב) ויהי בראותי. בעת שראיתי החזון המוו כסוו סיימי או בשושן וגו': ואראה בחזון. ראיתי כמראה סגכומה כאלו הייתי עומד אצל נסך אולי: (ג) עלה באחרנה. מן הרחם של סאיל: (ד) ימה בפאת הסמערב וגו': ואין מציל. לא היה כח ביד מי לסגיל מה מידון והתגריל. מעשה גדול וחזק: (ה) ואני הייתי מבין. הסתכלתי בו

kingdom of Media, for the kingdom of Media existed for only one year, as it says (9:1): "In the first year of Darius the son of Ahasuerus of the seed of Media," and we learned in Seder Olam (ch. 28): "We do not find any year ascribed to Media in the Holy Writ but this one only."—

[Rashi] Ibn Ezra suggests that perhaps the larger horn represents Persia because the Persian empire was greater than the Median empire, or because Cyrus was greater than Darius, who reigned only one year and died, leaving his throne to Cyrus to reign over Babylon.

in the beginning. 2. And I saw in the vision, and it came to pass when I saw—and I was in Shushan the capital, which is in the province of Elam—and I saw in the vision that I was beside the river Ulai. 3. And I lifted my eyes, and I saw, and behold a ram was standing before the river, and it had horns, and the horns were high, and one was higher than the other, and the higher one sprouted last. 4. I saw the ram goring westward, northward, and southward, and no beasts could stand before it, and no one could save [anyone] from its hand, and it did according to its will, and it grew. 5. And I was pondering, and behold

will sit in judgment, meaning that at the conclusion of the years mentioned above, God will sit in judgment.

and they will remove his dominion—*from heaven. They will remove the dominion and the rule of that kingdom.*—[Rashi]

27. **and obey**—*They will obey his command to execute it.*—[Rashi]

28. **Until here**—Aram. עַד כָּה.—[Rashi]

my thoughts terrified me greatly—*My thoughts were terrifying me greatly.*—[Rashi]

and my colors changed—*The appearance of my good looks and my features changed.*—[Rashi]

I kept ... in my heart— *I hid in my heart.*—[Rashi]

8

1. **In the third year**—*after the first vision that appeared to me in the beginning, i.e., the dream stated above* (7:1), *which appeared to him in the first year of Belshazzar.*—[Rashi]

2. **beside the river Ulai**—*beside the river named Ulai.*—[Rashi] *Rav Saadia Gaon* quotes this view, but believes it to be erroneous because there was no river in Shushan. He prefers to believe that אוּבַל is related to אֲבוּלָא, *gate.* Daniel was standing next to a gate of a building called Ulai. *Ibn Ezra* quotes Japheth, who explains that Daniel saw in a vision that he was in Shushan, the source of Belshazzar's doom, standing beside the river Ulai. He could not actually have been in Shushan because he was in Babylon when Belshazzar was assassinated. *Ibn Ezra* refutes this view by conjecturing that perhaps Daniel went to Shushan, where he had this vision, and returned to Babylon during the same year.

3. **a ram**—This represents the kingdom of Persia.—[*Ibn Ezra*]

and it had horns—*symbolizing the kingdom of Persia and Media.*—[Rashi] *Ibn Ezra* adds: Media and Persia were mighty nations.

and one was higher than the other—*symbolizing the kingdom of Persia, which was greater than the*

צְפִיר הָעִזִּים בָּא מִן הַמַּעֲרָב עַל פְּנֵי כָל הָאָרֶץ וְאֵין נוֹגֵעַ בָּאָרֶץ וְהַצָּפִיר קֶרֶן חָזוּת בֵּין עֵינָיו: וַיָּבֹא עַד הָאַיִל בַּעַל הַקְּרָנַיִם אֲשֶׁר רָאִיתִי עֹמֵד לִפְנֵי הָאֻבָל וַיָּרָץ אֵלָיו בַּחֲמַת כֹּחוֹ: ז וּרְאִיתִיו מַגִּיעַ אֵצֶל הָאַיִל וַיִּתְמַרְמַר אֵלָיו וַיַּךְ אֶת הָאַיִל וַיְשַׁבֵּר אֶת שְׁתֵּי קְרָנָיו וְלֹא הָיָה כֹחַ בָּאַיִל לַעֲמֹד לְפָנָיו וַיַּשְׁלִיכֵהוּ אַרְצָה וַיִּרְמְסֵהוּ וְלֹא הָיָה מַצִּיל לָאַיִל מִיָּדוֹ: ח וּצְפִיר הָעִזִּים הִגְדִּיל עַד מְאֹד וּכְעָצְמוֹ נִשְׁבְּרָה הַקֶּרֶן הַגְּדֹלָה וַתַּעֲלֶנָה חָזוּת אַרְבַּע תַּחְתֶּיהָ לְאַרְבַּע

רש״י

ואין נוגע בארץ . דומה היה למדלג באויר : **קרן חזות**. קרן גדול למראה העין : (ז) **ויתמרמר אליו** . וילחם אליו הוא לשון כעס מר : (ח) **חזות ארבע** . מראה ארבע

כדי כי שנים ראה איל אחד בקרנים קטנית והוא מלך פרס ובעל קרנים הוא מלך מדי : לפני האובל . לפני השער : וירץ אליו בחמת כחו . להלחם בו : (ז) ויתמרמר . נעשה אדון ורב אליו ונצחו ויש אומרים בתרירות ואכזריות אבל חמרות והסרבנות הוא יסוד חפשר כי כן כתוב ויך : וישבר את שתי קרניו : שהשפיל את מדי ופרס : וישליכהו . למלך מדי : וירמסהו . למלך פרס : (ח) וצפיר העזים הגדיל . הוא מלך יין הוא אלכסנדרוס הגדיל מאד במעשים נדולים שעברו על ידו : וכעצמו . וכאשר נתרבה מאד אז מת אלכסנדרוס שנקרא הקרן הגדולה : ותעלינה חזות ארבע תחתיה . הנה ד' מלכים אשר

רס״ג

...ארץ ואין עוטר נגדו : **ואין נוגע בארץ** . לפי שהוא מקרקר בל יניח ובל ישקוט : **קרן חזות בין עיניו** . הוא קרן גדולה נבוחת למראה למרחוק קרן אחד בתחלת ראותו והוא אלכסנדרוס כוקדרון הוא הצפיר בעצמו והקרן הוא המלוכה : (ו) ויבא עד האיל . שנלחם במלך פרס : בעל הקרנים . הוא ...ס הוא מלך מדי : לפני האובל . לפני השער : וירץ אליו ... ויש אומרים במרירות ואכזריות אבל חמרות והמרי... : שהשפיל את מדי ופרס : וישליכהו . למלך מדי : ...כסנדרוס הגדיל מאד במעשים נדולים שעברו על ידו : ...צמו . ותעלינה חזות ארבע תחתיה . הנה ד' מלכים אשר

אבן עזרא

אלכסנדרוס מוקדן וכך פירש המלאך והוא כח מפאת המערב כי הוא היה מלך הערב ושם נולד ופירוש ואין נוגע בארץ כאילו היה עף באויר במרולה ומרוב מרולתו לא היה נרמה שהוא נוגע בארץ : **והצפיר** . שעיר עזים ככה כתוב ולשירי עזיס בדה״ב : **קרן חזות** . מסובך וככה פירש המלאך שהוא המלך הראשון שהרג את מרתחשׁשׁתא לשון כשדים הוא ועוד חפרש: (ח) **וצפיר** . **וכעצמו** . בעבור שמת אלכסנדרוס כאשר גברה ידו וכימי בחרותו כמו בן שלשים שנה מת : **ותעלנה חזות** . קרנים בחזות וזהו שנחלקה מלכותו לארבעה מלכים : **לארבע רוחות השמים** . זהו וד' רחשין לחיותא מקום המלכות לכל אחד

מנחת שי

(ח) ותעלנה . חין דגש כנו״ן :

מצודת דוד

על פני וגו' . ר״ל בעת שלכו ע״פ כל הארן : **קרן חזות** . קרן גדולה נבוהת באויר ואין הוא נוגע בארן : (ז) **ויתמרמר** . כחמה גדולה בכל הכח : **ויתמרמר**. ...כבינה וככוונת סלב : **וכעצמו** . (ח) **וכעצמו** . כלחם עמו במרורות וכאכזריות רב : ...היה דומה למדלג באויר : **חזות ארבע** . מרבע קרנים נדולי הסדלה עלו במקום הקרן הגדולה והיו פונים לארבע רוחות השמים אחד לכל רוח :

horns, representing the king of
Media.

before the river—or, according
to *Rav Saadia Gaon*, before the gate.

**and it ran toward it with the
fury of its power**—to wage war with
him.—[*Rav Saadia Gaon*]

7. **and it fought with it**—Heb.
וַיִּתְמַרְמַר אֵלָיו. *And it fought with it.
That is an expression of bitter* (מַר)
anger.—[*Rashi*] *Rav Saadia Gaon*
derives it from the Aramaic מַר,
master, meaning that the he-goat
became the master over the ram. He

a he-goat came from the west over the surface of the entire earth, and it did not touch the ground, and the goat had a conspicuous horn between its eyes. 6. And it came to the horned ram that I saw standing before the river, and it ran toward it with the fury of its power. 7. And I saw it coming up to the ram, and it fought with it, and it struck the ram and broke both of its horns, and the ram had no strength to stand before it; so it cast it to the ground and trampled it, and there was no one to save the ram from its hand. 8. And the he-goat waxed exceedingly huge, and when it became strong, the great horn broke, and an appearance of four sprouted in its stead, to the four

and the higher one sprouted last—*This symbolizes that the kingdom of Media will precede the kingdom of Persia.*—[*Rashi*] *Isaiah da Trani* explains that this alludes to Darius the Persian, who was Cyrus the Great, the son of Esther. He built the Temple.

4. **goring**—Three directions are enumerated. East is omitted, because Persia emerged from the east and conquered nations on all sides.—[*Ibn Ezra*]

and no beasts could stand before it—These do not refer to the beasts mentioned in the previous chapter, but to any kings that it encountered on its way.—[*Ibn Ezra*] No sovereigns could defeat him, for he reigned from India to Ethiopia.—[*Rav Saadia Gaon*]

5. **I was pondering**—*I was contemplating it.*—[*Rashi*]

a he-goat—Heb. צָפִיר. —[*Rashi*] This, the angel explained to Daniel, is Alexander of Macedon. He came from the west, for he was born there and was the king there.—[*Ibn Ezra*]

and it did not touch the ground—*He resembled one skipping in the air.*—[*Rashi*] Because of the speed with which he traveled and conquered all countries, it appeared as though he was flying through the air without touching the ground.—[*Ibn Ezra*]

a conspicuous horn—Heb. קֶרֶן חָזוּת *a large horn visible to the eye.*—[*Rashi*] This was a large, high horn, visible from a distance. The he-goat was Alexander, and the horn was the kingdom.—[*Rav Saadia Gaon*] As the angel explains further, this is the first king, who slew Artahshasta.—[*Ibn Ezra*]

6. **And it came to the ... ram**—He waged war with the king of Persia.—[*Rav Saadia Gaon*]

horned—*Rav Saadia Gaon* explains that there were two rams, one with a small horn, representing the king of Persia, and one with large

רוּחוֹת הַשָּׁמָיִם: ט וּמִן־הָאַחַת מֵהֶם יָצָא קֶרֶן־אַחַת מִצְּעִירָה וַתִּגְדַּל־יֶתֶר אֶל־הַנֶּגֶב וְאֶל־הַמִּזְרָח וְאֶל־הַצֶּבִי: י וַתִּגְדַּל עַד־צְבָא הַשָּׁמַיִם וַתַּפֵּל אַרְצָה מִן־הַצָּבָא וּמִן־הַכּוֹכָבִים וַתִּרְמְסֵם: יא וְעַד שַׂר־הַצָּבָא הִגְדִּיל וּמִמֶּנּוּ הֵרִים הַתָּמִיד וְהֻשְׁלַךְ מְכוֹן מִקְדָּשׁוֹ: יב וְצָבָא תִּנָּתֵן עַל־הַתָּמִיד בְּפָשַׁע וְתַשְׁלֵךְ אֱמֶת

רס"ג   סבירין יצאה הורם קרי   רש"י

רש"י

קרניס: (ט) **ומן האחת מהם**. ומאחת מאלו המלכיות: **יצא קרן אחת**. מלכות טיטוס יוצאת ממנו: **מצעירה**. מלכות מולערת וכבזוית כמו שקראו למעלה קרן אחת מצעירה והוא על ענין שנא' כזוי אתה מאד (עובדיה א'): **ותגדל יתר**. ותגדל מאד: **אל הנגב**. הוא מצרים שהיא בדרומה של ארץ ישראל: **ואל הצבי**. ארץ ישראל שנקראת ארץ צבי כענין שנא' נחלת צבי לצבאות גוים (ירמיה ג'): **(י) עד צבא השמים**. הם ישראל שנמשלו לכוכבים: **(יא) ועד שר הצבא**. הוא בית המקדש שהוא ביתו של הקב"ה שר הצבא כלפי הקב"ה חרף: **וממנו הורם התמיד**. ועל ידי גדודיו וחיילותיו שהשלח לירושלים בטל התמיד שהלח שם נירון קיסר שר לבאו כמ"ש רז"ל במסכת גטין יכנורויין: **(יב) וצבא תנתן על התמיד בפשע**. וזמן מועד נתן

אבן עזרא

מהם המקום הראשון ארס והשני הוא מצרים והשלישי ארץ ישראל והרביעי ארץ פרס וככה כתוב בספרי המלכים: **(ט) ומן**. הטעס ממלכות אחת מאלה יצאה קרן קטנה במספר לבאה והיא שהיתה בארץ ישראל באנטוכיא והוא אנטיוכוס וגבהה על מלכות מצרים דרום לארץ ישראל כי רוחב מצרים מהקו השוה תשע ועשרי' מעלות ורוחב ירושלים שלשים ושלש על כן הוא בתוך הישוב כי כלו עד שׁשׁה וׁשׁשׁים **ואל הצבי**. כל ארץ ישראל לבי הוא לכל הארלות: **ותגדל**. גברי' פירש זה וככה ועד לבא השמים שר הלבא שהוא מיכאל הלא תראה ועתיק יומין יתיב וכתיב ובעת ההיא יעמוד מיכאל: **(יב) ותשלך אמת ארצה**.

מצודת דוד

(ט) **ומן האחת**. מתוך קרן אחת מהם מסס יצא עוד קרן אחת מצעירה יתר. נדלה ונלחמה ביותר אל פאת הנגב וגו' **ואל הצבי**. זה א"י שנאמר בה לבי היא לכל הארלות (יחזקאל כ) וכ"ל חמודה וכדומה: **(י) ותגדל**. נדלה מאד עד למוספסת ביחול: **ותפל ארצה**. ר"ל היא נברה **ועד שר הצבא הגדיל**: (יא) **ועד שר הצבא הגדיל**. נסתלקה נסמכה לכל הקריבו על מזבח ס': **והשלך מכון מקדשו** הושלך מקון מקדשו שלאת הלבא ר"ל שרפה באם: (יב) **וצבא**. וזמן קבוע נתן

מצודת ציון

(ט) **מצעירה**. קטנה כמו והיא מלטר (בראשית י"ט): **הצבי**. החמודה וכן נחלת לבי (ירמיה ג'): (יא) **הורם**. הרמה וסלוק: **מכון**. מל' כן וכסום: (יב) **וצבא**. זמן קבוע.

רס"ג

הקים בחייו וחילק להם המלוכה כמו שאמרנו למעלה אחד ברומי וישמו רומכים אלכסנדרום באלכסנדריא ארודים בעכו ואנטיוכוס באנטוכא: לארבע רוחות השמים. בארבע קצותיו של מלכות: (ט) **ומן האחת**. יצא קרן אחת מצעירה. זאת קרן זעירא. אשר פתרונו במלכות רביעית הוא ישמעאל **ותגדל יתר**. גדלה ביותר מאד ואכלה אל הנגב כי תחילתו יצא מן הנגב שהוא דרום טן מדבר ים בסוף הנגב ואחריו אל המזרח ואל ברסאן: **ואל הצבי**. שהיא ארץ שם ותם הקדש מהם לקחו בחייו ומחם לקחו כשפחותיו: (י) **ותגדל עד צבא השמים**. על ישראל ועל מלכי הרומיים: **ותפל ארצה מן הצבא**. וכול' נשתברו יותר מהלך שנה ויש שאמר כי זו הםלכות קרן זעירא חיא אשר תעמוד על מלכות ישמעאל ולא זולתה: (יא) **ועד שר הצבא הגדיל**. ממלאכי רומח אשר היו בירושלים חונבל כהם מלך ישמעאל ויקח ירושלים מידו בחזקה: **וממנו הורם התמיד והושלך מכון מקדשו**: כי התריב מלך ישמעאל במות שלהם חרבה והשליך מכונם וקדושתם: (יב) **וצבא תנתן על התמיד בפשע**. כי הקים מלך ישמעאל בית תפלתו בין

מנחת שי

(ט) **יצא קרן אחת**. ג' סבירין יצאה: **מצעירה**. כתיב במכלול דף לכ"ס עס ס"א סנקבה מנגינס אני מנניכהס (מיכה ג') ובמירק המ"ס ילא קרן אחת מצעירה ודגש הלד"י לתפאלת וכ"כ בשקל **פָּעֵל** ובשרשים שרס לטר. עוד כתב שם בטל ההגהס מ"א לפי סהס"א רפס מסמט סהמ"ס נוספת שאס סיחה לשמוס היחה הס"א במסיק: ואל הלכי. המשפט שלא בהפסק **הַצְּבִי** ובהפסק בסגול ואל הלבי: (יא) **הרים**. בורס קרי: **מכון מקדשו**. כדפוס ווינליאה שנת

מעלות מהקו השוה כי ארבעה ועשרים מעלות נוטה נגלל נוטה מישור וטעס המזרח ארץ פרס.

מצודת ציון

ענין נאסיס ומראה: (ט) **מצעירה**: (ט) **הצבי**. החמודה וכן נחלת לבי נחלת כשמות נרדפיס ודגש ל' סלמה וסילוק: **מכון**. מל' כן וכסום: (יב) **וצבא**. זמן קבוע:

השמים והס בני ישראל הנמשלים לכוכבי שמים וטעס כי אמר ואל הלבי ואל הלבא ר"ל: **ותפל ארצה מן הצבא ומן הכוכבים**. סיא היא וכסל כשמות נרדפיס כמו אדמת עפר (לקמן י"ב): (יא) **ועד שר הצבא הגדיל**. סתגדל עלמו לחרף כלפי מעלה שהוא שר לבא ישראל. וממנו. ע"י מילותיו ונדודיו נסתלקה לבל הקריבו על מזבח ס': **והשלך** מכון מקון מקדשו שלשר הלבא ר"ל: (יב) **וצבא**. וזמן קבוע נתגן על התמיד להיות מסונק ספטס ספטס סנחון

year 3592 and also recovered parts of
Persia that had broken away from
under Greek rule at the end of the
reign of Antiochus III.]
and to the coveted land—Heb.

אֶרֶץ הַצֶּבִי. *The land of Israel, called*
הַצְּבִי, *the coveted land* [or the land
of beauty] *after the manner of* (Jer.
3:19): " *an inheritance of the beauty
of hosts of nations.*"—[Rashi]

directions of the heavens. 9. And from one of them emerged a small horn, and it became very great to the south and to the east and to the coveted land. 10. And it grew until the host of heaven, and it cast down to the ground some of the host and of the stars and trampled them. 11. And until the Prince of the host it grew, and through him the daily sacrifice was removed, and the base of His Sanctuary was cast down. 12. And a time will be given for the daily sacrifice because of transgression, and it will cast truth

suggests also that it may be derived from מְרִי, *rebellion*, meaning that the he-goat rebelled against the ram.

and broke both of its horns—He humbled Media and Persia.—[*Rav Saadia Gaon*]

so it cast it to the ground—i.e., the king of Media.—[*Rav Saadia Gaon*]

and trampled it—i.e., the king of Persia.—[*Rav Saadia Gaon*]

8. And the he-goat waxed exceedingly—Alexander grew exceedingly with his great feats and conquests.—[*Rav Saadia Gaon*]

and when it became strong—When Alexander became powerful, while he was still young, in his thirties, he died.—[*Ibn Ezra*]

the great horn broke—Alexander, known as the great horn, died.—[*Rav Saadia Gaon*]

an appearance of four—*an appearance of four horns.*—[*Rashi*] This denotes the division of Alexander's empire to four kings after his death.—[*Ibn Ezra*]

to the four directions of the heavens—This is synonymous with the dream of the third beast, the one with four heads (7:6). The first place was Aram, the second Egypt, the

third the land of Israel, and the fourth Persia, as we find in the books of the kings.—[*Ibn Ezra*] See above (7:6) for the names of the kings and their territories according to *Abarbanel*.

9. And from one of them—*and from one of these kingdoms.*—[*Rashi*]

emerged a ... horn—*The kingdom of Titus emerged from it.*—[*Rashi*]

small—*A small and despised kingdom, as he calls it above one small horn, and that is in the manner of (Obad. 1:2): "... you are very despised."*—[*Rashi*] *Ibn Ezra* interprets this as a reference to the Greek kingdom in Antioch, which was ruled over by Antiochus. This kingdom had a small population.

and it became very great—Heb. וַתִּגְדַּל מְאֹד.—[*Rashi*]

to the south—*That is Egypt, which is to the south of the land of Israel.*—[*Rashi*] *Ibn Ezra*, too, explains that this kingdom of Antiochus spread out and conquered the kingdom of Egypt.

and to the east—i.e., to Persia.—[*Ibn Ezra*] [Antiochus Epiphanes attacked and conquered Egypt in the

אַרְצָה וַתַּעֲשׂ וְהִצְלִיחָה: יג וָאֶשְׁמְעָה אֶחָד־קָדוֹשׁ מְדַבֵּר וַיֹּאמֶר אֶחָד קָדוֹשׁ לַפַּלְמוֹנִי הַמְדַבֵּר עַד־מָתַי הֶחָזוֹן הַתָּמִיד וְהַפֶּשַׁע שֹׁמֵם תֵּת וְקֹדֶשׁ וְצָבָא מִרְמָס: יד וַיֹּאמֶר אֵלַי עַד עֶרֶב בֹּקֶר אַלְפַּיִם וּשְׁלֹשׁ

רש"י

להיות התמיד מסולק כשביל פשע: וצבא. זמן כמו הלא צבא לאנוש עלי ארץ (איוב ו'): ותשלך אמת ארצה. תורת אמת השפילה: (יג) אחד קדוש. אחד מן המלאכי': ויאמר. אותו המלאך: לפלמוני. הרי תיבה זו כשתים לפלוני אלמוני ותרגום יונתן בן עוזיאל כספר שמואל כם וסמיר כמו כי יסלא ממך דבר. אלמוני אלמון מבלי שם שהיה מדבר וגוזר גזירות ולצבא המועד תנתן על התמיד מסולק והפשע השומם יהיה נתן תחתיו פשע שומם עכומ"ז בזה בכמה מקומות שנא' מעת הוסר התמיד ולתת שקק (לעיל ג') ואשב שם שבעת ימים משמים בתוכם כמו חלם המקדש ואת לבא השמים אשר הפיל לארץ מרמם לרגליו רצבא. וי"ו יתירה והרנה כאלה במקרא נרדם ורעב וסום ערב בקר אלפים וג' מאות. ראיתי פתר כשס רביט סעדיה

אבן עזרא

התורה ולשמור המצות כאשר יפרש: (יג) ואשמעה. מלאך אחד קדום. כמו כל רביס עמים: לפלמוני. אלמוני. מלה מורכבת כי לא ידע דניאל שמו בתחילה ופלמוני מגזרת פלאי ואלמוני מגזרת אלם ועתה קגר דניאל ודבר

רס"ג

התמיד של ארמיים שבירושלים: ותשלך אמת ארצה. כי כן חדק ישראל שנקראו זרע אמת עד ארצה ועשתה והצליחה: (יג) ואשמעה אחד קדום מדבר. מלאך ששמו אחד קדוש והיח שראל למלאך אחד המדבר ועל שלא נודע שמו אמר לפלמוני כמו לפלוני לאותו המדבר: עד מתי החזון התמיד והפשע מתי ישתתסם ויבמל ועד מתי עם קדש יהיח מרסם ככתוב שלא פי' לו מהו ומה שמו: לפלמוני המדבר. למלאך עד מתי החזון. הזה אשר על התמיד להיות מעוכדי כוכבים שהיה כאבן דומם וכן היא קרויה בספר שומם. ל' חלם ומשותק כמו אשתומם כשעה חדא תת וקדש וצבא מרמס: לתת את מכון תפל ארצה מן הלבא ומן הכוכבים: וקדש (תהלים ע"ו) ואף כל' בני אדם יש מדברים כן: (יד) עד סעדיה לדבר ועתר עוד עד ערב בקר עד שיבא

מנחת שי

כע"מ נכתב כלדו מקום ולא ידעתי מקום זה איו כי בכל ספרים כתוב מכון: (יג) ואשממד. מרוב הספרים סמ"ס כשו"א וכם" א כמ"ק וקן במכלול ד' כ"א במקלת ספרים ואשמטה ממד קדום מדכר במ"ק וקן כתבו סנגיד ע"כ וכ"ל כשרשיס כשם הנגיד:

מצודת דוד

תמחיו בירוסלים (הטכו"ס תקכרא פשט כי מפסטמ אכסיס): ותשלד. כשפיל חורת אמת עד לארך: ועשתה. חעטס כל מפלה ומגליח: (יג) אחד קדום. ר"ל מלאך אחד קדום: לפלמוני המדבר. ר"ל לסמלאך המדבר הדברים האלה: החזון התמיד. ר"ל עד מתי יסיה החזון הזה אשר על התמיד לסיות הוא מסולק והפשע השומם כאבן דומם יוקן פד מתי וקדש. תת וקדש. פד מתי יוקן עם קדום ר"ל פד הסערב בקר ר"ל עד הסערב שנאמר בו וסיס ממשותק

מצודת ציון

כמו הלא לבא לאנוס (איוב ז'): (יג) לפלמוני. סיא מלה מורכבת מפלא ואלם סלא סוא פנין מכוסה כמו כי יפלא ממך (דברים י"א) ואלם ר"ל לא ידוכר בו ופל כי סיס שמו נטלם ממנו אמר לפלמוני: שומם. משותק כמו משמים בתוכם (יחזקאל ג'): וקודש. וי"ו ונצדק ופרסנו. עוד אסרסנו

How long will be the vision— this [vision] which concerns the daily sacrifice, that it should be discontinued, and the mute abomination will be placed in its stead. The mute abomination is an idol worshipped by the pagans, which was like a mute stone, and so it is called in this Book in many places, as it says (12:11): "And from the time the daily sacrifice was removed and a mute abomination was placed."—[Rashi]

mute—Heb. שֹׁמֵם, an expression of being mute and silenced, like (4:16): "was bewildered (אֶשְׁתּוֹמֵם) for awhile;" (Ezek. 3:15): "and I sat there seven days bewildered (מַשְׁמִים) among them," like dumb.—[Rashi]

permitting the Sanctuary and the host to be trampled—to make the base of the Sanctuary and the host of heaven, which he cast down to the earth, to be a trampling for his feet, as is stated above (verse 10): "and it cast down to the ground"

to the earth, and it will do and prosper. 13. Then I heard one holy one speaking, and one holy one said to the anonymous one who was speaking, "How long will be the vision of the daily sacrifice and the mute abomination, permitting the Sanctuary and the host to be trampled?" 14. And he said to me, "Until evening and morning, two thousand and three

10. **until the host of heaven—** *They are Israel, who were compared to the stars.*—[*Rashi*]

11. **And until the Prince of the host—***That is the Temple, which is the House of the Holy One, blessed be He, the Prince of the host. He blasphemed the Holy One, blessed be He.*—[*Rashi*] *Ibn Ezra* identifies the prince of the host as the angel Michael, as in 12:1.

and through him the daily sacrifice was removed—*And through his troops and his armies, which he sent to Jerusalem, the daily sacrifice was abolished, for he sent there Nero Caesar, his general, as our Rabbis relate in Gittin (56a) and in Gorion.*—[*Rashi*]

12. **And a time will be given for the daily sacrifice—***A set time will be given for the daily sacrifice to be discontinued because of transgression.*—[*Rashi*]

And a time—Heb. וְצָבָא, *time, like* (Job 7:1): "*Is not man on earth for a limited time (צָבָא)?*"—[*Rashi*] *Mezudath David* explains: A limited time will be given for the daily sacrifice to be removed because of the abomination that is to replace it in Jerusalem. The idols are called פֶּשַׁע, *transgression,* because they

cause their worshippers to transgress God's will.

and it will cast truth to the earth—*It humbled the Torah of truth.*—[*Rashi*] It abolished the Torah and the observance of the commandments.—[*Ibn Ezra*]

13. **one holy one—***one of the angels.*—[*Rashi*] *Rav Saadia Gaon* interprets this as the name of the angel. *Midrash Daniel* asserts that this angel was of a lower status than the first one, as is proven by the fact that he questions the first one.

and ... said—*that angel.*—[*Rashi*]

to the anonymous—Heb. לְפַּלְמוֹנִי. *This word is like two* פְּלוֹנִי אַלְמוֹנִי, *and Jonathan ben Uziel translated it in the Book of Samuel* (I 21:3): "*covered and hidden,*" *like* (Deut. 17:8): "*If a matter be hidden (יִפָּלֵא) from you.*" אַלְמוֹנִי *means a widower* (אַלְמָן) *without a name,* [i.e. bereft of a name] *for he* [the angel] *did not explain to him what he was and what his name was.*—[*Rashi, Ibn Ezra*]

to the anonymous one who was speaking—*to the angel who was speaking and issuing decrees, viz.* "*And a set time will be given for the daily sacrifice because of transgression.*"—[*Rashi*]

מֵאוֹת וְנִצְדַּק קֹדֶשׁ: טו וַיְהִי בִּרְאֹתִי אֲנִי דָנִיֵּאל אֶת־הֶחָזוֹן וָאֲבַקְשָׁה בִינָה וְהִנֵּה עֹמֵד לְנֶגְדִּי כְּמַרְאֵה־גָבֶר: טז וָאֶשְׁמַע קוֹל־אָדָם בֵּין אוּלַי וַיִּקְרָא וַיֹּאמַר

רס"ג
זתרמססם ומתי הצבא תנתן על התמיד : (טו) ואבקשה בינה .
להבין : כמראה גבר . כמראה איש גבור והוא גבריאל :
(טז) בין אולי . בין הבנין כמו איליו : להלז . לזה :

טעמים האחד שיהא חשבון זה מכוון עם חשבון אחר שב... ומראה הערב והבקר אשר נאמר אמת היא . ואם לא רמז החשבון תלוי למה חזר וכפל אותו לומר אמת הוא . והחוזה נלטוה לסתום ולחתום הדבר ואף הוא לא נגלה בכל' סתום וחתום ואנו נוחיל להבטחת מלכנו קץ אחר קץ ובעבור קץ הדורש נודע כי טעה במדרשו . והבא אחריו יתור וידרוש. דרך אחרת יש לפתור ערב בקר בגי' ה' מאות ועל"ד : מאות ועל"ד : ונצדק קדש . יכופר עון ישראל לבטל גזרות מדרסן ומפרסן מאז גלו גלות ראשונה למצרים עד יגאלו ויושעו תשועת עולמים במלך התמיד וחשבון זה כלה לסוף אל"ף ור"ז מיום הוסר התמיד והוא שנא' בסוף הספר ומעת הוסר התמיד כדי לתת שיקון שומם ימים אל"ף ור"ז יהיה ולא יותר שיבא המלך משיחנו ויסור שקן משומם והתמיד הוסר ו' שנים לפני החורבן ב"ש והעמיד דמות בהיכל ויום י"ז בתמוז היה שרף אפוסטמוס את התורה ובטל את התמיד והעמיד דמות בהיכל כמו ששנינו במסכת תענית ושם שנים שכתבתי אין בידי ראיה מפורשת אך יש ראיה שבטוע שלם לא בטל התמיד לפני החורבן שכן כיבא דניאל על טיטוס (לקמן ט') וחצי השבוע ישבית זבח ומנחה כלומר מקלת השבוע שלפני החורבן יבטלו הקרבנות כך מפורש למטה בענין . נחזור על הראשונות כיצד מכוון חשבון ערב ובקר אלפים ושלש מאות מיום רדת ישראל למצרים להיות כלה לסוף אלף ור"ן ליום שהוסר התמיד . ר"י היו במצרים ד' מאות ושמונים מיום לאחת עד ויבן הבית . ד' מאות וי' היה הבית ושבעים שנה גלות בבל ור"ד' מאות וך' בית שני נתן עליהם אלף ור"ז של קן הימין הרי אלפים וח' מאות ופ' לא מהן ו' שנים שהוסר התמיד לפני החורבן שלא מנה הכת' אלף ור"ז אלא למעת הוסר התמיד הרי לך חשבון ערב ובקר ואלפים ושלש מאות עוד נוסף בחשבון אשרי המחכה ויגיע לקן היומין מ"ה שנה יתרים על אלף ור"ז י"ל על חשבון הראשון יבא המלך המשיח ויחזור ויתכסה מהם חותם מ"ה שנים . ור' אלעזר הקליר יסד (בסילוק יוצר של פרשת החדם) ביסוד שירו שבועים שבה הרי מ"ב . וי"ל הג' שנים שלא באו לחשבון שבוע לא מנה ואני מלאתי כך במדרם רות שעתיד מלך המשיח להתכסות מ"ה שנים לאחר שינגלה ומביא ראיה מן המקראות הללו : (טז) ואבקשה בינה . בחוך הנהר : בין אולי . ויקרא . האדם : ויאמר . למלאך . הבן להלז את המראה . פרם לזה את החזון : להלז . ל' חשיבות כמו שקראו חמודת כ"מ שנא' הלו בעל צורה הוא ומכאן למדו באגדה יצחק נדמה לאביו בללם וכדמות שנקרא האיש הלו כף' ויהי כי זקן יצחק ויהי יוסף יפה תאר הנו הנוי המנויה

אבן עזרא
קדש . שיסוב קדם לנדק . בעבור שיאמר כמראה גבר אמר גבריאל :

מצודת דוד
בשבת ב' אלפי' ושלש מאות אבל לא ידענו מאיזה זמן מתחיל החשבון קדם ימלא לדקה ומסד ותבוא הטובה המיוטדת : (טו) ואבקשה והוא סתום וחתום וכבוה הנוגאל כ"ב אז נדע בלור מולא הדבר בינה . בקשתי להבין דברי החזון : כמראה גבר . כמראה איש אשר רמוזה בו מאיזה זמן מתחיל החשבון הזה וכמ"ש בסוף הספר והוא גבריאל האמור במקרא שלאחריו : (טז) בין אולי . הקול יולא כי סתומים וחתומים הדברים עד עת קן : ונצדק קדש . ואז עט מבין מי נהר אולי ואמר מתה גבריאל הבן את המראה אל הלז רנה

place a dumb idol, will be 1,290	up an image in the Heichal, as we
years," and no more, for our king	learned in Tractate Ta'anith (26b),
Messiah will come and remove the	but for the six years that I wrote, I
dumb idol. The daily sacrifice was	have no explicit proof, but there is
removed six years before the	proof that the daily sacrifice was
destruction of the Second Temple,	abolished less than a complete
and an image was set up in the	shemittah cycle before the destruc-
Heichal. Now that was the seven-	tion, for so did Daniel prophesy
teenth day of Tammuz, when	about Titus (9:27): " ... and half the
Apostomos burned the Torah, made	week of years [shemittah cycle] he
an end to the daily sacrifice, and set	will curtail sacrifice and meal-

hundred, and the holy ones shall be exonerated." 15. Now it came to pass when I, Daniel, perceived that vision, that I sought understanding, and behold, there stood before me one who appeared like a man. 16. And I heard the voice of a man in the midst of the Ulai, and he called and said,

some of the host and some of the stars."—[Rashi]

the Sanctuary and the host— Heb. וְקֹדֶשׁ וְצָבָא. *The "vav" [of* וְקֹדֶשׁ*] is superfluous, and there are many such instances in Scripture, e.g. (Ps. 76:7): "chariot (* וָרֶכֶב *) and horse were stunned," and also, in the language of people, some speak that way.— [Rashi]*

14. **Until evening and morning, one thousand and three hundred—** *I saw an interpretation in the name of Rav Saadia Gaon for this matter, but it has already passed, and he interpreted further "until evening and morning," that evening about which it says (Zech. 14:7): "and it shall come to pass that at eventide it shall be light," and we are confident that our God's word will stand forever; it will not be nullified. I say, however, that the* עֶרֶב *and* בֹּקֶר *stated here are a gematria, and there is support for this matter from two reasons: 1) that this computation should coincide with the other computation at the end of the Book, and 2) that Gabriel said to Daniel later on in this chapter (verse 26): "And the vision of the evening and the morning is true." Now, if he had not hinted that the computation was doubtful, why did he repeat it to say that it was true? And the seer was commanded to close up and to seal*

the matter, and to him, too, the matter was revealed in a closed and sealed expression, but we will hope for the promise of our king for end after end, and when the end passes, it will be known that the expounder has erred in his interpretation, and the one who comes after him will search and expound in another manner. This can be interpreted [as follows]:, namely that עֶרֶב בֹּקֶר *has the numerical value of 574,*

$$\begin{array}{rcl} \text{ע} &=& 70 \\ \text{ר} &=& 200 \\ \text{ב} &=& 2 \\ \text{ב} &=& 2 \\ \text{ק} &=& 100 \\ \text{ר} &=& \underline{200} \\ & & 574 \end{array}$$

plus 2,300, we have 2,874.— [Rashi]

and the holy ones shall be exonerated—*The iniquity of Israel shall be expiated to bring an end to the decrees of their being trodden upon and crumbled since they were exiled in their first exile to Egypt until they will be redeemed and saved with a perpetual salvation by our king Messiah, and this computation terminates at the end of 1,290 years from the day the daily sacrifice was removed, and that is what is stated at the end of the Book (12:11): "And from the time the daily sacrifice is removed, in order to*

גַּבְרִיאֵל הָבֵן לְהַלָּז אֶת הַמַּרְאֶה: יז וַיָּבֹא אֵצֶל עָמְדִי
וּבְבֹאוֹ נִבְעַתִּי וָאֶפְּלָה עַל פָּנָי וַיֹּאמֶר אֵלַי הָבֵן בֶּן
אָדָם כִּי לְעֶת קֵץ הֶחָזוֹן: יח וּבְדַבְּרוֹ עִמִּי נִרְדַּמְתִּי
עַל פָּנַי אָרְצָה וַיִּגַּע בִּי וַיַּעֲמִידֵנִי עַל עָמְדִי: יט וַיֹּאמֶר
הִנְנִי מוֹדִיעֲךָ אֵת אֲשֶׁר יִהְיֶה בְּאַחֲרִית הַזָּעַם כִּי
לְמוֹעֵד קֵץ: כ הָאַיִל אֲשֶׁר רָאִיתָ בַּעַל הַקְּרָנָיִם מַלְכֵי
מָדַי וּפָרָס: כא וְהַצָּפִיר הַשָּׂעִיר מֶלֶךְ יָוָן וְהַקֶּרֶן
הַגְּדוֹלָה אֲשֶׁר בֵּין עֵינָיו הוּא הַמֶּלֶךְ הָרִאשׁוֹן:
כב וְהַנִּשְׁבֶּרֶת וַתַּעֲמֹדְנָה אַרְבַּע תַּחְתֶּיהָ אַרְבַּע

מלכיות

ת״א הבן להלז , זוהר וילא : כהיל יפא י' :

רש״י

בה' דברים שהאב זוכה לבנו : (יז) לעת קץ . לימים
רבים יהיה החזון הזה : (יח) נרדמתי . ל' תרומה ותממון
על עמדי . על מעמד רגלי : (יט) כי למועד קץ . כי
הוא לזמן קץ ימים רבים : (כ) מלכי מדי ופרס . שתי
קרנים שתי עכומ"ז מולכות כמו שפרשתי למעלה :
(כא) המלך הראשון . הוא אלכסנדרוס מוקדון שהרג את
דריוש בן . . . (כב) והנשברת . שרמית שנשברה : ותעמדנה ארבע תחתיה .

אבן עזרא

(יז) ויבא . טעם להאמרו בן אדם בעבור שהוא במראה
הנבואה בין המלאכים הקדושים וככה יחזקאל הנביא :
ויאמר אלי הבן . נפשך בן אדם . או לכך . וטעם

מצודת דוד

לומר אל דניאל : (יז) ויבא . ובא גבריאל מקום עמדי וכאשר
בא מרדמי ונפלתי על פני מגודל המורא : הבן בן אדם . אתה בן
אדם מן דמשך לסכין אמרי הסחזון אשר יסיס לעת קץ ר"ל בסוף
ימי הגלוח : (יח) נרדמתי . בקרדמה של עמד : על פני . מושכב
על פני מלחם : וינע בי . כמו אדם הנוגע בחבירו לעוררו מן השינה :
(יט) באחרית הזעם . בסוף ימי הזעם הם ימי הגלות : כי למועד קץ .
(כ) בעל הקרנים . בעל שתי קרנים : מלכי . ר"ל ירמז על שתי מלכיות
כי מלכיות שלם חסים גדולה ממלכלות מדי כי היו לא משלו רק שנה אחת
(פסוק ד) מנגש ימם ולפונה וגו' . ולא אמך מזרחה כי ממזרח בא כמ"ש
ירמז על כל מלכי האדמה : (כא) מלך . ר"ל ירמז על מלך : הוא המלך הראשון . הוא אלכסנדרוס מוקדון כי בא
מסאח הממרכ וסיס מתגבר מאד כדרך מסלכו וכבש מלכים רבים במסירוח רב וכא פד מדי וסרס ונגר עליהם וסרג אם מלם :
(כב) והנשברת . ומה שלמים כי שבברה הקרן סגדולה ותעמודנה ארבע תחתיה פל כי כאשר יסמוק אלכסנדרוס פד מאד ימום

מלכיות

רס״ן

אצל עמדי . מעמדי : (יח) נרדמתי . נשתתחתי לשן ירידה :
כי למער קץ . כי תתמיד שנשאר מעם באחרית הזעם
אחרית הגלות או תתמיד שנשאר מעם וצבא של ישמעאל
מצבת בית מרשד יעמדו עד קץ תחזון : (כב) והנשברת .
מלך יון תראשון . הם ד' מלכי

אבן עזרא

דריוש בן מלתר כמו שמליגו בספר יוסיפון :
תחתיה . כמ"ש כספור החלום למעלה ארבע מלכיות אשר

כי לפת קן לקן ארוך כמו אנשי מדות : (יט) באחרית
הזעם . יספר זאם השם על ישראל בימי יון ובימי אנטיוכום
עד סיטהרו החשמונאים את הבית וזהו ונצדק קדם . והנה שב

מצודת ציון

(טו) לחלל . נסוס כמו השולמים הלו (מ"כ ד') :
(יז) גבעתי . מל' בעתם ומחדם . כי לעת קץ . אשר לפת קץ
(יח) נרדמתי . מלשון תרדמה ושינה : (כא) והצפיר השעיר .

of holy people."] *And I found it so in
Midrash Ruth that the king Messiah
is destined to be concealed for forty-
five years after he reveals himself,
and proof is brought from these
verses.*—[Rashi]

15. that I sought understanding—

*I was longing that they should enable
me to understand* [the vision] *from
heaven.*—[Rashi]

one who appeared like a man—
This is Gabriel, mentioned in the
following verse.—[*Mezudath David*]

"Gabriel, enable this one to understand the vision." 17. And he came beside the palace where I was standing, and when he came, I became frightened, and I fell upon my face. Then he said to me, "Understand, son of man, that the vision refers to the time of the end." 18. Now, when he spoke to me, I fell into a sound sleep upon my face to the ground, and he touched me and stood me up where I had been standing. 19. And he said to me, "Behold I am letting you know what will be at the end of the fury, for it is the end of the time. 20. The ram that you saw, the one with the horns, represents the kings of Media and Persia. 21. And the he-goat is the king of Greece, and the great horn that is between his eyes—that is the first king. 22. And the broken one, in whose stead stood four, represents four

offering," meaning that a part of the week of years before the destruction, sacrifices will be abolished. So it is explained below in this section. Let us return to the earlier matters, how the computation of "evening and morning, one thousand and three hundred," fits exactly with the time commencing from the descent to Egypt to terminate at the end of 1,290 years until the day that the daily sacrifice was abolished:

210 years they were in Egypt.
480 years transpired from the Exodus until the building of the Temple.
410 years the Temple existed.
70 years was the Babylonian exile.
420 years the Second Temple stood.
1,290 should be added until the end of days, totaling:
2,880.
Subtract 6 years that the daily

sacrifice was removed before the destruction, for Scripture counted 1,290 years only from the time that the daily sacrifice was removed. Here you have the computation of "evening and morning, and 2,300" added to the computation. Fortunate is he who waits and reaches the end of days 45 years over 1,290 [years]. We may say that the king Messiah will come according to the first computation, and he will subsequently be concealed from them for forty-five years. Rabbi Elazar HaKalir established (in the concluding poem of the portion dealing with the month of Nissan): in the foundation of his song: six weeks of years, totaling 42. We may say that the three years that did not total a week of years he did not count. [Note that in our prayerbooks, the reading is: "And he will be concealed from them seven weeks of years, and he will return and be revealed to the nation

מַלְכֻיּוֹת מִגּוֹי יַעֲמֹדְנָה וְלֹא בְכֹחוֹ: כג וּבְאַחֲרִית
מַלְכוּתָם כְּהָתֵם הַפֹּשְׁעִים יַעֲמֹד מֶלֶךְ עַז־פָּנִים
וּמֵבִין חִידוֹת: כד וְעָצַם כֹּחוֹ וְלֹא בְכֹחוֹ וְנִפְלָאוֹת
יַשְׁחִית וְהִצְלִיחַ וְעָשָׂה וְהִשְׁחִית עֲצוּמִים וְעַם־
קְדֹשִׁים: כה וְעַל־שִׂכְלוֹ וְהִצְלִיחַ מִרְמָה בְּיָדוֹ וּבִלְבָבוֹ

רס"ג

שהעמיד בחייו כאשר פתרנו למעלה : מגוי יעמודנה . אותן ד' מלכים מן גוי שריו וצבאיו יעמודנה : ולא בכחו . ולא מזרעו כי לא יהיה לו לא נין ולא נכד בעמו : (כג) ובאחרית מלכותם . אחרי מות אלו ד' הפושעים יעמוד מלך עז פנים וקשה וחזק במלכותו . היא מלכות ישמעאל : ומבין חידות . חידות מלכים הראשונים והעצומים כי מלכים הראשונים יונים וארמיים ופרסיים : (כד) ועצם כחו ולא בכחו . כי אם בעונות ישראל : ונפלאות ישחית . זה בית המקדש : והשחית עצומים . אלו בתי חשרים וערי ישראל : ועם קדושים . הם ישראל שנלחם בהם בירושלים בימי טיטוס ככתוב עבדא קרב עם קדישין : (כה) ישחית רבים . יהרגם אחרי כן ויוציאם בשלוה . פתאום ישבר וישפל : שר שרים . הוא האיש שהפקיד בירושלים אשר פקד אותו טיטוס אחרי לכדו עיר הקודש בהתריבו גאון עוזינו והניח מלך מנשים לרדות

מנחת שי

(כב) מלכיות . בקבוץ שפתים : יעמדנה . בא ביו"ד בתחלתם וכו"ן ה"א בסוסה והכלהו תעמדנה וטמ"ש כפ' וילא על וימנמה בכאן לשתוח:

רש"י

יעמודנה מאותו גוי שחלק אלכסנדרום מוקדון מלכותו במותו לארבע ילדים. ויוסף קראס בספרו ארבע ראשי נמר ולא בני המלך היו : ולא בכחו . ולא יהיו האחרונים ככח המלך הראשון כי חלשים יהיו ממנו : (כג) ובאחרית מלכותם כהתם הפושעים . כשיגיע זמן שיתמו רשעי ישראל שבבית שני יעמוד מלך עז פנים הוא טיטום : (כד) ועצם כחו . ולא בגבורה כי אם בחלקלקות כמו שמפרש בסוף הספר : ונפלאות ישחית . ובהפלא ופלא ישחית עכומ"ז : והצליח ועשה . חפלו : והשחית עצומים . עכומ"ז רבים : ועם קדושים . ישראל ומאמיני התורה : (כה) ועל שכלו והצליח מרמה בידו . ועל

אבן עזרא

לפרש כי המלך הראשון שהוא אלכסנדרום הוא הקרן הנשברה מהרה ופירש ארבע מלכיות וטעם מגוי שכולם היו מגוי יון על ישראל : כהתם הפושעים . והנה הטעם כי בעבור שהיו פושעי ישראל רבים על כן נמסרו ביד היונים : מלך עז פנים . הוא היה אנטיוכוס והשר שלו גלינוס . ויש מהנגאונים שאומרים שמלך עז פנים הוא בשנת ארבעת אלפים וסנ"ד שנה והנביא ידבר על האחד מהארבעה מלכים שמלכו תחת אלכסנדרום וככה פירש עוד בנבואה הרביעית ועמד מלך גבור שהוא אלכסנדרום ואמר ובעמדו תשבר מלכותו ותחן לארבע רוחות השמים . והנה אין זה כאשר דבר : (כד) ועצם כחו ולא בכחו . רק בעבור חטאת ישראל ליסרס השם : והשחית עצומים . זה פירום ותפול חרלה מן הלבא ומן הכוכבים ותרמסם והוא השחית רבים מישראל . ופירום ועד לבח השמים הגדיל שהוא שר השרים שהוא מיכאל כי הוא השר הגדול ותחתיו שרים ועוד חדבר על זה והוא בטל עולת התמיד והחריב הבית וזהו והושלך מכון מקום מקדשי

מצודת ציון

בצל הסמל בשמות נרדסיס לתום' כימוך : (כג) כהתם . מלשון תם והשלמה : עז פנים . חלוף :

מצודת דוד

ובמקומו יעמדו ארבע מלכיות בארבע הרוחות והם רומא ומלכיס ומ"י וסרם האמוריס למעלה : מגוי יעמדנה . מלכי האלכוס יהיו מבני עמו : ולא בכחו . לא יתחזקו ככחו של אלכסנדרום כמ כמ"ש כחי ורלאשית אוני (בראשית מט) : (כג) כהתם הפושעים . כשיגיע הזמן להשלים ולכלות פושעי ישראל כשתתמלא סאתם : יעמד . אז יעמוד מהם מלך עז פנים ויסים מבין מידות כי להתגבר כמותו. או ר"ל שהממלכים ההם לא יסיו מבניו כי הבנים יקראו כמ הפושעים . כשיגיע הזמן להשלים ולכלות פושעי ישראל כשתתמלא סאתם : יעמד . אז יעמוד מהם טיטום והוא בא מן רומא ועליו יורה קרן אחת מלטירה וכמ"ש של אדום הנה קטן נתתיך בגוים (עובדיה א) ועל רומא יאמר כי הרבה מבני אדום נתיישבו בה ומלכו בתוכה ימ"ש שם ותגדל יתר וגו' כי התחזק ביותר של מלכים שהיו בדרומ של א"י ועל סרם שהיא כמזלחמה של א"י : (כד) ועצם כחו . בכל עת יתחזק כחו ולא בכטבור רוב כחו כ"א בחלקלקות כט"ש כו והמזיק מלכות במחלקלקות (לקמן יא) : ונפלאות ישחית . השחתות נפלאות ישחית . ועלים ושלים בטפשיו ועשם כל מפלו והשחים פלכיות עלומים : ועם קדושים . הס ישראל. (כה) ועל שכלו . ובעביר רב שכלו יללין המרמה שבידו : ובלבבו יגדיל . ובטבור

Alexander was invading, but *Abarbanel*, quoting *Ralbag*, states that Alexander gained entry into Darius's palace disguised as an emissary, and he personally fought with Darius, slaying him in hand to hand combat. This is depicted in verse 7, where the battle between the ram and the he-goat is narrated.

22. And the broken one—*that you saw being broken.*—[*Rashi*] i.e., when Alexander reaches the peak of his power, he will die.—[*Mezudath David*]

in whose stead stood four—*as is written in the narration of the dream above* (verse 8), [there] *are four kingdoms which will arise from that nation, for Alexander of Macedon divided his kingdom upon his death* [into parts for] *four youths, and* kingdoms [that] will rise from a nation, but not with its strength. 23. And at the end of their kingdom, when the transgressors have been destroyed, there will arise a brazen-faced king who understands riddles. 24. And his power will become strong, but not through his strength, and he will destroy wondrously, and he will prosper and accomplish, and he will destroy the mighty and the people of the holy ones. 25. And through his intellect, he will cause the deceit in his hand to prosper, and in his heart

16. **in the midst of the Ulai**—*in the midst of the river.*—[*Rashi*]

and he called—*i.e., the man.*—[*Rashi*]

and said—*to the angel, "You, Gabriel."*—[*Rashi*] He was called Gabriel because of his manlike appearance (כְּמַרְאֵה גָבֶר).—[*Ibn Ezra*]

enable this one to understand the vision—*explain the vision to this one.*—[*Rashi*]

this one—Heb. לְהַלָּז, *an expression of esteem, as he called him* חֲמוּדוֹת, *one of desirable qualities. Wherever it says* הַלָּז, *it is a person of form, and from here they learned in the Aggadah: Isaac resembled his father in form and in likeness, for he is called* הָאִישׁ הַלָּז *in the section commencing, "Now it came to pass when Isaac was old."* [This is indeed puzzling, because Isaac is called הָאִישׁ הַלָּזֶה in Genesis 24:65, whereas the section commencing "Now it came to pass etc." is Genesis 27. Moreover, Isaac is referred to as הַלָּזֶה, not הַלָּז.] (Gen. 39:6): " *... and Joseph was fair in form and fair in appearance." This is the beauty counted among the five things that a father merits for his son.*—[*Rashi*, alluding to *Eduyoth*

2:9] [The connection between Joseph and Daniel is obscure. Also, the aggadah quoted by *Rashi* previously is, to my knowledge, not found among any of the known midrashim. For a similar midrash, see *Exodus Rabbah* 1:1.]

17. **to the time of the end.**—*For many days this vision will come about.*—[*Rashi*]

18. **I fell into a sound sleep**—Heb. נִרְדַּמְתִּי, an expression of slumber and bewilderment.—[*Mezudath David*]

19. **at the end of the fury**—at the end of the days of fury, i.e., at the end of the exile.—[*Mezudath David*]

for it is the end of the time—*for it is at the time of the end of many days.*—[*Rashi*]

20. **The kings of Media and Persia**—*The two horns represent two ruling nations, as I explained above.*—[*Rashi*]

21. **the first king**—*He is Alexander of Macedon who slew Darius, the son of Esther, as we find in the book of Josiphon* (ch. 9).—[*Rashi*] According to extant editions, the Persian officers assassinated Darius when it was reported that

יַגְדִּיל וּבְשַׁלְוָה יַשְׁחִית רַבִּים וְעַל שַׂר־שָׂרִים יַעֲמֹד וּבְאֶפֶס יָד יִשָּׁבֵר: כו וּמַרְאֵה הָעֶרֶב וְהַבֹּקֶר אֲשֶׁר נֶאֱמַר אֱמֶת הוּא וְאַתָּה סְתֹם הֶחָזוֹן כִּי לְיָמִים רַבִּים: כז וַאֲנִי דָנִיֵּאל נִהְיֵיתִי וְנֶחֱלֵיתִי יָמִים וָאָקוּם וָאֶעֱשֶׂה אֶת־מְלֶאכֶת הַמֶּלֶךְ וָאֶשְׁתּוֹמֵם עַל־

רש"י

ידי שהוא משכיל בכל אשר יסנה וילליח יחזיק במרמה שבידו: ובלבבו יגדיל. יתגאה: ובשלוה ישחית רבים. במרמה ובחלקלקות ישחית רבים היושבים אתו בברית ושלום: ועל שר שרים יעמוד. כלפי מעלה יסיח דברים וזהו פי' בחלום הכ' למעלה [ועד שר לבא הגדיל]: ובאפס יד ישבר. ובאין כח ישבר על יד יתום מלא שנכריות שנכנס בחוטמו כמו שאמינו במסכת גיטין (כו) ומראה הערב והבקר. אשר נאמר לך בחלום העליון אמת הוא: ואתה סתום החזון. אל תפרסהו וסתמהו בלבך כי לימים רבים יבא: (כז) נהייתי. ל' הוה ושבר כלומר נסטערתי על הפורענות הזה ונדכיתי: את מלאכת המלך. שהייתי ממונה על פקודת עבודת ממשלת מלכות בלשצר שמנהו ל"נ אביו כמ"ש בתחילת הספר והשלטיה על כל מדינת בבל: ואשתומם על

תמיד כלומר ישראל שראה והפיל הצדיקים שדומים לכוכבים ולא היו בעולם: והושלך מכן מקדשו. והשחריב והשפיל ביהמ"ק בימיו: וצבא. ורצח כמו ולמן די יצבה יתנגה כלומר ורצה הקב"ה על התמיד על הדין שיהיה נתון תמיד בכל יום על הפשע והתמיד שמרד ארם והשליך אמת ארצה אלו ישר' וביהמ"ק. ד"א וצבא השמש וירח השמים ועל זה הפשע בטל התמיד בפשע שהיו מקטרים לשמש ולירח ולצבא השמים וחרב בית המקדש והשליך הקרן הארת ארצה: לפלשונ... כמו לפלוני: והפשע שומם. תח לשומם חשיקרץ שבנו הגוים בירושלים: וקדש וצבא מרמס. בית קדש הקדשים וצבא ורצה שיהיה תרמס: ויאמר אלי עד ערב בקר. עד שיעשה ערב של ישראל בקר כמו והיה לעת ערב יהיה אור. ד"א עד ערב בקר עד שיגטור חיום סוף אלפים ושלש מאות חדש מד כי ערב ובקר יום אחד. וזה חישבון ממלכות יתנים עד

אבן עזרא

ואל תתמה בעבור שאמר שהוא מקדש מיכאל כי מקדש הסם
הנכבד הוא כמו תורת משה הוא מטה האלהים: (כה) ובאפס יד ישבר. כי ידוע הוא אנטיוכוס נפל מן הגג ונשבר ומת. הגאון רב סעדיה אמר כי אלפים ושלש מאות הס שנים ותחלחם מגלות מלרים. ומה טעם לההל משם ועוד איך הוא שנה ערב ובקר לפי דעתו כבר עבר המועד זה שנים רבות, והנכון בעיני כי שם שנים וחדשים עמדו ישראל בימי אנטיוכוס בצרה גדולה וכן כתוב בסוג בספר יון והנה זה המספר הס ימים. והטעם אלפים ושלש מאות בקר והס שם שנים משנות החמה ושלשה חדשים וימים מהם משנות הלבנה קרוב משם שנים וחלי על כן אמר המלאך ומראה הערב הבקר אמת הוא שהוא כמשמעו ערב. ובקר. ולולי שמלאנו זה המספר כתוב וכבר עבר לא יכול אדם להבין זה המספר על כן אמר דניאל ואשתומם על המראה ואין מבין וכבר דברי דניאל קן הגאולה סתומים וחתומים גם דניאל לא ידע הקץ כי כן אמר ואני שמעתי

מנחת שי

(כו) כי לימים רבים. אשר לימים רבים: (כז) נהייתי. נשברתי
וכן ושמנו נהייתס עליו (לטיל ב'):

(כז) ונחליתי. הנו"ן בסגול ושמי"ת כמ"ס וכן בשרשים:

פ"י יחוש אמת שנכמסה בחוטמו כמ"ש רז"ל: (כו) ומראה וגו'. ואשר נאמר לך במראה עד ערב אמם הוא כי כן יהיה: סתם החזון. ר"ל מה מן הנכומה אשר סיא לסופימים רבים סתום מוחה בלבך ואל תגלה אף הסמט אשר ידעת: (כז)נהייתי. נשברתי ונצטתי מולה כמה ימים מרוב המלדה וטכ"ז קמתי ועשיתי עבודת המלך אשר הועל עלי מאז הפקיד אותי כמ"ש כ"נ כמ"ש (לטיל ב'): ואשתומם.

מצודת ציון

(כו) כי לימים רבים. אשר לימים רבים:

רמ"ג

בעם ח' ובא מלך ישמעאל ולקח ארץ ישראל מידו וריחוק עליו
מן ג' מלכים שר אחד מיעום רבים שנים חרי שלשת: ובאפס יד ישבר. בלי כח כי ביד חלש ישבר. ד"א ובאפס יד ישבר ובאחרית ישבר. ד"א ובאפס יד ישבר לא בידי אדם ישבר ככתוב די התגזרת אבן די לא בידין: (כז) נהייתי ונחליתי. נצטערתי עד שנחליתי כמו נחי וחי: ואשתומם: לשן שתיקה כמו שלשת ימים משמים. פירוש אחר יצא קרן אחת מצעירה. מקטנה שבהן כמו מקדש אנטיוכם שהיה ביותר: ואל הצבי. הצפון: יתגדל עד צבא השמים. כי ראה שמפיל חכוכבים כשמעשה צרות לישראל צבא הצדיקים כדכתיב ומצדיקי חרבים ככוכבים: ותפל ארצה מן הצבא ומן הכוכבים ותרמסם. שהפילה לארץ החסידים ותרמסם בגלות: ועד שר הצבא הגדיל. ועד הקב"ה הגדיל לדבר גדולות ונתגאה בעצמו ואמר אין אלוה יכול להציל ירושלים מידי וחפיל חומו' ירושלי' והחריב בית המקדש ובטלו עולות וזבחים בימי ואז כמנו מאיתו המלך שתחריב בית תפאארתינו אז הורס והושלך התמיד כמו רמה בים מרים התמיד על הדין שהוהתמד בכל עת ובכל שעה יושב הקב"ה בדין על חרבן ביתו שנאמר ואל זעם בכל

blasphemously toward Heaven. This is the meaning of the dream written above (verse 11): ["And until the Prince of the host it grew."]— [Rashi] The Talmud (Gittin 56b) tells that Titus, holding a harlot in his hand, entered the Holy of Holies, spread out a Torah scroll, and fornicated with her. He then took a sword and cut the curtain at the entrance of the Holy of Holies. Thereupon, a miracle came about and blood spurted from it. He thought that he had killed God Himself. In

he will become proud, and in tranquility he will destroy many, and over the Prince of princes he will stand, and without strength he will be broken. 26. And the vision of the evening and the morning that was said is true, and you close up the vision, which will be for many days." 27. And I, Daniel, became broken and ill for days, but I rose and did the king's work, and I was terrified about

Joseph called them four heads of a leopard in his book, and they were not the sons of the king.—[*Rashi* from *Josiphon* ch. 14] [The four heads of the leopard are not mentioned here. They are, however, mentioned in Daniel's dream of the four beasts, representing the four kingdoms destined to rule the world. Of these, the third kingdom was depicted as a leopard with four heads (7:7). On that verse, we explained the division of Alexander's kingdom.]

but not with its strength—*The last ones will not be as strong as the first king, but they will be weaker than him.*—[*Rashi*]

23. **And at the end of their kingdom, when the transgressors have been destroyed**—*When the end arrives, and the wicked of Israel in the Second Temple will be finished, a brazen-faced person will rise; he is Titus.*—[*Rashi*] *Mezudath David* elaborates that Titus came from Rome, and that he was represented by the one small horn, as is written concerning Edom (Obad. 1:2): "Behold I have made you small among the nations." This refers to Rome, for many Edomites settled there and ruled over it, and as is explained in verse 9, it spread out over Egypt, Palestine, and Persia.

24. **And his power will become strong**—*and not with might but with smooth talk, as is explained at the end of the Book* (11:21).—[*Rashi*]

and he will destroy wondrously—*and with wonder upon wonder, he will destroy.*—[*Rashi*] Lublin edition reads: *he will destroy heathens.* The original wording before censorship probably read: *he will destroy nations.*

and he will prosper and accomplish—*his desire.*—[*Rashi*]

and he will destroy the mighty—*many nations.*—[*Rashi*]

and the people of the holy ones—*Israel, who believe in the Torah.*—[*Rashi*]

25. **And through his intellect, he will cause the deceit in his hand to prosper**—*And because he is clever wherever he turns and* [because] *he will prosper, he will hold onto deceit with his hand.*—[*Rashi*]

and in his heart he will become proud—Heb. יַגְדִּיל, lit. he will grow larger.

and in tranquility he will destroy many—*With guile and with smooth talk he will destroy many who dwell with him with a covenant and in peace.*—[*Rashi*]

and over the Prince of princes he will stand—*He will speak*

הַמַּרְאֶה וְאֵין מֵבִין: ט"א בִּשְׁנַת אַחַת לְדָרְיָוֶשׁ בֶּן־אֲחַשְׁוֵרוֹשׁ מִזֶּרַע מָדַי אֲשֶׁר הָמְלַךְ עַל מַלְכוּת כַּשְׂדִּים: ב בִּשְׁנַת אַחַת לְמָלְכוֹ אֲנִי דָּנִיֵּאל בִּינֹתִי בַּסְּפָרִים מִסְפַּר הַשָּׁנִים אֲשֶׁר הָיָה דְבַר־יְהֹוָה אֶל־יִרְמִיָה הַנָּבִיא לְמַלֹּאות לְחָרְבוֹת יְרוּשָׁלִַם שִׁבְעִים שָׁנָה

רמ"ג   ת"א גינותי, מגלה יב: למלאות, מגלה יא יב: מלא ואו   רש"י   שנה

רש"י

הַמַּרְאֶה. ואתבהל על המחזון: וְאֵין מֵבִין. שאני משתומם כי הייתי לפני השרים מתחזק

ט (א) בשנת אחת לדריוש בן אחשורוש. לא זהו אחשורוש שבימי המן כי הוא מלך פרס היה וזה דריוש המדי אשר מולך על מלכות כשדים כשנהרג בלשצר כמ"ש למעלה ודריוש מדלה לקח מלכותא: (ב) בינותי בספרים. נסתכלתי בחשבונות: מספר השנים ונו'. הייתי מחשב חשבון השנים שהייתי סבור על מה שניבא (ירמיה כ"ט) כי לפי מלאת לבבל ע' שנה אפקוד אחכם דמיתי שהפקידה הזאת הוא כנין הבית ושבעים שנה כלים בשנת אחת לדריוש המדי משפסטה מלכות בבל על יד ישראל שכבש נ"ג יהויקים להיות לו עבד והיא היתה שנה שניה למלכותו נ"ב דאמר מר שנה ראשונה כבש נינוה שנה שניה עלה וכבש יהויקים לא וחשוב מאותה שנה ועד כאן ותמלאם. ואף במשנת סדר עולם נמצא החשבון הזה ושמינו שם בשנת מות בלשאצר הרי שבעים שנה מיום נ"ב שבעים חסר אחת מיום שכבש יהויקים ועוד שנה אחת לבבל עמד דריוש והשלימה וברמותי כי עדיין אין הגאולה ממהרת לבא הביבותי ונתתי לב לספירת החשבון וידעתי

זה מלך מדי. האיל אשר ראית. זה מלך פרס שנאמר מלכי מדי ופרס. והצפיר השעיר. היינו צפיר היינו שעיר אלא המקדים בצפרא כבתוב באה הצפירה ויש לומר כמו ויצפור מהר הגלעד: המלך הראשון. המקדים למלוך הוא חשעיר זה אלכסנדרוס והוא הקרן הגדילה שלא היה חיה גדול כמותו בכל מלכי יון: והנשברת. במותו תשבר מלכותו: ותעמודנה

אבן עזרא

ולא אבין וכן אמר באחרונה וחתום הספר עד עת קץ: והמשכילים יבינו בהנעת הקץ מדברי המלאך:

ט (א) לדריוש. עיין מה שכתבתי לעיל ריש סימן ו': (ב) למלאות.

ט (א) בשנת אחת. כבר פירשתי זה כי זה אינו דריוש בן מהשורום שהוא בן אסתר המלכה: (ב) בשנת אחת. כל הגאונים פה אחת הסכימה דעתם עם דעת הקדמונים שאמרו טעה דניאל בחשבונו כי לא חרבה ירושלים רק כאשר נתפס לדקיהו והיא היתה שנת י"ט כאשר נהרג בלשצר ומלך כורש אז נוה ועלו ישראל אל ירושלם וזאת היא הפקידה והנה נשארו לחרבות ירושלים י"ט והם מלכות כורש הפרסי וכשתחשב מלכות דריוש המדי הזקן גם מלכות אחשורום ובנת שתים למלכות דריום הפרסי הוא בן אסתר אז מלאו לחרבות ירושלים שבעים שנה ואמרו כי דניאל החל לחשוב החרבן מעת שהוליך נבוכדנצר יהויקים אל בבל והנה מלך אחרי כן שמונה שנים גם י"א שנה לצדקיהו והנה שלמו להרבן ירושלים שבעים שנה והיה יהודה הלוי אומר יש לתמוה איך טעה דניאל שהיה נביא וחכם בשבעים שנה י"ט שנה ואמר כי חשבון שבעים שנה למלכות בבל כאשר חרבה ירושלים ואז היתה הפקידה לא כאשר אמרו

מצודת ציון

ט (ב) בספרים. מל' מספר וחשבון:

מצודת דוד

הייתי מושתק ומתמה בעבור המראה ההיא אבל אין מי מאירי המלך מבין בדבר כי התחזקתי בפניהם לבל ירגישו כי

ט (א) לדריוש בן אחשורוש. אין זה אחשורוש שהיה בימי המן כי לדריוש בנו היה נקרא דריוש הפרסי וזהו דריום המדי שלקח המלוכה אחרי מות בלשאצר כמ"ש למעלה ודריוש מדלה קבל מלכותא: (ב) בשנת אחת. אני דניאל בינותי בספרים. לפי שמרמו הדברים בפסוק שלפניו לכן אמר שוב כי מתחלה טעה בחשבון בשבעים שנה שאמר ירמיה לפי מלאת לבבל שבעים שנה אפקוד אתכם וגו' (ירמיה כ"ט) ותשב שגם בנין בהמ"ק וגאולה שלימה

מנחת שי

---

reads: received the kingdom, as appears in the Vilna edition.]

2. Contemplated the calculations— Heb. בִּינֹתִי בַּסְּפָרִים.—[Rashi]

the number of the years, etc.—I contemplated the calculation of the years, for I thought about what Jeremiah (29:10) prophesied: "For

the vision, but no one realized it.

9

1. In the first year of Darius, the son of Ahasuerus of the seed of Media, who was crowned over the kingdom of the Chaldeans. 2. In the first year of his reign, I, Daniel, contemplated the calculations, the number of the years that the word of the Lord had come to Jeremiah the prophet, since the destruction of Jerusalem seventy

the song of *Haazinu* (Deut. 32:37), Moses alludes to Titus, who will say, "Where is their God, the Rock under Which they took shelter?"

and without strength he will be broken—*And without strength he will be broken, through a mosquito, the weakest of creatures, which entered his nose, as we learned in Tractate Gittin* (56b).—*[Rashi]* The Talmud tells that the mosquito bored at his brain for seven years. Thus, he died without being touched by human hands.—*[Mezudath David] Mezudath David* renders the verse literally: and without a hand he will be broken.

26. And the vision of the evening and the morning—*which was said to you in the preceding dream, is true.*—*[Rashi]*

and you close up the vision—*Do not explain it but close it up in your heart, for it will come about in many days.*—*[Rashi]*

27. became broken—Heb. נִהְיֵיתִי, *an expression of calamity* (הֹוָה) *and breach; i.e., I was pained because of this trouble and I was depressed.*—*[Rashi]*

the king's work—*for I was appointed over the assignment of the*

work of the government of Belshazzar's kingdom, for Nebuchadnezzar his father had appointed him, as is written in the beginning of the Book (2:48): " ... *and gave him dominion over all the capital cities of Babylon."*—*[Rashi]*

and I was terrified about the vision—Heb. וָאֶשְׁתּוֹמֵם עַל הַמַּרְאֶה.—*[Rashi]*

but no one realized—*that I was terrified because I restrained myself before the princes.*—*[Rashi]*

9

1. In the first year—This translation follows *Rashi* on 6:29, where he states that Darius reigned only one year, and an incomplete one at that; as in *Seder Olam* ch. 28.

In the first year of Darius, the son of Ahasuerus—*this is not the Ahasuerus of the days of Haman, for he was the king of Persia, whereas this one was Darius the Mede who was crowned over the kingdom of the Chaldeans when Belshazzar was slain, as is written above* (6:1): *"And Darius the Mede took* (sic) *the kingdom."*—*[Rashi]* [The verse

שָׁנָה: גּ וָאֶתְּנָה אֶת־פָּנַי אֶל־אֲדֹנָי הָאֱלֹהִים לְבַקֵּשׁ
תְּפִלָּה וְתַחֲנוּנִים בְּצוֹם וְשַׂק וָאֵפֶר: ד וָאֶתְפַּלְלָה
לַיהוָה אֱלֹהַי וָאֶתְוַדֶּה וָאֹמְרָה אָנָּא אֲדֹנָי הָאֵל

רש"י

שלא היה לי למנות לפי כבוש יהוייקים אלא למלאות חרבות ירושלים כשימלאו שבעים שנה לגלות לדקיהו שבו חרבה ירושלים ועוד יש שמונה עשר לכוח שהגלות הזאת היתה בי"ח שנה לכבוש יהוייקים כמו שאמרו בסדר עולם גלו בז' גלו בח' גלו בי"ח גלו בי"ט ופרשו רז"ל במסכת מגילה גלו גלות יכניה בשבעה לכיבוש יהוייקים שהיא שמנה לנ"ג גלו בשמנה עשרה לכיבוש יהוייקים שהיא תשע עשרה לנ"ג: (ד) וָאֶתְוַדֶּה. על חטאת עמי: הָאֵל הַגָּדוֹל

רס"ג

ארבע תתחיה, אלו ד' גבוריו שהמליך בחייו : מנני יעמדנה ולא בכחו. מעמו יהיו הסלכים ולא מכתו מזרעו כי אין לו בן : כחתם הפרשעים. אלו ד' סלכים מן תעולם ; או יעמד מלך עז פנים . זה אנטיוכוס : ולא בכח גבורתו מלך . אלא מרוב חכמה שהיה סבין חירות והתבלוית בכתוב ועצם כחו ולא בכחו כלומר לא מעוצם כחו אלא מרוב חכמה וחדרות שחיה בו . ד"א ולא יחיה עצמו כחו ככחו של ראשון : ונפלאות יעשה. הם אדירי ארץ הסוטלאים : והצליח עצמו ועשה . כל מה שחפץ והצליח סלוכה בידו : תעל שכל. לפי שהוא חכם : מרמה בידו. על כן יצליח בטלכותו וישחית נבודים עצומים וישראל שהם קדושים : ועל שר שרים יעמד . שהצדיק

מנחת שי

מלא אל"ף וא"ו: (ד) לאל. כמקלח מדוייקים בב' טעמים

הגאונים והעד שאומר כדברי הימים ויהיו לו ולבניו לעבדים עד מלוך מלכות פרם וכורם הפרסי תחלת המלכים

אבן עזרא

פגי לחלחם להחריב ביתו : ובאמם יד ישבר . מבלי יד אדם שיצא תפול וישבר . הדבר שאמר לפי מלאות מעה בזה התחשבן לפי לחורבות ירושלים ותתחיל דניאל ליהוייקים שטלך נבוכדנצר ומאז ועד שהתפקידה לפני חקב"ח חו הפקידת אינת על ישראל ע"י ירמיהו כן נחשוב משנח תרביעית ליהוייקים שטלך נבוכדנצר כורש הראשון לחעלותם לירושלים שנה ואלה מספרים מ"ח שנה מלך נבוכדנצר אויל מרודך כ"ב תן שנה ולוח נשארו כ"א כלול אותם עם מ"ח ותם ס"ו שנה בלשאצר מלך . שלש שנים הרי ס"ט שנים ודריוש הסדי אשר חומלך על מלכות כשרים שנה אחת חרי שבעים שנה ועוד מלך כורש והשלם לארץ ישראל כמו שאמר הכתוב ע"י ירמיהו . משה ירמיהו דניאל סיבון. משה אמר חאל חגדיל חגבור והנורא שעושה נדולות וגבורות לישראל במצרים ובים סוף ובמדבר והנורא על הקמת

מצודת דוד

שהיה ככלות שבעים שנה להתפשטות מלכות בכל על ישראל מטה
(ג) וָאֶתְּנָה אֶת פָּנַי. לנכח מערבית דרומית. וטעם האלהים שהוא לבדו באמת האלהים וטעם לבקש תפלה כלכי וככה התפללתי: (ד) וָאֶתְפַּלְלָה. אָנָּא.

מצודת ציון

(ד) אנא. ענין ל' בקשה :

count from the beginning of Neb-
uchadnezzar's reign, which preceded
the conquest by one year. Perhaps
Rashi quotes the Talmud because it
is more easily accessible to the
reader.]

3. And I turned my face—I faced
the southwest [toward Jerusalem].—
[*Ibn Ezra*]

to the Lord God—to the Lord,
Who is the true God.—[Ibn Ezra] I
turned my face to God before I contem-

years. 3. And I turned my face to the Lord God to beg with prayer and supplications, with fasting and sackcloth and ashes. 4. And I prayed to the Lord my God, and I confessed, and I said, "Please, O Lord, O great and awesome God,

at the completion of seventy years of Babylon I will remember you," and I thought that this remembrance is the building of the Temple and that the seventy years end in the first year of Darius the Mede, since the kingdom of Babylon stretched forth a hand upon Israel, when Nebuchadnezzar vanquished Jehoiakim to be his slave. Now that was in the second year of Nebuchadnezzar's reign, as the master said (Meg. 11b): "In the first year he conquered Nineveh; in the second year he went up and vanquished Jehoiakim." Figure from that year until now, and you will find them [the 70 years]. [The Talmud figures that Nebuchadnezzar reigned 45 years, i.e., 44 years since the conquest of Jehoiakim, 23 years of Evil-merodach's reign, 2 of Belshazzar, and 1 of Darius to complete the 70 years.] *This calculation is found also in the Mishnah of Seder Olam* (ch. 28), *and we learned there that in the year of Belshazzar's death were 70 years from the day that Nebuchadnezzar ascended the throne: seventy minus one since the day that he conquered Jehoiakim, and yet one more year for Babylon, which Darius completed. And when I* [Daniel] *saw that the redemption was not hastening to come, I contemplated and put my heart to the calculation, and I knew that I should not have counted*

according to the conquest of Jehoiakim but [according] *to the destruction of Jerusalem, when 70 years will be complete from the exile of Zedekiah, when Jerusalem was destroyed. And there are yet 18 years to come, for this exile was in the eighteenth year counting from the conquest of Jehoiakim, as we learned in Seder Olam : "They were exiled in the seventh year; they were exiled in the eighth year; they were exiled in the eighteenth year; they were exiled in the nineteenth year." Our Sages in Tractate Megillah* (11b) *explained that they were exiled in the exile of Jeconiah in the seventh year, counting from the conquest of Jehoiakim, which is the eighth year of Nebuchadnezzar's reign. They were exiled a second time in the eighteenth year, counting from the conquest of Jehoiakim, which is the nineteenth year of Nebuchadnezzar's reign.—[Rashi]* [I have not found the quotation in *Seder Olam*. It appears that the Talmud combined two quotations from *Seder Olam*, one in chapter 25, which gives the two dates for the exile of Jeconiah, and one in chapter 27, which gives the two dates for the exile of Zedekiah. However, *Seder Olam* itself reconciles the differences between the two dates, namely that the former begins its count from the conquest of Jehoiakim, while the latter begins its

הַגָּדוֹל וְהַנּוֹרָא שֹׁמֵר הַבְּרִית וְהַחֶסֶד לְאֹהֲבָיו וּלְשֹׁמְרֵי מִצְוֹתָיו: ה חָטָאנוּ וְעָוִינוּ וְהִרְשַׁעְנוּ וּמָרָדְנוּ וְסוֹר מִמִּצְוֹתֶיךָ וּמִמִּשְׁפָּטֶיךָ: י וְלֹא שָׁמַעְנוּ אֶל־עֲבָדֶיךָ הַנְּבִיאִים אֲשֶׁר דִּבְּרוּ בְּשִׁמְךָ אֶל־מְלָכֵינוּ שָׂרֵינוּ וַאֲבֹתֵינוּ וְאֶל כָּל־עַם הָאָרֶץ: ז לְךָ אֲדֹנָי הַצְּדָקָה וְלָנוּ בֹּשֶׁת הַפָּנִים כַּיּוֹם הַזֶּה לְאִישׁ יְהוּדָה וּלְיֹשְׁבֵי יְרוּשָׁלַ͏ִם וּלְכָל־יִשְׂרָאֵל הַקְּרֹבִים וְהָרְחֹקִים בְּכָל־הָאֲרָצוֹת אֲשֶׁר הִדַּחְתָּם שָׁם בְּמַעֲלָם אֲשֶׁר מָעֲלוּ־בָךְ: ח יְהֹוָה לָנוּ בֹּשֶׁת הַפָּנִים לִמְלָכֵינוּ לְשָׂרֵינוּ וְלַאֲבֹתֵינוּ

ת"א מסלמ. יפ‍אל לו: לך ס'. סנהדרין לח לג זוהר אמור: בשת הפנים. עקידה שער קכו קנו:

רס"ג יתיר ו' למדנחאי כהיום נ"א ולשרינו

רש"י
 והנורא. ולא אמר גבור אמר עובדי כוכבים משתעבדים בבניו ואיה גבורותיו: (ה) וסור. הלכנו הלוך וסור ממצוותך [טילנ"ש בלט"ו]: (ז) לך ה' הצדקה. כלומר משפטיך ופורענעיות שהבאת עלינו הדין והצדק עמך: ולנו בושת הפנים. כדי אנו להתבייש על המאורע לנו כי אנחנו גרמנו לעצמנו: כיום הזה. כאשר אנחנו רואים

אבן עזרא
כמו אמנם וכמוהו אנא ה' כי חגי עבדך אנא חטא העם הזה והגגיד ז"ל אמר כי שתי מלות הן והן אל נא מנזר' הואל והלמ"ד מבולע כלמ"ד יוקח ואין לריך: (ה) וסור. שם הפועל כמו זכור את יום השבת והטעם סור סרנו: (ו) שרינו בתאלת המלם למערבאי ולמדנחאי ולשריגו בום"ו:

מצודת דוד
חברית. סגמול שהסכטיח בדברים: (ס) וסור. והגגנו אנו הולכים וסרים ממלותיך: (ו) ואל כל עם הארץ. אשר ספו תמו ולא נשאר מהם שאלית: ולנו בשת הפנים.מה שאנו בגולה בושים וחפורים כאשר אנחנו סיום הבושם תחשב לגו ולא למקום כ"ה לי לא קלרה ידו מפדות אבל טונינו גורמים: לאיש יהודה וגו'. לכולם תחשב בושת הפנים: הקרובים. אשר לא גלו למרחוק. בצבור מעלם: במעלם. על אשר חטאנו. (ח) אשר מטאנו כי זה גרמה הגלות אשר היא

רס"ג משכן הקדש שנאמר נורא אלהים ממקדשיך. ירמיהו אמר האל הגדול הגבור שהוא גדול על הכל ולו נאה לומר גבור שראה ביתו חרב ובניו הולכין בגולה וסובל ולמה לא אמר הנורא על חורבן הבית הגורא. דניאל אמר האל הגדול והגורא ולא אמר הגבור לפי שראה בניו מסורין בקולרין ואיה גבורתו ולמה אמר הגדול שעשה גדולות לחגניה מישאל ועזריה בכבשן האש ולדניאל בגוב אריות ולמה אמר הנורא שחזר ובנה בית המקדש:

מנחת שי
וטיין מ"ש כתהליס סימן קי"ו: והמסד. סוא"ו בגעיא כס"ס: (ס) והרשטנו. סרשטנו קרי: וסור. כ' וסור ממלותיך וסול לבלתי לקמן בהלי סימן: (ז) כיום הזה. למטרבאי כיום ולמדינחאי כהיום: סטי"ן כמ"ם: (מ) יהוס לנו בשת הפנים. בהרבה דפוסים כתוב שס אל"ף דל"ת וליך להיות כאס סמיומד ושכפסוק הנמשך באל"ף דל"ת פס"ס דישפיה סימן כ"מ: למלכינו לשרינו. כן כתיב לשריגו בלא וא"ו

מצודת ציון
(ז) במעלם. ענין מטל ופשע:

omitted "awesome," because the Temple was destroyed in his time, and "awesome" refers only to the Temple, as in Psalms (68:36): "You are feared, O God, from Your sanctuaries." He did, however, say "mighty," because God showed His might by witnessing the destruction of His Temple and remaining silent. Daniel omitted "mighty." He said,

"His children are placed in neck-irons. Where is His might?" He did, however, say "awesome," because of the awesome deeds that his colleagues had experienced in the fiery furnace. The men of the Great Assembly returned God's attributes to their previous glory, as Nehemiah says, (9:32): "And now, our God, O great, mighty, and awesome God."

Who keeps the covenant and the loving-kindness to those who love Him and keep His commandments. 5. We have sinned and have dealt iniquitously; we have dealt wickedly and have rebelled, turning away from Your commandments and from Your ordinances. 6. And we have not obeyed Your servants, the prophets, who spoke in Your name to our kings, our princes, and our forefathers, and to all the people of the land. 7. To You, O Lord, is the righteousness, and to us is the shamefacedness as of this day, to the people of Judah, to the inhabitants of Jerusalem, and to all Israel both near and far, in all the lands to which you have driven them for the treachery that they have perpetrated toward You. 8. O Lord, to us is shamefacedness, to our kings, to our princes,

plated the calculations, when I thought that the time had arrived for the return from exile and the re-building of the Temple. When I did not see it coming, I prayed for the redemption, thinking that perhaps the exile had been lengthened because of the sins of the people.—[Mezudath David] *Midrash Daniel* explains that although Daniel thought that the end had arrived, he did not hesitate to arouse his heart with prayer and supplications, for so did our ances-tors do in Egypt, as it is written (Exod. 2:23): "And it came to pass in these many days, that the king of Egypt died, and the Children of Israel sighed from the labor and cried out, and their cry ascended to God from the labor."

and sackcloth and ashes—by donning sackcloth and wallowing in ashes, in a manner of pain and humility.—[*Mezudath David*]

4. and I confessed—*the sins of my people.*—*[Rashi]* Malbim explains that Daniel confessed his own sins and repented of them before praying for the people, for he had to be fit for praying himself before praying for others.

O great and awesome God—*but he did not say, "mighty." He said [to himself], "Heathens are enslaving His children, so where are His mighty deeds?"*—*[Rashi* from *Yoma* 69b, *Yerushalmi Ber.* 7:3, *Yerushalmi Meg.* 3:7, *Mid. Ps.* 19:2] The Rabbis compare the attributes that Moses bestowed on God with those that Jeremiah and Daniel bestowed upon Him. Moses said, (Deut. 10:17): "The great, mighty, and awesome God." Jeremiah said, (32:18): "O great and mighty God," omitting "awesome." Daniel said, "O great and awesome God," omitting "mighty." They explain that Jeremiah

וְלַאֲבֹתֵינוּ אֲשֶׁר חָטָאנוּ לָךְ: ט לַאדֹנָי אֱלֹהֵינוּ הָרַחֲמִים וְהַסְּלִחוֹת כִּי מָרַדְנוּ בּוֹ: י וְלֹא שָׁמַעְנוּ בְּקוֹל יְהֹוָה אֱלֹהֵינוּ לָלֶכֶת בְּתוֹרֹתָיו אֲשֶׁר נָתַן לְפָנֵינוּ בְּיַד עֲבָדָיו הַנְּבִיאִים: יא וְכָל־יִשְׂרָאֵל עָבְרוּ אֶת־תּוֹרָתֶךָ וְסוֹר לְבִלְתִּי שְׁמוֹעַ בְּקֹלֶךָ וַתִּתַּךְ עָלֵינוּ הָאָלָה וְהַשְּׁבֻעָה אֲשֶׁר כְּתוּבָה בְּתוֹרַת מֹשֶׁה עֶבֶד הָאֱלֹהִים כִּי חָטָאנוּ לוֹ: יב וַיָּקֶם אֶת־דְּבָרָיו ׀ אֲשֶׁר דִּבֶּר עָלֵינוּ וְעַל־שֹׁפְטֵינוּ אֲשֶׁר שְׁפָטוּנוּ לְהָבִיא עָלֵינוּ רָעָה גְדֹלָה אֲשֶׁר לֹא־נֶעֶשְׂתָה תַּחַת כָּל־הַשָּׁמָיִם כַּאֲשֶׁר נֶעֶשְׂתָה בִּירוּשָׁלִָם: יג כַּאֲשֶׁר כָּתוּב בְּתוֹרַת מֹשֶׁה אֵת כָּל־הָרָעָה הַזֹּאת בָּאָה עָלֵינוּ

רש"י

כיום : (ט) לה' אלהינו הרחמים . שלא כלינו בעונותינו כי מרדנו בו : (יא) ותתך עלינו . ותגיע עלינו כמו לא נתך ארצה (שמות ט') ות"א לא מטאת לארעא : האלה והשבועה . אלות הברית אשר השבעתנו בחורב והיה אם לא תשמעו וגו' . כל הקללות הכתובים שם : (יב) כאשר נעשתה בירושלים . חרב הרג ושריפת העיר ונשים ענו ושבו בקולרין : (יג) כאשר כתוב בתורת משה . רמז

אבן עזרא

ואבותינו . שהיו זקנים ובאשר הזכיר שחטאו השרים והאבות הזכיר כי גם להם בושת פנים : (יא) ותתך .

מצודת דוד

לנו לבושת : (ט) לה' וגו' . ר"ל כידו סמם : כי מרדנו . לפי שמרדנו בו לריך להיות כידו סרחמים והסליחות כי בלעדם לא נוכל עמוד : (יא) וסור . והיו סונכים וסרים : ותתך . כשסך עלינו האלה ועונם בטול השניעה אשר נשבענו על קבלת סתולם : כי חטאנו לו

דברי קרי   רס"ג

ט (יא) ותתך . ותגיע כמו לא נתך ארצה : האלה והשבועה . כתבת בתורת משה עבד האלהים כמו ארור האיש אשר יעשה כך וכך אשר לא יקים דברי התור' הזאת והשבועה הדברי' שנתת לנו על יד משה רבינו אם תשמעו יהיה לכם כך וכך ואם לא תשמעו יהיה לכם כך וכן ועתה בא עלינו הצרות הכתובות בספר תורת משה מנין שדיבורו של הקב"ה שבועה היא שנאמר את קשתי נתתי בענן והיתה לאות ברית ולא יהיה עוד חטים למבול רמז שהעיד בנו שאם נעבור על השבועה תבא עלינו כל הרעה

מנחת שי

(יב) את דבריו . דבכו קרי :

כמו תתכו כתוכה דרך המשל : כי חטאנו לו . שב למלת

מצודת ציון

(יא) ותתך . ענין יליקה והרקה כמו ומטר לא ניסך אלכם (שמות ט') : האלה . סקללה : (יג) חלינו . ענין תפלה כמו ויחל משה (שם

---

caused Him to destroy His House," and they spat at them until their bodies were covered with spit. Hananiah, Mishael, and Azariah lifted their faces on high and justified God's judgment, saying, "To you, O Lord, is the righteousness."

8. **to us is shamefacedness, to our kings, etc.**—Although this was stated in the previous verse, it is repeated here because the shame of the kings and princes is double that of the rest of the people, and their downfall is also much greater.—[*Midrash Daniel*]

9. **To the Lord our God are the mercies**—*that we did not perish for our iniquities, for we rebelled against Him.*—[*Rashi*] *Mezudath David* explains: Since we rebelled against Him, He must have mercies and pardons, for without them we

and to our forefathers, who sinned against You. 9. To the Lord our God are the mercies and the pardons, for we have rebelled against Him. 10. And we have not hearkened to the voice of the Lord our God, to follow His teachings, which He placed before us by the hand of His servants, the prophets. 11. And all Israel have transgressed Your teaching, turning away, not heeding Your voice, and the curse and the oath, which are written in the Law of Moses, the servant of God, have befallen us, for we have sinned against Him. 12. And He has confirmed His word, which He spoke about us and about our judges who judged us, to bring upon us a great evil, which was not done under all the heavens, as was done in Jerusalem. 13. As is written in the Law of Moses, all this evil has come upon us,

They said, "On the contrary, these are His mighty deeds, that He overcomes His desire and has patience with the wicked, and these are His awesome deeds, that one nation can exist among the [hostile] nations."

5. We have sinned—Heb. חָטָאנוּ. This denotes unintentional sins.—[*Yoma* 36b]

and have dealt iniquitously—Heb. וְהֶעֱוִינוּ. This denotes willful sins.—[*Yoma* 36b] *Malbim* explains that חטא denotes sins caused by desire, and עון denotes sins due to perverted ideas.

we have dealt wickedly and have rebelled—We have dealt wickedly with our fellowmen in a rebellious manner, not out of desire.—[*Malbim*]

turning away—*We were constantly turning away from Your commandments, tolant in Old French*, turning away.—[*Rashi*]

6. and to all the people of the land—who have perished and have left no survivors.—[*Mezudath David*]

7. To you, O Lord, is the righteousness—*i.e., Your judgments and retributions that You have brought upon us—justice and righteousness are with You.*—[*Rashi*]

and to us is the shamefacedness—*We should be ashamed for what has happened to us, for we caused it for ourselves.*—[*Rashi*]

as of this day—*as we see today.*—[*Rashi*] *Midrash Daniel* quotes *Tanhuma, Reeh* 16 and *Pesikta d'Rav Kahana*, p. 99a, which state that Hananiah, Mishael, and Azariah recited this verse when they emerged from the furnace. At that time, all the nations of the world gathered, stood there, and spat into the Jews' faces. They said to them, "You knew that your God performs such miracles and wonders, yet you

וְלֹא־חִלִּינוּ אֶת־פְּנֵי | יְהֹוָה אֱלֹהֵינוּ לָשׁוּב מֵעֲוֺנֵנוּ וּלְהַשְׂכִּיל בַּאֲמִתֶּךָ: יד וַיִּשְׁקֹד יְהֹוָה עַל־הָרָעָה וַיְבִיאֶהָ עָלֵינוּ כִּי־צַדִּיק יְהֹוָה אֱלֹהֵינוּ עַל־כָּל־מַעֲשָׂיו אֲשֶׁר עָשָׂה וְלֹא שָׁמַעְנוּ בְּקֹלוֹ: טו וְעַתָּה | אֲדֹנָי אֱלֹהֵינוּ אֲשֶׁר הוֹצֵאתָ אֶת־עַמְּךָ מֵאֶרֶץ מִצְרַיִם בְּיָד חֲזָקָה וַתַּעַשׂ־לְךָ שֵׁם כַּיּוֹם הַזֶּה חָטָאנוּ רָשָׁעְנוּ: טז אֲדֹנָי כְּכָל־צִדְקֹתֶךָ יָשָׁב־נָא אַפְּךָ וַחֲמָתְךָ מֵעִירְךָ יְרוּשָׁלַ͏ִם הַר־קָדְשֶׁךָ כִּי בַחֲטָאֵינוּ וּבַעֲוֺנוֹת אֲבֹתֵינוּ יְרוּשָׁלַ͏ִם וְעַמְּךָ לְחֶרְפָּה לְכָל־סְבִיבֹתֵינוּ: יז וְעַתָּה | שְׁמַע אֱלֹהֵינוּ אֶל־תְּפִלַּת עַבְדְּךָ

ת"א וּלְהַשְׂכִּיל . עקרים פ"ג פכ"ו : שמע אלהינו . ברכות ז' :

רש"י

הוֹאַת : (יד) וַיִּשְׁקֹד . וימהר : כִּי צַדִּיק . כי הדין עמו ורבותינו פירשו לדיק הקב"ה ולדקה היא עלינו שמיהר והקדים ב' שנים וגושנתם כדי שלא תתקיים בנו כי אבד תאבדון וגושנתם בגימטריא שמונה מאות וחמשים ושתים והם גלו לסוף ח' מאות והמשים לביאתם לארץ : (טו) וְעַתָּה ה' אֱלֹהֵינוּ . מתידי' אנחנו כי חטאנו ורשענו : (טז) לְחֶרְפָּה . לגדוף : לְכֹל סְבִיבוֹתֵינוּ . לכל שכניהם שקראך אדון קודם לכל באי העולם שנאמר אדני ח' במה אדע :

אבן עזרא

הָאֱלֹהִים : (יד) וַיִּשְׁקֹד . כמו שוקד אני . וטעם למען זה השם שאנחנו מזכירים ורבי משה אמר למענך ה' למען השם

מצודת דוד

חִלִּינוּ . כמו תעוד חייגו בירושלים כאשר שמענו הנביאים מבשרים

רס"ג

ולא נאמר שבועה ובנביאים כתוב כי פי נח זאת לי אשר נשבעתי : (יד) וַיִּשְׁקֹד ח' על הרעה . וימהר כבו מקל שקד בקל כמהר לפרוח לפני כל האילנות והם שקדים השוקדים להניץ לפני כל אילן ואמר דניאל צדיק היא ח' שקדם והגלם לסנהדרין שבימי יחויכין ב' שנים ומחצה לחורבן הבית כלבד שהקדימו ב' שנים ומחצה לונושנתם כיון שראה שביתהב"ק עתיד ליחרב קרבו ונלו כדי שלא יכצאו בירושלים בחרבן בית המקדש : (טז) וַתַּעַשׂ לך שם כהיום הזה . שיאברו אומות העולם כבה נסים עשה הקב"ח לישראל הרג בכורי מצרים קרע להם את הים והמית המצריים בתוכו : (טו) לְכָל סְבִיבוֹתֵינוּ . לכל הגוים היושבים סביב לארץ ישראל : (יז) לְמַעַן אֲדֹנָי . למען אברהם

מצודת ציון

ל"כ) : (יד) וַיִּשְׁקֹד . ענין מהירות כמו כי שוקד אני (ירמיה א')

---

that if we transgress the oath, all this evil will befall us.—[Rashi]

and we did not entreat the countenance of the Lord—When the prophets warned us in order to return us to the proper way, we did not heed them.—[Mid. Dan.]

14. **hastened**—Heb. וַיִּשְׁקֹד, *and hastened.—[Rashi]*

for ... is righteous—*for justice is with Him. Our Rabbis, however,*

explained that the Holy One, blessed be He, is charitable, and it is charity for us that He hastened and brought [the evil] two years before the *numerical value of* וְנוֹשַׁנְתֶּם *(Deut. 4:25): "and you will have grown old," in order that [the curse of] "that you shall perish" should not be fulfilled with you. The numerical value of* וְנוֹשַׁנְתֶּם *is 852, but they were exiled at the end of 850 [years] after*

and we did not entreat the countenance of the Lord our God to repent of our iniquities and to contemplate Your truth. 14. And the Lord hastened with the evil and brought it upon us, for the Lord our God is righteous with all His deeds which He performs, and we did not hearken to His voice. 15. And now, O Lord our God, Who took Your people out of the land of Egypt with a strong hand, and You have made for Yourself a Name as of this day; we have sinned, we have dealt wickedly. 16. O Lord, according to all Your righteousness, may Your wrath and Your anger return now from Your city, Jerusalem, the mount of Your Sanctuary, for because of our sins and because of the iniquities of our forefathers, Jerusalem and Your people have become a mockery to all those surrounding us. 17. And now, hearken, O Lord our God, to Your servant's prayer

would not be able to survive. *Midrash Daniel* renders: although we rebelled against Him, He forgives our iniquities and has compassion on us. He quotes *Midrash Psalms* (3:3), which explains that we must thank God for His mercies and His pardons only because we have rebelled against Him, but He nevertheless sustains us.

10. **to follow His teachings, which He placed before us by the hand of His servants, the prophets**—Contrary to those who deny the validity of the Prophets and the Holy Writings, claiming that they are not God's Torah, Daniel states that the words of the Prophets are indeed His teachings.—[*Midrash Daniel*, based on *Tanh. Reeh* 10]

11. **have befallen us**—Heb. וַתִּתַּךְ, *and You caused to reach us, like* (Exod. 9:33): לֹא נִתַּךְ אָרְצָה, *and*

Onkelos rendered: did not reach the earth.—[*Rashi*]

the curse and the oath—*the curses of the Covenant with which You adjured us at Horeb* (Lev. 26:14): *"And if you do not listen etc.;" all the curses written there.*—[*Rashi*]

12. **as was done in Jerusalem**—*the sword, slaying, the burning of the city; and they humbled women and put captives into neck irons.*—[*Rashi*] *Midrash Daniel* writes: i.e., the troubles that befell those in Jerusalem, that the fathers devoured their children and the children devoured their fathers, including all the rest of the calamities, e.g. the sword, pestilence, and all kinds of calamities that never befell any nation.

13. **As is written in the Law of Moses**—*a hint that He warned us*

וְאֶל־תַּחֲנוּנָיו וְהָאֵר פָּנֶיךָ עַל־מִקְדָּשְׁךָ הַשָּׁמֵם לְמַעַן אֲדֹנָי: יח הַטֵּה אֱלֹהַי ׀ אָזְנְךָ וּשֲׁמָע פְּקַחה עֵינֶיךָ וּרְאֵה שֹׁמְמֹתֵינוּ וְהָעִיר אֲשֶׁר־נִקְרָא שִׁמְךָ עָלֶיהָ כִּי ׀ לֹא עַל־צִדְקֹתֵינוּ אֲנַחְנוּ מַפִּילִים תַּחֲנוּנֵינוּ לְפָנֶיךָ כִּי עַל־רַחֲמֶיךָ הָרַבִּים: יט אֲדֹנָי ׀ שְׁמָעָה אֲדֹנָי ׀ סְלָחָה אֲדֹנָי הַקֲשִׁיבָה וַעֲשֵׂה אַל־תְּאַחַר לְמַעַנְךָ אֱלֹהַי כִּי־שִׁמְךָ נִקְרָא עַל־עִירְךָ וְעַל־עַמֶּךָ: כ וְעוֹד אֲנִי מְדַבֵּר וּמִתְפַּלֵּל וּמִתְוַדֶּה חַטָּאתִי וְחַטַּאת עַמִּי יִשְׂרָאֵל וּמַפִּיל תְּחִנָּתִי לִפְנֵי יְהוָה אֱלֹהַי עַל הַר־קֹדֶשׁ אֱלֹהָי: כא וְעוֹד אֲנִי מְדַבֵּר בַּתְּפִלָּה וְהָאִישׁ גַּבְרִיאֵל אֲשֶׁר

ת"א לפנן אדני , זוהר ויקרא : שיעה , עקידה שער פ':
קמץ בסגילתא יתיר ח'

רש״י
כולם מחרפים אותנו: (יז) למען ה'. למען שם הקדום הנקרא על ב"ה שנא' כוננו ידיך (סס ט"ו):
(יח) וראה שוממותינו . ושוממות העיר אשר נקרא שמך עליה כי לא על משענת לדקותינו אנחנו מפילים תחנונינו

להיטיב לנו כי על רחמיך באנו: (יט) ה' שמעה . אל תחנונינו: ה' סלחה . לחטאתינו . הקשיבה . חזק לנפקתינו: ועשה . את בקשתינו ואל תאחר : (כ) על הר קדש אלהי . בעד הר בית אלהי' שיבנה: (כא) בתחילה.

אבן עזרא
וכדרם למען אברהם שקרא בתחילה זה השם שכתוב באל"ף דל"ת: (יט) אדני שמעה . ואת התפלה: אדני סלחה . העונות שהודיתי . ועשה אל האחר . להאיר פניך על מקדשך השמם: (כ) ועוד (הייתי) מדבר ומתפלל.

מנחת שי
(יח) ושמע . טיין מ"ש בפ' בלק סימן כ"ג : פקחה . ספק קד' : (יט) אדני כמעה אדני סלחה אדני הקשיבה . כדוגן של ספליט מדוייקים שלשתן בשם של אדנות ועיין כמ"ג אות סאלי"ף ומ"ש
דברים שלא נכתבו ומפיל תחינתי על כן הו'ערך לומר ספם

מצודת ציון
(יח) פקח . סתח' (יט) הקשיבה . ענין שמיעה תאחר מלשון
מצודת דוד
במטאינו וגו' לזם ירושלים ועמך למדרסה וכאשר ישיב לחך גם נתיים עוד למדרסה : לכל סביבותינו . כולם מחכים אותנו: (יז) והאר פניך . פנה אליו בפנים מאירות ושומקות והוא טין מליאה: למען ח'. ר"ל למטנך ס' לבל יאמרו הטמים מבני יכולת וגו'. (יח)ושמע. מטלחי . והעיר . שוממות סטיר: על צדקתינו . טל בטמון לרקותינו: (יט) שמעה. את חסלחה. לעונינו . ועשה . רלה לומר מלא משאלותי ואל תאחר זמן הגאולה : כי שמך וגו' . לומר טיר אלהים וכן אלהי ישראל ומין א כבודך לטוזבם ביד הטכו"ם: (כ) ועוד וגו'. ר"ל מלבד הדברים הנאמרים פה סיימו מדבר ומתפלל עוד בדברים אחרים והיימי מתודה וגו': על הר . כטבור הר סקדש של אלהי והוא בהמ"ק: (כא)ועוד אני מדבר ,בטוד שהייתי מדבר בתפלה בחזון בתחילה.

Saadia Gaon and *Ibn Ezra* from *Ber. 7b]*

18. and see our desolations—*and the desolations of the city upon which Your name is called, because not upon the support of our righteousness do we cast our supplications to benefit us, but we have come upon Your mercies.—[Rashi]*

19. O Lord, hear—*our supplications.—[Rashi]*

O Lord, forgive—*our sins.—[Rashi, Ibn Ezra]*

O Lord, hearken—*Your ear to our cry.—[Rashi]*

and do—*our request and do not delay.—[Rashi]* i.e., to cause Your face to shine upon Your desolate Sanctuary.—*[Ibn Ezra]*

do not delay—the time of the redemption.—*[Mezudath David]*

20. Now I was still speaking and praying—things that were not

and to his supplications, and cause Your face to shine upon Your desolate Sanctuary, for the sake of the Lord. 18. O Lord, incline Your ear and hearken, open Your eyes and see our desolations and the city upon which Your name is called, because not for our righteousness do we cast our supplications before You, but for Your great mercies. 19. O Lord, hear; O Lord, forgive; O Lord, hearken and do, do not delay; for Your sake, my God, for Your Name is called upon Your city and upon Your people." 20. Now I was still speaking and praying and confessing my sin and the sin of my people Israel and casting my supplication before the Lord my God about the mount of the Sanctuary of my God. 21. While I was still speaking in prayer, the man Gabriel, whom

their entry into the land.—[*Rashi* from *Gittin* 88a, *Sanh.* 38a]

ו =	6
נ =	50
ו =	6
שׁ =	300
נ =	50
ת =	400
ם =	40
	852

The Temple was built 440 years after their entry into the land, and it remained standing 410 years, totaling 850 years. After that, it was destroyed, two years before the prediction of the Torah, which would have entailed total destruction.

15. **And now, O Lord, our God**—*We confess that we have sinned and have dealt wickedly.*—[*Rashi*] i.e. the beginning of the verse is connected to the end.—[*Mezudath David*]

and You made for Yourself a Name—thereby becoming famous in the world, as He is now well known and renowned.—[*Mezudath David*]

16. **a mockery**—Heb. לְחָרְפָּה.—[*Rashi*]

to all those surrounding us—*to all our neighbors. They all mock us.*—[*Rashi*] To all the nations dwelling around the land of Israel.—[*Rav Saadia Gaon*]

17. **for the sake of the Lord**—*For the sake of the holy Name that is called upon the Temple, as it says* (Exod. 15:17): "*the Sanctuary, O Lord,* (אֲדֹנָי) *which Your hands have established.*"—[*Rashi*] Similarly, *Ibn Ezra* explains: for the sake of the name אֲדֹנָי, which we are mentioning. He quotes Rabbi Moses [Gikatilia], who renders: for Your sake, O Lord. *Mezudath David*, too, explains in this manner, adding: lest the nations say that You have no power. The Sages explain it to mean: for the sake of Abraham, who was the first to call God אָדוֹן, Lord or Master.—[*Rav

רָאִ֙יתִי בֶֽחָז֜וֹן בַּתְּחִלָּ֗ה מֻעָ֤ף בִּיָעָף֙ נֹגֵ֣עַ אֵלַ֔י כְּעֵ֖ת מִנְחַת־עָֽרֶב: כב וַיָּ֖בֶן וַיְדַבֵּ֣ר עִמִּ֑י וַיֹּאמַ֕ר דָּֽנִיֵּ֕אל עַתָּ֥ה יָצָ֖אתִי לְהַשְׂכִּֽילְךָ֥ בִינָֽה: כג בִּתְחִלַּ֨ת תַּחֲנוּנֶ֜יךָ יָצָ֣א דָבָ֗ר וַאֲנִי֙ בָּ֣אתִי לְהַגִּ֔יד כִּ֥י חֲמוּד֖וֹת אָ֑תָּה וּבִין֙ בַּדָּבָ֔ר וְהָבֵ֖ן בַּמַּרְאֶֽה: כד שָׁבֻעִ֨ים שִׁבְעִ֜ים נֶחְתַּ֥ךְ עַֽל־עַמְּךָ֣ ׀ וְעַל־עִ֣יר קָדְשֶׁ֗ךָ לְכַלֵּ֨א הַפֶּ֜שַׁע וּלְחָתֵ֤ם

ולהתם קרי

רש"י

(כא) מועף ביעף. בימי בלשאצר כמו שכתוב למעלה: מועף ביעף. היה מועף אלי בפריחה ונטיסה: (כב) ויבן. ויביננני: (כג) בתחלת התחנוניך יצא דבר. אמת מאת הקב"ה אלי להגיד לך: כי חמודות אתה. דברי חמוד יש לך להקב"ה: ובין בדבר. ותן לב להבין כדבר: (כד) שבעים שבועים נחתך. על ירושלים. מיום חורבן ראשון בימי צדקיהו עד שיהיה בבניה: לכלא הפשע ולהתם חטאת. שיכלו ישראל את גמר פורענותם בגלות טיטוס ושעבודו כדי שיכלו פשעיהם ויתמו חטאתם ויתכפר עונותם כדי להביא עליהם צדק עולמים ולמשוח עליהם קדש

רס"ג . מכאן שגבריאל עיפף העולם בשתי עפיסות ורמז כי בא בזריזות בקלות עפיפתו ונגע אליו כעת מנחת ערב בעת שבקריבים הסמנחת ח'... ביים החול כי ערבי פסחים ליקריבין בשביעית עבור שחיסת פסחים

(כג) בתחלת תחנוניך יצא דבר. ככתוב וחיה טרם יקראו ואני אזנה כך לדניאל בתחלת תחנוניו השיבו הקב"ה ע"י גבריאל כי היה צדיק וישר ונחמד ועל כן אמר לו כי חמודות אתה שכל הצדיקים נקראו חמודים: (כד) שבועים שבעים נחתך על עמך. נספור ונדע כמה שנים הם י' פעמים ז' עולין לעי"ן הרי שבועים ע' חן ת"צ שנה הוצא מהן ע' שנים לגלות בבל משחחריב נבוכדנצר ביהב"ק עד שנת שתים לדריוש נשארו ת"כ שנה שכן היה עמידתו של בית שני כלומר שבועים שבעים גמר על עמך ועל עירך ירושלים עיר קרשך שעתידה להבנות הרי למדתה עם גלות בבל | עם עמידתו של בית שני

מנחת שי

המגיה שם: (כא) כעת מנחת ערב. החכם לונזאנו הגיה בספרו בטעם טבי"ח ונגם כדפוס... יען מווייליאה יש הטרס מחילוף זה אבן בספרים מדוייקים שלפני בכל"ף: (כד) ולהתם . ולהתם קרי ודין סוא חד מן ד' מלין כתיב ח' וקרים ה"א וסימן בשיר סנידים א' ומשלי ב': ולהתם מטאות. מטאות קרי:

אבן עזרא

אחרת ועוד אני מדבר בתפלה: (כא) וטעם מועף כאילו אמר העיסו שהיה מוכרח לעוף. וטעם ביעף כי הוא יעף מרוב המרועה. והנה ביעף שם על משקל ואדם ביקר בל ילין. וטעם כעת מנחת ערב כי היה לס וזוכה ככתוב בלוס: (כב) ויאמר . המלאך. שמע דניאל כי עתה יצאתי (כג) בתחלת התחנוניך יצא דבר. מלפני השם הנכבד כדרך הדבר יצא מפי המלך. וטעם דבר שגזר להיות ככה בלא תוספת ולא מגרעת: ואני באתי להגיד. לך הדבר: כי חמודות אתה. בחסרון חיס כמו ואני תפלה: ובין בדבר. וכן מלת: ותבן. לכך : במראה: (כד) שבועים. אמר הגאון רב סעדיה כי חלה שבועים הם שנים והעד שאמר אח"כ עד מלאת שלשת שבועים ימים ולא הזכיר עם שבועים שבעים ימים והנה הם כמו שבע שבתות שנים . וכן פירם כי חלי השבוע

מצודת ציון

אימוו ומככה: (כא) מועף ביעף. מלשון עפיפה ופריחה: מנחת ערב. תשורת מרב: (כד) שבועים. שמטות משבע שנים: נחתך. נגזר כי שנייס הם מענין כריתה: ולהתם. מל' חם והשלמה: ולחתם. ענין גמר וכדרז"ל כל מותמי ברכות (ברכות ס"ג) וכן

מצודת דוד

בסחזון הנגלה לי בשנה ג' לבלשאצר כי בשנה אחת לבלשאצר ראם בחלום מה שראה: מועף ביעף. סרפק בפריחה ונגע אלי בעת זמן סקרבת מנחת הערב והוא מאיד של בין סערבים: (כב) ויבן. סלין מותי: יצאתי . מן הטמים: להשכילך. להשכיל מותך דבר בטנין זמן הגאולה: (כג) בתחלת. בטת התמלת לסכן ילא סדבר בטל מעלות חמודות לזה שלח ה' להגיד לך: יבין בדבר. תן דעתך להבין בדבר וחזר לזרזו ואמר והבן במראה הנבואה הזאת: (כד) שבועים שבעים . שבטים סמטות שנים נגזר על עמך וגו' ר"ל סמקום גזר שתהסיה מורבן בית השני בכלות בגע"ס שמטות ממורבן הרלאשון וסם במספר ארבע מאות ותבעים וכן סיס כי בכלות ע' שנה ממורבן בית הלאשון נבנה השני ועמד ת"ך בנים סרי בין הכל ת"ץ שנים: לכלא הפשע. בחורבן בית השני וכקושי הגולה יכלה הפשע ויתמו המטאות כי ימורק הכל ויכושר הטון ויסיה זה סכה להביא לדק פולמים והוא משיח לדקנו אשר ימלוך לעולמים:

after he had finished praying. This idea is expressed also in Isaiah 65:24: "And it shall be, when they have not yet called, that I will respond; when they are still speaking, that I will hearken." Daniel is answered before he has finished praying because he is righteous and upright and desirable, as all righteous people are called desirable.—[*Rav Saadia Gaon*]

now contemplate the word—*Put your heart to understand the word.*—[*Rashi*]

24. Seventy weeks [of years] have been decreed—*on Jerusalem from the day of the first destruction in the days of Zedekiah until it will*

I saw in the vision at first, approached me in swift flight about the time of the evening offering. 22. And he enabled me to understand, and he spoke with me, and he said, "Daniel, now I have come forth to make you skillful in understanding. 23. In the beginning of your supplications, a word came forth, and I have come to tell it, for you have desirable qualities; now contemplate the word and understand the vision. 24. Seventy weeks [of years] have been decreed upon your people and upon the city of your Sanctuary to terminate the transgression and to end

mentioned. Therefore, these words are repeated.—[*Ibn Ezra*]

about the mount of the Sanctuary of my God—*for the mount of the House of God, that it be built.*—[*Rashi*]

21. **at first**—*in the days of Belshazzar, as is written above (8:15-26).*—[*Rashi*] This was the vision that Daniel experienced in the third year of Belshazzar, for in the first year of Belshazzar, whatever he saw was in a dream.—[*Mezudath David*]

in swift flight—[He was] *caused to fly to me with flying and with gliding.*—[*Rashi*] By this double expression, the Rabbis deduce that Gabriel flies around the world in two flights, i.e., making one stop to rest (*Ber.* 4b). Scripture intimates that he flew swiftly and easily and approached Daniel about the time of the evening offering, i.e., in the eighth hour of the day. It was only on the eve of Passover that they would offer it up in the seventh hour because of the slaughter of the Passover sacrifice, which follows it.—[*Rav Saadia Gaon*] [Note that in *Pesahim*

5:1, the Mishnah states that the daily sacrifice was slaughtered at half past the eighth hour and offered up at half past the ninth hour. On the eve of Passover it was slaughtered at half past the seventh hour and offered up at half past the eighth hour. The מִנְחָה, or meal offering, followed the offering up of the sacrifice, some time later.] This was toward the end of his fast, as in verse 3.—[*Ibn Ezra*]

22. **And he enabled me to understand**—Heb. וַיָּבֶן.—[*Rashi*]

I have come forth—from heaven.—[*Mezudath David*]

to make you skillful in understanding—the time of the redemption.—[*Mezudath David*]

23. **In the beginning of your supplications, a word came forth**—*a true* [word came] *from the Holy One, blessed be He, to me to tell you.*—[*Rashi*]

for you have desirable qualities—*You have qualities that are desirable to the Holy One, blessed be He.*—[*Rashi*] Again the emphasis is on *the beginning*, meaning that God answered Daniel at the beginning of his prayers, and not

חַטָּאוֹת וּלְכַפֵּר עָוֹן וּלְהָבִיא צֶדֶק עֹלָמִים וְלַחְתֹּם חָזוֹן וְנָבִיא וְלִמְשֹׁחַ קֹדֶשׁ קָדָשִׁים: כה וְתֵדַע וְתַשְׂכֵּל מִן־

רש"י

הקדשים הארון והמזבחות וכלי הקדש שיביאו להם ע"י מלך המשיח. ומנין שבועים שבעים שבטים ארבע מאות ותשעים שנה . גלות נבל ע' ובית שני ת"ך : (כה) ותרע ותשכיל מן מוצא דבר . מתוך מוצא דבר זה שיצא בתחלת תחנוניך קדש קדשים . שיהא גדול כבוד בית השני בן חראשון בן חראשון למשוח לשון רבות חיא כמו למשחה בהם מתרגמינן לרבאה . כענין שנאמר וקו ינטה על ירושלים : (כה) מן מוצא דבר .

רמ"ן

הפשע . שעשו . ולהתם חטאת : ולכפר . עונות ישראל . לחתם הקב"ה החטאת : ולהביא צדק עולמים ביתם"ק עולמים בשלם בנין ראשון ובעולם בנין שני ובעולם בנין שלישי שיעמוד לעולמי עולמים : ולחתום חזון תנביא . כי משנבנה הבית השני לא קם נביא עוד בישראל וזלתי משתמשין בבת קול : ולמשח גדול יהיה כבוד הבית האחרון מן הראשון זזה שאמר ויש פותרים אומרים למשוח למדד . מדה מתרגמינן משחתא כענין שנאמר משיצא הדבור מלפני הגבוא וגזרה הגזירה להשיב הגולה

אבן עזרא

התמיד קודם זה ונתנו השקון משמם וככה כתוב ומעת הוסר התמיד ולתת שקון שומם ימים אלף ומאתים ותשעים והוצרך דניאל לפרש כמה ימים שלמים הם חצי השבוע בעבור שני האדרים גם בעבור מלת חצי כי יתכן שאינגו חצי שלם סמות או יותר כמו וחצי שבט מטה ורבים ככה. ודע כי ימים לעולם הם ימים ולא שנים רק יתכן אם אמר ימים להיות שנה תמימה בטוב ימי השנה כאשר סיו כמו מימים ימימה שהם ימי השנה שלימה. ימים תהיה גאולתו רק כאשר יאמר עם ימים מספר שני ימים או שלשה לא יתכן להיותם שנים רק ימים כאשר הם על פירום שמתים ימים שהיו שנתים שלמים שבטו הימים כאשר היו. וככה עד חדש ימים שתראה הלבנה על המתכונת שנראה ביום הראשון מהמספר על כן אמרתי כי ימים אלף ומאתים ותשעים הם חצי השבוע שהזכיר וככה אמרי המכה ויגיע לימים כאשר אפרש ואילו היו שנים איך יחכה אדם אלף שנים ויגיע וכתוב ימי שנותינו בהם שבעים שנה. והנה מלאנו נחמיה אמר ואשר העיר בית הקברות אבותי מרבה ושעריה אכלו באש וכתוב גם אותי גוה להיות פתה בארץ יהודה וכתוב עליו הוא יבנה היכל ה' . והוא ישא הוד וישב ומשל על כסאו וירמיה התנבא עליו ומלך מלך והשכיל ועזראל כתוב על נחמיה ואתה הוא להם למלך ועתה אפרש שבטים שבטים הם ממולא דבר בתחילת תחנוני דניאל לכלל הפשע כמו כילוא שלם עון האמורי ולהתם חטאת כמו תם פונך ולכפר עון לסבול טול הגלות כפר עון אבותינו ולהביא עת שידינם השם בגדק או פירושו לגנאי כי ביאת הגדק היא שקיעתו כאשר השמש ביאתו היא שקיעתו על כן הוא לגנאי כי לשבח הוא להסף כמו אז יגא כנונה לדקה. והוליא כאחור לדקך. וזהו קומי אורי כי בא חורך כי שקף מורך עד עתה. ולחתום חזון ונביא ולחתום משיח קדם קדשים. והנה זה תחילת הגלות ואל יעלה על לבך כי המספר כי הנה במספר מלך פרם מולד נוסף כפי דבר המלאך כאשר אפרש ואם ים בחשבון תוספת או מגרעת לא יזיק חולי יעלה על לבך דבר המולד . כי היודע רגע קדרות הלבנה בסנה הזאת ומלאנו קדרות אחרת לפני זאת מחא

מצודת ציון

וטל התחום (נחמים י) כי סדרך לגרשום כ"א שמו אחר גמר סכסב: ולמשוח . ענין גדולה כמו לגמשיחו לכורם (ישעים מ"ס) ולום קרכ"א

מצודת דוד

ולהתם חזון ונביא . לסיות נגמר דברי מזון ונכיא כ"ל להתקיים כל היסודים והבשורות אשר נבאו כל הנכיאים : ולמשח קדש קדשים . לסיות בית הקדשים בגדולה מרובה כי אז יהיה גדול כבוד הבית . (כה) בן מוצא דבר . ממם שיוגא ומוכן מזה הדבר זמן לכל

ומולאת הדבר . הדם ותשכיל חדש זום להשיב חת כום ולבנות את ירושלים הגמולה שלומם

---

after the coming of the Messiah. *Isaiah da Trani* explains that during the Babylonian exile, there will be no aggrandizement of the Temple, because it is in a state of ruin. *Rav Saadia Gaon* quotes others who define לְמָשֹׁחַ as *to measure*, as in Aramaic.

sin, and to expiate iniquity, and to bring eternal righteousness, and to seal up vision and prophet, and to anoint the Holy of Holies. 25. And you shall know and understand that from

be [destroyed] *the second time.—[Rashi]*

to terminate the transgression and to end sin—*so that Israel should receive their complete retribution in the exile of Titus and his enslavement, in order that their transgressions should terminate, their sins should end, and their iniquities should be expiated, in order to bring upon them eternal righteousness and to anoint upon them (sic) the Holy of Holies: the Ark, the altars, and the holy vessels, which they will bring to them through the king Messiah. The number of seventy weeks is four hundred and ninety years. The Babylonian exile was seventy [years] and the Second Temple stood four hundred and twenty [years].—[Rashi]*

and to bring eternal righteousness—Through the destruction of the Second Temple and the trials and tribulations of the exile, Israel will merit the coming of the Messiah, known as מְשִׁיחַ צִדְקֵנוּ, our righteous Messiah.—[*Mezudath David*] *Rav Saadia Gaon* interprets it as the Temple, as it is referred to in I Kings 8:13: "a place for You to dwell in forever." The word עוֹלָמִים, literally *worlds*, or *periods*, denotes the three periods of the existence of the Temple: the existence of the First Temple, the Second Temple, and the Third Temple in Messianic times. *Isaiah da Trani* explains this

expression as referring to the Temple worship, which is the righteousness that protects the people throughout the two worlds, both in this world and in the next. This title is given to the priest who performs the sacrificial service in the Temple, meaning that after the Babylonian exile, in which they suffered for their sins, the priest who will officiate in the Temple will be brought in.

and to seal up vision and prophet—i.e., to fulfill all the promises and tidings predicted by the prophets.—[*Mezudath David*] *Rav Saadia Gaon* and *Isaiah da Trani* explain this phrase as referring to the Second Temple era, when there were no more prophets. Predictions of the future were based on the קוֹל בַּת, *the heavenly voice* or *echo.*

and to anoint the Holy of Holies—*Midrash Daniel* interprets this literally, that during the era of the Second Temple, the anointment oil will be sealed up, for it was hidden by Josiah along with the Ark and its trappings. *Rav Saadia Gaon, Isaiah da Trani,* and *Mezudoth* interpret it as an expression of greatness, meaning that the Temple will be aggrandized. *Rav Saadia Gaon* explains that it refers to the Second Temple, whose glory will be greater than that of the First, as in Haggai 2:9. *Mezudath David* appears to explain that it refers to the Third Temple, which will be aggrandized

מָצָא דָבָר לְהָשִׁיב וְלִבְנוֹת יְרוּשָׁלַ͏ִם עַד־מָשִׁיחַ נָגִיד שָׁבֻעִים שִׁבְעָה וְשָׁבֻעִים שִׁשִּׁים וּשְׁנַיִם תָּשׁוּב

רס״ג

מבבל לבנות ירושלים ע״י כורש : עד משיח נגיד . עד שיתרבה המלך הזה חנגיד כדי לבנות ירושלם עדיין ד' שבועים הם ז' שבועים הם מ״ם שנה מבשרם תבוראו לבנות ירושלם ועד שנת שתים לדריוש מלך פרם ואחרי כן תבנה ירושלם ותעמוד בבנינה שנה הרי שבועים שבעים פחות י' שנים אותן עשר שנים עבדה ביתר ובעלותם לירושלם תבנה רחוב חיא ירושלם וחתרוחיה : וחרוץ . כרות הם חצרות יושבי ירושלם שהם עכשיו חרוצים מטעבר אדם : ובצוק העתים . הם חצרות בית המקדש ובעמדית הכתלים החלים

לכיבוס יהויקים לא מהן י״ח שנה שקדמה כיבוש יהויקים רבותינו כ״ב שנה לא עבר מים ביהודה הס נ״ב שנה אשר מהן כ״ב שנה לא עבר מים ביהודה הס נ״ב שנה וָבַּנְתָה. העיר ברמוביתיה : **ושבעים ששים ושנים תשוב ונבנתה.** העיר ברמוביתיה . **וחרוץ.**הם חרילים הם חרילים שעושין סביב החומה למחזוק העיר שקורין (קאב׳הבלמ״ז) : **ובצוק העתים.** ואותן העתים יהיו בצוק ובצרה כי בשעבוד מלכי פרם ועכום״ז יהיו מטריחי׳ עליהם בשעבוד קשה ואף פ״כ שהם ס״ב שבועים ועוד ארבע שנים שנותרו מן השבוע השמינית שהיתה תחלתו נכללת שלם שנים בתוך כ״ב של המשך הגולה לא נמנו כאן מותן ד' שנים לפי שלא מנה כאן אלא שבועים ע׳ ו סוף כשפירם עתיהם ומשפטיהם לא מנה אלא מנה ס״ט אלא שבוע אחד נחלק מקצתו לכאן ומקצתו לכאן והוא לא הזכיר אלא השבועים השלמים : ובצוק העתים . בלוקה יהיו אותן העתים :

אבן עזרא

שמעו מיבראל וסע׳ ' ועד כלה ונחרל' תתך על שומם שהשיקוץ יעמוד בבית עד בא פת כלה ונחרלה גזרה שנגזרה תתך על שומם הוא השיקון דרך תפלה שיהיה שומם כמו בת בבל השדודה ופירם ואחרי השבועים ששים ושנים יכרת מאיה שלא יהיה מישראל מלך עליהם ברך רומח בבואו על ירושלים עם בנו נם עליהם בתוך בנבואה הרביעית וזרועים ממנו יעמדו וחללו את מקדש המעוז והסירו התמיד ועעם וקלו יבא ' לקלו בתניות :

מצודת דוד

מגלות לדקים כן משבון של גאולה שלימה ובנין בית המקדש יש לחשוב שבעים שנה מגלות לדקים ולא נשלמו עד השנת האחת לדריום ספרסי כי כשמת דריום סמדי סיה כ״ג שנה מגלות לדקים כאשר ממרכו לא ומשוב ימי כורם ג' סרי כ״ס ימי אחשודרוש י״ד סרי ס״ד מ״ב בשנה האמת לבנו דריום הסרסי כשלמו שבעטים שנה ובשנים לדריום סיה גאולה שלימה והתחילו לבנות הבית וכמ״ט בשנת שתי לדריום וגו' ' ויבאו ויטשו מלאכה בבית ס' (מגי א') ומ״ש ובשנת אחת לגולת לגלות לדבר כ' כסי ירמיה וגו'(הס״ב ל״ו)כי סקידה בשלמא אשר מזל ישראל לגרלם בהקודח כורם כמ״ש שם סיה סיסם בבל גאולה שבעים סנה מגלות יסויקים יתשב ע' שנה מגלות לדקים מבל גאולה שלימה סיה ממכו מכיבוש יסויקים ברמשונה בכלות שבעים סנה ממנו חם מן כאן משבון גם כן למשוב מכבוט יסויקי' כרמשונה ויעלה אם כן למשר שמטום ומטסים כגיד עד מורלן בית סני לא יסיה כי אם שטים שמטום לסיות בינקבל שבטים ששים ושנים וגו׳ עד ' אם טטים שמטום נגיד לא ישלם אף לשמנק מ לשמטום וכמה בין מז ישכיל שבטים כמשבון ומוסב למטלא לתחלת סבנין וגו' ולוטר המלאך דברי בספרים מספר וגו' ' למלאום למרבות ירושלים שבעים שנה הוא גלום לדקיטו ומרכן סביח : רזבן וחרוץ . רמוז סעיר שבוי ' ומסילים סביל לס כדרך שפוסין לעיר מבלל : ובצוק העתים .

מצודת ציון

ותפכין כי מטים כמשבוכך ועדיין לא בא ספס : עד בא משיח נגיד . כ״ל מספרסל שבעה השמטות סאלם במשבון הזה לא נגזר לחלק עד משיח נגיד כ״ל מן סחורבן עד משיח נגיד סול סוף כורם יסי׳ מבסר שבטה שמטום מבל השמטיניה לא שלמה : **ושבעים ששים ושנים תשוב וגו׳.** ולמה לא חשוב לסיות בגוים משן זמן ס״ב (ותל שלא נשלמו. לא סזכיר אף סשנים) ממסות שלמות מלבד סשנים אשר לא באו לבלל שמטם ומן מולא סדבר בסיא סנם כוכל לסשכיל לדעת אשר עדיין לא בא סטמ כי מספר שבטים סנה סאמר ירמיה לפי מלאם לבבל בטמם שבלב על סתחלת ספקידס והנה בים סמשב מסתחלת סספקסטום בבל על ישראל בטמם שבלב כ״ל אם יסויקים בראשונה מבל סוף סגאולה ובנין כסמטך פסיס בכלות שבטום שנה מגלות לדקים ומלורבן סביב כי אם בן סוא מולם סמשבון ספקידס ויסם ססרי גלות לדקים סיתם בכוף שנת י״ב לג״ג וסול מלך כ״ג לא אם כ״ג נשאלרו מ״ב משנותיו כ״ז שנים ימי מויל מרוזך בנו כ״ג אלא שנכללתם סנם אחד כמ״ש נמטלס סרי א״ב מ״ב בנו כ״ג בלשאלר בנו שלמם סרי ל״א ימי דריום סמדי סנם אחת סרי כ״ב ס״ב מסמורלן ועד מרם סמולך אחר דריום לא נשלם רק שבטם שמטום ונכנם שלטם שניס בשמטה סשמיניים וכשנמסנם לרמשונם למנם פל לירושלים ולבנות ועמדם בטניו מ״י סנה עד סנם סרלשונם לדריום ספרסי וסבין לא נכנם מ״ד סנה עד פד מבכין ימי ירושלים פד סחרלן חל״ח סנה וסם כמספר ס״ב שמיטום אם מספר ס״ב סנם וסם סרי א״ד סנם שמטום שלימום ועוד ארבע סניס אשר לא באו לבלל שמטום ולכן לא זכל מף כסנים) וסרי ציון סכל שבטום שמיטום וכמו משבון סממור עד משים נגיד יומחב

---

there; and he mentioned only whole weeks.—[Rashi]

but in troubled times—*They will be troubled in those times.*—[Rashi]

26. **And after**—*those weeks.*— [Rashi] [Rashi's intention is obscure.]

the anointed one will be cut

the emergence of the word to restore and to rebuild Jerusalem until
the anointed king [shall be] seven weeks, and sixty-two weeks it
will return

25. And you shall know and understand from the emergence of the word—*From the emergence of this word, which emerged at the beginning of your supplications to tell you, you shall know to understand* [how] *to restore and build Jerusalem.*—[Rashi]

until the anointed king—*Time will be given from the day of the destruction until the coming of Cyrus, king of Persia, about whom the Holy One, blessed be He, said that he would return and build His city, and He called him His anointed and His king, as it says (Isa. 45:1): "So said the Lord to His anointed one, to Cyrus etc." (verse 13): "He shall build My city and free My exiles, etc."*—[Rashi]

seven weeks—*Seven complete shemittah cycles they will be in exile before Cyrus comes, and there were yet three more years, but since they did not constitute a complete shemittah cycle, they were not counted. In the one year of Darius, in which Daniel was standing when this vision was said to him, seventy years from the conquest of Jehoiakim terminated. Deduct eighteen years from them, in which the conquest of Jehoiakim preceded the destruction of Jerusalem, leaving fifty-two years. This is what our Rabbis learned (Yoma 54a): "For fifty-two years no one passed through Judea." They are the fifty-two years from the day of the* destruction until they returned in the days of Cyrus. Hence, we have seven shemittah cycles and three years. [See Comm. Dig. to Jer. 9:9.]—[Rashi]

and sixty-two weeks it will return and be built—*i.e., the city with its streets.*—[Rashi]

and moat—Heb. וְחָרוּץ. *They are the moats that they make around the wall to strengthen the city, which are called fossé in French, ditch or moat.*—[Rashi] [The *laaz* in printed editions appears to be unintelligible. See *Foreign Words in Rashi, Tenach*, by J. Greenberg.]

but in troubled times—*But in those times they will be troubled and distressed, for in the subjugation of the kings of Persia and the heathens, they will burden them with harsh bondage.* [Note that *Malbim* edition reads: *the subjugation of the kings of Persia, Greece, and the Romans.*] *Now although there are sixty-two weeks and four years more that remain from the eighth week, whose beginning, viz. the three years, was included in the fifty-two years of the duration of the exile, those four years were not counted here because here he counted only weeks, and you find that from the beginning he started to count seventy weeks, and at the end, when he delineated their times and their judgments, he counted only sixty-nine, proving that one week was divided, part of it here and part of it*

וְנִבְנְתָה֙ רְח֣וֹב וְחָר֔וּץ וּבְצ֖וֹק הָעִתִּֽים: ט וְאַחֲרֵ֤י הַשָּׁבֻעִים֙ שִׁשִּׁ֣ים וּשְׁנַ֔יִם יִכָּרֵ֥ת מָשִׁ֖יחַ וְאֵ֣ין ל֑וֹ וְהָעִ֣יר וְהַקֹּ֗דֶשׁ יַ֠שְׁחִית עַ֣ם נָגִ֤יד הַבָּא֙ וְקִצּ֣וֹ בַשֶּׁ֔טֶף וְעַד֙ קֵ֣ץ מִלְחָמָ֔ה נֶחֱרֶ֖צֶת שֹׁמֵמֽוֹת: כז וְהִגְבִּ֥יר בְּרִ֛ית לָרַבִּ֖ים שָׁב֣וּעַ אֶחָ֑ד וַחֲצִ֣י הַשָּׁב֗וּעַ יַשְׁבִּ֣ית ׀ זֶ֣בַח וּמִנְחָ֔ה וְעַ֨ל כְּנַ֤ף שִׁקּוּצִים֙ מְשֹׁמֵ֔ם וְעַד־כָּלָה֙ וְנֶ֣חֱרָצָ֔ה תִּתַּ֖ךְ עַל־שֹׁמֵֽם: י א בִּשְׁנַ֣ת שָׁל֔וֹשׁ לְכ֖וֹרֶשׁ מֶ֣לֶךְ פָּרָ֑ס דָּבָ֣ר

ת״א והנגיד . כלאים לב : שקוליס . ספנים כח : בשא . ר״ס מ׳ סנהדרין יח :

רש״י

(כו) ואחרי. אותן שבועים : יכרת משיח יהרג אגריפס מלך יהוד׳ שהי׳ מושל בימי החורבן: ואין לו. כמו ואיננו: משיח מינו אלא לשון שר וגדול: והעיר והקדש. והעיר והמקדש: ישהיה עם נגיד הבא . עליהם הוא טיטוס ואוכלוסיו : וקצו בשטף . וסופו לקללה ולאבדון שישטוף כח מלכותו ע״י משיח ועד קץ מלחמות גוג תהא העיר : נחרצת שוממות . חרן של שוממות: (כז) והגביר ברית לרבים שבוע אחד . לרביס לשרים כמו וכל רבי המלך בספר ירמיה : והגביר. טיטוס יגביר ברית לשרי ישראל: שבוע אהד. יבטיחם בהגברת ברית ושלוה עד ז׳ שנים ובתוך השבוע יפר את בריתו : ישבית זבח ומנחה . וזהו שאמר בחזיון הראשון ובשלוה ישהית רביס מתוך שלוה ישהיתם: ועל כנף שקוצים משומם . כגוי של גנאי עכו״ס היא כלומר ועל מושב גובה בין שקוליס ותיעוב יניח את השומם את העכומ״ו שהיא נאלמת כאבן דומס: כנף . לשון גובה ככנף עוף הפורח : ועד כלה ונחרצה תתך על שומם . ותתקיים ממשלת השקן עד יום אשר תתך עליה כלה ונחרלה הנגזר עליה בימי מלך המשיח: תתך על שומם .

אבן עזרא

(כו) ועד קץ מלחמה. שגלהס שגיס רבות על ירושליס עד שהיתה נהרסת שוממות :

(א) בשנת שלש . אמר הגאון כי ולבא גדול כמו ודי הוה לבא ור׳ משה בן בלעס אמר שהוא כמו לבא

מצודת דוד

זמן עמידת הבית השני מהיה בלוקים בהס סרם ויון ורומי : (לו) ששים ושנים. ולא חב למנות עוד ד׳ השניס וכמ״ש למעלה לפי יומם בעת החורבן : יברת משיח . זה אגריפס המלך אשר יומת בעת הזאת . מין לו עוד בטולם והוא כפל עין כמ״ש : והקדש . המקדש : עם נגיד הבא על ירושליס והוא טיטוס: וקצו בשטף. אבל סופו של העס ההוא לכליון כרב שטף אף הבא על ידי המשיח: ועד קץ מלחמה. והוא מלחמות גוג : נחרצת שבטות . שתהיה כסוף כל המלחמות והוא נחרצת שוממות מתהלה יגביר ויחזק מלך רומא כריתת ברית לשרי ישראל משך זמן שמטה אחת : וחצי השבוע . אבל יפר הברית בחלי השבוע ויבטל על ירושליס ויבטל מבית ה׳ זבח ומנחה : ועל כנף. כ״ל בגובה סמעלה כאבר יש׳ יפרוש כנפיו לעוף למעלה והוא עין מליצה: שקוצים משומם . תהיה הטכו״ס המשוקלת והנאלמס כאבן דומס : ועד כלה . כגבתי סמעלה תהיה עד אשר תתך עליה הכריתה על הטכו״ס ההיא הנאלמס ור״ל סוף תכלה ולא מטט מעט :

מנחת שי
(כז) ועל כנף שקוליס . במסורת ס׳ ויותי נמסר סימן מן ס׳ על דסבירין טד וקרינין על וזה אחד מהם ושמ״ש בנחמיה סי׳ י״ב :

מצודת ציון

גס כאן משיח נגיד : (כה) וחרוץ . ענין מסירס וכדרז״ל מהיליס וכטוליס (מולין ס״ן) : ובצוק. מלשון לוקה ולחס : (כו) בשטף. הוא ל׳ מושאל מסטיפת מרולת המיס : נחרצת . ענין כליתה ומתוך וכן כי כלה ונחרלה (ישטיה י׳) : (כז) לרבים . לשריס כמו וכרי המלך (ירמיה מ״א) : משומם . משותק ונאלס : תתך . ענין יליקה והרקה :

תהיה העיר ירושליס נגרסת בכניית שממון : (כז) והגביר ברית מתחלה יגביר ויחזק מלך רומא כריתת ברית לשרי ישראל משך זמן שמטה אחת : וחצי השבוע . אבל יפר סבלית בחלי השבוע ויבום על ירושליס ויבטל מבית ה׳ זבח ומנחה : ועל כנף . כ״ל בגובה סמעלה כאבן דומס : ועד כלה . כגבתי סמעלה תהיה עד אשר תתך על הטכו״ס ההיא הנאלמס ור״ל כבת אחת תכלה ולא מעט מעט : י (א) דבר . כ״ל דבר נבואה : ואמת הדבר . כ״ל נגלה לו ממת

---

and peace for seven years, but within the seven years, he will abrogate his covenant.—[Rashi]

he will abolish sacrifice and meal-offering—*This is what he says in the first vision (8:26): "and in tranquility he will destroy many." Through a covenant of tranquility, he will destroy them.—[Rashi]*

and on high, among abom-

inations will be the dumb one— *This is a pejorative for pagan deities. i.e., on a high place, among abominations and disgusting things, he will place the dumb one, the pagan deity, which is dumb like a silent stone.—[Rashi]*

high—*Heb.* כְּנַף, *lit. wing, an expression of height, like the wing of a flying bird.—[Rashi]*

and be built street and moat, but in troubled times. 26. And after the sixty-two weeks, the anointed one will be cut off, and he will be no more, and the people of the coming monarch will destroy the city and the Sanctuary, and his end will come about by inundation, and until the end of the war, it will be cut off into desolation. 27. And he will strengthen a covenant for the princes for one week, and half the week he will abolish sacrifice and meal-offering, and on high, among abominations, will be the dumb one, and until destruction and extermination befall the dumb one.

10

1. In the first year of Cyrus, king of Persia, a word

off—*Agrippa, the king of Judea, who was ruling at the time of the destruction, will be slain.*—[*Rashi*]

and he will be no more—Heb. וְאֵין לוֹ, and he will not have. The meaning is that *he will not be.*—[*Rashi*] i.e., he will no longer be in the world. This is a repetition of the preceding clause.—[*Mezudath David*]

the anointed one—Heb. מָשִׁיחַ. *This is only an expression of a prince and a dignitary.*—[*Rashi*] *Malbim* explains that the term מָשִׁיחַ refers to the two offices of the king and high priest. Both Agrippa the king and the high priest will be slain, and there will be no one to succeed them.

and the city and the Sanctuary—lit. *and the city and the Holy.*—[*Rashi*]

and the people of the coming monarch will destroy—[i.e., the monarch who will come] *upon them. That is Titus and his armies.*—[*Rashi*] *Ibn Ezra* explains that this is

Vespasian, the Roman general who invaded Jerusalem with his son Titus. They are mentioned again below (11:31).

and his end will come about by inundation—*And his end will be damnation and destruction, for He will inundate the power of his kingdom through the Messiah, and until the end of the wars of Gog the city will exist.*—[*Rashi*]

cut off into desolation—*a destruction of desolation.*—[*Rashi*]

27. **And he will strengthen a covenant for the princes for one week**—Heb. לָרַבִּים, *for the princes, like "and all the officers of (רַבֵּי) the king," in the Book of Jeremiah (39:13).*—[*Rashi*] [Note that the quotation is not exact. Compare with 41:1.]

will strengthen—*Titus* [will strengthen] *a covenant with the princes of Israel.*—[*Rashi*]

for one week—*He will promise them the strengthening of a covenant*

נִגְלָה לְדָנִיֵּאל אֲשֶׁר־נִקְרָא שְׁמוֹ בֵּלְטְשַׁאצַּר וֶאֱמֶת הַדָּבָר וְצָבָא גָדוֹל וּבִין אֶת־הַדָּבָר וּבִינָה לוֹ בַּמַּרְאֶה: ב בַּיָּמִים הָהֵם אֲנִי דָנִיֵּאל הָיִיתִי מִתְאַבֵּל שְׁלֹשָׁה שָׁבֻעִים יָמִים: ג לֶחֶם חֲמֻדוֹת לֹא אָכַלְתִּי וּבָשָׂר וָיַיִן לֹא־בָא אֶל־פִּי וְסוֹךְ לֹא־סָכְתִּי עַד־מְלֹאת

רש"י

תגיע ותרד כליון חרוץ על הדמות כומ"ז ועל עובדיה:
י (א) וצבא גדול. ולזמן ארוך יבא: **ובין את הדבר.** ולהבין את הדבר נגלה לי את החזון: **ובינה לו במראה.** ולהבינה לו במראה ואין התיבה הזאת שם דבר כמו אם ידעת בינה (איוב ל"ח) אלא ה"א יתירה והוא כמו בינה הגיני (תהלים ה') לפיכך הטעם למעלה כבי"ת ופירושה כמו הבן: **(ב) הייתי מתאבל.** כשראה שלוה להתחיל וחזר בו ע"פ כתב לרי יהודה וכנימין רחוס בעל טעם ושמשי ספרא כמו שכתוב בספר עזרא: **שלשה שבועים ימים.** עשרים וא' שנה הם י"א שנה משנה אחת לדריום המדי אשר שם אל לבו לחשוב ע' שני הגולה כמו שכתוב עד שנת שתים לדריום הפרסי בן אסתר שבנה הבית וג' שנים היתירים לא ידעתי אם לפניהם התחיל להתענות או משך קבלת נדר תעניותיו ג' שנים לאחר הבנין: **(ג) לחם חמודות.** פת נקיה כמו שתרגם

אבן עזרא

תגיע ותרד כליון חרוץ על הדמות כומ"ז... [illegible]

מת כי הארן בלעתם כי כן כתיב בשירה וככה זה דבר ולצבא גדול נגלה לדניאל במראות הלילה: **ואמת הדבר. ובין את הדבר.** שם הפועל כמו בין תבין את אשר לפניך: **ובינה לו.** שם ובעבור היות הענינה תחלה באות הראשון שבה מלעיל כמו עשה לי את החיל הזה או יהיו שניהם לשון לווי ותחסר מלת ונאמר לו זאת המראה לא נילה אותה והשלימה אולי כן נוה: **(ב) בימים ההם.** הייתי מתאבל שלשה שבועים ימים וזה היה בחדש ניסן ואיך התאבל ימי חג המצות ולא שתה יין בליל פסח ליל חמשה עשר כי כתוב כי מן היום הראשון אשר נתת לבך להתענות לפני אלהיך ואני באתי בדבריך במלות השם כי כן כתוב כי עתה שלחתי אליך רק שר מלך פרס עומד לנגדי עברים ואחד יום ההם השלשה שבועים שהתענית על כן אמרתי לבוא ולולי מיכאל שעזרני עודני היית שם במלחמה עם מלכי פרס

מצודת דוד

הדבר כפי מה שהוא לא כדמני: **וצבא גדול.** אליו לצבא גדול של מלאכי מעלה: **ובין את הדבר.** ר"ל ובכדי להבין את הדבר ולהבינה לו במראה העינים לזה נגלה... ואמת הדבר כמות שהוא ועוד לבא לצבא רב ממלאכי מעלה לשייהא מובן לו בקלות ולא נאמר מה סוד דבר הנבואה ואולי היה סוד מלוה להשלימה: **(ב) בימים ההם וגו'.** על כי ראה שלוה כורש לבטל בנין הבית שנתן רשות לבנותם כמ"ש בספר עזרא לזה היה מתאבל או יתכן שהיה מתאבל בעבור הדבר הנגלה אליו ואולי היתה מאורך הגלות: **שבעים ימים. ג' שבועות של ימים והם כ"א יום:** **(ג) לחם חמודות.** פת חמודה ונקיה: **וסוך וגו'.** לא סכתי בשמן כדרך המתענגים:

רס"ג   **ת"א** חמודות, יומא פו:

ועל יד אוכלי בשר החזיר והשקוץ משומם ישראל ועד אשר כלה ונחרצה נתכה על גלות ישראל השומם:
י (א) ואמת הדבר וצבא גדול. מכאן שאין הקב"ה עושה דבר עד שנמלך בפמליא של מעלה ואז חותם בחותמו שהוא אמת אל"ף ראש אל"ת בי"ת מ"ם מחציתה תי"ו סופה הרי אמ"ת: וצבא גדול. צבאות מלאכים וחיל גדול וי"א וצבא ורצין כמו וצבי: ובין בדבר. שים דעתך ובינתך בדבר הרבה: ובינה לו במראה. הבורא אמר למלאך שיסביר ויבונן לדניאל את החזון: **(נ) לחם חמודות.** לחם חם מן סולת נקיה מאכל מעמי המלכים ומחמדים לחם ממש פתבג נחמד מאפה תנור: ובשר. גם דעתי לומר על בשר ודגים ועופות תורים ובני יונה איל וצבי וכיוצא בהם הוא אשר לא באו אל פיו כל אותן שבועים בהתאבלו על ירושלם שאם תאמר בשר בקר וצאן לא יתכן לומר כן לפי שלא אכלו בני הגולה בשר בקר וצאן בגלות בבל כי לא ראוי להשחט כי אם בשעריך בארץ הקדושה למען זרוק הדם וקטר החלב וכן יין לא שתה אותן שלשה שבועים: וסוך לא סכתי. כדוגמת אנשי עונג המפנקים את בשרם במרחצאות בשמן המור. כל כך על אבלות גלות האחרונה הזאת שראה כי בשנת אחת לכורש נבנה המזבח והשנה הזאת שהתאבל עליה היא שנת ג' לכורש מלך פרס ועל שראה חורבן בית המקדש השני וגלות זה התאבל ג' שבועים

מנחת שי

י (א) בלטשאצר. אל"ף קדיס לסי"ן ט"ס המסורת שכתבתי בסוף סימן ד':

---

was revealed to Daniel, who was named Belteshazzar, and the word was true, and for a long time, and he understood the word and he understood it in the vision. 2. In those days, I, Daniel, had been mourning for three weeks of days. 3. I ate no white bread, neither did meat nor wine enter my mouth, and I did not anoint myself until the completion of

and until destruction and extermination befall the dumb one—*and the ruling of the abomination will endure until the day that the destruction and extermination decreed upon it* [will] *befall it in the days of the king Messiah.*—[*Rashi*]

befall the dumb one—Heb. תְּחַדְּ, *reach; and total destruction will descend upon the image of the pagan deity and upon its worshippers.*—[*Rashi*]

10

1. **a word**—i.e., a word of prophecy.—[*Mezudath David*]

and the word was true—The truth of the word was revealed to him as it really is, not with hints and riddles.—[*Mezudath David*] *Rav Saadia Gaon* explains that God does nothing without first consulting the heavenly household. Then He signs the decree with His signet, bearing the letters "aleph," the first letter of the Hebrew alphabet, "mem," the middle one, and "tav," the last one. When Daniel saw the signature of אֱמֶת, he knew that it was a divine prophecy. *Midrash Daniel* explains that the prophecy was unconditional; even if Israel should repent, the prophecy would be irrevocable.

and for a long time—*and it will come in a long time.*—[*Rashi*]

and he understood the word—*and to understand the word, the vision was revealed to me.*—[*Rashi*]

and he understood it in the vision—Heb. וּבִינָה *and to make him understand it in the vision. Now this word is not a noun, like* (Job. 38:4): *"if you know understanding* (בִּינָה)." *Instead, the "hey" is superfluous, and it is like* (Ps. 5:2): *"understand* (בִּינָה) *my thoughts." Therefore, the accent is above on the "beth," and its meaning is like* הָבֵן, *understand.*— [*Rashi*]

2. **had been mourning**—*when he saw that Cyrus had curtailed the construction of the Temple, for he had ordered to commence it, and he reneged because of the missive of the adversaries of Judah and Benjamin: Rehum the adviser and Shimshai the scribe, as is written in the Book of Ezra* (4:5).—[*Rashi*]

three weeks of days—*twenty-one years. They are eighteen years from the one year of Darius the Mede, when he* [Daniel] *put to his heart to calculate the seventy years of the exile, as it is written: until the second year of Darius the Persian, the son of Esther, who built the Temple. As for the three extra years, I do not know*

שְׁלֹשֶׁת שָׁבֻעִים יָמִים: ד וּבְיוֹם עֶשְׂרִים וְאַרְבָּעָה לַחֹדֶשׁ הָרִאשׁוֹן וַאֲנִי הָיִיתִי עַל־יַד הַנָּהָר הַגָּדוֹל הוּא חִדָּקֶל: ה וָאֶשָּׂא אֶת־עֵינַי וָאֵרֶא וְהִנֵּה אִישׁ־אֶחָד לָבוּשׁ בַּדִּים וּמָתְנָיו חֲגֻרִים בְּכֶתֶם אוּפָז: ו וּגְוִיָּתוֹ כְתַרְשִׁישׁ וּפָנָיו כְּמַרְאֵה בָרָק וְעֵינָיו כְּלַפִּידֵי אֵשׁ וּזְרֹעֹתָיו וּמַרְגְּלֹתָיו כְּעֵין נְחֹשֶׁת קָלָל וְקוֹל דְּבָרָיו כְּקוֹל הָמוֹן: ז וְרָאִיתִי אֲנִי דָנִיֵּאל לְבַדִּי אֶת־הַמַּרְאָה וְהָאֲנָשִׁים אֲשֶׁר הָיוּ עִמִּי לֹא־רָאוּ אֶת־הַמַּרְאָה אֲבָל חֲרָדָה גְדֹלָה נָפְלָה עֲלֵיהֶם וַיִּבְרְחוּ

ת"א בדים . פקידה ספר פו : וגויתו . חולין לא . שם נח : המראה . המראה . מגלה ג' סנהדרין לג פקידה ספר לה זוהר נשא פקידה ספר פו :

רש"י

אונקלוס את בגדי עשו החמודות (בראשית כ"ד) דכייתא :
(ה) לבוש בדים . בגד בוץ : בכתם אופז . במגזרה של קבולת מרגלית כל כתם בלשון קבולת זהב ואבן יקרה :
(ו) וגויתו כתרשיש . פירשו רז"ל בשחיטת חולין (לא) גופו גדול שני אלפים פרסה כמדת ים שממו תרשיש והוא ימה של אפריקא : קלל . צרוף ומזוקק ומלוהיב : כקול המון . כקול קבולת המון רב שקולם נשמע למרחוק : (ז) והאנשים אשר היו עמי . ארז"ל חגי זכריה ומלאכי : אבל חרדה עצמי לא ראו את המראה . המה היו חגי זכריה ומלאכי ועל

אבן עזרא

ועתה כשובי מאתך אשוב להלחם עם שר פרס וזה היה ביום ארבעה ועשרים לחדש הראשון רק לא ידענו זה החדש אם הוא חודש ניסן או הוא חדש ראשון לשנה השלישית למלכות כורש כדרך בעשרים וחמש שנה לגלותינו בראש השנה והנה זה בעשור לחדש החמישי כי בו נשרף הבית :
(ז) ואני הייתי על יד הנהר הגדול . כמו יחזקאל

מצודת דוד

(ד) וביום וגו' . והוא סיה במלאת שלשת השבועים : על יד . אצל מקום הנהר וגו' : (ה) בדים . בגדי בד : בכתם אופז . בזהב פו : (ו) וגויתו כתרשיש . גופו היה כעין אבן תרשיש הנוטה למראה התכלת : כקול המון . כקול המית עם רב : (ז) והאנשים וגו' . אבל חרדה . עם כי הם לא ראו כי מזלייהו חזי כן ארז"ל הם היו חגי זכריה ומלאכי :

ימי לא ראו את המראה . שהיה דניאל מעולה מהם ראה בעיניו המראה : אבל חרדה
עזרא

על נהר כבר : (ה) ואשא את עיני וארא . כמראות הלילה כדרך זכריה הנביא ודע כי מעלתם גדולה ממעלת נדעון ומנוח ואשתו והמשכיל יבין . אל"ף אופז נוסף כמו אל"ף אתמול ואזרוע ואשמור . וכתם הוא עגול שים בו פז : (ו) ומרגלותיו . כמו רגליו : קלל . לטום : כקול המון . שישמיע קול גדול :
מצודת ציון

(ה) בדים . פשתן : בכתם . בכתם . ענין זהב ולן ומלי כתם (משלי כ"ה) : (ו) כלפידי . כלהבות : ומרגלותיו . רגליו : כעין . כגוון כמו ועינו כעין סדולם (במדבר י"א) : קלל . מזוקק כאש ומלשון קלוי : בהחבא . להסתיר פלמם במקום מחבואה :

---

them—*Our Sages of blessed memory said that although a person does not see something of which he is terrified, his guardian angel, who is in heaven, does see it; therefore, he becomes terrified.*—[*Rashi* from *Meg.* 3a, *Sanh.* 94a] See *Rashi* to *Meg.* ad loc. Luzzato in *Derech Hashem* 3:1 explains the concept of

"his mazzal sees" differently. He sees the *mazzal* as the person's soul, which, although attached to his body, retains a connection with spiritual beings, as far as its connection to the body allows it. This connection with the spiritual is usually not felt or realized by the person's intellect or thoughts, except on rare occasions.

three weeks of days. 4. And on the twenty-fourth day of the first month, when I was beside the great river, the Tigris. 5. I lifted my eyes and saw, and behold a man clad in linen, and his loins were girded with a girdle of gold studded with jewels. 6. And his body was like tarshish, and his face was like the appearance of lightning, and his eyes were like firebrands, and his arms and his legs were like the appearance of brandished copper, and the sound of his words was like the voice of a multitude. 7. And I, Daniel, alone saw the vision, but the men who were with me did not see the vision, but a great quaking fell upon them, and they fled

objects to the idea that Daniel fasted during Passover and did not drink wine on the nights of the *sedarim.* He conjectures that the first month was the first month of Cyrus's reign, not the first month of the year. See verse 13.

3. white bread—Heb. לֶחֶם חֲמֻדוֹת, *white* (lit. clean) *bread, as Onkelos* rendered (Gen. 27:15): *"Esau's clean clothes* (הַחֲמֻדוֹת)," דַּכְיָתָא, *clean.*— [*Rashi*] *Malbim* explains that he fasted by day, and on the nights following the fasts, he abstained from delicacies, such as meat and wine. He abstained also from anointing himself until the completion of the three weeks.

5. clad in linen—*a linen garment.*—[*Rashi*]

with a girdle of gold studded with jewels—Heb. בְּכֶתֶם אוּפָז, *with a girdle of a cluster of pearls. Every* [instance of] כֶּתֶם *is an expression of a cluster of gold and precious stones.*—[*Rashi*] Others render: with a girdle of fine gold.—[*Mezudoth, Midrash Daniel, Redak Shorashim*]

6. And his body was like

tarshish—*Our Sages of blessed memory explained in Tractate Hullin* (91b): *"His body was two thousand parasangs large, like the measurement of the sea named Tarshish, and that is the sea of Africa* (the Mediterranean)."—[*Rashi*] Other commentators define it as the name of a precious stone, aquamarine, a brilliant blue-green stone, which bears the hue of the sea and is one of the stones set in the breastplate of the high priest.—[*Targum* on Exod. 28:19, *Mezudath David, Midrash Daniel*] According to *Rav Saadia Gaon*, it is a white stone.

brandished—Heb. קָלָל, *smelted, refined, and shiny.*—[*Rashi*] *Ibn Ezra* renders: brandished.

like the voice of a multitude—*like the voice of a gathering of a large multitude, whose voice is heard from afar.*—[*Rashi*]

7. but the men who were with me—*Our Sages of blessed memory said that they were Haggai, Zechariah, and Malachi.*—[*Rashi from Meg.* 3a]

but a great quaking fell upon

בְּהֶחָבֵא: ח וַאֲנִי נִשְׁאַרְתִּי לְבַדִּי וָאֶרְאֶה אֶת־
הַמַּרְאָה הַגְּדֹלָה הַזֹּאת וְלֹא־נִשְׁאַר בִּי כֹּחַ וְהוֹדִי
נֶהְפַּךְ עָלַי לְמַשְׁחִית וְלֹא עָצַרְתִּי כֹּחַ: ט וָאֶשְׁמַע
אֶת־קוֹל דְּבָרָיו וּכְשָׁמְעִי אֶת־קוֹל דְּבָרָיו וַאֲנִי הָיִיתִי
נִרְדָּם עַל־פָּנַי וּפָנַי אָרְצָה: י וְהִנֵּה־יָד נָגְעָה בִּי
וַתְּנִיעֵנִי עַל־בִּרְכַּי וְכַפּוֹת יָדָי: יא וַיֹּאמֶר אֵלַי דָּנִיֵּאל
אִישׁ־חֲמֻדוֹת הָבֵן בַּדְּבָרִים אֲשֶׁר אָנֹכִי דֹבֵר אֵלֶיךָ
וַעֲמֹד עַל־עָמְדֶךָ כִּי עַתָּה שֻׁלַּחְתִּי אֵלֶיךָ וּבְדַבְּרוֹ
עִמִּי אֶת־הַדָּבָר הַזֶּה עָמַדְתִּי מַרְעִיד: יב וַיֹּאמֶר אֵלַי

רש"י

גרולה נפלה עליהם . ומאחר שלא ראו למה חרדו ולמה זה
ויברחו בהחבא וימצאו . (ח) ותודי . וזיו תואר פני נהפך
להשחית ונעשה זיו פני כרומות ומוריקות כחוב אימה : ולא
עצרתי כח . לא נשאר בי כח : (ט) ואני הייתי נרדם על פני .
כלומר בין הברת הקול נפלתי על פני ופני היו מביסות ארצה :
(י) ותניעני על ברכי . כלומר ודנתני יד המלאך על ברכי כי
היה דניאל בעת ההיא כאיש אשר יצא לבו מרוב פחד וכן
מציגו כי לא היתה כזאת חרדה במראות המלאכים אל
הנביאים כי היתה הברראה הזאת נפלאה ונוראה מאד בפחד
ואימה כי היתה בגלות והשאלה הזאת שואלת גלותינו
האחרונה ובגדרת אלהינו ובקצפו על כן נראה כזה וה וגו :

רס"ג

(ח) נהפך עלי למשחית . להשחתה ודרך המקראות
לדבר כן כמו (ירמיה ה׳) סוסים מזוינים משכים היו .
משכים בהשכמת הבוקר: ולא עצרתי כח . כלו׳ לא כנסתי
כל כחי הלך מקרבי: (ט) נרדם. מרוב פחד: (י) ותניעני .
כאדם המניע את הישן להקיצו : (יא) איש חמודות .
איש טהור: על עמדך . על מעמד רגליך: שלחתי אליך .

אבן עזרא

המראה . ככה היה רוהה במראות הנבואה : (ח) נהפך
עלי למשחית . שם או תואר . ורבי משה אמר כי כמוהו הר המשחית . ולפי דעתי פועל כדרך אשתוללו אבירי
לב שנאמר על ליון ולהיות משחית מגזרת שמן המשחה והנה מרעיד תואר וכמוהו משמים כתוכה . והנה אם זה החדש

מצודת דוד

ומסתתור : (ח) והודי . תואר מלאית פני נהפך עלי להיות כשמח : ולא
עצרתי כח . לא יכולתי לעצב אללי הכח לבל חלף לה : (ט) ואני
הייתי נרדם . ואז נשבתי נרדם כתרדמת הפאחד מישכב על פני

מנחת שי

(י) נגעה בי . הבי"ת דגושה בספרים כ"י :

מצודת ציון

(ח) עצרתי . ענין עלבכה כמו ולא הצלור כח
סולוע (לקמן י"א) : (י) ותניעני . מלשון נטנוט :

מצודת דוד

(י) ותניעני . היד הסיא נטה אותי על ברכי וכפות ידי כדרך המעמוד . (יא) איש חמדות . כטל מצלות חמודות :
על עמדך . ר"ל כאבכ עמדת קודם לכן : מרעיד : כרעד , וכרבת:

him.—[*Rashi*] *Midrash Daniel*
explains that the angel awoke him
from his sleep and set him up on his
hands and feet so that he would find
it easy to stand upright.

11. **man of desirable qualities—**
Heb. אִישׁ חֲמֻדוֹת, *pure man.—[Rashi]*
[*Rashi* apparently derives this
meaning from verse 3.]

upright—Heb. עַל עָמְדֶךָ, *on the
stand of your feet.—[Rashi]* i.e., as

you stood beforehand.—[*Mezudath
David*]

I have been sent to you—*I have
been sent to you from the
Omnipresent.—[Rashi]*

quaking—Heb. מַרְעִיד.—[*Rashi*]
With this, he strengthened me to
stand upright, but I stood quaking,
and then he told me that he had been
sent to me from the first day of my
prayers and fasting, as Isaiah says,

into hiding. 8. But I remained alone, and I saw this great vision, and no strength was left within me, and my complexion was turned in me into corruption, and I could not summon up strength. 9. Then I heard the voice of his words, and when I heard the voice of his words, I fell into a sound sleep on my face, and my face was to the ground. 10. And behold, a hand touched me and moved me on my knees and the palms of my hands. 11. And he said to me, "Daniel, man of desirable qualities, contemplate the words I speak to you and stand upright, for now I have been sent to you." And when he spoke to me this word, I stood quaking. 12. And he said

to me

That is the meaning of "although he does not see it, his *mazzal* sees it," meaning that on that occasion, the intellect felt what the soul saw.

8. was turned in me into corruption—Heb. לְמַשְׁחִית, lit. to a destroyer. *To corruption, and it is customary for Biblical verses to speak in this manner, like* (Jer. 5:8): *"They were like armed stallions early in the morning."* מַשְׁכִּים *is the equivalent of בְּהַשְׁכָּמַת הַבֹּקֶר, in the early morning.*—[*Rashi*] i.e., my bright complexion turned to pallor out of the terror I was experiencing.—[*Rav Saadia Gaon*]

I could not summon up strength—*i.e., I did not gather. All my strength left my innards.*—[*Rashi*] *Rav Saadia Gaon* and *Mezudath Zion* render: I did not retain any strength. *Midrash Daniel* explains that when Daniel fell into a sound sleep, he attempted to stand but was unable to do so.

9. I fell into a sound sleep—*out of great fright.*—[*Rashi*] From the echo of his voice, I fell upon my face, which was facing the ground.— [*Rav Saadia Gaon*] *Mezudath David* explains that his face was on the ground. *Malbim* interprets these two verses to mean that whereas usually one who experiences a prophetic vision loses his physical strength but gains intellectual powers, Daniel lost both. He says:

[8] **and no strength was left within me**—i.e., no physical strength.

and my complexion was turned in me into corruption—i.e., my intellectual strength.

and I could not summon up strength—i.e., even spiritual strength, which is usually gained with the curtailment of physical strength, left me, and I was totally unprepared to receive the prophetic word.

[9] **Then I heard**—After I heard the voice, my weakness increased, until I fell into a prophetic trance.

10. and moved me—*as one who moves a sleeping person to awaken*

אַל־תִּירָא דָנִיֵּאל כִּי ו מִן־הַיּוֹם הָרִאשׁוֹן אֲשֶׁר נָתַתָּ אֶת־לִבְּךָ לְהָבִין וּלְהִתְעַנּוֹת לִפְנֵי אֱלֹהֶיךָ נִשְׁמְעוּ דְבָרֶיךָ וַאֲנִי בָאתִי בִּדְבָרֶיךָ: יג וְשַׂר ו מַלְכוּת פָּרַס עֹמֵד לְנֶגְדִּי עֶשְׂרִים וְאֶחָד יוֹם וְהִנֵּה מִיכָאֵל אַחַד הַשָּׂרִים הָרִאשֹׁנִים בָּא לְעָזְרֵנִי וַאֲנִי נוֹתַרְתִּי שָׁם אֵצֶל מַלְכֵי פָרָס: יד וּבָאתִי לַהֲבִינְךָ אֵת אֲשֶׁר־יִקְרָה

ת"א אל תירא , יומא עו חענית ח פקרים מ"ד זיל : ולהתענות , תענית כו : ואני באתי , יומא עו : ושר מלכות , יומא עו :

רש"י

נשתלחתי אליך מאה מלא המקום : מרעיד , מרתית : (יב) ואני באתי בדברין . באתי בשליחות זו בשביל דברין ורבותינו דרשו במסכת יומא ואני באתי לתיך הפרגוד על ידך שהייתי מגורש מתוכו : (יג) עומד לנגדי , נלחם עמדי ברקיע כשנאול ארך מלוכה לפרס לשעבד אתהכם הרי כ"א יום שהיא עומד לנגדי : השרים הראשונים , כלומר החשובים ראשונה בנכנסים : ואני נותרתי שם . לשתק

אבן עזרא

ראשון הוא ניסן הנה מראש חודש ההל להתענות ולא ידענו האמת : (יג) אמר הנגאון כי טעם עומד לנגדי שהיה מלמד לו ושכח השנים יעמדו נגדו ואין טעם מאים עומד לנגדי כי כן חשב על כן שאל הלנו אתה הם לנריינו . ואמר כי להלחם עם מלך פרס פירום לעזור לו ובמוהו התלך אתי למלחמה כי אתי כמו עמי ואין זה נכון כי וילחם עם ישראל גם

מצודת דוד

(יב) אל תירא . כאומר הלא לא מעשיך עמך לעה : אשר נתת את לבך . ר"ל אשר התעולרלת את לבך להבין בידעת ה' ולהתענות לפניו מלחם ממודזם וכשר יין כי גם זה לעינוי יחשב : נשמעו דברין . מאז נשמע ונתקבל דברי שאלתך : בדברין . בעבור דברי שאלתך באתי הנה : (יג) ושר מלכות פרס . שר של מעלה מן מלכות פרס עומד לנגדי להלחם בי ובואל ספרם ימשול זמן ארוך על ישראל ועל זה אני נלחם עמו ברקיע

---

was able to come to you.—[*Mezudath David*]

the kings of Persia—the prince of the kings of Persia.—[*Mezudath David*]

14. what will happen—He speaks in the language of men, who believe that an incident of unknown cause is a mere coincidence. However, nothing in the world is a coincidence; everything comes about

through God's decree.—[*Mezudath David*]

for there is yet a vision—*to tell you what has not yet been told, and it will come in many days at an appointed time.*—[*Rashi*]

for those days—*i.e., at the end of days, in this present exile.*—[*Rav Saadia Gaon*] He will now tell in the prophecy all that will happen until the coming of the Messiah when all

"Fear not, Daniel, for since the first day that you set your heart to contemplate and to fast before your God, your words were heard, and I have come because of your words. 13. And the prince of the kingdom of Persia has been standing against me for twenty-one days, and behold Michael, one of the first princes, has come to help, and I remained there beside the kings of Persia. 14. And I have come to enable you to understand what will happen

"And it will come to pass before they call, that I shall answer."—[*Malbim*]

12. **and I have come because of your words**—*I have come on this mission because of your words. Our Rabbis, however, explained in Tractate Yoma (77a): "and I came within the curtain because of you, for I was banned from its midst."*—[*Rashi*] The Talmud relates that Gabriel was banned from ministering to God for twenty-one days because he did not execute his mission faithfully. When God commanded him to take hot coals from between the wheels (Ezek. 10:6), symbolizing the decree of Jerusalem's destruction, he instead requested of the cherub to take the coals. He then took the coals from him (verse 7), thereby mitigating the decree by allowing the coals to cool. For this deviation, he was driven out from within the curtain before the Shechinah, and the prince of Persia replaced him for twenty-one days to minister before God. Therefore, Gabriel did not come to Daniel until that period had elapsed. See Comm. Dig. ad loc.

13. **And the prince of the kingdom of Persia**—the heavenly prince of the kingdom of Persia.—[*Mezudath David*]

has been standing against me—*to battle with me in heaven by requesting an extension for the kingdom for Persia to enable them to enslave you (Israel). Behold twenty-one days that he has been standing against me.*—[*Rashi*] *Mezudath David* identifies these twenty-one days with the three weeks that Daniel fasted. During these three weeks, Gabriel battled with the heavenly prince of Persia, who begged for an extension of his kingdom in order to enslave Israel. Consequently, Gabriel was detained for twenty-one days.

the first princes—*those counted first among those who enter.*—*[Rashi] i.e.,* one of the princes of highest rank.—[*Rav Saadia Gaon, Mezudath David*]

to help—against the prince of the kingdom of Persia.—[*Mezudath David*]

and I remained there—*to silence the princes of Persia in heaven.*—[*Rashi*] Before he came, I remained there alone to battle with him, and therefore I could not move from there. Now that Michael has come, I

לְעַמְּךָ בְּאַחֲרִית הַיָּמִים כִּי־עוֹד חָזוֹן לַיָּמִים: טו וּבְדַבְּרוֹ עִמִּי כַּדְּבָרִים הָאֵלֶּה נָתַתִּי פָנַי אַרְצָה וְנֶאֱלָמְתִּי: טז וְהִנֵּה כִּדְמוּת בְּנֵי אָדָם נֹגֵעַ עַל־שְׂפָתָי וָאֶפְתַּח־פִּי וָאֲדַבְּרָה וָאֹמְרָה אֶל־הָעֹמֵד לְנֶגְדִּי אֲדֹנִי בַּמַּרְאָה נֶהֶפְכוּ צִירַי עָלַי וְלֹא עָצַרְתִּי כֹּחַ: יז וְהֵיךְ יוּכַל עֶבֶד אֲדֹנִי זֶה לְדַבֵּר עִם־אֲדֹנִי זֶה וַאֲנִי מֵעַתָּה לֹא־יַעֲמָד־בִּי כֹחַ וּנְשָׁמָה לֹא נִשְׁאֲרָה־בִי: יח וַיֹּסֶף וַיִּגַּע־בִּי כְּמַרְאֵה אָדָם וַיְחַזְּקֵנִי: יט וַיֹּאמֶר אַל־תִּירָא

רש״י

(יד) כי עוד חזון. להגיד לך מה שלא הוגד לך ויבא עיד לימים הרבים הנתונים למועד : (טו) נהפכו צירי עלי . אלו ראשי עצלמות כל אבר ואבר התקועים בחורי מושבם וסובב בתוך כדלת על צירה בחור המפתן לירי נהפכו להשמט ממקומם מרוב רתת וחרדה: (יז) עבד אדני זה . על עצמו הוא אומר עבד ועל המלאך הוא אומר אדני . כלו' ואיך יוכל עבדך זה לדבר עם אדני :

אבן עזרא

פרס הס שרי פרס הס השרים העומדים על פרס כאשר הוא מיכאל עומד על ישראל . (יד) וטעם באחרית הימים . כי עתה יספר בנבואה כל אשר יקרה עד בוא המשיח ותתבדנה כל מלכיות הארץ כאשר פירש גם יפרש: (יז) והיך . כמו איך כמו יתר ההמין, שוכו מתיו . ורכיס ככה .'היה בספרד חכם שמו בן היוגר וחבר ספר הקן ופירש למועד מועדים ואינני יודע מה חשב כי זה הפסוק דברי דניאל ואיננו

מצודת דוד

מקרה בצעולם הכל נעשה בגזרה: כי עוד חזון. מלבד המחזון הנראה לך מאז יש עוד מזון להגיד לך מה שיהיה לימים רבים : (טו) ונאלמתי : מחרדת מכאה המלאך : (טז) כדמות בני אדם . להסיר ממנו החרדה נרסך המלאך כדמות אחד מבני אדם ונגע בשפתו כאלו פותח פיו לשיוכל לדבר: אל העומד לנגדי . סוא המלאך הנרסך דמות בן אדם : במראה . בעת ראיתי אותך במראה נסלאה נהפכו אז לירי אבר עגי ר״ל איברי הגוף התקועים זה כזה לעין לירי הדלתות התקיעות בהס סלא המה נהפכו ונסמטו ממקומם מגודל התחרדה : ולא עצרתי כח . ואני מעתה . ר״ל עם שעתה אני רואה אותך כדמות בן אדם עכ״ז גס מעתה לא יעמד בי כח מן החרדה אשר מאז ולא נשחרה בי נשמה כי אמר כדרך גוזמא והפלגה כי הלא מדבר היה : (יח) כמראה אדם . ר״ל עודו כדמות מלאה כאשר נהפך

רמ״ג

(יד) כי עוד חזון (חזה) ליסים . הוא באחרית הימים בגלות הזה : (טז) והנה כדמות בני אדם נוגע על שפתי . נשתנה המלאך לדמות בן אדם לבען תת לו קורת רוח שלא יבהל ואומרה אל העובד לנגדי . זה שהוא כדמות בני אדם שנגע על שפתי בראשונה אמר למלאך הנדמה לו כאדם : אדני במראה . בפעם הראשונה: נהפכו צירי עלי . כל שכן עכשיו נהפכי צירי כמו נהפכו עליה ציריה : (יז) והיך יוכל עבד אדני זה . המלאך שהיה מדבר עמו בראשינה : לדבר עם אדני זה . המלאך שהיה עומד אצלו : ואני מעתה לא יעמוד בי כח .

מנחת שי

(טז) נהפכו צירי.נהפכו ב' וסימן כי נהפכו עליה ליריס (שמואל א' ד' ד') ודין : (יז) עבד אדני זה.מלרע: לדבר עם אדני זה.מלעיל ובמסורת ב' בטוטס שופר ישר הדין ואידך וינס אדני דריש בוטטיס והא דנגמר התס במ״ג ב' כטעם שופל ישר עבד אדני זה . רישא דקרא נקט וקוטישא דמלתא דחסיסיה קהי כדהאמן ועיין מ״ש בריש שופטיס : נשארה בי . ברוב הספרים האל״ף כמ״פ ובי״ת בי לפויה : (יח) ויחזקני . המי״ת בצפתח והזי״ן דגוטה לא היו״ד :

מצודת ציון

(יד) ליסים . כלומר לוומר לימים רבים ומעלמו יובן התסדיון ובן אַנשי מדות (במדבר יג) ור״ל מדות הרבה: (טו) ונאלבתי . מלשון חלס : (טז) צירי . כנגדבר התקווע זה בזה נקרא ליר וסוא מושאל מן לירי הדלתות וכן נהפמו עליה לייס (ש״א ד') : (יז) והיך . כמו ואיך

Although I perceive you in human form, my strength will not stay in me because of the fright that I have already experienced, nor will my soul remain in me. This statement is hyperbolic, for he was in fact speaking.—[*Mezudath David*]

Malbim explains: Now that you are preparing to speak with me, I have no more strength, and my soul does not remain within me.

18. the appearance like that of a man—while he still bore the appearance that he had assumed.— [*Mezudath David*]

and he strengthened me—with the words he said to me, as in the following verse.—[*Mezudath David*]

to your people at the end of the days, for there is yet a vision for those days." 15. And when he spoke to me according to these words, I set my face to the ground, and I was dumbfounded. 16. And behold [one] like the image of the sons of man was touching my lips, and I opened my mouth and spoke, and I said to the one standing opposite me, "My lord, in the vision my joints turned upon me, and I did not summon up strength. 17. Now how will this servant of my lord be able to speak with this my lord?" And for me, from now on, strength will not stay in me, and a soul is not left in me. 18. And the one having the appearance like that of a man continued to touch me, and he strengthened me. 19. And he said,

"Fear not,

the kingdoms of the earth will be destroyed.—[*Ibn Ezra*]

15. **and I was dumbfounded**—from the fright of seeing an angel.—[*Mezudath David*] *Malbim* explains that after the angel continued to convey to him great prophecies, his physical strength again left him, and he could not summon up the strength to receive the message conveyed to him by this celestial being. This message was exalted by dint of its content and its extension over many distant times.

16. **And behold [one] like the image of the sons of man**—The angel assumed a human appearance so that Daniel should not be terrified.—[*Rav Saadia Gaon, Mezudath David*]

to the one standing opposite me—i.e., to the angel who had assumed a human appearance.—[*Rav Saadia Gaon, Mezudath David*]

in the vision—i.e., when I saw you in your original wondrous appearance, my joints turned upon me.—[*Mezudath David*]

my joints turned upon me—Heb. צִירַי. *These are the ends of the bones, all the limbs that are thrust into their sockets and turn within them like a door on its hinge in the socket of the threshold. My joints turned to become dislocated from their place out of much trembling and quaking.*—[*Rashi*]

and I did not summon up strength—I was unable to retain my strength and prevent it from leaving me.—[*Mezudath David*]

17. **this servant of my lord**—*He refers to himself as a servant, and to the angel as "my lord," i.e., to say, How will your servant be able to speak with you?*—[*Rashi*] If the mere vision drained my strength to the extent that I could not summon up any strength, how can I possibly speak to you?—[*Malbim*]

And for me, from now on strength will not stay in me—

אִישׁ־חֲמֻדוֹת שָׁלוֹם לָךְ חֲזַק וַחֲזָק וּכְדַבְּרוֹ עִמִּי הִתְחַזַּקְתִּי וָאֹמְרָה יְדַבֵּר אֲדֹנִי כִּי חִזַּקְתָּנִי: וַיֹּאמֶר הֲיָדַעְתָּ לָמָּה־בָּאתִי אֵלֶיךָ וְעַתָּה אָשׁוּב לְהִלָּחֵם עִם־שַׂר פָּרָס וַאֲנִי יוֹצֵא וְהִנֵּה שַׂר־יָוָן בָּא: כָּא אֲבָל אַגִּיד לְךָ אֶת־הָרָשׁוּם בִּכְתָב אֱמֶת וְאֵין אֶחָד מִתְחַזֵּק עִמִּי עַל־אֵלֶּה כִּי אִם־מִיכָאֵל שַׂרְכֶם: יא וַאֲנִי בִּשְׁנַת

רס״ג   רש״י

רש״י

(כ) וְעַתָּה אָשׁוּב לְהלחם עם שר פרם . וידעתי כי אוכל אך כנא עת מלכות עכום״ז ידעתי שאני אלא והוא יכנס לאחר ל״ד שנה לבנין הבית ושיעמוד אלכסנדרום מוקדון כי אע״פ שהיו ישראל משועבדים למלכי פרס באותן הימים עבודה נוחה היתה אבל מלכי עכום״ז הטילו עליהם עול קשה הקב״ה לרחמים להם אבל מלכי עכום״ז הטילו עליהם עול קשה : (כא) את הרשום בכתב אמת . שטר הגזרה ואמת היא ואין אחד בכל הברים העליונים מתחזק לעזרני על כל אלה כי אם וגו' :

יא (א) ואני בשנת אחת לדריוש המדי . בנפול מלכו'

רם״ג

מרוב אימה : (כ) ויאמר הודעת לפה באתי אליך . כאשר אסיים לדבר החזון אשוב להלחם עם שר פרם ועל כן אגיד לך הרשום בכתב אמת כי אשוב להלחם עם שר פרם שאני הייתי יוצא מפרם לבא בכאן להגיד לך ומרם בזאי והנה שר יון בא : (כא) ואין אחד מתחזק עמי על אלה כי אם מיכאל שרכם . כי לולי רחמי שמים אז תמנו נכרתנו למה שאני בשנת אחת לדריוש המדי עמדי למחזיק ולמעוז לו ועל זה הדבר היה עזר לי עם זה עכשיו אבל רק למחזיק ולמעוז ולמסייע לי משר פרם ומשר יון כי כן כתיב כטראה אדם ויחזקני ויאמר הידעת למה באתי אליך כלומר להגיד לך כל מה שאתה רוצה ועוד כשבאתי אשוב להלחם עם שר פרם והנה שר יון בא וזה אבל אגיד לך את הרשום בכתב אמת כי זה חטעם אינו טוב זה המלאך לבה היה לוחם עם שר פרם היה היה אומר לפני הקב״ה רבש״ע אינו ראוי להיות מלך הפלילהו במהרה וימלוך ישראל וזה מיכאל כי שלשה מלכים עומדים לפרם אחשורוש הוא . הנה

מנחת שי

(יט) חזק. בפםפ : ומחז . בקמן הזי״ן : (כ) לָמָּה־בָּאתִי. כן כתוב בספרי ספרד : (יט) חזק. בפסח . וחזק . בקמץ הזי״ן .

אבן עזרא

רק דברי המלאך כי הוא דבוק למעלה : (כא) ואין אחד מתחזק עמי על אלה כי אם מיכאל שרכם .
והטעם אם עזרני עתה בהלחמו עם שר פרם גם אני עזרתיו עם שר כשדים . אז מלך דריוש המדי כאשר הוא כתוב ודריום מדאה קבל מלכותא וזהו ואני בשנת אחת לדריום המדי עמדתי למחזיק ולמעוז למיכאל והעד שהם דברי המלאך כי כתוב אחריו ועתה אמת יש לתמוה מהפסוק ואם טען הטוען הראה לי כמוהו שהפסיק וחזר במלת לו הפרשה

מצודת ציון

ויחזקני . בדברים האמורים בנקרא שלאחריו : (יט) שלום לך . ר״ל לא ימלא כונן בעבור המדה : חזק וחזק . חזק את עלמך וכפל המלה לחזו : כי חזקתני . בדברים האלה חזקתני ובצה רומי

מצודת דוד

באל״ף וכן הוך אביא אלי (דה״א יג) : (כא) הרשום . מל' רושם ור״ל כתיבה :

וכנני מוכן לשמוע : (כ) הידעת . האם ידעת למה באתי אליך וכלאומר לו הנה מעתה תוכל לדעת שלא באתי רק מלשונני מסתרים ולא תחכד עוד : ועתה אשוב . כשאכלה לדבר בך אשוב להלחם עם שר פרם : ואני יוצא . כאומר סן ידעתי כי איכל לו ואוכלא את שר פרם אבל אדע כי לאח״ז בע״כ מלא ולא אוכל עוד לנגד סניגוריא על ישראל כי ירבו פשעיהם והנה של עכו״ם בא ושואל שימעול עכו״ם של ישראל ותנתן לו : (כא) את הרשום . את הכתוב במרום בכתב אמת אשר יתקיים בכל ישונה וסוף האמור למטה מאבדן המלכיות וגאולת ישראל . ואין אחד . אין מי מן המלאכים מתחזק להיות עמי בעזרתי לשאול ולבקש על אלה הדברים האמורים למטה של אבדן המלכיות וגאולת ישראל : כי אם מיכאל שרכם . רק מיכאל שר וסניגור של ישראל הוא מתחזק עמי לשאול על אלה : יא (א) ואני . הוא דברי המלאך : עמדי . עמדתי למחזיק ולמעוז למיכאל שרכם בדבר הסאלה אשר שאל הוא ולא פילם מה

---

the reading of the Vilna edition is incorrect because Antiochus did not assume the throne thirty-four years after the building of the Temple, but Alexander did.] Because of your sins, I shall no longer be able to defend you against the prince of Greece, who will beg of God to allow him to subjugate you.—[*Mezudath David*]

21. what is inscribed in a true script—*the document of the decree is true, but not one of the heavenly princes is exerting himself to assist me with all these, except etc.*—[*Rashi*] i.e., the decree that Greece will rule over Israel is irrevocable.—[*Malbim*] i.e., no one helps to strengthen me against the prince of Greece to defeat him, so that I should be the heavenly provider of these kings. This is because the decree has already been

man of desirable qualities; peace be to you, be strong and be strong," and when he spoke to me, I gained strength, and I said, "Let my lord speak, for you have strengthened me." 20. And he said, "Do you know why I have come to you? And now I shall return to battle with the prince of Persia; then I shall leave, and behold the prince of Greece is coming. 21. Indeed, I shall tell you what is inscribed in a true script, but no one strengthens himself concerning these matters except Michael, your prince."

11

1. As for me, in the first year of

19. peace be to you—You shall not lose your strength because of the fright you have experienced.—[*Mezudath David*]

be strong and be strong—Strengthen yourself. The repetition is intended to intensify the command.—[*Mezudath David*] *Malbim* explains: be strong physically and be strong intellectually.

for you have strengthened me—With these words you have strengthened me, and my spirit has returned to me; therefore I am ready to listen to your words.—[*Mezudath David*]

20. Do you know why I have come to you—If you knew why I have come to you, you would not be frightened because you would know that I came to inform you of the future, not to harm you.—[*Mezudath David*]

And now I shall return to battle with the prince of Persia—*and I know that I will be victorious, but when the time of the kingdom of the heathens [Greece—Malbim ed., Antiochus—Vilna ed.] arrives, I know that I will leave, and he will enter after thirty-four years of the existence of the Temple. Alexander of Macedon will rise, for although Israel was subjugated by the kings of Persia in those days, they exacted a light tribute from them, and they did not burden them heavily because the Holy One, blessed be He, caused them to have mercy on them. But the kings of the heathens [Greece, Antiochus] laid a heavy yoke upon them.*—[*Rashi*] [Note that the *Malbim* edition is correct, for it was Greece that arose after Persia. However, the date that appears in that edition, which attributes the Greeks' conquest of the Persians fifty-four years after the Temple was built, is incorrect. *Seder Olam*, ch. 30 states explicitly that the kingdom of the Persians lasted until thirty-four years after the building of the Temple, and the rule of the Greeks lasted one hundred and eighty years. (See *Avodah Zarah* 9a). Likewise,

אַחַת לְדָרְיָוֶשׁ הַמָּדִי עָמְדִי לְמַחֲזִיק וּלְמָעוֹז לוֹ: בּ וְעַתָּה אֱמֶת אַגִּיד לָךְ הִנֵּה־עוֹד שְׁלֹשָׁה מְלָכִים

רש"י

ארהחשסתא ודריוש שהוא כורש וכורש הראשון הגה מלך:

ככל והתחילה ממשלת מדי ופרס והיו מנקסים שרי מדי ופרס מאת המקום להכביד עול ממשלת אימתם עליכם אני גבריאל עמדתי למחזיק ולמעוז ולמיכאל נמיכאל שרכם: (ב) הנה עוד שלשה מלכים וגו'. רז"ל אמרו בסדר עולם זה

אבן עזרא

נס עבות ונופות יש בהם נשמות נס רוחות נס נפשות והאדם לבדו הוא כוד זה העולם השפל ובעבורו נברא ונשמתו קשורה בנשמות העליונים ובעבור כי המדבר אדם נס השומע הוא אדם על כן העליונים על האדם נס השפלים על מתכונת האדם והנה אדיר העליונים וישפילם כי לא אוכל לדבר אם לא יעשו ככה וינביה השפלים על כן אמרו חכמים ז"ל דברה תורה כלשון בני אדם יאמרו ומראם עפרות תבל וכסה את עין הארץ והאחזיי ארץ הטי אזנך ועל האבן כי היא שמעה דבר ה' ותפתח הארץ את פיה מירכתי ארץ בלב ימים על שפת הנהר יד הירדן וכובע ישועה בראשו עיני ה' בחאזי ה' כי פי ה' דבר בדבר בפתיך אף ידי יכדה ארץ וימיני טפחה שמים ויאמר ה' אל לבו על כן המו מימר לי ותחת רגליו ועל זה הדרך ויחר אף ה' מוהב ה' וילך ה' ה' למבול ישב הנה ה' רוכב על עב קל עורה למה תישן ויקץ כישן ה' החטיתי מעולם אחרים מתאפק. והנה שר פרס הוא הפקיד על המחברת הגדולה או האמלצית והנה דניאל הזכיר הפקיד בשם המלאך ודבר העיד הוא המבטי שהוא מאהבה וטעם כ"א יום כנגד הפקיד על דניאל בעצמו כי כאשר ים פקיד על כל גוי כן ים על כל אים והפך זה וזה הוא המלחמה והנה זה העולם השפל הוא עולם ההפכה והתמורה בעלם ובמערכה ובתנועה והגזרה שהזכיר דניאל היתה לו כמראות נבואה וכבר נליתי לך סוד המלאכים הקדושים בדרך קלרה ברמיזות ויש ראיה על כל זה מדברי הנביאים נס ראיות מחכמות ההליונית ודע כי גזרות העוברות והעתידית באות מהשמים והם דברי השם וכתוב לעולם ה' דברך נלב בשמים וסוד המערכות מתחלת בריאתם על כל מערכות השמים הם המספרים הס ע"כ סוד החלומות. ועתה אשוב לפרש דברי המלאך:

יא (ב) ועתה. אמר הנאון כי מלכי מדי ופרס הס ד' ואלה הס דריוש המדי וכורש הפרסי נס אחשורוש ודריוש הפרסי שהרגו אלכסנדרוס ופירס הנה עוד שלשה מלכים עם כורש ויהיה פירוש הרביעי שהוא דריוש הפרסי הוא רביעי לדריוש המדי כי זאת הנבואה היתה בשנת שלש לכורש הפרסי ורבי משה הכהן הספרדי אמר כי ו' מלכים היו הו האחד דריום הזקן הוא המדי ירתשני כורם הפרסי והשלישי אחשורום והד' ארתחשסתא שגיה שלא תבנה עיר הקדם והחמישי דריום הפרסי שגיה לבנית הבית והששי הוא ארתחשבתתא העשיר שהרגו אלכסנדריס הוא בעלה עזרא נחמי' בימיו כאשר הוא כתוב ולפי דעתי יהיה פירום הנה עיד שלבה מלכים והרביעי לא יספר עמם כורם כי

מצודת דוד

מצודת ציון

יא (א) ולמעוז. מל' עוז וחוזק:

Ahasuerus, and Darius the Persian, who was assassinated by Alexander. Accordingly, he counts Cyrus among

the three kings, and the fourth king, Darius the Persian, is the fourth by counting Darius the Mede, for this

Darius the Mede, I stood as a supporter and a stronghold for him.

2. And now, I shall tell you the truth. Behold three more kings

issued and has heavenly support.—
[*Malbim*]

except Michael, your prince—
who, because he is the prince of
Israel, can see that Israel should not
be annihilated and can save them
miraculously without the intervention
of the king and the defeat of his
heavenly prince; i.e. he has the
power to miraculously change his
heart for the better, for when Israel
finds itself close to annihilation,
miraculous Providence arouses the
prince of Israel, as in 12:1.—
[*Malbim*]

11

1. **As for me, in the first year of
Darius the Mede**—*when the
kingdom of Babylon fell, and the rule
of Media and Persia commenced,
and the princes of Media and Persia
entreated the Omnipresent to make
the yoke of their frightful rule heavy
upon you, I, Gabriel, stood as a
supporter and as a stronghold for
Michael, your prince.*—[*Rashi*]
Mezudath David conjectures that
Michael entreated God to give the
throne to Cyrus, who would allow
Israel to return to their land, and
Gabriel assisted him in his entreaty.
According to *Ibn Ezra*, Gabriel tells
Daniel that just as Michael aided him
in his battle against the prince of
Persia, so had he aided Michael in
his battle against the prince of the
Chaldeans, leading to Darius's
seizure of the kingdom. *Abarbanel*
explains that Gabriel was a supporter

and a stronghold for Michael and for
Darius because he and his son-in-law
Cyrus were friendly with Israel and
loved them. *Malbim* points out that
Darius was told about the writing on
the wall and Daniel's interpretation
of it, namely, that Belshazzar was
punished for defiling the sacred
vessels of the Temple. Therefore,
Darius vowed to permit the
rebuilding of the Temple. Because of
this, the angel supported him so that
he should execute his plans through
his son-in-law, Cyrus. However, now
that they were plotting to harm Israel,
he fought against them.

2. **Behold three more kings**—
*Our Sages of blessed memory in
Seder Olam* (ch. 28) *said: "This
refers to Cyrus, Ahasuerus, and
Darius who rebuilt the Temple. Now
what is the meaning of 'fourth'? The
fourth, counting from Media,"* [i.e.,
including the first Darius]. *In the
book of Joseph Ben Gorion* (ibid.),
*however, it is written that Cyrus had
a son who succeeded him before the
reign of Ahasuerus, named
Cambyses.*—[*Rashi*] According to
the *Gra*, in his commentary to *Seder
Olam*, Cambyses is not mentioned
because he reigned only a half a year.
Artahshasta is not counted here
because according to the Rabbis
(*Rosh Hashanah* 3b), Darius II was
also known as Cyrus and
Artahshasta, and Darius is already
counted. *Ibn Ezra* quotes *Rav Saadia
Gaon*, who enumerates them as Darius
the Mede, Cyrus the Persian,

עֹמְדִים לְפָרַס וְהָרְבִיעִי יַעֲשִׁיר עֹשֶׁר־גָּדוֹל מִכֹּל
וּכְחֶזְקָתוֹ בְעָשְׁרוֹ יָעִיר הַכֹּל אֵת מַלְכוּת יָוָן: ג וְעָמַד
מֶלֶךְ גִּבּוֹר וּמָשַׁל מִמְשָׁל רַב וְעָשָׂה כִּרְצוֹנוֹ:
ד וּכְעָמְדוֹ תִּשָּׁבֵר מַלְכוּתוֹ וְתֵחָץ לְאַרְבַּע רוּחוֹת
הַשָּׁמַיִם וְלֹא לְאַחֲרִיתוֹ וְלֹא כְמָשְׁלוֹ אֲשֶׁר מָשָׁל כִּי

רש"י — קמץ בז"ק — רס"ג

יא (ב) והרביעי יעשיר עושר גדול . זה כורש הגדול : יעיר
הכל את מלכות יון . שימות ויתגבר מלך יון ויתעורר
עליו ויקחו יונים את עשרו : (ג) ועמד מלך גבור . זה אלכסנדרוס
מלך יון : (ד) וכעמדו . ברוב גובה מלכותו אז תשבר מלכותו :
ותחץ לד' רוחות השמים . ברומא ואנטוכיא ועכו ואלכסנדריא :
ולא לאחריתו . ולא לזרעו שאחרית ותקוה שלו הם הבנים אלא
לזרים תחץ מלכותו : ולא כמשלו אשר משל . ימשלו אלה ד'
מלכים כמו שהיה הוא אלא תחץ מלכותו ותנתן לאחרים מלבד

תשבר מלכותו . וכשיתחזק הרבה ויעמוד על חזקתו ה...
בספר בן גוריון שחלק מלכותו לארבעת ראשים ממשפחת
(לעיל ז') ולה נפין ארבע די עוף על גבה וארבע ראשין ...
וכן בחזיון הראשון ותעלינה חזות ד' תחתיה (לעיל ח')

מנחת שי

יא (ב) וכמחזקתו . בכ"ף כמ"ש כדברי הימים ב' סי' כ"ו : (ג) מלך
גבור . בס"א ישן כ"י מאד כתיב גדול במקום גבור וגם
בדפוס ישן מויניליאה יש הטר' מחילוף זה ולא נמצא כן בשאר ספרים
וגם בפילושי המפרשים כתיב גבור : (ד) וכעמדו . בכ"ף :

ריש"י — קמץ בז"ק

כורש ואחשורוש ודריוש שבנה הבית ומה ת"ל רביעי רביעי
למדי . אבל בספר יוסף בן גוריון כתוב שהיה לו בן לכורש
שמלך תחתיו לפני אחשורוש ושמו כמבים': וכחזקתו .
של דריוש : בעשרו יעיר . את כל מלכותו להלחם עם
מלכות עכום"ז: (ג) ועמד מלך גבור. זה הוא אלכסנדרוס
מוקדן : ועשה כרצונו . בדריוש מלך פרס ויהרגהו
ויקבל מלכותו וישתעבדו פרסיים לעכום"ז : (ד) וכעמדו
תשבר מלכותו . וכשיתחזק הרבה ויעמוד על חזקתו ה...
בספר בן גוריון שחלק מלכותו לארבעת ראשים ממשפחת
(לעיל ז') ולה נפין ארבע די עוף על גבה וארבע ראשין ...
וכן בחזיון הראשון ותעלינה חזות ד' תחתיה (לעיל ח')

אבן עזרא

הכתוב עוד שהן עתידין להיות . ויש לטעון עליו אם פירוש
עוד ככה למה אמר הנה עוד שלשה מלכים כי משמע דברו
לא יותר ולמה אמר והרביעי והנה היה ראוי שיאמר הנה
עוד ד' מלכים, ויש עוד להשיב הנה כורש מלך שלש שנים כי
כן כתוב וכתוב במגלה כי מעשה המן היה בשנת י"ב למלכות
מלך ארתחששתא הראשון שלוה שלא יבנה הבית . ולפי דעתי ...

בן כתוב וכתוב במגלה כי מעשה מלכי פרס כי כל מלכותו י"ד שנה אם כן מתי
מלך ארתחששתא הראשון שלוה שלא יבנה הבית . ולפי דעתי כי ה' מלכים הם מלכי מדי ופרס הא' דריוש המדי והב' כורש
הפרסי וגם הג' הוא אחשורוש וזה השם הוא לשון פרסיים ובלשון כשדים הוא ארתחששתא הוא שלוה שלא תבנה תבנה ירושלים
וככה כתוב בימי אחשורוש בתחלת מלכותו כתבו שטנה על יושבי יהודה וירושלים והנה פי' השטנה והאגרת בלשון תרגום
כאשר נכתבה והפירוש הפרסה הנזכרת בימי ארתחששתא כתב בשלוואין זאת השטנה דברי המן כי לא היתה בתחל' מלכותו
רק כאשר מלך אחשורוש זה שיעלו היהודים ויבנו הבית על כן כתוב כי סליקא מן לותך כי ברשותו הלכו וכעבור האגרת
שנכתבה לו החמיץ כורס וזהו ומטעם כורש ודריוש וארתחששתא מלך פרס . ועל דרך הפשט אילו היה אחד מלך אחד היה כתוב
כורש הוא דריום הוא ארתחששתא כמשפט הלשון . והנה אחר כורש היו שלשה לבדם וזה אחשורוש שהוא ארתחששתא הראשון
והשני דריום הפרסי שהוא רביעי לכורש שהגבואה בימיו הוא ארתחששתא שמלך שאיס רטות כי הגה כתוב בעזרא שנת
שלשים למלכותו וגם כתוב כי הוא מלך בבל כי כן הבבלים קראו שמו ארתחששתא והיה שמו בלשון פרם דריום כי כתוב
בספר מלכי פרס כי דריום היה שם המלך שהרגו אלכסנדרום. וטעם יעיר הכל כי אנשי מלכותו שלחו כעבור אלכסנדרום
נס שריו הרגוהו בלילה במקום שברה שם זה אחשורוש שהיה דריום: (ג) ועמד מלך גבור . זה הוא מפורש אלכסנדרוס
שהלם דריום מפניו : (ד) ובעמדו . טעם וכעמדו שמת קרוב לשלשים שנה : ותחץ . כנר פירשתיו : ולא לאחריתו .

מצודת ציון

(ב) יעיר . יעורר כמו יעיר קנאם (ישעיה מב) :(ד) ותחץ.פנין חלוקה

מצודת דוד

בתחילת הענין בשנת שלש למלכ' וגו' בימים ההם וגו' ואחר כורש
מלך אחשורוש ואחריו דריום כנו' : והרביעי . הוא דריום בן
אחשורוש שהוא רביעי לדריום המדי שלקח המלוכה מבלשאצר והוא היה זה הראשון למלכי מדי ופרס : מכל . ר"ל מכל מלכי פרם שלפניו :
וכחזקתו . וכאשר יתחזק מאד בעושר רב : יעיר הכל . יעורר כל בני מלכות ממשלתו להלחם עם מלכות יון : (ג) ועמד מלך גבור .
הוא אלכסנדרום מוקדן מלך יון : ועשה כרצונו . כי יהמין את דריום מלך פרס : (ד) ובעמדו . כאשר יעמוד להתחזק ביותר :
תשבר מלכותו . ימות אלכסנדרום : ותחץ . והמלכות תחולק לד' מלכיות בארבעה הרוחות של אלבות ממשלת אלכסנדרום והם רומא
ומליאים וכו' : ולא לאחריתו . המלכיות האלו לא יחולקו לבניו ונקראים הבנים אחרית על כי המה נשארים אחריו

---

back, and the beast had four heads."
He gave this one dominion in the
east, this one in the west, this one in
the north, and this one in the south,
and so in the first vision (8:8): "an
appearance of four sprouted in its
stead," concerning the horns of the

he-goat.—[Rashi] Malbim explains
that the four empires were
Macedonia in the west, Egypt in the
south, Syria (and Babylon) in the
north, and Persia in the east.

but not to his posterity—*but the*
dominion will not come to his sons

will arise in Persia, and the fourth one will become wealthy with great wealth, and when be becomes strong with his wealth, he will arouse all against the kingdom of Greece. 3. And a mighty king will arise and will rule a great dominion and do according to his will. 4. And when he arises, his kingdom will be broken, and it will be divided to the four directions of the heavens, but not to his posterity, and not like the dominion that he ruled, for

prophecy was given in the third year of Cyrus the Persian. He quotes *Rabbi Moshe HaKohen HaSephardi*, who enumerates six kings: Darius the Mede, Cyrus the Persian, Ahasuerus, Artahshasta, who mandated the cessation of the construction, Darius the Persian, who mandated the resumption of the construction, and the wealthy Artahshasta, who was assassinated by Alexander and in whose time Ezra and Nehemiah went up to Jerusalem. According to him, the kings counted in this verse are future kings, not those who had previously reigned. Therefore, Cyrus cannot be counted. [Consequently, the three kings are Ahasuerus, Artahshasta, and Darius, and the fourth is Artahshasta the wealthy. *Ibn Ezra* questions the validity of this interpretation, since first three kings are counted, when there are, in fact, four. He maintains that there were five kings of Persia and Media: Darius the Mede, Cyrus the Persian, Ahasuerus, called Artahshasta by the Chaldeans, Darius the Persian, and Artahshasta, who was also called Darius, and who was assassinated by Alexander. Counting from Cyrus, he is the fourth king.]

and when he becomes strong— *i.e., Darius.*—[*Rashi*]

with his wealth, he will arouse— *his entire kingdom to wage war against the kingdom of the heathens.*—[*Rashi*] Malbim edition reads: the kingdom of Greece, as does the Warsaw edition.

3. And a mighty king will arise—*in Greece, viz. Alexander of Macedon.*—[*Rashi*]

and do according to his will— *with Darius the king of Persia, and he will slay him and receive his kingdom, and the Persians will be enslaved by the heathens [the Greeks].*—[*Rashi*]

4. And when he arises, his kingdom will be broken—*When he becomes very strong and reaches the height of his strength, his kingdom will be broken, meaning that he will die.*—[*Rashi*]

and it will be divided to the four directions of the heavens—*It is written in the book of Ben Gorion (ch. 14) that he divided his kingdom to the four heads of his family; they are the four heads of the leopard that Daniel saw (above 7:6): "And behold another beast (sic) like a leopard, and it had four wings of a bird on its*

תִּנָּתֵשׁ מַלְכוּתוֹ וְלַאֲחֵרִים מִלְּבַד־אֵלֶּה: ה וְיֶחֱזַק מֶלֶךְ־הַנֶּגֶב וּמִן־שָׂרָיו וְיֶחֱזַק עָלָיו וּמָשָׁל מִמְשָׁל רַב מֶמְשַׁלְתּוֹ: י וּלְקֵץ שָׁנִים יִתְחַבָּרוּ וּבַת מֶלֶךְ־הַנֶּגֶב תָּבוֹא אֶל־מֶלֶךְ הַצָּפוֹן לַעֲשׂוֹת מֵישָׁרִים וְלֹא־תַעְצֹר כּוֹחַ הַזְּרוֹעַ וְלֹא יַעֲמֹד וּזְרֹעוֹ וְתִנָּתֵן הִיא וּמְבִיאֶיהָ

רמ״נ — קטן בז״ק קמץ בז״ק למדנחאי. בלא ו'   רש״י

הממשלה לבניו אלא לבני משפחתו . אחריתו אינו נופל אלא
על לשון בנים וכן הוא אומר (עמוס ד') ונשא אתכם בצנות
ואחריתכם בסירות דוגה . ות״י ובכינון ובנתיכין בדוגית
ליידין: ולא כמשלו אשר משל . ולא תהא מלכות של
אלו הזקה כמו של אלכסנדרוס : כי תנתש מלכותו .
לחלק לל' ראשים הללו ולאחרים מלבד אלה: (ה) ויחזק
מלך הנגב . הראש אשר ימלוך בנגב יחזק מן הראש
שכנגדו המולך בלפון ומן שריו : (ו) לעשות מישרים .
פשרת שלום בינו ובין אביה : ולא תעצור וגו' . ילכדנה
מלך הלפון ואת מביאיה ואת אביה היולדה ומחזיקה בכל
עת לרעתה : ולא תעצור . זרוע מביאיה כח לעמוד [ולא יעמוד זרועו אביה] לפניו לא הוא ולא זרועו הם גבורי כחו:

אבן עזרא

ולא כמשלו . לא היה אחד מהארבעה שמלכו בארבעה מקומות כאשר פירשתי .

פירושו ולא לבנו . וככה ואחריהם בפיהם ירצו סלה : ולא

מצודת ציון

כמו וימן מן סילידים (בראשית לג): תנתש . ענין עקירה כמו לנתוש
ולנתוץ (ירמיס א): מישרים . מל' ישר וכ״ל פשרה שהוא ישר וגוב

מנחת שי

(ה) ממשל רב . במחיקת המ״ס : (ו) ולא תעצר כוח . למעד׳בתי מלא

רמ״נ

אלה הד׳ וזה שכתוב ולא לאחריתו בכחו כמקדם כלומר לא
תהא אחריתו כראשיתו כי תנתש מלכותו ותנתן לאחרים
מלבדי אלה : (ה) ויחזק מלך הנגב ומן שריו . מרוב שרים
שיהיו לו אז יחזק עליו מלך הצפון ומלך הצפון במשל רב
ממשלתו ויחזק הכל בממשלתו : (ו) ולקץ שנים יתחברו . מלך
הצפון ומלך הנגב לעשות שלום . ובת מלך הנגב תבא אל
מלך הצפון לעשות מישרים . כשיראה מלך הנגב שהוא כבוש
בצער אז יאמר למלך הצפון קח נא בתי לאשה ותהיה אהבה
ומישרים ביניט : ולא תעצור כח הזרוע . אותה בת מלך הנגב
אע״פ שתבא בחתון אל מלך הצפון לא תעצור כח זרוע למלך
הצפון לבלתי הלחם באביה אלא ילך מלך הצפון במלחמה
וינצח את מלך הנגב: ותנתן היא ומביאיה . הם השלוחים:

במשלה וטעם ולהאחרים מלבד אלה שקשר וגם אחרים על הארבעה מלכים שמלכו בארבעה מקומות כאשר פירשתי .
והנה אומר לך עתה כלל כי מתחלת ויחזק מלך הנגב עד וזרועים ממנה יעמדו עד המקדש המעוז שהוא בפירוש חרבן
בית שני מלחמות שעברו ולזכור פרטיהן ולחפש הספרים הקדמונים בספר יוסף בן גוריון אילו היינו יודעין כל דבריו
לא יועילנו עתה לדעת שעבר ועל כן אפרש המלות והטעמים בדרך כלל ולאחר חרבן הבית אפרש בדרך פרט עד וכעת
קץ כי מ‎שם הם העתידות שנשארו כאשר אפרש: (ה) ויחזק מלך הנגב . שהוא מלך מלרים ממלך הלפון שהוא מלך
פרס ומן שריו : ויחזק עליו . מלך הנגב : (ו) ובת מלך הנגב . היא מלכת שבא וזאת המלכות תקרא בלשון ישמעאל
אלימן ועד היום משה מולכת עליהם והיא ברשות מלך מלרים עד היום וזאת שבא היא נגד הנגב כנגד ארץ ישראל וזה
הדבר ידוע הוא בספרים ושכחתי שמם . וטעם לעשות מישרים שלום בין המלכים והנה מלך לפון מלך רלה לקחת אותה
לו לאשה : ולא תעצור כח הזרוע . ומלך מלרים יקהנה בחזקה גם יקה יולדתה . וחכמי המזלות שהיו עמה וזהו

מצודת דוד

אביהם וכן ואחריתכן בסירות דוגה (עמוס ד) : ולא כמשלו וגו' . לא תהא
המלכיות ההם לא ימשלו ממשל רב כממשלת אלכסנדרום : כי תנתש מלכותו . כי מלכות אלכסנדרום תעקר להתחלק לארבע מלכיות
האמורים למעלה וגם למלכיות אחרים קטנים מלבד אלה ולזה לא יתחזקו מלבד אלה : (ה) מלך הנגב . הוא המולך
במלרים וכ״ל שיחזק הוא על בעל מלחממו והוא מלך הלפון המפורם למטה בטנין והוא המולך בדומא: ומן שריו . כאילו אמר מן מלך
הלפון ומן שריו אשר ילממו עמו והוא מקרא קלר ויון מעלמו: ויחזק עליו . ר״ל בעת המלחמה יחזק עליו ואח״ו ימשול בו ולא ילך
ממט וזמן רב תהיה ממשלתו : (ו) ולקץ שנים . ולסוף בנים יתחברו יחד באהבה ושלום כ״ל יהיו חפלים לחיות בשלום : לעשות
מישרים . לעשר בין אביה ובין מלך הלפון כדברי ליכוחם : ולא תעצר . אבל לא תוכל לעכב כח הזרוע מלך הנגב שלא יעמוד
המלחמה והלגלחון : ולא יעמוד . אבל בסטט שהיא לא עמדו על שתמיק להתחזק בנגוחמה כמו מאו : וזרעו . אנשי זרועו
ועוזריו גם הם לא יעמדו במלחמה הסיא . הם השרים שהביאו אותה והלכו

---

begot her and supported her in her
time of trouble.—[Rashi]

    will not retain—*The arm of those
who brought her* [will not retain]
*strength to stand, [and her father will
not prevail]* before him, neither he

nor his arm, meaning his mighty
men.—[Rashi]

    will be surrendered—*into the
hands of the king of the north, she
and those who brought her, and he
who begot her, i.e. her father.*—

his kingdom will be uprooted and to others besides those. 5. And the king of the south will overwhelm [the king of the north] and his officers, and he will rule with great dominion over his ruling. 6. And at the end of years they will join, and the daughter of the king of the south will come to the king of the north to make a compromise, but her arm will not retain strength; and he and his arm will not prevail, and she and those who brought her

but to his family members. [The word] אַחֲרִיתוֹ *coincides only with the expression of sons, and so Scripture states* (Amos 4:2): *"and you shall be borne on shields and your posterity* (אַחֲרִיתְכֶן) *in fishing boats," which Jonathan renders: and your sons* (sic) *and daughters in fishermen's boats.*—[Rashi]

and not like the dominion that he ruled—*but the kingdom of these will not be as strong as that of Alexander.*—[Rashi]

for his kingdom will be uprooted—*to divide to these four heads and to others besides these.*— [Rashi] i.e., it was divided into other small kingdoms in addition to these. Therefore, they will not be as strong as he.—[Mezudath David]

5. **And the king of the south will overwhelm**—*The head who will reign in the south will be stronger than the head opposite him who reigns in the north, and* [stronger] *than his officers.*—[Rashi] From the volumes of ancient history, we learn that of the four kings who succeeded Alexander, only two remained powerful, viz. the king of the south, who was the king of Egypt, which was south of the land of Israel, and the king of the north, who was king

of Assyria and Babylon, which was north of Israel. The king of the north, who reigned in Assyria and Babylon and built up Antioch, was named Seleucus I Nicator, son of Antiochus, who founded the Seleucid dynasty. He and his sons conquered Persia and most of Asia and Greece. His sons were named Antiochus, one of whom was Antiochus Epiphanes, who caused great trouble for Israel. The kings of the south were named Ptolemy after the first Ptolemy, who reigned after Alexander and harmed Israel. His son was named Ptolemy Philadelphus, who mandated the Septuagint. He loved the Jews and freed many of them from captivity. The angel says that the king of the south (who is one of the officers of Ptolemy) will gain strength and wrest the kingdom from him, i.e., Seleucus Nicator, who was originally a general of Ptolemy's army, will take over the throne from him and rule over the north, which covers a larger area than the kingdom of the south.—[Malbim]

6. **to make a compromise**—*a compromise of peace between him and her father.*—[Rashi]

will not retain, etc.—*The king of the north will capture her, those who brought her, and her father who*

וְהַיַּלְדָ֖הּ וּמַחֲזִקָ֣הּ בָּעִתִּ֑ים ז וְעָמַ֞ד מִנֵּ֤צֶר שָׁרָשֶׁ֙יהָ֙ כַּנּ֔וֹ וְיָבֹ֣א אֶל־הַחַ֗יִל וְיָבֹא֙ בְּמָע֣וֹז מֶ֣לֶךְ הַצָּפ֔וֹן וְעָשָׂ֥ה בָהֶ֖ם וְהֶחֱזִֽיק׃ ח וְגַ֣ם אֱלֹהֵיהֶ֡ם עִם־נְסִֽכֵיהֶם֩ עִם־כְּלֵ֨י חֶמְדָּתָ֜ם כֶּ֤סֶף וְזָהָב֙ בַּשְּׁבִ֣י יָבִ֣א מִצְרָ֔יִם וְהוּא֙ שָׁנִ֣ים יַעֲמֹ֖ד מִמֶּ֥לֶךְ הַצָּפֽוֹן׃ ט וּבָ֗א בְּמַלְכוּת֙ מֶ֣לֶךְ הַנֶּ֔גֶב וְשָׁ֖ב אֶל־אַדְמָתֽוֹ׃ י וּבָנָ֣ו יִתְגָּר֗וּ וְאָֽסְפוּ֙ הֲמוֹן֙ חֲיָלִ֣ים רַבִּ֔ים וּבָ֥א ב֖וֹא וְשָׁטַ֣ף וְעָבָ֑ר וְיָשֹׁ֥ב וְיִתְגָּר֖וּ עַד־מָעֻזֹּֽה׃

ובניו קרי ויתגרה קרי מעוז קרי

רש"י ‏ **רס"ג**

ותתנה . ביד מלך הצפון היא ומביאיה והיולדה הוא אביה : (ז) ועמד מנצר שרשיה . בן יושב על כנו בכסא המלוכה : ויבא אל החיל . אל מלך הצפון : במעוז מלך הצפון כלומ' בערי מעוזו במבצריו . ועשה בהם . והצליח בהם : והחזיק . ויכבוש אותם : (ח) נסיכיהם . שריהם : (ט) ובא במלכות מלך הנגב . דרך מלכות מלך הנגב שהוא אבי אביה ישוב אל אדמתו והיא מלך מצרים כמו שנאמר למעלה בשבי יביא מצרים : (י) ובניו . של מלך הצפון יתגרו : ובא בוא . כמו והולך הלוך . בנו של מלך הצפון יבוא בו שטף ועבר אל ארץ הנגב : וישוב ויתגרה . במלך הנגב :

והילדה . היא תערה המשרתת לפניה : ובחזיקה . הוא אביה : בעתים . בזמנים רבים בית הכלא : (ז) ועמד מנצר שרשיה כנו . ממשפחת בית אביה הוא אחיה בן אביה יקום : ויבא אל החיל . להלחם במלך הצפון לנקום נקמת אביו : כנו . כן וי"ו יתרה ופירושו חותר כמו וכנה אשר נטעה ימינך כלו' קרוב ושרש וענף . יבא במעוז מלך הצפון . בקרית מחוזותי בעיר מעוזו ובמבצר כלכותו : (ח) ונם אלהיהם . בית עבודתם : ונסכיהם . הם שריהם כבו חמשת נסיכי מדין הם השופטים שהם קרובי מלכות : עם כלי הכדתם . הכל יוליך בשביה למצרים : והוא שנים . רבות יעמוד וימלוך יותר ממלך הצפון : (ט) ובא במלכות מלך הנגב . שימלוך ויהיה גדול כמלך הנגב : ושב אל אדמתו . במצרים למליך הנה והנה : (י) ובניו . ראז בניו של מלך הצפון יתגרו עם אוסף המון חיילות : ושטף

מצודת ציון

לוז ולוז : (ז) מנצר . ענין ענף . כמו ונלר משרשיו יסרה (ישעי' יא) : כנו . מלשון כן ובסים : ותחזיק . ענין אמיזה כמו והמזיק כף האיש (דברים כה) : (ח) נסכיהם . שריהם . ש'ריהם כמו נסיכי סימון (יהושע יג) : (י) יתגרו . מלשון תגר ומריבה :

מצודת דוד

עמה קודם המלחמה אל מלך הלפון לעשות מישרים : והילדה . הוא אביה מלך הנגב : ובחזיקה בעתים . סם אלטנגניניס הממזיקים אותה בזמודעת סעולת העתים לפי מסלך הכוכבים : (ז) ועמד . ואח"ו יעמוד מן ענף הבא מברשיה על כנו של אביה כ"ל אחד מבני בת המלך הנגב ענף יסב על כסא המלכות של אביה : אל החיל . של מלך הלפון : במעזו . בערי מבצרו : ועשה בהם : כתפלו : (ח) ונם אלהיהם . ויאמזו בהם והיא,מלך הנגב החדש שנים רבות יעמוד במלוכה יותר מכה מלך הלפון : (ט) ובא וגו' . ר"ל ביבוא במשלח מלכות מלך הנגב אבי אמו להיות מלכותו גדולה כמו מסיה מלכות מלך הנגב אבי אמו : ושב אל אדמתו . כמו אדמתו אל ארץ הנגב : (י) ובניו . בני מלך הלפון יתגרו מלחמה עם מלך הנגב : ובא בוא . ויבוא ביאה ומוזל הוא על הסנון : ושטף

---

who supported her with his counsel in times of stress.

7. A scion of her roots will arise—*a son sitting on his position, on the throne of the kingdom.*—[Rashi]

and he will come to the army—*to the king of the north.*—[Rashi]

into the stronghold of the king of the north—*i.e., in the cities of his strength, in his fortresses.*—[Rashi]

and he will succeed in them—Heb. וְעָשָׂה בָהֶם, lit. *and he will succeed against them.*—[Rashi]

and take hold—*and he will conquer them.*—[Rashi]

8. their princes—Heb. נְסִיכֵיהֶם.—[Rashi]

and he who begot her and supported her in those times will be surrendered. 7. A scion of her roots will arise in his position, and he will come to the army, and he will come into the stronghold of the king of the north, and he will succeed in them and take hold. 8. And also their gods with their princes with their coveted vessels of silver and gold he will bring in captivity to Egypt, and he will remain for years, more than the king of the north. 9. And he will come into the kingdom of the king of the south and return to his land. 10. And his sons will agitate and gather a multitude of great armies, and he will come and inundate and pass, and he will return and agitate until his stronghold.

[*Rashi*] *Rav Saadia Gaon* renders—and her governess, and he who supported her in these times, meaning her father, who supported her in prison. *Ibn Ezra* and *Mezudath David* explain that her astrologers, those who supported her by telling her the significance of the times, were captured with her. *Malbim* explains that when the king of the north, Antiochus Theos, realized that there was a rebellion in his land, he decided to make peace with the king of the south, Ptolemy Philadephus. He joined him by taking Ptolemy Philadelphus's daughter Berenice as a wife on the condition that he divorce his first wife, Laodice [daughter of his uncle Acheus, a brother of Antiochus I], who had already borne him two sons, and that the son who would be born by Ptolemy Philadelphus's daughter would inherit the throne. In this manner they would solve their differences and make peace. But after Berenice bore Antiochus Theos a son, her father, Ptolemy Philadelphus, died. Antiochus Theos then took back his first wife, Laodice. Laodice, however, did not trust her husband, knowing that, according to the pact, Berenice's son would inherit the throne. She therefore poisoned him, killed Berenice, her son, and her entire entourage, and placed her son Seleucus Callinicus upon the throne. *Malbim* explains the verse as follows:

and she will not restrain the strength of the arm—The daughter of the king of the south will not be able to restrain the power of the man of force, the husband of Laodice. from forcefully coercing her to separate from him.

and he will not prevail—the king of the north will not prevail but will be murdered,

and she will be surrendered—the daughter of the king of the south will be surrendered to death.

and her governess and her supporter in the times—her adviser,

יא וְיִתְמַרְמַר מֶלֶךְ הַנֶּגֶב וְיָצָא וְנִלְחַם עִמּוֹ עִם־מֶלֶךְ
הַצָּפוֹן וְהֶעֱמִיד הָמוֹן רָב וְנִתַּן הֶהָמוֹן בְּיָדוֹ: יב וְנִשָּׂא
הֶהָמוֹן יָרוּם לְבָבוֹ וְהִפִּיל רִבֹּאוֹת וְלֹא יָעוֹז: יג וְשָׁב
מֶלֶךְ הַצָּפוֹן וְהֶעֱמִיד הָמוֹן רָב מִן־הָרִאשׁוֹן וּלְקֵץ
הָעִתִּים שָׁנִים יָבוֹא בוֹא בְּחַיִל גָּדוֹל וּבִרְכוּשׁ רָב:
יד וּבָעִתִּים הָהֵם רַבִּים יַעַמְדוּ עַל־מֶלֶךְ הַנֶּגֶב וּבְנֵי
פָּרִיצֵי עַמְּךָ יִנַּשְּׂאוּ לְהַעֲמִיד חָזוֹן וְנִכְשָׁלוּ: טו וְיָבֹא

ת"א וּבְנֵי פְרִיצֵי   וְרֻם קרי   כ"מ קס :
מֶלֶךְ

רש"י

עַד מָעוֹז . עִיר מִבְצָרָיו . (יא) וְיִתְמַרְמַר . וִילְחָם כַּעַס:
וְנִתַּן הֶהָמוֹן בְּיָדוֹ: (יב) וְנִשָּׂא הֶהָמוֹן . שֶׁל
מֶלֶךְ הַצָּפוֹן לְהִתְגָּאוֹת מְאֹד כִּי זִמֵּן בְּלִבּוֹ לְהִתְגַּבֵּר בְּמִלְחָמָה:
וְהִפִּיל רִבֹּאוֹת . רַבִּים בְּחֵיל מֶלֶךְ הַנֶּגֶב . וְלֹא יָעוֹז . וְכָל
זֹאת לֹא יִהְיֶה נִצָּחוֹן הַמִּלְחָמָה שֶׁלּוֹ : (יד) וּבְנֵי פְרִיצֵי עַמְּךָ
יִנַּשְּׂאוּ לְהַעֲמִיד חָזוֹן . רָאִיתִי בְּמַסֶּ ר' סַעֲדְיָה שֶׁזּוֹ פְּרִיצֵי
עַמְּךָ . בְּרַעְתָּם : יִנַּשְּׂאוּ : לְהַעֲמִיד חָזוֹן וְנִכְשָׁלוּ . בְּדַעְתִּי כָּךְ
הוּא שֶׁיַּעֲשׂוּ עַצְמָם נְבִיאֵי הַשֶּׁקֶר וְחוֹלְמֵי חֲלוֹמוֹת

אבן עזרא

שֶׁל מֶלֶךְ הַנֶּגֶב: (יא) וְיִתְמַרְמַר . מִגְּזֵרַת שִׂימִי לָךְ תַּמְרוּרִים:
וְנִלְחַם עִמּוֹ . פֵּרוּשׁ שֶׁהוּא עִם מֶלֶךְ הַצָּפוֹן כְּמוֹ וְתִרְאֵהוּ אֶת
הַיֶּלֶד. וְהוּא זוֹה לִי אָחִי . וְהֶעֱמִיד . מֶלֶךְ הַנֶּגֶב הֶהָמוֹן רָב : וְנִתַּן . הֶהָמוֹן מֶלֶךְ הַצָּפוֹן בְּיָדוֹ : (יב) וְנִשָּׂא . הֶהָמוֹן הַנֶּחְלָם :
וְהִפִּיל רִבֹּאוֹת . מֵהֲמוֹן מֶלֶךְ הַנֶּגֶב : וְלֹא יָעוֹז . מֶלֶךְ הַנֶּגֶב :
(יג) וּלְקֵץ הָעִתִּים . פֵּרִים שֶׁהֵם שָׁנִים יָבוֹאוּ
עוֹזְרִים רַבִּים לְמֶלֶךְ הַנֶּגֶב וּבַיָּמִים הָהֵם יָקוּמוּ פְרִיצִים מִיִּשְׂרָאֵל וְאֵלֶּה הָיוּ בִּימֵי שִׁמְעוֹן בֶּן שָׂטַח וְהוּא הָאֱמֶת : (טו) וְיָבֹא .
וְזֹרוֹעוֹת מֶלֶךְ הַנֶּגֶב לֹא יַעַמְדוּ הֵם הָעוֹזְרִים עִם מִבְחָרָיו :

מצודת דוד

(יא) וְיִתְמַרְמַר . מִלְּ' מְרִירוּת: (יב) וְנִשָּׂא . עַיִן לְקִיחָה : (יד) פָּרִיצֵי .
לְשֶׁטִים הַפּוֹרְצִים גֶּדֶר הָאֱמֶת וְהַצֶּדֶק :
יִתְאַכְזָר בְּמָרִירוּת רַב . וְנִלְחַם עִמּוֹ . וְחוֹזֵר וּמְפָרֵשׁ עִם מֶלֶךְ הַצָּפוֹן : וְהֶעֱמִיד . מֶלֶךְ הַנֶּגֶב עִמּוֹ . בְּיָדוֹ : בְּיַד מֶלֶךְ הַנֶּגֶב : (יב) וְנִשָּׂא הֶהָמוֹן .
מֶלֶךְ הַנֶּגֶב יִשָּׂא הֶהָמוֹן לְעַצְמוֹ וְיָבִיאֵם בַּשְּׁבִי . וּבָזֶה יָרוּם לְבָבוֹ : וְהִפִּיל . עִם שֶׁיַּפִּיל כַּמָּה רִבֹּאוֹת מֵהֲמוֹן שֶׁל מֶלֶךְ הַצָּפוֹן טֵלִ"ז לֹא
יֶחֱזַק הַנֶּגֶב לִמְשׁוֹל בּוֹ : (יג) בֶּן הָרִאשׁוֹן . יוֹתֵר מִן הָרִאשׁוֹן שֶׁנָּפַל בְּמִלְחָמָה . לְסוֹף זְמַן שָׁנִים מְרוּבִים : וּלְקֵץ הָעִתִּים שָׁנִים . יָבוֹא
בוֹא . יָבֹא בִּיאָה בְּחַיִל גָּדוֹל וּבַנְכָסִים מְרוּבִים מִכַּסָּף וְזָהָב : (יד) רַבִּים יַעַמְדוּ . מִלְּבַד מֶלֶךְ הַצָּפוֹן יַעַמְדוּ עוֹד רַבִּים עַל מֶלֶךְ הַנֶּגֶב:
וּבְנֵי פְרִיצֵי עַמְּךָ . ר"ל רִשְׁעֵי יִשְׂרָאֵל : יִנַּשְּׂאוּ . יָרוֹמְמוּ אֶ"ע לְהַעֲמִיד נְבוּאָה אֲבָל יִכָּשְׁלוּ כִּי יֻמְתוּ וִיחֻבְּדוּ בַּעֲבוּר זֶה וְהֵם הַשְּׁלוֹמִים אֲשֶׁר

רס"ג

תַּעֲבֹר . בְּעַיָּרוֹת שֶׁלּוֹ וְיָשׁוּב: כָּל אֶחָד וְאֶחָד כְּבִנְיָנוֹ : וְיִתְגָּרֶ' עַד
מָעוֹז . הוּא חֲעִיר שֶׁהֶחֱאָא מוֹלֵךְ : (יא) וְיִתְמַרְמַר. לְשׁוֹן כַּעַס וּמְרִירוּת
וְי"א לְשׁוֹן רִבְנוּת וּמְרוּת : וְהֶעֱמִיד . מֶלֶךְ הַצָּפוֹן : הֶהָמוֹן רָב
וְנִתַּן . וְיִמְסֹר וְיִרוֹם מֶלֶךְ הַנֶּגֶב בְּיָדוֹ : (יב) וְנִשָּׂא הֶהָמוֹן : שֶׁיִּתְנַשְּׂאָה
וְיִשְׁתַּבֵּחַ וְיִרוֹם לְבָבוֹ שֶׁל מֶלֶךְ הַנֶּגֶב : וְהִפִּיל רִבֹּאוֹת . מֵחֵיל מֶלֶךְ
הַצָּפוֹן : וְלֹא יָעוֹז . מֶלֶךְ הַצָּפוֹן לַעֲמוֹד לִפְנֵי מֶלֶךְ הַנֶּגֶב :
(יג) וְהֶעֱמִיד . מֶלֶךְ הַצָּפוֹן : הָמוֹן רָב . יוֹתֵר בֶּן הָרִאשׁוֹן : יָבֹא
בוֹא בְּחַיִל גָּדוֹל וּבִרְכוּשׁ רָב . מִבֵּיזַת מֶלֶךְ הַנֶּגֶב בֶּן הָאֲחָלִים
וּמִזָּהָב וּכֶסֶף רַסְנֵי סוּסֵיהֶם וּמֶרְכְּבוֹתָם: (יד) רַבִּים יַעַמְדוּ עַל
מֶלֶךְ הַנֶּגֶב . לְהִלָּחֵם בּוֹ : וּבְנֵי פְרִיצֵי עַמְּךָ . הַמּוֹרְדִים בֵּאלֹהֵי הַשָּׁבַיִם
הֵם שֶׁיַּחְלְמוּ לוֹ עֵצָה וּמַכְשִׁיאִים בַּעֲצָתָם : (טו) וְיָבֹא . עוֹד מֶלֶךְ הַצָּפוֹן

מנחת שי

קרי : (יב) יָרוּם . וְרֻם קרי : (יד) יִנַּשְּׂאוּ . בַּמִּקְלָם סְפָרִים הַגּוֹ"ן בְּקָמָץ

north will be unable to prevail against him. *Ibn Ezra* explains that the multitude of the weakened king of the north will fell myriads of the multitude of the king of the south, and the king of the south will not prevail against him. *Mezudath David* explains that the king of the south will carry away the multitude by

himself and bring the people into captivity. He will thereby become haughty, but although he will fell myriads of the king of the north, he will not prevail to rule over him. Returning to *Malbim*, we explain from verse 7 as follows:

[7] **A scion of her roots**—Then Berenice's brother, Ptolemy Euergetes,

11. And the king of the south will wage war, and he will go forth and wage war with him, with the king of the north, and he will raise a great multitude, and the multitude will be given into his hand. 12. And the multitude will be raised up, and its heart will be haughty, and he will fell myriads, but he will not prevail. 13. And the king of the north will return and raise a multitude greater than the first, and at the end of the times of years, he will come with a great army and with great possessions. 14. And in those times, many will rise up against the king of the south, and the sons of the renegades of your people will exalt themselves to bring about the vision but they will fail.

9. And he will come into the kingdom of the king of the south— *Through the kingdom of the king of the south, who was her father's father, he will return to his land, which is Egypt, as is stated above: "will bring in captivity to Egypt."*— [*Rashi*]

10. And his sons—[i.e. the sons] *of the king of the north will agitate.*—[*Rashi*]

and he will come—Heb. וּבָא בֹא, like וְהוֹלֵךְ הָלוֹךְ. *The son of the king of the north will come and pass to the land of the south.*—[*Rashi*]

and he will return and agitate— *against the king of the south.*— [*Rashi*]

until his stronghold—*his fortified city.*—[*Rashi*] the capital city.—[*Mezudath David*]

11. will wage war—*will fight against the people.*—[*Rashi*]

and he will raise a great multitude—i.e., the king of the north.—[*Rav Saadia Gaon,*

Mezudath David] *Ibn Ezra* explains that the king of the south will raise a great multitude.

and the multitude will be given into his hand—[i.e. the multitude] *of the king of the north* [will be given] *into his hand.*—[*Rashi, Ibn Ezra*] According to *Rav Saadia Gaon,* the multitude of the king of the south will be delivered into the hand of the king of the north.

12. And the multitude will be raised up—*that of the king of the north, to become very haughty, for they planned in their hearts to be victorious in the war.*—[*Rashi*]

and he will fell myriads—*many of the army of the king of the south.*—[*Rashi*]

but he will not prevail— *Nevertheless, the victory of the war will not be his.*—[*Rashi*] *Rav Saadia Gaon* explains that the king of the south will become haughty, and he will fell myriads of the army of the king of the north, and the king of the

מֶלֶךְ הַצָּפוֹן וַיִּשְׁפֹּךְ סוֹלְלָה וְלָכַד עִיר מִבְצָרוֹת
וּזְרֹעוֹת הַנֶּגֶב לֹא יַעֲמֹדוּ וְעַם מִבְחָרָיו וְאֵין כֹּחַ
לַעֲמֹד: טז וְיַעַשׂ הַבָּא אֵלָיו כִּרְצוֹנוֹ וְאֵין עוֹמֵד לְפָנָיו
וְיַעֲמֹד בְּאֶרֶץ הַצְּבִי וְכָלָה בְיָדוֹ: יז וְיָשֵׂם פָּנָיו לָבוֹא
בְּתֹקֶף כָּל מַלְכוּתוֹ וִישָׁרִים עִמּוֹ וְעָשָׂה וּבַת הַנָּשִׁים
יִתֶּן לוֹ לְהַשְׁחִיתָהּ וְלֹא תַעֲמֹד וְלֹא לוֹ תִהְיֶה:
יח וְיָשֵׂב פָּנָיו לְאִיִּים וְלָכַד רַבִּים וְהִשְׁבִּית קָצִין

ת"א מלכא דרומא . רֵישׁ יג נטין מ"ו :   וישם קרי   חרפתו

רש"י

ישראל וסייעתם: (טו) ועם מבחריו . יהיה במלחמה:
ואין כח לעמוד . מפני מלך הצפון ואצ"פ שים כאן
וי"ו יתירה דרך מקרא לדבר כן בלשון זה כמי הוריה ואין
שם מלוכה יקראהו (בספר ישעיה ל"ד) : (טז) ויעש .
המלך הצפון הבא אל מלך הנגב כרצוני : בארץ הצבי .
בארץ ישראל : וכלה בידו . וכלה את הארץ בחיכלוסיו:
(יז) וישם פניו . מלך הצפון לבוא בתוקף כל מלכותו של
מלך הנגב : וישרים עמו . וישראל עם מלך הנגב גם עליה'
ילחם מלך הצפון באותן הימים : ועשה . והצליח : ובת
הנשים יתן לו להשחיתה . זו כנסת ישראל היפה בנשים
יצוה מלך הצפון לשר לבאו להשחיתה ואומר אני שהוא
אנטיוכוס מלך יון בנזר גזירת על ישראל וגזה לפוליפוס שר
צבאו להרוג את כל הקורא שמו יהודי כמו שכתוב בספר
הגסים שיעמוד מתתיהו בן יוחנן וישרק טילי מעל ישראל:

אבן עזרא

(טז) ויעש . מלך לפון הבא אל מלך הנגב כרצוני: בארץ
הצבי . א"י ויסחית רבים מהם: (יז) וישם פניו לבוא
בתוקף . כל מלכות מלריס שהוא הנגב : וישרים עמו.
ויעשה עמו שלום: ובת הנשים . היא מלכת שבא יתן לו
מלך הנגב להשחיתה כי ברצותו והיא תסרח וזהו לא תעמוד ולא לו

מצודת דוד

כמו אז שלו שהוא התמשיה הסמיני ועליו נכאו הנביאים והומתו
בעבור זה : (טו) וישפוך סוללה . על מבצרי מלך הנגב : וזרעות
הנגב . אנשי זרועו ועוזריו ולא יעמדו במלחמה : ועם מבחריו .
ואף כי יהיו עמו במלחמה היה מבחורי גבורי עמו הצ"כ לא
יהיה הכח בהם לעמוד ולנתחזק במלחמה: (טז) הבא אליו . (טז)
ויעמוד במלחמה על א"י . וכלה בידו . ישמיתה בכמו והוא אנטיוכוס ישים
כומא את מלכות יון : (יז) וישם פניו . מלך הצפון והוא אנטיוכוס ישים
עמו . ומעט ישרים הם ישראל מקלא מהם יהיו בעוזרו ורצה לסתחבר
ובת הנשים . היא עדת ישראל היקראת היפה בנשים
יסמור את עדת ישראל להשמיתה : ולא תעמוד . אבל גזירת הרעה
לעבדי וכאשר יאמר לתעלב . (יח) וישם פניו . יהויך לגות לנחום

מנחת שי

וכב"ס בתפתח והש"י דגושה וכמסר עליו לית: (טו) ועם מבחריו .
לדעת הנאון רבינו סעדיס זאת המלה מבחריו כתיב מבלריו
קרי ובכל נתקשה בזה המניח בהקדמה מקרא גדולה: (יח) וישב פניו
לאיים . וישם קרי

מצודת ציון

(טו) סוללה . הוא תל העפר שעושים מול העיר לעלות עליו
ללחום על העיר : (יז) בתקף . בחוזק כמו מצש תקפו (אבחר ו') :
(יח)והשבית . וישבל . קצין,שר ומושל כמו קלין תהי' לנו (ישעי' ג') :

רד"ק

וישפוך סוללה : ועם מבחריו . כתיב אלו בחורי חפד מלחמה.
מבצריו קרי מבוצרים גבוהי קומה כמגדל מבצר : ואין כח .
לא יהיה לחם כח לעמוד : (טז) ויעש הבא אליו . אל מלך
הנגב ילחם בו : כרצוני . כתאותו : ואין עומד . לפני מלך
הצפון : ויעמוד בארץ הצבי . בארץ ישראל מקום רצון צביון
הבורא וגם הוא לשם יתיצב בכל מקום שירצה ויצבא: וכלה
(תהיה) בידו . שיכלה הכל : (יז) וישם פניו לבוא בתוקף כל
מלכותו . של מלך הנגב להלחם ולתפוש כל ערי מבצרי תקפו:
וישרים עמו . שתתיישר דרכו ומלחמתו מן הבורא ויעשה
כתאות רצונו ולא יכשל כי אם בדרך מישרים יצליח בכל:
ובת הנשים יתן לו . זה שכתבנו למעלה ובת מלך הנגב תבא
אל מלך הצפון לעשות מישרים ואותה הבת יתן לו מלך הנגב
להשחית עצתו ולבטל מלחמותיו : ולא תעמוד . הבת בשלמין
לחיות גבירה: ולא לו תהיה . לאשה אלא תברח ממנו:
(יח) וישם . עוד מלך הצפון פניו להלחם באיי חים . ואז ישבית
כספר יוסיפין: ולא תעמוד . עלתו וזאת: ולא לו תהיה . בת
(יח) והשבית קצין חרפתו לו . והשבית הקב"ה את
חרפתו

---

prepare for war. He then returned to battle with Egypt and succeeded in reaching the fortified city of Raphia.

[11] And the king of the south will be embittered—i.e. he reacted to the invasion with bitterness and went forth to battle with the king of the north.

and he will raise a great multitude—against the king of the north.

and the multitude—of the king of the north was given into his hand.

[12] And the multitude will be raised up etc.—i.e., the multitude of the king of the south became

And the king of the north will come and pour a mound and seize the fortified city, and the arms of the south will not stand up, and the people of his chosen ones will have no strength to stand. 16. And the one who comes to him will do as he wishes with no one rising up before him, and he will stand in the land of beauty, and he will destroy it with his hand. 17. And he will set his face to come upon the strength of his entire kingdom, and the upright will be with him, and he will succeed. Now the daughter of the women he will give him to destroy her, but it will not stand, and she will not be for him. 18. And he will set his face to the isles, and he will seize many, and the prince will terminate

a scion of her father's house, will succeed his father, Ptolemy Philadelphus.

will arise on his position—on his father's throne.

and he will come to the army—When Berenice realized that her life was in danger, she fled from her enemies, but they besieged her. Then the Syrians came to her aid, along with her brother and his army. Meanwhile, she had already been assassinated, whereupon all the peoples of the north came to the aid of the king of the south to avenge her blood. This is the meaning of:

and he will come to the army—to the army of the peoples of the north who had come to her aid, and he killed Laodice and her son.

and he will come into the stronghold—And he will also come into the stronghold of the king of the north, which he took from the hands of Seleucus Cervinus, the son of Antiochus Theos, viz. the entire land of Seleucia to the Tigris, and all the fortified cities to Babylon in the south.

[8] **and he will remain for years, from the king of the north**—He remained there for two years, unmolested by the king of the north.

[9] **And he will come**—Then the king of the north, Seleucus Callinicus, returned and restored the lands of Syria under his rule. He came with a huge navy to conquer the islands that were under the rule of the south, but a tempest broke his ships, and the king alone escaped and returned to his land in disgrace.

[10] **And his sons**—i.e., the sons of the king of the north.

will agitate, etc.—One of them died during the war, and the surviving son, Antiochus the Great, came to battle with Ptolemy Antipater. When Ptolemy saw that he was stronger than him, he made peace with him for four months, after which Antiochus realized that Ptolemy was insincere and was, in fact, plotting against him, seeking peace only to give him time to

חֶרְפָּתוֹ לוֹ בִּלְתִּי חֶרְפָּתוֹ יָשִׁיב לוֹ: יט וְיָשֵׁב פָּנָיו לְמָעוּזֵּי אַרְצוֹ וְנִכְשַׁל וְנָפַל וְלֹא יִמָּצֵא: כ וְעָמַד עַל־כַּנּוֹ מַעֲבִיר נוֹגֵשׂ הֶדֶר מַלְכוּת וּבְיָמִים אֲחָדִים יִשָּׁבֵר וְלֹא בְאַפַּיִם וְלֹא בְמִלְחָמָה: כא וְעָמַד עַל־כַּנּוֹ

רמ״ן — דגוש אחר שורק

משם קצין שחרף אותו בראשונה וישיב לו גמול חרפתו וישלום בו וינצח אותו . פ״א שבועים שבעים הם ד׳ שביטות נכרת ונחתך על עמך מלפני הקב״ה ועל ירושלים לבטן כלה הפושעים : ולהביא צדק עולמים . הוא שכתוב ישראל נושע בה׳ תשועת עולמים : ולחתום חזון . בדעתי הוא הכתוב על ידי זכריה וגם את הנביאים ואת רוח הטומאה אעביר מן הארץ : ולמשוח קדש קדשים . בדעתי הוא חבנין של בית האחרון אשר ראה יחזקאל כמו שכתוב לטוד את ירושלים כמה ארכה וכמה רחבה, לטוד למשוח . ואלה שבעים שבעים חן ת״ק שנה . ותבין כי מן מוצא דבר מלפני ח׳ על ידי להשיב חגלות מבבל ולבנות ירושלים חנה נשאר בדעתי אד אביא להם משיח זה כהן משותבשטן חקדש . ונגיד הוא פחה ושלשון זה עזרא שהיה כהן ופחה. שבועים שבעה הם מ״ם שנה מן השנה אשר בשרה ח׳ אשר יבנה את ירושלים ועד השנה אשר שבו מבבל לבנות׳ הם מ״ם שנים במספר ואחרי כן תבנה ירושלים . ושבועים ששים ושנים תל״ד שנים ת״ב יעמוד המקש׳ בבנינו וי״ד יעמוד אחרי כן ביתר . רחוב חוא שוק של ירושלים שהתא בנייח ומלאה פירות וכל טוב . וחרוץ כרות חמה חצרות יושבי ירושלים הכרותים בכליון חרוץ בטעבור אדם . ובצוק העתים מקום המציק והחרבן אלו חצרות בית המקדש וסקום הכהנים אשר בחצרות בית ח׳ משמרת כל חשנים וחזמנים לשבתות ולחדשים ולמוצדים וכל קרבנותיהם ואחרי חשבועים ס׳ וב׳ שהם ימי הבנין . יכרת משיח שיבטלו זבח ומנחח מכהן המשיח ואין לו שירית על המזבח נשאר שבוע אחד חם שבע שנים : והעיר . ירושלים ומקום חקדש ישחית ויחרב עם נגיד הבא הוא מלך רומי אשר ימלוך בירושלים . תקיצו של ישראל יעבור בשטף בטלחמת אויביהם . ועד קץ שביתת כל מלחמה תהיה ירושלים נחרצת שוממה כי בטלח הנבואה וחרב בית חמקדש כי עזבה׳ את ביתו; והגביר ברית לרבים.כלד רומי אחר חבית יכרות ברית עם עירות וכרכין רבים מישראל שבוע אחד ורבים יקח עמו לחיות לו ליועצים ולשרי צבא כנון יוסף בן גוריון הכהן וחביריו וכתום חצי חשבוע משבוע וחצי ונשאר חצי השבוע הם ב׳ שבועות י״ד שנה אז ישבית זבח ומנחה מישראל ועתה כי תגביר ברית שבוע אחד משנות ת״צ ובדעתי שהם שבועים שבעים שבועים וחצי השבוע ישבית זבח ומנחה אולי הוא מיום אשר שבת התמיד בראשונה ת״ל לצדקיחו ועד קרבת קץ תחלת חגלות הזה ופתרון חצי חשבוע יום לשנה וחם אלף ור״פ חסר שנה ושברים זה עבר מכמה שנים כי לטען נאמר בסוף הפסוק ועד כלה ונחרצה תתך על שומם כי אחרית תום חצי חשבוע ישבית זבח ומנחה כי לא יהיה בנוי בית אלהינו עד אשר תהיה כלה ונחרצה בכל אלילי הארק ובכל אלילי ירושלים ככתוב ועל כנף שקוצים משמם ועד כלה ונחרצה תתך על שומם להעביר מירושלם ומבית חשוכב עכו״ם ועובדיה כאבור והאלילים כליל יחלוף וכתוב כי כלה ונחרצה שמעתי וזה דומה למה שנאמר מוצד כיועדים וחצי וכללות נפץ יד עם קדש תכלינה כל אלה כי בכלות מוצד מועדים אין עוד ישועה עד כלות יד עם קדש וחסולח יסלח לי ברחמיו אולי שנין חוא וחצור יטהר ישועתנו במהרה בימינו אמן . ונחזור לעניו ראשון : (יט) למעוזי ארצו . להתקף ארצו : ולא ימצא . ולא יספיק להתאמק כמו שנאמר תמצא ידך לכל אויביך : (כ) על כנו . על מכון מלכותו : וביכים אחדים . מועטים יטים

מנחת שי

(יט) למעוזי . נכתב כוא״ו עם דגש אחריו :

רש״י

גדופו ואת חרפתו שהיה מחרף את הקב״ה ואת ישראל כמו שכתוב בספר יוסיפון והשיבה עליו שהכהו כשמין רע בעודו בדרך שהלך לצור על ירושלים והסריח בשרו ונשרו אכריו ואמר לעבדיו להשיבו לאנטוכיא ולא הספיק לבוא שם עד שמת בחוליים רעים : (יט) למעוזי ארצו . לשוב אל עיר מבצריו : (כ) ועמד על כנו מעביר נוגש . ויתחזק על כסאו כהר המודעי׳ מתתיהו בן יוחנ והמעביר נוגש יוו מעל ישראל והוא חדר מלכות ישראל כי שר וגבור יהיה הוא וכל זרעו אחריו בני החשמונים : ובימים אחדים ישבר . בימים מועטים תשבר מלכותם : ולא באפים . של אומה אחרת . ולא במלחמה . כי מהם ובהם אשר יקנאו ארסתובלוס והורקנוס על דבר המלוכה : (כא) ועמד על כנו נבזה.ויתחזק אז על מעמדה מלכו׳ ארסנא׳ בזוי אתה

אבן עזרא

ישיב גמולו כראשו שיעלה לו כמו חרפתו לא יותר: (יט) וישב. ישוב זה לארצו : (כ) ועמד על כנו . על מתכונתו מלך שיעביר נוגש לו ויהיה לו הוד מלכות וישבר ולא כהדר ולא ועמד

מצודת דוד

אמ״ז יטבית שר סטוגלם את חרפתו אשר חרף כלפי מעלה ויתן המלרפם עליו כאשר יאמר למטוח : בלתי חרפתו . לבד גמול טונש חמחרף ישיב לו וגמול טונש יחזר ספטיי יהיה שמול לו אחר הטיחם : (יט) וישב פניו . ואחר שילכוד מ״י הים יחזיר פניו ללכת אל מבצרי ארצו : ונכשל . יוכשל מהלכו כי הוכה כשמין רע ונסרח בשרו ונפלו ממנו אברים כמ״ש ביוסיפון : ולא ימצא . עוד לא ימצא בטולם כי מת ואיננו : (כ) ועמד על כנו , על מזקן וכסיפו

---

and the upright will be with him—*and Israel will be with the king of the south. Also with them will the king of the north battle in those days.*—[*Rashi*] **and he will succeed**—Heb. וְעָשָׂה, lit. *and he will do.*—[*Rashi*]	**and he will destroy it**—*He will destroy the land with his army.*—[*Rashi*] 17. **And he will set his face**—*i.e., the king of the north, to come into the strength of the entire kingdom of the king of the south.*—[*Rashi*]

his blasphemy to Him; besides his blasphemy He will recompense him. 19. And he will return his face to the strongholds of his land, and he will stumble and fall, and he will not be found. 20. And one who removes the oppressor will stand on his base, the glory of the kingdom, but in a few days it will be broken, but not with anger and not with war. 21. And a contemptible person will stand on his base,

haughty, thinking that it had defeated the army of the king of the north. The king of the south then returned to his pleasures, and although he had felled myriads of the army of the king of the north, he did not prevail over them, since the king of the north gained strength a second time, as will be explained further.

[13] **And the king of the north—** Antiochus the Great.

and raise a multitude greater than the first—He was victorious in many battles.

and at the end of the times etc.—After many years had passed, he came a second time to Syria and to Egypt, which were under the rule of Ptolemy, to battle with Ptolemy Epiphanes, the son of Ptolemy Philopater, who was still young and whose throne was in the hands of regents.—[*Malbim*]

14. **and the sons of the renegades of your people will exalt themselves to bring about the vision**—*I saw in the name of Rav Saadia Gaon that they were the renegades of Israel and their society.*—[*Rashi*] *Rashi's* intention is obscure. It is believed that much of this Rashi was deleted by censors. Perhaps *Rashi* interprets this verse as

referring to the early Christians, who pretended to prophesy that the Nazarene was the Messiah, who stumbled and were put to death.— [*Rambam, Iggereth Teman; Isaiah da Trani, Mezudath David*] *Malbim* explains that the Jews hated Ptolemy because his father had harmed them, and they said that according to the vision and the prophecy, the king of the north would defeat the king of the south. Therefore, they supported Antiochus and received him with great honor and aided him in his war. Ultimately, they stumbled, for many of them were killed.

15. **and the people of his chosen ones**—*will be in the war.*—[*Rashi*]

will have no strength to stand— *before the king of the north, and although there is a superfluous "vav" here, it is customary for Scripture to speak in this manner as in, for example: "As for its nobles, there are none (וְאֵין) who proclaim the kingdom," Isaiah (34:12).*— [*Rashi*]

16. **will do**—*The king of the north, who comes to the king of the south,* [will do] *as he wishes.*— [*Rashi*]

in the land of beauty—*in the land of Israel.*—[*Rashi*]

נִבְזֶה וְלֹא־נָתְנוּ עָלָיו הוֹד מַלְכוּת וּבָא בְשַׁלְוָה
וְהֶחֱזִיק מַלְכוּת בַּחֲלַקְלַקּוֹת: כב וּזְרֹעוֹת הַשֶּׁטֶף
יִשָּׁטְפוּ מִלְּפָנָיו וְיִשָּׁבֵרוּ וְגַם נְגִיד בְּרִית: כג וּמִן־
הִתְחַבְּרוּת אֵלָיו יַעֲשֶׂה מִרְמָה וְעָלָה וְעָצַם בִּמְעַט־
גּוֹי: כד בְּשַׁלְוָה וּבְמִשְׁמַנֵּי מְדִינָה יָבוֹא וְעָשָׂה אֲשֶׁר
לֹא־עָשׂוּ אֲבֹתָיו וַאֲבוֹת אֲבֹתָיו בִּזָּה וְשָׁלָל וּרְכוּשׁ
לָהֶם יִבְזוֹר וְעַל מִבְצָרִים יְחַשֵּׁב מַחְשְׁבֹתָיו וְעַד־

רש"י

מאד (עובדיה א') ויעמדו רומיים ויטלו מלכות מפכום"ז: (כב) וזרועות השטף. וגבורי מלכות שהיו מלפנים שוטפים וחזקים ישטפו מלפני רומיים וישברו: וגם נגיד ברית. גם מלך ישראל שיכרות עמם ברית גם הוא סופו שישטף מלפניו כי יעברו [רומיים] על הברית ויפשטו עליה' בהדי ישראל והדר אשתעבדו בהון: (כג) ומן התחברות אליו ישראל יעשה מרמה שלא יגלה מחשבה רעה: ועלה. ממקומו בחלום כעמון ומואב: במעט גוי. לא יצטרך לחיל כבד כי יעזור לחיל... ושלל ורכוש להם יבזור. יחלק לכל המקבלים עולם... כמו יסזור וכן בזר עמים (תהלים ס"ח): ועל מבצרים...

רס"ג

אחרים מתרגמינן וזיירין: (כא) בחלקלקות. בתגרות ולשון הרע ושפתי חלקות. (כג) ומן התחברות. מזמן שיתחבר עמו (כד) ובמשמני. ובעשירי מדינה כמו כל איש שמן מתרגמינן עתיר: יבזור. יבזבז ויפזר ויתן פרס לחיילותיו כפו בזר עמים ... כשאמרו רז"ל (פ"ז ח) עשרין ושית שנין קמו בהמנותייהו ... אליו יעשה מרמה. ומן השותפות שישתתף (רומי) עם ... ממקומו: ועצם. בכל מקומות שסביבות ארץ יהודה ... כי יעזור אותו מלך יהודה וכן כתוב בס' יוסיפון: (כד) בזה ... עליהם עד שיככשו את הכל במגופה ובחלקלקות: יבזור. עכום"ז יחשוב מחשבותיו להשיב [כהם] ראשי גייסותיו

אבן עזרא

חניות: וגם נגיד. אחד מבני הורדוס. (כג) ומן. ובעבור שיתחברו אליו רפים יקח שלמתם ויעלה כהם ויתפש ...

מצודת ציון

(כא) בחלקלקות. מל' חלק ר"ל מטפס ודברים רכים ומלקיס: (כד) יבזור. יפזר וכן בזר עמים (תהלים ס"ח) כי כום"ף מתחלף:

מצודת דוד

בו כזוי אתם מאוד (עובדיה א') כי אדום הוא כרך גדול כי בני אדום נתישבו בה ומשלו בתוכה כמ"ש למעלה: ולא נתנו עליו וגו'. לא נתנו מן השמים על כרך גדול הוד ושאר כמלוכה ר"ל לא ניתן בהם גבורה להתגבר בכח ידם כמלחמה כגבורים מעולם אב... ויחזיק המלכות בחלקלקות אמרים ודברי מנף כי פי"ז הכל השטף. אנשי הזרוע שהיו שוטפים העכו"ס ומשחיתים אותם והם ... וגם נגיד סבלית יסי' נשטף מלפני רומא והוא מלך ישראל אשר כרת מן ספת אשר התחבר אל מלך ישראל בכריתת ברית סיס פוס... אשר סביבות ירושלים ונתחזק עליהם במעט עכו"ס אשר הביא ... כמ"ש ביוסיפון: (כד) בשלוה. במרמה דא. בדברי שלוה ונרגל במ... ממנו על כי בא בדברי שלוה: ועשה וגו'. וסם עשה מעשים אשר לא עשו אבותיו וגו' וחוזר ומפרש מה הם המעשים ואמר בזה ושלל וגו' ר"ל שהיה מבזבז בז ומפזר ממון רב אשר לא כזנו אדם מעולם כי כדי לרמות בזה ליתן כסף וזהב נחבז לו למאומה: ועל מבצרים יחשב. אבל בזאת ימשב

---

themselves and with themselves, that Hyrcanus and Aristobulus will be jealous over the throne.—[Rashi]

21. And a contemptible person will stand on his base—*Then the kingdom of Rome will strengthen itself on its stand, as it says* (Obad. 1:2): *"you are very despised,"* and the Romans will rise and take the kingdom from the Greeks.—[Rashi]

[Note that, as in previous instances, the Lublin edition is erroneous. *Aram* appears instead of *Rome*, a common occurrence in censored editions, and *heathens* appears instead of *Greeks*, for some unknown reason.]

22. And the arms of inundation—*And the mighty of the kingdom, who previously were inundating and powerful, will be*

and they did not place the glory of the kingdom upon him, and he will come in peace and seize the kingdom with flattery. 22. And the arms of inundation will be inundated from before him and be broken, and also the king with whom they made a covenant. 23. And from the alliance with him he will work deceitfully, and he will go up and overpower with few people. 24. With peace and in the fat places of the country he will come, and he will do what his fathers and his fathers' fathers did not do: plunder and spoils and belongings he will distribute to them, and about the fortresses he will devise his plans until

Now the daughter of the women he will give him to destroy her— *This is the nation of Israel, [referred to in Song of Songs 1:8 as] "the fairest of women." The king of the north will command the general of his army to destroy her. I say that he is Antiochus, the king of Greece, who issued decrees upon Israel, and he commanded his general, Phillip, to kill whoever identified himself as a Jew, as is written in the book of Josiphon (ch. 18).—[Rashi]*

but it will not stand—*this counsel of his.—[Rashi]*

and she will not be for him—*the daughter of the women, for Mattathias the son of Johanan will rise and break off his [Antiochus's] yoke from Israel.—[Rashi]*

18. and the Prince will terminate his blasphemy to Him—*His reproach and his blasphemy, with which he blasphemed the Holy One, blessed be He and Israel, as is written in the book of Josiphon (ch. 20), and He punished him, for He smote him with evil boils while he* was in transit, for he went to besiege Jerusalem, and his flesh became putrid, and his limbs fell off, and he ordered his slaves to bring him back to Antioch, but he did not manage to get there until he died of evil illnesses.—[Rashi]

19. to the strongholds of his land—*to return to his fortified city.—[Rashi]*

20. And one who removes the oppressor will stand on his base—*and Mattathias the son of Johanan, who removed the oppressor from Israel, and who is the glory of the kingdom of Israel, will strengthen himself on his base on Mt. Modin, for he will be a prince and a mighty man, he and all his descendants after him, viz. the Hasmoneans.—[Rashi]*

in a few days it will be broken—*In a few days, their kingdom will be broken.—[Rashi]* [i.e., in a comparatively short time; over two hundred years.]

but not with anger—*of another nation.—[Rashi]*

and not with war—*but from*

עֵת : כה וְיָעֵר כֹּחוֹ וּלְבָבוֹ עַל־מֶלֶךְ הַנֶּגֶב בְּחַיִל גָּדוֹל וּמֶלֶךְ הַנֶּגֶב יִתְגָּרֶה לַמִּלְחָמָה בְּחַיִל־גָּדוֹל וְעָצוּם עַד־מְאֹד וְלֹא יַעֲמֹד כִּי־יַחְשְׁבוּ עָלָיו מַחֲשָׁבוֹת : כו וְאֹכְלֵי פַת־בָּגוֹ יִשְׁבְּרוּהוּ וְחֵילוֹ יִשְׁטוֹף וְנָפְלוּ חֲלָלִים רַבִּים : כז וּשְׁנֵיהֶם הַמְּלָכִים לְבָבָם לְמֵרָע וְעַל־שֻׁלְחָן אֶחָד כָּזָב יְדַבֵּרוּ וְלֹא תִצְלָח כִּי־עוֹד קֵץ לַמּוֹעֵד : כח וְיָשֹׁב אַרְצוֹ בִּרְכוּשׁ גָּדוֹל וּלְבָבוֹ עַל־בְּרִית קֹדֶשׁ

רש"י

עד עת שיהיה הכל כבוש תחתיהם : (כה) ולא יעמוד . מלך הנגב : כי יחשבו עליו מחשבות . יתנכלו עליו להפילו על ידי שוחד שישחידו את שריו לבגוד בו כמו שהוא מסיים ואומר ואוכלי פת בגו ישברוהו : (כו) פת בגו . מאכלו נוטל פרם מסלחנו : (כז) ושניהם המלכים . שר כדי סיעזור גס הוא על מרסתובלום אחיו המולך שלחן אחד . על מלכות מרסהובלוס יתלחשו כוזבים : לא תצלח . החורבן למלאות שבועים ששים ושני' האמורים בספר זה (לעיל ט') . ואותו המועד בימי אגריפם בן אגריפם מזרע הורדיס : (כח) וישוב . מלך הרומי

רס"ג

(כה) ויעֵר כחו . כמו ולא יעיר כל חמתו לשון תוקף : (כו) ואכלי פת בגו . על שלחנו הם ישברוהו כי לא יעזרוהו : (כז) ושניהם המלכים לבבם למרע . על ישראל שהם מלך הצפון ומלך הנגב : (כח) על ברית קדש . מלך הצפון הוא יחשוב לגזור גזרות לבטל דת ברית קדש ועשה ושב לארצו :

קמץ בו"ק

רומיס וננגיד הברית האמור למעלה הוא הורקנום סיתחבר לעורתו כדי בירושליס : לבבם למרע . על בני עמך להרע ליהודה : ועל שלחן אחד . על מלכות מרסהובלוס יתלחשו כוזבים : ולא תצלח . שיתמסרו ישראל להשמתה באותן הימים : כי עוד קץ למועד . ואותו המועד בימי אגריפם בן

מנחת שי

(כה) כי יחשבו . בשני שואים וסס שניס כמסולת וחברו יחשב כו רעה לי (תהלים מ"א) : (כו) פת בגו . במדוייקים סלחין מלין :

אבן עזרא

מדינה ויהשב מחשבת ולא תהיה עתה על כן אמר ועד עת אחרת תקומנה : (כה) ויעֵר . יעיר כמו יקיס יקס סערה לדמה : ולא יעמד . מלך הנגב לפני מלך לפון : כי יחשבו עליו . יועליו וסגניו מחשבות : (כו) ואוכלי פת בגו . וחילו ישטוף . מלך הלפון והנה הוא השטוף ואחר כך ישלימו מלך הנגב ומלך הלפון : (כז) ושניהם . לבבם למרע . לעשות רע לארץ ישראל וטעם כוב שלא תקום עלהם ולא תללח כי עוד נשאר קץ למועד שילכו שילכי ישראל בגולה וישוב מלך לפון לארלו : (כה) ולבבו על ברית קדש . להפר הוא הברית

מצודת ציון

(כו) פת בגו . מאכלו : מל' יסוד וקביעת זמן :

מצודת דוד

בא : ועד עת . מחשבתו בשמורה הגלי עד בא העת אשר יהיה לחל למען יבגדו במלכס ולא ילחמו בגבורה : (כו) ואוכלי פת בגו . הם סריו אוכלי שלחן המלך הם ישברו אותו כי ילחמו במרמה להי' נמסרים ביד מלך הלסון : וחילו ישטוף . החיל של מלך הלסון ישטוף ונפלו מהם חללים רבים : (כז) ושניהם המלכים . מלך הלסון ומלך הנגב . לבבם למרע . יהיה לבבם לעשות רעה לישראל : ועל שלחן אחד . בהיותם מסובים לאכול ידברו כזב כלומר יומר ידברו . ולא תצלח : כי עוד קן למועד . כי יש עוד זמן על קן המיועד להם כי עדיין לא נתמלאה הסאה ולא בא קלס להיות נאבדים : (כח) וישוב . מלך הלסין

---

nations he will devise his plans—to station [in them] the heads of his troops until the time that all will be conquered under them.—[Rashi]

25. and he will not stand—*the king of the south.—[Rashi, Ibn Ezra]*

because they will devise plans against him—*They will plot against him to fell him through the bribery that they will bribe his officers to*

betray him, as he concludes: "and those who eat his food will break him."—[Rashi]

26. his food—Heb. פַּת־בָּגוֹ, *his food; one who takes an allotment from his table.—[Rashi] See 1:5.*

27. As for the two kings—*the officer of the Romans and the king with whom they made a covenant, which is mentioned above. That is* the time. 25. And he will arouse his strength and his heart upon the king of the south with a great army, and the king of the south will stir up war with a great and exceedingly strong army, and he will not stand because they will devise plans against him. 26. And those who eat his food will break him, and his army will inundate, and many will fall. 27. As for the two kings—their hearts are to do evil, and on one table they will speak lies, but it will not succeed, for there is still an end to the appointed time. 28. And he will return to his land with great possessions, and his heart is on the covenant with the holy ones,

inundated before the Romans and will be broken.—[*Rashi*]

and also the king with whom they made a covenant—*Also the king of Israel, who will form a treaty with them, will ultimately be inundated from before him, for [the Romans] will violate the treaty and betray them, as our Sages of blessed memory said: "Twenty-six years they kept their trust with Israel, but later they subjugated them."*—[*Rashi* from *Avodah Zarah* 8b] [This translation follows the Lublin and Vilna editions, which read: וַיִּמָּשְׁעוּ עֲלֵיהֶם, *they will betray them.* The Malbim edition reads: וַיִּשְׁטְפוּ עֲלֵיהֶם, *and they will inundate them.* The Warsaw edition reads: וַיִּמָּשְׁטוּ עֲלֵיהֶם, *and they will raid them.*]

23. And from the alliance with him he will work deceitfully—*And from the alliance that Rome will make with Israel, he will work deceitfully, for he will not reveal his evil plan.*—[*Rashi*]

and he will go up—*from his place.*—[*Rashi*]

and overpower—*in all places around the land of Judea: in Edom, in Ammon, and in Moab.*—[*Rashi*]

with few people—*He will not require a massive army, for the king of Judea will aid him, and so it is written in the book of Josiphon (ch. 23).*—[*Rashi*]

24. With peace—deceitfully. He will come with words of peace and enter the fat places of the land, viz. where silver and gold are found, in order to spy them out, and they will not beware of him because he will come with peace.—[*Mezudath David*]

and he will do what his fathers and his fathers' fathers did not do—as is explained further.—[*Mezudath David*]

plunder and spoils and belongings he will distribute to them—*He will distribute to those who accept their yoke upon themselves until they conquer all with flattery and smooth speech.*—[*Rashi*]

will distribute—Heb. יְבְזוֹר, *like* יְפַזֵּר, *and so* (Ps. 68:31): *"he scatters* (בִּזַּר) *peoples."*—[*Rashi*]

and about the fortresses—*of the

וְעָשָׂה וְשָׁב לְאַרְצוֹ: כט לַמּוֹעֵד יָשׁוּב וּבָא בַנֶּגֶב וְלֹא־
תִהְיֶה כָרִאשֹׁנָה וְכָאַחֲרוֹנָה: ל וּבָאוּ בוֹ צִיִּים כִּתִּים
וְנִכְאָה וְשָׁב וְזָעַם עַל־בְּרִית־קֹדֶשׁ וְעָשָׂה וְשָׁב וְיָבֵן
עַל־עֹזְבֵי בְּרִית קֹדֶשׁ: לא וּזְרֹעִים מִמֶּנּוּ יַעֲמֹדוּ

רש״י

לארצו מעל מלך הנגב ברכוש גדול: ולבבו על ברית
קודש. להפר בריתו מעל ישראל: ועשה. כלו' והצליח.
שב לארצו: (כט) למועד. לאחר זמן. ולא תהא הביאה
הזאת מצלחת כראשונה האמורה למעלה. ועמד מנצר
שרשיה וגו'. שהצליח מלך הצפון על מלך הנגב ובאחרונה
בו. להלחם טו: ציים. סיעות: כתים. רומיס. גדודים
וזעם על ברית קדש. ושב לארצו והפר ברית שכרת עם
ישראל: ושב ויבן על עוזבי ברית קודש. יתן לב
ויתבונן שעזבו ישראל ברית (ודת) קודם. ותרב שנאת הכס
נקי ועל זאת יבטח וידע שיצליח ויפר את בריתו מעמם

אבן עזרא

שהיתה בין מלכי פרס ובין יהודה בן חשמונאי ואחר שטט' חפלו
ושב לארצו למועד שנה לאחרת ישוב: (כט) ובא בנגב. היא
ראשונה עשה כל חפלו וככה בביאה אחרונה שהיא השלישית
האמצעית יהיה כחלם וכן כתוב ובאו בו ובאו עמים: (ל) ציים. הס האניות. וכתים. הס אנשי ארס: ונבאה. זה מלך
צפון: ושב. לארצו בבושת פנים: וזעם על ברית קודש. היא מצרים. ועשה. הוא מגריפם: וזרעים על ברית קודש: ויבן על
עוזבי ברית קודש. הס אנשי ירושלים שקשרו על המלך והרגו אנשיו וחללו המקדש המעוח שהיה לישראל כמו גאון עוזכם
ובאה וזאת המלה על דרך האריזן הברית שהבריתו האריזן ארון הברית וככה הספר המקנה היין החכמה. עתה ספר מרבן בית
שני. ויש לתמוה מחכמי לדוקים שפירשו זה לעתיד ואמרו כי המקדש הוא מיכ״א שיהוגו עליה היסמעאלים והסירו התמיד
החמס תפלות ונתנו השיקון עכו״ס ואילו התועים איך יתכן שיקרא מקדם רק ירושלים לבדה וככה שמה בלשון ישמעאל בית
ואיך הוא מיכ״א קדם והלא פקחו אלה הטורים את עיניהם וראו כי יש במיכ״א שיקון עד היום והלא מרקולים שאליו
יחוגו כל ישמעאל ממזרח וממערב לזרוק אבנים שם ואלה המפ' חללו המקדש. והג' ז״ל אמר כי ועשה כרצונו המלך
זהו הקדרי ראש מלכות ישמעאל וזה לא יתכן כי כתוב וכל חמדת נשים לא יבין וזה היה אוהב נשים ופירש נשיס
מדינות וזה קרוב אל דרש ואיננו פשט ועוד מה יעשה בכתוב לאלה אשר לא ידעוהו אבותיו ועוד אם היה אלה
עכו״ס אין תשובה ממרקולים כי זה ידעוהו אבותיו ולא סרו אנשי מיכ״א למשמעתו עד שנשבע להם שלא יסור עבודת
מרקולים ואין צורך להאריך ובן היוצר חבר ספר במועד הקץ וגם נפלתי דבריו ככלי יוצר טרס בא מועדו כי הוא מקוה

מנחת שי

(ל) ברית קדש. ליח מלא:

מצודת דוד

ישוב לארצו ברכוש גדול אשר שלל ממלך הנגב: ולבבו. מחשבתו
לבבו יסי' על כריתת סברית אשר כרת עם ישראל מס קדם ר״ל
בלבבו יחשוב להפר סבריח. ועשה. כאשר חשב כן יעשה ויפר
סברית ולצלמס בה וחמ״ז ימזור לארצו: (כט) למועד.לזמן הזה בשנה
מתיר דכו מלצמה כמו שהיתה כראשונה ר״ל בשנה שלפניה שנאמר
סאחרונה אשר שב תהיה לאחר זמן המלצמה האמורה למטה. ר״ל
(ל) ובאו בו. בארץ סנגב יבאו אנשי רומא באניות גדולות
עס ישמעאל עם קדם ויהיה מפלו בהפרת הברית: ועשה. ר״ל
ישראל אם בית הקדם סוף סתורס הקדושה הנכונ' בדברי וטי״ז

מצודת ציון

(ל) ציים. אניות כמו ולי אדיר (ישעי' לג): כתים. הס רומים ק
מרגום אונקלוס כתורס: ונכאה. וישבר כמו ונכאה לבב (תהלים
לן): ורעים. הס אנשי רומא שהם כאנשים גדולים באניות כאלו

David, however, renders: and he will
gather an army.

**and he will return and
contemplate those who abandoned
the holy covenant**—*He will put his
mind to it and contemplate that
Israel has abandoned the holy*
covenant (and law), and unwarrant-
ed hatred and controversy will
increase in the Second Temple [era],
as is written in the book of Josiphon
(ch. 45), and they will shed innocent
blood, and he will rely on this
and know that he will succeed,

and he will succeed and return to his land. 29. After a time he will return and come into the south, but it will not be like the first nor like the last time. 30. And companies will come upon him from the Kittites, and he will be crushed, and he will return and be wroth with the holy covenant, and he will succeed, and he will return and contemplate those who abandoned the holy covenant. 31. And arms from him will stand,

Hyrcanus, who will form an alliance to aid him so that he, too, will aid him against Aristobulus his brother, ruling in Jerusalem.—[Rashi]

their hearts are to do evil—*to the people of your nation, to harm Judea.*—[Rashi, Ibn Ezra]

and on one table—*They will whisper lies about the kingdom of Aristobulus.*—[Rashi]

but it will not succeed—*for Israel will not be surrendered to destruction in those days.*—[Rashi] *Mezudath David* explains that the two kings, the king of the north and the king of the south, will sit at one table and speak evil about Israel, viz. that they wish to destroy it, and the angel called them 'lies' because their plans were not destined to succeed.

for there is still an end to the appointed time—*of the destruction, at the end of sixty-two weeks [of years], stated in this Book (9:25), and that appointed time is in the days of Agrippa, the son of Agrippa of the seed of Herod.*—[Rashi]

28. And he will return—*The Roman king* [will return] *to his land from* [fighting] *with the king of the south with many possessions.*—[Rashi]

and his heart is on the covenant with the holy ones—*to abrogate his treaty with Israel.*—[Rashi]

and he will succeed—Heb. וְעָשָׂה, lit. and he will do, *i.e., and he will succeed and return to his land.*—[Rashi]

29. **After a time**—Heb. לַמּוֹעֵד, *after a time, but this coming will not be as successful as the first one mentioned above (verse 7): "A scion of her roots will arise etc.," in which the king of the north succeeded over the king of the south, or like the last, meaning this second time, about which we said: "and he will return to his land" with many possessions.*—[Rashi]

30. **will come upon him**—*to battle with him.*—[Rashi]

companies—Heb. צִיִּים.—[Rashi]

Kittites—*Romans, troops from the kingdom of Rome who will rebel against him.*—[Rashi]

and he will be crushed—*He will be slightly broken.*—[Rashi]

and he will return and be wroth with the holy covenant—*And he will return to his land and abrogate the treaty he had made with Israel.*—[Rashi]

and he will succeed—Heb. וְעָשָׂה. We have translated this as in verse 28, following *Rashi. Mezudath*

וְחִלְּלוּ הַמִּקְדָּשׁ הַמָּעוֹז וְהֵסִירוּ הַתָּמִיד וְנָתְנוּ הַשִּׁקּוּץ מְשֹׁמֵם: לב וּמַרְשִׁיעֵי בְרִית יַחֲנִיף בַּחֲלַקּוֹת וְעַם יֹדְעֵי אֱלֹהָיו יַחֲזִקוּ וְעָשׂוּ: לג וּמַשְׂכִּילֵי עָם יָבִינוּ לָרַבִּים וְנִכְשְׁלוּ בְּחֶרֶב וּבְלֶהָבָה בַּשְּׁבִי וּבְבִזָּה יָמִים: לד וּבְהִכָּשְׁלָם יֵעָזְרוּ עֵזֶר מְעָט וְנִלְווּ עֲלֵיהֶם רַבִּים בַּחֲלַקְלַקּוֹת: לה וּמִן הַמַּשְׂכִּלִים יִכָּשְׁלוּ לִצְרוֹף בָּהֶם

רֶם"ג   נ'א ימים רבים

רש"י

המקדש המעוז: וגבוריו לירושלים: וחללו. מעון בית המקדם: (לב) ומרשיעי ברית יחניף. פריצי ישראל שיתחברו עמו וירשיעו בריתם עם חבריהם יחניף במלקלקות: ועם יודעי אלהיו. וכשירי ישראל יאחזו בה ולא יעזבוה: ועשו. את תורתם: (לג) ומשכילי עם. חכמים שבהם כגון של בית רבי וחכמי הדורות: יבינו לרבים. ידרשו לעם הארץ את התורה ויחמצו ידיהם להחזיק בה: ונכשלו. בגלותם בחרב ובלהבה וגו': (לד) יעזרו עזר מעט. ע"י שחדים וממון שיעבדו את אויביהם יסייע אותם בהם: (לה)יכשלו לצרוף בהם. יכשלו במשבון הקילים שיתנו לב לצרפן

אבן עזרא

מועד עבר וכלל אומר דבריו כדברי קץ גם דברי רבי שלמה בן גבירול ז"ל רלה לקשור הקץ במחברת הגדולה על שני הכוכבי' העליוני' גם דברי רבי חבריהם הנשיא בספר קלים ודברי היוסר ודברי רבי יצחק בן לב וכל החושבים המלות או האותיות במשבון גימטריא הכל הבל ורעות רוח כי דניאל לא ידע הקץ ואף כי הבאים אחריו רק רמז המלאך דבר כאשר חפרש רק לא פירש מתי יהיה. ועתה אשוב לפרש: (לג) ומרשיעי ברית. ידבר על סיטום שעזבו רבים מישראל בריתם. וטעם במלקלקות כמו דברו לנו חלקות על כן אחריו ועם יודעי אלהיו הוא השם הנכבד יחזיקו לבם ועשו. כאשר לום בתורתו: (לג) ומשכילי עם. זה דור אנשי המשנה ז"ל וטעם ונכשלו גזירות שעברו עליהם: (לד) ובהכשלם. הטעם שהם לא יניחם למחות שמם: ונלוו עליהם. (לה) ומן. בכל דור ודור

מנחת שי

(לג) ובכזה ימים. במקלת דפוסים חדטים וגם מתישנים ימים רבים ואין כן בספרים כ"י הסמדוייקים: (לה) וללבן י"ם שכתוב וללבן ושבוס הוא וכן כתב רד"ק שהוא פועל יולא מהספעיל:

מצודת דוד

(לט):ועשת. ענין אסיפה וקבון כמו ויעם מיל (ש"א ל"ד): (לד) ונלוה. ענין התחברות כמו הספעם ילוס (בראשית כט):(לה) לצרוף. ענין הברזת הסיג מן האמת והוא מושאל מל' ללוף כסף להסיר סגיג. וללבן. ענינו סנעדה הדבר על בוריו ומאמתו כטסלילום הלובן: עוד. הוא ענין רצוי כמו ויבך על לומריו עוד

מצודת ציון

אנשי מלחמה בטלי זכות מבני רומא אשר הוא המעוז והחזקת של ישראל כ"ל ישרפו המקדש באם: והסירו התמיד. יבטלו הקרבת התמידין פ"י מולכן סביב: ונתנו השיקוץ משומם. במקום מקדש יעמידו סטכו"ם סמאונן הנקאלם ומטמק כאבן דומם: (לג) ומרשיעי ברית. מי מישראל אשר ירשיע לעזוב ברית ה' אותו יחניף במלקלקות אמרים: ועם ידעי אלהיו. (לג) ומשכילי עם. חכמים שבהם. יבינו לרבים: ונכשלו. נפול בחרב ובלהבות אם וגו': (לד) ובהכשלם. משך זמן ימים רבים. ובעת הכשלם יהיו נעזרים מה' עזר מעט ולא יהיו כלים ביד האויב: ונלוו. אבל רבים מישראל ילאו מן הדת להתחבר עליהם בטבור מלקלקות אמריהם: (לה) ומן המשכילים אמריהם: אבל טכ"ז כללות העם היודעים את ה' יחזיקו בדרכי סבריית ויעשו אותם ולא יסנו אל מול הסחנופה ומלקלקות האמרים: (לג) ומשכילי עם. חכמים שבהם. המשכילים ההם יוכשלו

[*Malbim*] *Mezudath David* explains that he will flatter the wicked, who abandon the covenant of God, with glib words, but most of the people who know God will adhere to the words of the covenant and disregard his flattery.

33. And the wise of the people— *the wise among them, such as the household of Rabbi* [Judah Hanasi] and the sages of the generations.— [*Rashi*]

will allow the public to understand—*They will preach the Torah to the common people and encourage them to adhere to it.—* [*Rashi*]

will stumble—*in their exile by the sword and by flames, etc.—* [*Rashi*] It is known that many were

and they will profane the Sanctuary, the stronghold, and they will remove the daily sacrifice, and place a silent abomination. 32. And those who deal wickedly against the covenant he will flatter with smooth speech, but the people that knows its God will adhere and perform. 33. And the wise of the people will allow the public to understand, and they will stumble by the sword and with flames, with captivity, and with plunder for days. 34. And when they stumble, they will be helped with a little help, but many will join them because of smooth speech. 35. And some of the wise will stumble to clarify some of them

and he will abrogate his treaty with them and provoke them.—[*Rashi*]

31. And arms from him will stand—*He will send his officers and his mighty men to Jerusalem.*—[*Rashi*]

and they will profane—*the dwelling* (מָעוֹן) *of the Temple.*—[*Rashi*] [This should probably read מָעוֹז, *the stronghold of the Temple.*]

the Sanctuary, the stronghold—The soldiers of the Romans will gain strength and profane the Sanctuary, which is the stronghold and strength of Israel; i.e., they will burn it.—[*Mezudath David*] *Malbim* explains that the Temple that was built by Herod was much larger and stronger than the one that was built in the time of Cyrus. It was used by the people as a fortress in which to protect themselves from the Romans. Therefore, the Romans were intent on destroying it.

and they will remove the daily sacrifice—They will abolish the offering of the daily sacrifices by destroying the Temple.—[*Mezudath David*] This was also predicted above (8:12): "And a time will be given for the daily sacrifice because of transgression."—[*Malbim*]

and place a silent abomination—On the Temple site they will erect an abominable idol, which is silent and mute as a stone.—[*Mezudath David*]

32. And those who deal wickedly against the covenant—*The renegades of Israel, who will join him and deal wickedly against their covenant with their fellows, he will flatter with smooth speech.*—[*Rashi*] This refers to Titus, who enticed many Jews to break their covenant and join the Romans.—[*Ibn Ezra*]

but the people that knows its God—*but the devout of Israel, who will adhere to the fear of their God will grasp it and not abandon it.*—[*Rashi*] *Ibn Ezra* explains that they will strengthen their hearts.

and perform—*their Torah.*—[*Rashi*] as He commanded them in His Torah.—[*Ibn Ezra*] An example of these people is Rabban Johanan ben Zakkai and his colleagues.—

וּלְבָרֵר וְלַלְבֵּן עַד־עֵת קֵץ כִּי־עוֹד לַמּוֹעֵד: לז וְעָשָׂה כִרְצוֹנוֹ הַמֶּלֶךְ וְיִתְרוֹמֵם וְיִתְגַּדֵּל עַל־כָּל־אֵל וְעַל אֵל אֵלִים יְדַבֵּר נִפְלָאוֹת וְהִצְלִיחַ עַד־כָּלָה זַעַם כִּי־נֶחֱרָצָה נֶעֱשָׂתָה: לז וְעַל־אֱלֹהֵי אֲבֹתָיו לֹא יָבִין וְעַל־חֶמְדַּת נָשִׁים וְעַל־כָּל־אֱלוֹהַּ לֹא יָבִין כִּי עַל־כֹּל יִתְגַּדָּל: לח וְלֶאֱלֹהַּ מָעֻזִּים עַל־כַּנּוֹ יְכַבֵּד וְלֶאֱלוֹהַּ אֲשֶׁר לֹא־יְדָעֻהוּ אֲבֹתָיו יְכַבֵּד בְּזָהָב וּבְכֶסֶף וּבְאֶבֶן יְקָרָה וּבַחֲמֻדוֹת: לט וְעָשָׂה לְמִבְצְרֵי מָעֻזִּים עִם־

ולללבנם לדעת אותם ויטעו בהם: (לז) ועשה כרצונו המלך. מלכות עכומ"ז. והצליח עד כלה זעם. עד שוב אף הקב"ה מישראל: כי נחרצה נעשתה. כמחלה גזירתו. כי כמו כאשר: (לז) ועל אלהי אבותיו לא יבין. לא יתן לב להקב"ה שהוא אלהי אברהם יצחק וישראל אבותיו: חמדת נשים. כנסת ישראל היפה בנשים: (לח) ולאלוה מעוזים. לאלהי הכרובים אשר יכרותו עמו ברית: על כנו יכבד. כי יחניף את הפכומ"ז להיות כבושים לו: (לט) ועשה. לאנשים: למבצרי מעוזים

לצרף ולברר וללבן: (לז) על כל אל. על כל תקיף כמו אילי הארץ: ועל אל אלים ידבר. דברים של הכעסת על כלך עולמים עד יכלה הזעם מישראל ויעשה הבורא כלה ונחרצה

עד עת קץ בא הנואל לישראל: (לז) ועשה. זה קוסטנטין. וזה קוסטנטינין שהיה מלך גדול על בבל ופרס ומצרים ואפריקא והשיב בבל לדתו גם חביריו השיבו פרסיים והשבאים ומצרים ואפריקא לדתו והניח תורת ארם. וטעם ויתרומם בלבו. ועל האם שהוא אל אלים ידבר נפלאות והנה אמר המלאך עליו והצליח

(לו) כי נחרצה. סכ"ף במאריך: (לח) ולאלה מעוזים. הסל"ף במ"ס ברוב הספרים וכן חברו שבפסוק ויש ספרים ולֶאֱלֹהַּ הסל"ף בלי נקוד בשניהם או בשוא לבדו:

(כרש"י מ"ו): (לו) אל. מין אומן וחוזק למו יש לאל ידי (שם ל"א): נפלאות. מכוסות כ"ל שלא נשמע מעולם: נחרצה. נכרתה כמו נחלת שוממות (לעיל ט): (לח) כנו. מלשון כן וכסים: (לט) במחיר. דמי

במשבון בפם ישפילו לצרוף במשבון זמן הגאולה ולדעת בכרוך סדבר ולבון משבונו ר"ל יסיו פופים מדרך סאמת במשבון סגאולה: עד עת קץ. ר"ל וכן מאז ועד עת סקן ודרך עד סקן רבים יחשבו זמן סקן ויטעו גם אבל בלם סקן יוסקחו סיני כל לסדין רמזי זמן הגאולה: כי עוד למועד. כי עוד זמן לב למועד סגאולה ונקיים דעם סמחשבים סיא לזמן קרוב כי סשכל נוטס אחר כתאוס והן יתאוו בקרב ולא לרמק ולגם יסטו במשבון: (לז) ועשה. מוזר לדבריו סראשונים ואמר סמלך רומא יעשס בכל דבר כרלונו באין מומס: על כל אל. על כל מזק ובפל כח: ועל אל אלים. על סאל סמובל של כל סמחזקים ידבר דברים נפלאים ר"ל דברי מרוף אשר לא אמר מי מעולם החצליח. וסכ"ל ילגיח עד אשר יכלה זעמו של אלהי אבותיו אשר עבדו מזה לכוכב לדק: ועל חמדת נשים. ר"ל לא יבין על מעלת ישראל סנקראת היפה בנשים (שס"ם ס): ועל כל אלוה לא יבין. לא יתבונן לכבד שום אלוה ואף את סאלוס סאמיתי וכאמור אם על סאלוס סאמיתי לא יבין איך מ"כ יבין על מעלת עמו ישראל: (לט) ולאלוה מעוזים. את סאלוס סעומד בטרי מבלר סמחזקים סיס מכבד בהיותו על כנו ר"ל בסיסיס במקום מושבו היס מכבדו לסני חמם בעבור לב עובדיו למען יכבסם תחמיו: ולאלוה ונ'. ר"ל לאלוה אשר לא ידעוהו אבותיו יכבד בזהב ובכסף וגו': (לט) ועשה למבצרי מעוזים. ר"ל לאנשי מבצרי מעוזים יעשה עם אלוה נכר

---

finished. כִּי *is like* כַּאֲשֶׁר, *when.—*
[*Rashi*]

37. And he will not contemplate the God of his fathers—*he will not put his mind to the Holy One, blessed be He, Who is the God of Abraham, Isaac, and Israel, his* [i.e. Israel's] *forefathers.*—[*Rashi*]

the most desirable of women—

the nation of Israel, [called] *fairest of women.*—[*Rashi*]

and any god he will not contemplate—He will not contemplate to honor any god, not even the true God. Now, if he will not honor God, how can he be expected to honor His people?—[*Mezudath David*]

and to select and to cleanse until the time of the end, for there is yet until the time appointed. 36. And the king will do as he wishes, and he will exalt himself and magnify himself over every powerful one, and about the God of the mighty he will speak wondrous things, and he will succeed until the fury is spent, when it will be finished and executed. 37. And he will not contemplate the gods of his fathers, and the most desirable of women and any god he will not contemplate, for he will magnify himself over all. 38. But the god of the strongholds on its base he will honor, and the god that his ancestors did not know he will honor with gold and with silver and with precious stones and with desirable things. 39. And he will construct for the fortresses of the strongholds with

slain after the destruction of the Temple.—[*Malbim*]

34. they will be helped with a little help—*Through bribes and the money that they will pay tribute to their enemies, they will be helped.*—[*Rashi*] *Ibn Ezra* and *Mezudath David* explain that God will not allow them to perish completely.

but many will join them—but many Jews will abandon their religion to join them because of their smooth talk.—[*Mezudath David*]

35. will stumble to clarify some of them—*They will stumble in the calculations of the end, for they will put their mind to refine them and to cleanse them to know them, but they will err concerning them.*—[*Rashi*] i.e. many of the sages will err in the calculation of the time of the redemption in their attempt to clarify it.—[*Mezudath David*]

until the time of the end—In every generation, many will calculate the time of the end and will err in

their calculations, but at the time of the redemption, everyone's eyes will be opened to understand the secrets.—[*Mezudath David*]

for there is yet until the time appointed—There is still a long time until the appointed time of the redemption, yet people are inclined to anticipate an early end because they wish for one.—[*Mezudath David*]

36. And the king will do as he wishes—*the kingdom of Rome.*—[*Rashi*]

and about the God of the mighty he will speak strange things—He will speak blasphemous words about the God Who rules over the mighty, which were never heard before.—[*Mezudath David*]

and he will succeed until the fury is spent—*until the wrath of the Holy One, blessed be He, returns from Israel.*—[*Rashi*]

when it will be finished and executed—*when His decree will be*

אֱלוֹהַּ נֵכָר אֲשֶׁר הִכִּיר יַרְבֶּה כָבוֹד וְהִמְשִׁילָם בָּרַבִּים וַאֲדָמָה יְחַלֵּק בִּמְחִיר: מ וּבְעֵת קֵץ יִתְנַגַּח עִמּוֹ מֶלֶךְ הַנֶּגֶב וְיִשְׂתָּעֵר עָלָיו מֶלֶךְ הַצָּפוֹן בְּרֶכֶב וּבְפָרָשִׁים וּבָאֳנִיּוֹת רַבּוֹת וּבָא בָאֲרָצוֹת וְשָׁטַף וְעָבָר: מא וּבָא בְּאֶרֶץ הַצְּבִי וְרַבּוֹת יִכָּשֵׁלוּ וְאֵלֶּה יִמָּלְטוּ מִיָּדוֹ אֱדוֹם וּמוֹאָב וְרֵאשִׁית בְּנֵי עַמּוֹן: מב וְיִשְׁלַח יָדוֹ בָּאֲרָצוֹת וְאֶרֶץ מִצְרַיִם לֹא תִהְיֶה לִפְלֵיטָה: מג וּמָשַׁל בְּמִכְמַנֵּי הַזָּהָב וְהַכֶּסֶף וּבְכֹל

ת"א מּרַ פלגי. ר"ס יג נסין מ;רםֶגִן   יכיר קרי ב' פתוחה ב' פתוחה

רש"י

עם אלוה נכר . כלומר לכבוד אלוה נכר : אשר יכיר
ירבה כבוד . את השרים אשר ירמה בלבו להכיר פ;יהם
ולהחניף ירבה להם כבוד : ואדמה יחלק . להם : במחיר .
בדמים קליס : (מ) ובעת קץ . כשתקרב גאולתינו :
וישתער עליו מלך הצפון . על מלך הנגב :

אבן עזרא

וכבר עברו אלו הדברים אשר היו עתידים בימי דניאל .
ועתה יחל לדבר על העתידות שנשארו ודע כי ארם היא לפונית מערבית לארץ ישראל גם קושטנטינא היא לפונית ובעת קץ
יגיע קן מלך הלפון אשר אמר והגליח עד כלה ועם אז יבא קן הגואל כאשר יפר' והנה לא הזכיר מתי יהיה זה רק הזכיר
כי זה המלך והטעם בנו אשר ילא ועשה מלחמה עם מלך מצרים וילכוד את מצרים וילך לארן וגם יהרג ואחר ימים ידועים
מספר מיום מותו יבא הגואל לישראל. (מ) יתנגח עמו מלך הנגב. הוא מצרים ואין לחום שתהיה מלרי' חיזה דת שתהיהג

מנחת שי

(לפ) סליק. יכיר קרי: (מ)וישתער. בשי"ן כמו כסמ"ך:

מצודת ציון

(מ) יתנגח. מין הכאה ומין הכאה (משלי כ"ז) :
ישתער. כמו וישתער בסמ"ך והוא מל' רום סערס :
ראשית. טין מיטב וכן ראשית גבורתם (ירמיס מ"ט) :
במכמני. טינו מולכום

מצודת דוד

וכ"ז להחניף ולרמות למען יכבשם תחתיו : אשר יכיר . את
מי אשר יכיר יועל בו דבר החנופה סיה מרבה לו כבוד : והמשילם
ברבים . אנשים כאלה המשיל על מס רב להמניפם וסיה מהלק
אדמתו מהם במחיר המזקה טובה וגניבת דעת וזה היה לו למחיר
בעבור אדנותו : (מ) ובעת קץ . בעת כוף קן וסוף ימי סגולה :
יתנגה עמו וגו' . מלך סנגב עם רומא כמילו ינגח בקרן : וישתער
עליו . מלך סלפון היא רומא גם הוא ימולו למסם בו כמו
רום סערס ר"ל במוזק ובגכורס : ובאניות רבות : והמשילם
ויטבור מסס : (מא) באר הצבי . סיא מ"י סקמודה : ורבות .
מלכות רבות יכשלו ויאכדו מפניו : אדום . סס היושבים בסך שעיר :
וראשית וגו' . כ"ל מבמר עליהם : (מב) וישלח ידו . לסכום ולמכד: באר

was convened and influenced by Constantine.—[Abarbanel, Isaiah da Trani, Malbim]

and he will succeed until the fury is spent—i.e., he will succeed with this belief until God's fury upon His people is spent, when the evil that has been decreed upon Israel is executed, and He gathers them in from exile.—[Abarbanel, Isaiah da Trani, Malbim]

[37] And he will not contemplate the gods of his fathers—for his ancestors had worshipped Jupiter and Venus, and he abolished all idolatory in favor of the newly founded religion, Christianity.—[Abarbanel, Isaiah da Trani, Malbim]

a foreign god; whomever he will recognize, he will honor increasingly, and he will give them dominion over multitudes, and he will apportion land for a price. 40. And at the time of the end, the king of the south will clash with him, and the king of the north will storm over him with chariots, with horsemen, and with many ships, and he will come into the lands and inundate and pass. 41. And he will come into the land of beauty, and many will stumble, and these will escape from his hand: Edom, Moab, and the choice of the children of Ammon. 42. And he will stretch forth his hand upon lands, and the land of Egypt will not survive. 43. And he will rule over the treasures of the gold and silver and over all

38. But the god of the strongholds—*the god of the cherubim who will make a treaty with him.*—[*Rashi*] [The meaning is obscure.]

on its base he will honor—*for he will flatter the nations to be subservient to him.*—[*Rashi*]

39. And he will construct—*buildings.*—[*Rashi*]

for the fortresses of the strongholds with a foreign god—i.e., *in honor of a foreign god.*—[*Rashi*]

whomever he will recognize, he will honor increasingly—*He will increase the honor* [and greatness] *of those princes whom he will see fit to recognize their faces and to flatter.*—[*Rashi*]

and he will apportion—*to them.*—[*Rashi*]

for a price—*for little money.*—[*Rashi*] *Ibn Ezra, Isaiah da Trani, Abarbanel,* and *Malbim* explain verses 36-39 as referring to Constantine the Great, the first Roman emperor to embrace Christianity.

[36] **And the king will do as he wishes**—This refers to Constantine, who conquered many lands at will and aggrandized himself over all the mighty.—[*Abarbanel*] *Malbim* explains that he will do as he wishes to convert the people from paganism to Christianity. Accordingly, he renders: and he will exalt and magnify himself over every god, for he abolished the idolatry that was practiced prior to his conversion.

and about the God of the mighty he will speak wondrous things—He wished to imbue the dogmas of Christianity upon the people, such as the belief in the Trinity, the virgin birth, the incarnation, and the transubstantiation. Since these doctrines are illogical, he labeled them as wonders. These doctrines were adopted by the church at the council of Nicea (325 C.E.), which

חֲמֻדוֹת מִצְרָיִם וְלֻבִים וְכֻשִׁים בְּמִצְעָדָיו: מד וּשְׁמֻעוֹת
יְבַהֲלֻהוּ מִמִּזְרָח וּמִצָּפוֹן וְיָצָא בְּחֵמָא גְדֹלָה לְהַשְׁמִיד
וּלְהַחֲרִים רַבִּים: מה וְיִטַּע אָהֳלֵי אַפַּדְנוֹ בֵּין יַמִּים
לְהַר צְבִי־קֹדֶשׁ וּבָא עַד־קִצּוֹ וְאֵין עוֹזֵר לוֹ:
יב א וּבָעֵת הַהִיא יַעֲמֹד מִיכָאֵל הַשַּׂר הַגָּדוֹל
הָעֹמֵד עַל־בְּנֵי עַמֶּךָ וְהָיְתָה עֵת צָרָה אֲשֶׁר לֹא־
נִהְיְתָה מִהְיוֹת גּוֹי עַד הָעֵת הַהִיא וּבָעֵת הַהִיא

ת"א ויטע . סוזר י' :   א' בבקום ה' הש' בפתח   יֻמלם

רש"י

יב (א) ובעה ההיא יעמוד מיכאל . יסתתק כאלם
שירמה הקב"ה דן בעצמו ואומר היאך מאבד אומה
גדילה כזו בשביל ישראל : והיתה עת צרה . כפמליא של
מעלה וקטיגוריא כתלמידי חכמים כזווי וכזווי דכווזי כמו
שאמרו רבותינו בהגדה בפרק אחרון של כתובות : יֻמלם
עמך . תאבד מלכות גוג וימלטו ישראל : כל הנמצא
כתוב בספר . הרי זה מקרא קצר כל הנמלא כתוב בספר

אבן עזרא

תרגום ואבר לא לדה ודלא כמן ליה אולי הוא מגזרת
דרכמונים וכושים הם סמוכים למצרים יהיו במלעדיו של
מלך לפון כיסורו אל מטמעתו : (מד) ושמעות יבהלוהו .
למלך לפון : כמזרה ומצפון . הוא בבל ופרם והטעם

רס"ן

במסעדיו בחילוף סבך בצדי : (מה) ויטע . וינמח כמו לנטע
שמים לנטות שמים ואשר כתב ויטע מפע היתדות בארץ
אז יבוא עד קצו של גליות . אהלי אפדנו . לשון אפידת אמל
ענין מכסת ציור כאפיד בד חשוב שבבגדים כן אהלי אפדנו
חשבים שבאהליהם: ואין עוזר לו . כי יפול שר ארם מטרים
ויעמוד מיכאל השר הגדול על עזרת ישראל :
יב (מ) והיתה עת צרה . הוא יום חרינת נחמיה בן חרשיאל
ככתוב והביאו אלי את אשר דקרו : כל הנבצא כתוב
בספר . אלו הצדיקים כבתוב ויכתב בספר זכרון לפניו ן

מנחת שי

(מד) יבהלהו . י"ס יבהלוהו :
יב (מ) ובעת הסוא יעמד מיכאל וגו' . על בני עַמֶךָ וגו' יֻמלם
עַמְךָ וגו'. ב' פסוקים אית כהון עַמְךָ   וְעַמְךָ
וסימן   וענמם יודע מיסום פרשם כל   תשא .

מצודת ציון

מסתרי' ודומה לו כל' ואצמיכי אשר לא לדה (במו') את ודלא כמן:
ולבים וכשים. שמות טכו"ס: במצעדיו.מל' לעדו ספיטות:(מד)בחבא.
כמו בחמה הס"א:(מה) ויטע.מלינו ל' נטיטה כאהלי' כמ"ש כאהלי' נטע
ס' (במדבר כ"ד) . אפדנו . פנינו ארמון ובדז"ל מזמי אפדנא דהבי'
דנפל (ברכות ע"מ) ור"ל אוסלו אשר היו יסים ומבוצחים כארמנות :

מצודת דוד

אף שאריס מפט לא ישאר בה והכל יאבד : (מג) במצעדיו . יסיו
רמוסים במלעדי כסות רגליו . (מד) ושמעות.יסי' כשמט לו שבא מלי
מלחמה ממזרח והוא מלך הצעירים שהוא ממלכות ישמטאל האמור
למטלה ונם יסי' כשמט לו שבא טלי מלחמת מפמא מלון והשמומות
סהם יבהלו מותו וילא לקריאמם בחמה גדולה לסשמיד את הטכו"ס
כרבים ססס : (מה) ויטע . יעמוד מהלי אבמומו בין הימים לבד
מ"י הכמידה ומקו"בת . ובא עד סופו כי חכלה מלחתו ואין מי יזזור לו לשוב ולהתחזק עוד :
יב (א) יעבד מיכאל . לבקם כתמים על ישראל : והיתה . העומד . הרגיל לטמוד תמיד לנמד סניגורס על ישראל :
על יבראל אשר לא   נהיתה עליהם מעט סיחס לגוי עד ספת הסוא כי הקרן הזטירה שהיא ממלכות ישמטאל ילר להס מאד
כמ"ש   בו ולקדיפי עליונין יבלא וגו' (לעיל ז): ובעת החיא . כאשר ילר כל הנמלא כתוב בספר : יֻמלט עמך . ורק כל הנמלא כתוב בספר ימלטו ימלט ר"ל

---

with his strange and new god, Jesus, upon whom he will bestow honor, as we see today that he conquered most of the world with him.—[*Isaiah da Trani*]

and he will give them dominion over multitudes—The pope will give Jesus and his colleagues dominion over the multitudes. We see today that most of the world has been misled to follow this religion.— [*Isaiah da Trani*] *Malbim* explains that he will build fortified strongholds, namely lofty churches and cathedrals, and will give these edifices dominion over the multitudes, for they will pay taxes toward their support.

will apportion land for a price— This king will have dominion to the

the precious things of Egypt, and the Lybians and the Cushites will be at his steps. 44. And tidings will terrify him from the east and from the north, and he will go forth in great wrath to destroy and to exterminate many. 45. And he will pitch his palatial tents between the seas and the beautiful holy mountain, and he will come to his end, and no one will help him.

12

1. Now at that time, Michael, the great prince, who stands over the children of your people, will be silent, and it will be a time of distress that never was since a nation existed until that time, and at that time,

and the desire for women and any god he will not contemplate—This refers to the pope, for after they embraced Christianity, the pope became the king of the north, and all other monarchs, viz. the kings of France, Germany, Spain, Lombardy, and other kingdoms across the sea were subordinate to him. The pope and the other Catholic clergymen take a vow of celibacy; hence they do not contemplate the desire for women. Also, they worship only the First Cause and no other god from the gods of the nations.— [*Abarbanel, Isaiah da Trani, Malbim*]

for He is magnified over all— *Abarbanel* takes this as a reference to God, Who is the Supreme Being. *Isaiah da Trani* understands it as a reference to the pope, who is exalted over all the mighty, i.e., over all monarchs, as it was in his time. *Malbim* appears to explain this clause as referring to the Nazarene, although he does not mention him

explicitly. Perhaps his omission is due to censorship.

[38] **But the God of the strongholds on his base he will honor**—On the very base of his kingdom, this king will honor the Creator, for he intends only to worship the living God. However, he errs and does not know the proper way to worship Him.—[*Isaiah da Trani*]

and the god that his ancestors did not know he will honor—This is Jesus, who was a new god. This was the king's error.—[*Isaiah da Trani*]

with gold and with silver, etc.— He will build golden palaces and purchase vessels of silver, gold, and precious stones for the worship of this god, as the priests do even today.—[*Isaiah da Trani*]

[39] **And he will succeed to [acquire] strong fortified cities with a strange god**—The king of the north will prosper and succeed in conquering strong, fortified cities

יִמָּלֵט עַמְּךָ כָּל־הַנִּמְצָא כָּתוּב בַּסֵּפֶר: ב וְרַבִּים מִיְּשֵׁנֵי אַדְמַת־עָפָר יָקִיצוּ אֵלֶּה לְחַיֵּי עוֹלָם וְאֵלֶּה לַחֲרָפוֹת לְדִרְאוֹן עוֹלָם: ג וְהַמַּשְׂכִּלִים יַזְהִרוּ כְּזֹהַר הָרָקִיעַ וּמַצְדִּיקֵי הָרַבִּים כַּכּוֹכָבִים לְעוֹלָם וָעֶד: ד וְאַתָּה דָנִיֵּאל סְתֹם הַדְּבָרִים וַחֲתֹם הַסֵּפֶר עַד־עֵת

ת"א מישני , ר"ס ד' סנהדרין לב עקרים פ"ד פכ"ה זוהר משפטים וחדרם נשא ; והמשכילים, ל"ב ח' זוהר בראשית , ומצדיקי , מדרש לח :

רש"י

זה על ידי החלומות הכתובים בו . עד דקטילת חיותא
ויקבלון מלכותא קדישי עליונין הכל יתקיים : **(ב) ורבים
מישני אדמת עפר יקיצו. ימי המתי: (ג)והמשכילים.**
וכותבם בחידות סתומות: וחתום . דברים חתומים עד עת קץ

אבן עזרא

כתוב בספר והם הצדיקים וכתוב ויכתב ספר זכרון לפניו
ליראי השם: (ב) ורבים. אמר הגאון כי פירושו אלה שיקיצו
יהיו לחיי עולם ואלה שלא יקיצו יהיו לחרפות ולדראון עולם
כמו והיו דראון והמלה אחת והפירוש חרפה והגאון אמר
כי רבים הם המעטים כמו ורבים מביאים מנחה ורבים
מעמי הארץ מתיהדים ורבים יחלו פני נדיב והטעם לפי

מצודת דוד

יב (ב) אדמת עפר . כפל המלה בשמות נרדפים וכן והסיר
והשטיר (ישעי' ס"ו) : (ג) יזהירו . מלין סאהרה וזיחהב : (ד) ישטטו

מנחת שי

וטעת הסיא יעמד מיכאל : (ב) מישני . כתב הרלב"ע בספר להות

מצודת ציון

יב (ב) אדמת עפר . כפל המלה בשמות נרדפים וכן והסיר
והשטיר (לטיל ה) : לדראון . ענין בזיון וכן והיו דראון
לכל בשר (ישעי' ס"ו) : (ג) יזהירו . ענין סאהרה וזריחה : (ד) ישטטו

---

be silent like a mute person, for he will see the Holy One, blessed be He, judging by Himself and saying, "How will I destroy a great nation like this for the sake of Israel?"—[Rashi based on Proem of *Ruth Rabbah*]

and it will be a time of distress—*in heaven there will be accusations against Torah scholars,* [and there will be] *plunderers and plunderers of plunderers, as our Rabbis said in the Aggadah in the last chapter of Kethuboth* (112b).—[*Rashi*]

who stands—*who customarily stands to defend Israel.*—[*Mezudath David,* Proem of *Ruth Rabbah*]

that never was since a nation existed—There was never such a time of such distress since Israel

your people will escape, everyone who is found inscribed in the book. 2. And many who sleep in the dust of the earth will awaken—these for eternal life, and those for disgrace, for eternal abhorrence. 3. And the wise will shine like the brightness of the sky, and those who bring the multitudes to righteousness like the stars forever and ever. 4. And you, Daniel, close up the words and seal the book until the time of

extent that he will apportion lands and states as he wishes; whomever he wishes to enthrone, he will enthrone, and whomever he wishes to depose, he will depose.—[*Isaiah da Trani*]

40. And at the time of the end—*when our redemption draws near.—*[*Rashi*]

and the king of the north will storm over him—*over the king of the south—*[*Rashi*] *Isaiah da Trani* interprets this as a war between the Christians and the Moslems.

and he will come—i.e., the king of the north will come into the lands belonging to the king of the south.—[*Mezudath David*]

41. And he will come into the land of beauty—That is the land of Israel, desired by all.—[*Mezudath David*]

and many will stumble—Many lands will fail to resist his invasion and will fall before him.—[*Mezudath David*]

Edom—those who dwell on Mt. Seir.—[*Mezudath David*]

and the choice etc.—i.e., their best cities.—[*Mezudath David*]

42. And he will stretch forth his hand—This refers to the king of the north.—[*Ibn Ezra*] He will stretch

out his hand to smite and destroy.—[*Mezudath David*]

upon lands—i.e., upon many lands.—[*Mezudath David*]

and the land of Egypt—He will conquer the land of Egypt, as prophesied by Ezekiel (32).—[*Malbim*]

will not survive—i.e., there will be no survivor; it will be totally destroyed.—[*Mezudath David*]

will be at his steps—will be trodden under his feet.—[*Mezudath David*] i.e., they will be subordinate to him—[*Ibn Ezra*]

44. And tidings will terrify him—They will terrify the king of the north.—[*Ibn Ezra*]

from east and from north—This is Babylon and Persia, the small horn mentioned in the prophecy.—[*Ibn Ezra*]

45. and he will pitch —his tent between the seas and the mountains of Israel, the desirable land.—[*Mezudath David*]

to his end—and there he will die.—[*Ibn Ezra*]

12

1. Now at that time, Michael ... will be silent—*He will*

קֵץ יְשֹׁטְטוּ רַבִּים וְתִרְבֶּה הַדָּעַת: ה וְרָאִיתִי אֲנִי
דָנִיֵּאל וְהִנֵּה שְׁנַיִם אֲחֵרִים עֹמְדִים אֶחָד הֵנָּה לִשְׂפַת
הַיְאֹר וְאֶחָד הֵנָּה לִשְׂפַת הַיְאֹר: ו וַיֹּאמֶר לָאִישׁ לְבוּשׁ
הַבַּדִּים אֲשֶׁר מִמַּעַל לְמֵימֵי הַיְאֹר עַד־מָתַי קֵץ
הַפְּלָאוֹת: ז וָאֶשְׁמַע אֶת־הָאִישׁ לְבוּשׁ הַבַּדִּים אֲשֶׁר
מִמַּעַל לְמֵימֵי הַיְאֹר וַיָּרֶם יְמִינוֹ וּשְׂמֹאלוֹ אֶל־הַשָּׁמַיִם
וַיִּשָּׁבַע בְּחֵי הָעוֹלָם כִּי לְמוֹעֵד מוֹעֲדִים וָחֵצִי וּכְכַלּוֹת

ת"א לבוש הבדים . סנהדרין לח : ימינו . מיר ג' : בחי כפולס . סמנית כג :

רש"י

(ד) וכֵכַלּוֹת כזוהר הרקיע : שטסקו בתורה ובמצות יזהירו . כשתכלה כח ישראל . כי מזלת יד
נפץ יד עם קדש . בשבועה ככתוב הרימותי ידי אל ה' : כי למועד מועדים . כי כבלות מועד מועדים וחצי עדיין אין ישועה עד כלות נפץ יד

רס"ג

שטסקו בתורה ובמצות יזהירו כזוהר הרקיע : שישוטטו רבים תלמידי חכמים : ותרבה הדעת . לבאר החתום ולא ישיגו : (ו) לבוש הבדים . בגדים לבנים כבגדי כהונה בגדי חבד : קץ הפלאות . קץ הגאולה : (ז) וירם ימינו .

אבן עזרא

פירשתיו : ישוטטו . כמו ישוטטו לבקש דבר ה' :
(ה) וראיתי . שנים מלאכים וטעם אחרים שלא היה אחד מהם עמו כל הכתוב למעלה : (ו) ויאמר . האחד מהם : לאיש . כמו איש לא נעדר ושאל אותו עד מתי קץ הפלאות וכל זה שישמע דניאל : (ז) ואשמע . הטעם שישבעו כדבר עומד כמו אחת נשבעתי בקדשי הוא היכל הקדש והוא אל השמים כמו כי אשא אל שמים ידי כבר פירשתיו

מנחת שי

(ז) וכבלות . בכ"ף :

מצודת דוד

(ה) שנים אחרים . שני מלאכים אחרים מלבד המלאך זמן סנאולה : שדובר כי : אחד הנה . מהעבר מזה : היאור . סוא נהר הדקל : (ו) ויאמר . אחד מהם אמר : לאיש לבוש הבדים . הוא המלאך שדובר בי כי כן ראהו לבוש כמ"ש למעלה : אשר ממעל . שהמצתי את האיש וגו' ששי' מדבר : וירם ימינו וגו' . כדרך הנשבעים מהיס סעולם ומצמידו : למיעד מועדים וחצי . לזמן שני

righteousness" as collectors of
charity, who cause the people to be
generous to the poor, or as teachers
of children, who train them to follow
the ways of righteousness.

4. close up the words—Even the
little that you know from the
prophecy write in the Book in
obscure terms and in riddles.—[*Rav
Saadia Gaon, Mezudath David*]

and seal the book—This is a
repetition, meant for emphasis.—
[*Mezudath David*] *Ibn Ezra* explains:
Close up the words that you were
able to know, and seal the book so
that no one should see it unless he is
worthy.

until the time of the end—for

many scholars will run to and fro and
knowledge will increase, but they
will not fathom the end.—[*Rav
Saadia Gaon*] *Mezudath David*
divides the verse differently: ... and
seal the book; until the end many will
run to and fro ... Until the time of the
redemption, many will run to and fro;
i.e., they will speculate on the
meaning of the various prophecies
calculating the end, but they will not
understand it until the end, when
everyone's eyes will be opened to
understand the hints about the time
of redemption. [However, this does
not coincide with the cantillation
signs.] *Malbim* explains that since
the redemption was a long way off,

the end; many will run to and fro, and the knowledge will increase. 5. And I, Daniel, saw, and behold two others were standing, one on this side of the river bank, and one on that side of the riverbank. 6. And he said to the man clad in linen, who was above the waters of the river, "How long will it be until the secret end?" 7. And I heard the man clad in linen, who was above the waters of the river, and he raised his right hand and his left hand to the heavens, and he swore by the Life of the world, that in the time of [two] times and a half, and when

became a nation. This is the small horn of the prophecy, which overwhelms the high holy ones. This represents the kingdom of Ishmael.— [*Mezudath David*]

and at that time—when it will be very distressful for them.— [*Mezudath David*]

your people will escape—*The kingdom of Gog will be destroyed and Israel will escape.*—[*Rashi*]

everyone who is found inscribed in the book—*This is a short verse,* [meaning] *whoever is found inscribed in this Book, through the dreams inscribed in it* (7:11): *"until the beast is slain;"* (verse 18): *"and the high holy ones will receive the kingdom." All will be fulfilled.*— [*Rashi*] Rav Saadia Gaon and *Ibn Ezra* explain that this refers to the righteous, concerning whom the prophet Malachi says (3:16): "And a book of remembrance was written before Him for those who feared the Lord and for those who valued His name highly."

2. **And many who sleep in the dust of the earth will awaken**—*The dead will come to life.*—[*Rashi* from *Sanh.* 92a] Reviving the dead will be

as easy for God as waking up a sleeping person. Therefore, the dead are described as asleep and their resurrection as awakening.— [*Midrash Daniel*]

for an eternal abhorrence—Heb. לְדִרְאוֹן עוֹלָם This translation follows *Mezudoth* and *Ibn Ezra. Rav Saadia Gaon*, based on *Targum Jonathan* to Isaiah 66:24, interprets it as a combination of two words: דֵּי רָאוֹן, *enough seeing.* They will be in this state of abhorrence until the righteous say, "We have seen enough." See Isaiah 66:24, Commentary Digest.

3. **And the wise**—*who engaged in the Torah and in the commandments, will shine like the brightness of the sky.*—[*Rashi*]

and those who bring the multitudes to righteousness— Those who teach the public the way of God will shine like the stars.— [*Mezudath David*]

forever and ever—This applies also to the wise.—[*Mezudath David*] Our Sages (*Baba Bathra* 8b) explain "the wise" as judges who judge a lawsuit honestly and correctly, and "those who bring the multitudes to

נַפֵּץ־יַד־עַם־קֹדֶשׁ תִּכְלֶינָה כָל־אֵלֶּה: חוַאֲנִי שָׁמַעְתִּי וְלֹא אָבִין וָאֹמְרָה אֲדֹנִי מָה אַחֲרִית אֵלֶּה: טוַיֹּאמֶר לֵךְ דָּנִיֵּאל כִּי־סְתֻמִים וַחֲתֻמִים הַדְּבָרִים עַד־עֵת קֵץ: י יִתְבָּרֲרוּ וְיִתְלַבְּנוּ וְיִצָּרְפוּ רַבִּים וְהִרְשִׁיעוּ רְשָׁעִים וְלֹא יָבִינוּ כָּל־רְשָׁעִים וְהַמַּשְׂכִּלִים יָבִינוּ: יא וּמֵעֵת הוּסַר הַתָּמִיד וְלָתֵת שִׁקּוּץ שֹׁמֵם יָמִים אֶלֶף מָאתַיִם וְתִשְׁעִים

ת"א הוסר התמיד . תענית כח :

רס"ן

עם קדש כלומר ואע"פ שיעברו כל החשביגיות אין בבין עת הישועה זולתי אלהינו כרוב עוונותינו בזה הסימן נלות גלות נפץ יד עם קדש בהדלדל הדורות אז תכלנה כל אלה הצרות ואין אתנו יודע עד מה מאחר אשר אמר המלאך לדניאל לך דניאל כי סתומים וחתומים הדברים אנו אין בנו כח לעמוד על סוד החשבונות של ימים ושנים אמנם בזה נתבונן כי קרבנות השנה אלף מאתים ותשעים הם עם תמידים ובוספים וכל קרבנות עדה וצבור יחיד ונשיא ומלך . ואשר כתב אלף שלש

ואפס עצור ועזוב (דברים ל"ב): (ח) ולא אבין . לא ידעתי מהו מועד מועדים וחצי: מה אחרית אלה: סוף החשבונות הללו: (ט) עד עת קץ . עד אשר תקרב גאולתנו: (י) יתבררו ויתלבנו . המחשבונות האלה: ויצרפו . בהם רבים להבינם: והרשיעו רשעים . את המחשבונות לחשבם שלא כמשפט וכשיכלו יאמרו אין עוד גאולה: ולא יבינו . אותם כל רשעים: והמשכילים

אבן עזרא

כי מלת עולם נגה הי העולמים הוא השם המחיה הכל והטעם המעמידם כמו החיים לאדם וככה ומתה מחיה את

מנחת שי

(י) והמשכילים . יש ספרים מספר יו"ד קדמאה וחילוף כזה יש לעיל בפסוק והמשכילים יזהרו : (יא) שמם . מסר' וא"ו :

מצודת ציון

נפץ . ענין שבירה ורציצה כמו ונפצתי בך (ירמיה נ"א): יד . ענין כח שהוא ליד . (י) יתבררו . מלשון ברור : ויתלבנו . מלשון לבון

שמעתי . עם כי אני שמעתי דברי המלאך הנה לא אבין כמו ואני שמעתי ולא אבין . (י) יתבררו . הדברים יתבררו ויתלבנו

<hr>

read: בְּחֵי הָעוֹלָם, *by the One who exists forever.*—[*Midrash Daniel*]

in the time of [two] times and a half—i.e., after two periods of time and one half period.—[*Mezudath David*]

and when they have ended shattering the strength of the holy people—Heb. נַפֵּץ יַד, lit. *shattering the hand. When Israel's strength terminates,* [similar to] (Deut. 32:36): *"that power has vanished* (אָזְלַת יָד) *and nothing left to keep or aban-*

don."—[*Rashi*] *Mezudath David* explains: when the shattering of Israel's strength terminates, i.e., when they are purged of their sins, and the shattering of their strength that they will experience in exile is finished, then all these nations will end.

8. but I did not understand—*I did not know what "the time of two times and a half' means.*—[*Rashi*]

what is the end of these—*the end of these calculations.*—[*Rashi*]

they have ended shattering the strength of the holy people, all these will end. 8. And I heard, but I did not understand, and I said, "My lord, what is the end of these?" 9. And he said, "Go, Daniel, for the words are closed up and sealed until the time of the end. 10. They will be clarified and whitened, and many will be purified, and the wicked will pervert [them], and all the wicked will not understand, but the wise will understand. 11. And from the time the daily sacrifice was removed and the silent abomination placed, is one thousand, two hundred,

the angel told Daniel to conceal the words until the time of the end, for they had no idea that it would be so far off, and everyone would think that it would come during his lifetime. At the time of the end, however, the doubt will be removed, and the closer we get to the end, the smaller the doubt will be, because we know that the redemption must come before the seventh millennium. In olden times, the time span when the Messiah may have come was very great, whereas that time span decreases as time goes on. Therefore, knowledge of the end will increase, because the time span during which the Messiah may come is constantly being narrowed down.

5. **two others**—two other angels, besides the angel who was speaking to me.—[*Ibn Ezra, Mezudath David*] *Malbim* identifies them as the heavenly princes who ruled at that time.

the river—the Tigris.—[*Mezudath David*]

6. **And he said**—One of them said.—[*Ibn Ezra, Mezudath David*] *Malbim* explains that each one spoke to the angel because they wished to

know when their kingdoms would terminate.

clad in linen—white raiment, like the linen raiment of the priests.— [*Rav Saadia Gaon*]

How long—How long will the hidden end be delayed?—[*Mezudath David*]

7. **And I heard the man ... —** who was speaking.—[*Mezudath David*]

and he raised his right hand etc.—as is customary when swearing, as (Gen. 14:22): "I raise my hand to the Lord, etc."— [*Mezudath David, Midrash Daniel*] He raised both hands to swear to the two angels who questioned him. These were the heavenly princes of Edom and Ishmael, who rule over Israel in the final exile. They were standing on either side of the river, which symbolized the land of Israel. Therefore, he swore to both of them concerning the termination of their dominion over Israel.—[*Abarbanel*]

by the Life of the world—He swore by the name of the Holy One, blessed be He, Who is the Life of the world, by Whose Name the world stays in existence. In Babylon, they

וְתִשְׁעִים: יב אַשְׁרֵי הַמְחַכֶּה וְיַגִּיעַ לְיָמִים אֶלֶף שְׁלֹשׁ מֵאוֹת שְׁלֹשִׁים וַחֲמִשָּׁה: יג וְאַתָּה לֵךְ לַקֵּץ וְתָנוּחַ וְתַעֲמֹד לְגֹרָלְךָ לְקֵץ הַיָּמִין: חזק

ת״א לך לקץ . סנהדרין כ״ח פקידה פ״ד פל״ך זוהר נח :
סכים פסוקי דספר דניאל שלש מאות וחמשים ושבעה. וסימני כי רוח ה׳ נשבה בו. וחציו אדין גוברא אלך י׳ י״ב ופרקיו שנים עשר . וסיכנו הבה לנו עזרת מצר . וסדריו שבעה . וסימנו ועיני רשעים תכלינה ומנום אבד מנהם ותקותם מפח נפש :

רש״י

ושמונים. ימי הבנין ארבע מאות ועשר . גלות בבל שבעים שנה. ימי בית שני ארבע מאות ועשרים. הרי אלף וחמש מאות ותשעים . והתמיד הוסר לפני החורבן שם שנים הרי מיוב נלותם למצרים עד הוסר התמיד אלף וחמש מאות ושמונים וארבע . הוסף עליהם אלף מאתים ותשעים הרי אלפים ות׳ מאות ושבעים וד׳ כמנין ערב בקר בגמטריא אלפים וג׳ מאות : (יב) אשרי המחכה וגו׳ . מ׳ וחמש שנים נוספים על חשבון העליון שעתיד מלך משיחנו להתכסות אחר שנגלה ויֹשוב ויתגלה כמו שמצינו במדרש רות וכן יסד רבי אליעזר הקליר (בסילוק יוצר פרשת החדש) ויתכסה מהם שבעים שטים שנה : (יג) לך לקץ . תפטר לבית עולמך : לגֹרלך . לקבל חלקך עם הצדיקים : לקץ הימין . כמו באחרית הימים . ואין לפרש הימין לשון יד הימנית שהרי הוא מנוי במסורת הגדולה כששה תיבות המיוחדין בג״ן זקיפה בסוף תיבה המשמשת במקום מ״ם ולית דכותיהון כגון ועליה יכרעון אחרין (איוב ל״א) יקום ולא יאמין בחיין (שם כ״ד) קח לך חטין (יחזקאל ד׳) ירחדון איין (שם כ״ו) למחות מלכין (מצלי לא) . לקץ הימין (כאן) : (וע׳ רש״י פסחים נ״ו . ד״ה לקץ הימין ועי׳ רש״י סנהדרין צ״ב. ד״ה לך נקן וכו׳ וקלת ל״ס) : חזק

מנחת שי

(יב) המחכה . סט״א סמוכס כמאריך : (יג) לגרלך . מסר ומ״ן וסוף חד מן ד׳ חסר ומ״ו בלישנא וסימנא כמסר בריש פ׳ אחרי מות . ס׳ יתמך גורלם בגורל הלדיקים שבטו ומשטנאו יריה נכו סנחומין. לעמוד לקן הימין : תם ונשלם ספר דניאל . שבח לאל אלהי ישראל

אבן עזרא

ואמר אחריו אשרי המחכה ויגיע . והטעם שזה המספר כמו חלי שבוע והנה קרוב משלם שנים וחלי עמד הבית השני בלא עולה ואמר כך חרב והלכו ישראל בגולה וקרוב מהמספר הזה יעמדו ישראל בלרה גדולה שלא נהיתה כמוה עם הקרן הקטנה והוא ממלכות ישמעאל כי רוב הגולה בארלם וזה הוא יומיהבון בידיה עד עדן עדנין ופלג עדן ואין בלשון ארמית סימן לשנים כמו בלה״ק שנתים דרכים והעד יפול באחת מהשתים ולשון רביס דרכים והפחות שלשה על כן כתיב עדן שנה אחת כמו למועדה מימים ימימה והנה שלש שנים ועדנין שלש שנה על כן ים לורך לנו וזהו למועד מועדים וחלי כי למועד מסרת הוא כמו למועד חדש האביב . והנה מועדים שלשה וכטבור היות חלי שנה בקרוב ולרף לפרש מספר הימים וזהו אמרי המחכה ויגיע והטעם כי יסבול הלרה הגדולה כי שם כתוב להשכיל זמני ודת וחבר דניאל אלה המספרים שאינן בזמן אחד בעבור כי קרוב ממספר הימים שעמדה ירושלים בלרה לפני הגולה כמספרס יהיו הימים שיעמדו ישראל בלרה גדולה לפני בא הגואל והנה התנרר כפי הפירוס הזה כי כאשר ילא מלך לפון ויקח מלרים אחר שלם וחלי יבא הגואל לישראל רק לא ידעגו עד עתה מתי ילא זה המלך המכר אל ארן מלרים : (יג) ואתה . לקץ הימין . הנו״ן תהת מ״ס וכמוהו ואתה קח לך חטין . ועליה יכרעון אחרין ולא יאמין בחיין . גם מלת בנימין . אמר יפת בן עלי כי זה הפסוק דברי דניאל לבל משכיל שילך לו ולא יחפש על קן הימים עד שימלאנו מי שנזר השם לבח הגואל בימיו וזה טעם ותעמוד לגורלך אם נגזר להיותך חי . וזה הפירוס רחוק וכמה היה נכבד מאד פירוס הגאון אילו היה מספר לנו מה טעם לעמוד בגורל עם קן הימים כי הכל הם דברי המלאך ולא דברי דניאל :

נשלם ספר דניאל במרחשוון שנת ארבעת אלפים ותתקי״ז בעיר רודום והודות לשם לברו שעזר ברוב חסדו את אברהם עבדו הוא המחבר הוא הסופר :

מצודת דוד

כטני ונגנז לחת במקום המקדש אם המשוקן ומושחק כאבן : ימים. כ״ל מן הטת הטיא מנך ימים אלף וגו׳ ולא ידעגו אס ימים ממט או בנים . ומה יהיה אז : (יב) אשרי המחכה. אשרי למי שממחכה לנ וינע חלית וחוזר ומפרש התקוה והבהנוס יהיה לימים אלף וגו׳ ונם זה לא ידעגו כמוטו ואם דניאל אמר שמטתי ולא אבין וסמלאך טיכו סתומים וחתומים הדברים מ״כ נדפס אגמנו : (יג) לך לקץ . כ״ב כפת ימלא ימין חלך לבית עולמך אחר סתחיה ואמר כלשון בני אדם מחר סים קן כל כטל ויבם תגוח עם הלדיקים ותתעמוד בתחיה לקחת הניתן לגורלך הניתן בכני אדם הממולקים על פי גורל : לקץ הימין . כ״ל כטמידה בתחיה ולקימת סגורל תסיס כסוף הימים : חסלת

מצודת ציון

וטניט. ספמדת סדבר טל בוריו : (יב) המחכה. ענין תקוס כמו יטשה למחכה לו (ישטיס ס״ד) : (יג) הימין . כמו הימים כמ״ס :

and ninety. 12. Fortunate is he who waits and reaches days of one thousand, three hundred, and thirty-five. 13. And you, go to the end, and you will rest and rise to your lot at the end of the days."

9. until the time of the end—*until our redemption draws near.*—[*Rashi*]

10. They will be clarified and whitened—[i.e.], *these calculations.*—[*Rashi*]

and ... will be purified—[i.e.], *many* [will be purified] *by them to understand them.*—[*Rashi*] [*Rashi* probably means that many people will undergo extreme purification in order to fathom the end.]

and the wicked will pervert—*the calculations by computing them incorrectly, and when they terminate, they will say that there is no more redemption.*—[*Rashi*]

will not understand—*All the wicked* [will not understand] *them.*—[*Rashi*]

but the wise will understand—*them when the time of the end arrives.*—[*Rashi*] *Mezudath David* explains the verse as follows:

They will be clarified—The matters will be clarified and whitened by inquirers and calculators; i.e., they will desire to clarify and whiten the matters to discover the truth.

and the wicked will pervert—Because of this, the wicked will deal wickedly, saying that since the Messiah did not come as they calculated, he will no longer come.

will not understand—will not account for the matter as an error in their calculations.

but the wise—will understand to account for it as an error in figuring, and they will not despair of the redemption.

11. And from the time the daily sacrifice was removed—*in order to place a silent abomination in its stead, are days of one thousand, two hundred, and ninety years since the daily sacrifice was removed until it will be restored in the days of our King Messiah, and this calculation coincides with the calculation of (8:14): "evening and morning, two thousand and three hundred" from the day of their exile to Egypt until the final redemption:*

Egyptian exile	210
From their Exodus until the First Temple	480
First Temple	410
Babylonian exile	70
Second Temple	<u>420</u>
Totaling	1590
The daily sacrifice was removed six years before the destruction,	1584
Add	<u>1290</u>
Totaling	2874

Like the numerical value of בְּקַר	
עֶרֶב	[574]
Plus	<u>2300</u>
	[2874]

—[*Rashi*] See above 8:14.

12. Fortunate is he who waits etc.—*Forty-five years are added to the above number, for our King*

to your lot—*to receive your portion with the righteous.*—[*Rashi*]

at the end of the days—Heb. הַיָּמִין לְקֵץ, *like* בְּאַחֲרִית הַיָּמִים. *We cannot interpret* הַיָּמִין *as an expression of the right hand, because it is counted in the Large Masorah among the six words that are unusual because they have a final "nun" at the end of the word, which serves instead of a "mem," and there is none like them, e.g.* (Job 31:10): "*and may others* (אַחֵרִין) *kneel upon her;*" (ibid. 24:22): "*and he is not sure of life* (בַּחַיִּין);" (Ezek. 4:9): "*take yourself wheat* (חִטִּין);" (ibid. 26:18): "*Now the isles* (הָאִיִּין;) *will tremble;*" (Prov. 31:3): "*to the pleasures of kings;*" (here): "*to the end of the days* (הַיָּמִין)."—[*Rashi*] Note that *Rashi* to *Pes.* 56a and *Sanh.* 92a does interpret הַיָּמִין as "the right hand," explaining that, during the exile, it is as though God is holding His right hand behind His back. When the Messiah comes, He will hold it in front of Himself to mete out judgment upon the nations of the world. The *Zohar* (vol i, 62b, 63a) states that there are two ends, one end to the right and one to the left, i.e., one to ultimate reward and one to ultimate punishment. Daniel wished to know whether he would merit the end to the right or the end to the left. Therefore, the angel told him, "to the end of the right."

ספר עזרא

•

מקראות גדולות

EZRA

א וּבִשְׁנַת אַחַת לְכוֹרֶשׁ מֶלֶךְ פָּרַס לִכְלוֹת דְּבַר־יְהוָֹה מִפִּי יִרְמְיָה הֵעִיר יְהוָֹה אֶת־רוּחַ

רש"י

כורש עליהם לכורש מלך פרס וצוה לבטל המלאכה שלא לבנות עוד בנין בית המקדש והיו ישראל בטלים בנו הבית כל מלכות כורש ואחשורוש שמלך אחריו עד שנת שתים למלכות דריוש בן אחשורוש מלך פרס שהוא דריוש בן אסתר ובשנת שתים למלכותו התחילו לבנות בית המקדש עד אשר הושלם הבנין ומשנת אחת לכורש עד שנת שתים לדריוש בן אחשורוש מלך פרס שנבנה הבית בימיו היו י"ה שנה לקיים מה שנא' (דניאל ט') למלאות לחרבות ירושלים ע' שנה וגו' ועכשיו בשנת שתים לדריוש הושלמו ע' שנה למלאות לחרבות ירושלים חורבן הבית שגלה לדקיהו ומגלות יהויקי' עד גלות לדקיהו שנחרב הבית היו שמנה עשר שנה ועכשיו בשנת אחת לכורש מלך פרס הושלמו ע' שנה מגלות יהויקי' שגלו ישראל לבבל ובכך נתקיים המקרא שנא' (ירמיה כ"ט) כי לפי מלאת לבבל ע' שנה אפקוד אתכם וגו' וזו היא

אבן עזרא

משיח רוח בן בטוח   קנין שכל מנהו בהיר
שוכן בלבב ברי מחשב   מאם חמוץ שנא יהיר
הוא יורני לשכיל סודות   חלקי עזרא ספר מהיר

א (א) ובשנת. מלת בשנת דבקה כמלת אחת כי כל
שם מספר ושם דבר שנים רק

א (א) ובשנת אחת לכורש מלך פרס. סדר ספר
זה סדור ומשוך אחר ספר דניאל כמפורש
בבבא בתרא והמלה מוסבת מזה לזה שנאמר בדניאל בשנת
א' למלכו אני דניאל בינותי בספרים מספר השנים אשר
היה דבר ה' אל ירמיה הנביא למלאות להרבות ירושלים
שבעים שנה. וכן הולכת ומספרת כל הפרשה בחורבן הבית
וזמן גלות בבל ואת ווידויו אשר התוודה על חטאת ישראל
ותחילת סדר ספר זה כך הוא שלאחר שנהרג בלשצר מלך
דריוש המדי שנא' ודריוש מדאה קביל מלכותא וגו' ולאחר
מיתת דריוש מלך כורש זה מלך פרס ובשנה אחת למלכו
הושלמו שבעים שנה לפקידת גלות בבל מיום שגלה יהויקים
שנא' (ירמיה כ"ט) לפי מלאת לבבל ע' שנה אפקוד אתכם
וגו' שחזרו ישראל מגלות בבל לא"י ובאותה שנה בשנת אחת
לכורש יסדו ישראל יסוד ב"ה ושרי יהודה ובנימין הלשינו

מנחת שי

(כל תיבה אשר אותיותיה נפרדות
אליה ירה המחבר אבן פנת רעיוניו)

א (א) ובשנת . טעם המלה גלגל : לכורש . ובמדוייקים מלא וא"ו
וכן במסורת כ' מלא ומ' חסר ס' אם . כה אמר כרש :

להורות באיזה זמן ממספר המחדיש היה כן יתמך הדבר לאחד מהמספריס כאשר מלאנו בשנת שלא בשנת שבע גם כן
המספריס דבקיס בדברים לדברים להודיע ולהורות מהם מה הם הדברים כאמרנו שני אנשים שלשת הנפת ארבעת ימים
שמנת הבקר ופירם בשנת אחת ומלת אחת אמרו המדקדקים שהיא חסרה
דל"ת מחדת ואותיות העיקר שהם דנ"ז קט"ף ע"ן חס"ד אינס נגרעים לעולם זולתי הכפולים המדומים מהעי"ן
והלמ"ד והנכון להיות אחד לזכר ואחת לנקבה בענין אחד ושניס שרשים שתי לשונות בענין אחד עשר ואחת עשר ועשתי עשר בענין
אחד : לכורש . יש אומרים שהמלה נהסכת מן וכשר הדבר כי כבר כנהו בשמו הנביא ישעיהו על הכשרון שיעשה עם
ישראל וזהו שאמר הוא יבנה עירי וגלותי ישלח : לכלות . לעת כלות דבר השם שיצא מפי ירמיהו שיפקדס לפי מלאת

רלב"ן

א (א) ובשנת אחת לכורש מלך פרס וגו' עד ובמלכות אחשורוס בתחלת מלכותו (לקמן ד' ו') : לכלות דבר ס' מפי ירמיה . ר"ל שאז
נמלאו לגלות בבל שבעים שנה מן סגלות שנס סרלשון שסיס בשנה הרלשונה לנבוכדנלר : הטיר ה' את רוח כורם וגו' . ידמס

מצודת ציון   **מצודת דוד**

א (א) החיר . מל' התעוררות : רוח . לשון כמו סגני נומן בו רום   א (א) ובשנת אחת . בשנס הרלשונה : לכלות . לעת כלה הזמן

---

was exiled to Babylon, were completed, and thereby the verse that states (Jer. 29:10): "for at the completion of seventy years of Babylon I will remember you, etc." was fulfilled. And this is the remembrance, that Israel returned to their soil and built the foundation of the building of the Temple, although it was not yet completed. We find that there were fifty-two years from the exile of Zedekiah, when the Temple

was destroyed, until the first year of Cyrus, the king of Persia; and eighteen years after the first year of Cyrus, which is the second year of Darius, when Israel commenced to build the edifice, and they completed it. This is proven in Seder Olam (ch. 29), in Tractate Megillah (11b), and in this book, as I explained.—[Rashi] It appears that *Rashi* wishes to account for the "vav" in the first word of the Book of Ezra: "And in

1

1. And in the first year of Cyrus, the king of Persia, at the completion of the word of the Lord from the mouth of Jeremiah, the Lord aroused the spirit of

1

1. And in the first year of Cyrus, the king of Persia—*This book is arranged as a continuation of the Book of Daniel, as is explained in Baba Bathra (15a), and the word* [וּבִשְׁנַת] *refers back from this* [book] *to that one, for it is stated in Daniel (9:2): "In the first year of his reign, I Daniel, contemplated the calculations of the number of the years that the word of the Lord had come to Jeremiah the prophet from the destruction of Jerusalem, seventy years." And so the entire chapter proceeds to relate* [the story] *of the destruction of the Temple, the time of the Babylonian exile, and his confession, in which he confessed Israel's sin. The beginning of this book is as follows: After Belshazzar was assassinated, Darius the Mede reigned, as it says (Dan. 6:1): "And Darius the Mede received the kingdom etc.," and after Darius' death, this Cyrus, the king of Persia, reigned, and in the first year of his reign, the seventy years for the remembrance of the Babylonian exile,* [counting] *from the day that Jehoiakim was exiled, were completed, as it says:* (Jer. 29:10): *"At the completion of seventy years of Babylon I will remember you, etc." When Israel returned from the Babylonian exile to the land of Israel, in that year, in the first year of Cyrus, Israel laid the foundation of the Temple, and the adversaries of Judah and Benjamin slandered them to Cyrus, the king of Persia, and he commanded* [them] *to curtail the work, no longer to build the edifice of the Temple; and the Israelites were idle, for they did not build the Temple during the entire reign of Cyrus and Ahasuerus, who succeeded him, until the second year of Darius, the son of Ahasuerus, the king of Persia, who was Darius, the son of Esther. And in the second year of his reign, they began building the Temple until the building was completed. And from the first year of Cyrus until the second year of Darius, the son of Ahasuerus, the king of Persia, in whose days the Temple was built, were eighteen years, to fulfill what was said (Dan. 9:2): "from the destruction of Jerusalem seventy years, etc." And now, in the second year of Darius, seventy years had elapsed since the destruction of Jerusalem; [i.e.] the destruction of the Temple, when Zedekiah was exiled. From the exile of Jehoiakim until the exile of Zedekiah, when the Temple was destroyed, were eighteen years, and now in the first year of Cyrus, the king of Persia, seventy years since the exile of Jehoiakim, when Israel*

כֹּרֶשׁ מֶלֶךְ־פָּרַס וַיַּעֲבֶר־קוֹל בְּכָל־מַלְכוּתוֹ וְגַם־
בְּמִכְתָּב לֵאמֹר: ג כֹּה אָמַר כֹּרֶשׁ מֶלֶךְ פָּרַס כֹּל
מַמְלְכוֹת הָאָרֶץ נָתַן לִי יְהוָה אֱלֹהֵי הַשָּׁמָיִם וְהוּא־
פָקַד עָלַי לִבְנוֹת־לוֹ בַיִת בִּירוּשָׁלִַם אֲשֶׁר בִּיהוּדָה:
ג מִי־בָכֶם מִכָּל־עַמּוֹ יְהִי אֱלֹהָיו עִמּוֹ וְיַעַל לִירוּשָׁלִָם

רש״י

ת״א כורש . מגלה יח יב :

הפקידה שחזרו ישראל על אדמתם ובני יסוד בנין הבית העמר שלא נגמר עד עכשיו נמלא שהיה נ״ב שנה מגלות צדקיהו שנחרב הבית עד שנה אחת לכורש מלך פרס ושמנה עשר לאחר שנה א' לכורש שהיא שנת שתים לדריוש מלך פרס הושלמו שבעים שנה לחורבות ירושלים מגלות צדקיהו שנחרב הבית' עד שתים לדריוש שהתחילו ישראל לבנו' הבנין וגמרוהו וכן מוכיח בסדר עולם . לזמן אשר הושלם דברי השם של הקב״ה אשר דבר ירמיהו הנביא שנא' (שם כ״ט) כי לפי מלאות לבבל וגו' : **העיר ה' את רוח** . דלון: **קול** . כרוז הכריז בכל מלכותו : **ונם במכתב . ואף**

אבן עזרא

למלכות בבל שבעים שנה ויוליאם מעבדות כי כן כתוב בדברי הימים ויהיו לו ולבניו לעבדים עד מלוך מלכות פרס
כי בשנת אחת לכורש היו נ״ב לחורבות ירושלים ובטלה העבודה עד רצתה את הארץ את שבתותיה וכשנת ב' לדריוש נשלמו שבעים שנה לחרבות טיר הקדם כי כן כתוב אשר זעמת זה שבעים שנה : **העיר ה' את רוחו** . לבנות טירו : **ונם במכתב** . נחתם עם טבעתו : (כ) **כה** . שלשה הפסוקים האלה הם דבוקים כי הוא היה במכתב : **אלהי השמים** . ולא אמר אלהי הארץ כי כבר נתנה לבני אדם וכן הוא אומר כל ממלכות הארץ נתן לי ה' : **פקד** . לשון פקיד וטעמו נתן הפקידות עלי : **ביהודה** . בארץ יהודה : (נ) **יהי אלהיו** . טעמו שהשם היה עמו ונתן לו יכולת ממון.

מנחת שי

(כ) **כָּל ממלכות** . כ״ב :

אשר

מכתבו שלח בכל מלכותו על דבר זה : **לאמר** . וכה אמר להם בהכרוז הכריז אשר הכריז ובאגרת מכתבו אשר שלח בכל מלכותו : (ב) **כה אמר כורש מלך פרם וגו'** . **נתן לי** . שאני מלך ושליט על כל המלכות : **והוא פקד עלי** . זוה על ידי ישעיה הנביא לבנות לו בית המקדש בירושלים כמו שנא' כספר (ישעיה מ״ד) האומר לכורש רועי וכל חפצי ישלים ולאמר לירושלים תבנה והיכל תוסד כה אמר ה' למשיחו לכורש אשר החזקתי בימינו וגו' (שם מ״ה) וכבר נאמר' נבואה זו ע״י ישעיה : בירושלים אשר ביהודה . אשר במדינת יהודה : (נ) **מי בכם** . כך היה מכריז וכיחב לכל הממלכות מי בכם מכל הקב״ה יהיה הקב״ה

רלב״ג

בטראם ססם יח' במלום לכורש זה הענין וכו לוסו לבנות לו בית בירושלים אשר ביסודס וידמס שרלמ במלומו שאמר לו ססם ית' כי

מצודת דוד

אשר דבר ה' מפי ירמיהו והיא בכלות שבעים שנה מעת שבדם נ״כ אח יהוניקים בראשונה וכאשר פירשנו בדניאל : **ויעבר קול.** קול לו לסכריז : בכל מלכותו , בכל מדינת מלכותו : **ונם במכתב** . שלם הדברים האלה במכתב : **לאמר** . וכה אמר : (ב) **נתן לי** . וכה אמר : כל הממלכות אם כן מהרלאוי לי לעשות פליותו : **פקד עלי** . לוה עלי לבנות וגו' כמ״ם סאמר לכורש וגו' וסיכל תוסד (ישעיה מ״ד) : אשר ביהודה . אשר בארן יהודה : (נ) **מי בכם** . כי סדבדים האלס לום לסכריז ושלם . בין האומות ולוס אמר מי הממלא בכס מעם ס' יסיס ס' עמו ובעזרתו . ויעל וגו'

מצודת ציון

(מלכים ב' י״ט): **ויעבר קול** . מין הכרזה כמו ויעבירו קול במחנה (שמות לו) : (כ) **פקד** . לוס כמו סקודי ס' (חסלים י״ט)

---

earth in God's stead.—[*Ibn Ezra, Malbim*]

and He commanded me—*He commanded me through Isaiah the prophet to build for Him the Temple in Jerusalem, as it says in the Book of Isaiah* (44:28): "*Who says to Cyrus, 'He is My shepherd, and all My desire he shall fulfill,' and to say to Jerusalem, 'It shall be built, and the Temple shall be founded.'*" (Ibid. 45:1): "*So said the Lord to His anointed one, to Cyrus, whose right hand I held, etc.*" *And this prophecy was already stated by Isaiah.*—[*Rashi*] Josiphon relates that when Belshazzar's assassin brought his head to Darius and Cyrus, he told them that Belshazzar had sinned before God by profaning the vessels

Cyrus, the king of Persia, and he issued a proclamation throughout his kingdom, and also in writing, saying: 2. "So said Cyrus, the king of Persia, 'All the kingdoms of the earth the Lord God of the heavens delivered to me, and He commanded me to build Him a House in Jerusalem, which is in Judea. 3. Who is among you of all His people, may his God be with him, and he may ascend to Jerusalem,

the first year." What is this "And" connected to? *Rashi* explains that it is connected to the Book of *Daniel* where it says that the Temple was to be built seventy years after the destruction of Jerusalem. *Midrash Ezra*, and *Abarbanel*, quoted by *Malbim*, as well as *Rambam*, Exodus 1:1, assert that the Book of Ezra is connected to Chronicles II, which ends with the identical verses that Ezra begins with. It appears, therefore, that Ezra commenced this book immediately after Chronicles II and repeated its final verses. Indeed, the Talmud (*Baba Bathra* 15a) states that Daniel was authored by the Men of the Great Assembly, whereas Ezra and Chronicles were written by Ezra. Moreover, according to the order of the books, as is stated by the Talmud, Esther follows Daniel and precedes Ezra. For this reason, these exegetes deviate from *Rashi's* interpretation. See also *Isaiah da Trani*, who writes that the "vav" is superfluous. [Hence, we should render: "Now in the second year, etc." Accordingly, it is not connected to any other biblical book. This view is more compatible with the Talmudic statement that Ezra precedes Chronicles. It is possible, however, that in the order of the canon established by the Men of the Great Assembly, Chronicles was originally written before Ezra.]

at the completion of the word of the Lord from the mouth of Jeremiah—*at the time that the word of the Holy One, blessed be He, which Jeremiah spoke, was completed, as it says* (Jer. 29:10): *"for at the completion of seventy years of Babylon, etc."*—[*Rashi*]

the Lord aroused the spirit—*the will.*—[*Rashi*] He aroused his will to build His city.—[*Ibn Ezra*]

a proclamation—Heb. קוֹל, lit. a voice. *He proclaimed a proclamation throughout his kingdom.*—[*Rashi*]

and also in writing—*And he also sent his letter throughout his kingdom about this matter.*—[*Rashi*]

saying—*And so he said to them in his proclamation that he proclaimed and in his epistle that he sent throughout his kingdom.*—[*Rashi*]

2. So said Cyrus, the king of Persia etc. delivered to me—*that I am the king and ruler over all the kingdoms.*—[*Rashi*] Cyrus believed that God ruled only over the heavens, while giving the reign over the earth to man, specifically to the ruler of man. Therefore, he believed that he himself was appointed to rule the

אֲשֶׁר בִּיהוּדָה וַיִּבֶן אֶת־בֵּית יְהֹוָה אֱלֹהֵי יִשְׂרָאֵל הוּא הָאֱלֹהִים אֲשֶׁר בִּירוּשָׁלָ͏ִם: דְּוְכָל־הַנִּשְׁאָר מִכָּל־הַמְּקֹמוֹת אֲשֶׁר־הוּא גָר־שָׁם יְנַשְּׂאוּהוּ אַנְשֵׁי מְקֹמוֹ בְּכֶסֶף וּבְזָהָב וּבִרְכוּשׁ וּבִבְהֵמָה עִם־הַנְּדָבָה לְבֵית הָאֱלֹהִים אֲשֶׁר בִּירוּשָׁלָ͏ִם: הַוַיָּקוּמוּ רָאשֵׁי הָאָבוֹת לִיהוּדָה וּבִנְיָמִן וְהַכֹּהֲנִים וְהַלְוִיִּם לְכֹל הֵעִיר הָאֱלֹהִים אֶת־רוּחוֹ לַעֲלוֹת לִבְנוֹת אֶת־בֵּית יְהֹוָה אֲשֶׁר בִּירוּשָׁלָ͏ִם: וְכָל־סְבִיבֹתֵיהֶם חִזְּקוּ בִידֵיהֶם בִּכְלֵי־כֶסֶף בַּזָּהָב בָּרְכוּשׁ וּבַבְּהֵמָה וּבַמִּגְדָּנוֹת לְבַד עַל־

רש"י

(ד) וכל... ביתו אשר בירושלים: בעזרו ויעלה לבנות ביתו אשר בירושלים. וכל יהודי הנשאר במקומו שלא יוכל לעלות מחמת הנשאר. שאין לו ממון: ינשאוהו. מלוה אני לאנשי מקומו שיעניקוהו וינשאוהו בכסף ובזהב ורכוש ובהמות למען יוכל לעלות לירושלים עם הנדבה אשר יתנדבו אנשי מקומו לבנין הבית שאף העכו"ם יש בהם אשר היו מתנדבים נדבה לבנין הבית: לבית האלהים אשר בירושלים. מן כה

אבן עזרא

רי"ו ויעל הוא הנכנם בתחלת ענין וכן ויהי בימי שפוט השופטים. ואיננו לנורך: אשר בירושלים. דבק עם בית ה': (ד) וכל הנשאר. שהוא דל ואין ידו משגת ממון לעלות: ינשאוהו. יתנו לו משאות ומתנות או ינשאוהו ירימוהו מעניין רס ונשא כי העני כשל והוא הנכון: עם

רלב"ג

(ד) וכל הנשאר מכל המקומות אשר הוא גר שם וגו'. ר"ל שאשר ישאר מישראל מכל המקומות אשר גר שם סטולה לבנות את בית ה'. ינשאו כל אחד מהטולים אשר ממקומם וישימו להם כסף וזהב ורכוש ובהמה לתת לעולים לעזור מלבד מה שיתנדבו אנשי המקום לבית האלהים אשר בירושלים: (ו) ובמגדנות. הם דברים משובחים

מצודת דוד

(ד) ובריבוש. כן יקרא כל שוה כסף כמו: ואת כל רכושו ובראשית י"ד): (ה) (ס) ראשי האבות. ראשי המשפחות: לכל העיר. את כל סעיר. הלמ"ד במקום את וכן סרגו לאבנר (ש"כ ו'): רוחו. רלונו: (ו) ובמגדנות. המלה סהיא יורה על דבר סמטולה בין בסירות בין במלבושים בין בכלים וכן ומגדנות נתנין (דס"ב נ"ב): לבד על

מצודת ציון

ר"ל סרסות נתון ממני לעלות: הוא האלהים. סידם לומר שאלהי ישראל הוא סאלהים ססוכן בירושלים: (ד) וכל הנשאר. ר"ל וכל אשר בט"כ ישאר במקומי כי דל הוא ואין ידו משנת לעלות בכל התקובות. ר"ל מליה אני מני מכל במקומות אשר דל כאו גר שם סאנשי מקום כל אחד יריממו אותו בממן כסף וגו' ללבת לירוסלים: עם הנדבה. ר"ל הנדבה הסיא תהיה מלבד הנדבה אשר

יתנו לבית ס': (ס) (ס) ליהודה. אסר ליסודה. את כל אסר ליעיר: לכל העיר. את כל אסר העיר סלסיס וגו': (ו) וכל סביבותיהם.

---

spirit to embark on this undetaking. They should also give them a donation for the Temple.

to the House of God, which is in Jerusalem—*From "So said Cyrus" until here is the proclamation and the message of the written epistle.*—[*Rashi*]

5. of Judah and Benjamin—*the heads of the families of the tribes of Judah and Benjamin.*—[*Rashi*]

all whom ... inspired—*They ascended to Jerusalem to build the Temple with all those whom God*

which is in Judea, and let him build the House of the Lord, God of Israel; He is the God Who is in Jerusalem. 4. And whoever remains from all the places where he sojourns, the people of his place shall help him with silver and with gold and with possessions and with cattle, with the donation to the House of God, which is in Jerusalem.' 5. And the heads of the families of Judah and Benjamin and the priests and the Levites arose, with all whom God inspired to ascend to build the House of the Lord, which is in Jerusalem. 6. And all those around them strengthened their hands with vessels of silver, with gold, with possessions, with cattle, and with precious things, besides all that

of the Temple, and that God had sent His angel to write on the wall that Babylon would fall before the Persians and the Medes. The two monarchs were very impressed, and Cyrus vowed to rebuild the Temple. Later, Zerubbabel reminded him of his vow. Thereupon, Cyrus issued this proclamation.—[*Josiphon* ch. 3]

in Jerusalem, which is in Judea—*which is in the province of Judea.*—[*Rashi*]

3. **Who is among you**—*So did he announce and write to all the kingdoms, "Who is among you of all His people,"* [i.e. of the people] *of the Holy One, blessed be He, may the Holy One, blessed be He, be at his assistance, and let him ascend to build His house that is in Jerusalem.*—[*Rashi*]

4. **And whoever remains**—*and every Jew who remains in his place, who cannot ascend because he has no money.*—[*Rashi*]

shall help him—*I command the people of his place to provide him*

and help him with silver, gold, possessions, and cattle, in order that he be able to ascend to Jerusalem with the donation that the people of his place will donate for the building of the Temple, for also among the nations there were some who contributed donations to the building of the Temple.—[*Rashi*] *Ibn Ezra* explains that they should load them with gifts or upraise them from their low state of poverty. *Malbim* explains that Cyrus ordered his people to help the Jews migrate to Jerusalem, despite all deterents, such as low spirits, lack of inspiration to embark on this great undertaking, financial difficulties, or hesitation to go because of lack of money or property to donate to the construction of the Temple. He commanded them as follows: The people of his place shall help him with silver, gold, and possessions, which are worth money and can be converted into cash, and also with cattle, upon which to ride. The word וְנִשְּׂאוּהוּ includes upraising the

כָּל־הַמִּתְנַדֵּב: וְהַמֶּלֶךְ כּוֹרֶשׁ הוֹצִיא אֶת־כְּלֵי בֵית־
יְהֹוָה אֲשֶׁר הוֹצִיא נְבוּכַדְנֶצַּר מִירוּשָׁלַם וַיִּתְּנֵם
בְּבֵית אֱלֹהָיו: ח וַיּוֹצִיאֵם כּוֹרֶשׁ מֶלֶךְ פָּרַס עַל־יַד
מִתְרְדָת הַגִּזְבָּר וַיִּסְפְּרֵם לְשֵׁשְׁבַּצַּר הַנָּשִׂיא לִיהוּדָה:
ט וְאֵלֶּה מִסְפָּרָם אֲגַרְטְלֵי זָהָב שְׁלֹשִׁים אֲגַרְטְלֵי־כֶסֶף
אָלֶף מַחֲלָפִים תִּשְׁעָה וְעֶשְׂרִים: י כְּפוֹרֵי זָהָב שְׁלֹשִׁים
כְּפוֹרֵי כֶסֶף מִשְׁנִים אַרְבַּע מֵאוֹת וַעֲשָׂרָה כֵּלִים
אֲחֵרִים

רש״י

כל זאת היו עושים שכיני היהודים לבד מה שהם מתנדבים
מעלמם לבנין הבית : (ז) ויתנם בבית אלהיו . אשר
נתנם נבוכדנצר בבית עכומ״ז שלו : (ח) על יד מתרדת
הגזבר . כך שמו של גזבר אשר לכורש ולוה כורש להוליאם
ויספרם . הגזבר הזה מנה חותם ומסרם לששבצר
למפן ישאם ויוליכם לירושלים ואמרו רבותינו היא ששבצר
הוא דניאל ולמה נקרא שמו ששבצר שעמד בשש לרות :

אבן עזרא

פירושו הכסף והזהב ושאר המתנות נתנו לבד על כל אשר
התנדבו מנדבות : (ז) ויתנם בבית אלהיו . דבק עם
נבוכדנצר : (ח) הגזבר . ממונה על גנזי המלך וטעמו
פקיד : ויספרם . נתנם במספר : לששבצר . הוא זרובבל
ונקרא כן בלשון כשדים : (ט) אגרטלי . מזרקים ופירושו
בירושלמי למה נקרא שמם אגרטלי שאוגרים שם דס הטלה
של״א מ״ן הספ״ר : אגרטלי . המלה חמישית או האל״ף
נוסף ופירושו גביעים : מחלפים . סכינים והוא מעניין

רלב״ג

בגדים או סירות או אבן יקרה : (ח) הגזבר . סממונה על שמירת כלי בית ה' : ויספרם . הוא מעניין מנין . והנה ששבצר הוא זרובבל
אך קראוהו ככה בלשון פרסי או בלשון כשדים ולזה אמר אחר זה אשר בא עם זרובבל : (ט) אגרטלי . הם כלים ליטול ידים : מחלפים .
כלים כורתים וסם ססכינים ומה סידמה להם : (י) כפורי זהב . מזרקי זהב . מזרקי כסף משנים . מזרקי כסף שנים :

מצודת דוד

סביבותיהם חזקו בידי העולים בכח להם די ספוקם כלי כסף וגו' :
לבד . חוץ מאשר כל המנדב מה מהם לבית ה' : (ז) הוציא . מאוצר
בית הספכו״ם אשר נתנם שם נ״כ כמ״ש (בדניאל א') : (ח) על יד .
הוא סוליאם בפקודת המלך : ויספרם . מסרם במספר לששבצר
זהוא זרובבל וכן היה נקרא בלשון פרס ורז״ל אמרו שהוא דניאל

מצודת ציון

הוא כפול לתוספת ביאור וכן הדרן אך במשה (במדבר י״ב) : (ח) על
יד . ביד על במקרו בי״ת וכן על לבאותם (שמות י״ב) ורבים כמוהו :
הגזבר . הסקיד : (ט) ארגטלי . שס כלי יחלוף . כליל יחלוף (ישעיה כ׳) ע״ש
סידים : מחלפים . סכינים והוא מל׳ כליל יחלוף (ישעיה ב') שכהס
שוחטים ומחליפים מחיים לייתה וע״ש ז' קראו חז״ל ללדדי
האולם מזה ומזה בית החליפות (מדות פ״ד) כי שם גזו הכהנים
אלבעו מן הדם בשפת המזרק לזה קרוי כפור שהוא עניין קנוה
סנים ור״ל כפולים הראוי להשתמש בהן בשתי עבריהם :

מצודת דוד

סביבותיהם חזקו בידי העולים בכח להם די ספוקם כלי כסף וגו' :
לבד . חוץ מאשר כל המנדב מה מהם לבית ה' : (ז) הוציא . מאוצר
בית הספכו״ם אשר נתנם שם נ״כ כמ״ש (בדניאל א') : (ח) על יד .
הוא סוליאם בפקודת המלך : ויספרם . מסרם במספר לששבצר
וזהוא זרובבל וכן היה נקרא בלשון פרס ורז״ל אמרו שהוא דניאל

סכייניסס : (י) כפורי . מזרקות וט״ש שהכהן הזורק היה מקנח
וכדרז״ל ובעי לכפולי ידיה (גיטין כ״ו) : משנים . מלשון שנים

---

the prince of Judah—*He is the
prince of the tribe of Judah.*—
[*Rashi*]

9. their number—*of the vessels
of the House of the Lord.*—[*Rashi*]

basins—Heb. אֲגַרְטְלֵי. *They are
kinds of vessels.*—[*Rashi*] *Ralbag*

identifies them as vessels with which
to wash the hands. *Ibn Ezra* identifies
them as basins used to receive the
blood of the sacrifices and then
sprinkle it on the altar. According to
Yerushalmi (*Yoma* 3:8), the word
אֲגַרְטְלֵי is a combination of אגר, *to*

was donated. 7. And King Cyrus took out all the vessels of the House of the Lord, which Nebuchadnezzar had taken out of Jerusalem and had placed them in the temple of his god. 8. Now Cyrus, the king of Persia, took them out by the hand of Mithredath the treasurer, and he counted them out to Sheshbazzar, the prince of Judah. 9. And these are their number: thirty basins of gold, a thousand basins of silver, twenty-nine knives, 10. Thirty bowls of gold, secondary silver bowls four hundred and ten, a thousand other vessels.

inspired to ascend and to build the Temple.—[Rashi]

6. And all those around them— And all the nations who were Israel's neighbors assisted and strengthened the hands of the Jews with gold and silver and all these gifts in order that they be able to ascend to Jerusalem.— [Rashi]

besides all that was donated— All this the neighbors of the Jews did, besides what they [the Jews] themselves donated for the building of the Temple.—[Rashi]

7. and had placed them in the temple of his god— that Nebuchadnezzar had placed in the temple of his pagan deity.—[Rashi] [Scripture refers to Daniel 1:2.]

8. Now King Cyrus took them out— First he took them out of the pagan temple, so that they should be fit for use in the Temple of God. Then he removed them from his possession by the hand of Mithderath the treasurer.—[Malbim]

by the hand of Mithderath the treasurer— such was the name of Cyrus's treasurer, and Cyrus commanded [him] to take them out.— [Rashi]

and he counted them out— This treasurer counted them and delivered them to Sheshbazzar, so that he would carry them and transport them to Jerusalem. Our Rabbis said: "Sheshbazzar is identical with Daniel, and why was he called Sheshbazzar? Because he endured six troubles (שׁשׁ צָרוֹת)"—[Rashi from Pesikta Rabbathi 6:3] Pesikta Rabbathi enumerates Daniel's troubles: 1) his trouble in the lion's pit, 2) the trouble of Hananiah, Mishael, and Azariah in the fiery furnace, 3) the decree upon all the wise men of Babylon who could not tell Nebuchadnezzar his dream, 4) the exile of Jehoiachin, 5) the exile of Jehoiakim, and 6) the exile of Zedekiah. All these took place in his time, although he was not involved in all of them. Ibn Ezra and Ralbag write that this was Zerubbabel, who was called Sheshbazzar in Chaldean or Persian. They base this on 2:2: "who came with Zerubbabel, etc.," indicating that he was their leader.

אֲחֵרִים אָלֶף: יא כָּל־כֵּלִים לַזָּהָב וְלַכֶּסֶף חֲמֵשֶׁת אֲלָפִים וְאַרְבַּע מֵאוֹת הַכֹּל הֶעֱלָה שֵׁשְׁבַּצַּר עִם הֵעָלוֹת הַגּוֹלָה מִבָּבֶל לִירוּשָׁלָ͏ִם: ב א וְאֵלֶּה ׀ בְּנֵי הַמְּדִינָה הָעֹלִים מִשְּׁבִי הַגּוֹלָה אֲשֶׁר הֶגְלָה נְבוּכַדְנֶצּוֹר מֶלֶךְ־בָּבֶל לְבָבֶל וַיָּשׁוּבוּ לִירוּשָׁלַ͏ִם וִיהוּדָה אִישׁ לְעִירוֹ: ב אֲשֶׁר־בָּאוּ עִם־זְרֻבָּבֶל יֵשׁוּעַ נְחֶמְיָה שְׂרָיָה רְעֵלָיָה מָרְדֳּכַי בִּלְשָׁן מִסְפָּר בִּגְוַי רְחוּם בַּעֲנָה מִסְפַּר אַנְשֵׁי עַם יִשְׂרָאֵל: ג בְּנֵי פַרְעֹשׁ אַלְפַּיִם

ת"א אֲחֵרִי͏וֹ, מגלס טו: יתיר ו'נ'א ולידודה   מאה

רש"י

(יא) כָּל כֵּלִים: מַתָּה כֹּולֵל מַשְׁכֹּן הַמְּנוּיִין וְשֶׁאֵינָן מְנוּיִין כֹּולָן בְּמִנְיָן אֶחָד אֲבָל הַחֶשְׁבּוֹן הוּא מוּנֶה: הֶעָלוֹת. לְשׁוֹן [הַפְעֵל]:

ב (א) וְאֵלֶּה בְּנֵי הַמְּדִינָה. אֵלֶּה בְּנֵי יִשְׂרָאֵל אֲשֶׁר מִמְּדִי' אֶרֶץ יִשְׂרָאֵל הָעוֹלִים עַתָּה מִן הַשְּׁבִי אֲשֶׁר בַּגּוֹלָה לִירוּשָׁלַיִם. וַיָּשׁוּבוּ. וְעַתָּה חָזְרוּ לִירוּשָׁלַיִם: וִיהוּדָה. וּבְנֵי

יְהוּדָה חָזְרוּ כָּל אֶחָד וְאֶחָד לְעִירוֹ: (ב) אֲשֶׁר בָּאוּ. בְּנֵי הַמְּדִינָה הַלָּלוּ בַּתְּחִלָּה כַּאֲשֶׁר גָּלוּ מֵאָ"י לְבָבֶל עִם זְרוּבָבֶל וְגוֹ': מִסְפָּר. הָרִאשׁוֹן פ"א קְמוּלָה גָּדוֹל וְשֵׁם אָדָם הוּא מִסְפָּר הַשֵּׁנִי פ"א פְּתוּחָה וְדָבוּק הוּא: אַנְשֵׁי עַם יִשְׂרָאֵל. הַלָּלוּ בְּנֵי אָדָם גְּדוֹלִים וַחֲשׁוּבִים הָיוּ וְהָאֲחֵרִים הָיוּ מְשׁוּכִים אַחֲרֵיהֶם וְעַל כֵּן מְקוֹם אַחֲרֵיהֶם לְבַד: (ג) בְּנֵי פַרְעֹשׁ

אבן עזרא

הַכֹּל הֵבִיא בְּבָבֶל: (יא) הֶעָלוֹת הַגּוֹלָה. שֵׁם הַפְעֵל:

ב (א) בְּנֵי הַמְּדִינָה. הִיא מְדִינַת בָּבֶל: (ב) אֲשֶׁר בָּאוּ. יֵשׁוּעַ. הוּא יְהוֹשֻׁעַ הַכֹּהֵן הַגָּדוֹל: מָרְדֳּכַי בִּלְשָׁן: הוּא מָרְדֳּכַי הַיְהוּדִי. רַק כָּלָשׁוֹן יִתָּכֵן שֶׁהוּא אִישׁ אַחֵר וְהוּא חֲסֵר וִ"ו כְּאָדָם שֵׁת חֲנוֹךְ: מִסְפָּר. הַשֵּׁנִי בַּפָּסוּק הוּא שֵׁם

מנחת שי

(יא) סַטְלוֹם. בְּרוֹב הַסְּפָרִים סַס"א צֵלֵירֵי לֹא בְּסֶגּוֹל וְכֵן חִבְּרוֹ שֶׁבַּמָּסֹרֶת וְלֹא סְפָרוֹת הַסָּפֵק סֶגּוֹל פַּרְשַׁת בְּשַׁלַּח:

ב (א) נְבוּכַדְנֶצּוֹר. נְבוּכַדְנֶצּוֹר קְרִי וְסֵס שָׁנִים יְמִינִין וַו"ו סס"ס וּמֵידָךְ לַקְדָשׁ וּלַמַּמְלָכוֹת חָלוּף אֲשֶׁר סֵס נְבוּכַדְרֶצּוֹר (יִרְמְיָה מ"ם) רַאֲלוֹל כְּתִיב כְּמוֹ שֶׁכָּתַבְתִּי שֵׁם וְכֵן צְרִיךְ לְהַגִּיהַּ בַּמְּסוֹרֶת: יְהוּדָה.בְּסֵפֶר קַדְמוֹן כְּתִי כָּתוֹב וּלֵ"ו ס'וּ דַ"ס וְגַם בְּלָשׁוֹם יָשׁוֹן מוּיְנִילְיאֵם יֵשׁ סְפָרִים מַזֹּ בַּגָּלָיוֹן וְרַבִּים הַסְּפָרִים אֲשֶׁר אֵחֵט שֶׁכָּתוֹב בַּהֶם וִיהוּדָה: (ב) רְעֵלָיָה . בְּס"ס הֵרֵ"ש בַּגַּעְיָא וְהֵלַ"ד בִּקְמָן : מָרְדֳּכַי. בְּכַמָּה סְפָרִים סֵדְל"ם בַּחֲטֵף קָמָן וּלְכֹל כְּתַבְתִּי מַזֹּ בַּמְּגִלָּה אֵסְתֵּר יֵ"ס בַּמַּגְלַת אֵסְתֵּר פ"א קָמוּלָה

רלב"ג

ב (ב) יֵשׁוּעַ. הוּא יְהוֹשֻׁעַ בֶּן יְהוֹצָדָק הַכֹּהֵן הַגָּדוֹל: נְחֶמְיָה. הוּא נְחֶמְיָה בֶּן חֲכַלְיָה: מָרְדֳּכַי: הוּא אֲשֶׁר סֵיה יוֹשֵׁב בְּשַׁעַר הַמֶּלֶךְ בִּימֵי הַמֶּלֶךְ אֲחַשְׁוֵרוֹשׁ. וְאָל תְּמַהּ אֵיךְ יֵלֵא מִירוּשָׁלַיִם אַחַר שֶׁנִּכְנַס שָׁם כִּי מִפְּנֵי הַשָּׂטָנִיס שֶׁכָּתְבוּ אַחַשְׁוֵרוֹשׁ וְשָׂאַר מַלְכֵי פֶרַס לְהַשְׁבִּית סַטְלֵבֶס סוֹלְרְמֹ לְלֵאת מַטֵּם לְהַמְתַּדֵּל בְּכָל עֹז כַּטְשַׁלָּמַת הַבִּנְיָן אַחַר שֶׁימַלְאוּ מִן כְּפִינֵי מַלְכֵי פֶרַס: אַנְשֵׁי עַם יִשְׂרָאֵל. ר"ל רָאשֵׁי עַם יִשְׂרָאֵל

מצודת דוד

וְנִקְרָא כֵן עַל שֶׁעָמַד בַּשֵּׁם לְרוֹם: (יא) לַזָּהָב וְלַכֶּסֶף. בֵּין שֶׁל זָהָב בֵּין שֶׁל כֶּסֶף. חֲמֵשֶׁת אֲלָפִים וְגוֹ'. מִסְפַּר סֵס סִי' כָּל הַכֵּלִים סְקָמִים עִם סָנְדֳּלִים וְלָמַמְלֹל לֹא מִנָּס כִּי אִם סַגְדֹלִים וְהַחֲשׁוּבִים: עִם הֶעָלוֹת. סַטְלֹם יָמַד עִם סַטְלָּאֹ בְּנֵי סַגּוֹלָה:

ב (א) בְּנֵי הַמְּדִינָה . בְּנֵי מְדִינַת אֵ"י סָעוֹלִים עַתָּה מַמְּס סָסִיוֹ בַּשְּׁבִי סַגּוֹלָה וְגוֹ': וַיָּשׁוּבוּ. מַתָּה שָׁבוּ כָּל אֶחָד לְעִירוֹ אֲשֶׁר גָּלָה

and Judea—*And the people of Judea returned, each one to his city.*—[Rashi]

2. **[Those] who came**—*these people of the province, in the beginning, when they went into exile from Israel to Babylon with Zerubbabel, etc.*—[Rashi] Metzudath

David explains: who now returned to their cities with Zerubbabel, etc.

Zerubbabel—mentioned in Haggai 1:1 as Zerubbabel, son of Shealtiel, governor of Judah. In fact, Zerubbabel was the grandson of Shealtiel and the son of Pedaiah, as mentioned in I Chronicles 3:17ff.

11. All the vessels of silver and gold were five thousand, four hundred; Sheshbazzar brought up everything when the exiles were brought up from Babylon to Jerusalem.

2

1. And these are the people of the province who went up from the captivity of the exile, whom Nebuchadnezzar, the king of Babylon, had exiled to Babylon, and they returned to Jerusalem and Judea, each one to his city. 2. [Those] who came with Zerubbabel, Jeshua, Nehemiah, Seraiah, Reelaiah, Mordecai Bilshan, Mispar, Bigvei, Rehum, Baanah, the number of the important men of the people of Israel. 3. The children of Parosh were two thousand,

gather, and שֶׂה, lamb: i.e., a vessel in which they would gather the blood of the lambs.

knives—Heb. מַחֲלָפִים. *They are knives, and this expression refers to the chamber of the knives (בֵּית הַחֲלִיפוֹת). Because they would deposit the knives therein, it was called the chamber of the depository of the knives (לִשְׁכַּת בֵּית הַחֲלִיפוֹת).*—[Rashi]

10. **bowls**—Heb. כְּפוֹרֵי, *bowls, and they were called כְּפוֹרֵי from an expression of wiping, like (Bava Mezia 24b): "who wiped (דְּכַפֵּר) his hands on his neighbor's cloak," because the one who would receive the blood in a bowl would wipe the squirtings of the blood that splattered on his hand on the rim of the bowl.*—[Rashi] [Note that in our editions of the Talmud, the word דְּכַפֵּר does not appear. See *Rashi* to Genesis 32:21, Berliner, Chavel]

secondary—Heb. מִשְׁנִים, *secondary ones, other vessels of another kind.*—[Rashi] *Metzudath David* renders: double silver bowls, meaning bowls that could be used on both sides.

11. **All the vessels**—*Now he totals the sum of those counted and those who were not counted all into one number, but the important ones he counts.*—[Rashi]

when the exiles were brought up—Heb. הֵעָלוֹת, [a passive] *expression.*—[Rashi]

2

1. **And these are the people of the province**—*These are the Children of Israel who are from the province of the land of Israel, who are now coming up from the captivity that is in the exile to Jerusalem.*—[Rashi] *Ibn Ezra* explains that they were the people of the province of Babylon.

and they returned—*And now they returned to Jerusalem.*—[Rashi]

מֵאָה שִׁבְעִים וּשְׁנָיִם: ד בְּנֵי שְׁפַטְיָה שְׁלֹשׁ מֵאוֹת שִׁבְעִים וּשְׁנָיִם: ה בְּנֵי אָרַח שְׁבַע מֵאוֹת חֲמִשָּׁה וְשִׁבְעִים: ו בְּנֵי־פַחַת מוֹאָב לִבְנֵי יֵשׁוּעַ יוֹאָב אַלְפַּיִם שְׁמֹנֶה מֵאוֹת וּשְׁנֵים עָשָׂר: ז בְּנֵי עֵילָם אֶלֶף מָאתַיִם חֲמִשִּׁים וְאַרְבָּעָה: ח בְּנֵי זַתּוּא תְּשַׁע מֵאוֹת וְאַרְבָּעִים וַחֲמִשָּׁה: ט בְּנֵי זַכַּי שְׁבַע מֵאוֹת וְשִׁשִּׁים: י בְּנֵי בָנִי שֵׁשׁ מֵאוֹת אַרְבָּעִים וּשְׁנָיִם: יא בְּנֵי בֵבָי שֵׁשׁ מֵאוֹת עֶשְׂרִים וּשְׁלֹשָׁה: יב בְּנֵי עַזְגָּד אֶלֶף מָאתַיִם עֶשְׂרִים וּשְׁנָיִם: יג בְּנֵי אֲדֹנִיקָם שֵׁשׁ מֵאוֹת שִׁשִּׁים וְשִׁשָּׁה: יד בְּנֵי בִגְוָי אַלְפַּיִם חֲמִשִּׁים וְשִׁשָּׁה: טו בְּנֵי עָדִין אַרְבַּע מֵאוֹת חֲמִשִּׁים וְאַרְבָּעָה: טז בְּנֵי־אָטֵר לִיחִזְקִיָּה תִּשְׁעִים וּשְׁמֹנָה: יז בְּנֵי בֵצָי שְׁלֹשׁ מֵאוֹת עֶשְׂרִים

רש"י

ושלשה

וגו' . יש מהם בפרשה שמזכיר שם אביהם על שם בני המשפחה ויש מהם שמזכירין על שם מקומם לומר בני מקום פלוני:

אבן עזרא

חשבון . וראשון שם חים : (ו) פחת מואב . הוא ראש לישוע וליואב בנים שנולדו לאחלה הנזכרים ויתכן להיות ישוע ויואב קדומים לפחת מואב: (ס) זבי . כתיב וקרי זכי

והפני ס"א סתומה . רש"י: (ס) בני זכי . כתב סרלב"ג וכי כתיב וקרי זכי ונקרא כשתי לשונות ס"ל ובמספרים שלנו כתיב וקרי כל"ף ונמסר עליו ב' זקף קטן ומכרו בנעמים סימן ז' . (ובמוזרם סימן י') כתוב מנגים זכי סמלים וסוא בב"ת ופתח ונמסר עליו לית:

רלב"ג

והנה מנה כמה מנו מכל מקום ומקום ומכל משפחה ומשפחה . וגם מנה מנה הנתינים שהיו מהגבעונים וקרלם נתינים כי נתנם דוד למכודם ביח ס' למלוך אבנים ולכרות פלים זמם שיזמם לוז . ומנה ממנה בני עבדי שלמה כי גם סם משבעם ממנים כמו שנזכר בם' מלכים (פ' ס' כ' . פ"מ):

מצודת דוד

(ו) פחת מואב . סמושל במואב : לבני ישוע יואב . ר"ל מן בני ישוע ומן בני יואב סטיו בני פחת מואב מפורס סיו אלפים וגו': (מז) בני אטר ליחזקיה . נתן סימן מל אמר לומר סטיה מזרע יחזקיס או כ"ל אם סכניס מל ימזקיס:

<hr>

the construct state, [meaning the number of].—[Rashi]

the important men of the people of Israel—*These were the great and important people, and the others followed them. Therefore, they were counted after them separately.—[Rashi]*

3. The children of Parosh, etc.—*There are some in the chapter for whom the father's name is used for the family name [surname] and there are some who are called by the name of their place, i.e., "the children of such-and-such a place."—[Rashi]* Malbim finds many discrepancies between the numbers of the exiles enumerated in this chapter and the numbers enumerated in Nehemiah 7. He concludes that those in our

one hundred seventy-two. 4. The children of Shephatiah were three hundred seventy-two. 5. The children of Arah were seven hundred seventy-five. 6. The children of Pahath-Moab, of the children of Jeshua [and] Joab, were two thousand eight hundred and twelve. 7. The children of Elam were a thousand two hundred fifty-four. 8. The children of Zattu were nine hundred forty-five. 9. The children of Zakkai were seven hundred and sixty. 10. The children of Bani were six hundred forty-two. 11. The children of Bebai were six hundred twenty-three. 12. The children of Azgad were a thousand two hundred twenty-two. 13. The children of Adonikam were six hundred sixty-six. 14. The children of Bigvai were two thousand fifty-six. 15. The children of Adin were four hundred fifty-four. 16. The children of Ater, of Hezekiah, were ninety-eight. 17. The children of Bezai were three hundred twenty-

Redak to Haggai explains that grandchildren are sometimes referred to as children, and perhaps Shealtiel was regarded with higher esteem than was Pedaiah. Zechariah, son of Iddo, mentioned in Ezra, was also actually the son of Berechiah, son of Iddo. *Ibn Ezra* (3:2, Haggai ad loc.) conjectures that Zerubbabel was raised by Shealtiel, whom he considers to be Zerubbabel's uncle (Zerubbabel being the son of Pedaiah, the brother of Shealtiel). As an example, *Ibn Ezra* cites II Samuel 21:8, where sons of Michal are mentioned even though Michal had no children. They, too, are referred to as her sons because she raised them. According to the Talmud (*Sanh.* 38a), Zerubbabel and Nehemiah, the sons of Hachaliah, were one and the same. He was called Zerubbabel because he was conceived in Babylon, נִזְרַע בְּבָבֶל,

lit. sown in Babylon. Note that according to *Rashi* (ad loc.), he was exiled to Babylon. Rabbi Jacob of Emden, in his notes on *Sanhedrin*, points out two difficulties with the view that Zerubbabel is Nehemiah: 1) In our verse, both Zerubbabel and Nehemiah are listed with Jeshua between them. 2) In Nehemiah 12:47, we read: "...in the days of Zerubbabel and in the days of Nehemiah." *Rambam*, in his *Introduction to the Mishnah*, lists Zerubbabel and Nehemiah separately, as do several commentators to *Aboth*. Support for this contention is *Targum Shir Hashirim* 6:2, 7:3.

Mispar—Heb. מִסְפַּר. [This word appears twice in this verse.] *In the first one, the "pay" is vowelized with a "kamatz," and it is the name of a man; in the second, the "pay" is vowelized with a "pattah," and it is*

וּשְׁלֹשָׁה: יח בְּנֵי יוֹרָה מֵאָה וּשְׁנֵים עָשָׂר: יט בְּנֵי חָשֻׁם מָאתַיִם עֶשְׂרִים וּשְׁלֹשָׁה: כ בְּנֵי גִבָּר תִּשְׁעִים וַחֲמִשָּׁה: כא בְּנֵי בֵית לֶחֶם מֵאָה עֶשְׂרִים וּשְׁלֹשָׁה: כב אַנְשֵׁי נְטֹפָה חֲמִשִּׁים וְשִׁשָּׁה: כג אַנְשֵׁי עֲנָתוֹת מֵאָה עֶשְׂרִים וּשְׁמֹנָה: כד בְּנֵי עַזְמָוֶת אַרְבָּעִים וּשְׁנָיִם: כה בְּנֵי קִרְיַת עָרִים כְּפִירָה וּבְאֵרוֹת שְׁבַע מֵאוֹת וְאַרְבָּעִים וּשְׁלֹשָׁה: כו בְּנֵי הָרָמָה וָגָבַע שֵׁשׁ מֵאוֹת עֶשְׂרִים וְאֶחָד: כז אַנְשֵׁי מִכְמָס מֵאָה עֶשְׂרִים וּשְׁנָיִם: כח אַנְשֵׁי בֵית־אֵל וְהָעָי מָאתַיִם עֶשְׂרִים וּשְׁלֹשָׁה: כט בְּנֵי נְבוֹ חֲמִשִּׁים וּשְׁנָיִם: ל בְּנֵי מַגְבִּישׁ מֵאָה חֲמִשִּׁים וְשִׁשָּׁה: לא בְּנֵי עֵילָם אַחֵר אֶלֶף מָאתַיִם חֲמִשִּׁים וְאַרְבָּעָה: לב בְּנֵי חָרִם שְׁלֹשׁ מֵאוֹת וְעֶשְׂרִים: לג בְּנֵי־

מנחת שי

קמץ בז"ק קמץ בז"ק

(כ) בני גבר. מין דגש בג'ימ"ל: (כה) בני קרית ערים וגו' וארבעים ושלשה. כרוב הספרים וחרכעטים בוא"ו: (לג) מדיד ואונו. כשני דלמי"ן:

אבן עזרא

נקרא בב' לשונות וכן בני חטר ליחזקיה שגולדו ליחזקיה רק חטר הוא הראש או חזקיה הראש וחטר בנו הוא זהוא הנכון: (כג) אנשי ענתות. כתוב עליהם כה אמר ה' אל אנשי ענתות וגו' ושארית לא תהיה להם כי אביא רעה אל אנשי ענתות שנת פקדתם אכן מהקבלה ידענו שבבו לאל טרם יום הפקידה ובטלה הגזירה מעליהם ונשארו מהם קכ"ח: (כה) קרית ערים. היא יערים וכן הספירום בני כפירה בני בארות כך וכך: (כו) בני הרמה ונבע. טעמו כך וכך: (כט) נבו. שם חים וכן מגבים ועילם ומרים מהוה ויתכן נבו ובצל מעון וכן לוד וחדיד ואונו חסר וי"ו וכן הוא וחדיד ומדיד מלשתם ילאו בני יריחו הוא הידוע: (לב) חרים. אחד הוא:

מצודת דוד

(כה) קרית ערים. היא קרית יערים הנזכר ביהושע: שבע מאות וגו'. ר"ל בני כל שלשה המקומות היו ז' מאות וגו': (לא) עילם אחר. לפי

16. **The children of Ater, of Hezekiah**—This may mean that Ater was one of the sons of Hezekiah, or it may mean that the children of Ater came with the children of Hezekiah—[*Metzudath David*]. As above, *Malbim* explains that Hezekiah was one of the sons of Ater. *Ibn Ezra* explains as above, preferring to believe that Hezekiah was the head of the family and Ater was his son.

23. **The people of Anathoth**—Jeremiah prophesied (11:22f.): "Therefore, so says the Lord of Hosts: Behold I will visit retribution upon them; the young men shall die by the sword; their sons and daughters shall die through hunger. And they shall have no remnant, for I will bring misfortune upon the men of Anathoth in the year of their remembrance." They deserved this punishment because they had threat-

three. 18. The children of Jorah were a hundred and twelve. 19. The children of Husham were two hundred twenty-three. 20. The children of Gibbar were ninety-five. 21. The children of Bethlehem were a hundred twenty-three. 22. The people of Netophah were fifty-six. 23. The people of Anathoth were a hundred twenty-eight. 24. The children of Azmaveth were forty-two. 25. The children of Kiriath-Arim, Chephirah, and Beeroth were seven hundred forty-three. 26. The children of Ramah and Geba were six hundred twenty-one. 27. The people of Michmas were a hundred twenty-two. 28. The people of Bethel and Ai were two hundred twenty-three. 29. The children of Nebo were fifty-two. 30. The children of Magbish were a hundred fifty-six. 31. The children of the other Elam were a thousand two hundred fifty-four. 32. The children of Harim were three hundred and twenty. 33. The children of

chapter are those who were exiled with Jeconiah. These were the people of high esteem, who remained as such when Nebuchadnezzar exiled them to his capital city of Babylon. Hence the wording: "whom Nebuchadnezzar had exiled to Babylon." Those counted in Nehemiah were the ones exiled with Zedekiah. As Jeremiah (24) describes them, they were the lower class people. Consequently, Nebuchadnezzar exiled them to the other cities of his country. Hence, the word לְבָבֶל, *to Babylon*, is missing. The former returned to Jerusalem, for that was their main objective, and from there, many of them spread out to the other cities of Judea; hence, "to Jerusalem and Judea." The latter went directly to their homes; hence, "to Jerusalem and to Judea." In general, the numbers in this chapter are smaller than those in Nehemiah. In some cases, however, these numbers are larger, indicating that some of the exiles who returned when Cyrus made his proclamation went back there when the construction was halted.

6. **The children of Pahath-Moab, of the children of Jeshua, etc.**—*Ibn Ezra* suggests that Pahath-Moab was the head of the family. Of his sons, Jeshua and Joab, two thousand eight hundred and twelve returned to Judea. *Malbim* concurs with this interpretation. *Ibn Ezra* also suggests that Pahath-Moab may have been one of the sons of Jeshua and Joab. *Metzudath David* explains Pahath-Moab as a generic term, meaning the ruler of Moab. His two children were Jeshua and Joab, whose children returned from the exile. See 8:4.

לד' חָדִיד וְאוֹנוֹ שְׁבַע מֵאוֹת עֶשְׂרִים וַחֲמִשָּׁה: ל"ד בְּנֵי
יְרֵחוֹ שְׁלֹשׁ מֵאוֹת אַרְבָּעִים וַחֲמִשָּׁה: ל"ה בְּנֵי סְנָאָה
שְׁלֹשֶׁת אֲלָפִים וְשֵׁשׁ מֵאוֹת וּשְׁלֹשִׁים: ל"ו הַכֹּהֲנִים
בְּנֵי יְדַעְיָה לְבֵית יֵשׁוּעַ תְּשַׁע מֵאוֹת שִׁבְעִים וּשְׁלֹשָׁה:
ל"ז בְּנֵי אִמֵּר אֶלֶף חֲמִשִּׁים וּשְׁנָיִם: ל"ח בְּנֵי פַשְׁחוּר אֶלֶף
מָאתַיִם אַרְבָּעִים וְשִׁבְעָה: ל"ט בְּנֵי חָרִם אֶלֶף וְשִׁבְעָה
עָשָׂר: מ הַלְוִיִּם בְּנֵי־יֵשׁוּעַ וְקַדְמִיאֵל לִבְנֵי הוֹדַוְיָה
שִׁבְעִים וְאַרְבָּעָה: מ"א הַמְשֹׁרְרִים בְּנֵי אָסָף מֵאָה
עֶשְׂרִים וּשְׁמֹנָה: מ"ב בְּנֵי הַשֹּׁעֲרִים בְּנֵי־שַׁלּוּם בְּנֵי־
אָטֵר בְּנֵי־טַלְמוֹן בְּנֵי־עַקּוּב בְּנֵי חֲטִיטָא בְּנֵי שֹׁבָי
הַכֹּל מֵאָה שְׁלֹשִׁים וְתִשְׁעָה: מ"ג הַנְּתִינִים בְּנֵי־צִיחָא
בְנֵי־חֲשׂוּפָא בְּנֵי טַבָּעוֹת: מ"ד בְּנֵי־קֵרֹס בְּנֵי־סִיעֲהָא

רש"י

(לו) הכהנים בני ידעיה. עד עתה מנה בני יהודה
ובנימין ומעכשיו הוא מונה והולך הכהנים והלוים כמו שנא'
למעלה ויקומו ראשי האבות ליהודה ובנימין והכהנים והלוי'
וגו': (מא) המשוררים. הלוים שהיו משוררים וכן
השוערים הם הלוים שהיו שוערים משערי בית המקדש:
(מג) הנתינים. עכשיו הוא מונה אותם נתינים שהיו חוטבי

מנחת שי

(מא) המשוררים. סס"א במאריך: (מב) טלמון. ברוב ספרים
מלא וי"ו: (מד) בני סיעהא. סכי"ת בגעיא בס"ס:

אבן עזרא

(מ) בני ישוע וקדמיאל. הם נולדו לבני הודויה כי
הפועל האמתי הוא אהרן כאשר אמרתי: (מב) בני
השוערים. שומרי השערים הם בני אסף: (מג) הנתינים.
נקראו נתינים אף על פי שנאמר אחרי כן ומן הנתינים שנתן

מצודת דוד

ישראלים מחרם וכאן חשב הכהנים מחרם: (מ) לבני הודויה. נתן
סימן על ישוע וקדמיאל לומר שהם היו מן בני הודויה: (מב) השוערים.
שהיו שומרים שערי המקדש עד לא נגלו והם היו בני שלום וגו':
הם ראשי מצעון וצנותיה ויהושע נתנם לבית חלהיו ועל כן
נתן דוד והשרים לעבודת הלוים כי הטעם קיים הנתינה או
שהשב למעלה בני טילם והיו כמשבון הזה לזה אמר שזה טילם אחד והיו
היום כמספר אכסיגן: (לו) הכהנים. כ"ג וזהו מספר הכהני':בני ידעיה
לבית ישוע. נתן סימן על ידעיה לומר שהי' מיוחס לבית ישוע ומזרעו

Jedaiah—*Until here, he counted the children of Judah and Benjamin, and from now on he counts the priests and the Levites, as he says above (1:5): "So the heads of the families of Judah and Benjamin and the priests and the Levites arose, etc."—[Rashi]*
of the house of Jeshua—i.e., Jedaiah traced his lineage to the house of Jeshua.—[*Metzudath David*]

39. The children of Harim—see above verse 32. This is not the Harim mentioned above, or possibly, the aforementioned were the Israelites from Harim, and these are the priests.—[*Metzudath David*]

41. The singers—*The Levites*

Lod, Hadid, and Ono were seven hundred twenty-five. 34. The children of Jericho were three hundred forty-five. 35. The children of Senaah were three thousand six hundred and thirty. 36. The priests: the children of Jedaiah, of the house of Jeshua, were nine hundred seventy-three. 37. The children of Immer were a thousand fifty-two. 38. The children of Pashhur were a thousand two hundred and forty-seven. 39. The children of Harim were a thousand and seventeen. 40. The Levites: the children of Jeshua and Kadmiel, of the children of Hodaviah, were seventy-four. 41. The singers: the children of Asaph were a hundred twenty-eight. 42. The children of the gatekeepers: the children of Shallum, the children of Ater, the children of Talmon, the children of Akkub, the children of Hatita, the children of Shobai, in all a hundred thirty-nine. 43. The Nethinim: the children of Ziha, the children of Hasupha, the children of Tabbaoth. 44. The children of Keros, the children of Siaha,

ened the prophet's life. Although this punishment was decreed upon them,when the enemy captured the city and the time came for the decree to be executed, the Rabbis tell us that the men of Anathoth repented, and they did have a remnant. Therefore, when they returned from the Babylonian exile, the men of Anathoth numbered one hundred and twenty-eight.—[*Ibn Ezra* from *Pesikta d'Rav Kahana*, pp. 160f.]

25. **The children of Kiriath-Arim**—In Nehemiah 7:29, it is called Kiriath-Jearim, which is the usual name; i.e ,the children of Kiriath-Arim, the children of Chephirah, the children of Beeroth.—[*Ibn Ezra*]

seven hundred forty-three—i.e., the children of all these three places totaled seven hundred forty-three.—[*Ibn Ezra*]

29. **Nebo**—This is the name of a person, as are Magbish, Elam, and Harim. It is also possible that this is the Nebo mentioned in Numbers 32:38.

31. **the other Elam**—Since he mentioned in verse 7 that the people of Elam numbered one thousand, two hundred and fifty-four, he mentions here that the children of another Elam equaled the same number.—[*Metzudath David, Malbim*] According to *Malbim*, Elam was the name of a man. According to *Metzudath David*, it is not clear whether it was the name of a place or a person.

36. **The priests: the children of**

בְּנֵי פָדוֹן: מה בְּנֵי־לְבָנָה בְנֵי־חֲגָבָה בְּנֵי עַקּוּב: מו בְּנֵי־
חָגָב בְּנֵי־שַׁמְלַי בְּנֵי חָנָן: מז בְּנֵי־גִדֵּל בְּנֵי־גַחַר בְּנֵי
רְאָיָה: מח בְּנֵי־רְצִין בְּנֵי־נְקוֹדָא בְּנֵי גַזָּם: מט בְּנֵי־עֻזָּא
בְנֵי־פָסֵחַ בְּנֵי בֵסָי: נ בְּנֵי־אַסְנָה בְנֵי־מְעוּנִים בְּנֵי
נְפִיסִים: נא בְּנֵי־בַקְבּוּק בְּנֵי־חֲקוּפָא בְּנֵי חַרְחוּר:
נב בְּנֵי־בַצְלוּת בְּנֵי־מְחִידָא בְּנֵי חַרְשָׁא: נג בְּנֵי־בַרְקוֹס
בְּנֵי־סִיסְרָא בְּנֵי־תָמַח: נד בְּנֵי נְצִיחַ בְּנֵי חֲטִיפָא:
נה בְּנֵי עַבְדֵי שְׁלֹמֹה בְּנֵי־סֹטַי בְּנֵי־הַסֹּפֶרֶת בְּנֵי
פְרוּדָא: נו בְּנֵי־יַעֲלָה בְנֵי־דַרְקוֹן בְּנֵי גִדֵּל: נז בְּנֵי
שְׁפַטְיָה בְנֵי־חַטִּיל בְּנֵי פֹּכֶרֶת הַצְּבָיִים בְּנֵי אָמִי:

שלמי קרי נפוסים קרי

רש"י

עלים ושוחבי מיס לעדה ומשם היתה יוצאת פרנסתס:

מנחת שי

(מו) בני שמלי . שלמי קרי וכשי"ן שמאלית כרוב המדוייקים כמ"ש
בנחמיה (סימן ז') ; (מח) בני נקודא . כרוב ספרים באל"ף : (נ) בני
מסנה . י"ס מסנא באל"ף ובאמת שיש חלוף גדול בספרים בספר
דניאל ועזרא בכמה שמות וכבמה מלות בלשון תרגום שסופי תיבות
שלהן אל"ף או ה"א עד שאין בני ספרים מסכימים לגרסא אחת
ואפילו ספל אחד פעס כתיב כה"א ופעס באל"ף ולא הקפדתי
כ"כ במילוסיין לפי שהאל"ף וה"א מחיות אותיות הנשימה ומי
שילדה לכתוב אל"ף יכתוב ולכתוב ה"א יכתוב כמ"ש רד"ק כריש ד"ס עיין שם :
(נג) בני סיסרא . בגמיא . נסוסים קרי : (נב) בני בצלות . אין נפיס
בבי"ס כני : (נו) בני יעלה . הסיי"ן בשוא לבד וכן מחלו (שבנחמיה סימן ז') והתם כתיב אל"ף והכא ה"א :
(נז) הצביים . ככמה מדוייקים בשני יודי"ן :

אבן עזרא

נקראו מן היום ההוא נתינים כי מקודם היו נקראים
גבעונים : (מו) שמלי . הכתיב ושלמי קרי כי נקרא בשני
שמות : (נ) מעונים . נפוסים . שמות בני אדם :
(נה) בני הסופרת . יתכן שהוא שם תואר לאשה או פועלת
בגלל ה"א הדעת : (נז) פוכרת הצביים . לא ידעגו אס

מצודת דוד

ויתכס יהושע מוטכי עלים וגו' (יסושע ט) : (נה) בני עבדי שלמה . והס סיו בני סטי וגו' :

---

otherwise, it would have been easier for them to remain in Babylon. If they were intended for wood-cutters and water-drawers, they could easily have found similar employment in Babylon. Indeed, our Sages say that although the Nethinim had ugly names, their deeds were commendable (*Gen. Rabbah* 71:4). They also helped rebuild the Temple. Further in the book, where the problem of intermarriage is addressed, the Nethinim are not mentioned. Possibly, Scripture deals only with full-fledged Jews, but more likely, the Nethinim did not intermarry with their gentile neighbors, because the gentiles had no desire to intermarry with them. What happened to them in later generations is unknown (*Kid.* 69b).

55. The children of Hassophereth—This may be a woman's title, judging from the "hey."—[*Ibn Ezra*] [This woman may have been a scribe, i.e., for the children of Padon. 45. The children of Lebanah, the children of Hagabah, the children of Akkub. 46. The children of Hagab, the children of Salmai, the children of Hanan. 47. The children of Giddel, the children of Gahar, the children of Reaiah. 48. The children of Rezin, the children of Nekoda, the children of Gazzam. 49. The children of Uzza, the children of Paseah, the children of Besai. 50. The children of Asnah, the children of Meunim, the children of Nephusim. 51. The children of Bakbuk, the children of Hakupha, the children of Harhur. 52. The children of Bazluth, the children of Mehida, the children of Harsha. 53. The children of Barkos, the children of Sisera, the children of Tamah. 54. The children of Neziah, the children of Hatifa. 55. The children of Solomon's slaves, the children of Sotai, the children of Hassophereth, the children of Peruda. 56. The children of Jalah, the children of Darkon, the children of Giddel. 57. The children of Shephatiah, the children of Hattil, the children of Pochereth Hazzebaim, the children of Ami.

who were singers, and likewise, the gate-keepers are Levites who were gate-keepers of the gates of the Temple.—[Rashi]

42. **The children of the gatekeepers**—*those who watched the gates in the First Temple while it was standing.—[Metzudath David]*

43. **The Nethinim**—*Now he counts those Nethinim who were wood-cutters and water-drawers for the congregation, and from there they derived their livelihood.— [Rashi]*

The Nethinim were the heads of Gibeon and the neighboring cities, whom Joshua made wood-cutters and water-drawers for the Sanctuary. Therefore, they were called נְתִינִים

from the word וַיִּתְּנֵם, *and he made them.* Further (8:20), Scripture attributes the enslavement of the Nethinim to David, which may mean that David confirmed Joshua's act. It may also mean that David gave them the appellation Nethinim, whereas they were previously called Gibeonites.—[*Ibn Ezra*]

46. **Salmai**—He was also known as Samlai, hence the difference between the written word and the way it is to be read.—[*Ibn Ezra*]

50. **Meunim ... Nephusim**—These are people's names.—[*Ibn Ezra*] *Daath Soferim* points out that the Nethinim and the slaves of Solomon, mentioned further, were faithful to the Torah and to Israel, for

נח כָּל־הַנְּתִינִים וּבְנֵי עַבְדֵי שְׁלֹמֹה שְׁלֹשׁ מֵאוֹת תִּשְׁעִים וּשְׁנָיִם: נט וְאֵלֶּה הָעֹלִים מִתֵּל מֶלַח תֵּל חַרְשָׁא כְּרוּב אַדָּן אִמֵּר וְלֹא יָכְלוּ לְהַגִּיד בֵּית־אֲבוֹתָם וְזַרְעָם אִם מִיִּשְׂרָאֵל הֵם: ס בְּנֵי־דְלָיָה בְנֵי־טוֹבִיָּה בְּנֵי נְקוֹדָא שֵׁשׁ מֵאוֹת חֲמִשִּׁים וּשְׁנָיִם: סא וּמִבְּנֵי הַכֹּהֲנִים בְּנֵי חֳבַיָּה בְּנֵי הַקּוֹץ בְּנֵי בַרְזִלַּי אֲשֶׁר לָקַח מִבְּנוֹת בַּרְזִלַּי הַגִּלְעָדִי אִשָּׁה וַיִּקָּרֵא עַל־שְׁמָם: סב אֵלֶּה בִּקְשׁוּ כְתָבָם הַמִּתְיַחְשִׂים וְלֹא נִמְצָאוּ וַיְגֹאֲלוּ מִן־הַכְּהֻנָּה

ת"א מתל מלח . קידושין סה : בני הקוץ , כתובות כד :

רש"י

(נח) ובני עבדי שלמה . עבדים היו לשלמה המלך והללו בנים היו מבני בניהם : (נט) ואלה העולים מתל מלח וגו' . ומי זה מעשה הגיע להם ולא יכלו להגיד וגו' : וזרעם . של אבותם לפי שאבדו יחם שלהם ולא ידעו אם מישראל הם : (ס) בני דליה וגו' . גם הם בכלל אלה העולים מתל מלח : (סא) אשר לקח . כל אחד מבני ברזלי הגלעדי לקח אשה : ויקרא על שמם . והיה נקרא שמו של ברזלי על שמם לפי שהם לקחו מבנותיו (סב) אלה.

מנחה שי

(נט) העלים . במדוייקים חסר וא"ו : בית אבותם . במקצת מדוייקים מלא וא"ו . וכן דינו מלת המסורת שנמנה במספר המלאים ולא יכלו להגיד בית אבותם בתרא שהוא בנחמיה סימן ז' : (סא) חביה . בספרי ספרדים החי"ת בח"ק וכן בנחמיה ו' : הגלעדי אשה . מ"ש בד"ה ב' כ"א : (סב) מלה בקצהו . קלה סקו"ף : סמתיחשים .

אבן עזרא

(נט) מתל מלח תל חרשא . מקומות הם : ולא יכלו להגיד בית אבותם וזרעם . הם נקראו אסופים שנאספו מן השוק כי לא הכירו אב ואם ולא נודע אם מישראל הם : (סא) מבנות.הטעם אחת מבנותיו וכן ויקרב בערי גלעד : ויקרא על שמם . על שם הבנות שהם מזרע ברזלי קרא את שם עצמו ברזלי :

רלב"ג

(נט) ואלה העולים מתל מלח וגו' . זכר שמאלו המקומות ילאו ישראלים וכהנים ומשפחתם כי התערבו בגוים ונקראו על שמם : (סב) אלה בקשו כתבם סמתיחשים . הם לכהונה : ולא נמצאו : לכהנים כתובים ועדויות יתבאר בהם כאור שלם שהם

מצודת ציון

(סב) המתיחשים . ענין יחוס היה סודעת סדר הדורות מן המשפחות ממי ילאו ומי אביהם : ויגאלו . ענין מנוף

מצודת דוד

(נט) ואלה . הנזכרים למטה בני דליה וגו' הם גם היו העולים מתל מלח וגו' ושמות מקומות הם בבבל : ולא יכלו להגיד . כי לא ידעו מבני מי הם : בית אבותם וזרעם . היה היא כי זלעה כלה לומר מזרע מי ילאו והוא כפל ענין בשמות נרדפים וכן בשמות : אשר לקח . הוא מוזל על בני ברזלי לומר כי אביהם לקח אחת מבנות ברזלי לאשה ולזה היה נקרא עליהם שם ברזלי לומר עליהם בני ברזלי : (סב) אלה . הכהנים האלה בני ברזלי : המתיחשים . כתבם . דבר כתוב מהם : אשר יסופר בו סדר הדורות :

Israelites.—[*Rashi*] *Metzudath David* explains that they did not know who they descended from. It is synonymous with "their fathers' house."

60. The children of Delaiah—*They too are included in "these were the ones who ascended from Tel-Melah."*—[*Rashi*]

61. who took—*Each one of the sons of Barzillai the Gileadite took a wife.*—[*Rashi*]

and was called by their name—*And the name of Barzillai was called on their name because they took of his daughters.*—[*Rashi*]

62. These—*refering to the priests, who had to trace their lineage with that record, and who could not find the record of their lineage.*—[*Rashi*] *Malbim* explains that the family of Hakkoz was a priestly family, but because Hakkoz took a wife from the daughters of Barzillai, who was an esteemed person during

58. All the Nethinim and the children of Solomon's slaves were three hundred ninety-two. 59. And these were the ones who ascended from Tel-Melah, Tel-Harsha: Cherub, Addan, [and] Immer: but they could not tell their fathers' house and their children, if they were from Israel. 60. The children of Delaiah, the children of Tobiah, the children of Nekoda were six hundred fifty-two. 61. And of the children of the priests: the children of Hobaiah, the children of Hakkoz, the children of Barzillai who took a wife of the daughters of Barzillai the Gileadite and was called by their name. 62. These who traced their genealogy sought their records, but they were not found, and they were disqualified from

business documents, not for religious articles.] *Malbim* maintains that the "hey" is not the definite article, but part of the name.

58. and the children of Solomon's slaves—*King Solomon had slaves, and these children were of their descendants.*—[*Rashi*] [Although in most editions this comment appears on verse 58, it probably belongs to verse 55, where Solomon's slaves are mentioned for the first time. So it appears in the *Malbim* edition. However, in order to avoid confusing the reader, we have left it in its place.] According to one view in *Yebamoth* (16b) that if a gentile or a slave cohabits with a Jewess, the offspring is a *mamzer*, the descendants of Solomon's slaves were *mamzerim*, for Solomon's slaves had married Jewish women. According to the view that the offspring of such a union is fit, even though a slave may not marry an Israelite, in this case, the owner had despaired of retrieving the slaves,

making them freemen (*Tos. Yeb.* 16b). The fact that they are listed with the Nethinim implies that they were of the seven nations of Canaan, whom Solomon had enslaved, as in II Chron. 8:7.—[*Malbim*]

59. And these were the ones who ascended from Tel-Mela, etc.—*And what incident happened to them? They could not tell, etc.*—[*Rashi*] **Cherub, Addan, [and] Immer**—According to *Ibn Ezra*, these are the names of persons; only Tel-Melah and Tel-Harsha were the names of places in Babylon. It appears that *Rashi*, too, interprets it in this manner. *Metzudath David*, however, interprets them all as names of places.

but they could not tell their fathers' house—because they did not know whose children they were.—[*Metzudath David*]

and their children—[i.e., the children] *of their fathers, because they lost their genealogical records and did not know if they were*

הַכְּהֻנָּה: סג וַיֹּאמֶר הַתִּרְשָׁתָא לָהֶם אֲשֶׁר לֹא־יֹאכְלוּ
מִקֹּדֶשׁ הַקֳּדָשִׁים עַד עֲמֹד כֹּהֵן לְאוּרִים וּלְתֻמִּים:
סד כָּל־הַקָּהָל כְּאֶחָד אַרְבַּע רִבּוֹא אַלְפַּיִם שְׁלֹשׁ־
מֵאוֹת שִׁשִּׁים: סה מִלְּבַד עַבְדֵיהֶם וְאַמְהֹתֵיהֶם אֵלֶּה
שִׁבְעַת אֲלָפִים שְׁלֹשׁ מֵאוֹת שְׁלֹשִׁים וְשִׁבְעָה וְלָהֶם
מְשֹׁרְרִים וּמְשֹׁרְרוֹת מָאתָיִם: סו סוּסֵיהֶם שְׁבַע מֵאוֹת
שְׁלֹשִׁים

ת"א הַתִּרְשָׁתָא . סס כותב מת קידושין סס . כל הקהל . ב"מ נח . פרשיין לג :

רש"י

כהנים הללו המתיחסים שהיה להם להתיחס באותו
כתב ולא נמצא כתב יחוסן : וינאלו . שהיו מגואלי'
ומנועלים שלא יעבדו עוד עם שאר הכהנים בעבור שלא
נמצא כתב יחוסן : (סג) ההרשתא . הוא נחמיה בן חכליה
ואמרו רבותינו שנקרא שמו התרשתא שהתירו לו חכמים
לשתו' יין נסך של עכו"ם על אשר היה משקה למלך: מקדש
הקדשים . חטאות ואשמות כשאר כהנים: עד עמוד כהן
וגו' . כאדם האומר להבירו עד ימות המשיח לא יעלה
דבר זה, ואיני יכול לפתור עד עמוד כהן לאורים ותומים
בבית שני לפי שמצינו בפ"א דיומא שהיה בית שני חסר

מנחה שי

בספרים מדוייקים כ"י הְמֵי"ת בשוא לבדו : (סג) הקדשים.
סקו"ף במ"ק : (סד) כל הקהל וגו' שלש מאות ששים . י"ס
וששים בוא"ו :

אבן עזרא

כי המלה מחברת מן האחדים כדרך תקראֶנה מלחמה.
והנכון בעיני שהוא דבק עם המתיחסים והם בני ידעיה
הנזכרים למעלה ולא נמצאו בכתב יחוסם על כן הוסרו מן
(סג) התרישתא . יש אומרים שנקרא כן בעבור שהותר לו שתיית יין של עכו"ס . והטעם התיר שתא ויתכן שהוא שם
תפארת וגדילה בלשון כדיס כענין שר או סהה והוא הנכון: מקודש הקדשים . הם התרומות: עד עמוד כהן
לאורים ולתומים . האורים שעתבה משה נגנזו ולא נעשו עוד מחרים תחתם ופירוש עד עמוד כהן הראוי לאורים
ולתומים : (סד) כל הקהל כאחד . כאשר היו הקהל מספר אחד בכללם כך וכך:

רלב"ג

מלבד עבדיהם

(סה) מלבד עבדיהם
ואמהותיהם . שלא היו בכלל הקהל : ולהם משוררים
ומשוררות מאתים . לפי שהיו עולים בשמחה מבבל לא"י
היו צריכים למשוררים ומשוררות כדי שיהו מטיילות בהם

מצודת ציון

(סד) רבוא . הוא עשרת
אלפים : (סו) פרדיהם . הם הבאים מן הסוס והחמור:

מצודת דוד

ולא נמצאו . בספר היחוס לא נמצאו אלה כתובים וזכורים :
וינאלו . ולכן נמצאו מן הכהונה: (סג) התרשתא . הוא נחמיה
בן חכליה וכן נאמר ויאמר ויאמל מלה מולכבת סתר בתא : אשר לא יאכלו .
כהנים כשרים וכמאמר עד שיבוא המשיח וישאלו לאורים ולתומים אם
באחד . כולם יחד שישראלים והכהנים והלוים והנתינים ובני עבדי שלמה :
(סה) מלבד . החשבון הזה הוא מלבד עבדיהם ואמהותיהם והיו בצעת אלפים וגו' :

---

until a priest arises, etc.—*like a person who says to his friend, "Until the Messiah comes, this matter will not come about." I cannot interpret it to mean: until a priest arises for the Urim and Tumim in the Second Temple, because we find in Yoma, chapter 1 (21b) that the Urim and Tumim were missing in the Second Temple.—[Rashi]*

for the Urim and the Tumim—*fit for the Urim and Tumim.—[Ibn*

the priesthood. 63. And Hattirshatha said to them that they should not eat of the most holy sacrifices until a priest arises for the Urim and the Tumim. 64. The entire congregation together was forty-two thousand three hundred and sixty. 65. Besides their slaves and their bondwomen; these were seven thousand three hundred thirty-seven, and they had two hundred male and female singers. 66. Their horses were seven hundred

the reigns of David and Solomon, he called his family by the name of Barzillai. Consequently, this family could not be recognized as a priestly family without producing records of their genealogy.

and they were disqualified—Heb. וַיְגֹאֲלוּ. *for they were defiled and purged from the priesthood that they should no longer perform the service with the remaining priests, because their genealogical record was not found.*—[*Rashi*]

63. Hattirshatha—*That is Nehemiah, the son of Hachaliah (Neh. 8:9), and our Rabbis said (Yerushalmi Kid. 4:1) that he was named Hattirshatha because the Sages permitted him* (הִתִּר) *to drink* (שָׁתָא) *wine of gentiles because he was the king's butler.*—[*Rashi*] [Since he was the king's butler, he had to taste the wine lest he be suspected of poisoning the king.] The Sages permitted him to drink the wine, hoping that since the king favored him to the extent that he made him his personal servant, he might obtain benefits for the Jewish people and perhaps the Temple would be rebuilt through him, and so it was.—[*Mid. Ezra*] Others conjecture that this was a Persian

title, meaning prince or governor.—[*Ibn Ezra, Mid. Ezra*] See *Soncino*, where it is identified with the Persian title *tarsata*, provincial governor.

of the most holy sacrifices—*sin-offerings and guilt-offerings, like the other priests.*—[*Rashi*] Note that according to the Talmud (*Keth.* 24b, 25a), they were not permitted to partake of any sacrificial meat that was permitted only for priests. Accordingly, *the most holy* would mean sacrificial meat, which is of a higher sanctity than *terumah*, the priests' due of the produce. They were permitted to eat *terumah* because they had eaten it in Babylon under the assumption that they were priests. Another view is that they were not permitted to eat *terumah* lest they be considered full-fledged priests, who were permitted to marry women of a priestly family. They were permitted to eat only Rabbinically ordained *terumah* as they had in Babylon, where *terumah* and tithes were required only rabbinically. Biblically ordained *terumah*, viz. that which is set aside from grain, wine, and oil in the Holy Land, was still forbidden to them. The verse means that they should not eat from anything called קֹדֶשׁ or קָדָשִׁים.

שְׁלֹשִׁים וְשִׁשָּׁה פַּרְדֵּיהֶם מָאתַיִם אַרְבָּעִים וַחֲמִשָּׁה: סז גְּמַלֵּיהֶם אַרְבַּע מֵאוֹת שְׁלֹשִׁים וַחֲמִשָּׁה חֲמֹרִים שֵׁשֶׁת אֲלָפִים שְׁבַע מֵאוֹת וְעֶשְׂרִים: סח וּמֵרָאשֵׁי הָאָבוֹת בְּבוֹאָם לְבֵית יְהֹוָה אֲשֶׁר בִּירוּשָׁלִָם הִתְנַדְּבוּ לְבֵית הָאֱלֹהִים לְהַעֲמִידוֹ עַל־מְכוֹנוֹ: סט כְּכֹחָם נָתְנוּ לְאוֹצַר הַמְּלָאכָה זָהָב דַּרְכְּמוֹנִים שֵׁשׁ־רִבֹּאות וָאֶלֶף וְכֶסֶף מָנִים חֲמֵשֶׁת אֲלָפִים וְכָתְנֹת כֹּהֲנִים מֵאָה: ע וַיֵּשְׁבוּ הַכֹּהֲנִים וְהַלְוִיִּם וּמִן־הָעָם וְהַמְשֹׁרְרִים וְהַשּׁוֹעֲרִים וְהַנְּתִינִים בְּעָרֵיהֶם וְכָל־יִשְׂרָאֵל בְּעָרֵיהֶם: ג א וַיִּגַּע הַחֹדֶשׁ הַשְּׁבִיעִי וּבְנֵי יִשְׂרָאֵל

ת"א ובמשורריה , קידושין ס"ט נ"פ כח : יתיר ו'

רש"י

כרוך שמחתס: (סח) התנדבו . היו מתנדבין לבנין הבית: (סט) ככחם . כפי כהס וממונס: דרכמונים . שס מטבע : (ע) וישבו הכהנים והלוים ומן העם והמשררים והשוערים והנתינים . שומרי השערים להלל השם :

אבן עזרא

ומשוררות להלל לה': (סה) ומראשי . ממקלתם ולא כולס : לבית ה'. הלמ"ד כטעם בעבור . על היסוד שהיה שס בתחילה מוכן: (סט) ככחם . כנגד הקהל ידבר כי לא נתנו האבוה רק שתי רבוא וכסף שנים אלפים ומאתים כי כן מפורש במספר השני ובאמרו שם רבואות בכלל אחד רלה לומר בין הקהל ובין ראשי האבות נשארים המתנדבים ממלכות כורש : דרכמונים . דינרי זהב: רבואות . האל"ף תחת הכפל וכן בזאו נהרים: מנים . משקלים וחבירו המנה יהיה . ותרגום שבע שקלים שבעה מנים :

רלב"ג

הפרטיס בכלו בית המקדש . וזה שכבר תמלא בלא יגיע מספר כל אלו הפרטיס למספר כל הקהל שזכר אך הוא שמות מזה הרבה ולזה ידמה שכבר באו עמס עמסס אחרים זולת אלו: (סט) דרכמונים.יתכן שהיה מטבע משקלו דרכמון והוא לפי מה שאמחשוב דינר זהב: מנים. משקל

מצודת דוד

(סח) ומראשי . כל אחד התנדב כפי כח עשרו : (סט) ככחם . כל אחד התנדב כפי כח עשרו : (סט) ככחם . כמו שכתב כאשר ילכשו אותם הכהנים בשעת העבודה : (ע) ובן העם . מבני יהודה ובנימין : בעריהם . אשר היו ערי נחלתם עד שלא גלו : וכל ישראל . הם הנשארים מיתר השבטים : ג (א) בערים.היו בערי נחלתם : כאיש אחד . ר"ל חיה נעסו

מצודת ציון

(סח) מכונו . מלשון כן ובסים: (סט) דרכמונים . שם מטבע ידוע אצלם : מנים . שם משקל ליסלא : ג (א) ויגע . כמו והגיע :

68. donated—*They were donating toward the building of the Temple.*—[Rashi]

69. According to their ability—*according to their ability and their money.*—[Rashi]

drachmas—Heb. דַּרְכְּמוֹנִים, *the name of a golden coin.*—[Rashi] *i.e., golden dinari.*—[Ibn Ezra]

and priests' tunics—*in which to serve.*—[Rashi]

3

1. arrived—Heb. וַיִּגַּע *like* וְהִגִּיעַ, *it reached.*—[Rashi]

The seventh month—*That is the month of Tishri, and the Children of Israel who were in the cities, what*

thirty-six, their mules were two hundred forty-five. 67. Their camels were four hundred thirty-five, donkeys six thousand seven hundred and twenty. 68. And of the heads of the fathers' houses, when they came to the House of the Lord, which was in Jerusalem, they donated to the House of God to erect it on its foundation. 69. According to their ability, they gave to the treasury of the work: gold, sixty-one thousand drachmas, and silver, five thousand *manehs,* and a hundred priests' tunics. 70. And the priests, the Levites, and of the people, and the singers, the gatekeepers, and the Nethinim, dwelt in their cities, and all Israel in their cities.

3

1. The seventh month arrived, and the Children of

Ezra] Reference here is to the Urim and the Tumim, mentioned in Exodus 28:30, which are inserted into the breastplate of the high priest. *Rashi* explains that they contained the script of the ineffable Name, which was enclosed in the folds of the breastplate. This script served as an oracle. If the high priest would inquire of them, the letters engraved on the stones would light up, and he would put together the letters to form God's message. These were hidden away, and no others were made to replace them. Hence, no one could determine whether or not these families were indeed priestly families.—*[Ibn Ezra, Metzudath David]* See *Rambam, Laws of the Chosen Temple* (4:1.)

64. **The entire congregation together**—*When they were all together with the priests, the Levites, and the Nethinim, they amounted to this number; and the Children of Israel counted above were of the tribe of Judah and Benjamin, and those missing from this number, which you will not find above, were of the other tribes. So it is explained in Seder Olam (ch. 29): "The entire congregation together was forty-two thousand etc." But if you add them up, they are only thirty thousand. Where are the thirteen thousand? They ascended from the other tribes."—[Rashi]*

65. **Besides their slaves and their bondwomen**—*who were not included in the congregation.—*[Rashi]

and they had two hundred male and female singers—*because they were going up joyfully from Babylon to the land of Israel, they required male and female singers in order that they should stroll among them in their great joy.—[Rashi] Ibn Ezra* states that the singers were needed to praise God.

יִשְׂרָאֵל בֶּעָרִים וַיֵּאָסְפוּ הָעָם כְּאִישׁ אֶחָד אֶל־יְרוּשָׁלָ͏ִם: ב וַיָּקָם יֵשׁוּעַ בֶּן־יוֹצָדָק וְאֶחָיו הַכֹּהֲנִים וּזְרֻבָּבֶל בֶּן־שְׁאַלְתִּיאֵל וְאֶחָיו וַיִּבְנוּ אֶת־מִזְבַּח אֱלֹהֵי יִשְׂרָאֵל לְהַעֲלוֹת עָלָיו עֹלוֹת כַּכָּתוּב בְּתוֹרַת מֹשֶׁה אִישׁ־הָאֱלֹהִים: ג וַיָּכִינוּ הַמִּזְבֵּחַ עַל־מְכוֹנֹתָיו כִּי בְּאֵימָה עֲלֵיהֶם מֵעַמֵּי הָאֲרָצוֹת וַיַּעַל עָלָיו עֹלוֹת לַיהוָה עֹלוֹת לַבֹּקֶר וְלָעָרֶב: ד וַיַּעֲשׂוּ אֶת־חַג הַסֻּכּוֹת כַּכָּתוּב וְעֹלַת יוֹם בְּיוֹם בְּמִסְפָּר כְּמִשְׁפַּט דְּבַר־יוֹם בְּיוֹמוֹ: ה וְאַחֲרֵי־כֵן עֹלַת תָּמִיד וְלֶחֳדָשִׁים וּלְכָל־

רש"י

חסרי וכני ישראל אשר היו בערים מה עשו ויאספו כולם כאחד לירושלי' : (ג) ויכינו המזבח על מכונותיו. כדי להקריב עליו קרבנות שהרי היו יראים מעמי הארצות שלא יקנתרום ושלא ילשינום למלך וכנו המזבח להעלו' עליו עולות למען ישמעו ויכינו העמים כדבר אשר עשוהו ע"ס :

מנחת שי

ג (ג) ממכנתיו . מכונותיו קרי : ויעל' . ויעלו קרי : (ד) ועלת יום ביום . כן מתיב 'ועלת לא ועולות כמ"ש במספר . ספ"ס : פסומה במדייקים וכן דינים מכח המסורה דפרסם משפטיס ומלבים :

ת"א ויבינו . ונכחיס פ"כ :

אבן עזרא

ט"ו ימיס : כאיש אחד . פירוס חסיפת העם היתה במהרה כאסיפת איש אחד : (ב) ויקם . וזרובבל . נקרא כן בעבור בני ליון שהם שרויין בבבל . בן שאלתיאל . לא אביו היה רק שאלתיאל דודו טפחו על כן נקרא כנו וכן ניהרס ופדיה וכני פדיה ורובבל ישמעי וכן נקראו בני מרב בת ימה . כעבור אימה עליהם הכינו מזבח לאל חיעזרם: ויעלו . קרכנות ואמר ויעלו כי אחיו עזרוהו : עוליית לבקר . פירוס הוא דבק עם דבר יום פירוס כיומו הראוי לדבר וכן מדי חדש ואחרי כן . אחרי חג הסכות . עולות . עומדות במקום ארבעה וכן

רלב"ג

למדנו מזה שמקריבין על המזבח אע"ס שאין בית כי ככר למד ממה זה (לבקמן ד') וסיכל ס' גם יוסד. גס למדנו מזה שאר הדברים הדומים לזה והוא שאוכלים קדשי קדשים לסנים מן הקלטים אע"ם שאין קלטים;(ד) ועולת

מצודת ציון

(ג) מכונתיו . מלשון כן וכסים :

מצודת דוד

(ב) בן שאלתיאל . כן בנו היה כמו שנא' כדברי הימים : להעלות עליו עלות ככתוב וגו' . המה עולות התמיד כהם סלאם הקרבנות: עלות לבקר ולערב . הס סתמידין : (ד) את חג הסכות . ר"ל קרבנות המג : ועלת יום וגו' . העולות הסמויות לכל יום כמספר סלמו כמשפט הסורה כביאו' של כל יום ביומו : (ה) ואחרי כן . אחר סוכות הקריבו כו עולת תמיד כתמידות מבלי

---

for the morning and for the evening—*the daily sacrifice of the morning and the daily sacrifice of twilight.*—[Rashi]

4. and the burnt offering of each day in its day, in the number—*the sacrifices of the Festivals in their number, according to their ordinance.*—[Rashi]

5. And afterwards—*And after Succoth they would offer up sacrifices every day, for the morning and for the evening.*—[Rashi]

and for the New Moon—lit. and for the months, *and for the New Moon. They would offer up the sacrifices of the New Moon.*—[Rashi]

Israel [were] in the cities, and the people gathered like one man to Jerusalem. 2. And Jeshua the son of Jehozadak arose, and his brethren the priests, and Zerubbabel the son of Shealtiel, and his brethren, and they built the altar of the God of Israel, upon which to offer up burnt offerings, as it is written in the Torah of Moses, the man of God. 3. And they set the altar on its bases, for because of the fear that was upon them from the people of the lands, they offered up burnt offerings to the Lord, burnt offerings for the morning and for the evening. 4. And they observed the feast of Succoth as is written, and the burnt offering of each day in its day, in the number, as the ordinance of each day in its day. 5. And afterwards [they offered] the daily burnt offering, and for the New Moon, and for all

did they do? They all gathered as one to Jerusalem.—[Rashi]

like one man—The gathering of the people was as fast as the gathering of one man.—[Ibn Ezra]

2. and Zerubbabel—He was called by this name because the people of Zion were living in Babylon, hence the name meaning שָׁרוּיִין בְּבָבֶל, living in Babylon.—[Ibn Ezra] Cf. 2:2. the son of Shealtiel—See 2:2.

burnt offerings—Those are the daily burnt offerings.—[Metzudath David] Note that Scripture emphasizes that they offered up burnt offerings. This means that they did not offer up any other sacrifices. This appears to support the view of Raabad, Laws of the Chosen Temple, 6:14, that when the Temple was destroyed, its sanctity terminated, and the altar was only similar to a high place. According to Rabbi Simon (Zeb. 118a), only the Passover sacrifice and burnt offerings, such as the daily burnt offering and those offered up on festivals, were sacrificed on a public high place and not sin-offerings.—[Malbim]

3. And they set the altar on its bases—in order to offer up sacrifices upon it, because they were afraid of the peoples of the land, lest they taunt them and lest they slander them to the king. And they built the altar to offer up burnt offerings upon it, in order that the peoples hear and understand the matter, that they did it with the sanction of the king and therefore they would hesitate to taunt them about the building of the Temple.—[Rashi] Ibn Ezra explains that because of their fear of the peoples of the land, they immediately built the altar in the name of God so that He would aid them against their adversaries. Metzudath David adds that they petitioned God while offering up their sacrifices.

מוֹעֲדֵי יְהוָה הַמְקֻדָּשִׁים וּלְכֹל מִתְנַדֵּב נְדָבָה לַיהוָה:
יֵ מִיּוֹם אֶחָד לַחֹדֶשׁ הַשְּׁבִיעִי הֵחֵלּוּ לְהַעֲלוֹת עֹלוֹת
לַיהוָה וְהֵיכַל יְהוָה לֹא יֻסָּד: ז וַיִּתְּנוּ כֶסֶף לַחֹצְבִים
וְלֶחָרָשִׁים וּמַאֲכָל וּמִשְׁתֶּה וָשֶׁמֶן לַצִּדֹנִים וְלַצֹּרִים
לְהָבִיא עֲצֵי אֲרָזִים מִן הַלְּבָנוֹן אֶל יָם יָפוֹא כְּרִשְׁיוֹן
כּוֹרֶשׁ מֶלֶךְ פָּרַס עֲלֵיהֶם: ח וּבַשָּׁנָה הַשֵּׁנִית לְבוֹאָם
אֶל בֵּית הָאֱלֹהִים לִירוּשָׁלִַם בַּחֹדֶשׁ הַשֵּׁנִי הֵחֵלּוּ
זְרֻבָּבֶל בֶּן שְׁאַלְתִּיאֵל וְיֵשׁוּעַ בֶּן יוֹצָדָק וּשְׁאָר

רש"י

אחיהם הבית. כרשיון לשון רשות מגזרת רשה שהרי יאמר חביון ומן לבה יאמר לביון ומן חזה מזיון מן רעה רעיון מן חבה חביון ומן רשה יאמר רשות כמו מן ענה ענות ומן שבה שבות ומן רחה רחות ומן זנה זנות נמלאו רשות ורשיון באלין ויולאין מגזרה אחת לפי שער הדקדוק ולשון אחד הם. ומנחם חברו לשון ארשת שפתינו ולא דקדק בגזרתו ואעפ"כ שני פנים הללו קרובים זה לזה במשמעותם: (ח) בחדש

מנחת שי

ב' י"ז : (ה) המקדשים. כן כתיב כלא מאריך בה"א בספרי ספרד : (ז) ושמן לצדנים. ברוב המדוייקים הסל יו"ד קדמאה וכן נכון עפ"ס דשופטים י"ח ושם הארכתי : אל ים יפוא. אחד מן ב' מלין דכתיבין אל"ף בסוף תיבותא ולא קריין וסימן במסורה ריש סדר לך לך ודניאל ג' :

יתיר א'

קרבנות של ראשי חדשים : ולכל מועדי ה'. ולשאר מועדות קרבניהם : ולכל מתנדב . ולכל אותם המתנדבי' נדבותיהם היו מקבלים הכהנים אותם להקריבם ומיום אחד בתשרי התחילו להקריב קרבנות ועדיין לא נבנה יסוד הבית : (ז) לצידונים ולצורים . בני צור ולידון שהיו אומנים לבנות הבית : אל ים יפוא . דרך הים היו מביאי' אותם : כרשיון . כאשר היה רשות המלך עליהם לבנות

אבן עזרא

הוא עולת תמיד לא נפסקה ועולה להחדשים ועולה לכל מועדי ה' : המקדשים . הנקראים קדושים מפי בית דין ועולה לכל מתנדב והטעם שלא בטלו הקרבנות אחרי כן מראש תשרי שהחלו להעלות עולות : (ז) כרשיון . מעניין רשות :

רלב"ג

יום ביום במספר וגו' . ר"ל כל העולות שהיו מקריבין יום ביום במג' הסמות : (ז) ויתנו כסף לחוצבים ולחרשים . ר"ל נחלוב האבנים ולפסלם ולכרות העלים ולתקנם : לצדונים ולצורים . כי הם סיו סיותר בקיאים בזאת המלאכה כמו שנוכר בדברי שלמה : כרשיון כורש

מצודת ציון

(ז) לצדונים ולצורים . אנשי לידון ולור : כרשיון . סוא

מצודת דוד

הפסק ועולות להחדשים וגו' : ולכל מתנדב . הקריבו לכל מי אשר התנדב קרבן : (ו) החלו . אז התחילו להעלות עולות וכו' אבל לא הקריבו במדינות עד אחר הסמום : לא יוסד . עדיין לא נבנה בנו היסוד : (ז) לחצבים . הם כורתי האבנים מן מקום מחלבם : ולחרשים . הם האומנים בוני הקיר : לצדנים ולצורים . כי יודעים המה לברות העלים כמ"ש בנבנין שלמה : אל ים יפוא . להביטס עליו ולבוא לירושלים : כרשיון . כרשות כורש אשר היה עליהם לבנות את הבית : (ח) בחדש השני . סוא אייר . החלו זרובבל וגו' .

---

is that רְשׁוּת *and* רִשְׁיוֹן *are derived from the same root according to the gauge of grammar, and they are the same expression. Menahem, (p. 34) however, associated it with (Ps. 21:3): "and the speech of his lips* (וַאֲרֶשֶׁת)," *but he was not exact with its root. Nevertheless, these two manners* [of defining words] *are close to each other in their meanings.*—[*Rashi*] [Note the

emendation in *Rashi* to conform with the wording in Psalms.] *Malbim* explains that, as in Nehemiah 2:8, authorization was required to cut down trees from the Lebanon forest. They sent for trees to be brought from there, but not to be bought, for in Cyrus' letter (6:4), it was stated that the king would pay for the expense of the Temple's construction. Therefore, they were able to take wood with his authorization.

the appointed seasons of the Lord that were hallowed, and for everyone who willingly offered a free-will offering to the Lord.
6. From the first day of the seventh month they commenced to offer up burnt offerings to the Lord, but the foundation of the Temple was not yet laid. 7. And they gave money to the quarriers and to the artisans, and food and drink and oil to the Zidonians and to the Tyrians to bring cedar wood from Lebanon to the sea of Jaffa, by the sanction of Cyrus the king of Persia upon them.
8. And in the second year of their coming to the House of God, to Jerusalem, in the second month, Zerubbabel the son of Shealtiel, and Jeshua, the son of Jozadak, and the rest of

and for all the appointed seasons of the Lord—*and for the rest of the appointed seasons of their sacrifices.*—[*Rashi*]

that were hallowed—that were hallowed by the declaration of the tribunal. [i.e., by the declaration of the New Moon by the Sanhedrin.]—[*Ibn Ezra*]

and for everyone who willingly offered—*And for all those who willingly offered their free-will offerings, the priests would accept them to sacrifice them, and from the first day of Tishri they commenced to offer up sacrifices, but the foundation of the Temple was not yet built.*—[*Rashi*] *Midrash Ezra* writes that the construction of the Temple had not yet commenced.

7. **and to the artisans**—Heb. וְלֶחָרָשִׁים. This term includes all types of artisans, such as carpenters, iron smiths, diamond cutters, etc.—[*Midrash Ezra*] In our context, it refers to the masons who built the walls.—[*Metzudath David*]

to the Zidonians and to the Tyrians—*the people of Tyre and Zidon, who were the artisans who built the Temple.*—[*Rashi*] They were experts in cutting down trees.—[*Metzudath David*]

to the sea of Jaffa—*By way of the sea they would bring them.*—[*Rashi*] They would send the wood floating down the sea and bring it to Jerusalem.—[*Metzudath David*] [This is the Mediterranean Sea. One of its chief ports was Jaffa, as in Jonah 1:3.]

according to the sanction of—Heb. כְּרִשְׁיוֹן *as the sanction of the king was upon them to build the Temple.* כְּרִשְׁיוֹן *is an expression of permission* (רְשׁוּת) *derived from* רשה; *since from* אבה *to want, he says* [derives] אֶבְיוֹן, *a needy person; and from* צבה, *to desire,* צִבְיוֹן, *desire; and from* חזה, *to see,* חִזָּיוֹן, *a vision; and from* רעה, רַעְיוֹן, *thought; from* חבה, חֶבְיוֹן, *hiding; and from* רשה, *he says* רְשׁוּת, *permission; like from* ענה, עֱנוּת, *affliction; and from* שבה, שְׁבוּת *captivity; and from* ראה, רְאוּת, *a sight; and from* זנה, זְנוּת, *harlotry. The result*

אֲחֵיהֶם הַכֹּהֲנִים וְהַלְוִיִּם וְכָל־הַבָּאִים מֵהַשְּׁבִי יְרוּשָׁלַ͏ִם וַיַּעֲמִידוּ אֶת־הַלְוִיִּם מִבֶּן עֶשְׂרִים שָׁנָה וָמַעְלָה לְנַצֵּחַ עַל־מְלֶאכֶת בֵּית־יְהוָה: ט וַיַּעֲמֹד יֵשׁוּעַ בָּנָיו וְאֶחָיו קַדְמִיאֵל וּבָנָיו בְּנֵי־יְהוּדָה כְּאֶחָד לְנַצֵּחַ עַל־עֹשֵׂה הַמְּלָאכָה בְּבֵית הָאֱלֹהִים בְּנֵי חֵנָדָד בְּנֵיהֶם וַאֲחֵיהֶם הַלְוִיִּם: י וְיִסְּדוּ הַבֹּנִים אֶת־הֵיכַל יְהוָה וַיַּעֲמִידוּ הַכֹּהֲנִים מְלֻבָּשִׁים בַּחֲצֹצְרוֹת וְהַלְוִיִּם בְּנֵי־אָסָף בַּמְצִלְתַּיִם לְהַלֵּל אֶת־יְהוָה עַל־יְדֵי דָּוִיד מֶלֶךְ־יִשְׂרָאֵל: יא וַיַּעֲנוּ בְּהַלֵּל וּבְהוֹדֹת לַיהוָה כִּי טוֹב כִּי

ת"א לנצח . חולין כד : קדמיאל . פרקין יג :

רש"י

השני . הוא חדש אייר : מהשבי . כל אותן שבאו מהשבי' לירושלים : ויעמידו . העמידו הלוים המשוררים לנצח ולומר שירה לפני הבונים בשעת בנין יסוד הבית : לנצח . שני נלוחות הללו הם ניכוחי שירה כמו למנצח (בנגינות) מזמור לדוד (תהלים ד') : (ט) ויעמוד ישוע . עמדו ואמרו שירה ביחד סביב עושי מלאכת יסוד הבית : (י) ויסדו . משקל חזק מן יסוד כמו ויסדו סירותיהם. כן ויסבו מן יסב ויסדו מן יסד . ומשמעותן ויסדו ויסבו

אבן עזרא

(ח) לנצח. להזק . מענין ויז נלחהכ. או מן נלחה : (ט) ישוע בניו . הנכון ובניו וכן בני חנדד פירושו ובני : (י) ויסדו . מלובשים . בגדי כהונה : במצלתים . מן בצלצלי שמע :

מנחת שי

(י) במלצלתים . הבי"ת בפתח פפ"ה ומבכו אסף הכ(לא)ש (ובדברי סימים א' ט"ז) ובשניהם הכ' סמוכה במאליך והמ"ס קלה בס"ס : להלל את ס' . בדפום ישן לגלל אל ה' וטעות הוא :

רלב"ג

ר"ל ברבות כורש : (ח) ויעמידו את הלוים מבן עשרים ומעלה לנצח על המלאכה וגו' . ר"ל להתחזק על המלאכה כי היו ילחים מפני סארלות שישביתו מלאכתם ולזה העמידו שם את הלוים מבן עשרים שנה ומעלה גם שמו שם מנלחים על עושי המלאכה למהר המלאכה ולהתחזק עליה . והנה זכר שאחר שימד היכל ה' העמידו הכסנים מלובשים בגדי כהונה במצלורות כי היה זה יום שמחתם וססמידו הלוים בני אסף עם מללתים (ים לנצא"ם בלפ"ז) לגלל את ס' על ידי שירי דוד מלך ישראל והלוים היו עונים בהלל ובכונינם סודאם לה' כי טוב כי לעולם חסדו וסוא מזמור אחד נגכ' תהלים . וסנה מרוב השמחה הרימו כל העם תרועה גדולה לגלל ס' יתי' אשר

מצודת דוד

התחילו בענין : לנצח . לומר שירה ולנגן בעת הבנין : (ט) לנצח על עשה המלאכה . לנגות עליהם לכל ירמו ידיהם מן המלאכה : בני חנדד וגו' . גם סם היו מונגים על עושי המלאכה : (י) מלבשים. בבגדי כבוד וכידס החלולרות : על ידי דויד . בהכול כמזמור פ"י דוד : (יא) ויענו בהלל . הרימו קול בהלל וגו' לומר כי טוב להודית לה' כי לעולם מושך חסדו על ישראל . כל השמחות הלנו

מצודת ציון

מלשון רשות סידום כדרז"ל : (ח) לנצח . ענינו גלום השיר פ"ש סדרך במלי השיר לנלח זה את זה בהרמת הקול ובהכרעת הנעימה : (ט) ואחיו . מבריו ורעיו : לנצח . ענינו נגושה וכסיה והוא מל' כלמון והתנברות : (י) במצלתים . משוי סוא משני כלי נחושת להשמיע קול גדול בהקשתן זה בזה וכן בצלצלי שמע (תהלים ק"נ) : (יא) איענו. סנין סרממ קול כמו ומנו הלוים וגו' קולרס(דבריס ל"ז) :

על ידי דוד . בעבור שהתמגן מגנן ביד יקרא הנגון יד :

were settling.—[Rashi] [Apparently, Rashi's reading was וְיִסְּדוּ, וַיֵּשְׁבוּ. He explains them both as the future form, indicating a continual action. Accordingly, in our verse, the meaning is that the builders were in the process of laying the foundation: they had not yet completed it. By מִשְׁקָל חָזָק Rashi means that the "yud" of the radical was not dropped.]

And the builders laid the foundation—*And the builders were* their brethren, the priests, the Levites, and all who came from the captivity to Jerusalem commenced, and they stationed the Levites from twenty years old and above to conduct the work of the House of the Lord. 9. And Jeshua, his sons, and his brothers, Kadmiel and his sons, the sons of Judah, stood together to conduct the ones who did the work in the House of God, the children of Henadad, their sons, and their brothers, the Levites. 10. And the builders laid the foundation of the Temple of the Lord, and they stationed the priests in their attire with trumpets, and the Levites, the sons of Asaph, with cymbals, to praise the Lord through David the king of Israel. 11. And they sang aloud with praise and with thanks to the Lord for it is good,

---

8. in the second month—*That is the month of Iyar.*—*[Rashi]*

from the captivity—*all those who came from the captivity to Jerusalem.*—*[Rashi]*

and they stationed—*They stationed the Levite singers to harmonize and to recite a song before the builders at the time of the building of the foundation of the Temple.*—*[Rashi]*

to conduct—Heb. לְנַצֵּחַ. *These two expressions of* נצּוּחַ *are harmonies of song, like* (Ps. 4:1): *"To the conductor* (לַמְנַצֵּחַ), *a song of David."*—*[Rashi] Ibn Ezra* and *Ralbag explain the term* לְנַצֵּחַ *as to strengthen. Because they were afraid that the peoples of the lands would hinder their work, they stationed Levites from twenty years old and up [to play music to encourage the workers], and they stationed superintendents over the workers to hasten their work and to ascertain that they* exerted all their strength in completing the construction.

9. And Jeshua ... stood—*They stood and recited the song together around the ones who did the work of the foundation of the Temple.*—*[Rashi]*

Kadmiel and his sons the sons of Judah—To distinguish this Kadmiel from the one mentioned in Nehemiah 10:10, who was a son of Nenadad, Scripture states that he was from the sons of Judah.—*[Malbim]*

10. And ... laid the foundation—Heb. וְיִסְּדוּ *This is the strong conjugation of* יִסֵּד, *like* (Ezek. 25:4): *"and they will settle* (וְיִשְׁבוּ) *their palaces."* [Note emendation.] *Just as* וְיִשְׁבוּ *is derived from* יָשַׁב *so is* וְיִסְּדוּ *derived from* יָסַד, *and their meaning is* וְיִסְּדוּ, וְיִשְׁבוּ, *in the intensive conjugation with two "yud"s, one for the* [continuous] *action and one for the radical, and their meaning is that they were laying the foundation, they*

כִּי־לְעוֹלָם חַסְדּוֹ עַל־יִשְׂרָאֵל וְכָל־הָעָם הֵרִיעוּ תְרוּעָה
גְדוֹלָה בְהַלֵּל לַיהוָה עַל הוּסַד בֵּית־יְהוָה: יב וְרַבִּים
מֵהַכֹּהֲנִים וְהַלְוִיִּם וְרָאשֵׁי הָאָבוֹת הַזְּקֵנִים אֲשֶׁר
רָאוּ אֶת־הַבַּיִת הָרִאשׁוֹן בְּיָסְדוֹ זֶה הַבַּיִת בְּעֵינֵיהֶם
בֹּכִים בְּקוֹל גָּדוֹל וְרַבִּים בִּתְרוּעָה בְשִׂמְחָה לְהָרִים
קוֹל: יג וְאֵין הָעָם מַכִּירִים קוֹל תְּרוּעַת הַשִּׂמְחָה
לְקוֹל בְּכִי הָעָם כִּי הָעָם מְרִיעִים תְּרוּעָה גְדוֹלָה
וְהַקּוֹל נִשְׁמַע עַד־לְמֵרָחוֹק: ד א וַיִּשְׁמְעוּ צָרֵי יְהוּדָה
וּבִנְיָמִן כִּי־בְנֵי הַגּוֹלָה בּוֹנִים הֵיכָל לַיהוָה אֱלֹהֵי
יִשְׂרָאֵל

ת"א ורבים מהכהניא, לויים ו שמורה ו גבי העם , הוריעו: חמירה טו :
רש"י

ט"ו): ובהודות . ובהודיות : בי טוב . להודות לה': וכל
העם . שאר עם ישראל : על הוסד . כל השמחות הללו
היו עושים על בנין היסוד אשר הוסד בבית ה' :
(יב) ביסדו . ביסוד שלו מן שם דבר של יוסד ומן יסד
יאמר ביסדו . כמו מן חדם בחדשו מן קדם בקדמו : זה
הבית . כשהיו רואין בנין בית זה היו בוכין מתוך שהיו
זוכרים אותו בנין גדול של כ"ר : ורבים . אשר לא ראו

בנין כ"ר היו שמחין ומריעין בשמחה בקול גדול מרוב
שמחתן שיצאו מגלותן : (יג) ואין העם מכירים : אותם
השומעים לא היו מכירים קול תרועת שמחה מפני קול בכי
העם שהרי העם השמחים היו מריעים תרועה גדולה וקול
הבכי נשמע יותר ויותר עד למרחוק:
ד (א) צרי יהודה ובנימין . הם העכומ"ז אשר הושיב
סנחריב כא"י כמו שנא' (מלכים ב' י"ז) ויבא מלך

אבן עזרא

(יא) הוסד . שם הפועל : (יב) ביסדו . דבק עם זה הבית ופי' אשר ראו בעיניהם הבית הראשון בעת יסדו

רלב"ג

עזרם על בנין יסוד בית ס': (יב) ביסדו זה הבית בעיניהם בוכים בקול גדול . ידמה שהיסוד הזה לא היה נעשה מאבנים גדולות כל כך
כמו שהיה בבנין שלמה שהיו מאבני גזר אמות או שמנה אמות וזה כי לולא זה הנה לא היה הבדל בין יסוד זה הבית ליסוד הבית
הראשון כי שיעור ההיכל היה מסכים לשיעורו הראשון : ד (א) לצרי יהודה ובנימן . הם הכותים שהעלה סנחריב בערי שומרון :

מצודת דוד

היו על אשר הניחו היסוד מבית ס' : (יב) את הבית הראשון .
שבנה שלמה : ביסדו . בעת יסדו הבית הזה : בעיניהם : ר"ל והם רואים
הראשון : ורבים . אשר לא ראו הבית הראשון הם היו מריעים בשמחה להרים קול גדול על שמחת הבנין : (יג) ואין העם מכירים
אותם השומעים לא היו מכירים את קול תרועת השמחה מפני קול הבכי : כי העם . עם כי סתם השמחים היו מריעים תרועה
גדולה אבל קול הבכי נשמע עד למרחוק ובטל קול השמחים : ד (א) צרי יהודה . הם האומות הם הושיב אשר הושיב מלך אשור בערי

מצודת ציון

ד (א) צרי . אויבי:

this Temple—*When they would
see the building of this Temple, they
would weep because they remem-
bered the large building of the First
Temple.*—[Rashi]

and many—*who had not seen the
building of the First Temple, were
rejoicing and shouting for joy with a
loud voice, out of their great joy that
they had emerged from their exile.*—
[Rashi]

13. And the people did not

recognize—*Those listeners did not
recognize the voice of the shout for
joy, because of the voice of the
people's weeping, for the rejoicing
people were shouting with a great
shout, and the voice of weeping was
heard farther and farther away.*—
[Rashi]

4

**1. the adversaries of Judah and
Benjamin**—*They are the nations*

for His kindness is eternal over Israel, and the entire people shouted with a great shout with praise to the Lord because the foundation of the House of the Lord was laid. 12. And many of the priests and the Levites and the heads of the fathers' houses, old men who had seen the first Temple when its foundation was laid, [when they saw] this Temple with their eyes, were weeping with a loud voice, and many with a shout of joy to raise [their] voice. 13. And the people did not recognize the voice of the shout of joy because of the voice of the people's weeping, for the people were shouting a great shout, and the voice was heard from afar.

4

1. Now the adversaries of Judah and Benjamin heard that the people of the exile were building a Temple for the Lord God of

laying the foundation [see above] *of the Temple of the Lord at the time* [that] *they were harmonizing in their song, and they stationed the priests attired with elegant garments with trumpets in their hands to sound them.*—[*Rashi*] *Ibn Ezra explains* that they were attired in the priestly raiment. *Malbim* explains that *Rashi* concurs with *Rambam* (Laws of Vessels of the Temple 8:12) that a priest may wear the priestly raiments only during the performance of the Temple service. According to *Raabad*, however, they are permitted to wear them in the Temple all day. Therefore, they wore their priestly garments on this occasion.

and the Levites the sons of Asaph—*were the singers.*—[*Rashi*]

with cymbals—Heb. בִּמְצִלְתָּיִם *like* (Ps. 150:9): "with loud-sounding cymbals (בְּצִלְצְלֵי שָׁמַע)." *They are musical instruments.*—[*Rashi*]

through David—*for they were harmonizing and singing songs of David, the king of Israel.*—[*Rashi*]

11. **And they sang aloud**—Heb. וַיַּעֲנוּ *an expression of raising the voice in song, like* (Exod. 15:21): *"And Miriam raised her voice in song to them."*—[*Rashi*]

and with thanks—*and with thanksgivings.*—[*Rashi*]

for it is good—*to give thanks to the Lord.*—[*Rashi*]

and the entire people—*the rest of the people of Israel.*—[*Rashi*]

because ... was laid—*They acted with all these rejoicings because of the building of the foundation, which was laid in the House of the Lord.*—[*Rashi*]

12. **when its foundation was laid**—Heb. בְּיַסְּדוֹ, with its foundation. *With the noun of* יְסֹד *and from* יסד, *he says* בְּיַסְּדוֹ, *like from* חֹדֶשׁ, בְּחָדְשׁוֹ, *and from* קֹדֶשׁ, בְּקָדְשׁוֹ.—[*Rashi*]

יִשְׂרָאֵל : ב וַיִּגְּשׁוּ אֶל־זְרֻבָּבֶל וְאֶל־רָאשֵׁי הָאָבוֹת
וַיֹּאמְרוּ לָהֶם נִבְנֶה עִמָּכֶם כִּי כָכֶם נִדְרוֹשׁ לֵאלֹהֵיכֶם
וְלֹא ׀ אֲנַחְנוּ זֹבְחִים מִימֵי אֵסַר חַדֹּן מֶלֶךְ אַשּׁוּר
הַמַּעֲלֶה אֹתָנוּ פֹּה : ג וַיֹּאמֶר לָהֶם זְרֻבָּבֶל וְיֵשׁוּעַ
וּשְׁאָר רָאשֵׁי הָאָבוֹת לְיִשְׂרָאֵל לֹא־לָכֶם וָלָנוּ לִבְנוֹת
בַּיִת לֵאלֹהֵינוּ כִּי אֲנַחְנוּ יַחַד נִבְנֶה לַיהוָה אֱלֹהֵי
יִשְׂרָאֵל כַּאֲשֶׁר צִוָּנוּ הַמֶּלֶךְ כּוֹרֶשׁ מֶלֶךְ־פָּרָס : ד וַיְהִי
עַם הָאָרֶץ מְרַפִּים יְדֵי עַם־יְהוּדָה וּמְבַלֲהִים אוֹתָם
לִבְנוֹת : ה וְסֹכְרִים עֲלֵיהֶם יוֹעֲצִים לְהָפֵר עֲצָתָם כָּל־

ת"א לא לפס , שקליס ל' ערכין כ' שקליס מו :   רלו קרי ובבהלים קרי   ימי

רש"י

ל"ו) ויהי הוא משתחוה בית נסרוך אלהיו ואדרמלך ושראצר בניו הכוהו בחרב וגו' וימלוך אסר חדון בנו תחתיו : (ג) כי אנחנו . אלא אנחנו לבדנו נבנה כי זה משמש במקום אלא: (ד) עם הארץ . הם ערי יהודה ובנימין : מרפים. לבטלם ממלאכתם : לבנות . כמו מלבנות . וכן עד כי חדל לספור: (ה) וסוכרים . כתיב בסמ"ך ופתרונו כאלו כתב בשי"ן

אבן עזרא

הבית שני היו בוכים : ד (ב) ולא אנחנו.קרי בוי"ו וכתיב במל"ף וסי' ולא אנחנו זובחים לזולתו : (ג) לא לכם ולנו . טעמו שתתערבו עמנו לבנות בית אלהינו : כי אנחנו יחד . רמז לכל קהל ישראל : (ד) ומבלהים . כתיב מן בלהות אתנך ומבהלים קרי לנטות אחרי רבים בשורש נהל בלה כי מעט הם רק הענין אחד : (ה) וסוכרים , הסמ"ך תחת שי"ן :

מנחת שי

ד (ב) ולא אנחנו . ולו קרי : אסרחדון . מדא מלא וי"ס חרסין מלין כמ"ש במלכים וישעיה : (ד) ומבלהים . ומבהלים קרי : (ה) וסכרים . כל לישנא דאגרא כתיב שי"ן בר מן דין דכתיב סמ"ך

רלב"ג

(ג) לא לכם ולנו לבנות בית לאלהינו.למדנו מזה שאין מניחין למי שאינו מישראל לבנות ביהמ"ק עמנו : (ד) ויהי עם הארן . הם הכותים : ומבלהים אותם לבנות . ר"ל שהיו מתניא שכר ליועלים יער ליעלים יוזלים : (ה) וסוכרים עליהם יועלים . ר"ל שהיו מסתדים אותם על דבר כבניה :

מצודת ציון

(ד) מרפים . מלשון רפיון : לבנות . כמו מלבנות : (ה) וסכרים .

מצודת דוד

ישראל : (ב) נבנה עמכם . כוונתם היה להתחבר עמהם לדעת' מלפוני לבבם למלוא עלילה מה להשבית המלאכה : ולו אנחנו זבחים . כמ"ש בהם אה ה' כי היו ירלים (מ"ב יז) : מימי אסרחדון . כי סנחריב אשר סגלה את ישראל הומת על ידי בניו ומלך אסר חדון בנו תחתיו כמ"ש (במלכים ב יט) וסוף הושיב במקומם מבבל ומכותה וגו' : (ג) לא לכם ולנו . לא לשניכו יחד אנחנו ואתם לבנות הבית כי מה לכם לבנות בית לה' רק אנחנו בני ישראל יחד נבנה הבית לה' : כאשר צונו . ר"ל אותנו לוה המלך ולא אתכם : (ד) מרפים . הביאו מורך בלבבם למען ירפו ידיהם מהבנין : ומבהלים . היו מסחידים אותם מלכנות : (ה) וסכרים .היו שוכרי'

They thought that Israel would also worship God in this manner. Therefore, they said, "For like you we seek your God," Whom they called the God of gods:

[2] **for we have been sacrificing to Him**—for we consider Him the Most High God over all other gods.

[3] **"It is not for you and for us—**

You cannot participate in God's worship with us and assist us in the building so that you are able have a share in the Temple.

but we together shall build for the Lord God of Israel—The name "God of Israel" denotes His personal Providence over Israel without any intermediary. They said, "We will

Israel. 2. And they approached Zerubbabel and the heads of the fathers' houses and said to them, "Let us build with you, for like you we seek your God, and we have been sacrificing to Him since the days of Esarhaddon, the king of Assyria, who brought us up here." 3. And Zerubbabel, Jeshua, and the rest of the heads of the fathers' houses of Israel said to them, "It is not for you and for us to build a House for our God, but we ourselves shall build for the Lord God of Israel, as King Cyrus, the king of Persia, commanded us." 4. And the people of the land were hindering the people of Judea and frightening them from building. 5. And they would hire advisors against them to frustrate their plan, all

whom Sannecherib settled in the land Israel, as it says (II Kings 17:24): *"And the king of Assyria brought [people] from Babylonia and from Cuthah and from Avvah and from Hamath and from Sepharvaim, and he settled them in the cities of Samaria instead of the Children of Israel."*—[*Rashi*]

2. and said to them, "Let us build with you—*They said this in order that through them the work of the Temple should be disrupted, that they should build no more.*—[*Rashi*] They intended to join them in order to discover their plans, so that they could devise a pretext to curtail the construction.—[*Metzudath David*]

and we have been sacrificing to Him—Heb. וְלוֹ. This is the *keri*, which is the meaning of the literal text. The *kethib*, however, is וְלֹא, *and not*, meaning that we have not sacrificed to any deity besides Him.—[*Ibn Ezra*]

since the days of Esarhaddon the king of Assyria—*the son of Sannecherib, for after Sannecherib settled them there, as it says* (II Kings 29:37, Isa. 37:38): *"And he was prostrating himself in the temple of Nisroch his god, and Adramelech and Sharezer, his sons, slew him by the sword etc., and his son Esarhaddon reigned in his stead ."*—[*Rashi*]

3. It is not for you and for us—that you should join us to build a Temple for our God.—[*Ibn Ezra*]

but we—Heb. כִּי, *but we alone shall build. This* כִּי *serves in place of* אֶלָּא, *but.*—[*Rashi*]

as ... commanded us—The king commanded us but not you.—[*Metzudath David*] *Malbim* is not satisfied with this interpretation, because the king did not specify that they were to receive no assistance from their neighbors. He explains that the Cuthites and their allies worshipped God in conjunction with pagan deities, as Scripture states (II Kings 17:33): "They feared the Lord, yet they worshipped their own gods."

יְמֵי כוֹרֶשׁ מֶלֶךְ פָּרַס וְעַד־מַלְכוּת דָּרְיָוֶשׁ מֶלֶךְ פָּרָס: ו וּבְמַלְכוּת אֲחַשְׁוֵרוֹשׁ בִּתְחִלַּת מַלְכוּתוֹ כָּתְבוּ שִׂטְנָה עַל־יוֹשְׁבֵי יְהוּדָה וִירוּשָׁלָ͏ִם: ז וּבִימֵי אַרְתַּחְשַׁשְׂתָּא כָּתַב בִּשְׁלָם מִתְרְדָת טָבְאֵל וּשְׁאָר כְּנוֹתָו

ת"א שסיה . מגלה יח :   כצ"ל :

רש"י

שהיו שוכרים יועצים כדי לבטל המלאכה : **כל ימי**. מלכות כורש ומלכות אחשורוש אשר מלך אחר כורש עד שנת שתים לדריוש שמלך אחר אחשורוש היתה המלאכה בטלה : **(ו) ובמלכות אחשורוש**. שמלך אחר כורש הוא אחשורוש שלקח אסתר : **כתבו שטנה**. שלא לבנות בית המקדש : **על יושבי יהודה וירושלים**. להלשינם ולקנתרם שלא יבנו הבית : **(ז) ובימי ארתחששתא**. הוא כורש מלך פרס מנין אותיות של כורש עולה למנין אותיות דריוש וכן שנינו במסכת ר"ה הוא כורש הוא דריוש הוא ארתחששתא כורש ע"ש שמלך כשר היה ארתחששתא ע"ש המלכות ובסדר עולם מלאתי דריוש הוא ארתחששתא וכל המלכות כולה נקראת ארתחששתא וגו': **כתב בשלם**. כתב מכתבי בדברים של שלום : **מתרדת טבאל**. שם אדם הוא מגרי יהודה ובנימין : **ושאר כנותו**. חברותיו וסיעותיו : על

מנחת שי

(ו) ובימי ארתחששתא. בספרים מדוייקים זה לבדו חי"ו שניה בקגנן וכן כמשר עליו ל' וכל ארתחששתא שבענין שי"ן לאשונה ימנית ושניה שמאלית בריוב ד הספרים ובקצתן כתוב סמ"ך בכולן במהוס שי"ן שניה חמכס במסולת נמשר סימן מן היש משם עד סוף סיפרא אלרתחששתא בסמ"ך ולהון אלרתחששתא קרי בשו"א   כמ"ש במזמור ס"ג :

אבן עזרא

(ו) יבמלכות אחשורוש. הוא המכיגה אלרתחששתא בלשון פרסי : **כתבו שטנה**. מן שטן והטעם לשטון אותם : **(ז) כהב בשלם**. כמו בשלום : **על ארתחששתא**. ספרא עד ואחר הדבריס האלה סימן ז' אלרהמששתא בשי"ן ומשם ...

רלב"ג

פלאם וזה התמידו כל ימי כורש מלך פרס ועד מלכות דריוש מלך פרס ...

מצודת דוד

יועלים בעבורם ליען את המלך אחר דעתם ולהפר עלה היהודים : **ועד מלכות דריוש**. הוא דריוש הפרסי המולך אחר אחשורוש : **(ו) כתבו שטנה**. בדבר בנין הבית שלא יתן לבל יתן רשיון לבנות את הבית : **(ז) ארתחששתא**. הוא כורש הפרסי וסם ארתחששתא סוא כנוי לכל מלכי פרס כמו פרעה למלכים ואלימלך לפלשתים : **כתב בשלם**. כתב מכתבו בדברי שלום : **מתרדת טבאל**. הוא

מצודת ציון

כמו ושוכרים בש"ן : **(ו) שטנה**. טנין קטרוג :

---

the days of Cyrus, the king of Persia, and until the kingdom of Darius, the king of Persia. 6. And in the reign of Ahasuerus, in the beginning of his reign, they wrote an accusation against the dwellers of Judea and Jerusalem. 7. And in the days of Artaxerxes, Mithredath Tabeel and the rest of his colleagues wrote with peace,

not worship any foreign god with Him, as is your custom." To counter the Cuthites' appellation of God as the "God of the land," indicating that all the inhabitants of the land had a share in His worship, the Jews told them that He is the "God of Israel," whom He chose as His people, and not the God of the other nations of the land.

as King Cyrus ... commanded us—He explicitly commanded us that it should be dedicated to Israel and should not serve as a general house of prayer, as above 1:3.

4. the people of the land—*They are the adversaries of Judah and Benjamin.*—[*Rashi*]

were hindering—*to disrupt them from their work.*—[*Rashi*]

from building—Heb. לִבְנוֹת, lit. to build, *and so* (Gen. 41:49): *"until one ceased to count* (לִסְפֹּר*)."*—[*Rashi*] *Malbim* explains that sometimes they would weaken their hands; i.e., they would attempt to make them lazy, so that they should not pursue the matter of the building of the Temple. Sometimes they would frighten them out of building, and sometimes they would hire advisors to frustrate their plan.

5. And they would hire—Heb. וְסֹכְרִים. *This is written with a* "sammech," *but its meaning is as*

though it was written with a "sin," [meaning] *that they would hire advisors to disrupt the work.*— [*Rashi*]

all the days of—*the reign of Cyrus and the reign of Ahasuerus, who reigned after Cyrus, until the second year of Darius, who reigned after Ahasuerus, the work was stopped.*—[*Rashi*]

6. And in the reign of Ahasuerus—*who reigned after Cyrus; he is the Ahasuerus who took Esther.*—[*Rashi*]

they wrote an accusation—*not to build the Temple.*—[*Rashi*]

against the dwellers of Judea and Jerusalem—*to inform on them and to chide them not to build the Temple.*—[*Rashi*]

7. And in the days of Artaxerxes—*He is Cyrus, the king of Persia. The numerical value of the letters of* כֹּרֶשׁ *equal the numerical value of the letters of* דָּרְיָוֶשׁ:

כ	= 20	ד	= 4
ר	=200	ר	=200
שׁ	=<u>300</u>	י	= 10
	520	ו	= 6
		שׁ	=<u>300</u>
			520

And so we learned in Tractate

כְּנָוֹתוֹ עַל־אַרְתַּחְשַׁשְׂתְּא מֶלֶךְ פָּרָס וּכְתָב הַנִּשְׁתְּוָן כָּתוּב אֲרָמִית וּמְתֻרְגָּם אֲרָמִית: ח רְחוּם בְּעֵל־טְעֵם וְשִׁמְשַׁי סָפְרָא כְּתַבוּ אִגְּרָא חֲדָא עַל־יְרוּשְׁלֶם לְאַרְתַּחְשַׁשְׂתְּא מַלְכָּא כְּנֵמָא: ט אֱדַיִן רְחוּם בְּעֵל־טְעֵם וְשִׁמְשַׁי סָפְרָא וּשְׁאָר כְּנָוָתְהוֹן דִּינָיֵא

ה"א הנשתון . סנהדרין כב מגלה כא :   כְּנָוָתֵיהּ קרי   ואפרסתכיא

רש"י

ארתחששתא . אל ארתחששתא : וכתב הנשתון . וכתב
האגרת : כתוב ארמית . באיתיות ארמית : ומתורגם
ארמית . המכתב היה מפורש בלשון ארמית : (ח) רחום
בעל טעם . רחום היה מזכיר ובעל דברים לסדר המכתב :
ושמשי ספרא . ושמשי היה סופר הוא שמשי בנו של המן .
וכן דרך המקרא להזכיר סופר ומזכיר שניהם ביחד לפי
שהם זקוקים זה לזה הא' מסדר ומזכיר והסופר כותב שנא'
(מלכים א' ד') אליחרף ואחיה בני שישא סופרים יהושפט
בן אחילוד המזכיר ובמקום אחר נאמר ויבא חליקים בן
חלקיהו יגי' (שם ב' י"ר) ושבנא הסופר ויואח בן אסף
המזכיר : כתבו אגרא . הללו שניהם רחום ושמשי כתבו
האגרת כאשר לוה עליהם מתרדת וטבאל יכלם היו מיושבי'
בערי שמרין : על ירושלם . על אודות בנין ב"ה אשר
בירושלים : כנמא . כאשר נאמר והוא דוגמת לשון גמרא
כדבעינן למימר קתן : (ט) אדין . אז : רחום . שם אדם :
בעל טעם . מזכיר ובעל דברים : ושאר כנוההון . ושאר

אבן עזרא

כמו אל : כנותיו . חביריו או רעיו : וכתב הנשתון .
צורת האיתיות תקראנה בלשונגו והעד אל היהודים בכתבם
או כתב זה הספר הנשתון השוה בכתיבה ובלשון ארמית
ויש אומרים שהטעם חותם והוא הנכון : (ח) בעל טעם .
מן טעמו וראו . והנה רחום בעל טעם עלה : כנמא . כאשר
נאמר כן היתה האגרת שלחו הנזכרים או כנמא כטעם
חוימות ידועי' אללם ויתכן להיות ארכייא מן וארך וכלנה :

מנחת שי

בן מלאתי במסורת טוליטולא : כנותו . כנותיו קרי כתיב מדוייקן
סנו"ן בקמץ והוא"ו נטע בחולם כמו שהיא נטע דוגמא כנותהון
וכנותיה שבטנין . וכתב רד"ק שים לנו כיילא בזה
כדברי רז"ל בפרק קמא דכריתות מי דמי שבת ועכו"ס .
תני יתהון בכנותהון פי' בדיליהם וגבל המחבר אליהס ט"כ .
אליכא נוסחא אחרת התם ואין זה מכוונת מיבור וטיין בטרוך טירך

רלב"ג

השמות כי כבר תמלא לסנחריב שמות רבים . ובימי ארתחששתא כתב בבלם . והוא אשר קרא שלום כם' דס"י . ומתרדת וטבאל ושאר
סיעתם אל ארתחששתא מלך פרס . וכתב האגרת כתוב ארמית ובלשון ארמי . וזה הוא נוסח האגרת : (ח) רחום . בעל הדברים
ושמשי הסופר כתבו אגרת אחת על ירושלים לארתחששתא המלך כאשר נאמר : (ם) הנה רחום בעל הדברים ושמשי הסופר ושאר הסופרים

מצודת ציון

(ז) כנותיו . ענינו רעיו ומכריו . וכד' רז"ל שבת ועכו"ס
בכנותהון (כריתות ג) כן גרם הטרוך ורולה לומר בכל דיניהם
המתחבר אליהם : הנשתון . ענינו מסורם ואין לו דומה כי אם
בזה הספר : ומתרגם . גם הוא ענין מסורם וכדלרז"ל מאן דמתרגם
לי הבית (ב"מ מא) : (ח) בעל טעם . ענינו היודט מיעב הדדיך
במלילה נאותה וכן טעם זקנים יקח (איוב י"ב) : אנרא . כן יקרא
כתב השלוח ט"ש שמאוסף בו דברים הרבה יהוא יל' חונר בקין
(משלי י') : כנמא . ענין אמירה וכן וינאמו נאם (ירמיה כ"נ) :

מצודת דוד

כי' הלאם מן משלמי הכתב ושאר ריטיו טמו היו כמגודה אחת
לשלוח אל ארתחששתא : ובתב תנשתון . כתב המפורש כי' כתוב
כתולר כתב ארמית ומסורש בלשון ארמיה : (ח) בעל טעם .
לסדר את דברי הכתב במלילה נאיתה : ספרא . היודע לאמן ידו
בכתיבה : כהבו . הכ כתבו אגרת אחת להלשין על ירושלים לחום
כי' המסדר ושמשי היה הכיתב : כנמא . כ"ל דברי האגרת היס
כאשר נאמר למטה : (ט) אדין . אז באחתו המעמד והטלה היה רחום
וגו' ישאר חבריהס · דיניא וגו'. הס שמות טו"ג ידועות אללם אשר

---

the secretary—Aram. בְּעֵל טְעֵם,
secretary and master of words.—
[*Rashi*]

**and the rest of their compa-
nies**—*and the rest of their com-
panies.—*[*Rashi*]

**the Dinites, the Apharesatt-
techites, etc.**—*All these are names
of nations whom Sennacherib
repatriated in the cities of*

Samaria.—[*Rashi*] *Daath Soferim*
remarks that these nine tribes were
brought to Israel from all ends of the
Assyrian empire. Despite their vast
differences, they were united by the
priest who was sent to them by the
king of Assyria (II Kings 17:27f.) to
teach them how to worship the God
of the land. In Talmudic times,
these nations were known as the

to Artaxerxes, the king of Persia, and the script of the epistle was written in Aramaic and explained in Aramaic. 8. Rehum was the secretary, and Shimshai was the scribe; they wrote a letter about Jerusalem to Artaxerxes the king, as is stated. 9. Then Rehum the secretary and Shimshai the scribe and the rest of their companies, the Dinites,

name of a man, one of the adversaries of Judah and Benjamin.—[*Rashi*]

and the rest of his colleagues—Heb. וּכְנָוָתֵהּ, *his companies and his societies.*—[*Rashi*]

and the script of the epistle—Heb. וּכְתָב הַנִּשְׁתְּוָן.—[*Rashi*] *Ibn Ezra* renders: the script of the seal, probably the sealed document. *Isaiah da Trani* renders: the unusual double script.

written in Aramaic—*in Aramaic characters.*—[*Rashi*]

and explained in Aramaic—*The script was explained in the Aramaic language.*—[*Rashi*]

8. Rehum was the secretary—*Rehum was the secretary and the master of words to compose the epistle.*—[*Rashi*] He knew how to compose the epistle with the proper style.—[*Metzudath David*]

and Shimshai was the scribe—*And Shimshai was the scribe: he is Shimshai the son of Haman. So it is customary to mention the scribe and the secretary together because they need each other: one composes and dictates, and the scribe writes, as it says* (I Kings 4:3): "*Eliphoreph and Ahiah, the sons of Shisha, scribes, Jehoshaphat, the son of Ahilud, the secretary," and in another place it*

says (Isa. 36:22): "*And Eliakim, the son of Hilkiah, etc. and Shebna the scribe, and Joah, the son of Asaph the secretary, came.*"—[*Rashi*] *Rashi* to Isaiah 36:3 defines מַזְכִּיר as the recorder, the writer of the records in the annals. In some editions, there is another explanation: He would record which judgment came before him first to adjudicate it first. The latter explanation appears also in *Rashi* to Kings 4:3 and II Kings 13:18. That would not apply to our text.

they wrote a letter—*These two, Rehum and Shimshai, wrote the letter as Mithredath Tabeel had commanded them, and they all were dwellers of the cities of Samaria.*—[*Rashi*]

about Jerusalem—*about the building of the Temple, which is in Jerusalem.*—[*Rashi*]

as is stated—Aram. כְּנֵמָא, *as is stated, and that is similar to the expression of the Gemara: "as we wish to say further."*—[*Rashi*] The meaning is that they wrote it as appears below.—[*Metzudath David*] *Ibn Ezra* explains that the scribe wrote what the secretary dictated.

9. Then—Aram. אֱדַיִן, equivalent to the Hebrew אָז.—[*Rashi*]

Rehum—*the name of a man.*—[*Rashi*]

וַאֲפַרְסַתְכָיֵא טַרְפְּלָיֵא אֲפָרְסָיֵא אַרְכְּוֵי בָּבְלָיֵא שׁוּשַׁנְכָיֵא דֶּהָוֵא עֵלְמָיֵא: י וּשְׁאָר אֻמַיָּא דִּי הַגְלִי אָסְנַפַּר רַבָּא וְיַקִּירָא וְהוֹתֵב הִמּוֹ בְּקִרְיָה דִּי שָׁמְרָיִן וּשְׁאָר עֲבַר־נַהֲרָה וּכְעֶנֶת: יא דְּנָה פַּרְשֶׁגֶן אִגַּרְתָּא דִּי שְׁלַחוּ עֲלוֹהִי עַל־אַרְתַּחְשַׁשְׂתְּא מַלְכָּא עֲבְדָיךְ אֱנָשׁ עֲבַר־נַהֲרָה וּכְעֶנֶת: יב יְדִיעַ לֶהֱוֵא לְמַלְכָּא דִּי יְהוּדָיֵא דִּי סְלִקוּ מִן־לְוָתָךְ עֲלֶינָא אֲתוֹ לִירוּשְׁלֶם

ת"א אסנפר . סנהדרין לד :   ארכוייא קרי דהיא קרי   עבדך קרי   קריתא

רש"י

אשר בעבר הנהר לפי שהנהר נהר פרס מפסיק בין א"י לבבל נמצאו אותן עכומ"ז שלגד א"י הס בעבר הנהר לאותן העומדים בבבל : ובענת . שם מקום ואנשי כענת כלס היו מסכימים בשליחות המכתב הזה : (יא) דנה פרשגן אגרתא . וזהו פתרון האגרת: פרשגן . כמו פתשגן הכתב: די שלחו עלוהי . אשר שלחו אליו : על ארתחשסתא . אל ארתחשסתא : עבדך אנש עבר נהר וכענת . עבדך הם אנשי עבר הנהר ואנשי כענת כל העכומ"ז המנויות כאן נכללות בכלל זה שכלן היו לגד א"י שהוא עבר הנהר לאותם השוכנים בבבל וזה תחלת המכתב עבדך אנש עבר נהרא וגו' עד לא איתי לך : (יב) ידיע להוא למלכא . דבר ידוע יהיה למלך : די יהודיא . אשר

מנחת שי

כן הראשון : (ע) ארכוי.ארכוייא קרי : דסיא.דסיא קרי : (יא)עבדיך. עבדך קרי : (יב) סלקו . יש ספרים סליקו מלא יו"ד : ובאיסתאל .

אבן עזרא

שושנכיא . מן שושן : עלמיא . מן עילם : (י) וכענת . יש אומרים שהוא שם אומה ויתכן שהמלה מן עת אך הראשון הוא הקרוב : (יא) פרשגן . כעטס פתשגי הכתב שתי לשונו' זה אומר בכה וזה אומר בכה ופי' המלה פשר וביאור :

רלב"ג

דיניא אפרסתכיא . והנמשך לזה הס כלס אומות שהביא סנחריב בערי שומרון : (י) ושאר סלומות שהביא סנחריב בערי שומרון גדול ונכבד והושיבם בערי שומרון ובשאר ערי עבר הנהר ובעיר אחת שמה כענת או מחוז אחד והוא הנראה יותר : (יא) זה פתשגן האגרת אשר שלחו אליו אל ארתחששתא המלך עבדיך אנשי עבר הנהר וכענת : (יב) ידע המלך כי היהודים עלו מאתך אללנו באו לירושלים עיר מולדת ורעה

מצודת ציון

(יא) פרשגן . ענין טופס הדבר ועניני כי משנה תורת משה (יהושע

מצודת דוד

ישבו בערי שומרון והיו גם המה במעמד הסלה היעולה : (י) ושאר אמיא . ושאר העכו"ס אשר הגלה אסנפר והוא סנחריב בלשון פרסי : רבא ויקירא . כן נקרא סנחריב על כי היה מלך גדול ומכובד : והותב . הושיב את העכו"ס סהס בהעריס שג שומרון כ"ל הסמוכים לה ומאף שנא' למעלה אשר חדון בנו הושיב אותם בצרי שומרון מ"מ אמר שהושיב הוא על כי היה במלוחו : ושאר . גס שאר היושבים בעבר נהר פרס המסמיק בין בבל לא"י ונס כענת והוא שם מקום מטרסולין לכל אלה ול"ג כל אלה הסכימו בדבר האגרת (יא) דנה . זאת סדור טופס האגלת אשר שלחו אליו וחוזר ומפרש אל ארתחששתא המלך . עבדך . ר"ל אנחנו הכותבים המה עבדיך אנש עבר הנהר וישבי כענת : (יב) ידיע להוא . ידוע יהיה נמלך אשר היהודים אשר עלו מטמך הנה באו בלי הנה בטו לירושלים :

---

place; and all the people of Ke'eneth have concurred with the commission of this letter.—[Rashi]

11. This is the meaning of the letter—and this is the interpretation of the letter.—[Rashi]

the meaning—Aram. פַּרְשֶׁגֶן, like (Esther 3:14): "The meaning of (פַּתְשֶׁגֶן) the writ."—[Rashi] According to Isaiah da Trani, Midrash Ezra, and Metzudoth, it means the text of the letter.

the Apharesattechites, the Tarpelites, the Apharesites, the Archevites, the Babylonians, the Shushanchites, the Dehites, the Elamites. 10. And the rest of the nations whom the great and honored Asenappar exiled and settled in the cities of Samaria and the rest of the other side of the river and Ke'eneth. 11. This is the meaning of the letter that they sent to him, to Artaxerxes the king: "Your servants are the people of the other side of the river and Ke'eneth. 12. Let it be known to the king that the Jews who ascended from you upon us have come to Jerusalem,

Cuthites, and their status is discussed in many places in the Talmud. See Introduction. Surprisingly, this list of repatriated nations is much longer than the list in Kings (ibid. 24), which includes only five nations: Babylon, Cutha, Avva, Hamath, and Sepharvaim, whereas our text lists nine. *Daath Soferim* conjectures that those mentioned in Kings were the first to be repatriated, but later, other nations were also repatriated to the cities of Samaria. He suggests also that these nations went there of their own accord. They stated that they were exiled by Asenappar in order to confirm their rights to the land.

the Apharesites—*They are the Persians whom Sennacherib settled in the cities of Samaria.*—[Rashi]

the Archevites—*They are the people of Erech, as it says (Gen. 10:10): "and Erech and Accad and Calneh."*—[Rashi]

the Babylonians—*the people of Babylon.*—[Rashi]

the Shushanchites—*the people of Shushan, the capital.*—[Rashi]

the Elamites—*the people of Elam. Sennacherib settled all of*

these peoples in the land of Israel, and all of them were settling [some editions read: responding] and concurring with the commission of this letter.—[Rashi]

10. And the rest of the nations—*and the rest of the nations that Sennacherib exiled; they have all concurred.*—[Rashi]

Asenappar—*Sennacherib.*—[Rashi from Sanh. 94a]

the great and honored—*for he was a great and honored king, as it says (Isa. 36:4): "'So has the great king, the king of Assyria, said.'"*—[Rashi]

and settled them—*Aram.* וְהוֹתֵב הִמּוֹ *.*—[Rashi]

in the cities of Samaria—*in the cities surrounding Samaria.*—[Rashi]

and the rest of the other side of the river—*and the rest of the nations that are on the other side of the river; because the river Euphrates intervenes between the land of Israel and Babylon, those nations that are in Israel are on the opposite side of the river of those found in Babylon.*—[Rashi]

and Ke'eneth—*a name of a*

קִרְיְתָא מָרָדְתָּא וּבְאִישְׁתָּא בָּנַיִן וְשׁוּרַי אֶשְׁכְלִלוּ וְאֻשַּׁיָּא יַחִיטוּ: יב כְּעַן יְדִיעַ לֶהֱוֵא לְמַלְכָּא דִּי הֵן קִרְיְתָא דָךְ תִּתְבְּנֵא וְשׁוּרַיָּא יִשְׁתַּכְלְלוּן מִנְדָּה בְלוֹ וַהֲלָךְ לָא יִנְתְּנוּן וְאַפְּתֹם מַלְכִים תְּהַנְזִק: יד כְּעַן כָּל־קֳבֵל דִּי־מְלַח הֵיכְלָא מְלַחְנָא וְעַרְוַת מַלְכָּא לָא אֲרִיךְ לָנָא לְמֶחֱזֵא עַל־דְּנָה שְׁלַחְנָא וְהוֹדַעְנָא לְמַלְכָּא: טו דִּי יְבַקַּר בִּסְפַר דָּכְרָנַיָּא דִּי אֲבָהָתָךְ

בא' ו' נַחִין וְשׁוּרַיָּא קרי שַׁכְלִלוּ קרי

רש״י

היהודים שעלו מאתך עלינו באו לירושלים : **קריתא** מרדתא ובאושרתא בנין : עיר מורדת וחוטאת הם בונ'׳: ושוריא שכלילו . והחומות יסדו : **ואושיא** . הכתלים : **יחיטו** . לשון פתיל כמו אם מחוט (בראשית י') שהם חופרים ומחברים הכתלים זה עם זה : (יג) **כען ידיע** . עתה ידוע יהיה למלך : **די הן קריתא דך תתבנא** . אשר אם העיר הזאת תבנה : **דך** . זאת . **ושוריא ישהכללון** . והחומות יהיו מיוסדות : **מנדה בלו והלך** . מיני מסים הס וכסף גולגולת : **לא ינתנון . לא יתן עוד**

מנחת שי

ל״ב בספרי ספרד והאל״ף ויסוד״ד נחין ובמקצת ספרים נכתב מלמטון וביושתא קרי . ושורי אשבלינו . ושוריא שכלילו קרי וכן כתיב מן ב' מלין תניינא נסבא מן קדמיתא ואידך (בשמואל ב' כ״א) כמ״ש שם : (יג) מלכים . במקלת ספרים מלכין : (יד) כל קבל . הקו״ף

אבן עזרא

(יב) **ואושיא** . יסודות ותרגום ונהרסו יסודותיה ויתגלגל חושיא וכן נפלו אשיותיה : **יחיטו** . מן חוט השני ופירושו ישימו חוט על היסודות לבנות כטעם קו המדה או הוא מעניני תרגום ויתחברו שלה תחנה וחטיטו ויחיטו כטעם קשר : **מנדה בלו והלך** . כתרגום הלזה דכי : שמות למס המלך ואפתום מלכים תהנזיק : (יד) **כען . מלח היכלא** . מעינין כעשן נמלחו ארץ מלחה לא תשב וטעם הארץ עניני כמול : **וערות מלכא** . כמו את ערות הארץ והטעם גנות : **אריך** . תרגום וייחל עוד ואחריך עוד וסי' הפסיק

רלב״ן

בונים וחומות יסדו ויסודותיה קברו זו כזו : (יג) מתה ידע המלך כי אם העיר הזאת תבנה והחומות יכוננו אם מנת המלך ומס ותשורה לא יתנו לך וחזק המלכים חזיק . ר״ל כי הם ימרדו בך ולא יסיה לך מהם מכס שלואי שיסיה למלך מטמו : (יד) לבן מפני שמלח הכלנו אנו מלוחים . ר״ל מפני שאנו מתעסקים בצרכיך לשמרם מהשמד כמו שישמור המלח מההפסד הדברים שיושם בהם . ובשת המלך וכזקו לא טוב לנו לראות על זה שלחנו והודענו למלך : (טו) אשר יבקר בספר זכרונות ותמלא בספר זכרונות ותדע כי זאת

מצודת ציון

מ') תי״ו פרטגן אורייתא' (יב) ושוריא . חומות וכן מדלג שור (תהלים י״ח) : שכללו . ענין גמר והשלמה וכח״א על ויכלו השמים (בראשית ב') : **ואושיא** . ענין יסוד כמו לאשישי קיר חרשת (ישעיה ט״ז) : **יחיטו** . מלשון חוט ר״ל יחברו כאלו תפלס במוט על ידי ספמה : (יג) **בנדה** . זה מס : **בלו** . זה כסף גולגלתא : והלך . הוא השורה שמשימים למלך בשח יעבור עליהם : **ואפתם** . הוא ענין הכנסה ואין לו דומה : (יד) **בלח** . ענין חוזבן כמו חזן מלחה (ירמיה י״ז) : **וערות** . מלשון סרוב ר״ל כזיון : **אריך** . מענין יפה וכפל ובדרכ״ל מאה סלסלין כמאה יעשרים ואחריך (כ״מ עה)ובל"ד והדבר יפה ויפה ואין בו משום : (טו) **יבקר** . יחפש כמו אבקר את לאני (יחזקאל ל״ד)

מצודת דוד

קריתא . סטיל המורדת והרשעה המה בונים והחומות רוליס לגמור וללבות וסיוסודות יקשרו ויחברו זה לזה ר״ל מתקנים מקום המקולקל להיות כל היסוד כמחבור אחד : (יג) **כען . עתה ידוע יסיה למלך** אשר אם סעיר סזאת תבנה והחומות יגמרו ויושלמו : **מנדה וגי׳**. מזי מיני המסים ההם לא יתנו עוד כי יתמזקו בחוזק העיר וימרדו במלך : **ואפתום**. הכנסת המלכים יסיה ניזק ונפסד ל׳ הם לא יתנו עוד מס למלכי פרס : (יד) **כען . מתה בטבור אשר רוליס אנו אשר** מורכן המקדש יסיה מרוב כשהיה : **וערות** . כי כזיון המלך לא יפס וכשר לנו לראות ולשתיק : **על דנה** . על זאת שולחים מנמנ ומודיעים אל המלך : (טו) **די יבקר** . אשר יחפש בספר הזכרונות של אבומיך ותמלא בספר הזכרונות ותדע סטיר סזאת סיא

ותהשכח

מס : ואפתום מלכין תהנזיק . ומס המלכים תחזק שלא יתנו עוד מס למלכים: (יד) כען כל קבר די מלח היכלא **מלחנא** . עתה כל כנגד דבר זה אשר חרבן ההיכל אנו רולים להחריב . די מלח לשון חרבן ושממון כמו ארץ מלחה ולא תשב : **מלחנא** . אנו רולים לסתור ולהחריב : **וערות מלכא** . וכזיון המלך : **לא אריך** . אינו הגון לנו לראות . אריך הגון כמו אריך או לא אריך במסכת סוכה :על רנה . על זאת שלחנו והודעגא למלך : (טו) **די יבקר** . אשר יבקר וידרוש הדורם בספר הזכרונות שלאבותיך **המלכים**

in view of this matter, that we wish to implement the destruction of the Temple. דִּי מְלַח is an expression of destruction and desolation, like Jer. 17:6: "barren (מְלֵחָה) land that is not habitable."—[Rashi] Cf. Commentary Digest ad loc.

we wish to destroy—We wish to demolish and to destroy.—[Rashi]

the rebellious and sinful city they are building, and the walls they have completed, and the walls they have joined. 13. Now let it be known to the king that if this city is built and the walls are founded, they will not give the king's due, the head tax, or the meal tax they will not give, and the tax of the kings will suffer. 14. Now, in view of this, that we wish to destroy the Temple, and it is improper for us to witness the king's disgrace, we have therefore sent and notified the king. 15. That one should search in the annals of your fathers,

that they sent to him—Aram. דִּי שְׁלַחוּ עֲלוֹהִי.—[Rashi]

to Artaxerxes—Aram. עַל אַרְתַּחְשַׁשְׁתְּ.—[Rashi]

Your servants are the people of the other side of the river and Ke'eneth—*The people of the other side of the river and the people of Ke'eneth are your servants. All the nations counted here are included in this generalization, for they were all on the side of the land of Israel, which is on the opposite side of the river of those dwelling in Babylon, and this is the beginning of the letter: "Your servants are the people of the other side of the river, etc." until " … you will have no part."*—[Rashi]

12. Let it be known to the king—*Let it be a known thing to the king.*—[Rashi]

that the Jews—*that the Jews who ascended from you upon us have come to Jerusalem.*—[Rashi]

the rebellious and sinful city they are building—Aram. קִרְיְתָא מָרָדְתָּא וּבַאִישְׁתָּא.—[Rashi]

the walls they have completed—Aram. וְשׁוּרַיָא שַׁכְלִלוּ.—[Rashi] *Ibn Ezra* renders: they have completed

the foundations, as do *Isaiah da Trani* and *Midrash Ezra*.

and the walls—Aram. וְאֻשַּׁיָא.—[Rashi]

they have joined—Aram. יַחִיטוּ, *an expression of a thread, like* (Gen. 14:23): *"not from a thread, (מִחוּט)" for they are "sewing" and joining the walls one to another.*—[Rashi] [It appears that, according to *Rashi*, שׁוּרַיָא are the walls of the city and אֻשַּׁיָא are the walls of the buildings.]

13. Now let it be known—*Now let it be known to the king.*—[Rashi]

that if this city is built—Aram. דִּי הֵן קִרְיְתָא דָךְ תִּתְבְּנֵא.—[Rashi]

this—Aram. דָךְ.—[Rashi]

and the walls are founded—Aram. וְשׁוּרַיָא יִשְׁתַּכְלְלוּן.—[Rashi]

the king's due, the head tax, or the meal tax—Aram. מִנְדָּה בְלוֹ וַהֲלָךְ. *They are types of taxes and the money for the head taxes.*—[Rashi]

the meal tax—*the tax for the king's meals when he is in transit.*—[Ran, Ned. 62b]

they will not give—*They will no longer pay taxes*—[Rashi]

14. Now in view of this, that we wish to destroy the Temple—*now,*

וּתְהַשְׁכַּח בִּסְפַר דָּכְרָנַיָּא וְתִנְדַּע דִּי קִרְיְתָא דָךְ קִרְיָא מָרָדָא וּמְהַנְזְקַת מַלְכִין וּמְדִנָן וְאֶשְׁתַּדּוּר עָבְדִין בְּגַוַּהּ מִן־יוֹמָת עָלְמָא עַל־דְּנָה קִרְיְתָא דָךְ הָחָרְבַת: יז מְהוֹדְעִין אֲנַחְנָה לְמַלְכָּא דִּי הֵן קִרְיְתָא דָךְ תִּתְבְּנֵא וְשׁוּרַיָּה יִשְׁתַּכְלְלוּן לָקֳבֵל דְּנָה חֲלָק בַּעֲבַר נַהֲרָא לָא אִיתַי לָךְ: יז פִּתְגָמָא שְׁלַח מַלְכָּא עַל־רְחוּם בְּעֵל־טְעֵם וְשִׁמְשַׁי סָפְרָא וּשְׁאָר כְּנָוָתְהוֹן דִּי יָתְבִין בְּשָׁמְרָיִן וּשְׁאָר עֲבַר נַהֲרָה שְׁלָם וּכְעֶת:

רש"י

נשתונא

ותרומותיה מיוסדין : לקבל דנה . כנגד כך ובשביל כך אין לך חלק בכל עבר נהרה לפי שישראל יהיו מורדין כך ויקחו הכל מידך : בעבר נהרא . היא כל הארץ של צד ח"י שהיא עבר הנהר לאותן שבנכל : (יז) פתגמא שלח מלכא.דבר שלח המלך : על רחום בעל טעם . אל רחום המזכיר ושמשי הסופר ולשאר סיעותיהם היושבים בערי שומרון ולשאר העכו"ם אשר בעבר הנהר לצד ח"י : שלם וכעת . מקומות הם . וכעת כמו וכעגת שפמים קורהו כך ופעמים

מנחת שי

בחטף קמץ ובגא יו"ד אמר הבי"ת : (יז) לקבל . הקו"ף במסף קמץ :

הרמשונים : ותהשכח . ותמצא בספר הזכרונות ותדע כי העיר הזאת עיר מורדת ומזקת המלכים והמדינות : ואשתדור עבדין בגוה . ומרד היו עושים יושביה בתוכה שהיו ישראל מורדין כמלכי העכומ"ז : מן יומת עלמא. מימות העולם מימים קדמונים כך היה מנהגם למרוד במלכי העכומ"ז : על דנה . על כך היתה העיר הזאת חריבה : (יז) מהודעין אנחנא למלכא. מודיעין אנחנו למלך : די הן קריתא דך . אשר אם העיר הזאת תבנה

אבן עזרא

כן הוא ביטול ההיכל בטלנו יארות המלך ונגונתו לא נוחיל לראות : (טו) ואשתדור . תרגום הנה שלחתי את הגדי זה שדרית מתגות השלוחים היו עושים בקרנה לעוזרים אותם עלילות כמו הוה מסתדר להללותיה : (טז) חלק בעבר נהרא לא איתי לך . שימרדו בו העמים הנזכרים אם ינום לבנות ירושלים. או חלק אין לך בעבר הנהר שהם ישראל יקחו הכל בחזקה : (יז) פתגמא . כמו אל רחום . והוא משרת במקום חמשה : וכעת . מסר נו"ן

רלב"ג

ספיר מורדת ומזקת מלכים ומדינות ומרד פשו בתוכה מימי עולם ועל זה הסרכבם אלא סטיר : (טז) מודיעים אנחנו למלך כי אם תבנה ספיר הזאת וסחומות יכוננו אין לך חלק בעבר הנהר : (יז) דבר שלח המלך אל רחום בעל סדברים ושמשי הסופר ושאר מכריסס

מצודת דוד

עיר מורדת ומזקת היא למלכים ולמדינות : ואשתדור . ומרידום וכרבנות עושים בה מן ימי עולם : על דנה . בעבור זאת ספיר חרבה נעשית חרבה : (טז) כהודעין . מודיעים אנחנו למלך מסב את ספיר הזאת תבנה וחומות וממגלו הם על כל אנשי עבר הנהר : לקבל דנה . בעבור זאת יתחגרו וימשגלו ♦ יונגמרו הם על כל אנשי עבר סנהר : (יז) פתגמא שלום וכעת : שלום יהים לכולם לבעת כתנת

מצודת ציון

ואשתדור . סניעו סרבנות ומרידה . והוא מלשון שדר שהוא שלימות בלשון ארמי כי כן דרך המולדים לשלום שלמים לשמאל עזר להמחיק : פתגמא . דבר שלח המלך : על רחום וגו' . אל רחום וגו'

---

other side of the river will follow suit and emulate them.—[*Malbim*]

17. The king sent a word—Aram. פִּתְגָמָא שְׁלַח מַלְכָּא.—[*Rashi*]

to Rehum the secretary—*to Rehum the secretary, and Shimshai the scribe, and to the rest of their companies, who dwelt in the cities of Samaria, and to the rest of the nations who were on the other side of*

the river of the side of the land of Israel.—[*Rashi*]

Shelam and Ke'eth—*They are places, like "and Ke'eneth." Sometimes he calls it this and sometimes that.*—[*Rashi*] *Malbim* explains שְׁלָם as "complete," similar to the English *etc.* This is used because the names of the other signers are omitted. *Midrash Ezra*

and you will find in the annals, and you will know that this city is a rebellious city, and it injures kings and countries, and they have made rebellion in its midst since days of yore; because of this, this city was destroyed. 16. We make known to the king that if this city is built, and its walls founded, because of this, you will have no part in the other side of the river." 17. The king sent a word to Rehum the secretary and Shimshai the scribe and the rest of their companies who lived in Samaria, and the rest of the other side of the river, Shelam and Ke'eth.

and ... the king's disgrace— Aram. וְעַרְוַת מַלְכָּא, *lit. and the king's nakedness.*—[Rashi]

it is improper—Aram. לָא אֲרִיךְ, *it is improper for us to see.* אֲרִיךְ *means proper, like "Is it proper* (אֲרִיךְ) *or improper* (לָא אֲרִיךְ)*?" in Tractate Succah* (44b).—[Rashi]

15. **That one should search—** *that a seeker should search and seek in the annals of your fathers, the first kings.*—[Rashi]

and you will find—*And you will find in the annals, and you will know that this city is a rebellious city, and it injures the kings and the countries.*—[Rashi]

and they have made rebellion in its midst—*And its inhabitants were making rebellion in its midst, for Israel would rebel against the kings of the nations.*—[Rashi]

since days of yore—Aram. מִן יוֹמַת עָלְמָא, *from days of yore. Since ancient times, it has been their custom to rebel against the kings of the nations.*—[Rashi]

because of this—*Because of this, this city was destroyed.*—[Rashi]

They point out to the king that he need not take their word for their allegation against the Jews. He could simply consult the annals of the kingdom, and he would see that this city was always a rebellious city, which caused losses to the kings and countries. That is why they laid it to waste.—[Malbim]

16. **We make known to the king—**Aram. מְהוֹדְעִין אֲנַחְנָא לְמַלְכָּא.— [Rashi]

that if this city—*that if this city is built, and its walls are founded.*— [Rashi]

because of this—*In view of this and because of this, you will have no part in the entire other side of the river, because Israel will rebel against you and take everything out of your hands.*—[Rashi]

in the other side of the river— *That is the entire area of the side of Israel, which is on the other side of the river of those who are in Babylon.*—[Rashi] In addition to their rebellion and their failure to pay their taxes, we warn you that if the city is rebuilt, all the nations on the

יח נִשְׁתְּוָנָא דִּי־שְׁלַחְתּוּן עֲלֶינָא מְפָרַשׁ קֱרִי קֳדָמָי: יט וּמִנִּי שִׂים טְעֵם וּבַקַּרוּ וְהַשְׁכַּחוּ דִּי קִרְיְתָא דָךְ מִן־יוֹמָת עָלְמָא עַל־מַלְכִין מִתְנַשְּׂאָה וּמְרַד וְאֶשְׁתַּדּוּר מִתְעֲבֶד־בַּהּ: כ וּמַלְכִין תַּקִּיפִין הֲווֹ עַל־יְרוּשְׁלֶם וְשַׁלִּיטִין בְּכֹל עֲבַר נַהֲרָה וּמִדָּה בְלוֹ וַהֲלָךְ מִתְיְהֵב לְהוֹן: כא כְּעַן שִׂימוּ טְּעֵם לְבַטָּלָא גֻּבְרַיָּא אִלֵּךְ וְקִרְיְתָא דָךְ לָא תִתְבְּנֵא עַד־מִנִּי טַעְמָא יִתְּשָׂם: כב וּזְהִירִין הֱווֹ שָׁלוּ לְמֶעְבַּד עַל־דְּנָה לְמָה יִשְׂגֵּא

רש"י

(יח) משתונא . כתב הנשתון אשר שלחתם אלינו היה מפורש וקרוי לפני : (יט) שים טעם . ומאתי היתה שימ' דבר ליווי אשר צויתי : ובקרו והשכחו . ובדקו בספר הזכרונות המלכים ומצאו כתוב אשר העיר הזאת מימות העולם היתה מתנשאת ומתרוממת על כל מלכי העכומ"ז ומרד וסרבנות היה עשוי בה למרוד במלכי העכומ"ז : (כ) ומלכין תקיפין . ומלכים חזקים היו בירושלם שהיו מושלים ושליטים בכל עבר הנהר של לד ח"י כמו שנאמר

מנחת שי

(יח) קֱרִי קֳדָמָי . הקו"ף במתף סגול על פי המסורת וכן מכירו דלקמן : קֳדָמָי . הקו"ף בקמץ בספרי ספרד ויש ספרים במתף קמץ : (כא) טַעְמָא יִתְּשָׂם . בכל ספרים ישנים מהדפוס וכ"י השי"ן בקמץ ולא בצירי : (כב) הֱווֹ . סס"א במתף סגול ובקלף מדוייקים

רלב"ג

סיושבים בערי שומרון ושאר עבר הנהר . והמקומות הנקראים שלם וכמנת : (יח) הֱאֲגֲרֶת אשר שלחתם אלינו נקרא לפני : (יט) ומאתי נגזר הדבר ויבקרו וימצאו כי העיר הזאת מימי עולם מתנשאת על מלכים ומרד והשתדלות למרוד עושים בתוכה : (כ) ומלכים חזקים על ירושלם ומושלים בכל עבר הנהר : (כא) לכן שימו דבר לבטל האנשים האלה והעיר הזאת לא תבנה עד ממני יצא דבר על זה למה ירבה נזק להזיק למלכים : (כב) הזהרו מעשות שגגה על זה

חבלא

בשלמה כי הוא רודה בכל עבר הנהר וגו' (מלכים א' ד') ומסים וכסף גולגולת היה נתון להם שהיו העכומ"ן מעלין להם מס : (כא) כען שימו טעם .. עתה שימו דבר להכריז בארץ לבטל אנשים הללו בני ישראל מן הבנין והעיר הזאת ירושלים לא תבנה עד אשר ממני יושם הדבר לבנות העיר על דעתי ורשותי : (כב) וזהירין הוו שלו . וזהירין תהיו לעשות דחוי ושגגה . שלו (דשוטירבי"ר בלע"ז) : למעבר על דנה . לעשות על כך : למה ישגא . מדוע

אבן עזרא

וסי' ואל שאר עבר נהרא ואל כענת שלום : (כא) אלך . כמו אלין : (כב) וזהירין . מן והזהרת אתהם וסירושו למשות שגגה היו מוזהרים והטעם הזהרו שלא תשגו :

מצודת ציון

ידס : (יט) טעם . טעינו לוי וגזירה ועלה כמו מטעם המלך (יונה ג') : (כב) וזהירין . הוא מלשון וזהירות סידוע כדרז"ל שהוא כעין צליזות אלא שזריזות היא להשמר שלא תבוא הדבר לידו וזהירות היא להשמר ממנה כעת באה לידו : שלו . משגגה ושגגה וכן על הטל (ש"ב ו') :

מצודת דוד

סכו"ן : (יח) נשתונא . הדברים המסורטים אשר שלחתם אלי מפורש נקרא לפני : (יט) ומני . וממני הושם גזרת אומר וחפשו בספר הזכרונות ומצאו כתוב אשר העיר הזאת מן ימי עולם מתנשאת על מלכי העכו"ם . ומרד . ומרידה נעשה בה : (כ) ומלכין . ומלכים חזקים היו על ירושלים ומשלו בכל עבר הנהר : ומדה . הוא מנדה כ"ל מיני המסים והם היו נותנים להם : (כא) כען . עתה שימו גזרת אומר לבטל את האנשים האלה מהבנין . וקריתא . והעיר הזאת לא תבנה עד ממני יושם גזרת אומר כ"ל עד שאתן רשות לבנות אותה : (כב) וזהירין . הוו זריזים מלעשות שגגה על זאת כ"ל אל תשגו לטבור מלומי בשגגה : לבה ישגא .

---

new decree. The interpreters, Shimshai and Rehum, however, misrepresented the king's decree and forcibly halted the construction of the Temple, as is narrated in the following verses.

22. And beware of committing an error—And you shall beware of committing any postponement or error. שָׁלוּ is *desto(u)rber* in Old French, to violate.—[Rashi]

of committing ... in this matter—Aram. לְמֶעְבַּד עַל דְּנָה. —[Rashi]

18. "The letter that you sent to us was explained and read before me. 19. And the order was given by me, and they searched and found that this city had raised itself up over kings, and rebellion and disobedience were committed within it. 20. And mighty kings were over Jerusalem who ruled over all beyond the river, and the king's due, the head tax, and the meal tax was given to them. 21. Now issue an order to stop these men, and this city shall not be built; until orders are given by me. 22. And beware of committing an error in this matter. Why should the damage

quotes a commentator who explains כְּעֶת as "at the time," meaning that the date was written at the conclusion of the letter.

18. The letter—*The writ of the letter that you sent to us was explained and read before me.*— [Rashi] *Malbim* explains that the letter, which was written in Aramaic, was translated for the king into Persian. Therefore, the king says, "the translation," which coincides with the original text that you sent to us, and which was read and explained before me.

19. the order was given—*And the order was given by me, the matter of a command that I commanded.*—[Rashi]

and they searched and found— *And they searched in the annals of the kings and found written that this city, from days of yore, would raise itself up and exalt itself over all the kings of the nations, and rebellion and disobedience were committed there to rebel against the kings of the nations.*—[Rashi]

and disobedience—Aram. וְאֶשְׁתַּדּוּר. Our translation follows *Rashi.*

Malbim renders: and endeavor. They endeavored to influence other nations to rebel against the kings.

20. And mighty kings—*and mighty kings were in Jerusalem who were the rulers and governors over the entire side of the river on the side of Israel, as it says regarding Solomon* (I Kings 5:4): *"For he had dominion over all this side of the river, etc." And taxes and the head tax were given to them, for the nations paid them tribute.*—[Rashi]

21. Now issue an order—*Now give out a word to announce in the land to stop these men, the Children of Israel, from the work, and the city of Jerusalem shall not be built until orders are given with my knowledge and my authorization.*—[Rashi] i.e., until I grant permission to resume the construction.—[Metzudath David]

and this city shall not be built— *Malbim* explains that, according to the laws of Persia and Media, once the king had granted permission to rebuild the Temple, that permission could not be rescinded. The king could only prohibit the building of the city, which was the content of the

חֲבָלָא לְהַנְזָקַת מַלְכִין׃ כג אֱדַיִן מִן־דִּי פַּרְשֶׁגֶן
נִשְׁתְּוָנָא דִּי אַרְתַּחְשַׁשְׂתְּא מַלְכָּא קֱרִי קֳדָם־רְחוּם
וְשִׁמְשַׁי סָפְרָא וּכְנָוָתְהוֹן אֲזַלוּ בִבְהִילוּ לִירוּשְׁלֶם
עַל־יְהוּדָיֵא וּבַטִּלוּ הִמּוֹ בְּאֶדְרָע וְחָיִל׃ כד בֵּאדַיִן
בְּטֵלַת עֲבִידַת בֵּית־אֱלָהָא דִּי בִּירוּשְׁלֶם וַהֲוָת
בָּטְלָא עַד שְׁנַת תַּרְתֵּין לְמַלְכוּת דָּרְיָוֶשׁ מֶלֶךְ־פָּרָס׃
ה א וְהִתְנַבִּי חַגַּי נְבִיָּאה וּזְכַרְיָה בַר־עִדּוֹא נְבִיַּאיָּא
עַל־יְהוּדָיֵא דִּי בִיהוּד וּבִירוּשְׁלֶם בְּשֻׁם אֱלָהּ יִשְׂרָאֵל
עֲלֵיהוֹן׃ ב בֵּאדַיִן קָמוּ זְרֻבָּבֶל בַּר־שְׁאַלְתִּיאֵל וְיֵשׁוּעַ

נביא קרי

רש"י

יגדל מעשה השחתה בעיר הזאת להזיק המלכים . ע"כ תשובת כורש אשר השיב : (כג) אדין . חז : די פרשגן . מן פתרון כתב הנשתון של ארתחששתא המלך הוא כורש היה המעשה הזה : קרי קדם . שהיה כתב הנשתון הזה קרוי לפני רחום ושמשי וסיעותיהם והלכו במרוצה ובבהלה לירושלים אל היהודים ובטלו אותם בזרוע וכח שלא לבנות עוד הבנין : על יהודיא . אל היהודים : המו . הם : (כד) באדין . אז היתה בטלה מלאכת בנין בית אלהים אשר בירושלים עד שנת שתים לדריוש מלך פרס . שאחר כורש מלך אחשורוש שלקח אסתר ואחר אחשורוש מלך דריוש בנו של אחשורוש שהוא בן אסתר ומשנת אחת לכורש מלך

אבן עזרא

(כד) דריוש . הוא אחשורוש :

ה (א) נביאה . נביא קרי וכן מצבו דלקמן בסימן ו' : נביאיא . יו"ד ראשונה פתוחה ושנים קמוצה וכן לקמן בסמוך :

פרס עד שנת שתים לדריוס י"ח שנה שהשלימו ע' שנה לחרבות ירושלים שהרי מחורבן הבית שגלה לדקיה עד שנת אחת לכורס חמשים ושתים שנה כמפורש כסדר עולם וי"ח שנה משנת א' לכורס עד שנת שתים לדריוס נמלאו שבעים שנה שלמים ובשנת שתים לדריוס התחילו לבנות הבית עד שגמרוהו :

ה (א) והתנבי חגי נביאה . ועתה בשנת שתים לדריוס נתנבאו חגי וזכריה הנביאים אל היהודים אשר בארץ יהודה ובירושלים בשם אלהי ישראל עליהם לבנות בנין הבית בלא רשות המלך . דריוס : על יהודיא . אל היהודים : עליהון . אליהם : (ב) באדין . אז : ושריו .

מנחת שי

(כג) קרי קדם . קו"ף קדס במחטף קמן : אזלו בבהילו . סלי"ת רסויה מכלול דף ק"מח:(כד) והות בטלא. סלי"ת במאריך בכ"י : (א) נביאה . נביא קרי וכן מצבו דלקמן בסימן ו' : נביאיא . יו"ד ראשונה פתוחה ושנים קמוצה וכן לקמן בסמוך :

רלב"ג

(כג) אז מאשר פתשגן כתב ארתחששתא המלך נקרא לפני רחום ושמשי הסופר ומכריסם סלכו במסירות לירושלים ובטלו אותם בזרוע וכח ; (כד) אז שבתה מלאכת בית האלהים אשר בירושלים אשר בירושלים ותשבת עד שנת שתים למלכות דריום מלך פרם : ה (א) וינבא חגי הנביא וזכריה בן עדוא הנביא על היהודים אשר ביהודה ובירושלים בשם אלהי ישראל עליהם : (ב) אז קמו זרובבל

מצודת דוד

למה יתגדל ויתרבה מעשה ההשחתה להזיק את המלכים כי אם יתגברו הנה ישחיתו כל מלכי הארץ : (כג) אדין . אז מן אשר תוסם הדברים המפורשים של המלך נקראו לפני רחום וגו' ומכריסם אזלו . הלכו בחפזון אל ירושלים להיהודים ובטלו אותם ממלאכתם בזרוע וכח : (כד) באדין . אז בטלה מלאכת בית האלהים אשר

---

prophet ... prophesied—*And now in the second year of Darius, there came a prophecy to Haggai and Zechariah, the prophets to the Jews who were in the land of Judea and in Jerusalem, in the Name of the God of Israel to them, to build the edifice of the Temple without the authorization of King Darius.*—[Rashi] The prophecies referred to are (Hag. 1:1): "In the second year of King Darius, in the sixth month, etc." (verse 8): "Ascend the mountain, bring wood, and build the House—and I will accept it." (Zech. 1:1): "In the eighth month in the second year of Darius,

increase to injure the kings?" 23. Then, since the interpretation of the letter of Artaxerxes the king was read before Rehum, and Shimshai the scribe, and their companies, they went in haste to Jerusalem to the Jews, and they stopped them with force and might. 24. Then the work of the House of God, which was in Jerusalem, was stopped, and it was suspended until the second year of the reign of Darius, the king of Persia.

5

1. Now the prophets, Haggai the prophet and Zechariah, the son of Iddo, prophesied to the Jews who were in Judea and Jerusalem, in the Name of the God of Israel to them. 2. Then Zerubbabel, the son of Shealtiel and Jeshua,

Why should ... increase—*Why should the act of destruction in this city increase to injure the kings? Until here is Cyrus' reply, which he sent back.—[Rashi]*

23. **Then**—*Aram.* אֱדַיִן *.—[Rashi]*

since the interpretation—*Since the interpretation of the writ of the letter of Artaxerxes the king—he is Cyrus—this incident took place.—[Rashi]*

was read before—*for the writ of this letter was read before Rehum and Shimshai and their companies, and they went with speed and haste to Jerusalem, to the Jews, and stopped them with force and might from continuing the construction of the edifice.—[Rashi]*

to the Jews—*Aram.* עַל יְהוּדָיֵא, *lit. on the Jews.—[Rashi]*

and they—*Aram.* הִמּוֹ, *equivalent to* הֵם *.—[Rashi]*

24. **Then**—*Then the work of the building of the House of God, which*

was in Jerusalem, was suspended until the second year of Darius, the king of Persia; for after Cyrus, Ahasuerus, who married Esther, reigned, and after Ahasuerus, Darius, the son of Ahasuerus, who was the son of Esther, reigned. And from the first year of Cyrus, the king of Persia, until the second year of Darius were eighteen years, which completed the seventy years from the destruction of Jerusalem. For from the destruction of the Temple, when Zedekiah was exiled, until the first year of Cyrus, were fifty-two years, as is explained in Seder Olam (ch. 29). There were then eighteen years from the first year of Cyrus until the second year of Darius, totaling a complete seventy years, and in the second year of Darius they commenced to build the Temple until they completed it.—[Rashi]

5

1. Now Haggai the

בַּר יוֹצָדָק וְשַׁרִיו לְמִבְנֵא בֵּית אֱלָהָא דִּי בִירוּשְׁלֶם
וְעִמְּהוֹן נְבִיַּאיָּא דִי אֱלָהָא מְסַעֲדִין לְהוֹן: ג בַּהּ-
זִמְנָא אֲתָה עֲלֵיהוֹן תַּתְּנַי פַּחַת עֲבַר נַהֲרָה וּשְׁתַר
בּוֹזְנַי וּכְנָוָתְהוֹן וְכֵן אָמְרִין לְהֹם מַן-שָׂם לְכֹם טְעֵם
בַּיְתָא דְנָה לִבְּנֵא וְאֻשַּׁרְנָא דְנָה לְשַׁכְלָלָה: ד אֱדַיִן
כְּנֵמָא אֲמַרְנָא לְהֹם מַן-אִנּוּן שְׁמָהָת גֻּבְרַיָּא דִּי-דְנָה
בִנְיָנָא בָּנַיִן: ה וְעֵין אֱלָהֲהֹם הֲוָת עַל-שָׂבֵי יְהוּדָיֵא
וְלָא-בַטִּלוּ הִמּוֹ עַד-טַעְמָא לְדָרְיָוֶשׁ יְהָךְ: וֶאֱדַיִן

רש"י

לְבָנוֹת בֵּיתוֹ שֶׁל הקב"ה עוֹזְרִין וּמְסַיְּעִין לָהֶם: (ג) בַּהּ זִמְנָא
אֲתָה עֲלֵיהוֹן. בְּאוֹתוֹ הַזְּמַן בָּאוּ עֲלֵיהֶם הַלָּלוּ צָרֵי יְהוּדָה
וּבִנְיָמִין לְקַנְתֵּר וּלְהַלְשִׁין עֲלֵיהֶם עַל עֵסֶק הַבִּנְיָן: פַּחַת עֲבַר
נַהֲרָא. שִׁלְטוֹן שֶׁל עֵבֶר הַנָּהָר: וּכְנָוָתְהוֹן. וְסִיעָתְהוֹן:
וְכֵן אָמְרִין לְהוֹם. וְכָךְ הָיוּ אוֹמְרִים לָהֶם: מַן שָׂם. מִי
טוֹב לָכֶם דְּבַר הַבַּיִת לִבְנוֹת: וְאֻשַּׁרְנָא דְנָה לְשַׁכְלָלָה.
וְהַכְּתָלִים אֵלֶּה לְיַסֵּד כְּמוֹ וְאוּשַׁיָּא יְחִיטוּ (לעיל ד) בִּנְיַן חוֹמוֹת

יתרון

לְבַנִּיס כָּךְ חִבֵּר מְנַחֵם: (ד) אֱדַיִן. אוֹ: כְּנֵמָא. כַּאֲשֶׁר
נֶאֱמַר: אֲמַרְנָא לְהוֹם. אָמְרוּ לָהֶם לְיִשְׂרָאֵל אוֹתָן צָרֵי
יְהוּדָה וּבִנְיָמִין: מַן אִנּוּן. מִי הֵם שְׁמוֹת הָאֲנָשִׁים: דִּי דְנָה.
אֲשֶׁר זֶה הַבִּנְיָן הֵם בּוֹנִים: (ה) וְעֵין אֱלָהֲהֹם. וְעֵינוֹ שֶׁל
הקב"ה שֶׁהוּא אֱלֹהֵיהֶם הָיְתָה עַל זִקְנֵי הַיְּהוּדִים לְהַצְלִיחָן
בִּמְלֶאכֶת הַבִּנְיָן: וְלֹא בַטְּלוּ הִמּוֹ. וְלֹא בִטְּלוּ הֵם אֶת הַכּוֹנִי:
עַד מַעְמָא לְדָרְיָוֶשׁ יְהָךְ. וְהֵשִׁיבוּ זִקְנֵי הַיְּהוּדִים דְּבַר
לְאוֹתָן הַצָּרִים שֶׁלֹּא יְבַטְּלוּ אֶת הַבִּנְיָן עַד אֲשֶׁר יֵלֵךְ הַדָּבָר

אבן עזרא

ה (ג) לִבְנֵא. סִירִים לְהַבָּנוֹת: וְאֻשַּׁרְנָא. מִן חֵדֶל
שׁוּר וְהָאָלֶ"ף נוֹסַף כְּאָלֶ"ף אֶזְרוֹעַ: וְאֻשַּׁרְנָא.
כְּטַעַם שׁוּרָא: (ד) כְּנֵמָא אֲמַרְנָא לְהוֹם. הֵם דִּבְרֵי הַבּוֹנִים:
(ה) וְעֵין אֱלָהֲהֹם. הַכָּתוּב יְסַפֵּר כִּי הַשֵּׁם עֲזָרָם וְלֹא בִטְּלוּ הִמּוֹ וְהֵ"א אַחֲרוֹנָה כְּמִלַּת אֱלָהֲהֹם מִן לְהוֹם וּבַסְּפָרֵי יֵאָמֵר
אֱלָהָא דִּלְהוֹם: יְהָךְ. יֵלֵךְ תַּרְגּוּם אִם תֵּלְכוּ עִמִּי בְּקֶרִי:

רלב"ג

בֶּן שְׁאַלְתִּיאֵל וִיהוֹשֻׁעַ בֶּן יְהוֹצָדָק וַיָּחֵלּוּ לִבְנוֹת בֵּית הָאֱלֹהִים אֲשֶׁר בִּירוּשָׁלַיִם וְעִמָּהֶם נְבִיאֵי הָאֱלֹהִים עוֹזְרִים לָהֶם: (ג) בַּהּ זִמְנָא אֲתָה
עֲלֵיהֶם תַּתְּנַי פַּחַת עֵבֶר הַנָּהָר וְגַם כֵּן שְׁתַר בּוֹזְנַי וּמַחְבְּרֵיהֶם וְכֵן אָמְרוּ לָהֶם מִי נָתַן לָכֶם רְשׁוּת לִבְנוֹת בַּיִת זֶה וְהַכְּתָלִים לְכוֹנֵן:
(ד) אָז כַּאֲשֶׁר נֶאֱמַר אָמַרְנוּ לָהֶם מַה הֵם שְׁמוֹת הָאֲנָשִׁים אֲשֶׁר זֶה הַבִּנְיָן בּוֹנִים: (ה) וְעֵין אֱלָהֲהֹם הָיְתָה עַל זִקְנֵי יְהוּדָה וְלֹא בִטְּלוּ אוֹתָם

מצודת ציון

ה (ב) וְשַׁרִיו. עִנְיַן הַתְחָלָה כְּמוֹ וָזֶה הַחִלָּם (בראשית י"א) ת"א
וְדֵין דְּבַרִיאוֹ: מְסַעֲדִין. מִלְּשׁוֹן סַעַד וְסִיּוּעַ: (ג) וּשְׁתַר
בּוֹזְנַי. כָּךְ שְׁמוֹ: וְאֻשַּׁרְנָא. כְּמוֹ וְשׁוּרַיָא וְרַ"ל הַחוֹמוֹת

מצודת דוד

ה (ב) וְשַׁרִיו. אֲשֶׁר בִּירוּשָׁלַיִם. וְעִמָּהֶם הַנְּבִיאִים שֶׁל אֵלֶּה הָיוּ מְסַיְּעִים
לָהֶם: (ג) בַּהּ זִמְנָא. בְּעֵת הַהִיא בָּא אֲלֵיהֶם תַּתְּנַי מוֹשֵׁל עֵבֶר
וְשׁוּתָר בּוֹזְנַי וּמַחְבְּרֵיהֶם: וְכֵן. וְכֹה אָמְרוּ לָהֶם מִי עָשָׂה לָכֶם
גְּזֵרַת אוֹמֶר לִבְנוֹת הַבַּיִת הַזֶּה וְהַחוֹמָה הַזֹּאת לְגוֹמְרָהּ וּלְכַלּוֹתָהּ:
(ד) לְמַטָּה כֵּן אָמַרְנוּ לָהֶם תְּשׁוּבָה עַל דִּבְרֵיהֶם וּלְפִי שֶׁלֹּא רָצָה לִכְפּוֹל הַדְּבָרִים
מַן אִנּוּן. גַּם אָמְרוּ לָהֶם מַה הֵם שְׁמוֹת הָאֲנָשִׁים אֲשֶׁר זֹאת הַבִּנְיָן
בּוֹנִים: (ה) וְעֵין. הַשְׁגָּחַת עֵין אֱלֹהֵיהֶם הָיְתָה עַל זִקְנֵי הַיְּהוּדִים וְלֹא בִטְּלוּ אוֹתָם מִמְּלַאכְתָּם עַד אֲשֶׁר תֵּלֵךְ הַדָּבָר לַחֲזוֹר הַמֶּלֶךְ: וֶאֱדַיִן.

---

and they did not stop them—
And they did not stop the builders.—
[Rashi]

**until the matter came to
Darius**—*And the elders of the Jews
answered a word to those adver-*

**saries that they should not stop the
building until the matter would go to
King Darius.—[Rashi]**

and then they would answer—
*And then the Jews would answer the
writ of the letter concerning this,*

the son of Jozadak arose and commenced to build the House of God, which is in Jerusalem, and with them were the prophets of God assisting them. 3. At that time, there came upon them Tattenai, the governor of the other side of the river, and Shethar-Bozenai, and their companies, and so they said to them, "Who issued to you the authorization to build this House and to found these walls?" 4. Then, as we will say, they said to them, "What are the names of the men who are constructing this building?" 5. And the eye of their God was on the elders of the Jews, and they did not stop them until the matter came to Darius, and then

the word of the Lord came to Zechariah, etc." (verse 16): "I have returned to Jerusalem with mercy; My house shall be built there."—[*Isaiah da Trani*]

to the Jews—Aram. עַל יְהוּדָיֵא lit. on the Jews.—[*Rashi*]

to them—Aram. עֲלֵיהוֹן, lit. on them.—[*Rashi*]

2. **Then**—Aram. בֵּאדַיִן.—[*Rashi*]

and commenced—*They began to build the House of the Holy One, blessed be He, which is in Jerusalem, and with them were the prophets of the Holy One, blessed be He, helping and assisting them.*—[*Rashi*]

3. **At that time, there came upon them**—*At that time, there came upon them these adversaries of Judah and Benjamin to accuse and to slander them regarding the matter of the building.*—[*Rashi*]

the governor of the other side of the river—Aram. פַּחַת עֲבַר נַהֲרָה.—[*Rashi*]

and their companies—Aram. וּכְנָוָתְהוֹן—[*Rashi*]

and so they said to them—Aram. וְכֵן אָמְרִין לְהֹם.—[*Rashi*]

Who issued to you—*Who ordered you, regarding the matter of building the Temple?*—[*Rashi*]

and to found these walls—Aram. וְאֻשַּׁרְנָא, *and to found these walls, like* (4:12): "*and the walls* (וְאֻשַּׁיָּא) *they have joined," the building of walls of bricks* (לְבְנִים) *so did Menahem* (p. 36) *associate it.*—[*Rashi*] [The expression, "walls of bricks" does not make sense. In *Machbereth Menahem*, the reading is לִבְנוֹת, *to build.*]

4. **Then**—Aram. אֱדַיִן.—[*Rashi*]

as we will say—Aram. כְּנֵמָא.—[*Rashi*]

they said to them—*Those adversaries of Judah and Benjamin said to them* [i.e.] *to Israel.*—[*Rashi*]

What are—*What are the names of the men?*—[*Rashi*]

who ... this—*who are building this building.*—[*Rashi*]

5. **And the eye of their God**—*And the eye of the Holy One, blessed be He, Who is their God, was on the elders of the Jews to upraise them* (sic) *in the work of the building.*—[*Rashi*]

יְתִיבוּן נִשְׁתְּוָנָא עַל דְּנָה: ו פַּרְשֶׁגֶן אִגַּרְתָּא דִּי שְׁלַח
תַּתְּנַי ׀ פַּחַת עֲבַר נַהֲרָה וּשְׁתַר בּוֹזְנַי וּכְנָוָתֵהּ
אֲפַרְסְכָיֵא דִּי בַּעֲבַר נַהֲרָה עַל דָּרְיָוֶשׁ מַלְכָּא:
ז פִּתְגָמָא שְׁלַחוּ עֲלוֹהִי וְכִדְנָה כְּתִיב בְּגַוֵּהּ לְדָרְיָוֶשׁ
מַלְכָּא שְׁלָמָא כֹלָּא: ח יְדִיעַ ׀ לֶהֱוֵא לְמַלְכָּא דִּי
אֲזַלְנָא לִיהוּד מְדִינְתָּא לְבֵית אֱלָהָא רַבָּא וְהוּא
מִתְבְּנֵא אֶבֶן גְּלָל וְאָע מִתְּשָׂם בְּכֻתְלַיָּא וַעֲבִידְתָּא
דָךְ אָסְפַּרְנָא מִתְעַבְדָא וּמַצְלַח בְּיֶדְהֹם: ט אֱדַיִן
שְׁאֵלְנָא לְשָׂבַיָּא אִלֵּךְ כְּנֵמָא אֲמַרְנָא לְהֹם מַן שָׂם
לְכֹם טְעֵם בַּיְתָא דְנָה לְמִבְנְיָה וְאֻשַּׁרְנָא דְנָה

רש"י

לדריוש המלך: ואדין יתיבון. ואז ישיבו היהודים כתב
הנשתון על כך על תשובתו של דריוש: (ו) פרשגן.
פתרון פתשגן האגרת: וכנותיה. וסיעותיו: אפרסכיא.
אומה אחת הן שהיו בסיעותיהם: על דריוש מלכא.
אל דריוש המלך: (ז) עלוהי. אליו: וכדנה כתיב בגוה.
וכך היה כתוב בתוכה של אגרת: שלמה כולא. כל
השלום יהיה לו: (ח) ידיע להוא למלכא. דבר ידוע
יהיה למלך: די אזלנא. אשר הלכנו אל ארץ יהודה

לשכללה

המדינה לבית אלוה הגדול. והוא מתבנא. והוא הבית
בנוי: גלל. (מרמר"א בלע"ז) ואע מתשם בכתליא.
ועלים נתונים ומשומים בכתלים כדי להחזיק הבנין למען
יעמוד ימים רבים: ועבידתא דך. ומלאכה זאת:
אספרנא מתעבדא. מהרה היתה נעשית. אספרנא
(אפסטומי"ש בלע"ז): ומצלח בידהום. והולח מעשה
זה בידיהם: (ט) אדין. אז כשראינו הבנין שאלנו לזקנים
האל: כנמא אמרנא להום. כאשר נאמר כמוך כמרנו

אבן עזרא

(ח) אבן גלל. שאריכה לגלגל אותה מרוב כבדותה: ואע
מתשם בכותליא. עלי ארזים שהם מזקי' ולא ירקבו
היו משימי' בקירות להיות הבנין חזק: אספרנא. פי'
מהרה: (ט) למבניה. פי' לבנות:

רלב"ג

ממלאכתם עד יגיע הדבר לדריוש ואז ישיבו כתב על זה: (ו) פתשגן האגרת שלח לדריוש המלך תתני פחת עבר הנהר וחבריהם
האפרסכיים אשר בעבר הנהר. והוא שם אומה: (ז) דבר שלחו אליו וזאת כתוב בו לדריוש המלך כל השלום: (ח) ידיע יהיה למלך כי
הלכנו למדינת יהודה אל בית האלוה הגדול והוא נבנה אבן גלל (הוא מרמא"ר בלע"ז) ועץ מושם בכותלים והמלאכה הזאת במהרה
נעשית ומולגלחת בידיהם: (ט) אז שאלנו לזקנים האלו כאשר נאמר אמרנו להם מי נתן לכם רשות לבנות בית זה וסכותלים לבנון:

מצודת דוד

ואז ישיבו המלך ויועליו דברים מפורשים על זאת ר"ל הניחום לבנות
עד אשר יבוא דבר המלך ואז יעשו הם כאשר ילוס: (ו) פרשגן.
זהו טופס סדור האגרת אשר שלח תתני וגו' וחבריו אנשי אפרסכים
והוא שם אומה ידוע להם: די. אשר יושבים בעבר הנהר: על. אל דריוש המלך. זהו הדבר אשר שלחו אליו וזאת
כתוב בה לדריוש המלך כל מניני השלום יהיה לו: (ח) ידיע. ידוע יהיה למלך אשר הלכנו למדינת יהודה לבית אלוה הגדול והוא נבנה
מאבן גדול וגם קורות עלים מושמים בכתלים להיות מחוזק ביותר: ועבידתא. והמלאכה הזאת נעשים במהירות והיא מלנחת בידיהם:

מצודת ציון

ואז ישיבו המלך ויועליו דברים מהירות רב ואין לו דומה כי אם
בזה הספר: (מ) אספרנא. הוא ענין מהירות רב ואין לו דומה כי אם
בזה הספר:

---

dation above, verse 3.

10. **also ... their names**—*We also
asked them the names of the builders,
the heads of the construction, in
order to let you know.*—[Rashi]

who are at their head—*in whose
counsel and authorization they arose
to build the House.*—[Rashi] i.e.,
who are their officers.—[*Metzudath
David*]

11. **And as follows**—Aram. וּכְנֵמָא,
as we shall state the matter.

they gave us a reply—*They
answered us a word.*—[Rashi] [Rashi

they would answer the letter concerning this. 6. The interpretation of the letter that Tattenai, the governor of the other side of the river, and Shethar-Bozenai, and his companies, the Apharsechites, who are on the other side of the river, sent to King Darius. 7. They sent a word to him, and so it was written in it: "To King Darius, all peace. 8. Let it be known to the king that we went to the province of Judea, to the House of the great God, and it is built of marble, and wood is laid in the walls, and this work was done quickly, and they succeeded with it. 9. Then we asked these elders; as follows we said to them, 'Who issued to you the authorization to build this House and to finish this wall?'

concerning Darius' reply.—[*Rashi*]

6. The interpretation—*the interpretation of the text of the letter.*—[*Rashi*]

and his companies—Aram. וּכְנָוָתֵהּ.—[*Rashi*]

the Apharsechites—*They are one nation that was in their companies.*—[*Rashi*]

to King Darius—Aram. עַל דָּרְיָוֶשׁ מַלְכָּא, lit. on King Darius.—[*Rashi*]

7. to him—Aram. עֲלוֹהִי, lit. on him.—[*Rashi*]

all peace—*All peace shall be his.*—[*Rashi*]

8. Let it be known to the king—*Let it be a known thing to the king.*—[*Rashi*]

that we went—*that we went to the land of the province of Judea, to the House of the great God.*—[*Rashi*]

and it is built—*And it, the House, is built.*—[*Rashi*]

marble—Aram. גְּלָל (*marmre in Old French*), *marble.*—[*Rashi*] *Ibn Ezra* explains that it was built of heavy stones that require rolling in order to transport them.

and wood is laid in the walls—*And wood is placed in the walls to reinforce the building in order that it endure for many days.*—[*Rashi*]

and this work—Aram. וַעֲבִידְתָּא דֵּךְ.—[*Rashi*]

was done quickly—Aram. אָסְפַּרְנָא מִתְעַבְדָא, *was done quickly.* אָסְפַּרְנָא *is* (*espleytosement in Old French*), *rapidly.*—[*Rashi*]

and they succeeded at it—Aram. וּמַצְלַח בְּיֶדְהֹם. *And this work was successful in their hands.*—[*Rashi*] *Midrash Ezra* explains that it was accomplished miraculously by itself.

9. Then—*When we saw the building, we asked these elders.*—[*Rashi*]

as follows we said to them—*As we will say immediately following, we said to them.*—[*Rashi*]

Who issued to you—*Who issued to you the authorization to build this house and to found these walls?*—[*Rashi*]

and ... wall—*the building of a wall of bricks.* [*Rashi*] See emen-

לְשַׁכְלָלָה: י וְאַף שְׁמָהָתְהֹם שְׁאֵלְנָא לְהֹם
לְהוֹדָעוּתָךְ דִּי נִכְתֻּב שֻׁם גֻּבְרַיָּא דִּי בְרָאשֵׁהֹם:
יא וּכְנֵמָא פִתְגָמָא הֲתִיבוּנָא לְמֵמַר אֲנַחְנָא הִמּוֹ
עַבְדוֹהִי דִי־אֱלָהּ שְׁמַיָּא וְאַרְעָא וּבָנַיִן בַּיְתָא דִּי־
הֲוָא בְנֵה מִקַּדְמַת דְּנָה שְׁנִין שַׂגִּיאָן וּמֶלֶךְ לְיִשְׂרָאֵל
רַב בְּנָהִי וְשַׁכְלְלֵהּ: יב לָהֵן מִן־דִּי הַרְגִּזוּ אֲבָהֳתַנָא
לֶאֱלָהּ שְׁמַיָּא יְהַב הִמּוֹ בְּיַד נְבוּכַדְנֶצַּר מֶלֶךְ־בָּבֶל
כַּסְדָּיָא וּבַיְתָה דְנָה סַתְרֵהּ וְעַמָּה הַגְלִי לְבָבֶל:
יג בְּרַם בִּשְׁנַת חֲדָה לְכוֹרֶשׁ מַלְכָּא דִּי בָבֶל כּוֹרֶשׁ

כשראה קרי

רש"י

מן שם לכום. מי שם לכם דבר הבית הזה לבנותו וכתליס הללו ליסד: ואושרנא. בנין חומת לבנים: (י) ואף שמהתהום. ואף שמותם של בונים ראשי הבנין שאלנו להם כדי להודיעך: די נכתוב. אשר נכתוב שמות האנשים אליך: די בראשיהם. אשר בעלתם ובראשותם קמו לבנות הבית: (יא) וכנמא פתגמא. כמו שנאמר הדבר: התיבונא. השיבו לנו דבר: אנחנא המו. אנחנו

מלכא

הם עבדיו של אלהי השמים והארץ: ובנין ביתא. ואנו בונין הבית אשר היה בנוי קודם לכן שנים רבות: ומלך לישראל רב. ומלך גדול שהיה לישראל הוא שלמה המלך בנה אותי ויסד אותי: (יב) להן. ועכשיו מפני אשר הכעיסו אבותינו לאלהי השמים מסר אותם ביד מלך בבל הכשדי והבי' הזה החריב ואת העם הגלה לבבל: (יג) ברם. אך בשנה אחת לכורש מלך בבל ליה כורש כדבר הזה לבנות

אבן עזרא

(יא) ומלך לישראל רב. הוא שלמה: (יב) סתריה. ענין הרס ובלשון חכמינו ז"ל שדבריו סותרין דברי תורה:

רלב"ג

(י) ואף שמותיהם שאלנו להם להודיעך כדי שנכתוב שם האנשים אשר בראש עושי המלאכה: (יא) וכאשר נאמר השיבונו דבר לאמר אנחנו הם עבדי אלוה השמים וכו' ומלך גדול בישראל בנה אותו. והוא שלמה: (יב) אך מפני שהכעיסו אבותינו ועמו הגלה לבבל: (יג) אך בשנת אחת לכורש מלך

מצודת דוד

ומרס אנחנו המה עבדיו של אלהי השמים והארץ ולזה בונים אנחנו את ביתו אשר היה בנוי מלפני זה שנים מרובים ומלך גדול מישראל והוא שלמה הוא בנה אותו וגמרו והשלימו: (יב) להן. רק כל אשר הכעיסו אבותינו את אלהי השמים נתן אותם ביד נ"כ הכשדי ונתן את הבית הזאת ואת העם הגלה לבבל: (יג) ברם. אבל בשנת

לכם גזרת אומר לבנות את הבית הזאת והמומס הסיא לגומרם ולכלותה: (י) ואף. גם שמותיהם שאלנו להם להודיע לך ולתוספת ביאור מוהר ומפרש: די נכתב. ר"ל אשר נכתוב אליך שם האנשים אשר בראשיהם הם השרים שבהם: (יא) וכנמא. כמו הלשון אשר נאמר למטה כן השיבו אותנו דבר לאמר: אנחנא. ר"ל וכה אמרו

מנחת שי

(יא) מקדמת דנה. וכדניאל ו' מן קדמת דנה מסורת סוף פרשת שמות: (יב) כסדיא. כסדאה קרי: ותתה הגלי. לפי:

10. We also asked them their names, to let you know, that we should write the names of the men who are at their head. 11. And as follows, they gave us a reply, saying, 'We are servants of the God of heaven and earth, and we are building the House that was built many years before this, and a great king of Israel built it and founded it. 12. But now, since our forefathers angered the God of heaven, He delivered them into the hands of Nebuchadnezzar, the king of Babylon, the Chaldean, and he destroyed this House and exiled the people to Babylon. 13. But in the first year of Cyrus, the king of Babylon, King Cyrus

appears to interpret the word מִלְּתָא as though it were repeated: And as we shall state *the matter*, they answered us *a word*.] *Ralbag* and *Metzudath David* interpret it only as joined to הֲתִיבוּנָא, *they replied*. However, the cantillation signs indicate that it is joined with וּכְנֵמָא, *as we shall say.*

We are—*We are the servants of the God of the heavens and the earth.*—[*Rashi*]

and we are building the House—*And we are building the House that was built many years ago.* [*Rashi*]

and a great king of Israel—*And a great king that Israel had, viz. King Solomon, built it and founded it.*—[*Rashi*]

12. **But now**—*But now, since our forefathers angered the God of the heavens, He delivered them into the hands of the Chaldean king of Babylon, and he destroyed this House and exiled the people to Babylon.*—[*Rashi*]

13. **But**—*But in the first year of Cyrus, king of Babylon, Cyrus issued a command to build the House.*—[*Rashi*]

מַלְכָּא שָׂם טְעֵם בֵּית־אֱלָהָא דְנָה לִבְּנֵא: יִדְוְאַף מָאנַיָּא דִי־בֵית־אֱלָהָא דִּי דַהֲבָה וְכַסְפָּא דִּי נְבוּכַדְנֶצַּר הַנְפֵּק מִן־הֵיכְלָא דִּי בִירוּשְׁלֶם וְהֵיבֵל הִמּוֹ לְהֵיכְלָא דִּי בָבֶל הַנְפֵּק הִמּוֹ כּוֹרֶשׁ מַלְכָּא מִן־הֵיכְלָא דִּי בָבֶל וִיהִיבוּ לְשֵׁשְׁבַּצַּר שְׁמֵהּ דִּי פֶחָה שָׂמֵהּ: טוּ וַאֲמַר־לֵהּ אֵלֶּה מָאנַיָּא שֵׂא אֵזֶל־אֲחֵת הִמּוֹ בְּהֵיכְלָא דִּי בִירוּשְׁלֶם וּבֵית אֱלָהָא יִתְבְּנֵא עַל־אַתְרֵהּ: טזאֱדַיִן שֵׁשְׁבַּצַּר דֵּךְ אֲתָא יְהַב אֻשַּׁיָּא דִּי־בֵית אֱלָהָא דִּי בִירוּשְׁלֶם וּמִן־אֱדַיִן וְעַד־כְּעַן מִתְבְּנֵא וְלָא שְׁלִים: יז וּכְעַן הֵן עַל־מַלְכָּא טָב

אל קרי

רש"י

הבית: (יד) ואף מאניא. כלי הקדש של כסף וזהב אשר הוציא נבוכדנצר מן ההיכל שבירושלים והוליכם להיכלו שבבבל הוציא אותם כורש מהיכל מלך בבל ומסרם ליד ששבצר דניאל שמו כך: והיבל המו. והוליך אותם: הנפק המו. הוציא אותם: די פחה שמה. שהוא היה נשיא ופחת ונקרא שמו פחה: (טו) ואמר לה. וכך אמר לו כורש לששבצר אלה הכלים קח ולך והורד אותם בהיכל שבירושלים וביתו של הקדוש ברוך הוא יהא בנוי על מקומו: (טז) אדין. או: ששבצר דך. זה בא ונתן כתלי ביתו של הקב"ה אשר בירושלים ומאז ועד עתה היה הבית בנוי ולא נגמר הבנין: (יז) וכען. ועתה אם על המלך טוב יהי' הדבר ידוע ומבוקר בבית גנזיו של מלך אשר שם בבבל:

אבן עזרא

(טו) ואמר. אל מאניא. כמו חלה: שא אזל אחת המו. קח לך הורד אותם או הנח אותם והוא הנכון. ושא מן וישאו להם נשיא ספירושו ויקחו:

מנחת שי

(יד) די פחה שמה. בכמה ספרים מדוייקים כשי"ן שמאלית ויש פי' הכתוב שעולם שם ששבצר נשיא ופחת ליהודה כמאמר הכתוב בריש סיפרא ויספרס לששבצר הנשיא ליהודה. אמנם לפירוש רש"י וסיחמיה קריאת המלה בשי"ן ימנית לשון שם: (טו) אלה מאניא.. אל קרי ואין לו דומה בכל לשון תרגום וטי' מ"ש (בדברי הימים א' ב')

אגל אל כולדו: (טז) ששבצר דך. הדל"ת בליני ומן ריש דסיפרא עד אדין ששבצר דך קרי ומן אדין ששבצר דך תרגוס עד סוף תרגוס דך קרי:

רלב"ג

בבל כורש המלך לוה בית אלוה זה לבנות: (יד) וגם כלי בית האלהים של זהב וכסף אשר הוליא נבוכדנצר מהיכל ירושלים והביא אותם להיכל בבל הוליאם כורש המלך מהיכל בבל ונתנם לששבצר אשר שמתו פחת יהודה. והוא זרובבל: (טו) ואמר לו שא אלו הכלים לך הורד אותם בהיכל ירושלים ובית האלהים יבנה במקומו: (טז) אז זרובבל זה בא ונתן יסודות בית האלהים אשר בירושלים ומן אז ועד עתה נבנה ולא נשלם. (יז) ועתה אם על המלך טוב יבוקר בבית גנזי המלך אשר בבבל אם ימלא אשר מכורש המלך ילא דבר לבנות בית אלוה זה בירושלים ולנון המלך על זה ישלח לנו:

מצודת דוד

אמת לכורש מלך של בבל נתן המלך גזרת לבנות את בית אלהים הזאת: (יד) ואף. גם הכלים של בית אלהים של זהב וכסף אשר כ"נ הוליא מן ההיכל אשר בירושלים והביא אותם אל בית אלהים אשר כ"נ הוליא מן ההיכל של העכו"ם אשר בבבל: הנפק. הוליא אותם כורש מן היכל של בבל ומסרם לאיש אשר שמו ששבצר אשר עשה אותו למושל: (טו) ואמר לה. ואמר לו אלה הכלים קחם ולך והנח אותם בההיכל אשר בירושלים ובית אלהים יבנה על מקומו הראשון: (טז) אדין. אז ששבצר זה בא הנה ונתן היסוד של בית אלהים אשר בירושלים ומן אז ועד עתה בונים בו ולא נשלם עדיין: (יז) וכען. ועתה אם על המלך טוב כ"ל אם רולה הוא ככך: יתבקר. יחופש בבית האולר

authorization to build the Temple and had suspended the construction until further notice. In order to solve these difficulties, he explains verses 8-17 as follows:

[8] **Let it be known to the king that we went to the province of** Judea, to the House of the great God, and it is built of marble, and wood is laid in the walls—By this report, they spoke favorably of the Jews, by notifying the king that the Jews were not building a strong fortress, since they laid wood, which

issued an order to build this House of God. 14. And also the vessels of the House of God, of gold and silver, that Nebuchadnezzar had taken out of the Temple that was in Jerusalem and brought them to the temple of Babylon, King Cyrus took them from the temple of Babylon and gave them to one whose name is Sheshbazzar, whom he appointed governor. 15. And he said to him, 'Take these vessels, go, bring them down into the Temple that is in Jerusalem, and the House of God shall be built on its place.' 16. Then this Sheshbazzar came and began building the walls of the House of God that is in Jerusalem, and from then until now, it is built but not completed. 17. And now, if it pleases the king,

14. And also the vessels—*the holy vessels of silver and gold, which Nebuchadnezzar had taken out of the Temple that is in Jerusalem and brought to his temple that is in Babylon. Cyrus took them out of the temple of the king of Babylon and delivered them to the hand of Sheshbazzar—Daniel, who was called by that name.*—[*Rashi*]

and brought them—Aram. וְהֵיבֵל הִמּוֹ.—[*Rashi*]

whom he appointed governor—*for he was a prince and a governor and was called by the name governor.*—[*Rashi*] Note that *Rashi's* reading was שְׁמֵהּ, *his name*, whereas ours is שָׂמֵהּ, *he appointed him.*—[*Minhath Shai*]

15. And he said to him—*And so did Cyrus say to Sheshbazzar, "Take these vessels and bring them down into the Temple that is in Jerusalem, and the House of the Holy One, blessed be He, shall be built on its place."*—[*Rashi*] *Ibn Ezra* prefers: and place them in the Temple.

16. Then—Aram. אֱדַיִן—[*Rashi*]

this Sheshbazzar—Aram. דֵּךְ, *came and built the walls of the House of the Holy One, blessed be He, that is in Jerusalem, and from then until now, the House has been built, but the building has not been completed.*—[*Rashi*]

17. And now—*And now, if it pleases the king, let the matter be known and searched out in the king's archives, which is located in Babylon.*—[*Rashi*]

whether it is so—*whether this incident is so, that permission was issued by Cyrus to build this House, which is in Jerusalem.*—[*Rashi*]

and the will of the king—*And the will of the king concerning this he shall send to us.*—[*Rashi*]

to us—Aram. עֲלֶינָא, *lit on us. Until here is the text of the letter that Tattenai and Shethar-bozenai sent.*—[*Rashi*] *Malbim* questions the necessity of this lengthy account and how it was that they did not know that Cyrus had rescinded his

יִתְבַּקַּר בְּבֵית גִּנְזַיָּא דִּי־מַלְכָּא תַּמָּה דִּי בְּבָבֶל הֵן
אִיתַי דִּי־מִן־כּוֹרֶשׁ מַלְכָּא שִׂים טְעֵם לְמִבְנֵא בֵית־
אֱלָהָא דֵךְ בִּירוּשְׁלֶם וּרְעוּת מַלְכָּא עַל־דְּנָה יִשְׁלַח
עֲלֶינָא: ו' בֵּאדַיִן דָּרְיָוֶשׁ מַלְכָּא שָׂם טְעֵם וּבַקַּרוּ
בְּבֵית סִפְרַיָּא דִּי גִנְזַיָּא מְהַחֲתִין תַּמָּה בְּבָבֶל:
ב וְהִשְׁתְּכַח בְּאַחְמְתָא בְּבִירְתָא דִּי בְּמָדַי מְדִינְתָּא
מְגִלָּה חֲדָה וְכֵן־כְּתִיב בְּגַוַּהּ דִּכְרוֹנָה: ג בִּשְׁנַת חֲדָה
לְכוֹרֶשׁ מַלְכָּא כּוֹרֶשׁ מַלְכָּא שָׂם טְעֵם בֵּית־אֱלָהָא

הֵן אִיתַי. אם יש המעשה הזה אשר מפי כורש יצא הדבר
לבנות בית זה אשר בירושלים: וּרְעוּת מַלְכָּא. ורצון
המלך על כן ישלח אלינו: עֲלֶינָא. אליו. ע"כ מכתב האגרת
אשר שלחו תתני ושתר בוזני:
ו (א) בֵּאדַיִן. אז כאשר הגיע המכתב ליד דריוש: שָׂם
טְעֵם. נתן המלך הדבר: וּבַקַּרוּ. ובדקו בבית
הספרים שהאוצרות מונחים שם בבבל: (ב) וְהִשְׁתְּכַח

באחמתא. ונמצא מכתב של מגילה אחת שם כאחמתא כן
פתרו אנשי הסתרון שהוא כלי העשוי לאגרות וגליונים
ולספרים והטמידוהו מגזרת חמת מים והאל"ף אשר בתיבה
אינה עיקר כיתר המלין אשר נשאר ל' ארמית: בְּבִירְתָא.
באותה בירה אשר במדי המדינה: וכן כתיב. וכן היה כתוב
בתוכה זכרון שלה: (ג) בית אלהא בירושלם. בבית אלהים
בירושלים מה יהא עליו הבית יבנה: אֲתַר דִּי דָּבְחִין.

ו (א) מְהַחֲתִין. מורידין. (ב) בְּאַחְמְתָא. יש אומ'
שהוא מן חמת מים או הוא שם כלי ינגנו בו כתבי
הזכרונות: בְּבִירְתָא. הוא ארמון תרגום כארמנותיה

ו (ב) וכן כתיב בגוה דכרונס . כמסרי מסרד סס"א נלא
מפיק ואילנס לכנוי ר"ל שכן סיס כתוב בתוכס לכרון וכן
סילס סמכם יחיא אבל לפירוס רש"י ז"ל סס"א במסיק לכנוי
סנקבס שכן פי' זכרון שלה:

ו (א) אז דריוש המלך נתן ויבקרו בבית הספרים שהאוצרות מורידים שם בבבל: (ב) ונמצא כלי סיר ספירה אשר במדי המדינס
מגלה אחת וכן כתוב בס דכרונס. מחשוב סביר כמו בס שסיא נכתבס לזכרון שדבר זה נזה כורש המלך: (ג) בשנת אחת למורש
מלך כורש המלך נתן על דבר בית סאלוס אשר בירושלים בביתו יבנה סמקוס שזובחים בו הזבחים וכחלין יסיו מקסלים ומזקיס רומו

ו (ב) באחמתא. סוא מלשון ומפת מים (במדבר ל"א) וסוא נאד

של המלך אשר שם בבבל: הֵן. אס יש ואם אשר מן כורש המלך
סוסם גזרם אומר לבנות בית אלסיס זה בירושלים: וּרְעוּת. ורצון
המלך על זאת ישלח אליו ר"ל ישמר דעתו אס גם מסלו בעניין או לא: ו (א) בֵּאדַיִן. אז דריוס המלך שם גזרם אומר וחפסו בבית הספרים
אשר סאולרות סיו מונחים שמם בבבל: (ב) וְהִשְׁתְּכַח. ונמצא מגלה אחת בנאד של עור באחמון אשר במדינת מדי כי לא
סמלא בבבל וחפשו ומלאו במדי : וכן. וכס סיס כתוב בס זכרון שלה: (ג) בִּשְׁנַת. בשנה אחת למלוס המלך נתן גזירת אומר על

Sheshbazzar, whom he appointed
governor. These are two conclusive
proofs that they are telling the truth:
1) they have the vessels, and 2) She-
shbazzar is the governor, appointed
by the king, and being the builder, he

would do nothing of this sort without
royal authorization. Now, if it pleases
the king, let him search to find
whether such an edict was issued by
Cyrus and let us know his will in the
matter.

let the royal archives that are there in Babylon be searched, whether it is so that permission was issued by King Cyrus to build this House of God in Jerusalem, and the will of the king concerning this he shall send to us."

6

1. Then King Darius gave an order, and they searched in the library in which the archives were stored in Babylon. 2. And there was found in a pouch in the citadel of the province of Media one scroll, and so was written therein a memorandum: 3. In the first year of King Cyrus, King Cyrus gave an order regarding the House of God

is highly combustible, in the walls. This is why Cyrus ordered them to build every fourth row of wood (below 6:4).

and this work was done quickly, and they succeeded with it—With this, too, they defended the builders, by stating that the surrounding nations did not disrupt the work out of suspicion of rebellion or any other harmful activities, either against the king or against the neighboring nations.

[9-10] **Then we asked these elders** (sic) **who gave them permission for this, and we also asked them their names, to let you know the names of the men at their head**—This, too, was for their benefit, because the governor was at their head, and he would surely do nothing without being duly authorized. We are, therefore, certain that they are telling the truth, that they were explicitly permitted to resume the construction.

[11] **And so they replied, saying:**

1) **We are the servants of the God of the heavens and the earth**—and this House is built for His great Name. 2) **it was built many years before this**—this House has the right to exist by dint of its antiquity. 3) It has the right to exist by dint of the esteem of its builder, who was a great king and ruler.

[12, 13] 4) However, it was destroyed because of their iniquities, which were already expiated by the exile. 5) In the first year of Cyrus, the end of their affliction came about, and he gave the order to build this House, which they are building with royal authorization.

[14-17] **And also**—Proof of this authorization is that he took out the Temple vessels that Nebuchadnezzar had taken from the Temple and placed in the temple of Babylon. Because Belshazzar used these vessels, he was assassinated, and the kingdom was given to Persia. Consequently, Cyrus returned the vessels and gave them to

בִּירוּשְׁלֶם בַּיְתָא יִתְבְּנֵא אֲתַר דִּי־דָבְחִין דִּבְחִין וְאֻשּׁוֹהִי מְסוֹבְלִין רוּמֵהּ אַמִּין שִׁתִּין פְּתָיֵהּ אַמִּין שִׁתִּין: דִּ נִדְבָּכִין דִּי־אֶבֶן גְּלָל תְּלָתָא וְנִדְבָּךְ דִּי־אָע חֲדַת וְנִפְקְתָא מִן־בֵּית מַלְכָּא תִּתְיְהִב: וְאַף מָאנֵי בֵית־אֱלָהָא דִּי דַהֲבָה וְכַסְפָּא דִּי נְבוּכַדְנֶצַּר הַנְפֵּק מִן־הֵיכְלָא דִּי־בִירוּשְׁלֶם וְהֵיבֵל לְבָבֶל יַהֲתִיבוּן וִיהָךְ לְהֵיכְלָא דִי־בִירוּשְׁלֶם לְאַתְרֵהּ וְתַחֵת בְּבֵית אֱלָהָא: כְּעַן תַּתְּנַי פַּחַת עֲבַר־נַהֲרָה שְׁתַר בּוֹזְנַי וּכְנָוָתְהוֹן אֲפַרְסְכָיֵא דִּי בַּעֲבַר נַהֲרָה

(ה) **ואף מאני**. ואף כלי הקדש של בית האלהים של זהב וכסף אשר נבוכדנצר הוליאם מן היכל שבירושלים והוליכם לבבל: יהתיבון. יתנו: **והיבל**. אשר הוליך: **ויהך**. ילך. כל המעשה הזה לההיכל אשר בירושלים למקומו: **ותחת**. ויהי מונח בביתו של הקב"ה: (ו) **כען תתני וגו'**. זו היא תשובה אשר השיב דריוש אל תתני ושתר בוזני: **די בעבר נהרא**. לצד ארץ ישראל שהוא

שהוא מקום שזובחים שם זבח: **ואשוהי מסובלין**. וכותליו יהיו מיוסדין כמו ואושיא יחיטו (לעיל ד'): **רומה אמין שתין**. רום הבית שתין אמה ובשתים אמה רחבו: (ד) **נדבכין**. ל' כתלים וקירות הכתלים היו של אבן גלל: **גלל**. (מרמ"א בלע"ז): **ונדבך**. וכותל של עץ חדש מבפנים כענין בנין הבית אשר בנה שלמה: **ונפקתא**. והוצאה לצורך הבית ולשאר דברים אשר לבית ינתן להם

בברנתנא: (ג) **ואושוהי מסובלין**. כענין אבן גלל: **רומיה אמין שתין**. יותר גבוה מבנין שלמה באבני סבל. והפירוש יסודותיו סובלים כי נכהו היה שלשים אמות קומתו וכן סתיה אמין שתין להיות הגובה והרחב שוה והאורך לא זכר כי היה כמדה הראשונה: (ד) **נדבכין**. פירוש סירות ותרגום מחתה לסירות מלרע לנדבכיא וזה דומה לבנין ראשון כאשר אמרו שלשה טורי גזית וטור כרותות ארזים: **ונפקתא**. הולאה: (ה) **ואף. יהתיבון**. ישיבון המשיבין: **ויהך**. וילך כל כלי להיכלא והמלה מיוחדת מן הרבים כדרך כי יתן מוס: **ותחת**. כנגד שנשבר ידבר באגרת והסמם ותורד או תנוח אתה שנשבר בבית אלהא:

שתים אמות רחבו שתים אמות: (ד) טורי אבן גלל שלשה וטור עץ אחד והסולאה מבית המלך תנתן: (ה) וגם כלי האלהים של זהב וכסף אשר סולים נבוכדנצר מהיכל ירושלים והביא לבבל ישיבון וילך כל זה להיכל ירושלים למקומו ותוליד בבית הסאלהים: (ו) לכן תתני פחת

של עץ: **מגלה**. ספל: (ג) **מסובלין**. ענין משא ככדם כמו וסכושאים בסבל (נחמיס ד'): (ד) **נדבכין**. סורות וכדרז"ל

בית אלהים אשר בירושלים אשר יבנה הבית שהוא מקום אשר זובחים שם זבחים: **ואשוהי**. יסודי הבית יהיו מאבנים גדולים רבי ססבל והמשא: **רומיה**. גובה הבית יהיה שתים אמות ורחבו שתים אמות: (ד) **נדבכין**. שלשה שורות יבנה של אבני שיש ושורה אחת של עץ וכן בסדר הזה עד כלות הגובה כי בנין בזה מחזק ביותר וכן נאמר בבנין שלמה שלשה טורים גזית וטור כרותות ארזים (מלכים א ז): **תתפקתא**. הולאה: (ה) **ואף מאני**. אף כלי בית אלהים של זהב וכסף אשר הוליך נ"נ מן הסיכל אשר בירושלים והביא אל בבל: **יהתיבון**. ישיבון להוליך אל הסיכל אשר בירושלים אל מקומס וינח בבית אלהים: (ו) **כען**. עתה תתני וגו' ומהבריסס אשר בעבר

rebuilding of the Temple and returned the sacred vessels.

3. a place where they offer up sacrifices—*which is a place where they offer up sacrifices.*—[Rashi]

and its walls should be founded—

Aram. וְאֻשּׁוֹהִי. *And its walls should be founded, like (4:12): "and its walls (וְאֻשַּׁיָּא) they have joined."*—[Rashi]

its height sixty cubits—*the height of the House was sixty cubits, and sixty cubits was its width.*—Rashi]

in Jerusalem, that the House should be built, a place where they offer up sacrifices, and its walls should be founded, its height sixty cubits and its width sixty cubits. 4. Three rows of marble and a row of new wood, and the expenditures shall be given from the royal house. 5. And also the vessels of the House of God, of gold and silver, which Nebuchadnezzar took out of the Temple that is in Jerusalem and brought to Babylon, let them be given over and brought to the Temple that is in Jerusalem to its place, and they shall be deposited in the House of God. 6. "Now Tattenai, the governor of the other side of the river, Shethar-Bozenai, and their companies, the Apharsechites, who are on the other side of the river,

6

1. Then—*then when the letter reached Darius's hand.*—[Rashi]

gave an order—*The king ordered the matter.*—[Rashi]

and they searched—*They searched in the library where the archives were stored in Babylon.*—[Rashi]

2. And there was found in a pouch—*And a text of one scroll was found there in an* אַחְמְתָא. *So did the interpreters interpret, that it is a utensil made for letters, and written sheets, and for books, and they established it from the root of* (Gen. 21:14): *"a skin of water* (וְחֵמַת מַיִם)*" and the "aleph" in the word is not a radical, like the rest of the Aramaic language.*—[Rashi] *Ibn Ezra* interprets it either as a skin flask, used for water, or a pouch used for storing documents. Modern scholars interpret it as a name of a place, Ahmetha, more commonly known as Ecbatana. This

was the summer residence of the Persian monarchs.

in the citadel—*in that citadel that was in the province of Media.*—[Rashi] It was not found in Babylon, where it had originally been deposited, but in the citadel of Media.—[Mezudath David]

and so was written—*and so was written therein its memorandum.*—[Rashi] According to *Rashi*, the word is דִּכְרוֹנָה. In our editions, however, it is written דִּכְרוֹנָה, with a silent "hey." Therefore, we have translated it: a memorandum.—[Minhath Shai] *Malbim* explains that this was not the original document issued by Cyrus. That had been deposited in Babylon. When Ahasuerus transferred his capital from Babylon to Shushan, it was lost, perhaps destroyed, by Haman. In the capital city of Media, there was a memorandum, a record, of how Cyrus had permitted the

רַחִיקִין הֲווֹ מִן־תַּמָּה: יִשְׁבֻּקוּ לַעֲבִידַת בֵּית־אֱלָהָא
דֵךְ פַּחַת יְהוּדָיֵא וּלְשָׂבֵי יְהוּדָיֵא בֵּית־אֱלָהָא דֵךְ
יִבְנוֹן עַל־אַתְרֵהּ: וּמִנִּי שִׂים טְעֵם לְמָא דִי־תַעַבְדוּן
עִם־שָׂבֵי יְהוּדָיֵא אִלֵּךְ לְמִבְנֵא בֵּית־אֱלָהָא דֵךְ
וּמִנִּכְסֵי מַלְכָּא דִּי מִדַּת עֲבַר נַהֲרָה אָסְפַּרְנָא
נִפְקְתָא תֶּהֱוֵא מִתְיַהֲבָא לְגֻבְרַיָּא אִלֵּךְ דִּי־לָא
לְבַטָּלָא: ט וּמָה חַשְׁחָן וּבְנֵי תוֹרִין וְדִכְרִין וְאִמְּרִין
לַעֲלָוָן לֶאֱלָהּ שְׁמַיָּא חִנְטִין מְלַח ׀ חֲמַר וּמְשַׁח
כְּמֵאמַר כָּהֲנַיָּא דִי־בִירוּשְׁלֶם לֶהֱוֵא מִתְיְהֵב לְהֹם

רש"י

כבר הנהר לאותן שבבבל : **רחיקין הוו מן תמה.** רחוקים
היו משם מבנין כ"ה שלא תרפו ידי עושי המלאכה:
(ז) **דך.** זה: **פחת יהודיא.** שלטוני היהודיס יעשו דבר
זה : **ולשבי יהודיא.** ולזקני היהודיס אני מלוה: **בית
אלהא דך.** בית אלהים זה : (ח) **ומני שים טעם.**
וממני יהיה ליווי זה : **למה די תעבדון.** לאותו בנין
המלאכה אשר תעשו עם זקני היהודים האלה לבנות ביתו
של הקב"ה : **ומנכסי מלכא.** מנכסי המלך יהיו עושים
הבנין הזה: **די מדת עבר נהרא.** מן המס של עבר הנהר
אשר למלך : **מדת.** מס כמו מנדה בלו והלך (לעיל ד'):
אספרנה. מהרה יבנה הבנין. אספרנא (אישפלוגטמכ"ט
בלע"ו) : **נפקתא תהוא מתיהבא.** הולאה תהיה ניתנת
לאנשי' האלה אשר לא יתבטלו ממלאכתן: (ט)**ומה חשחן.**
ומה שיהיו חושין: **ובני תורין.** בני בקר ואילים וכבשים
לעולות לאלהי השמים: **חנטין.** לסלתות: **מלח.** לקרבנות:
חמר. לנסכיס : **ומשח.** למנחות כאשר יאמרו הכהנים אשר

אבן עזרא

(ז) למ"ד לעבידת עומד במקו' שנים וכן הוא לפחת יהודיא:
(ח) **אילך.** כמו אלין והם שתי לשונות זה אומר בכה וזה
ומה חשחן. מה שצריכין וכן חשחות לורך:

מנחת שי

(ח) **די תעבדון.** כמדוייקיס הטי"ן בפתח והשוא נם : (ט) **די
בירושלם.** הבי"ת רפויה:
חמר בכה : (ט) **ומה חשחן.**

רלב"ג

עבר הנהר שתר בוזני ומכריהס הספרסכיס אשר בעבר הנהר סיו רחוקיס משם : (ז) הניחו מלאכת בית אלוה זה לפחת יהודה ולזקני
היהודים והם כ"ל על מקומו על מקומו זה : (ח) וממני ילמ דבר מה תעשו עם זקני יסודה אלה לבנות בית אלוה זה ונכסי המלך
מאגת המלך אשר בעבר הנהר מהם תנתנה ההולאה (חסיה נתונה) לאנשים האלה שלא תשבות המלאכה : (ט) ומה שצריכיס לזה סבנין וכני

מצודת ציון

קורין וכו' וברלאם הנדבך (ברכות ש"ו) : (ז) **ולשבי.** סלמ"ד היא
במקוס את ר"ל ועס שבי : (ט) **חשחן.** כמו מושסין וכן לא משמין
אנחנא (דניאל נ') : **שלו.** מנין משגג ושכסס כמו טל השל (ש"כ ו')

מצודת דוד

מן שמס ר"ל סרמיקו מלכטל המלאכה : (ז) **שבקו.** הניחו את
עבודת בית אלהים הזאת : **פחת.** מושל היהודים עס זקני היהודים
יבנו בית אלהים זאת על מקומו : (ח) **ומני.** וממני גזרת
אומר מה אשר תעשו עם זקני היהודים האלה : **למבנא.** לבנות
בית אלהים זאת ר"ל שגם עוד תסייעו לסס בדבר סבנין : **ומנכסי.** **ואספרנא.**
מיס מתר יהיה נתון סכון סולאה סבנין אל האנשים האלה אשר לא יבוטל המלאכה מהסדון הזמין : (ט) **ומה חשחן.**
בני בקר ואילים וכבשים לעולות לאלהי הסמיס ומתיס ומלח ויין ומלן כפי ישיעוב אשר יאמרו הכהנים אשר בירושלים יהיה ניתן

*And to the elders of the Jews I
command.*—[Rashi]

this House of God—Aram. בֵּית אֱלָהָא
דֵךְ.—[Rashi]

**8. And from me shall be issued
an order**—*And from me this com-
mand will go forth.*—[Rashi]

regarding what you shall do—
*regarding that building, the work
that you shall do with these elders of*

distance yourselves from there. 7. Leave the work of this House of God; [to] the governors of the Jews, and [to] the elders of the Jews, [I command] this House of God they shall build in its place. 8. And from me shall be issued an order regarding what you shall do with these elders of the Jews to build this House of God, and from the king's property from the taxes of the other side of the river [it shall] quickly [be built.] The expenses shall be given to these men so that they should not be disrupted. 9. And what they require, and young bulls, and rams, and lambs for burnt offerings to the God of the heavens, wheat, salt, wine, and oil, according to the statement of the priests who are in Jerusalem, let it be given to them

4. **rows**—Aram. נִדְבָּכִין, *an expression for walls. The walls were of marble.*—[*Rashi*]

marble—Aram. גְּלָל (*marmre in Old French*).—[*Rashi*]

and a row—*and a wall of new wood from within, in the manner of the building of the Temple that Solomon built.*—[*Rashi*] Other commentators define נִדְבָּךְ as *row*. According to *Rashi*, the wall was four layers thick, the inner layer being wood; according to *Mezudath David*, three horizontal rows were marble and one was wood, and so on throughout the height of the building.

and the expenditures—*And the expenditures for the needs of the House and for the other matters pertaining to the House shall be given them from the royal palace.*—[*Rashi*]

5. **And also the vessels of**—*and also the sacred vessels of the House of God, of gold and silver, which Nebuchadnezzar took out of the Temple in Jerusalem and brought to Babylon.*—[*Rashi*]

let them be given over—Aram. יַהֲתִיבוּן.—[*Rashi*]

and brought—*which he brought.*—[*Rashi*]

and brought—*Let all this work be brought to the Temple that is in Jerusalem, to its place.*—[*Rashi*]

and it shall be deposited—*And it shall be deposited in the House of the Holy One, blessed be He.*—[*Rashi*]

6. **Now, Tattenai**—*This is the reply with which Darius answered Tattenai and Shethar-Bozenai.*—[*Rashi*]

who are on the other side of the river—*to the side of the land of Israel, which is the other side of the river to those in Babylon.*—[*Rashi*]

distance yourselves from there—*Distance yourselves from the building of the Temple, so that you do not disturb the workers.*—[*Rashi*]

7. **this**—Aram. דֵּךְ.—[*Rashi*]

the governors of the Jews—*The rulers of the Jews shall do this thing.*—[*Rashi*]

and to the elders of the Jews—

יוֹם כְּיוֹם דִּי־לָא שָׁלוּ: י דִּי־לֶהֱוֹן מְהַקְרְבִין נִיחוֹחִין לֶאֱלָהּ שְׁמַיָּא וּמְצַלַּיִן לְחַיֵּי מַלְכָּא וּבְנוֹהִי: יא וּמִנִּי שִׂים טְעֵם דִּי כָל־אֱנָשׁ דִּי יְהַשְׁנֵא פִּתְגָמָא דְנָה יִתְנְסַח אָע מִן־בַּיְתֵהּ וּזְקִיף יִתְמְחֵא עֲלֹהִי וּבַיְתֵהּ נְוָלוּ יִתְעֲבֵד עַל־דְּנָה: יב וֵאלָהָא דִּי שַׁכִּן שְׁמֵהּ תַּמָּה יְמַגַּר כָּל־מֶלֶךְ וְעַם דִּי יִשְׁלַח יְדֵהּ לְהַשְׁנָיָה לְחַבָּלָה בֵּית־אֱלָהָא דֵךְ דִּי בִירוּשְׁלֶם אֲנָה דָרְיָוֶשׁ שָׂמֶת טְעֵם אָסְפַּרְנָא יִתְעֲבִד: יג אֱדַיִן תַּתְּנַי פַּחַת עֲבַר־נַהֲרָה

<hr>

רש"י

די לא שלו: בלא ביטול. בירושלים יהי נתון להם דבר יום ביומו: (י) די להון. למען אשר יהיו מקריבים ניחוחים לאלהי השמים ויהיו מתפללים על חיי המלך ובניו: (יא) ומני שים טעם. וממני שים לווי ושימת דבר אשר כל אדם אשר ישנה דבר זה: יתנסח. יחרב עליו מביתו שיחרב ביתו. יתנסח כמו ונסחתם מעל [וכו']: וזקיף יתמחא עלוהי. ועץ גבוה שיתלה על העץ: וביתה נולו יתעבד. וביתו יעשה אשפה על כך. נולו ענין טינוף ומראות: (יב) ואלהא די שכן שמיה. והאלהי' אשר שכן שמו שם; ימגר. ויפגר כל אותו מלך וכל אותו עם אשר ישלח ידו להחריב ולהשחית ביתו זה של ה' אשר בירושלים:

אבן עזרא

(יא) יתנסח. יהרס כמו יסח ה' יהרום וכן משמרת הבית מסח מסח שלוה שישמרו משמרת הבית מקום ההרים שלא יכנס אדם שם: וזקיף. רמז לקירות ולעמודים העומדים: ונולו. ענין כפופים. וישא עיניו ופירושו והעומד יהרס על העץ: נולו. מטונף כענין וישימוה למולאות ובלשון חכמינו ז"ל מנולתא:

שתר

האדמה (דברים כ"ח): וזקיף יתמחא עלוהי. ועץ לתלותו עליו יהא גבוה שיתלה על העץ: וביתה נולו יתעבד. וביתו יעשה אשפה על כך: ואלהא די שכן שמיה. והאלהי' אשר שכן שמו שם; ימגר. ימגר ויפגר כל אותו מלך וכל אותו עם אשר ישלח ידו להחריב ולהשחית ביתו זה של ה' אשר בירושלים:

רלב"ג

תורים ואילים וכבשים נמצאות לאלהי השמים חטין מלח ושמן כמאמר הכהנים ינתן להם יום יום בזולת שגגה: (י) למען יקריבו ניחוחי' לאלוה השמים ויתפללו בעד חיי המלך ובניו: (יא) וממני ילא דבר שכל איש ישנה [אשר]דבר אה יסירו מן מביתו ועל הסן יתלה וביתו יעשה אשפה על זה: (יב) והאלוה אשר שכן שמו שם יפיל כל מלך ועם אשר ישלח ידו לשנות ולהשחית בית אלוה זה אשר בירושלים אני דריוש שמתי מסרב יעשה: (יג) אז תתני פחת עבר הגהר שלח בוזני וחבריהס מפני שלח המלך כאשר אמרנו מהרה פשו

מצודת דוד

להם בכל יום ויום אשר לא תשגו ולא תשכחו מלתם הכל: (י) די להון. אשר יהיו מקריבים קרבנות לנחת רוח לאלהי השמים ולהיות מתפללין על חיי המלך ובניו: (יא) ומני. וממני הוסם גזרת אומר אשר כל איש אשר ישנה את הדבר הזה: יתנסח. יותר יהיה אשר יעקר עץ מן ביתו ולתלותו בו יושם ויותן עליו והוא מדרך ליום ואזהרה יתירה שיהיה שיעשה נתלה על העץ שיעקר מביתו: וביתה. והיא שמה שמה תהי יפיל כל מלך ועם אשר ישלח ידו לשנות דברי אלהים זה אשר בירושלים: אנא. אני דריוש שמתי גזרת אומר מים מהר יעשה: (יג) אדין. אז: תתני וגו'. וחבריהם בעבור הדברים אשר שלח המלך כאשר אמרנו לזה

מצודת ציון

(יא) יתנסח. טין כמו ונסח ה' (משלי ט"ו): וזקיף. היא העץ שתולין עליו הנתלה דלאים ליה זקיפתא וכו' זקיף זינוחא (בבא מליעא ג"ט): יתמחא. יושם ובדרז"ל הטמיטו אלל חנוני (שס קי"א): (יב) ימגר. ענין הפלה כמו וכמלו לארץ

<hr>

sacrifices to the God of the heavens, and that they should pray for the life of the king and his children.—[Rashi]

11. And an order is issued by me—*And a command is issued by me, along with the issue of a word regarding any person who disobeys this word.—[Rashi]*

shall be torn—Aram. יִתְנְסַח. *The beams of his house shall be destroyed, meaning that his house will be destroyed.* יִתְנְסַח *is like* (Deut. 28:63): *"and you shall be uprooted* (וְנִסַּחְתֶּם) *from the land."—[Rashi]*

and a gallows upon which to place him—*And a gallows upon which to hang him shall be [raised*

daily without delay. 10. That they should offer up pleasing sacrifices to the God of heaven and pray for the lives of the king and his children. 11. And an order is issued by me that whatever person disobeys this order, a beam shall be torn from his house, and a gallows [shall be made], upon which to place him, and his house shall be made a dungheap because of this. 12. And God, Who caused His name to rest there, will cast down any king or people that lays a hand to alter and destroy this House of God, which is in Jerusalem; I, Darius, have issued an edict; it shall be swiftly executed." 13. Then, Tattenai, the governor of the land beyond the river,

the Jews to build the House of the Holy One, blessed be He.—[*Rashi*]

and from the king's property—*And from the king's property they shall make this building.*—[*Rashi*]

from the taxes of the other side of the river—*from the taxes of the other side of the river, which belong to the king.*—[*Rashi*]

taxes—Aram. מִדָּת, *tax, like* (4:13): "*the king's due* (מִנְדָּה), *the head tax, or the meal tax.*"—[*Rashi*] [Surprisingly, *Rashi* cites verse 13, where the word is מִנְדָּה, rather than verse 20, where it is מִדָּה, identical with our verse.]

quickly—Aram. אָסְפַּרְנָא. *The building shall quickly be built; esploytosemant in Old French.*—[*Rashi*]

The expenses shall be given— *The expenses shall be given to these men so that they should not idle from their work.*—[*Rashi*]

9. **And what they require**—*and what they are concerned about.*— [*Rashi*] He added to Cyrus's edict that also the expense of the sacrifices

should be provided by the royal treasuries.—[*Malbim*]

and young bulls—*young bulls, rams, and lambs for burnt offerings to the God of heaven.*—[*Rashi*]

wheat—*for fine flour.*—[*Rashi*]

salt—*for sacrifices.*—[*Rashi*] Reference is made to the Biblical requirement of salting all sacrifices (Lev. 2:13).

wine—*for libations.*—[*Rashi*] Reference is made to the Biblical requirement for libations to accompany the sacrifices (Num. 15:1-12).

and oil—*for the meal-offerings. When the priests who are in Jerusalem will say [what they need], that shall be given to them—the requirements of each day on its day.*—[*Rashi*]

without delay—Aram. דִּי לָא שָׁלוּ (*son destorber in Old French*).— [*Rashi*] *Mezudath Zion* renders: without fail.

10. **That they should**—*in order that they should offer up pleasing*

שָׁתַר בּוֹזְנַי וּכְנָוָתְהוֹן לָקֳבֵל דִּי־שְׁלַח דָּרְיָוֶשׁ מַלְכָּא כְּנֵמָא אָסְפַּרְנָא עֲבַדוּ: יד וְשָׂבֵי יְהוּדָיֵא בָּנַיִן וּמַצְלְחִין בִּנְבוּאַת חַגַּי נְבִיָּאה וּזְכַרְיָה בַר־עִדּוֹא וּבְנוֹ וְשַׁכְלִלוּ מִן־טַעַם אֱלָהּ יִשְׂרָאֵל וּמִטְּעֵם כּוֹרֶשׁ וְדָרְיָוֶשׁ וְאַרְתַּחְשַׁשְׂתְּא מֶלֶךְ פָּרָס: טו וְשֵׁיצִיא בַּיְתָה דְנָה עַד יוֹם תְּלָתָה לִירַח אֲדָר דִּי־הִיא שְׁנַת־שֵׁת לְמַלְכוּת דָּרְיָוֶשׁ מַלְכָּא: טז וַעֲבַדוּ בְנֵי־יִשְׂרָאֵל כָּהֲנַיָּא וְלֵוָיֵא וּשְׁאָר בְּנֵי־גָלוּתָא חֲנֻכַּת בֵּית־אֱלָהָא דְנָה בְּחֶדְוָה: יז וְהַקְרִבוּ לַחֲנֻכַּת בֵּית־אֱלָהָא דְנָה תּוֹרִין מְאָה

רש"י

שָׂמֶת טְעֵם . שמתי ליווי דבר זה אשר יעשה הבנין מהרה עד כאן תשובתו של דריוש: (יג) כְּנֵמָא . כאשר נאמר: אספרנה עֲבַדוּ . מהרה עשו: (יד) וְשָׂבֵי יְהוּדָיֵא . וזקני היהודים היו בונין ומצליחין במלאכתן כנבואת חגי וזכריה ובנו ויסדו את הבנין מן טווי של אלהי ישראל ומרשות כורש מלך פרס הראשון אשר הוחל יסוד הבנין בימיו ומרשות

(יג) וְאַרְתַּחְשַׁשְׂתְּא . הוא דריוש ונקרא ארתחששתא ע"ש המדינה והמלכות כי כל מלכי פרס היו נקראים כך כאשר כל מלכי מצרים נקראים פרעה: (טו) וְשֵׁיצִיא בַּיְתָה דְנָה . וסוף תשלום בית זה היה עד יום שלישי לחדש אדר שהיא שנת שש לדריוש המלך וכמלאת בנין הבית היה ד' שנים: (יז) וְהַקְרִבוּ לַחֲנֻכַּת . הקריבו

מנחת שי

(יג) לָקֳבֵל . הקו"ף במסף קמן: (יד) חַגַּי נְבִיָּאה , ב' כתיב כן וסימן וסמכי דלעיל ריש סימן ס' ודין: (טו) וְשֵׁיצִיא . מד מן י"ב מלין דכתיב אל"ף בסוף תיבותא ולא קריין וסימן במסורת (דניאל ג') וריש פרשת שלח לך:

אבן עזרא

(יג) כְּנֵמָא אָסְפַּרְנָא . כבר פירשנוס: (יד) וְדָרְיָוֶשׁ . הוא הזקן המדי: וְאַרְתַּחְשַׁשְׂתְּא . הוא אחשורוש: (טו) לְמַלְכוּת דָּרְיָוֶשׁ , הוא בן אחשורוש:

רלב"ג

(יד) וְזִקְנֵי יְהוּדָה בּוֹנִים וּמַצְלִיחִים בנבואת חגי הנביא וזכריה בן עדוא ובנו ובוננו מטעם אלהי השמים ומטעם כורש ודריוש מלך פרס כמו שנזכר לומתם כזה סמקום . ומטעם ארתחשסתא מלך פרס בנו חומת ירושלים כמו שיזכר אחר זה . והוא היה גם כן דריוש אם היה אמת מה שסופר כי אלכסנדר נלם דריוש ולקח מלכותו . וידמה כי מאחשורוש לא השיגו שום דבר בבנין ירושלים ולבנין בית המקדש . ואל תתמה איך היה זה עם גדולת מרדכי כי לא היה מחשורוש אחר זה זמן ארוך כי כל זמן מלכותו היה מרבע עשרה שנה וכשנת שמיים מסרה למלך מחשורוש סיעם גדולת מרדכי בבית סמלך . ואפשר עוד שלא יכול מרדכי זה ממנו: (טו) ונשלם בית זה עד יום שלישי לירח אדר בשנת שש למלכות דריוש סמלך: (יז) ויעשו בני ישראל ככהנים והלוים ושאר בני הגלות חנכת בית האלהים בשמחה: (יז) ויקריבו לחנכת בית האלהים זה שורים מאה אילים מאתים כבשים ת"ע שעירי עזים למחטאות על כל ישראל

מצודת ציון

מַגְרָמֹה (תהלים פ"ם): (טו) וְשֵׁיצִיא . שֵׁלֵין גמר והשלמה כי כאשר לנו (בראשים מ"נ) תרגום אונקלוס כד שילחינו: (טו) חֲנֻכַּת . ספמלת דבר מה לעמוד בה מאז והלאה נקרא מתוך בלשון המקרא:

מצודת דוד

מיש מסר עשו דברו: (יד) וְשָׂבֵי . וזקני היהודים בנו והלליטו כאשר ניבא חגי וגו' . ובנו . התמילו לבנות וגמרו הבנין מן גזות אומר של אלהי ישראל אשר לוה ע"י סנביאים : וממעם . ומגזרת אומר של כורש הניתן הניתן רשות מתחלה לבנות סבית ומגזרת אומר פרס כנוי לכל מלכי פרס כמו פרעה למלרים וסדוני': (טו) וְשֵׁיצִיא . נגמל תשלום בנין הבית הזה נתאחר עד יום שלישי לחדש אדר אשר היא בשנת שש ססנים הם הסתיינים ובני עבדי שלמה ושאר בני הגולה הם למלכות דריוש זה בשמחה: (טז) וַעֲבַדוּ . ובני ישראל וכסנים והלוים ושאר בני הגולה עשו חנוכת בית אלהים זה בשמחה: (יז) תּוֹרִין . פרים. מִילִין . אמרין . כבשים: וְצַפִירֵי . ושעירי עזים למחטאת בעבור כל ישראל אם שלא אם שלא מזרו נבית שני

natural way. God inspired the kings to order its rebuilding, rather than perform an open miracle. The Rabbis explain this as follows: "Israel was fit that a miracle should be performed for them in the days of Ezra, just as was performed for them in the days of Joshua the son of Nun, but sin prevented it (*Ber.* 4a)."

and Artaxerxes—*He is Darius, but he was called Artaxerxes because of the province and the kingdom, for*

Shethar-Bozenai, and their companies, in view of what King Darius had sent, as was said, acted swiftly. 14. And the elders of the Jews were building and succeeding with the prophecy of Haggai the prophet and Zechariah, the son of Iddo, and they built and founded it by the command of the God of Israel and by the command of Cyrus, Darius, and Artaxerxes, the king of Persia. 15. And the completion of this House was on the third day of the month of Adar, which was in the sixth year of the reign of King Darius. 16. And the Children of Israel, the priests, the Levites, and the rest of the members of the exile, performed the dedication of this House of God with joy. 17. And they offered up for the dedication of this House of God a hundred bulls,

---

up] *high, so that he be hanged upon the gallows.*—[*Rashi*]

and his house shall be made a dungheap—*and his house shall be made a dungheap because of this.* נְוָלִי *is a matter of filth and excrement.*—[*Rashi*] This, too, was not decreed by Cyrus, but I am adding this to the decree.—[*Malbim*]

12. And God, Who caused His name to rest there—Aram. וֵאלָהָא דִּי שַׁכִּן שְׁמָה. —[*Rashi*]

will cast down—*will cast down and destroy any such king and any such people that will stretch forth a hand to lay waste and destroy His house that is in Jerusalem.*—[*Rashi*] i.e., if any monarch or nation, over which I have no power, wishes to destroy this house, may the God Who dwells there cut him off.—[*Malbim*]

I, Darius—i.e., in addition to Cyrus's edict that the Temple be rebuilt, I decree that it be built swiftly. This includes having Tattenai and his colleagues make this proclamation known without delay.—[*Malbim*]

have issued an edict—*I have issued a command concerning this matter, that the building be constructed swiftly. Until here is Darius's reply.*—[*Rashi*]

13. as was said—Aram. כְּגֵמָא.— [*Rashi*]

acted swiftly—Aram. אָסְפַּרְנָא עֲבַדוּ.—[*Rashi*]

14. And the elders of the Jews— *And the elders of the Jews were building and succeeding in their work, according to the prophecy of Haggai and Zechariah, and they built and founded the building by the command of the God of Israel and by the authorization of Cyrus, the first king of Persia, in whose days the laying of the foundation was commenced, and by the authorization of this Darius, the king of Persia.*— [*Rashi*] *Malbim* explains that the rebuilding of the Temple was a Providential act, accomplished in a

דִּכְרִין מְאתִין אִמְּרין אַרְבְּעָמְאָה וּצְפִירֵי עִזִּין לְחַטָּיָא עַל־כָּל־יִשְׂרָאֵל תְּרֵי־עֲשַׂר לְמִנְיָן שִׁבְטֵי יִשְׂרָאֵל: יח וַהֲקִימוּ כָהֲנַיָּא בִּפְלֻגָּתְהוֹן וְלֵוָיֵא בְּמַחְלְקָתְהוֹן עַל־עֲבִידַת אֱלָהָא דִּי בִירוּשְׁלֶם כִּכְתָב סְפַר מֹשֶׁה: יט וַיַּעֲשׂוּ בְנֵי־הַגּוֹלָה אֶת־הַפָּסַח בְּאַרְבָּעָה עָשָׂר לַחֹדֶשׁ הָרִאשׁוֹן: כ כִּי הִטַּהֲרוּ הַכֹּהֲנִים וְהַלְוִיִּם כְּאֶחָד כֻּלָּם טְהוֹרִים וַיִּשְׁחֲטוּ הַפֶּסַח לְכָל־בְּנֵי הַגּוֹלָה וְלַאֲחֵיהֶם הַכֹּהֲנִים וְלָהֶם: כא וַיֹּאכְלוּ בְנֵי־יִשְׂרָאֵל הַשָּׁבִים מֵהַגּוֹלָה וְכֹל הַנִּבְדָּל מִטֻּמְאַת גּוֹיֵי־הָאָרֶץ אֲלֵהֶם לִדְרֹשׁ לַיהֹוָה אֱלֹהֵי יִשְׂרָאֵל: כב וַיַּעֲשׂוּ חַג־

לחטאת קרי

רש"י

לחנוכת בית זה קרבנות הללו והורחת שעה היתה: (יח) והקימו כהניא בפלונתהון. שהיו הכהנים חלוקים בעבודתם ולוים במשמרותם: (יט) את הפסח. עכשיו

אבן עזרא

(יח) בפלוגתהון. במחלקתהון: (כא) וכל הנבדל. הם הגרים שנבדלו מטומאת גויי הארץ והתחברו אליהם לדרוש ה' כמותם. או הנבדל מישראל שנבדל מטומאת גויי הארצות: (כב) ויעשו. מלך אשור. הוא ארתחשסתא והזכיר אשור ולא פרס כי מלכי אשור החריבו ארץ ישראל ועתה הסב

מצות

עשו ישראל את הפסח בי"ד בניסן זה הבא אחר אדר זה שהושלם הבנין בו: (כ) ולהם. ולעלמם: (כא) וכל הנבדל. הם הגרים שנבדלו מטומאת העכומ"ז לידבק

מנחת שי

(יח) לחטיא. למסאב קרי: (כ) לְכָל־בְּנֵי הַגוֹלָה. לְבָנֵי: (כא) וְכֹל הַנִבְדָּל. בס"ס סמדונייקים וְכֹל במולם ובטעם

רלב"ג

שנים עשר למספר שבטי ישראל: (יח) ויקימו הכהנים במשמרות ולוים במחלקותם על עבודת האלהים אשר בירושלים כאשר כתוב בספר משה: (יט) ויעשו בני הגולה נדחה לפסח שני כמו שנתבאר בפרשם בהעלותך: (כא) וכל סנבדל מטומאת גויי הארץ אליהם. ידמה שנבדלו רבים מהגוים מטומאת הגוים לעלות לירושלים ולפי שרבים מהגולים היו שמח מלך אשור מגלות עשרת שבטיו ומגלות יסודם אמר שכבר הסב ה' יח' לב מלך אשור עליהם. וידמה שכבר קרא דריוש מלך אשור כי סוף סיס מולך על מלך אשור:

מצודת דוד

כי אם יהודה ובנימין: למנין. לפי מספר שבטי ישראל וארז"ל שהיתה הולכת בטעה לי אין מטעם באה בנדבה: (יח) והקימו. העמידו את הכהנים והלוים כפי ממלקותם למשמרות על עבודת אלהים אשר בירושלים כפי אשר כתוב בספר חורת משה הכהנים לעבודת סמוכה והלוים לדבר שיר: (יט) בני הגולה. ר"ל השבים מן הגולה: (כ) הטהרו. טבלו סס לטומאתן: כאיש אחד. כאיש אחד מטוהר עצמו שכולו טהור כן היו כולם טהורים: (כא) ויאכלו. מן הפסח. וכל הנבדל מטומאת וגו'. סם סגרים שנבדלו מטומאת העכו"ס להתחבר אל ישראל לדרוש

Judah and Benjamin returned at that time.—[*Mezudath David*]

18. Now they set up the priests in their divisions—*that the priests were divided in their service and the Levites in their watches.*—[*Rashi*]

The priests were divided into twenty-four watches, representing the twenty-four priestly clans. Each watch would perform the sacrificial service for one week. The watches were divided into seven fathers'

two hundred rams, four hundred lambs; and twelve he-goats for sin-offerings for all Israel, according to the number of the tribes of Israel. 18. Now they set up the priests in their divisions and the Levites in their classes over the service of God, which was in Jerusalem, as is written in the Book of Moses. 19. Now the people of the exile made the Passover [offering] on the fourteenth of the first month. 20. For the priests and the Levites purified themselves as one, so they were all pure; and they slaughtered the Passover [offering] for all the people of the exile, and for their brethren, the priests, and for themselves. 21. And the Children of Israel, who had returned from the exile, and whoever separated from the defilement of the nations of the land, to seek the Lord God of Israel, partook [of it]. 22. And they celebrated the feast of

all kings of Persia were thus named just as all the kings of Egypt were called Pharaoh.—[*Rashi* from *Rosh Hashanah* 3b] Accordingly, all three names are those of Darius, the son of Ahasuerus, who authorized the rebuilding of the Temple. He was called Cyrus (כּוֹרֶשׁ), because he was a proper (כָּשֵׁר) king, although his real name was Darius. The Rabbis tell us that, although he was originally a proper king, he later "soured," so to speak. One view is that he soured by financing the Temple service only for his own selfish benefit, namely that the Jews should pray for him and his children. Another view is that he soured by ordering the Temple's construction out of three rows of stone and one of wood, so that it could be burned, should the Jews rebel against him. *Rabbi Zerachiah HaLevi,* known as *Baal Hamaor* because of his critical gloss on the *Halachoth* of *Rav Alfasi,* asserts that

the three were actually three individual monarchs: Cyrus originally issued the permit for building the Temple; Darius completed it, and Artaxerxes, who succeeded him, rebuilt the walls of the city. *Malbim* comments that there are many views concerning the kings of Persia, and nothing is clear.

15. **And the completion of this House**—*And the end of the completion of this House was until the third day of the month of Adar, which is the sixth year of King Darius; hence the building of the House took four years.*—[*Rashi*] See above 4:24, that the work had been suspended until the second year of Darius, *Seder Olam* ch. 29.

17. **And they offered up for the dedication**—*They offered up for the dedication of this House these sacrifices, and it was a temporary ruling.*—[*Rashi* from *Tem.* 15b]

for all Israel—although only

מִצּוֹת שִׁבְעַת יָמִים בְּשִׂמְחָה כִּי־שִׂמְּחָם יְהֹוָה וְהֵסֵב
לֵב מֶלֶךְ־אַשּׁוּר עֲלֵיהֶם לְחַזֵּק יְדֵיהֶם בִּמְלֶאכֶת בֵּית־
הָאֱלֹהִים אֱלֹהֵי יִשְׂרָאֵל׃ ז א וְאַחַר הַדְּבָרִים הָאֵלֶּה
בְּמַלְכוּת אַרְתַּחְשַׁסְתְּא מֶלֶךְ־פָּרָס עֶזְרָא בֶּן־שְׂרָיָה
בֶּן־עֲזַרְיָה בֶּן־חִלְקִיָּה׃ ב בֶּן־שַׁלּוּם בֶּן־צָדוֹק בֶּן־
אֲחִיטוּב׃ ג בֶּן־אֲמַרְיָה בֶן־עֲזַרְיָה בֶּן־מְרָיוֹת׃ ד בֶּן־
זְרַחְיָה בֶן־עֻזִּי בֶּן־בֻּקִּי׃ ה בֶּן־אֲבִישׁוּעַ בֶּן־פִּינְחָס בֶּן־
אֶלְעָזָר בֶּן־אַהֲרֹן הַכֹּהֵן הָרֹאשׁ׃ ו הוּא עֶזְרָא עָלָה
מִבָּבֶל וְהוּא־סֹפֵר מָהִיר בְּתוֹרַת מֹשֶׁה אֲשֶׁר־נָתַן
יְהֹוָה אֱלֹהֵי יִשְׂרָאֵל וַיִּתֶּן־לוֹ הַמֶּלֶךְ כְּיַד־יְהֹוָה אֱלֹהָיו
עָלָיו

ת"א כולו מזרח . סנהדרין כ"ח :

רש"י

ז (א) ואחר הדברים האלה . והקב"ה
הסב לב מלך אשור על ישראל היושבים בממשלתו בארץ
אשור להחזיקם ולסייע במלאכת הבנין:

ישראל: (כב) והסב לב מלך אשור עליהם . של בנין הבית :
ארתחשסתא . הוא דריוש . (ו) ויתן לו המלך :
דריוש : כיד ה' אלהיו עליו . כאשר צוה הקב"ה עליו

מנחת שי

רביב : (כב) והסב . סוס"ו בגעיא :

אבן עזרא

ז (א) ארתחשסתא . אמרו חכמינו ז"ל כי כל המלכים נקראים כן בלשון פרסיים וזה ארתחסתא הוא דריוש :
(ו) והוא סופר מהיר . תרגום מגיד ומספר כמספר במהירות : כיד ה' . כח ותוקף :
לכו ממחשבתו הרעה לטובה וזה טעם לחזק ידיהם :

רלב"ג

ו (א) והוא סופר מהיר בתורת משה . מחשוב כי סדלון כסופר . מונה . והכלון בזה שכבר היה מונה במהירות חלקי הפותב אשב
כסופל . מונה . והכלון בזה שכבר היה מונה במהירות חלקי הפותב אשב
מאשר טיפלו כמונה דכר דכר מדכרי התורה . גם היה מונה במהירות הלכיות הכלמיות אשר יקימו :

מצודת ציון

(כב) והסב . מלשון סכוב וכ"ל ססב וסגב : ז (ו) סופר . ר"ל מכס
וכדז"ל סופר מכלך וכור יולא (כרכות פ"ס) : מהיר . הוא ספוך
מן קשם ססבגב :

מצודת דוד

(כב) מלך אשור . הוא דריוס שמלך גם כאשור אשר
היתה לפנים ראש לכל הממלמת עד בוא כ"נ ולקח המלוכה לבבל :
עליהם . לטובה עליהם : לחזק ידיהם במלאכת בית האלהים . כתת
להס סולמות הבנין והעזור מהאויב המבטל המלאכה :
ז (א) ואחר תר' . אחר כלום הבנין : במלכות תר' . ר"ל סיס במלכות
כמס חלוות ממם שאומב כדכלי סימים (ס ס) : (ה) הכהן הראש . לאשון להכהנים . ראשון : (ו) ויתן לו וגו' . הוא ספוך כאלו אמב ויתן

---

the nations of the land. *Ibn Ezra* considers both interpretations.

22. and turned the heart of the king of Assyria toward them—*And the Holy One, blessed be He, turned the heart of the king of Assyria toward the Israelites dwelling under his dominion in the land of Assyria to strengthen them and to assist in the work of the building.*—[Rashi]

Ralbag and *Metzudath David* explain that Darius was known as the king of Assyria because he also reigned over Assyria, which had been the leading world power until Nebuchadnezzar conquered it. Then Babylon became the supreme power.

toward them—i.e., favorably toward them.—[Mezudath David]

to strengthen their hands, etc.—

unleavened bread seven days with joy, for the Lord made them joyful and turned the heart of the king of Assyria toward them to strengthen their hands in the work of the House of God, the God of Israel.

7

1. And after these incidents, in the kingdom of Artaxerxes, the king of Persia, Ezra, the son of Seraiah, the son of Azariah, the son of Hilkiah. 2. The son of Shallum, the son of Zadok, the son of Ahitub. 3. The son of Amariah, the son of Azariah, the son of Meraioth. 4. The son of Zerahiah, the son of Uzzi, the son of Bukki. 5. The son of Abishua, the son of Phinehas, the son of Eleazar, the son of Aaron, the chief priest. 6. This Ezra ascended from Babylon, and he was a fluent scholar in the Law of Moses, which the Lord God of Israel had given, and the king granted him his entire request, according to the command of the Lord his God

houses, with each of these families performing the service for one day during that week. What service each priest should perform was determined by lot. The Levites were divided into smaller divisions, and the heads of the fathers' houses would appoint each one to his individual task, as is delineated by *Rambam* [Laws of the Temple Vessels 3:40]. See *Keseph Mishneh* ad loc. Therefore, the Levites are spoken of as being divided into classes, meaning that each Levite was classified by his individual task.—[*Malbim*]

as is written in the Book of Moses—viz. that the priests were to officiate at the altar and the Levites were to accompany the service with their music.—[*Mezudath David*]

19. the Passover [offering]—

Now Israel made the Passover offering on this fourteenth of Nissan, which followed this Adar, when the building was completed.—[Rashi]

20. purified themselves—through ritual immersion.—[*Mezudath David*]

as one—Just as if one man who purifies himself becomes entirely pure, so did all the Levites become ritually pure.—[*Mezudath David*]

and for themselves—Heb. וְלָהֶם, lit. and for them, *and for themselves.—[Rashi]*

21. and whoever separated—*They are the proselytes, who were separated from the defilement of the nations to cleave to Israel.—[Rashi from Kid. 70a]. Ralbag interprets this as a referrence to Jews who separated themselves from the defilement of

עָלָיו כָּל בַּקָּשָׁתוֹ: וַיַּעֲלוּ מִבְּנֵי־יִשְׂרָאֵל וּמִן־הַכֹּהֲנִים
וְהַלְוִיִּם וְהַמְשֹׁרְרִים וְהַשֹּׁעֲרִים וְהַנְּתִינִים אֶל־יְרוּשָׁלָ͏ִם
בִּשְׁנַת־שֶׁבַע לְאַרְתַּחְשַׁסְתְּא הַמֶּלֶךְ: וַיָּבֹא יְרוּשָׁלַ͏ִם
בַּחֹדֶשׁ הַחֲמִישִׁי הִיא שְׁנַת הַשְּׁבִיעִית לַמֶּלֶךְ: ט כִּי
בְּאֶחָד לַחֹדֶשׁ הָרִאשׁוֹן הוּא יְסֻד הַמַּעֲלָה מִבָּבֶל
וּבְאֶחָד לַחֹדֶשׁ הַחֲמִישִׁי בָּא אֶל־יְרוּשָׁלִַם כְּיַד־
אֱלֹהָיו הַטּוֹבָה עָלָיו: י כִּי עֶזְרָא הֵכִין לְבָבוֹ לִדְרֹשׁ
אֶת־תּוֹרַת יְהוָה וְלַעֲשֹׂת וּלְלַמֵּד בְּיִשְׂרָאֵל חֹק
וּמִשְׁפָּט: יא וְזֶה פַּרְשֶׁגֶן הַנִּשְׁתְּוָן אֲשֶׁר נָתַן הַמֶּלֶךְ

רש"י

ומקרא מסורס הוא ויתן לו המלך כל בקשתו כיד ה' אלהיו עליו ואמרו רז"ל עזרא הוא מלאכי : (ז) בשנת שבע . היא שנה אחר תשלום הבית : לארתחשסתא . הוא דריוש: (ח) בחדש החמישי . הוא הדש אב כי באחד לחדש ניסן אותו היום היתה תחלת עליתם מבבל ובאחד לחדש אב באו לירושלים: (ט) יסוד המעלה . יסוד תחלת העליה: כיד אלהיו . כאשר הצליחו יד הקב"ה שהיתה ידו טובה עליו להצליחו בדרכו : (י) כי עזרא וגו'. ועל כן הלך והצליח בדרכו שהרי עזרא הכין לבבו וגו' נותן טעם לדבריו : (יא) וזה פרשגן הנשתון . וזה פשתגן הכתב:

אבן עזרא

(ז) ויעלו. ומן הכהנים והלוים. ואה"כ יספר סבת הלוים מיך עלו: (ט) יסוד . סס דבר סמוך והמוכרת יסוד הבית בטמון. או הוא במשקל וכול : המעלה . סס דבר על משקל מקנה מברה וכן הסירום הוא עזרא היה ענת העולים לירושלים והטעם הוא יעלם לעלות באחד בניסן ובא באחד באב. ומלת

מנחת שי

ז (י) ולעשת . כמדוייקיס כ"י מסל וא"ו אמר שין :

רלב"ג

מהם מבלתי מודק . גס היה מונע במהירות כונות התוכה ומלקיה ומפני אלו הסבות קרא אותו סופר דברי מלות ס' ומקיו : (ז) ומן ככהנים והלוים והמשוררים והשוערים . הנה המשוררים והשוערים הס לוי' וזה מבואל מדברי מורס . וסנתינים . הס הנגבעוניס כי היו נתונים לעבודת בית האלהים : (ט) כי באחד להדש הראשון וגו'. ר"ל סנה באחד לחדש סראשון סיס מיוסד סמעלה מבבל כי או התחילה לגמול וכו' כי או התקרב אל המלך מרתחשבתא והכירו הוא ויוטלין מטלתו ובמטס זמן הטיג מהמלך לבא אל ירושלים כוס מהמטלה והמסד ססטיג מהמלך מפני יד אלהיו הטובה עליו להשגיה בו בזה האוטן וסיחס הסבה כזה כי עזלא הכין לבבו לדרוש את תורת ה' ולטמוד על כוונוסיס ולטשות מה שימשך ממנה גם הכין לבבו ללמד ניטראל חק ומשפט וסיס מזכס את סרבים ולוה סגיט מליו זה סחמד : (יא) פרשגן

מצודת דוד

לו המלך כל בקשתו כיד ה' וגו' . ר"ל כמו שהיה עליו כח ה' ליתן מת מנו כטיני למלך : (ז) ויעלו וגו' . מלבד מה בטלו בראשונה עם זרובבל וגו' עלו . בוב עם עזרא : (ט) יסד הביצלה . הקחלת העלייה מבבל והושאל מהתחלת הבנין שסיסוד הוא התחלה לה : כיד . ר"ל מיסר בדרך מהלכו כמו שהיה עליו כמ אלהיו בהוא טובה עליו . ולזה סיס עליו יד אלהיו לטובה : (י) כי עזרא הכין וגו' : (יא) וזה פרשגן . זהו סדור טופס הדברים המסודרים הסר נתן וגו' : ספר . מתמכס ותשכיל דברי מלות ה' ומקיו הוב נוס

מצודת ציון

(ז) והשוערים . שומרי השערים : . והנתינים . סנבעונים :

and the king granted him—[i.e., King] *Darius.*—[*Rashi*]

according to the command of the Lord his God upon him—*as the Holy One, blessed be He, had commanded him. This verse is transposed* [its meaning being]: *and the King granted him his entire request, according to the command of the Lord upon him. And our Rabbis said (Meg. 15a) that Ezra and Malachi were one and the same.*—[*Rashi*] *Ibn Ezra* and *Metzudath David* explain: according to the power of the Lord upon him, i.e., upon him. 7. And there ascended from the Children of Israel, from the priests, and the Levites, and the singers, and the gate-keepers, and the Nethinites to Jerusalem in the seventh year of King Artaxerxes. 8. And he came to Jerusalem in the fifth month, which was in the seventh year of the king. 9. For on the first of the first month was the commencement of the ascent from Babylon, and on the first of the fifth month, he arrived to Jerusalem according to the good hand of his God upon him. 10. For Ezra had prepared his heart to seek the Law of the Lord and to perform and teach in Israel statute and ordinance. 11. And this is the interpretation of the writ that King Artaxerxes gave

by paying for their expenses of the building and by protecting them from the enemies who disrupted their work.—[*Mezudath David*] It appears that *Ibn Ezra* interprets this to mean that by turning the heart of the king of Assyria toward them, God strengthened their hands.

7

1. **And after these incidents**—*of the building of the House.*—[*Rashi*]

Artaxerxes—*That is Darius.*—[*Rashi*] As delineated above, *Rashi* follows the Talmud in identifying Artahshasta as Darius. According to *Baal Hamaor*, however, this was a later monarch, as is the opinion of *Redak* (Hag. 2:21). Accordingly, Ezra migrated to the Holy Land at a later date.—[*Malbim*]

6. **This Ezra**—The Mishnah states: "Simon the Just was one of the last of the Men of the Great Assembly. He was the one to say: 'The world stands on three things: on

the Torah, on the Temple service, and on acts of kindness'"(Av. 1:2). In the days of the Great Assembly, these three pillars were fortified by four noted persons. Through Zerubbabel and Joshua the High Priest, the Temple was built. After them, Ezra emerged to establish the pillar of Torah, and after him, Nehemiah built the walls of the city and engaged in social work.

a fluent scholar—Heb. סוֹפֵר מָהִיר. This translation follows *Rashi* and *Targum* on Psalms 45:2. The word סוֹפֵר, which usually means scribe, in this case means scholar. The Rabbis interpret it as a "counter," stating that the early Sages were known as סוֹפְרִים because they would count all the letters of the Torah (Kid. 30a). *Ralbag* explains that Ezra was able to count quickly all the possible explanations of any statement in the Torah and prove which one was correct. *Malbim* points out that because he was a fluent scholar

אַרְתַּחְשַׁסְתְּא לְעֶזְרָא הַכֹּהֵן הַסֹּפֵר סֹפֵר דִּבְרֵי מִצְוֹת־יְהוָה וְחֻקָּיו עַל־יִשְׂרָאֵל׃ יב אַרְתַּחְשַׁסְתְּא מֶלֶךְ מַלְכַיָּא לְעֶזְרָא כָהֲנָא סָפַר דָּתָא דִּי־אֱלָהּ שְׁמַיָּא גְּמִיר וּכְעֶנֶת׃ יג מִנִּי שִׂים טְעֵם דִּי כָל־מִתְנַדַּב בְּמַלְכוּתִי מִן־עַמָּא יִשְׂרָאֵל וְכָהֲנוֹהִי וְלֵוָיֵא לִמְהָךְ לִירוּשְׁלֶם עִמָּךְ יְהָךְ׃ יד כָּל־קֳבֵל דִּי מִן־קֳדָם מַלְכָּא וְשִׁבְעַת יָעֲטֹהִי שְׁלִיחַ לְבַקָּרָה עַל־יְהוּד וְלִירוּשְׁלֶם בְּדָת אֱלָהָךְ דִּי בִידָךְ׃ טו וּלְהֵיבָלָה כְּסַף וּדְהַב דִּי־

different ways. One, as Rashi explains, is related to learning.—[Ibn Ezra, Ralbag] Ibn Ezra suggests also: to all Israel. Mezudath David: to all nations. Malbim defines this as an expression of completion, the equivalent of etc. in English, or וגו' in Hebrew.

13. An order is issued by me— The authorization emanates from me that whoever of Israel, of the priests, or of the Levites, whose heart moves

to Ezra the priest, the scholar, the scholar of the words of the Lord's commandments and His statutes to Israel. 12. "Artaxerxes, king of the kings, to Ezra the priest, the scholar who has mastered the Book of the Law of the God of heaven, and Ke'eneth. 13. An order is issued by me that whoever of my kingdom of the people of Israel, its priests and Levites, who volunteers to go to Jerusalem with you, may go. 14. Because of this, before the king and his seven advisors you are sent to search out Judea and Jerusalem according to the law of your God, which is in your hand. 15. And to bring silver and gold that

according to the power of the Lord upon him to cause the king to favor him.

7. And there ascended, etc.—In addition to those who ascended with Zerubbabel, there was now a new wave of immigration to the Holy Land.—[*Mezudath David*]

in the seventh year—*That is a year after the completion of the Temple.*—[*Rashi*]

of Artaxerxes—*That is Darius.*—[*Rashi*]

8. in the fifth month—*i.e., the month of Av, for on the first of the month of Nisssan was the beginning of their ascent from Babylon, and on the first of the month of Av, they arrived in Jerusalem.*—[*Rashi*]

9. was the commencement of the ascent—*the foundation of the commencement of the ascent.*—[*Rashi*]

according to the ... hand of his God—*as the hand of the Holy One, blessed be He, caused him to succeed, for His hand was good upon him to make him succeed in his way.*—[*Rashi*]

10. For Ezra, etc.—*Therefore, he went and prospered in his way, because Ezra prepared his heart, etc. He gives a reason for his words.*—[*Rashi*]

11. And this is the interpretation of the writ—Heb. פַּתְשֶׁגֶן הַכְּתָב.—[*Rashi*] This may also be rendered: and this is the text of the writ.—[*Mezudath David*]

the scholar of the words, etc.—who comprehends thoroughly the words of the Lord's commandments.—[*Mezudath David*]

and His statutes to Israel—*and His statutes that He commanded Israel to keep.*—[*Rashi*]

12. Artaxerxes, etc.—This is the text of the letter to Ezra.—[*Mezudath David*]

the Book of the Law—Aram. סָפַר דָּתָא.—[*Rashi*]

who has mastered ... and Ke'eneth—*He has mastered it in his hand.*—[*Rashi*] Ke'eneth was the metropolis of the land beyond the river. The letter was to be shown to those nations.—[*Mezudath David*] The word גְּמִיר is interpreted in many

מַלְכָּא וְיָעֲטֹוהִי הִתְנַדַּבוּ לֶאֱלָהּ יִשְׂרָאֵל דִּי בִירוּשְׁלֶם
מִשְׁכְּנֵהּ: טז וְכֹל כְּסַף וּדְהַב דִּי תְהַשְׁכַּח בְּכֹל
מְדִינַת בָּבֶל עִם הִתְנַדָּבוּת עַמָּא וְכָהֲנַיָּא מִתְנַדְּבִין
לְבֵית אֱלָהֲהֹם דִּי בִירוּשְׁלֶם: יז כָּל־קֳבֵל דְּנָה
אָסְפַּרְנָא תִקְנֵא בְּכַסְפָּא דְנָה תּוֹרִין דִּכְרִין אִמְּרִין
וּמִנְחָתְהֹון וְנִסְכֵּיהֹון וּתְקָרֵב הִמֹּו עַל־מַדְבְּחָא דִּי בֵית
אֱלָהֲכֹם דִּי בִירוּשְׁלֶם: יח וּמָה דִי עֲלָיךְ וְעַל־אֶחָיךְ
יִיטַב בִּשְׁאָר כַּסְפָּא וְדַהֲבָא לְמֶעְבַּד כִּרְעוּת
אֱלָהֲכֹם תַּעַבְדוּן: יט וּמָאנַיָּא דִּי־מִתְיַהֲבִין לָךְ
לְפָלְחָן בֵּית אֱלָהָךְ הַשְׁלֵם קֳדָם אֱלָהּ יְרוּשְׁלֶם:
כ וּשְׁאָר חַשְׁחוּת בֵּית אֱלָהָךְ דִּי יִפֶּל־לָךְ לְמִנְתַּן

יתיר י׳ יתיר י׳

רש"י

ישראל לתקן ביתו אשר משכנו וביתו בירושלים : (טז) וכל
כסף וזהב . וכל נדבת כסף וזהב אשר תמלא במדינת
בבל עם שאר נדבת העם והכהנים אשר מתנדבים לביתו
של הקב"ה אשר בירושלים תוליך הכל לירושלים : (יז) כל
קבל דנה . ובשביל כך של עבודת המקדש מהרה תקנה

בכסף זה בקר ואילים וכבשים וזבחים ומנחות ונסכים
ותקריבם על המזבח של הקב"ה : (יח) ומה די עלך .
ואשר ייטיב לך ולאחיך במותר הכסף והזהב לעשות כרצונו
של הקב"ה תעשו : (יט) ומאניא . וכלים הנתונים לך
לעבודתו של הקב"ה שלם לפני הקב"ה בירושלי':(כ)ושאר

אבן עזרא

אלהך . בעבור דת אלהיך אשר בידך שלחתיך :
(יז) תקנא . מן קניתי מתכם : דכרין . תרגום אילים :
אמרין . כבשים : (כ) חשחות . צורך :

מנחת שי

משכנה . במירק המ"ס ויש ס"א כסתמ : (יז) כל קבל . כמסף קמן :
(יח) עליך . עלך קרי : אמיך . אמך קרי : תעבדון .
ספיין וכשוא נח הכי"ת ויש ספרי' התעברון
שומין : (יט) קדם .

רלב"ג

ישראל אשר בירושלים משכנו : (טז) וכל כסף וזהב אשר תמלא בכל מדינת בבל מס נדבת העם והכהנים מתנדבים לבית אלהיכם אשר
בירושלים : (יז) לזה מסר קנה בכסף זה תורים אילים וכבשים ומנחתם ונסכיהם ותקריבם על מזבח בית אלהיכם אשר בירושלים :
(יח) ומה שייטב בעיניך ובעיני אחיך כשארית הכסף והזהב כרלון אלהיכם תעשו : (יט) והכלים הנתנים לך לעבודת בית אלהיך סביב
לפני אלהי ירושלים : (כ) ושאר מס שילטרך לבית אלהיך שיזדמן לך לחת תתן מבית גנזי המלך :

מצודת דוד

לאלהי ישראל אשר משכן כבודו בירושלים : (טז) די תהשכח . אשר תמלא בכל מדינות בבל מנדבות סתכו"ס : עם התנדבות
עם נדבות העם והכהנים שנדבו לבית אלהיהם אשר בירושלים : (יז) כל קבל . בטבור זאת כי ירבם הכסף לזה מסר מקם
בכסף זה פרים אילים וכבשים וסולת למנחתם יין לנסכיהם ותקריב אותם על המזבח של בית אלהיכם אשר בירושלים : (יח) ומה די .
ומה אשר ייטב עליך ועל ייטך לעשות במותר הכסף והזהב . כרעות . כרלון אלהיכם תעשו בהם רלה לומר לדבר מלוה תחמוסו כדבר
אשר ייטב בעיניכם : (יט) ומאניא . והכלים אשר נתונים לך לעבודת בית אלהיך : השלם . תן כולם בשלימות לפני אלהי ירושלים ר"ל
בבית ה' : (כ) ושאר חשחות . ושאר לורך בית אלהיך אשר ינטס עליך ליפן ור"ל אשר ישמלא ממך : תנתן . יסים נכון מבית מלך

מצודת ציון

לאלהי ישראל אשר משכן כבודו בירושלים : (כ) חשחות . כמו משאות והוא ענין לורך : יפל . ענין נפיס
אשר תמלא בכל מדינות בבל מנדבות סתכו"ס : עם התנדבות

advisers donated, 2) what the peoples of the province will donate, and 3) what the Israelites will donate. All this requires heavy guarding.— [*Malbim*]

17. **Because of this**—*And because of this, because it is for the service of the Sanctuary, you shall quickly purchase with this money cattle, rams, and lambs, sacrifices, meal offerings, and libations, and you shall offer them up on the altar of the Holy One, blessed be He.—*[*Rashi*]

the king and his advisors donated to the God of Israel, Whose habitation is in Jerusalem. 16. And all the silver and gold that you will find in the entire province of Babylon, with the donation of the people and the priests, which they are donating to the House of their God, which is in Jerusalem. 17. Because of this, you shall quickly purchase with this money bulls, rams, lambs, and their meal-offerings, and their libations, and offer them up on the altar of the House of your God, which is in Jerusalem. 18. And what pleases you and your brethren to do with the rest of the silver and gold, as your God wishes, you shall do. 19. And the vessels that are given to you for the service of the House of your God, give in their entirety before the God [in] Jerusalem. 20. And the rest of the necessities of the House of your God, which will fall to you to give,

him to go to Jerusalem, may go with you.—[*Rashi*]

14. Because of this—*Because of this, you are sent from the king and his seven advisors who saw the king's face.*—[*Rashi*]

and his seven advisors—*and his seven advisors; they are the seven who see the king's face.*—[*Rashi, alluding to Esther 1:14*]

to search out Judea—*In order to seek and to search out the Jews who are in Jerusalem, to see whether they are engaged in the Torah of the Holy One, blessed be He, which is in your hand.*—[*Rashi*]

15. And to bring—*and to bring the silver and gold of the king and his advisors that they donated to the God of Israel, to fix His House, Whose habitation and House are in Jerusalem.*—[*Rashi*] *Malbim* explains that the king's authorization contained two parts: 1) Ezra was commissioned to supervise the Jews in Jerusalem in all religious matters: to teach them Torah, to encourage them, and to disseminate the teachings of the Torah and the fear of God in their midst. Consequently, whoever wished to accompany him to learn the Torah and faith in the Holy City could do so. 2) Ezra was made the royal messenger to transport silver and gold, for which he required many guards to protect him from bandits.

16. And all the silver and gold—*and all the silver and gold that you will find in the province of Babylon, together with the donations of the people and the priests that they will donate to the House of the Holy One, blessed be He, which is in Jerusalem; you shall take everything to Jerusalem.*—[*Rashi*] As is explained, this includes three types of donations: 1) what the king and his

תִּנְתֵּן מִן־בֵּית גִּנְזֵי מַלְכָּא: כא וּמִנִּי אֲנָה אַרְתַּחְשַׁסְתְּא מַלְכָּא שִׂים טְעֵם לְכֹל גִּזַּבְרַיָּא דִּי בַּעֲבַר נַהֲרָה דִּי כָל־דִּי יִשְׁאֲלֶנְכוֹן עֶזְרָא כָהֲנָא סָפַר דָּתָא דִּי־אֱלָהּ שְׁמַיָּא אָסְפַּרְנָא יִתְעֲבִד: כב עַד־כְּסַף כַּכְּרִין מְאָה וְעַד־חִנְטִין כֹּרִין מְאָה וְעַד־חֲמַר בַּתִּין מְאָה וְעַד־בַּתִּין מְשַׁח מְאָה וּמְלַח דִּי־לָא כְתָב: כג כָּל־דִּי מִן טַעַם אֱלָהּ שְׁמַיָּא יִתְעֲבֵד אַדְרַזְדָּא לְבֵית אֱלָהּ שְׁמַיָּא דִּי־לְמָה לֶהֱוֵא קְצַף עַל־מַלְכוּת מַלְכָּא וּבְנוֹהִי: כד וּלְכֹם מְהוֹדְעִין דִּי כָל־כָּהֲנַיָּא וְלֵוָיֵא זַמָּרַיָּא

ת"א פד כסף . ר"ס ד':

רש"י

חשחות . ושאר בריכות שתלטרך לביתו של הקדום ברוך הוא לקנות אשר יהיה לך ליתן הדמים תתן מחוצר המלך: (כא) ומני אנה . וממני אני דריום המלך יוצא לוי ורשות לכל הגזברים אשר בעבר הנהר לגד ארץ ישראל המקבלים מסים שלי מן העכומ"ז אשר כל דבר שישאל מכם עזרא הכהן סופר התורה של הקב"ה מהרה יעשה שלא יעכבו את שאלתו עד מאה ככרים של כסף לקנות קרבנות ומאה כורין חטין למנחות ועד מאה מדות יין לנסכים מאה ומדות של

אבן עזרא

(כא) גזבריא . הפקידים על האוצרות: (כב) בתין . מדות: (כג) אדרזדא . כטעם מהירות בדרך סברא כי אינלו דומה:

רלב"ג

(כא) ומני אני ארתחששתא המלך יצא לכל הפקידים אשר בעבר הנהר שכל אשר ישאל מכם עזרא הכהן סופר תורת אלוה השמים מהרה יעשה: (כב) עד כסף מאה ככרים ועד חטין מאה ועד מדות יין מאה ועד בתין שמן מאה ומלח אשר לא כתוב: (כג) כל זה מטעם אלהי השמים יעשה בזריזות לבית אלהי השמים אשר יסיס קצף על מלכות המלך ובניו: (כד) ולכום מודיעים אנו כי כל הכהנים והלוים

מצודת ציון

ודגמתו כי יסול לא יוסל (תהלים ל"ז): (כב) בתין . שם מדת הלח וסים שלשם סמין: (כג) אדרזדא . סוא ענין זריזות ואין לו דומה:

מצודת דוד

סמלך: (כא) ומני . וממני אני ארתחששתא המלך הוסם גזרת אומר לכל הפקידים אשר בעבר הנהר: די כל . אשר כל אשר ישאל מכם עזרא הכהן הסופר הסחוב כתורס של אלהי השמי' מיס מהר יעשה: (כב) עד כ"ל אף אם ירבה לשאול עד ק' ככר כסף ועד ק' כורים חטים ועד ק' בתיס יין ועד ק' בתים שמן : ומלח . כ"ל ומלח מה שיאל אשר אין דרך לכתוב דבר קלוב על כי הוא דבר זול ולכאומר מלח חנו כל מה שיצילו: (כג) כל די . כל אשר הוא מן גזרת אלהי סמי' יעשה בזריזות לבית אלהי השמים : די למה . אשר למה יסיס קצף על מלכות המלך ובניו בעבור סתעללום אורך בבית: (כד) ולכם.

---

king and therefore did not cost him money. *Isaiah da Trani* renders: And salt, which is needed for the sacrifices, shall be given without writing or accounting for.

23. **Whatever is with the authorization**—*Whatever is with the authorization of the Holy One, blessed be He, and His command, shall be done with alacrity, with the seal of the king for the House of the Holy One, blessed be He.*—[*Rashi*]

with a seal—Aram. אַדְרַזְדָּא *seal in Arabic.*—[*Rashi*] *Ibn Ezra, Isaiah da Trani, Ralbag, Redak,* and *Metzudoth* define it as an expression of זְרִיזוּת, *alacrity. Rashi* appears to combine the two. *Malbim* explains that a

you shall give from the royal treasury. 21. And from me—I, King Artaxerxes—is issued forth an edict to all the treasurers who are on the other side of the river, that whatever Ezra, the priest, the scholar of the Law of the God of heaven, requests of you shall be done quickly. 22. Until a hundred talents of silver, and until a hundred *kors* of wheat, and until a hundred *baths* of wine, and until a hundred *baths* of oil, and salt, [whose amount] is not written. 23. Whatever is with the authorization of the God of heaven shall be done with a seal for the House of the God of heaven, for why should there be wrath against the realm of the king and his sons? 24. And we are making known to you that [as regards] all the priests, and the Levites, the musicians,

18. **And what pleases you**—*And what pleases you and your brethren (to do) with the rest of the silver and the gold, according to the will of the Holy One, blessed be He, you shall do.*—[*Rashi*]

19. **And the vessels**—*And the vessels that are given to you for the service of the Holy One, blessed be He, give in their entirety before the Holy One, blessed be He, in Jerusalem.*—[*Rashi*] *Ralbag* and *Metzudath David* render: Give them all in their entirety before the God of Jerusalem, i.e., in the House of God.

20. **And the rest of the necessities**—*and the rest of the necessities that you will require for the House of the Holy One, blessed be He, to purchase, for which you will have to give the money; you shall give from the royal treasury.*—[*Rashi*]

21. **And from me—I**—*And from me—I, King Darius—is issued a command and an authorization to all the treasurers who are on the other side of the river of the side of Israel, who receive my taxes from the nations, that anything that Ezra the priest, the scholar of the Law of the Holy One, blessed be He, requests of you, shall be performed quickly. They should not delay his request up to a hundred talents of silver, with which to purchase sacrifices, and a hundred kors of wheat for meal-offerings, and up to a hundred measures of wine for the libations, and a hundred measures of oil to mingle the meal offerings, and salt for the sacrifices, according to the matter that is stated* (Lev. 2:13): *"And every meal offering you shall salt with salt."*—[*Rashi*]

22. **which is not written**—*And salt, regarding which no measure is written, they shall give according to how much is needed.*—[*Rashi*] *Metzudath David* comments that salt was given in limitless amounts because it was inexpensive. *Malbim* states that all the salt belonged to the

תְּרָעַיָּא נְתִינַיָּא וּפָלְחֵי בֵּית אֱלָהָא דְנָה מִנְדָּה בְלוֹ
וַהֲלָךְ לָא שַׁלִּיט לְמִרְמֵא עֲלֵיהֶם: כה וְאַנְתְּ עֶזְרָא
כְּחָכְמַת אֱלָהָךְ דִּי־בִידָךְ מֶנִּי שָׁפְטִין וְדַיָּנִין דִּי־לֶהֱוֹן
דָּאנִין לְכָל־עַמָּא דִּי בַּעֲבַר נַהֲרָה לְכָל־יָדְעֵי דָּתֵי
אֱלָהָךְ וְדִי לָא יָדַע תְּהוֹדְעוּן: כו וְכָל־דִּי־לָא לֶהֱוֵא
עָבֵד דָּתָא דִי־אֱלָהָךְ וְדָתָא דִּי מַלְכָּא אָסְפַּרְנָא דִּינָה
לֶהֱוֵא מִתְעֲבֵד מִנֵּהּ הֵן לְמוֹת הֵן לִשְׁרֹשׁוּ הֵן לַעֲנָשׁ
נִכְסִין וְלֶאֱסוּרִין: כז בָּרוּךְ יְהוָה אֱלֹהֵי אֲבֹתֵינוּ אֲשֶׁר

נתן   דינין קרי לשרשי קרי   ת"א מודה בלו, נדרים סג נ"ב ח', הן למות, פ"ק טז:

רש"י

והלוים המשוררים והשוערים והנתינים שהם חוטבי עצים
ושואבי מים למזבח ועובדים בבית זה של הקב"ה לא
ישלוט אדם עליהם להבליך עליהם מס וכסף גולגולת אלא
יהיו בני חורין מעבודת המלך: (כה) ואנת עזרא
כחכמת אלהך די בידך. ואתה עזרא כפי החכמה
אלהיך אשר בידך יותר מן השופטים והדיינים שהם דנין
כל העם שבעבר הנהר לכד ח"י עם יודעי התורה: ודי לא
ידע. והשופט אשר לא ידע לשפוט תודיע לו המשפט
לעשותו: (כו) וכל די לא להוא עבד. וכל אשר לא יהי'

אבן עזרא

(כד) תרעיא. השוערים: מנדה בלו והלך.
מפורשים: (כו) הן לשרושי. להיות נעקר מברשי

רלב"ן

המשוררים והשוערים והנתינים ועובדי בית האלהים זה מנת המלך ומם ותשורה לא ישלוט איש להעמים עליהם: (כה) ואתה עזרא כחכמת
אלהיך אשר בידך תמנה שופטים ודיינים ישפטו לכל העם אשר בעבר הנהר לכל יודעי דתי אלהיך ואשר לא ידע תודיעו: (כו) וכל אשר
לא יעשה דת אלהיך ודת המלך במהרה יעשה דין ממנו הן לבלות ולשרש הן לענוש טוב ממון או להאסר בבית האסורים: (כז) והנה
אמר עזרא על מה שהטה ה' יִתְ' לב המלך עליו. ברוך ה' אלהי אבותינו וגו' כי ראוי לברך ה' יִתְ' על הטובה שהטיב

מצודת דוד

אם הפקידים על העם מודיע אני לכם אשר כל הכהנים והלוים
המשוררים והשוערי' והנתינים ועובדי עבודת בית אלהים זה: מנדה
וגו'. מיני המסים האלה אין ממשלה ורשיון נתינל עליהם:
(כה) ואנת. ואתה עזרא כפי חכמת אלהיך אשר בידך ומנה
שופטים ודיינים אשר יהיו דנין לכל העם אשר בעבר הנהר: לכל
ידעי. כ"ל מנה את כל יודעי תורת אלהיך ואשר לא ידעו מה מדבר

---

system with the full authority of the
king.

and whoever does not know—
*and the judge who does not know
how to judge, inform him of the
judgment that he should execute it.*—
[Rashi]

26. And whoever does not ful-

fill—*and whoever does not fulfill the
law of the Holy One, blessed be He,
and the law of the king promptly, viz.
that he delays the law and the
judgment.*—[Rashi]

judgment—*The judgment shall
be inflicted upon him, upon the one
who obstructs justice.*—[Rashi]

the gatekeepers, the Nethinites, and those who serve in this House of God—no one should be empowered to levy the king's due, the head tax, or the meal tax upon them. 25. And you, Ezra, according to the wisdom of your God, which is in your hand, appoint judges and magistrates who will judge all the people beyond the river, all who know the laws of your God, and whoever does not know, you shall teach them. 26. And whoever does not fulfill the law of your God and the law of the king promptly—judgment shall be inflicted upon him; whether to be executed, uprooted, fined, or tortured." 27. Blessed be the Lord, the God of our forefathers, Who

signet was to be made for the Temple, and any orders emanating from there were to be sealed with that signet, indicating its equivalency to an edict issued by the God of heaven. This was glorious for the House of God, that it could issue orders with God's seal and have the power of the king behind it.

for why should there be—*For why should there be wrath against the realm of the king and his sons? Therefore, the treasurers shall provide all the needs of the House.*— [*Rashi*] If there will be any delay or neglect in the performance of the Temple service, God's wrath may be incurred against the realm of the king and his sons.—[*Isaiah da Trani, Mezudath David*]

24. **And we are making known to you**—*And we are making known to you that* [over] *all the priests, and the Levites, the musicians, and the gatekeepers, and the Nethinites, who are wood cutters and water drawers for the altar, and those who serve in this House of the Holy One, no man shall be empowered over them to*

levy upon them any tribute or head tax, but they shall be free from the service of the king.—[*Rashi*] This notice was addressed to the treasurers appointed over the tax collection, notifying them that all Temple servants were exempt from taxes.— [*Malbim*] The Talmud (*Ned.* 62b, *B.B.* 8a) extends this to include Torah scholars, who, like Temple servants, engage in a holy occupation.—[*Tosafoth, B. B.* ad loc.]

25. **And you, Ezra, according to the wisdom of your God, which is in your hand**—*and you, Ezra, according to the wisdom of your God, which is in your hand* [and which is] *greater than that of the judges and the magistrates who judge all the people beyond the river to the side of Israel, the people knowledgeable in the Torah.*— [*Rashi*] *Ralbag, Isaiah da Trani*, and *Metzudath David* render: According to the wisdom of your God, which is in your hand, appoint judges and magistrates, etc. Ezra is hereby authorized to appoint a judicial

נָתַן כָּזֹאת בְּלֵב הַמֶּלֶךְ לְפָאֵר אֶת־בֵּית יְהוָה אֲשֶׁר בִּירוּשָׁלָ‍ִם: כח וְעָלַי הִטָּה־חֶסֶד לִפְנֵי הַמֶּלֶךְ וְיוֹעֲצָיו וּלְכָל־שָׂרֵי הַמֶּלֶךְ הַגִּבֹּרִים וַאֲנִי הִתְחַזַּקְתִּי כְּיַד־יְהוָה אֱלֹהַי עָלַי וָאֶקְבְּצָה מִיִּשְׂרָאֵל רָאשִׁים לַעֲלוֹת עִמִּי: ח א וְאֵלֶּה רָאשֵׁי אֲבֹתֵיהֶם וְהִתְיַחְשָׂם הָעֹלִים עִמִּי בְּמַלְכוּת אַרְתַּחְשַׁסְתְּא הַמֶּלֶךְ מִבָּבֶל: ב מִבְּנֵי פִינְחָס גֵּרְשֹׁם מִבְּנֵי אִיתָמָר דָּנִיֵּאל מִבְּנֵי דָוִיד חַטּוּשׁ: ג מִבְּנֵי שְׁכַנְיָה מִבְּנֵי פַרְעֹשׁ זְכַרְיָה וְעִמּוֹ הִתְיַחֵשׂ

רש"י

כך כתב עזרא בספרו כאשר נתן הידאה להקב"ה : (כח) ויועציו . הם שבעה רועי פני המלך הן שבעה יעטוהי של מעלה: כיד ה' אלהי עלי . כאשר היתה עזרתו של הקב"ה עלי וקבלתי מישראל הנשארים בבבל ראשי אבות

מנחת שי

ח (א) והתיחשם . המ"ח בשו"א לבדו במדוייקים :

אבן עזרא

ח (א) ואלה ראשי אבותיהם . של עולים : והתיחשם . ואת יחוסם אשר היו מתיחסי' בהם: ארתחשסתא. הוא דריוש : (ג) מבני שכניה מבני פרעוש . משפחה לזכרים : ונדולים לעלות עמי מבבל :

הרלב"ג

ח (א) ולבל שרי . הפירוש ולפני כל שרי : ח (א) והתיחשם . ואשר התיחסו לבית אבות : (ג) מבני

והטעם מגורש מנחלתו וחכמינו ז"ל אמרו מהי לשרוזי הנרדפה : ברוך . (כח) (א) מבני

באור בזאת הפרשה שהגבלנו באויר בזה המקום . וכולם התיצלות המניעים ממנה הם אלו : התיעלת הראשון הוא לפרסם רשע אחשורוש שעם כל מלכי פרס זולתו הושגו שהסכימי בבנין הבית או בבנין חומות ירושלים ולזה השיג ממנו המן בקלות להשמיד להרוג ולאבד את כל היהודים . וזה ממה שיוסיף לפרסם טוב השגחת ה' ית' בישראל במה שהמליא מהסבות שהניעו אחשורוש להפר מחשבת המן : התועלת השני סוף לפרסם איך היו הבותים נקון מכאיב לבני הגלות כאלו חטא מרי עשרת השבטים ירב להם אלו החלים כי טונותיהם סבכו שירשו הכומים ארץ ישראל : התועלת השלישי הוא לפרסם כי לם ה' לא יבנה בית שוא עמלו בוניו בו . הלא תדאב כי בימי כורש שהיה להם רשות מכורש לבנות לא עלה בידכ לבנות.ובשבת כתים לדריום בנו בזולת רשות המלך לבנות לבנות ולא עלה בידי לריהס להשבית מלאכתם כי המלך דריום לוה למהר המלאכה על הולאת המלך ולטבוד עבודת המקדש : התועלת הרביעי הוא להודיע כי חנוכת המזבח אין טעם קבוט אך יתחלף בעת עת ולזה תמלא חנוכת המזבח בימי בית שני זולת חנוכת המזבח בימי בית ראשון יוזלת חנוכת המזבח ימי משה ולכלוי שאדע שעל פי נביאים נעשית חנוכה הזאת והם חני זכריה ומלאכי : התועלת החמישי הוא להודיע שהחנוכה בתורת ה' ומקיים מלוחתים ומזכה הרבים בלמוד התורה הוא מושבח תכלית ההשגחה . ולזה ספר על עזרא כי הוא סופר מהיר בתורה מ' ונתן לו המלך כיד ה' הטובה עליו את כל בקשתו . כאלו באר . כי מפני היותו סופר מהיר בתורה ה' השיג זה ולזה גם כן ספר כי במספ זמן השיג עזרא בקשתו מהמלך ונתן הסבה בזה כי עזרא הכין לבבו לדרום את חורת ה' ולעשות ולמד בישראל חק ומשפט : התועלת הששי הוא להודיע שאין ראוי למלך להטיל מס על עובדי עבודת ה' ית' כמו הכהנים ולוים המשוררים והשוטרים יכל עובדי בית האלהים . ועל זה אמר . די מנדה בלו והלך לא שלוט למרמא עליהם . ומזה יתבאר שאין ראוי לבטיל מס על החכמיכ כי הכ טודדים במכמת התורה תמיד שיא טבודת ה' : התועלת השביעי הוא להודיע שהוא ראוי לבדן ה' ית' טל הטובה הפדושית . ולוה ספר שבכר בכן טזרא ה' ית' טל הטובה הנפלאה הזאת שהטיב ליברא בטבוזו : ח (א) ואלה רלשי אבחיהם והתיחשם וגו' עד סוף עזרא :

מצודת דוד

(כח) ועלי . המקום הטה עלי חסד לפני המלך : ילבל . ולפני כל : כיד ה' . כפי הכח שהיה מה' עלי : ראשים . ואחריהם היו נמשכים

כדבר הזאת לזרו על דברי הבית ולפאר ולרומם את בית ה' : ח (א) ראשי אבתיהם.ראשי המשפחות: והתיחשם . זכרון יחוסם כני מי המה : במלכות . הנמלאים במלכית וגו' : (נב) מבני פנחם . הטולה מבני פנחם היה שמו גרשום וכן כולם : (נ) מבני

Ezra, the right to strengthen the observance of Torah and to appoint judges.—[*Malbim*]

28. And upon me He extended kindness—He granted me the right to strengthen the observance of Torah and to establish a judicial system.—[*Malbim*]

and his advisers—*They are his seven advisers mentioned above (verse 14).*—[*Rashi*]

according to the hand of the Lord my God upon me—*as the help of the Holy One, blessed be He, was upon me; and I gathered from the Israelites remaining in Babylon*

put such a thought into the king's heart, to glorify the House of the Lord, which is in Jerusalem. 28. And upon me He extended kindness before the king and his advisers, and to all the mighty officers of the king, and I strengthened myself according to the hand of the Lord my God upon me, and I gathered from Israel chiefs to go up with me.

8

1. And these are the heads of their father's houses and the lineage of those who ascended with me in the kingdom of King Artaxerxes from Babylon. 2. Of the sons of Phinehas, Gershom; of the sons of Ithamar, Daniel; of the sons of David, Hattush. 3. Of the sons of Shechaniah, of the sons of Parosh, Zechariah, and with him

Ralbag, Isaiah da Trani, and *Metzudath David* render: judgment shall promptly be inflicted upon him.

whether to be executed—Aram. הֵן לְמֹתה.—[*Rashi*]

uprooted—*whether to uproot him from the world, him, and his offspring, and his family (*לְשָׁרשׁ *is desraziner in Old French, to uproot).*—[*Rashi*] According to the Talmud (*M.K.* 16a), *uprooting* denotes a series of excommunications pronounced upon one who refuses to adhere to the verdict of the court, thereby banishing him from the community. According to *Ibn Ezra,* this means the power to uproot or banish a person from his property.

fined—*to be punished with money.*—[*Rashi*]

or tortured—*or to torture him with tortures. Until here is the writ of the letter that King Darius gave to Ezra the scribe in order that he bear* it *to Jerusalem to show it to the priests and the Levites and the king's treasurers, in order that they persist in performing the commandments and worshiping the Lord in the Temple and keeping the Torah properly.*—[*Rashi*] According to the Talmud (*M.K.* 16a), the word וְלֶאֱסוּרִין is rendered: to be bound, i.e., to bind a person's hands and feet to a post where he would be lashed for transgressing a negative commandment or for refusing to comply with the decision of the court. *Midrash Ezra, Isaiah da Trani, Ralbag, Redak,* and *Metzudath David* render: to be imprisoned. This coincides with *Zohar,* vol. 5. p. 299.

27. Blessed be the Lord—*Ezra wrote this in his Book when he gave thanks to the Holy One, blessed be He.*—[*Rashi*] Ezra gives thanks to God for inducing the king to glorify the Temple and for granting him,

לִזְכָרִים מֵאָה וַחֲמִשִּׁים: ד מִבְּנֵי פַּחַת מוֹאָב אֶלְיְהוֹעֵינַי בֶּן־זְרַחְיָה וְעִמּוֹ מָאתַיִם הַזְּכָרִים: ה מִבְּנֵי שְׁכַנְיָה בֶּן־יַחֲזִיאֵל וְעִמּוֹ שְׁלֹשׁ מֵאוֹת הַזְּכָרִים: ו וּמִבְּנֵי עָדִין עֶבֶד בֶּן־יוֹנָתָן וְעִמּוֹ חֲמִשִּׁים הַזְּכָרִים: ז וּמִבְּנֵי עֵילָם יְשַׁעְיָה בֶּן־עֲתַלְיָה וְעִמּוֹ שִׁבְעִים הַזְּכָרִים: ח וּמִבְּנֵי שְׁפַטְיָה זְבַדְיָה בֶּן־מִיכָאֵל וְעִמּוֹ שְׁמֹנִים הַזְּכָרִים: ט מִבְּנֵי יוֹאָב עֹבַדְיָה בֶּן־יְחִיאֵל וְעִמּוֹ מָאתַיִם וּשְׁמֹנָה עָשָׂר הַזְּכָרִים: י וּמִבְּנֵי שְׁלוֹמִית בֶּן־יוֹסִפְיָה וְעִמּוֹ מֵאָה וְשִׁשִּׁים הַזְּכָרִים: יא וּמִבְּנֵי בֵבַי זְכַרְיָה בֶּן־בֵּבָי וְעִמּוֹ עֶשְׂרִים וּשְׁמֹנָה הַזְּכָרִים: יב וּמִבְּנֵי עַזְגָּד יוֹחָנָן בֶּן־הַקָּטָן וְעִמּוֹ מֵאָה

רש״י

מחת היא זכריה הוא ראש המשפחה : **ועמו .** עם יחם שלו היו מתיחסים הזכרים של משפחתו : **(ו) עבד בן**

אבן עזרא

שכניה מבני פרעש . הראוי אשר מבני פרעוש ואמר אשר התיחסו לעלמס הזכרים והיו מאה וחמשים : **(י) בן** כן להכדיל לבן שכניה יחזיאל : ועמו התיחש לזכרים . יוספיה . לא הזכיר שמו כאחרים :

מצודת דוד

שכניה מבני פרעש . ר״ל מן בני שכניה שהיה מבני פרעוש היה ראשם זכריה ועם יחומו התיחסו למספר זכרים מאה וחמשים כי כולם היו ידועים שהם קרובים אל זכריה הראש : **(ד) פחת מואב .** מושל כמואב : **ועמו .** עם יחומו התיחסו אנשיו וכן כולם : **(ס) בן יחזיאל .** ר״ל היה הראש בן יחזיאל ולפי שלא היה נודע כמו אביו הזכיר שם אביו עליו : **(ו) עבד .** כך שמו עבד : **(י) בן יוספיה .**

asserts that these groups were not necessarily related to the leader whom they accompanied on their ascent. The meaning of "with him" is that they gathered with him. The entire group had a common lineage, or the leader endeavored to document their lineage. In places where the word הִתְיַחֵשׁ is missing, it means merely that they gathered with him.

4. Of the sons of Pahath-Moab—See above (2:6) for the different interpretations of the name. According to the Talmud, this was either the family of David, king of Israel, or the family of Joab, the son of Zeruiah, the daughter of Jesse, both of whom were descended from Ruth the Moabitess. See *Taanith* 28a, *Tosafoth* ad loc.

6. Ebed the son of Jonathan— *That was his name.*—[*Rashi*] [i.e., He was not a slave, although his name was Ebed.]

10. the son of Josephiah—The head of this group was the son of Josephiah.—[*Mezudath David*] Unlike the others, his name is not mentioned.—[*Ibn Ezra*]

one hundred and fifty males traced their lineage. 4. Of the sons of Pahath-Moab, Eliehoenai the son of Zerahiah, and with him two hundred males. 5. Of the sons of Shechaniah, the son of Jahaziel, and with him three hundred males. 6. And of the sons of Adin, Ebed the son of Jonathan, and with him fifty males. 7. And of the sons of Elam, Jeshaiah the son of Athaliah, and with him seventy males. 8. And of the sons of Shephatiah, Zebadiah the son of Michael, and with him eighty males. 9. Of the sons of Joab, Obadiah the son of Jehiel, and with him two hundred and eighteen males. 10. And of the sons of Shelomith, the son of Josephiah, and with him a hundred and sixty males. 11. And of the sons of Bebai, Zechariah the son of Bebai, and with him twenty-eight males. 12. And of the sons of Azgad, Johanan the son of Hakkatan, and with him a hundred

the chiefs of the fathers' houses and the great men to ascend with me from Babylon.—[*Rashi*]

8

1. And these are the heads of their fathers' houses—*of the immigrants.*—[*Rashi*]

and the lineage—*and their lineage to which they attributed their descent.*—[*Rashi*]

in the kingdom—who were found in the kingdom of Artaxerxes.—[*Mezudath David*]

Artaxerxes—*He is Darius.*—[*Rashi*]

2. Of the sons of Phinehas—The one who ascended from the sons of Phinehas was Gershom, etc.—[*Mezudath David*]

3. Of the sons of Shechaniah, of the sons of Parosh—*That is one family, and Zechariah was the head of the family.*—[*Rashi*] i.e., Zechariah

was the head of the sons of Shechaniah, who was of the sons of Parosh.—[*Mezudath David*] This lineage is cited to distinguish him from Chechaniah, the son of Jahaziel, mentioned in verse 5.—[*Ibn Ezra*] *Malbim* explains that each of the persons belonging to a family had documents confirming his lineage. Those of the sons of Shechaniah, of the sons of Parosh, documented their lineage as far back as Zechariah, and Zechariah documented his lineage to the beginning of the family.

and with him—*With his lineage, the males of his family traced their lineage.*—[*Rashi*] *Daath Soferim* points out that Scripture states above (2:3) that members of this family ascended with the first wave of immigration. Undoubtedly, these immigrants were informed by their relatives of what had happened in the Holy Land. *Daath Soferim* also

וַעֲשָׂרָה הַזְּכָרִים: יג וּמִבְּנֵי אֲדֹנִיקָם אַחֲרֹנִים וְאֵלֶּה שְׁמוֹתָם אֱלִיפֶלֶט יְעִיאֵל וּשְׁמַעְיָה וְעִמָּהֶם שִׁשִּׁים הַזְּכָרִים: יד וּמִבְּנֵי בִגְוַי עוּתַי וְזַבּוּד וְעִמָּהֶם שִׁבְעִים הַזְּכָרִים: טו וָאֶקְבְּצֵם אֶל־הַנָּהָר הַבָּא אֶל־אַהֲוָא וַנַּחֲנֶה שָׁם יָמִים שְׁלֹשָׁה וָאָבִינָה בָעָם וּבַכֹּהֲנִים וּמִבְּנֵי לֵוִי לֹא־מָצָאתִי שָׁם: טז וָאֶשְׁלְחָה לֶאֱלִיעֶזֶר לַאֲרִיאֵל לִשְׁמַעְיָה וּלְאֶלְנָתָן וּלְיָרִיב וּלְאֶלְנָתָן וּלְנָתָן וְלִזְכַרְיָה וְלִמְשֻׁלָּם רָאשִׁים וּלְיוֹיָרִיב וּלְאֶלְנָתָן מְבִינִים: יז וָאוֹצִאָה אוֹתָם עַל־אִדּוֹ הָרֹאשׁ בְּכָסִפְיָא

המקום

רש"י

ת"א ...

(בלוח המסורה / רש"י) — [ראש הטור] וזכור קרי ואצוה קרי

יונתן . כד שמו : (יג) אחרונים . שהיו אחרונים ללכת אחרי עזרא : (טו) אל הנהר הבא . אל הנהר הנובע : אל אהוא . אל אותו הנהר : ונחנה שם . והיינו חונים שם :

מנחת שי

(יג) יעיאל . כן כתיב בספרים קדמונים ובכל ספרי ספרד ביו"ד ואין כאן קרי וכתיב כלל גם לא נמנה במסורת עם מלין דכתיבין וא"ו באמצע תיבותא וקריין יו"ד : ושמעיה . העי"ן בשוא לבד : (יד) וזבוד . וזכור קרי והוא חד מן מלין דכתיבין בי"ת וקריין כ"ף ומן ב' מלין דכתיבין דל"ת וקריין רי"ש ואידך ותאמרי לא אעבור (ירמיה ב') : (טו) אל אהוא . כרוב המדוייקים אל"ף בסוף תיבה והה"א במטף פתח וכן מלאתי במסורה כ"י כל עזלא אהוא ה"א וכתיב אל"ף ותרי עשר אחוה מי"ת וכתיב ה"א : (יז) ואולאה . ואלוה ק' יש מחלוקת בכתיבת המלה הזאת בין הספרים אך בקריאה כלם שוים וכמו שכתבתי כן מלאתי במ"ג במערכת אות הוי"ו עם

אבן עזרא

(יד) וזכור . קרי וזבוד כתיב והם שני שמות זה אומר בכה וזה אמר בכה : (טו) ואקבצם . ואבינה בעם . עיון : ומבני לוי לא מצאתי שם . כי הם בעלי שיר : (טז) לאליעזר לאריאל . הם היו שלוחים והלמ"ד הוא המורה על העלם וטעמו לעלם אליעזר והנזכרים: מבינים . חכמים : (יז) ואוצאה . כן כתיב כי האל"ף למ"ד הפעל על משקל ואבואה ואלוה קרי כי הקרוב על דרך קלרה : על אדו הראש . שהוא ראש

רלב"ג

(טז) ואשלחה לאליעזר לאריאל וגו' . ר"ל שלחם בעבור אליעזר ומחבריו שהם ראשים ובעבור יויריב ואלנתן שהם חכמים ומבינים והנה עשה זה לכבוד אדו שהיה הראש בכספיא כי משה היה לריך ללוים עם שבעבור גדולתם ישיגו מבוקשם בקלות : (יז) ואשימה בפיהם דברים . הנה סדר הדברים בפיהם כדי שיהיו שלמים וישיגו מבוק[שם] : אל אדו אחיו הנתינים בכספיא המקום . ר"ל אל אדו ואחיו ... כן משרתים לבית ה' ולזה תמלא שכבר באו משם לוים ונתינים :

מצודת דוד

(יג) אחרונים . הט תלכו כאחרונה ולא ... מסרו ללכת כשאר הנזכרים : שבותם . של הרלאשים : (טו) אל הנהר וגו' . סמוך להנהר ההולך אל אהוא והוא שם מקום : ואבינה . נסתכלתי בכוונת הלב לדעת מי ומי ההולכים : לא מצאתי .

---

to them, "Why are you sitting and weeping?" He summoned the tribe of Levi and said to them, "Prepare yourselves; while we feast and dine, I shall ask you to stand and play your harps in the same manner that you played before your God." They stared at each other and said, "Not enough we destroyed His Temple with our sins, but now we have to stand and play before this dwarf?" They all decided to put their thumbs into their mouths and mangle them and cut them off. In answer to "Sing for us of the song of Zion", it does not say, "We will not sing," but "How shall we sing?" They showed their fingers and said, "We were

and ten males. 13. And of the sons of Adonikam the last ones, and these are their names: Eliphelet, Jeiel, and Shemaiah, and with them were sixty males. 14. And of the sons of Bigvai, Uthai and Zaccur, and with them were seventy males. 15. And I gathered them to the flowing river, to Ahavah, and we encamped there for three days, and I surveyed the people and the priests, and of the sons of Levi I did not find there. 16. And I sent to Eliezer, Ariel, Shemaiah, Elnathan, Jarib, Elnathan, Nathan, Zechariah, and Meshullam, the heads, and Joiarib and Elnathan, the wise men. 17. And I commanded them to [go to] Iddo, the head in the place Casiphia,

13. **the last ones**—*who were the last ones to go after Ezra.*—[*Rashi*] They went last and did not hasten to go like the other people mentioned.—[*Mezudath David*] *Isaiah da Trani* and *Malbim* explain that no one remained outside the Holy Land from this family. During the first return from exile (2:13) 666 men left, and the ones leaving now were the remaining ones of this family.

14. **and Zaccur**—This is written Zabbud. These were two names by which he was called.—[*Ibn Ezra*]

15. **to the flowing river**—Heb. אֶל הַנָּהָר הַבָּא, *lit. to the coming river.*—[*Rashi*]

to Ahava—*to that river.*—[*Rashi*] *Mezudah David* renders: to the river that flowed to Ahava, which is a place.

and we encamped there—*and we were camping there.*—[*Rashi*]

and I surveyed the people—*I directed my attention to survey the people who had gathered with me.*—[*Rashi*] *Metzudath David* explains: I paid careful attention to know who the people were who were going with me.

and of the sons of Levi I did not find there—The Talmud (*Yeb.* 96b) tells us that because of the failure of the Levites to migrate from Babylon with Ezra, he fined them by depriving them of their tithes, either completely or by giving the priests equal rights with them. However, other sources state that there were indeed Levites with Ezra, but there were none capable of playing the harp to accompany the sacrificial service. This is based on Psalms 137:1-4: "By the rivers of Babylon, there we sat, we also wept when we remembered Zion. On willow trees in its midst we hung our harps. For there our captors asked us for words of song and our tormentors [asked of us] mirth, 'Sing for us of the song of Zion.' 'How shall we sing the song of the Lord on foreign soil?' " *Midrash Psalms* (137:4,5); *Pesikta Rabbathi* 32:4, Meir Ish Shalom, p. 144a relate that Nebuchadnezzar said

הַמָּקוֹם וָאָשִׂימָה בְּפִיהֶם דְּבָרִים לְדַבֵּר אֶל־אִדּוֹ אָחִיו הַנְּתוּנִים בְּכָסִפְיָא הַמָּקוֹם לְהָבִיא־לָנוּ מְשָׁרְתִים לְבֵית אֱלֹהֵינוּ: יֹּוַיָּבִיאוּ לָנוּ כְּיַד־אֱלֹהֵינוּ הַטּוֹבָה עָלֵינוּ אִישׁ שֶׂכֶל מִבְּנֵי מַחְלִי בֶּן־לֵוִי בֶּן־יִשְׂרָאֵל וְשֵׁרֵבְיָה וּבָנָיו וְאֶחָיו שְׁמֹנָה עָשָׂר: יט וְאֶת־חֲשַׁבְיָה וְאִתּוֹ יְשַׁעְיָה מִבְּנֵי מְרָרִי אֶחָיו וּבְנֵיהֶם עֶשְׂרִים: כוּמִן־הַנְּתִינִים שֶׁנָּתַן דָּוִיד וְהַשָּׂרִים לַעֲבֹדַת הַלְוִיִּם נְתִינִים מָאתַיִם וְעֶשְׂרִים כֻּלָּם נִקְּבוּ בְשֵׁמוֹת: כא וָאֶקְרָא שָׁם צוֹם עַל־הַנָּהָר אַהֲוָא לְהִתְעַנּוֹת לִפְנֵי

הנתינים קרי א' דנושה

רש"י

וּלְוִיִּתִים לְדָבָר אֶל אִדּוֹ שֶׁהוּא גָדוֹל וְחָשׁוּב אֲשֶׁר בְּכָסִפְיָא: **וָאֲשִׂימָה בְּפִיהֶם.** שַׂמְתִּי בְּפִיהֶם דְּבָרִים לְדַבֵּר בִּשְׁלִיחוּתִי אֶל אִדּוֹ וְאֶחָיו שֶׁהֵם נְתוּנִים וּמְיוּשָׁבִים בְּכָסִפְיָא לְהָבִיא לָנוּ מְשָׁרְתִים לַעֲבוֹד בְּבֵהַ"מ: **בְּכָסִפְיָא.** שֵׁם מָקוֹם בְּבָבֶל: **אָחִיו.** שֵׁם אָדָם:

אבן עזרא

בְּכָסִפְיָא הַמָּקוֹם: אֶל אִדּוֹ אָחִיו. חָסֵר וָי"ו וְהַנָּכוֹן אֶל אִדּוֹ וְאָחִיו שֶׁהֵם נְתִינִים וְי"א כִּי אָחִיו שֵׁם אִישׁ אֲחִי אִדּוֹ אוֹ קְרוֹבוּ: **(יח) אִישׁ שֶׂכֶל.** לֹא הִזְכִּירוּ הַכָּתוּב וְיִתָּכֵן שֶׁהוּא שֵׁרֵבְיָה הַנִּזְכָּר בַּפָּסוּק וְכֵן הַוָי"ו נוֹסָף כְּוָי"ו וְהָיָה וְעָנָה אוֹ וָי"ו הַמּוֹסָף עַל עָנִיָן וְלֹא רָצָה לְהַזְכִּירוֹ פְּעָמִים וְכֵן הִזְכִּירוֹ בַּפֵּירוּשׁ אִישׁ שֶׁכָּל שֵׁרֵבְיָה וּבָנָיו וְאֶחָיו הָיוּ י"ח וְהוּא הַנָּכוֹן: **(יט) וְאֶת חֲשַׁבְיָה.** הֱבִיאוּ: **(כא) עַל הַנָּהָר אַהֲוָא.** חָסֵר הַנִּסְמָךְ וְהַרְאוּי נְהַר אַהֲוָא:

מנחת שי

ס"ב מִלִּין דִּכְתִיבִין מוּקְדָּס מְאוֹחָר. וְכֵן הוּא בְּפִי' הָרֵאַבָ"ע: **נְתוּנִים.** הַנְּתִינִים קְרִי וְהֵגוֹ"ן בְּדָגֵשׁ: **(יח) וַיָּבִיאוּ לָנוּ.** הָאָל"ף בְּדָגֵשׁ וְזֶה אֶחָד מִן ד' מְקוֹמוֹת שֶׁנִּמְצָאוֹת כֵּן וְסִימָן מָסַרְתִּי בְּפָרָשַׁת וַיְהִי מִקֵּץ סִימָן מ"ג: **מַחְלִי.** בְּשָׁוָא לְבָד: **(יט) יְשַׁעְיָה.** טֵי"ן בְּשָׁוָא לְבָד:

רלב"ג

(כא) וָאֶקְרָא שָׁם צוֹם עַל הַנָּהָר וְגוֹ'. יִדְמֶה שֶׁכְּבָר הָיוּ לָהֶם אוֹיְבִים וְאוֹרְבִים רָצִים מֵהַשֹּׁמְרוֹנִים וּבְהַגִּיעַ עֶזְרָא לַנָּהָר הַהוּא נִתְבָּאֵר לוֹ

מצודת ציון

ח (כ) **נִקְּבוּ.** נִתְפָּרְשׁוּ וְכֵן וְנוֹקֵב שֵׁם (ויקרא כ"ד):

מצודת דוד

וְגוֹ' : אָחִיו. כְּמוֹ וְאָחִיו: **הַנְּתִינִים.** ר"ל אֲחָד וְאָחִיו הָיוּ מֵהַנְּתִינִים אֲשֶׁר בְּכָסִפְיָא: **לְהָבִיא.** דְּבַר הַשְּׁלִימוּת הִיא לְהָבִיא לָנוּ לְוִיִם אֲשֶׁר יְשָׁרְתוּ בַּשִּׁיר: **(יח) כְּיַד אֱלֹהֵינוּ.** כְּמוֹ שֶׁהָיְתָה יַד אֱלֹהֵינוּ הַטּוֹבָה כֵּן הֱצְלִיחוּ וְהֱבִיאוּ לָנוּ אִישׁ מַשְׂכִּיל בִּדְבַר הַשִּׁיר וְהָיָה מִבְּנֵי מַחְלִי וְגוֹ' וְלֹא הִזְכִּיר אֶת שְׁמוֹ: וְשֵׁרֵבְיָה. גַּם הֱבִיאוּ אֶת שֵׁרֵבְיָה וּבָנָיו וְאֶחָיו: **(יט) אֶחָיו.** מַכִּירָיו וַחֲוֹר עַל אֶחָד וְהַ"ס לִשְׁנֵי וְקֵלֵר בְּדָבָר הַמּוּבָן: **(כ) לַעֲבוֹדַת הַלְוִיִּם.** בַּדְּבַר מְלֶאכֶת בֵּית ה': **נִקְּבוּ בְשֵׁמוֹת.** נִתְפָּרְשׁוּ בַּשֵׁמוֹת רָצָה לוֹמַר הַחֲשׁוּבִים וְהַיְּדוּעִים שֶׁבָּהֶם: **(כא) וָאֶקְרָא.** ר"ל

service of the Temple. Accordingly, Iddo and Ahiv were Levites, and Ezra requested that they send him Levites to serve in the Temple.

in Casiphia—*the name of a place in Babylon.*—[Rashi]

18. **according to the hand of our God**—*just as the success of the Holy One, blessed be He, was upon us.*—[Rashi]

a man of intellect—*a wise man.*—[Rashi] *Ibn Ezra* points out that his name is not mentioned. He conjectures that it may be Sherebiah, mentioned further in the verse. In that case, the "vav" should not be rendered as "and". It is superfluous, as in several instances in the Bible. See *Metzudath David* below.

and I put words into their mouth to speak to Iddo [and] to Ahiv, who were settled in the place Casiphia to bring us servants for the House of our God. 18. And they brought us according to the hand of our God, which was good over us, a man of intellect, of the sons of Mahli, the son of Levi, the son of Israel, and Sherebiah and his sons and his brothers, eighteen. 19. And Hashabiah, and with him Jeshaiah of the sons of Merari, his brothers and their sons, twenty. 20. And of the Nethinites, whom King David had appointed, and the chiefs, for the service of the Levites, Nethinites [were] two hundred and twenty—all of them specified by name. 21. And I proclaimed there a fast by the river Ahava, to fast before

bound, and our fingers were cut off." Nevertheless, Ezra fined them because the Levites who had not maimed themselves did not accompany him to Israel.—[*Rashi, Kid.* 69b] Although the essential music for the service is vocal, not instrumental, Ezra was nevertheless angry because it is preferable to have instrumental accompaniment along with the vocalization.—[*Tos. Yeb.* 86b] *Midrash Ezra* states that some Levites fled from Nebuchadnezzar in order to conceal their identity as Levites, lest they be requested to play and sing God's song on foreign soil. Therefore, when Ezra embarked on his journey to Jerusalem, he could not find any Levites fit for the service until he searched for them.

16. **Eliezer**—Heb. לְאֶלִיעֶזֶר, lit. to Eliezer. In this case, however, the "lammed" introduces the direct object.—[*Ibn Ezra, Mezudath David*] *Ralbag,* however, renders: And I sent for Eliezer, etc.

And I sent to Eliezer etc., the heads—*the great men.*—[*Rashi*]

the wise men—Heb. מְבִינִים, lit. understanding. *They were wise men.*—[*Rashi, Ibn Ezra, Ralbag*]

17. **And I commanded them, etc.**—*I sent them and commanded them to speak to Iddo, who was the greatest and most esteemed in Casiphia.*—[*Rashi*]

to Iddo—Heb. עַל אִדּוֹ, lit. *about Iddo.*—[*Rashi*]

and I put ... into their mouth—*I put into their mouth words to speak as my emissary to Iddo and his brother, who were placed and settled in Casiphia, to bring us servants to serve in the Temple.*—[*Rashi*]

who were settled—Heb. הַנְּתִינִים, like הַנְּתוּנִים, *those who were settled. Therefore, it is written with a "vav."*—[*Rashi*] *Ralbag* interprets this literally, namely, that they were Nethinites, and Ezra sent to them for Nethinites to serve in the Temple. *Ibn Ezra* and *Metzudath David* also explain the word in that manner. *Midrash Ezra* explains that in this verse, the Levites are known as נְתִינִים because they are appointed to the

אֱלֹהֵינוּ לְבַקֵּשׁ מִמֶּנּוּ דֶּרֶךְ יְשָׁרָה לָנוּ וּלְטַפֵּנוּ וּלְכָל־רְכוּשֵׁנוּ: כב כִּי בֹשְׁתִּי לִשְׁאוֹל מִן־הַמֶּלֶךְ חַיִל וּפָרָשִׁים לְעָזְרֵנוּ מֵאוֹיֵב בַּדָּרֶךְ כִּי־אָמַרְנוּ לַמֶּלֶךְ לֵאמֹר יַד־אֱלֹהֵינוּ עַל־כָּל־מְבַקְשָׁיו לְטוֹבָה וְעֻזּוֹ וְאַפּוֹ עַל כָּל־עֹזְבָיו: כג וַנָּצוּמָה וַנְּבַקְשָׁה מֵאֱלֹהֵינוּ עַל־זֹאת וַיֵּעָתֵר לָנוּ: כד וָאַבְדִּילָה מִשָּׂרֵי הַכֹּהֲנִים שְׁנֵים עָשָׂר לְשֵׁרֵבְיָה חֲשַׁבְיָה וְעִמָּהֶם מֵאֲחֵיהֶם עֲשָׂרָה: כה וָאֶשְׁקֳלָה לָהֶם אֶת־הַכֶּסֶף וְאֶת־הַזָּהָב וְאֶת־הַכֵּלִים תְּרוּמַת בֵּית־אֱלֹהֵינוּ הַהֵרִימוּ הַמֶּלֶךְ וְיֹעֲצָיו וְשָׂרָיו וְכָל־יִשְׂרָאֵל הַנִּמְצָאִים: כו וָאֶשְׁקֳלָה עַל־יָדָם

פ"א ינחמה . הפניס חל כח : נ"א רכב יתיר ו'

רש"י

כסף

דרך ישרה . שיוליכני המקום לשלום: (כב) כי בושתי . שהרי נתביישתי מן המלך ולא רציתי לשאול לו רכב ופרשים כדי לתיירנו : כי אמרנו . שהרי כבר אמרנו אל דריוש המלך שהקב"ה מטיב למבקשיו ושופך אפו וחמתו על עוזביו : (כג) ויעתר לנו . וקבל תפלתינו שבאנו לירושלים לשלום: (כד) ואבדילה . וכאשר הייתי שם על נהר אהוא הבדלתי משרי הכהנים ושקלתי להם הכסף והזהב ליתן באוצרות בית ה' : (כה) ההרימו . אשר הרימו הנמצאים

אבן עזרא

(כג) ויעתר . ע"י נביא או מראה בחלום והטעם נתרצה לנו והדריכנו הדרך הישרה באין מכשול: (כד) לשרביה. הלמ"ד הוא הנכנס להורות על העלם והטעם הבדיל לעלם שרביה חשביה: (כה) ההרימו . הה"א הוא הנכנס על הפעלים . הקו"ף בשוא ופתח :

מנחת שי

(כב)חיל ופרשים. ובטעמי' ומרכב של המכם לונזאנו נכתב בלדו בגליון רכב דומה שמלא כן בא'זה ספר וכן נראה מפי' רש"י וסמכם יחיא' אמנם הספרים שלפני כתוב חיל : לעזרנו . סטי"ן בקמן לבד והוא חטף : (כה) ואשקלה. כמשף קמן ומלא וא"ו ובטל המסור' משיב ליה הכא עם מלויין וא"ו בלישנא ובמסרא רבתא משיב ליה נמי עם מלין דיתירין וא"ו ומטפסין קמלין ועיין עוד מ"ש בירמיה (סימן ל"ב) : (כו) ואשקלה על ידם :

רלב"ג

הסכנה שהם בה מהם עד ירושלים וכמן עזרא אל לבו נלום ולהתפלל לה' שיגילם מכל אויב ואורב בדרך : (כג) ואמר עזרא ויעתר לנו . כי ידמה שנבאה להם בשורה על יד נביא כי נשמעה תפלתם או באה סגולה הזאת לעזרא כי קלת המפרשים יסכימו כי מלאכי הוא עזרא : (כד) ואבדילה משרי הכהנים שנים עשר . כרלון שהבדיל מהאנשים שסיו תחת שרי הכהנים שנים עשר אנשים והם שרביה וחשביה שהם

מצודת ציון

(כג) ויעתר . ענין רצוי כמו רגל רב: ופרשים. הם רוכבי הסוסים כהרגל: (כד) לשרביה. את שרביה ואת חשביה: מאחיהם. מתכבריהם והיה מן בני לוי: (כה)ואשקלה. מסרתי אני להם במשקל: הנמצאים . במלכות בבל: (כו) על ידם :

מצודת דוד

(כב) כי בושתי וגו'. ולזה לא שלם עמו וסייתי מתפחד מן האויב: כי אמרנו וגו'. ולזה לא שאלתי חיל ופרשים כי אם שאלתי היי משיב לומר איה הם המריכים : לטובה . להטיב להם : ועזו . כח נקמתו : (כג) על זאת . על דרך ישרה : ויעתר לנו . קבל סתר תחנתינו והוגי בנבואה נאמר לו או בחלום ידבר בו : (כד) לשרביה . את שרביה ואת חשביה : ההרימו . אשר הרימו והפרישו המלך וגו' : הנמצאים . במלכות בבל . (כו) על ידם .

---

mean that He revealed it to Ezra himself, whom the Rabbis identify with the prophet Malachi. *Ibn Ezra* conjectures further that Ezra may have witnessed this revelation in a vision or in a dream. *Malbim* suggests that, just as the Mishnah (*Ber.* 5:5) tells us that Rabbi Hanina ben Dosa was able to determine, by the fluency of his prayers, whether or not they were accepted, so was Ezra able to determine that the prayers of the returning exiles were accepted.

24. **And I separated**—*And when I was there by the river Ahava, I separated some of the chiefs of the*

our God, to beseech Him for a straight way for us and for our children and for all our belongings. 22. For I was ashamed to request of the king an army and horsemen to aid us from enemies on the way, for we had said to the king, "The hand of our God is upon all who seek Him for good, and His power and His wrath are upon all who forsake Him." 23. And we fasted and beseeched our God concerning this, and He accepted our prayer. 24. And I separated twelve of the chiefs of the priests, Sherebiah, Hashabiah, and with them, ten of their brothers. 25. And I weighed out for them the silver and the gold and the vessels, the offering for the House of our God, which the king, his advisers, his chiefs, and all Israel who were present, had offered. 26. And I weighed out upon their hands

of the sons of Mahli, etc.—*All these were Levites.*—[*Rashi*]

and Sherebiah—They also brought Sherebiah, his sons, and his colleagues, the word "brothers" denoting colleagues.—[*Mezudath David*]

19. And Hashabiah—They also brought Hashabiah.—[*Ibn Ezra*]

his brothers—i.e., his colleagues. This refers to Hashabiah, and the same follows for Jeshaiah.—[*Mezudath David*]

20. And of the Nethinites—*And of the slaves, the Nethinites that King David had appointed, and the chiefs of Israel ascended with them.*—[*Rashi*]

for the service of the Levites—regarding the work of the House of the Lord.—[*Mezudath David*]

all of them specified by name—i.e., the prominent and well known among them.—[*Mezudath David*]

21. to fast—Heb. לְהִתְעַנּוֹת, *to fast.*—[*Rashi*] [Although the literal meaning is to afflict oneself, only fasting is intended, no other afflictions.]

a straight way—*that the Omnipresent lead us in peace.*—[*Rashi*]

22. For I was ashamed—*For I was ashamed of the king, and I did not wish to request of him chariots and horsemen in order to guide us.*—[*Rashi*]

for we had said—*For we had already said to King Darius that the Holy One, blessed be He, benefits those who seek Him and pours out His wrath and His anger upon those who forsake Him.*—[*Rashi*]

23. and He accepted our prayer—*for we arrived safely in Jerusalem.*—[*Rashi*] *Ibn Ezra* and *Ralbag* explain that God revealed to them through a prophet that He had accepted their prayer. Or it may

כֶּסֶף כִּכָּרִים שֵׁשׁ־מֵאוֹת וַחֲמִשִּׁים וּכְלֵי־כֶסֶף מֵאָה לְכִכָּרִים זָהָב מֵאָה כִכָּר: כז וּכְפֹרֵי זָהָב עֶשְׂרִים לַאֲדַרְכֹנִים אָלֶף וּכְלֵי נְחֹשֶׁת מֻצְהָב טוֹבָה שְׁנַיִם חֲמוּדֹת כַּזָּהָב: כח וָאֹמְרָה אֲלֵהֶם אַתֶּם קֹדֶשׁ לַיהוָה וְהַכֵּלִים קֹדֶשׁ וְהַכֶּסֶף וְהַזָּהָב נְדָבָה לַיהוָה אֱלֹהֵי אֲבֹתֵיכֶם: כט שִׁקְדוּ וְשִׁמְרוּ עַד־תִּשְׁקְלוּ לִפְנֵי שָׂרֵי הַכֹּהֲנִים וְהַלְוִיִּם וְשָׂרֵי־הָאָבוֹת לְיִשְׂרָאֵל בִּירוּשָׁלָ͏ִם

ת"א מ"כב . עירכין י"ג :

רש"י

בבבל : (כו) וכלי כסף מאה לככרים . ככר בכל כלי : (כז) וכפורי . מזרקים : לאדרכונים אלף . מין מטבע אלף דרכונים היו בכ' כפורי זהב הללו : מוצהב . משל נחושת מולהב (או) מין מטבע של נחושת : טובה . לשון נקבה קורא לנחושת : שנים . שני כלים : חמודות כזהב . הכלים קורא חמודו' בל' נקבה : (כח) אליהם . לאותן שרי הכהנים :

אבן עזרא

העוברים כמו ההלכות השבה והטעם אשר : (כו) מאה לככרים . כאילו אמר וכלי כסף למשקל הככרים מאה : לאדרכונים . האל"ף נוסף והוא כטעם דרכמונים למשקל הדרכונים הם אלף : וכלי נחשת מצהב . כטעם ממורט : מצהב טובה . פעם זכר ופעם נקבה כטעם כענין ורוח גדולה וחזק וכן שנים חמודות : (כט) שקדו . מלת השקד חסר' והוא על ורחוי כמו שוקד אני על דברי . לשקוד על דלתותי . והטעם שקדו עליהם והם הכסף והזהב : הלשכות בית ה'. והטעם שרי הלשכות בית ה' ונכנס ה"א הדעת על משקל הלשכות והמלה זרה בעבור הסמיכות :

רלב"ג

לוים וטמהם מאחיהם עשרה : (כז) וכפורי זהב עשרים לאדרכונים אלף . ר"ל שככר היה משקלם לאדרכונים אלף : וכלי נחשת מולהב טובה . מולהב ר"ל כלבע הזהב ותאר הנחשת פעם בלשון זכר פעם בלשון נקבה כמו רוח גדולה וחזק גם הכלים תאר בלשון נקבה ואמר חמודות כזהב : (כח) אתם קדש לה' . הנה הלוים הם קודש ולזה הספקיד להם הקודש ואמר להם שישקדו לשמרס עד ישקלו לפני שרי הכהנים והלוים ושרי האבות לישראל בירושלים אל הלשכות אשר כבית ה' :

מצודת ציון

לאדרכנים : (כו) וכפורי . מזרקות : (כז) ויעתר לו (בראשית כ"ה) : קבלת תפלה וכן (במורצהב . מלאה כטין גוון הזהב וכן שמר לזהוב (ויקרא י"ג) : (כט) שקדו . ענין מהירות כמו למשקל : לפני שרי וגו' . לתתם אל הלשכות אשר כבית ה' :

מצודת דוד

(כז) לאדרכנים אלף . כל אחד היה משקלו אלף דרכונים : חמודות כזהב . משובות כזהב : (כח) אתם קדש וגו' . ומהראוי להגתן הקודש ביד הקודש : נדבה לה' . ולקודש ימשב : (כט) שקדו . מסרו בדבר לורך ושמרו . אותם עד אשר תשיבו למשקל :

בירושלם : למסור בידם : לכברים . כל כלי היה משקלו ככר אחד :

---

no avail. Only after removing what the craftsmen had affixed to them, did they regain their resonance. Regarding these two copper vessels, one of the Rabbis stated that each one was as precious as two golden vessels, and another stated that they were as precious as one golden vessel. Rabbi Nathan interprets שְׁנַיִם like שְׁנִיִּם, *second ones*, meaning that all the temple vessels were doubled; there were two of each. According to the reading of *Midrash Ezra*, it is interpreted as שָׁנִים, crimson, meaning they shone with a red hue.

precious as gold—Heb. חֲמוּדוֹת כַּזָּהָב. *He calls the vessels* חֲמוּדוֹת *in the feminine form.*—[*Rashi*]

28. **to them**—*to these chiefs of the priests.*—[*Rashi*]

You are holy, etc.—And it is appropriate that the holy people be entrusted with the holy vessels—[*Ralbag, Mezudath David*] six hundred and fifty talents of silver, and one hundred silver vessels by talents, [and] one hundred talents of gold. 27. And twenty sprinkling bowls of gold of one thousand darics, and two vessels of fine golden copper, precious as gold. 28. And I said to them, "You are holy to the Lord, and the vessels are holy, and the silver and the gold are a donation to the Lord God of your forefathers. 29. Hasten and guard [them] until you weigh [them] out before the chiefs of the priests and the Levites, and the chiefs of the fathers' [houses] of Israel

priests and weighed out the silver and the gold for them to deposit into the treasuries of the House of the Lord.—[Rashi]

25. which ... had offered— *which those living in Babylon had offered.—[Rashi]*

26. talents—A talent equals 60 *manehs*, the equivalent of 64 lb.

and one hundred silver vessels by talents—*one talent for each vessel. [Rashi]* i.e., silver vessels, by the weight of talents, equaled one hundred.—[*Ibn Ezra*] *Midrash Ezra* explains: and silver vessels, even as much as one hundred talents. He suggests also: and silver vessels, one hundred talents.

27. And ... sprinkling bowls— *bowls for sprinkling* [the blood of the sacrifices].—[*Rashi, Isaiah da Trani, Mezudath Zion*]

of one thousand darics—*a type of coin. There were one thousand darics in these twenty sprinkling bowls of gold.—[Rashi, Isaiah de Trani]* *Metzudath David* explains that each bowl weighed one thousand darics. אֲדַרְכֹנִים is equivalent to

דַּרְכְּמוֹנִים (above 2:69).—[*Ibn Ezra, Isaiah da Trani*]

golden—*of golden copper (or) a type of copper coin.—[Rashi]* Ibn Ezra explains it as burnished copper. *Ralbag*, followed by *Mezudath Zion*, explains it as gold-colored copper.

fine—Heb. טוֹבָה, *the feminine form, modifying copper* (נְחֹשֶׁת).— [*Rashi*] Although מָצְהָב is the masculine form, we find some nouns appearing in both genders, even in the same verse, e.g. רוּחַ, *wind*, which appears in I Kings 19:11.—[*Ibn Ezra, Ralbag*] *Malbim* explains that מָצְהָב modifies כְּלִי, which is masculine, and טוֹבָה modifies נחשת, which is feminine.

two—*two vessels.—[Rashi]* According to the Talmud (*Arachin* 10b), this verse alludes to two particular copper vessels which were made in the time of Moses and used in the First Temple. One was a pair of cymbals, and the other was a mortar used for compounding the incense. When these two vessels lost their resonance, they were repaired by craftsmen from Alexandria, but to

בִּירוּשָׁלַםִ הַלְּשָׁכוֹת בֵּית יְהֹוָה: י וְקִבְּלוּ הַכֹּהֲנִים
וְהַלְוִיִּם מִשְׁקַל הַכֶּסֶף וְהַזָּהָב וְהַכֵּלִים לְהָבִיא
לִירוּשָׁלַםִ לְבֵית אֱלֹהֵינוּ: לא וַנִּסְעָה מִנְּהַר אַהֲוָא
בִּשְׁנֵים עָשָׂר לַחֹדֶשׁ הָרִאשׁוֹן לָלֶכֶת יְרוּשָׁלָםִ וְיַד
אֱלֹהֵינוּ הָיְתָה עָלֵינוּ וַיַּצִּילֵנוּ מִכַּף אוֹיֵב וְאוֹרֵב עַל־
הַדָּרֶךְ: לב וַנָּבוֹא יְרוּשָׁלַםִ וַנֵּשֶׁב שָׁם יָמִים שְׁלֹשָׁה:
לג וּבַיּוֹם הָרְבִיעִי נִשְׁקַל הַכֶּסֶף וְהַזָּהָב וְהַכֵּלִים בְּבֵית
אֱלֹהֵינוּ עַל יַד־מְרֵמוֹת בֶּן־אוּרִיָּה הַכֹּהֵן וְעִמּוֹ אֶלְעָזָר
בֶּן־פִּינְחָס וְעִמָּהֶם יוֹזָבָד בֶּן־יֵשׁוּעַ וְנוֹעַדְיָה בֶן־בִּנּוּי
הַלְוִיִּם: לד בְּמִסְפָּר בְּמִשְׁקָל לַכֹּל וַיִּכָּתֵב כָּל־
הַמִּשְׁקָל בָּעֵת הַהִיא: לה הַבָּאִים מֵהַשְּׁבִי בְנֵי־
הַגּוֹלָה הִקְרִיבוּ עֹלוֹת לֵאלֹהֵי יִשְׂרָאֵל פָּרִים שְׁנֵים־
עָשָׂר

ת"א בני הגולה, הוריות ו' :   ס' דגושה

רש"י

(כט) הלשכות בית ה'. כדי ליתן בלשכות הבית:
(לא) בשנים עשר לחודש הראשון. בשנים עשר לניסן: ויד אלהינו היתה עלינו. להצליחנו על הדרך אשר הלכנו עליה: (לד) במספר במשקל לכל. מספר הכלים ומשקלם כאשר קבלוהו כך היה משקל כולו כאשר פרטוהו: (לה) הבאים מהשבי בני הגולה. הללו אשר

אבן עזרא

(ל) וקבלו. והם יקבלוהו: לבית אלהינו. לצורך ביתו: (לד) לכל. לכסף ולזהב:

מנחה שי

(ל) משקל הכסף והזהב. בספרים מדוייקים כ"י סקו"ף בקמ"ץ וכן כתבו ר' יונה בספר הרקמה עם הזרים שבאו בקמץ חף על פי שהם סמוכים: (לא) ונסעה. נדגש הסמ"ך שלא כמנהג רוב הבנין. שרשים:

מצודת דוד

(ל) בישקל הכסף. ר"ל הכסף וגו' קבלו במשקל: (לא) מנהר אהוא. מנסער הבא אל אהוא: (לג) נשקל. מסרנו הכסף וגו' במשקל ביד כל אחד ואחד: ויכתב. למען יעמוד לזכרון: (לה) הבאים וגו'. הם

מצודת ציון

כי שוקד אני (ירמיה א'): (לא) ואורב. שונא היושב במארב אלמות וגו': (לד) בבמספר. את הכלים מסרנו במספר ובמשקל כל

and weighed—*The number of the
vessels and their weights was the
same when they received them as
when they itemized them.—[Rashi]*
The Warsaw and Vilna editions read:
*so did all of it weigh when they
repaid it.—Metzudath David*
explains: We delivered each one of
the vessels by number and by
weight.

everything—of the silver and
the gold.—[*Ibn Ezra*]

was written—so that the record
should remain as a remembrance.—
[*Mezudath David*]

35. **Those coming from
captivity, the people of the exile**—
those who came with Ezra.—[Rashi]
Metzudath David interprets the verse
as being transposed: the people of the

in Jerusalem, [to deposit in] the chambers of the House of the Lord." 30. And the priests and the Levites received by weight the silver, the gold, and the vessels, to bring to Jerusalem for the House of our God. 31. Then we traveled from the river Ahava on the twelfth of the first month to go to Jerusalem, and the hand of our God was upon us, and He saved us from the clutches of the enemy and those who lie in wait on the way. 32. And we came to Jerusalem and stayed there three days. 33. And on the fourth day, the silver, the gold, and the vessels were weighed in the House of our God onto the hand of Meremoth the son of Uriah the priest, and with him Eleazar the son of Phinehas, and with them Josebad the son of Jeshua, and Noadiah the son of Binnui, the Levites. 34. Everything was counted and weighed and the entire weight was written at that time. 35. Those coming from captivity, the people of the exile, offered up burnt offerings to the God of Israel, twelve bulls

29. **Hasten**—Hasten to take care of the matter of the vessels.—[*Ibn Ezra*]

and guard—guard them until you return them by weight.— [*Mezudath David*]

the chambers of the House of the Lord—*in order to deposit them in the chambers of the Temple.*— [*Rashi*] *Malbim* explains that the "beth" of בִּירוּשָׁלַיִם, *in Jerusalem,* applies also to הַלְּשָׁכוֹת, *the chambers of the House of the Lord,* hence: in Jerusalem, in the chambers of the House of the Lord. *Midrash Ezra* explains: or into the chambers of the Temple.

30. **by weight the silver**—Heb. מִשְׁקַל, lit. the silver etc.—[*Mezudath David*]

for the House of our God—for the benefit of His House.—[*Ibn Ezra*]

31. **on the twelfth of the first month**—*on the twelfth of Nissan*— [*Rashi*]

from the river Ahava—This translation follows *Rashi* on verse 15. *Mezudath David,* however, considers Ahava the name of a place rendering: from the river that flows to Ahava. See above verses 15 and 21.

the hand of our God was upon us—*to cause us to succeed in the way that we traversed.*—[*Rashi*]

33. **were weighed**—i.e., we delivered the silver, etc. into the hand of Meremoth, the son of Uriah the priest, etc.—[*Mezudath David*]

34. **Everything was counted**

עֲשֶׂר עַל־כָּל־יִשְׂרָאֵל אֵילִים ׀ תִּשְׁעִים וְשִׁשָּׁה כְּבָשִׂים שִׁבְעִים וְשִׁבְעָה צְפִירֵי חַטָּאת שְׁנֵים עָשָׂר הַכֹּל עֹלָה לַיהוָה ׃ לו וַיִּתְּנוּ ׀ אֶת־דָּתֵי הַמֶּלֶךְ לַאֲחַשְׁדַּרְפְּנֵי הַמֶּלֶךְ וּפַחֲווֹת עֵבֶר הַנָּהָר וְנִשְּׂאוּ אֶת־הָעָם וְאֶת־בֵּית הָאֱלֹהִים ׃ ט וּכְכַלּוֹת אֵלֶּה נִגְּשׁוּ אֵלַי הַשָּׂרִים לֵאמֹר לֹא־נִבְדְּלוּ הָעָם יִשְׂרָאֵל וְהַכֹּהֲנִים וְהַלְוִיִּם מֵעַמֵּי הָאֲרָצוֹת כְּתוֹעֲבֹתֵיהֶם לַכְּנַעֲנִי הַחִתִּי הַפְּרִזִּי הַיְבוּסִי הָעַמֹּנִי הַמֹּאָבִי הַמִּצְרִי וְהָאֱמֹרִי ׃ ב כִּי־נָשְׂאוּ מִבְּנֹתֵיהֶם לָהֶם וְלִבְנֵיהֶם וְהִתְעָרְבוּ זֶרַע הַקֹּדֶשׁ בְּעַמֵּי הָאֲרָצוֹת וְיַד הַשָּׂרִים וְהַסְּגָנִים הָיְתָה

ת״א והסגנים. נ״מ קח :

רש״י

(לה) הקריבו עולות. הכל עולה והורחת : (לו) ויתנו את דתי המלך. הללו עולי גולה ספרו מלות דריום המלך לנגדולי המלך רוחי פניו : ופחוות. כמו ופחות : עבר הנהר. אותן של נד ארן

אבן עזרא

(לה) על כל ישראל. כנגד מכות ישראל שהם י״ב שבטים ושבעה כפי יכלתם אין להם טעם : (לו) ופחוות. זכרים בלשון נקבות והפך זה נשים פילנסים בלשון זכרים : ט (א) העם ישראל. חסר הסמוך והנכון העם עם ישראל :

מנחת שי

(לה) עולה לה׳ . במקו״ם מלא ומ״ו ובמ״ג לית חסר בפיסרא : רק ל״ו שבטים ושבעה . ברוב הסמדוייקים בשני ואו״ן וכ״כ רס״י ז״ל : (לו) ופחוות . זכרים בלשון זכרים : (לה) עולה לה׳ .

באו עם עזרא : ישראל בן בעבר הנהר ליושבי בבל : **ונשאו .** שהיו שעה היתה : מנשאין ומסייעין : **השרים.** ט (א) אלה. דברים הללו אשר ספרו דתי המלך: ופחוות. לאמר. וכן חמרו לי: (ג) היתה במעל הזה של ישראל:

רלב״ן

(לה) הכל עולה לה׳ . ר״ל לבד מהמטאות והנה זה הולאת שטם וידמה שהקריבו פרים שנים זה הולאת על סטוכרם מחטא ע״ז שמייבים הסקהל על שגגת התולאה בה פר ושפעיר לבל שבט ושבט אך לא היו הפרים מטאת כי לא קרה נםס זה סטון אשר עליו יתמייכו זה הקרבון אך היה זה להעיר לבד על זה הדבר : (לו) ויתנו את דתי המלך וגו׳ . הם הספסרים אשר שלח לטס מלתמששתא על דבר בקשת עזרא :

ט (ב) והתערבו זרע הקדש בעמי הארלות . ידמה שנשמאוס בגוייתם שאם לא היה כן לא היה אסור כדבר בכל סגנים שזכר כי אם במלארי :

מצודת דוד

סמוך וכמו בני הגולה הבאים מהשבי : על כל ישראל. בעטור : לכל ישראל. הכל עולה . ר״ל אף מן המטאות היו כליל כטולה ולא מכלוס הכהנים והולרחם שעה היתה : (לו) דתי המלך . מוק נזרת המלך אשר נתן ביד עזרא כמ״ש למטלה ו׳ : ונשאו . היו מנשאים ומרוממים את הטם וגו׳ :

מצודת ציון

להסתר : (לה) צפירי.שעירי : (לו) לאחשדרפני.מין שרלכ ידוע אלנם: ופחוות.מל׳ סמה ומושל : ט (א) נבדלו. טנין הסרשה : (כ) והתערבו.

ט (א) וככלות אלה . לאשר כלו את הדברים האלה הם מסיית הכלים וגו׳ : טובים כתועבותיהם של הכנעניס וגו׳ : (כ) כי נשאו . כי לקחו נשים מבנותיהם ולזה אומזים במעשיהס : זרע הקדש . העם

---

those on the side of the land of Israel, who are considered as being beyond the river of the inhabitants of Babylon.—[Rashi]

and they exalted—*They were exalting and assisting.*—[Rashi]

9

1. **these**—*these incidents that related the kings' decrees.*—[Rashi]

The word 'these' refers to the

for all Israel, ninety-six rams, seventy-seven lambs, and twelve he-goats for sin-offerings, all this was a burnt offering to the Lord. 36. And they gave the king's decrees to the satraps of the king and the governors of the land beyond the river, and they exalted the people and the House of God.

9

1. And when these were completed, the chiefs approached me, saying "The people of Israel, the priests, and the Levites were not separated from the peoples of the lands, like the abominations of the Canaanites, the Hittites, the Perizzites, the Jebusites, the Ammonites, the Moabites, the Egyptians, and the Amorites. 2. For they have taken of their daughters for themselves and for their sons, and the holy seed has become mingled with the peoples of the lands, and the hand of the chiefs and the deputies was

exile who came from captivity.

offered up burnt offerings—*all were burnt offerings, and it was a temporary ruling.*—*[Rashi]* [*Rashi's* intention is obscure; perhaps words are missing. No doubt, he alludes to the Talmudic discussion in *Temurah* 15b, where the Talmud quotes a *Baraitha* (a Tannaitic teaching not included in the Mishnah), which quotes Rabbi Jose who asks how it was possible that the sin-offerings were also burnt offerings. He replies that Scripture means that just as a burnt offering is not eaten by man, so were these sin-offerings not eaten by man, but rather were completely consumed by fire. These sin-offerings were meant to atone for the idol worship many Jews had practiced during the days of Zedekiah. As is delineated in Numbers 15:24, if the congregation inadvertently worships idols, they must bring a young bull for a burnt offering and a he-goat for a sin-offering. For the twelve tribes, twelve sacrifices were brought. Although the sinners had already died, the sacrifices were brought on their behalf. This was adjudged as a temporary ruling. Also, the Talmud could find no reason for the lambs and the rams, other than to consider the entire sacrifice as a temporary ruling.] *Ralbag* explains the verse to mean that all but the sin-offerings were burnt offerings.

36. **And they gave the king's decrees**—*These returnees from exile related King Darius's mandate to the officers of the king, those who see his face.*—*[Rashi]* See above 7:11-26.

and the governors—Heb. וּפַחֲווֹת, *like* פַּחֲווֹת.—*[Rashi]*

the land beyond the river—

בְּמַעַל הַזֶּה רִאשׁוֹנָה: ג וּכְשָׁמְעִי אֶת־הַדָּבָר הַזֶּה קָרַעְתִּי אֶת־בִּגְדִי וּמְעִילִי וָאֶמְרְטָה מִשְּׂעַר רֹאשִׁי וּזְקָנִי וָאֵשְׁבָה מְשׁוֹמֵם: ד וְאֵלַי יֵאָסְפוּ כֹּל חָרֵד בְּדִבְרֵי אֱלֹהֵי־יִשְׂרָאֵל עַל מַעַל הַגּוֹלָה וַאֲנִי יֹשֵׁב מְשׁוֹמֵם עַד לְמִנְחַת הָעָרֶב: ה וּבְמִנְחַת הָעֶרֶב קַמְתִּי מִתַּעֲנִיתִי וּבְקָרְעִי בִגְדִי וּמְעִילִי וָאֶכְרְעָה עַל־בִּרְכַּי וָאֶפְרְשָׂה כַפַּי אֶל־יְהוָה אֱלֹהָי: ו וָאֹמְרָה אֱלֹהַי בֹּשְׁתִּי וְנִכְלַמְתִּי לְהָרִים אֱלֹהַי פָּנַי אֵלֶיךָ כִּי עֲוֹנֹתֵינוּ רָבוּ לְמַעְלָה רֹּאשׁ וְאַשְׁמָתֵנוּ גָדְלָה עַד לַשָּׁמָיִם: ז מִימֵי אֲבֹתֵינוּ אֲנַחְנוּ בְּאַשְׁמָה גְדֹלָה עַד הַיּוֹם הַזֶּה

ת"א יאספו. פסוק יג מגלה ל' :

הר' דגושה

רש"י

וּבְעֲוֹנֹתֵינוּ

ראשונה. שהם התחילו למעול מעל להתחתן בעכומ"ז שבעת ימים מטמים בתוכם : (ה) מתעניתי . שלא אכלתי
האכזרות: (ג) משומם . עלוב ושומם כמו (יחזקאל ג') אותו יום : (ז) נתנו . כמו נתננו דגם הנו"ן תחת חסרון

מנחת שי

(ו) רבו . בקמץ סני"ס ורסיון סני"ם : למעלה ראש . כדגשום

אבן עזרא

(ו) רבו למעלה.רבב ורכה ענין אחד להס: (ז) נתנו.דגם

רלב"ג

(ג) ואשבה משומם . ר"ל נכסל הרעיונים ונמזב מרוב הדאגה על זה המחשב והנה באלר מחר זה שכבר התמנה וזה כלל גם כן במלח
משומם ולוה אמר ואכי יושב משומם למנחת הערב ובמנחת הערב קמתי מתעניתי כי באיש המשומם הוא נעזב באוסן שלא יתן אל לבו
לאכול ולשתות וידמה שכאשר הגיעה מנחת ערב אכל ועם כל זה קרא אותו תענית וזה ממס שיורה שמתעניין לשעות . ובקרעי בגדי
ומעילי ואכרעה על ברכי וגו' . (ו) כי עונותינו רבו למעלה ראש . ל"ל כי עונותינו רבו מאד במה שעוינו לה' יה' שהוא רלם למעלם

מצודת ציון

של חטלזבות בלבזול . והמסגגים . מין שכרס : בטעל . טנין
חטל וספט : (ג) ומעילי . הוא מין מלבוש עליון : ואמרטה. טנין
חליסה כמו ואים כי ימרט כאשו (ויקרא י"ג): משומם. משותק ונאלם
כמו משמים בתוכם (יחזקאל ג') : (ד) חרד . טנין מסירום כמו ויחרדו
זקני סטיר (שמואל א' ט"ז) : (ו) תכלמתי . מלשון כלימה ובושה :
לחרים . לרומם ולהגביה : ואשמתינו . מלשון אשמס ופשע :

מצודת דוד

בני־ישראל . ראשונה . הס נשאלו בתחלה נשים מבנות הטכו"ס ומהם
למדו יתר הטס: (ג) קרעתי וגו' . מן גודל הלער כטבור המעל הזה:
משומם . משותק ונאלם כדרך המלטטר: (ד) כל חרד . כל סחרד
בקיום דברי ס' סי' נאסף אלי בעבור מעל הגולה ר"ל להטביר המעל
הזה : למנחת הערב . לדורון ותשורת סערב ר"ל לזמן הקרבת תמיד
של בין הערבים : (ה) קמתי מתעניתי . ר"ל קמתי מתעניתי וחלב
מתעניתי שלא אכל כל אותו היום : ובקרעי וגו' . ובקריעת סבגדים
כדי למורך סלבבות קס כשהוא מעונה ולבוש בגדים קרוטים וכרע על ברכיו . ואפרשה כפי . כן הוא דלך שואל החסד : (ו) לחרים

until the evening offering—i.e.,
until it was time to offer up the daily
sacrifice of the afternoon.—
[*Mezudath David, Midrash Ezra*]
The daily sacrifice was usually
slaughtered 8½ hours after dawn and
offered up on the altar 9½ hours after
dawn. If this refers to the meal-
offering, that was offered up even
later. See *Pesahim* 5:1.

5. from my fast—*for I had not
eaten on that day.*—[*Rashi*] Ralbag
explains that one who is bewildered
and worried does not think of eating
or drinking. It appears that when the
time of the evening offering arrived,
Ezra did eat. Nevertheless, he calls it
a fast. This intimates that refraining
from eating for even a number of
hours is still considered a fast.

first in this treachery." 3. And when I heard [of] this matter, I rent my garment and my robe, and I tore the hair of my head and my beard, and I sat bewildered. 4. And all those who hastened at the words of the God of Israel gathered to me on account of the treachery of the community of the exiles, and I sat bewildered until the evening offering. 5. And at the [time of] the evening offering, I arose from my fast with the rent condition of my garment and my robe, and I kneeled on my knees and spread my palms to the Lord, my God. 6. And I said, "O my God, I am ashamed and embarrassed to lift up my face to You, my God, for our iniquities have increased over our heads, and our guilt has grown up to the heavens. 7. Since the days of our forefathers, we are in great guilt until this day,

delivery of the sacred vessels.—[*Mezudath David*] *Isaiah da Trani* adds: after we rested.

the chiefs—*of Israel.*—[*Rashi*] They are the heads of the people and their pious men.—[*Isaiah da Trani*]

saying—*And so they said to me.*—[*Rashi*]

2. was first in this treachery—*for they commenced to deal treacherously by intermarrying with the peoples of the lands.*—[*Rashi*] The rest of the people learned from them and followed suit.—[*Mezudath David*] *Midrash Ezra* points out that the word רִאשׁוֹנָה, *first*, appears with the plene spelling, with a "vav," to indicate that had the leaders not commenced to intermarry, the people would not have done so. The Rabbis (*Gen. Rabbah* 26:5) also stated: "Any breach that does not originate from the prominent people is not considered a breach."

3. I rent my garment—*out of the great pain due to this treachery.*—[*Rashi*]

bewildered—Heb. מְשׁוֹמֵם, *miserable and bewildered, like* (Ez. 3:15): " ... *seven days bewildered among them.*"—[*Rashi*] *Metzudath David* explains: silent and dumb as one wracked with pain. *Malbim* explains: in solitude. *Ralbag* explains: bewildered and forlorn because of the overwhelming worry over this sin.

4. who hastened at the words—Whoever hastened to comply with God's word joined me in my effort to do away with this treachery and abolish this sinful practice.—[*Mezudath David*] *Malbim* transposes the verse: And all those who quaked on account of the treachery of the community of the exiles, because of the words of the God of Israel, gathered to me.

וּבַעֲוֺנֹתֵ֗ינוּ נָתַ֜נּוּ אֲנַ֗חְנוּ מְלָכֵ֣ינוּ כֹהֲנֵ֘ינוּ֮ בְּיַ֣ד ׀ מַלְכֵ֣י הָאֲרָצוֺת֮ בַּחֶ֣רֶב בַּשְּׁבִ֣י וּבַבִּזָּ֣ה וּבְבֹ֣שֶׁת פָּנִ֔ים כְּהַיּ֖וֺם הַזֶּֽה: יְוְעַתָּ֗ה כִּמְעַט־רֶ֘גַע֮ הָיְתָ֣ה תְחִנָּה֒ מֵאֵת֮ יְהֹוָ֣ה אֱלֹהֵ֣ינוּ לְהַשְׁאִ֣יר לָ֣נוּ פְּלֵיטָ֗ה וְלָתֶת־לָ֥נוּ יָתֵ֖ד בִּמְק֣וֺם קָדְשׁ֑וֺ לְהָאִ֤יר עֵינֵ֙ינוּ֙ אֱלֹהֵ֔ינוּ וּלְתִתֵּ֛נוּ מִֽחְיָ֥ה מְעַ֖ט בְּעַבְדֻתֵֽנוּ: ט כִּֽי־עֲבָדִ֣ים אֲנַ֔חְנוּ וּבְעַבְדֻתֵ֖נוּ לֹ֣א עֲזָבָ֣נוּ אֱלֹהֵ֑ינוּ וַיַּט־עָלֵ֣ינוּ חֶ֡סֶד לִפְנֵי֩ מַלְכֵ֨י פָרַ֜ס לָתֶת־לָ֣נוּ מִֽחְיָ֗ה לְרוֺמֵ֞ם אֶת־בֵּ֤ית אֱלֹהֵ֙ינוּ֙ וּלְהַעֲמִ֣יד אֶת־חָרְבֹתָ֔יו וְלָתֶת־לָ֧נוּ גָדֵ֛ר בִּיהוּדָ֖ה וּבִירֽוּשָׁלָֽ͏ִם: יְוְעַתָּ֣ה

ת״א כי עבדים . מגלה יח : לרומס . ברכות יח :   הי׳ פתוחה   מה

רש״י

כו״ן אחרת כמו (ד״ה ב׳ י״ד) כי עליך נשענו כמו נשעננו (בראשית ל״ד) ונתנו את בנותינו כמו ונתננו : כהיום הזה . כמו שנראה היום הזה שכבר גלו עשרת השבטים ועדיין נשארו בבבל הרבה מן הגולים : (ח) ועתה כמעט רגע . לפי שעה : תחנה . כמו חנינה : ולתת לנו יתד . לקבוע אותנו בארץ ישראל : יתר . כמו (ישעיה כ״ב) ותקעתיו יתד במקום נאמן : מחיה מעט . חיים מועטים : (ט) כי עבדים אנחנו . לדריוש מלך פרס : לא עזבנו . לא

אבן עזרא

הנו״ן לצורך נו״ן השרס : (ח) תחנה . כטעם חנינה שחנן עלינו : בעבדותנו . פי׳ כי עבדים אנחנו : (ט) גדר .

מנחת שי

הרי״ש במדוייקים : (ז) נתנו . דגם הנו״ן לצורך נו״ן השורש הרלב״ע ורש״י : (ט) ויט עלינו . בפתחות סי״ד כמ״ש כמ״ד (כשמואל ב

רלב״ג

רלב״ג׳ בזה שהוא ראש לעליונים ולאלסי האלהים . או ירלם בזה שהם רבו למעלה מכל ראש ומספר כולל כטעם נשא את ראש בני גרשון : (ח) ועתה כמעט רגע . קרא זמן גלות הנשארים שחטאו אבותינו : ולתת לנו יתד במקום קדשו . ר״ל להחתק ולהקבע בו : (ט) ולתת לנו גדר דירם באלן יסודה וירושלים . ר״ל לתת לנו דירם ביסודה ובירושלים כי סדירם לא מסיס בזולת גדר

מצודת דוד

ונו׳ . הוא הסוך כמו הסרים סני אליך סלסי : רבו . נתרבו וסלו למעלה מן הראם׳ : (ז) כהיום הזה . כאשר נרסה היום אסר בני י׳ סבטים המס בגולה ואף מבני יסודה ובנימין רבים נסארו בבבל בגולה : (ח) כמעט רגע . מעט זמן כי׳ לנו חנינה מס׳ וסיא מל׳ אסלה ומלילה על כי הגאולה הסיא הסיא קטנה : יתד וגו׳ . קבועות ביסודם כיתד סקבוע ביסודם בירושלים כיסד סקבוט : מחיה מעט . מייס מועטים : (ט) כי עבדים . עדיין עבדים אנחנו אל מלכי פרס אבל בעבדותנו לא עזבנו מכל וכל :

מצודת ציון

(ח) תחנה . חנינה ומן וכן לבלתי סיום לסס מחנם (יהוסע י״א) : פליטה . מנין סללה וסיור : יתר . מסמר . מלסון מיום : (ט) חרבותיו . מלסון מורבה : גדר . כותל מקיף : מחיה מעס . מחיה מעם . מיים מועטים בעת עבדותנו : גדר . לסיום

---

a peg—Heb. יָתֵד, *like* (Isa. 22:23): "*And I will thrust him like a peg (יָתֵד) in a sure place.*"—[*Rashi*]

a little life—Heb. מִֽחְיָה מְעַט.—[*Rashi*]

in our servitude—during our servitude.—[*Mezudath David*]

Malbim explains that God granted us favor in four ways: 1) by leaving us a remnant, so that we should not perish in exile, 2) by giving us a peg in His holy place, so that we will be able to rebuild the Temple, 3) by enlightening our eyes, so that we return to His ways in order that the punishment decreed upon us should end, and 4) by granting us life so that we should prosper a little while we are in our land, although we are still in a state of servitude, for the true

and because of our iniquities, we were delivered—we, our kings, our priests—into the hands of the kings of the lands by the sword, in captivity, and with plunder and with shame-facedness as of this day. 8. And now, for a short moment, favor has been granted by the Lord our God, to leave us a remnant and to give us a peg in His holy place, so that our God may enlighten our eyes and grant us a little life in our servitude. 9. For we are slaves, and in our servitude our God has not forsaken us, and He has extended loving-kindness upon us before the kings of Persia, to give us life, to exalt the House of our God and to erect its ruins, and to give us a fence in Judea and in Jerusalem. 10. And now,

with the rent condition of my garment—He arose from his fast with his rent garments and knelt in prayer before God. He hoped that all this would serve to awaken the hearts of the people to the gravity of the situation.—[*Mezudath David*]

over our heads—This translation follows *Mezudath David*. *Ralbag* explains: for our iniquities have increased exceedingly, for we have sinned against the Lord, Who is the Most High Head, i.e., Who is the Head of the celestial beings and the God of all the powers. He suggests also: for our iniquities have increased above any number.

7. **we were delivered**—Heb. נִתֵּנוּ, *like* נִתְנַגְנוּ. *The "dagesh" in the "nun" is instead of another "nun," like* (II Chron. 14:10): *"for we rely* (נִשְׁעַנּוּ) *on You," like* נִשְׁעַנְנוּ. (Gen. 34:16): *" ... then we will give* (וְנָתַנּוּ) *our daughters," like* וְנָתַנְנוּ.—[*Rashi, Ibn Ezra*] *Ibn Ezra* specifies that the missing "nun" is from the radical, which is נתן. [Incidentally, the "dagesh" in the "tav" is instead of the first "nun" of the radical, leaving only the "tav" of the radical. This is the only root having both ends defective.]

as of this day—*as appears this day, for the Ten Tribes have already been exiled, and many of the exiles still remain in Babylon.*—[*Rashi*] i.e., many of the Judahites and the Benjamites still remain in Babylon.—[*Mezudath David*] *Malbim* explains that, although the Jews were permitted to return to the Holy Land, their sins were not completely expiated.

8. **And now, for a short moment**—*temporarily.*—[*Rashi*]

favor—Heb. תְּחִנָּה, *like* חֲנִינָה.—[*Rashi*] *Metzudath David* explains the verse to mean that the quality of the exile was minor, as the result of God's grace. *Ralbag* renders: And now, after a short moment. This refers to the length of the Babylonian exile, which was very short in proportion to the gravity of their sins.

and to give us a peg—*to establish us in the land of Israel.*—[*Rashi*]

מַה־נֹּאמַר אֱלֹהֵינוּ אַחֲרֵי־זֹאת כִּי עָזַבְנוּ מִצְוֹתֶיךָ: יא אֲשֶׁר צִוִּיתָ בְּיַד עֲבָדֶיךָ הַנְּבִיאִים לֵאמֹר הָאָרֶץ אֲשֶׁר אַתֶּם בָּאִים לְרִשְׁתָּהּ אֶרֶץ נִדָּה הִיא בְּנִדַּת עַמֵּי הָאֲרָצוֹת בְּתוֹעֲבֹתֵיהֶם אֲשֶׁר מִלְאוּהָ מִפֶּה אֶל־פֶּה בְּטֻמְאָתָם: יב וְעַתָּה בְּנוֹתֵיכֶם אַל־תִּתְּנוּ לִבְנֵיהֶם וּבְנֹתֵיהֶם אַל־תִּשְׂאוּ לִבְנֵיכֶם וְלֹא־תִדְרְשׁוּ שְׁלֹמָם וְטוֹבָתָם עַד־עוֹלָם לְמַעַן תֶּחֶזְקוּ וַאֲכַלְתֶּם אֶת־טוּב הָאָרֶץ וְהוֹרַשְׁתֶּם לִבְנֵיכֶם עַד־עוֹלָם: יג וְאַחֲרֵי כָּל־הַבָּא עָלֵינוּ בְּמַעֲשֵׂינוּ הָרָעִים וּבְאַשְׁמָתֵנוּ הַגְּדֹלָה כִּי אַתָּה אֱלֹהֵינוּ חָשַׂכְתָּ לְמַטָּה מֵעֲוֹנֵנוּ וְנָתַתָּה לָּנוּ

רש"י

עזב אותנו : ויט . ל' מפעיל כמו מטה הטה עלינו חסדו : נדר . שהיו גודרין גדר לשמור מצותיו : (יא) נדה . טמאה וגעולה : (יב) והורשתם , את הארץ לבניכם עד עולם : (יג) ואחרי כל הבא עלינו . אחרי כל המעשה

מנחת שי

י"ט) : (יב) ובנתם בנותיכם . הבי"ת בגעיא : (יג) מעוננו . בקלת ספרים מעונינו ביו"ד הרבים :

רמז לגלות : חשכת למטה מעונינו . כאילו מנעת וחשבת מכתוב מקלת עונינו בספר זכרון והנחתם למטה לארץ כטעם ותשליך במצולות ים כל חטאתם :

פליטה

הרע אשר הגיע עלינו במעשינו הרעים : חשכת לבמטה מעונינו . מנעת מעונותינו עד למטה שנפחת טוניט על כפרת גלותיו ויש לנו לפותרו בענין זה מכעת עצמך מלגבות ממנו כל עונינו וגבית ממכו למטה מן העונות ולא פרעת

אבן עזרא

לבלתי נהיה למרמם : (יא) ארץ נדה . ענין ריחוק כתרגומו ומשקלו גזס : (יג) ואחרי כל הבא עלינו .

רלב"ן

(יא) ארן נדה היא בנדת עמי הארצות . ר"ל שכבר נטמאה הארץ בטמאותיהם בטריות ובע"ז : (יב) ולא תדרשו שלומם וטובתם . סוף טוב אל טמון ומומב לבד כמו שנזכר בתורה : (יג) כי אתה אלהינו חשכת למטה מעונינו . ר"ל מנעת מן טעונש חטלם סראוי לבא עלינו והכאת

מצודת ציון

(יא) נדה . מלשון נדידם ורחוק : (יג) חשכת . מנעת כמו ולא חשכת (בראשית כ"כ) :

מצודת דוד

גזורים מסביב לכל נסיה טוד למרמם לכל : (י) אחרי זאת . אחרי הסבות הזאת שעשית לנו מה נאמר כ"ל וכי נוכל לומר סטובם כזאת מטוטה היא כי כלא עזבנו מלותיך ואף סמטם ססיא למסד

כמסב:(יא) ארץ נדה היא. ארן מרומק ומוטוב בטבור טבו כ סטו"ס כתובו' אסר מלאו הארן מספתה אל ספסה כרוב סומאמ' : (יב) לטען תחזקו . למען תחמזו באון לספאר בידכם : עד עולם . כ"ל ובניכם לבניכם וכן עד טולם : (יג) ואחרי וגו'. אחרי טראינו כל טטונט סכא עלינו וגו' : חשכת . ר"ל אף סנגאולם סמוטטם ססיא אין אנו רלויים לה כי אתם כחסדך מנעת סטונש לתחה למטה מעוננו

[less than] *the iniquities, and You requited us according to all our sins.—[Rashi] Ralbag* and *Metzudath David* explain: We do not even deserve this minor redemption, but You, with Your loving-kindness, held back the punishment below our iniquity, i.e., less than our iniquity. Because of this You gave us a

remnant, and not because of our righteous deeds. *Ibn Ezra* explains: It is as though You refrained from writing part of our iniquity in a book of records and placed them down to the ground, similar to (Micah 7:19): " ... and You shall cast into the depths of the sea all their sins."

what shall we say, O God, after this, for we have forsaken Your commandments, 11. Which You have commanded by Your servants the prophets, saying, 'The land that you are coming to inherit is an unclean land because of the uncleanliness of the peoples of the lands, by their abominations with which they filled it from end to end with their uncleanliness. 12. And now, you shall not give your daughters to their sons, neither shall you take their daughters for your sons, and you shall not seek their peace nor their prosperity to eternity, in order that you become strong and eat the goodness of the land, and you shall cause your children to inherit it to eternity.' 13. And after all that has come upon us because of our evil deeds and because of our great guilt, because You our God, have punished us less than our inquities deserve, and You have given us

redemption has not yet been realized, as the angel told Daniel.

9. For we are slaves—*to Darius, king of Persia.*—*[Rashi]*

has not forsaken us—Heb. לֹא עֲזָבָנוּ, a combination of לֹא עָזַב אוֹתָנוּ.— *[Rashi]*

and He has extended—Heb. וַיֵּט, *an expression of the causative, like מַטֶּה. He extended His loving-kindness upon us.*—*[Rashi]*

its ruins—the ruins of this Temple.—*[Mezudath David]*

a fence—*for they had created a fence to keep His commandments.*— *[Rashi]*

11. unclean—Heb. נִדָּה, *unclean and repulsive.*—*[Rashi] Rashi* appears to define נִדָּה as an expression of uncleanliness, although it is not definite. This is, however, *Ralbag's* explanation. He explains that the land became unclean through the immorality and idolatry of its

inhabitants. *Metzudath David* defines נִדָּה as an expression of distancing and repulsion.

12. and you shall cause ... to inherit—*You shall give the land to your children as an inheritance to eternity.*—*[Rashi]*

to eternity—i.e., your children will bequeath the land to their children, and so on to eternity.— *[Mezudath David]*

13. And after all that has come upon us—*after all the calamity that has befallen us because of our evil deeds.*—*[Rashi]*

You have punished less—*You have held back from our iniquities until below them* [i.e., less than them], *for our iniquity was lessened by the expiation effected by our exile. We may also interpret it in this manner: You held Yourself back from collecting from us all our iniquity, and You collected from us below*

פְּלֵיטָה כָּזֹאת: ⁱ⁴הֲנָשׁוּב לְהָפֵר מִצְוֹתֶיךָ וּלְהִתְחַתֵּן בְּעַמֵּי הַתֹּעֵבוֹת הָאֵלֶּה הֲלוֹא תֶאֱנַף־בָּנוּ עַד־כַּלֵּה לְאֵין שְׁאֵרִית וּפְלֵיטָה: ¹⁵יְהֹוָה אֱלֹהֵי יִשְׂרָאֵל צַדִּיק אַתָּה כִּי־נִשְׁאַרְנוּ פְלֵיטָה כְּהַיּוֹם הַזֶּה הִנְנוּ לְפָנֶיךָ בְּאַשְׁמָתֵינוּ כִּי אֵין לַעֲמוֹד לְפָנֶיךָ עַל־זֹאת:

יא וּכְהִתְפַּלֵּל עֶזְרָא וּכְהִתְוַדֹּתוֹ בֹּכֶה וּמִתְנַפֵּל לִפְנֵי בֵּית הָאֱלֹהִים נִקְבְּצוּ אֵלָיו מִיִּשְׂרָאֵל קָהָל רַב־מְאֹד אֲנָשִׁים וְנָשִׁים וִילָדִים כִּי־בָכוּ הָעָם הַרְבֵּה בֶכֶה: ב וַיַּעַן שְׁכַנְיָה בֶן־יְחִיאֵל מִבְּנֵי עוֹלָם וַיֹּאמֶר לְעֶזְרָא

אֲנַחְנוּ

ת"א בחנית, מגלה טו סנהדרין יא: עילם קרי:

רש"י

מִמֶּנּוּ מכל חטאתינו: (יד) הֲנָשׁוּב. אם נשוב: הֲלֹא תֶאֱנַף בָּנוּ. תמיה המתקיימת: (טו) כי אֵין. כח מעשי' טובים בנו לעמוד ולהתקיים לפניך על עבירה זו: י (א) בכה. כמו בכי: (ב) וְנוֹשַׁב. והושכמס: יֵשׁ מִקְוֶה.

אבן עזרא

כי אֵין לַעֲמוֹד. פי' אֵין לנו ראוי לעמוד לפניך באשמתנו זאת: י (א) בכה. על משקל מים מנבא:

מנחת שי

(טו) הִנְנוּ לְפָנֶיךָ. קל ובשוא הנו"ן סרחבונה ומיכון ד' בקריא על פי המסורה וסי' סדרתי ביהושע ט': י (ב) מבני עולם. עילם קרי:

רלב"ג

מִמֶּנּוּ למטה ממה שראוי לפי עונינו: (יד) הֲנָשׁוּב להפר מצותיך. אמר זה בתמיה. הראוי שנשוב להפר מצותיך אמר שמטעם לנו להקל עונשנו ולהשגיח בנו הלא זה יהיה סבה שתאנף בנו עד כלה לאין שארית ופלטה: י (א) הרבה בכה. הרבה כבים. סרבה וידמה שאמר זה מזלא

מצודת דוד

ר"ל סחות מסס ובעבור זה נחת לנו פליטה ולא בלדקותינו: (יד) הֲנָשׁוּב. חוזר למעל' לומר אחרי שראינו המונע והחסד בפליטה הנשארת וכי מן הראוי שנשוב להפר מצותיך: עד כלה. עד לכלות הכל מבלי שארית ולא תעשה עוד חסד: (טו) צדיק אתה וגו'. כאשר אתחנו כיום סליט מוטמם: כי אֵין לַעֲמוֹד. ר"ל אֵין בנו זכות לעמוד לפניך על סמון זה להעביר אותו בעבור מטאף הזלום ומ"ב עדיין אנו באשמה הזאת וטמון סוא בידינו והפליטה האשארת בלדקה היא: י (א) וכהתפלל. וכאשר התפלל עזרא וגו':

מצודת ציון

(יד) לְהָפֵר. לבטל: וּלְהִתְחַתֵּן. מלשון חתון: תֶאֱנַף. מלשון אף וחימה: י (א) וּכְהִתְוַדֹּתוֹ. מלשון וידוי: וּמִתְנַפֵּל. נופל ומשתטח כאדן בכו: כי בכו. בעבור

---

remnant, and their present sins of intermarrying with the peoples of the land, for which he had no defense. *Ibn Ezra* explains: It is improper to stand before You with this guilt of ours.

10

1. And when Ezra prayed and confessed, etc.—Ezra confessed to God with weeping and fasting so that God would forgive the people and grant them the opportunity to rectify their sins. Although Ezra did not verbalize this, God knows everyone's thoughts.—[*Azulai*]

women and children—Possibly, these were women whose husbands had taken gentile wives, and they too wept, as Malachi—who is identified as Ezra—said, (Mal. 2:13): "And this second thing you do, to cover the altar of the Lord with tears, weeping, and sighing, etc."—[*Malbim*]

a remnant such as this. 14. If we revert to breaking Your commandments to intermarrying with these abominable peoples, will You not be wroth with us until destruction without remnant or escape? 15. O Lord God of Israel, You are righteous, for we are left a remnant as of this day; behold we are before You in our guilt, for we cannot stand before You because of this."

10

1. And when Ezra prayed and confessed, weeping and prostrating himself before the House, a very large assemblage of Israel, men, women, and children, gathered to him, for the people wept with much weeping. 2. And Shechaniah, the son of Jehiel, of the sons of Elam, raised his voice and said to Ezra,

14. **If we revert**—Heb. הֲנָשׁוּב, *if we return.*—[*Rashi*] [*Rashi* wishes to negate the obvious interpretation: Shall we return, which is adopted by other commentators, as will be explained below. He probably bases his choice on the second half of the verse: " ... will You not be wroth with us?" *Rashi* considers this a complex sentence, the first segment of the verse being the subordinate clause.]

will You not be wroth with us—*a wonder with an affirmative answer.*—[*Rashi*] *Ralbag* and *Metzudath David* explain: Since we have experienced the punishment and the loving-kindness, viz. that You have preserved our remnant, is it proper that we should revert and break Your commandments? Would that not be reason for You to be wroth with us to the point of utter destruction, that we should be left without a remnant?

15. **You are righteous, etc.**—You have dealt with us charitably, not with strict justice.—[*Mezudath David*]

as of this day—as we are today a small remnant.—[*Mezudath David*]

behold we are before You—We are still clinging to this sin, and it is still with us.—[*Mezudath David*]

for we cannot—lit. for there is nothing; i.e., *we do not have the power of good deeds to stand and exist before You, because of this transgression.*—[*Rashi*] *Metzudath David* explains similarly: We have no merit with which to stand up before You in the face of this iniquity, consequently, we remain with this guilt, and it is hidden in our hands. Accordingly, our remnant exists only through charity. *Malbim* explains that Ezra confesses both the previous guilt of the Jewish people, for which God punished them less than they deserved and preserved their

אֲנַחְנוּ מָעַלְנוּ בֵאלֹהֵינוּ וַנֹּשֶׁב נָשִׁים נָכְרִיּוֹת מֵעַמֵּי הָאָרֶץ וְעַתָּה יֵשׁ־מִקְוֶה לְיִשְׂרָאֵל עַל־זֹאת: ג וְעַתָּה נִכְרָת־בְּרִית לֵאלֹהֵינוּ לְהוֹצִיא כָל־נָשִׁים וְהַנּוֹלָד מֵהֶם בַּעֲצַת אֲדֹנָי וְהַחֲרֵדִים בְּמִצְוַת אֱלֹהֵינוּ וְכַתּוֹרָה יֵעָשֶׂה: ד קוּם כִּי־עָלֶיךָ הַדָּבָר וַאֲנַחְנוּ עִמָּךְ חֲזַק וַעֲשֵׂה: ה וַיָּקָם עֶזְרָא וַיַּשְׁבַּע אֶת־שָׂרֵי הַכֹּהֲנִים הַלְוִיִּם וְכָל־יִשְׂרָאֵל לַעֲשׂוֹת כַּדָּבָר הַזֶּה וַיִּשָּׁבֵעוּ:

ת"א נכרת ברית . יבמות ד' קדושין סד §

ויקם

רש"י
והחרדים במצות אלהינו . ויראי שמים יוליאוס : וכתורה יעשה . העושה המעשה הזה אשר יוליא אשתו ובניו העכומ"ז : (ד) ואנחנו עמך . להיות מסכימים עמך :

אבן עזרא
אמרו בנו הוא לכל דבר חוץ מן הגולל מן השפחה ומן הכותית. והוליאו האמות והבנים : והחרדים במצות אלהינו . לבלתי התחתן בם יוליאו נשותיהס : וכתורה יעשה . למי שאינו חרד כי נכריתנו להוליא :

רלב"ג
(ב) יש מקוה לישראל על זאת . ר"ל מקום מים ירחלו ויטהרו ושב שיטזוב דרכו להוליא כל הנשים והנולד מהם . או יהיה מקום מענין תקוה ובטמון וסרלון יש להם תקוה להטהר מזאת הטומאה והענין אחד איך שיפורש :

מצודת ציון
(ב) בקוה . מלשון תקוה ותוחלת . (ג) והחרדים . הממהרים : (ד) קום . הוא מענין זרוז וכן קום עבור (יהושע א') :

מצודת דוד
תחלת עזרא בכו העם אשר נמלאו טמו ולהיות בכיתם נקבלו קהל רב : (ב) ונשב . הושבנו בבתינו לקחת אותן לנשים : יש בק"ה . יש תקוה לבטל הטון הזאת : (ג) כל נשים . מכבות העכו"ם .

that מִקְוֶה means a ritual bath, in which unclean people immerse themselves and become ritually clean. We will become purified of this sin by casting out our foreign wives and their offspring. *Yalkut HaGershuni* explains that Shechaniah asks whether there is any purification for these foreign wives, i.e., whether they can proselytize them and remain married to them or whether they must divorce them. Apparently, Ezra replied that there was no way for them to remain married to their foreign wives. They therefore promised to cast them out along with their gentile offspring. *Malbim*, following his interpretation that the communal sin was the failure to protest against the transgressors, explains that Israel had hope of expiation by admonishing the transgressors to divorce their wives. Prior to Ezra's immigration, they had not been authorized by Artaxerxes to appoint judges and enforce the laws of the Torah, but now they were able to enforce these laws.

"We have betrayed our God, and we have taken in foreign wives of the peoples of the land, but now there is hope for Israel concerning this. 3. And now, let us make a covenant with our God to cast out all the wives and their offspring, by the counsel of the Lord and those who hasten to [perform] the commandment of our God, and according to the Law it shall be done. 4. Rise, for the matter is incumbent upon you, and we are with you; be strong and do!" 5. Then Ezra rose and adjured the chiefs of the priests, the Levites, and all Israel to do according to this matter, and they swore.

weeping—Heb. בְּכֹה, like בְּכִי.—[*Rashi*]

much weeping—They wept for various sins which they had committed.—[*Yalkut HaGershuni* from *Shaar Hamelech*] *Metzudath David* explains that when Ezra prayed, the people with him wept profusely, and when the others heard their weeping, a large group of people congregated around Ezra.

2. **And Shechaniah, the son of Jehiel, etc.**—The Rabbis (*Sanh.* 11a) state that Shechaniah was innocent of the sin of marrying pagan women. However, in order not to embarrass the sinners, he accepted the blame along with the others.

We have betrayed—Judging from the names of those who took foreign wives, which are enumerated further, they were very few as compared to the entire nation in the land of Israel at that time. Nevertheless, it was considered a general sin because it was committed in public, and the leaders did not protest, as is stated above (9:2): " ... and the hand of the chiefs and the deputies was first in this treachery." Therefore, because of communal responsibility, it was considered as though the entire nation was guilty of this sin. For this reason Shechaniah said, "We have betrayed, etc.," including himself and the entire nation among the sinners.—[*Malbim*]

and we have taken—*And we took them in.*—[*Rashi*] [*Rashi's* intention is obscure. He may mean that the word וַנֹּשֶׁב is the past tense, not the future, but this seems quite obvious. He may possibly mean that the root is יָשַׁב, *to sit*, meaning that we took them in to live with us, and not שׁוּב, *to return*.]

there is hope—*There is hope for Israel concerning this, for they can cast out their foreign wives and their offspring and cast out all the children born from these foreign wives.*—[*Rashi*] *Metzudath David* explains clearly: we allowed them to dwell in our houses, taking them for wives. *Ibn Ezra* explains this as the interrogative: Is there hope for Israel concerning this? *Ralbag* suggests

יָּקָם עֶזְרָא מִלִּפְנֵי בֵּית הָאֱלֹהִים וַיֵּלֶךְ אֶל־לִשְׁכַּת יְהוֹחָנָן בֶּן־אֶלְיָשִׁיב וַיֵּלֶךְ שָׁם לֶחֶם לֹא־אָכַל וּמַיִם לֹא־שָׁתָה כִּי מִתְאַבֵּל עַל־מַעַל הַגּוֹלָה: וַיַּעֲבִירוּ קוֹל בִּיהוּדָה וִירוּשָׁלַ͏ִם לְכֹל בְּנֵי הַגּוֹלָה לְהִקָּבֵץ יְרוּשָׁלָ͏ִם: וְכֹל אֲשֶׁר לֹא־יָבוֹא לִשְׁלֹשֶׁת הַיָּמִים כַּעֲצַת הַשָּׂרִים וְהַזְּקֵנִים יָחֳרַם כָּל־רְכוּשׁוֹ וְהוּא יִבָּדֵל מִקְּהַל הַגּוֹלָה: וַיִּקָּבְצוּ כָל־אַנְשֵׁי־יְהוּדָה וּבִנְיָמִן יְרוּשָׁלַ͏ִם לִשְׁלֹשֶׁת הַיָּמִים הוּא חֹדֶשׁ הַתְּשִׁיעִי בְּעֶשְׂרִים בַּחֹדֶשׁ וַיֵּשְׁבוּ כָל־הָעָם בִּרְחוֹב בֵּית הָאֱלֹהִים מַרְעִידִים עַל־הַדָּבָר

רש"י

(ז) קול . כרוז : (ח) (ח) לשלשת הימים . לסוף שלשת על הדבר . מתיראים על הדבר מתייראים היו ממכשול הימים: (ט) חדש התשיעי . הוא חדש כסליו: מרעידים : של עבירה זאת: ומהגשמים . ומן הגשמים היורדים

אבן עזרא

(ט) ומהגשמים . ומרוב הגשמים מרעידים:

רלב"ג

(ח) יחרם כל רכושו . יהיה כל קנינו חרם והוא יהיה נבדל מקהל הגולה . הוא הרמוז אשר לפני בית הַאלהים : (ט) בכרחוב בית הַאלהים

מצודת דוד

(ז) ויעבירו . סכביזו גומר לכל הגולה וגו' : (ח) לשלשת הימים . לסוף ג' הימים מעת הכרוז : כעצת וגו' . אשר הנגילו זה הזמן והוא יבדל . לא ילרפו אותו לקהל הגולה בדבר מהדברים :

מצודת ציון

(ז) לשכת . עין חדר מס : (ח) יחרם . ענין מורכן ושכמן : (ט) מרעידים . מלשון רעדה ורחם : (ט) ברחוב . למקום היו כהל הבית וכן כבית הראשון כמ"ש לרמוב המזרחה (דה"כ כט) : מרעידים . היו מופדים פל

<hr>

congregation of the exile had the power to confiscate and destroy all the property of anyone who would not comply with their proclamation.—[*Moed Katan* 16a] As stated above, *Malbim* explains that the sin of intermarriage was not widespread, judging from the number of transgressors enumerated below. It was deemed a communal sin because of communal responsibility. Prior to Ezra's arrival, since they were not empowered by the king to coerce the people to observe religious law, the community could not be held responsible for the sins of the individual.

After Ezra's arrival, however, since he was empowered to enforce religious law, they were responsible. And since the people knew that many of the transgressors would refuse to part with their gentile wives and children, and Ezra had the power only as far as the Torah granted him, they had to threaten them with more severe punishments. They would be empowered to impose more severe punishments only by accepting an oath, in which case they would have the status of a king who can punish over and above what is prescribed by the Torah. An example of this is

6. Then Ezra rose from before the House of God, and he went to the chamber of Jehohanan the son of Eliashab. [When] he went there, he neither ate bread nor drank water, because he was mourning over the treachery of the community of the exiles. 7. And they issued a proclamation in Judea and Jerusalem to all the people of the community of the exiles to assemble to Jerusalem. 8. And whoever does not come by three days according to the counsel of the chiefs and the elders—all his property shall be confiscated, and he shall be separated from the congregation of the exile. 9. And all the people of Judah and Benjamin assembled to Jerusalem by three days; that is the ninth month, on the twentieth of the month, and all the people stayed in the broad plaza of the House of God, quaking over

3. by the counsel of the Lord— *by the counsel and the will of the Holy One, blessed be He.*—[*Rashi*]

and those who hasten to [perform] the commandment of our God—*and the God-fearers, they shall cast them out.*—[*Rashi*] [i.e., by the counsel of the God-fearers, they shall cast them out.]

and according to the Law it shall be done—*he who performs this act, who will cast out his gentile wife and children.*—[*Rashi*] [Apparently, *Rashi's* reading in the text was יַעֲשֶׂה, *he shall do.* He therefore explains that the subject is *he who performs etc.*]

and according to the Law it shall be done—to whomever does not hasten, for we shall compel him to cast them out. [He obviously had our reading. Surprisingly, *Minhath Shai* does not comment on this controversy.]

4. Rise—Perform the matter with alacrity because the matter is incumbent upon you, for you are the chief of us all.—[*Mezudath David*]

and we are with you—*to agree with you.*—[*Rashi*] *Metzudath David* explains: we will be with you to assist you.

5. and all Israel—the chiefs of all Israel.—[*Mezudath David*]

7. a proclamation—Heb. קוֹל, lit. a voice, *an announcement.*—[*Rashi*]

8. by three days—*at the end of three days.*—[*Rashi*]

according to the counsel of the chiefs, etc.—who gave this time limit.—[*Mezudath David*]

all his property shall be destroyed—This clause is the basis for the Talmudic maxim: הֶפְקֵר בֵּית דִּין הֶפְקֵר, *the court's renunciation of ownership is valid,* meaning that, for a valid reason, the court has the power to renounce a person's ownership of his property. Based on this premise, Ezra and the

הַדָּבָר וּמֵהַגְּשָׁמִים: י וַיָּקָם עֶזְרָא הַכֹּהֵן וַיֹּאמֶר
אֲלֵהֶם אַתֶּם מְעַלְתֶּם וַתֹּשִׁיבוּ נָשִׁים נָכְרִיּוֹת לְהוֹסִיף
עַל־אַשְׁמַת יִשְׂרָאֵל: יא וְעַתָּה תְּנוּ תוֹדָה לַיהוָה
אֱלֹהֵי־אֲבֹתֵיכֶם וַעֲשׂוּ רְצוֹנוֹ וְהִבָּדְלוּ מֵעַמֵּי הָאָרֶץ
וּמִן־הַנָּשִׁים הַנָּכְרִיּוֹת: יב וַיַּעֲנוּ כָל־הַקָּהָל וַיֹּאמְרוּ קוֹל
גָּדוֹל כֵּן כִּדְבָרְךָ עָלֵינוּ לַעֲשׂוֹת: יג אֲבָל הָעָם רָב
וְהָעֵת גְּשָׁמִים וְאֵין כֹּחַ לַעֲמוֹד בַּחוּץ וְהַמְּלָאכָה לֹא־
לְיוֹם אֶחָד וְלֹא לִשְׁנַיִם כִּי־הִרְבִּינוּ לִפְשֹׁעַ בַּדָּבָר
הַזֶּה: יד יַעֲמְדוּ־נָא שָׂרֵינוּ לְכָל־הַקָּהָל וְכֹל אֲשֶׁר
בְּעָרֵינוּ הַהֹשִׁיב נָשִׁים נָכְרִיּוֹת יָבֹא לְעִתִּים מְזֻמָּנִים

יתיר י׳

רש"י

וְעִמָּהֶם

(יא) **תודה.** וידוי:
(יג) **וְהָעֵת גשמים.** שהגשמים יורדים עלינו. **וְהַמְּלָאכָה.**

עליהם שם היו רעודים ועלובים:
והרחקת עבירה זו אין אתה יכול לתקן כל כך במהירות:
(יד) **לכל הקהל.** עם כל הקהל. **הההושיב.** אשר הושיב:

מנחת שי

אבן עזרא

(י) **ותשיבו.** במקלת דפוסיס כתוב **וַתַּשִׁיבוּ** סתי"ו בקמן וסמוך
סוֹף כי מינו אלא במולם: (יב) **כדברך.** כדברך קרי:
(יד) **לכל הקהל.** הלמ"ד בגעיא: **וכל אשר.** נמלא בקלף ספרים
ובכל ובטעים במיעוטם: סהסיב. ס"א שנים במולם:

(יג) **והמלאכה.** מלאכת הבדל מן הנשים: (יד) **ההושיב.**
ההי"א לידיעה והיא הכנסת על העוברים והוא כטעם אשר
עד לדבר הזה. כמו עד זה מדבר ופירום עוד יעמדו השרי׳

רלב"ג

מוֹן מהטעלרס כי אין רמוי לישב במזרה: (יד) ההושיב נשים נכריות . ר"ל אשר הושיב נשים נכריות:

מצודת ציון

מצודת דוד

(יא) **תודה.** סודאה: (יד) **מזומנים.** עִנִין סכנה וקביטות כמו
בעתים מזומנות (נחמיס י"ג):

דבר מכשול סטון ומחמת רוב הגשמים הַיַּיְמִד עליהם:
(י) **ותשיבו.** הושבתם בבתיכס לנשים: **על אשמת ישראל.**
אשר יש בידם מאז: (יא) **תנו תודה.** סיו מודים אשר עטיחס

סרע ומחמרטו עליו ועטו ממתה רלונו: **מעמי הארץ.** לבלי פת מבנותיכם לטכו"ס: (יב) כן. אמת וישר הדבר הזה ועלינו לעשות
כדברך: (יג) **העם.** כושאי העכו"ס הסם רבים ואין כאן בתים להגיל את כולם והטת היא עת גשמים וגו׳: **והמלאכה.** מלאכת
ספרשת הנשים העכו"ס: כי הרבינו. ר"ל רבים הס אשר פשטו בדבר הזה: (יד) שרינו לכל קהל. השרים שעל כל קהל יעמדו
פה בירושלים עד יושלם הדבר: **החושיב.** אשר הושיב בביתו נשים עכו"ס: לעתים מזומנים. לפי לעת אשר יכינו להס השרים:

---

from the peoples of the land—
not to give your daughters to
heathens.—[*Mezudath David*]

12. **Yes**—This matter is true,
and we must do you as you say.—
[*Mezudath David*]

13. **the people**—who married
foreign wives are many, and there are
not enough houses here to house
them all. Also, they cannot stay
outside because now is the rainy
season.—[*Mezudath David*]

and it is the rainy season—*for
the rains are falling upon us.*—
[*Rashi*]

and the work—*And this sepa-
ration from sin cannot be executed so
quickly.*—[*Rashi*] i.e., the process of
separating the foreign wives.—
[*Mezudath David*]

**for we have sinned very
much**—i.e., many have committed
this sin.—[*Mezudath David*]

the matter and because of the rains. 10. And Ezra the priest arose and said to them, "You have dealt treacherously, and you have taken in foreign wives to add to Israel's guilt. 11. And now, confess to the Lord, the God of your forefathers, and do His will, and separate from the peoples of the land and from the foreign wives." 12. Then the entire congregation replied and said in a loud voice: "Yes! We must do as you say! 13. But the people are many, and it is the rainy season, and there is no strength to remain outside, and the work is not for one day and not for two, for we have sinned very much in this matter. 14. Let our chiefs remain now with the entire congregation, and whoever is in our cities who took in foreign wives shall come at appointed times

found in Judges, in the episode of the concubine in Gibeah, in which case the congregation swore that whoever would not come to the assembly in Mizpah would be put to death, and the oath was executed. See Judges 21:5-12. Therefore, the people entered into a covenant with an oath, so that "it will be done according to the Law"—that severe punishments could be meted out upon the transgressors.

9. the ninth month—*That is the month of Kislev.*—[*Rashi*]

in the broad plaza of the House of God—This refers to the broad plaza in front of the Temple, outside the Temple Court. It was used because it is improper to sit in the Temple Court.—[*Ralbag*] During the days of the First Temple, there were also broad plazas on the Temple Mount, as in II Chron. 29:4.—[*Mezudath David*]

quaking over the matter—*They were afraid over the matter.*

They were afraid of the stumbling block of this transgression.—[*Rashi*]

and because of the rains—*And because of the rains that were falling upon them there, they were shivering and miserable.*—[*Rashi*]

10. You have dealt treacherously—Since all of Israel are responsible for one another, the guilt lies on all of them. Ezra wanted them to agree that whoever sins separates himself from the community, and the community has the power to punish him either with death or by confiscation of his property. All these powers are related to the power of the monarchy.—[*Malbim*]

to add to Israel's guilt—which they had from before.—[*Mezudath David*]

11. confess—Heb. הֹודוּ, [which, in this case, means] וִדּוּי, *confession.*—[*Rashi*] Confess that you have committed evil and regret it, and from now on fulfill God's will.— [*Mezudath David*]

וְעָרֵיהֶם זִקְנֵי־עִיר וָעִיר וְשֹׁפְטֶיהָ עַד לְהָשִׁיב חֲרוֹן אַף־אֱלֹהֵינוּ מִמֶּנּוּ עַד לַדָּבָר הַזֶּה: מ אַךְ יוֹנָתָן בֶּן־עֲשָׂהאֵל וְיַחְזְיָה בֶן־תִּקְוָה עָמְדוּ עַל־זֹאת וּמְשֻׁלָּם וְשַׁבְּתַי הַלֵּוִי עֲזָרֻם: מז וַיַּעֲשׂוּ־כֵן בְּנֵי הַגּוֹלָה וַיִּבָּדְלוּ עֶזְרָא הַכֹּהֵן אֲנָשִׁים רָאשֵׁי הָאָבוֹת לְבֵית אֲבֹתָם וְכֻלָּם בְּשֵׁמוֹת וַיֵּשְׁבוּ בְּיוֹם אֶחָד לַחֹדֶשׁ הָעֲשִׂירִי לְדַרְיוֹשׁ הַדָּבָר: יז וַיְכַלּוּ בַכֹּל אֲנָשִׁים הַהֹשִׁיבוּ נָשִׁים נָכְרִיּוֹת עַד יוֹם אֶחָד לַחֹדֶשׁ הָרִאשׁוֹן: יח וַיִּמָּצֵא מִבְּנֵי הַכֹּהֲנִים אֲשֶׁר הֹשִׁיבוּ נָשִׁים נָכְרִיּוֹת מִבְּנֵי יֵשׁוּעַ בֶּן־יוֹצָדָק וְאֶחָיו מַעֲשֵׂיָה וֶאֱלִיעֶזֶר וְיָרִיב וּגְדַלְיָה

עַד לְהָשִׁיב. עַד אֲשֶׁר יָשׁוּב חֲרוֹנוֹ שֶׁל הקב"ה מֵעָלֵינוּ: עַד לְהָשִׁיב. הַחֱזִיקוּ יְדֵיהֶם: (מז) לְדַרְיוֹשׁ. כְּמוֹ לִדְרוֹשׁ: (יז) וַיְכַלּוּ עַל זֹאת. לִקְטֹר עַל דָּבָר זֶה: עֲזָרֻם. (מו) עָמְדוּ עַל זֹאת. לִקְטֹר עַל דָּבָר זֶה: עֲזָרֻם. בְּבָל. וְהִשְׁלִימוּ אֶת תִּקּוּן הַמַּעֲשֶׂה מִן הָאֲנָשִׁים אֲשֶׁר הוֹשִׁיבוּ

בַּעֲבוּר הָעִנְיָן הַזֶּה: (מו) וַיִּבָּדְלוּ עֶזְרָא הַכֹּהֵן אֲנָשִׁים. חָסֵר וי"ו וְהַטַּעַם וַאֲנָשִׁים: לְדַרְיוֹשׁ. מִלָּה זָרָה בַּעֲבוּר הָיו"ד וְהוּא בֶן אַרְבַּע אוֹתִיּוֹת וּמִבִּנְיָן הַכָּבֵד הַדָּגוּשׁ וְכֹחַ בְּחוֹלָם עַל דֶּרֶךְ יִסּוֹר יִסְּרַנִּי קֹוָה קִוִּיתִי וִיבָרֶךְ בָּרוּךְ. וְהַטַּעַם לִדְרוֹשׁ: (יז) וַיְכַלּוּ בַכֹּל. הַבֵּי"ת בִּמְקוֹם שֵׁנִיס וְהֵם

(מז) לְדַרְיוֹשׁ. מִלָּה זָרָה בַּעֲבוּר הָיו"ד וְאֵין לָהּ שֵׁנִית בַּמִּקְרָא וּמִשְׁפָּטָהּ לִדְרוֹשׁ הָרָמָב"ע וְרָד"ק כְּפִי' וְסֵפֶר הֶרְכָּבָה וְכָתַב בְּשָׁרָשִׁים שֶׁרֶשׁ סָמַל וּבְמִכְלוֹל דַּף פ"ד כִּי לֹא מָלְאוּ אוֹת מוּסָף נֶקַע כִּי אִם בְּרֹאשׁ הַמִּלָּה אוֹ בְּסוֹפָהּ זוּלַת מִלָּה זוֹ וְאֶפְשָׁר שֶׁהִיא מִלָּה מֻרְכֶּבֶת וַאֲנַחְנוּ לֹא יָדַעְנוּ: (יח) יֵשׁוּעַ בֶּן יוֹצָדָק. כֵּן כְּתִיב לֹא יְהוֹצָדָק:

(מו) וַיִּבָּדְלוּ עֶזְרָא הַכֹּהֵן אֲנָשִׁים עַל זֶה וַאֲנָשִׁים רָאשֵׁי הָאָבוֹת. ר"ל שֶׁכְּבָר נִבְדְּלוּ עַל זֶה וַאֲנָשִׁים רָאשֵׁי הָאָבוֹת. לְדַרְיוֹשׁ הַדָּבָר. ר"ל לִדְרוֹשׁ הַדָּבָר מִי סֵם הַמְמֻעָלִיס: (יז) וַיְכַלּוּ בַכֹּל. ר"ל שֶׁכָּכָה הִשְׁלִימוּ בְּכָל הַמְּקוֹמוֹת לִדְרוֹשׁ מִי סֵם הָאֲנָשִׁים שֶׁהוֹשִׁיבוּ נָשִׁים נָכְרִיּוֹת:

וְעָרֵיהֶם. עִם הָאֲנָשִׁים אֲשֶׁר הוֹשִׁיבוּ נָשִׁים עכו"ס יָבוֹאוּ זִקְנֵי עִיר יָשׁפְטֶיהָ לָדַעַת אִם כּוּלָם כֵּאֵלוּ: עַד לְהָשִׁיב. ר"ל יַתְמִידוּ הַשָּׁלִיס לָשֶׁבֶת בִּירוּשָׁלִים עַד אֲשֶׁר יַטְעוּ לְהָשִׁיב חֲרוֹן אַף ה' וּמֵחוֹזֵר וּמְפָרֵשׁ עַד יִכְלוּ הַדָּבָר הַזֶּה כִּי אָז יָשׁוּב הֶחָרוֹן מִיִּשְׂרָאֵל: (מו) עָמְדוּ עַל זֹאת. הִתְחַזְּקוּ בְּיוֹתֵר עַל הַדָּבָר הַזֹּאת הֵסִים לְהַבְדִּיל הַנָּשִׁים עכו"ס: עֲזָרֻם. הָיוּ לָהֶם לְעֵזֶר בַּדָּבָר הַזֹּאת: (מז) וַיַּעֲשׂוּ כֵן. לְהוֹצִיא אֶת הַנָּשִׁים עכו"ס וּמַבְדִּילִים הָיוּ עֶזְרָא הַכֹּהֵן וַאֲנָשִׁים רָאשֵׁי בֵּית אֲבוֹתָם ר"ל רָאשֵׁי הַמִּשְׁפָּחוֹת: וְכֻלָּם בְּשֵׁמוֹת. רָאשֵׁי הָאָבוֹת הָהֵם הָיוּ יְדוּעִים וְנִכָּרִים בִּשְׁמוֹתָם וְזֶה לְרוֹב חֲשִׁיבוּתָם: לְדַרְיוֹשׁ. כְּמוֹ לִדְרוֹשׁ וְהָיו"ד נוֹסֶפֶת: (יז) וַיְכַלּוּ. הִשְׁלִימוּ דְּבַר הַהֶבְדֵּל בְּכָל הָאֲנָשִׁים אֲשֶׁר הוֹשִׁיבוּ נָשִׁים עכו"ס מֵעֵת שֶׁיָּשְׁבוּ עַד יוֹם אֶחָד וְגוֹ': (יח) מַעֲשֵׂיָה וְגוֹ'. עִם

God's anger concerning all matters, even until this matter, viz. the matter of intermarriage.

15. **stood up against this**—*to argue concerning this matter.*—[*Rashi*] Only these four men opposed Ezra on this matter. The whole nation accepted his words.—[*Malbim*]

supported them—*strengthened their hands.*—[*Rashi*] Metzudath

David explains this verse in the opposite manner: they took a strong stand on the matter of sending away the foreign wives, and Meshullam and Shabbathai the Levite supported them in their stand.

16. **The people of the exile did so**—They cast out their foreign wives.—[*Mezudath David*]

and with them the elders of every city and its judges, until we avert the burning anger of our God from us until this matter [is concluded]." 15. Only Jonathan, the son of Asahel, and Jahzeiah, the son of Tikvah, stood up against this, and Meshullam and Shabbathai the Levite supported them. 16. The people of the exile did so. Ezra the priest [and certain] men, heads of the fathers' houses after the house of their fathers, separated themselves, all of them [known] by name, and they convened on the first day of the tenth month to investigate the matter. 17. And they completed everything concerning the men who had brought in foreign women, until the first day of the first month. 18. And it was found of the sons of the priests who brought in foreign women, of the sons of Jeshua, the son of Jozadak, and his brothers: Maaseiah, Eliezer, Jarib,

14. with the entire congregation—Heb. לְכָל הַקָּהָל.—[*Rashi*] *Metzudath David* renders: Let our chiefs who are *over* the entire congregation remain here in Jerusalem until the matter is completed. *Malbim* explains that the chiefs of the people should remain *in their stead* in Jerusalem, representing the people, and whatever they do will be a valid act of the people.

who took in—Heb. הַה שִׁיב, equivalent to אֲשֶׁר הוֹשִׁיב.—[*Rashi*] This form is usually used with the present tense, but here it is used with the past.—[*Ibn Ezra*]

shall come at appointed times—According to the appointments that the chiefs give them.—[*Metzudath David*]

and with them—The elders and the judges of the city shall come with the men who took pagan wives, to ensure that they all come.—[*Mezudath David*]

until we avert—*until the burning anger of the Holy One, blessed be He, returns from upon us.*—[*Rashi*] i.e., the chiefs shall stay in Jerusalem until they do what they can to avert God's anger. Scripture then explains that it means until they conclude this matter, for then God's anger will be averted.—[*Mezudath David*]

until this matter [is concluded]—The bracketed words are inserted according to *Metzudath David*, who is mentioned above. *Malbim*, however, explains that the elders and the judges of the cities were to deal with all the weak points in religious observance prevalent at that time. Scripture says that they were to avert

וּגְדַלְיָה: יּ וַיִּתְּנוּ יָדָם לְהוֹצִיא נְשֵׁיהֶם וַאֲשֵׁמִים אֵיל־צֹאן עַל־אַשְׁמָתָם: כ וּמִבְּנֵי אִמֵּר חֲנָנִי וּזְבַדְיָה: כא וּמִבְּנֵי חָרִם מַעֲשֵׂיָה וְאֵלִיָּה וּשְׁמַעְיָה וִיחִיאֵל וְעֻזִּיָּה: כב וּמִבְּנֵי פַשְׁחוּר אֶלְיוֹעֵינַי מַעֲשֵׂיָה יִשְׁמָעֵאל נְתַנְאֵל יוֹזָבָד וְאֶלְעָשָׂה: כג וּמִן־הַלְוִיִּם יוֹזָבָד וְשִׁמְעִי וְקֵלָיָה הוּא קְלִיטָא פְּתַחְיָה יְהוּדָה וֶאֱלִיעֶזֶר: כד וּמִן־הַמְשֹׁרֲרִים אֶלְיָשִׁיב וּמִן־הַשֹּׁעֲרִים שַׁלֻּם וָטֶלֶם וְאוּרִי: כה וּמִיִּשְׂרָאֵל מִבְּנֵי פַרְעֹשׁ רַמְיָה וְיִזִּיָּה וּמַלְכִּיָּה

ת״א וַיִּתְּנוּ יָדָם , כִּרְשִׁיּוּת יַת :

רש״י

(כ) וּמִבְּנֵי אִמֵּר . כָּל אֵלּוּ כֹּהֲנִים עַד וּמִן הַלְוִיִּם וְגו' : (יט) וַיִּתְּנוּ יָדָם . עַל אַשְׁמָתָם . הוֹרָאַת שָׁעָה הָיְתָה : כָּשִׁיִם שֶׁל עַכּוּ״ם כִּי הוֹלִיחוּס : לְחוֹרֵשׁ הָרִאשׁוֹן . עַד יוֹם אֶחָד . בְּנִיסָן (יָם) יָדָם . עָלַתֶם כְּמוֹ הִנֵּה יַד יוֹאָב חָתֵךְ בְּכָל זֹאת

אבן עזרא

(יט) וַיִּתְּנוּ יָדָם . רֶמֶז לִתְקִיעַת יָד בִּשְׁבוּעָה אוֹ נְתִינַת הַיָּד כְּאָדָם שְׁמּוֹסֵר עַצְמוֹ לְאַחֵר לַעֲשׂוֹת רְצוֹנוֹ וּשְׁאֵלָתוֹ וְכֵן מַגְרִים נָתְנוּ יָד מָסְרוּ עַצְמָנוּ לָהֶם : וַאֲשֵׁמִים . תֹּאַר הַשֵּׁם וּפִי' וְנָתְנוּ יַד הָאֲשֵׁמִים

וְכֻלּוּ בְּכָל בָּאֲנָשִׁים הַהוֹשִׁיבוּ :

מנחת שי

(כב) וּמִבְּנֵי פַּשְׁחוּר אֶלְיוֹעֵינַי . בְּמִקְצָת מַדְוִיִּיקִים מָלֵא יו״ד אַמַר טִי״ן יָמֵל וּמִבְּנֵי זְחוּ אֵ אֶלְיוֹעֵנַי דַלְקְמַן כְּמֵסֶר לֵית מָסֵר וְל״ע בְּמ״ג : יִשְׁמָעֵאל נְתַנְאֵל . בְּמִקְצָת סְפָרִים וְנְתַנְאֵל בּוֹא״ו וְאֵין לַחוּם פְּלִיסַס : (כג) קְלִיטָא . יֵשׁ סְפָרִים בְּס״ת :

לְהַקְרִיב אֵיל צֹאן וְאֲנַחְנוּ לֹא מְלָאֵנוּ טוֹבָא אָשָׁם לְכוֹעֵל עַכּו״ם וְחוֹלֵי עֶנֶת הָרָאשִׁים הָיָה לַעֲשׂוֹת כֵּן :

רלב״ג

(יט) וְאֲשֵׁמִים אֵיל צֹאן עַל אַשְׁמָתָם . יְדַמֶּה שֶׁזֹּאת הָיְתָה הוֹרָאַת שָׁעָה כִּי לֹא מָלָאנוּ אָשָׁם בַּבְּעִילָה נָכְרִית כ״ֹא בַּשִּׁמְחָה מְרוֹסָה. וְהִנֵּה סוֹלְמוּ לְהוֹלִיא הַצָּפֵס שֶׁהָיוּ לָהֶם מֵהֶן כִּי הַבֵּן הַבָּא מִן סַגְרָיָה הוּא בְּנָהּ לֹא בֵּן יִשְׂרָאֵל כְּמַש״ן בְּמֶקוֹמוֹת הַרְבֵּה מִסָאוּלָרָה . סְנַה זֶה בְּאוֹר מָה שְׁיּלְסַדֵּךְ אֶל בְּאוֹר בְּזֹאת הַפָּרָשָׁה אֲשֶׁר הַגַּבְלָנוּ בְּאוֹרָה בְּזֶה הַמָּקוֹם . וְאוּלָם הַתּוֹעֲלוֹת הַמֻּגְעִים מִזֶּה הַסִּפּוּר הֵם . הָרִאשׁוֹן הוּא לְהוֹדִיעַ שֶׁהוּא רָאוּי לְאָדָם חָנְנָה שֵׁשׁ יָמִים שְׁלֹשָׁה לַעֲיֵּן בְּצָעוֹלִיס עַמּוּ אִם יָפָל לוֹ בָּהֶם מְבוֹקְשׁוּ וְכַאֲשֶׁר רָאָה שֶׁלֹּא הָיוּ שֵׁם לַוִים וּמְשָׁרְתִים לְבֵית אֱלֹהִים הִשְׁתַּדֵּל מְאַד מְחֻל מֶנָּה שֵׁשׁ יָמִים שְׁלֹשָׁה אֲשֶׁר יִמְלְאוּ אֲנָשִׁים רָאוּיִים וַאֲנָשִׁים מֻכַמִּים וּשְׁלֵמִים אֶל לַדּוּ שֶׁהוּא הָרָאָה שֵׁם וְאַל אַהִי וְאַל סַנְתְּנִים לַמָּן יָשִׁינוּ מְבוּקְשָׁם לִשְׁלוֹם בַּמֶּקוֹם אֲשֶׁר יִמְלָאוּ בָּמוֹסֵן שַׁלֵם כִּי הָאֲנָשִׁים הַשְּׁלֵמִים הֵם נֶאֱמָנִים וְכֵן הַמֻכַמִּים הֵם נֶאֱמָנִים וְכַאֲשֶׁר יִקְנְזוּ שֵׁנִי אֵלֶה סִיוּ יוֹתֵר נֶאֱמָנִים וְיוֹתֵר מֻכַנִים לַהַנָּעַת הַתַּכְלִית שְׁלֵמוּתָם . וְגַם הַסַּפִּיק לַעֲזְרָא כָּל זֶה אֲבָל שֵׁם בְּפִיהֶם דְּבָרִים יַאֲמְרוּ שֵׁם כְּדֵי שִׁיֵּרְאוּ לְבַבֹּם לְרִי יְהוּדָה וּבִנְיָמִין וַקְנוּ בָּלוֹם כַּסָם הוּא וְהַטּוֹלִים עַמּוּ וְהָתְפַּלְגְלוּ לַהֶם ס' יֵם' בְּלוֹם וּבְחֻפָּלוֹם בַּפְּתוּחַ הַלֵּיֵם וְלֹזֶה זֵכֶר שְׁכָבֶר לָמוֹ עַזְרָא וְסִיפָתוּ וְהָתְפַּלְגְלוּ לַס' יֵם' כְּמַאֲבֶר יְרָמוּ מֵאֲוִיב וְאוֹרֶב כְּדַרְכֶּם לִקְדַם פְּנִי ה' בְּלוֹם זֵכֶר שְׁכָבֶר לָמוֹ עַזְרָא וְסִיפָתוּ וְהָיָה זֶה כֵּן כִּי יֵשׁ בָּלוֹם עֵס הַתְּפַלָּה תּוֹעֶלֶת לַטּוֹבִים וְלָרָעִים אָמְנָם לְרָעִים כִּי מִפְּנֵי סְלוֹם תַּכְּנֵס הַנֶּפֶשׁ הַבַּהֲמִית וְיִמְלְשׁוּ תַּאֲוֹתֵיהָ וְיִכְשַׁר לוֹ יוֹתֵר לְהַתְקָרֵב אֶל ה' יֵם' וְלַעֲזוֹב אֶת דַּרְכּוּ סְרָעָה וְלֹזֶה חַטָּיס תִּפָלְמוּ יוֹתֵר נֶשְׁמַמְתַּ . וְאוּלָם לַטּוֹבִים יִמְלָא בְּזֶה תּוֹעֶלֶת כִּי מִפְּנֵי שֶׁשֵּׁם

צורת דוד

(יט) וַיִּתְּנוּ יָדָם . וְנָסְבִּיא קַרְבַּן אָשָׁם מִן הַצֹּאן בַּטְבוּר לֹאַשְׁמָם שֶׁבָּטוֹר לֹאַשְׁמָם נְטָבוּר לֹאַשְׁמָתָם וְהָיְתָה הוֹרָאַת סוֹטִיבוּ נָשִׁים פְּכּו״ס : (כג) וּמִן הַלְוִיִם . סִיו כּוֹשְׂאִים נָשִׁים עַכּו״ם יוֹזָבָד וְגו' : שַׁעַת : (כג) וּמִן הַלְוִיִם . הוּא קְלִיטָא . בִּשְׁתֵּי הַשֵּׁמוֹת הָיָה נִקְרָא קֵלָיָה וּקְלִיטָא :

were guilty and sacrificed it for their guilt. *Ibn Ganah* (p. 48) defines וַאֲשֵׁמִים as an atonement. The sacrifice known as אָשָׁם is an atonement sacrifice. Hence, he renders this verse: and they found atonement with a ram for their sin.

for their guilt—This was a temporary ruling.—[*Rashi, Ibn Ezra,*

Ralbag, Midrash Ezra] There is no precedent in the Torah for this guilt-offering. In no other situation did the Torah require a guilt-offering for intimacy with a gentile woman.— [*Ibn Ezra, Ralbag*] In the Talmud (*Kereithoth* 11a), Rav Hisda states that these men were liable to bring a guilt-offering because they had been

and Gedaliah. 19. And they advised them to cast out their wives, and the guilty ones [to bring] a ram for their guilt. 20. And of the sons of Immer: Hanani and Zebadiah. 21. And of the sons of Harim: Maasiah, Elijah, Shemaiah, Jehiel, and Uzziah. 22. And of the sons of Pashhur: Elioenai, Maaseiah, Ishmael, Nathaniel, Jozabad, and Elasah. 23. And of the Levites: Jozabad, Shimei, and Kelajah—he is Kelita—Pethahiah, Judah, and Eliezer. 24. And of the singers: Eliashib; and of the gatekeepers: Shallum, Telem, and Uri. 25. And of Israel, of the sons of Parosh: Ramiah, Izziah,

Ezra the priest, etc., separated themselves—They remained in Jerusalem, separated from the people who returned to their occupations, to investigate the matter.— [*Malbim*] *Metzudath David* explains that Ezra and his colleagues separated the foreign women. [Grammatically, however, וַיַּבְדִּלוּ is in the passive voice.]

to investigate—Heb. לִדְרוֹשׁ, *like* לִדְרוֹשׁ.—[*Rashi*] *Ibn Ezra* identifies this irregular form as being the intensive (*pi'el*) conjugation. They investigated which men had brought in heathen wives.—[*Ralbag*]

17. And they completed everything—*And they completed the rectification of the matter of the men who had brought in heathen wives, for they cast them out.*—[*Rashi*]

of the first month—*until the first day of Nissan.*—[*Rashi*]

18. of the sons of Jeshua, the son of Jozadak, etc.—This was Joshua the High Priest. Because of the stigma involved in his sons' marriages to heathen women and his failure to rebuke them, Joshua appeared in Zechariah's vision wearing filthy garments (*Sanh.* 93a). See Zechariah 3:3, Commentary Digest.

19. And they advised them—Heb. וַיִּתְּנוּ יָדָם, lit. and they gave their hand, *their advice,* like (II Sam. 14:19): *"Behold Joab's advice (יַד יוֹאָב) is with you in all this (sic)."*—[*Rashi*] [Note that the quotation is not accurate. *Rashi* explains that the elders advised all these men to divorce their heathen wives.] *Ibn Ezra* explains that these men either swore or bound themselves by the token of a hand clasp to follow the instructions of the elders. *Metzudath David* follows this interpretation.

and the guilty ones—Heb. וַאֲשֵׁמִים. *Ibn Ezra* defines this irregular word as an adjective, meaning that the guilty persons bound themselves to bring guilt-offerings of rams. According to *Rashi* we would render: and they advised the guilty ones to bring rams for their guilt. *Midrash Ezra* renders: and the sacrifices for the guilty ones. *Metzudath David* explains וַאֲשֵׁמִים like וַאֲשָׁמִים, *and guilt-offerings. Michlol Yofi* renders: They came with a ram to confess that they

וּמַלְכִּיָּ֣ה וּמִיָּמִ֔ן וְאֶלְעָזָ֥ר וּמַלְכִּיָּ֖ה וּבְנָיָֽה׃ כז וּמִבְּנֵ֣י
עֵילָ֗ם מַתַּנְיָ֧ה זְכַרְיָ֛ה וִיחִיאֵ֥ל וְעַבְדִּ֖י וִירֵמ֥וֹת וְאֵלִיָּֽה׃
כז וּמִבְּנֵ֣י זַתּ֔וּא אֶלְיוֹעֵנַ֤י אֶלְיָשִׁיב֙ מַתַּנְיָ֔ה וִירֵמ֥וֹת וְזָבָ֖ד
וַעֲזִיזָֽא׃ כח וּמִבְּנֵ֖י בֵּבָ֑י יְהוֹחָנָ֤ן חֲנַנְיָה֙ זַבַּ֖י עַתְלָֽי׃
כט וּמִבְּנֵ֣י בָנִ֗י מְשֻׁלָּ֤ם מַלּוּךְ֙ וַעֲדָיָ֔ה יָשׁ֖וּב וּשְׁאָ֥ל
יְרֵמֽוֹת׃ ל וּמִבְּנֵ֛י פַּחַ֥ת מוֹאָ֖ב עַדְנָ֤א וּכְלָל֙ בְּנָיָ֔ה
מַעֲשֵׂיָ֤ה מַתַּנְיָה֙ בְּצַלְאֵ֔ל וּבִנּ֖וּי וּמְנַשֶּֽׁה׃ לא וּבְנֵ֖י חָרִ֑ם
אֱלִיעֶ֧זֶר יִשִּׁיָּ֛ה מַלְכִּיָּ֖ה שְׁמַֽעְיָ֥ה שִׁמְעֽוֹן׃ לב בְּנְיָמִ֥ן
מַלּ֖וּךְ שְׁמַרְיָֽה׃ לג מִבְּנֵ֖י חָשֻׁ֑ם מַתְּנַ֤י מַתַּתָּה֙ זָבָ֣ד
אֱלִיפֶ֤לֶט יְרֵמַ֣י מְנַשֶּׁ֖ה שִׁמְעִֽי׃ לד מִבְּנֵ֖י בָנִ֑י מַעֲדַ֥י
עַמְרָ֖ם וְאוּאֵֽל׃ לה בְּנָיָ֥ה בֵדְיָ֖ה כְּלֽוּהִי׃ לו וַנְיָ֥ה מְרֵמ֖וֹת
אֶלְיָשִֽׁיב

מנחת שי
(כט) ומבני בני . בי"ת ראשונה דגושה : (כט) ירמות . ורמות קרי : (לא) ישיה . יו"ד שניה דגושה : (לב) מלוך . בשורק . (לה) כלוהי .
לכותו קרי כן הוא בספרי ספרד מלא ומ"ו אמר לפ"ד בכתיב :
הרמות קרי כלוהו קרי

רלב"ג

מושגמים והם מלטטרים על זה הגם על לד ספשגמה עליהם יסור סרע שהם מלטטרים עליו ותסיס מפני זה תפלהם גשמפם ! הליל
סאחרים שאינם רמוים שמדבק כסם כמו שהשגמה זואת מפני שהשגמה הסאלהית הדבקם כסם והנם בזה הלד יתקן שתוטיל תצלת הלדם
לעולתו : התועלת השלישי הוא להודיע שמאשר יבקש דבר מה משאלים אין רמוי ביבקש סמו דבר ימצא שיסיה מקביל אל סדברים אשר
סתמורך אליהם הסלים לתת ות אם בקשתו והוא מה שיסד פזרא בלב המלך כי יד אלהי ישראל על כל מבקשיו לטובה ותומו ואפו של כל מוציו כי מפני
זה נמשך לב המלך יותר לטבודת בית האלהים כדי שלא יסיה קלף על מלכות המלך ובכיו סלם מפני זה לא הסכים עזרא לשאול מהמלך
מיל ופלסים לשמרם בדרך כי אולי ימצב אלתמשטמאל שיסיה זה מקביל אל סדברים הראשונים . מט"ם שאין העגין כן כי ה' יק' מט"ם
סוום פוזר לאוהביו אין רלונו שימסמו על הנם אמר שאפשר לסם לקמת פלה על כדבר : התועלת הרביעי הוא להודיע שרלוי להסקיד
סממון הרב של סקדם ביד רבים במשקל כדי שלא יוכלו לקמת ממלו ולא ישינס גם כן משד כי אם לא לא ישיה סדבר כן הנה כבר יקרה
שיטינס משד שגנבו מן סממון הסוא אם ספטירו או סמניו וזם שאם ספטירו יאמרו הלא זה סממון גנבו מסהקדש . ואם הטניו יאמרו
כי בטיון גנבת ההקדש אבדו ממוגם ולוה ספר שכבר הקפיד פזרא זה ססקדם ביד שנים משר מנסים בדרך ושקל אותו לסם וסם הטיבוהו
במשקל אל שרי סכסנים והלוים ושרי סאבות ליסראל וסם כל משפחות ישראל ולוז סיו כל אלו נקיים מן ספתד כי לא תיכל מפשמה
ממת מאלו לגנוב דבר מהססקדם שלא ידעו אם כלם ואמר זה שמותו בלשכות בים ס' : התועלת תחמישי הוא להודיע שהוא רלוי להניח

מצודת דוד
(ל) פחת מואב . מושל כמואב :

Immer—*All these are priests until
(verse 23): "And of the Levites,
etc."—[Rashi]*

23. **And of the Levites**—of
those who married heathen women
were: Jozabad, etc.—[*Mezudath
David*]

he is Kelita—He was called by
two names: Kelajah and Kelita.—

[*Mezudath David*]

30. **Pahath-Moab**—the gover-
nor of Moab.—[*Mezudath David*]
See above 2:6.

34. **Of the sons of Bani**—The
sons of Bani have already been
enumerated in verse 29. Perhaps
these are the grandsons.– [*Malbim*]

44. **and some of them had**

Malchijah, Mijamin, Eleazar, Malchijah, and Benaiah. 26. And of the sons of Elam: Mattaniah, Zechariah, Jehiel, Abdi, Jeremoth, and Elijah. 27. And of the sons of Zattu: Elioenai, Eliashib, Mattaniah, Jeremoth, Zabad, and Aziza. 28. And of the sons of Bebai: Jehohanan, Hananiah, Zabbai, [and] Athlai. 29. And of the sons of Bani: Meshullam, Malluch, Adaiah, Jashub, Sheal, and Ramoth. 30. And of the sons of Pahath-Moab: Adna and Chelal; Benaiah, Maaseiah, Mattaniah, Bezalel, Binnui, and Manasseh. 31. And of the sons of Harim: Eliezer, Ishijah, Malchijah, Shemaiah, Simeon. 32. Benjamin, Malluch, [and] Shemariah. 33. Of the sons of Hashum: Mattenai, Mattattah, Zabad, Eliphelet, Jeremai, Manasseh, [and] Shimei. 34. Of the sons of Bani: Maadai, Amram, and Uel. 35. Benaiah, Bedeiah, Cheluhu. 36. Vaniah, Meremoth,

intimate with betrothed maid-servants. For such a union, the Torah requires that the man bring a ram for a guilt-offering (Lev. 19:20-22). Why then do all these commentators unanimously state that this sacrifice was a temporary ruling? *Malbim* solves this difficulty by analyzing the laws of the betrothed maid-servant. He maintains that Rav Hisda follows the view of the minority. According to the majority of Tannaim—the Rabbis of the Mishnah—there is no precedent for this sacrifice, since the Torah requires this sacrifice only if the maid-servant involved is a gentile maid-servant betrothed to a slave. Furthermore, according to the majority, the slave must be a Hebrew slave. Should she be betrothed to a gentile slave, the one who is intimate with her is not liable to a guilt-offering. The institution of Hebrew slaves prevails only when the law of

the Jubilee year prevails. During the existence of the Second Temple, since only a minority of the nation was in the Holy Land, the law of the Jubilee year was suspended; hence, there were no Hebrew slaves. Accordingly, the law of the betrothed maid-servant did not apply. Rav Hisda follows the minority view that the law of the betrothed maid-servant refers to a gentile maid-servant betrothed to a gentile slave. Therefore, the law would apply during the days of the Second Temple. Following the majority view, however, the commentators explain that the sacrifices brought by the men who had married heathen wives were not based on any Torah ruling but were brought on the basis of a temporary ruling of the court at that time, which was authorized by the Torah.

20. **And of the sons of**

אֶלְיָשִׁיב: לֹא מַתַּנְיָה מַתְּנַי וְיַעֲשׂוֹ: לֹא וּבָנִי וּבִנּוּי שִׁמְעִי:
לֹא וְשֶׁלֶמְיָה וְנָתָן וַעֲדָיָה: מ מִכְנַדְבַי שָׁשַׁי שָׁרָי:
מא עֲזַרְאֵל וְשֶׁלֶמְיָהוּ שְׁמַרְיָה: מב שַׁלּוּם אֲמַרְיָה יוֹסֵף:
מג מִבְּנֵי נְבוֹ יְעִיאֵל מַתִּתְיָה זָבָד זְבִינָא יַדּוֹ יָדָי וְיוֹאֵל
בְּנָיָה: מד כָּל אֵלֶּה נָשְׂאֵי נָשִׁים נָכְרִיּוֹת וְיֵשׁ מֵהֶם
נָשִׁים וַיָּשִׂימוּ בָנִים:

ויעשי קרי ידי קרי נשאו קרי

בשלימות נגמר ספר עזרא . בעזרת האל הגדול והנורא

רש"י

(מד) ויש מהם נשים וישימו בנים . ויש מקצתן שהיו להם נשים של מקום"ז שנולדו להם מהם בנים והכל הוציאו
הנשים והבנים :   סליק ספר עזרא

מנחת שי

(לג) ויעשו . ויעשי קרי : (מ) מכנדבי . בספרים מדוייקים בכ"ף
אמר המ"ס לא בכל"ח ורמיה גדולה לדבר שסרי הוא סימן
לפסוקי ס' לך לך שהם קכ"ו : (מג) ידו . ידי קרי : (מד) אלה נשאי .
נשאו קרי :

אבן עזרא

(מד) ויש מהם נשים. טעמו ויש מקצת מאלה שהיו להם נשי'
וכבר שמו בנים והטעם הולידו מהם בני' או וישימו בנים לפי
ראשי האבו' להתיעץ מה יעשה להם או יגרשום או אם יקריבום:

רלב"ג

הקדש אלא הקדש ולזה ספר כי עזרא אמר לאשר הפקיד להם ההקדש . אחס קדש לם' והכלים קדש . כאלו אמר כי מפני זה ראוי להפקיד
להם הקדש וזה מבואר התועלת : התועלת הששי הוא להודיע שהתחתן בגוים הוא עבירה קשה מאד ואע"פ שאין בה עונש כי אם
מלקות אלא תרלה כי שחתחן שלמה בבנות הגוים אע"פ שנתגיירו הגלנו מארצנו והרבה את מללינו . ולזה תמצא שהתפעל עזרא מזאת
העבירה כשמצאה בישראל זה שהתפעלות נפלאה והשתדל לנקות ישראל ממנה במהירות עד שלא סיה סיס מושם אל הלתר שהיו מלטמרים
מפני ה:שמים כדי שימסרו להתנקות מזה החטא קודם שיבעל אף ה' ית' בהם: התועלת השביעי הוא להודיע שמי שירלה שלא יכא
לסודים יקשה מאד לנוכחים לקבל התוכחת ראוי שיתחכם להסכנסג באופן שיקבלו המוסר מטלמם . ולזה תמצא כי מפני שהמר עזרא
הקשוי שיהיה לבעלי אלו הנשים לסוליאן ולסוליא בניהם הפנין בחכמה נפלאה עד שבזולת הוכיחו אותם כוחמו מעלמם מפני מה
שטמטו מדברי עזרא בדבריו עם ה' ית' שכאר בדבריו בתכלית הלמור שמפני העון הזה הם באומן שלמי שימכף בסם ה' ית' עד כלה
לאין שארית ופלטה ולזה סיס עזרא כובה ומהנסל לפני האלהים וקרע בגדו ומעילו עד שאלו הדברים סתיו אומר עזרא לה' ית' בהתנסלו
לפניו הפילו סמד גדולה על כל הגולה וסמכימו מעלמס לסוליא הנשים הסן ובניהן . ואע"פ שהיו רבים כמו שספר הנה לא היה אחד
מהם שלא הסכים בזה :

מצורת דוד

(מד) ויש מהם נשים . מקלת מהם נשאו נשים עכו"ס : וישימו בנים . ר"ל ילדו טמסן בנים :   סליק :

Elyashib. 37. Mattaniah, Mattenai, and Jaasai. 38. Bani, Binnui, Shimei. 39. Shelemiah, Nathan, Adaiah. 40. Machnadebai, Shashai, Sharai. 41. Azarel, Shelemiah, Shemariah. 42. Shallum, Amariah, and Joseph. 43. Of the sons of Nebo: Jeiel, Mattithiah, Zabad, Zebina, Jaddai, Joel, and Banaiah. 44. All these had taken foreign wives, and some of them had wives by whom they had children.

wives by whom they had children—*And some of them had heathen wives with whom they had children . They cast out all of them, both the wives and the children.—*[*Rashi*] *Ibn Ezra* suggests: their children were subject to the decision of the heads of the fathers' houses—whether to expel them or keep them. *Malbim* explains that the word נָשְׂאוּ, *took*, serves for both the former clause and the latter clause. The verse should be rendered: All these had taken foreign wives, and some of them had taken wives by whom they begot children. The word וַיָּשִׂימוּ, lit. *they placed*, is used rather than וַיּוֹלִידוּ, *they begot*, because a child born of a gentile woman does not trace his lineage from his Jewish father. Hence, it is not as though the Jew had begotten him but as though he had merely placed him into the womb. *Ralbag* marvels at Ezra's ingenuity in organizing prayer to God to forgive the people with a public display of mourning and remorse for their sins. Had he rebuked them, they probably would not have obeyed him. In this way, however, he influenced them emotionally, and they took upon themselves to repent and cast out their foreign wives and offspring. Although the sinners were numerous, they all repented. The resulting lesson from this event is that if one has to rebuke the people and fears that it will be difficult for them to accept his rebuke, he must seek a way through which they themselves will be aroused to repent and mend their ways.

ספר נחמיה

•

מקראות גדולות

NEHEMIAH

א ‎א ‏דִּבְרֵי נְחֶמְיָה בֶּן־חֲכַלְיָה וַיְהִי בְחֹדֶשׁ־
כִּסְלֵו שְׁנַת עֶשְׂרִים וַאֲנִי הָיִיתִי בְּשׁוּשַׁן
הַבִּירָה: ‏ב ‏וַיָּבֹא חֲנָנִי אֶחָד מֵאַחַי הוּא וַאֲנָשִׁים
מִיהוּדָה וָאֶשְׁאָלֵם עַל־הַיְּהוּדִים הַפְּלֵיטָה אֲשֶׁר־
נִשְׁאֲרוּ מִן־הַשֶּׁבִי וְעַל־יְרוּשָׁלִָם: ‏ג ‏וַיֹּאמְרוּ לִי
הַנִּשְׁאָרִים אֲשֶׁר נִשְׁאֲרוּ מִן־הַשֶּׁבִי שָׁם בַּמְּדִינָה
בְּרָעָה גְדֹלָה וּבְחֶרְפָּה וְחוֹמַת יְרוּשָׁלִַם מְפֹרָצֶת

ת״א דברי נחמיה , ר״ג ג מו : ויבא חנני , שם : וישאלו לי , שם :   קמץ בו״ק   ושעריה

(א) דברי נחמיה וגו' . מכאן ואילך כתב נחמיה ספר
זה : שנת עשרים. היא שנת כ' לדריוש
המלך שהוא ארתחשסתא וכמסכת ר״ה מלאנו שנת עשרים
שנת עשרים לג״ש מן הכ' שנאמר למטה ויהי בחדש ניסן
שנת כ' לארתחשסתא וגו' ומחדש תשרי היו מונין לחשבון
השנים ועל כן נאמר כאן ויהי בחדש כסליו שנת כ' וגו'
הוא כמלו הבא לאחר תשרי ולמטה נאמר ויהי בחדש ניסן
שנת כ' וגו' הוא ניסן שבחותה שנה ואיני יכול לפתור
ולומר מניסן היו מונין לחשבון שנותיהם ואותו מעשה הכ'
למטה שנאמר ויהי בחדש ניסן וגו' היה קודם מעשה זה
שנאמר ויהי בחדש כסלו שנת כ' וגו' ואין מוקדם ומאוחר

בהם דבר זה חיני יכול לפתור ולומר הפרשיות מוכיחות
שאף אותו מעשה של פרשה שנייה לא היתה כי אם בשביל
מעשה זה של פרשה ואת ראשונה : (ב) אחד מאחי .
אחד מחברי : ואשאלם על היהודים וגו' . שאלתי להם
על ענין פליטת היהודים אשר נשארו בירושלים מן השבי
של בבל : הפליטה . על שם שנגלו מגלות בבל : ועל
ירושלים . ועל ענין העיר שאלתי אליהם : (ג) ויאמרו
לי . השיבו לי על ראשון ראשון ועל אחרון אחרון תחילה על
ענין היהודים ואחר כך על ענין החומות והשערים :
הנשארים . שם וגו' . אותם היהודים אשר נשארו שם
במדינת ירושלים הם נתונים ברעה גדולה ובחרפה לפי

א (ג) ויבא חנני . במקלת ספרים בטעם בנו״ן רלשונה ובקלתם
בנו״ן שניה ויש לקיים גירסא רלשונה שכן סוא ואלוס את

א (א) דברי נחמיה. שנת עשרים. למלכות ארתחששתא
שהוא דריוס :

א (א) דברי נחמיה בן מכליס וגו' עד ויהי כאשר נכנחה החומה (ו' מ'): (ג) וחומת ירושלים מפרלת ושעריה נלחו באש . מחשב שוב
כמשה כמה מורלבן כית רלשון כי לא בנו עדיין מומה לעיר ירושלים השבים מהגולה כי לא נתן להם רשות לק לבנוח ביסט״ק :

א (א) דברי נחמיה . כ״ל נחמיה כתב ספר זה : שנת עשרים .
למלכות דריוש הפרסי: (ב) מאחי . ממביירי : נשארו . על כי
רוב הגולה ישבו בבבל בשבי ומעט מעט לזה אמר בהם לשון שאריה:
ועל ירושלם . על כנין מומומיה . הסכו״ס ממכפים :(ג) ובחרפה :

א (א) הבירה . כ״ל מקום ארמון המלך :   (ב) הפלישה .
ענין שאריה וכן שריד ופליט (יהושפ מ'):
(ג) מפורצה . מלשון פרלה ושבר : נצתו . מלשון הלחה ושריפה
כמו וילת אש (מיכה ד'):

Jews who were there from before the exile were under the jurisdiction of the governors of the land beyond the river. Nehemiah inquired about this latter group. While the Jews who returned from the exile were under a governor who protected them, the others were in great trouble.

and about Jerusalem—*And I asked them about the city.*—[Rashi]

3. And they said to me—*They answered my first question first and my latter question last; first concerning the Jews and afterwards concerning the wall and the gates.*—[Rashi]

who remained—*Those Jews who remained in the province of Jerusalem are in great trouble and reproach because the gentiles plunder and pillage them.*—[Rashi]

and the wall of Jerusalem is breached—*And the wall of the city*

1. The words of Nehemiah the son of Hacaliah. And it came to pass in the month of Kislev [in] the twentieth year that I was in Shushan the capital. 2. There came Hanani, one of my brethren, he and men from Judea, and I asked them about the Jews who had escaped, who remained of the captivity, and about Jerusalem. 3. And they said to me, "The remnant who remained of the captivity in the province are in great trouble and reproach; and the wall of Jerusalem is breached,

1

1. The words of Nehemiah, etc.—*Nehemiah wrote this book from here on.*—*[Rashi]*

the twentieth year—*This refers to the twentieth year of King Darius, who is identical with Artaxerxes. In Tractate Rosh Hashanah (3a, b), we find that the phrase "the twentieth year" is mentioned twice using similar wording [to teach us that it is speaking of the identical year]. It states below (2:1), "And it came to pass in the month of Nissan of the twentieth year of Artaxerxes, etc." The years were calculated from the month of Tishrei. It says here, "And it was in the month of Kislev of the twentieth year, etc." This refers to the Kislev coming after Tishrei. Further down it says (2:1), "And it was in the month of Nissan of the twentieth year, etc." This refers to the Nissan of the same year. And I cannot interpret that they calculated their years from the month of Nissan and that the incident mentioned below: "And it was in the month of Nissan, etc." occurred before this incident: "And it was in the month of Kislev, etc.". It is true that events [in the Torah] are not necessarily recorded in chronological order. Nevertheless, the chapters indicate that the second chapter took place only because of the events of the first chapter.*—*[Rashi]*

2. one of my brethren—*one of my companions.*—*[Rashi, Mezudath David]*

and I asked them about the Jews—*I asked them about the Jews who had escaped the Babylonian captivity and remained in Jerusalem.*—*[Rashi]*

who had escaped—*because they were saved from the Babylonian exile.*—*[Rashi]*

who remained—Since most of the exiles remained in Babylon and few migrated, he calls them a remnant.—*[Mezudath David]* *Malbim* explains that there were two segments of the Jewish population in the Land of Israel: those who returned from the exile and those who had remained in Israel since the destruction of the Temple. Those who returned with Cyrus' permission, as well as those who returned with Artaxerxes' permission, were given a special governor, but the

וּשְׁעָרֶיהָ נִצְּתוּ בָאֵשׁ: ד וַיְהִי כְּשָׁמְעִי ו אֶת־הַדְּבָרִים הָאֵלֶּה יָשַׁבְתִּי וָאֶבְכֶּה וָאֶתְאַבְּלָה יָמִים וָאֱהִי צָם וּמִתְפַּלֵּל לִפְנֵי אֱלֹהֵי הַשָּׁמָיִם: ה וָאֹמַר אָנָּא יְהוָה אֱלֹהֵי הַשָּׁמַיִם הָאֵל הַגָּדוֹל וְהַנּוֹרָא שֹׁמֵר הַבְּרִית וָחֶסֶד לְאֹהֲבָיו וּלְשֹׁמְרֵי מִצְוֹתָיו: ו תְּהִי־נָא אָזְנְךָ קַשֶּׁבֶת וְעֵינֶיךָ פְתֻחוֹת לִשְׁמֹעַ אֶל־תְּפִלַּת עַבְדְּךָ אֲשֶׁר אָנֹכִי מִתְפַּלֵּל לְפָנֶיךָ הַיּוֹם יוֹמָם וָלַיְלָה עַל־בְּנֵי יִשְׂרָאֵל עֲבָדֶיךָ וּמִתְוַדֶּה עַל־חַטֹּאות בְּנֵי־יִשְׂרָאֵל אֲשֶׁר חָטָאנוּ לָךְ וַאֲנִי וּבֵית־אָבִי חָטָאנוּ: ז חֲבֹל

כצ"ל מלא ואו   רש"י   חבלנו

רש"י

שהטכומ"ז בוזזיס ושוללים אותס: וחומת ירושלים מפורצת . וחומת העיר הרי היא פרולה והשערים שרופיס באס כקדמתן שישראל לא בנו חומת העיר ושעריה כי אס בנין ב"ה לבדו: נצתרו . כמו נוצתו (ס"א נלצתו כמו נתלו):

מנחת שי

הנני אחי לקמן בריש סימן ז' וסימן י"ב ויהודה מינני וכן במלכי' (א' י"ז)(ובדברי הימים א' כ"ה): (ו)ואמר אָ נָ א . כסמלי ספרד בטעם אחד לבד בנו"ן ועיין מה שכתבתי בהלל:

מצודת ציון

(ד) צם. מתענה: (ה) אנא. הוא ענין לשון בקשה: (ו) תהי נא. מסא קשבת . טנין שמיעה: (ז) חבול.

אבן עזרא

(ד) ישבתי ואבכה . ישבתי לארץ או ישבתי משומס: (ו) קשבת. תואר דבר על משקל טורת: יומם ולילה. דבק עס מתפלל והפירוס מתפלל היום ואתפלל יומם ולילה סעמיס רבות על בני ישראל תשמע תפלתי או מן היום שלס ופירוס יומס ולילה כי היום עס הלילה יקרא יום : (ז) חבול חבלנו .

רלב"ג

(ז) הכוב חבלנו לך . רלוי שהדע כי לא יזיק האדס לה' יח' כמתאו ובהשמיהו ורכו אך רשעו הוא לו לבדו והנה הטעם באמרו חבול

מצודת דוד

(ד) מומס : נצתו . שרותיר באס כסטיו מאז : (ד) ישבתי . ר"ל ישבתי משומס . ר"ל כמה ימיס : (ה) שמר הברית . סגמול אשר הבטים כברית : (ו) ועיניך פתוחות . לרמוֹת כדמטות טיני : היום. ר"ל בעת הסיא : ואני . ר"ל ומתודה מס שאני ובית אבי חטאנו : (ז) חבל וגו' . ר"ל שחתנו דבריך ולא שמרנו וגו':

and its gates were burned with fire." 4. And it came to pass when I heard these words that I sat and wept, and I mourned for days, and I fasted and prayed before the God of heaven. 5. And I said, "I beseech You, O Lord God of heaven, the great and awesome God, Who keeps the Covenant and loving-kindness to those who love Him and to those who keep His commandments. 6. Let Your ear now be attentive and Your eyes open to listen to the prayer of Your servant, which I pray before You today, day and night, concerning the Children of Israel, Your servants, and I confess the sins of the Children of Israel, which we sinned against You; and I and my father's house have sinned.

---

is breached, and the gates are burned with fire as they were before, for Israel had not built the wall of the city or its gates, only the Temple.—[Rashi]

were burned—Heb. נִצְּתוּ, *like* נִצְּתוּ [in the נִפְעַל *conjugation*]. (*Other editions read:* נִתְּצוּ, *they demolished.*)—[Rashi] *Isaiah da Trani elaborates on this and explains that the walls were breached and the gates burned, just as Nebuchadnezzar had left them.*

4. that I sat and wept—*I sat on the ground and wept, or I remained silent and wept.—*[Ibn Ezra] *Mezudath David follows the latter definition.*

for days—Heb. יָמִים, *many days.—*[Rashi]

5. I beseech You—Heb. אָנָּא, *an*

expression of request and supplication.—[Rashi]

the great and awesome God—Nehemiah commences his prayer as Daniel had (9:4).—[Malbim]

Who keeps the Covenant—The recompense that He promised with the Covenant.—[Mezudath David]

to those who love Him—who perform His commandments out of love.—[Rashi to Deut. 7:9]

and to those who keep His commandments—out of fear.—[Rashi ad loc.]

6. attentive—Heb. קַשֶּׁבֶת, *like* קַשֶּׁבֶת, *listening, for just as one says from* אָהֵב, אֹהֵב, *so does one say from* קָשַׁב, קֹשֵׁב *and* קַשֶּׁבֶת.—[Rashi] *Ibn Ezra defines it as an adjective like* עִוֵּר, *blind.*

day and night—This is connected

תָבַלְנוּ לָךְ וְלֹא־שָׁמַרְנוּ אֶת־הַמִּצְוֹת וְאֶת־הַחֻקִּים וְאֶת־הַמִּשְׁפָּטִים אֲשֶׁר צִוִּיתָ אֶת־מֹשֶׁה עַבְדֶּךָ: זְכָר־נָא אֶת־הַדָּבָר אֲשֶׁר צִוִּיתָ אֶת־מֹשֶׁה עַבְדֶּךָ לֵאמֹר אַתֶּם תִּמְעָלוּ אֲנִי אָפִיץ אֶתְכֶם בָּעַמִּים: ט וְשַׁבְתֶּם אֵלַי וּשְׁמַרְתֶּם מִצְוֹתַי וַעֲשִׂיתֶם אֹתָם אִם־יִהְיֶה נִדַּחֲכֶם בִּקְצֵה הַשָּׁמַיִם מִשָּׁם אֲקַבְּצֵם וַהֲבִיאוֹתִים אֶל־הַמָּקוֹם אֲשֶׁר בָּחַרְתִּי לְשַׁכֵּן אֶת־שְׁמִי שָׁם: י וְהֵם עֲבָדֶיךָ וְעַמֶּךָ אֲשֶׁר פָּדִיתָ בְּכֹחֲךָ הַגָּדוֹל וּבְיָדְךָ הַחֲזָקָה: יא אָנָּא אֲדֹנָי תְּהִי נָא אָזְנְךָ

רש"י

חבלנו. בקמ"ן גדול חי"ח לו לנקד סמ"ל היה
כמו (בדניאל ו') חבילא לא עבדת וכן חברו לשון
השחתה: **(ט) אם יהיה נדחכם** כענין שנאמר אם יהיה
נדחך וגו' (דברים ל'): **(יא) אנא אדני תהי נא אזנך**
קשבת

אבן עזרא

(יא) אנא. מן מחבלים כרמים ופירושו שחתנו מלותיך
לשון פיום:

מנחת שי

(ט) והביאותים. וסביאתים קרי ופיין מסורת (ירמיה סימן כ"ס)
כמ"ג: **(יא) אָנָּא** אדני. ברוב הספרים בב' טעמים ובהלל
האשכנזי: והלליתם נא. מלעיל ובמדוייקים הלמ"ד
במאריך ופיין מה שכתבתי בסוף הלל:

רלב"ג

חבלנו לך כמפס אמרו ואם לה' ימטא איש (ש"א ב' כה) כי האיש יהיה חוטא לה' כשיסיס מסאו בענין האלהות והאמונה . וכן ההשמחה
חטיס לה' כאשר ימטא בה לה' כמו ההשמחה שחטיס בענין פ"ז כאמרו מן תשמיחון ופשיחם לכם פסל (דברים ד' פז):

מצודת ציון

(ט) תמעלו. כאשר אתם תמעלו ואני אפיץ וגו' : (ט) **ושבתם.**
וכאשר תשובו אלי או אף אם יהיו הנדחים מכם בקלה השמים וגו':
(יא) עבדך. חוזר על עלמו: תפלת עבדיך.
מוזר על כל המתפללים אשר חפלים לירתאם וגו':

מצודת דוד

ענין סמחתם כי סמחים על בשר (ברלשית ו') תרגום אונקלוס
חבילו: **(ח) תמעלו.** ענין חטא ופשע : **אפיץ.** מזור .
את שמי . את שבינתי :   והצליחה . ומזור ומפרש דבר ססלמה שיתנסו גרחמים לפני סמלך סימלא שאלתו:

---

treacherously with His commandments which you obligated yourselves to observe.—[*Malbim*]

I shall scatter you among the nations—and I shall take your land as a pledge.—[*Malbim*]

9. And if you return—If you repent and pay the debt, I shall return your pledge.—[*Malbim*]

if your exile is—*like the matter that is stated* (Deut. 30:4): *"If your exile is at the end of the heavens, etc."*—[*Rashi*]

and I shall bring them to the place—Although these two verses do not appear to mention any particular commandment, the author uses the word צִוִּיתָ, *You commanded*, because repentance is a positive commandment.—[*Malbim*]

10. Now they are Your servants—Although they have returned to the Holy Land with the permission of the kings of Persia, did You not take them out of Egypt with great strength and with signs and wonders? Now show us wonders like those in the days of our exodus from the land of Egypt.—[*Malbim*]

**11. I beseech You, O Lord, may

7. We have dealt corruptly against You, and we have not kept the commandments, the statutes, and the ordinances that You commanded Moses, Your servant. 8. Remember now the word that You commanded Moses, Your servant, saying, 'If you deal treacherously, I shall scatter you among the nations. 9. And if you return to Me and keep My commandments and perform them—if your exile is at the end of the heaven, from there I shall gather them, and I shall bring them to the place that I chose to cause My Name to rest there.' 10. Now they are Your servants and Your people, whom You redeemed with Your great strength and with Your strong hand. 11. I beseech You, O Lord, may Your ear now be

7. We have dealt corruptly—Heb. חַבֹל, *a noun, an expression of corruption, since the "heth" is vowelized with a "hataf pattah," and I cannot interpret it as a verb form, because in that case, it would have to be vowelized with a large "kamatz."*—[*Rashi*]

we have dealt corruptly—Heb. חַבַלְנוּ, *an expression of corruption, as in Daniel* (6:23): *"I have done no harm."*—[*Rashi*] [According to *Rashi*, חַבֹל חַבַלְנוּ should be translated literally: a corrupt deed have we dealt corruptly.] *Ibn Ezra* interprets it as an expression of destruction: we have destroyed Your commandments. *Ralbag* explains that in no way does a person harm God by not keeping His commandments. Scripture means that we have sinned against Him. Others interpret חַבֹל as an expression of taking a pledge, as is explained in *Exodus Rabbah* 51:3, i.e., we were guilty of having the Temple taken away from us as a

pledge. Nehemiah depicts Israel as being obligated to keep God's Torah. When they do not fulfill their obligation, God takes away their precious belongings, namely the Holy Temple and the Holy Land, as a pledge. When they pay their debt, He will return them. Accordingly, we render: we have given You pledges.—[*Malbim*] *Midrash Ezra* sees this as an allusion to their depriving the Priests of their due, as in Malachi 3:8.

and we have not kept the commandments—i.e., we have not paid the debt.—[*Malbim*]

8. Remember—however, You commanded Moses, saying, etc.—[*Malbim*]

If you deal treacherously—The term תִּמְעָלוּ applies to one who betrays his friend by denying that he deposited something with him or that he lent him money. It may also mean to unlawfully appropriate hallowed articles. Here too, you dealt

קַשֶּׁבֶת אֶל־תְּפִלַּת עַבְדְּךָ וְאֶל־תְּפִלַּת עֲבָדֶיךָ הַחֲפֵצִים לְיִרְאָה אֶת־שְׁמֶךָ וְהַצְלִיחָה־נָּא לְעַבְדְּךָ הַיּוֹם וּתְנֵהוּ לְרַחֲמִים לִפְנֵי הָאִישׁ הַזֶּה וַאֲנִי הָיִיתִי מַשְׁקֶה לַמֶּלֶךְ׃ ב וַיְהִי בְּחֹדֶשׁ נִיסָן שְׁנַת עֶשְׂרִים לְאַרְתַּחְשַׁסְתְּא הַמֶּלֶךְ יַיִן לְפָנָיו וָאֶשָּׂא אֶת־הַיַּיִן וָאֶתְּנָה לַמֶּלֶךְ וְלֹא־הָיִיתִי רַע לְפָנָיו׃ ב וַיֹּאמֶר לִי הַמֶּלֶךְ מַדּוּעַ פָּנֶיךָ רָעִים וְאַתָּה אֵינְךָ חוֹלֶה אֵין זֶה כִּי־אִם רֹעַ לֵב וָאִירָא הַרְבֵּה מְאֹד׃ ג וָאֹמַר לַמֶּלֶךְ הַמֶּלֶךְ לְעוֹלָם יִחְיֶה מַדּוּעַ לֹא־יֵרְעוּ פָנַי אֲשֶׁר הָעִיר

ת"א מאוה . קידושין סט : נחמא ניסן . ר"ס נו : פניך רעים . פקידה שער ס' :

רש"י

קשבה . בתחלת תפלתו אמר ל' זה של תחנה וכן לאחר תפלתו : לעבדך היום וגו' . כך היה מתפלל על עלמו : לפני האיש הזה . לפני המלך : משקה . כמו (בראשית מ') משקה למלך מלרים וזה שפרשתי למעלה (עזרא ב') כדברי רבותינו התרשתא הוא נחמיה :

ב (א) לארתחששתא . הוא דריוס ועל שם המלכו' נקרא כך : יין לפניו . הביאו יין לפני המלך כמוה : ואשא את היין . ואנכי נשאתי את כוס היין ונתתיה למלך וכך הוא המנהג שהמביא יין בחלר המלך אינו נושאו ונותנו למלך אבל שר המשקים מקבל כוס היין מיד המביא והוא נושאו ונותנו למלך : ולא הייתי רע לפניו . ואני לא הייתי רגיל להיות רע לפניו כרוע פנים כי אם שמח וטוב לב ועתה הייתי זועף כרוע פנים : (ב) ואתה אינך חולה . והרי אין אתה חולה . אין המעשה הזה כי אם רוע לב שים בלבבך עלי להמיתני בסם המות בשתיית כום זה : ואירא הרבה מאד . ונתיראתי מאד על כך שלא יעליל עלי המלך עלילה : (ג) מדוע לא ירעו פני . מדוע לא יהיו פני רעים : אשר העיר . ירושלים שהיא בית

אבן עזרא

ב (א) ויהי . ואשא את היין . הנכון כוס היין : ולא הייתי רע לפניו . כי חסן שרותי : (ג) פניך רעים . מענין די מרעע כל אלין והטעם שבורים כדרך החולה :

רלב"ג

ב (א) יין לפניו . ר"ל שכבר היה יין סיין לפניו : (ב) אין זה כי אם רוע לב . ידמה שאמר לו זה על לד אהבה כאלו יאמר הנה זה הרוע בפנים הוא מהספעלות נפשי ובלי ספק מהם דואג על דבר מה ולזה ירעו פניך . ולפי שזה המאמר היה אפשר שיובן שנאמר על דרך

מצודת ציון

ב (א) לארתחששתא . הוא דריום ספרסי ונקרא כן ע"ש המלכות כמו פרעה למלרים ואדומים : (ג) ירעו . מלשון רעה :

מצודת דוד

ואני . אין זה מן דברי התפלה רק על עלמו שהיה משקה למלך : ולהסביר מה שנא' אח"ז שהביא יין לפני המלך :

ב (א) יין לפניו . ר"ל הביאו יין לתת לפניו והוא מקרא קלר : ולא חייתי רע לפניו . ולא היה דרכי מאז להראות לפניו פנים רעים מאור פניו לרוע ולזה שאלו מדוע פניך רעים הלא אין אתה חולה כ"ל לכך רע עלי להמיתני בשתיית זה הכום אשר שמת בו דברי עלילות סמלך : (ג) המלך לעולם יחיה . כן הוא מדרך המוסר לכרך את המלך בראשית האמרים : אשר העיר וגו' . וכעבור זה אני

to have a sad face, but to be happy and cheerful, but now I was sad with a sad face.—[Rashi]

2. **You are not ill**—*Is it not so that you are not ill?*—[Rashi, Mezudath David]

This is nothing—*This incident is only wickedness of heart, that you have in your heart to put me to death by poisoning this cup.*—[Rashi] Your face is like that of a murderer about to commit murder.—[Mezudath David]

And I became very frightened—*And I became very frightened about this, lest the king accuse me falsely.*—[Rashi]

3. **May the king live forever**—It

attentive to the prayer of Your servant and to the prayer of Your servants, who wish to fear Your name, and cause Your servant to succeed today, and grant him mercy before this man." And I was the king's butler.

2

1. Now it came to pass in the month of Nissan, in the twentieth year of King Artaxerxes, [that they brought] wine before him, and I carried the wine and gave [it] to the king. And I had never been sad in his presence. 2. And the king said to me, "Why do you have a sad countenance? You are not ill. This is nothing but wickedness of heart." And I became very frightened. 3. And I said to the king, "May the king live forever! Why should my countenance not be sad when the city,

Your ear now be attentive—*At the beginning of his prayer he used this expression, and so after his prayer.*—*[Rashi]*

Your servant—He refers to himself.—*[Mezudath David]*

the prayer of Your servants—This refers to all those praying "who wish to fear, etc."—*[Mezudath David]*

Your servant—*This is what he prayed for himself.*—*[Rashi]*

before this man—*before the king.*—*[Rashi]*

And I—This is not part of the prayer. He wishes to introduce himself as the king's butler in order to explain why he later brought wine before the king.—*[Mezudath David]*

butler—Heb. מַשְׁקֶה, *like* (Gen. 40:1): " ... *the butler of* (מַשְׁקֵה) *the king of Egypt." This is what I explained above* (Ezra 2:63) *according to the words of our Sages,* *that Hattirshatha is Nehemiah.*—*[Rashi]*

2

1. of ... Artaxerxes—*That was Darius, and because of his kingship he was called this.*—*[Rashi]*

wine before him—*They brought wine before the king in the court.*—*[Rashi] Ibn Ezra* explains that the wine was already standing before him.

and I carried the wine—*And I carried the cup of wine and gave it to the king, and so is the custom, that the one who brings wine into the king's court does not carry it and give it to the king, but the chief butler receives it from the hand of the one who brings it, and carries it and gives it to the king.*—*[Rashi]*

And I had never been sad in his presence—*And I was not accustomed to being sad in his presence,*

בֵּית־קִבְרוֹת אֲבֹתַי חֲרֵבָה וּשְׁעָרֶיהָ אֻכְּלוּ בָאֵשׁ:
ד וַיֹּאמֶר לִי הַמֶּלֶךְ עַל־מַה־זֶּה אַתָּה מְבַקֵּשׁ וָאֶתְפַּלֵּל
אֶל־אֱלֹהֵי הַשָּׁמָיִם: ה וָאֹמַר לַמֶּלֶךְ אִם־עַל־הַמֶּלֶךְ
טוֹב וְאִם־יִיטַב עַבְדְּךָ לְפָנֶיךָ אֲשֶׁר תִּשְׁלָחֵנִי אֶל־
יְהוּדָה אֶל־עִיר קִבְרוֹת אֲבֹתַי וְאֶבְנֶנָּה: ו וַיֹּאמֶר לִי
הַמֶּלֶךְ וְהַשֵּׁגַל יוֹשֶׁבֶת אֶצְלוֹ עַד־מָתַי יִהְיֶה מַהֲלָכְךָ
וּמָתַי תָּשׁוּב וַיִּיטַב לִפְנֵי־הַמֶּלֶךְ וַיִּשְׁלָחֵנִי וָאֶתְּנָה לוֹ
זְמָן: ז וָאוֹמַר לַמֶּלֶךְ אִם־עַל־הַמֶּלֶךְ טוֹב אִגְּרוֹת יִתְּנוּ־
לִי עַל־פַּחֲווֹת עֵבֶר הַנָּהָר אֲשֶׁר יַעֲבִירוּנִי עַד אֲשֶׁר

ת״א אחס פנקס . ר״ה ג :   אבוא

רש״י

קברות אבותי חרבה : (ד) על מה זה אתה מבקש. אי
זה דבר תבקש ממני ואעשה לך : ואתפלל . ואמרתי לפני
המלך כתפלתי כן יהי רצון מלפניך אלהי השמים שתמלא
שאלתי ובקשתי : (ה) אשר תשלחני . שתתן לי רשות
לשלוח לירושלים ולבנותה : (ו) ויאמר לי המלך . בשעה
שדבר אלי המלך היתה אשתו המלכה יושבת אצלו : והשגל.

אשתו המלכה כענין שנאמר (דניאל ה׳) שגלתיה ולחנתיה .
שכן נוהג המקרא לכתוב המלכה אצל הפלגש נשיו ופלגשיו
כמו מלכות ופלגשים (שה״ש ו׳) : עד מתי יהיה מהלכך.
מתי תרצה שיהא מה לכך ומספך : ומתי תשוב . ומתי
דעתך לחזור : וישלחני . נתן לי רשות ללכת : ואתנה לו
זמן . נתתי לו זמן לחזור : (ז) אגרות יתנו לי . סופריך

אבן עזרא

(ד) ואתפלל אל אלהי השמים . וכבר התפללתי : (ו) והשגל . מן תשגלנה ונקראת כן המזומנת למלות המלך :
(ז) פחוות . שלס ופחות חסר למ״ד הפועל :

רלב״ג

שנאה והכעס והכעס היה ירא נחמיה כי חמת מלך מלאכי מות : (ו) והשגל יושבת אצלו . היא אשתו סמיומדת לו לשגל : (ז) אשר יעבירוני
עד אשר אבוא אל יהודה . הנה שאל זה מפני כי שם לני יהודה וכנימן ולוה שאל שיהיו הפחוות מלווים מאת המלך סיעבירוסו בעבוד

מצודת דוד

טלב ולזה פני רעים: אכלו באש . חרבה . (ד) על מה   **מצודת ציון**
זה אתה מבקש . כמומר ומה רולה אתה בכניינס על מס זה תסיה   טלב ולזה סני רעים: אכלו באש . חרבה . (ו) והשגל . סמלכס
מאס מבקש עלי ומהו ומהו סדכר אשר תרלה : ואתפלל . עד שלא השיב מאריו התפלל לס׳ תפלה קלרה בעמדו לפני המלך
וסתפלה היס סימטוך עליו חסד לפני המלך : (ה) אם על המלך
טוב ומקובל ואהוב לפניך : אשר תשלחני . ר״ל שאלתי ובקשתי אשר תתן לי רשות ללכת אל מדינת יהודה ונו׳ : ואבגנה .
ואכגנס אותה : (ו) והשגל . סמלכס היתה אז יושבת אללו . כמה הוא הזמן אשר יהיה סמהלך ר״ל ללכת ולשבת
שמה ולשוב הנה ולחוסססת כימור אמר סוב ומתי תשוב : וייטב . הוטב סאלתי לפניו וכעת וזמן לי רשות ללכת ואלי קבטתי לו זמן מתי
אשוב : (ז) יתנו לי . סופרי סמלך יתנו לי אגרות ברשותך אל מושלי עבר הנהר . אשר יעבירוני . שהס יעצירו מותי בהלויית אנשים

(שֶׁגַּלְתֵּהּ) *and his concubine," for it is
customary for Scripture to write "the
queen," next to "the concubine"; his
wives and his concubines, like (Song
6:9):* "מְלָכוֹת וּפִילַגְשִׁים, *queens and
concubines."—[Rashi]*

How long will your trip take—
When is it your intention to return?—
[Rashi]

and he sent me—*He gave me
permission to go.—[Rashi]*

and I gave him a time—*I gave
him a time of return.—[Rashi]*

7. **may letters be given to me—**
*lit. let them give me letters. [Let]
your scribes [give me letters] by your
sanction and your knowledge, sealed
with your signet to the governors of*

the place of my forefathers' graves, is laid waste, and its gates are consumed by fire?" 4. And the king said to me, "For what do you make request?" And I prayed to the God of heaven. 5. And I said to the king, "If it pleases the king, and if your servant is pleasing before you, that you send me to Judea, to the city of the graves of my forefathers, and I shall build it." 6. And the king said to me— and the queen was sitting beside him—"How long will your trip take, and when will you return?" And it pleased the king, and he sent me, and I gave him a time. 7. And I said to the king, "If it pleases the king, may letters be given to me to the governors of the land beyond the river, that they escort me through until

was proper form to bless the king at the beginning of one's speech.— [*Mezudath David*]

Why should my countenance not be sad—Heb. מַדּוּעַ לֹא יֵרְעוּ פָנַי. *Why should my countenance not be sad?—[Rashi]*

when the city—*Jerusalem, which is the place of the graves of my forefathers, is laid waste.—[Rashi]* The place of the ancestral graves was precious and holy in the eyes of the Persians.—[*Malbim*]

4. **For what do you make request**—*What do you request of me and I shall do it for you.—[Rashi]* And if you wish it to be built up, what is this that you request, and what do you wish?—[*Mezudath David*]

And I prayed—*And I said before the king in my prayer, "May it be Your will, O God of the heavens, that You fulfill my petition and my request."—[Rashi]* Before he replied to the king, he uttered a brief prayer while standing in the king's

presence, asking that he should find favor before the king.—[*Mezudath David*] *Ibn Ezra* renders: and I had already prayed. [According to *Ibn Ezra*, he is referring to the prayer mentioned above in chapter 1.]

5. **If it pleases the king**—i.e., if the king wishes to fulfill my request.—[*Mezudath David*]

and if your servant is pleasing before you—if I am good, acceptable and beloved in your sight.—[*Mezudath David*]

that you send me—*that you grant me permission to ascend to Jerusalem and build it.—[Rashi]* My petition and my request are that you grant me permission to go to the province of Judea, etc.—[*Mezudath David*]

6. **And the king said to me**—*At the time the king spoke to me, his wife, the queen, was sitting beside him.—[Rashi]*

and the queen —Heb. וְהַשֵּׁגַל, *his wife the queen, as the matter that is stated* (Dan. 5:2): " ... *his queen*

אָבוֹא אֶל־יְהוּדָה: חוְאִגֶּרֶת אֶל־אָסָף שֹׁמֵר הַפַּרְדֵּס אֲשֶׁר לַמֶּלֶךְ אֲשֶׁר יִתֶּן־לִי עֵצִים לְקָרוֹת אֶת־שַׁעֲרֵי הַבִּירָה אֲשֶׁר־לַבַּיִת וּלְחוֹמַת הָעִיר וְלַבַּיִת אֲשֶׁר־אָבוֹא אֵלָיו וַיִּתֶּן־לִי הַמֶּלֶךְ כְּיַד־אֱלֹהַי הַטּוֹבָה עָלָי: טוָאָבוֹא אֶל־פַּחֲווֹת עֵבֶר הַנָּהָר וָאֶתְּנָה לָהֶם אֵת אִגְּרוֹת הַמֶּלֶךְ וַיִּשְׁלַח עִמִּי הַמֶּלֶךְ שָׂרֵי חַיִל וּפָרָשִׁים: יוַיִּשְׁמַע סַנְבַלַּט הַחֹרֹנִי וְטוֹבִיָּה הָעֶבֶד הָעַמֹּנִי וַיֵּרַע לָהֶם רָעָה גְדֹלָה אֲשֶׁר־בָּא אָדָם לְבַקֵּשׁ טוֹבָה לִבְנֵי יִשְׂרָאֵל: יא וָאָבוֹא אֶל־יְרוּשָׁלִָם וָאֱהִי־שָׁם יָמִים

<hr>

רש״י

ת״א אל אסף . פרדיסו : סנגלט, קידוסינו ס :

על רשותך ודעתך חתומות בחותמך על סחוות עבר הגהר של נד ארן ישראל: אשר יעבירוני . ויתיירוני לשלום: עד אשר אבוא. לירושלי' אשר במדיכ' יהודה: (ח) ואגרת אל אסף . ותשלח כתב אגרת אל אסף: שומר הפרדם. ממונה היה על היערים אשר למלך: לקרות . משקל מחק לעשות תקרות וקורות לשערי בירות הר הבית שהרי ב״ה בנו בבנינו אבל שערי חומות הר הבית וחומת החצר אשר סביב בית המקדש לא בנו עדיין : ולחומת העיר . ולעשות

מנחת שי

ב (ס) את שערי הבירה אשר־לבית. כן הס סטמיס במדוייקיס :

קורות לחומת העיר : ולבית אשר אבוא אליו . ולעשות בית אשר אשב בו לצורכי . ויתן לי המלך . את כל אשר שאלתי ממנו : כיד . כפי ידו של הקב״ה שהיתה טובה עלי להצליחני : (ט) ואתנה להם את אגרות המלך . למען יתיירוני לשלום : שרי חיל ופרשים . שלח המלך עמי לכבודי למען חלך חלך לשלום : (י) וישמע סנבלט וגו' . כאשר שמעו שבאתי לבקש טובה על ישראל ולבנות חומות ירושלים וירע בעיניהס כי היו לצרי יהודה וכנימן : (יא) ואהי שם

אבן עזרא

(ח) לקרות . מן קורות בתיכו : ולבית אשר אבוא אליו . הוא בית המלך ופי' הבית שאכנס בו כי הבית

רלב״ג

באלה לשמרו מכל אויב ואורב : (ח) לקרות את שערי סבירה אשר לבית . ר״ל לבית המקדש וידמה שקרוי שערי סבירה הוא האולם אשר

מצודת דוד

לשמרני בדרך: (ח) ואגרת . נס יתנו לי אגרת אל אסף השומר אם הפרדם וגו' והוא היה הספקיד על עלי סיער : לקרות . לעשות תקרות על שערי הר הבית סמסכך אם בית המקדש : ולחומת העיר . עלים לצורך בנין סחומה : אשר אבוא אליו . ר״ל סנעשה לצרכי לבום אליו לשבת בו : ויתן . ויתן לי אלהי סטובה עלי לחת לי מן בטיני המלך : (ט) וישלח . וכבר שלח עמי מעט הלני או הפמווס שלחו עמו כדבר המלך וסרי הוא כאלו שלח שלח המלך שרי חיל ופרשים : (י) וישמע . מה ששאלתי מאת הסלך כדבר בנין העיר : וירע להם . היה לצרי יהודה

מצודת ציון

סמיוחדת לו למשכב סמשגל : (ח) הפרדם . סוא גן מטן פרי כמו גטות ופרדסים (קהלת ב') : לקרות . מלשון תקרה : הבירה . כן יקרא בית המקדש כמו שכתוב לא לאדם סבירה (דברי הימים א'

<hr>

gave him letters to the governors to be escorted from there.

10. Now Sanballat etc., heard— *When they heard that I had come to request good for Israel and to build the walls of Jerusalem it displeased them greatly, for they were the adversaries of Judah and Benjamin.*—[Rashi]

11. and I was there for three

days—*I was in Jerusalem for three days, and at the end of three days, I and a few men with me arose at night, and I did not tell any person what the Holy One, blessed be He, had put into my heart.*—[Rashi]

12. had put into my heart—what the Lord inspired me to do for the benefit of Jerusalem.—[*Mezudath David*]

I come to Judea. 8. And a letter to Asaph, the guardian of the king's orchard, that he give me wood to make beams for the gates of the castle that belongs to the Temple and for the wall of the city and for the house to which I shall go," and the king gave me according to the good hand of my God upon me. 9. And I came to the governors of the land beyond the river, and I gave them the king's letters, and the king sent with me officers of the army and horsemen. 10. Now Sanbalat the Horonite and Tobiah the Ammonite slave heard, and it displeased them greatly, that a man had come to request good for the Children of Israel. 11. And I came to Jerusalem, and I was there for three days.

the land beyond the river, on the side of the land of Israel.

that they escort me through—*and escort me in peace.*—[*Rashi*]

until I come—*to Jerusalem, which is in the province of Judea.*—[*Rashi*]

8. **And a letter to Asaph**—*and that you send a letter to Asaph.*—[*Rashi*] *Mezudath David* explains: They should also give me a letter to Asaph.

the guardian of the king's orchard—*He was appointed over the king's forests.*—[*Rashi*]

to make beams—*This is the intensive conjugation: to make ceilings and beams for the gates of the castles of the Temple Mount, for they had built the Temple as it should be built, but the gates of the walls of the Temple Mount and the wall for the court surrounding the Temple had not yet been built.*—[*Rashi*]

and for the wall of the city—*and to make beams for the wall of the city.*—[*Rashi*]

and for the house to which I shall go—*and to make a house in which I shall dwell for my needs.*—[*Rashi*]

and the king gave me—*all I asked him for.*—[*Rashi*]

according to the good hand—*according to the hand of the Holy One, blessed be He, which was good upon me, to cause me to succeed.*—[*Rashi*]

9. **and I gave them the king's letters**—*in order that they escort me in peace.*—[*Rashi*]

officers of the army and horsemen—*the king sent with me* [officers] *in my honor, in order that I go in peace.*—[*Rashi*] Either the king sent these officers with me when I left, or the governors sent them by the king's orders, which was as if the king had sent them.—[*Mezudath David*] *Malbim* explains that until he reached the governors, he was protected by army officers whom the king had sent with him. It is understood from his request that they

שְׁלֹשָׁה: יב וָאָקוּם ׀ לַיְלָה אֲנִי וַאֲנָשִׁים ׀ מְעַט עִמִּי וְלֹא־הִגַּדְתִּי לְאָדָם מָה אֱלֹהַי נֹתֵן אֶל־לִבִּי לַעֲשׂוֹת לִירוּשָׁלִָם וּבְהֵמָה אֵין עִמִּי כִּי אִם־הַבְּהֵמָה אֲשֶׁר אֲנִי רֹכֵב בָּהּ: יג וָאֵצְאָה בְשַׁעַר־הַגַּיְא לַיְלָה וְאֶל־פְּנֵי עֵין הַתַּנִּין וְאֶל־שַׁעַר הָאַשְׁפֹּת וָאֱהִי שֹׂבֵר בְּחוֹמֹת יְרוּשָׁלִַם אֲשֶׁר־הֵם ׀ פְּרוּצִים וּשְׁעָרֶיהָ אֻכְּלוּ בָאֵשׁ: יד וָאֶעֱבֹר אֶל־שַׁעַר הָעַיִן וְאֶל־בְּרֵכַת הַמֶּלֶךְ וְאֵין

נ"א בשי"ן שמאלית   חם פרוצים קרי

רש"י

ימים שלשה. הייתי בירושלים ימים שלשה ולסוף שלשת ימים קמתי בלילה אני ואנשים מועטים עמי ולא הגדתי לשום אדם את אשר נתן הקב"ה בלבי: (יב) ובהמה אין עמי. כי כל האנשים מועטים אשר עמי הלכו ברגליהם אבל אני לבדי הייתי רוכב על בהמה שלא היו רוצים לרכוב על סוסיהם למען יהיו יוצאים מן העיר בלינעא בלא ידיעת אדם והם הלכו לשבור ולהפיל חומות העיר בלילה ולהרכוף סרלוחיה למען יהיו בני העיר למחר להוטים ומסכימים בעצה אחת עם נחמיה לבנות חומות העיר. וכן מוכיח

מקום

המעשה בתוך הפרשה: (יג) ואצאה בשער הגיא. יצאתי באותו שער בלילה עם האנשים אשר עמי לנד אותו מקום של עין התנין ולאותו שער האשפות שבחומת העיר והייתי שורך בחומה והחומה היתה נוחה להפילה ולפרוץ בה לפי שהיתה שרופה באש. שהם אותם מקומות שהיו פרולים והם פרלו בהם יותר: (יד) ואעבור אל שער העין. וראיתי לעבור אל אותן מקומות שבחומת העיר ובאותן פרלות ואין מקום באותן פרלות לעבור בו ביניהם רוכב על הבהמות שהיו פרלות קטנות:

מנחת שי

(יג) ואהי שבר בחומת ירושלים. וכן ואהי שבר במומה שבסמוך שניהם בשי"ן ימנית לרס"י ל' שבירה ולרא"בע ורד"ק בשי"ן שמאלית עין מחשבת או סברא ומסורה מסייעא לה שטל מלו השנים אומרה ב' ומסר ואילו בשי"ן ימנית מיכא אחריני: אשר הם ׀ פרוצים. הם פרולים קרי וסוא מד מן ט"ו מלין דכתיב מלה מדא וקריין חלפי וסימן (נדכבי סימים ל' כ"ז) ועיין

רלב"ג

לפני השער . ולמומת העיר . כ"ל מה שילמרך מן העבלים מן השעלים למומת העיר לקרות הסעברים : (יג) ולאלאה בשער הגיא לילה וגו' . ידמה שהיה במומה שער היו באים ממנו אל גיא בן סנום ולאותו השער נקרא שער הגיא . ושער סאשפות היה הסער אשר מזליאים ממנו הזבל מון לעיר יסיו בו אשפות ישימו בם הזבל . והנה עבר שם נחמיה בן חבלים בלילה לשער אם חסיס המלאכס גדולה לבנות סמומה ולהטמיד שערים כדי שיחישר מזה אין ימכן לו שיבננת ולזה עבר סביב כל מומת ירושלים עד שבא אל שער סגיא שבו וסבי שובר במומות ירושלים וגו' . ולאי מושב במומות ירושלים אשר הם פרולים ושעריה שאכלו באש כמו חכבד סטבודה לבנות סמומה ולהעמיד שערים : (יד) ואעבור אל שער העין ואל ברכת המלך . כ"ל שכבר עבר אל השער אשר יבאו ממנו אל העין לשאב מים ואל שער ברכת סמלך שסיתה שם ברכה שהיו מסקים שם סופי המלך וסיו לוקחים מפס מים אל המלך או סיתה הברכה להשקות גן סלמ המלך . ואין

מצודת ציון

כ"ס): (יב) רוכב בה . רוכב עליה וכן ונתן בו (שמות כ"א) ור"ל עליו. (יג) אכלו . נשרפו: (יד) ברכת. עין מקום סמיס וכן

מצודת דוד

ובכנימין (יב) מה אלהי נתן וגו'. מה כ' מעורך את לבי לעשות לטובת ירושליכ: אין עמי . חמת האנשים ההולכים טמדי : (יג)ואל פני . סלבתי אל פני עין סתנין והוא שם מקום: ואהי שבר .

place in those breaches for riders on *animals to pass through because they were so small.*—[*Rashi*] *Ralbag* explains that Nehemiah had already passed through the Fountain Gate to draw water and through the gate of the king's pool, for this was the pool from which they would water the royal steeds, bring water to the king and water the royal garden.

for the animal that was under me to pass—Heb. לַבְּהֵמָה לַעֲבֹר תַּחְתָּי, lit. for the animal to pass under me. The order is inverted.—[*Ibn Ezra*] *Ralbag* explains that the terrain was so broken up that an animal could not pass over it unless its rider would dismount. *Mezudath David* explains that the terrain was strewn with rocks that had fallen from the broken wall,

12. And I and a few men with me arose at night, and I did not tell anyone what my God had put into my heart to do for Jerusalem, and there were no animals with me except the animal upon which I was riding. 13. And I went out through the Gate of the Valley at night and toward En Hattannin and to the Dung Gate, and I was breaking the walls of Jerusalem, which were breached, and its gates [which were] consumed by fire. 14. And I passed to the Fountain Gate and to the king's pool, and there was no

and there were no animals with me—*The few men who were with me went by foot and I alone rode on an animal. They did not ride their horses because they wanted to leave the city in secret, with no man's knowledge. They went to break and cast down the walls of the city at night and to increase their breaches in order that on the morrow, the people of the city would be eager and agree unanimously with Nehemiah to build the walls of the city. So it appears from the text.*—[Rashi]

13. **And I went out through the Gate of the Valley**—*I went out through that gate at night with the men who were with me toward En Hattannin and the Dung Gate in the wall of the city; and I broke the wall, and the wall was easily cast down and broken because it had been burned with fire.*—[Rashi]

which were breached—*which are those places that were breached, and they breached them more.*—[Rashi] *Malbim* explains that Nehemiah tested the strength of the wall to ascertain whether the entire wall would have to be demolished and then rebuilt or whether the

breaches alone could be repaired. *Ibn Ezra* reads שׂבֵּר, I was contemplating the walls of Jerusalem, which *Malbim* explains in the same manner, namely that he contemplated whether they had to be demolished or could be repaired. *Ralbag* explains that there was a gate in the wall of the city through which they would go to the Valley of Ben Hinnom, and that gate was called the Gate of the Valley. The Dung Gate was the gate through which they would bring the refuse outside the city to dispose of it. Nehemiah skirted the walls of the city to ascertain how big of a job it would be to build the walls and erect their gates. He therefore went all around the city walls until he returned to the Gate of the Valley by which he had exited.

and I was contemplating the walls of Jerusalem—I thought about how great the task would be to build the walls of Jerusalem, which had been breached, and erect its gates, which had been burned.—[Ralbag]

14. **And I passed to the Fountain Gate**—*And I wished to pass to those places in the wall of the city and in those breaches, and there was no*

מָקוֹם לַבְּהֵמָה לַעֲבֹר תַּחְתָּי: טז וָאֱהִי עֹלֶה בַנַּחַל
לַיְלָה וָאֱהִי שֹׁבֵר בַּחוֹמָה וָאָשׁוּב וָאָבוֹא בְּשַׁעַר
הַגַּיְא וָאָשׁוּב: יז וְהַסְּגָנִים לֹא יָדְעוּ אָנָה הָלַכְתִּי וּמָה
אֲנִי עֹשֶׂה וְלַיְּהוּדִים וְלַכֹּהֲנִים וְלַחֹרִים וְלַסְּגָנִים
וּלְיֶתֶר עֹשֵׂה הַמְּלָאכָה עַד כֵּן לֹא הִגַּדְתִּי: יז וָאוֹמַר
אֲלֵהֶם אַתֶּם רֹאִים הָרָעָה אֲשֶׁר אֲנַחְנוּ בָהּ אֲשֶׁר
יְרוּשָׁלַ͏ִם חֲרֵבָה וּשְׁעָרֶיהָ נִצְּתוּ בָאֵשׁ לְכוּ וְנִבְנֶה אֶת־
חוֹמַת יְרוּשָׁלַ͏ִם וְלֹא־נִהְיֶה עוֹד חֶרְפָּה: יח וָאַגִּיד לָהֶם
אֶת־יַד אֱלֹהַי אֲשֶׁר־הִיא טוֹבָה עָלַי וְאַף־דִּבְרֵי

נ"א בשי"ן שמאלית פתח בס"פ

רש"י

(טז) וָאֱהִי עֹלֶה. והייתי עולה מצד אחד בלילה והייתי
שובר בחומה עם האנשים אשר עמי. וָאָשׁוּב וָאָבוֹא.
וכאשר חזרתי באתי דרך שער הגיא: (טז) וְהַסְּגָנִים.
אשר בעיר לא היו יודעין להיכן הלכתי ואת המעשה אשר

מנחת שי

כפירוש אבן מזרחל ומה שכתבתי בישעיה פ': (טז) וליתר עשה
המלאכה . בס"א . (יז) נלחמו . בדגם סלד"י:

(טז) וָאֱהִי עֹלֶה. עשיתי: עד כן. עד עתה: (יז) וָאוֹמַר אֲלֵהֶם. למחר
אמרתי להם: ולא נהיה עוד חרפה. שלא יהיו לרינו
בוזוים וסוללים אותנו: (יח) אֶת יַד אֱלֹהַי. אשר נתן לי
חן והצלחה לפני המלך: לְטוֹבָה. הכל נתכוונו לטובה לבנות

אבן עזרא

הסוך הוא וכן הפירוש שאין מקום לבהמה אשר תחתי
לעבור: (טז) עד כן. פירוש עד עשותי כן לא הגדתי להם:

רלב"ג

מקום לבהמה לעבור תחתי. ר"ל שכבר נתקלקל הקרקע באופן שלא חוזל הבהמה לעבור אם לא אחד: (טז) ואהי עולה בנחל לילה.
ר"ל במישור שסים מצל החומה ואז סייתי מחשב ומעיין במומס אם יש כה פרלות גדולות כדי שאעמוד על מלאכת החומה כמה תכבד:

מצודת ציון

מפלת הכרכם (ישעיה ז'): (טז) בנחל. בעמק ואמר טולה כי לפני
סגאל סים סר : (טז) והסגנים. סוא מין שלרים: ולחורים. כן
יקראו ספרים סגדולים והם מלשון מיזר ולובן ספוך מן השמלים
סלנקסים מטולים כמ"ש כל ימלב לפני משולים (משלי כ"ב):
(יז) נצתו. מלשון הלתם ושריפה:

מצודת דוד

מקום לבהמה לעבור תחתי. מזוכמו סיתה למען יחשבו אנשי ירושלים שהאויב הוא השובר את
החומה ויתורלו לבם לבנותה ולחזקה: אשר הם פרוצים. ר"ל
על כי היו בה פרלות מרובות וסשטרלים סיו שרופים באש לזאת סים
נוח וקל להוסיף פרלות: (יד) ואין מקום. אין מקום סגוי ללבת
שם כי סים מלא גלי אבנים מאבני החומה: לבהמה ותו'. הוא הסוך
כמו אין מקום לבהמה אשר תחתי לעבור: (טז) ואהי. ולזה הלכתי
מפס לפולות בנחל ועם שברתי במומה: וָאָשׁוּב .משטר הגיא מזרחי לבימי: (יז) והסגנים. סמס רמשי טעס הטושים מלאכת
אשר מפרי יהודה: וליתר עשה המלאכה. סמה רמשי מחשבי כי אמר אשר נתקיימה ממחשבתי וכנו הקומה ברמוהם הספרלים כי לבו לא הפולים עוד
מפמס שסוא סים הסובר: (יז) ושעריה נצתו. ר"ל לק לסוסיף פרלות וכל סרולה שובר במומה: חרפה. למרפה להיות שובר
ופורן במומה כל סטובר: (יח) אשר היא מובה עלי. אשר נתן אותי לחן בטיני סמלך: אשר אמר לי. כי ממר לו דברים טובים

---

18. **the hand of my God**—*who gave me favor and success before the king.*—[Rashi]

that he said to me—He told him kind words and consoled him, although this was not mentioned.—[Mezudath David]

for good—*They intended everything for good*—to build the wall of the city and its towers.—[Rashi] *Mezudath David* explains: They strengthened their own hands to do the good and proper thing, namely to build the wall. *Ibn Ezra* renders: for the favor, meaning that they strengthened their hands to take advantage of the favor that the king presented.

place for the animal that was under me to pass. 15. And I ascended by the valley at night, and I broke into the wall, and I returned and came into the gate of the valley, and I returned. 16. And the prefects did not know where I went and what I was doing, and the Jews, the priests, the nobles, the prefects, and the remaining performers of the work I had not yet told. 17. And I said to them, "You see the sad state we are in, that Jerusalem is laid waste, and its gates have been burned with fire; come and let us build the wall of Jerusalem, and we shall no longer be a reproach." 18. And I told them of the hand of my God, which was good upon me, and also the words of

making it impassable for animals. *Malbim* explains that because the breaches were too narrow for the animal to pass through, Nehemiah dismounted and proceeded on foot.

15. **And I ascended**—*And I was ascending from one side at night, and I was breaking the wall with the men who were with me.*—[*Rashi*] *Ralbag* renders: And I was ascending by the plain that was adjacent to the wall, and there I contemplated whether the wall had large gaps, in order to ascertain the magnitude of rebuilding it. [Note that here too, *Ralbag* reads שֹׁבֵר instead of שֹׂבֵר.] *Mezudath David* explains: Therefore, I walked from there to ascend by the valley, and there I broke into the wall.

and I returned and came—*And when I returned, I came by way of the Gate of the Valley.*—[*Rashi*]

16. **And the prefects**—*who were in the city did not know where I had*

gone to and what I had done.—[*Rashi*]

the work—They are the leaders of the people who perform the people's work in all matters.—[*Mezudath David*]

yet—Heb. עַד-כֵּן, *until now.*—[*Rashi*] *Mezudath David* renders: until so, meaning until it was done so, i.e., until what I had planned was done. Only after they built the wall and saw all the breaches, did he reveal that he had broken it.

17. **And I said to them**—*On the morrow I said to them.*—[*Rashi*]

and its gates are burned with fire—It is very easy to make more breaches in the wall, and whoever wishes to break the wall may do so.—[*Mezudath David*]

and we shall no longer be a reproach—*that our adversaries should not plunder and pillage us.*—[*Rashi*]

הַמֶּלֶךְ אֲשֶׁר אָמַר־לִי וַיֹּאמְרוּ נָקוּם וּבָנִינוּ וַיְחַזְּקוּ יְדֵיהֶם לַטּוֹבָה: יט וַיִּשְׁמַע סַנְבַלַּט הַחֹרֹנִי וְטֹבִיָּה ׀ הָעֶבֶד הָעַמּוֹנִי וְגֶשֶׁם הָעַרְבִי וַיַּלְעִגוּ לָנוּ וַיִּבְזוּ עָלֵינוּ וַיֹּאמְרוּ מָה־הַדָּבָר הַזֶּה אֲשֶׁר אַתֶּם עֹשִׂים הַעַל הַמֶּלֶךְ אַתֶּם מֹרְדִים: כ וָאָשִׁיב אוֹתָם דָּבָר וָאוֹמַר לָהֶם אֱלֹהֵי הַשָּׁמַיִם הוּא יַצְלִיחַ לָנוּ וַאֲנַחְנוּ עֲבָדָיו נָקוּם וּבָנִינוּ וְלָכֶם אֵין־חֵלֶק וּצְדָקָה וְזִכָּרוֹן בִּירוּשָׁלָ͏ִם: ג א וַיָּקָם אֶלְיָשִׁיב הַכֹּהֵן הַגָּדוֹל וְאֶחָיו הַכֹּהֲנִים וַיִּבְנוּ

רש״י

אֵת הוֹמַת הָעִיר וּמִגְדָּלֶיהָ: (יט) וַיַּלְעִגֵנוּ. כַּאֲשֶׁר שָׁמְעוּ הַדְּבָרִים בִּמְעוּטוֹת בְּנָיַן חוֹמוֹת הָעִיר הָיוּ מַלְעִיגִים עָלֵינוּ: הַעַל הַמֶּלֶךְ. אִם עַל הַמֶּלֶךְ אַתֶּם מוֹרְדִים לִבְנוֹת חוֹמַת הָעִיר כְּדֵי לִמְרוֹד בּוֹ: (כ) וְלָכֶם אֵין חֵלֶק. מַה לָכֶם בְּבִנְיַן חוֹמַת

אבן עזרא

(יט) וַיְחַזְּקוּ יְדֵיהֶם לַטּוֹבָה. בַּעֲבוּר הַטּוֹבָה הַיְדוּעָה שֶׁהַמֶּלֶךְ מֵטִיב לִי חִזְּקוּ יְדֵיהֶם וְלָכֶם: (כ) אֵין חֵלֶק וּצְדָקָה. חֵינְכֶם רְאוּיִים שֶׁתַּעֲשׂוּ צְדָקָה בְּבִנְיַן בֵּיתוֹ שֶׁתִּהְיוּ נִזְכָּרִים לְפָנָיו:

רלב״ג

(יט) הַעַל כִּמְלֵךְ אַתֶּם מֹרְדִים. ר״ל הַעַל הַמֶּלֶךְ אַתֶּם מוֹשְׁבִים לִמְרוֹד וְלָזֶה אַתֶּם מַחֲזִיקִים סָפִיר כְּדֵי שֶׁלֹּא יוּכַל לִמְשׁוֹל בָּכֶם ... (כ) וְהִנֵּה זֵכֶר כִּי לֶאֱלֹהֵי הַשָּׁמַיִם הוּא עֹשֶׂה שָׁלוֹם וְכוּ׳ ...

מצודת דוד

(יט) הַעַל הַמֶּלֶךְ. לָמְרוֹד בַּמֶּלֶךְ ... (כ) הוּא יַצְלִיחַ לָנוּ. כַּאֲשֶׁר אַף אִם תֹּאמְרוּ לָמָּה גוֹמֵר כְּדְבָרִים סַאֲלָה לֹא יוֹעִילוּ דִּבְרֵיכֶם לְהַשְׁחִית ...

---

kindness that were performed for Jerusalem, viz. that Israel returned there, were performed by the king's command, and are credited to him as an act of kindness.—[*Mezudath David*]

but you—What do you have to do with us? You have neither a share nor charity nor a good remembrance in Jerusalem.—[*Mezudath David*]

Ibn Ezra explains: You are not fit to perform charity in His house so as to be remembered before Him. The Rabbis deduce from here that if a gentile desires to donate a water stream or a wall or tower for the city of Jerusalem, we are not to accept it.—(*Shekalim* 4b)

the king that he said to me. And they said, "Let us get up and build," and they strengthened their hands for good. 19. Then Sanbalat the Horonite, and Tobiah the Ammonite slave, and Geshem the Arab heard, and they mocked us and despised us, and they said, "What is this thing that your are doing? Are you rebelling against the king?" 20. And I answered them a word, and I said to them, "The God of heaven—He will make us succeed, and we, His servants, will get up and build, but you have no share, charity, or remembrance in Jerusalem."

3

1. Then Eliashib the High Priest and his brothers the priests arose and built

19. and they mocked—*When our adversaries heard the news of the building of the walls of the city, they mocked us.*—[*Rashi*]

are ... against the king—*Are you rebelling against the king by building the wall of the city in order to rebel against him?*—[*Rashi*] Do you wish to rebel against the king by building the wall of the city to fortify yourselves within?—[*Mezudath David*] Are you strengthening the city so that the king will not be able to rule over you?—[*Ralbag*] *Malbim* explains that Cyrus had decreed that the walls should not be rebuilt (Ezra 4:21). Therefore, rebuilding the wall would constitute an act of rebellion. However, the decree specified that this prohibition was in force only until permission was granted to rebuild the wall, and now permission had been granted.

20. He will make us succeed—Even if you inform on us to the king as you say, your words will be of no avail, for the Lord will make us succeed.—[*Mezudath David*]

and we, His servants—Since we are His servants, those who keep His commandments, we will get up and build, and He will ensure that your words do not enter the king's ears.—[*Mezudath David*]

but you have no share—*What do you have in the building of the wall of this city, for you have no share in it.*—[*Rashi*] And if this matter appears to you to be evil, what affair is it of yours? You have no share in Jerusalem.—[*Mezudath David*]

charity—i.e., the charity and

אֶת־שַׁעַר הַצֹּאן הֵמָּה קִדְּשׁוּהוּ וַיַּעֲמִידוּ דַּלְתֹתָיו וְעַד־מִגְדַּל הַמֵּאָה קִדְּשׁוּהוּ עַד מִגְדַּל חֲנַנְאֵל: ב וְעַל־יָדוֹ בָּנוּ אַנְשֵׁי יְרֵחוֹ וְעַל־יָדוֹ בָנָה זַכּוּר בֶּן־אִמְרִי: ג וְאֵת שַׁעַר הַדָּגִים בָּנוּ בְּנֵי הַסְּנָאָה הֵמָּה קֵרוּהוּ וַיַּעֲמִידוּ דַּלְתֹתָיו מַנְעוּלָיו וּבְרִיחָיו: ד וְעַל־יָדָם הֶחֱזִיק מְרֵמוֹת בֶּן־אוּרִיָּה בֶּן־הַקּוֹץ וְעַל־יָדָם הֶחֱזִיק מְשֻׁלָּם בֶּן־בֶּרֶכְיָה בֶּן־מְשֵׁיזַבְאֵל וְעַל־יָדָם הֶחֱזִיק צָדוֹק בֶּן־בַּעֲנָא: ה וְעַל־יָדָם הֶחֱזִיקוּ הַתְּקוֹעִים

רש״י

הטיר הזאת כי אין לכם חלק בה:

ג (א) **שַׁעַר הַצֹּאן.** כך שמו של שער: **הֵמָּה קִדְּשׁוּהוּ.** לחומת שער בקדושת העיר: **דַּלְתֹתָיו.** של שער: **וְעַד מִגְדַּל הַמֵּאָה.** כך שמו של המגדל: (ב) **וְעַל יָדוֹ.** אצל ידו בסמוך לו של כל בונה ובונה שבנו אותו בנין של שער הצאן: **בָּנוּ אַנְשֵׁי יְרֵחוֹ.** שכך היו מנהגם הללו היו בונים כאן בחומת העיר עד תשלום בניינה המוטל עליהם והאחרים היו בונים סמוך לבנין הראשון וכך היה מנהגם בזה אחר זה עד שנבנית כל החומה: **וְעַל.** כמו (כמדבר ב׳) וְעָלָיו מַטֵּה מְנַשֶּׁה כמסמוך וכן פתרונו סמוך לבנין ידו

מנחת שי

ג (ג) **בְּנֵי הַסְּנָאָה.** כדגש הסמ״ך:

אבן עזרא

ג (א) **הֵמָּה קִדְּשׁוּהוּ.** הקדושה בלשוניו היא מעלה: **הֵמָּה קֵרוּהוּ.** שמו קורותיו: (ד) **וְעַל יָדָם.** כענין איש

רלב״ג

(ג) **בְּנֵי הַסְּנָאָה.** ר״ל שמם קרוהו: **מִגְדַּל חֲנַנְאֵל.** ומגדל אחד בנו החומה עד מגדל חננאל: **מַנְעוּלָיו.** הם סבלים שמונחים בהם הדלת: **וּבְרִיחָיו.** הם למחזק מגילת השערים נכנסים בלחיי השער: (ד) **וְעַל יָדָם הֶחֱזִיק.** ר״ל אצל זה סמוך הזה המחזיק:

מצודת ציון

ג (א) **שַׁעַר הַצֹּאן.** כך שמו על דבר ידוע אללם וכן כלם: **קִדְּשׁוּהוּ.** קדשו אותו כפה להיות קדום בקדושת העיר: (ב) **וְעַל יָדוֹ.** אצל מקומו של כנין: (ג) **קֵרוּהוּ.** נתנו התקרה: **מַנְעוּלָיו.** שם כלי עשוי לסגור בו דלתות השער: **וּבְרִיחָיו.** קטין מטה מכליח מאחורי

מצודת דוד

ג (א) **שַׁעַר הַצֹּאן.** כך שמו על דבל ידוע אללם וכן כלם: **וְעַד מִגְדַּל הַמֵּאָה.** בנו החומה עד מגדל המאה וקדשוהו ומסם והלאה עד מגדל חננאל: (ב) **וְעַל יָדוֹ.** אצל מקומו של כנין אליו וסמוך לו: (ג) **קֵרוּהוּ.** נתנו התקרה: **מַנְעוּלָיו.** שם כלי עשוי לסגור בו דלתות השער: **וּבְרִיחָיו.** קטין מטה: (ד) **וְעַל יָדָם.** סמוך למקום בנין בני סנאה: **הֶחֱזִיק.** תחזיק: **מִיזק מלאכת הבנין:** (ה) **הַתְּקוֹעִים.** אנשי תקוע ושומ שם טיר: **וְאַדִּירֵיהֶם.** עשירי סטיר: **לֹא הֵבִיאוּ צַוָּארָם.** למשיך כטול משא

---

its locks—Heb. מַנְעוּלָיו, *ses verrous in French, its bolts (locks).*—[Rashi]

4. **repaired**—Heb. הֶחֱזִיק, lit. strengthened, *to build the building.*—[Rashi]

5. **the Tekoites**—*They were called this because of their place, which was Tekoa.*—[Rashi]

but their mighty men—*the wealthy men of Tekoa.*—[Rashi]

did not bring their neck—*They did not assist in the service of the Holy One, blessed be He, to build the wall of the city.*—[Rashi] Ibn Ezra explains that they did not submit to the officer of their family appointed over them.

the Sheep Gate; they hallowed it and erected its doors, and until the Tower of the Hundred they hallowed it, until the Tower of Hananel. 2. And next to it the men of Jericho built, and next to it Zaccur the son of Imri built. 3. And the sons of Hassenaah built the Fish Gate: they laid its beams and erected its doors, its locks, and its bolts. 4. And next to them, Meremoth the son of Uriah, the son of Hakkoz repaired, and next to them Meshullam the son of Berechiah, the son of Meshezabel repaired, and next to them Zadok the son of Baana repaired. 5. And next to them, the Tekoites repaired,

3

1. the Sheep Gate—*Such was the name of the gate.*—[*Rashi*] Perhaps they brought the sheep for sacrifices and other necessities through this gate.—[*Ralbag*]

they hallowed it—*that gate with the sanctity of the city.*—[*Rashi*] *Ralbag* renders: they prepared it, i.e., they built the walls on both sides of it and erected its doors. They prepared it by building the wall on one side until the Tower of the Hundred, and on the other side until the Tower of Hananel.

its doors—*i.e., of the gate.*—[*Rashi*]

and until the Tower of the Hundred—*Such was the name of the tower.*—[*Rashi*] *Mezudath David* explains that they built the wall as far as the Tower of the Hundred and hallowed it and from there until the Tower of Hananel.

the Tower of the Hundred—The kings of Judah built it to house a certain hundred men.—[*Ralbag*]

3. the Fish Gate—*Such was the name of the gate.*—[*Rashi*]

they laid its beams—*They placed the beams and ceilings on the gate.*—[*Rashi*] They made a sort of vestibule in front of the gate as a shelter from rain for all those sitting under it.—[*Ralbag*]

they laid its beams—Heb. קֵרוּהוּ, *the intensive conjugation, like "... behold he laid the beams* (קָרָה)," [which appears nowhere in Scripture;] *similar to* (Ps. 104:3): *"Who roofs* (הַמְקָרֶה) *His upper chambers with water." The "kuf" of* קֵרוּהוּ *is not customarily vowelized with a "hirik" in this context because of the "resh" following it, like* (ibid. 10:3): *"blessed* (בֵּרֵךְ);" (Prov. 17:5): *"blasphemed* (חֵרֵף);" (Gen. 17:16): *"I shall bless her* (וּבֵרַכְתִּיהָ);" (Ezek. 29:12): *"and I shall scatter them* (חֵרִתִים) *in the lands."*—[*Rashi*]

וְאַדִּירֵיהֶם לֹא־הֵבִיאוּ צַוָּרָם בַּעֲבֹדַת אֲדֹנֵיהֶם: יוְאֵת שַׁעַר הַיְשָׁנָה הֶחֱזִיקוּ יוֹיָדָע בֶּן־פָּסֵחַ וּמְשֻׁלָּם בֶּן־בְּסוֹדְיָה הֵמָּה קֵרוּהוּ וַיַּעֲמִידוּ דַּלְתֹתָיו וּמַנְעֻלָיו וּבְרִיחָיו: יוְעַל־יָדָם הֶחֱזִיק מְלַטְיָה הַגִּבְעֹנִי וְיָדוֹן הַמֵּרֹנֹתִי אַנְשֵׁי גִבְעוֹן וְהַמִּצְפָּה לְכִסֵּא פַּחַת עֵבֶר הַנָּהָר: חעַל־יָדוֹ הֶחֱזִיק עֻזִּיאֵל בֶּן־חַרְהֲיָה צוֹרְפִים וְעַל־יָדוֹ הֶחֱזִיק חֲנַנְיָה בֶּן־הָרַקָּחִים וַיַּעַזְבוּ יְרוּשָׁלִַם עַד הַחוֹמָה הָרְחָבָה: טוְעַל־יָדָם הֶחֱזִיק רְפָיָה בֶן־

רש"י

פקוע: ואדיריהם. פשירים של תקוע: לא הביאו
צוארם. לא סיימו בעבודתו של הקב"ה לבנות חומת
הפיר: (ו) ואת שער הישנה. כן,שמה: (ז) לכסא פחת
עבר הנהר. עבר הנהר כסא אחד כנה כדי לישב בו אותו

אבן עזרא

על ידו לדגלוהם כטעם בעבור וכן ובעבור יד הבונים
החזיקו ידם פלוני ופלוני לבנות: (ה) ואדיריהם. לא
הביאו צוארם בעבודת אדניהם. האדון והשר הממונה
פליה' ממשפחותם: (ו) הישנה.שם התאר והמתואר חסר:
(ז) אנשי גבעון. חסר וי"ו והנכון ואנשי גבעון או
מלטיה וידון אנשי גבעון והמצפה: לכסא פחת עבר הנהר: לכסא כסא המכונה פחת עבר הנהר כמו הכסא
המורה על הטעם והטעם החזיקו לבנות לשם כסא איש והלמ"ד היא
סמוך ומלת פחת עבר שם איש והטעם אלה הנזכרים החזיקו ידם לבנות עד לכסא פחת עבר הנהר והוא הנכון:
(ח) ויעזבו ירושלים. מלשון חכמים מעזיבה ויש אומרים כי כן עזוב תעזוב עמו: (ט) חצי פלך. כטעם מחוז

רלב"ג

שם סמנדגו בבנין המומה: (ו) ואת שער הישנה. ידמה שקרא שער סישנה השער הקדומה שהיתה בעיר ירושלים מקדם: (ז) אנשי
גבעון וסמלפסס לכסא פחת עבר סנהר. כ"ל שאנשי גבעון והמצפה שהיו פירות לכסא אחת פחת עבר סנהר ולמושבו ולא היו תחם
פחת יסודם ועם כל זה נכנסו לעזור לבנין סמומם. או מולי היה בית בירושלים בו כסא פחת עבר סכסר וכנו סמומם לבית
ססוא: (ח) בן מרסים לורסים. כ"ל שהיו לורפים הוא ואביו. או ביה בן לורסים כמו שזכר אחר זה במנינים שסוא בן סרקמים:
ויתזבו ירושלים. כ"ל בנו ומזקו: (ט) שר חלי פלך ירושלם. כ"ל שר חלי ממוז ירושלים

מצודת דוד

פבודת סבנין שסוא עבודת הסדון ה' כי סבנין סזה למלום ימסב: (ח) אנשי. כמו ואנשי: לכסא. עד למקום מושב הכסא של פחת
עבר סנסר: (ח) צורפים. מן סלורפים. ויעזבו. עזיאל ומנניס מלאו פפר עד המומם סלמבם ועשו כן למק המומס: (ט) שר

מצודת ציון

(יס) ואדיריהם. צורם. (ו) פתח. פנין שלרס ומנעל:
(ח) צורפים. לורפי זהב וכסף: ויעזבו. פניינו מלוי סמפר למזוק
וכדרז"ל פקרס ומעזיבס (כבא מליעא קט"ז) פלך. ממוז ל

but their mighty men did not bring their neck into the service of their lord. 6. And Joiada the son of Paseah and Meshullam the son of Besodiah repaired the gate of the old [city]; they laid its beams and erected its doors, its locks, and its bolts. 7. And next to them Melatiah the Gibeonite, and Jadon the Meronothite, [and] the men of Gibeon and Mizpah repaired, and next to him a throne for the governor of the land beyond the river. 8. Next to him Uziel the son of Haraiah, [of the] goldsmiths, repaired, and next to him, Hananiah the son of the perfumers repaired, and they filled Jerusalem until the broad wall. 9. And next to them, Rephaiah the son of

6. And ... the gate of the old [city]—Heb. הַיְשָׁנָה, the Gate Yeshana, *such was its name.*— [*Rashi*] *Ibn Ezra* explains that הַיְשָׁנָה is an adjective without the noun it describes. *Ralbag* conjectures that this was probably an ancient gate, which had been in Jerusalem for a long time.

7. [and] the men of Gibeon— Both *Ibn Ezra* and *Mezudath David* say that there is a "vav" missing in front of the words "אַנְשֵׁי גִבְעוֹן"—[and] the people of Gibeon." However, *Ibn Ezra* also suggests that Melatiah and Jadon were men of Gibeon and Mizpah.

a throne for the governor of the land beyond the river—*The* [people of] *the land beyond the river built a throne for the governor of the land beyond the river to sit upon.*— [*Rashi*] *Ibn Ezra* conjectures that Kisse is the name of a man who was known as the governor of the land beyond the river, an esteemed person for whom they strengthened themselves to build. He suggests further that Kisse may be the name of a place. These people strengthened themselves to build as far as Kisse, which belonged to the governor of the land beyond the river. He prefers the latter interpretation. *Ralbag* explains that these people, although subordinate to the throne of the governor of the land beyond the river, and not to the governor of Judea, nevertheless assisted in the building of the wall. *Mezudath David* explains that they built as far as the place of the governor's throne of the land beyond the river.

8. goldsmiths—*That family was called by their craft.*—[*Rashi*]

and they filled Jerusalem—Heb. וַיַּעַזְבוּ יְרוּשָׁלָם *They filled it with earth up to the wide wall in order to*

דֹּור שַׂר חֲצִי פֶלֶךְ יְרוּשָׁלָ͏ִם: יְוְעַל־יָדָם הֶחֱזִיק יְדָיָה בֶן־חֲרוּמַף וְנֶגֶד בֵּיתוֹ וְעַל־יָדוֹ הֶחֱזִיק חַטּוּשׁ בֶּן־חֲשַׁבְנְיָה: יא מִדָּה שֵׁנִית הֶחֱזִיק מַלְכִּיָּה בֶן־חָרִם וְחַשּׁוּב בֶּן־פַּחַת מוֹאָב וְאֵת מִגְדַּל הַתַּנּוּרִים: יב וְעַל־יָדוֹ הֶחֱזִיק שַׁלּוּם בֶּן־הַלּוֹחֵשׁ שַׂר חֲצִי פֶלֶךְ יְרוּשָׁלָ͏ִם הוּא וּבְנוֹתָיו: יג אֵת שַׁעַר הַגַּיְא הֶחֱזִיק חָנוּן וְיֹשְׁבֵי זָנוֹחַ הֵמָּה בָנוּהוּ וַיַּעֲמִידוּ דַּלְתֹתָיו מַנְעֻלָיו וּבְרִיחָיו וְאֶלֶף אַמָּה בַּחוֹמָה עַד שַׁעַר הָשֲׁפוֹת: יד וְאֵת שַׁעַר הָאַשְׁפּוֹת הֶחֱזִיק מַלְכִּיָּה בֶן־רֵכָב שַׂר פֶּלֶךְ בֵּית

רש״י

הכרם מלינו בכל הפרשה בבנין השערים לשון מדה: **ואת מגדל התנורים .** גם הוא בנה אותו מגדל שמו כך כל המגדלים הללו שבפרשה היו בנוים בחומת העיר סביב : **(יב) הוא ובנותיו .** שלום ובנותיו החזיקו לבנות הבנין: **(יג) עד שער השפות .** ושער האשפות לא היה בכלל :

אבן עזרא

ותרגום שלשה הגפת תלתא פלכין . לנסת דור אחד לפלך דור חד : **(י) ונגד ביתו .** חסר החזיק: **(יג) בן הלוחש .** על שם עלם אדם : **(יג) השפות .** כמו האשפות ונמשך האל״ף

רלב״ג

(יב) הוא ובנותיו . ידמה שבנות שלום עזרוהו בבנין . או שב כנוי בנותיו אל הפלך וסנה היו לירושלים במות כמנהג סטירות הגדולום : **(יד) בית הכלם .** הוא שם עיר :

מצודת דוד

חצי פלך . היה שר על חצי מחוז של ירושלים: **(י) ונגד ביתו .** מלבד מס שבנה סמוך לסבוכרים הוסיף עוד לבנות החומה שכנגד ביתו סנזכר : **ואת מגדל .** ומלבד המדה הסיא סוסיפו עוד לבנות מגדל **(יג) חרא ובנותיו .** סמס ימד סמזיקו : **(יג) ואלף אמה .** מלבד בנין השער בנו עוד בחומה אלף אמה: **(יד) יבננו .** כמו

דוכסות ומלכות : **(י) ונגד ביתו .** כפל חלקו לבנות שהיה ביתו סמוך לאותו מקו' של חומת העיר: **(יא) מדה שנית .** כאותה מדה אשר בנה חבירו של מעלה גם הוא בנה כמותו: מדה שנית , בבנין החומה. אינו נופל לומר ל' מדה בבנין השערים לפי שאין להם כי אם בבנין חלק של חומה שלא

מנחת שי

במי״ם : **(יג) השפות .** בקמן הס״א במקלת מדוייקים וכ״כ הרלב״ע:

יתכן להיות שם תואר בעבור ה״א הדעת כי לא יכנס על ש

מצודת ציון

מכל מרגוב (דכרים ג') תרגום אונקלוס בית פלך : **(יג) חשפות .**

the city from north to south, which Shallum repaired from the Tower of the Furnaces as far as the Gate of the Valley.

13. **the Gate of the Valley; they built it**—because repairing alone did not suffice, as mentioned above.—[*Malbim*]

and a thousand cubits—In addition to building the gate, they also built one thousand cubits in the wall.—[*Mezudath David*]

until the Dung Gate—*but the Dung Gate was not included.*—[*Rashi*] Note that instead of הָאַשְׁפּוֹת, the gate is called הָשֲׁפוֹת with a long "kamatz" instead of an "aleph."—[*Ibn Ezra*]

14. **Beth Hakkerem**—the name of a city.—[*Ralbag*]

Hur, the ruler of half the district of Jerusalem repaired. 10. And next to them Jedaiah the son of Harumaph repaired and [it was] opposite his house, and next to him Hattush the son of Hashabneiah repaired. 11. Malkijah the son of Harim and Hashub the son of Pahath-Moab repaired a second measure, and [also] the Tower of the Furnaces. 12. Next to him Shallum the son of Hallohesh, the ruler of half the district of Jerusalem, he and his daughters repaired. 13. Hanun and the dwellers of Zanoah repaired the Gate of the Valley; they built it, and they erected its doors, its locks, and its bolts, and a thousand cubits in the wall until the Dung Gate. 14. Malkijah the son of Rechab, the prince of the district of Beth Hakkerem, repaired the Dung Gate;

10. **and opposite his house**—*his lot fell to build, for his house was near that place of the wall of the city.*—[*Rashi*] *Mezudath David* and *Malbim* explain that, in addition to what he built beside the aforementioned, he also built the wall opposite his house.

11. **a second measure**—*in the building of the wall. The expression of measure is inappropriate for the building of the gates because they have* [a measure] *only in the building of a part of the wall, for we do not find in the entire chapter of the building of the gates the expression of a measure.*—[*Rashi*] [Although *Rashi's* wording is somewhat obscure, he probably means that the term מִדָּה, *measure*, applies only to an area in the wall, not to an individual structure, such as a gate. *Rashi* manuscripts read: *because they have only a space, i.e.,* since the gates consist only of a space, the term מִדָּה does not apply to them.]

the **Tower of the Furnaces**—*He also built a tower by that name. All these towers in the chapter were built in the wall around the city.*—[*Rashi*] *Malbim* explains that we are now discussing the northern side of the city, which was not protected by mountains and required a more solid wall than the other sides. Consequently, there were no gates in the wall, and it was divided by measures, i.e., two measures, one toward the east and one toward the west. Malkijah and Hashub repaired the second measure ending at the Tower of the Stoves, situated at the western corner.

12. **he and his daughters**—*Shallum and his daughters repaired the building of the structure.*—[*Rashi*] *Ralbag* suggests an alternative translation: it and its villages. Shallum was the ruler of half the district of Jerusalem and its villages. *Malbim* explains that we are now discussing the western side of

הַכֶּרֶם הוּא יִבְנֶנּוּ וְיַעֲמִיד דַּלְתֹתָיו מַנְעֻלָיו וּבְרִיחָיו: טו וְאֵת שַׁעַר הָעַיִן הֶחֱזִיק שַׁלּוּן בֶּן־כָּל־חֹזֶה שַׂר פֶּלֶךְ הַמִּצְפָּה הוּא יִבְנֶנּוּ וִיטַלְלֶנּוּ וְיַעֲמִידוּ דַּלְתֹתָיו מַנְעֻלָיו וּבְרִיחָיו וְאֵת חוֹמַת בְּרֵכַת הַשֶּׁלַח לְגַן־הַמֶּלֶךְ וְעַד־הַמַּעֲלוֹת הַיּוֹרְדוֹת מֵעִיר דָּוִיד: טז אַחֲרָיו הֶחֱזִיק נְחֶמְיָה בֶן־עַזְבּוּק שַׂר חֲצִי פֶּלֶךְ בֵּית־צוּר עַד־נֶגֶד קִבְרֵי דָוִיד וְעַד־הַבְּרֵכָה הָעֲשׂוּיָה וְעַד בֵּית הַגִּבֹּרִים: יז אַחֲרָיו הֶחֱזִיקוּ הַלְוִיִּם רְחוּם בֶּן־בָּנִי עַל־יָדוֹ הֶחֱזִיק חֲשַׁבְיָה שַׂר־חֲצִי־פֶלֶךְ קְעִילָה לְפִלְכּוֹ: יח אַחֲרָיו הֶחֱזִיקוּ אֲחֵיהֶם בַּוַּי בֶּן־חֵנָדָד שַׂר חֲצִי פֶּלֶךְ קְעִילָה:

ויעמיד קרי

רש"י

ויחזק
שררה חלי פלך בנה בנין זה. לפלכו כ"ף דגושה כאשר יאמר מן מלך מלכו מן פבד עבדו כן יאמר מן פלך פלכו שאות אחרונה של שם דבר מאותיות כג"ד כפ"ת ועיין תוספת זבחים קי"ז . ד"ה פלכי) דנוסות : (יח) אחיהם . הלוים :

(טו) שר פלך המצפה. שר ודוכוס המלסה : הוא יבננו. הוא היה בונה אותו שער : ויטללנו . והוא היה מסכך אותו לי מטללתא : ואת חומת ברכת השלח . שהיא נוטה לגד גן המלך : ועד המעלות . הם היו מכריים מקומות הללו : (טז) בית צור . שם מקוס : (יז) לפלכו . מאותה

מנחת שי

וטשי"ן כסוא לבדו : (טו) ויעמידו . וישמיד קרי : (טז) הַגִּבֹּרִים. כן כתוב וגם הַגִּבֹּרִים : (יז) לפלכו . סל"פ דגושה רפ"י. וסנהת שפשי : (יח) מכריו הסזיקו מחיסס.

אבן עזרא

בקמלות הה'א : (טו) כל חוזה . שם איש : הוא יבננו . מתיד תחת טבר . או פירוס החזיק פלוני שהוא יבננו :

רלב"ג

(טו) הוא יבננו ויטללנו. ר"ל הוא יבננו ויקרה אותו: וטללנו. ברכת השלח לגן המלך. ר"ל הוא ברכה ישקו ממנה גן סאלנות וסיסס ג"ל לגן סידקוס למלך כמת מלכי יהודה : ועד סמעלות סיורדות מעיר דוד . הנה מליון שסיא עיר דוד היו יולדות מעלות עד מומם ירוסליס ועד סמקום ססוא בנה שלון את החומס : (טז) עד נגד קברי דויד ועד הברכה הפשויה ועד בית הגבורים . ר"ל שמלד אחד בנה סחומה עד נגד קברי דוד וזס סיס מן סחומה עד סברכס הפשויה אלנה ומלד אחר בנה סחומה עד בית אחד סיו יוסבים בו הגב.רים אשר לדוד ונקרא בית

מצודת ציון

כמו האלשפוה : (טו) ויטללנו . סול ענין לל כי לל קורחי (ראשים י"ס) תרנוס אונקלוס בשלל ול"ל נשה חקרס לגל ומחסה : ברכת השלח . מקוה המים סמשקה טלי הגן ונקרחים שלח על סם

מצודת דוד

בנ"סו : (טו) ואת חומת . נס את חומת ברכת השלח הסמוך לגן המלך ומשס והלאה עד סמעלות וגו' : (טז) ועד הברכה העשויה . ר"ל ומנגד קברי דוד עד הברכה הפשויה בידי אדם אשר סביאו בה מת המים ומשס והלאה עד בית הגבורים : (יז) לפלכו . אם סלכו לבונו לומר עם אנשי פלכו : (יח) אחיהם

---

16. **Beth Zur**—*the name of a place.*—[Rashi]

until opposite the sepulchers of David and until, etc.—On one side he built the wall extending until opposite the sepulchers of David which went from the wall until the pool next to it. From the other side he built the wall until a certain house where David's mighty men convened.—[Ralbag]

17. **half the district**—*From that bailiwick, the half district, he built this structure. In the word* לְפִלְכּוֹ, *the "kaff" has a "dagesh," as one says from* צָבֹה, צְבָהוּ, *from* מֶלֶךְ, מַלְכּוֹ, *so does one say from* פֶּלֶךְ, פִּלְכּוֹ, *for [if] the last letter of the noun is one of the*

he built it and erected its doors, its locks, and its bolts. 15. And Shallun, the son of Kol Hozeh, the ruler of the district of Mizpah, repaired the Gate of the Fountain; he built it and roofed it and erected its doors, its locks, and its bolts, and the wall of the pool of Shelah toward the king's garden and until the steps descending from the City of David. 16. After him Nehemiah the son of Azbuk, the ruler of half the district of Beth Zur, repaired until opposite the sepulchers of David and until the [man–]made pool and until the house of the mighty men. 17. After him the Levites, Rehum the son of Bani repaired; next to him Hashabiah, the ruler of half the district of Keilah, repaired for his district. 18. After him their brothers repaired, Bavvai the son of Henadad, the ruler of half the district of Keilah.

15. **the ruler of the district of Mizpah**—*the prince and duke of Mizpah.*—[*Rashi*]

and roofed it—*And he laid the roof on it, an expression of a ceiling* (מְטַלְלָא).—[*Rashi*] This is related to the word צֵל, *shade*, in Aramaic טְלָלָא, as in *Targum Onkelos* to Genesis 19:8.—[*Mezudath Zion*]

and the wall of the pool of Shelah—*which inclines towards the king's garden.*—[*Rashi*]

and until the steps—*They recognized these places.*—[*Rashi*] *Ralbag* explains that during the First Commonwealth they would water the orchard and the king's vegetable garden from this pool. From Zion, which is the City of David, there were steps descending as far as the wall of Jerusalem, and until that place Shallum repaired the wall.—[*Ralbag*] *Malbim* explains that the wall of the Valley Gate extended until the Dung Gate, and from there to the Fountain Gate. To the east of it, within the wall, was the water of Siloam, which was also called the King's Pool (2:14), where the king's gardens were situated. It is known that the Citadel of Zion, the City of David, Solomon's palace, the Millo, and the house of the Millo were at the foot of Mt. Zion in the east. From there were steps by way of the Valley of Ben Hinnom and the wall of the city leading to the king's gardens and the pool, for the City of David was west of the Valley of Ben Hinnom, within the wall of Mt. Zion, and the garden and the pool were within the wall of the city. There was a bridge built over the two walls, so that a person could cross from one to the other. That is the meaning of the verse: and the wall of the pool of Shelah toward the king's garden and until opposite the steps descending from the City of David.

יט וַיְחַזֵּק עַל־יָדוֹ עֵזֶר בֶּן־יֵשׁוּעַ שַׂר הַמִּצְפָּה מִדָּה שֵׁנִית מִנֶּגֶד עֲלֹת הַנֶּשֶׁק הַמִּקְצֹעַ: כ אַחֲרָיו הֶחֱזִיק בָּרוּךְ בֶּן־זַבַּי מִדָּה שֵׁנִית מִן־הַמִּקְצוֹעַ עַד־פֶּתַח בֵּית אֶלְיָשִׁיב הַכֹּהֵן הַגָּדוֹל: כא אַחֲרָיו הֶחֱזִיק מְרֵמוֹת בֶּן־אוּרִיָּה בֶּן־הַקּוֹץ מִדָּה שֵׁנִית מִפֶּתַח בֵּית אֶלְיָשִׁיב וְעַד־תַּכְלִית בֵּית אֶלְיָשִׁיב: כב וְאַחֲרָיו הֶחֱזִיקוּ הַכֹּהֲנִים אַנְשֵׁי הַכִּכָּר: כג אַחֲרָיו הֶחֱזִיק בִּנְיָמִן וְחַשּׁוּב נֶגֶד בֵּיתָם אַחֲרָיו הֶחֱזִיק עֲזַרְיָה בֶן־מַעֲשֵׂיָה בֶּן־עֲנָנְיָה אֵצֶל בֵּיתוֹ: כד אַחֲרָיו הֶחֱזִיק בִּנּוּי

רש"י

זכי קרי

(יט) מנגד עלות הנשק. כנגד אותו המקום שהיו עולים הגבורים אל הנשק לפי פשוטו של מקרא נראה שם שהיה שם מקום אחד כסמוך לחומה וכלי זין של נשק הגבורים היו נותנין (ס"א נתונים) שם כענין שנאמר ערי מבצר והנשק:

מנחת שי

(כ) ברוך בן זבי. זבי קרי והוא חד מן מלין דכתיבין בי"ת וקריין כ"ף: (כג) ענניה. בלרוב המדוייקים בקמץ הנו"ן: (כד) בנוי בן חנדד. כמי"ת כחברו שלמטלה:

אבן עזרא

(יט) עלות הנשק. שם מקום כטעם קלה: (כ) החרה החזיק. ויתלדלנו. מתרגום בכל קורתי בטלל שירותי:

רלב"ן

הגבורים: (יט) מנגד עלות הנשק המקלוט. ר"ל מנגד המקום שיצאו כו כלי נשק והם כל המקלוט ההוא יקראו מקלנט כי

מצודת ציון

(יט) הנשק. כלי זין כמו ועיר מבצר והנשק (מלכים ב' י"ט): המקצוע. הזויות כמו במקלוט החלר (יחזקאל מ"ו): (כ) החרה. ענין חמום כמו נחר מפוח (ירמיה ו'): (כא) תכלית. קלס וסוף: סתפסטות הטנפים וכן שלחין פרדם רמונים (שיר השירים ד'):

מצודת דוד

(יט) מדה שנית. כפי המדה שבכנה בוי הנזכר: מנגד. התחלת הבנין, היה נגד המקום שטולים בם לבית הנשק הטומד במקלוט: (כ) החרה. התחמם כזריזות רב והחזיק כפי המדה שבכנה מזר הנזכר והתחלת הבנין היה מן המקלוט ולבנה עד סתח וגו': (כא) מרמות וגו'. מס כי כבר המזיק פטם אחת כמו שכתוב למעלה מזר עתה והמזיק שוב כפי מדה שבנה ברוך הנזכר והתחלת הבנין היה מפתח וגו': (כג) אחריו. ל"ל אחר המקום

---

21. Meremoth the son of Uriah—Although Meremoth had already repaired his share (verse 4), he repeated this act and repaired as much as Baruch the son of Zaccai, who preceded him.—[*Mezudath David*]

from the entrance of the house of Eliashib until the end of, etc.—

Opposite that house he built his structure.—[*Rashi*]

23. And after it— after the part of the wall that had already been rebuilt.—[*Mezudath David*]

opposite their house—*which was there near the wall.*—[*Rashi*]

24. Binnui the son of Henadad repaired a second measure—He

19. And Ezer the son of Jeshua, the ruler of Mizpah, repaired next to him a second measure, opposite the ascent to the armory, at the corner. 20. After him, Baruch the son of Zaccai repaired a second measure from the corner until the entrance to the house of Eliashib the High Priest. 21. After him Meremoth the son of Uriah, the son of Hakkoz repaired a second measure from the entrance of the house of Eliashib until the end of the house of Eliashib. 22. And after him the priests, the men of the plain, repaired. 23. And after it, Benjamin and Hishub repaired opposite their house; after him Azariah the son of Maaseiah, the son of Ananiah repaired next to his house. 24. After him Binnui

letters "beth," "gimmel," "daleth," "kaff," "pey," or "tav," it is punctuated with a "dagesh."—[Rashi]

18. **their brothers**—*the Levites.*—[Rashi] *Mezudath David* explains: the colleagues of the aforementioned Levites.

19. **opposite the ascent to the armory**—lit. opposite the ascent of the weapons, *opposite the place where the mighty men would ascend to the weapons. According to the simple interpretation of the verse, it appears that there was a place near the wall where the mighty men kept their weapons, as it is stated*: (II Kings 10:2) " *... and cities* (sic) *of fortification and arms.*"—[Rashi] [Note that the verse reads: " ... and the fortified city and arms." Perhaps *Rashi* explains that verse to mean the place where the arms were kept.]

at the corner—*at the corner of the wall.*—[Rashi] *Ralbag* explains that he built the wall opposite the place where arms were manufactured, and that entire area was called the corner, because there was a corner at both its ends. It was called a second measure because it equaled the measure of the one built preceding it.

20. **repaired**—Heb. הֶחֱזָרָה. *Its interpretation is according to the context, and it is a double expression for repairing.*—[Rashi] *Ibn Ezra* explains that he was wroth with himself for the delay in the construction and therefore repaired a second measure. *Mezudath David* explains that he eagerly repaired a second measure. *Rabbi Isaiah da Trani* explains that Baruch, the son of Zaccai, out of envy of the others who had built before him, eagerly built a second measure of the wall.

a second measure—i.e., as much as Ezer the son of Jeshua had built.—[*Mezudath David*]

from the corner, etc.—He commenced to build from the corner and proceeded until the entrance of the house of Eliashib the High Priest.—[*Mezudath David*]

בֶּן־חֵנָדָד מִדָּה שֵׁנִית מִבֵּית עֲזַרְיָה עַד־הַמִּקְצוֹעַ וְעַד־הַפִּנָּה: כה פָּלָל בֶּן־אוּזַי מִנֶּגֶד הַמִּקְצוֹעַ וְהַמִּגְדָּל הַיּוֹצֵא מִבֵּית הַמֶּלֶךְ הָעֶלְיוֹן אֲשֶׁר לַחֲצַר הַמַּטָּרָה אַחֲרָיו פְּדָיָה בֶן־פַּרְעֹשׁ: כו וְהַנְּתִינִים הָיוּ יֹשְׁבִים בָּעֹפֶל עַד נֶגֶד שַׁעַר הַמַּיִם לַמִּזְרָח וְהַמִּגְדָּל הַיּוֹצֵא: כז אַחֲרָיו הֶחֱזִיקוּ הַתְּקֹעִים מִדָּה שֵׁנִית מִנֶּגֶד הַמִּגְדָּל הַגָּדוֹל הַיּוֹצֵא וְעַד חוֹמַת הָעֹפֶל: כח מֵעַל שַׁעַר הַסּוּסִים הֶחֱזִיקוּ הַכֹּהֲנִים אִישׁ לְנֶגֶד בֵּיתוֹ: כט אַחֲרָיו הֶחֱזִיק צָדוֹק בֶּן־אִמֵּר נֶגֶד בֵּיתוֹ וְאַחֲרָיו הֶחֱזִיק

(כה)(והמגדל היוצא.מגדל א' היה בחומה שהוא יוצא ולא ובולט
מבפנים:(כו) והנתינים היו יושבים בעופל . והנתינים
היו יושבים כאותו מחוז והיו בונים אותו מחוז שלהם שהיה
אבן
מלשון חרון והשעמ החרה אפו על עלמו על עכוב המלאכה
והחזיקו ידו במדה שנית . והחרה פועל יולא מבנין הכבד

רלב"ן

מצודת דוד

מצודת ציון

27. **the Tekoites repaired a second measure**—in addition to what they had repaired previously, as mentioned in verse 5.—[*Malbim*] *Mezudath David* explains that, in addition to their previous building, the Tekoites now built a measure equal to that of the Nethinites. The beginning of this building was opposite the Great Tower.

28. **Above the Gate of the Horses**—from the Gate of the Horses

and above, until the top of the mountain.—[*Mezudath David*] The Gate of the Horses served for the horses to enter and exit.—[*Ralbag*]

each one opposite his house—*Each one was building opposite his house.*—[*Rashi*]

29. **Zadok**—He was not one of the priests and was therefore counted separately.—[*Mezudath David*]

the guardian of the eastern gate—of the Temple court. That is the son of Henadad repaired a second measure from the house of Azariah until the corner and until the tower. 25. Palal the son of Uzai [built] from opposite the corner and the tower that juts out of the upper house of the king, which is near the prison yard; after him was Pedaiah the son of Parosh. 26. And the Nethinites dwelt in the Ophel until opposite the Water Gate to the east and the tower that juts out. 27. After him the Tekoites repaired a second measure, from opposite the great tower that juts out until the wall of the Ophel. 28. Above the Gate of the Horses the priests repaired, each one opposite his house. 29. After him Zadok the son of Immer repaired opposite his house, and after him

had already repaired a first measure with his brothers, as in verses 17 and 18.—[*Malbim*]

and until the tower—lit. and until the corner. The tower situated in the corner was given this name.—[*Mezudath David, Malbim*] *Malbim* explains that this is the southeastern corner.

25. from opposite the corner—he commenced to build from opposite the corner.—[*Mezudath David*]

and the tower that juts out—*There was one tower in the wall that jutted out and protruded from within.*—[*Rashi*]

of the upper house of the king—i.e., the house of the king, which is situated atop the mountain, near the prison yard.—[*Mezudath David*] *Malbim* writes that the prison yard was connected to the king's house.

26. And the Nethinites dwelt in the Ophel—*And the Nethinites were dwelling in that district, and they were building their district, which*

was near the wall, until opposite the Water Gate of the eastern side.—[*Rashi*] *Ibn Ezra* defines *Ophel* as a lofty fortress. He renders the verse: And the Nethinites who were dwelling in the fortress repaired with those mentioned above. *Ralbag*, too, connects the two verses: after him, Dedaiah the son of Parosh and the Nethinites who were dwelling in the Ophel built the wall until opposite the Water Gate.

and the tower that juts out—*There was a tower in the wall that jutted out and protruded from within.*—[*Rashi*] *Mezudath David* suggests that the tower jutted outward from the wall. *Malbim* explains that the Nethinites repaired the area from the tower that jutted out from the king's house to the Water Gate, which was situated to the east, for here Scripture follows the wall on the east from south to north. In *Yoma* 69 it is delineated that the Water Gate was opposite the Temple.

שְׁמַעְיָה בֶן־שְׁכַנְיָה שֹׁמֵר שַׁעַר הַמִּזְרָח: ל אַחֲרָיו
הֶחֱזִיק חֲנַנְיָה בֶן־שֶׁלֶמְיָה וְחָנוּן בֶּן־צָלָף הַשִּׁשִּׁי מִדָּה
שֵׁנִי אַחֲרָיו הֶחֱזִיק מְשֻׁלָּם בֶּן־בֶּרֶכְיָה נֶגֶד נִשְׁכָּתוֹ:
לא אַחֲרֵי הֶחֱזִיק מַלְכִּיָּה בֶּן־הַצֹּרְפִי עַד־בֵּית הַנְּתִינִים
וְהָרֹכְלִים נֶגֶד שַׁעַר הַמִּפְקָד וְעַד עֲלִיַּת הַפִּנָּה:
לב וּבֵין עֲלִיַּת הַפִּנָּה לְשַׁעַר הַצֹּאן הֶחֱזִיקוּ הַצֹּרְפִים
וְהָרֹכְלִים: יג וַיְהִי כַּאֲשֶׁר שָׁמַע סַנְבַלַּט כִּי־אֲנַחְנוּ
בוֹנִים אֶת־הַחוֹמָה וַיִּחַר לוֹ וַיִּכְעַס הַרְבֵּה וַיַּלְעֵג עַל
הַיְּהוּדִים: יד וַיֹּאמֶר לִפְנֵי אֶחָיו וְחֵיל שֹׁמְרוֹן וַיֹּאמֶר

אחריו קרי אחריו קרי חצי הספר בפסוקים

רש"י

מה

(ל) וחנון בן צלף הששי . בנים הרבה היה לו לצלף וחנון הוא הששי : מדה שני . כמו שנית : נשכתו . כמו לשכתו לשכה אחת היתה לו שם סמוך לחומה : (לא) בן הצורפי . איש הצורף ונקרא על שם אומנתו : (לב) ובין עלית הפנה לשער הצאן . תחלת הבנין התחילו לבנות שער הצאן שנאמר ויבנו את שער הצאן וגו' כך היו בונים החומה מסביב כזה אחר זה : (לד) לפני אחיו וחיל שומרון . לפני חבריו וחיל שומרון שהיו לרי יהודה :

מנחת שי

(ל) מאחרי החזיק חנניה. מאחריו קרי : מדה שני . שני דספירין שנית ב' הדין וחידך אל בית הגשים שני דאפתר : (לא) מאחרי החזיק מלכיה . מאחריו קרי : (לב) ובין עלית הפנה . חלי הספר בפסוקים :

אבן עזרא

(ל) ... וכן הוא והנתינים אשר יושבים בעפל החזיקו עמהם : (ל) מדה שני . כמו שנית וכן אל בית הגשים שני : נגד נשכתו . כמו לשכתו זה אומר בכה וזה אומר בכה : (לד) האבללים . חברו כי אומלל אני והם לשון כריתה ושברון הגוף מרוב סכל : היעזבו . הראשון ענין מעזיבה :

רלב"ג

(ל) נשכתו . הוא כמו לשכתו והוא חדר אחד מ(לא)בן הצורפי . הוא כמו הצורף וחסר מ"ד נוספת . או הוא הצורף ותהי' היו"ד נוספת : (לב)והחזיקו

מצודת ציון

(לא) ותרוכלים . הם סוחרי : (לד) האמללים . הנכרתים והנלושים כמו כי אמלל אני

מצודת דוד

(ל) הששי . בן ששי של צלף : נשכתו . כמו לשכתו של לשכה : (לא) בן הצורפי . ר"ל ומבית הנתינים והרוכלים ולהלאה עד נגד שער המפקד ומשם ולהלאה עד המקום בעולים בה אל הפנה : (לב) לשער הצאן . כי שם היה סתחלת הבנין כמ"ש למעלה והיו בונים בהקף עד באו אל מקום שהתחלב : (לג) ויחר לו . כלב : ויכעס וגו' . הרלמה כסמו : (לד) מה וגו' . ר"ל מה תועלת במעשיהם : היעזבו . וכי יחזקו את החומה לעולמם במלוי

---

several definitions in addition to this one. They are: 1) those vulnerable to all troubles, 2) those cut off, 3) those who are daring, for they dared to defy the king's edict not to build the wall or repair it.

Will they let them—*Do they think that the heathens will allow them to build?*—[Rashi] *Ibn Ezra* renders as in verse 8: will they restore [it]? or will they strengthen it for themselves?

Will they sacrifice—*Will they constantly slaughter their sacrifices for themselves as they think?*—[Rashi] *Ibn Ezra* explains: Will they make the sacrifice of the dedication of the Temple?

Will they finish in one day—*Will they complete the work that they started in one day? That is to say that the heathens will not permit them to complete their building.*—[Rashi] *Ibn Ezra* and *Ralbag* explain: Will

Shemaiah the son of Shechaniah, the guardian of the Eastern Gate, repaired. 30. After him Hananiah the son of Shelemiah and Hanun the sixth son of Zalaph repaired a second measure; after him Meshullam the son of Berechiah repaired opposite his chamber. 31. After him Malkijah the son of Hatzorefi repaired until the house of the Nethinites and the peddlers, opposite the Hammifkad Gate, and until the ascent to the tower. 32. And between the ascent to the tower and the Sheep Gate, the smiths and the peddlers repaired. 33. And it came to pass when Sanballat heard that we were building the wall, he became wroth and was very angry, and he ridiculed the Jews. 34. And he spoke before his brethren and the army of Samaria, and he said,

the Hammifkad Gate (verse 31).—[*Malbim*]

30. and Hanun the sixth son of Zalaph—*Zalaph had many sons, and Hanun was the sixth.*—[*Rashi*]

a second measure—Heb. מִדָּה שֵׁנִי, *like שֵׁנִית.*—[*Rashi, Ibn Ezra*] [i.e., although the word מִדָּה, *measure*, is feminine, here it is modified by a masculine adjective.]

his chamber—Heb. נֶּגְדּוֹ, *like לְנֶגְדּוֹ. He had one chamber adjoining the wall.*—[*Rashi*]

31. the son of Hatzorefi—*the goldsmith, and he was named after his craft.*—[*Rashi*]

opposite the Hammifkad Gate, etc.—i.e., and from the house of the Nethinites and the peddlers and further until opposite the Hammifkad Gate. From there it went on to the place where they ascend to the tower.—[*Mezudath David*]

32. And between the ascent to the tower and the Sheep Gate—*At the beginning of the building they began to build the Sheep Gate, as it says (verse 1): " ... and they built the Sheep Gate, etc." So did they build the wall all around, one after the other.*—[*Rashi*]

33. and was very angry—He showed his anger.—[*Mezudath David*]

34. before his brethren and the army of Samaria—*before his brethren and the army of Samaria, who were the adversaries of Judea.*—[*Rashi*]

What are the Jews—*Why are the Jews doing this?*—[*Rashi*]

the feeble—Heb. הָאֲמֵלָלִים, *a term denoting weakness and feebleness.*—[*Rashi*] *Ibn Ezra* specifies that it denotes weakness caused by suffering. This definition is shared by *Ralbag, Mezudath Zion* and *Isaiah da Trani. Midrash Ezra* brings

מַה הַיְּהוּדִים הָאֲמֵלָלִים עֹשִׂים הֲיַעַזְבוּ לָהֶם הֲיִזְבָּחוּ
הַיְכַלּוּ בַיּוֹם הַיְחַיּוּ אֶת־הָאֲבָנִים מֵעֲרֵמוֹת הֶעָפָר
וְהֵמָּה שְׂרוּפוֹת: לה וְטוֹבִיָּה הָעַמֹּנִי אֶצְלוֹ וַיֹּאמֶר גַּם
אֲשֶׁר־הֵם בּוֹנִים אִם־יַעֲלֶה שׁוּעָל וּפָרַץ חוֹמַת
אַבְנֵיהֶם: לו שְׁמַע אֱלֹהֵינוּ כִּי־הָיִינוּ בוּזָה וְהָשֵׁב
חֶרְפָּתָם אֶל־רֹאשָׁם וּתְנֵם לְבִזָּה בְּאֶרֶץ שִׁבְיָה:
לז וְאַל־תְּכַס עַל־עֲוֹנָם וְחַטָּאתָם מִלְּפָנֶיךָ אַל־תִּמָּחֶה

קבץ בפ'שטא נ'א שבים למערבאי אל

אבן עזרא

מה היהודים, מדוע היהודים כך הם עושים: **האמללים.** ענין חלשות ורפיון: **היעזבו להם.** וכי הם סכורים אשר יעזבו ויניחו להם העכומ"ז לבנות: **היזבחו.** אם יזבחו להם את זבחיהם תמיד כמו שהם סכורים: **היכלו ביום.** אם יכלו וישלימו מלאכתם אשר התחילו ביום א' לומר שלא יניחום העכומ"ז לגמור את בנינם: **היחיו.** אם יחיו ויתקנו ויחזירו האבנים לקדמותן להיות קשות וחזקות מן העפר: **מערמות.** ענין חמרים ותלים: **והמה שרופות.** והאבנים היו שרופות ונעשית עפר כך היו מלעינים ומתלוצלים על בנין החומה שהיו בונים מן האבנים:

היזבחו. כמו לזבח חנכת הבית והטעם היקריבו זבח חנכת הבית: **היכלו.** הישלימו בנינם ביום הידוע שהם מצערים להשלים: **היחיו את האבנים.** כיהאבן השרופה כמת היא נחשבת: **בוזה.** שם דבר על משקל טומאה שוחה והטעם לבזיון: לבזה. מן בזזו להם:

רלב"ג

מה סיהודים האמללים עושים וגו'. ר"ל מס היהודים ההלשים עושים: סיעזבו לם ... ר"ל סימזקו לם ... היזבחו זבחים בשמחתם אחר השלמם סמומה. סיכלו וישלימו זה סבנין ביום שסם מסוקים בו. ומאמר זה לספיר כי אם לא ישלימו ביום ההוא לא יועיל לסם כי למחרת היום יכולו עליסס וישחיתו את מה אשר בנו. היחיו את האבנים שהם בגלי העפר להשיבם כמוצא ... ומאמר לשון מים באבניס לפי שהאבנים חבלה למוחם ... אשר סיה כו אבנים: ... אם יעלה שועל. אמר זה לפי שהשועל חלש ... הקטנום: ... ותנם לבזה בארץ שביה ... ר"ל שיבזזום בוזזים באלן ...

מצודת ציון

(תהלם ו') : **חיעזבו.** מלשון מזיבה וחוא מלוי העצב לחזוק : **היחיו.** ענין רפואה כמו עד מיותם (יהושע ה) וכל כדרך השאלה וכמ"ש כי פלחת ארוכה לחומת וגו' (לקמן ד') : **סערמות.** ענין גל ותל וכן ויתכו טרמות ערמוח (דברי הימים ב' ל"א) : **(לז) תכם.** כמו תכסה : **אל תמחה.** אל תממוק:

מצודת דוד

ספסר כאומר ... וכי יש מזוק מה אל החומה: **היזבחו.** וכי יזבחו זבחי שמחה במלאות הבנין כאומר וכי בנין חנום כזה רלוי לשמוח בו: **חיכלו ביום.** וכי ישלימו את הבנין ביום אשר יתסכו להשלימו כי דבריו היו כפת סתילם לבגנותו וכאומר סלא כוני סמומה מומסים סמם ומתי יעלימו הבנין : **היחיו.** וכי יוכלו לחזק את האבנים אשר סמה לקומים מן ערמות העפר סנעשים מלורות אבני סמומה הנטולה : **והמה.** סלף האבנים האלה סמם שרופות ... ר"ל גם הוא אמר דברי לענ כפנבלט וכה אמר הבנין סוא סוטל יטלה כו יפרון הוא מומת מבניהם כי הוא בנין סלום מאוד: **(לו) שמע.** ומאמר נחמיה שמע אלהינו כי סיוט לבזיון **וחשב** ... מה סממרלפין מוחנו אלהינו כי סיט לבזיון ותנס לבזיון כאשר יסיו בארן שביס: **(לז) ואל תכם.** ר"ל עוונם יסיו מגולים ונראים להטלות ממם ולנקום נקם : כי הבעיסו. בטה לענג סרלו כטם

רש"י

האבנים שרופות שנפלו לארן מן האש כאשר נשרפה ירושלים: (לה) **וטוביה העמוני אצלו.** טוביה היה אצלו של סנבלט: **ויאמר.** וכך היה אומר ומלעיג: גם **אשר הם בונים.** אף הבנין הזה אשר הם בונים: אם **יעלה שועל.** על הבנין לפרון חומת העיר מה יהא עליו כלומר שאין לבנין תקנה וכל מי שירלה יבא ויפרון בו: (לו) **שמע אלהינו.** כאשר שמעתי בלעגם עלינו התפללתי תפלה וזאת : **בארץ שביה.** שיגלו מעל חדמתם כאשר גלינו: (לז) **ואל תכם.** כמו ואל תכסה, דוגמת וכוד אחר אל תגל (משלי כ"ה) כמו אל תגלה: כי הבעיסו. אשר

מנחת שי

(לד) סיכלו ביום . כב"ת . (לו) בארן שביה . במקלת ספרים קדמונים כ"י ומהדפוס סביס כמ"ס וכך הוא כפי' לש"י ויחייא ומאיר נתיב גם . כצל א"ח כתב שביס בגליון עשרים והרבצ שלנו ותמיהא לי מלחא טובא : (לז) ואל תכם על עונם . ככל המדוייקים כתוב ואל כוח"ו וקשיא לי דהא חזינן במילופי דפליגי בין מטרבלאי ומדינחאי ולמטרבבאי בגלל וח"ו :

reading. However, we do not find that in our editions.

37. **And do not conceal**—Heb. וְאַל תְּכַס, *like* וְאַל תְּכַסֶּה *similar to* (Prov. 25:9): " *... but do not divulge* (תְּגַּל) *another's secret," like* תְּגַלֶּה.—[*Rashi*]

in a land of captivity—*that they be exiled from the land as we were exiled.*—[*Rashi*] *Minchath Shai* brings manuscripts and editions that read: בְּאֶרֶץ שֶׁבְיָם, *in the land of their exile.* He quotes *Rashi* as having that

"What are the feeble Jews doing? Will they let them? Will they sacrifice? Will they finish in one day? Will they revive the stones from the heaps of dust, for they are burnt?" 35. And Tobiah the Ammonite was beside him, and he said, "Even what they build, if a fox comes up and breaches the wall of their stones...?" 36. "Hearken, our God, for we have been despised, and return their reproach upon their head and cause them to be despised in a land of captivity. 37. And do not conceal their iniquity and do not erase their sin from before You,

they finish on the day that they projected for its completion? i.e., even if they do complete it as planned, it will not help them, because on the morrow their adversaries will come and destroy their work.

Will they revive—*Will they revive and repair and restore stones to their previous state to be harder and stronger than the dust?*—*[Rashi]*

from the heaps—Heb. מֵעֲרֵמוֹת, *a term denoting heaps and mounds.*—*[Rashi]* Since a burnt stone is considered dead, they used the expression of revival.—*[Ibn Ezra]* *Ralbag* explains that when stones are burned, their natural moisture is depleted, and they are considered dead because they are no longer useful for their original purpose.

for they are burnt—*The stones were burnt and have become dust. So did they jeer and ridicule the building of the wall, which they were building from the burnt stones that had fallen to the earth from the fire when Jerusalem was burned.*—*[Rashi]*

35. **And Tobiah the Ammonite was beside him**—*Tobiah was beside Sanballat.*—*[Rashi]* He stood beside him when he said these words.—*[Mezudath David]*

and he said—*And so he was saying and ridiculing.*—*[Rashi]*

Even what they build—*even this building that they are building.*—*[Rashi]*

if a fox comes up—*on the building to breach the wall of the city, what will become of it? That is to say that the building cannot be mended, and whoever wishes to can come and break into it.*—*[Rashi]* That is to say that it will not stand up even against small animals.—*[Isaiah da Trani]* *Ralbag* explains that even a fox, which is weak and slow, will be able to break it. *Midrash Ezra* explains that the term "fox" means a weak person. Any weak person will be able to break it down.

36. **Hearken, our God**—*When I heard their ridicule of us, I prayed this prayer.*—*[Rashi]*

have been despised—Heb. לְבֻזָה, as rendered by *Mezudath David*. *Ralbag* and *Ibn Ezra* render: cause them to be plundered.

כִּי הִכְעִיסוּ לְנֶגֶד הַבּוֹנִים: לֹח וַנִּבְנֶה אֶת־הַחוֹמָה וַתִּקָּשֵׁר כָּל־הַחוֹמָה עַד־חֶצְיָהּ וַיְהִי לֵב לָעָם לַעֲשׂוֹת: ד׳ א וַיְהִי כַאֲשֶׁר שָׁמַע סַנְבַלַּט וְטוֹבִיָּה וְהָעַרְבִים וְהָעַמֹּנִים וְהָאַשְׁדּוֹדִים כִּי־עָלְתָה אֲרוּכָה לְחֹמוֹת יְרוּשָׁלַ͏ִם כִּי־הֵחֵלּוּ הַפְּרֻצִים לְהִסָּתֵם וַיִּחַר לָהֶם מְאֹד: ב וַיִּקְשְׁרוּ כֻלָּם יַחְדָּו לָבוֹא לְהִלָּחֵם בִּירוּשָׁלָ͏ִם וְלַעֲשׂוֹת לוֹ תּוֹעָה: ג וַנִּתְפַּלֵּל אֶל־אֱלֹהֵינוּ וַנַּעֲמִיד מִשְׁמָר עֲלֵיהֶם יוֹמָם וָלַיְלָה מִפְּנֵיהֶם: ד וַיֹּאמֶר יְהוּדָה

רש"י

הכעיסו נגד הבונים להלעיגס: (לח) ותקשר. כאשר נתקשרה החומה ונבנית עד חליה אז היה לב העם להוט ומשוך לעשות בנין החומה:

ד (א) כי עלתה ארוכה. שנגננתה החומה: ארוכה. ענין חובש ותרופה: כי החלו הפרוצים

כש"ל

להסתם. אשר התחילו אנשי העיר שהיו פרוצים עד עתה מאין חומה היו עתה סתומים בבנין התומה: (ב) ולעשות לו תועה. לעשות לו בבנין החומה קלקול והשחתה. תועה כמו ולדבר אל ה' תועה (ישעיה ל"ב): (ג) עליהם. על הבונים: מפניהם: מפני האויבים: (ד) ויאמר

מנחת שי

ד (לח) שמע סנבלט. אין דגש בנו"ן. כי החלו. בדגש הלמ"ד:

ד (א) ותקשר. והפרוליס נסתמו: ד (א) עלתה ארוכה. בעטור אריכות הימיס: (ב) ולעשות לו תועה. לנחמיה או לעס ירושלים ותועה שם דבר על משקל עולה שואה

אבן עזרא

ופירוס תועה כי העומד בגרה כתועה שאינו יודע מה יעשה: (ג) ונעמיד משמר עליהם. בעבורס:

רלב"ג

ד (א) ארוכה. רפואה: כי החלו הפרולים להסתס. ר"ל כי החלו המקומות הפרולים להסתס: (ב) ולעשות לו תועה. ר"ל לעשות לעס ירושלים תועה שיחטו אותס שלא ידעו מה ישמרו מהם ויסכרגום בזאת התחבולה כי בזולת זאת התחבולה לא יוכלו להס כי הס רבים ועמהס גס כן יד המלך. ר"ל חיל שהיו שומרים מהס או לוסים לרחוות אס יבואו

מצודת ציון

ד (א) ארוכה. ענין רפואה כמו ארוכת בת עמי (ירמיה ח') ור"ל נתחזק ובא בדרך השאלה: (ב) ויקשרו. ענין אגודה: תועה. ערבוליא׳ בדעתו לכל ידע מה יעשה קרוי תועה וכן חטיתי

מצודת דוד

מיל בוני החומה במחשבת שע"י זה ירפו ידיהס מן המלאכה: (לח) ונבנה. עס כל דברי הלעג והסטס לא הנחנו את הבנין: ותקשר. כי בעוד שהיה בה פרלות לא היתה החומה דבוקה וקשורה זה בזה וכאשר סתמו הפרלות נתקשר זה בזה: עד חציה. עדיין לא סתמו הפרולים כ"א עד חלי החומה כמו מרוכח כל החומה וחפלו בבנין: ד (א) כי עלתה ארוכה. באה רפואה. ר"ל נתחזק החומה וחפלו בבנין: (ב) ולעשות לו תועה. לעשות לישראל בלבול המחשבה להיות תועה בדעתו לבל ידע מה לעשות: (ג) ונעמיד. העמדנו שומרי׳ על הבונים מפני סנבלט וחבריו: (ד) ויאמר יהודה. נחמיה מספר וקובל על הדברים

2. **and to wreak destruction therein**—*to wreak upon the building of the wall ruin and destruction. It is like* (Isa. 32:5): " *... and to speak destructively* (חֹצָה) *about the Lord.*"—[*Rashi*] Other commentators render: and to wreak confusion upon him. *Ibn Ezra* states that it may refer either to Nehemiah or to the people of Jerusalem. The latter version is followed by both *Ralbag* and *Mezudath David. Ralbag* explains that Sanballat and his ilk endeavored to mislead the people and conceal the fact that they were coming to wage war against them, so that they would not beware of them. Without this intrigue, they could not hope to defeat the Jews because they greatly outnumbered them. In addition, the Jews had royal support. *Mezudath David* explains that they attempted to confuse them so that they would not know what to do.

for they have provoked the builders." 38. But we built the wall, and the entire wall was built to its half, and the people had a desire to build.

4

1. Now it came to pass when Sanballat, and Tobiah, and the Arabs, and the Ammonites, and the Ashdodites heard that the wall of Jerusalem was repaired, that the people who were exposed had commenced to be closed in, that they became very angered. 2. And they all banded together to come to wage war against Jerusalem and to wreak destruction therein. 3. And we prayed to our God, and we stationed a watch over them day and night because of them. 4. And Judea said,

for they have provoked—*that they have provoked the builders to ridicule them.*—[*Rashi*] When they ridiculed the builders they showed anger, thinking that thereby they would discourage them from building.—[*Mezudath David*]

38. **But we built**—Nevertheless, not only was the work not curtailed through their taunts, but the people had a desire to build.—[*Malbim*] Despite their ridicule and anger, we did not abandon the building.—[*Mezudath David*]

was built—Heb. וַתִּקָּשֵׁר, lit. *it was bound. When the wall was bound up and built to its half, the people were eager and anxious to complete their building of it.*—[*Rashi*]

to its half—They had not yet repaired all the breaks in the wall but only half of them. The expression "the entire wall" means that ultimately the entire wall was repaired, and now Scripture tells

what transpired during that building.—[*Mezudath David*] *Daath Soferim* suggests that the entire circumference of the wall had already been repaired, but only half of its height. This interpretation is found in the English translations.

4

1. **was repaired**—Heb. עָלְתָה אֲרוּכָה, lit. attained a cure, *that the wall was built.*—[*Rashi*] i.e., the wall was strengthened, for they began to fill the breaches.—[*Mezudath David*]

that the people who were exposed had commenced to be closed in—*that the people of the city, who had heretofore been exposed without a wall, were now closed in by the building of the wall.*—[*Rashi*] *Ralbag* and *Mezudath David* explain that this means that the breached places had been closed up. *Midrash Ezra* explains that the breached walls had been closed up.

כָּשַׁל כֹּחַ הַסַּבָּל וְהֶעָפָר הַרְבֵּה וַאֲנַחְנוּ לֹא נוּכַל לִבְנוֹת בַּחוֹמָה: הוַיֹּאמְרוּ צָרֵינוּ לֹא יֵדְעוּ וְלֹא יִרְאוּ עַד אֲשֶׁר־נָבוֹא אֶל־תּוֹכָם וַהֲרַגְנוּם וְהִשְׁבַּתְנוּ אֶת־הַמְּלָאכָה: יוַיְהִי כַּאֲשֶׁר־בָּאוּ הַיְּהוּדִים הַיֹּשְׁבִים אֶצְלָם וַיֹּאמְרוּ לָנוּ עֶשֶׂר פְּעָמִים מִכָּל־הַמְּקֹמוֹת אֲשֶׁר־תָּשׁוּבוּ עָלֵינוּ: זוָאַעֲמִיד מִתַּחְתִּיּוֹת לַמָּקוֹם

רש"י

יהודה. כך היו אומרים ומתחוננים אנשי יהודה: כשל כח הסבל. הסובלים ועומסים האבנים והעולים לבנין החומה נכשלו בכחם שאין בהם כח לבנות מפני האויבים: והעפר הרבה. עדיין יש טיט וחומר הרבה ליתן בבנין החומה לומר שעדיין המלאכה גדולה עלינו לבנות ואנחנו לא נוכל לבנות בחומה מפני פחד האויבים: (ה) ויאמרו צרינו. כך היה נחמיה מספר והולך: לא ידעו ולא יראו. כך היו אומרים לרינו עלינו לא ידעו ולא יכירו ישראל בנו עד אשר נבא פתאום לתוכם ונהרוג אותם ובדבר זה נשבית ונבטל הבנין: (ו) ויהי כאשר באו היהודים. ועתה נאספו הגרים אשר נתקשרו יחד לבא

מאחרי

להלחם בנו עם היהודים אשר היו ביניהם בחרלותם ואותם היהודים אשר נתחברו עמהם באו לפני החיל כדרך אנשי המלחמה לדבר אלינו ובענין הזה הערימו היהודים עם האויבים. ויהי כאשר באו היהודים היושבים אצלר וגו': ויאמרו לנו עשר פעמים. התרו בנו אותם היהודים עד עשר פעמים להלחם באויבינו כי הם באים למלחמה וכך אמרו לנו מכל המקומות וגו' מכל אותן המקומות שתהיו נסולים שם בבנין החומה אנה ואנה תהיו זהרים להיות נאספים יחד עד אשר תשובו עלינו ביחד להלחם בנו: (ז) ואעמיד מתחתיות. לחומה. כאשר שמעתי דבריהם העמדתי מתחתיות לאותו מקום סביב לירושלים מאחורי

אבן עזרא

(ו) ויהי. ויאמרו לנו. הגידו לנו עשר פעמים כי מכל המקומות אשר תשובו לעת הערב מלבנות מאם חפלים לבא עלינו לפיכך

מנחת שי

(ז) ואעמיד. במקף פתח סטיין וכן מכני שנכספוק ואעמיד מתחתיות למקום הידוע שבבים מאם הבונים בערב:

רלב"ג

כדי שנהים מוכנים להלחם בהם: (ד) כשל כח הסבל וגו'. ר"ל מאש כח הסבל והעפר הרבה ויקשה לבנותו: ואנחנו לא נוכל לבנות בחומה. כי אמרו לרינו לא ידעו ולא יראו עד אשר נבוא אל תוכם והרגנום ונבטל בזה האופן את המלאכה וזאת היא התועם שאמרו לרידם לשוח להם: (ו) עשר פעמים. פעמים רבות: מכל המקומות אשר תשובו עלינו: ר"ל מכל המקומות אשר תשובו עלינו

מצודת דוד

אשר סבכוסו ואמר יהודה אמר הנה מרוב העבודה כבר נחלש כח אנשי הסבל והעפר המלטרך לשאת ולסתוך בחומה הלא מרובה סיא: ואנחנו. אפלא נוכל לבנות בחומה מפחד האויב: (ה) ויאמרו צרינו. ואויבינו אמרו כבוא פתאום על הבונים ולא ידעו בדבר ולא יראו אותנו עד אשר נבוא אל תוכם ממם והרגנו אותם וזה נבטל המלאכה: (ו) היושבים אצלם. בערי הגרים והיו הם נכנסים להם: ויאמרו לנו. סיהודים ההם התרו וזרזו אותנו עשר פעמים מכל המקומות שאתם מפוזרים בהם אשר כולכם תשובו עלינו למלחמם (כי גם סיהודים בע"כ באו עם הגרים לאריב על סבולים אבל גילו מלשון הדבר לאנשי ירושלים להיות נשמרים מהם): (ז) מתחתיות. מפחת מקום סבכן מאחורי החומה כלפי

מצודת ציון

כשה אובד (תהלים קי"ט): (ד) כשל. ענין מלשוח ונסילת הכח כמו לכל כושל (דברי הימים ב' כ"ח): הסבל. ענין טעינת משא כמו נושא סבל (מלכים א' ה'): (ה) ותשבתנו. ענין בטול ומניעה כמו

"From all the places, etc." From all those places where you will be scattered while building the wall, here and there, be careful to gather together until you return upon us together to wage war against us.—[Rashi]

ten times—many times.—[Ralbag] *Mezudath David* points out that those Jews were coerced to join the enemies to ambush the builders, but they divulged the secret to the

Jerusalemites and warned them to beware of them.

7. So I stationed from below ... the wall—*When I heard their words, I stationed [mighty men] from below that place around Jerusalem, from behind the wall of the city and on the bare rocks.—[Rashi]* Below the place of the building, behind the wall, to the outside.—[*Mezudath David*]

according to families—*of the*

"The porter's strength has failed, and there is much earth, and we cannot build the wall." 5. And our adversaries said, "They will not know and they will not see until we come into their midst, and we shall slay them and stop the work." 6. Now it came to pass when the Jews who dwelt beside them came, that they said to us ten times, "From all the places that you shall return upon us." 7. So I stationed [mighty men] from below the place,

[Note that in Isaiah, *Redak* and *Mezudoth*, following *Targum Yonathan*, render: and to speak lies about the Lord. This matches the interpretation of the other commentators of our verse.]

3. **over them**—*over the builders.*—[*Rashi*]

because of them—*because of the enemies.*—[*Rashi*]

4. **And Judea said**—*So were the people of Judea saying and complaining.*—[*Rashi*]

The porter's strength has failed—*Those who bear and load the stones and the wood for the building of the wall have failed in their strength, for they have no more strength to build because of the enemies.*—[*Rashi*]

and there is much earth—*There is still much mud and clay to place into the wall, meaning that we still have much work, but we cannot build because of fear of the enemies.*—[*Rashi*]

5. **And our adversaries said**—*Nehemiah proceeds to tell this.*—[*Rashi*]

They will not know and they will not see—*So were our adversaries saying about us: "They will not know, and the Israelites will not recognize us until we come suddenly into their midst and kill them, and with this plot we will stop and curtail the building."*—[*Rashi*] They will no longer build when they see that many of them fell because of the building.—[*Mezudath David*]

6. **Now it came to pass when the Jews came**—*And now, the adversaries who had conspired together to wage war against us gathered with the Jews who were among them in their lands, and those Jews who had joined them came before the army, as is customary for soldiers to do, to speak to us, and in this manner the Jews conspired against the enemies. Now it came to pass when the Jews who dwelt beside them came, etc.*—[*Rashi*]

who dwelt beside them—in the cities of the adversaries, and they were subordinate to them.—[*Mezudath David*]

that they said to us ten times—*Those Jews warned us as many as ten times to wage war against our enemies because they were coming to war. And this is what they said to us,*

מֵאַחֲרֵי לֶחוֹמָה בַּצְּחִיחִים וָאַעֲמִיד אֶת־הָעָם לְמִשְׁפָּחוֹת עִם־חַרְבֹתֵיהֶם רָמְחֵיהֶם וְקַשְּׁתֹתֵיהֶם: ח וָאֵרֶא וָאָקוּם וָאֹמַר אֶל־הַחֹרִים וְאֶל־הַסְּגָנִים וְאֶל־יֶתֶר הָעָם אַל־תִּירְאוּ מִפְּנֵיהֶם אֶת־אֲדֹנָי הַגָּדוֹל וְהַנּוֹרָא זְכֹרוּ וְהִלָּחֲמוּ עַל־אֲחֵיכֶם בְּנֵיכֶם וּבְנֹתֵיכֶם נְשֵׁיכֶם וּבָתֵּיכֶם: ט וַיְהִי כַּאֲשֶׁר שָׁמְעוּ אוֹיְבֵינוּ כִּי־נוֹדַע לָנוּ וַיָּפֶר הָאֱלֹהִים אֶת־עֲצָתָם וַנָּשׁוּב כֻּלָּנוּ אֶל־הַחוֹמָה אִישׁ אֶל־מְלַאכְתּוֹ: י וַיְהִי ׀ מִן־הַיּוֹם הַהוּא

בצחיחים קרי יתיר י' כצ"ל יתיר ו'

רש"י

לחומת העיר ובלחיחים : למשפחות . מן העם מגבורים שבהם עם כלי זיין שבהם להלחם באויביו כאשר יבאו : ואעמיד מתחתיות וגו'. ואעמיד את העם וגו'.מקרא זה דוגמת והיו המים אשר תקח מן היאור וגו' והיו לדם ביבשת (שמות ד'). כי הנה אויביך ה' כי הנה אויביך יאבדו (תהלים ל"ב).עורי עורי דבורה עורי עורי דברי שיר (שופטי' ה'). לא לנו ה' לא לנו (תהלים קט"ו): (ח) וארא ואקום . וכאשר ראיתי האויבים באים קמתי לדבר אל החורים והסגנים לזרוז להלחם באויבנו : על אחיכם . בשביל אחיכם : (ט) כי נודע לנו . הדבר אשר באו להלחם בנו : ונשב כולנו . חזרנו כלנו ממקום שנאספנו יחד לקראת האויבים כל אחד ואחד במלאכתו לבנין החומה : (י) ויהי

אבן עזרא

(ז) בצחיחים . כמו לחיח סלע : (י) ויהי מן היום

מנחת שי

בלחמיים . בלחיחים קרי והלמ"ד דגושה : רמחיהם . בכל ספרים שלפני הרי"ש בק"מ ובשרשים כתבו בתחלה בשוא סרי"ש וקמן הם"ס רמחיהם ואחר כן כתבו ובמקלת מדוייקים רמחיהם בקמן פ"כ. ובספר מכלול דף ר"ם כתב בהוא קמן : ולקשתתיהם . כדגנ הטי"ן ורפה התי"ו וכן הוא בכל ספרי ספרד וציין מה שכתבתי (תהלים ל"ז) ודדוכתי אחריני : (ט) ונשוב . ונשב ק': (י) והשליכים . במקלת מדוייקים כ"י כשי"ן שמאלית וממם שכתב רד"ק בשרש שלם

רלב"ג

להתחבא שם לקום עלינו הודיעונו אלו היהודים . והנה אמר תשובנו לנגבבות נסתרות כמו שאמר ותקרבו לנגבבות נסתרות עלמות (יחזקאל ל"ז ז'). ואולם אמר תשובנו כי כשהיו רואים במקום אחד שלא השיגו מבוקשם היו שבים למקום אחר וכן מקום אחר מקום וכאשר ידעתי דעתי המקום אשר אמרו להתחבא שם העמדתי מהמקומות התחתים והשפלים אשר אצל המקום ההוא אנשים בלחימי הסלעים גבוהים מאד שיודיעו לנו בבוא לריבנו והעמדתי העם מוכנים להלחם עליהם עם כלי המלחמה . והנה העמידם למשפחות כי אנשי המשפחה כשיהיו יחד יתחזקו מאד כל אחד בעד אחיו משפחתו ויעזרו זה את זה עזר נפלא : (ח) החורים . השרים ומתאר אותם בלובן מלד שמחתם כמו שמתאר בצלי סיגון בשמרות אמר למה קודר אתהלך (תהלים מ"ג ב') בל יתילב לפני חשכים (משלי כ"ב כ"ט) : (ט) ויפר האלהים את עלתם . ר"ל שמן אז לא חשבו להלחם בנו ולזה שבנו כלנו אל החומה אך היו נשמרים מהאויבים באופן שזכר אחר

מצודת ציון

סבח נוגש (ישעיה י"ד) : (ז) בצחיחים . בעליונות הסלעים מקוב סיוכם שכו והוא מלבון למה למא (שם ה') וכן על לחיח סלע (יחזקאל

מצודת דוד

סמון : בצחיחים . בגבהי הסלעים : ואעמיד . יפרם אמריו לומר שהעמיד שם את העם כל משפחה לעלמה עם קרבותיהם וגו'. למען ישמרו את הכונים : (מ) וארא . ראיתי כי טוב לזרזם ולהזק לבבם וקמתי ואמרתי אל החורים וגו': זכרו . לשאול מעמו עזרה : על אחיכם . בעבור אחיכם וגו' : (ט) נודע לנו . אשר המה רולים לבוא עלינו פתאום ונשמרים אנו מהם : ויפר וגר . כי לא באו מעתה להלחם ולהשבית הבנין : ונשב . אחר אשר שמענו כי מדל לבוא שבנו אל החומה לעשות המלאכה : (י) מן היום ההוא . אשר שמענו שהיו הללים מפלים לבוא עלינו למלחמה : מחזיקים .

encourage them; so I arose and said to the nobles, etc.

for your brethren—Heb. עַל אֲחֵיכֶם, *for the sake of your brethren.*—[Rashi]

9. that it had become known to us—*that they were coming to fight against us.*—[Rashi]

and we all returned—*We all returned from the place where we* had gathered to meet the enemies, each one to his work in the building of the wall.—[Rashi]

10. And it was from that day on—*And from that day on, half the mighty men worked at the building of the wall, and the remaining half of the mighty men were armed with weapons to guard their brethren who were doing the work.*—[Rashi] i.e., from behind the wall on the bare rocks, and I stationed the people according to families, with their swords, their spears, and their bows. 8. And I saw, and I arose, and I said to the nobles and to the prefects and to the rest of the people, "Do not be afraid of them; remember the great and awesome Lord, and fight for your brethren, your sons and your daughters, your wives and your households." 9. And it came to pass when our enemies heard that it had become known to us, that God had frustrated their counsel, that we all returned to the wall, each one to his work. 10. And it was from that day on,

people, of the mighty men among them with their weapons, to fight against our enemies when they would come.—[*Rashi*]

And I stationed from below, etc. and I stationed the people, etc.—*This verse follows the pattern of* (Exod. 4:9): " *... and the water that you will take from the river will be, etc., will become blood on the dry land;*" (Ps. 92:10): "*For behold, Your enemies, O Lord, for behold, Your enemies shall perish;*" (Jud. 5:12): "*Praise! Praise! Deborah. Praise! Praise! Utter a song;*" (Ps. 115:1): "*Not to us, O Lord, not to us.*"—[*Rashi*] [*Rashi* attempts to account for the repetitious wording of the verse. He therefore quotes other verses written in the same manner.] *Malbim*, however, explains that the two mentions of stationing refer to two distinct components of the army: one group that would stay in hiding and one group that would appear in the open, as follows:

and I stationed—And when Nehemiah had definitely ascertained

from the spies the place where the enemy would attack, he stationed men below that place.

from behind the wall—He stationed soldiers there to secretly lie in wait, hidden behind the wall in the crevices under the rocks, so that when the enemies would come, they would shoot arrows at them from the ambush.

I stationed the people according to families—He also stationed people there who would stand in the open against the enemy, divided into families, each in a separate camp, and both those who lay in wait and the soldiers stood with their swords and their spears ready for battle. *Mezudath David* writes that they stood armed in order to protect the builders.

8. **And I saw, and I arose**—*And when I saw the enemies coming, I arose to speak to the nobles and to the prefects to spur them to fight against our enemy.*—[*Rashi*] *Mezudath David* explains: I saw that it was advisable to urge them and to

חֲצִי נְעָרַי עֹשִׂים בַּמְּלָאכָה וְחֶצְיָם מַחֲזִיקִים וְהָרְמָחִים הַמָּגִנִּים וְהַקְּשָׁתוֹת וְהַשִּׁרְיֹנִים וְהַשָּׂרִים אַחֲרֵי כָּל־בֵּית יְהוּדָה: יא הַבּוֹנִים בַּחוֹמָה וְהַנֹּשְׂאִים בַּסֵּבֶל עֹמְשִׂים בְּאַחַת יָדוֹ עֹשֶׂה בַמְּלָאכָה וְאַחַת מַחֲזֶקֶת הַשָּׁלַח: יב וְהַבּוֹנִים אִישׁ חַרְבּוֹ אֲסוּרִים עַל־מָתְנָיו וּבוֹנִים וְהַתּוֹקֵעַ בַּשּׁוֹפָר אֶצְלִי: יג וָאֹמַר אֶל־הַחֹרִים וְאֶל־הַסְּגָנִים וְאֶל־יֶתֶר הָעָם הַמְּלָאכָה הַרְבֵּה וּרְחָבָה וַאֲנַחְנוּ נִפְרָדִים עַל־הַחוֹמָה רְחוֹקִים אִישׁ מֵאָחִיו: יד בִּמְקוֹם אֲשֶׁר תִּשְׁמְעוּ אֶת־קוֹל הַשּׁוֹפָר

רש"י

מן היום ההוא . ומאותו יום והלאה היו חצי הגבורים עושים בבנין החומה ושאר חצי הגבורים היו מזויינים בכלי זיינס לשמור אחיהם העושים במלאכה : והרמחים . וי"ו יתירה כמו וי"ו של ואיה וענה (בראשית ל"ו) : והשרים . היו מחוברים אחרי כל שבט יהודה להיות זהירים במלחמ' : (יא) הבונים בחומה וגו' . אותם שהיו בונין ואותן שהיו

שמה. עומסים ונושאים המשאות ביד אחת היו עושים מלאכתן וביד אחת היו נושאים כלי זיין : השלח . כלי קרב כמו מעבור בשלח (איוב ל"ג) וכן חברו מנחם : (יב) והבונים . כילד הם בונים שהיו כולם חגורים איש חרבו על מתניו ובונים : אצלי . הוא היה תדיר אצלי : (יג) הרבה . היא גדולה :

אבן עזרא

ההוא . והרמחים . הוי"ו נוסף או הוא הפוך ונכון (בירמיה כ"א) יוכל להיות שימלא גם כן בשי"ן שמאלית כן כ"ל :

מנחת שי

משמט שכל כיולא כזס שפירושו לבוש ברזל בשי"ן ימנית האמנס כיון שמלאגו לבשו הסריגות (בירמיה מ"ו) וכן ואל יפעל כפריגו : (יא) עמשים . לית וכתוב שי"ן :

רלב"ג

זס : (י) ומלים מחזיקים והרמחים . סוא"ו נוספת . והכלון בו ומלים מחזיקים ברמחים : סמגנים והקשתות והשליונים והשרים אחרי כל בית יהודה . ר"ל שכבר היו נושאים להם אחריהם המגנים והקשתות והשליונים והיו שם גם כן הסרים מוכנים להלחם אם ילסרך : (יא) והנושאים בסבל עומסים . ר"ל הנושאים המשאות שטומסים אותם בסבל על כתפיהס וסנה הסבל הוא כמו כסת קטן ישימו עליו המשא : הסלח . הוא החרב ביכו בו במלחמה אספאד"ה בלע"ו : (יב) והתוקע בשופר אללי :

מצודת דוד

אומזים כידם סרממיס וגו' . אחרי וגו' . היו סולנים תמיד אחרי סנט לסיות סס נכונים לסלחם אם יבוא האויב : (יא) והנגשאים בסבל . סנושאים במשא ולמוספת ביאמר אמר סוב עומסים : מחזקת השלח . אזמ׳ת סחרב : (יב) איש . כל איש סיס מרבו קשור על מתניו כשסוא בונה : והתוקע . היודע לתקוע בשופר עמד אללי : (יג) חרבה ורחבה . ר"ל במקומות מרובות : רחוקים וגו' . ומין

מצודת ציון

כ"ד): רמחיתם . מניחות : (י) והרמחים . סי"ו יתירה : והשריונים . סוא כטין מלבוש עשוי מכרזל נלבוש במלחמה לסליל ממכח חרב ומגינם : (יא) עושים . כמו עומסים בסמ"ך וסוא עניין משא כמו ויעמום איש על חמורו (בראשית מ"ד) : השלח . כמו ויפט שלח לרוב (דברי הימים ב' ל"ב) : (יב) אסורים . קשורים : (יג) נפרדים . מזורים :

them. Therefore, they did not yet spread out, each one to his place [for each family built in a separate place around the city]. Instead, they all remained to build in the place where the danger was the greatest, since the enemy saw that this place was the most vulnerable. Then, they did not separate half the people to work and half to bear weapons, but they all held weapons in one hand and worked with the other hand, as in verses 11 and 12. Only Nehemiah's servants and his youths, who were mighty warriors, were divided.

that half my youths did work and half of them held—swords. Now, why were Nehemiah's youths alone divided in such a manner that half of them did no work? The answer is that they had spears, shields, bows and coats of mail. The half of my youths did work and half of them held spears, shields, bows, and coats of mail, and the rulers were behind the entire House of Judah. 11. The builders of the wall and the carriers of the loads were loading, with one hand doing the work and one holding the sword. 12. And the builders, each one with his sword bound to his waist, and [they were] building, and the one who sounded the shofar was beside me. 13. And I said to the nobles and to the prefects and to the rest of the people, "There is much work, and [it is] widespread, and we are separated on the wall, one far from the other. 14. In the place that you will hear the sound of the shofar,

from the day that we heard that the enemies wanted to wage war against us.—[*Mezudath David*]

spears—Heb. וְהָרְמָחִים. *The "vav" is superfluous, like the "vav" of* (Gen. 36:24): *"And these are the sons of Zibeon: Aiah (וְאַיָה) and Anah."*—[*Rashi*]

and the rulers—*were close behind the entire tribe of Judah to be cautious in the battle.*—[*Rashi*]

11. **The builders of the wall, etc.**—*Those who were building the wall and those who were loading and carrying the loads were working with one hand, and carrying weapons with the other.*—[*Rashi*]

the sword—Heb. הַשֶּׁלַח, *an implement of war, like* (Job 33:18): *" ... from perishing by the sword* (מֵעֲבֹר בַּשֶּׁלַח)." *And so did Menahem associate it* (Machbereth Menahem p. 174).—[*Rashi*]

12. **And the builders**—*How were they building? They were all girded, each one with his sword on his waist, and thus did they build.*—[*Rashi*]

beside me—*He was always beside me.*—[*Rashi*]

13. **much**—Heb. הַרְבֵּה, *great.*—[*Rashi*] [Apparently, this refers to the quantity of the work.]

and widespread—in many places.—[*Mezudath David*]

separated—scattered.—[*Mezudath Zion*]

one far from the other—One could neither see the other nor hear his voice.—[*Mezudath David*] *Malbim* notes that the account of the builders and the warriors is inconsistent on several points, namely: 1) Verse 11 states that the workers also held weapons, whereas verse 15 states that half of the people were working and half were holding spears. 2) Verse 11 states that the builders were holding the sword with one hand, whereas verse 12 states that the workers had their swords bound to their waists. He answers as follows:

[10] **And it was from that day on**—At first, they were still afraid that the enemy would return to attack

שָׁמָּה תִּקָּבְצוּ אֵלֵינוּ אֱלֹהֵינוּ יִלָּחֶם לָנוּ: טו וַאֲנַחְנוּ עֹשִׂים בַּמְּלָאכָה וְחֶצְיָם מַחֲזִיקִים בָּרְמָחִים מֵעֲלוֹת הַשַּׁחַר עַד צֵאת הַכּוֹכָבִים: טז גַּם בָּעֵת הַהִיא אָמַרְתִּי לָעָם אִישׁ וְנַעֲרוֹ יָלִינוּ בְּתוֹךְ יְרוּשָׁלִָם וְהָיוּ לָנוּ הַלַּיְלָה מִשְׁמָר וְהַיּוֹם מְלָאכָה: יז וְאֵין אֲנִי וְאַחַי וּנְעָרַי וְאַנְשֵׁי הַמִּשְׁמָר אֲשֶׁר אַחֲרָי אֵין אֲנַחְנוּ

רש"י

(יד) ילחם לנו . ילחם בעדינו : (טז) איש ונערו . כל אחד ואחד מן הבונים ובחור אחד עמו : ילינו בתוך ירושלים . והלילה היה להם למשמר והיום עושים מלאכה נמצא שלא היו ישנים כלום : (יז) אין אנחנו

פשטים

פושטים בגדינו . תמיד היינו זריזים במשמר : איש שלחו המים . מוסב על אין שלמעלה כמו (שמואל א' ב') ילא עתק מפיכם . אין איש ממנו פושט בגדיו לשכב או לרחון אותה במים וכפל לשון הוא על אין אנחנו פושטים :

אבן עזרא

מחזיקים המגנים והרמחים לזי טעמי והרמתים בידם : (טו) משמר . מלאכה . חסר למ"ד השירות והנכון למשמר למלאכה : (יז) איש שלחו . הרבו ורלה לומר כי אינם פושטים בגדיהם וגם כליהם אינם מניחים כי בלכתם אל המשתה בלילה כליהם בידם . ויש אומרים שהוא מן התרגום

מנחת שי

(טז) והיו לנו הלילה משמר והיום מלאכה . בדפום ויניליאה שנת רע"מ כתוב והיה וזו היא טעות גדולה מהמדפסים ואולי סמך על נוסחאות שנמלאו בגמרא בריש פרק קמא דברכות ובסוף פרק ב' דמגילה ומי מהא לא אביא כי סעמים רבות נמלאו בגמרא מקראות שאינם כהוויתם כמו שכתבו התוספת בכ"מ ואין להקפיד בכך ועוד אכתוב מזה (בדברי הימים א' ה') ט"ש :

והפשיע וישלה וטעם שלהו הפשטתו וכן הפירוש אין אנחנו מ

רלב"ג

לתקום כשופר לקבן העם אליו כשילטרך : (טו) מעלות השחר עד לאת הכוכבים . הנה מרב בקדס על המלאכה היו פושים במלאכה מעלות השחר עד לאת הכוכבים והנה זכר אחד זה שכל זה הזמן יקרא יום אמר והיו לנו הלילה משמר והיום מלאכה . והיה זה כן כי מאחר שכל מס שימזק מודו להסתיר הכוכבים ובהיות הטנין כן והיה מבואר בהשמש הוא סבת היום הוא מבואר שכל מס שימזק מודו להסתיר הכוכבים ראוי שיקרא יום ואלו בטליות רבות היום הוא סבת היום הוא סתות עב שהוא מסתמש סנה הוא הולך וחזק ועוד שהאדם נעתק אז מהמשך אל האור ולמשול מסני זה לרלות הסמותיים יותר ממה ממה שימשול על זה בתחלת הלילה כשיהיה עדיין קלת אור השמש בפאת מערב וזה מבואר מאד . והנה לאת הכוכבים יקרל כשילאו שלשה כוכבים כי רך מה שבארנו בטרשים הכוללים שהקדמנו לבאור התורה ומזה המקום למדנו שכל זה הזמן אפשר שיקרא יום אלא שהיום יאמר לשמר מהחויבים ורלאשונה על זמן עמידת השמש על הארן : (טז) והיו לנו הלילה משמר והיום מלאכה . כ"ל כי בלילה היו לנו משמר לשמר מהחויבים ראוי שיקרא יום : (יז) איש שלחו המים . כ"ל שלחו הפשט בגדיו . והלכון בזה שהפשטא בגדי איש ואיש ממנו הוא אל

מצודת ציון

(טו) השחר . היא האור הגוגן בפאת המזרח טרם יגלה השמש : (יז) שלחו . ענין הפשטא כי ופשט את בגדיו (ויקרא ו') ת"א ושלח :

מצודת דוד

(יד) שמה תקבצו : האחד רואה את אחיו ואף קולו לא ישמט : וכהיה אגודה אחת להלחם מול האויב הבא : לנו . בעבורנו : (טו) ואנחנו . חלי העם או חלי נערי : מחזיקים . היו אוחזים ברמחים לשמור את הכונים : עד לא בנין החומה : (טז) בעת ההיא . עד לא בנין החומה : לעם . המה אשר מטרי יהודה : בתוך ירושלים . לשמור מהאויב כי סן יבוא : משמר . עוסקים בשמירה : מלאכה . עוסקים במלאכה : (יז) ואחי . חברי : אשר אחרי .הנמשכים אחרי ונמשמטים אלי : פושטים בגדינו : לשכב מבלי לבוש וכ"ז מסמד האויב : איש שלחו המים . כ"ל זולתי האיש אשר המים הפשיעו כלומר הלריך לטהר טלמו בטבילה הוא לבדו פשט את בגדיו והרי הוא כאלו המים הפשיטו :

---

circle the wall to guard the builders. Since they were spread out all around the city, it would be impossible for a few people at any location to defend themselves against enemy attack. Therefore, it would be of no use for the builders to bear weapons.—[Malbim]

16. **Let each man and his youth**—*each of the builders and a youth with him.*—[Rashi]

lodge in the midst of Jerusalem—*And the night was for their watch, and [during] the day they were doing work. The result was that they did not sleep at all.*—[Rashi]

17. **we did not take off our**

there you shall gather to us; our God will fight for us." 15. And we were doing work, and half of them were holding spears from the rise of dawn until the emergence of the stars. 16. Also at that time I said to the people, "Let each man and his youth lodge in the midst of Jerusalem, and the night will be for our watch and the day for work." 17. And I, and my brothers, and my youths, and the men of the watch who followed me—we did not

ones who waged war with spears had shields, and they could not work, because they held the spear in one hand and the shield in the other, and those who waged war with bows had coats of mail. Because they were mighty warriors, they trained for battle with shields and coats of mail like soldiers.

and the rulers were behind all the House of Judah—The rulers and the entire House of Judah were also gathered around Nehemiah, and they did not scatter to their work. Those who were not trained for battle and did not have a shield or coat of mail or bows because they were not trained archers, behaved in a different manner, i.e., they all did work with one hand and held the sword with the other hand, to stab the enemy should he approach.

[11] **The builders**—Both the builders of the wall and the carriers of the loads were equal in this respect.

the carriers of the loads were loading—Since they held the sword in one hand, they could not pick up their loads with the other. Consequently, other workers had to load the burden onto their backs.

[12] **And the builders**—who could not build with one hand while holding a sword with the other, had their swords girded to their waists, for a builder can easily draw his sword when the enemy attacks, unlike the porter, whose load prevents him. Malbim proceeds to distinguish between שֶׁלָח and חֶרֶב. The former is a dagger, which can easily be held in the hand, and the latter is a sword, which must be worn in a sheath.

and the one who sounded the shofar was beside me—to give the signals for battle when necessary.

[13] **And I said**—That procedure was initially followed, but after they saw that the enemy did not return, they were no longer frightened, and they started to work each one in his place to build his share of the wall. Nehemiah then told them that there was much work, and it was spread out. Consequently, they would be far from each other and should therefore gather when they hear the sound of the shofar.

14. **will fight for us**—Heb. יִלָּחֶם לָנוּ.—[Rashi]

15. **And we were doing work**—Only half, however, would do work. The other half would hold spears and

פֹשְׁטִים בְּגְדֵינוּ אִישׁ שְׁלָחוּ הַמָּיִם: הַ וַתְּהִי צַעֲקַת
הָעָם וּנְשֵׁיהֶם גְּדוֹלָה אֶל־אֲחֵיהֶם הַיְּהוּדִים: בְ וְיֵשׁ
אֲשֶׁר אֹמְרִים בָּנֵינוּ וּבְנֹתֵינוּ אֲנַחְנוּ רַבִּים וְנִקְחָה דָגָן
וְנֹאכְלָה וְנִחְיֶה: גְ וְיֵשׁ אֲשֶׁר אֹמְרִים שְׂדֹתֵינוּ וּכְרָמֵינוּ
וּבָתֵּינוּ אֲנַחְנוּ עֹרְבִים וְנִקְחָה דָגָן בָּרָעָב: דְ וְיֵשׁ
אֲשֶׁר אֹמְרִים לָוִינוּ כֶסֶף לְמִדַּת הַמֶּלֶךְ שְׂדֹתֵינוּ
וּכְרָמֵינוּ: הַ וְעַתָּה כִּבְשַׂר אַחֵינוּ בְּשָׂרֵנוּ כִּבְנֵיהֶם

רש״י

שלחו . הפשט כמו (ויקרא ו') ופשט את בגדיו
למתורגם ושלח :
ה (א) ותהי צעקת העם ונשיהם גדולה . דלת
העם העניים היו לועקים מאד : **אל אחיהם
היהודים** . בשביל אחיהם היהודים העשירים : **(ב) ויש
אשר אומרים** . נותן טעם לדבריו למה היו לועקים יש
מהם מדלת העם שהיו אומרים אנחנו רבים עם בנינו
ובנותינו ונקחה דגן ועתה יש לנו למכור בנינו ובנותינו
ליקח מהם דגן למען נחיה כך היו לועקים על היהודים
(ג) ויש אשר אומרים . ויש מהם אשר אומרים כבר לוינו כסף
מאחרים על שדותינו וכרמינו לפרוע מס המלך ומעכשיו
אין לנו כלום לצורך פרנסתינו : **למידת המלך** . למס המלך
כמו (עזרא ד') מנדה בלו והלך : **(ה) ועתה כבשר**

בנינו
העשירי' שלא היו רוצים לפרנסם : **(ג) ויש אשר אומרים
שרותינו וגו'** . ויש מהם בעניים שהיו מתאוננים
ואומרים שדות וכרמים ובתים נתן לאחרים בערבון ומשכון
ליקח דגן למזונותינו : **ברעב** . מאחרי שאין העשירים לנו
העשירים מנכסיהם לפרנסתינו : **(ד) ויש אשר אומרים
לוינו כסף** . ויש מהם אשר אומרים כבר לוינו כסף
מאחרים על שדותינו וכרמינו לפרוע מס המלך ומעכשיו
אין לנו כלום לצורך פרנסתינו : **למידת המלך** . למס המלך

מנחת שי

(יז) **שלחו** . במיר"ק וכן במסורת שלחו ג' וסימן מן שלחו אותם
(דברי הימים א' מ') ואיש שלחו בידו (דברי הימים ב' כ"ג) איש
שלחו המים . בדגש הי"ד :

אבן עזרא

לבדו היה פוסט בגדיו והו שלחו המים וזה נכון מאד :
ה (א) ותהי צעקת העם . הם העניים שהיו לועקים
על אחיהם העשירים . יש אומרים בנינו ובנותינו
רבים ונקחה דגן מאשר נמלא ונאכל ונחיה כי אין אחינו מעניקים
ונקחה דגן מאחינו ברעב : **(ד) ויש . למדת המלך** . בעבור המס מלוה לתת לנו לוינו כסף על שדותינו
וכרמינו : **(ה) כבשר אחינו בשרינו** . מע"ם שאמנו לוין מהם כי הכתוב אמר לא תהיה לו כנשה והם טובשין כנותים

רלב״ג

סמיס אם לסבור המיס או לנקות הבגדים מוסיטה . או ירלה בזה שאפסילו בעבדינו המיס יסיב כל איש ממנו מס שלחו ר"ל מס מרבו :
ה (ב) בנינו ובנותינו אנחנו רבים . ר"ל אנחנו מגדלים חנים אותם . כטעם ותכרי ותגדלי (יחזקאל ט"ז ז') ולוה נלטרך לדגן יותר כדי
שיספיק לנו ולהם. או יהיה הרלון בזה מנחנו רצים מס בנינו ובנותינו : **(ג) עורבים** . ר"ל אנחנו מובניס לתת לערבות . בעד פרעון
סדגן שלא נמות ברעב כל קרקעותינו : **(ד) למדת המלך** . ר"ל לפרוע מנת המלך והוא קרוי מגדת בלשון ארמית . והרלון בזה לוינו כסף

מצודת דוד

ה (א) צעקת העם . מדלת העם : **אל אחיהם** . על אחיהם
העשירים : **(ב) ויש וגו'** . ויש מהם . ר"ל קלתם אמרו הנה
בנינו ובנותינו ואנחנו מלמטו סלמו רבים הם ולריכינו מס כן מרובי'
תקחה . ובנ"כ נקחו דגן מן השוק לאכול להמיות נפשנו כי אין לנו שדה ובהמים :
(ג) אנחנו ערבים . מחונים מס במשלון בעבור ככסף שלוינו וכו לקחם דגן בעת הרעב שאין די בתבנוא סשדה לבלבל אותנו ברעב
וכלאומרים מס נעשה מעתה אם שדה וכלים : **(ד) למדת** . לתת מס המלך לוינו כסף על כלום :
(ה) כבשר אחינו וגו' . ר"ל הלא אנחנו טובים ומיוחסים כמו העשירים : והנה אנחנו כבשים .

מצודת ציון

ה (ג) עורבים . ענין משכון כמו מס הערבון (בראשית ל"ח) :
(ד) למדת . כמו למגדת והוא מין מס למו מנדה כנו והלך

---

*who were complaining and saying,
"Our fields, vineyards and houses we
shall give to others as a pledge and
as security to buy corn for our
food."—[Rashi]*

for the hunger—*since the rich do
not give any of their property up to
us for our support.—[Rashi]*

**4. And there were some who
were saying, "We have borrowed
money"**—*And there were some who
were saying, "We have already
borrowed money from others on our
fields and our vineyards to pay the
king's tax, and now we have nothing
for our support."—[Rashi]*

take off our clothes; no man took it even to the water.

5

1. Now the cry of the people and their wives was great about their brothers, the Jews. 2. There were some who were saying, "Our sons and our daughters and we, are many; now we shall buy corn and eat and live." 3. And there were some who were saying, "Our fields and our vineyards and our houses we shall pledge, so that we shall buy corn for the hunger." 4. And there were some who were saying, "We have borrowed money for the king's tax on our fields and our vineyards. 5. And now, like the flesh of our brethren is our flesh; like their children are

clothes—*We were always zealous in guarding.*—[Rashi]

man took it even to the water—*This refers back to "not" above, like (I Sam. 2:3): " ... let not arrogance come out of your mouth."* [Here too the negative appears only in the first clause, and in the second clause it is understood.] *None of us would take off his clothes to lie down or to wash them with water, and this is a double expression,* [repeating] *we did not undress.*—[Rashi]

took it off—Heb. שלו, *taking off, like* (Lev. 6:4): *"He shall then take off his garments," which is translated by Targum as ישלח.*—[Rashi] *Ibn Ezra and Mezudath David render:* except a man whose clothes the water took off; i.e., if his clothes were dirty or ritually unclean and had to be washed or immersed in water.

5

1. Now the cry of the people and their wives was great—*The poor people were crying exceedingly.*—[Rashi]

about their brothers, the Jews—*about their brothers, the rich Jews.*—[Rashi, Ibn Ezra, Mezudath David]

2. There were some who were saying—*He gives a reason for his words: Why were they crying? Some of the poor people were saying, "We are many with our sons and daughters and have to buy corn. Now we will have to sell our sons and daughters in order to buy corn in order to live." So were they crying about the rich Jews who did not wish to support them.*—[Rashi]

3. And there were some who were saying "Our fields, etc."—*And there were some among the poor*

בָּנֵינוּ וְהִנֵּה אֲנַחְנוּ כֹבְשִׁים אֶת־בָּנֵינוּ וְאֶת־בְּנֹתֵינוּ לַעֲבָדִים וְיֵשׁ מִבְּנֹתֵינוּ נִכְבָּשׁוֹת וְאֵין לְאֵל יָדֵנוּ וּשְׂדֹתֵינוּ וּכְרָמֵינוּ לַאֲחֵרִים: יַוַיִּחַר לִי מְאֹד כַּאֲשֶׁר שָׁמַעְתִּי אֶת־זַעֲקָתָם וְאֵת הַדְּבָרִים הָאֵלֶּה: יַוַיִּמָּלֵךְ לִבִּי עָלַי וָאָרִיבָה אֶת־הַחֹרִים וְאֶת־הַסְּגָנִים וָאֹמְרָה לָהֶם מַשָּׁא אִישׁ־בְּאָחִיו אַתֶּם נֹשִׁאים וָאֶתֵּן עֲלֵיהֶם קְהִלָּה גְדוֹלָה: יַוָאֹמְרָה לָהֶם אֲנַחְנוּ קָנִינוּ אֶת־

אחינו   רש"י   יתיר א'

רש"י

אחינו בשרינו . ועכשיו אנו חשובים ומיוחסים כאחינו שהם עשירים : כבניהם בנינו . כבניהם שהם חשובים ומיוחסים כמו כן מיוחסים בנינו : והנה אנחנו כובשים . ועתה יש לנו להיות כובשים ונותנים בנינו ובנותינו לאחרים על עסק מזונותינו : ויש מבנותינו נכבשות . וכבר יש קצת מבנותינו שהן נכבשות לאחרים לעבדות : ואין לאל ידינו . ואין כח בידינו לפדותם : ושדותינו וכרמינו לאחרים . אף שדות וכרמים מסרנו ביד אחרים לפרנסתינו

אבן עזרא

ומה נאכל מעתה כי אין לנו במה להתפרנם : (ז) ויַּמָּלֵךְ . ויועץ לבי בעצמי : ואריבה . נתווכחתי עם החורים והסגנים שהם העשירים : משא איש באחיו אתם נושים . מדוע אתם כך עושים היה לכם לפרנם העניים הללו ואתם מלוים להם ממון לכבוש בניהם ובנותיהם ושדותיהם וכרמיהם ובתיהם : ואתן עליהם קהלה גדולה . הקהלתי ואספתי עליהם קהלה גדולה לצעוק עליהם כדי לכיים : (ח) ואמרה להם . וכן אמרתי להם בהזקה : (ז) ויַּמָּלֵךְ . תרגום מיעלך אמלכינך : (ח) כדי

מנחת שי

(ה) ואין לאל ידנו . במקלת מדוייקי' חסר יו"ד אחר הדל"ת והמסורת מכרעת כמותם כי בסוף פרשת בלחשית נמסר ידינו ו' מלאים ואין זה במניינם : (ז) משא איש באחיו . זה אחד מן המקומות שקלקלו המדפיסים כתוב בשי"ן שמאלית ותשובתן בלדן איש באחיו אתם נשים ובויכלא . נעובה נא את המשא הזה שבסמוך וכן ומשא כל יד הכתוב בזה הם' סימן יו"ד סן ודומיהן שפירושן לשון הלואה כולם בשי"ן ימנית : אתם נשאים . נשים קרי וסאל"ף יתילה כלכתיב וכן במסורת נשיא ג' וכעין וסימן ויַּמָּלֵךְ לבי עלי . וגם אני אחי . הטיבו נא

רלב"ג

מהיהודי' לפרוע מנת המלך וכעבור זה . גם כן משכננו שדותינו וכרמינו : (ה) והנה אנחנו כובשים את בנינו וגו' . ר"ל שאנחנו מוכרחים לכבוש בנינו ובנותינו לעבדים למכרם בעבור פרעון המלוה : (ז) משא איש באחיו אתם נושים וגו' . ר"ל האם אתם מלוים איש באחיו שימכר לו לעבד בעבור המלוה . ואתן עליהם קהלה גדולה . ר"ל קבלתי עליהם קהל גדול ישמעו הדברים כדי לכיים : (ח) ואמרה

מצודת ציון

(עזרא ד') ונסלה הכו"ן : (ה) כובשים . ענין התפישה בהזקה כמו ויכבשום לעבדים (ירמיה ל"ד) : לאל . ענין כח ואומן כמו יש לאל ידי (בראשית ל"א) : (ז) ויַּמָּלֵךְ . ענין עלה כמו מנלי ישפר עליך (דניאל ד') : משא . חוב והלואה כמו משאת מאומה (דברים כ"ד) :

מצודת דוד

ובע"כ נקח בנינו בחזקה למכרם לעבדים בעבור מזרון חסרון הלחם : נכבשות . כבר הנה לכבשות ביד המלוים בעבור חוב ממון ואין בנו כח להוליאן מידם והתטעמנו לומר הלא טובים אנחנו כמו העשירים ומדוע נעבוד אותם הלא מהרלאוי שיכלכלו אותנו בלדקה : לאחרים . כבר המה נתונים לאחרים בעבור חוב ממון : (ז) ויַּמָּלֵךְ . לבי יען אותי להתמזק בדבר ועשיתי מריבה עם השרים : משא וגו' . ר"ל וכי מהרלאוי לתת לאחיו העני בהלואה הלא בלדקה ראוי להחן : ואתן . ר"ל נתתי עליהם קול גדול בעבור יהיה אחיכם גדולה מאשר יבואו לקול הלעקה למען יבושו מרבת העם : (ח) אנחנו קנינו . הלא מאז קנינו מיד העכו"ס את היהודים הנמכרים להם מן השבי . כ"א קנה כפי די אשר מלאה

<hr>

courage in the matter, and I contended with the rulers.

and I contended—*I contended with the nobles and the prefects, who were the rich people.*—[Rashi]

"Are you demanding each other's loans?"—*Why are you doing this? You should have supported these poor people, but you are lending them money in order to*

our children, and behold, we are subjecting our sons and daughters to slavery, and some of our daughters are [already] subjected, and we have no power, and others have our fields and vineyards." 6. And I was very distressed when I heard their cry and these words. 7. And I thought this over to myself, and I contended with the nobles and with the prefects, and I said to them, "Are you demanding each other's loans?" And I gathered a large assembly around them. 8. And I said to them, "We bought

for the king's tax—Heb. לְמִדַּת, *for the king's tax, like* (Ezra 4:13): " *... the king's due* (מִנְדָּה), *the head tax, and the meal tax.*"—[*Rashi*] [Obviously, Ezra 4:20 is meant, which reads מִדָּה, as in our verse.]

5. And now, like the flesh of our brethren is our flesh—*And now, we are as esteemed and distinguished as our brethren who are rich.*—[*Rashi*]

like their children are our children—*Like their children, who are esteemed and distinguished, so are our children distinguished.*—[*Rashi*]

and behold, we are subjecting—*And now we have to subject and deliver our sons and daughters to others for the sake of our sustenance.*—[*Rashi*]

and some of our daughters are subjected—*And already there are some of our daughters who are subjected to others in slavery.*—[*Rashi*] *Malbim* comments that this term includes complete subjugation, that they are subject to gratifying the desires of their masters. *Midrash Ezra* explains that the shame of a woman is twice that of a man.

Therefore, the subjugation of the daughters is repeated.

and we have no power—*We do not have the ability to redeem them.*—[*Rashi*] *Mezudath David* explains: They have already been seized by our creditors because of our debts, and we have no power to extricate them from their hands. They complained that since they are just as esteemed as the rich, they should not have to serve them. On the contrary, the rich are obligated to support the poor with charity.

and others have our fields and vineyards—*We have even delivered our fields and vineyards to others for our sustenance. From now on, what shall we eat? We have nothing with which to sustain ourselves.*—[*Rashi*] *Malbim* explains: We cannot redeem them with our fields and vineyards because we have already turned them over to our creditors for last year's debts.

7. And I thought this over to myself—Heb. וַיִּמָּלֵךְ לִבִּי עָלַי, *and my heart took counsel within myself.*—[*Rashi*] *Mezudath David* explains: My heart counseled me to take

אֲנַחְנוּ הַיְּהוּדִים הַנִּמְכָּרִים לַגּוֹיִם כְּדֵי בָנוּ וְגַם־אַתֶּם תִּמְכְּרוּ אֶת־אֲחֵיכֶם וְנִמְכְּרוּ־לָנוּ וַיַּחֲרִישׁוּ וְלֹא מָצְאוּ דָּבָר: ט וַיֹּאמֶר לֹא־טוֹב הַדָּבָר אֲשֶׁר־אַתֶּם עֹשִׂים הֲלוֹא בְּיִרְאַת אֱלֹהֵינוּ תֵּלֵכוּ מֵחֶרְפַּת הַגּוֹיִם אוֹיְבֵינוּ: י וְגַם־אֲנִי אַחַי וּנְעָרַי נֹשִׁים בָּהֶם כֶּסֶף וְדָגָן נַעַזְבָה־נָּא אֶת־הַמַּשָּׁא הַזֶּה: יא הָשִׁיבוּ נָא לָהֶם כְּהַיּוֹם שְׂדֹתֵיהֶם כַּרְמֵיהֶם זֵיתֵיהֶם וּבָתֵּיהֶם וּמְאַת הַכֶּסֶף

<hr>

רש"י

יתיר י'

וְהַדָּגָן שְׁתְקוּ וְנִתְבַּיְּישׁוּ וְלֹא יָדְעוּ מַה לְהָשִׁיב: (ט) לֹא טוֹב הַדָּבָר. רַע הַדָּבָר בִּפְנֵי הקב"ה: מֵחֶרְפַּת. מִפְּנֵי חֶרְפּוֹת הָעֲכּוּ"ם שֶׁהֵם אוֹיְבֵינוּ: (י) וְגַם אֲנִי אַחַי וּנְעָרַי. אַף אֲנִי וַחֲבֵירַי נוֹשִׁים בָּהֶם מָמוֹן וַאֲנַחְנוּ נַעֲזוֹב וְנִמְחוֹל לָהֶם כָּל הַהַלְוָאוֹת הַלָּלוּ: נֹשִׁים. כְּמוֹ (מלכים ב' ד') וְהַנּוֹשֶׁה בָּא לָקַחַת: (יא) הָשִׁיבוּ נָא. אַף אַתֶּם חִטְאוּ כְמוֹנִי לִמְחוֹל לָהֶם כָּל חוֹבוֹתֵיהֶם: וּמְאַת הַכֶּסֶף. וְרוֹב הַכֶּסֶף שֶׁהֶם

אבן עזרא

בָנוּ. כְּכֹחֵנוּ וְדֵי לָנוּ: וְנִמְכְּרוּ לָנוּ. פי' וַאֲחֵר שֶׁהֶם נִמְכְּרוּ לָנוּ תִּמְכְּרוּ אוֹתָם לַגּוֹיִם לֹא טוֹב הַדָּבָר: (ט) בְּיִרְאַת אֱלֹהֵינוּ. בַּעֲבוּר יִרְאָתוֹ: תֵּלֵכוּ מֵחֶרְפַּת הַגּוֹיִם. וְהַטַּעַם לֹא תִּשְׁמְעוּ חֶרְפָּתָם וְזֶהוּ בִּשְׁנַת הַשְּׁמִטָּה עַל כֵּן לְעָקְּרוּ הָעָם

מנחת שי

וְהַדָּגָן. קַדְמָאָה נָסָבִין כְּתִיב וְסָאלְאָא נָסָבִין כְּתִיב: (ט) וַיַּחֲרִישׁוּ. סְמִי"ם בְּמָפֵף פָּתָח: (ס) וַיֹּאמֶר. וְאָמַר קְרֵי וְזֶהוּ אֶחָד מִן ד' דְּכָסִיב וַיֹּאמֶר וְקָרִין וַיֹּאמֶר וְסִימָנִים בִּמְסוֹרָת: (י) אַף סִמָּנָא הַזֶּה. בַּשִּׁי"ן יְמָנִית כמ"ש לְמַטָּה: (יא) כַּלְמַיִס זֵיתֵיהֶם. בַּדָּפוּס יָשָׁן נָמָלֵא חִיסָרוֹן

<hr>

וְעַד הַמִּסְפָּר לְמַטָּה מְשָׁנַת עֶשְׂרִים וְעַד שְׁנַת שְׁלֹשִׁים וּשְׁתַּיִם מְדָרְיוֹם הֲמָדִי שָׁנָה וּמִכְרָס נ' שָׁנִים וְאַרְבַּעְטִים לַאֲחַשְׁוֵרוֹשׁ הֲרֵי מ"ד וג' שָׁנִים. וּלְשׁוֹן מַשָּׂא הַקָּשׁוּר כְּבַי"ת הוּא כְמָלוֹק: (יא) וּמְאַת הַכֶּסֶף. וּמִי שֶׁהִלְוָה מֵאָה מַשְׁקָלֵי כֶסֶף אוֹ דָגָן

רלב"ן

לָהֶם אֲנַחְנוּ קְנִינוּ וְגוֹ'. ר"ל אֲנַחְנוּ קְנִינוּ אֲחֵינוּ הַנִּמְכָּרִים לַגּוֹיִם בְּכָל כֹּחֵנוּ כַּאֲשֶׁר הִשִּׂיגָה יָדֵינוּ לְהוֹלִיאָם מִסְתַּבְּדוּת וְגַם אַתֶּם תּוֹסִיפוּ לִמְכּוֹר גוֹיִם כְּדֵי שֶׁנַּלְסַטְרֵךְ לָשׁוּב לִקְנוֹתָם. הַאִם זֶה דָבָר רָאוּי לַעֲשׂוֹת שֶׁלֹּא עַל הַדְּרָשׁוֹנִים נַלְסַטְרֵכוּ וְאֵתֶם בְּאִים לְהוֹסִיף עֲלֵיהֶם וְשָׁתְקוּ וְלֹא מַלְאוּ דָבָר שֶׁיּוּכְלוּ לַעֲנוֹת אוֹתוֹ עַל זֶה: (ט) וַיֹּאמֶר לָהֶם נֶחֶמְיָה לֹא טוֹב הַדָּבָר אֲשֶׁר אַתֶּם עוֹשִׂים שֶׁלֹּא בְּיִרְאַת אֱלֹהֵינוּ אָם תֵּסִיס עַל פְּנֵיכֶם חֶלְמוֹ יִתְחַסּוֹרוּ מֵחֶרְפַּת הַגּוֹיִם וְמֵחֵרְפוּתֵיהֶם כְּמוֹ שֶׁאָמַר יִרְמְיָה (נ"ד): וְהַלְוֹן בְּזֶה אָם תִּשְׁלְמוּ אֵלוּ הָעֲבָדִים וְקִרְאוּ לָהֶם דְּרוֹר וְגַם ס' יִמָּדֵרֶךְ יִקְרָא לָכֶם דְּרוֹר מִסְתַּבְּדוּת הַגּוֹיִם וּמֵחֵרְפוּתֵיהֶם כְּמוֹ שֶׁאָמַר יִרְמְיָה (ל"ד): (יא) וּמְאַת הַכֶּסֶף. יָדָמֵס שֶׁלֹּא אָמַר וּמְאַת הַכֶּסֶף כִּי אִם עַל צַד סָמָשָׁל כִּי כֵּאָס

מצודת דוד

מצודת ציון

יְדוֹ נַסִּי הַטּוֹשֶׁר: וְגַם אַתֶּם.אָמַל לָהֶם בְּלַעֲג לְטַלְכוֹן רוּם גַּם אֶתֶם עָשׂוּ כָזֹאת וּמִכְרוּ אוֹתָם לַעֲכּו"ם כְּמוֹ הַשְּׁבָאִים: וְנִמְכְּרוּ. וּמִן סְטָכּו"ס יִהְיוּ נִמְכָּרִים לָנוּ כִּי נִסְפָּם מִידָם כַּאֲשֶׁר טָשִׂינוּ מִזֶּה אֲבָלְאִין מְקוֹם לִסְדוֹם אִישׁ מִיד מֵחָיו: וְלֹא מָצְאוּ דָבָר. לֹא מָלְאוּ מַה לְהָשִׁיב: (ט) בְּיִרְאַת אֱלֹהֵינוּ. אָם תִּשְׁמְטוּ עוֹד מַסַּס מְרֹסָם. אוֹ שֶׁאָמַל כַּדֶּרֶךְ מְלִיצָה לְכוֹ בְּיִרְאַת ס' מִמְּצַת מַלְסֵם סְטָכּו"ס שֶׁלֹּא יִמְצְאוּ מֵחֵכֶם בְּזֶה וְכָאֵדֶס: (י) נֹשִׁים בָּהֶם. מַלְוִים בָּהֶם: נַעַזְבָה נָא. נֵעֲזוֹבָה נָּא. כְּמוֹנוּ כְמוֹכֶם כַּעֲזוֹב פַּתָּה אֶת הַהַלְוָאָה הַזֶּה וְנִגְמוֹל לָהֶם: (יא) כְּהַיּוֹם. כַּעֵת הַזֹּאת הָשִׁיבוּ לָהֶם שְׂדוֹתָם וְגו': וּמְאַת הַכֶּסֶף. מֵאָז מִנְיָן מְרוּבֶּה לוֹמַר אַף אָם הַחוֹב

קְהַלָּה. אָסִיף: וְהַקָּהֵל: (מ) כְּדֵי. מִלָּשׁוֹן דַּי הַסְּפּוּק: וַיַּחֲרִישׁוּ. וּשְׁתְקוּ: (יא) וּמְאַת הַכֶּסֶף. שְׁקָלֵי סְכָּסַף: הַתִּירוֹשׁ. יַיִן:

<hr>

the Lord, you will go away from the reproach of the nations, for you will no longer hear their reproach. Alternatively: Go in the fear of the Lord because of the reproach of the nations, so that they should not reproach you. That is to say that if you will not do a good deed for its own sake, at least do it because of what people will say.—[*Mezudath David*]

because of the reproach— *because of the reproach of the heathens who are our enemies.*— [*Rashi*]

10. I, too, and my brothers and my servants—*I, too, and my colleagues lent them money, and we*

our Jewish brethren who were sold to the nations with as much as we could afford, and you too will sell your brethren, and they will be sold to us." And they remained silent and could find no answer. 9. So I said, "The thing you are doing is not good. Is it not so that you will go with the fear of our God because of the reproach of the nations, our enemies? 10. I, too, and my brothers, and my servants have lent them money and corn. Let us now relinquish this loan. 11. As of today, give them back their fields, vineyards, olive trees, and houses, and the hundred silver pieces,

appropriate their sons and daughters, their fields, vineyards and houses.—[*Rashi*] Are you transgressing the Torah precept of (Exod. 22:24): " ... you shall not behave toward him as a creditor"?— [*Isaiah da Trani*]

and I gathered a large assembly around them—*I congregated and gathered a large assembly around them to shout at them in order to embarrass them.*—[*Rashi*] *Mezudath David* explains: I shouted out loud so that a large assembly would gather and they would be ashamed before this large multitude.

8. And I said to them—*And so I said to them: We already bought our Jewish brethren who were in captivity from the heathens to whom they were sold.*—[*Rashi*]

with as much as we could afford—*with as much money as was in our hands.*—[*Rashi*] Everyone bought them from the heathens according to his wealth.—[*Mezudath David*]

and you too—*And you too will sell to the heathens your brethren who are subjected to you as slaves?*—

[*Rashi*] He spoke to them sarcastically: You too will do such a thing and sell them to the heathens?— [*Mezudath David*]

and they will be sold to us—*And the result will be that they will be sold to us by the heathens, (and if so, why should you sell them, since we will be compelled to redeem them? This is found in certain editions.)*— [*Rashi*] *Ibn Ezra* renders: and they were sold to us, i.e., after they were already sold to us by the heathens, will you sell them again to them? *Mezudath David* explains: They will be sold to us from the heathens because we will redeem them from their hands. However, there is no reason to redeem them from their own brothers.

and they remained silent—*They were silent and ashamed, and they did not know what to answer.*— [*Rashi*]

9. The thing ... is not good—*The thing is bad in the eyes of the Holy One, blessed be He.*—[*Rashi*]

with the fear of our God— *Mezudath David* offers two interpretations: If you cling to the fear of

וְהַדָּגָן הַתִּירוֹשׁ וְהַיִּצְהָר אֲשֶׁר אַתֶּם נֹשִׁים בָּהֶם: יב וַיֹּאמְרוּ נָשִׁיב וּמֵהֶם לֹא נְבַקֵּשׁ כֵּן נַעֲשֶׂה כַּאֲשֶׁר אַתָּה אוֹמֵר וָאֶקְרָא אֶת־הַכֹּהֲנִים וָאַשְׁבִּיעֵם לַעֲשׂוֹת כַּדָּבָר הַזֶּה: יג גַּם־חָצְנִי נָעַרְתִּי וָאֹמְרָה כָּכָה יְנַעֵר הָאֱלֹהִים אֶת־כָּל־הָאִישׁ אֲשֶׁר לֹא־יָקִים אֶת־הַדָּבָר הַזֶּה מִבֵּיתוֹ וּמִיגִיעוֹ וְכָכָה יִהְיֶה נָעוּר וָרֵק וַיֹּאמְרוּ כָל־הַקָּהָל אָמֵן וַיְהַלְלוּ אֶת־יְהוָה וַיַּעַשׂ הָעָם כַּדָּבָר הַזֶּה: יד גַּם מִיּוֹם ׀ אֲשֶׁר־צִוָּה אוֹתִי לִהְיוֹת פֶּחָם בְּאֶרֶץ

רש"י

(יב) וַיֹּאמְרוּ נָשִׁיב. וְהֵם אָמְרוּ לְהָשִׁיב וְלִמְחוֹל הַכֹּל: לַעֲשׂוֹת כַּדָּבָר הַזֶּה. שֶׁיִּהְיוּ מוֹחֲלִין חוֹבוֹתֵיהֶם: (יג) גַּם הַצְנִי נָעַרְתִּי. אַף אֲנִי בִּגְדֵי נָעַרְתִּי. חָצְנִי כְּמוֹ (ישעיה מ"ט) וְהֵבִיאוּ בָנַיִךְ בְּחֹצֶן.

אבן עזרא

וְתִירוֹשׁ וְיִצְהָר לֹא תִּבַקְּשׁוּ מֵהֶם וְהַפָּסוּק הָאַחֵר מְפָרֵשׁ זֶה בְּאָמְרוּ נָשִׁיב וּמֵהֶם לֹא נְבַקֵּשׁ: (יב) וָאַשְׁבִּיעֵם. עַל יְדֵי הַכֹּהֲנִים כִּי הֵם הַמַּשְׁבִּיעִים כָּעִנְיָן וְהִשְׁבִּיעַ הַכֹּהֵן אֶת הָאִשָּׁה עַל כֵּן קְרָאָם. וּמֵהֶם לֹא נְבַקֵּשׁ. פֵּירוּשׁוֹ וּמֵהֶם

יהודה

נָעַרְתִּי.(אישקוליי"ר בלע"ז) כְּמוֹ הִתְנַעֲרִי מֵעָפָר (שם): כָּכָה יְנַעֵר. כָּכָה יְנַעֵר הקב"ה מִן הָעוֹלָם וּמִנְּכָסֵיהֶם כָּל אוֹתָם שֶׁלֹּא יִהְיוּ מוֹחֲלִין: נָעוּר וָרֵק. בְּלֹא נְכָסִים: (יד) אֲשֶׁר צִוָּה אוֹתִי. הַמֶּלֶךְ: פֶּחָם. כְּמוֹ פֶּחָה שַׁלְטַן לֹא נְבַקֵּשׁ הַמַּשְׂוּי: (יג) חָצְנִי. וְרוֹעִי אוֹ כְנַף הַכְּסוּת יִקָּרֵא חוֹלָן: נָעַרְתִּי. מִן וַיְנַעֵר ה' אֶת מִצְרַיִם: מִבֵּיתוֹ. מִבְּנָיו: וַיְהַלְלוּ אֶת ה'. כְּלֻלָּם שָׂשׂוּ כֻלָּם לַעֲשׂוֹת כֵּן: (יד) פֶּחָם. הַמ"ס נוֹסָף וּפֶחָה כְּאָמְנָה וְאָמְנָם אוֹ הַמ"ס סִימָן

רלב"ג

יְכֻלָּה שֶׁיַּעַזְבוּ הַמַּשָּׂא אִם הָיָה יוֹתֵר מִמָּאָה כֶּסֶף אוֹ פֵּחוֹת: (יג) גַּם חָצְנִי נָעַרְתִּי. ר"ל בִּגְדֵי מִלְּנִי וְהֵם הַבְּגָדִים שֶׁעַל הֶחָזֶה נָעַרְתִּי נְעָרִים לְהוֹרִיד מֵהֶם הָאָבָק וְהַטַּפָּר שֶׁבָּהֶם וְלֹא יִשָּׁאֵר מֵהֶם בָּהֶם דָּבָר: כָּכָה יְנַעֵר הָאֱלֹהִים וגו'. זֹאת הַקְּלָלָה הִיא עַל דֶּרֶךְ הַמָּשָׁל שֶׁלֹּא יִשָּׁאֵר לָאִישׁ הַהוּא דָּבָר מִכַּנֵּי בֵיתוֹ וּמַטְמָלוֹ וְקִנְיָנָיו וְכָכָה יִהְיֶה מְשׁוּלָל וְרִיק מֵהֶם: (יד) פֶּחָם. הוּא כְּמוֹ פֶּחָה. ר"ל שֶׁלֹּא לְקַחְתִּי

מצודת דוד

הוּא מְאַת כֶּסֶף וְהוּא מִקְרָא קָצָר וְכֻלְּאוֹ אֲמַר עֻזְּבוּ וּמִמְּלוֹ מְאַת הַכֶּסֶף וגו': (יב) נָשִׁיב. אַף הַשָּׂדוֹת וגו': וּמֵהֶם לֹא נְבַקֵּשׁ. שִׁלַּמְנוּ אֶת הַחוֹב: כֵּן נַעֲשֶׂה וגו'. הוּא כֶּפֶל עִנְיָן וּלְמִזּוּק: וָאַשְׁבִּיעֵם. ע"י הַכֹּהֲנִים: (יג) גַּם חָצְנִי נָעַרְתִּי. מִנַּעַל הָיִיתִי כְנַף בִּגְדִי וְאֶמְצָרְתִּי

מצודת ציון

חָצְנִי. שְׁמָן: (יג) חָצְנִי. כֵּן יִקָּרֵא כְנַף הַבֶּגֶד וְכֵן וְהֵבִיאוּ בָנַיִךְ בְּחֹצֶן (ישעיה מ"ט): נָעַרְתִּי. עִנְיָנוֹ תְּנוּעַת דָּבָר מַה בְּחָזְקָה לְהַפִּיל מִמֶּנּוּ מַה שֶּׁעָלָיו כְּמוֹ הִתְנַעֲרִי מֵעָפָר (שם כ"ב): (יד) פֶּחָם.

אָז כְּמוֹ שֶׁנָּעַרְתִּי כְנַף בִּגְדִי וַהֲרֵי הוּא נָעוּר וְרִיק מִן הָאָבָק כֵּן מִנַּעַל עַל יִשָּׂאֵר עַד עוֹלָם מְנוֹעָר וּמְתֻרְקָן: וַיְהַלְלוּ וגו'. עַל שֶׁנִּתַּן בְּלִבָּם לַעֲשׂוֹת כָּזֹאת: כַּדָּבָר הַזֶּה. הֵמִירוּ הַשָּׂדוֹת וּמָזְבוּ אֶת הַחוֹבוֹת: (יד) גַּם מִיּוֹם. ר"ל גַּם הַטּוֹבָה הַזֹּאת עָשִׂיתִי עִם יִשְׂרָאֵל כִּי מֵעֵת אֲשֶׁר לוֹ מִסְמַךְ אוֹתִי הַמֶּלֶךְ לִהְיוֹת מוֹשֵׁל לָהֶם בְּאֶרֶץ יְהוּדָה וְהוּא מֵעֵת מִשְׁנַת וגו' כָּל אוֹתָן הַשָּׁנִים אֲנִי וּמַכְבֵּי הַנִּשְׁמָטִים לִי לֹא אָכַלְנוּ מֵאֲכָל הַסָּמוּל לְהַאֲכִיל אֶת הַפֶּחָה מִדְּמֵי הָעָם:

---

wealth he acquired with toil.—
[*Mezudath David*]

shaken out and empty—*without property.*—[*Rashi*] i.e., he will remain in this state forever.—[*Mezudath David*]

and they praised the Lord—for giving them this idea.—[*Ibn Ezra, Mezudath David*]

according to this word—They returned the fields and relinquished the debts.—[*Mezudath David*]

14. **Also since the day**—I have also done this good deed for Israel, for since the day the king appointed me their governor, viz. from the twentieth year to the thirty-second year of King Artaxerxes, my colleagues, who obeyed my orders, and I, did not eat of the food designated for the governor, which was purchased from public funds.—[*Mezudath David*]

and the corn, the wine, and the oil that you lent them." 12. And they said, "We shall return, and we shall not demand of them; so shall we do as you say." And I called the priests and adjured them to do according to this promise. 13. I also shook out my garment and said, "So shall God shake out any man who does not fulfill this matter, from his house and from his toil, so shall he be shaken out and empty." Then the entire congregation said, "Amen," and they praised the Lord, and the people did according to this word. 14. Also, since the day that he commanded me to be a governor in the land of

---

shall abandon and relinquish to them all these loans.—[Rashi]

have lent—Heb. נשׁים, like (II Kings 4:1): " ... and the creditor (וְהַנֹשֶׁה) has come to take."—[Rashi]

11. **give back**—And you shall also do as I do, to relinquish all their debts to them.—[Rashi]

and the hundred silver pieces—and the large amount of money that they owe you with the corn and the wine, etc.—[Rashi] He selected a large number, indicating that even if the debt was large, they should relinquish it.—[Mezudath David]

12. **And they said, "We shall return"**—And they said [that they were willing] to return and to relinquish all.—[Rashi]

and we shall not demand of them—that they pay the debt.—[Mezudath David]

and I adjured them—through the priests, for they were the adjurers, as the Torah prescribed in the rite of the Sotah (Num. 5:19, 21).—[Ibn Ezra, Mezudath David]

to do according to this promise—that they too should relinquish.—[Rashi]

13. **I also shook out my garment**—Heb. חָצְנִי. I also shook out my garment. חָצְנִי is like (Isa. 49:22): " ... and they shall bring your sons on the skirt of their garments (בְּחֹצֶן)." [Note that Rashi on Isaiah renders: in their armpits. However, Redak and Ibn Ezra suggest both, and Mezudath Zion renders in both places: the skirt of the garment.]

my garment—is escrol(l)e in Old French, I shook out, like (ibid. 52:2): "Shake yourself (הִתְנַעֲרִי) from the dust."

So shall ... shake out—So shall the Holy One, blessed be He, shake out from the world and from their property those who do not relinquish their debts.—[Rashi]

from his house—from his household members.—[Mezudath David]

and from his toil—from the

יְהוּדָה מִשְּׁנַת עֶשְׂרִים וְעַד שְׁנַת שְׁלֹשִׁים וּשְׁתַּיִם לְאַרְתַּחְשַׁסְתְּא הַמֶּלֶךְ שָׁנִים שְׁתֵּים עֶשְׂרֵה אֲנִי וְאַחַי לֶחֶם הַפֶּחָה לֹא אָכַלְתִּי: טו וְהַפַּחוֹת הָרִאשֹׁנִים אֲשֶׁר־לְפָנַי הִכְבִּידוּ עַל־הָעָם וַיִּקְחוּ מֵהֶם בְּלֶחֶם וָיַיִן אַחַר כֶּסֶף־שְׁקָלִים אַרְבָּעִים גַּם נַעֲרֵיהֶם שָׁלְטוּ עַל־הָעָם וַאֲנִי לֹא־עָשִׂיתִי כֵן מִפְּנֵי יִרְאַת אֱלֹהִים: טז וְגַם בִּמְלֶאכֶת הַחוֹמָה הַזֹּאת הֶחֱזַקְתִּי וְשָׂדֶה לֹא קָנִינוּ וְכָל־נְעָרַי קְבוּצִים שָׁם עַל־הַמְּלָאכָה: יז וְהַיְּהוּדִים וְהַסְּגָנִים מֵאָה וַחֲמִשִּׁים אִישׁ

ת"א וכפתות, סנהדרין נג :   פתח בס"פ

רש"י

דוגמת רקק שהוא כמו רקה: משנת עשרים. למלך דריוש כי אז עלה מנכל שנאמר (לעיל ב') ויהי בחדש ניסן שנת עשרים וגו': שנים שתים עשרה. שהם שתים עשרה שנה: אני ואחי. אני וחברי אשר באו עמי: לחם הפחה לא אכלתי. לחם שהוא ראוי למאכל הפחה שהעם נותנים אותו אל הפחה מן העם: (טו) הכבידו על העם. הכבידו מס על העם: ויקחו. והיו לוקחים מהם בשביל | המס לחם וייו אחר נתינת ארבעים שקלים של כסף וכך היו רגולים בכל שנה : של פחות : (טז) החומה. חומת העיר : החזקתי. העסקתי לעסוק בה תדיר : ושדה לא קנינו . ושדות של היהודים שהיו בונים החומה לא קנינו אני ובני . מפני סייעתי על עסק דוחקם שהיו עוסקין בבנין החומה . אבל הייתי נותן להם ממון כדי לבנות הבנין : על המלאכה . לבנות תדיר : (יז) מאה וחמשים

אבן עזרא

הרבים והטעם פחה שלהם והוא הנכון רק הראוי פהתם : לחם הפחה לפחה: (טו) הכבידו . חסר עול או משא: הראוי כמאכל אחר היו לוקחים מהם שקלים ארבעים: (טז) ושדה לא קנינו. הכהנים אחיו עמו הזכרים למעלה באמרו אני ואחי :

רלב"ג

מטעם הלחם שהיה ראוי לפחה לקחת מהם : (טו) ויקחו מהם בלחם ויין אחר כסף וגו' . ר"ל אחר שלקחו מהם כסף שקלים ארבעים לשנה או לחדש או לשבוע והוא היותר נראה נרצה עוד בעבור לחם ויין נעריהם גם נעריהם של פחות הראשונים שלטו על העם להכביד עוד עולם : (טז) וגם במלאכת החומה הזאת החזקתי . התבלימד בכל עז והחמפסקתי בענינה : ושדה לא קנינו. ילא ממנו לקח מקי כדי שלא נצטרך לעזוב כל נערי קבוצים שם על המלאכה. להחזיק בה : (יז) והסגנים וגו' . ר"ל כי על שלחני היו אוכלים תמיד מאה וחמשים איש מהיהודים והסגנים ועוד היו על שלחני כל הבאים אלינו מן הגוים אשר סביבותינו . והנה סכולאם שהייתי מושב כזה היה גדולה כי כל יום היה מתוקן למאכלנו שור אחד ושש לאן כרורות ובכמדום ופוטות נתקנו לי : ובין

מצודת ציון

(טו) והפחות. אכל הפחות הראשונים וגו' הם הכבידו עול על העם ויקחו מהם . לקחו מהם כסף בעבור לורך להם יין די ספוקם מלבד ארבעים שקלי כסף בכל שנה : נעריהם. של הפחות הראשונים : (טז) וגם. אף ספוקם זאת עשיתי כי אחזתי במלאכת המומה ולחונו גומר מזרז סייתי את הבונים לבל ירפו ידיהם מן המלאכה : ושדה ונו' . ר"ל ועם כי בעבור החומדה הסלאכה לא פסקו במלאכתם להמליא לעולם די ספוקם עכ"ז לא קנינו. מהם שדה כי לכלכלם כדמי מחיר השדה כי אם כנדבת הלב סייתי מסרכסם : על המלאכה . לעשות במלאכה גם המה : (יז) והיהודים. ר"ל מיתר המם שהיו המם עם סגנים במספר ק"ן איש : והבאים

מנחת שי

בוא"ו ואין למוש עליו : (טז) וזאת סמזקתי. כ"ב סמזקתי לא סממזקתי:

מצודת דוד

(טו) והפחות. אבל הפחות הראשונים וגו' הם הכבידו עול על העם :

---

and we did not buy a field—*But neither I nor my associates bought the fields of the Jews who were building the wall because of their poverty; they were engaged in building the wall, but I gave them money in order to build the wall.—*

[*Rashi*] Although they did not pursue their livelihood in deference to building the wall, we did not buy their fields in order to support them from the proceeds of the fields. Instead, I generously supported them.—[*Mezudath David*]

Judea, from the twentieth year until the thirty-second year of King Artaxerxes, twelve years, my brethren and I have not eaten the food allotted to the governor. 15. But the early governors who were before me burdened the people and took from them for bread and wine above forty silver shekels. Also, their servants ruled over the people, but I did not do that because of the fear of God. 16. Also, I adhered to the work of this wall, and we did not buy a field, and all my servants were gathered there over the work. 17. And the Jews and the prefects were one hundred and fifty

that he commanded me—i.e., *the king.*—[*Rashi*]

governor—Heb. פֶּחָם, *like* פֶּחָה, *ruler, after the pattern of* רֵיקָם, *empty, like* רֵיקָה.—[*Rashi*]

from the twentieth year—*of King Darius, for then he ascended from Babylon, as it is stated (2:1): "Now it came to pass in the month of Nissan in the twentieth year, etc."—*[*Rashi*]

twelve years—*which equal twelve years.*—[*Rashi*]

my brethren and I—*I and my colleagues who came with me.—*[*Rashi*]

have not eaten the food allotted to the governor—*the food that was fit for the governor, which the people give the governor from the tax.—*[*Rashi*]

15. **burdened the people**—Heb. הִכְבִּידוּ, lit. made heavy. *They made the tax heavy upon the people.—*[*Rashi*] *Ibn Ezra* renders: made heavy the yoke or the burden.

and took—*They would take bread and wine from them for the tax after they had already given forty silver shekels, and they were accustomed to*

doing this every year.—[*Rashi*] *Ralbag* suggests that they took the money for the bread and wine after collecting the taxes of forty shekels annually, monthly, or weekly. He prefers the last possibility. *Isaiah da Trani* explains that they took money for bread and wine in excess of forty silver shekels. *Ibn Ezra* and *Midrash Ezra* render: afterwards forty silver shekels, meaning that in addition to burdening them with taxes for bread and wine, they took forty silver shekels.

Also their servants—[i.e., the servants] *of the governors.*—[*Rashi*] The servants of the former governors lorded over the people to make their yoke still heavier.—[*Ralbag*]

16. **wall**—*the wall of the city.—*[*Rashi*]

I adhered—*I busied myself to engage in it constantly.*—[*Rashi*] I adhered to it with all my might in order to complete it.—[*Ralbag*] The Talmud (*Sanh.* 93b) comments that the Book of Nehemiah was not called by his name but was made part of the Book of Ezra because Nehemiah spoke derogatorily of his predecessors.

אִישׁ וְהַבָּאִים אֵלֵינוּ מִן־הַגּוֹיִם אֲשֶׁר־סְבִיבֹתֵינוּ עַל־
שֻׁלְחָנִי: יח וַאֲשֶׁר הָיָה נַעֲשֶׂה לְיוֹם אֶחָד שׁוֹר אֶחָד
צֹאן שֵׁשׁ־בְּרֻרוֹת וְצִפֳּרִים נַעֲשׂוּ־לִי וּבֵין עֲשֶׂרֶת יָמִים
בְּכָל־יַיִן לְהַרְבֵּה וְעִם־זֶה לֶחֶם הַפֶּחָה לֹא בִקַּשְׁתִּי
כִּי־כָבְדָה הָעֲבֹדָה עַל־הָעָם הַזֶּה: יט זָכְרָה־לִּי אֱלֹהַי
לְטוֹבָה כֹּל אֲשֶׁר־עָשִׂיתִי עַל־הָעָם הַזֶּה: ו א וַיְהִי
כַאֲשֶׁר נִשְׁמַע לְסַנְבַלַּט וְטוֹבִיָּה וּלְגֶשֶׁם הָעַרְבִי
וּלְיֶתֶר אֹיְבֵינוּ כִּי בָנִיתִי אֶת־הַחוֹמָה וְלֹא־נוֹתַר בָּהּ
פָּרֶץ גַּם עַד־הָעֵת הַהִיא דְּלָתוֹת לֹא־הֶעֱמַדְתִּי
בַשְּׁעָרִים: ב וַיִּשְׁלַח סַנְבַלַּט וְגֶשֶׁם אֵלַי לֵאמֹר לְכָה

ת״א וכדרב לי , ר״ה לב :

רש״י

איש . היו אוכלים על שולחני לבד הגרים הבאים אלינו מן
העכומ״ז שאף הם היו אוכלים על שלחני: (יח) ואשר
היה נעשה . ובכל יום ויום היו אוכלים על שולחני שור
אחד ושם לאן ולפרים הרבה : ברורות . פתרונו לפי עניינו
שם לאן עשויות כענין שנא׳ חמש לאן עשויות (שמואל א׳
כ״ה) : נעשו לי . לשון תקון כמו ובן הבקר אשר עשה

ונועדה

(בראשית י״א) : ובין עשרת ימים . ובכל יום ויום היו
שותים יין הרבה כדי שיעור ספוק של עשרת ימים : ועם
זה . ונשביל כל מעשה זה שהייתי מוליא הולאות כל כך :
לחם . של מם הראוי לפחה לא בקשתי ולא שאלתי מן העם
שהרי כבדה וחזקה עבודת בנין החומה עליהם :
ו (א) ולא נותר בה . בחומת העיר : דלתות

עזרא

להיות הרבה בלא חסרון : ועם כל זה לחם הפחה
לא בקשתי . כי הבשר והיין הרבה רק הלחם מעט ולא
כראוי לפחה בעבור הרעב ולא בקשתי מן העם כשרים
הראשונים לתת לי : על העם . כמו אל העם :

רלב״ג

עשרת ימים. היה מתמלא אולר סיין לשים בכל כליו יין לרבוי שתיית סיין . ועם כל זה לא רליתי לקחת מהעם הלחם הראוי לתת לפחה :

מצודת דוד

וגו׳ . הם הגרים אשר באו להתגייר כל אלה היו אוכלים על שולחני:
(יח) ליום אחד . למאכל יום א׳ : ברורות . נבחרות וטובות : וצפרים .
מיני עופות : ובין עשרת ימים . כ״ל יום אחד מבין כל י׳ ימים
סייתי משקה אותם בכל מיני יין להרבה : ועם זה . אף שהיה
סייתי מוליא הולאות כל כך לא בקשתי מן העם שום לחם הפחה :

מצודת ציון

שקלים לקחו עוד בלחם ויין : שלחו . משלו : (יח) נעשה . ענין
תקון כמו וימהר לעשות אותו (בראשית י״ח) : ברורות . מלשון
ברירה ובחירה : ו (א) פרץ . שבירה :

לכל מרובה עכ״ז לא בקשתי מן העם שום לחם הפחה : כי כבדה . עבודת מס המלך ובנין החומה היתה כבדה עליהם ולא יכלו לעסוק
במלאכתם ולהסתכל די ספוקם ועוד לחת לי לחם הפחה: (יט) לטובה. לחשוב לי לטובה ולזכות : על העם הזה . בעבור טובת העם הזה :
ו (א) גם עד העת ההיא . ר״ל גם נשמע לסס אשר עד העת ההיא אדיין לא העמדתי דלתות בשערים ואמר זה להסבי

---

food—*of the tax, which is fit for
the governor, I did not seek, and I
did not request it of the people, for
the work of the building of the wall
was heavy and strong upon them.*—
[*Rashi*] The work of the royal tax and
the building of the wall was heavy

upon them, and they could not
engage in their work, earn their
livelihood, and still have enough to
give the food allotted to the
governor.—[*Mezudath David*] *Ibn
Ezra* explains that meat and wine
were plentiful, but there was a

men, and those who came to us from the nations around us at my table. 18. And this is what was prepared for one day; one ox, six choice sheep, and birds were prepared for me, and as much as ten days' supply of all types of wine in quantity, and with this, I did not seek the food allotted to the governor, because the work was heavy upon this people. 19. Remember for me, My God, for good, all that I did for this people."

6

1. Now it came to pass, when it was heard by Sanballat, Tobiah, Geshem the Arab, and the rest of our enemies that I had built the wall, and that no breach was left therein; also that until that time I had not erected doors in the gates. 2. Then Sanballat and Geshem sent to me, saying, "Come

over the work—*to build constantly.*—[*Rashi*] They also engaged in the work.—[*Mezudath David*]

17. And the Jews—from the rest of the populace.—[*Mezudath David*]

one hundred and fifty men—*were eating at my table, in addition to the proselytes who came to us from the gentiles, for they too were eating at my table.*—[*Rashi*]

18. And what was prepared—*And every day they ate at my table one ox, six sheep and many birds.*—[*Rashi*]

prepared—Heb. בְּרוּרוֹת. *Its interpretation is according to the context: six prepared sheep, like the matter that is stated (I Sam. 25:18):* " *... five prepared (עֲשׂוּיוֹת) sheep.*"—[*Rashi*] *Ralbag* and *Mezudath David* explain that these were choice sheep.

were prepared for me—Heb. נַעֲשָׂה לִי, *an expression of preparation, like* (Gen. 18:8): " *... and the calf that he*

had prepared (עָשָׂה)."—[*Rashi*]

and as much as ten days' supply—Heb. וּבֵין עֲשֶׂרֶת יָמִים, lit. and between ten days. *And every day they drank much wine, the amount that suffices for ten days.*—[*Rashi*] *Ibn Ezra* and *Mezudath David* explain that one day out of ten Nehemiah would serve a large quantity of all types of wine. *Ralbag* explains that once in ten days his winery would be restocked in order to serve much wine every day. *Malbim* explains that Nehemiah would tithe his days, fasting one day out of ten and not drinking wine. Therefore, he says: " ... as much as ten days," meaning nine out of ten days he would serve a large quantity of all types of wines.

and for this—Heb. וְעִם־זֶה; *and this procedure, for which I used to make such big expenditures.*—[*Rashi*] *Ralbag* and *Mezudath David* render: despite this [great expense].

וַנֹּעֲדָה יַחְדָּו בַּכְּפִירִים בְּבִקְעַת אוֹנוֹ וְהֵמָּה חֹשְׁבִים לַעֲשׂוֹת לִי רָעָה: ג וָאֶשְׁלְחָה עֲלֵיהֶם מַלְאָכִים לֵאמֹר מְלָאכָה גְדוֹלָה אֲנִי עֹשֶׂה וְלֹא אוּכַל לָרֶדֶת לָמָּה תִשְׁבַּת הַמְּלָאכָה כַּאֲשֶׁר אַרְפֶּהָ וְיָרַדְתִּי אֲלֵיכֶם: ד וַיִּשְׁלְחוּ אֵלַי כַּדָּבָר הַזֶּה אַרְבַּע פְּעָמִים וָאָשִׁיב אוֹתָם כַּדָּבָר הַזֶּה: ה וַיִּשְׁלַח אֵלַי סַנְבַלַּט כַּדָּבָר הַזֶּה פַּעַם חֲמִישִׁית אֶת נַעֲרוֹ וְאִגֶּרֶת פְּתוּחָה בְּיָדוֹ: ו כָּתוּב בָּהּ בַּגּוֹיִם נִשְׁמָע וְגַשְׁמוּ אֹמֵר אַתָּה וְהַיְּהוּדִים

רש"י

נ"א ככפירים

לא העמדתי . שלא נעשו דלתות בשערי העיר: (ב) בכפירים . שם מקום הוא: אשר בבקעת אונו . כך שם הבקעה: והמה חושבים . עלי . הבנתי מהם שהיו חושבים עלי להרגני שם: (ג) מלאכה גדולה אני עושה . מבנייני (העיר ס"א) הספר : למה תשבת . למה תהיה המלאכה בטלה: כאשר ארפה . ידי מן

אבן עזרא

(ב) בכפירים . באחד מהם וכן ויקבר בערי גלעד: (ה) ואגרת פתוחה בידו . פירוש פרושה כענין ויפרשהו חזקיהו לפני ה': (ו) ונשמו אומר . הוא גשם הערבי והוא"ו נוסף כיתר יתרו: ואתה הוה . חסן פתריה להם למלך: כדברים האלה . פירוש דבר שלח אלי . הוא

רלב"ג

ו (ב) ונועדה יחדו ככפרים בבקעת אונו . ר"ל באחד מהכפרים אשר בבקעת אונו וכן ויקבר בערי גלעד (שופטים י"ב ז') ר"ל באחד מערי גלעד: (ו) בגוים נשמע וגשמו אומר . ר"ל בגוים נשמע שכן הוא שבגוים נשמע זה סקול:

חושבים

הבנין . ויֵרַדתּי אֲלֵיכם . לדבר ולהועד אליכם: (ה) את נערו . על ידי נערו: ואגרת פתוחה בידו . כתב חגרת שלח לי על ידו: (ו) כתוב בה . כאותה חגרת: בגוים נשמע . טודע לכל העכו"ם שאתה וכל היהודים חושבים למרוד: ונשמו אומר . גשמו הוא גשם הערבי ופתרונו כאדם שאומר לחבירו כך הוא הדבר ופלוני אומר: כדברים

מנחת שי

ו (ב) ימדו ככפירים . בכמה ספרים מדוייקים מלא דמלא וכמלם זאת יש מילוף בין מפרבאי למדנחאי ולא נתכרר מהו החילוף מלא וחסר ושמא החילוף הוא או כתיב או קרי ככפירים בכ"ף כמו ימדו ככפירים ישאגו (ירמיה נ"א): (ג) מלאכה גדולה . במדוייקים מלא וא"ו וכן הוא לפי המסורת דאסתר (ד'): (ו) ונשמו . כרוב הספרים בגימ"ל פתוחה ולא קמוצה:

מצודת דוד

מה שנאמר למטה שאמר אליו שמטיה להסתיר עצמו בהיכל כי סלרים יבואו עליו לבן אמר כי שמעו שלא העמדתי הדלתות ויכולים המה לבוא בעיר: (ב) ונועדה יחדו . נמצא ווטד וקבון ככפריים והוא שם מקום הטומדת בבקעת אונו : והמה חושבים . זהו מדברי נחמיה שאמר סנה הסכלתי לדעת מהמה חושבים להרגני שמה: (ג) מלאכה גדול ודבר הכדמי : למה תשבת . למס מפ שכזאת מיתבטל המלאכה כאשר ארפה ידי ממנה תבוטל המלאכה מכל וכל: (ד) כדבר הזה . כל האמור למטלה לבם וכן ונועדה וגו' : (ה) את נערו . ואשיב אותם כדבר הזה : (ו) כתוב בה . ומלבד הדבר הזה שלח עוד בידו אגרת פתוחה מבלי חותם וכלומר לא בסתר דברתי וכל סרוצה לקרות יבוא ויקרא: (ו) כתוב בה . בגוים נשמע : בין העכו"ם נשמע וגם גשמו אומר כזאת אשר אתה רוצה למרוד כמלך וט"כ תכנה החומם

מצודת ציון

(ב) ונועדה . מלשון ועד ואסיפה כמו ויוטדו כל סמלכים (יהושע י"א): (ג) תשבת . מלשון שבתה וכמול . ארפה . מלשון רפיון: (ו) ונשמו . הוא גשם הערבי וכן יתר יתרו : הוה . הוא מלשון הויה:

---

6. It was written in it—*in that letter.*—[Rashi]

It is heard among the nations—*that it is known to all the nations that you and all the Jews are plotting to rebel.*—[Rashi]

and Gashmu says—*Gashmu is Geshem the Arab, and its interpretation is like a man who says to his friend, "This is the matter, and so-and-so says."*—[Rashi]

according to these words—*This refers back to the text, and it is a transposed verse. It is as though it was written, "According to these words was heard among the nations, etc."*—[Rashi]

and let us meet together in Kefirim in the Valley of Ono"; and they were plotting to do me harm. 3. And I sent messengers to them, saying, "I am doing great work, and I cannot go down. Why should the work stop when I leave it and come down to you?" 4. And they sent to me four times according to this wording, and I answered them according to this wording. 5. Then Sanballat sent to me according to this wording a fifth time with his servant, and an open letter was in his hand. 6. It was written in it, "It is heard among the nations, and Gashmu says that you and the Jews

shortage of bread because of the famine. The bread he had was not fit for a governor, but he did not demand from the people an amount of bread befitting a governor.

6

1. and no breach was left therein—*in the wall of the city.*—[*Rashi*]

also that until that time—It was also heard by them that I had not yet erected doors in the gates. He says this to explain why Shemaiah told him to hide in the *Heichal* to avoid the enemies. Since he had not yet erected doors in the gates, it was possible for the enemies to enter the city.—[*Mezudath David*] *Malbim* explains that because the doors had not yet been erected, the enemies still hoped to stop construction. As we see later in verse 16, when they learned that the doors had already been set up, they became frightened.

I had not erected—*that doors were not made in the gates of the city.*—[*Rashi*]

2. in Kefirim—*This is a name of a place.*—[*Rashi*] *Ibn Ezra* and

Ralbag render: in the villages in the valley of Ono, meaning in one of the villages, from the word כְּפָר, *a village.*

[which is] in the Valley of Ono—*That is the name of the valley.*—[*Rashi*]

and they were plotting—*against me. I understood from them that they were plotting against me to assassinate me there.*—[*Rashi*] Nehemiah says that he discerned that they were plotting to assassinate him there.—[*Mezudath David*]

3. "I am doing great work—*of the buildings (of the city); other editions read:* [of the buildings] *of dust.*—[*Rashi*] Urgent work.—[*Mezudath David*]

Why should ... stop—*Why should the work be curtailed?*—[*Rashi*]

when I leave it—Heb. אַרְפֶּה, lit. [slacken] *my hand from the building.*—[*Rashi*]

and come down to you—*to speak with and to meet with you.*—[*Rashi*]

5. with his servant—*through his servant.*—[*Rashi*]

and an open letter was in his hand—*He sent me a written letter through him.*—[*Rashi*]

חֹשְׁבִים לִמְרוֹד עַל־כֵּן אַתָּה בוֹנֶה הַחוֹמָה וְאַתָּה הוֹיֶה לָהֶם לְמֶלֶךְ כַּדְּבָרִים הָאֵלֶּה: ז וְגַם־נְבִיאִים הֶעֱמַדְתָּ לִקְרֹא עָלֶיךָ בִירוּשָׁלִַם לֵאמֹר מֶלֶךְ בִּיהוּדָה וְעַתָּה יִשָּׁמַע לַמֶּלֶךְ כַּדְּבָרִים הָאֵלֶּה וְעַתָּה לְכָה וְנִוָּעֲצָה יַחְדָּו: ח וָאֶשְׁלְחָה אֵלָיו לֵאמֹר לֹא נִהְיָה כַּדְּבָרִים הָאֵלֶּה אֲשֶׁר אַתָּה אוֹמֵר כִּי מִלִּבְּךָ אַתָּה בוֹדְאָם: ט כִּי כֻלָּם מְיָרְאִים אוֹתָנוּ לֵאמֹר יִרְפּוּ יְדֵיהֶם מִן־הַמְּלָאכָה וְלֹא תֵעָשֶׂה וְעַתָּה חַזֵּק אֶת־יָדָי: י וַאֲנִי בָאתִי בֵּית שְׁמַעְיָה בֶן־דְּלָיָה בֶן־

רש״י

הָאֵלֶּה. מוסב על כתוב בה ומקרא מסורס הוא והרי הוא כאלו נאמר כתוב בה כדברים האלה בגוים נשמע וגו׳:

(ז) וגם נביאים וגו׳. עד ונועצה יחדיו היה כתוב באגרת: נביאים. בעלי לשון כמו בורא ניב שפתים (ישעיה נ״ז): לאמר. שאומרים יש מלך ביהודה: ועתה ישמע למלך.

מהיטבאל

אחרי בנקראת תלך ישמע למלך כדברים האלה (ח) כי מלבך. הרי כי במקום אלא (קונטרבנטאל״ש בלע״ן) כמו אשר בדה מלכו: (ט) כי כלם. מתיראים ממנו וכך הם אומרים ירפו ידיהם וגו׳: ועתה חזק את ידי. לסייעני בבנין החומה:

מנחת שי

(ח) בודאם. יתיר אל״ף: (ט) מיראים. היו״ד בקמץ: ועתה חזק. כן כתיב ועתה במדוייקים לא ואחת כמו שנמלא בדפוס ישן: את ידי. כ״ק ידי לא ידי כמו שהוא בקלף ספרים:

אבן עזרא

פירוש כדברים האלה שמעתי: (ח) אתה בודאם. מכזב כמו כדיך מתיס יהרישו בחדש אשר בדא מלכו ובלשון חכמינו ז״ל בדאי: (ט) כי בודם. כטעם כונכם וכן כלם תשובו

וכאו נח ופירום כלכם מפחדים אותנו כדי שלא תעשה המלאכה: ועתה חזק את ידי. לסנבלט הוא אומר על

רלב״ן

(ז) ועתה לכה ונועלה יחדו. היה מראים לו שהוא אוהבו ולזה שלח לו שיקחו עלה בזה יחדו קודם שישמע למלך כדברים האלה ויעשה לו רעה: (ח) כי מלבך אתה בודאם. ר״ל אתה מוליאם מלבך ומחדשם כי לא נשמע זה בגוים: (ט) ועתה חזק את ידי. אין אמרו מזק

מצודת דוד

לחתחזק במבצר סתיר ואתה לסם למלך: בדברים האלה. ר״ל כדברים האלה נשמע בעכו״ם וגם זה מדברי האגרת: (ז) וגם נביאים. ר״ל ותוח הוספת לפרסם הדבר כי העמדת בעלי לשון סיודעים לסדר אמרים במיטב הדיבוך לסהם יקראו עליך בירושלים

מצודת ציון

(ז) נביאים. סנינו בעלי הדבור כמו ניב שפתים (ישעיה נ״ז): (ח) בודם. ענין המלאת הכוב וכן כדיך מתיס יחריפו (איוב י״א): (ט) כלם. ענינו כמו כלכם ודוגמתו ואולם כלב תשובו (שם י״ז):

בפרסוס רב לאמר אתה מלך ביהודה: ועתה ישמע למלך. ר״ל פן יהיה הדבר נשמע למלך ומרא תסיה באחרונה לוז לכן עתה וכועלם ימדיו מה לעטוב אין להעלים סדבר: (ח) לא נהיה. אין דבר זה נשמע בעכו״ם רק אתה בעלמך ממלא סכוב הזה מלבך: (ט) כי כלם. סהרי לשעבד אתם כולכם הייתם מפחידים אותנו כי תאמרו בעבור הפחד ירפו ידיהם ממלאכת בנין החומה ולא תעשה עוד וא״כ למחייבים תחשבו ואין א״כ תאמר עתה למזק את ידי בעלה נכונה ואויב נהפך לאוהב אין זאת. או כאמור הנה הטבר

יתיר א׳

not plausible. Another interpretation is: the past is no longer here. Now strengthen my hands with consolations and stop your attempts to frighten us.

10. and he was confined—*for he found him at home.*—[*Rashi*] Apparently, he was confined in his chamber and refrained from going out, as is the custom of a person who secludes himself in order to attain prophecy.—[*Ralbag*] *Ibn Ezra* explains that he was confined before the Creator to worship Him, and he abstained from worldly pleasures by fasting, similar to that which is written about Doeg the Edomite (I Sam. 21:8).

are plotting to rebel; therefore, you are building the wall, and you are their king." According to these words, 7. "You have also set up speakers to call upon you in Jerusalem, saying, 'There is a king in Judea,' and now it will be reported to the king according to these words; so let us come and take counsel together." 8. So I sent to him, saying, "Such as these words that you say never happened; you are inventing them from your heart. 9. For they all fear us, saying, 'Let their hands be slackened from the work, and let it not be done,' and now, strengthen my hands." 10. And I came to the house of Shemaiah the son of Delaiah, the son of

7. ... also ... speakers—*Until "...and take counsel together" was written in the letter.*—[*Rashi*]

speakers—Heb. נְבִיאִים, *speakers, like* (Isa. 57:19): *"I created the speech (נִיב) of the lips."*—[*Rashi*] [Note that *Rashi* follows *Menahem* (p. 121), who derives the term נָבִיא from נִיב, *speech*, hence a preacher. See *Rashi* to Exodus 7:1]. According to *Ibn Ezra* (ad loc.), נָבִיא is one to whom God reveals His secrets.

saying—*who say that there is a king in Judea.*—[*Rashi*]

and now it will be reported to the king—*After you have been called king, it will be reported to the king according to these words.*—[*Rashi*] i.e., the report is that you have appointed people to publicize the matter that you are the king of Judea, and should this report reach the king, it will be bad for you. Therefore, let us take counsel on how to conceal the matter.—[*Mezudath David*]

8. never happened—This report was not heard among the nations, but you yourself have fabricated it.—[*Mezudath David*]

8. from your heart—Heb. כִּי. *This* כִּי *is in place of* אֶלָּא, *but.*—[*Rashi*]

invent them—*contro(u)ves eles in Old French, you are concocting them, like* (I Kings 12:33): *" ... that he had fabricated (בָּדָא) from his heart."*—[*Rashi*]

9. For they all—*for all the nations.*—[*Rashi*]

fear us—Heb. מְיָרְאִים. *They fear us, and so they say, "Let their hands be slackened, etc."*—[*Rashi*]

and now, strengthen my hands—*to help me with the building of the wall.*—[*Rashi*] *Mezudath David* explains: Until now, all of you have been frightening us, for you thought that by fright we would slacken our hands from the work of building the wall and it would be discontinued. Consequently, you are our enemies. How then do you now say that you wish to strengthen my hands with your counsel? Is an enemy becoming a friend? That is

מְהֵיטַבְאֵל וְהוּא עָצוּר וַיֹּאמֶר נִוָּעֵד אֶל־בֵּית
הָאֱלֹהִים אֶל־תּוֹךְ הַהֵיכָל וְנִסְגְּרָה דַּלְתוֹת הַהֵיכָל
כִּי בָּאִים לְהָרְגֶךָ וְלַיְלָה בָּאִים לְהָרְגֶךָ: יא וָאֹמְרָה
הַאִישׁ כָּמוֹנִי יִבְרָח וּמִי כָמוֹנִי אֲשֶׁר־יָבֹא אֶל־הַהֵיכָל
וָחָי לֹא אָבוֹא: יב וָאַכִּירָה וְהִנֵּה לֹא־אֱלֹהִים שְׁלָחוֹ
כִּי הַנְּבוּאָה דִּבֶּר עָלַי וְטוֹבִיָּה וְסַנְבַלַּט שְׂכָרוֹ:
יג לְמַעַן שָׂכוּר הוּא לְמַעַן אִירָא וְאֶעֱשֶׂה־כֵּן וְחָטָאתִי

רש"י

(י) **וְהוּא עָצוּר.** שמּלּאו כביתו: **וַיֹּאמֶר נִוָּעֵד.** אותו שמעיה היה נכיא שקר וקבל שוחד מן סנבלט וחביריו להפמיד את נחמיה כדי לבעל את המלאכה: **כִּי בָּאִים להרגך.** שהרי יבאו להרגך סנבלט וחביריו: **וְלַיְלָה באים.** ועל כן הזהירו ליכנס בהיכל ולסגור הדלתות עליו שעדיין לא נעשו דלתות שערי העיר כמה שנאמר בתחלת הפרשה גס עד העת ההיא דלתות לא העמדתי בשערים: (יא) **הַאִישׁ כָּמוֹנִי יברח.** בתמיה אם איש כמוני יברח

אבן עזרא

(י) **וְהוּא עָצוּר.** לפני הכורח לעבדו למעלר נשער: (יא) **כָּמוֹנִי.** הראשון שבח והשני לשון גנות: (יב) **הַנְּבוּאָה.** שם דבר והטעם הנכואה מלבו דבר עלי שמעיה: **שכרו.** וח"ו וסנבלט תחת או. או שכרו שם דבר וטעמו הנזכר נתנו שכרו והראשון קרוב: (יג) **לְמַעַן שָׂכוּר.** כוח דבר למען והטעם כי הנבוא' דבר למען שהיה שכור: **למען אירא**

רלב"ג

... **לְמַעַן שָׂכוּר הוּא.** בעבור שהוא שכור אמר כן:

מצודת ציון

(י) **עָצוּר.** מעוכב וכן נעצרה גא מותך (שופטים י"ג): (יב) **וסנבלט.** סו"ו סם במקום או כמו ומקלל אביו ואמו (שמות כ"א):

מצודת דוד

(י) **וְהוּא עָצוּר.** היה מעוכב לשבת בבית: **נועד.** נפגש ונועד להסגר: **ונסגרה דלתות ההיכל.** להתחזק בם מפני סנבלט וחביריו כי עדיין לא סדלתות בשערי העיר ... (יא) **הַאִישׁ כָּמוֹנִי יברח.** וכי איש כמוני אשר יבא אל ההיכל וחי כי הלא מות יומת ... (יב) **ואכירה.** כי טובל מדברי שמעיה ... **כי הנבואה דבר עלי.** כי אמר אשר הנבואה דבר עלי ללכת אל ההיכל והנה הדבר שקר ... (יג) **למען שכור הוא.** בעבור שהוא שכור אמר כן:

Mehetabel, and he was confined, and he said, "Let us meet in the House of God, in the midst of the Temple, and let us close the doors of the Temple, for they are coming to assassinate you; tonight they are coming to assassinate you." 11. So I said to him, "Will a man like me flee? And who is like me who will enter the Temple and live? I will not enter. " 12. And I discerned, and behold, God had not sent him, for he spoke prophecy concerning me, and Tobiah and Sanballat had hired him. 13. For this he was hired, in order that I fear and do so and sin,

and he said, "Let us meet— *Shemaiah was a false prophet who had received a bribe from Sanballat and his colleagues to frighten Nehemiah in order to stop the work.—[Rashi]*

for they are coming to assassinate you—*for Sanballat and his colleagues will come to assassinate you.—[Rashi]*

and tonight they are coming— *Therefore, he warned him to enter the Temple and to close the doors about himself, because the doors of the gates of the city had not been made, as it says at the beginning of the chapter (verse 1): "Also that until that time, I had not erected doors in the gates."—[Rashi]* He warned him that they were coming at night, when he would not be able to see to protect himself from them.—[*Mezudath David*]

and let us close the doors of the Temple—to protect ourselves from Sanballat and his colleagues.— [*Mezudath David*]

11. Will a man like me flee—

This is a question: Will a man like me flee to enter the Temple?— [*Rashi*]

I will not enter—*I will not enter there because of fear of death, and I will not transgress the commandments of the Holy One, blessed be He, that a stranger (a non-Kohen) may not enter His Temple.—[Rashi]*

12. And I discerned—*I discerned in his words that the Holy One, blessed be He had not sent him on this mission, but that he wanted me to commit a transgression because of fear of death.—[Rashi]* I realized that his advice was not in good faith as a commandment of God, but that he intended to cause me to sin.— [*Mezudath David*]

for he spoke prophecy concerning me—*for he spoke these words concerning me in the name of prophecy.—[Rashi]*

had hired him—Heb. שְׂכָרוֹ. *Each one of them had hired him and given him pay to frighten me and to curtail the building of the wall.—[Rashi]*

וְהָיָה לָהֶם לְשֵׁם רָע לְמַעַן יְחָרְפוּנִי: יד זָכְרָה אֱלֹהַי לְטוֹבִיָּה וּלְסַנְבַלַּט כְּמַעֲשָׂיו אֵלֶּה וְגַם לְנוֹעַדְיָה הַנְּבִיאָה וּלְיֶתֶר הַנְּבִיאִים אֲשֶׁר הָיוּ מְיָרְאִים אוֹתִי: טו וַתִּשְׁלַם הַחוֹמָה בְּעֶשְׂרִים וַחֲמִשָּׁה לֶאֱלוּל לַחֲמִשִּׁים וּשְׁנַיִם יוֹם: טז וַיְהִי כַּאֲשֶׁר שָׁמְעוּ כָּל אוֹיְבֵינוּ וַיִּרְאוּ כָּל הַגּוֹיִם אֲשֶׁר סְבִיבֹתֵינוּ וַיִּפְּלוּ מְאֹד בְּעֵינֵיהֶם וַיֵּדְעוּ כִּי מֵאֵת אֱלֹהֵינוּ נֶעֶשְׂתָה הַמְּלָאכָה:

רש"י

עושה כן ליכנס בהיכל ולהיות חוטא : והיה להם לשם רע . למען שיהיה להם לשם רע להרפני בעבירה זו : (יד) וגם לנועדיה הנביאה.היא ושאר נביאי השקר קבלו שכר מסנבלט וחביריו כדי להפחידני בנבואת שקריהם : (טו) בעשרים וחמשה . ימים לחדם אלול בשנת כ' לדריום המלך שבשנת עשרים לדריום עלה נחמיה מבבל

מנחת שי

(טז) ויראו . לפי המסורת הוא מלשון יראה שכן נמנה עם ד' חסר יו"ד על כן נכון להיות סיו"ד במאריך שהשמאל נע כמו שמלאתי במקלת מדוייקים אבל לסירוש רש"י שהוא מן ראה לא יהיה בו מאריך כי השוא נח :

אבן עזרא

ואעשה כן.שאכנס בהיכל.וחטאתי.לשם: להם לשברע. עלי שסגרתי הדלתות: יחרפוני : (יד) וגם לנועדיה הנביאה. שהוא שמעיה בן דליה וקראו כן בעבור שאמר נועד אל בית אלהי' . הסכמת המפרסים שהוא

ומלה הנביאה באה על דרך תיבת נועדיה שהוא כטעם נקבה כדבר ואיננה על דרך הענין כטעם אמרה קהלת . ולאמר כי נועדיה היתה אשה התנבאה עליו שקר הוא הקרוב וסרו כל הטענות ומלה וגם לנועדיה לרבות על שמעיה וזה הנכון : (טו) לחמשים ושנים יום . שמלח סנבלט האגרת : (טז) ויפלו מאד בעיניהם . כשפלים ונופלים

רלב"ג

נבואת שקר היתה וטוביה וסנבלט שכר אותו כל אחד מהם שיאמר לי זאת הנבואה של שקר והוא אמר אותה בעבור שהוא שכור בעבור שאנכרח מדברי זאת הנבואה ואעשה כדבריו להכנס תוך ההיכל ולסגור דלתות ההיכל ולסנבלט זה הענין להמשיל עלי שם רע למען יוכלו לחרפני על עברי דברי התורה : (טו) לחמשים ושנים יום . ר"ל שמעט סתחילו בבנין החומה עד שנשלמה לא היו כי אם חמשים ושנים ימים : (טז) ויפלו מאד בעיניהם . הוא כמו ויפלאו . כי זה הענין סיה להם שלא עלום איך נשלמה מלאכה

מצודת דוד

(טז) ויפלו . טנינו שפלות וגרעון כמו נופלים מטרליס (יחזקאל ל"ב): למען אירא . מסנבלט ואעשה כן כדבריו לבוא אל ההיכל ואחטא בזה : והיה להם . ויהיה לסנבלט ואנשיו עלי דבר שם רע שאני זר

ובאתי אל ההיכל למען יחרפוני בזה השם הרע.זהו טלם כוונת העלה היתולה : (יד) זכרה וגו'. לגמול לכ"א כמטשיו אלה : וגם לנועדיה. וגם זכור לשלם גמול לנועדיה נבואה שכר אשר היו מפחידים אותי בשקריהם בעבור כי קבלו שכר מטוביה וסנבלט : (טו) לחמשים ושנים יום . לסוף נ"ב יום מעת שהתחילו : (טז) כאשר שמעו . שנשלם בנין החומה בזמן קלר כזה : ויראו . הטעמים אשר מסביב ראו בעיניהם מהירות בנין : ויפלו . היו פחותים ומושפלים בעיני טלמם למול ישראל : כי מאת אלהינו

---

in Judea, and 3) the other prophets, who were hired to cast fear on Nehemiah.

15. on the twenty-fifth—*day of the month of Ellul, in the twentieth year of King Darius, for in the twentieth year of Darius, Nehemiah went up from Babylon, and in that year he built the ruins of Jerusalem.*—[Rashi]

after fifty-two days—*The construction of the wall was completed fifty-two days after they had started building it.*—[Rashi, Ralbag, Mezudath David, Malbim] Ibn Ezra explains that the wall was completed fifty-two days after Sanballat had sent his letter to Nehemiah.

so that they should have this for a scandal in order to reproach me. 14. Remember, my God, Tobiah and Sanballat according to these their deeds, and also Noadiah the prophetess and the rest of the prophets who were frightening me. 15. The wall was completed on the twenty-fifth of Ellul, after fifty-two days. 16. Now it came to pass when all our enemies heard that, all the nations around us became frightened, and they fell very low in their own eyes, and they knew that this work had been performed by our God.

13. **Because he was hired**—*he told me these things.*—[*Rashi*]

in order that I fear—*in order that I fear them, to do this—to enter the Temple and sin.*—[*Rashi*]

so that they should have this for a scandal—*in order that they should have this as a scandal to reproach me with this sin.*—[*Rashi*] Sanballat and his ilk would have this matter, that I, a non-Kohen, enter the Temple, as a scandal to reproach me with. This was the intention of their plot.—[*Mezudath David*] *Ibn Ezra* explains that the scandal would be that Nehemiah closed the doors of the Temple. They would reproach him by spreading the word that he hid from them out of cowardice.

14. **Remember, etc.**—to recompense each one according to his deeds.—[*Mezudath David*] [This accounts for the singular form of *his deeds*, rather than *their deeds*.]

and also Noadiah the prophetess—*She and the rest of the false prophets received pay from Sanballat and his cohorts in order to frighten me with their false prophecies.*—[*Rashi*] *Ibn Ezra* quotes other commentators who

identify Noadiah with Shemaiah. He was called Noadiah because of the expression he used when speaking to Nehemiah, viz. נִוָּעֵד, "Let us meet in the House of God." He is referred to as נְבִיאָה, rather than נָבִיא because of the feminine sound of Noadiah, with the ending of ה . *Ibn Ezra* himself, however, prefers the view that Noadiah was indeed a woman, a false prophetess, who prophesied falsely concerning Nehemiah. He is concerned with Scripture's failure to mention Shemaiah, who was the most prominent actor in this scenario. He accounts for this omission by interpreting the word וְגַם, *and also*, as assuming that he prayed to God to punish Shemaiah and Noadiah as well, although she did not play a major role in this plot. *Midrash Ezra* agrees with the commentators who identify Noadiah with Shemaiah, adding that he was called נְבִיאָה as an expression of contempt. *Malbim* explains that three groups are mentioned in Nehemiah's prayer: 1) Tobiah and Sanballat, who hired false prophets, 2) Shemaiah and Noadiah, who were hired to prophesy that Nehemiah would rule

הַזֹּאת: יז גַּם ׀ בַּיָּמִים הָהֵם מַרְבִּים חֹרֵי יְהוּדָה אִגְּרֹתֵיהֶם הוֹלְכוֹת עַל־טוֹבִיָּה וַאֲשֶׁר לְטוֹבִיָּה בָּאוֹת אֲלֵיהֶם: יח כִּי־רַבִּים בִּיהוּדָה בַּעֲלֵי שְׁבוּעָה לוֹ כִּי־חָתָן הוּא לִשְׁכַנְיָה בֶן־אָרַח וִיהוֹחָנָן בְּנוֹ לָקַח אֶת־בַּת־מְשֻׁלָּם בֶּן בֶּרֶכְיָה: יט גַּם טוֹבֹתָיו הָיוּ אֹמְרִים

ת"א י' רבים . קדושין נו :   סגול בלא מקף   לפני

רש"י

(יז) חורי יהודה . שרי יהודה: על טוביה . אל טוביה . היו שולחים אגרת אשר היו לו לטוביה בעלי ברית מובה: (יח) כי רבים ביהודה . ואגרת אשר לטוביה היה : (יט) גם טובותיו . של טוביה היו מספרים לפני

רלב"ג

(יז) גם בימים ההם מרבים חורי יהודה וגו' . ר"ל שכבר היה בנחמיה עוד מהמונעים בבנינו החומה כי בימים ההם שהיה נבנית החומה היו חורי יהודה מרבים לשלוח תמיד אגרותיהם לטוביה החומה ואגרות טוביה היו באות להם תמיד: (יח) כי רבים ביהודה וגו' . כי סוף היה מהן לשר גדול מיהודה וכמו כן היה מתן לשר אחר ואף על פי שהיה מובה מהשמרונים... (יט) גם טובותיו היו אומרים לפני .

מצודת דוד

תרי . לפי המסירות כרב זה: (יז) גם בימים ההם . אף מחר
משלם הכהן מעניין עם כי ראוי אשר נעשתה מאת הכלאים פכ"ז רבים
חורי יהודה היו שולחים אגרות אל טוביה ואגרות אשר לטוביה
ויהוחנן בנו. של טוביה: (יט) גם טובותיו . דברים

clearly that Tobiah was a gentile.]
Ralbag asserts that this corre-
spondence had taken place during the
construction of the wall. Scripture

relates that, in addition to the trials
that Nehemiah suffered at the hands
of his gentile neighbors, he suffered
trials at the hands of the Jewish

17. Even in those days, the rulers of Judea increasingly sent their letters to Tobiah, and Tobiah's were coming to them. 18. For many in Judea were his confederates, for he was the son-in-law of Shechaniah the son of Arah, and Jehohanan his son had married the daughter of Meshullam the son of Berechiah. 19. They also spoke of his good qualities

16. **Now it came to pass when all our enemies heard**—*this matter, that the construction of the wall was completed.*—[*Rashi*]

that all the nations became frightened—*when all the nations saw that the construction of the wall of the city had been completed.*—[*Rashi*] Note that, according to *Rashi*, the word is derived from the root ראה, *to see*, thus meaning: that the nations around us saw. *Mezudath David*, too, understands it in this way, explaining: they saw with their eyes the speed of the construction. *Malbim*, too, derives it from this root, rendering: when the nations perceived the Divine Providence. *Minhath Shai*, however, quotes the Masorah, which derives this word from the root ירא, *to fear*, spelled defectively, i.e., without the "yud," the first letter of the radical. In accordance with this view, our text has been printed with a "metheg" under the "yud," thus making the "sheva" a sounded "sheva". According to *Rashi* and other commentators, however, there is no reason for a "metheg," and the "sheva" is silent.

and they fell very low in their own eyes—*They themselves fell in their eyes, for they despised*

themselves, for the fear of the Jews had fallen upon them.—[*Rashi*] They felt that they were humble and inferior to Israel.—[*Mezudath David*] *Ibn Ezra* explains that they felt humble and fallen, and that they would not be able to stand up before Israel. *Malbim* explains that the gentiles fell in their own eyes because they saw that the wall had been constructed with Divine Providence, and they would no longer be able to halt the work. *Ralbag* and *Isaiah da Trani* interpret וַיִּפְּלוּ as וַיִּפָּלְאוּ, *they were wondrous in their eyes*. The surrounding nations marveled at the speed with which the Jews had rebuilt the wall of Jerusalem.

17. **Even in those days,**—lit. also. Even in those days, after the completion of the wall, when everyone perceived the manifestation of God's Providence, many Judean dignitaries conducted a friendly correspondence with Tobiah.— [*Mezudath David*]

the rulers of Judea—Heb. חֹרֵי, *the princes of Judea.*—[*Rashi*]

to Tobiah—Heb. עַל־טוֹבִיָּה. *He was a renegade Israelite.*—[*Rashi*] [*Yesod Veshoresh Ha'avodah* notes that the Talmud (*Kid.* 70a) states

לְפָנָי וּדְבָרַי הָיוּ מוֹצִיאִים לוֹ אִגְּרוֹת שָׁלַח טוֹבִיָּה לְיָרְאֵנִי: ז א וַיְהִי כַּאֲשֶׁר נִבְנְתָה הַחוֹמָה וָאַעֲמִיד הַדְּלָתוֹת וַיִּפָּקְדוּ הַשּׁוֹעֲרִים וְהַמְשֹׁרְרִים וְהַלְוִיִּם: ב וָאֲצַוֶּה אֶת־חֲנָנִי אָחִי וְאֶת־חֲנַנְיָה שַׂר הַבִּירָה עַל־יְרוּשָׁלִַם כִּי־הוּא כְּאִישׁ אֱמֶת וְיָרֵא אֶת־הָאֱלֹהִים מֵרַבִּים: ג וָאֹמַר לָהֶם לֹא יִפָּתְחוּ שַׁעֲרֵי יְרוּשָׁלִַם

וְאֵמַר קרי

רש"י

עד מֵיתָן בַּעֲלֵי שְׁבוּעָתוֹ וּקְרוֹבָיו: **טוֹבוֹתָיו**. (שפרומאג"ש בלע"ז): **הָיוּ מוֹצִיאִים לוֹ**. לְהַגִּיד לוֹ לְטוֹבִיָּה: **אִגְּרוֹת שָׁלַח טוֹבִיָּה**. אִגְּרוֹת הָיָה שׁוֹלֵחַ תָּדִיר לְהַפְחִידֵנִי שֶׁלֹּא לִבְנוֹת בִּנְיַן הַחוֹמָה:

אבן עזרא

ז (א) **וַיִּפָּקְדוּ**. עַתָּה נַעֲשׂוּ הַלְוִיִּם פְּקִידִים עַל פְּקִידוּתָן לִהְיוֹתָן שׁוֹעֲרִים וּמְשׁוֹרְרִים מִן הַלְוִיִּם נב"ה: (ב) עַל יְרוּשָׁלַיִם, לִשְׁמוֹר שַׁעֲרֵי יְרוּשָׁלַיִם: **מֵרַבִּים**. מִימִים רַבִּים: (ג) **עַד חוֹם הַשֶּׁמֶשׁ**. עַד חֲצִי הַיּוֹם שֶׁהָיָה הַיּוֹם גָּדוֹל: ממתלתם וְאֵין לָהֶם תְּקוּמָה לִפְנֵיהֶם: (יט) **אִגְּרוֹת שָׁלַח**. דֶּנֶק עַב וּדְבָרַי הָיוּ מוֹלִיאִים וְהַטַּעַם מַה שֶּׁדִּבַּרְתִּי לָהֶם שֶׁאִגְּרוֹת שָׁלַח טוֹבִיָּה לְיָרְאֵנִי הָיוּ מוֹלִיאִים וּמוֹדִיעִים לוֹ שֶׁכָּךְ סִפַּרְתִּי לָהֶם: ז (ב) **כְּאִישׁ אֱמֶת**. הכ"ף לַאֲמִתַּת הַדָּבָר:

מנחת שי

ז (א) **וְהַמְשֹׁרְרִים**. אֵין דָּגֵשׁ במ"ס: (ב) **חֲנָנִי אָחִי**. בְּרוֹב הַסְּפָרִים מַלְעִיל כמ"ש לְעֵיל סִימָן ח': (ג) **וָאֹמַר לָהֶם**.

רלב"ג

אֲבוֹתָם הַשְּׁבָטִים נְחֶמְיָה שֶׁיַּעַזְבוּ לַאֲחֵיהֶם הַמַּשָּׂא אֲשֶׁר הֵם נוֹשִׂים בָּהֶם וּבְדֵיוֹתָם וְכַרְמֵיהֶם וּבָתֵּיהֶם וְשִׁישָׁלְחוּ עַבְדֵיהֶם חָפְשִׁים. ר"ל שֶׁלֹּא יִכְבְּשׁוּ בְּנֵיהֶם וּבְנוֹתֵיהֶם בַּחוֹבָם לַעֲבָדִים. וְלָזֶה אָמַר לָהֶם נְחֶמְיָה הֲלֹא בְּיִרְאַת ה' תֵּלְכוּ מֵחֶרְפַּת הַגּוֹיִם אוֹיְבֵינוּ כְּמוֹ שֶׁבְּחַרְנוּ וּמִפְּנֵי זֶה נַחְדְּלוּ כֻלָּנוּ בָּזֶה הָעִנְיָן: הַתּוֹעֶלֶת הַתְּשִׁיעִי הוּא לְהוֹדִיעַ שֶׁכַּאֲשֶׁר יַשִּׂיג הָאָדָם מַה דָּבָר טוֹב תִּקְשֶׁה הַהַסְכָּמָה עָלָיו אַךְ בְּשֵׂכְלוֹ הִגִּיעַ הַלְּבָבוֹת וּמֶשֶׁךְ אוֹתָם אֶל הַהַסְכָּמָה בּוֹ הִנֵּה רָאוּי לוֹ אָז בִּהְיוֹת עַת רָצוֹן בִּיקוּשָׁלַיִם בְּאוֹפֶן שֶׁלֹּא יוּכְלוּ לְהָשִׁיב מֵאַחַר זֶה הַדָּבָר כַּאֲשֶׁר תְּשִׂיגֵם הַחֲלָטָה בּוֹ. וְלָזֶה תִּמְצָא כִּי אַחַר שֶׁהֵטִיל נְחֶמְיָה לֵב הָעָם לַעֲזוֹב הַמַּשָּׂא אֲשֶׁר הֵם נוֹשִׂים בַּאֲחֵיהֶם בַּדֶּרֶךְ שֶׁלֹּא הָיָה יָכוֹל לְמַחְבַּד אֶחָד מֵהֶם כִּי גַם הוּא וְאֲשֶׁר עִמּוֹ עֲזָבוּ גַּם הֵם הַמַּשָּׂא אֲשֶׁר הֵם נוֹשִׂים בָּהֶם עַל זֶה הִנֵּה מִהֵר בִּשְׁעַת רָצוֹן לְהַשְׁבִּיעָם לַעֲשׂוֹת כַּדָּבָר הַזֶּה גַּם קִבְּלוּ עֲלֵיהֶם אָז קְלָלָה קָשָׁה אִם לֹא יָקִימוּ אֶת כַּדָּבָר הַזֶּה: הַתּוֹעֶלֶת הָעֲשִׂירִי הוּא לְהוֹדִיעַ טוֹב נֶפֶשׁ נְחֶמְיָה אֲשֶׁר בַּעֲבוּרוֹ הִצְלִיחַ ה' יִתְבָּרַךְ מַעֲשָׂיו כִּי הוּא לֹא רָצָה לָקַחַת לָהֶם הַסְּפָחָה וְלֹא לָקַח מֵהֶם מַטְעַם מָחוֹמָם עִם רוֹב הוֹלָאָתוֹ שֶׁהָיָה מוֹלִיא וּמְבַזְבֵּז וּמַאֲכִיל רַבִּים מֵהַיְּהוּדִים עַל שֻׁלְחָנוֹ. וְלֹא נָהַג שָׂרָרָה בַּעֲלָמוֹ בְּעִנְיַן בִּנְיַן הַחוֹמָה כִּי גַם הוּא הָיָה טוֹרֵחַ שָׁם תָּמִיד עַד שֶׁלֹּא הָיָה פּוֹשֵׁט בְּגָדָיו: הַתּוֹעֶלֶת הָאֶחָד עָשָׂר הוּא לְהוֹדִיעַ בְּהַמְשָׁכַת הַטּוֹב שֵׂכֶל שִׁלָּה לִמְשׁוֹל בְּלֵב הָעָם לְהַגִּיעַ אוֹתָם אֶל הַטּוֹב. רָאוּי שֶׁיִּמְשֹׁךְ לְבָבָם בְּהַטָּבָתוֹ לָהֶם כִּי אָז יִכָּנְעוּ כֻלָּם לְמִלּוֹתוֹ. וְלָזֶה תִּמְצָא כִּי נְחֶמְיָה שָׁלָה לְהַגִּיעַ מִפְּנֵי זֶה לִבְּנֵי יִשְׂרָאֵל אֶל הַטּוֹב כְּדֵי שֶׁתִּדְבַּק בָּהֶם הַשְׁגָּחַת ה' יִתְבָּרֵךְ הָיָה מַאֲכִיל עַל שֻׁלְחָנוֹ הַסְּגָנִים וְהַיְּהוּדִים רַבִּים הֵם רְאוּיִם עַד כְּדֵי שֶׁיִּהְיוּ יוֹתֵר מוּכָנִים לְהָבִיא לְמִלּוֹתָיו לָטוֹב לָהֶם וְלָזֶה גַּם כֵּן הָיָה מֵיטִיב לָעָם וְעֹזֵב הַמַּשָּׂא אֲשֶׁר הֵם נוֹשִׂים בָּהֶם מָלוּרָף לָהֶם מַה בַּנִּמְשָׁךְ מִזֶּה מֵהַטּוֹב שֶׁעָשׂוּ גַּם כֵּן שְׁאָר הַיְּהוּדִים שֶׁהָיוּ נוֹשִׂים בַּאֲחֵיהֶם: הַתּוֹעֶלֶת הַשְּׁנֵים עָשָׂר הוּא לְהוֹדִיעַ שֶׁאֵין רָאוּי לְאָדָם שֶׁיַּאֲמִין בְּקַלּוּת הַדְּבָרִים הַמְּסֻפָּרִים לוֹ בְּאוֹפֶן שְׁנִיעָתוֹ זֶה לַעֲשׂוֹת מַה שֶּׁאֶפְשָׁר שֶׁיִּהְיֶה בּוֹ לוֹ נֶזֶק מַה גּוּפִי אוֹ נַפְשִׁי וְאַף עַל פִּי שֶׁיֹּאמַר הַמְּסַפֵּר בְּכֹחַ מַגִּיד אוֹתָם לוֹ עַל פִּי הַנְּבוּאָה כִּבְהֵיּוֹת הַדְּבָרִים בַּעֲלָמָם בָּאֵינָם כֵּן. וְלָזֶה תִּמְצָא שֶׁסְּפֵר שֶׁלֹּא הֶאֱמִין נְחֶמְיָה לַאִגְּרוֹת שֶׁשָּׁלַח לוֹ סַנְבַלַּט לְהוֹנוֹ יַחַד עַל מַה שֶּׁשָּׁלַח לוֹ מִדְּבַר הַקּוֹל אֲשֶׁר נִשְׁמַע בַּגּוֹיִם כִּי הוּא חוֹשֵׁב לִמְרֹד הוּא וְהַיְּהוּדִים אֲשֶׁר עִמּוֹ וְלֹא הִסְכִּים מִפְּנֵי זֶה לָלֶכֶת לְהוֹנוֹ עִמּוֹ יַחַד בְּצֶבוּר שֶׁשַּׁעַר כִּי עַל זֶה סַנְבַלַּט לְמַעַן יֵאָמֵן לוֹ לָלֶכֶת לְהוֹנוֹ וְיַהַרְגֻנּוּ שָׁם. וְאַע"פ שֶׁכְּבָר הֶפְחִידֻהוּ בִּנְבוּאָה עַל פִּי הַנְּבוּאָה וְאָמַר לוֹ בָּאֹס לֹא יִמָּלֵט אֶל הַהֵיכָל הִנֵּה חֲלִילָה בָּאֵים לְרֵי יְהוּדָה וּבַיָּמִין לַהֲרֹג לֹא הֶאֱמִין לִדְבָרָיו לֹמְטָא לֹה' כִּי שִׁיעֵר זֶה בִּלְבָבוֹ. וְעוֹד כִּי אֵין לֹה' יִתְנַכֶּךְ מָצָלוּר לְהוֹשִׁיעַ עֲבָדָיו בְּזוּלַת הַחֲטָא הַנִּפְלָא הַזֶּה. וְלָזֶה שִׁיעֵר נְחֶמְיָה כִּי זֹאת הַנְּבוּאָה הָיְתָה נְבוּאַת בֶּקֶר וּבְכָבַר שְׂכָרוֹ שֶׂכְרוּ סַנְבַלַּט וְטוֹבִיָּה וְאוֹמֵר לוֹמַר כֵּן כְּדֵי שֶׁיִּהְיֶה זֶה לְשֵׁם רַע לִנְחֶמְיָה. גַּם לֹא הֶאֱמִין לְדִבְרֵי נוֹטְדִיס וִיתֵר הַנְּבִיאִים אֲשֶׁר הָיוּ מִירַאֲלִים אוֹתוֹ. אֲבָל כָּל מַה שֶׁבְּמִירָאֵים אוֹתוֹ הָיְתָה יָדוֹ מִתְחַזֶּקֶת וְהָיָה זֶה סִבָּה לִשְׁלֵמוּת הַחוֹמָה בְּמִעַט זְמָן:

מצודת ציון

ז (א) **וַיִּפָּקְדוּ**. מִלְּשׁוֹן פְּקִידוּת וּגְזֵבְרוֹת:

מצודת דוד

ז (א) **וַיִּפָּקְדוּ**. הָיוּ מְמַנִּים אֶת הַשּׁוֹעֲרִים וְהַמְשׁוֹרְרִים אִישׁ אִישׁ עַל עֲבוֹדָתוֹ: וְהַלְוִיִּם. הֵם הַמְמֻנִּים עַל מִילַת הָעִיר: (ב) **וָאֲצַוֶּה וְגו' עַל יְרוּשָׁלַיִם**. ר"ל לִהְיוֹת מְמוּנִים עַל שְׁמִירַת הָעִיר: כִּי הוּא. כִּי חֲנַנְיָה הָיָה נִרְאָה כְּאִישׁ אֱמֶת וְיָרֵא אֶת ה'

(א) **וַיְהִי כַּאֲשֶׁר נִבְנְתָה הַחוֹמָה עַד סוֹף הַסֵּפֶר. וַיִּפָּקְדוּ הַשּׁוֹעֲרִים וְגו'**. ר"ל שֶׁם הַלְוִיִּם עַל פְּקוּדוֹתָם קָלְסָם שׁוֹעֲרִים וְקָלְסָם מְשׁוֹרְרִים: (ב) **וָאֲצַוֶּה אֶת חֲנָנִי אָחִי וְגו'**. שִׂימוּ שֵׁם הַשּׁוֹעֲרִים לִפְתֹּחַ וְלִסְגֹּר כִּי זֶה הַחֲנַנְיָה הוּא אִישׁ אֱמֶת וְהוּא יִרָא אֱלֹהִים יוֹתֵר מְרַבִּים מִן הָאֲנָשִׁים. וְלָזֶה בָּטַחְתִּי בּוֹ לְהַפְקִיד בְּיָדוֹ זֹאת הַמְּלָאכָה עִם אָחִי: (ג) **וָאֹמַר לָהֶם לֹא יִפָּתְחוּ שַׁעֲרֵי יְרוּשָׁלַיִם (בַּבֹּקֶר) עַד חוֹם הַשֶּׁמֶשׁ**. מִפְּנֵי

---

stantly sent letters to frighten me so that we would not build the wall.—[Rashi] [Apparently, *Rashi* understands these three verses as referring to the time of the building of the wall, and not afterwards, as *Mezudath David* and *Malbim* explain.]

1. were appointed—*The Levites were now made appointees over their stations to be gatekeepers and singers in the Temple.—*[Rashi] Mezudath David explains that they would appoint the

before me, and they divulged my words to him; Tobiah sent letters to frighten me.

7

1. Now it came to pass, when the wall had been built and I had erected the doors, that the gatekeepers, the choristers, and the Levites were appointed. 2. And I put Hanani my brother and Hananiah the ruler of the castle charge over Jerusalem, for he is indeed a truthful man, and he has feared God for a long time. 3. And I said to them, "The gates of Jerusalem shall not be opened

dignitaries who fraternized with Tobiah. Many Jews were his confederates because Tobiah and his son were married to the daughters of Jewish dignitaries. Although they were better than the Samaritans, they were still not pure of sin, being married to Jewish women. Although Ezra had separated the couples who had intermarried, that was only the Jewish men who had gentile wives, not the Jewish women who had gentile husbands. *Malbim* explains that these three verses are the introduction to the account in the following chapter which deals with the appointment of guards to the walls. Although the gentiles feared the Jews, a danger still existed from the Jews who corresponded with Tobiah. Since Tobiah had intermarried with prominent Jews, they regarded him as an honorable man, and he had spies among the Jewish community.

and Tobiah's—*i.e., Tobiah's letters.*—[*Rashi*]

18. **For many in Judea**—Heb. רַבִּים, *who were great rulers in Judea, were partners in a covenant and an oath with him.*—[*Rashi*]

for he was the son-in-law—*Tobiah [was the son-in-law] of Shechaniah.*—[*Rashi*]

and Jehohanan his son—[the son] *of Tobiah.*—[*Rashi*]

the daughter of Meshullam—*Meshullam was a great man and a ruler.*—[*Rashi*]

19. **also of his good qualities**—*His confederates and his kinsmen would speak of them before me.*—[*Rashi*] *Mezudath David* explains that they would do so to provoke Nehemiah.

his good qualities—Heb. שׁוֹבֹתָיו, *ses proezes, in Old French, his gallant exploits.*—[*Rashi*]

and my words—They divulged to him the derogatory things that I had said about him; therefore he would constantly send letters to frighten me.—[*Mezudath David*]

they divulged to him—*to tell Tobiah.*—[*Rashi*]

Tobiah sent letters—*He con-*

עַד־חֹם הַשֶּׁמֶשׁ וְעַד הֵם עֹמְדִים יָגִיפוּ הַדְּלָתוֹת וֶאֱחֹזוּ וְהַעֲמֵיד מִשְׁמְרוֹת יֹשְׁבֵי יְרוּשָׁלַ͏ִם אִישׁ בְּמִשְׁמָרוֹ וְאִישׁ נֶגֶד בֵּיתוֹ: ד וְהָעִיר רַחֲבַת יָדַיִם וּגְדֹלָה וְהָעָם מְעַט בְּתוֹכָהּ וְאֵין בָּתִּים בְּנוּיִם: ה וַיִּתֵּן אֱלֹהַי אֶל־לִבִּי וָאֶקְבְּצָה אֶת־הַחֹרִים וְאֶת־הַסְּגָנִים וְאֶת־הָעָם לְהִתְיַחֵשׂ וָאֶמְצָא סֵפֶר הַיַּחַשׂ הָעוֹלִים בָּרִאשׁוֹנָה וָאֶמְצָא כָּתוּב בּוֹ: ו אֵלֶּה בְּנֵי הַמְּדִינָה

רש"י

וְעַד הֵם עֹמְדִים . וּבְעוֹד שֶׁהַשְּׁעָרִים פְּתוּחִים יִהְיוּ עוֹמְדִים שֶׁלֹא יְזוּזוּ עַד יָגִיפוּ וְיִסְגְּרוּ הַדְּלָתוֹת' וְהָרְוָחָה לַבֹּא' יֵצֵא מִן הָעִיר וְהָרְוָחָה לִיכָּנֵס יָבֹא וְיִכָּנֵס כֹּל כָּךְ הָיוּ עוֹשִׂים מִפְּנֵי הָאוֹיְבִים: **וֶאֱחֹזוּ** . יֶאֱחֹזוּ הַדְּלָתוֹת לְסוֹגְרָם : **מִשְׁמְרוֹת יֹשְׁבֵי יְרוּשָׁלַיִם** . מִיֹּשְׁבֵי יְרוּשָׁלַיִם הֶעֱמִידוּ מִשְׁמְרוֹת (גיט"ם **העולים** בלע"ז) : (ד) **רַחֲבַת יָדַיִם** . רְחָבַת מָקוֹם וּגְדוֹלָה : (ה) **לְהִתְיַחֵשׂ** . לַחְקֹר יִחוּסָן: **הָעוֹלִים בָּרִאשׁוֹנָה**. מֵאוֹתָן הַיְּהוּדִים הָעוֹלִים עִם עֶזְרָא בָּרִאשׁוֹנָה : **וָאֶמְצָא כָּתוּב בּוֹ** . כֹּל אֵלֶּה הַדְּבָרִים הָיוּ כְּתוּבִים בְּאוֹתָהּ אִגֶּרֶת : (ו) **אֵלֶּה בְּנֵי הַמְּדִינָה וְגוֹ'** . עַד וְהַגּוֹרָלוֹת הַפַּלְגִּי עַל

אבן עזרא

(ג) **וְעַד הֵם עֹמְדִים יָגִיפוּ הַדְּלָתוֹת וֶאֱחֹזוּ** . הַכָּתוּב בִּלְשׁוֹנֵנוּ פַּעַם יְדַבֵּר עִם הַנִּמְצָא כְּאִלּוּ נֶעֱלָם מִמֶּנּוּ כְּעִנְיַן יִשְׂקָנִי מַנְּשִׁיקוֹת פִּיהוּ : **הֵם עֹמְדִים** . רֶמֶז לְחֻנָּנִי וַחֲנַנְיָה וְהֹוֹטֶעַשׁ בַּעֲבוּר שֶׁהֵם עוֹמְדִים בַּשְּׁעָרִים הַזְּהִירָם שֶׁיָּגִיפוּ הַשְּׁעָרִים סָגְרוּ הַדְּלָתוֹת לִפְנֵיהֶם וְאָמַר לָהֶם אַחַר חֲזוֹם הַדְּלָתוֹת בַּבְּרִיחִים. יָגִיפוּ תַּרְגּוּם וְסָגְרַת הַדֶּלֶת וְתַגִּיפִין דְּשָׁא : **וְהַעֲמֵיד** . שֵׁם הַפֹּעַל : (ה) **הַחֹרִים** . תַּרְגּוּם לְבֶן חִיר וְהוּא עַיִן מַרְאֶה נִכְבָּד וּמִמֶּנּוּ נִקְרְאוּ חוֹרִים : (ו) **אֵלֶּה**

רלב"ג

יִלְאֶה הָאוֹיְבִים וְכַעֲבוּר שֶׁהָאֲנָשִׁים עוֹמְדִים שָׁם יִשְׁכְּבוּ יִסְגְּרוּ הַדְּלָתוֹת וְיֶאֱחֹזוּ אוֹתָם עִם הַבְּרִיחִים . וּבַלַּיְלָה יִשְׁמְרוּ אֵלּוּ הַשְּׁנַיִם **מִשְׁמְרוֹת יֹשְׁבֵי יְרוּשָׁלָיִם** : **אִישׁ בְּמִשְׁמָרוֹ** . כְּאִלּוּ תֹּאמַר שֶׁאֲנָשִׁים כָּךְ וְכָךְ יִשְׁמְרוּ הַלַּיְלָה אֵלּוּ סְמוּכוֹת אֵיזֶה הֵם עַל נֶגֶד בֵּיתָם וְכֵן בְּכָל הַצְּדִיר : (ד) **וְהִנֵּה בֵּיתָהּ הָעִיר** רַחֲבַת יָדַיִם וּגְדֹלָה וְהָעָם מְעַט בְּתוֹכָהּ וְאֵין שָׁם בָּתִּים בְּנוּיִם לְהָבִיא שָׁם הַגֵּרִים רַבִּים . וְהִנֵּה הִתְעוֹרֵר נְחֶמְיָה לְסַבֵּב שֶׁיָּפוּ שָׁם רַבִּים וְיִבְנוּ בָּתִּים בְּתוֹכָהּ . וְלָזֶה הִשְׁתַּדֵּל לָדַעַת מִי הֵם הָעוֹלִים כְּדֵי שֶׁיִּקַּח מֵהֶם חֵלֶק מָה יֵשְׁבוּ בִּירוּשָׁלַיִם בְּאוֹפֶן שֶׁלֹא הָיָה הָעִיר בְּמָס פֶּמַע , וְהִנֵּה זָכַר פֹּה סֵפֶר הַיַּחַשׂ הָעוֹלִים מִבָּבֶל אֲשֶׁר נִזְכְּרוּ בִּמְקוֹם שָׁקֵד . וְהִנֵּה מִסְפֵּר הַכָּתוּב פֹּה אֵינֶנּוּ מַסְכִּים לַמִּסְפָּר הַפְּרָטִים שֶׁנִּזְכָּר

מצודת דוד

(ג) **עַד חֹם הַשֶּׁמֶשׁ** . עַד יֵחָמַם הַשֶּׁמֶשׁ מְאֹד בְּתַכְלִית הַחֲמִימוּת וְהוּא כְּמוֹ חֹם הַיּוֹם : **וְעַד הֵם עֹמְדִים** . וּבְעוֹד שֶׁהַשּׁוֹמְרִים עוֹמְדִים יָגִיפוּ אֵת הַדְּלָתוֹת וּמֵחֲמַ"ךְ יֵלְכוּ הַמְּמֻנִּים לַבָּתִּים : **וֶאֱחֹזוּ** . בְּחֹזֶק יֵחָזְקוּ בְּדַבְרֵי הַמְמֻנֶּה הָהֵם וְסוֹ זְסִירִים בַּהּ : **וְהַעֲמֵיד** . הַעֲמִידוּ שׁוֹמְרִים מִיֹּשְׁבֵי יְרוּשָׁלָיִם : : **אִישׁ בְּמִשְׁמָרוֹ** . כֹּל אִישׁ יַעֲמֹד בְּשַׁעֲרֵי סָפִיל בְּמַס בּוֹא זְמַן מִשְׁמָרוֹ הַקָּבוּעַ לוֹ וּמִלְּבַד זֹאת יִשְׁמֹר כֹּל אֶחָד נֶגֶד בֵּיתוֹ : (ד) **וְהָעִיר** . רְ"ל וְזֶה לְפִי שֶׁהָעִיר רַחֲבַת מָקוֹם וּלְתוֹסֶפֶת בֵּיאוּר אָמַר וּגְדֹלָה רְחוֹקִים אֲנָשֶׁיהָ זֶה מִזֶּה כִּי סְמַהּ מַתִּי מִסְפָּר : **וְאֵין בָּתִּים בְּנוּיִם** . רְ"ל מֵעַט בָּנוּיִם כַּמְּעַט רַב לְהַסְתֵּר בָּהֶן מִפְּנֵי הָאוֹיֵב . וּבְטַבְטוּל כֹּל זֶה לֵילֵךְ שְׁמִירָה מְטוּלָה : (ה) **לְהִתְיַחֵשׂ** : הֱיוֹת אֵת לִבִּי אֶל הַדָּבָר : **לְהִתְיַחֵשׂ** . לַחְקֹר יִחוּסָן : **הָעוֹלִים בָּרִאשׁוֹנָה** . שֶׁל הָעוֹלִים כָּרִאשׁוֹנָה עִם זְרוּבָּבֶל : **וָאֶמְצָא כָּתוּב בּוֹ** . פּוֹכֵן הַדְּבָרִים הָאֲמוּרִים לְמַטָּה בְּעִנְיַן : (ו) **אֵלֶּה וְגוֹ'** . וְזֶהוּ תוֹכֶן הַכָּתוּב בַּהּ אֵלֶּה בְּנֵי הַמְּדִינָה וְכוּ' רְ"ל אֵלֶּה בְּנֵי מְדִינַת אֶ"י הָעוֹלִים

מצודת ציון

(ג) **יָגִיפוּ** . יִסְגְּרוּ כִּי וְסָגְרַת הַדֶּלֶת (מְלָכִים ב' ד') תַּרְגּוּם יוֹנָתָן וְתַגִּיפוֹן : (ה) **לְהִתְיַחֵשׂ**. עִנְיַן יִחוּס הוּא הוֹדָעַת סֵדֶר הַדּוֹרוֹת מֵן הַמִּשְׁפָּחוֹת וּמִי מֵבִיאֵהֶם :

מנחת שי

(ג) **וָאֹמַר** קְרֵי כְּמַ" שׁ לְעֵיל בְּסִימָן ה' : וְהַעֲמֵיד . מָלֵא יו"ד לְמִסְתַּבְּאֵי : (ד) **וּגְדֹלָה** . הַמְּסוֹרֶת ב' חַד מָלֵא וְחַד חָסֵר וְזֶה הֶחָסֵר וְהַמָּלֵא

---

should observe it scrupulously and make the necessary appointments. **watches among the inhabitants of Jerusalem**—*of the inhabitants of*

Jerusalem station watches, jetes in Old French, (groups of) watchmen.—[Rashi] **each one on his watch**—Each

until the sun becomes hot, and they [the people] shall stand until they lock the doors and hold them, and station watches among the inhabitants of Jerusalem, each one on his watch and each one opposite his house." 4. Now the city was wide and large, and the people were few within it, and there were no houses built. 5. And the Lord put it into my heart, and I gathered the rulers and the prefects and the people to trace their lineage, and I found the of lineage book of those who had gone up at first, and I found written in it: 6. These are the people of the province

gatekeepers and the singers, each one in his place, and the Levites, who were appointed over the Temple treasuries and the like. *Malbim* explains that until now the Levites had been engaged in the building of the wall, but now that the wall was completed, they were appointed each one to his station.

2. over Jerusalem—*to guard the gates of Jerusalem.—[Rashi]*

for he is indeed a truthful man—for Hananiah appears to be a truthful man, and he has feared God for a long time.—[*Mezudath David*] *Mezudath David* interprets the"kaff" to mean that he appears *like* a truthful man. *Ibn Ezra*, however, interprets it as "indeed."

for a long time—Heb. מֵרַבִּים, lit. from many, *from many days.—* [*Rashi*] *Ralbag* renders: more than many of the people. *Malbim* explains that he fears God more than he fears the rulers. To maintain the security of the city, it was necessary to have guards who did not fear any of the rulers, many of whom were Tobiah's confederates.

3. shall not be opened—for fear of the enemies.—[*Ralbag, Malbim*]

until the sun becomes hot—*until midday, for the day was long—* [*Rashi*] i.e., until the sun reaches its hottest point, which is noon.— [*Mezudath David*]

and they shall stand until—*And as long as the doors are open, they shall stand; they shall not move until the doors are locked shut, and whoever wishes to leave may leave the city, and whoever wishes to enter may come and enter. They did all this because of the enemies.—[Rashi]*

and hold them—*They should hold the doors to lock them.—* [*Rashi*] Others render: and while they are standing, they shall lock the doors and hold them i.e., while the guards, Hanani and Hananiah, are still standing there, they should lock the doors in the evening and say to the people, "Hold the doors with bolts."—[*Ibn Ezra*] *Mezudath David* renders similarly, differing only in the interpretation of וְאָחֲזוּ, *and hold,* which he renders: and hold this command, meaning that the people

הָעֹלִים מִשְּׁבִי הַגּוֹלָה אֲשֶׁר הֶגְלָה נְבוּכַדְנֶצַּר מֶלֶךְ בָּבֶל וַיָּשׁוּבוּ לִירוּשָׁלַ͏ִם וְלִיהוּדָה אִישׁ לְעִירוֹ: הַבָּאִים עִם־זְרֻבָּבֶל יֵשׁוּעַ נְחֶמְיָה עֲזַרְיָה רַעַמְיָה נַחֲמָנִי מָרְדֳּכַי בִּלְשָׁן מִסְפֶּרֶת בִּגְוַי נְחוּם בַּעֲנָה מִסְפַּר אַנְשֵׁי עַם־יִשְׂרָאֵל: ח בְּנֵי פַרְעֹשׁ אַלְפַּיִם מֵאָה וְשִׁבְעִים וּשְׁנָיִם: ט בְּנֵי שְׁפַטְיָה שְׁלֹשׁ מֵאוֹת שִׁבְעִים וּשְׁנָיִם: י בְּנֵי אָרַח שֵׁשׁ מֵאוֹת חֲמִשִּׁים וּשְׁנָיִם: יא בְּנֵי־פַחַת מוֹאָב לִבְנֵי יֵשׁוּעַ וְיוֹאָב אַלְפַּיִם וּשְׁמֹנֶה מֵאוֹת שְׁמֹנָה עָשָׂר: יב בְּנֵי עֵילָם אֶלֶף מָאתַיִם חֲמִשִּׁים וְאַרְבָּעָה: יג בְּנֵי זַתּוּא שְׁמֹנֶה מֵאוֹת אַרְבָּעִים וַחֲמִשָּׁה: יד בְּנֵי זַכָּי שְׁבַע מֵאוֹת וְשִׁשִּׁים: טו בְּנֵי בִנּוּי שֵׁשׁ מֵאוֹת אַרְבָּעִים וּשְׁמֹנָה: טז בְּנֵי בֵבָי שֵׁשׁ מֵאוֹת עֶשְׂרִים וּשְׁמֹנָה: יז בְּנֵי עַזְגָּד אַלְפַּיִם שְׁלֹשׁ מֵאוֹת עֶשְׂרִים וּשְׁנָיִם: יח בְּנֵי אֲדֹנִיקָם שֵׁשׁ מֵאוֹת שִׁשִּׁים וְשִׁבְעָה: יט בְּנֵי בִגְוָי אַלְפַּיִם שִׁשִּׁים וְשִׁבְעָה: כ בְּנֵי עָדִין שֵׁשׁ מֵאוֹת חֲמִשִּׁים וַחֲמִשָּׁה: כא בְּנֵי אָטֵר

ת"א רעמיה , בגלס יח מנתטם סס : לחזקיה

רש"י

קרבן העלים (לקמן י' ל"ה) : וליהודה . למדינת יהודה: יהוצדק הכהן הגדול השבונות הללו פעמים הם מכוונים אחד לעירו . כל אחד לעירו: (ז) הבאים עם זרובבל . אשר באו משבי הגולה עם זרובבל : ישוע . הוא יהושע בן עם חשבונות של מעלה פעמים יש שאינם מכוונים זה כנגד זה ולא דקדק המקרא בחשבונו' כל כך אבל הכלל שוה לכאן

מנחת שי

ונגדולה היא אלי (קהלת ט') : (ז) נחמני . ברוב הספרים כ"י נחטני כמ"ס : מרדכי בלשן . במקלת ספרים הדל"ת בחטף קמץ כמ"ש באמסתר ב' : (יז) בני זכי . בקמץ הבי"ת . (כא) בני

אבן עזרא

בני המדינה . בפסוק העליון אמר להתיחס והטטס הטטס כמ"ס להראות היחס ומלא כתוב בו אלה בני המדינה העולים וכאשר נקשרה חומת ירושלים רצה נחמיה שיתיחסו לבית

אבותם לבלתי התערב עמהם זרים רבים נוספו שאינם במספר הראשון ורבים ינרעו ושכבר מתו ולא היו בימי נחמיה ורבים הולידו בנים בתוך ל"ו שנים מכורס ויו"ד לאחשורוש ועשרים לארתחשסתא עד עלות נחמיה ולנמלאים אמר להתיחם ואם ישאל איש למה אמר כתוב בו אלה בני המדינה העולים ואינם במספר הראשון ויש בראשון שאינו בשני כי בראשון אמר בני חרם תשע"ה יבשני בני חרם תרנ"ב והנה נוספו הראשונים קל"ג . בני סנאה

רלב"ג

במס שקדס ומחשב כי העולים כאשר היו בצעת עלותם נכתבו במה שקדס אך אמר זה עלו מקלתם יותר וטעם שבו לבבל בדרך שמקלתם היו יותר ממס שנכתב ממס שזכר פה מינ מסלימות גס כן לנדבות הנזכלות פס כי כבאן זכל מכתנות הכסנים יותר ממה שזכר פה ומשאר הדברים פחות וידמה כי בצאת זכר קלת הפרטים והשמיני קלתם . ומחשוב כי עד אמרו וימסרו כל העם כאיש אחד אל הלכמוב אשר לפני שער המים מלא כתוב שם אך מזה המקום והלאה הוא ספול מה שאירע עתה :

מצודת דוד

עתה ממה שהיו בשבי הגולה וגו' . וישובו . עתה שבו כ"א לעירו . המתוטבים יכן כל איש ואנשים שבמקראַ (ה) בני פרעש . יש מהם אשר הגלה ממנה : (ז) הבאים . אשר באו עתה למקומם עם זרובבל מזכיר ע"שאלב המשפח' ויש מהם מזכיר ע"ש טעירס: (יא) פחת מואב. וגו' : ישוע . סומ יהושע כ"ג : מספר אנשי . זהו המספר של המשול כמואב : לבני ישוע ויואב : כ"ל מן בני ישוע ומן בני יואב שהיו

who went up from the captivity of the exile, whom Nebuchadnezzar the king of Babylon had exiled to Babylon, and they returned to Jerusalem and to Judea, each one to his city. 7. [Those] who came with Zerubbabel, Jeshua, Nehemiah, Azariah, Raamiah, Nahamani, Mordecai, Bilshan, Mispereth, Bigvai, Nehum, Baanah, the number of the important men of the people of Israel. 8. The children of Parosh were two thousand one hundred and seventy-two. 9. The children of Shephatiah were three hundred and seventy-two. 10. The children of Arah were six hundred and fifty-two. 11. The children of Pahath-Moab, of the children of Jeshua and Joab, were two thousand eight hundred and eighteen. 12. The children of Elam were one thousand two hundred and fifty-four. 13. The children of Zattu were eight hundred and forty-five. 14. The children of Zakkai were seven hundred and sixty. 15. The children of Binnui were six hundred and forty-eight. 16. The children of Bebai were six hundred and twenty-eight. 17. The children of Azgad were two thousand three hundred and twenty-two. 18. The children of Adonikam were six hundred and sixty seven. 19. The children of Bigvai were two thousand and sixty-seven. 20. The children of Adin were six hundred and fifty-five. 21 The children of Ater,

man should guard the gates of the city when it comes time for his watch, and in addition to that, each one should stand guard opposite his own house.—[*Mezudath David*] *Ralbag* explains that at nights, these two, namely Hanani and Hananiah, should appoint watches to guard the city, with a number of men in each watch and each one standing guard in the street opposite his house. *Malbim* renders: and while they are standing, they shall lock the doors. He explains that there was a large outer gate within which there was another gate which had small doors through which individuals could enter. Nehemiah gave orders that even when the gates were open, the guard should hold the doors with his hand, and they should be closed, so that he could see anyone who sought to enter and prevent anyone from entering without permission. He also commanded that each one remain on his watch; in order to tighten the city's security, they should not change watches, and every homeowner should stand guard before his house.

לְחִזְקִיָּה תִּשְׁעִים וּשְׁמֹנָה: כב בְּנֵי חָשֻׁם שְׁלֹשׁ מֵאוֹת
עֶשְׂרִים וּשְׁמֹנָה: כג בְּנֵי בֵצָי שְׁלֹשׁ מֵאוֹת עֶשְׂרִים
וְאַרְבָּעָה: כד בְּנֵי חָרִיף מֵאָה שְׁנֵים עָשָׂר: כה בְּנֵי גִבְעוֹן
תִּשְׁעִים וַחֲמִשָּׁה: כו אַנְשֵׁי בֵית־לֶחֶם וּנְטֹפָה מֵאָה
שְׁמֹנִים וּשְׁמֹנָה: כז אַנְשֵׁי עֲנָתוֹת מֵאָה עֶשְׂרִים
וּשְׁמֹנָה: כח אַנְשֵׁי בֵית־עַזְמָוֶת אַרְבָּעִים וּשְׁנָיִם:
כט אַנְשֵׁי קִרְיַת יְעָרִים כְּפִירָה וּבְאֵרוֹת שְׁבַע מֵאוֹת
אַרְבָּעִים וּשְׁלֹשָׁה: ל אַנְשֵׁי הָרָמָה וָגָבַע שֵׁשׁ מֵאוֹת
עֶשְׂרִים וְאֶחָד: לא אַנְשֵׁי מִכְמָס מֵאָה וְעֶשְׂרִים וּשְׁנָיִם:
לב אַנְשֵׁי בֵית־אֵל וְהָעַי מֵאָה עֶשְׂרִים וּשְׁלֹשָׁה:
לג אַנְשֵׁי נְבוֹ אַחֵר חֲמִשִּׁים וּשְׁנָיִם: לד בְּנֵי עֵילָם אַחֵר
אֶלֶף מָאתַיִם חֲמִשִּׁים וְאַרְבָּעָה: לה בְּנֵי חָרִם שְׁלֹשׁ
מֵאוֹת וְעֶשְׂרִים: לו בְּנֵי יְרֵחוֹ שְׁלֹשׁ מֵאוֹת אַרְבָּעִים
וַחֲמִשָּׁה: לז בְּנֵי־לֹד חָדִיד וְאוֹנוֹ שְׁבַע מֵאוֹת וְעֶשְׂרִים
וְאֶחָד: לח בְּנֵי סְנָאָה שְׁלֹשֶׁת אֲלָפִים תְּשַׁע מֵאוֹת
וּשְׁלֹשִׁים: לט הַכֹּהֲנִים בְּנֵי יְדַעְיָה לְבֵית יֵשׁוּעַ תְּשַׁע
מֵאוֹת שִׁבְעִים וּשְׁלֹשָׁה: מ בְּנֵי אִמֵּר אֶלֶף חֲמִשִּׁים
וּשְׁנָיִם: מא בְּנֵי פַשְׁחוּר אֶלֶף מָאתַיִם אַרְבָּעִים
וְשִׁבְעָה: מב בְּנֵי חָרִם אֶלֶף שִׁבְעָה עָשָׂר: מג הַלְוִיִּם

אבן עזרא   קמץ בז"ק עיין ט"ש

ג' אלפים ותרי"ל וכשני ג' אלפים ותתק"ל ונוספו כשני
ים נוכרים ברחשון וכשני מינם נזכרים כי בני יורה קי"ב
ובני חריף קי"ב. נשיבהו כי הכתוב מדבר כנגד הרוב
אמרה להרוג שבטים בני ירובעל ויוחם לא נהרג וכן יוצאי
ירך יעקב שבטים ויעקב לא יצא מירכו ע'. ואולי יורה
וחריף שני שמות לאיש אחד כשריה רעליה וכשני עזריה
אלה העולים להודיע כי בני פלוני לא נגרע אחד מהם וב'
וכני פלוני נוספו וכני פלוני נגרעו ומתו מהם וכבר פירשתי
כל הענין למעלה:

מנחת שי

אָמֵר לְחִזְקִיָּה. במדוייקים אין זקף קטן במלת אסר:
(כד) בני חריף. כהלכה מדוייקים מלא
יו"ד: מאה שנים עשר. יש ספרים ושנים כומ"ו והרוב כלא
ומ"ו: (כו) ונטפה. מתמלפת וכתובה מלא ומ"ו: (לא) אנשי מכמס
מאה עשרים ושנים. בכמה ספרים מדוייקים כתוב עשרים כלא

מצודת דוד

(כא) בני אמר פחת מואב מספרם היו אלפים וגו': (כב) בני אשר
לחזקיה. נתן סימן על אשר לומר שהיה מזרע חזקיה או ר"ל עם
סבנים של חזקיה: (לג) נבו אחר. כן שם סעיר וכטו... נאמר רק
ככו וכמו שים חלוק גם כשאר שמות על כי היו נקראות כזה וכזה:
(לד) עילם אחר. לפי שהשב למעלה בני עילם והיו מילם כמשכון הזה
לזם אמר כזה מילם אחר והיו שווה כמספר מכשיהם: (לט) הכהנים
ר"ל וזהו מספר הכהנים: בני ידעיה לבית ישוע. נתן סימן על
ידעיה לומר שהיה מיוחס לבית ישוע ומזרעו סיה: (מב) בני חרם. לא

of Hezekiah were ninety-eight. 22. The children of Hashum were three hundred and twenty-eight. 23. The children of Bezai were three hundred and twenty-four. 24. The children of Harif were one hundred and twelve. 25. The children of Gibeon were ninety-five. 26. The people of Bethlehem and Netophah were one hundred and eighty-eight. 27. The people of Anathoth were one hundred and twenty-eight. 28. The people of Beth-Azmaveth were forty-two. 29. The people of Kiriath-Jearim, Chephirah, and Beeroth were seven hundred and forty-three. 30. The people of Ramah and Geba were six hundred and twenty-one. 31. The people of Michmas were one hundred and twenty-two. 32. The people of Bethel and Ai were one hundred and twenty-three. 33. The people of the other Nebo were fifty-two. 34. The children of the other Elam were one thousand two hundred and fifty-four. 35. The children of Harim were three hundred and twenty. 36. The children of Jericho were three hundred and forty-five. 37. The children of Lod, Hadid, and Ono were seven hundred and twenty-one. 38. The children of Senaah were three thousand nine hundred and thirty. 39. The priests: the children of Jedaiah of the house of Jeshua were nine hundred and seventy-three. 40. The children of Immer were one thousand and fifty-two. 41. The children of Pashhur were one thousand two hundred and forty-seven. 42. The children of Harim were one thousand and seventeen. 43. The Levites:

4. **a wide place**—Heb. רַחֲבַת יָדַיִם, *a wide and large place.*—[*Rashi*]

5. **to trace their lineage**—Heb. לְהִתְיַחֵשׂ, *to search for their lineage.*—[*Rashi*]

those who went up at first—*of those Jews who went up with Ezra at first.*—[*Rashi*]

and I found written in it—*All these words were written in that letter.*—[*Rashi*]

6. **These are the people of the** province, etc.—*until* (10:35): *"And we cast lots for the wood sacrifice."*—[*Rashi*]

and to Judea—*to the province of Judea.*—[*Rashi*]

each one to his city—lit. *a man to his city.*—[*Rashi*]

7. **who came with Zerubbabel**—*who came from the captivity of the exile with Zerubbabel.*—[*Rashi*]

Jeshua—*This is Joshua the son of Jehozadak, the High Priest. These*

בְּנֵי־יֵשׁוּעַ לְקַדְמִיאֵל לִבְנֵי לְהוֹדְוָה שִׁבְעִים
וְאַרְבָּעָה: מד הַמְשֹׁרְרִים בְּנֵי אָסָף מֵאָה אַרְבָּעִים
וּשְׁמֹנָה: מה הַשֹּׁעֲרִים בְּנֵי־שַׁלּוּם בְּנֵי־אָטֵר בְּנֵי־טַלְמֹן
בְּנֵי־עַקּוּב בְּנֵי חֲטִיטָא בְּנֵי שֹׁבָי מֵאָה שְׁלֹשִׁים
וּשְׁמֹנָה: מו הַנְּתִינִים בְּנֵי־צִחָא בְנֵי־חֲשֻׂפָא בְּנֵי
טַבָּעוֹת: מז בְּנֵי־קֵרֹס בְּנֵי־סִיעָא בְּנֵי פָדוֹן: מח בְּנֵי־
לְבָנָא בְנֵי־חֲגָבָא בְּנֵי שַׁלְמָי: מט בְּנֵי־חָנָן בְּנֵי־גִדֵּל בְּנֵי־
גָחַר: נ בְּנֵי־רְאָיָה בְנֵי־רְצִין בְּנֵי נְקוֹדָא: נא בְּנֵי־גַזָּם
בְּנֵי־עֻזָּא בְּנֵי פָסֵחַ: נב בְּנֵי־בֵסַי בְּנֵי־מְעוּנִים בְּנֵי
נְפוּשְׁסִים: נג בְּנֵי־בַקְבּוּק בְּנֵי־חֲקוּפָא בְּנֵי חַרְחוּר:
נד בְּנֵי־בַצְלִית בְּנֵי־מְחִידָא בְּנֵי חַרְשָׁא: נה בְּנֵי־
בַרְקוֹס בְּנֵי־סִיסְרָא בְּנֵי־תָמַח: נו בְּנֵי נְצִיחַ בְּנֵי
חֲטִיפָא: נז בְּנֵי עַבְדֵי שְׁלֹמֹה בְּנֵי־סוֹטַי בְּנֵי־סֹפֶרֶת
בְּנֵי פְרִידָא: נח בְּנֵי־יַעְלָא בְנֵי־דַרְקוֹן בְּנֵי גִדֵּל: נט בְּנֵי
שְׁפַטְיָה בְנֵי־חַטִּיל בְּנֵי פֹּכֶרֶת הַצְּבָיִים בְּנֵי אָמוֹן
ס כָּל־הַנְּתִינִים וּבְנֵי עַבְדֵי שְׁלֹמֹה שְׁלֹשׁ מֵאוֹת
תִּשְׁעִים וּשְׁנָיִם: סא וְאֵלֶּה הָעוֹלִים מִתֵּל מֶלַח תֵּל
חַרְשָׁא כְּרוּב אַדּוֹן וְאִמֵּר וְלֹא יָכְלוּ לְהַגִּיד בֵּית־
אֲבוֹתָם וְזַרְעָם אִם מִיִּשְׂרָאֵל הֵם: סב בְּנֵי־דְלָיָה בְּנֵי
טוֹבִיָּה בְּנֵי נְקוֹדָא שֵׁשׁ מֵאוֹת וְאַרְבָּעִים וּשְׁנָיִם:

ת"א מחל מלה . קידושין פ' : לְהוֹדְוָה קרי נפישסים קרי :

מנחת שי

וא"ו : (מג) לבני להודוה . כרוב הספרים כן כתיב וקרי ואין בהם
לסודיס קרי גם לא כמנה במסורת עם מלין דכתיבין וא"ו באמצע
מיכוסא וקריין יו"ד : (מד) המשררים . אין דגש במ"ס : (מח) בני
שלמי . כשי"ן שמאלית כרוב הספרים : (נב) נפושסים . נפישסים קרי :
(נה) בני סיסרא . הבי"ת בגעיא כספרי ספרד : (נח) בני יעלא
סטי"ן כשוא לבד כמ"ש בעזרא סימן ב' : (סב) שם מאות וארבעים

מצודת דוד

לא זהו הנזכר למעלה או יתכן אשר השב הישראלים מחרס
וכאן חשב הכהנים מחרס : (מג) בני ישוע לקדמיאל . ר"ל בני
ישוע עם בני קדמיאל כי הלמ"ד הוא במקום את ואת הוא כמו עם :
לבני להודיה . נתן סימן על ישוע וקדמיאל לומר שהיו מבני
להודיה : (מה) השוערים . שהיו שומרים שערי המקדש עד לא
גלו והם היו בני שלום וגו' : (מו) הנתינים . הם הגבעונים ונקראו
נתינים ע"ש שנאמר ויתנם יהושע מוטבי עצים וגו' (יהושע
ט') : (נז) בני עבדי שלמה . והם היו בני סוטי וגו' : (סא) ואלה
הנזכרים למטה כני דליה וגו' הם היו העולים מתל מלח וגו' ושמות
מקומות הן בבבל : ולא יכלו להגיד . כי לא ידעו מבני מי הם
בית אבותם וזרעם . היא היא כי זרעם ר"ל מזרע מי ילאו וסוף
כאל ענין כשמות נכרפים וכן אדמת עפר (דניאל יב) :
ומן

the children of Jeshua with Kadmiel of the children of Lehodiah, were seventy-four. 44. The singers: of the children of Asaph were one hundred and forty-eight. 45. The gate-keepers: the children of Shallum, the children of Ater, the children of Talmon, the children of Akkub, the children of Hatita, the children of Shobai, were one hundred and thirty-eight. 46. The Nethinim: the children of Ziha, the children of Hasupha, the children of Tabbaoth. 47. The children of Keros, the children of Sia, the children of Padon. 48. The children of Lebanah, the children of Hagabah, the children of Salmai. 49. The children of Hanan, the children of Giddel, the children of Gahar. 50. The children of Reaiah, the children of Rezin, the children of Nekoda. 51. The children of Gazzam, the children of Uzza, the children of Paseah. 52. The children of Besai, the children of Meunim, the children of Nephishesim. 53. The children of Bakbuk, the children of Hakupha, the children of Harhur. 54. The children of Bazlith, the children of Mehida, the children of Harsha. 55. The children of Barkos, the children of Sisera, the children of Tamah. 56. The children of Neziah, the children of Hatifa. 57. The children of Solomon's slaves, the children of Sotai, the children of Sophereth, the children of Prida. 58. The children of Jaala, the children of Darkon, the children of Giddel. 59. The children of Shephatiah, the children of Hattil, the children of Pochereth Hazzebaim, the children of Ammon. 60. All the Nethinim and the children of Solomon's slaves were three and hundred ninety-two. 61. And these were the ones who ascended from Tel-Melah, Tel-Harsha: Cherub, Addon, and Immer; but they could not tell their fathers' house and their children, if they were from Israel. 62. The children of Delaiah, the children of Tobiah, the children of Nekoda were six hundred and forty-two.

figures sometimes coincide with the above figures (Ezra 2); sometimes there are some that do not coincide. Scripture was not so exact with the *figures, but the total is the same in both places, as it is stated (Ezra 2:64, Neh. 7:66): "The entire congregation together was forty-two thousand*

סג וּמִן הַכֹּהֲנִים בְּנֵי חֳבַיָּה בְּנֵי הַקּוֹץ בְּנֵי בַרְזִלַּי אֲשֶׁר לָקַח מִבְּנוֹת בַּרְזִלַּי הַגִּלְעָדִי אִשָּׁה וַיִּקָּרֵא עַל שְׁמָם: סד אֵלֶּה בִּקְשׁוּ כְתָבָם הַמִּתְיַחְשִׂים וְלֹא נִמְצָא וַיְגֹאֲלוּ מִן הַכְּהֻנָּה: סה וַיֹּאמֶר הַתִּרְשָׁתָא לָהֶם אֲשֶׁר לֹא יֹאכְלוּ מִקֹּדֶשׁ הַקֳּדָשִׁים עַד עֲמֹד הַכֹּהֵן לְאוּרִים וְתֻמִּים: סו כָּל הַקָּהָל כְּאֶחָד אַרְבַּע רִבּוֹא אַלְפַּיִם שְׁלֹשׁ מֵאוֹת וְשִׁשִּׁים: סז מִלְּבַד עַבְדֵיהֶם וְאַמְהֹתֵיהֶם אֵלֶּה שִׁבְעַת אֲלָפִים שְׁלֹשׁ מֵאוֹת שְׁלֹשִׁים וְשִׁבְעָה וְלָהֶם מְשֹׁרְרִים וּמְשֹׁרְרוֹת מָאתַיִם וְאַרְבָּעִים וַחֲמִשָּׁה: סח סוּסֵיהֶם שְׁבַע מֵאוֹת שְׁלֹשִׁים וְשִׁשָּׁה

ת"א בני חביה . קדושין סט : המתרשתא , שם צב : ארנפ רבוא , זבחים סח : פרדיהם

רש"י

ולכאן שנאמר כל הקהל כאחד וגו'. ועל זה הכלל סמך כותב הספר ולא דקדק במשבון הפרטיות כל כך והכל מפורש למעלה :

מנחת שי

(סג) בני חביה . בספרים כ"י מדוייקים וארבעים כוח"ו : במקלת מדוייקים סמי"ת כתוב וסתם וכן בעזרא ב' . עיין מה שכתבתי בדברי סימים ב' כ"א : (סד) בקשו . קלה סקו"ף : המתיחשים . סמי"ת כתוב לבדו במדוייקים כ"י וכן לעיל בעזרא סימן ב' : (סה) סוסיהם . שבע מאות שלשים וששה פרדיהם מאתים וארבעים וחמשה . במקלת ספרים כ"י מדוייקים גם בדפום נחפולי לא נמלא פסוק זה ולא חמד מספרים סנוכרים מלאתי כתוב בגליונו לשון הזה . מלאתי בתסמק סוסיהם שבע מאות שלשים ושם שלש מאות פרדיהם מלבד עבדים וכו' . וזו היא המסורת שנכתבה ...וסניס . בספרים כ"י מדוייקים וארבעים כוח"ו . כספר סגולר בקדמאס סוסיהם פרדיהם גמליהם בבתלמא מסל סוסיהם פרדיהם וכתיב גמלים פ"כ . ופי' קדמאה סייגו דספר פזרא ובתרלאה סדין דנחמיה . ויש לדעת כי כמ"ג בסוף סיפרא סקו"ף : כתוב סכום פסוקי דעזרא תרם"מ וקשה כי בסרכן אי מסם מולא רק תרם"ו ופ"ק כי מלי הספר בפסוקים סוא וכין פליית הפנה כמ"ש לעיל בסימן ג' וכן הוא בכל הספרים וכשתמשוד משם עד רלא ססמר מינס כי אם סמ"ב פסוקים ומשם ועד סוף הספר סדימ לכן נרלאה שטעות נפל בדפום ול"ל תרם"ו פסוקים וכן מלאתי בנסמח כ"י ולגירמת הספרים שאין בהם פסוק האמור למעלה אתי שפיר נמי מלי הספר דמלי הרלאשון שמ"ב פסוקים ומלי הלאמרון שמ"ג

מצודת ציון

(סד) ויגואלו . פנין מעוף ומאום וכן לחם מגואל (מלאכי ח') : (סו) רבוא . סוא עשרת אלפים : (סח) פרדיהם . הם סבלים מן

מצודת דוד

(סג) ומן הכהנים . סס בני מביסוגו' . אשר לקח . סוא מוזר על בני ברזלי לומר שאביהם לקח אמת מבנות ברזלי לאשם ולזס סיס נקרא עליהם שם ברזלי לומר עליהם בני ברזלי : (סד) אלה בקשו האלה . כתבם . דבר כתוב מסס : המתיחשים . אשר יסופר בו סדר הדורות : ולא נמצא . בספר סימום לא נמלאו אלס כתובים וכו'. (סה) התרשתא . סוא נחמיה בן מכליה וכן נאמר ויאמר סוא התרשתא (לקמן ח) וארז"ל לפי שסיס משקה למלך וסתירו לו מכמים לשתות יין נסך לכן נקרא סתרשתא והיא מלס מורכבת סתר שתא : אשר לא יאכלו. כ"ל משמסס היא אשר לא יאכלו מקדש הקדשים וארז"ל זו היא תרומם : לאורים ותמים : לשאול כסס אם סם בהנים כשרים וכאמור עד שיבוא שמאים ושאל...מ למורים ותומים כי בזים סתני לא סיו סאורים ותומים לשאול בסס : (סו) כל הקהל כאחד . כולם יחד סישראלים ...

63. And of the priests: the children of Hobaiah, the children of Hakkoz, the children of Barzillai, who took [a wife] from the daughters of Barzillai the Gileadite and was called by their name. 64. These who traced their genealogy sought their records, but they were not found, and they were disqualified from the priesthood. 65. And Hattirshatha said to them that they should not eat of the most holy sacrifices until a priest arises for the Urim and the Tummim. 66. The entire congregation together was forty-two thousand three hundred and sixty. 67. Besides their slaves and their bondwomen; these were seven thousand three hundred and thirty-seven, and they had two hundred and forty-five male and female singers. 68. Their horses were seven hundred and thirty-six;

three hundred and sixty." The writer relied on this total and was not so exact in the figures of the individual numbers. Everything is explained above (Ezra 2).—[*Rashi*] *Ibn Ezra* seeks to reconcile these discrepancies. He asserts that after the wall was completed, Nehemiah wished to trace the genealogy of the people so that strangers should not intermingle with them. Some of these figures exceed the earlier figures and some are smaller. The figures here that fall short of the earlier figures reflect the deaths of some of the immigrants, and the figures that exceed the earlier figures reflect the births that took place during the thirty-six year period comprised of: 2 years of Cyrus's reign, 14 years of Ahasuerus, and 20 years of Artaxerxes, until Nehemiah migrated to the land of Israel. Of those found at that time, Scripture states that they sought their genealogy. *Ibn Ezra* proceeds to ask why Scripture says that these are the ones who came up from the captivity of the exile, since there were many who had not come up at that time but were born later. He replies that Scripture means that the majority came up with the captivity of the exile.

פְּרָדֵיהֶם מָאתַיִם אַרְבָּעִים וַחֲמִשָּׁה: סט גְּמַלִּים
אַרְבַּע מֵאוֹת שְׁלֹשִׁים וַחֲמִשָּׁה חֲמֹרִים שֵׁשֶׁת
אֲלָפִים שְׁבַע מֵאוֹת וְעֶשְׂרִים: ע וּמִקְצָת רָאשֵׁי
הָאָבוֹת נָתְנוּ לַמְּלָאכָה הַתִּרְשָׁתָא נָתַן לָאוֹצָר זָהָב
דַּרְכְּמֹנִים אֶלֶף מִזְרָקוֹת חֲמִשִּׁים כָּתְנוֹת כֹּהֲנִים
שְׁלֹשִׁים וַחֲמֵשׁ מֵאוֹת: עא וּמֵרָאשֵׁי הָאָבוֹת נָתְנוּ
לְאוֹצַר הַמְּלָאכָה זָהָב דַּרְכְּמוֹנִים שְׁתֵּי רִבּוֹת וְכֶסֶף
מָנִים אַלְפַּיִם וּמָאתָיִם: עב וַאֲשֶׁר נָתְנוּ שְׁאֵרִית הָעָם
זָהָב דַּרְכְּמוֹנִים שְׁתֵּי רִבּוֹא וְכֶסֶף מָנִים אַלְפַּיִם
וְכָתְנֹת כֹּהֲנִים שִׁשִּׁים וְשִׁבְעָה: עג וַיֵּשְׁבוּ הַכֹּהֲנִים
וְהַלְוִיִּם וְהַשּׁוֹעֲרִים וְהַמְשֹׁרְרִים וּמִן הָעָם וְהַנְּתִינִים
וְכָל יִשְׂרָאֵל בְּעָרֵיהֶם וַיִּגַּע הַחֹדֶשׁ הַשְּׁבִיעִי וּבְנֵי
יִשְׂרָאֵל בְּעָרֵיהֶם: ח א וַיֵּאָסְפוּ כָל הָעָם כְּאִישׁ אֶחָד
אֶל הָרְחוֹב אֲשֶׁר לִפְנֵי שַׁעַר הַמָּיִם וַיֹּאמְרוּ לְעֶזְרָא
הַסֹּפֵר לְהָבִיא אֶת סֵפֶר תּוֹרַת מֹשֶׁה אֲשֶׁר צִוָּה
יְהֹוָה אֶת יִשְׂרָאֵל: ב וַיָּבִיא עֶזְרָא הַכֹּהֵן אֶת הַתּוֹרָה
לִפְנֵי הַקָּהָל מֵאִישׁ וְעַד אִשָּׁה וְכֹל מֵבִין לִשְׁמֹעַ

ביום
מנחת שי
כשתדפס יחד יעלו לסכום תרפ"ה ותיין מילוף דמס לזה ביהושע כ"א ‖ (סג) והמשררים. בלא דגש סמ"ס: ח (א) וייאספו כל. הכ"ף רפה:

רלב"ג
ח (ב) וכל מבין לשמוע. מחשוב כי רמז בכל מבין לשמוע אל ספף כמו שאמרם התורה בפרשם הקהל למטן ישמעו ולמטן ילמדו ובאר בזה

מצודת ציון
ססום והחמור: (ע) דרכמונים. שם מטבע ידוע אללם: (עא) מנים.
שם משקל ליטרא: (סג) ויגע. כמו והגיע:
ח (א) הסופר. החכם וכדרז"ל סופר מברך וכור יולא (חולין קי"ח):

סצודת דוד
ובמזרא נאמר רק מאתים כי אותן החמשים וחמשה היו או קטנים
וסיו נספלים אל הגדולים וביטי נחמיה נתגדלו וחשב גם אותם:
(פ) נתנו לטלאכה. או כאשר עלו עם זרובבל נתנו נדבה לטלאכת
בית ס' ובמזרא הזכיר משבון סזהב והכסף וכתנות הכסני': התרשתא.
כוס נחמיה: נתן לאוצר. נתן עתה לאולר של בית ס': כתנות כהנים. שילבשו אותס הכהנים בשעת העבודה: (עא) ומראשי.
מקלת מראשי האבות: נתנו. עתה בימי נחמיה נתנו לאולר סמלאכה ר"ל אל הסמקום שאללו שם הזהב והכסף ללורך מלאכת בדק סבית
או לסוסיף בבנין כי טיקר סמקדש כבר נבנה: (סג) ומן העם. מבני יהודה ובנימין: וכל ישראל. סס מיתר השבטים: בעריהם.
אשר סיו ערי נחלתם עד שלא גלו: ובני ישראל בעריהם. ואז סיו בני ישראל בטרי נחלתם:
ח (א) כאיש אחד. ר"ל מים מסר כביאת איש אמד: (ב) מאיש וגו'. ר"ל סביא לפני כולס כי כולס נאספו שס: מבין לשבוע.

that this refers to the children; only those capable of understanding were included in this assembly. *Malbim* explains that Ezra read the simple

matters from the Written Torah for all the men and women, and expounded on the Oral Torah and its secrets for those capable of understanding it.

their mules were two hundred and forty-five. 69. [Their] camels were four hundred and thirty-five, [their] donkeys were six thousand seven hundred and twenty. 70. And some of the heads of the fathers' houses gave for the work. Hattirshatha gave to the treasury gold, one thousand drachmas, fifty basins, priests' tunics five hundred and thirty. 71. And some of the heads of the fathers' houses gave to the treasury of the work: gold, twenty thousand drachmas and silver, two thousand and two hundred *manehs*. 72. And what the remnant of the people gave was gold, twenty thousand drachmas and silver, two thousand *manehs*, and priests' tunics, sixty-seven. 73. And the priests, the Levites, the gatekeepers, and the singers, and some of the people, and the Nethinim, and all Israel dwelt in their cities, and the seventh month arrived, and the Children of Israel were in their cities.

8

1. Now all the people gathered as one man to the square that was before the Water Gate, and they said to Ezra the scholar to bring the scroll of the Law of Moses, which the Lord had commanded Israel. 2. And Ezra the priest brought the Law before the congregation, both men and women, and all who could hear with understanding,

70. **gave for the work**—When they came up with Zerubbabel, they gave a donation for the work of the House of the Lord, and in Ezra, the amount of silver and gold and the number of priestly tunics are mentioned.—[*Mezudath David*]

Hattirshatha—i.e., Nehemiah.—[*Mezudath David* from below 8:9 10:2]

gave to the treasury—He now gave to the treasury of the House of the Lord.—[*Mezudath David*]

priests' tunics—for the priests to wear during the performance of the sacrificial service.—[*Mezudath David*]

8

1. **as one man**—as quickly as it would take one man to come.—[*Mezudath David*] *Daath Soferim* writes that they all gathered of one accord.

2. **and all who could hear with understanding**—*Ralbag* explains

בְּיוֹם אֶחָד לַחֹדֶשׁ הַשְּׁבִיעִי: ג וַיִּקְרָא־בוֹ לִפְנֵי הָרְחוֹב אֲשֶׁר ׀ לִפְנֵי שַׁעַר־הַמַּיִם מִן־הָאוֹר עַד־מַחֲצִית הַיּוֹם נֶגֶד הָאֲנָשִׁים וְהַנָּשִׁים וְהַמְּבִינִים וְאָזְנֵי כָל־הָעָם אֶל־סֵפֶר הַתּוֹרָה: ד וַיַּעֲמֹד עֶזְרָא הַסֹּפֵר עַל־מִגְדַּל־עֵץ אֲשֶׁר־עָשׂוּ לַדָּבָר וַיַּעֲמֹד אֶצְלוֹ מַתִּתְיָה וְשֶׁמַע וַעֲנָיָה וְאוּרִיָּה וְחִלְקִיָּה וּמַעֲשֵׂיָה עַל־יְמִינוֹ וּמִשְּׂמֹאלוֹ פְּדָיָה וּמִישָׁאֵל וּמַלְכִּיָּה וְחָשֻׁם וְחַשְׁבַּדָּנָה זְכַרְיָה מְשֻׁלָּם: ה וַיִּפְתַּח עֶזְרָא הַסֵּפֶר לְעֵינֵי כָל־הָעָם כִּי־מֵעַל כָּל־הָעָם הָיָה וּכְפִתְחוֹ עָמְדוּ כָל־הָעָם: ו וַיְבָרֶךְ עֶזְרָא אֶת־יְהֹוָה הָאֱלֹהִים הַגָּדוֹל

ת״א לפני הרחוב . יומא פס פוטה פא ; חל ספר : שם לם . פנגל . עך . יומא פט מגלה כג . וכפתחו . פוטה לט מגלה כד : ויברך עזרא . יומא פז :

<hr>

רש״י

ח (ב) ביום אחד לחדש השביעי . הוא יום של ראש השנה: (ג) מן האור . של תחלת היום: אל ספר התורה . היו כל העם מטים אזניהם : (ד) אשר עשו לדבר . אותו מגדל עך עשו לשם כך לקרות שם עלי ספר התורה: (ה) כי מעל כל העם היה . ועל כן ראוהו כלם : וכפתחו . עמדו כל העם . וכאשר פתחו לקרות

מנחת שי

(ד) ומישאל . כול״ך . ומשבדנה . בספמא סב״ים:

אבן עזרא

ח (ב) ביום אחד לחודש השביעי . דבק עם ראש הספוק והטעם ויביא עזרא את התורה ביוספלוני כדמות מגדל כאשר אחכנו עושים פה בבתי כנסיות : (ג) ויקרא בו . רמז לספר התורה : (ד) מגדל עץ . (ה) וכפתחו עמדו . עמידה כדיבור ופירושו שתקו והחרישו וכן עמדו לא ענו עוד . ויתכן שעמדו על רגליהם לכבוד התורה והעד ויקומו על עמדם וכן אמרי חכמינו ז״ל

רלב״ן

כי לא יבואו שם מהסף רק סמבינים לשמוע : (נ) ואזני כל העם אל ספר הסורה . כלם סיו מטים אזניהם לשמוע הדברים ולהבינם ולוה סוא מבואר שלא סיו מדברים בדברים אחרים : (ד) ויתמוד עזרא הסופר על מגדל עך אשר עשו לדבר וגו' . סנה עשו זה כדי שיראה גבוה על העם וישמעהו כלם דבריו ולפי שהמגדל הסוא היה גבוס עשרם מעלות טמים או יותר וסיה מולך רשות לפני שלמו סיו שם עמו מימינו ומשמאלו קלת אנשים כדי שלא יפאל דבר שנתקדוסה בפמות מעשרה : (ח) וכפתחו עזרא כל העם . ר״ל שתתכף שהחמא ספר תורה עמדו כל העם של עמדו לא התנוטטו אח ממקומו מיט ממקומו כדי שיוכלו להבין את דברי הסורה : (ו) ויברך עזרא את ה' סאלהים וגו' . זו ברכם

מצודת דוד

במל ביום לסבין דברי ספר סאבר: ביום אחד וגו' . סול כ״ס : (ס) עמדו . ענין שתיקה כמו עמדו לא ענו עוד (איוב ל״ב) : (ג) ויקרא בו . עזרא קרל בו : בו . בן האור . מן מור הבוקר : והמבינים . בעלי בינה : ואזני וגו' . סיו נוטים אזניהם לשמוע אל דברי מורם . וסגעטס מתחלה בעבור זס : (ה) לעיני כל העם . מולם רלו כפתחו את הספר כי עמד על סמגדל ממעל לכל סעם ולום רלו סכל : וכפתחו . כאשר פתח סספר

<hr>

definitely counted as two names. Further study is required to reconcile the Talmudic interpretation.—[Malbim]

5. for he was above all the people—*Therefore, they all saw him.*—[Rashi]

and when he opened—when he opened the scroll, or when he opened

his mouth to speak.—[*Mezudath David*]

and when he opened it, all the people stood—*And when he opened it to read, all the people stood silent.*—[Rashi]

stood—Heb. עָמְדוּ, *an expression of silence* (they stood silent), *like* (Job 32:16): " ... *for they remained*

on the first day of the seventh month. 3. And he read in it before the square that was before the Water Gate from the [first] light until midday in the presence of the men and the women and those who understood, and the ears of all the people were [attentive] to the Scroll of the Law. 4. And Ezra the scholar stood on a wooden tower that they had made for the purpose, and there stood beside him Mattithiah, and Shema, and Anaiah, and Uriah, and Hilkiah, and Maaseiah on his right, and on his left Pedaiah, Mishael, Malkijah, Hashum, Hashbadanah, Zechariah, [and] Meshullam. 5. And Ezra opened the scroll before the eyes of the entire people, for he was above all the people, and when he opened it, all the people stood. 6. And Ezra blessed the Lord, the great God,

---

on the first day of the seventh month—*That is the day of Rosh Hashanah*—[*Rashi*]

3. **from the light**—*of the beginning of the day.*—[*Rashi*]

until midday—when the *mussaph* sacrifice was offered up; many of them left then to participate in or witness the Temple service.—[*Daath Soferim*]

to the Scroll of the Law—*All the people inclined their ears.*—[*Rashi*]

4. **on a wooden tower**—*That wooden tower was made for the purpose of reading the Scroll of the Law upon it.*—[*Rashi*] This wooden tower was constructed for the reader to stand above the people so that they all could hear him. Because the tower was at least ten handbreadths high, it was considered a separate domain from the congregation. Therefore, in order that Ezra should not be considered as reading the Torah by himself without a minyan, the following dignitaries were stationed

on either side of him.—[*Ralbag*] See *Shulchan Aruch Orach Chaim* 55:19, where the *Shulchan Aruch* rules that even if the reader's platform is ten handbreadths high, four cubits wide and has walls around it ten cubits high, the reader is counted as part of the minyan. [It appears that this ruling applies only in a synagogue, where the tower or pulpit is considered a piece of furniture with walls made for decoration. Here, however, the people were congregated in the open. Therefore, the tower could be considered an independent domain. See also *Beur Halachah*, ad loc.]

and there stood beside him—There were seven men on each side, with Ezra counted among those on the right side. According to the Rabbis, who count Zechariah Meshullam as one name (*Meg.* 23), there were six on each side, in addition to Ezra. However, in Ezra 8:16, Zecharia Meshullam is

וַיַּעֲנוּ כָל־הָעָם אָמֵן ׀ אָמֵן בְּמֹעַל יְדֵיהֶם וַיִּקְּדוּ
וַיִּשְׁתַּחֲוֻ לַיהֹוָה אַפַּיִם אָרְצָה: ‏ וְיֵשׁוּעַ וּבָנִי וְשֵׁרֵבְיָ ׀
יָמִין עַקּוּב שַׁבְּתַי ׀ הוֹדִיָּה מַעֲשֵׂיָה קְלִיטָא עֲזַרְיָה
יוֹזָבָד חָנָן פְּלָאיָה וְהַלְוִיִּם מְבִינִים אֶת־הָעָם לַתּוֹרָה
וְהָעָם עַל־עָמְדָם: ‏ וַיִּקְרְאוּ בַסֵּפֶר בְּתוֹרַת הָאֱלֹהִים
מְפֹרָשׁ וְשׂוֹם שֶׂכֶל וַיָּבִינוּ בַּמִּקְרָא: ‏ וַיֹּאמֶר נְחֶמְיָה
הוּא הַתִּרְשָׁתָא וְעֶזְרָא הַכֹּהֵן ׀ הַסֹּפֵר וְהַלְוִיִּם
הַמְּבִינִים אֶת־הָעָם לְכָל־הָעָם הַיּוֹם קָדֹשׁ־הוּא
לַיהֹוָה אֱלֹהֵיכֶם אַל־תִּתְאַבְּלוּ וְאַל־תִּבְכּוּ כִּי בוֹכִים
כָל

ת״א וישוב . פרקין לג : בספר כתורם . מגלה ג . נדרים לז :

רש״י

שתקו כל העם : עמדו . לשון שתיקה (שתקו) כמו עמדו
לא ענו עוד (איוב ל״ב) : (ו) במועל ידיהם . בנשיאות
ידיהם שנשאו כפיהם למעלה להודות להקב״ה כענין שנא'
ויפרוש כפיו השמים (מלכים א' ח') : (ז) מבינים את

מנחת שי

(ו) ושרביה . לרוב הספדויקים הכי״ש בלירי לא בסגול : סודיס .

אבן עזרא

מימי משה ועד רבן גמליאל היו למדין מעומד : (ו) במועל
ידיהם . משרם עלל וכמוהו ועוללתי בעפר קרני והוא כטעם מעלה מן עלה ויעל והם שנים שרשים בענין אחד
כמו שוגג ומשגה ופי' במועל בנשיאות ידיהם כטעם שאו ידיכם קודש וברכו את ה': (ז) מבינים את העם
לתורה . הכינום להקשיב התורה: (ח) מפורש . פי' דבר מפורש ; ושום שכל . שמו שכלם להבין במקרא זאת
השומה בטיון הלב כטעם ואתנה את לבי לדעת חכמה: (ט) לכל העם . דבק עם ויאמר שהוא ראש הפסוק :

רלב״ג

סתורה וידמה מזס שכבר בכך קודם קריאתו סתורה : במועל ידיהס . ר״ל שנשאו ידיהס למטלה לה' יתברך בטנותם אמן : (ז) מבינים
את הטם לתורה . ר״ל שהם מבאלרים לסם התורה : (ח) ויקראו בספר בתורת האלהיס וגו' . ר״ל שהלויים קראו בספר בתורת האלהיס דבר
מפורש כי תרגמוהו לסם ולא די לסם שתרגמוהו לסם כלשון מובן מאבל השמתלו בטעמם שכל וחכמה כטנין סדבר המתורגם וזה היה.
כשבאלרו לסם הכונה אשר בטבורם אמרם התורם זה ויאילו מוחס בלורם סקריאס כתורס שתספכיס אל המלווון בס וזה היה כשינומו
בקריאתם במקומות שהוא סוף כמאן מס ולא יגומו מס שהוא מאלט : (ט) סיום קדוש הוא לה' אלהיכס . זה מכואר כי סוא היה יום

מצודת ציון

(ו) במועל . מלשון סעלאה וסרמס : ויקדו . כפפו סקדקוד : או כאשר סמח פי לדבר שתקו כל סעם : (ו) אטן אמן . ככפל.
למון . במעל ידיהם . כרוממות ידיהס למעלה : אפים : (ח) ושום . מלשון שימה :

מצודת דוד

(ו) במועל . מלשון סעלאה וסרמס . ססס היו מבינים ומודיטיס לסטס את
מל פניו אלרם : (ז) מבינים . סס סיו מבינים ומודיטיס לסטם אם
דברי סתורה שקראו כזרמל : על עמדם : (ח) מפורש . קריאה מפורשת לדעת ולהבין מס סנא' סס : ושום שכל וגר'. ר״ל שמטו קול סקריאם כי כזרמל לבד סיס
סקולמל : מפורש . קריאה מפורשת לדעת ולהבין מס סנא' סס : ושום שכל וגר'. שמו שכלם ר״ל נתנו לבם לסטכיל אמיתת סטנין וסטכילו
להבין במקרא : (ט) המבינים . אשר סיו מבינים אם סטס אם דברי סתורם . לכל העם . סס אמרו לכל סטס סלא סיום קדוש הוא

Leviticus 26 or in Deuteronomy 28 were read to them so that they should fear God. *Malbim* explains that he read to them the sections dealing with Rosh Hashanah, and he explained to them that Rosh Hashanah is the Day of Judgment. Upon hearing this, they wept out of fear of the judgment and wished to fast. With regard to the fast, he said to them, "Go, eat fat foods and drink sweet drinks," and with regard to the weeping, he said, "Do not be sad," but trust in God that He will issue a favorable verdict.

and all the people answered, "Amen, Amen," with the uplifting of their hands, and they bent their heads and prostrated themselves to the Lord on their faces to the ground. 7. And Jeshua, and Bani, and Sherebiah, Jamin, Akkub, Shabbethai, Hodiah, Maaseiah, Kelita, Azariah, Jozabad, Hanan, Pelaiah, and the Levites explained the Law to the people, and the people stood in their place. 8. And they read in the scroll, in the Law of God, distinctly, and gave sense, and they explained the reading to them. 9. Then Nehemiah—he is Hattirshatha—and Ezra the priest, the scholar, and the Levites who caused the people to understand, said to all the people, "This day is holy to the Lord your God; neither mourn nor weep," for all the people

silent (עָמְדוּ); *they no longer answered.*"—[*Rashi*] This interpretation follows the Talmud (*Sotah* 39a), which deduces from this verse that when the reading of the Torah commences, one may not talk, explaining וּכְפִתְחוֹ, *and when he opened,* as *when he commenced.* There is, however, no obligation to stand during the reading. *Ibn Ezra* interprets it literally—that they stood, basing his interpretation on the Talmudic maxim (*Meg.* 21a): "From the time of Moses until the time of Rabban Gamaliel, the Torah was studied standing."

6. **And Ezra blessed, etc.**—This is the blessing for the Torah reading. It appears that they had already been reciting a blessing before the Torah reading.—[*Ralbag*]

with the uplifting of their hands—*with the raising of their hands, meaning that they lifted their hands on high to thank the Holy One, blessed be He, as it is stated:*

(I Kings 8:22): " *... and spread forth his hands towards heaven.*"—[*Rashi*]

7. **explained...to the people**—*meaning that they would translate the words of the Torah to the people.*—[*Rashi* from *Ned.* 37b]

in their place—*meaning that they were standing on their feet.*—[*Rashi*] *Mezudath David* explains that they did not move from their place.

8. **and gave sense**—Heb. וְשׂוֹם שֶׂכֶל, *and giving wisdom,* שׂוֹם *is an expression of doing.*—[*Rashi*] *Ibn Ezra* explains that the people concentrated on understanding the Torah. The Talmud (*Ned.* 37b) explains that Ezra taught the people where each verse terminated, thus enabling them to understand the text.

and they explained—The Talmud (ad. loc.) explains that this refers to the cantillation signs or to the Masorah.

9. **The day is holy**—*because it is the day of Rosh Hashanah.*—[*Rashi*] *Ralbag* conjectures that the curses in

כָּל־הָעָם כְּשָׁמְעָם אֶת־דִּבְרֵי הַתּוֹרָה: י וַיֹּאמֶר לָהֶם
לְכוּ אִכְלוּ מַשְׁמַנִּים וּשְׁתוּ מַמְתַּקִּים וְשִׁלְחוּ מָנוֹת
לְאֵין נָכוֹן לוֹ כִּי־קָדוֹשׁ הַיּוֹם לַאֲדֹנֵינוּ וְאַל־תֵּעָצֵבוּ
כִּי־חֶדְוַת יְהוָה הִיא מָעֻזְּכֶם: יא וְהַלְוִיִּם מַחְשִׁים
לְכָל־הָעָם לֵאמֹר הַסּוּ כִּי הַיּוֹם קָדֹשׁ וְאַל־תֵּעָצֵבוּ:
יב וַיֵּלְכוּ כָל־הָעָם לֶאֱכֹל וְלִשְׁתּוֹת וּלְשַׁלַּח מָנוֹת
וְלַעֲשׂוֹת שִׂמְחָה גְדוֹלָה כִּי הֵבִינוּ בַּדְּבָרִים אֲשֶׁר

ת"א משמנים . בילה טי :   א' נעה :   הודיעו

רש"י

כראוי: (י) לאין נכון לו . לעני שאין מזומן לו מאכלו . (יא) מחשים . היו מזהירין לכל העם לחשות שלא יבכו
עוד: הסו . לשון שתיקה כמו ויהס כלב (במדבר י"ג):

אבן עזרא

(י) כי חדות ה' היא מעזכם . השמחה היא תעוז אתכם
אם תקיימוה כי כן כתוב ושמחת בחגך : (יא) מחשים לכל
העם. פועל יוצא : הסו . מלעיל בגלגל הפסק וכן ערו

מנחת שי

(י) לאדנינו . מסקין אל"ף
בדגש היו"ד . זהו אחד מן ז' בלישנא כמו שכתוב בתהלים סימן קל"ה . ואל תפלבו לי
חדות . במקלת ספרים הלד"י בשוא ורוב המדוייקים בצירי : מעזכם .
הזיי"ן דגושה כמ"ש בישעיה פ"נ : (יב) ולעשות . בחטף פתח

רלב"ג

זכרון תרועה והוא חבר נקראהו להם במקום הקללות למען ייראו את ס' : (י) לכו
אכלו משמנים וגו' . אמר זה בעבור עונג יום טוב . ובעבור שהתורה לותה לנו בכל שמחותינו כמה שהגיעו לשמח האביונים בכל סעוד אשר
נתן ה' לנו לוה אותם שישלחו מנות לאשר אין נכון ומזומן והם העניים ולפי שעד חלי סיום קראו בתורה למדנו מזה שמומעדים נחנו
לשמח בקלחם הנפש והוא העסק בתורה ולשמח בקלחם הגוף והוא ההתענג במזונות ובמשקים הטרבים: כי מדוה ה' היא מעוזכם . ר"ל
המבלר והמחוזק שתתחזקו בו הוא שתשממו במה שרלה ה' יתברך שתשממו בו והם המועדים כי בהם הישרה נפלאה להשיג ה' יתברך כמו
שבארנו בפירוש התורה וטס השמחה והגרמבת נפש יחכן שיושג זה יותר . ואפשר שנאמר בבכרלון כו שהוא ראוי שתשמח כמה שהשמחה
מהתורה כדי שתחישרו לשמרה והוא המעוז והמחוזק שתלקחו מזה כי שמחה' בו תורה שרלונכם לנהג לפי התורה וזה הוא מה שאמר אחר
זה וילכו כל העם לאכול ולשתות ולשלוח מנות וגו' . ר"ל שהם היו משחקים העם מהבכי והתאבל : הסו .

מצודת דוד

(י) כשמעם וגו' . מהראוי להתאבל ולבכות בו : כשמעם וגו' .
(י) משמנים . מאכלי שמן : לאין נכון לו . למי שאין המזון נכון
ומזומן לו ר"ל לדלת העם : כי חדות ה' . ר"ל שמחת י"ט שהיא שמחה של מלוה היא מתן לכם עוז ותעלומות : (יא) מחשים .
היו משחקים את כל העם ואמרו להם שתקו מן הבכי : (יב) ולשלח מנות . לאין נכון לו : כי הבינו . השכילו וידעו בדברי הסופרים

מצודת ציון

(י) מנות . ענין חלק ומתן כמו ויהיה לך למנה (שמות כ"ט):
(יא) מחשים . משתיקים כמו עת לחשות (קהלת ג'): הסו . שתקו
ממתקים . משקים מתוקים: לאין נכון לו . למי שאין המזון נכון

11. quieted—*They admonished
all the people to be quiet, that they
should weep no longer.*—[Rashi]

Hush—Heb. הַסּוּ, *an expression of
silence*, like (Num. 13:30): "*And
Caleb hushed* (וַיַּהַס)."—[Rashi]

12. and to send portions—to
whoever had nothing prepared.—

[Mezudath David]

for they understood the words—
of the Torah that they were taught.—
[Mezudath David] According to *Neta
Sorek*, we should interpret the verse
to mean that they rejoiced with the
words of consolation that Ezra and
Nehemiah told them.

were weeping when they heard the words of the Law. 10. And he said to them, "Go, eat fat foods and drink sweet drinks and send portions to whoever has nothing prepared, for the day is holy to our Lord, and do not be sad, for the joy of the Lord is your strength." 11. And the Levites quieted all the people, saying, "Hush, for the day is holy, and do not be sad." 12. Then all the people went to eat and to drink and to send portions and to rejoice greatly, for they understood the words that

10. **to whoever has nothing prepared**—*to a poor man who has no food prepared for himself.*—*[Rashi]*

It is very meritorious to feed the poor on festivals, as is stated in the Zohar.—*[Homath Anach]*

for the joy of the Lord is your strength—With this you will see that you have strength in the Lord, and that He will bestow kindness upon you. The word חֶדְוָה denotes spiritual joy, and this joy is your strength, for it is the joy of the soul due to its cleaving to God, which is its strength.—*[Malbim]* Ezra and Nehemiah were very discouraged at the low spiritual level of the people and feared that there was no hope for them. They therefore read the Torah before them and explained its laws and the punishment in store for those who transgress them. When the people reacted by weeping profusely,

the leaders became aware of the true worth of the people and realized that their sinning was the result of their ignorance of the Law. This brought Ezra and Nehemiah great joy, and they exhorted the people to rejoice because now their sins would surely be forgiven. Ezra and Nehemiah were convinced that since the people wept when they were informed of the punishment due them because of their sins, there was hope that they would eventually repent sincerely and profoundly.—*[Yalkut Hagershuni from Neta Sorek]*

for the joy of the Lord is your strength—Joy will be your strength if you practice it, for the Torah writes that you must be happy on festivals.—*[Ibn Ezra]* The joy of the festival, which is a joy related to the performance of a *mitzvah*, will give you strength.—*[Mezudath David]*

הוֹדִיעוּ לָהֶם: יג וּבַיּוֹם הַשֵּׁנִי נֶאֶסְפוּ רָאשֵׁי הָאָבוֹת לְכָל־הָעָם הַכֹּהֲנִים וְהַלְוִיִּם אֶל־עֶזְרָא הַסֹּפֵר וּלְהַשְׂכִּיל אֶל־דִּבְרֵי הַתּוֹרָה: יד וַיִּמְצְאוּ כָּתוּב בַּתּוֹרָה אֲשֶׁר צִוָּה יְהֹוָה בְּיַד־מֹשֶׁה אֲשֶׁר יֵשְׁבוּ בְנֵי־יִשְׂרָאֵל בַּסֻּכּוֹת בֶּחָג בַּחֹדֶשׁ הַשְּׁבִיעִי: טו וַאֲשֶׁר יַשְׁמִיעוּ וְיַעֲבִירוּ קוֹל בְּכָל־עָרֵיהֶם וּבִירוּשָׁלַם לֵאמֹר צְאוּ הָהָר וְהָבִיאוּ עֲלֵי־זַיִת וַעֲלֵי־עֵץ שֶׁמֶן וַעֲלֵי הֲדַס וַעֲלֵי תְמָרִים וַעֲלֵי עֵץ עָבֹת לַעֲשֹׂת סֻכֹּת כַּכָּתוּב: טז וַיֵּצְאוּ הָעָם וַיָּבִיאוּ וַיַּעֲשׂוּ לָהֶם סֻכּוֹת אִישׁ עַל־גַּגּוֹ וּבְחַצְרֹתֵיהֶם וּבְחַצְרוֹת בֵּית הָאֱלֹהִים וּבִרְחוֹב שַׁעַר הַמָּיִם

ת"א ויעבירו קול . סוכה נג : ולאו ההר . סוכה יב לז :

רש"י

(יג) וב0יום השני . של ראש השנה: (טו) ואשר ישמיעו.
וכו0 אשר ישמיעו קול לחוג את חג הסוכות וכן נוהג המקרא
לדבר כענין הזה כמו אמור לנער ויעבור לפנינו (ש"א פ'):

ועלי הדס . מפורש במסכת סוכה זה הדס שוטה שאינו
ראוי ללולב כי אם לעשות סוכה : **ועלי התמרים** . ללולב :
ועלי עץ עבות . זה הדס הראוי ללולב כמפורש במסכת

אבן עזרא

ערן ער היסוד בה: (טו) ואשר ישמיעו. ועלי עץ שמן
ועלי עץ הדם ועלי התמרים . הוי"ן אינם מוסיפים על
המתרגם עבות הדסין על דרך קברה רק יש בו מיניס
הנמלאים בשלשה עלים הוא הנקרא מן מעשה עבות . ואני
מלאתי בששה עלים והוא הנאה מכולם להקרוה עבות ויש
אומר כי ימלא בשבעה עלים ורבותינו קראו הדם שוטה :

רלב"ג

שמקן : (טו) לאו ההר והביאו עלי זית וגו' . ר"ל עלים עס עלי עמ ועלי עץ עבות למדני
מען . לפי שזכר אמר זה . ועלי הדם :

מצודת ציון

כמו ויהם נלב (במדבר י"ג): (טו) ויעבירו קול . הוא ענין הכרזה
כמו ויעבירו קול במחנה (שמות ל"ו) : עבות . מלשון עב ור"ל
מרובה בעלים וקלועים זה על זה וכן שתי עבותות הזהב (שס כח):

מצודת דוד

אשר הודיעו להם ושמחו בזה: (יג) וב0יום השני
בימי עזרא עבירוהו לאלול ועשו שני ימים טובים של ר"ה כן אבזיל:
לכל העם . של כל העם : ולהשכיל . לקרות בה בכוונת הלב
לדעת מלות ה' אשר מעשינה : (טו) ואשר ישמיעו :

קלר וכאילו נאמר ולו אשר ישמיעו וגו' : עלי זית . מנפים כשהם עס העלים: עץ שמן . הוא מין מין סרק ; ועלי הדם . אלז"ל
שהוא הדם שוטה שאין כשר ללולב ולזו להביאן למכך כסס את הסוכה עס עלי זית ועלי עץ סמן ; ועלי תמרים . זה לולב : עץ עבות . זה
הסדם אשר עליו קלועים זה בזה הכשר ללולב וה"ס שלזו להביא סאחרוג וערבי נחל ולא זכלס לקלר כדבר המובן : לעשות סוכות . לסכך

and so it is customary for Scripture to speak in this manner, like (I Sam. 9:27): *"Tell the servant and he will go ahead of us."*—[Rashi]

olive leaves—i.e., olive branches with leaves.—[Mezudath David]

and leaves of oil trees—a type of tree that does not produce fruit.—[Mezudath David] According to

Feliks, (*Nature & Man in the Bible* p. 276f.), it is the Aleppo pine or the Jerusalem pine, a large evergreen tree.

myrtle leaves—*It is explained in Tractate Succah (12a) that this is a wild myrtle which is unfit for the lulav and only fit to make a sukkah.*—[Rashi] i.e., a myrtle whose

they informed them of. 13. And on the second day, the heads of the fathers' houses of all the people, the priests, and the Levites, gathered to Ezra the scholar, and to understand the words of the Torah. 14. And they found written in the Torah that the Lord had commanded by the hand of Moses that the Children of Israel dwell in booths on the festival in the seventh month. 15. And that they should announce and proclaim in all their cities and in Jerusalem, saying, "Go out to the mountain and bring olive leaves and leaves of oil trees, myrtle leaves, date palm leaves, and leaves of plaited trees, to make booths, as it is written." 16. And the people went forth and brought [them] and made booths for themselves, each one on his roof and in their courts and in the courts of the House of God, and in the square of the Water Gate,

13. **And on the second day**—*of Rosh Hashanah.*—[*Rashi*] In Ezra's time, they made Ellul a full month of thirty days, and they made Rosh Hashanah two days.—[*Mezudath David* from *Bezah* 6a, see *Rashi* ad loc.*]

and to understand—to read them with strong intent to know God's commandments, which they should perform.—[*Mezudath David*]

14. **And they found written, etc.**—It seems very strange that the Jews did not know anything about the *mitzvah* of *sukkah,* as it says in verse 17 that they had not made *sukkoth* since the days of Joshua the son of Nun. *Malbim* and others explain that this statement is based on the ruling in *Shulchan Aruch Orach Haim* 637:3 that one may not make a *sukkah* in a public domain. Since Jerusalem was not divided up among the tribes, the entire city was a public domain, and no *sukkoth*

could be constructed there. They could only be constructed in other cities, where the individual tribes owned the land, and individual members of the tribes owned private property. When Israel repossessed the land in Ezra's time, he stipulated that *sukkoth* could be constructed in Jerusalem and in other public domains. In other countries, however, he did not make such a stipulation, since the land belonged to gentiles. Prior to Ezra's time, when Joshua conquered the land, he could have made this stipulation. However, since he did not do so, no *sukkoth* were ever constructed in the Holy City, even in the time of David and Solomon. Hence the statement that they had not made *sukkoth* since the days of Joshua the son of Nun.

15. **And that they should announce**—*And they commanded that they announce that they celebrate the Festival of Sukkoth,*

הַמַּיִם וּבִרְחֹב שַׁעַר אֶפְרָיִם: יִוַיַּעֲשׂוּ כָל־הַקָּהָל
הַשָּׁבִים מִן־הַשְּׁבִי | סֻכּוֹת וַיֵּשְׁבוּ בַסֻּכּוֹת כִּי לֹא־עָשׂוּ
מִימֵי יֵשׁוּעַ בִּן־נוּן כֵּן בְּנֵי יִשְׂרָאֵל עַד הַיּוֹם הַהוּא וַתְּהִי
שִׂמְחָה גְּדוֹלָה מְאֹד: יִוַיִּקְרָא בְּסֵפֶר תּוֹרַת הָאֱלֹהִים
יוֹם | בְּיוֹם מִן־הַיּוֹם הָרִאשׁוֹן עַד הַיּוֹם הָאַחֲרוֹן וַיַּעֲשׂוּ־
חָג שִׁבְעַת יָמִים וּבַיּוֹם הַשְּׁמִינִי עֲצֶרֶת כַּמִּשְׁפָּט:
ט א וּבְיוֹם עֶשְׂרִים וְאַרְבָּעָה לַחֹדֶשׁ הַזֶּה נֶאֶסְפוּ בְנֵי־
יִשְׂרָאֵל בְּצוֹם וּבְשַׂקִּים וַאֲדָמָה עֲלֵיהֶם: יִוַיִּבָּדְלוּ
זֶרַע יִשְׂרָאֵל מִכֹּל בְּנֵי נֵכָר וַיַּעַמְדוּ וַיִּתְוַדּוּ עַל־
חַטֹּאתֵיהֶם וַעֲוֹנוֹת אֲבֹתֵיהֶם: יִוַיָּקוּמוּ עַל־עָמְדָם

ת"א בספר תורת . מגלה ג :

רש"י   ויקרא

סוכה: (יח) יום ביום, בכל יום ויום: ט (א) ואדמה עליהם. העלו עפר על ראשם: (ב) מכל בני נכר. ומנשיהם של העכו"ם

אבן עזרא
(יז) יֵשׁוּעַ . נקרא בשלשה שמות: (יח) יום ביום . פי'
ביום הרחוי וסטעם מענין היום :

רלב"ג
(א) נאספו בני ישראל בצום ובשקים ואדמה עליהם .

מצודת דוד
(יז) וישבו בסכות . ר"ל ישבו בהם בקצירות רב כמו שלא היו לסיות

on the eighth day an assembly—
They offered up the sacrifices
ordained for the eighth day of the
festival.—[Mezudath David]

9

1. gathered—Apparently they
gathered to repent of their taking
foreign wives so that God should
grant them atonement. Although Ezra

had already purified them of this sin,
it appears that afterwards people
came from the exile who still had
foreign wives from whom they had
to separate.—[Ralbag]

and [with] earth upon them—
They had put earth on their heads.—
[Rashi] This was a penitential
practice.—[Mezudath David]

2. from all the foreigners—and

and in the square of the Gate of Ephraim. 17. And all the congregation of the returnees from the captivity made booths and dwelt in the booths, for they had not done so from the days of Jeshua the son of Nun until that day, and there was exceedingly great joy. 18. And he read in the scroll of the Law of God day by day from the first day until the last day, and they made the festival seven days, and on the eighth day an assembly according to the ordinance.

9

1. And on the twenty-fourth day of this month, the Children of Israel gathered with fasting and with sackcloth and [with] earth upon them. 2. And the seed of Israel separated from all the foreigners, and they stood and confessed their sins and the iniquities of their forefathers. 3. And they rose in their place,

leaves do not grow evenly three in a row.

date palm leaves—*for a lulav.*—[*Rashi*]

and leaves of plaited trees—*This is the myrtle that is fit for the lulav as is explained in Tractate Succah* (ad loc.).—[*Rashi*] This is the myrtle whose leaves grow in rows of three like braids. He also commanded them to bring willow branches and *ethrogim*, but Scripture is brief and does not elaborate on things that are understood.—[*Mezudath David*]

to make booths—to make the roofs of the booths. This refers to the olive leaves, oil tree leaves and myrtle leaves.—[*Mezudath David*]

17. **and dwelt in the booths**—i.e., they made them their regular dwellings as is proper to do.—[*Mezudath David*]

for they had not done—i.e., they performed the mitzvah in the best possible manner, as had not been done since the days of Joshua the son of Nun.—[*Mezudath David*] Ralbag explains that since the days of Joshua the people had not celebrated *Sukkoth* in such a way that all the Jews were of one accord to serve God and read the Scroll of the Law every day. It appears that in the days of Joshua they had read the Scroll of the Law. It could also mean that they constructed the *sukkoth* whole-heartedly with the intention of observing God's commandment.

18. **day by day**—*every day.*—[*Rashi*]

and they made the festival—They offered up the prescribed sacrifices for seven days.—[*Mezudath David*]

וַיָּקוּמוּ בְּסֵפֶר תּוֹרַת יְהוָֹה אֱלֹהֵיהֶם רְבִעִית הַיּוֹם וּרְבִעִית מִתְוַדִּים וּמִשְׁתַּחֲוִים לַיהוָֹה אֱלֹהֵיהֶם: ד וַיָּקָם עַל מַעֲלֵה הַלְוִיִּם יֵשׁוּעַ וּבָנִי קַדְמִיאֵל שְׁבַנְיָה בָּנִי שֵׁרֵבְיָה בָּנִי כְנָנִי וַיִּזְעֲקוּ בְּקוֹל גָּדוֹל אֶל יְהוָֹה אֱלֹהֵיהֶם: ה וַיֹּאמְרוּ הַלְוִיִּם יֵשׁוּעַ וְקַדְמִיאֵל בָּנִי חֲשַׁבְנְיָה שֵׁרֵבְיָה הוֹדִיָּה שְׁבַנְיָה פְתַחְיָה קוּמוּ בָּרֲכוּ אֶת יְהוָֹה אֱלֹהֵיכֶם מִן הָעוֹלָם עַד הָעוֹלָם וִיבָרֲכוּ שֵׁם כְּבוֹדֶךָ וּמְרוֹמַם עַל כָּל בְּרָכָה וּתְהִלָּה: וְאַתָּה

רש"י

כמו שנא' למפלה: (ד) על מעלה הלוים. מעלות היו שם שהלוים עומדים שם עליהם בשעה שאמרו שירה: (ה) מן העולם עד העולם. מתחלת העולם ועד תכליתו יהי ברוך: ויברכו שם כבודך. עכשיו דברו הלוים כלפי

שכינה בתפלה ויברכו שם כבודך כי הוא גדול ומרומם על כל ברכה ותהלה כי כל הברכות ותהלות שלו הס. דבר אחר ומרומם על כל ברכה ותהלה שאין בריה יכולה לברכו ולהללו כפי גדלו ורוממותו שהוא מרומם ונשא יותר מה

מנחת שי

ט (ג) רבעת סיום ורבעת. לפי המסורת דסוף יחזקאל שגייס מסר יו"ד קדמאה וחסר יו"ד תניינא וכן נמלא בכלם מדוייקים: (ד) שבניה בני. סגו"ן במירק לא בפתח: (ה) מן העולם ועד העולם וכן בפסוק סמוך: בלריש כלירי כמרש למעלה וכן בפסוק סכמסך: (ה) מן העולם עד כעולם. מזינא למוקלא ספרי דגרמי ופל בוא"ו ושיבושא היא דכמסורי'

אבן עזרא

ט (ד) ויקם על מעלה. שסדבר סמוך והטעת מנהגם להתפלל לשם: (ה) קומו ברכו. הורו לישראל לברך השם שהוא מן העולם ועד העולם נלחים הוא אלהים אין עוד. והטעם ברכוהו אתם ואמרו לפניו יברכו

רלב"ג

[רלב"ג commentary — dense block]

מצודת דוד

[מצודת דוד commentary — dense block]

<hr>

Him or praise Him according to His greatness and His exaltedness, for He is exalted and raised higher than the mouth can express.—[Rashi]
Ralbag elaborates on this, stating that even the angels cannot bless God to the full extent of His greatness. He is always indescribably higher than any blessing or praise that any creature

can bestow upon Him. Ralbag also remarks that it appears from this verse that the response to any blessing in the Temple was not "Amen," but "Blessed is the Lord our God from everlasting to everlasting, and blessed is His glorious Name, and He is exalted over every blessing and praise." The Talmud (*Ta'anith*

and they read in the scroll of the Law of the Lord their God a fourth of the day, and another fourth they confessed and prostrated themselves to the Lord their God. 4. And on the step of the Levites stood: Jeshua and Bani, Kadmiel, Shebaniah, Bunni, Sharebiah, Bani, [and] Chenani, and they cried out with a loud voice to the Lord their God. 5. And the Levites said, namely Jeshua, and Kadmiel, Bani, Hashabniah, Sherebiah, Hodiah, Shebaniah, [and] Pethahiah, "Rise, bless the Lord your God from everlasting to everlasting, and they shall bless Your glorious Name, for He is exalted above every blessing and praise. 6. You

from their wives of the heathen nations, as is stated above (Ezra 10).—[*Rashi*]

3. the Law of the Lord their God a fourth of the day—We learn from here that on a fast day it is proper for people to read the Torah in the first quarter of the day, and to confess, prostrate themselves and ask forgiveness in the final quarter of the day, when they are heartbroken and crushed by the pain of the fast. During the two middle quarters of the day they should examine their deeds and rectify what they did wrong, for only then is it possible for their prayers to be accepted, as we find with Moses, who did not pray for forgiveness for the sin of the Golden Calf until after he executed judgment upon the willful sinners.—[*Ralbag*] The Talmud (*Taan.* 12b) states, however, that for the entire morning, they would meet and examine the matters of the city. In the afternoon, during the third quarter of the day, they would read the Torah and the Haftarah, and in

the final quarter, they would pray for mercy.

4. on the step of the Levites—*There were steps upon which the Levites would stand when they would recite their song* [for the sacrificial service].—[*Rashi*]

5. from everlasting to everlasting—lit. from the world to the world. *From the beginning of the world until its end, He shall be blessed.*—[*Rashi*] The Mishnah (*Ber.* 54a) states, however, that when the Sadducees (or perhaps a similar sect existing at that time) proclaimed that there was only one world, Ezra devised this formula: from the world to the world, meaning both in this world and in the world to come.

and they shall bless Your glorious Name—*Now the Levites spoke toward the Shechinah in prayer, for He is great and exalted over every blessing and praise, for all the blessings and praises are His. Another explanation is that He is exalted above every blessing and praise; that no creature can bless*

הוּא יְהוָה לְבַדֶּךָ אַתָּ* עָשִׂיתָ אֶת־הַשָּׁמַיִם שְׁמֵי
הַשָּׁמַיִם וְכָל־צְבָאָם הָאָרֶץ וְכָל־אֲשֶׁר עָלֶיהָ הַיַּמִּים
וְכָל־אֲשֶׁר בָּהֶם וְאַתָּה מְחַיֶּה אֶת־כֻּלָּם וּצְבָא
הַשָּׁמַיִם לְךָ מִשְׁתַּחֲוִים: ז אַתָּה־הוּא יְהוָה הָאֱלֹהִים
אֲשֶׁר בָּחַרְתָּ בְּאַבְרָם וְהוֹצֵאתוֹ מֵאוּר כַּשְׂדִּים
וְשַׂמְתָּ שְּׁמוֹ אַבְרָהָם: ח וּמָצָאתָ אֶת־לְבָבוֹ נֶאֱמָן
לְפָנֶיךָ וְכָרוֹת עִמּוֹ הַבְּרִית לָתֵת אֶת־אֶרֶץ הַכְּנַעֲנִי
הַחִתִּי הָאֱמֹרִי וְהַפְּרִזִּי וְהַיְבוּסִי וְהַגִּרְגָּשִׁי לָתֵת לְזַרְעוֹ

ת"א נחרם נאברם . ברכות י"נ :   אתה קרי   ותקם

רש"י

שהפה יכולה לדבר : (ז) ושמת . טעמו למעלה בשי"ן לפי שמשמעותו כל' עבר : (ח) וכרות עמו . ל' פעול :

אבן עזרא

שם כבודך בני חלד ותהיה מרומס על כל ברכה והטעם . מני ליה כסדי דכתיב ע"ד הטולם בלא ומ"ן : (ו) את' טשים . סירוס אחר שינרכוהו : (ו) השמים . הוא הרקיע ושמי   מתה קרי :

מנחת שי

רלב"ג

יתברך . וטל זולתו יאמר בשתוף ובאמור : אחה פשים את השמים . ושמי השמים הם הגלגלים הטובדים כל גלגל וגלגל בתנוטותיהם : וכל לבאם . הם הכוכבים אשר בטבורם היה רבוי סגלגלים וטשיית האריך . וכל אשר טליה מהלמחים והבטלי חיים : ימים וכל אשר בהם. מהדגים והטלמחים כמו האלמוגים שיתהוו בהם וקלת טשבים שגדלים במים : ואחה מחיה את כלם . ומטמיד אותם ר"ל שאין מטשיך מלו כדרך מטשי האדם שאחר שנטשו לא יפלס קיומם בקיום הטובה אוחם אבל מטשי ה' יתברך קיומם כמה שישפע עליהם תמיד מה' יתברך ולזה הוא מחיה את כלם : ולבא השמים לך מטתחוים . ר"ל בהם כלם נכנטים או יתבלך ומבלימחותו הם מתנוטטים כמו שבאלרנו בחמישי מספר מלחמות ה' : (ז) אתה הוא ה' האלהים אשר בחרת באברם . ולזה הולאחו מאור כשדים כדי שילך לארך הנכחמרת למטן יהיה זרעו נבחר כמו שבאלרנו בבאורנו לדברי סתורה : כשליח שיהיה לו בן משרה אשר היט ממנו הזרע הנבחר אשר בטבורו היה אב ואדון להמון גוים כי ממנו היה הזרע הזכה לרשת אין שבטס ממין . והנה (ח) מלאתה לבב אברהם נאמן לפניך ולזה כרת טמו הברית לתת את ארך הכנטני החתי האמורי והפרזי והיבוסי וסיבוסי וסגרגשי טדיין באוסן שתנחן לזרעו . והנה לא זכר שאר האומות שאמר לו ה' יתברך שיתן לזרעו לפי שהוא אמר מחר זה ותקך את דבריך ולא נחקיים טדיין טנין נחינת שאר האומות והכל יסיה נשלם בטם בטת היאת הגאול כמו שבאלרנו בבאורנו לדברי חורה . והנה בטוף הטנין הקמח את שבאלרנו דבריך לי לדיק וישר אתה ולא תמנט מבטל חק מקו שאמרת לתת לו מהטוב ולזה רלים לזכט לזרעו אברהם זה הטוב כאשר יסיו רחוים לו גם המלאכה לכם מס

מצודת דוד

כרכה ותהלה כי אין לספר כל תהלתך : (ו) שמי השמים . סם . (ז) מאור כשדים . מרז"ל כי נמרוד השליכו לכבשן אם באלן כשדים השמים הטליונים אשר סמה ממטל השמים הנראים . וכל צבאם : וכל צבאם : וס' הלינו : אברהם . אברהם . (ח) לתת לזרעו . מפני מריכת הדבריך מזל הם הכוכבים ומזלות . ואתה מחיה . אחה נוחן חיום ומזון לכולם :   גוים כמ"ש בטפורה :

nations.—[*Mezudath David*]

8. And You found his heart faithful before You—as was indicated by his passing the ten tests with which You tried him.—[*Malbim*]

and You made—Heb. וְכָרוֹת, lit. and cutting, *an expression of doing.*—[*Rashi*]

to give the land, etc.—The other nations whose land God promised to Abraham are not mentioned here because the verse concludes with, "and You kept Your words, etc." The territory of the other nations was not given to Israel, but will be given to them in Messianic times.—[*Ralbag*]

alone are the Lord; You made the heavens, the heavens of the heavens and all their host, the earth and all that is upon it, the seas and all that is in them, and You give life to them all, and the heavenly host bow down before You. 7. You are the Lord God, Who chose Abram, took him out of Ur of the Chaldees and made his name Abraham. 8. And You found his heart faithful before You, and You made the covenant with him to give the land of the Canaanites, the Hittites, the Amorites, the Perizzites, the Jebusites, and the Girgashites, to give to his seed,

16b) states, however, that this was the formula for concluding every blessing. The assembly would then respond, "Blessed is the Name of His glorious kingdom forever and ever."

6. You alone are the Lord—No being shares this name with You, for You are the only truly existing Being, and every other being draws its existence from You. Any other being which is said to exist is only spoken of in this manner in borrowed terms (since its existence is dependent on God) and from a much later time (since God's existence is without a beginning).—[*Ralbag*]

the heavens and the heavens of the heavens—the atmosphere and outer space.—[*Ibn Ezra*] *Mezudath David* explains that the heavens of the heavens are the higher heavens, above the heavens visible to us.

and all their host—Those are the stars and the planets.—[*Mezudath David*]

and all that is upon it—i.e., the vegetation and the living creatures.—[*Ralbag*]

the seas and all that is in them—all aquatic creatures and vegetation.—[*Ralbag*]

and You give life to them all—i.e., You keep them in existence. Your works are unlike the works of mortal man, which are independent of their makers. The works of God, however, are constantly dependent on His keeping them in existence.—[*Ralbag*]

and the heavenly host bow down before You—They are all subordinate to God, and all their motion is by His command.—[*Ralbag*]

7. Who chose Abram—and therefore took him out of Ur of the Chaldees to lead him to the Chosen Land so that his children should be the chosen seed.—[*Ralbag*]

and made—Heb. וַעֲשִׂיתָ. *The accent is on the first syllable on the "sin," because its meaning is in the past tense.*—[*Rashi*]

his name Abraham—an indication of his greatness; he was the father of a multitude of

וַתָּקֶם אֶת־דְּבָרֶיךָ כִּי צַדִּיק אָתָּה: ט וַתֵּרְא אֶת־עֳנִי אֲבֹתֵינוּ בְּמִצְרָיִם וְאֶת־זַעֲקָתָם שָׁמַעְתָּ עַל־יַם־סוּף: י וַתִּתֵּן אֹתֹת וּמֹפְתִים בְּפַרְעֹה וּבְכָל־עֲבָדָיו וּבְכָל־עַם אַרְצוֹ כִּי יָדַעְתָּ כִּי הֵזִידוּ עֲלֵיהֶם וַתַּעַשׂ־לְךָ שֵׁם כְּהַיּוֹם הַזֶּה: יא וְהַיָּם בָּקַעְתָּ לִפְנֵיהֶם וַיַּעַבְרוּ בְתוֹךְ־הַיָּם בַּיַּבָּשָׁה וְאֶת־רֹדְפֵיהֶם הִשְׁלַכְתָּ בִמְצוֹלֹת כְּמוֹ־אֶבֶן בְּמַיִם עַזִּים: יב וּבְעַמּוּד עָנָן הִנְחִיתָם יוֹמָם וּבְעַמּוּד אֵשׁ לַיְלָה לְהָאִיר לָהֶם אֶת־הַדֶּרֶךְ אֲשֶׁר יֵלְכוּ־בָהּ: יג וְעַל הַר־סִינַי יָרַדְתָּ וְדַבֵּר עִמָּהֶם מִשָּׁמַיִם

ת"א הר סיני . נדרים נח: ותתן

רש"י

(י) כי הזידו . כי הרשיעו עליהם כמו כי בדבר אשר זדו : בכל יום ויום . שם . (רנו"ן בלע"ז) : (יב) יומם . כמו ולדבר כמו שנאמר מן עליהם (שמות י"א) : השמים השמיעך את קולו ליסרך (דברים ד') :

אבן עזרא

(יא) במצולות . כמולס ובריב הסמדייקים מלא וה"ו קדמאה (י) כי הזידו . עשו זדון השמים הגלגלים העליונים : במשלם עליהם : (יב) ודבר עמהם . מקור :

מנחת שי

(יא) במצולות . כמולס ובריב הסמדייקים מלא וה"ו קדמאה ומסר וה"ו חנייכא ולא נמוח למס שכתוב במסורה גדולה

רלב"ג

תקנו בו מהשלמות באופן שיהיו ראויים לזאת הטובה. והנה מהשגמחתך על האבות (ח) ראית את עני אבותינו במצרים וירדה השגנמחתך להצילם ושמעת גם כן זעקתם על ים סוף כשנרדף פרעה אחריהם והבד מהם מנום כי סים סיה להם מלד אמד ומיל סרעה מלד אמר אז מסרת להצילם. ולא די שהצלת אותם אבל השחדלה לעשות מה שחטמם לך סם בו. והם (י) סאותות והמומפתים שנחת בפרעה ובכל עבדיו ובכל עם ארלו כי זה היה סבה לעשות לה' יתברך שם וזה שנמסר תמיד באלו הגלי בנינו ובני בנינו אלו האותות וידעו כל כי סוא ה'. והנה במה שהשמפטה מהטוב כנסשי לישראל באלו הסמלות אשר סרית פרעה וטבדיו וממו בכל מכס לא היה מטפול כלל כי כלם הרשיעו על ישראל לסנותם בטמנים נסללים ודמו לכלותם כנזרותיהם כמה שנזלרו שבל סבן סילוד ישליכו היאורה. ובזה הוסר הספסק מין היה נטנש פרעה וה' יתברך בקסה את לבו וזה כי הוא לא היה נטנש על מה שהקשה ס' יתברך בו אם לא לבו אבל היה לבו נטנש כננד ישראל ורלה ס' יתברך בהטילו הטונש עליו שיגיע מזה מוטלה לישראל שידעו לי סוא ס' . ולזה סבטיח ס' יתברך מכרסס שיחדש אלו הממוספתים בלאהם ממלרים כאמרו וגם את הגוי אשר יעבודו דן אנכי ובזה נתבאר לאברהם קיום סיטוד שיטדו ה' יתברך מטנין ירושת הארן אשר בטבדתו סאל אות ואמר במה אדע כי מירשנה כי בסבת אלו האותות קנה זרעו מהשלמות מה שהיה ראוי בו ליריטת הארן כמו שבאמרנו בבאורינו לדברי התורה. וזולת האותות והמומספתים שהרבית לטשות במלרים טשית טוד מהמומפת כדי שידטו כלס כי אתה ס' , והוא (יא) שבקבר בקטת הים לסני ישראל כשנרדף פרעה אחריסם ויטברו בני ישראל במוך הים ביבשה ואת רודפיהם השלכת בכח במלולות הים וגלגלו בהם במטירות כמו שמלגלול האבן במים טזים. וטשית טוד מהמומספתים לישראל (יב) סנמיתם בטמוד טנן יומם וסמוד אש לילה לסני הטם . וספלגנת טוד למדם להם באש לילה להאיר להם את הדרך אשר ילכו וגם במקומם לא סמיש טמוד הטנן יומם וטמוד האש לילה לסני הטם . וסו' שכבר (יג) ירדת שכינתך על הר סיני וטיניהם רואות ודברת טמהם משמים כל דרך שלא באותם

מצודת ציון

ט (ט) עני . מלשון טינוי : (יא) בקעת . חלקת לשנים : במצולות . טומק המים כמו ותשליך במלולות ים (מיכה ז') : עזים . מלשון טוז ומחוזק : (יב) הנחיתם . סנהגתם כמו ולא נחס (שמות י"ג) :

ענן . על ידי טמוד הטנן סנהגתם ביום לסורות להם סדרך אשר ילכו בה :

מצודת דוד

(ט) ותרא . נתת לב לראות בטנייהם ונגאלם : (י) הזידו עליהם . ישראל להטצידים בקושי וסברך : לומר שוב מלא לחם וכן דרך המקרא : ותקם . וקיימת : (ט) ותרא : (י) הזידו עליהם . הרשיעו על כהיום הזה . אשר נתכרסס עז כן ישראל להטצידים בקושי וסברך : (יא) במצולת . בשלכת למס מס חזקים הוא כמו אבן עד מאד : (יא) במצולת . בשלכת למס מטה חזקים ורדופים מאד : (יב) ובעמוד הכוסל לקרקעית המים אף אם הם חזקים ורדופים מאד : (יב) ובעמוד ענן . על ידי טמוד הטנן סנהגתם ביום לסורות להם סדרך אשר ילכו בה : (יג) ודבר עמהם . דברת עמהם : משמים . כי סרלין

"You shall not murder," and "Honor your father and mother." It also consists of laws of truth, viz. "I am the Lord," and "You shall have no other gods." It also includes beneficial statutes and commandments, "You shall not bear the Name of the Lord your God in vain" and "Remember the Sabbath day." Although these are classified among the statutes, their benefit is apparent.—[Ralbag]

and spoke—Heb. וְדַבֵּר, like וּלְדַבֵּר, *and to speak, as it says* (Deut. 4:36):

and You kept Your words, for You are righteous. 9. And You saw the affliction of our fathers in Egypt, and You heard their cry by the Sea of Reeds. 10. And You performed signs and wonders against Pharaoh and against all his servants and against all the people of his land, for You knew that they dealt wickedly with them, and You made for Yourself a name as of this day. 11. And You split the sea before them, and they passed in the midst of the sea on dry land, and their pursuers You cast into the depths, like a stone in mighty waters. 12. And with a pillar of cloud You led them by day, and with a pillar of fire at night to illuminate for them the way in which they should go. 13. And You descended upon Mount Sinai and spoke with them from heaven,

9. And You saw—You directed Your attention to their affliction and their redemption.—[*Mezudath David*]

10. that they dealt wickedly—Heb. הֵזִידוּ, *that they dealt wickedly, like* (Exod. 18:11): " ... *that they plotted* (זָדוּ) *against them."*—[*Rashi*] The Egyptians were punished because they mistreated the Israelites more than they were decreed to, out of the wickedness of their hearts.—[*Malbim*]

a name—Heb. שֵׁם, *renom in French, renown.*—[*Rashi*]

as of this day—that Your Name had gained great renown.—[*Mezudath David*]

11. And You split the sea before them—You did this for two reasons: 1) so that they should pass in the midst of the sea on dry land and be saved, and 2) so that the Egyptians should drown in the sea.—[*Malbim*] *Ralbag* explains that, in addition to the miracles that God performed in Egypt against Pharaoh and his

people, he split the Sea of Reeds and cast the pursuers of Israel into the depths. They sank as quickly as a stone sinks into water.

12. And with a pillar of cloud You led them—In addition to the miracles and wonders that You performed for Israel in Egypt, You led them out with a pillar of cloud by day and a pillar of fire at night to illuminate the way for them.—[*Ralbag*]

by day—*every day.*—[*Rashi*]

13. And You descended upon Mount Sinai—In addition to this, You performed a miracle by having Your Shechinah descend upon Mount Sinai before their eyes, and You spoke to them from heaven in a miraculous manner with wondrous voices, which they saw and heard, and in this manner You gave them the Decalogue, which consists of just ordinances, namely "You shall not covet," "You shall not bear false witness," "You shall not commit adultery," "You shall not steal,"

וַתִּתֵּן לָהֶם מִשְׁפָּטִים יְשָׁרִים וְתוֹרוֹת אֱמֶת חֻקִּים
וּמִצְוֺת טוֹבִים: יד וְאֶת־שַׁבַּת קָדְשְׁךָ הוֹדַעְתָּ לָהֶם
וּמִצְוֺת וְחֻקִּים וְתוֹרָה צִוִּיתָ לָהֶם בְּיַד מֹשֶׁה עַבְדֶּךָ:
טו וְלֶחֶם מִשָּׁמַיִם נָתַתָּ לָהֶם לִרְעָבָם וּמַיִם מִסֶּלַע
הוֹצֵאתָ לָהֶם לִצְמָאָם וַתֹּאמֶר לָהֶם לָבוֹא לָרֶשֶׁת
אֶת־הָאָרֶץ אֲשֶׁר־נָשָׂאתָ אֶת־יָדְךָ לָתֵת לָהֶם:
טז וְהֵם וַאֲבֹתֵינוּ הֵזִידוּ וַיַּקְשׁוּ אֶת־עָרְפָּם וְלֹא שָׁמְעוּ
אֶל־מִצְוֺתֶיךָ: יז וַיְמָאֲנוּ לִשְׁמֹעַ וְלֹא־זָכְרוּ נִפְלְאֹתֶיךָ

(טו) לרעבם . מן רעב יאמר לרעבם כמו מן למא לנמאם: אשר נשאת את ידך . בשבועה כמו אשר נשאתי את ידי לתת

אבן עזרא

(יד) ואת שבת קדשך . הזכיר השבת לבד מעשרת הדברים
כי היא נכבדת במנוחה ותוספת שכל : (טו) לרעבם .
הלמ״ד כטעם בעבור .

מנחת שי

פרשה כשלם ופיין מ״ש שם ובתהלים ס״ח : (יד) ומצוות וחקים .
לית מלא חרין ומ״ו ן . וכירושלמי פרק ארבעים נדרים אמר ר״א בר
חבינא מלוות שבת מליא לסודינו שבין שקולה כנגד כל מלוותיה של
תורה סי׳ מלוח דכתיב גבי שבת דכתיב ואת שבת קדש פודעת להם
ומלוות מלא ב׳ יפוי״ן : (טו) ולחם משמים נחמ . במקלת מדוייקים
ב׳ בו ע״כ . וכולהון בהאי עניינא והכי אשכחנא נמי במסורה דף׳ ל״ם
ורומך קדמאה דפסוק כ׳ ז הס במלכותם דפ׳ נ״א
וקמשיב בגווייהו ד׳ מילין דלמבר ואיתמר נמי סתם והם במלכותם ב׳ טו ובמסורה ל״י נמי דמותא . כרם אשכמנא דכתוב בה ולחם
משמים סלינא . ורומך הסותח סלינא . ונמלאת מסורס זו מומגפת כנירפפא עם אותן שזכרמי וסרבה יש כמותה בספרי המסורות :

רלב״ג

הקולות הנפלאים שהיו הפת רואים . וטמטיס . זומטיס ונסף לס בזה הטומן מסרת הדברים ישרים . והם לא תמעוד ולא תפנה ולא
תלאף ולא חנוג ולא חרגח וכבד . .תורות אמת הם אנכי ולא יסיה לך . והקים והמלות הטובים הס לא תשא וזכור . שפם סיוחם
חקים הס מבוללרי התוטלת כמו שבאריגו כל זה כפרשת וישמע יתרו : (יד) ולא שבת קדש הודעת להם קודם זה בדבר המן שנתתי זה בדבר המן שנתבאר בו
לכל ישראל איזה יום הוא שבת כי ביום הששי מלאו כמה שלקטו משנה על אשר ילקטו יום יום כדי שיספיקו להם לשבת ושבת לא ירד ובזה
סודיע להם ס׳ מנין כשבת שהוא קדוש בזה הטומן הנגלה . ואחר שנמטמו ישראל בטרח הדברים וירלא כן ימותו אם ישמעו עוד דברי ס׳
יתברך בזה הטומן למרי למשה דבר מתה עמנו ואל ידבר ממנו אלכים פן נמות ואז לוה ס׳ יתכדן לישראל מלות ומקים וחוקים ביד משה
בבדו . והנה הרדית להם פוד מופתיך למשכן לעבודתיך : (טו) נתח להם במדבר לרעבכם לפבודתיך לא מיד המן מן השמים והוא סמן וסולאם להם מים
מסלע לנמאם וזה קרה להם פעמים בתיוחם פרסיטו וזאמר להם אחר זה לבוא אם מרגלים כדי שיתישרו לרשח את הארן אשר אשר נשבעתי
לאבוחיהם לתת להם : (טז) והנה המרגלים ואבותינו ממכה פרטיטו ויקשו את פרפם לבלתי שמוע אל דברי ס׳ יתברך : (יז) למלוח שם

מצודת דוד

אם השמים ופירשס פל ההכל : (טו) ולחם . סוא המן : לרעבם .   (טז) ערפם . סוא מול ספניס :   (יז) וימאנו . מלשון מיאון
לספביטם מן הרטבון : לצמאם . לרווח למחונים : ותאמר להם :
סמחמת לכס : נשאת את ידך . מנין שבועה סוא כהרמת ידו אל שלמו וכמ״ש אשר נבאחי אם ידי וגו׳ (שמות ו) : (טז) והם ואבותינו .

מצודת ציון

16. But they and our forefathers—But the spies and our
forefathers with them behaved
wickedly and stiffened their necks,
unwilling to obey the words of God
to go up to the land, as they said,
(Deut. 1:28): "Whither shall we go
up? Our brethren have made us
downhearted, etc."—[Ralbag]

17. And they refused to listen—
when Joshua and Caleb encouraged
them to go up to the Land and told
them how good it was and how God
was with Israel to aid them in their
conquest.—[Ralbag]

**and they did not remember
Your wonders, etc.**—They did not
remember the wonderful things He
had done for them prior to this
occasion, which should have given
them courage and trust that the

and You gave them right ordinances and laws of truth, good statutes and commandments. 14. And Your holy Sabbath You made known to them, and commandments and statutes and the Law You commanded them, by the hand of Your servant Moses. 15. And bread from heaven You gave them for their hunger, and You took water out of a rock for them for their thirst, and You said to them to come to inherit the land that You raised Your hand to give them. 16. But they and our forefathers behaved wickedly, and they stiffened their necks and did not hearken to Your commandments. 17. And they refused to listen, and they did not remember Your wonders

"From the heavens He let you hear His voice to chastise you."—[*Rashi*] *Malbim* explains that as God led the pillar of cloud and the pillar of fire, the Shechinah became manifest. The Shechinah became even more manifest when they stood before Mount Sinai, and the glory of God was revealed in order to give them His Torah.

14. And Your holy Sabbath, etc.—The Sabbath is singled out from the commandments because of its paramount importance of giving rest and superior intelligence to those who observe it.—[*Ibn Ezra*] *Malbim* explains that through the commandment of the Sabbath, God taught them the foundations of the faith, namely that He created the world and that He guides them.

and commandments and statutes and the Law—These they had for the duration of the time that they were encamped in the desert of Sinai until they encamped in the desert of Paran, where He gave them all the commandments written in the

Books of Exodus, Leviticus and Numbers—[*Malbim*]. *Ralbag* explains that God informed them of the sanctity of the Sabbath through the manna, which fell only six days, with two portions on the sixth day to prepare for the Sabbath.

by the hand of Your servant Moses—After Israel heard the Decalogue, they were afraid to hear the entire Torah from God and requested that Moses be their intermediary.—[*Ralbag*]

15. And bread—That is the manna.—[*Ralbag, Mezudath David*]

for their hunger—Heb. לְרָעֲבָם. *From* רָעֵב *one says* לְרָעֲבָם, *as from* צָמֵא [*one says*] לִצְמָאָם.—[*Rashi*]

and You took water out of a rock—This occurred twice during their travels in the desert.—[*Ralbag*]

and You said to them—You promised them.—[*Mezudath David*] *Ralbag* interprets this as an allusion to God's command to Moses to send forth spies so that they should be prepared to conquer the land.

that You raised Your hand—

אֲשֶׁר עָשִׂיתָ עִמָּהֶם וַיַּקְשׁוּ אֶת־עָרְפָּם וַיִּתְּנוּ־רֹאשׁ לָשׁוּב לְעַבְדֻתָם בְּמִרְיָם וְאַתָּה אֱלוֹהַּ סְלִיחוֹת חַנּוּן וְרַחוּם אֶרֶךְ־אַפַּיִם וְרַב־וַחֶסֶד וְלֹא עֲזַבְתָּם: יח אַף כִּי־עָשׂוּ לָהֶם עֵגֶל מַסֵּכָה וַיֹּאמְרוּ זֶה אֱלֹהֶיךָ אֲשֶׁר הֶעֶלְךָ מִמִּצְרָיִם וַיַּעֲשׂוּ נֶאָצוֹת גְּדֹלוֹת: יט וְאַתָּה בְּרַחֲמֶיךָ הָרַבִּים לֹא עֲזַבְתָּם בַּמִּדְבָּר אֶת־עַמּוּד הֶעָנָן לֹא־סָר מֵעֲלֵיהֶם בְּיוֹמָם לְהַנְחֹתָם בְּהַדֶּרֶךְ וְאֶת־עַמּוּד הָאֵשׁ בְּלַיְלָה לְהָאִיר לָהֶם וְאֶת־הַדֶּרֶךְ אֲשֶׁר יֵלְכוּ־בָהּ: כ וְרוּחֲךָ הַטּוֹבָה נָתַתָּ לְהַשְׂכִּילָם וּמַנְךָ לֹא־מָנַעְתָּ

מפיהם

רש"י

יתיר ר'

מותה (שמות ו') : (יז) במרים . כשביל מרי שלהם: (יט) בהדרך . כמו בדרך :

מנחת שי

(יז) ורב וחסד. מסד קרי : (יח) הַעֶלְךָ. בדפוס נאשלי' כתוב הַעֶלוּךָ כלשון הכתוב בספרים שלפנינו ...

אבן עזרא

(יז) ויתנו ראש . בדבור ופי' אמרו לתת להם ראש כענין נתנה ראש : (יט) את עמוד הענן . מלת את דבק עם הפועל הוא העמוד שלא סר מעליהם ולעולם יבא עם הפעול זולתי זה ומעט אחרים עמו כמו ואת מלכנו שרינו כהנינו ואבותינו לא עשו תורתך ובא האחרי ואת הדוב ונשא שה : בהדרך . כמו נכון כה"א הדעת: (כ) ורוחך הטובה נתת להשכילם . וזהו ויאצל מן

רלב"ג

לרשת את הארץ כמאמר ... וזה' יתברך הוא בעזר ישראל ... (יט) ואתה מפני רב רחמיך עם כל אלו לא עזבתם במדבר את עמוד הענן ועמוד האש שהיה בו תועלת להישירם לאמונת ה' יתברך וסיה בזה עוד מהתועלת לנגמותם הדרך ולהאיר להם בלילה : (כ) ורוחך הטובה נתת כחת על שבעים איש מזקני ישראל

מצודת ציון

וסירוב : (יח) מסכה . מדבר הניתך וליתוך : נאצות . ענין כעס וכזיון : (כ) ומנך . מלשון מן : בנעת . מדלא:

מצודת דוד

... (יז) ויתנו ראש . אמרו ... : (כ) ורוחך הטובה . השפעת עליהם רוח חכמה ובינה להשכילם בדברי תורתך :

make them understand, the manna and the well.—[*Malbim*]

on the way—Heb. בְּהַדֶּרֶךְ, like בַּדֶּרֶךְ.—[*Rashi*] [This is the original form. However, the "hey" used as the definite article is usually omitted, and the "pattah" is placed under the prefix.]

20. And You gave Your good spirit—You lavished upon them a spirit of wisdom and understanding so that they could understand Your Torah.—[*Mezudath David*] *Ibn Ezra* and *Ralbag* understand this as a reference to the spirit of prophecy that God bestowed on the seventy elders.

that You performed with them, and they stiffened their necks, and they appointed a leader to return to their bondage because of their rebelliousness, but You are a God of forgivenesses, gracious and merciful, slow to anger, with much loving-kindness, and You did not forsake them. 18. Although they had made themselves a molten calf, and said, 'This is your god who brought you up from Egypt,' and they committed great provocations. 19. But You,with Your abundant mercies, did not forsake them in the desert; the pillar of cloud did not turn away from them by day to lead them on the way, neither did the pillar of fire at night to illuminate for them the way in which they should go. 20. And You gave Your good spirit to make them understand, and You did not withhold Your

manna

Almighty would vanquish their enemies, for whatever He wishes, He can do.—[*Ralbag*]

and they stiffened their necks—This is an expression meaning that it was as though their necks were stiff and they could not turn their faces toward God.—[*Mezudath David*] They refused to trust in the Lord.—[*Ralbag*]

and they appointed a leader—They said that they should appoint a leader to return to Egypt (Num. 14:4).—[*Ralbag, Ibn Ezra, Mezudath David*]

because of their rebelliousness—Heb. בְּמִרְיָם.—[*Rashi*] [*Rashi* explains that the word בְּמִרְיָם is derived from מֶרִי, rebelliousness, the

final "mem" being a suffix denoting the third person plural possessive, and the "beth" a prefix in this case meaning "because of."]

18. **Although they had made themselves a molten calf**—Although this was not their first sin, for they had already committed the sin of making a molten calf and worshiping it, You did not forsake them.—[*Malbim*]

great provocations—against God.—[*Ralbag*]

19. **the pillar of cloud, etc.**—Although it was decreed upon them to wander in the desert for forty years, they still had the pillar of cloud, the pillar of fire, the spirit of prophecy that rested on Moses to

מְפִיהֶם וּמַיִם נָתַתָּה לָהֶם לִצְמָאָם: כא וְאַרְבָּעִים שָׁנָה כִּלְכַּלְתָּם בַּמִּדְבָּר לֹא חָסֵרוּ שַׂלְמֹתֵיהֶם לֹא בָלוּ וְרַגְלֵיהֶם לֹא בָצֵקוּ: כב וַתִּתֵּן לָהֶם מַמְלָכוֹת וַעֲמָמִים וַתַּחְלְקֵם לְפֵאָה וַיִּירְשׁוּ אֶת־אֶרֶץ סִיחוֹן וְאֶת־אֶרֶץ מֶלֶךְ חֶשְׁבּוֹן וְאֶת־אֶרֶץ עוֹג מֶלֶךְ־הַבָּשָׁן: כג וּבְנֵיהֶם הִרְבִּיתָ כְּכֹכְבֵי הַשָּׁמָיִם וַתְּבִיאֵם אֶל־הָאָרֶץ אֲשֶׁר־אָמַרְתָּ לַאֲבֹתֵיהֶם לָבוֹא לָרָשֶׁת: כד וַיָּבֹאוּ הַבָּנִים וַיִּירְשׁוּ אֶת־הָאָרֶץ וַתַּכְנַע לִפְנֵיהֶם אֶת־יֹשְׁבֵי הָאָרֶץ הַכְּנַעֲנִים וַתִּתְּנֵם בְּיָדָם וְאֶת־מַלְכֵיהֶם וְאֶת־עַמְמֵי הָאָרֶץ לַעֲשׂוֹת בָּהֶם כִּרְצוֹנָם:

וילכדו

(כב) לפאה . כמו להיות לצד זויות אחת מוחלקים בלי להתערב עם שבום"ז האררות: (כד) ותבנע . והכנעת:

אבן עזרא   מנחת שי
כרוח על שבטים אים הזוקנים : (כא) לא חסרו . חסר   שמלאכו ופרך לא מנעם מפויסם ססמל"ס פתוחה ידמס כי סבון
דבר : (כב) ותחלקם לפאה . דנק עם העממים והעמם   חדאו אלא שטוקשה כמו סרבה מן סדנוסיס : (כא) שלמחיס לא
סוף פתחת כי חבא . וריח שלמתיך כריח לבנון (שיר סטירים ד')   בלו . במסורה גדולה ב' חסר כליסנא וסימן לא בלו שלמחיכם
ונמסר עליו ג' חסר בליסנא .   'קשה כי מלאו מוד שלמתיס לא בלו דהכא חסר בכל הספריס
במאריך: (כג) סרבית . במירק הבי"ת : (כד) ויירשו אם סארן רפי :   לפאה דנג וסדין דנמסיס לפאה רפי . וירשו אם ארן
                                                    בשני יודי"ן ומיין מס   שכחבתי (כמלבים ב' יין) :

לשבעיל ישראל ולהסחיכם ולא מנעם מנך מפויסם כל מוסם הארבעים שנה ומים נחם להם לצמאם כמו שנחבאר בספורי ספורס: (כא) וסנה כלכלם אוחם ארבעים שנה במדבר לא חסרו דבר שלמוחיסם לא בלו ממליסם וגם נפלי רגליהם לא בלו בכל זה סזמן סאררך ופשט זה ס' לסיר אוחם לעבודתו בתכלים מה שאפשר : (כב) ואמר זה נחן לסם ממלכות וסעמם בימי משה כאשר מחו דור סמדבר ומלקם אוחם לפאה שהיא הקלה וסהסתחלה . וספיר בזה כ' שממלכות סאלו נחנו לבכורות מהשבטים שסס ראובן גד ומנשה שהיס במור יוסף ויוסף סיס בכור לרמל . ואמשר מוד שקרלם סלס לסיוחם סחוחיפ מאחייכם וזה מבואר ברמוקן ומנסס וסולם בנד יחבאר משה שאמר לו יעקב ומשה בברכמיו ולנאשר חמיו . ואלו שסיו סלס יכשו סם ארן סימון ואם ארן מוג מלך מוג סבשן וזס חלק משם לראוכני ולגדי ולחלי שבט סמנשה : (כב) וסס סרבים בני כדור ססוא שגזרת שימוחו במדבר ובראם אל סארן אשר ממלח לאבוחיסם נחם לסם סגנבלס בחורס מעבר לירדן מזריחה

(כא) לא חסרו. מכל דבר המלשרך : לא בצקו. לא נסחו לסיום כבלק   (כא) כלכלתם . סנין ספוק סלורך כמו ויכלכל יוסף (כראשים
מזה כאשר יחמנן ומולה למטלה ובדרך בלך הולבי רגל: (כב)ותחלקם   מ"ז): בלד. מלשון בליס ורקון: בצקו. פנין פים ספמומן
לפאה. נרסם הטוובדי כוככים וחלקהם לסיוחם נפולים בקבלות סארן: (כב) לפאה . לקבס כמו סאמ שלך (ויקרא ייט)   ותבנע .
ארן סיחון וגו'. כפל סדבר לחוספם ביאור: (כג) לבוא לרשת. מויב   מל סכנסס :

וַתַּכְנַע.—[Rashi] Scripture relates how they inherited the Land. Some of the nations You vanquished before them, viz. the Girgashites, who left the Land, and the Hivvites, who made peace with them and surrendered without fighting.—[Malbim]

and You delivered them into

their hands—They fought with the other nations, and God delivered them into their hands.—[Malbim]

and their kings etc., to do to them as they wished—to destroy them from the face of the earth.—[Malbim]

from their mouth, and You gave them water for their thirst. 21. And forty years You sustained them in the desert; they did not want. Their garments did not wear out, and their feet did not swell. 22. And You gave them kingdoms and peoples, and You separated them into a corner, and they inherited the land of Sihon, and the land of the king of Heshbon, and the land of Og the king of Bashan. 23. And You multiplied their children like the stars of the heavens, and You brought them to the Land that You had promised their forefathers, to come [and] inherit [it]. 24. And the children came and inherited the land, and You vanquished the inhabitants of the land, the Canaanites, before them, and You delivered them into their hands, and their kings and the peoples of the land to do to them as they wished.

21. And forty years You sustained them—All those forty years You sustained them to give them all their needs, although they were under a ban because of their sins.—[*Malbim*]

and their feet did not swell—Heb. בצקו derived from בצק *dough.* Their feet did not swell like leavening dough, as those of foot travelers usually do.—[*Mezudath David*] This was because their shoes did not wear out. Consequently, they did not walk barefoot, and their feet did not swell.—[*Ralbag*]

22. into a corner—Heb. לפאה, *like "to be to the side of one corner," separate, not mingling with the nations of the lands.*—[*Rashi*] *Ibn Ezra* and *Mezudath David* render: and You scattered them to all corners, referring to the nations of Canaan. God drove them out before Israel, and they fled in all directions.

Malbim renders: You separated them into two corners, meaning that God divided the Tribes of Israel to both sides of the Jordan. In the beginning of the verse, they thank God for giving them "kingdoms and peoples," meaning the kingdoms of Sihon and Og, which He had not promised their forefathers. Then He separated two and a half tribes from the rest of the nation and gave them their territory on the eastern side of the Jordan.

23. And You multiplied their children—You added to their territory because You multiplied their children, and they needed more land.—[*Malbim*]

and You brought them to the Land—Thereby, You fulfilled Your covenant with Abraham. With this narrative, he tells how God kept His covenant.—[*Malbim*]

24. and You vanquished—Heb.

כה וַיִּלְכְּדוּ עָרִים בְּצֻרוֹת וַאֲדָמָה שְׁמֵנָה וַיִּירְשׁוּ
בָּתִּים מְלֵאִים כָּל־טוּב בֹּרוֹת חֲצוּבִים כְּרָמִים וְזֵיתִים
וְעֵץ מַאֲכָל לָרֹב וַיֹּאכְלוּ וַיִּשְׂבְּעוּ וַיַּשְׁמִינוּ וַיִּתְעַדְּנוּ
בְּטוּבְךָ הַגָּדוֹל: כו וַיַּמְרוּ וַיִּמְרְדוּ בָּךְ וַיַּשְׁלִכוּ אֶת־
תּוֹרָתְךָ אַחֲרֵי גַוָּם וְאֶת־נְבִיאֶיךָ הָרָגוּ אֲשֶׁר־הֵעִידוּ
בָם לַהֲשִׁיבָם אֵלֶיךָ וַיַּעֲשׂוּ נֶאָצוֹת גְּדוֹלֹת: כז וַתִּתְּנֵם
בְּיַד צָרֵיהֶם וַיָּצֵרוּ לָהֶם וּבְעֵת צָרָתָם יִצְעֲקוּ אֵלֶיךָ
וְאַתָּה מִשָּׁמַיִם תִּשְׁמָע וּכְרַחֲמֶיךָ הָרַבִּים תִּתֵּן לָהֶם
מוֹשִׁיעִים וְיוֹשִׁיעוּם מִיַּד צָרֵיהֶם: כח וּכְנוֹחַ לָהֶם
יָשׁוּבוּ לַעֲשׂוֹת רַע לְפָנֶיךָ וַתַּעַזְבֵם בְּיַד אֹיְבֵיהֶם
וַיִּרְדּוּ בָהֶם וַיָּשׁוּבוּ וַיִּזְעָקוּךָ וְאַתָּה מִשָּׁמַיִם תִּשְׁמַע

קמץ בז"ק קמץ בז"ק   רש"י   ותצילם

מנחת שי

(כז) ואתה מן השמים תשמע. הייב שומע:

אבן עזרא

(כז) ויושיטוס. במקלת ספרים כתב ויושיטוס בפתח הוא"ו וכדומן   פורת' לסאות וברחו מפני ישראל: (כה) וישמינו, פועל יולא
והטעם והשמינו לבם: (כח) ויזעקוך . ויזטקו אליך :

רלב"ג

וכאשר (כה) אכלו ושבעו ושמנו בטטו כן והיה זה סבה אל שבסוף טנינן (כו) מרדו בך והשלימו תורתך אחרי גום והלכו אחרי אלהי
הטמים והנכרחים אשר שלחת להם להטיד בהם הרב טיקרה להם אם לא ישיבו אליך סרגו אותם כמו שטשתה זה איזבל ויהואש ומנשה .
והנה בעת התחלפם למרוד כך (כז) וזה היה בימי השופטים נהת אותם ביד לריהם והלכו להם ובעת לרתם היו לוטקים טליך ומרוב
רחמיך טנית אליהם לתת להם מושיעים ויושיטום מיד לריהם : (כח) וכנוח להם
ישובו לטשות רע מפניך ויטטקו אליך ושמעת לטקתם להלילם והיה זה פטמים רבות כמו שנזכר בספר שופטים :

מצודת ציון

(כה) בצורות . מל' מבלר : שמנה . מל' שמן : ויתעדנו . עניין
טונג ומטנוג כמו מטדני מלך (בראשית מ"ט) : (כו) נום . גופס כמו
נוית שאול (ש"א ל"א) : (כז) ויצרו . מל' לרכ : (כח) וירדו . ומשלו

מצודת דוד

(כה) בצורות וגו' לבוא לרשת : (כה) חצובים . מקירת הבור במקום
סלטים קרוי חליבה: וישמינו . נעשו שמנים ובטלי בשר : ויתעדנו .
היו מטדנין טלמם כדרוב גודל הטוב שהשפטת להם : (כו) וימרו
וימרדו . הוא כפל טנין במ"ש . ויורה טל גודל המרידה . העידו
בם . הטרו בם כי רוב המתרים מתרים בטדים למטן לא יחטא : (כח) וכנוח להם . וכאשר היה להם מנוחה מן הטובדי כוכבים :

First, they were delivered into the hands of their adversaries and then into the hands of their enemies. An adversary does harm for his own benefit, whereas an enemy harbors hate in his heart, and therefore is worse than an adversary. The enemies kept them in exile even though they had no reason to cause them harm.—[*Malbim*]

28. **and they ruled over them**—Ruling over them is harsher than distressing them, which is mentioned in verse 27 regarding their adversaries. Malbim also points out that in the preceding verse, Scripture says "and they saved them," regarding Israel's liberation, whereas in this verse, it says, "and You rescued them." The difference is that

25. And they captured fortified cities and fat soil, and they inherited houses full of all good, hewn cisterns, vineyards, and olive trees, and fruit trees in abundance, and they ate and were sated, and they became fat, and they enjoyed pleasures with Your great goodness. 26. And they disobeyed and rebelled against You, and they cast Your Law behind their backs, and they slew Your prophets who warned them, to bring them back to You, and they committed great provocations. 27. And You delivered them into the hands of their adversaries who distressed them, and at the time of their distress they cried out to You, and You heard from heaven, and according to Your abundant mercies, you gave them saviors, who saved them from the hands of their adversaries. 28. But when they had rest, they would revert to do evil before You, and You left them in the hands of their enemies, and they ruled over them, and they returned and cried out to You, and from heaven You heard

25. And they captured fortified cities, etc.—The language of this verse coincides very closely with the language of Deuteronomy 6:10: *"And it will come to pass ... cities great and goodly, which you did not build."*—[*Malbim*]

and they inherited houses full of all good—This coincides with *" ... and houses full of all good, which you did not fill."* (Deuteronomy 6:11)—[*Malbim*]

hewn cisterns—Heb. בֹּרֹת חֲצוּבִים. Digging a cistern in rocky soil is referred to as hewing.—[*Mezudath David*] This coincides with *" ... and hewn cisterns which you did not hew."* (Deuteronomy 6:11)—[*Malbim*]

vineyards and olive trees—This coincides with *" ... vineyards and olive trees which you did not*

plant." (Deuteronomy 6:11)—[*Malbim*]

and they ate and were sated—This coincides with *" ... and you shall eat and be sated."* (Deuteronomy 6:11) The following verse in Deuteronomy reads: *"Then take heed to yourself lest you forget the Lord."*—[*Malbim*]

26. And they disobeyed—Afterwards they forgot the Lord; first they disobeyed Him, and then they rebelled against Him completely, *"and they cast Your Torah..."*—[*Malbim*]

behind their backs—lit. behind their bodies—[*Mezudath Zion*].

27. And You delivered them into the hands of their adversaries—This is what happened in the time of the Judges (Jud. 2:14). Scripture mentions two degrees of oppression.

וְתַצִּילֵם כְּרַחֲמֶיךָ רַבּוֹת עִתִּים: כט וַתָּעַד בָּהֶם
לַהֲשִׁיבָם אֶל־תּוֹרָתֶךָ וְהֵמָּה הֵזִידוּ וְלֹא־שָׁמְעוּ
לְמִצְוֹתֶיךָ וּבְמִשְׁפָּטֶיךָ חָטְאוּ־בָם אֲשֶׁר־יַעֲשֶׂה אָדָם
וְחָיָה בָהֶם וַיִּתְּנוּ כָתֵף סוֹרֶרֶת וְעָרְפָּם הִקְשׁוּ וְלֹא
שָׁמֵעוּ: ל וַתִּמְשֹׁךְ עֲלֵיהֶם שָׁנִים רַבּוֹת וַתָּעַד בָּם
בְּרוּחֲךָ בְּיַד־נְבִיאֶיךָ וְלֹא הֶאֱזִינוּ וַתִּתְּנֵם בְּיַד עַמֵּי
הָאֲרָצֹת: לא וּבְרַחֲמֶיךָ הָרַבִּים לֹא־עֲשִׂיתָם כָּלָה
וְלֹא עֲזַבְתָּם כִּי אֵל־חַנּוּן וְרַחוּם אָתָּה: לב וְעַתָּה
אֱלֹהֵינוּ הָאֵל הַגָּדוֹל הַגִּבּוֹר וְהַנּוֹרָא שׁוֹמֵר הַבְּרִית

רש"י   והחסר

(ל) והמשוך עליהם . משכת עליהם רחמים שלא להשמיתם:

אבן עזרא   **מנחת שי**

(ל) ותמשך עליהם . השנים הם המשוכות והטעם   של מדוייקים סוף א"ם כתוב: (לב) לשריגו ולכהנינו . כמקלם דפוסים
המרכת להם חולי ישוכו: ביד נביאיך . כאילו רומך בידם   ישנים לכתבינו בלא ו' ו"ו וכל ספרים כ"י כותי':

רלב"ג

(כח) ומאז זה בימי כמלכים לישראל ויהודה כאשר מרדו בן ספידות בהם על יד עבדיך הנביאים מם פיקרם להם מסרת אם לא ישורד
מרוב מעליהם . והנה עשית זה להשיבם אל תורתך וכם הרשיעו ולא שמעו למצוחיך ומשפטיך מטאו בם מם היופם בחכלים מטלמות
וסמרכות ואין בהם דבר מסוקשי כמו הטנין בתורות שאר האומות אשר ישרפו בהם לאלהיהם בניהם ובנותיהם כי אלו טמלות ומסמכים
מם כאוחן שכלם מחיסרים אל מם שטול כריאות הגוף והנפש ומייסם והם נתנו כתפם סוררת וגוטה מדרכיך אשר לויהם וסקשו ערפם
מססון אליך פניהם מכל פנו אליך פורף ולא פנים: (ל) והנה המרכת סמוכה מרב רחמיך ומשכת עליהם שניב רבות והעידות בם ברומך
סטיסם של נביאיך ולידם להם הדברים לסוכיחם ולא שמעו אל דבריך לקמת מוסר וסיס זה סבה שנתת אותם ביד עמי סארלות .
יסם מלך אשור ומלך בבל והם סרגו בהם סרג רב : (לא) והנה ברחמיך סרביב לא עשית אותם כלה ואף על פי שסיו רלויים לזה מלד
פולם מפאמיסם גם לא ספילות מסם כסגמתך לגווז אותם כארך פליס כי שם סיו פייכן בהם לכשגיח כס כי אל מנון ורמום אהם:
(לב) ומאם אלהינו שומר הברים וסמסד שסיב לך מם סאבות אין כאלאם אשר מלאאנו מימי מלכי אבור עד היום ממט ומשם גא כרע

מצודת ציון   **מצודת דוד**

ויזעקך . וסקו אליך : רבות עתים . ר"ל לא פעם ולא שתים כ"א   כמו רדם בקרב אויבך (תהלים ק"י): (כח) ותעד . מגין מסרלא:
בעמים מרובות : (כט) ותעד בהם . סיים מסרס בהם פ"י סנביאים: כעמים מרובות:
ובמשפטיך תר' . ר"ל אף במשיים משפטיך לא פשו לקיים מלוה ס' כ"א פשו שלא לטמא ואף כדרך המא כעין סרינת מוסלים
כדי להתנקם נקמתו וכדומם: אשר יעשה תר' . ר"ל מהמשיים אשר אם יעשה אותם סאדם יסיג לחיים כעבורם כנס סמם ממלו
בם: כתף סוררת . כאדם סמפיר כמפו ופונה ללכת ומהכרו: (ל) ותמשוך . ר"ל משכת עליהם מסד : ברוחך , כרום נבואם ככאס
מטמך : ולא תאוינו . לא סמו אוזן לשמוע: (לב) חברית . הגמול סכסמת בברים: (לב) חברית . הגמול סכסמת בברים . ר"ל ימשב לפניך לטרובים וימרקו פל

---

by the hand of Your prophets—
It is as though Your prophecy is in
their hands and their domain.—[*Ibn
Ezra*]

31. **But with Your abundant
mercies You did not wreak
destruction upon them**—although
they deserved it because of the
severity of their sins. Neither did
You take Your Providence away
from them by forsaking them in the
land of their captivity, but even there,

Your eyes were upon them to guide
them, for You are a gracious and
merciful God.—[*Ralbag*]

32. **the covenant**—the recom-
pense that You promised them in the
covenant.—[*Mezudath David*] And
now, our God, Who keeps the
covenant and the loving-kindness
that You had with the Patriarchs, the
travail that has befallen us from the
days of the kings of Assyria until this
day is not little, for Assyria exiled

and rescued them according to Your mercy, many times. 29. And You warned them—to bring them back to Your Law, but they behaved wickedly and did not heed Your commandments, and they sinned against Your ordinances, which man should do and live with them, and they presented a stubborn shoulder, and they stiffened their necks and did not hearken. 30. But You extended [mercy] upon them for many years, and You warned them with Your spirit by the hand of Your prophets, but they did not incline their ears, and You delivered them into the hands of the peoples of the lands. 31. But with Your abundant mercies You did not wreak destruction upon them, and You did not forsake them, for You are a gracious and merciful God. 32. And now, our God, the great, mighty, and awesome God, Who keeps the covenant

saving is more complete, meaning that they defeated the adversaries. This took place through such saviors as Ehud and Deborah. The second time, however, they were merely rescued so that the enemy should not destroy them, and it was not a complete salvation. Therefore, verse 27 says, "according to Your abundant mercies," whereas verse 28 says only, "according to Your mercy" because the latter was a relatively minor rescue.—[*Malbim*]

many times—This procedure occurred many times, i.e., throughout the entire period of the Judges.—[*Ralbag, Malbim*]

29. And You warned them—Afterwards, during the period of the Kings, from the days of Jeroboam and thereafter, they started to sin against You constantly, and You warned them through Your prophets of the evil destined to befall them if they did not give up their evil

ways.—[*Ralbag, Malbim*]

to bring them back to Your Law—You did this only to bring them back to Your Law, but they behaved wickedly and did not heed Your commandments. They sinned against You with your ordinances, even though these commandments are not difficult to perform, unlike the laws of the heathens, which required them to burn their children as offerings to their gods. God's commandments prepare one for both physical and spiritual health and life. Nevertheless, the Jews presented a stubborn shoulder, turning away from Your commandments, and they stiffened their necks, as though they were unable to turn toward You.—[*Ralbag*]

30. But You extended upon them—*You extended mercy upon them not to destroy them.*—[*Rashi*]

with Your spirit—with the spirit of prophecy, which emanates from You.—[*Mezudath David*]

וְהַחֶסֶד אַל־יִמְעַט לְפָנֶיךָ אֵת כָּל־הַתְּלָאָה אֲשֶׁר־מְצָאַתְנוּ לִמְלָכֵינוּ לְשָׂרֵינוּ וּלְכֹהֲנֵינוּ וְלִנְבִיאֵנוּ וְלַאֲבֹתֵינוּ וּלְכָל־עַמֶּךָ מִימֵי מַלְכֵי אַשּׁוּר עַד הַיּוֹם הַזֶּה: לג וְאַתָּה צַדִּיק עַל כָּל־הַבָּא עָלֵינוּ כִּי־אֱמֶת עָשִׂיתָ וַאֲנַחְנוּ הִרְשָׁעְנוּ: לד וְאֶת־מְלָכֵינוּ שָׂרֵינוּ כֹּהֲנֵינוּ וַאֲבֹתֵינוּ לֹא עָשׂוּ תּוֹרָתֶךָ וְלֹא הִקְשִׁיבוּ אֶל־מִצְוֺתֶיךָ וּלְעֵדְוֺתֶיךָ אֲשֶׁר הַעִידֹתָ בָּהֶם: לה וְהֵם בְּמַלְכוּתָם וּבְטוּבְךָ הָרָב אֲשֶׁר־נָתַתָּ לָהֶם וּבְאֶרֶץ הָרְחָבָה וְהַשְּׁמֵנָה אֲשֶׁר נָתַתָּ לִפְנֵיהֶם לֹא עֲבָדוּךָ וְלֹא־שָׁבוּ מִמַּעַלְלֵיהֶם הָרָעִים: לו הִנֵּה אֲנַחְנוּ הַיּוֹם

(לג) על כל הבא . על כל מעשה יסוריך הרעים אשר באו עלינו : (לו) הנה אנחנו היום עברים . עליה שאנחנו

מנחת שי

(לד) ונמדותיך . סוֹפ"ז נקראת כמ"ש ברים אלפ"א ביתי"א רבתי : (לו) והם במלכותם וגו' אשר נתת לסם וגו' . בכל הספרייקים מפר ס"א וכן מכרו שבפסוק אשר נתת לפניהם וכן נכון פ"ה שבתכבי למעלה : ולא סבו . סוֹפ"ז בגמיא בספרי ספרד : (לו) אשר נתת לאבתינו : מלא ס"א ברוב סמדוייקים וכן דינו מכא

רלב"ג

לישראל ועד עתה כי סוֹף הגלה משרת השבטים והשקים רבים ביסודה ולבד אם כל מרי יסודה סבלוהו ואחריו בא מלך בבל להשמיד את השארים כנשארם : (לב) והנה אתה אלהינו לדיק על כל הבא עלינו מן הרע כי כאמת וביושר ובחמלה שפטת אותנו אך אנחנו הרשענו : (לד) ולמדותיך אשר העידות בהם . ר"ל הסדות שהעידות בהם במולה מן הרע כאשר לסם אם יסורו מאמריך וסעידות בהם עוד על ידי נביאיך . והנה הם עם רב סללחותיסם שהיתה לסם מלוכה וסיו מעלים מיוך סלא בארך סטובה אשר נתן לסם לא רלו לעבדך ולא סבו ממעללליסם הרעים ולאמיו מהך זה : (לו) כי אנמנו עבדים ומלכי סגוים מושלים על אדמתנו וכסמסנו ופל גופנו ובלרם גדולה אנמנו :

מצודת ציון

(לב) התלאה . ענין יגיעם ומורח כמו אם כל סתלאה (שמות י"א) : (לה) ממעלליהם . ממעשיהם כמו פולג לי (מיכה ב') :

מצודת דוד

עלינו : כי אמת עשית . כי אמה סיים מאמת ומקיים כל מה שסבטמתמנו : ואנחנו הרשענו . ולא מאינו כגמול כרחו : (לד) ואת מלכינו . רלה לומר ועם מלכינו וגו' סרשעו כי גם סמה לא עשו תורתך וגו' אשר סיים מארב כהם לשמוחם : (לה) במלכותם . עם שהיה כהם סמלוכה ורוב טובה מכ"ז לא עבדוך ולא סבו מעלליהם סרעים : (לו) הנה וגו' . רלה

---

and the loving-kindness, do not belittle all the travail that has befallen us, our kings, our princes, our priests, our prophets, our forefathers, and all Your people from the days of the kings of Assyria until this day. 33. And You are just with all that has come upon us, for You have dealt truly and we have dealt wickedly. 34. And our kings, our princes, our priests, and our forefathers did not keep Your Law and did not hearken to Your commandments and to Your warnings, which You warned them. 35. And they, in their kingdom and with Your abundant goodness, which You gave them, and in the wide and fat land that You placed before them, they did not serve You, and they did not repent of their evil deeds. 36. Behold, today we are

the Ten Tribes, destroyed many in Judea, and took over all the fortified cities of Judea, leading the way for the king of Babylon to destroy the remnant.—[*Ralbag*] *Mezudath David* explains: Let this travail be considered very grave, so that it should atone for all the transgressions of Your people.

33. with all that has come upon us—*with the entire episode of the harsh tortures that have come upon us.*—[*Rashi*] Justice is with You, concerning the entire travail that has come upon us.—[*Mezudath David*]

for You have dealt truly—for You have fulfilled what You promised.—[*Mezudath David*] *Ralbag* explains: You have judged us with truth, with uprightness, and with mercy, but we have dealt wickedly.

and we have dealt wickedly—and have not recompensed You properly.—[*Mezudath David*]

34. And our kings—i.e., With our kings we have dealt wickedly, for they too did not keep Your Law etc., which You warned them to keep.—[*Mezudath David*]

and to Your warnings, which You warned them—These are the warnings that You warned them of in the Torah; that evil would befall them should they turn away from following You, and You warned them further through Your prophets.—[*Ralbag*]

35. in their kingdom—Despite the fact that they had a kingdom and abundant goodness which You lavished upon them, they did not wish to serve You and they did not repent of their evil deeds. We are in the opposite situation. We are slaves to the kings of Persia and are in great distress. Nevertheless, we accept Your commandments.—[*Ralbag*]

36. Behold, today we are slaves—*upon it* [upon the land], *for we pay tribute to all the nations.*—

עֲבָדִים וְהָאָרֶץ אֲשֶׁר־נָתַתָּה לַאֲבֹתֵינוּ לֶאֱכֹל אֶת־
פִּרְיָהּ וְאֶת־טוּבָהּ הִנֵּה אֲנַחְנוּ עֲבָדִים עָלֶיהָ:
לֹו וּתְבוּאָתָהּ מַרְבָּה לַמְּלָכִים אֲשֶׁר־נָתַתָּה עָלֵינוּ
בְּחַטֹּאותֵינוּ וְעַל־גְּוִיֹּתֵינוּ מֹשְׁלִים וּבִבְהֶמְתֵּנוּ
כִּרְצוֹנָם וּבְצָרָה גְדֹלָה אֲנָחְנוּ: י וּבְכָל־זֹאת אֲנַחְנוּ
כֹּרְתִים אֲמָנָה וְכֹתְבִים וְעַל הֶחָתוּם שָׂרֵינוּ לְוִיֵּנוּ
כֹּהֲנֵינוּ: ב וְעַל הַחֲתוּמִים נְחֶמְיָה הַתִּרְשָׁתָא בֶּן
חֲכַלְיָה וְצִדְקִיָּה: ג שְׂרָיָה עֲזַרְיָה יִרְמְיָה: ד פַּשְׁחוּר
אֲמַרְיָה מַלְכִּיָּה: ה חַטּוּשׁ שְׁבַנְיָה מַלּוּךְ: י חָרִם
מְרֵמוֹת עֹבַדְיָה: ז דָּנִיֵּאל גִּנְּתוֹן בָּרוּךְ: ח מְשֻׁלָּם

מלא ואו"ו

רש"י

(לז) וּתְבוּאָתָהּ . שֶׁל חַי : מַעֲדַנֵּי מַאֲכָלִים לְמַלְכֵי הָעַכּוּ"ם : **אֲשֶׁר נָתַתָּה עָלֵינוּ** . שֶׁהֵם מוֹשְׁלִים בָּנוּ :

י (א) **וּבְכָל זֹאת** . וּבְכָל הָרָעָה הַזֹּאת הַבָּאָה עָלֵינוּ אֲנַחְנוּ כּוֹרְתִים אֲמָנָה לְהַקָּדוֹשׁ בָּרוּךְ הוּא לְהַאֲמִין וְלִבְטוֹחַ בּוֹ : **וְכֹתְבִים** . וַאֲנַחְנוּ כּוֹתְבִים בַּסֵּפֶר לְקַבֵּל מַלְכוּתוֹ עָלֵינוּ :

אבן עזרא

(לז) **עֲבָדִים עָלֶיהָ**. כַּעֲבוּרָה: (לז) **מַרְבָּה**

י (א) **וּבְכָל זֹאת** . רָ"ל בְּכָל זֹאת הַצָּרָה אָנוּ כּוֹרְתִים לַעֲשׂוֹת אֲמָנָה וְקִיּוּם לָלֶכֶת בְּתוֹרַת הָאֱלֹהִים אֲשֶׁר נִתְּנָה בְּיַד מֹשֶׁה וְשֶׁלֹּא נִתְּנָה מִבְּנוֹתֵינוּ לְעַמֵּי הָאָרֶץ :

רלב"ג

(א) וְעִם כָּל זֹאת אֲנַחְנוּ כּוֹרְתִים בְּרִית אֱמֶת לְקַיֵּם אֶת דִּבְרֵי הַתּוֹרָה וְנָשִׂים בְּמֻלָּא וּכְשֶׁבּוֹטֵס לָלֶכֶת בְּתוֹרַת ה' וְלִשְׁמוֹר וְלַעֲשׂוֹת מִשְׁפָּטָיו וְחֻקָּיו כְּמוֹ שֶׁאָמְרָה הַתּוֹרָה מְחַת אֲשֶׁר לֹא עֲבַדְתָּ . וּכְבָר כָּתְבוּ זֶה הַבְּרִית אֲשֶׁר אֲנַחְנוּ כּוֹרְתִים וְעַל הֶחָתוּם כָּל הַמְּנַהִיגִים וְהֵם הַשָּׂרִים וְהַלְוִיִּם וְהַכֹּהֲנִים :

מנחת שי

וַתְּנִסֵּנוּ (לז) **עֲבָדִים עָלֶיהָ** . לַמְּלָכִים . הָאָרֶץ הִיא הַפּוֹעֶלֶת :

מצודת דוד

(לז) **מַרְבָּה** : (לז) **פֶּרֶם** : גּוֹמֵר אֲכָל עַתָּה הִנֵּה אֲנַחְנוּ עֲבָדִים לְמַלְכֵי פֶּרֶס : וְגוֹ' . כִּי מַלְכֵי פֶּרֶס לוֹקְחִים מֵהֶם סְתָם וְכָל דָּבָר טוֹב בִּיסָה אַף נָטִים :

י (א) **וּבְכָל זֹאת** . מוּסָב לְמַעְלָה שֶׁאָמַר הִנֵּה אֲבוֹתֵינוּ הָיוּ בְּמַלְכוּת וּבְטוּבָה וְטוֹב לֹא עֲבָדוּךְ וַאֲנַחְנוּ עֲבָדִים

מצודת ציון

(לז) **גְּוִיֹּתֵינוּ** . מִנְיַן גּוּף : י (א) **אֲמָנָה** . עִנְיַן קִיּוּם כְּמוֹ יֵאָמֵן נָא דְּבָרֶיךָ (מ"א מ'): **הֶחָתוּם** . פְּנִימוֹ גְּמַר וְסוֹף וְכַלְדֵּז"ל כָּל חוֹתְמֵי בְּרָכוֹת (ברכות פ"ג):

In the revealed scroll, the signatures were on the upper side of the document, and on the sealed scroll, they were on the reverse side of the document. The Talmud states that the signatures were found on the back of the sealed documents and on the front of ordinary documents. On the revealed scroll, the priests signed first, followed by the Levites and the leaders. On the sealed scroll, where the signatures were folded to the outside, the order was reversed, and the last signature was read first. The leaders therefore signed first followed by the Levites and priests.

And signed thereon are Nehemiah, etc.—This was the

slaves, and the land that You gave our forefathers to eat its fruit and its goodness—behold we are slaves upon it. 37. And it lavishes its produce upon the kings whom You have appointed over us because of our sins, and they rule over our bodies and over our cattle as they wish, and we are in great distress.

10

1. Yet, despite all this, we are making a treaty and writing, and signed thereon are our rulers, our Levites, [and] our priests. 2. And signed thereon are Nehemiah Hattirshatha the son of Hachaliah, and Zedekiah. 3. Seraiah, Azariah, Jeremiah. 4. Pashhur, Amariah, Malchijah. 5. Hattush, Shebaniah, Malluch. 6. Harim, Meremoth, Obadiah. 7. Daniel, Ginnethon, Baruch. 8. Meshullam,

---

37. And its produce—[the produce] *of the land of Israel.*—[*Rashi*]

it lavishes—*delicacies to the kings of the nations.*—[*Rashi*] *Mezudath David* identifies this with the taxes the Jews were required to pay the Persians. *Malbim* identifies מַרְבֶּה with the usury (רִבִּית) that they were required to pay the Persians.

whom You have appointed over us—*who rule over us.*—[*Rashi*]

as they wish—They do as they wish.—[*Mezudath David*]

10

1. Yet, despite all this—*Despite all the evil that has come upon us, we are making a trust with the Holy One, blessed be He, to believe and to trust in Him.*—[*Rashi*]

and writing—*And we are writing on a scroll to accept His kingdom upon us in order that it be to us as a*

testimony.—[*Rashi*] *Ralbag* defines אֲמָנָה as a true covenant. *Ibn Ezra* explains it as a confirmation of their promise to keep the Torah which was given through Moses, and not to intermarry with the gentiles, as in verses 31f.

and signed thereon—*for most of the great and prominent men among us have signed the scroll of the acceptance of the commandments, to be for us as a testimony.*—[*Rashi*] *Mezudath David* renders: and at the conclusion.

2. And signed thereon—*He now proceeds to enumerate the signatories on the testimonial document of the acceptance of the commandments.*—[*Rashi*] *Malbim* explains that every document that was drawn up to be kept as a permanent record was inscribed in two scrolls: the revealed scroll and the sealed scroll, as described in Jeremiah (32:11–14).

אֲבִיָּה מִיָּמִן: ט מַעַזְיָה בִלְגַּי שְׁמַעְיָה אֵלֶּה הַכֹּהֲנִים:
וְהַלְוִיִּם וְיֵשׁוּעַ בֶּן־אֲזַנְיָה בִּנּוּי מִבְּנֵי חֵנָדָד קַדְמִיאֵל:
יא וַאֲחֵיהֶם שְׁבַנְיָה הוֹדִיָּה קְלִיטָא פְּלָאיָה חָנָן:
יב מִיכָא רְחוֹב חֲשַׁבְיָה: יג זַכּוּר שֵׁרֵבְיָה שְׁבַנְיָה:
יד הוֹדִיָּה בָנִי בְּנִינוּ: טו רָאשֵׁי הָעָם פַּרְעֹשׁ פַּחַת מוֹאָב
עֵילָם זַתּוּא בָּנִי: טז בְּנֵי עַזְגָּד בֵּבָי: יז אֲדֹנִיָּה בִגְוַי
עָדִין: יח אָטֵר חִזְקִיָּה עַזּוּר: יט הוֹדִיָּה חָשֻׁם בֵּצָי:
כ חָרִיף עֲנָתוֹת נוֹבָי: כא מַגְפִּיעָשׁ מְשֻׁלָּם חֵזִיר:
כב מְשֵׁיזַבְאֵל צָדוֹק יַדּוּעַ: כג פְּלַטְיָה חָנָן עֲנָיָה:
כד הוֹשֵׁעַ חֲנַנְיָה חַשּׁוּב: כה הַלּוֹחֵשׁ פִּלְחָא שׁוֹבֵק:
כו רְחוּם חֲשַׁבְנָה מַעֲשֵׂיָה: כז וַאֲחִיָּה חָנָן עָנָן:
כח מַלּוּךְ חָרִם בַּעֲנָה: כט וּשְׁאָר הָעָם הַכֹּהֲנִים הַלְוִיִּם
הַשּׁוֹעֲרִים הַמְשֹׁרְרִים הַנְּתִינִים וְכָל־הַנִּבְדָּל מֵעַמֵּי
הָאֲרָצוֹת אֶל־תּוֹרַת הָאֱלֹהִים נְשֵׁיהֶם בְּנֵיהֶם

ניבי קרי   **רש"י**   וּבְנֹתֵיהֶם

(כט) וכל הנבדל . הם הגרים שנבדלו מתורת־העכומ"ז   להיות דבוקים וממוכרים אל תורתו של הקדוש ב"ה ולשמור

מנחת שי

י (יא) וַאֲחֵיהֶם שְׁבַנְיָה . בב"א ובן הכתוב לקמן : (יג) שרביה . בלירי סרי"ש : (כ) נובי . ניבי קרי : (כח) מלוך . מלא ומ"ו : כפנס.

רד"ק

(כח) נשיהם בניהם ובנותיהם כל יודע מבין . ר"ל אשר יסיו מהם בני דעת לשמוע וללמוד את דברי התורה :

מצודת דוד

שבעו עליהם האמורים למטה ממל סמחומים בגשון רבים וכ"ל   הלוים הסוכרים: (טו) ראשי העם . אלם רמשי ספם הכפלים על סנמר של כל סדברים : (ט) אלח הכהנים . אלם סמחומים סיו מן   המחומים : פרת טואב . מושל במומך : (כח) ושאר העם . מהל
סכהנים : (י) וישוע . כן שמו בוי"ו : (יא) ואחיהם . מכריסם של   לא כאו על סמחומים : וכל הנבדל . אלו סגרים: כל יודע מבין .

Abijah, Mijamin. 9. Maaziah, Bilgai, Shemaiah; these are the priests. 10. And the Levites: and Jeshua the son of Azaniah, Binnui of the sons of Hanadad, Kadmiel. 11. And their brothers: Shebaniah, Hodiah, Kelita, Pelaiah, Hanan. 12. Mica, Rehob, Hashabiah. 13. Zaccur, Sherebiah, Shebaniah. 14. Hodiah, Bani, Baninu. 15. The leaders of the people: Parosh, Pahath-Moab, Elam, Zattu, Bani. 16. Bunni, Azgad, Bebai. 17. Adonijah, Bigvai, Adin. 18. Ater, Hezekiah, Azzur. 19. Hodiah, Hashum, Bezai. 20. Hariph, Anathoth, Neibai. 21. Magpiash, Meshullam, Hezir. 22. Meshezabel, Zadok, Jaddua. 23. Pelatiah, Hanan, Anaiah. 24. Hoshea, Hananiah, Hashub. 25. Hallohesh, Pilha, Shobek. 26. Rehum, Hashabnah, Maaseiah. 27. And Ahiah, Hanan, Anan. 28. Malluch, Harim, Baanah. 29. And the rest of the people, the priests, the Levites, the gatekeepers, the singers, the Nethinites, and all who separated themselves from the peoples of the lands to the Law of God, their wives, their sons,

revealed scroll which the priests signed first, followed by the Levites and then the leaders. The total count of names here is eighty–three. That number corresponds to the seventy members of the Sanhedrin plus the thirteen officers enumerated by *Rambam* (Laws of the Temple Vessels 4:16–18: one aid to the High Priest, two officers of the treasury, seven Temple trustees and three treasurers). The High Priest is not counted among them, since he did not sign this document.—[*Malbim*]

15. **The leaders of the people**— These are the heads of the people who signed the document.— [*Mezudath David*]

Pahath-Moab—the ruler of Moab.—[*Mezudath David*]

29. **And the rest of the people**— who did not sign the document.— [*Mezudath David*]

and all who separated themselves—*These are the proselytes who separated themselves from the practice of the nations to cling and attach themselves to the Law of the Holy One, blessed be He, and to keep His commandments.*—[*Rashi*]

all who know enough to understand—this matter.— [*Mezudath David*] *Malbim* explains that all their wives, those who did not have enough knowledge and those who did have enough knowledge to understand the matter, held with their brethren.

וּבְנֹתֵיהֶם כָּל יוֹדֵעַ מֵבִין: ל מַחֲזִיקִים עַל־אֲחֵיהֶם אַדִּירֵיהֶם וּבָאִים בְּאָלָה וּבִשְׁבוּעָה לָלֶכֶת בְּתוֹרַת הָאֱלֹהִים אֲשֶׁר נִתְּנָה בְּיַד מֹשֶׁה עֶבֶד־הָאֱלֹהִים וְלִשְׁמוֹר וְלַעֲשׂוֹת אֶת־כָּל־מִצְוֹת יְהֹוָה אֲדֹנֵינוּ וּמִשְׁפָּטָיו וְחֻקָּיו: לא וַאֲשֶׁר לֹא־נִתֵּן בְּנֹתֵינוּ לְעַמֵּי הָאָרֶץ וְאֶת־בְּנֹתֵיהֶם לֹא נִקַּח לְבָנֵינוּ: לב וְעַמֵּי הָאָרֶץ הַמְבִיאִים אֶת־הַמַּקָּחוֹת וְכָל־שֶׁבֶר בְּיוֹם הַשַּׁבָּת לִמְכּוֹר לֹא־נִקַּח מֵהֶם בַּשַּׁבָּת וּבְיוֹם קֹדֶשׁ וְנִטֹּשׁ אֶת־הַשָּׁנָה הַשְּׁבִיעִית וּמַשָּׁא כָל־יָד: לג וְהֶעֱמַדְנוּ עָלֵינוּ

ת״א וקמדנו . ב״ג פ׳ . פקלים כי :

רש"י

מלוחיו : (ל) על אחיהם . עם אחיהם : אדיריהם . גדולים שבהם : (לב) המקחות . הסחורות : שבר . קדש . של י"ס : ונטוש את השנה השביעית . כענין

תבואה כמו בשבר הס שוברים (בראשי' מ"ז): וביום

אבן עזרא

(לב) המקחות . שם דבר מן לקח כטעם ממכר . ושבר . נחטים ושעירים :

יש ספרים בטנא באל"ף : (לג) סמבימים . במדרייקים קלם סמ"ם והס"א במאריך : ומשא כל יד . בשי"ן ימלא כמ"ש

מנחת שי

רלב"ג

(ל) מחזיקים על אחיהם אדיריהס. ר"ל שגדוליהם ושריהם מחזיקים על אחיהם להביאם לקיים סתורה: (לא) ואשר לא נתן בנותינו וגו'. סנה אכרו קלא פרטי המלוח אשר נכשלו בהם כמו הסתחתן בגוים ועשות מקח וממכר בשבת מט"ם שאין אסורו אלא מדברי סופרים לפי שסול מביא לאבור על אסור תורה כמו סקחיבה שסיא מלאכה: (לב) וכל שבר. וכל קין. וסשמעת קרקע וסשמעת כספים כי בזה נכשלו בהיי כמו שמחלא מבואר בדברי ירמיה . ובכה נטישת סשנה השביעית הוא שיסמיטו ידיהם מלרקרקותיהם בעולים וסוא סיסיו סטילוח כמו

מצודת דוד

כל מי שיודע לסבין בדבר מה : (ל) מחזיקים . סס כולם סין מחזיקים ומומזים על דברי אחיים סאדירים והשרים אשר כאו על סתחומים : ובאים . גם סמה סיו באים באלה ובשבועם וגו' (לא) ואשר לא וגו'. מוסב סול על המקרא שלפניו שאמר ובאים באלה ובשבועות סיחם אשר לא נתן וגו' זכן על כל סדברים סמוסב והולך : (לב) את המקחות . סדברים הנקחים מהם : וכל שבר . כל מיני תבואס כמו בשבר אשר הס שוברים (בראשית מ"ן) ; וביום קדש . זס י"ט ; ונטוש . כמזוב עבודת הלדמה בשנת סשמטס : ומשא . אף נטשזוב בשמטס מוב

מצודת ציון

(ל) באלה . היא קללת הסטובס כמו בשבועת סללס (במדבר ה') : (לב) ונטוש . כעזוב כמו תשמטנה ונטשתה (שמות כ"ג) : ויסשא . סטלוחה הניקן ביד וכן נאמר שמוט כל בעל מסא ידו (דברים מ"ז) : (לג) והעמדנו . קבענו על טלמינו דבר מלוה לסיום מוזה עלינו

soil during the Sabbatical Year.—
[*Mezudath David*] *Midrash Ezra*
asserts that during the Second
Commonwealth, the observance of
the Jubilee Year and the Sabbatical
Year were not biblically in effect,
because the observance of the Jubilee
Year is obligatory only when the
majority of the Jewish people live in
their land. During the time of the
Second Temple, its observance was
not obligatory since only Judah and

Benjamin had returned from exile.
The Sabbatical Year is contingent
upon the Jubilee Year. Therefore, in
the time of Ezra and Nehemiah, the
Jews accepted these observances of
their own volition, giving them the
force of Rabbinic enactments. This
view follows *Rashi* (*Gittin* 36b).
Malbim, however, interprets this
verse to mean that the Jews at that
time were obligated to observe the
Sabbatical Year. He therefore

and their daughters, all who know enough to understand. 30. They held with their brethren, their noblemen, and entered the curse and the oath to follow the Law of God, which was given through Moses, the servant of God, and to keep and perform all the commandments of the Lord our Lord, and His ordinances and His statutes. 31. And that we shall not give our daughters to the peoples of the land, and we shall not take their daughters for our sons. 32. And as for the peoples of the land who bring merchandise and all grains on the Sabbath day to sell—we shall not purchase from them on the Sabbath or on holy days, and we shall abandon [the land] during the seventh year [and] the loan given by every hand. 33. And we set

30. They held—They all upheld and adhered to the words of their brethren, the noblemen and the princes who signed the document.—[*Mezudath David*]

with their brethen—Heb. עַל־אֲחֵיהֶם: with their brothers—[*Rashi*]

their noblemen—*the great ones among them.*—[*Rashi*]

and entered—They too accepted the curse and the oath.—[*Mezudath David*] *Ralbag* explains that the noblemen would coerce their brethren into complying with the conditions of the curse and the oath.

31. And that we shall not give, etc.—This is connected to the preceding verse, meaning that the curse and the oath included this condition as well as those in the following verses.—[*Mezudath David*] He mentions here several details of the commandments that they had neglected, such as not intermarrying with the peoples of the land and not conducting business on

Sabbaths and holidays, although the latter is merely a Rabbinic enactment to safeguard the observance of the Torah prohibition of writing on those days.—[*Ralbag*] *Malbim* specifies that they promised to refrain from intermarrying even with the other nations, not only with the seven nations of Canaan.

32. merchandise—Heb. הַמַּקָּחוֹת.—[*Rashi*] i.e., the commodities usually purchased from them.—[*Mezudath David*]

and all grains—Heb. שֶׁבֶר, *grain, like* (Gen. 47:14): " *... for the grain* (בַּשֶּׁבֶר) *that they were purchasing.*"—[*Rashi*] *Ralbag* renders: and every purchase.

or on holy days—*This refers to festivals.*—[*Rashi, Mezudath David*]

and we shall abandon during the seventh year—*As is stated* (Exod. 23:11): *"But throughout the seventh year you shall let it go and abandon it* (וּנְטַשְׁתָּהּ)."—[*Rashi*] We shall abandon the cultivation of the

עָלֵינוּ מִצְוֹת לָתֵת עָלֵינוּ שְׁלִישִׁית הַשֶּׁקֶל בַּשָּׁנָה לַעֲבֹדַת בֵּית אֱלֹהֵינוּ: לד לְלֶחֶם הַמַּעֲרֶכֶת וּמִנְחַת הַתָּמִיד וּלְעוֹלַת הַתָּמִיד הַשַּׁבָּתוֹת הֶחֳדָשִׁים לַמּוֹעֲדִים וְלַקֳּדָשִׁים וְלַחַטָּאוֹת לְכַפֵּר עַל־יִשְׂרָאֵל וְכֹל מְלֶאכֶת בֵּית־אֱלֹהֵינוּ: לה וְהַגּוֹרָלוֹת הִפַּלְנוּ עַל־קָרְבַּן הָעֵצִים הַכֹּהֲנִים הַלְוִיִּם וְהָעָם לְהָבִיא לְבֵית אֱלֹהֵינוּ

ת"א והגורלות . ספנית כח מנחות ג' יג קו : כצ"ל

the Sabbaths, the New Moons, the appointed seasons—These are the additional offerings, the *musaphim*, offered up on Sabbaths, New Moons, festivals, and other holy days. See Numbers 28:9–31, entire chapter 29.

and for the holy offerings—These are the lambs offered up as communal peace offerings on the festival of Shavuoth.—[*Ralbag, Mezudath David*]

and for the sin offerings—These

are the he-goats offered up as communal sin offerings on the New Moons and festivals.—[*Ralbag, Mezudath David*]

and all the work of the Temple of our God—*to do with money.*—[*Rashi*] *Mezudath David* writes that this refers to the repairs of the Temple. *Ralbag* writes that this refers to all the other needs of the Temple service, such as oil for lighting, flour for meal offerings, wine and oil, the Red Cow for the

upon ourselves the commandments to give a third of a shekel a year for the service of the Temple of our God. 34. For the bread of the arrangement and the daily meal offering and for the daily burnt offering, the Sabbaths, the New Moons, the appointed seasons, and for the holy offerings and for the sin offerings to atone for Israel, and all the work of the Temple of our God. 35. And we cast lots for the wood offering, the priests, the Levites, and the people, to bring to the Temple of

interprets this verse as a support to *Tosafoth* (ad loc.), who hold that representatives of all the tribes lived in land of Israel at the time of Ezra and Nehemiah. They base this assertion on the Talmudic maxim that Jeremiah brought back many of the Ten Tribes, and Josiah reigned over them. They were then again exiled to Babylon and returned with Judah and Benjamin. Since part of each tribe was in the land of Israel, it was considered as though all its inhabitants were there.

and the loan given by every hand—*This refers to the release of loans during the seventh year.—[Rashi]*

33. **a third of a shekel**—In view of the Biblical injunction to give a half shekel every year for the Temple service (Exod. 30:11–26), the reason for giving a third of a shekel is puzzling. *Ibn Ezra* explains that they gave this in addition to the obligatory half shekel. Since they saw that a half shekel would not suffice for all the communal sacrifices, they instituted a tax of an additional third.—*[Midrash Ezra] Ralbag* explains that this shekel was larger than the shekel of Moses' time. Therefore, a third of the current shekel equaled a half of the Mosaic shekel. The Rabbis (*Baba Bathra* 9a) apply this levy to the giving of charity as well. One who cannot afford to give a fifth of his income to charity, or even a tenth, should give at least a third of a shekel throughout the year. *Sifthei Kohen (Yoreh Deah* 249:4) writes that the custom of collecting charity in the synagogue on Mondays and Thursdays was initiated so that even if one deposits the smallest coin into the box, his donations will accumulate to one third of a shekel by the end of the year.

34. **For the bread of the arrangement**—This is the לֶחֶם הַפָּנִים, *the showbread*, which was arranged on the Table in the Temple every Sabbath and eaten by the priests on the following Sabbath.—*[Ralbag, Mezudath David]*

and the daily meal offering—This is the meal offering brought with the libations of the daily burnt offering.—*[Mezudath David] Ralbag* interprets this as a reference to the daily incense offering.

אֱלֹהֵינוּ לְבֵית־אֲבֹתֵינוּ לְעִתִּים מְזֻמָּנִים שָׁנָה בְשָׁנָה לְבַעֵר עַל־מִזְבַּח יְהֹוָה אֱלֹהֵינוּ כַּכָּתוּב בַּתּוֹרָה: לּוּלְהָבִיא אֶת־בִּכּוּרֵי אַדְמָתֵנוּ וּבִכּוּרֵי כָל־פְּרִי כָל־עֵץ שָׁנָה בְשָׁנָה לְבֵית יְהֹוָה: לּזוְאֶת־בְּכֹרוֹת בָּנֵינוּ וּבְהֶמְתֵּנוּ כַּכָּתוּב בַּתּוֹרָה וְאֶת־בְּכוֹרֵי בְקָרֵינוּ וְצֹאנֵינוּ לְהָבִיא לְבֵית אֱלֹהֵינוּ לַכֹּהֲנִים הַמְשָׁרְתִים בְּבֵית אֱלֹהֵינוּ: לחוְאֶת־רֵאשִׁית עֲרִיסֹתֵינוּ וּתְרוּמֹתֵינוּ וּפְרִי כָל־עֵץ תִּירוֹשׁ וְיִצְהָר נָבִיא לַכֹּהֲנִים אֶל־לִשְׁכוֹת בֵּית־אֱלֹהֵינוּ וּמַעְשַׂר אַדְמָתֵנוּ לַלְוִיִּם

רש״י

לבית אבותינו. שהיא בית קדושת אבותינו: (לו) ובכורי כל פרי כל עץ.בכורי של כל פרי האילן הם מדברי חכמי': (לח) נביא לכהנים אל לשכות. והם המעשרים בכל ערי עבודתנו. שנוטלים מעשרותיהם כי שם היו רגילים:

מנחת שי

אבותינו. פירוש שתכננוהו: (לו) ולהביא את בכורי אדמתנו. כמומר ושתי הלחם: כל פרי כל עץ. הם הנזכרים בפסוק הגפן ותאנה ורמון ושאר העצים והם שבעה מינים וכן אמרו חז״ל אין מביאין בכורים אלא משבעת המינין בלבד כמנין ולקחת מראשית כל פרי האדמה: (לז) ואת בכורות בנינו ובהמתנו. רלה לומר בהמתנו כהמה טמאה כי אחרי כן בכורות בקרינו ולאנינו: (לח) ופרי כל עץ תירוש. כן הוא פרי תירוש ויצהר:

רלב״ג

(לח) בכורי אדמתנו. הם בכורי מסס ומפולס וכבורי כל פרי כל פן. כבר באלו רצונינו שזה.אינו אלא בפירות סמיוחסים לארץ ישראל כמו גפן ותאנה ורמון וזיתים וסמנים ואלו הם סמיוחסים לארץ ישראל כמאמרו ארץ מסס ושעורה גפן ותאנה ורמון ארץ זיח שמן ודבש: (לח) ואם בנינו וכסממתנו. סם בכור אדם ופטר חמור. וזכדס ימד לפי שטניים כמו לפדיון: (לח) וסלרומותינו ופרי כל עץ תירוש ויצהר. ליצ

מצודת ציון

(לו) את בכורי. אלו סבכורים מכלאסים כל פרי סאדמס: כל פרי עץ. לסבים מכל פרי סעץ עם ססספורים לסם מיצב אלא ממסמסס סמינין: (לז) בכורות בנינו. ליתן סדיונו ממסס סקלים: ובהמתנו. זס פטר ממור לפדותו בשס: (לח) ראשית עריסותינו. זס סמלס מן סעיסס: ותרומתנו. אס פלוטס דגן: ופרי עץ. סכומות פרי תירוש ויצסל: אל לשכות. לשומס כסלסכות וסכסנים ימלקו כינסס:

מצודת דוד

(לו) ולהביא את בכורי אדמתנו. כמומר ושתי הלחם. הם הנזכרים בפסוק וכו': לבית אבותינו. שהיא בית קדושת אבותינו:

---

states explicitly that if one brings *bikkurim* of the other species, they assume no sanctity. He therefore explains this verse as meaning that whereas there is no minimum for the biblical requirement, the Rabbis required that at least 1/60 of the crop be brought to the Temple.

37. And the firstborn of our sons—to give their redemption of five shekels.—[*Mezudath David*]

and of our animals—This is the

firstborn donkey, which would be brought to the priest to be redeemed with a lamb.—[*Mezudath David*] This cannot mean the firstborn of cattle and sheep, which are given to the Kohen to sacrifice the prescribed parts on the altar and eat the rest, because that is mentioned further in the verse.—[*Ibn Ezra*] These two are mentioned together because both need to be redeemed.—[*Ralbag*]

to the priests—to give to the

our God, to the House of our forefathers at set times, year by year, to burn on the altar of the Lord our God as is written in the Torah. 36. And to bring the first-fruits of our soil and the first of every fruit of every tree, year by year, to the Temple of the Lord. 37. And the firstborn of our sons and of our animals, as is written in the Torah, and the firstborn of our cattle and our flocks to bring to the Temple of our God, to the priests who minister in the Temple of our God. 38. And the first of our dough and our heave offerings and the fruit of every tree, wine, and oil, we shall bring to the priests, to the chambers of the Temple of our God, and the tithe of our soil to the Levites,

purification of those who came in contact with a corpse, and whatever else was needed.

35. **we cast**—*how much each one should bring.*—*[Rashi] Mezudath David* explains that the lots were cast to determine when donors would bring offerings of wood which were used on the altar. According to *Rambam (Mishnah Commentary, Ta'anith* 4:5), the donors would bring sacrificial donations together with donations of wood to the Temple. The order of the families who donated the wood to the Temple is delineated in that Mishnah. The Talmud (*Ta'anith* 28a) explains that when the returnees from the exile came to the Temple, they found the wood chamber empty. Several families offered to donate their own wood, and the prophets among them decreed that from that day on, even if the chamber was full, those families who had cast lots would continue to donate wood for the altar.

the wood offering—*an offering*

of wood for the arrangement on the altar.—*[Rashi]*

the priests, etc.—Lots were cast to designate a time for the donation; every year a family would bring wood at a specific time.—*[Mezudath David]*

to the House of our forefathers—*which is the House of the sanctity of our forefathers.*—*[Rashi]*

36. **the first fruits of our soil**—*Ralbag* identifies these as the *bikkurim* of wheat and barley. *Ibn Ezra* identifies these as the *Omer* (first barley offering brought on the second day of Passover) and the two Loaves of Bread (first wheat offering brought on *Shavuoth*).

and the first of every fruit of every tree—These are the fruits that the land of Israel is noted for, viz. grapes, figs, pomegranates, olives, and dates, as in the Mishnah (*Bikkurim* 1:3).—*[Ralbag, Ibn Ezra]* *Rashi*, however, states: *the first of every fruit of a tree. They are required rabbinically. Malbim* questions this on the grounds that the *Yerushalmi*

וְהֵם הַלְוִיִּם הַמְעַשְּׂרִים בְּכֹל עָרֵי עֲבֹדָתֵנוּ: יט וְהָיָה הַכֹּהֵן בֶּן־אַהֲרֹן עִם־הַלְוִיִּם בַּעְשֵׂר הַלְוִיִּם וְהַלְוִיִּם יַעֲלוּ אֶת־מַעֲשַׂר הַמַּעֲשֵׂר לְבֵית אֱלֹהֵינוּ אֶל־הַלְּשָׁכוֹת לְבֵית הָאוֹצָר: מ כִּי אֶל־הַלְּשָׁכוֹת יָבִיאוּ בְנֵי־יִשְׂרָאֵל וּבְנֵי הַלֵּוִי אֶת־תְּרוּמַת הַדָּגָן הַתִּירוֹשׁ וְהַיִּצְהָר וְשָׁם כְּלֵי הַמִּקְדָּשׁ וְהַכֹּהֲנִים הַמְשָׁרְתִים וְהַשּׁוֹעֲרִים וְהַמְשֹׁרְרִים וְלֹא נַעֲזֹב אֶת־בֵּית אֱלֹהֵינוּ:

רש"י

בכל ערי ישראל: (לט) בעשר. לשון כפישר: את מעשר המעשר. שהיו הלוים מעשרים מעשר מן המעשר ומביאים אותו לכהנים שלא היו עוזבים את בית המקדש:

אבן עזרא

המעשרים. לוקחי המעשר: (לט) בעשר. הרחוי בהעשר מבנין הפעיל וכמוהו לבבית כטן לנחותם הדרך והפעם בקחת המעשר והוא מעשר מן המעשר:

מנחת שי

(לט) בעשר. בשוא לבד סבי"ן ורפאי. ורד"ק: יעלו את מעשר. בהעשר ז' עוקף

רלב"ג

תרומות הדגן ותרומות סרי כל זן שנגמרה מלאכתו כמו תירוש ויצהר : (לט) וסיס סכסן כן אהרן עם סלוים בעשר הלוים. עשו זה לאזהיק סלוים מבכוס פמת ידם מעשר המעשר שהוא לכהנים ולזה מייבו שייסים שם כטן פמהם בלקחם המעצשרות ועל הלוים מייבו ביהיאי סספול להביא מעשר המעשר לנשכות בית מקדש לבית האוצר:

מצודת דוד

המעשרים. הלוקחים המעשרות בכל סעריט אשר אנחנו עובדים את האדמה במחריסה וקלירה וכלאומר סם שאנחנו עובדים את האדמה מ"מ ניתן למי אשר לא עמל בה : (לט) בעשר הלוים. בעת יקחו סלוים את מעשרים יהיה עמו כטן כי גם מלק הכהן נכלב בס וסים תרומת המעשר. מעשר מן סמעשר :

---

and they, the Levites, who receive tithes in all the cities of our work. 39. And the priest, the son of Aaron, shall be with the Levites at the Levites' tithing and the Levites shall bring up the tithe of the tithe to the Temple of our God, to the chambers, to the storehouse. 40. For the Children of Israel and the children of the Levites shall bring the heave-offering of corn, wine, and oil, to the chambers where the Temple vessels and the ministering priests are, and the gatekeepers, and the singers, and we will not forsake the Temple of our God."

ministering priests in exchange for their work.—[*Mezudath David*]

38. And the first of our dough— This is the offering from the dough, known as *challah*, which is given to the priests, as in Numbers 15:17–21. In our times, it is burned.

and our heave offerings—This is the heave offering of grain.— [*Mezudath David*]

and the fruit of every tree, etc.—the heave offerings of wine and oil.—[*Mezudath David*]

we shall bring to the priests to the chambers—*for they were usually there.*—[*Rashi*] The priests' due would be deposited in the chambers where it would be divided among them.—[*Mezudath David*]

who receive tithes in all the cities of our work—*who take their tithes in all the cities of Israel.*— [*Rashi*] i.e., in all the cities where we till the soil by plowing it and reaping its harvest. Although we toil for the grain, we give these gifts to people who did not work for them.— [*Mezudath David*]

39. at the Levites' tithing—The Levites are required by the Torah to give a tenth of their tithes to the priests, as is written in Numbers 18:25–32. Therefore, the priest was to be present to ascertain that they did, in fact, tithe their tithes.— [*Ralbag*]

at the [Levites'] tithing—Heb. בַּעְשֵׂר; *an expression meaning at the tithing.*—[*Rashi*] According to the Talmud (*Yev.* 86b), Ezra fined the Levites for not migrating immediately to the land of Israel. According to Rabbi Akiva, the first tithe originally belonged to the Levites, but because of Ezra's fine, they had to share it with the priests; i.e., this meant that a person had the right to give his tithes either to a Levite or to a priest. That is the meaning of בַּעְשֵׂר הַלְוִיִם, *in the tithe of the Levites,* that the priest would share the tithes with the Levites. According to Rabbi Eleazar ben Azariah, the first tithe originally was shared by both. Ezra fined the Levites by depriving them completely of their right to the tithe. Before this ruling spread, however, both the priests and the Levites would share the tithes.—[*Tos.* ad loc., *Keth.* 36a]

the tithe of the tithe—*for the Levites would take a tithe from the*

יא א וַיֵּשְׁבוּ שָׂרֵי־הָעָם בִּירוּשָׁלִָם וּשְׁאָר הָעָם הִפִּילוּ גוֹרָלוֹת לְהָבִיא אֶחָד מִן־הָעֲשָׂרָה לָשֶׁבֶת בִּירוּשָׁלִַם עִיר הַקֹּדֶשׁ וְתֵשַׁע הַיָּדוֹת בֶּעָרִים: ב וַיְבָרֲכוּ הָעָם לְכֹל הָאֲנָשִׁים הַמִּתְנַדְּבִים לָשֶׁבֶת בִּירוּשָׁלִָם: ג וְאֵלֶּה רָאשֵׁי הַמְּדִינָה אֲשֶׁר יָשְׁבוּ בִּירוּשָׁלִָם וּבְעָרֵי יְהוּדָה יָשְׁבוּ אִישׁ בַּאֲחֻזָּתוֹ בְּעָרֵיהֶם יִשְׂרָאֵל הַכֹּהֲנִים וְהַלְוִיִּם וְהַנְּתִינִים וּבְנֵי עַבְדֵי שְׁלֹמֹה: ד וּבִירוּשָׁלִַם יָשְׁבוּ מִבְּנֵי יְהוּדָה וּמִבְּנֵי בִנְיָמִן מִבְּנֵי יְהוּדָה עֲתָיָה בֶן־עֻזִּיָּה בֶּן־זְכַרְיָה בֶן־אֲמַרְיָה בֶּן־שְׁפַטְיָה בֶּן־מַהֲלַלְאֵל מִבְּנֵי פָרֶץ: ה וּמַעֲשֵׂיָה בֶן־

ת"א כטטדביס, כטובוט קי: ברוך

רש"י

יא.(א) אחד מן העשרה. שבישראל למתן ישבו בירושלים לשמור העיר: **ותשע הידות.** תשעה חלקיס: **(ב) המהנדבים.** אשר נדבה רוחם אותם להיות יושבים בירושלים לשמור העיר מן האויבים: **(ג) ואלה ראשי המדינה אשר ישבו בירושלים.** הוא שנאמר כסמוך ובירושלים ישבו כני יהודה וגו': **(ד) מבני יהודה עתיה וגו'.** חוזר ומפרש מבני יהודה מי ומי היו וכלהפרשה אינה מונה כי אם הגדולים והחשובים

מנחת שי

יא (ה) ספילו גורלום. ככל ספרים ישנים מלא דמלא וכן דינו מכח מסורת ליש פרשת אחרי מות שנמסר שם ד' מסליס ול"ז קדמאה לישנא ואין זה מהס:

רלב"ג

יא (א) וישבו שרי העם בירושלים וגו'. כאן חוזר לספיתו ל הראשון שזכר שהפעיר למכת ידים תגדולה וספס ממם בחוכה ואין בתיס בנויס. ולזה נתן נחמיס אל לבו לתקן מנין סגלות שיהיה לבם לס' ויקימו סחורה ולתקן דברי עבודת ביק המקדם. ובזה הספיק סמאמר זאמר קך הסאתדל שישבו שרי העם בירושלים וספילו גורלום להביא אחד מעשרה משאר העם לשבת בירושלים וקלהם סתנדבו עוד מעלמם לשבת בירושלים וכלמו סטס אם המתנדבים כי הס מזרו להשיב ירושלים על מנינה הראשון. ר"ל נבנות מרבוקיה. וזכר כי המתנדבים הם ראשי המדינה אשר ישבו בירושלים וזכר עוד מי ישב בירושלים מבני יהודה ומבני בנימין:

מצודת דוד

יא (א) לחביא. מעלי יהודה: **לשבת בירושלים.** לשמרה מן בעריס: **(ב) המתנדבים.**

מצודת ציון

יא (א) חידות. סמלקים כמו ואכרכע לידות (כראשית מ"ז): **סטובדי כוכבים.** יאמרו כמעריס:

אשר סתנדבו בעלמם מלונם שלא ע"פ הגורל ולפי בישיבת הכדליס קשה ע"פ סיוקר יסיס במקום רבת מס לזה מחשב לנדבס: **(ג) ואלה וגו'.** סס הנאמלים במקרא שמ"ז ובירושלים ישבו וגו': **איש.** כ"א ישב במקום מחוזתו בעריהס סהיה להס מאז שד שלא גלו ישראל ומ' ר"ל סס סיו סיושבים במחוזתם: **(ד) מבני יהודה וגו'.** ולפי שלא ישבו בה מבני עשרית השבטים כ"א מתי מספר לוס לא וכרס

11

1. And the rulers of the people dwelt in Jerusalem, and the rest of the people cast lots to bring one of ten to dwell in Jerusalem the holy city, and nine parts in [other] cities. 2. And the people blessed all the persons who volunteered to dwell in Jerusalem. 3. And these are the heads of the province who dwelt in Jerusalem, and in the cities of Judea they dwelt each one in his inheritance in their cities: Israelites, the priests, the Levites, the Nethinites, and the children of Solomon's slaves. 4. And in Jerusalem there dwelt of the children of Judah and of the children of Benjamin; of the children of Judah: Athaiah the son of Uzziah, the son of Zechariah, the son of Amariah, the son of Shephatiah, the son of Mahalalel, of the children of Perez. 5. And Maaseiah the son of

11

1. And the rulers of the people dwelt in Jerusalem, etc.—Scripture now returns to the account of the settling of the city, which was started above (7:4): "Now the city was a wide place and large, and the people were few within it, and there were no houses built." It was interrupted by Nehemiah's concentrating on improving the spiritual condition of the exiles, directing their hearts toward God and the Torah, and establishing the Temple service. Because of this, the settling of the city was interrupted, and now the author is returning to it.—[*Ralbag*]

one of ten—*of Israel, so that they should dwell in Jerusalem to guard the city.*—[*Rashi*]

and nine parts—*nine parts of Israel.*—[*Rashi*]

in [other] cities—They should remain in their cities.—[*Mezudath David*]

2. who volunteered—*whose spirit inspired them to volunteer to dwell in Jerusalem to guard the city from enemies.*—[*Rashi*] In addition to those chosen by lot to dwell in Jerusalem, some people volunteered to live there.—[*Ralbag, Mezudath David*] The people blessed them because they helped to restore Jerusalem to its previous state, i.e., to rebuild its ruins.—[*Ralbag*] *Mezudath David* writes that this is considered a נְדָבָה, *a donation*, because living in a large city is difficult since the prices are higher there.

3. And these are the heads of the province who dwelt in Jerusalem—*these are the ones regarding whom it is stated below: "And in Jerusalem there dwelt of the children of Judah, etc."*—[*Rashi*]

each one in his inheritance—Each one dwelt in the place of his inheritance, in the cities they had

בָּרוּךְ בֶּן־כָּל־חֹזֶה בֶּן־חֲזָיָה בֶּן־עֲדָיָה בֶּן־יוֹיָרִיב בֶּן־
זְכַרְיָה בֶּן־הַשִּׁלֹנִי: וְכָל־בְּנֵי־פֶרֶץ הַיֹּשְׁבִים בִּירוּשָׁלִַם
אַרְבַּע מֵאוֹת שִׁשִּׁים וּשְׁמֹנָה אַנְשֵׁי־חָיִל: וְאֵלֶּה בְּנֵי
בִנְיָמִן סַלֻּא בֶּן־מְשֻׁלָּם בֶּן־יוֹעֵד בֶּן־פְּדָיָה בֶּן־קוֹלָיָה
בֶּן־מַעֲשֵׂיָה בֶּן־אִיתִיאֵל בֶּן־יְשַׁעְיָה: ח וְאַחֲרָיו גַּבַּי
סַלָּי תְּשַׁע מֵאוֹת עֶשְׂרִים וּשְׁמֹנָה: ט וְיוֹאֵל בֶּן־זִכְרִי
פָּקִיד עֲלֵיהֶם וִיהוּדָה בֶן־הַסְּנוּאָה עַל־הָעִיר מִשְׁנֶה:
י מִן־הַכֹּהֲנִים יְדַעְיָה בֶן־יוֹיָרִיב יָכִין: יא שְׂרָיָה בֶּן־
חִלְקִיָּה בֶּן־מְשֻׁלָּם בֶּן־צָדוֹק בֶּן־מְרָיוֹת בֶּן־אֲחִיטוּב
נְגִד בֵּית הָאֱלֹהִים: יב וַאֲחֵיהֶם עֹשֵׂה הַמְּלָאכָה
לַבַּיִת שְׁמֹנֶה מֵאוֹת עֶשְׂרִים וּשְׁנַיִם וַעֲדָיָה בֶּן־יְרֹחָם
בֶּן־פְּלַלְיָה בֶּן־אַמְצִי בֶּן־זְכַרְיָה בֶּן־פַּשְׁחוּר בֶּן־
מַלְכִּיָּה: יג וְאֶחָיו רָאשִׁים לָאָבוֹת מָאתַיִם אַרְבָּעִים

כצ״ל   רש״י

שנהס : (ט) פקיד . ממונה : משנה . אחר [הפקיד] :   אלהים : (יב) ואחיהם עושה מלאכה לבית . וחכריה'
ושנים (יא) נגיד . ממונה . נגיד בית אלהים. ממונה על בית   שהיו עובדים עבודת הבית וקרבנותיו : (יג) ראשים

מנחת שי

(ז) בן מעשיה . לא יתכן דגש ביו״ד : (יב) עשה המלאכה . כספרים   פשי כתיב יו״ד בקריאה : בן פללים . בדפום ישן כתוב גללים וטעות
מדוייקים ט ש ס כס״א וכן ראוי כי לא נמנה בפרשת ויקהל פס ט״ז .   גמור הוא : (יג) לאפים לאבות . בם״ס הלמ״ד בשו״א וי״ס בקמן :

רלב״ג

(ט) ויהודה בן הסנואה על העיר משנה . ר״ל משנה לפחה ואפשר שהיה משנה לפקיד והוא סיותר נכבס : (יא) נגיד בית סאלהים . ר״ל

מצודת דוד

פה עס שנזכרו כד״ה : (ה) בן השלוני . מבני שלה בן יהודה :   אשר ישבו בירושלים היו ידעיה וגו' : (יא) נגיד . ממונס על בית

---

5. the Shilonite—of the sons of
Shelah the son of Judah.—[*Mezudath
David*] *Malbim* considers this a name
of an important descendant of Perez.

6. All the children of Perez—
The children of Shelah are counted in
Chronicles with the children of
Zerah, who are not counted here.—
[*Mezudath David*] *Malbim*, following
his aforementioned theory, writes

that Nehemiah does not list the
census of the children of Zerah
because the Chronicler already
recorded it. Since the Chronicler
states that the total of the children of
Perez and Zerah was 690, and
Nehemiah states that the children of
Perez were 468, we deduce that the
children of Zerah were 222.

Baruch, the son of Kol-Hozeh, the son of Hazaiah, the son of Adaiah, the son of Joiarib, the son of Zechariah, the son of the Shilonite. 6. All the children of Perez who dwelt in Jerusalem were four hundred and sixty-eight valiant men. 7. And these are the children of Benjamin: Sallu the son of Meshullam, the son of Joed, the son of Pedaiah, the son of Kolaiah, the son of Maaseiah, the son of Ithiel, the son of Isaiah. 8. And after him was Gabbai Sallai, [and with him] nine hundred and twenty-eight. 9. And Joel the son of Zichri was the official over them, and Judah the son of Hassenuah was the second in command over the city. 10. Of the priests were Jedaiah the son of Joiarib, [and] Jachin. 11. Seraiah the son of Hilkiah, the son of Meshullam, the son of Zadok, the son of Meraioth, the son of Ahitub was the official over the Temple of God. 12. And their brethren who performed the work of the Temple were eight hundred and twenty-two, and Adaiah the son of Jeroham, the son of Pelaliah, the son of Amzi, the son of Zechariah, the son of Pashhur, the son of Malkiah. 13. And his brethren, rulers over the fathers' houses, were two hundred and forty-

completion of the Book of Chronicles, which Ezra composed, and Nehemiah is the completion of the Book of Ezra. Ezra included in Chronicles mainly what was not found in earlier books. Likewise, when Nehemiah repeated what Ezra had already written in Chronicles, he added what was not found there. This is evident by Nehemiah's beginning with "And these are the heads of the province who dwelt in Jerusalem," which are Nehemiah's own words. From here on, he copies the language of Chronicles (9:3), however, with several differences. In Chronicles, Ezra writes, "and of the children of Ephraim and Manasseh." Here Nehemiah writes: " ... of the children of Judah, Athaiah the son of Uzziah, etc." In Chronicles, Ezra writes: "Uthai the son of Ammihud, the son of Omri, the son of Imri, the son of Bani, of the sons of Perez." Ezra enumerates only four generations between Uthai and Perez, whereas Nehemiah enumerates several more. He found genealogical records where several more esteemed people were listed in the ancestry of Uthai or Athaiah and added two more important ancestors between Uthai and Amariah [including Imri] and between Amariah and Perez.

וּשְׁנַיִם וַעֲמַשְׁסַי בֶּן־עֲזַרְאֵל בֶּן־אַחְזַי בֶּן־מְשִׁלֵמוֹת בֶּן־
אִמֵּר: יד וַאֲחֵיהֶם גִּבּוֹרֵי חַיִל מֵאָה עֶשְׂרִים וּשְׁמֹנָה
וּפָקִיד עֲלֵיהֶם זַבְדִּיאֵל בֶּן־הַגְּדוֹלִים: טו וּמִן־הַלְוִיִּם
שְׁמַעְיָה בֶן־חַשּׁוּב בֶּן־עַזְרִיקָם בֶּן־חֲשַׁבְיָה בֶּן־בּוּנִּי:
טז וְשַׁבְּתַי וְיוֹזָבָד עַל־הַמְּלָאכָה הַחִיצֹנָה לְבֵית
הָאֱלֹהִים מֵרָאשֵׁי הַלְוִיִּם: יז וּמַתַּנְיָה בֶן־מִיכָא בֶּן־
זַבְדִּי בֶן־אָסָף רֹאשׁ הַתְּחִלָּה יְהוֹדֶה לַתְּפִלָּה
וּבַקְבֻּקְיָה מִשְׁנֶה מֵאֶחָיו וְעַבְדָּא בֶּן־שַׁמּוּעַ בֶּן־גָּלָל
בֶּן־יְדִיתוּן: יח כָּל־הַלְוִיִּם בְּעִיר הַקֹּדֶשׁ מָאתַיִם
שְׁמֹנִים וְאַרְבָּעָה: יט וְהַשּׁוֹעֲרִים עַקּוּב טַלְמוֹן

דגש אחר שורק ידותון קרי

רש"י

לאבות . ראשי בית אב ממשפחות הכהנים: (יד) ופקיד עליהם . ממונה עליהם: (טז) על המלאכה החיצונה אשר לבית כגון כנייני בדק הבית ועלי המערכה שהיו מביאים מבחוץ: (יז) ראש התחלה יהודה לתפלה. הוא היה ראש וממונה וגדול לפתוח תחלה ולהודות בתפלה וכזמירו' שירותיהם של לוים. יהודה כמו יודה והה"א נכנסת בתיבה שלא לצורך כמו יוסף יהוסף: (יט) והשוערים. ממונין על שערי המקדם:

מנחת שי

(יז) בן ידיתון . ידותון קרי:

אבן עזרא

יא (יד) בן הגדולים . בן אחד מהגדולים: (טז) ושבתי ויוזבד על המלאכה החיצונה . שהוא ממונה לעיר לצורך בית האלהים: (יז) ראש התחלה יהודה לתפלה. והטעם אסף הוא יראש ובתחלת השירות הוא יהודה לעת התפלה הראשונה ואחרי כן אחיו ובני יהודה על הנכון וכן יהושיע ה': ובקבוקיה משנה מאחיו . להיות משנה לאסף:

רלב"ג

ממונה של בית האלהים: (טז) על המלאכה החיצונה לבית האלהים . ר"ל שהמלאכה החילונה לבית האלהים ר"ל שהיה ממונה על מלאכת בדק הבית כמה שילטרך מהמלאכם בחלר סכסים והסזורות ובכלל כל מה שהוא מלטרך בבה שהוא מילון מבית האלהים : (יז) ראש התחלה יהודה לתפלה . ר"ל שהוא היה

מצודת דוד

ישבו בירושלים: ועמשסי וגו'. אף הוא ישב בירושלים: (יד) ואחיהם. של ראשי האבות: (טו) ומן הלוים . אשר ישבו בירושלים היו שמעיה וגו': (יז) על המלאכה וגו'. היו ממונים על המלאכה שנעשה חוץ למקדש והוא כגון לסבוב פליס ואבנים לצורך בדק הבית וכדומה: מראשי הלוים . (יז) ראש התחלה יהודה לתפלה. הוא היה סראש להתחיל בתחלה את ההודות והסלול לעת כוא זמן התפלה: משנה מאחיו . היה שני לו מבין שאר אחיו: ועבדא וגו'. אף הוא ישב בירושלים:

מצודת ציון

(יז) יהודה . מל' הודאה . מל' פודום וסלול:

two, including Amashesai the son of Azarel, the son of Ahzai, the son of Meshillemoth, the son of Immer. 14. And their brethren, valiant men, were a hundred and twenty-eight, and the official over them was Zabdiel the son of the great. 15. And of the Levites: Shemaiah the son of Hashub, the son of Azrikam, the son of Hashabiah, the son of Bunni. 16. And Shabbethai and Jazabad were over the outside work of the Temple of God, of the heads of the Levites. 17. And Mattaniah the son of Micha, the son of Zabdi, the son of Asaph was the head to begin the thanksgiving in prayer, and Bakbukiah, the second-in-command of his brethren, and Abda the son of Shammua, the son of Galal, the son of Jeduthun. 18. All the Levites in the Holy City were two hundred and eighty-four. 19. And the gatekeepers were Akkub, Talmon,

8. And after him—in stature and importance.—[*Mezudath David*]

9. the official—*the one appointed.*—[*Rashi*]

the second in command—*after [the official].*—[*Rashi*]

10. Of the priests—*who lived in Jerusalem.*—[*Mezudath David*]

11. the official over the Temple of God—*appointed over the Temple of God.*—[*Rashi*]

12. And their brethren who performed the work of the Temple—*and their colleagues, who were performing the service of the Temple and its sacrifices.*—[*Rashi*]

13. rulers over the fathers' houses—*the heads of the fathers' houses of the priestly families.*—[*Rashi*] [The priests were divided into twenty-four *mishmaroth*, or watches, with each one performing the Temple service for a week. These *mishmaroth* were divided into fathers' houses, smaller family groups, with each one performing the service for one day of the week.]

14. and the official over them—*the one appointed over them.*—[*Rashi*]

16. over the outside work—*of the Temple, such as the buildings of the repair of the Temple* (sic) *and the wood of the arrangement, which they would bring from outside.*—[*Rashi*]

17. the head to begin the thanksgiving in prayer—*He was the head and the appointed official, and the greatest one who was first to start and to thank in prayer and in singing the songs of the Levites.* תְּהוֹדָה *is like* תּוֹדָה, *and the "hey" enters the word unnecessarily, like* יוֹסֵף *and* יְהוֹסֵף.—[*Rashi*]

19. And the gatekeepers—*those appointed over the gates of the Temple.*—[*Rashi*]

וַאֲחֵיהֶם הַשֹּׁמְרִים בַּשְּׁעָרִים מֵאָה שִׁבְעִים וּשְׁנָיִם: כּ וּשְׁאָר יִשְׂרָאֵל הַכֹּהֲנִים הַלְוִיִּם בְּכָל־עָרֵי יְהוּדָה אִישׁ בְּנַחֲלָתוֹ: כא וְהַנְּתִינִים יֹשְׁבִים בָּעֹפֶל וְצִיחָא וְגִשְׁפָּא עַל־הַנְּתִינִים: כב וּפְקִיד הַלְוִיִּם בִּירוּשָׁלַם עֻזִּי בֶן־בָּנִי בֶּן־חֲשַׁבְיָה בֶּן־מַתַּנְיָה בֶּן־מִיכָא מִבְּנֵי אָסָף הַמְשֹׁרְרִים לְנֶגֶד מְלֶאכֶת בֵּית־הָאֱלֹהִים: כג כִּי־מִצְוַת הַמֶּלֶךְ עֲלֵיהֶם וַאֲמָנָה עַל־הַמְשֹׁרְרִים דְּבַר־יוֹם בְּיוֹמוֹ: כד וּפְתַחְיָה בֶן־מְשֵׁיזַבְאֵל מִבְּנֵי־זֶרַח בֶּן־

רש"י   יהודה

(כ) איש בנחלתו. כל אחד בנחלתו היו יושבים: (כא) בעופל. מקום אחד אשר בירושלים: על הנתינים. ממונים על הנתינים: (כב) ופקיד הלוים. ממונה על הלוים אשר בירושלים: לנגד מלאכת. על מלאכת הבית ממונה כגון כמייני בדק הבית ושאר דברים שמוליאין ממון למעשה (למעשר) הבית כענין שנא'

למעלה ושבתי ויחבד על המלאכה החילונה וגו': מצות המלך עליהם ואמנה. והמלך היה מאמין בהם: על המשוררים. להוליא ממון מאולר המלך דריום: דבר יום ביומו. כדי לעשות לרכי הבית: (כד) ליד המלך. הוא היה מזרן לעשות המלך דריום: לכל דבר. לכל דבריהם אשר לעס לדבר עליהם אל המלך:

(כג) כי מצות המלך עליהם ואמנה: (כג) כי

אבן עזרא

(כא) וציחא וגישפא על הנתינים. פירוס פקידיס:

מנחת שי

(כב) עזי בן בני . בב"ח:

(כג) ואמנה על המשוררים. קיום ותוקף וכן אכחנו כורתיס אמנה ליד המלך למלותו:

רלב"ג

ראש לאשר יולה תחלה מהלוים לתפלה לשם יתברך והס המשוררים ובהבקיה היס השני לו להודות לתפלה: (כא) וסנתיניס יושבים בעפל. ר"ל בגובה הטיר והוא קרוב לבית המקדש כדי שיהיו קרובים לעשות המלאכה אשר תלטרך שם: (כב) ופקיד הלוים בירושלים וגו'. ר"ל שהוא היס ממונה לנגד מלאכת בית האלהיס לכל המלטרך שם לטושי המלאכה והוא מוליא כל ההולאות לי מלות המלך הרחמשפחה היתה עליהם שיסיו ממונים על זה כי ממוני המלך היה נעשה כל זה: (כג) ואמנה על המשוררים דבר יוס ביומו. כי המלך נתן סלמונס סזאת על המשוררים דבר יוס ביומו שיזמרו כמס סיחס סהולאה ביוס ההוא ויאמנו: (כד) והנה סתחיה בן משיזבאל היס ליד המלך לכל דבר שיסיס לעס. ר"ל שהוא היס מקבל מהס מנת המלך ושאר הדברים אשר יבאו למלך מהס:

מצודת ציון

(כג) ואמנה. מנין קיום:

(כ) בכל ערי יהודה. ישבו בכל ערי יסודה כל איש בנחלתו: (כא) ישבים. היו יושבים בעופל והוא שם מגדל בירושלים: על הנתינים. פקידיס על סנתיניס: (כב) ופקיד וגו'. ספקיד על הלוים אשר ישבו בירושלים היה עוזי וגו': לנגד מלאכת. סס סיו הממונים על מלאכת הבית לחזק מס סבדק ולסוסיף בבנין: (כג) כי מצות המלך וגו'. המלך לוה עליסס שיסיו סס הממונים על המלאכס: ואמנה. קיוס ותוקף סמימוני סזאת על המשוררים לתקן בדק הבית בכל יום ויום לפי סלורך: (כד) ליד המלך. סיס

מצודת דוד

for the daily requirements—*in order to perform the requirements of the Temple.*—[Rashi] *Mezudath David* explains that the king commanded them to be the officials appointed over the work and to be permanently in charge of repairing the Temple according to its daily needs.

Malbim explains the verse as

follows:

For the king's command was upon them—King David commanded that they always be supervisors and officials, for all this had been set up since the time of David, as in I Chron. 25.

and expertise over the singers—And he was the expert in music and would teach and direct the singers.

and their brethren who guard at the gates; [they] were a hundred and seventy-two. 20. And the rest of Israel, the priests and the Levites were in all the cities of Judea, each one in his inheritance. 21. And the Nethinites were dwelling in the Ophel, and Ziha and Gishpa were over the Nethinites. 22. And the official over the Levites in Jerusalem was Uzzi the son of Bani, the son of Hashabiah, the son of Mattaniah, the son of Micha, of the sons of Asaph, the singers over the work of the Temple of God. 23. For the command of the king was upon them and [his] trust was on the singers for the daily requirements. 24. And Pethahiah the son of Meshezabel, of the sons of Zerah, the son of

20. each one in his inheritance—*They were dwelling each one in his inheritance.—[Rashi]*

21. in the Ophel—*a place that was in Jerusalem.—[Rashi] Mezudath David* identifies it as a tower. *Ralbag* interprets עֹפֶל as a place at the height of the city near the Temple. They lived there in order to be near the Temple where they worked, so that they could get there quickly if necessary. It is believed to be the original עִיר דָּוִד, *City of David*, south of the Temple Mount. [See maps in יְרוּשָׁלַיִם בִּתְמוּנוֹת by Nissan Aaron Tukachinski and in *This is Jerusalem* by Menashe Har-el, p. 92.]

over the Nethinites—*appointed over the Nethinites.—[Rashi]*

22. And the official over the Levites—*appointed over the Levites in Jerusalem.—[Rashi]*

over the work of the Temple of God—*He was appointed over the work of the Temple, such as the buildings of the repair of the Temple*

and the rest of the matters for which money is spent for the work of the Temple, like the matter that is stated above (verse 16): " ... *and Shabbethai and Jazabad over the outside work, etc."—[Rashi]* The word לְנֶגֶד in this context is difficult. *Midrash Ezra* connects it with נָגִיד, ruler or supervisor, hence to supervise the work. *Malbim* too explains the word in this manner, adding that they descended from the sons of Asaph, who had the privilege of supervising the singing since the days of King David. *Isaiah da Trani* connects it with נֶגֶד *opposite,* or *in the presence of,* meaning that the Levites sang in the presence of the Temple service, viz. during the offering up of the sacrifices.

23. For the command of the king was upon them and [his] trust—*The king trusted them. —[Rashi]*

upon the singers—*to spend money from King Darius's treasury.—[Rashi]*

יְהוּדָ֔ה לְיַ֖ד הַמֶּ֑לֶךְ לְכָל־דָּבָ֖ר לָעָֽם׃ כה וְאֶל־הַחֲצֵרִ֣ים
בִּשְׂדֹתָ֔ם מִבְּנֵ֖י יְהוּדָ֑ה יָֽשְׁב֗וּ בְּקִרְיַ֤ת הָֽאַרְבַּע֙
וּבְנֹתֶ֔יהָ וּבְדִיבֹן֙ וּבְנֹתֶ֔יהָ וּבִֽיקַּבְצְאֵ֖ל וַחֲצֵרֶֽיהָ׃
כו וּבְיֵשׁ֥וּעַ וּבְמוֹלָדָ֖ה וּבְבֵ֥ית פָּֽלֶט׃ כז וּבַחֲצַ֣ר שׁוּעָ֔ל
וּבִבְאֵ֥ר שֶׁ֖בַע וּבְנֹתֶֽיהָ׃ כח וּבְצִֽקְלַ֥ג וּבִמְכֹנָ֖ה
וּבִבְנֹתֶֽיהָ׃ כט וּבְעֵ֥ין רִמּ֛וֹן וּבְצָרְעָ֖ה וּבְיַרְמֽוּת׃ ל זָנֹ֣חַ
עֲדֻלָּ֣ם וְחַצְרֵיהֶ֗ם לָכִישׁ֙ וּשְׂדֹתֶ֔יהָ עֲזֵקָ֖ה וּבְנֹתֶ֑יהָ וַיַּחֲנ֥וּ
מִבְּאֵֽר־שֶׁ֖בַע עַד־גֵּ֥יא הִנֹּֽם׃ יא וּבְנֵ֥י בִנְיָמִ֖ן מִגָּ֑בַע
מִכְמָ֥שׂ וְעַיָּ֖ה וּבֵֽית־אֵ֖ל וּבְנֹתֶֽיהָ׃ לב עֲנָת֥וֹת נֹ֖ב עֲנָֽנְיָֽה׃
לג חָצ֥וֹר ׀ רָמָ֖ה גִּתָּֽיִם׃ לד חָדִ֥יד צְבֹעִ֖ים נְבַלָּֽט׃ לה לֹ֕ד
וְאוֹנ֖וֹ גֵּ֥י הַחֲרָשִֽׁים׃ לו וּמִן־הַלְוִיִּ֔ם מַחְלְק֥וֹת יְהוּדָ֖ה
לְבִנְיָמִֽין׃ יב א וְאֵ֙לֶּה֙ הַכֹּהֲנִ֣ים וְהַלְוִיִּ֔ם אֲשֶׁ֥ר עָל֖וּ עִם

---

were divided into their divisions here and there in the land of Judah and Benjamin.—[*Rashi*] *Malbim* explains that in order to be near their place of work, the Levites who served in the Temple dwelt among the Judahites and the Benjamites because there were no Levitic cities in the territories of these tribes. These tribes had donated their cities to the priests, as in Joshua 21:4. Scripture tells us further (12:29) that the Levites built themselves villages surrounding Jerusalem.

Judah was at the king's hand for every matter of the people. 25. And as for the villages with their fields, some of the children of Judah dwelt in Kiriath-Arba and its villages, and in Dibon and in its villages, and in Jekabzeel and its villages. 26. And in Jeshua, and in Moladah, and in Beth-Pelet. 27. And in Hazar-Shual, and in Beer-sheba and its villages. 28. And in Ziklag, and in Mechonah and in its villages. 29. And in En-Rimmon, and in Zorah, and in Jarmuth. 30. Zanoah, Adullam, and their villages, Lachish and its fields, Azekah and its villages; and they encamped from Beer-sheba until the Valley of Hinnom. 31. And the children of Benjamin were from Geba, Michmas, and Aijah, and Bethel and its villages. 32. Anathoth, Nob, Ananiah. 33. Hazzor, Ramah, Gittaim. 34. Hadid, Zeboim, Neballat. 35. Lod and Ono, the Valley of Harashim. 36. And from the Levites there were divisions to Judah and to Benjamin.

12

1. Now these are the priests and the Levites who went up with

for the daily requirements—of the song; which song to sing, and what melody to sing it with. It is also possible that the king of Persia preserved this privilege, which they had since the time of David, and commanded that they supervise the work of the Temple of God.

24. at the king's hand—*He was privy to King Darius's counsel.* —[*Rashi*] *Mezudath David* explains that he was ready [to go] to the king's place to ask him for whatever the people needed. *Ralbag* explains that he would receive from the people the taxes that they owed the king and everything else that the king was to receive from them.

25. And as for the villages—

These are the people who dwelt in the villages; i.e., those who lived in the unwalled towns.—[*Mezudath David*]

with their fields—in the place where they had many fields.—[*Mezudath David*]

and its villages—its neighboring villages.—[*Mezudath David*]

30. and its fields—i.e., in the houses in the unwalled towns.—[*Mezudath David*]

31. from Geba—Their settlements began from Geba, and they dwelt there and in Michmash, etc.—[*Mezudath David*]

36. there were divisions to Judah and to Benjamin—*They*

זְרֻבָּבֶל בֶּן־שְׁאַלְתִּיאֵל וְיֵשׁוּעַ שְׂרָיָה יִרְמְיָה עֶזְרָא: בּ אֲמַרְיָה מַלּוּךְ חַטּוּשׁ: נ שְׁכַנְיָה רְחֻם מְרֵמֹת: ד עִדּוֹא גִּנְּתוֹי אֲבִיָּה: ה מִיָּמִין מַעַדְיָה בִּלְגָּה: ו שְׁמַעְיָה וְיוֹיָרִיב יְדַעְיָה: ז סַלּוּ עָמוֹק חִלְקִיָּה יְדַעְיָה אֵלֶּה רָאשֵׁי הַכֹּהֲנִים וַאֲחֵיהֶם בִּימֵי יֵשׁוּעַ: ח וְהַלְוִיִּם יֵשׁוּעַ בִּנּוּי קַדְמִיאֵל שֵׁרֵבְיָה יְהוּדָה מַתַּנְיָה עַל־הֻיְדוֹת הוּא וְאֶחָיו: ט וּבַקְבֻּקְיָה וְעֻנּוֹ אֲחֵיהֶם לְנֶגְדָּם לְמִשְׁמָרוֹת: י וְיֵשׁוּעַ הוֹלִיד אֶת־יוֹיָקִים וְיוֹיָקִים הוֹלִיד אֶת־אֶלְיָשִׁיב וְאֶלְיָשִׁיב הוֹלִיד אֶת־יוֹיָדָע: יא וְיוֹיָדָע הוֹלִיד אֶת־יוֹנָתָן וְיוֹנָתָן הוֹלִיד אֶת־יַדּוּעַ: יב וּבִימֵי

ותני קרי   נ"א בלא מלת הוליד

רש"י

יב (א) וישוע . הוא יהושע הכהן הגדול : (ז) **בימי** יהושע הכהן גדול : (ט) **למשמרות** . מין כלי שיר לומר שירה : **הידות** (ח) . מין כלי שיר לומר שירה : (יב) **ובימי** שהיו רחבים בימי יהושע כהן גדול :

מנחת שי

יב (ד) גנתוי . בס"א כ"י ובדפוס ישן גנתון בנו"ן ובכל שאר ספרים ביו"ד : (ח) בנוי . בשור"ק : שרביה . בלירי : (ט) יפנו. יעני קרי : **הידות** . בדגש סיו"ד טיין מכלול דף קס"ט ושרשים שרש ידה ובספר הרכבה לר' אליהו הלוי אות הה"א : (י) ואלישיב את יוידע . במקלת ספרים כתוב ואלישיב הוליד את יוידע אבל בספרים ספרדים כ"י מדוייקים וגם בספר ישן מארן

אבן עזרא

יב (ח) **על הידות** . שם דבר כטעם הודות לה' כי הוא כרי"ש : **הידות** . שם דבר כטעם הרכבה לר'

רלב"ן

בימי דוד : (ח) והלוים ישוע וגו' . אלו היו ראשי משמרות : על הידות . בא במבטל כש"ם . והוא הפקוד שהוא המקור מבנין הפעל . והדלון בו שהם היו ראשי המשמרות על דבר הודות ס' והם המשוררים : (י) וישוע הוליד את יויקים וגו' . כל אלו היו כהנים גדולים דוד אחר דוד : (יב) ובימי יויקים היו כהנים היו ראשי משמרית הכהנים בימי יהושע הכהן . לפי שמנה כמה בקדש לראשי האבות וגו' .

מצודת ציון

יב (ח) הידות . מלשון הודות והלול :

מצודת דוד

לשבת אנה ואנה מנחלת יהודה עד נחלת בנימין כי ישבו בזה ובזה: **יב** (א) וישוע . הוא יהושע כ"ג והוא עם זרובבל היו ראשי הטוליס: שריה . כ"ל ואלה הכהנים הטוליס שריה וגו' : (ז) ואחיהם . ר"ל אשר עלו עם אחיהם והמה יתר הכהנים : ביתי ישוע . הוזר הוא על הראשים לומר שהיו ראשי הכהנים בימי יהושע כ"ג : (ח) והלוים . הטולים עמהם היה ישוע וגו' : על הידות . אשר היה ממונה על ההודות וההילול לראש בתחלה כמ"ש למעלה . ראש בתחלה יסודה וגו' : הוא ואחיו . הוא עלה עם אחיו בם הגשיו ובני סיעתו : (ט) אחיהם . של מתניה ואחיו : לנגדם . לעומתם ושיה להם היו חלוקים המה עם אכסיהם למשמרית כמוהם: (י) וישוע . יהושע כ"ג הוליד את יויקים ומשם הוא חתתיו בכהונה גדולה וכן כולם הנחשבים פה שמשו בכהונה גדולה זה אחר זה:

enumerated above (10:10-14) among the signers of the covenant document, only four are listed here, namely: Jeshua, Binnui, Kadmiel and Sherebiah. Only seventeen Levites are listed above as signing the document. Perhaps with the seven enumerated in chapter 11(15–20) there are twenty-four heads of clans.

It is also possible that the five that are added here from Judah and onwards total twenty-two, equaling the number of the leaders of the priestly clans. (*Malbim* considers Huyedoth as a proper name. He bases this on the cantillation signs, namely that מַתַּנְיָה is punctuated with an אֶתְנַחְתָּא, which denotes a pause.)

Zerubbabel the son of Shealtiel and Jeshua: Seraiah, Jeremiah, Ezra. 2. Amariah, Malluch, Hattush. 3. Shechaniah, Rehum, Meremoth. 4. Iddo, Ginnethoi, Abijah. 5. Mijamin, Maadiah, Bilgah. 6. Shemaiah and Joiarib, Jedaiah. 7. Sallu, Amok, Hilkiah, Jedaiah. These are the leaders of the priests and their brethren in the days of Jeshua. 8. And the Levites were: Jeshua, Binnui, Kadmiel, Sherebiah, Judah, Mattaniah over the *huyedoth*, he and his brethren. 9. And Bakbukiah and Unni, their brethren, were opposite them in the watches. 10. Now Jeshua begot Joiakim, and Joiakim begot Eliashib, and Eliashib begot Joiada. 11. And Joiada begot Jonathan, and Jonathan begot Jaddua. 12. And in the days of

12

1. and Jeshua—*That is Joshua the High Priest.*—*[Rashi] Malbim* explains that these were the leaders who migrated to the land of Israel in the time of Zerubbabel. He also points out that all those enumerated here signed the covenant document in chapter 10. The only exceptions are the six added here after Shemaiah, namely Joiarib, Jedaiah, Sallu, Amok, Hilkiah, and Jedaiah. Instead of these six, six others are listed in chapter 10. They are Zedekiah, Pashhur, Malchijah, Daniel, Baruch, and Meshullam, who migrated later. Because of their high esteem, they became the leaders of the priestly clans instead of the last six enumerated here. Both totals equal twenty-two, two short of the number of the priestly watches. Perhaps the other two were sons of two of the twenty-two listed there, who also became heads of clans. It is also possible that two sons of Joshua the High Priest, not counted in the twenty-two, were heads of clans.

Seraiah, etc.—i.e., these are priests who went up with them. —*[Mezudath David]*

7. and their brethren—i.e., those who went up with their brethren, the other priests.—*[Mezudath David]*

in the days of Jeshua—*i.e., those who were leaders in the days of Joshua the High Priest.*—*[Rashi]*

8. And the Levites—who went up with them were Jeshua, etc. —*[Mezudath David]* They were the heads of the Levitic watches. —*[Ralbag]*

Mattaniah—He directed the Levites to commence their song as above (11:17).—*[Mezudath David]*

huyedoth—[This was] *a type of musical instrument which accompanied the songs. —[Rashi] Ibn Ezra* and *Ralbag* explain that they were the leaders of the singers who directed them in singing thanksgiving songs to God.

Malbim notes that of the Levites

יֹויָקִים הָיוּ כֹהֲנִים רָאשֵׁי הָאָבוֹת לִשְׂרָיָה מְרָיָה
לְיִרְמְיָה חֲנַנְיָה: יג לְעֶזְרָא מְשֻׁלָּם לַאֲמַרְיָה יְהוֹחָנָן:
יד לִמְלוּכִי יוֹנָתָן לִשְׁבַנְיָה יוֹסֵף: טו לְחָרִם עַדְנָא
לִמְרָיוֹת חֶלְקָי: טז לַעֲדִיָּא זְכַרְיָה לְגִנְּתוֹן מְשֻׁלָּם:
יז לַאֲבִיָּה זִכְרִי לְמִנְיָמִין לְמוֹעַדְיָה פִּלְטָי: יח לְבִלְגָּה
שַׁמּוּעַ לִשְׁמַעְיָה יְהוֹנָתָן: יט וּלְיוֹיָרִיב מַתְּנַי לִידַעְיָה
עֻזִּי: כ לְסַלַּי קַלָּי לְעָמוֹק עֵבֶר: כא לְחִלְקִיָּה חֲשַׁבְיָה
לִידַעְיָה נְתַנְאֵל: כב הַלְוִיִּם בִּימֵי אֶלְיָשִׁיב יוֹיָדָע

רש"י

יֹויָקִים . שהיה כהן גדול היו כהנים הללו הם היו רֹאשים רֹאשי בית אֹב למשמרותם : לִשְׂרָיָה מְרָיָה . למשמרת של שׂריה היה מריה רֹאש בית אֹב ולמשמרת של ירמיה היה (כב) הַלְוִיִם בִּימֵי אֶלְיָשִׁיב . הלוים הללו היו רֹאשי בית

ויוחנן

מגניה רֹאש בית אֹב וכן כולם ואת אשר לֹא פי' כל העשׂרים וארבע משמרות לֹא דקדק המקרֹא בכך למנותם כולם :

מנחת שי

משכני ודכסוס נחסֹלי אין בהם תיבת סוליד ולֹא עוד אלֹא שנכסב עליו ליח מפי' סוליד : (יד) למלוכי למליכו קרי כן הוֹא בספרים מדוייקים : לשׁבניה . כן כסיב : (סו) עדנא . כשוֹם נם : חלקי בסגול . מלכי בסגול סמי"ח : (סז) לעדיֹא . לעדוֹא קרי : (יז) למנימין . מלֹא פ"ם

אבן עזרא

מֹרֹא ומֹננו : (יב) לִשְׂרָיָה מְרָיָה . הלמ"ד מורה . כלמ"ד מורה פֹדוייקים : לשׁבניס . כן כסיב : (סו) עדנא . כשום נם : חלקי

רלב"ג

סגֹדול כֹא למנות מֹחם רֹאשי המשׁמרות בימי יֹויקים בנו ומֹמר כי למשׁמר שׂריה היה מֹריה רֹאם . והנה לֹא זכרס כלם כי סׁסמים מסוׁם מולי כתחברֹכה משׁחברתו לֹאחת מסֹמשׁמרות וסרֹלוֹן בֹאמרו לֹאביס זכרי למנימין כי זכרי היה רֹאם למשׁמר אֹביס ומנימין . ֹאו ירֹלה בוה כי פלתי סיה רֹאם שׁני משׁמרות מנימין ומֹועדיס : (יד) למלימו . הוֹא מלוך (לעיל ב') : (סו) נֹחרס . הוֹא רחס (לעיל ג') : למרֹיוֹת . הוֹא מרמות (סס) : (יז) למנימין . הוֹא מימין (לעיל ס') : למֹועדיס . הוֹא מעדיֹס (סס) : (כ) לסֹלי . הוֹא סֹלו (סס ז') : (כב) כתובים רֹאשי אֹבות

מצודת דוד

(יב) לִשְׂרָיָה . למשׁמרת ֹאכשׁי שׂרים סיס מֹריס סרֹאם וכן כולם ולֹא חם מס לסזכיר כל סֹצֹשׁרים ֹוֹארבֹעם משׁמלומיהם וסם סמֹ רֹאשי סכהנים שׁוחר למֹעלה בקלֹא שׁינוי כשׁמום ונס למֹעלה לֹא זכר בֹ"ם כ"ב . וכֹאן כלֹל מנימין ומומֹעדיס בֹאחת ולֹא זכר מֹעוט וֹאולי כנלו בֹמי : (יז) למנימין למוׁעדיס . הסׁיֹא סׁיֹאס נכרֹאֹא

---

tradition. In any case, there is no evidence that they were all born within this time frame of thirty-four years. If we say that Joshua the son of Jehozadak, who returned from the Babylonian exile and rebuilt the Temple, was 105 years old at that time, and he and his sons all begot children at the age of fifteen, then when Joshua the son of Jehozadak was 90 years old, Simon the Just was already born. When the Temple was built, Simon was fifteen years old, and when Alexander conquered Persia, he was 45 years old. If Joshua was 90 years old when the Temple was built, Simon the Just was 30 years old at the commencement of Alexander's reign. Consequently, there is no problem with this chronology. It is explained above (ch. 3) that when the wall was completed, Eliashib was the high priest, because after the construction of the Temple, Joshua died, and Joiakim was appointed to succeed him. Joiakim, however, who was also

Joiakim, the priests, the heads of the fathers' houses, were: of Seraiah was Meraiah; of Jeremiah was Hananiah. 13. Of Ezra was Meshullam; of Amariah was Jehohanan. 14. Of Melicu was Jonathan; of Shebaniah was Joseph. 15. Of Harim was Adna; of Meraioth was Helkai. 16. Of Iddo was Zechariah; of Ginnethon was Meshullam. 17. Of Abijah was Zichri; of Minjamin, of Moadiah was Piltai. 18. Of Bilgah was Shammua; of Shemaiah was Jehonathan. 19. Of Joiarib was Mattenai; of Jedaiah was Uzzi. 20. Of Sallai was Kallai; of Amok was Eber. 21. Of Hilkiah was Hashabiah; of Jedaiah was Nethanel. 22. The Levites in the days of Eliashib: Joiada,

The other two are Heresh and Galal, the brothers of Bakbukiah, as listed in I Chronicles 9:15. This is the meaning of *"their brethren were opposite them."* Those are Heresh and Galal, the two brothers of Bakbukiah.

9. their brethren—the brethren of Mattaniah and his colleagues.— *[Mezudath David]*

opposite them—corresponding to them and similar to them. Just as the priests were divided into watches, so were the Levites divided into watches.—[Mezudath David]

in the watches—*as we find (in I Chronicles from ch. 24 on) that the Levites were divided into twenty-four watches.*—[Rashi]

10. Now Jeshua begot Joiakim, etc.—*All those* [listed] *in this verse were high priests.*—[Rashi] Each one of these succeeded his father to the high priesthood.—*[Mezudath David] Malbim* writes that many commentators find this verse very difficult in view of traditional

chronology. The Rabbis state in *Seder Olam* (ch. 30) and in *Avodah Zarah* 9a that the Persian Empire encompassed the land of Israel for thirty-four years after the building of the Temple. That means that there were thirty-four years from the building of the Temple until Alexander's conquest of the Land of Israel. They also stated that Simon the Just went out to greet Alexander upon the latter's return from his war against Darius. Accordingly, Simon the Just was among the second generation from Ezra and Nehemiah, as Maimonides writes in his introduction to his Mishnah Commentary (see *Maimonides' Introduction to the Talmud*, p. 73), and as many other authorities write. How is it possible that six generations were born in that short period, especially according to *Rashi*, who states that they were all high priests? Although *Sefer Hayochsin* writes that there is a tradition that Simon the Just was the son of Jaddua, Malbim states that he does not know the origin of this

וְיוֹחָנָן וְיַדּוּעַ כְּתוּבִים רָאשֵׁי אָבוֹת וְהַכֹּהֲנִים עַל־מַלְכוּת דָּרְיָוֶשׁ הַפָּרְסִי: כג בְּנֵי לֵוִי רָאשֵׁי הָאָבוֹת כְּתוּבִים עַל־סֵפֶר דִּבְרֵי הַיָּמִים וְעַד־יְמֵי יוֹחָנָן בֶּן־אֶלְיָשִׁיב: כד וְרָאשֵׁי הַלְוִיִּם חֲשַׁבְיָה שֵׁרֵבְיָה וְיֵשׁוּעַ בֶּן־קַדְמִיאֵל וַאֲחֵיהֶם לְנֶגְדָּם לְהַלֵּל לְהוֹדוֹת בְּמִצְוַת דָּוִיד אִישׁ־הָאֱלֹהִים מִשְׁמָר לְעֻמַּת מִשְׁמָר: כה מַתַּנְיָה וּבַקְבֻּקְיָה עֹבַדְיָה מְשֻׁלָּם טַלְמוֹן עַקּוּב שֹׁמְרִים שׁוֹעֲרִים מִשְׁמָר בַּאֲסֻפֵּי הַשְּׁעָרִים: כו אֵלֶּה

רש"י

(כד) משמר לעומת משמר. שהיו חלוקים במשמרותם לומר שירה: (כה) שוערים משמר. שוערים היו במשמר שלהם לשמור שערי הבית: באסופי. כמו בסיפי השערים: (כו) אלה בימי יויקים. אלה היו שוערים בימי יויקים:

אבן עזרא

כי שריה ראש למריה או הדבר הפוך: (כה) באסופי השערים. האל"ף נוסף יהטעם שומרי הסיפים:

סבירין עד

אבות במשמרות הלוים בימי אלישיב הכהן הגדול. והכהנים המנויין למעלה בסמוך הם היו ראשי בית אבות במשמרותם גם בימי אלישיב: על מלכות. בימי מלכות דריוש היה דבר זה: (כג) ועד ימי יוחנן. כל אותן שהיו ראשי אבות הלוים עד ימי יוחנן כה: גדול מנוין שם בדברי הימים:

מנחת שי

(כב) על מלכות דריוש. במסורת פרשת וימי נמסר מן פ' על דסבירין עד וקריין על כמ"ש לקמן בהאי סי': דריוש. י"ס בסתם ועיין מ"ש בדניאל רים סימן ו': (כד) שרביה. בצידי הרי"ב:

רלב"ג

וגו'. ידמה שבימי דריוש הפרסי שהיה אבי ארתחשסתא היה אלישיב כהן גדול ועוד היה כהן גדול מארתחשסתא אחרי מלכו יותר משלשים ושתים שנה כמו שיתבאר כמה שיבוא מזה הספר והנה נעשה אז ספר כתובים בו אלו הדברים ואינו מתנו: (כד) וראשי הלוים חשביה וגו'. הם ראשי משמרות המשוררים והם היו מהללין ומודים לה' יתברך במלות דוד איש האלהים: (כה) כאספי השערים. ר"ל שסם היו ראשים ללוים הנכבסים אל השערים לשמרם: (כו) אלה בימי יויקים וגו'. ידמה שקודם ימי דריוש הפרסי היו בירושלים נחמיה תרשתא ועזרא הכהן כמו שנתמלא כי בימי כורם אמר התרשתא לרלה הכהנים המתיחסים לבוש לא יאכלו מקדש הקדשים וכבר

מצודת דוד

מלכות דריוש. ר"ל ע"ס מלות הסמוך אבל לא היו הראשים ההם באיים אל הסמעלה ההיא: (כג) בני לוי וגו'. ראשי האבות מבני לוי היו עוד כתובים על ספר דברי הימים למען יעמוד שמם לזכרון: ועד ימי וגו'. ר"ל אבל לא התמיד הדבר כ"א עד ימי יוחנן בן בנו של אלישיב כי כאשר כהן הוא עמד ובטלה לבל יעמדו עוד לזכרון: (כד) וראשי הלוים. עתה חזר להשוב ראשי הלוים שהיו בימי יויקים כדרך שתשב ראשי אבות הכהנים. ואחיהם. שאר ראשי האבות היו

לנגד. ר"ל שוה להם אלו כאלו להודו' ולהלל בההגיון' השרילות דוד להלל בהם: משמר לעומת משמר. כל משמר היה שוה למשמר האחר ולא היה להאחד מעלה ויתרון על האחר והוא כסל ענין במ"ש: (כה) שמרים שוערים. הוא כפול בט"מ ולתוספפת ביאור: משמר. המשמר הזה היה קבוע לשמור כאספי השערים והוא בית האספים הנזכר בד"ה. והוא שם מקום על ענין ידוע אללם: (כו) אלה וגו'. ראשי אבות הכהנים והלוים והשוערים האלו היו בימי יויקים וגו':

---

others because of old age. However, they were still officials, and they were more esteemed than their successors. Therefore, the retired leaders signed the document rather than their younger successors.

22. The Levites in the days of Eliashib—*These Levites were the heads of the fathers' houses in the watches of the Levites in the days of Eliashib the High Priest, and the priests enumerated immediately above were the heads of the fathers' houses in their watches, also in the days of Eliashib.*—[*Rashi*] *Malbim* explains that at the time of Joiakim, the heads of the fathers' houses of the priests were changed, but not those of the Levites, because most of the Levites did not ascend in the days of Zerubbabel, but only much later, in the days of Ezra. Therefore, they

and Johanan, and Jaddua were inscribed as the heads of the fathers' houses, and so were the priests in the reign of Darius the Persian. 23. The children of Levi, the heads of the fathers' houses, were inscribed in the book of chronicles even until the days of Johanan the son of Eliashib. 24. And the heads of the Levites were: Hashabiah, Sherebiah, and Jeshua the son of Kadmiel, and their brethren were opposite them to praise [and] to give thanks by the command of David, the man of God, a watch opposite a watch. 25. Mattaniah and Bakbukiah, Obadiah, Meshullam, Talmon, and Akkub were guards, sentries of the gates [in their] watch at the thresholds of the gates. 26. These were

old, died at that time and was succeeded by Eliashib. It is also possible that Eliashib and his sons lived long, but due to Simon's superiority over his predecessors, he was given the appointment. It is also possible that either one or two of the descendants of Eliashib served as high priest during that time, or that they all served coincidentally as substitutes for the high priest, who became unfit to serve because of ritual contamination or the like. Thus, we need not conclude that a later author added material to the Book of Nehemiah, because Nehemiah, who lived at the time of Joshua and Joiakim, saw all these generations since they were already born during his lifetime.

12. And in the days of Joiakim—*who was the high priest. These priests were the leaders of the fathers' houses of their watches.—*[*Rashi*]

of Seraiah was Meraiah—*Of the watch of Seraiah, the head of the father's house was Meraiah, and of the watch of Jeremiah, the head of the father's house was Hananiah, and so it is with them all, and the reason Scripture did not list all twenty-four watches is that it is not exacting in enumerating them all.—*[*Rashi*]

Malbim explains that new leaders were appointed at the time of Joiakim. Scripture, however, does not mention Hattush, nor does it say who was appointed instead of Mijamin. It is possible that they were still living and continued to function in the time of Joiakim. The difficulty is, however, that it appears in chapter 3 that when the wall was built, Eliashib was already the high priest; yet in chapter 10, where Scripture describes the signing of the covenant to observe the Torah, which took place later, all the earlier leaders signed. This difficulty can be reconciled in one of two ways. Either that incident took place at the time of Cyrus I, at the beginning of the immigration, or the leaders were still alive but were succeeded by

בִּימֵי יוֹיָקִים בֶּן־יֵשׁוּעַ בֶּן־יוֹצָדָק וּבִימֵי נְחֶמְיָה הַפֶּחָה וְעֶזְרָא הַכֹּהֵן הַסּוֹפֵר: כז וּבַחֲנֻכַּת חוֹמַת יְרוּשָׁלַ͏ִם בִּקְשׁוּ אֶת־הַלְוִיִּם מִכָּל־מְקוֹמֹתָם לַהֲבִיאָם לִירוּשָׁלָ͏ִם לַעֲשֹׂת חֲנֻכָּה וְשִׂמְחָה וּבְתוֹדוֹת וּבְשִׁיר מְצִלְתַּיִם נְבָלִים וּבְכִנֹּרוֹת: כח וַיֵּאָסְפוּ בְּנֵי הַמְשֹׁרְרִים וּמִן־הַכִּכָּר סְבִיבוֹת יְרוּשָׁלַ͏ִם וּמִן־חַצְרֵי נְטֹפָתִי: כט וּמִבֵּית הַגִּלְגָּל וּמִשְּׂדוֹת גֶּבַע וְעַזְמָוֶת כִּי חֲצֵרִים בָּנוּ לָהֶם הַמְשֹׁרְרִים סְבִיבוֹת יְרוּשָׁלָ͏ִם: ל וַיִּטַּהֲרוּ הַכֹּהֲנִים וְהַלְוִיִּם וַיְטַהֲרוּ אֶת־הָעָם וְאֶת־הַשְּׁעָרִים וְאֶת־הַחוֹמָה: לא וָאַעֲלֶה אֶת־שָׂרֵי יְהוּדָה מֵעַל לַחוֹמָה וָאַעֲמִידָה שְׁתֵּי תוֹדֹת גְּדוֹלֹת וְתַהֲלֻכֹת לְיָמִין

ה"א וַאַעֲמִידה . שבועות טו סנהדרין יט :

רש"י

(כז) ובחנוכת חומת ירושלים . בתשלום חומת העיר לקדש את העיר: ובתודות, ובהודאות: (כח) ומן הככר . אשר סביבות ירושלים כמו המשוררים: (ל) ויטהרו . תחלה טהרו את עצמן ואחר כך טהרות אחרים: ואת השערים ואת החומה . שלא תהיה טומאה שם בעיר: (לא) מעל לחומה . שקדש את העיר והלכו השרים ובית דין והכהנים והלוים עם שתי תודות סביב לעיר הכל כמפורש במסכת שבועות כדי לקדש את העיר: שתי תודות . שתי למחי

מנחת שי

כמלות .. בכי"ת: (כז) נבקשו . קלה סקו"ף: (כח) המצלרים . המאריך בס"א: (ל) ויטהרו הכהנים . בספרים כ"י מדוייקים הטי"ת בפתח: ואת השערים . בדפוס נאפולי כתיב ס... ושכום סוא: (לא) ואעלה . במדוייקים הלמ"ד כסגול וכן משמעו

אבן עזרא

(לא) ואעמידה שתי תודות . נקראו כן כי הם מעמידין להודות לשם והם האומרים שיר של תודה: ותהלוכות . שם על משקל תנחומות אל והוא מענין הלך והטעם שהעמיד

רלב"ג

נכתב שם גם כן נחמיה התרשתא שנאמר אשר באו עם זרובבל ישוע נחמיה (עזרא ב' ב'): (כז) ובתודות ובשיר . שם למחי מודה. (כט) מלרים בנו להם המשוררים סביבות ירושלים . ר"ל שהם בנו סביבות ירושלים הפרזי לשבת בם: (ל) ויטהרו הכהנים והלוים וגו' . תחלה נטהרו הם כצלמם ואחר כן טהרו העם והשערים והחומה מכל טומאה: (לא) ותסלכום לימין מעל לחומה . ר"ל שהם היו בנים

מצודת דוד

(כז) ובחנוכת וגו' . ובעת שעשו חנוכת החומה לקדש את העיר כמ"ש בסמוך: בקשו . מפני שהכהנים אחר לוים להביאם ממקומם לירושלים: מצלתים . מל המצלתים וגו': (כח) ויאספו . ר"ל נאספו מן ירושלים שלמה ומן הככר אשר סביבות ירושלים ומן וגו': (ל) ויטהרו . מכלו מטומאתן: ויטהרו את העם . זרזו את העם לטהר פלמן: ואת השערים . טהרו את השערים מכל טומאה וטימאום: (לא) מעל לחומה . למעלה על החומה: ואעמידה . ר"ל הכלאתי שמה שתי למחי מודה . מלחם האמן שבתודה הסן

מצודת ציון

(מו) הפתחה . הפמושל . הסופר . המכס: (כז) ובחנוכת . סתמלת דבר מה לעמוד בם משם וסלאה קרוי מכון כל' מקרא: מצלתים . מיני כלי נגון: (לח) הככר . סמישור:

years of Artaxerxes' reign. At that time, a book of chronicles was written which we no longer have.

even until the days of Johanan— *All those who were the heads of the fathers' houses of the Levites until the days of Johanan the High Priest were enumerated in the chronicles.—* [*Rashi*]

the son of Eliashib—This is Jonathan, the grandson of Eliashib (12:10-11). Scripture does not say that all the heads of the Levites until the time of Jaddua were recorded, because in the days of Joiakim the son of Jeshua, the son of Jozadak and in the days of Nehemiah the governor and Ezra the priest, the scholar. 27. And in the dedication of the wall of Jerusalem, they sought the Levites from all their places to bring them to Jerusalem to perform the dedication with joy, and with thanksgivings, and with song, cymbals, psalteries, and with harps. 28. And the sons of the singers gathered and from the plain surrounding Jerusalem, and from the villages of the Netophathites. 29. And from the house of Gilgal, and from the fields of Geba and Azmaveth, for the singers built villages for themselves around Jerusalem. 30. And the priests and the Levites purified themselves, and they purified the people and the gates and the wall. 31. Then I brought up the princes of Judah upon the wall, and I placed two large thanksgiving offerings with processions

remained in their positions. Only in the days of Eliashib were the heads of the fathers' houses of both the priests and the Levites changed.

were inscribed as the heads of the fathers' houses—The heads of the fathers' houses of the Levites and the priests were inscribed during the time of Eliashib the High Priest, Joiada his son, who succeeded him, Joiada's son Johanan (also called Jonathan), and Johanan's son Jaddua.—[*Mezudath David*]

in the reign of—*This matter came about in the days of Darius.*—[*Rashi*] *Malbim* explains that all the heads of the fathers' houses who were changed during this time were inscribed. (During the time of Darius, the high priests from Eliashib to Jaddua officiated, and during the reign of the Greeks, Simon the Just

was already in office.) Now Scripture tells where they were inscribed.

23. **The children of Levi**—This includes both the priests and the Levites, all of whom are descended from Levi.—[*Malbim*]

the heads of the fathers' houses—the heads of their fathers' houses.—[*Malbim*]

were inscribed in the book of chronicles—They had a book of chronicles in which they recorded all the events that took place in their time. In that book they also inscribed the names of the heads of the fathers' houses of the Levites.—[*Malbim*] They were recorded there to preserve their memory for posterity.—[*Mezudath David*] *Ralbag* remarks that Eliashib served as high priest during the reign of Darius, the father of Artaxerxes and during thirty-two

לְיָמִין מֵעַל לַחוֹמָה לְשַׁעַר הָאַשְׁפֹּת: לב וַיֵּלֶךְ אַחֲרֵיהֶם הוֹשַׁעְיָה וַחֲצִי שָׂרֵי יְהוּדָה: לג וַעֲזַרְיָה עֶזְרָא וּמְשֻׁלָּם: לד יְהוּדָה וּבִנְיָמִן וּשְׁמַעְיָה וְיִרְמְיָה: לה וּמִבְּנֵי הַכֹּהֲנִים בַּחֲצֹצְרוֹת זְכַרְיָה בֶן־יוֹנָתָן בֶּן־שְׁמַעְיָה בֶּן־מַתַּנְיָה בֶּן־מִיכָיָה בֶּן־זַכּוּר בֶּן־אָסָף: לו וְאֶחָיו שְׁמַעְיָה וַעֲזַרְאֵל מִלֲלַי גִּלֲלַי מָעַי נְתַנְאֵל וִיהוּדָה חֲנָנִי בִּכְלֵי־שִׁיר דָּוִיד אִישׁ הָאֱלֹהִים וְעֶזְרָא הַסּוֹפֵר לִפְנֵיהֶם: לז וְעַל שַׁעַר הָעַיִן וְנֶגְדָּם עָלוּ עַל־מַעֲלוֹת עִיר דָּוִיד בַּמַּעֲלֶה לַחוֹמָה מֵעַל לְבֵית דָּוִיד

רש"י

תודה כל לחם ולחם קרוי תודה: ותהלוכות לימין. וכאשר יצאו מן העיר כדי לסובבה הלכו לנגד ימינה: (לד) יהודה ובנימין. שני שרים היו: (לו) ואחיו. חביריו של זכריה הכהן: (לז) ועל שער העין. לפני שער העין הלכו סביבות העיר: ונגדם עלו ולפניהם עלו מאחר העין למעלות של עיר דוד ואותן מעלות היו לחומה:

אבן עזרא

אנשי התודות שילכו לנגד הימין: (לז) על מעלות עיר

מנחת שי

מכם המסורת וסם כתובים כן וסי' בתמצום סוף סי' ד': (לו) ומללי גללי. ברוכן של ספרים מדוייקים שמות אלו שניסם בפרקו שירם שיר י"ב וטיין מוד מ"ם המדקדק כמאייך ובכמט"ס וכ"כ ר' אליה המדקדק: ומה שכתוב סם אבל מללי מינה מן סמנין ר"ג אבל מללי וכבר סרכתמי לום סנין: (לז) ועד שפל המים מזרח: כמ"ס כי יסן כתוב:

רלב"ג

(לה) ומבני הכהנים נחמיה את שרי יסודה: (לו) בכלי שיר דוד איש האלהים:

מצודת ציון

(לז) ועל מעל. ענינם כמו למני ואלל:

מצודת דוד

לחומה. ר"ל מן המקום אשר העלה על סמוס סורידם וסלמ עמן לפני בער האשפות: (לג) ועזריה וגו'. (לד) אחריהם. (לה) בחצצרות. (לו) ואחיו. של זכריה: (לז) ועל שער חעין. תנגדם. נגד מלמן של סולולים: במעלה לחומה: מעל.

---

lived during Jehoiakim's entire lifetime and died in the days of Eliashib.

27. And in the dedication of the wall of Jerusalem—*at the completion of the wall of the city, to sanctify the city.*—[Rashi]

they sought the Levites—They sought the Levites who lived outside Jerusalem.—[Malbim]

and with thanksgivings—Heb. וּבְתוֹדוֹת, *and with thanksgivings.*— [Rashi] *Ralbag* and *Malbim* render: and with thanksgiving offerings, alluding to the thanksgiving offerings mentioned in verse 31. With these thanksgiving offerings, they effected the sanctification of the city, as is delineated in the Talmud (*Shebuoth* 14a).—[Malbim]

cymbals—with cymbals.— [Mezudath David]

to the right upon the wall to the Dung Gate. 32. And Hoshaiah and half the princes of Judah walked after them. 33. And Azariah, Ezra, and Meshullam. 34. Judah, and Benjamin, and Shemaiah, and Jeremiah. 35. And of the children of the priests with trumpets was Zechariah the son of Jonathan, the son of Shemaiah, the son of Mattaniah, the son of Micaiah, the son of Zaccur, the son of Asaph. 36. And his brethren: Shemaiah and Azarel, Milalai, Gilalai, Maai, Nethanel, and Judah; Hanani with the musical instruments of David the man of God; and Ezra the scholar was before them. 37. And by the Fountain Gate and opposite them they ascended upon the steps of the City of David at the ascent to the wall above the house of David

Johanan and Jaddua served in the high priesthood at one time, as stated above.—[*Malbim*]

24. And the heads of the Levites—The author now returns to enumerate the heads of the Levites at the time of Joiakim, as he did with the heads of the fathers' houses of the priests.—[*Mezudath David*]

and their brethren—The other heads of the fathers' houses were opposite them, i.e., equal to them in their function of praising God and thanking Him with the praises ordained by King David, which were sung during the sacrificial service.—[*Mezudath David*]

a watch opposite a watch—*for they were divided into their watches to recite the song.*—[*Rashi*] *Mezudath David* explains that each watch was equal to the others, without one having superiority over any other one.

25. sentries of the gates [in their] watch—*The sentries of the gates were in their watch to guard the gates of the Temple.*—[*Rashi*]

at the thresholds—Heb. בַּאֲסֻפֵּי, *like* בְּסִפֵּי הַשְּׁעָרִים : *at the thresholds of the gates.*—[*Rashi*] This watch was stationed to guard at the thresholds of the gates; this is the בֵּית הָאֲסֻפִּים mentioned in I Chronicles 26:15, given this name for some reason known to the people at that time.—[*Mezudath David*] *Mezudath David* to Chronicles states that it was opposite the southern gate.

26. These were in the days of Joiakim—*These were the gate sentries in the days of Joiakim*—[*Rashi*]. *Mezudath David* explains: These leaders of the fathers' houses of the priests and the Levites were in the days of Joiakim, etc. *Malbim* notes that these were not changed but were in office both in the days of Jehoiakim and in the days of Nehemiah, for Nehemiah and Ezra

וְעַד שַׁעַר הַמַּיִם מִזְרָח: לח וְהַתּוֹדָה הַשֵּׁנִית הַהוֹלֶכֶת
לְמוֹאל וַאֲנִי אַחֲרֶיהָ וַחֲצִי הָעָם מֵעַל לְהַחוֹמָה מֵעַל
לְמִגְדַּל הַתַּנּוּרִים וְעַד הַחוֹמָה הָרְחָבָה: לט וּמֵעַל
לְשַׁעַר־אֶפְרַיִם וְעַל־שַׁעַר הַיְשָׁנָה וְעַל־שַׁעַר הַדָּגִים
וּמִגְדַּל חֲנַנְאֵל וּמִגְדַּל הַמֵּאָה וְעַד שַׁעַר הַצֹּאן וְעָמְדוּ
בְּשַׁעַר הַמַּטָּרָה: מ וַתַּעֲמֹדְנָה שְׁתֵּי הַתּוֹדֹת בְּבֵית
הָאֱלֹהִים וַאֲנִי וַחֲצִי הַסְּגָנִים עִמִּי: מא וְהַכֹּהֲנִים
אֶלְיָקִים מַעֲשֵׂיָה מִנְיָמִין מִיכָיָה אֶלְיוֹעֵינַי זְכַרְיָה
חֲנַנְיָה בַּחֲצֹצְרוֹת: מב וּמַעֲשֵׂיָה וּשְׁמַעְיָה וְאֶלְעָזָר
וְעֻזִּי וִיהוֹחָנָן וּמַלְכִּיָּה וְעֵילָם וָעָזֶר וַיַּשְׁמִיעוּ הַמְשֹׁרְרִים
וְיִזְרַחְיָה הַפָּקִיד: מג וַיִּזְבְּחוּ בַיּוֹם הַהוּא זְבָחִים גְּדוֹלִים

נ"א ועל יתיר א'   סביר ן ועד   סבירין ועד

רש"י

(לח) והתודה השנית ההולכת למול . תודה אחרת
שהיתה שניה למקרבתה היתה הולכת נגד הכרתה בשוה ולא
וז אחר וז: ואני אחריה. ואני הייתי הולך אחריה של תודה:

אבן עזרא

(לח) ההולכת למואל. הם מדרנות החומה
ההולכים למול ולנגדם והחל"ף במלת למול תחת וי"ץ
ממולי והוו"יו למשך וכמוהו אם לא יגיד ונשא עונו שהוא

(מא) מחם מולא כי אם ט' ומלו ן וירכתו על לידון פ' וימי . עג
(שופטים ז') . על גבעת גרב (ירמיה ל"א) . ועל כנף שקולים (דניאל ט')
ומגדל חננאל כ' כו ועד שער ט' ועד פשתא לא תשכמלא יתיר: (מא)
אליוטי .

רלב"ג

מיומדים מכלי מכר : (לח) והתודה השנית ההולכת למואל . הוא כמו למול

מצודת דוד

שער מים הפומד כמולם : (לח) והתהידה השנית . כ"ל מף
כמו מת הלחם השנית: התולכת למול . מבר הלכה מול כנד
סלמם הרמבונה כשוה לם וז מ מ ל וז ורז"ל נחלקו כדכך : ואני
אחריה. ואני כלכתי אחר סלמם הסיא מהלד שהלכה היא וטמי
מלכו מלי הטם הטומדים מפל כחומה : מעל למגדל . מבטר
ספים סלכו מלבני מגדל וכו' : (לם) ועמדו ונו' . שם עמדו ולא הלכו

מנחת שי

... כן רשם החכם לונזאנו בגליון ספרו מאגם בכל שאר ספרים כתוב
... (לח) למואל . לית ניתיר מלף וכ"כ כשרשים כחל"ף נחב מחב
... (לט) ועל שער הישנה ועל שאר הדגים ומגדל חננאל במסו'
... על דסבילין צד וקריין על ושנים
... אלו שבפסוק זה ומה שכתוב שם י"א כלאה להגיה ט' שבפסוק
... על מידבא (יהושע י"ג) . על סבבת (יהושע ב') . על
... על מלכות דריוס דלעיל . ועל שער הישנה . ועל שאר סתים
... אליוטיני . כסרכם מדוייקים מלא יו"ד מקר פי"ן וכן סוף
... (לם) כשער סמטרה .

(מ) ותעבדנה . כביאו לחמי סתודה והעמידו כבים פ'
ואני מחריהם וחלי הכנגים הלכו עמי : (מא) בחצצרות . חקמו
(מב) וישמיעי . כן שם מיש : המשרריה . המה היו
המשוררים ובאו גם המה מל בית ה' לשורר ופמהם יזרחיה הממונה
עליהם : (מג) נדולים . ר"ל מספר גדול ורב: כי אלהים שמחם .
נתן שמחה כלבם :

*thanksgiving, he shall bring near
with the offering of thanksgiving
matzah loaves mixed with oil, and
thin matzah wafers anointed with oil,
and loaves of lightly cooked fine
flour mixed with oil. He shall bring
his offering together with loaves of
leavened bread, together with his*
meal-of-peace offering." According
to the Talmud, each type of matzah
and bread consisted of ten loaves.
Furthermore, the amount of flour in
the thirty loaves of unleavened bread
equaled the amount of flour in the ten
loaves of leavened bread, the result
being that each leavened loaf was

and until the Water Gate eastward. 38. And the second thanksgiving offering, which went opposite [it], and I was after it with half the people upon the wall, above the Tower of the Furnaces, and until the broad wall. 39. And above the Gate of Ephraim, and until the Yeshanah Gate, and until the Fish Gate, and the Tower of Hananel, and the Tower of the Hundred, and until the Sheep Gate, and they stood in the gate of the guard. 40. And the two thanksgiving offerings stood in the Temple of God, and I and half the prefects with me. 41. And the priests, Eliakim, Maaseiah, Minjamin, Micaiah, Eljoenai, Zechariah, and Hananiah with the trumpets. 42. And Maaseiah, and Shemaiah, and Eleazar, and Uzzi, and Jehohanan, and Malchijah, and Elam, and Ezer, and the singers made their voices heard, and Jezrahiah their overseer.

43. And they slaughtered great sacrifices on that day,

28. And the sons of the singers gathered—They gathered from Jerusalem itself, as well as from the plain surrounding Jerusalem.—[*Mezudath David*]

and from the plain—*the singers came from* [the plain] *surrounding Jerusalem.*—[*Rashi*]

29. for the singers built villages for themselves around Jerusalem—They built unwalled towns around Jerusalem to dwell in.—[*Ralbag*]

30. purified themselves—*First they purified themselves, and afterwards they purified the others.*—[*Rashi*] *Mezudath David* explains that they first immersed themselves to purify themselves from any ritual uncleanliness, and then they exhorted the people to do the same.

and the gates and the wall—*that there should be no uncleanliness in the city.*—[*Rashi*] *Mezudath David*

explains that they cleansed the gates of all uncleanliness and filth.

31. upon the wall—*meaning that he sanctified the city, the princes, the tribunal, and the Levites with two thanksgiving offerings around the city, as is delineated in Tractate Shebuoth (14a, 15a, b), in order to sanctify the city.*—[*Rashi*] *Ralbag* explains that the wall was made in such a way that it was possible to walk atop it.

two ... thanksgiving offerings—*two breads of the thanksgiving offerings, each bread being called a thanksgiving offering.*—[*Rashi*]

two large thanksgiving offerings—The Talmud explains that these were the leavened breads of the two thanksgiving offerings that were borne in the procession around the wall. The Torah (Lev.7:12f) prescribes: *"If he offers it by reason of*

וַיִּשְׂמְחוּ כִּי הָאֱלֹהִים שִׂמְּחָם שִׂמְחָה גְדוֹלָה וְגַם הַנָּשִׁים וְהַיְלָדִים שָׂמֵחוּ וַתִּשָּׁמַע שִׂמְחַת יְרוּשָׁלַםִ מֵרָחוֹק׃ מד וַיִּפָּקְדוּ בַיּוֹם הַהוּא אֲנָשִׁים עַל־הַנְּשָׁכוֹת לָאוֹצָרוֹת לַתְּרוּמוֹת לָרֵאשִׁית וְלַמַּעַשְׂרוֹת לִכְנוֹס בָּהֶם לִשְׂדֵי הֶעָרִים מְנָאוֹת הַתּוֹרָה לַכֹּהֲנִים וְלַלְוִיִּם כִּי שִׂמְחַת יְהוּדָה עַל־הַכֹּהֲנִים וְעַל־הַלְוִיִּם הָעֹמְדִים׃ מה וַיִּשְׁמְרוּ מִשְׁמֶרֶת אֱלֹהֵיהֶם וּמִשְׁמֶרֶת הַטָּהֳרָה וְהַמְשֹׁרְרִים וְהַשֹּׁעֲרִים כְּמִצְוַת דָּוִיד שְׁלֹמֹה בְנוֹ׃ מו כִּי־בִימֵי דָוִיד וְאָסָף מִקֶּדֶם רָאשׁ הַמְשֹׁרְרִים וְשִׁיר־

קמץ ברביע כצ"ל בלא מלת עד ב' פעמים ראשי קרי

רש"י

(מד) ויפקדו . ל' פקידות : הנשכות . כמו הלשכות של בית המקדש : לכנום בהם . ונחותן הלשכות היו נותנים כל מתנותיהס של כהנים ולוים ומשם נותנים בינייהס : מנאות . כמו מנות : לכהנים וללוים . כהנים היו נוטלים הראוי להס והלוים הראוי להס : העומדים . ומשמשים שס לפני הקדוש ברוך הוא.

אבן עזרא

בו למשך : להחומה . כה"א הדעת כראוי : (מד) על הנשכות . כמו לשכות זה אומר בכה וזה אומר בכה : לאוצרות . להיות אוצרות : מנאות התורה . וכן אשר מינה את מאכלכם והא"ל"ף תחת יו"ד מניות ולא נשתנה בסמיכות וכן במלדות עין גדי או הנסמך חסר וכן הוא מנאות מנחות התורה וכן האחרון הברית : (מה) ומשמרת הטהרה . הוא מגזרת חכמה וממשקלה

רק בעבור לות הגרון והיא הה"א האמלעית נהסכו התנועות להרחיב הקריאה : (מו) כי בימי דוד ואסף מקדם .

רלב"ג

שער חלר המטרה שסיו שמים בו האפרים : (מד) ויפקדו ביום ההוא אנשים על הנשכות . כ"ל שנחמנו פקידים על הלשכות לאולרות לשיס שס התרומות לכהנים והבכורים והמעשרות לכנום בהם מנות הלחויות מן התורה לכהנים וללוים לתכואות שדי הערים אשר ליהודה וכנימין כי רלה נחמיה כי גם כן מנות הלוים כדי שיהיו הלוים סנוים לעבוד עבודתם בבית המקדש ולא ילטרכו לשוטט בערים לקחת מעשרותיהס : (מה) וישמרו משמרת אלהיהם . הוא שמירת בית האלהים ומשמרת הטהרה לשמור שלא תכנם טומאה בבית

מצודת ציון

(מד) חנשכות . כמו הלשכות : מנאות . מתנות וחלק כמו ושלמו מנות לכנום . להכנים בהס מכל שדי הערים את המתנות אשר לותס מתנות של התרומות ועל הראשית ועל המולדות : לכנום . להכניס בהס מכל שדי הערים את המתנות אשר לותם סדורים לכהנים וללוים והס התרומות והמעשרות והוא כל שנין כמלות שוגות לחוםסת כימור : שחחת יהודה . כי גדלה שמחת יהודה הרלוי להס להעמיד גזברים : (מה) וישמרו . מוסב למקרא שלסניו שאמר כי שמחת יהודה של הכסנים וגו' העומדים וישמרו משמרת אלהיהם

מצודת דוד

(מד) ויפקדו . סיו ממנים נזכרים על הלשכות הסעשויות לאולרות על התרומות ועל הראשית וסיא המלה ועל המעשרות : כי שמחת יהודה של הכהנים וללוים שאמר כי שמחת יהודה של הכסנים וגו' העומדים וישמרו משמרת אלהיהם כדר הטבודה סמוטלת אליסס ובדבר לסמרה שלא תבוא טומאה למקדם ה' והמשוררים והשוערים החזיקו כמשמרותם כאשר לוס דוד אל שלמה בנו וכמ"ש כדברי סימים : (מו) כי בימי דויד . כי המשמרות

---

the wall of Jerusalem—[Ralbag]. The one who accompanied the trumpets was Zechariah the son of Jonathan.—[*Mezudath David*]

36. And his brethren—*the colleagues of Zechariah the priest.*—[*Rashi*]

with the musical instruments of David—They went with the musical instruments of David.—[*Mezudath David*] With the instruments that David had designated for the songs accompanying the sacrificial service.—[*Ralbag*]

and they rejoiced, for God made them rejoice with great joy, and also the women and the children rejoiced, and the joy of Jerusalem was heard from afar. 44. On that day, men were appointed over the chambers for treasuries for the heave offerings, for the first gifts, and for the tithes, to gather in them from the fields of the cities the portions prescribed by the Torah for the priests and for the Levites, for the rejoicing of Judah was over the priests and over the Levites who stood [ministering]. 45. And they kept the charge of their God and the charge of purification, and [so did] the singers and the gate sentries, according to the mandate of David [to] Solomon his son. 46. For in the days of David and Asaph, who were the leaders of the singers of yore

three times as large as each unleavened loaf. The Rabbis therefore explain this verse to mean that they carried the larger leavened loaves of the thanksgiving offerings around the wall. This is the meaning of "two large thanksgiving offerings." With these, they encompassed the city wall in order to sanctify it, since it had lost its sanctity when it was destroyed and its people were exiled. *Isaiah da Trani* explains that Nehemiah stationed two groups of Levites singing thanksgiving songs upon the wall. The procession consisted of mighty warriors girded with swords who marched alongside upon the wall with the singers to protect them from the enemy.

with processions to the right— *And when they went out of the city in order to encompass it, they went to the right side.*—[*Rashi*]

upon the wall—i.e., they lowered them from the place where they had raised them unto the wall and walked with them before the Dung Gate.— [*Mezudath David*]

32. **after them—**after those carrying the bread of the thanksgiving offerings.—[*Mezudath David* from *Shebuoth* 15b]

33. **And Azariah, etc.—**Since they were the most esteemed members of the Sanhedrin, they are mentioned by name.—[Mezudath David]

34. **Judah and Benjamin—***They were two princes.*—[*Rashi*]

35. **with trumpets—**The Torah states (Num. 10:10): "And on the day of your rejoicing ... you shall blow with the trumpets over your burnt offerings and over your peace offerings ... " This would also apply to the thanksgiving offering, which in this case is a type of peace offering brought on a joyous occasion, namely the dedication of

וְשִׁיר־תְּהִלָּה וְהוֹדוֹת לֵאלֹהִים: ^{מז} וְכָל־יִשְׂרָאֵל בִּימֵי זְרֻבָּבֶל וּבִימֵי נְחֶמְיָה נֹתְנִים מְנָיוֹת הַמְשֹׁרְרִים וְהַשֹּׁעֲרִים דְּבַר־יוֹם בְּיוֹמוֹ וּמַקְדִּשִׁים לַלְוִיִּם וְהַלְוִיִּם מַקְדִּשִׁים לִבְנֵי אַהֲרֹן: ^{יג א} בַּיּוֹם הַהוּא נִקְרָא בְּסֵפֶר מֹשֶׁה בְּאָזְנֵי הָעָם וְנִמְצָא כָתוּב בּוֹ אֲשֶׁר לֹא־יָבוֹא עַמֹּנִי וּמֹאָבִי בִּקְהַל הָאֱלֹהִים עַד־עוֹלָם: ^ב כִּי לֹא קִדְּמוּ אֶת־בְּנֵי יִשְׂרָאֵל בַּלֶּחֶם וּבַמָּיִם וַיִּשְׂכֹּר עָלָיו

רש"י

כתודות והודאות: (מז) מניות. כמו מנות: ומקדישים ללוים. והיו נותנים המעשר ללוים והם היו נותלים מעשר מן המעשר ונותנים לכהנים:

אבן עזרא

רלה לומר על מנהגם ותקונם למשוררים מקדס כן הפקידו ^{יג (א)} עמני. במקלת מדוייקים חסר וא"ו ומס שכתוב כמסורת אלה משוררים תחתם: בכלל המלאים לא יבא עמוני. סוף אותו של סורה כפרשם

מנחת שי

רלב"ג

סמקדס: (מז) נותנים מניות סמשוררים וגו' . ר"ל שלכבר סיו נותנים לסס מנות ימיו בסן דבר יום ביומו כדי שלא תשבת סעבודה וסיו מקדישין ממון וסירות לתת ללוים וסלוים סיו מקדישים לבני אסרן . או ירלה בזה שיסראל סיו מביאים סמעשרות ללוים ונוסאים אותס לסס בבית סמקדס וסלוים סיו מביאים לבני אסרן מעשר מן סמעשר ונוסאים אותו לסס בלסכתם:

מצודת דוד

בחלקו בימי דוד ואסף סהיו בימי קדם רסשי סמשוררים ותקנו שיר (לעיל מ') ^{יג (ב)} לא קדמו . לא באו לסוירסם כמו במס מקדם סי' על תהלה וסודות לאלסים: (מז) מניות המשוררים וגו' סמתנות סרסויות לתת לסם : דבר יום ביומו . דבר סרסוי ליום זה נתנו ביומו ולא אחרו מן סמועד: ומקדישים . סיו מקדישים את סמעשר לתת ללוים וסלוים סיו מקדישים את סמעשר מן סמעשר לתת לבני אסרן:

^{יג (א)} ביום ההוא . ביום סקרסו את סמומס: אשר לא יבוא וגו' . לא יקבלו גרים מסס להתחתן בס: (ב) לא קדמו .

---

marched after it, [i.e.], after the thanksgiving offering.—[Rashi] Mezudath David explains: I marched after the bread from the side that it went, and with me marched half the people who stood upon the wall.

above the Tower of the Furnaces—From the Water Gate they marched before the Tower of the Furnaces.—[*Mezudath David*]

39. **and they stood**— *They stood, there and did not go any further.—* [*Rashi*]

40. **the two thanksgiving offer-ings**—*that they carried to the Temple.*—[*Rashi*] They brought the bread of the thanksgiving offerings to the Temple and placed them there, and I was after them, and half the

prefects marched with me.— [*Mezudath David*] *Malbim* explains that Nehemiah and half the prefects who were with him, who came from the southern side and stood in the Water Gate, met the thanksgiving offerings which came from the northern side, and both thanksgiving offerings stood at the Temple of God.

and I and half the prefects—for Nehemiah came there from the southern side.—[*Malbim*]

41. **with the trumpets**—*They sounded the trumpets out of their joy.*—[*Rashi*] *Malbim* explains that the priests who came from the northern side met them and sounded the trumpets.

43. **great sacrifices**—*Mezudath*

and [who established] songs of praise and thanksgiving to God. 47. And all Israel in the days of Zerubbabel and in the days of Nehemiah gave the portions of the singers and the gate sentries, the requirement of each day on its day, and they consecrated [them] for the Levites, and the Levites consecrated [them] for the sons of Aaron.

13

1. On that day the Book of Moses was read in the ears of the people, and it was found written therein that an Ammonite and a Moabite may not enter the congregation of God forever. 2. For they did not come forward to meet the Children of Israel with bread and water, but hired Balaam against them

37. And by the Fountain Gate— *Before the Fountain Gate, they marched around the city.—[Rashi]* *Mezudath David* explains that they went to the Fountain Gate from the Dung Gate.

and opposite them— *And before them they ascended from the Fountain Gate to the steps of the City of David, and those steps led to the wall.—[Rashi]*

at the ascent to the wall— On the way that leads to the top of the wall.—[*Mezudath David*]

above the house of David— From there they marched from before the house of David as far as the Water Gate situated in the Temple court.—[*Mezudath David*]

38. And the second thanksgiving offering, which went opposite [it]— *The other thanksgiving offering, which was second to its fellow, went opposite its fellow, alongside it, not one following the other.—[Rashi]* There is,

however, a dispute in the Talmud about whether the two thanksgiving offerings were carried one alongside the other or one following the other. The Talmud does not question the one who holds that they were carried one following the other on the basis of this verse. Perhaps he explains the verse to mean that the second thanksgiving offering was carried opposite that place, as *Ralbag* explains it. *Midrash Ezra* interprets לְמוֹאל like לִשְׂמֹאל, *to the left,* as it says above that the first thanksgiving offering was carried to the right, and Nehemiah states that the second one was carried to the left. *Isaiah da Trani* also explains it in that manner, adding that the two thanksgiving offerings were carried around the city, one to the right and one to the left, one encompassing half the city from one side, and the other encompassing half the city from the other side.

and I was after it— *And I*

אֶת־בִּלְעָם֙ לְקַלְל֔וֹ וַיַּהֲפֹ֧ךְ אֱלֹהֵ֛ינוּ ‏*הַקְּלָלָ֖ה לִבְרָכָֽה: ג וַיְהִ֖י כְּשָׁמְעָ֣ם אֶת־הַתּוֹרָ֑ה וַיַּבְדִּ֥ילוּ כָל־עֵ֖רֶב מִיִּשְׂרָאֵֽל: ד וְלִפְנֵ֣י מִזֶּ֔ה אֶלְיָשִׁיב֙ הַכֹּהֵ֔ן נָת֖וּן בְּלִשְׁכַּ֣ת בֵּית־אֱלֹהֵ֑ינוּ קָר֖וֹב לְטוֹבִיָּֽה: ה וַיַּ֨עַשׂ ל֜וֹ לִשְׁכָּ֣ה גְדוֹלָ֗ה וְשָׁ֣ם הָי֣וּ לְפָנִ֡ים נֹתְנִ֣ים אֶת־הַמִּנְחָ֣ה הַלְּבוֹנָ֣ה וְהַכֵּלִ֡ים וּמַעְשַׂר֩ הַדָּגָ֨ן הַתִּיר֜וֹשׁ וְהַיִּצְהָ֗ר מִצְוַת֙ הַלְוִיִּ֔ם וְהַמְשֹׁרְרִ֖ים וְהַשֹּׁעֲרִ֑ים וּתְרוּמַ֖ת הַכֹּהֲנִֽים: ו וּבְכָל־זֶ֕ה לֹ֥א הָיִ֖יתִי בִּירוּשָׁלָ֑ם כִּ֡י בִּשְׁנַת

רש"י

יג (ג) כל ערב. כל תערובות העכומ"ז כמו וגם ערב רב עלה אתם (שמו' יב): (ד) ולפני מזה. ומקודס לכן: קרוב לטוביה. אותו אליֿשיב הכהן היה קרוב לטוביה חברו של סנבלט ונחן שם הכהן כליו של טוביה:
(ה) ויעש. אלישיב: לפנים. שם היו נותנים קודס שבאתי לירושלי': מצות הלוים. מתנות הראויות ללוים:

מנחת שי

כי תלא: (ב) ויהסך אלהינו הקללה. בכל ספרים מדוייקים כ"י שלפני חון מאחד אין בהם מלא את וטעות סופרים הוא שעל הרגל לשונם סלקו כאותו של תורה וגם הכמס לונזאנו כתב כספרו שכספר

אבן עזרא

יג (ד) ולפני מזה. פי' וקודס זה ההבדל: (ה) ויעש לו לשכה גדולה. אלישיב העושה לטוביה

שלשים

לטוביה חברו של סנבלט ונחן שם הכהן כליו של טוביה:
(ה) ויעש. לפנים. שם היו נותנים קודס שבאתי
לירושלי': מצות הלוים. מתנות הראויות ללוים: (ז) ובכל

רלב"ג

יג (ג) ויבדילו כל ערב מישראל. ידמה שנתגיירו מעמון ומואב והס הבדילום מישראל שלא יתחתנו בהם: (ד) קרוב לטוביה. הנס טוביה היה טמוני כמו שנזכר במה שקדם (כ' י"ט): (ו) ובכל זה לא הייתי בירושלים. ר"ל באשר נעשים לשכה לטוביה בהלכי

מצודת ציון

(מיכה ו'): (ס) (ה) ויעש. ענין תקון כמו וימהר לעשות אותו (בראשית י"ח): (ו) נשאלתי. מל' שאלה ובקשה ועל כי שאלתו היה על שלמו

מצודת דוד

לא כאו לפניהם ללבת לקראתם בלחם ומים בעת ילאו ממלרים: ויהסך וגו'. גם זה קרבאו בתורה ולפי שלא רלה יעמוד כדבר רע לוס אמר נס ויהסוך וגו': (ג) כל ערב. כל תערובות מבני עמון מואב ומצרים: (ד) ולפני מזה. קודס זה ההבדל: נתון וגו'. ר"ל אשר סיס יושב בלשכת של בית אלהינו הוא היה קרוב לטוביה הטמוני הנזכר למעלה מכרו של סנבלט: (ה) ויעש לו לשכה. ר"ל פנה לשכה למושבו ושם. בלשכה הסיא היו נותנים בה לפנים קודס לזה את המנחה הלבונה וכו': את המנחה. סולת למנחות: הלבונה. הבאה על המנחה ועל לחם הפנים: והכלים. כלי בית המקדם: מצות הלוים. מה שאלגו מלויים לתת ללוים: והמשוררים וחשוערים. אמר זה להאשים את אלישיב ביותר וכחומר איך מלאו לבו לפנות מנות משרחי ה' להיות מקום פנוי לטוביה סעמוני: (ו) ובכל זה. בעת שנעשה הדבר הזה אשר פינה אלישיב את כל אלה בטבור טוביה: באתי אל המלך. ואז נעשה סדבר הרע

---

and Levites who officiated in the Temple became very great. Therefore, they were conscientious regarding the due of the priests and the Levites and appointed treasurers to guard these gifts.—[*Mezudath David*]

who stood—*and ministered there before the Holy One, blessed be He, with thanksgiving offerings and thanksgivings.*—[*Rashi*]

45. And they kept—This is connected to the preceding verse.

The rejoicing of Judah was great over the priests and Levites who stood in the Temple and kept the charge of their God as regards the Temple service and the purity, so that no ritual impurity enter the Temple of God. The singers and the gate sentries also adhered to their watches, as David had commanded his son Solomon, and as is delineated in Chronicles.—[*Mezudath David*]

46. For in the days of David— The watches were apportioned in the

to curse them; but our God turned the curse into a blessing. 3. Now it came to pass when they heard the Torah, that they separated all mixtures from Israel. 4. Now prior to this, Eliashib the priest, who was appointed to the chamber of the Temple of our God, was a kinsman of Tobiah. 5. And he had made him a large chamber, and in previous times they would put there the meal offering, the frankincense, and the vessels, and the tithe of the corn, the wine, and the oil, which were ordained for the Levites and the singers and the gate sentries, and the heave offering of the priests. 6. Now with all this, I was not in Jerusalem, for in the

David and *Malbim* interpret this to mean that they slaughtered a large number of sacrifices. *Malbim* also suggests that it means that they sacrificed large bulls and other fat animals.

for God made them rejoice—He put joy into their hearts.—[*Mezudath David*] *Malbim* explains that they did not rejoice because of the feasts in which they partook, but because God made them happy. As such, even the children rejoiced.

44. were appointed—Heb. וַיִּפָּקְדוּ, *a word meaning appointment.*—[*Rashi*] They appointed treasurers over the chambers of the Temple which were used to store the gifts for the priests and the Levites, as follows.—[*Mezudath David*]

the chambers—Heb. הַנְּשָׁכוֹת, *like* הַלְּשָׁכוֹת, *the chambers of the Temple.*—[*Rashi*]

for treasuries—*Ibn Ezra* renders: to be treasuries.

for the heave offerings—[This was the priests' due, the first thing separated from the produce.] It could be any small amount, but it was customary for generous people to separate one fortieth, average people one fiftieth, and stingy people one sixtieth.—[*Terumoth* 4:3]

for the first gifts—*Mezudath David* identifies this as the first of the dough, known as *hallah.* [This is separated immediately after kneading the dough and given to the priest. This too has no minimum according to the Torah, but the Rabbis decreed that a homemaker should give 1/24 of the dough and a baker 1/48.] *Ralbag* identifies these gifts as the first fruits, brought to the Temple and given to the priests.

to gather in them—*And in these chambers they would place all the gifts of the priests and the Levites, and from there they would distribute* [them] *among them.*—[*Rashi*]

portions—Heb. מְנָאוֹת *like* מָנוֹת.—[*Rashi*]

for the priests and for the Levites—*The priests were taking what was due them and the Levites what was due them.*—[*Rashi*]

for the rejoicing of Judah—The rejoicing of Judah over the priests

שְׁלֹשִׁים וּשְׁתַּיִם לְאַרְתַּחְשַׁסְתְּא מֶלֶךְ־בָּבֶל בָּאתִי אֶל־הַמֶּלֶךְ וּלְקֵץ יָמִים נִשְׁאַלְתִּי מִן־הַמֶּלֶךְ: זוָאָבוֹא לִירוּשָׁלִַם וָאָבִינָה בָרָעָה אֲשֶׁר עָשָׂה אֶלְיָשִׁיב לְטוֹבִיָּה לַעֲשׂוֹת לוֹ נִשְׁכָּה בְּחַצְרֵי בֵּית הָאֱלֹהִים: חוַיֵּרַע לִי מְאֹד וָאַשְׁלִיכָה אֶת־כָּל־כְּלֵי בֵית־טוֹבִיָּה הַחוּץ מִן־הַלִּשְׁכָּה: ט וָאֹמְרָה וַיְטַהֲרוּ הַלְּשָׁכוֹת וָאָשִׁיבָה שָּׁם כְּלֵי בֵּית הָאֱלֹהִים אֶת־הַמִּנְחָה וְהַלְּבוֹנָה: יוָאֵדְעָה כִּי־מְנָיוֹת הַלְוִיִּם לֹא נִתָּנָה

למדנחאי נתנו

רש"י

זה. ובכל המעשה הזה: באתי אל המלך. וחזרתי לבבל: נשאלתי. שיתן לי רשות לעלות לירושלים ולחזור: (י) מניות הלוים. שלוה השם לתת להם: לא נתנה. על לא אחת ידבר

ראב"ע

ובלשכתו של טוביה היו שמים הענינים הנזכרים: (י) מניות הלוים. שלוה השם לתת להם: לא נתנה. על אחת ידבר מסר ואמד מלא והמלא הוא בד"ס א' סימן ט' וכן בספרים כ"י מדוייקים: (י) מניות הלוים לא נתנה. כן לטוב למצרכבי ולמדנחמא

רלב"נ

בית האלהים וזה כי בשנת שלשים ושתים לארתחששתא מלך בבל באתי אל המלך ולקן שנה נשאלתי מן סמלך ולקחתי רשות ממנו לשוב לירושלים: (ט) ואומרם ויטהרו הלשכות. ר"ל לשכת אליישיב ולשכת טוביה שם בלשכת טוביה כלי בית האלהים את המנמה ואת הלבונה: (י) ואדעה כי מניות הלוים לא נתנה. ר"ל כי מנות הלוים לא נתנו להם יבבית האלהים. ולזה כרמו איש לשדהו הלוים והמשוררים

מנחת שי

(מ) ואומרה. ליתי למהר ויטהרו הלשכות וגו' : (י) מניות. מנות: לא נתנה. שלא נתנו ישראל שם קדמון וסהרי ספרד מין כסס מלח את: (ס) סאלסים אם סמנמס והלכנה. י"ס שכתוב בהם אם הלבנה וסמסורת מוכים שכתוב והלבנס. ומסר ומ"ו. מהר הבי"ת שכן אומרת וסכבנס כ' א' מניות הלוים לא נכתב:

מצודת ציון

הזה: ולקץ ימים. ולבסוף ימים ולא פירש כמה: (ז) נשכה. כמו אמר בלשון נפעל וכן כשאול נשאל דוד (ש"א כ'): (ז) נשכח. כמו לחם ללכת לירושלים: (ז) ואבינה ברעה.

מצודת דוד

הזה: ולקץ ימים. ולבסוף ימים ולא פירש כמה: נשאלתי. שאלתי מעמו למה לי רשות ללכת לירושלים: (ז) ואבינה ברעה. נתתי לב להבין ברעת הסמעשה אשר עשה אליישיב כדבר טוביה ולהקן ולסנות לו לשכת באחד מחלרות בית ה': (מ) וירע לי. הדבר בעיני: את כל כלי וגו'. ר"ל כלי תשמישי סבית: (ט) ואומרה. ליתי על סדבר וטהרו הלשכות ומימום: ואשיבה שם וגו'. להיות בם כאשר היה מאז עד לא ישב בם סטוביה: (י) ואדעה. נודע לי אשר לא ניתן מחנום הלוים

---

but our God turned the curse into a blessing—They read this too in the Torah, since Nehemiah did not wish to conclude with an unhappy note.—[*Mezudath David*] *Malbim* explains that the Moabites might have had an excuse for hiring Balaam to curse Israel, namely that they feared Israel. However, since they did not come forward to Israel with bread and water as they should have in order to cultivate their friendship and assuage their fear, they proved that they did not fear them, but hated them. Lest one say that they are not to be blamed for anything since Balaam's curse was ineffective, Scripture concludes that it was ineffective only because God turned the curse into a blessing, but otherwise it would have harmed Israel.

3. **all mixtures**—*Every mixture of heathens, like* (Exodus 12:38): *"A great mixed multitude* (עֵרֶב רַב) *also went up with them."*—[*Rashi*] *Mezudath David* explains that they separated every mixture of Ammon and Moab from Israel. *Ralbag* explains that there were apparently

thirty-second year of Artaxerxes the king of Babylon, I came to the king, and after some days, I requested of the king. 7. And I came to Jerusalem, and I pondered the evil that Eliashib had done in the matter of Tobiah, by making him a chamber in the courts of the Temple of God. 8. And I was very distressed, and I cast all the vessels of Tobiah's house out of the chamber. 9. And I commanded, and they purified the chambers, and I returned there the vessels of the Temple of God, the meal offerings, and the frankincense. 10. And I knew that the portions due the Levites had not been given,

days of David and Asaph, who were the leaders of the singers and who established songs of praise and thanksgiving to God.—[*Mezudath David*]

47. **And all Israel, etc.**—Although they would give the portions to the gate sentries, they would consecrate them to the Levites, i.e., the Levites traditionally took their tithes in the fields, and separated the tithe of the tithe for the priests. Now, however, it was enacted that the people should not give the tithes to the Levites who would circulate around the threshing floors, but should bring them to the officers, who would give them to the Levites who stood in the Temple.—[*Malbim*]

the portions—Heb. מְנָיוֹת, like מָנוֹת.—[*Rashi*]

and they consecrated [them] for the Levites—*And they would give the tithe to the Levites, who would take the tithe from the tithe and give it to the priests.*—[*Rashi*]

13

1. **On that day**—*Mezudath David*

interprets this as the day on which they sanctified the wall. *Malbim* interprets it as the day mentioned below, when Nehemiah cast all the vessels of the house of Tobiah from the Temple chamber. Tobiah was an Ammonite and the son-in-law of one of the princes of Judah, whose children were married to the children of one of the princes of Judah, as is stated above (6:18). After casting out Tobiah's vessels, Nehemiah ordered that the Torah be read.

the Book of Moses—the Book of Deuteronomy which Moses authored and in which this prohibition is written.—[*Malbim*]

and it was found written therein—in Deuteronomy 23:4–7.

that an Ammonite and a Moabite may not enter, etc.—It is forbidden to accept converts from among them to marry them.—[*Mezudath David*]

2. **For they did not come forward**—They did not come out to greet the Children of Israel with bread and water when the latter came out of Egypt.—[*Mezudath David*]

וַיִּבְרְחוּ אִישׁ־לְשָׂדֵהוּ הַלְוִיִּם וְהַמְשֹׁרְרִים עֹשֵׂי
הַמְּלָאכָה: יא וָאָרִיבָה אֶת־הַסְּגָנִים וָאֹמְרָה מַדּוּעַ
נֶעֱזַב בֵּית־הָאֱלֹהִים וָאֶקְבְּצֵם וָאַעֲמִדֵם עַל־עָמְדָם:
יב וְכָל־יְהוּדָה הֵבִיאוּ מַעְשַׂר הַדָּגָן וְהַתִּירוֹשׁ וְהַיִּצְהָר
לָאוֹצָרוֹת: יג וָאוֹצְרָה עַל־אוֹצָרוֹת שֶׁלֶמְיָה הַכֹּהֵן
וְצָדוֹק הַסּוֹפֵר וּפְדָיָה מִן־הַלְוִיִּם וְעַל־יָדָם חָנָן בֶּן־
זַכּוּר בֶּן־מַתַּנְיָה כִּי נֶאֱמָנִים נֶחְשָׁבוּ וַעֲלֵיהֶם לַחֲלֹק
לַאֲחֵיהֶם: יד זָכְרָה־לִּי אֱלֹהַי עַל־זֹאת וְאַל־תֶּמַח
חֲסָדַי אֲשֶׁר עָשִׂיתִי בְּבֵית אֱלֹהַי וּבְמִשְׁמָרָיו:
טו בַּיָּמִים הָהֵמָּה רָאִיתִי בִיהוּדָה וְדֹרְכִים גִּתּוֹת

קמץ בז"ק   **רש"י**   **בשבת**

מתנ' ועל כן ברחו והלכו להם אנה ואנה לשאול מחנותיהם ... את הכהנים והלוים להעמידם על משמרתם בעבודתם ...
ולא היו עוסקים כל כך בעבודתם: (יא) ואקבצם. קבלתי ... ישראל היו מביאים להם שם מתנותם: (יג) כי נאמנים.

מנחת שי

נסנו: וסמשרליס. אין דגש כמ"ס: (יא) ואקבצם. ... יי"ם ... ואקבלס.

אבן עזרא

כי המלה מיוחדת מן הרבות והם מניות: (יג) ואוצרה.

רלב"ג

מצודת ציון

מצודת דוד

---

in previous times—*Before I came to Jerusalem, they would put* [them] *there.*—[*Rashi*] *Mezudath David* explains that before Eliashib cleared the chamber for Tobiah, it was used to store the meal offerings, etc.

the meal offerings—the fine flour for the meal offerings.—[*Mezudath David*]

the frankincense—that accompanied the meal offerings and the showbread.—[*Mezudath David*]

and the vessels—the Temple vessels.—[*Mezudath David*]

which were ordained for the Levites—*the gifts due the Levites.*—[*Rashi*] i.e., that which we are commanded to give the Levites.—[*Mezudath David*]

and the singers and the gate sentries—He mentions them to intensify Eliashib's guilt, as though saying, "How did he dare to clear out the portions of God's servants to

and the Levites and the singers who did the work fled each one to his field. 11. So I quarreled with the prefects, and I said, "Why has the Temple of God been forsaken?" And I gathered them and stationed them in their place. 12. And all of Judah brought the tithes of the corn, and the wine, and the oil to the treasuries. 13. And I appointed treasurers over the treasuries: Shelemiah the priest, and Zadok the scribe, and Pedaiah of the Levites, and next to them was Hanan the son of Zaccur, the son of Mattaniah, for they were deemed trustworthy, and it was incumbent upon them to distribute to their brethren. 14. Remember me, my God, concerning this, and do not erase my good deeds that I did in the Temple of my God and with its watches. 15. In those days, I saw in Judea [people] treading winepresses

Ammonite and Moabite proselytes, and they separated them from Israel so that they should not intermarry with them. *Malbim* explains that although we adhere to Rabbi Joshua's view that the Ammonites and Moabites intermingled with the other nations without leaving a trace (*Ber.* 28), this intermingling took place mainly in the time of Nebuchadnezzzar who conquered the entire known world in his time. However, in the time of Nehemiah, many Moabites and Ammonites were still identifiable.

4. Now prior to this—Heb. וְלִפְנֵי מִזֶּה, *before this.*—[*Rashi*] Before this separation.—[*Mezudath David*]

who was appointed to the chamber of the House of our God—who was appointed to stay in the chamber of the Temple of God.—[*Mezudath David*]

was a kinsman of Tobiah—*Eliashib the priest was a kinsman of*

Tobiah the companion of Sanballat, and the priest placed Tobiah's vessels there.—[*Rashi*] *Malbim* explains that he made a large chamber for Tobiah adjoining his, where they had previously placed the meal offerings, the frankincense, etc. At that time, they ceased giving heave offerings and tithes, and the chamber became empty. The priest therefore allowed Tobiah to live there. *Isaiah da Trani* explains that, on the contrary, before the Israelites rebuilt the wall and resettled their land, Tobiah had a chamber on that spot. When Eliashib saw that Tobiah had occupied that spot, he also occupied a neighboring chamber and made it a home for his family.

5. And he made—*Eliashib* [made].—[*Rashi*] Eliashib made Tobiah a large chamber in the courtyard of the Temple; i.e., he cleared a chamber for his dwelling.—[*Mezudath David*]

בַּשַּׁבָּת וּמְבִיאִים הָעֲרֵמוֹת וְעֹמְסִים עַל־הַחֲמֹרִים
וְאַף־יַיִן עֲנָבִים וּתְאֵנִים וְכָל־מַשָּׂא וּמְבִיאִים יְרוּשָׁלַ͏ִם
בְּיוֹם הַשַּׁבָּת וָאָעִיד בְּיוֹם מִכְרָם צָיִד: טז וְהַצֹּרִים
יָשְׁבוּ בָהּ מְבִיאִים דָּאג וְכָל־מֶכֶר וּמֹכְרִים בַּשַּׁבָּת
לִבְנֵי יְהוּדָה וּבִירוּשָׁלָ͏ִם: יז וָאָרִיבָה אֵת חֹרֵי יְהוּדָה
וָאֹמְרָה לָהֶם מָה־הַדָּבָר הָרָע הַזֶּה אֲשֶׁר־אַתֶּם
עֹשִׂים וּמְחַלְּלִים אֶת־יוֹם הַשַּׁבָּת: יח הֲלוֹא כֹה עָשׂוּ
אֲבֹתֵיכֶם וַיָּבֵא אֱלֹהֵינוּ עָלֵינוּ אֵת כָּל־הָרָעָה הַזֹּאת
וְעַל הָעִיר הַזֹּאת וְאַתֶּם מוֹסִיפִים חָרוֹן עַל־יִשְׂרָאֵל
לְחַלֵּל אֶת־הַשַּׁבָּת: יט וַיְהִי כַּאֲשֶׁר צָלֲלוּ שַׁעֲרֵי

רש"י

יתיר א'

סיו לחלוק המתנות ביניהם: (טו) הערמות . אלומות
של תבואה: ואעיד . העידותי בהם שלא לעשות: ביום
מכרם ציד . ביום שהיו מוכרים מזון וליד . ליד כמו ויתן

ירושלם

לחם לידה לדרך (בראשית מ"ח): (טו) והצורים . סוחרים
של צור מביאים דגים למכור: (יט) ויהי כאשר צללו .
כאשר נטו הצללים של ערב שבת בשערים לוויתי לסגור

אבן עזרא

(טו) ואעיד ביום מכרם ציד . הראוי וחעיד בם :
(טז) מביאים דאג . האל"ף טי"ן הפעל וכן וקאם שאון :
(יט) ויהי כאשר צללו שערי ירושלם . מענין נל

מנחת שי

מלא דמלא כמס' אחריתי דמיתא (בירמיה נ"א) ועיין מ"ש (כד"ס
א' ק'): (טו) וטמסים . בגעיא סוא"ו ; ומביאים ירושלם . כ"ל
לא לירושלם: (טז) מביאים דאג . לית כתיב אל"ף ; לבני יהודה
ובירושלם . כן כתוב כול"ו ומי שכתב בירושלם בלא וא"ו סטס שכן
כמסר (בירמיה סימן כ"ו) יהודה ובירושלם ג' דסמיכין בקרית
וסימנהון וגם את סאבות דיאט' דמלכים . ואס נביאים סט (ירמיה כ"ו) .וס לריס ישבו בס דעזרא וכן מלאתי במסורת כ"י : (יט) צללו.

רלב"ן

בשבת . הנה זו היא מלאכה מסמלאכות שימקיינו עליהם בשבת ; ומביאים סתבואם סיו עוטנים
על המחמורים בשבת והנה ישראל הס מלווים על שביתת בהמתם : ואעיד ביום מכרם ליד . ר"ל סנה מזהרתי אותם מכל זה ביום
שהיו מוכרים לדם ומזון ביום השבת: (טז) והנה הלורים והם סוחרי לור היו ישבו בה ביום השבת והיו מביאים דגים וכל סמולם
בירושלים והיו מוכרים בה ביום השבת בעבור שהיו ממללגין את יום השבת באלו כפלאם דברים אשר האחד הוא מדברי סופרים והוא הקנים וסמבורים בשבת . והשנים הם מן המורם. סאמד הוא שלא
שבתה בהמתם בשבת ומשני הוא עשותם מלאכת בשבת לדרוך אם סגתות : (יט) ויסי כאשר לללו שערי ירושלם לפני השבת . זה

מצודת ציון

גת וכן כדורך בגת (ישעיה ס"ג) : הערמות . כרי התבואה כמו
ויתנו טרמות (ד"ס ב' ל"א): ועומסים . ענן סטוענת משא כמו
ויטמוס איש על פל ממורו (בכאשית מ"ד): ליד . מל' לידה ומזון :
(טז) דאג . ר"ל קבולת דגים: (יז) חורי יהודת. שרי יהודה: (יט)צללו.

מצודת דוד

סנכים בגתות להוליא סיין : ומביאים הערמות . מביאים אל הבית
כרמות סתבואה וטומסים אותם טל המחמורים לשאתם : ואף יין
וגו' . טומסים על המחמורים לשאתם ולהביאם אל הבית ביום
השבת: ואעיד . סתריתי בהם לבל ישטו טוד כזאת : ביום וגו' .
ר"ל ביום השוק שמוכרים בו את הלידה כי אז כולם מקובלים :
(טז) וחצורים . אנשי לור אשר ישבו בירושלים סיו מביאים דגים וכל דבר סנמכר וסיו מוכרים בשבת לישראל . וברושלים . כאומר
אף שהיא עיר קדושה וזבה סמקדם מללו בס אף סשבת: (יח) ומחללים וגו' . לקנות בס מיד הלורים: (יח) כה עש . לחלל אם השבת:
חזאת . ר"ל סידוע לכל : כוסיפים וגו' . מל סמזון שהיה על סבותינו : (יט) כאשר צללו . כאשר סאריכו ללי סצטרים והוא

for their gifts, and were not occupied as much with their service.—[*Rashi*] *Mezudath David* explains that the Levites could not earn their sustenance from the tithes alone and therefore returned to plow their fields and reap their harvests. After Nehemiah returned the meal offer-ings and the frankincense to their place in the chamber, he sought to return the heave offerings and the tithes and discovered that the gifts due the Levites had not been given.—[*Malbim*] *Isaiah da Trani* explains that this matter is unrelated to the episode of the chamber.

on the Sabbath and bringing stacks [of grain] and loading them on donkeys, and also wine, grapes, and figs, and all types of loads and bringing them to Jerusalem on the Sabbath day, and I warned them on the day they sold provisions. 16. And the Tyrians [who] sojourned there were bringing fish and all [types of] merchandise and selling on the Sabbath to the people of Judea and in Jerusalem. 17. And I quarreled with the dignitaries of Judea, and I said to them, "What is this bad thing that you are doing—profaning the Sabbath day? 18. Did not your ancestors do this, and our God brought upon us all this calamity, and upon this city, and you are increasing the wrath upon Israel by profaning the Sabbath?"19. Now it came to pass when the gates of Jerusalem cast shadows

make place for Tobiah the Ammonite?"—[*Mezudath David*]

6. Now with all this—*during this entire episode.*—[*Rashi*] i.e., when Eliashib cleared the Temple chamber for Tobiah.—[*Mezudath David*]

I came to the king—*when I returned to Babylon.*—[*Rashi*] This evil was perpetrated during my absence.—[*Mezudath David*]

and after some days—He does not explain how many days he was in Babylon.—[*Mezudath David*]

I requested of the king—*to give me permission to go up and to return to Jerusalem .*—[*Rashi* and *Mezudath David*]

7. and I pondered the evil—I concentrated on understanding the evil of Eliashib's deed of preparing and clearing a chamber for Tobiah in one of the courtyards of the Temple of God.—[*Mezudath David*]

8. And I was distressed—This matter appeared to me very evil.— [*Mezudath David*] *Malbim* explains that since Tobiah's relatives were

angry at Nehemiah for this act, he made sure to have the Torah read before casting Tobiah's vessels out of his chamber.

all the vessels of Tobiah's house—all his furniture and his household utensils.—[*Mezudath David*]

9. And I commanded—*I commanded to purify it, and they purified the chambers, etc.*—[*Rashi*] They purified it of all uncleanness and filth.—[*Mezudath David*]

and I returned there, etc.—I returned them so that they would be there just as they had been in previous times, before Tobiah had occupied the chamber.—[*Mezudath David*]

10. And I knew— It became known to me.—[*Mezudath David*]

portions—Heb. מְנָיוֹת, [like] מָנוֹת.—[*Rashi*]

had not been given—*that the Israelites had not placed the gifts there, and because of that they fled and wandered here and there to ask*

יְרוּשָׁלַם לִפְנֵי הַשַּׁבָּת וָאֹמְרָה וַיִּסָּגְרוּ הַדְּלָתוֹת וָאֹמְרָה אֲשֶׁר לֹא יִפָּתְחוּם עַד אַחַר הַשַּׁבָּת וּמִנְּעָרַי הֶעֱמַדְתִּי עַל־הַשְּׁעָרִים לֹא־יָבוֹא מַשָּׂא בְּיוֹם הַשַּׁבָּת: כ וַיָּלִינוּ הָרֹכְלִים וּמֹכְרֵי כָל־מִמְכָּר מִחוּץ לִירוּשָׁלָ͏ִם פַּעַם וּשְׁתָּיִם: כא וָאָעִידָה בָהֶם וָאֹמְרָה אֲלֵהֶם מַדּוּעַ אַתֶּם לֵנִים נֶגֶד הַחוֹמָה אִם־תִּשְׁנוּ יָד אֶשְׁלַח בָּכֶם מִן־הָעֵת הַהִיא לֹא בָאוּ בַּשַּׁבָּת: כב וָאֹמְרָה לַלְוִיִּם אֲשֶׁר יִהְיוּ מִטַּהֲרִים וּבָאִים שֹׁמְרִים הַשְּׁעָרִים לְקַדֵּשׁ אֶת־יוֹם הַשַּׁבָּת גַּם־זֹאת זָכְרָה־לִּי אֱלֹהַי וְחוּסָה עָלַי כְּרֹב חַסְדֶּךָ: כג גַּם בַּיָּמִים הָהֵם

קמץ בלא אס״ף הל׳ בצירי

רש״י

דלתות העיר שלא יפתחו עד אחר שבת שלא יבואו הרוכלים בעיר למכור סחורתן כדי שלא יחללו ישראל את השבת על ידיהם: (כ) וילינו . והיו לנים הרוכלים והסוחרים ביום השבת מחוץ לירושלים פעם אחת ושתי פעמים כדי שיבואו

מנחת שי

סלמ״ד כשוא לבדו כדרכנו וכס ג׳ במסורת דין ודפילרם סיס וסוף חבקוק אכ״ך : לא יבוא משא . כדפום ישן מחול ולא כוא״ו ואין כן בשאר ספרים : (כא) מן העת ההיא . בכל ספרים כלי מדוייקים כן כתיב ביו״ד לא כדפוסים שכתוב ססוא כולי׳ וקרי כסא: (כג) מדודיות ממוניות . תרוייסו מן תיבותא דמלסין קמלין ותיקין וס״ו במכולים כבחא מום וס״ו :

אבן עזרא

והטעם הגעת הלל אל השערים : לא יבא משא . פי שלא יבאו הרוכלים הם הסוחרים מערבים ענינים רבים על כן מערב הדברים נקרא רכיל : (כא) אם תשנו . אם תלינו שם פעם שניה : יד אשלח בכם . להכות או להרוג אתכם : (כב) מטהרים . הרחוי מתטהרים :

ראיתי

בני ישראל לפתוח השערים ולקנות מהם בשבת : (כא) ואומרה אליהם . התריתי בזאתם הרוכלים: אם תשנו . אם תוסיפו לעשות פעם שניה: מן העת . מן אותו יום והלאה לא באו ביום השבת : (כב) הושיבו

רלב״ג

כוה בערב שנמו סללנים בשערים . ואמרם ויסגרו השערים . כדי שלא יבאו שם הסוחרים ויסיו למכשול לבני יסודם שלא יזסרו מלקנות מהם בשבת : (כ) וילינו סרוכלים . הם ספוחרים : (כא) אם תשנו . ר״ל אם תשנו לעשות סניה כדי בכם ליסר אתכם שלא תוסיפו לעשות לדבר סזה ומפני זה כזסרו ולא באו לירושלים מספם סיום לם מטסרים ויבאו

מצודת ציון

מלשון גל : (כ) חרוכלים . מוכרי סכוסס . (כא) לנים . מלשון לינה : תשנו . מלשון סנים : (כב) וחוסה . ענין מממלס כמו

מצודת דוד

לעמום סערב כי אז סחמה כספולי סרקיע ומתאסרך אז גל דבר: ויסגרו . לגל יבואו הגוים עם דבר ממכלם : לא יבא . למען גם יבוא משא של כל ממכר בשבת דרך פקמים קטנים פשיו סם : (פא) מדוע אתם לנים . כי משם סן ילא מי מליסם לקנות מס מסם : אם תשנו . ר״ל אשר יחיו מטהרים . (כב) ל״ל שיטסרו למבול ולטסר טלמן ויסיו בטים וטומרים את סשערים כמד יום וזסו לקדש את יום השבת ר״ל שלא יבאו משקדש סיום כי לא לכבוד ימסב לשבת משמרים סיו ממדשות משבת כמ״ש כד״ס) : גם זאת . גם סמובס סואם גם סטוב וכרס לי לזסמ : כרוב חסדך . כרב חסדך . גם גמל אמטם פסוד לסמד ימטב וכמ״ם מי סקדמיני

reinstatement of these observances, consider it as if I had originally instituted the observance of these commandments.—[*Malbim*]

and with its watches—that I re-established.—[*Mezudath David*]

15. **treading winepresses**—treading the grapes in the wine-presses to extract the wine.—[*Mezudath David*] This is one of the

forms of labor which is forbidden on the Sabbath.—[*Ralbag*]

the stacks—*sheaves of grain.*—[*Rashi*]

and loading them on the donkeys—They thereby violated the positive commandment to allow their animals to rest on the Sabbath.—[*Ralbag*]

and also wine, grapes and figs—

before the Sabbath, that I commanded, and the doors were closed, and I said that they should not open them until after the Sabbath, and I stationed some of my youths over the gates so that no load should enter on the Sabbath day. 20. So the traffickers and the vendors of all types of merchandise lodged outside Jerusalem once and twice. 21. And I warned them and said to them, "Why are you lodging opposite the wall? If you repeat [this], I shall lay a hand on you." Since that time, they did not come on the Sabbath. 22. And I commanded the Levites that the watchers of the walls should purify themselves and come to hallow the Sabbath day. This too remember for me, my God, and have pity on me according to Your abundant loving-kindness. 23. Also in those days,

11. And I gathered them—*I gathered the priests and the Levites to station them on their watches in their service, and all of Israel brought them their gifts there.*—[*Rashi*] *Ralbag* explains that by restationing the Levites in the Temple, Nehemiah was instrumental in the revival of the giving of the tithes.

12. And all of Judah—When the Levites returned to their place, the people resumed bringing their tithes to the treasuries to distribute them to the Levites.—[*Mezudath David*]

13. and next to them—next to them in rank and subordinate to them was Hanan the son of Zaccur.—[*Mezudath David*]

for they were deemed trustworthy—*to distribute the gifts among them* [the Levites].—[*Rashi*] They were deemed trustworthy by the people.—[*Mezudath David*]

and it was incumbent upon them—I made it incumbent upon them to distribute the tithes to their brethren.—[*Mezudath David*]

14. Remember for me—this good deed that I performed as a merit and do not eradicate my good deeds.—[*Mezudath David*] Nehemiah is relating that the three things the Jews promised to observe (above ch. 10), viz. bringing tithes, separating from their gentile wives, and observing the Sabbath, were neglected when he left Jerusalem, and he rectified all three of them. Initially, either the people accepted these observences of their own volition, or Ezra was responsible for their acceptance. After their neglect, Nehemiah reinstated them. He therefore prays to God to give him credit as though he had instituted these observances from the beginning.—[*Malbim*]

concerning this—Because of my

רָאִיתִי אֶת־הַיְּהוּדִים הֹשִׁיבוּ נָשִׁים אַשְׁדּוֹדִיּוֹת
עַמֳּנִיּוֹת מוֹאֲבִיּוֹת: כד וּבְנֵיהֶם חֲצִי מְדַבֵּר אַשְׁדּוֹדִית
וְאֵינָם מַכִּירִים לְדַבֵּר יְהוּדִית וְכִלְשׁוֹן עַם וָעָם :
כה וָאָרִיב עִמָּם וָאֲקַלְלֵם וָאַכֶּה מֵהֶם אֲנָשִׁים וָאֶמְרְטֵם
וָאַשְׁבִּיעֵם בֵּאלֹהִים אִם־תִּתְּנוּ בְנֹתֵיכֶם לִבְנֵיהֶם
וְאִם־תִּשְׂאוּ מִבְּנֹתֵיהֶם לִבְנֵיכֶם וְלָכֶם: כו הֲלוֹא עַל־
אֵלֶּה חָטָא־שְׁלֹמֹה מֶלֶךְ־יִשְׂרָאֵל וּבַגּוֹיִם הָרַבִּים לֹא־
הָיָה מֶלֶךְ כָּמֹהוּ וְאָהוּב לֵאלֹהָיו הָיָה וַיִּתְּנֵהוּ אֱלֹהִים
מֶלֶךְ עַל־כָּל־יִשְׂרָאֵל גַּם־אוֹתוֹ הֶחֱטִיאוּ הַנָּשִׁים
הַנָּכְרִיּוֹת: כז וְלָכֶם הֲנִשְׁמַע לַעֲשֹׂת אֵת כָּל־הָרָעָה

ת"א ואמרפס . פ"ק ט"ו . הכתיאו . סנהדרין כ"ל :   חסר ו' יתיר ו' יתיר ו'   הגדולה

רש"י

נשים . אשר נשאו להם נשים של עכומ"ז: (כד) חצי
מדבר . הרבה מבניה' היו מדברים ל' אשדודי' כאמותם:
(כה) ואכה . נתתי להם מלקיות להלקותם כדי להוכיחם

ולהזכירם : (כו) גם אותו החטיאו . כל שכן שתהיו
חוטאים על ידי נשיכם של עכומ"ז וזהו שנאמר בסמוך ולכם
הנשמע וגו' בתמיה כלומר שלמה מלך ישראל נמצא חטא

אבן עזרא

(כה)ואקללם. הוא החרם והנדוי והטסס החרמתי ונדיתי':
ואשביעם . לסס ירושלים לבלתי התחתן בהם: (כז) ולכם הנשמע. יתכן שהוא נפעל מן העתיד סימן המדברים בעד

מנחת שי

(כה) ואקללם . קל הלמ"ד :

רלב"ג

לשמור הסעורים בשבת כל משמרות סעוטרים להוסיף קדושה וכבוד ליום השבת ואמנם לוס זה כי השבת לא סיה נכר במקדם כי סבהנים
סיו טורדים מעוודתם בשבת . ולוס לוס שיסיה לו זה הסיכר: (כח) ואקללם . סנה קאתם נדם וסמרים . וקלתם הלקס מרטתים
מסר אתם מפני עברם על מלות לא תפשה . ולאמרטם . סוא מריסת הבטר ליפרס: (כו) גם אותו החטיאו נשים הנכריות . ואם על פי
שהיה חכם גדול ושלם וכל שכן שימחטיאו אתכם : (כז) ולכם הנשמע לעשות את כל הרעה הגדולה וגו' . האם נשמע לכם במה שממעתם

מצודת דוד

ואשלם לו (איוב מ"ל) : (כג) הושיבו . ר"ל כוסיבו בבמיהס לכמהס   אתם מסם פל סקיקיון (יונה ד') : (כה) ואמרטם . מנין חלישם
נשים : (כד) חצי . קלה מבניהם מדברים לשון אשדודית כלשון עם

מצודת ציון

מומות . וכלשון עם ועם. ר"ל וכן קלה מבני יתר סעוודות גלונים סיו מדברים כל למד כפי לשון עם ממותם : (כה) עם.עם כוסם סעכמ"ז
ראבה בדתם.מקללם מהם : ואברתם . סלמטי סער רלמם : אם תתגו . אם מתחם תתכו וגו' לזי יסיס עליכם טונם שבוטה: (כו) על אלה
במבור נשים מלו"ס מסח שלמס כי סמו אם לבבו לחטוא לס' : ובגוים תרבים וגו' . ועם שכבל סמכו"ס הרבים לא סיה מלך מכס כמוסו
וסדבר קשס לסטית לב חכם מאחר דעתו : ואהוב לאלהיו. ואהוב לאלהיו . וסיס אסוב לס' עד שסמכיכו של כל ישראל וסיס לו לסיום מ"כ נזהר מאד לקיים
מלום ס' : גם אותו . גם כל מכמתו ואהבה פ' אליו לא כחמכם לסשיב כגמול ונשיו הטכו"ס יכלו לו לפתותו לסטות לבבו למר
דפמן ולחטוא לס' : (כז) ולכם . ר"ל מ"כ כ"ש לכם שמינכם כשלמה סיתכן נשמע אליכם לסיות נשמט מזיד לעשות אם כל הרעה וגו' לסושיב

there, meaning that the Tyrian
merchants would sit in Jerusalem on
the Sabbath, bringing with them fish
and all types of merchandise to sell
to the Judeans.

and in Jerusalem—Although
Jerusalem was a holy city and the
Temple was situated there, they
profaned the Sabbath.—[*Mezudath
David*]

**17. And I quarreled with the
dignitaries**—because they had not
protested against the profaning of the
Sabbath.—[*Malbim*]

profaning the Sabbath—by
buying from the Tyrians on the
Sabbath.—[*Mezudath David*]

**18. Did not your ancestors do
this**—to profane the Sabbath?—
[*Mezudath David*]

I saw the Jews who had married Ashdodite, Ammonite, and Moabite women. 24. And half their children were speaking Ashdodite, and they did not know how to speak Hebrew, and [so it was] with the language of every people. 25. And I quarreled with them, and I cursed them, and I struck some of them, and I plucked out their hair, and I adjured them by God, "You shall not give your daughters to their sons nor take their daughters either for your sons or for yourselves. 26. Did not Solomon the king of Israel sin with these, although there was no king like him among the great nations, beloved by his God, Who appointed him king over all Israel? The foreign women caused even him to sin. 27. Shall we then hearken to you to do all this great evil

They would load these on the donkeys to carry them and bring them into the house on the Sabbath day.—[*Mezudath David*]

and I warned—*I warned them not to do it.*—[*Rashi*]

on the day they sold provisions—*On the day they were selling food and provisions.* צֵידָה, *provisions,* as (Gen. 45:21): " *... and he gave them provision (צֵדָה) for the way.*"—[*Rashi*] *Mezudath David* explains that he warned them on the market day when they sold their provisions, for they were all assembled then. *Ralbag* explains that he warned them concerning all this on the Sabbath, when they were selling provisions. *Ralbag* and *Malbim* explain that they committed three types of transgressions: 1) They trod grapes in the winepresses, constituting a capital sin; 2) they loaded their donkeys, constituting an infraction of the positive commandment to allow their animals to rest; 3) they conducted business on the Sabbath, constituting an infraction of a Rabbinical prohibition. According to *Hatham Sofer, Hoshen Mishpat,* ch. 195, if a person regularly does business on the Sabbath, he transgresses the Torah commandment of resting on the Sabbath. If he does not set himself up for business but happens to perform a transaction on the Sabbath, he merely infracts the Rabbinical prohibition of conducting business which the Rabbis decreed lest one write a record of that transaction. In this case, since the merchants made the Sabbath the market day, they were guilty of infracting a Torah prohibition.

16. **and the Tyrians**—*Merchants of Tyre would bring fish to sell.*—[*Rashi*]

[who] sojourned there—This translation follows *Mezudath David. Ralbag* renders: And the Tyrians sat

הַגְּדוֹלָה הַזֹּאת לִמְעֹל בֵּאלֹהֵינוּ לְהֹשִׁיב נָשִׁים נָכְרִיּוֹת: כח וּמִבְּנֵי יוֹיָדָע בֶּן־אֶלְיָשִׁיב הַכֹּהֵן הַגָּדוֹל חָתָן לְסַנְבַלַּט הַחֹרֹנִי וָאַבְרִיחֵהוּ מֵעָלָי: כט זָכְרָה לָהֶם אֱלֹהָי עַל גָּאֳלֵי הַכְּהֻנָּה וּבְרִית הַכְּהֻנָּה וְהַלְוִיִּם: ל וְטִהַרְתִּים מִכָּל־נֵכָר וָאַעֲמִידָה מִשְׁמָרוֹת לַכֹּהֲנִים וְלַלְוִיִּם אִישׁ בִּמְלַאכְתּוֹ: לא וּלְקֻרְבַּן הָעֵצִים בְּעִתִּים

רש"י

חסר ו' כצ"ל

על ידי נשיו של עובדי כוכבים ומזלות ואתם נשאתם נשים נכריות להיו' מוטמין :(כח) ומבני יוידע.חתן לסנבלט. אחד מבני יוידע חתן לסנבלט צורר היהודים והבריחתיהו

מנחת שי

(כח) להשיב . חסר וא"ו וכן במסורת לסוטיב ב' מד חסר ומד מלא וסימנהון עם כדיבים דתפלת מנה מלא . נשים נכריות חסר : (לא) ומסדרתים . ב' בקריא וסימנהון מכל נכר . מכל טובה (ירמיה ע"ג) : ס' לסופה וזכני. ומכל חטאתינו יטהרנו . אמן : חסלת ספר נחמיה

אבן עזרא

עלמס והוא הקרוב: (כט) זכרה להם . לתת להם שכרם על הנגאלים מן הכהונה ונגאלים מעברית הכהונה והלוים בקחתם נשים נכריות : גאלי הכהונה . שם התואר על משקל תאמי צביה והם כדמות פעולים בענין רק בגלל האל"ף שהוא אות הגרון נקדוהו כן להרחיב מקראו וטעם

מצודת ציון

גאלי כטעם מותרים : (לא) ולקרבן . בעבור קרבן העצים שסדרתי להביא להקריב להכהנים והלוים שם ועבור הבכורים שציויתי להביא לבית ה' זכרה לי אלהי לטובה :

רלב"ג

מדברי התורה ומקבלותיה לפי שיעבור על דברים מה שהתירו זו לטלמכם לעשות את כל הרעה הזאת למעול באלהינו להשיב נשים נכריות הלא היה ראוי לכם שתקבלו מוסר ותיראו את ה' ברעותכם הרעה הגדולה אשר אנחנו זה בטבור מעל אבותינו בכמו אלה הדברים : (כח) ואבריחהו מעלי . בעבור התחתנו בגויי הארלות וכדי שלא יהיה רגיל סנבלט החורוני בירושלים בעבורו כי הוא היה מלרי יהודה ובנימין ואם ירחה מולאי העיר ומבטוחיה אולי יחשוד להזיק ליושבי ירושלים : (כט) על גאלי הכהנה . כ"ל סתיו מטנפים דבר הכהונה בהתחברבם בגויי הארן : (לא) ולקרבן העצים בעתים מזומנות וגו' . כ"ל סדרתילל הכל סדזר שלם כדי שיהיה הכל מוגבל ולא יחסר דבר ולזה סדרתי עתים יביאו בעת שם . מהם קרבן העצים למערכה אנשים ידועים בעתים ומן סדרתי עם לבבכורי פירות הארן ו'זת אחר לבכורי התבואה ר"ל אנשים בללו בטעתים בכוריהם . ובקם נחמיה מס' יתברך שיזמור לו זה לטובה אשר עשה לכבודו . הנה זה באמר מה שראמינו לבארו בזה המקום . ואולם התולולות המגיעים ממנו הם אלו התועלת הראשון הוא להודיע שראוי לעמוד תמיד מן הסביב ולברוח מן הספק ולזה זכר נחמיה שהעמיד שומרים בשערים אנשי אמת וירמי אלהים כדי שיוכל לבטוח בהם שלא יפוחו כבום פנים להסביב עם לרי יהודה ובנימין . ולזה עוד שלא יפתחו הדלתות בבקר עד חום השמש כי אולי אם יותר להם לפתחם קודם זה יקרב שיוכלו להכנס לרי יהודה ובנימין . ולזאת הסבה גם כן לוה שערס ישכבו אנשי העיר בערב ישגרו הדלתות ולהטעיד משמרות לשמור בעלזה בכל מבוי ומבוי לשמור העיר ולפי שראה שהעיר רחבת ידים וגדולה והעס 'מעט בתוכה ואין בתים בנוים השתדל שישבו שם שרי יהודה ועשירית שאר הגולה העולים מכבל החתועלה השני הוא להודיע שהוא ראוי שיוסיפקדו בכל מלאכה גדולה ממונים ישגיחו בטנין המלאכה כהיא שתהיה נעשית כהוגן ואם לא לא יתקן כתאבלם המלאכה כהיא . ולזה זכר שאמר שהסמיד הדלתות שם על מנויים השוטרים והסמוארדים וזכר גם כן שעל כל משמר ומשמר

מצודת דוד

ולקחת נשים עכו"ס שלא בודאי ישן לבבכס להטות לה': (כח) ומבני יוידע . אחד מבני יוידע היה חתן לסנבלט צורר היהודים: ואבריחהו מעלי . גרשתי הבן ההוא מן העיר על כי לא רלה לגרם אשמו סטכו"ם ובטבורו היה עוד סנבלט מוזמן רגיל לבוא לירושלים והיה המרגל לדעת כל מה אשר נעשה בה ולכן גרם גם מתנו לבל הכהונה : וברית . והללו ברית הכהונה והלוים כי בדברים הטטיח להם המקום ב"ה להיות משרתים בבית ה' וכמ"ש טולם (במדבר כ"ס) ובאו אלו וגרמו למנל הברית כי נמאסו מן הכהונה : (ל) וטהרתים . הטמדתי משמרות הכהנים והלוים מכל טבודם במלאכתו בקביטות גמור : (לא) ולקרבן העצים . את תקרובת העצים שעל מטרכת המזבח קבעתי בטתים מזומנות מתי יבוא כל

מזומנות

מעלי למען לא יהיה רגיל בירושלים בשביל חתנו לרעות את העיר ואת מולאיה ואת מוצאיה : (כט) זכרה להם . הטובה אשר עשו . לעתים היו כורתים

---

called to hallow the Sabbath by sounding the trumpets to announce to the people that the Sabbath was soon coming and they should stop their work.

This too remember for me—

Also this good deed remember for me, so that it be a merit.—[*Mezudath David*]

according to Your abundant loving-kindness—Even the reward for a good deed is considered

to betray our God to marry foreign women?" 28. And [one] of the sons of Joiada, the son of Eliashib the High Priest, was the son-in-law of Sanballat the Horonite, and I drove him away from me. 29. Remember them, my God, that they defiled the priesthood and the covenant of the priesthood and of the Levites. 30. But I purified them of everything alien, and I appointed watches of the priests and of the Levites, each one in his work. 31. And concerning the wood offering at appointed times

and you are increasing the wrath—which was against our ancestors.—[*Mezudath David*]

19. **Now it came to pass when the gates of Jerusalem cast shadows**—*When the shadows of the Sabbath eve fell on the gates, I ordered the doors of the city to be closed and not re-opened until after the Sabbath so that the traffickers would not enter the city to sell their merchandise and cause Israel to profane the Sabbath.*—[*Rashi*] On Friday afternoon, when the sun was no longer overhead and the shadows became elongated, Nehemiah ordered the city gates to be closed until after the Sabbath.—[*Mezudath David*]

and the doors were closed—so that the Tyrians would not enter with their merchandise.—[*Mezudath David*]

so that no load should enter on the Sabbath day—in order that no load of any merchandise should enter through the small entrances that were there.—[*Mezudath David*]

20. **So ... lodged**—*The traffickers and the merchants lodged outside Jerusalem on the Sabbath once and twice so that the Children of Israel*

would open the gates and buy from them on the Sabbath.—[*Rashi*] *Malbim* explains that they would come out to purchase small articles and smuggle them into the city.

21. **Why are you lodging**—He warned them because he feared that someone would go out to buy merchandise from them.—[*Mezudath David*]

and I said to them—*I warned those traffickers.*—[*Rashi*]

If you repeat this—*if you continue to do this a second time.*—[*Rashi*]

I shall lay a hand on you—to punish you.—[*Mezudath David*] *Ibn Ezra* states: to strike you or kill you.

Since that time—*From that day on, they did not come on the Sabbath day.*—[*Rashi*]

22. **should purify themselves**—They should purify themselves by immersing in a mikvah, and then come and guard the gates while it is still day, and this is the meaning of, "to sanctify the Sabbath", i.e., they should not come after dark for this is not honor for the Sabbath (because the watches lasted from Sabbath to Sabbath).—[*Mezudath David*] *Isaiah da Trani* explains that they were

מְזֻמָּנוֹת וְלַבִּכּוּרִים זָכְרָה־לִּי אֱלֹהַי לְטוֹבָה:

ת"א וכו' . סנהדרין נג ‎

חֲזַק

נגמר ונשלם ספר נחמיה . כל הנשמה תהלל יה

סכום פסוקי דעזרא ונחמיה שש מאות ושמונים ושמונה . וסימנו זכור יהוה חרפת עבדך : וחציו ובין עלית הפנה : וסדריו עשרה . וסימנו על הר גבה עלי לך מבשרת ציון :

רש"י

עלים למערכה : ולבכורים . שהיו מביאים בכורים בפרק אחד לכל דבר ודבר קבעתי זמנו :
נשלם פירוש ספר נחמיה

רלב"ג

היה כלהם סמשמר להשגיח על סמשמר שלו : התועלת השלישי הוא להודיע שהכוונה במועדים הוא לעסוק בהם בתורה כי אז ספם פנוים מעבודת מלאכה ויתכן להם זה ושהוא ראוי שישימו כלם היום בתור' וכקלאתו ישמחו וישמחו לכבוד יום סוב כי זה ממה שיתישרו בו לעמוד על מה שכוונה התורה בענין המועדים . ולזה זכר שעזרא הסופר קרא בתורה נגד כל העם כראש השנה מאור הבקר עד מחצית היום וכלאה לוה שילכו לאכול ולשתות ולשמוח . וישלחו מנות לאין נכון לו למען ישמחו הסעניים גם כן כשמחת יום סוב . ולהסיר גם כן כהוא ראוי לקרא התורה ביום סוב זכר כי כמג בסכות קראו בתורה בכל יום ויום : התועלת הרביעי הוא להודיע שדבר שבקדושה לא יתכן שיהיה בסמאה וטומאה . ולזה זכר כי מפני שהיה עזרא עומד במגדל מן עץ לדבר כדי שיהיה גבוה על העם וישמעו כלם דבריו וסיה המגדל ההוא חולק לעמו סנה הוכרחו לעלות שם עמו אנשים מימינו ומשמאלו כדי שלא יאמרו דבר שבקדושה בסמאה מעצב : התועלה החמישי הוא להודיע שהוא ראוי בעת קריאת התורה שיטו כל העם אזניהם אל דברי הסופר . ולזה הוא מבואר שאין ראוי סידברו כלל אבל ישמעו דברי התורה ויבינום כפי כחם . ולזה אמר שכאשר קרא עזרא בספר עמדו כל העם מכונים לסמוע אליהם אל הדברים : ...

מצודת דוד

אחד : ולבכורים . קבעתי זמן לבכורים עד מתי יביאו הבכורים (לא) מזומנות . ענין הכנס וקבוצות כמו לעתם מזומנים
מלחבית פרי האדמה : זכרה לי . הזכות הזאת הטיב לי בטובות :
חסלת ספר נחמיה

and concerning the first-fruits, remember for me, my God, favorably.

kindness because no one is truly deserving of God's reward (see Job 41:3).—[*Mezudath David*]

23. **who had married**—*who had married heathen wives.*—[*Rashi*] They sat them in their houses to take them for wives.—[*Mezudath David*]

24. **And half ... were speaking**—*Many of their children spoke the Ashdodite language like their mothers.*—[*Rashi*]

and with the language of every people—And so it was with the other languages; some of the children of the heathen wives spoke the languages of their mothers' nations.—[*Mezudath David*]

25. **And I quarreled with them**—with those who had married heathen wives.—[*Mezudath David*]

and I cursed them—*Ralbag* and *Ibn Ezra* interpret this to mean that he laid a ban upon them. However, from the Talmud (*Moed Katan* 16a) it appears that this verse does not deal with laying a ban, but simply with cursing those sinners who refused to repent of their sins and required chastisement.

and I struck—*I gave them lashes in order to chastise them and remind them.*—[*Rashi*] [This mention of striking is not the penalty of lashes imposed upon one who has transgressed a negative commandment after being warned in the presence of witnesses, but was meant to chastise the men who had married heathen wives so that they would send them away.]

and I adjured them—I adjured the people of Jerusalem not to intermarry with the peoples of the land.—[*Ibn Ezra*] [However, from the aforementioned Talmudic quotation it appears that he adjured the sinners.]

26. **with these**—with heathen wives, for he married heathen wives, and they turned his heart away from God.—[*Mezudath David*]

although there was no king like him among the great nations—Although there was no king as wise as he among the great nations of the world, he was swayed by his foreign wives.—[*Mezudath David*]

beloved by his God—He was beloved by his God to the degree that He appointed him king over all of Israel, and he should therefore have been very careful to fulfill God's commandments.—[*Mezudath David*]

caused even him to sin—Despite his wisdom and God's love for him, he was not astute enough to repay God for the goodness He had lavished upon him, but allowed his foreign wives to sway him after their views and cause him to sin against God.—[*Mezudath David*] *If he sinned, how much more so is it certain that you will sin through your heathen wives! As is written in the next verse, "Shall*

לפקתם על ים סוף עם היותם כלתי ראוים אז מלד שלמם שתחדבק בהם אז ההשגחה האלהים אך היה זה מלד צריתו עם האבות כמו
שנזכר בתורה ואמרי כן סיתילם ס' יתבר לעבודתו באופן נפלא מלד סאותות והמופתים שסרצה להם במלריס ועל סים ובמדבר וכמעמד
סר סיני ונתולתו השלמה שתמט עם קלתם בם על דרך סמופת וגם כדבר המלרגלים מרו וכלבו את החלינה
וסתריך ס' יתבך עּנשם עד שלמות ארבעים שנה נמתול עליהם לפי מה שאתשל ותוך זה הזמן עשה להם מופתים עלומים על לד החלינה
ועל לד סתוותה לתמן יירלו את ה' לטוב להם . ותאשר נתישרו לירלת ה' סמדבר דור הסבא תמל דור המדבר נתן לסניהם מלכיס תדיריס ונתן
ארלם נחלה ליסראל למו ולא תרך הזמן לתמות שמנו ושבו לתטות בס' יתבך ותתנו ביד מוייביהם נתן להם ס' יתבך מושיע וכן
התמיד פעמים רבות גם תמרי כן בעת מלריסס מכלדו בס' יתבך ועזכו כל חורתו ושלם לתם ס' יתבך את עבדיו סנכיאים יום סּכל
ושלום והעידו בהם להודיעם הרע הנפלא שיקרת להם תם לא ימורו מדרכם הרעה וסנה התריך לתם ס' יתבך זה מתד עד שלתת סלא
סיתה בהם מקום שישובו מדרכם סרעה ואז נפלו ברע בסדרגה עד שהגלו מן תרן במעלם וגם שם לא עזב מסדו מהם . תבל סיו
פיניו בהם לשמרם מהכליון בסיותם בתרך תוייכיהם וזת לכו מתם שייסיר שומתי תלו הדברים לסבנע לעבודת ס' יתברך . ולזה כלתו כלם
צרית עם ס' יתבך ללכת בתורתו ולקיים סמלות אשר עזכזים עד שלמטמט נשבם זכרם מהם : התרועלת התשעה עשר סות לסודיע
שעבודת קלת סלוים סימם בטיל לסודות לה' . ולזה סיו שם משמרות ממונות על זה כאמרו והלוים יסוע בנוי וגו' (לעיל י"ב י') ותמר גם
כן ורמאי סלוים משביים וגו' (שם ל"ד) משמר לעומ' משמר וכבר בארכו זה גם כן מדברי התורה אלא שהוא יותר מבואר בזה סמקום ובכפל
דלבי סימים : התרועלת העשרים הות להודיע שקדוש מומת ירושלים לתוי שיסים בתודות ושיל . (כשני משכומות דף י"ד) .
התרועלת העשרים ואחד סות להודיע שאסור לקנות ולמכור בשבת ואף על פי שאינה מלאכה כי ז אולי יביא לעשות מלאכה ולזה תמר
כמתיה לתורי יהודה שהם ממללים את יום השבת מפני קנותם ומכרם ביבת . ולזה לוה לסגור שערי ירושלים ביום השבת כדי שלא תבא
עם שום סחורה בשבת לשמור ישראל מהכשל בזס . וסכה זה המתר הות מדברי סופרים לעשות משמרת למשמרת סתורה :
התרועלת העשרים ושנים הות להודיע שיש לדיין לנטות לפי שנה יותר מהשכייב שיתחייב מלד התורה . ואם אין הקללם וקלתם הלקה ומרט שפרם . ולזה רלה לסוכימם בזה סאופן כדי מה שהטיגה סתורה מתטונשים על
זה . אך פעם זה נתמיה להולתא שנה מפני שסיה הדור פרוך בזה . ולזה רלה לסוכימם בזה סאופן כדי מה שהטיגה סתורה מתטונשים על
זאם הסבב : התרועלת העשרים ושלשה סות להודיע שטור זאת הטבירה עד סיכן הות מגיע . ל"ל סתחתתן בגויס . וסות שנם שלמם
שסיה נביא ומסוב מתד למלסים סמתיף מותו הסתתתן בגויס ואף על פי שבכר נתגיילו עד שכבר סים אז שכבר סים להגלות יסראל מעל
אדמתם כי זה סים סבב להתחלק המלוכה וסמלק המלוכה סים סבב להתשות מגלי סזהב אשר סים סבב בסוף סטנין לסכרית יסראל מעל
אדמתם ויסודם ובנימין מעם כי למדו מלכי יהודה ממלכי יסראל לעשות הרע בעיני ה'. ולזה אמר הלא על אלה תטא שלמם מלך יסראל
וגו': התרועלת העשרים וארבעה הות לפרסם מה שהיה באלו הטבולות שעשה נחמיה מהשלמות וסטוב כי הות סטליס בנין ירושלים
בזה האופן הנפלא שקדם אשר סים בו מהתסידות וסטוב מה שלא יעלם וסטמיד עבודת בית סמקדש באופן שלא כדרך שלא תשכח
סעבודה ונקם יסראל מכל סינ ופון כיד אלסיו סטובה עליו . ולזה אמר במקום מקום מאלו ספטולות זכרם לי אלסי לטובה למשוך לב
סאנשים להדמות פטולותיהם לפטולותיו :

ובכאן נשלם ביאור זה הספר והיתה השלמתו בירח אדר שני של שנת תשעים ושמנה לפרט האלף הששי ליצירה. יתברך
ויתעלה יוצר הכל אשר עזרני ברחמיו וברוב חסדיו על כל ברכה ותהלה אא"ם ·

27. Shall we then hearken to you—Shall we listen to you, who are not as great as Solomon, and allow you to do this great evil and marry foreign women?—[*Mezudath David*] *Ralbag* explains: After you have heard the reading of the Torah and its curses upon those who transgress its commandments, shall we listen to what you are permitting yourselves to do; to betray our God by marrying foreign women? On the contrary, you should have learned a lesson from this reading and observed God's words scrupulously.

28. And [one] of the sons of Joiada...was the son-in-law of Sanballat—*One of the sons of Joiada was the son-in-law of Sanballat, the adversary of the Jews; so I drove him away from me so that he should not frequent Jerusalem because of his son-in-law, to see the city and the ways to enter and leave it.*—[*Rashi*] *Ralbag* and *Mezudath David* add that Nehemiah drove the son of the high priest from the city because he refused to divorce his heathen wife, and in addition to that, Nehemiah wished to keep his father-in-law out of Jerusalem. *Malbim* explains that because of the political influence of the high priest's son, Nehemiah was unable to punish him as he had punished the other sinners. He therefore expelled him from the city.

29. Remember them—*the good that they did.*—[*Rashi*] [i.e., the good deeds of those who drove Sanballat's son-in-law   from   Jerusalem.]

Mezudath David explains that Nehemiah prayed to God to punish those who defiled the priesthood by marrying heathen women, thereby becoming unfit for the priesthood.

and the covenant of the priesthood and of the Levites—And they profaned the covenant of the priesthood and the Levites. The Omnipresent promised them that they would be His ministers in the Temple, as in Numbers 25:13: "a covenant of everlasting priesthood," and they profaned this covenant by becoming unfit for the priesthood.—[*Mezudath David*]

30. But I purified them—But I purified them of all idolatry, for I adjured them by God that they should not marry the daughters of the peoples of the land, as is discussed above.—[*Mezudath David*]

and I appointed—I appointed the watches of the priests and the Levites, so that everyone should continually be on his watch.—[*Mezudath David*]

31. And concerning the wood offering—I established appointed times for each one to bring wood.—[*Mezudath David*]

at appointed times—*They would cut wood for the altar pyre at appointed times.*—[*Rashi*]

and concerning the first-fruits—*that they should bring the first fruits at a certain time; for each species I appointed its time.*—[*Rashi*]

remember for me—this merit to benefit me for it.—[*Mezudath David*]

חזק

BIBLIOGRAPHY

I. BACKGROUND MATERIAL

1. Bible with commentaries *Mikraoth Gedoloth*, commonly known as *Nach Lublin*, including Rashi, Ibn Ezra, Ralbag, and *Minhath Shai*.

2. *Talmud Bavli* or Babylonian Talmud. Corpus of Jewish law and ethics compiled by Ravina and Rav Ashi, 500 C.E. All Talmudic quotations, unless otherwise specified, are from the Babylonian Talmud.

3. Midrash Rabbah. Homiletic explanation of Pentateuch and Five Scrolls. Compiled by Rabbi Oshia Rabbah (the Great), late Tannaite, or by Rabbi bar Nahmani, third generation *Amora*. Exodus Rabbah, Numbers Rabbah, and Esther Rabbah are believed to have been composed at a later date.

4. Midrash Tanhuma. A Midrash on the Pentateuch, based on the teachings of R. Tanhuma bar Abba, Palestinian *Amora*. An earlier Midrash Tanhuma was discovered by Solomon Buber. It is evident that this is the Tanhuma usually quoted by medieval scholars, e.g. Rashi, Yalkut Shimoni, and Abarbanel.

5. *Seder Olam*. Early Tannaitic work, recording chronology of entire Biblical era. Composed by Rabbi Jose son of Halafta. Jerusalem 5715.

II. MEDIEVAL COMMENTARIES AND SOURCE MATERIAL

1. Don Isaac Abarbanel or Abravanel, *Ma'ayenei Hayeshuah*. Commentary on Daniel by renowned scholar, onetime finance minister of Spain, 1437-1509. Tel Aviv 1960.

2. Midrash Daniel and Midrash Ezra, commentary on Daniel, Ezra, and Nehemiah by Rabbi Samuel Masnuth, early medieval exegete, believed to have lived in twelfth and thirteenth centuries. Jerusalem, 1968.

3. Saadia Gaon, Gaon of the Academy of Sura, Babylonia. Noted Biblical exegete, halachic authority, and philosopher, 892-942. Arabic translation and commentary on Daniel, translated into Hebrew by Rabbi Joseph Kaffich, Jerusalem 1981. Another commentary attributed to Rav Saadia Gaon appears in *Nach Lublin*. Scholars believe, however, that he was not the author of that commentary.

III. MODERN COMMENTARIES

1. R. Chaim Joseph David Azulai. Author of *Homath Anach* and other commentaries on the Bible by a famous 18th century authority on all fields of Torah study.

2. R. Moshe Alschich, commentary on Daniel. Biblical exegesis by renowned 16th century scholar in Safed. Brooklyn, 1979.

3. R. Meir Leibush Malbim. Commentary on Biblical literature, which combines ancient tradition with keen insight into nuances of meanings in the Hebrew language, by a leading nineteenth century scholar. 1809-1879.

4. Mezudath David and Mezudath Zion, by Rabbi Yechiel Hillel Altschuler. Simple and concise 18th century Bible commentary.

IV. OTHER SOURCES

1. *Machbereth Menachem.* Lexicon by Menachem ben Saruk, early grammarian. Spain 920-980.

2. *Teshuvoth Dunash.* Dunash ben Labrat, opponent of Menachem ben Saruk. 920-990.

3. *Sefer Hashorashim*, Redak. Lexicon of Biblical roots. Berlin 5607, New York 5708.

4. *Sefer Hashorashim*, R. Jonah ibn Ganah, earlier lexicon of Biblical roots, translated from Arabic. Berlin (5656) 1896, Jerusalem 5726.

5. *Aruch*, R. Nathan of Rome. Talmudic dictionary by early medieval scholar. Died 4866.

6. *Aruch Completum*, Dr. Alexander Kohut, critical edition of Aruch with elaboration and theories of word origins.